# 진실을 향한 열정
# 세상을 보는 균형

1954~2024 한국일보 70년의 기록

# 발간사 (發刊辭)

한국일보가 창간 70년을 맞았습니다.

전쟁의 상흔이 깊게 패여 있던 1954년 세상에 첫 선을 보인 한국일보는 다사다난했던 한국 현대사를 지나오며 우리나라 대표 정론지로 확고히 자리매김 했습니다.

지난 70년은 격변의 시대였습니다. 우리나라는 유례를 찾기 힘들 정도로 짧은 기간에 정치적 민주화와 경제적 산업화, 최첨단 지식과 기술의 축적까지 이뤄내며 선진국 대열에 올라섰습니다. 하지만 그 과정에서 극심한 혼란과 뼈아픈 고통도 매우 컸습니다.

이러한 환희와 좌절의 역사적 현장을 한국일보는 빠짐없이 기록했습니다. 대한민국을 뒤흔든 특종, 통찰력 넘치는 기획을 수없이 쏟아냈습니다. 시대 흐름을 앞서가는 창의적 사업들도 넘쳐 났습니다. 낙종할 때도 있었고, 실수할 때도 있었지만 그래도 한국일보는 언제나 국민의 눈높이에서, 치우침 없는 균형 잡힌 자세로, 세계와 미래를 바라보며 사실을 전달하고 비판했습니다.

현재 언론 환경은 숨 가쁠 정도로 급변하고 있습니다. 디지털 대전환과 인공지능(AI) 혁명은 언론 산업의 기반 자체를 흔들고 있습니다. 한국일보도 종이신문을 발행하는 전통적 인쇄매체를 벗어나, 디지털 플랫폼 기반의 뉴스 콘텐츠 서비스 회사로 전환 중입니다.

올해는 한국일보가 탄생 70년이 되는 해인 동시에 우리 사회 오피니언 리더들의 성원과 법원 결정으로 동화기업이 경영권을 인수한 지 10년이 되는 해이기도 합니다. 한국일보 역할이 역사를 기록하고 증언하는 것이라면, 〈한국일보 70년사〉는 한국일보 사람들의 열정과 성취, 동료애를 담아내는 성찰의 비망록입니다. 때문에 발간사를 통해 10년전 공익을 위해 언론 사업에 뛰어들 때의 다짐을 되새겨 봅니다.

양극화로 흔들리는 대한민국을 위해, 우리가 추구하는 행복한 사회를 만들려면 바른 목소리가 필요하다고 생각했습니다. 분열과 대립을 넘어 통합된 미래로 나아가려면 중도 실용의 목소리에 귀 기울이는 한국일보가 계속돼야 한다고 믿었습니다. 그리고 지난 10년 한국일보는 그 어떤 매체도 대체할 수 없는 고유의 역할과 소명을 충실히 이행했다고 자부합니다.

소유구조는 바뀌었어도, 한국일보가 지향해온 언론으로서의 사명과 가치는 계속 이어질 것입니다. 정파적 대립과 사회적 갈등이 갈수록 심해지는 한국 사회에서 통합을 지향하고 미래를 내다보는 중도정론지의 역할을 더욱 적극적으로 수행할 것입니다.

한국일보의 칠십 성상(星霜)을 담은 〈한국일보 70년사〉를 발간하게 된 것을 매우 뜻깊게 생각합니다. 〈한국일보 70년사〉는 단편적 사실들을 모아 놓은 과거의 기록이 아닙니다. 걸어온 길을 되돌아봄으로써 앞으로 나아갈 길을 고민하고 모색하려는, 새로운 70년의 시작입니다.

오늘 〈한국일보 70년사〉를 발간하며, 1954년 6월 9일자 한국일보 창간사설 한 구절의 의미를 다시 한번 되새깁니다. "신문은 누구도 이용할 수 없고, 누구도 억제할 수 없다는 신조를 거듭 선언하여 둔다."

한국일보를 만들고 키워온 전현직 임직원들과 독자, 광고주께 깊이 감사드립니다.

2024년 6월 9일
한국일보 회장 승명호

승명호 회장(왼쪽 세 번째)과 한국일보 경영진. 왼쪽부터 손용석 상무, 이성철 사장, 권동형 전무.

임원진·국실장

승명호 회장(앞줄 가운데)이 임원 및 국실장들과 기념사진을 찍고 있다.

다양한 현장에서 발로 뛰며 취재하는 뉴스룸국 기자들.

뉴스룸국장 주재 부장단 오전 회의.

# 뉴스룸

물 속이든 아찔한 고공이든
아랑곳하지 않고 취재 중인 사진기자들.

꼼꼼하게 오탈자를 수정 중인 교열팀.

# 뉴스룸

디지털 이노베이션 부문.

생생하고 역동적인 시각물을 제작 중인 그래픽뉴스부.

# 신문국

주요 기사의 지면 배치를 논의 중인 에디터 회의.

정확하면서도 읽기 쉬운 지면 제작을 위해 노력 중인 편집기자들.

## 뉴스스탠다드실

한국일보의 올바른 콘텐츠 생산문법을 책임지는 뉴스스탠다드실.

한국일보의 사설 방향과 주요 칼럼의 주제를 논의하는 논설위원실 회의.

# 논설위원실

논설위원들은 주요 이슈에 대해 외부 전문가와 심층 인터뷰도 진행한다.

# 영상 콘텐츠

다양한 영상 콘텐츠를 기획·제작하는 기획영상부.

한국일보의 70년 역사를 고스란히 보관 중인 한국일보 기록관. 70년 전 당시의 윤전기와 오래전 지면 스크랩 등도 소장하고 있다.

# 한국일보 기록관

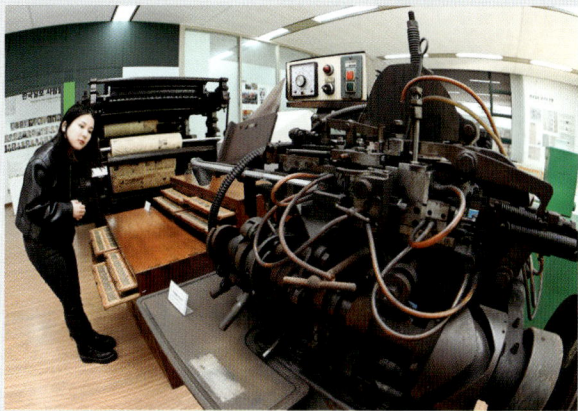

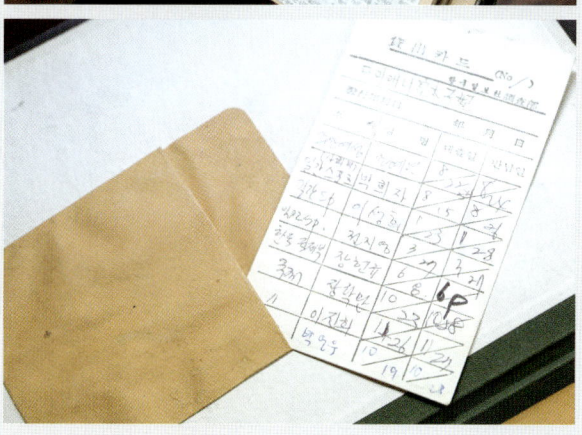

# 플랫폼 개발·미디어 전략

한국일보 홈페이지와 통합 멤버십 관리는 물론,
CTS, 검색, 클라우드, 장비 관리 등 IT 업무를 총괄하는 플랫폼 개발 부문 직원들.

미디어 전략 부문 업무 모습.

# 뉴스 소비·윤전시설

한국일보가 생산한 뉴스 콘텐츠를 실시간 이용하는 뉴스 소비자들.

한국일보 종이 신문을 뽑아내는 윤전 시설.

# 마케팅본부·독자마케팅국

고객 지향 AD전략을 논의 중인 마케팅본부 직원들.

독자마케팅국 직원들이 화상회의를 열고 있다.

한국일보가 생산한 콘텐츠의 분류·보관·저장은 물론,
외부 판매, 저작권 문제 등의 업무를 총괄하는 '정보의 보고' DB 콘텐츠팀.

DB콘텐츠팀

# 지식콘텐츠실·창간70주년 준비기획단

지식콘텐츠실 구성원들이 주요 행사 진행사항에 대해 논의하고 있다.

창간70주년준비기획단.

경영지원실 주요 부서 직원들이 권동형 전무(뒷줄 오른쪽 두 번째)와 함께 기념촬영을 하고 있다.

# 경영지원실

사우회 집행간부들이 2023년 여름 친목 행사를 하고 있다.

김재만(앞줄 오른쪽 네번째) 회장 등 한국일보 사우들이 2024년 새해를 맞아 사우회 모임을 가진 뒤 이성철(앞줄 오른쪽 다섯번째) 대표 등과 기념 촬영을 하고 있다.

## 사우회

## 노동조합

유환구 위원장(왼쪽) 등 2024년 한국일보 노동조합 집행부 구성원들이 외부 모임을 갖고 있다.

2024년 '여성의 날'(3월 8일)을 맞아 노동조합이 노동자 생존권과 참정권을 강조하기 위해 마련한 '빵과 장미' 나누기 행사.

❶ 이성철(왼쪽) 한국일보 사장과 권혁제(오른쪽) 메디힐 대표가 2024년 4월 14일 인천 클럽72 하늘코스(파72)에서 열린 제3회 메디힐·한국일보 챔피언십에서 우승을 차지한 박지영 선수에게 우승상금을 전달한 후 기념촬영하고 있다.
❷ 승명호(왼쪽부터) 한국일보 회장과 김정태 KLPGA 회장, 권오섭 메디힐 회장이 2021년 12월 31일 서울 강남구 한국여자프로골프협회에서 메디힐 한국일보 KLPGA 대회 개최 조인식을 하고 있다.
❸ 2024년 4월 14일, 박지영 선수가 인천 클럽72 하늘코스에서 열린 KLPGA 메디힐·한국일보 챔피언십 최종 라운드 6번 홀에서 벙커샷을 하고 있다.

# KLPGA 투어 메디힐·한국일보 챔피언십

# 미스코리아 대회

❶ 2023년 10월 10일 서울 강남구 코엑스 오디토리움에서 열린 미스코리아 대회.
❷ 2023 미스코리아 선발대회 본선에서 진에 선발된 최채원(21)씨.
❸ 다문화 이주노동자 위해 핫팩을 기부한 미스코리아 녹원회.

# 거북이마라톤 대회

❶

제488회 한국일보 거북이마라톤

❷

❸

❶ 제488회 한국일보 거북이마라톤 '서울 사회복지 걷기대회' 참가자들이 2023년 10월 26일 서울 중구 남산공원 백범광장에서 출발 준비를 하고 있다. 코로나19로 잠정 중단됐다가 4년 만에 재개된 이날 거북이마라톤에는 오세훈 서울시장, 이성철 한국일보 사장, 김현훈 서울시 사회복지협의회 회장 등이 참석했다.
❷ 거북이마라톤의 오랜 진행자인 뽀빠이 이상용이 2003년 5월, 제322회 대회를 진행하고 있다.
❸ 1993년 5월 16일, 한국거북이마라톤 15돌을 맞아 서울 남산 국립극장 앞 광장에 기념석이 설치됐다.

# 봉황대기 전국고교야구대회·철원DMZ국제평화마라톤 대회

❶ 대구고 선수들이 2023년 9월 9일 서울 목동구장에서 열린 제51회 봉황대기 전국고교야구대회 결승전에서 세광고를 꺾고 우승한 뒤 손경호 감독을 헹가래 치며 환호하고 있다.
❷❸ 2023년 9월 10일 강원 철원군 민간인 출입통제선 안 비무장지대(DMZ)를 달리는 제20회 철원DMZ 국제평화마라톤 대회에 참가한 선수들이 철원평야를 달리고 있다.

# 한국일보 신춘문예·문학상·명인전

❶ 2024년 1월 11일 서울 중구 연세세브란스빌딩에서 열린 2024 신춘문예 시상식.
❷ 2023 한국일보 문학상 심사위원들이 2023년 11월 10일 서울 중구 한국일보 본사에서 본심 심사를 하고 있다.
❸ 2023년 12월 27일 한국일보 본사에서 열린 제46기 SG배 한국일보 명인전 시상식.
❹ 1998년 SK배 명인전 5번기 제2국에서 서로 마주앉은 직전 대회 우승자 조훈현(왼쪽) 9단과 도전자 이창호 9단.

# 한국 포럼·코라시아 포럼

대한민국의 백년대계를 고민하는 한국 포럼과 코라시아 포럼.
❶❷ 2023년 5월 10일 서울 중구 신라호텔에서 '교육, 노동, 연금 3대 개혁 어떻게 풀까' 주제로 열린 한국 포럼. 승명호(오른쪽) 한국일보 회장과 김진표 국회의장이 행사장에서 인사하고 있다.
❸❹ 2023년 11월 2일 서울 용산구 드래곤시티호텔 한라룸에서 열린 '2023 코라시아 포럼'.

# 한국아카데미

❶ 2024년 3월 12일 한국아카데미 11기 개강식에서 염재호 태재대 총장이 강연을 하고 있다.
❷ 한국아카데미 11기 개강식에서 기념촬영을 하고 있는 원우들과 한국일보 임직원.
❸ 2023년 9월 12일 10기 개강식에서 이원복 덕성여대 명예교수가 '다시 쓰는 먼 나라 이웃나라, 세계를 알면 한국이 보인다'를 주제로 강연을 하고 있다. 한국아카데미는 특정 커리큘럼을 정해두지 않고 매 기수마다 당시 핵심 이슈를 주제로 진행한다.

# 한국일보 제호 변천

1954.06.09
-08.02

1954.08.03
-11.17

1954.11.18
-12.02

1954.12.03
-12.06

1954.12.07
-1955.06.08

1955.06.09
-1997.04.22

1991.12.16
-1993.11.30
(석간)

1997.04.23
-1998.03.15

한국일보
1998.03.16
-1999.03.14

한국일보
1999.03.15
-2001.06.17

㈜한국일보
2001.06.18
-2002.03.17

한국일보
2002.03.18
-2002.06.14

한국일보
2002.06.15
-2004.10.09

한국일보
2004.10.11
-2010.06.08

한국일보
2010.06.09
-2014.06.30

한국일보
2014.07.01
-2015.06.08

2015.06.09-

# 한국일보 70년 주요 사건

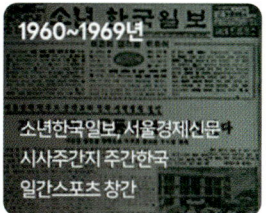
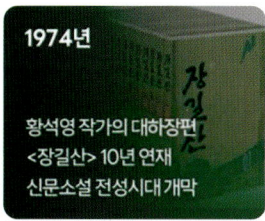

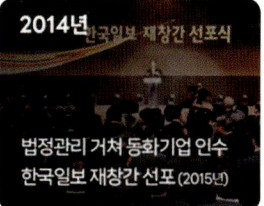
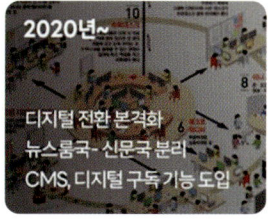

# 한국일보 1면에 담긴 대한민국 현대사

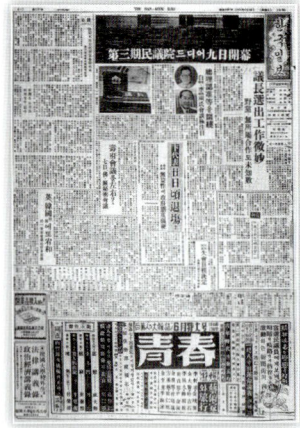

1954. 6. 9.
창간호

1960. 4. 20.
4.19혁명

1961. 5. 16.
5.16쿠데타

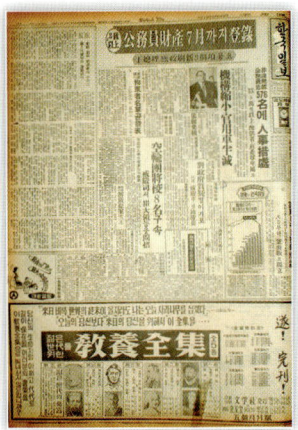

1964. 6. 9.
창간 10주년 기념호

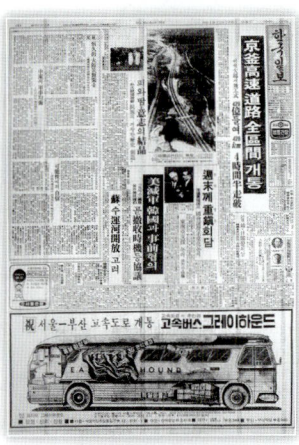

1970. 7. 8.
경부고속도로 준공

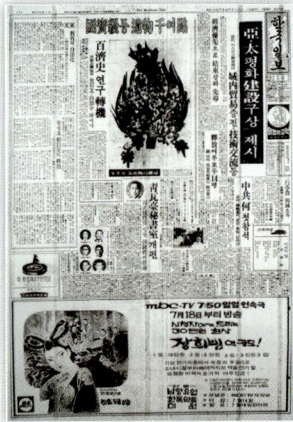

1971. 7. 10.
백제무령왕릉발굴

1972. 8. 30.
남북회담

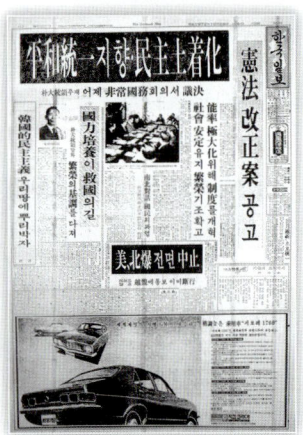

1972. 10. 18.
유신 선포

1974. 6. 9.
창간 20주년 기념호

1979. 10. 28.
박정희 대통령 서거

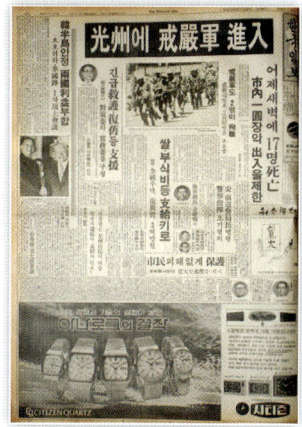
1980. 5. 28.
광주항쟁 보도

1980. 8. 28.
전두환 대통령 당선

1985. 1. 1.
대한민국을 움직여 온 100인

1989. 6. 4.
중국 천안문 사태

1994. 7. 10.
김일성 주석 사망

1995. 12. 4.
전두환 전 대통령 구속

1997. 2. 13
황장엽 북한 노동당 당비서 망명

1997. 11. 22.
IMF 구제금융 요청

# 한국일보 1면에 담긴 대한민국 현대사

1997. 12. 19.
김대중 대통령 당선

2000. 1. 1.
밀레니엄 신년호

2000. 6. 14.
남북 정상회담

2002. 6. 23.
월드컵 4강 진출

2002. 12. 20.
노무현 대통령 당선

2004. 3. 13.
대통령 탄핵안 가결

2007. 12. 20.
이명박 대통령 당선

2011. 12. 20.
김정일 사망

2012. 12. 20.
박근혜 대통령 당선

2014. 4. 17.
세월호 참사

2015. 6. 9.
재창간

2017. 3. 11.
헌재, 탄핵 인용

2017. 5. 10.
문재인 대통령 당선

2018. 4. 28.
남북정상, 판문점 회담

2018. 6. 13.
북미정상회담

2019. 3. 1.
하노이 '노딜'

2022. 3. 11.
윤석열 대통령 당선

2022. 10. 31.
이태원 참사

# 한국일보 70년·70대 특종

1  하와이 망명 이승만 전 대통령 단독 인터뷰(1961) … 101쪽
2  케네디 암살 외신 속보 특종(1963) … 108쪽
3  도굴범에 의한 경주 석가탑 훼손(1967)
4  한국일보 탐사대, 경주 앞바다 문무왕릉 확인(1967) … 120쪽
5  설악산 '죽음의 계곡' 산악등반대 조난사고(1969)
6  정인숙 여인 피살사건(사진특종·1970) … 142쪽
7  대한항공 '포커 F-27' 쌍발 여객기 납북 시도사건(1971)
8  기적의 소녀 조수아(사진·1972)
9  경주 155호 고분(천마총) 금관 발굴(1973) … 157쪽
10 남산 서울타워 필화사건(1974) … 161쪽
11 사이공 최후의 새벽(1975) … 171쪽
12 한국일보 후원 등반대, 에베레스트 등정 성공(1977)
13 대한항공 여객기 소련 무르만스크 강제착륙(사진특종·1978)
14 YH사건(1979) … 186쪽
15 最古(최고)의 태극기를 찾았다(1979)

| | |
|---|---|
| 선천성 심장병 어린이를 구하자(1981) | 16 |
| 중국 민항기 납치 호외 특종(1983) | 17 |
| 독극물 협박사건(1985) | 18 |
| **서울대생 이동수 분신 사건(사진특종·1986) … 231쪽** | 19 |
| **5공의 언론통제, 보도지침 폭로(1986) … 234쪽** | 20 |
| 합의개헌 좌초 간주, 4.13 호헌조치 예고(1986) | 21 |
| **최루탄을 쏘지 마라(사진특종·1987) … 238쪽** | 22 |
| **전경환씨 돌연 출국(1988) … 244쪽** | 23 |
| 흑막 속의 언론청문회(1988) | 24 |
| 노재봉 입각(1990) | 25 |
| 수서택지 의혹 내사·수서분양 전면 백지화(1991) | 26 |
| 한보 추가대출 당국 개입·한보 탈세 혐의(1991) | 27 |
| 실명제 예고 없이 실시·실명제 어느날 갑자기(1993) | 28 |
| 김종휘 외교안보 수석 미국 영주권 신청(1994) | 29 |
| 노태우 비자금 2,000억 더 있다(1995) | 30 |
| **성덕 바우만을 살리자(1996) … 309쪽** | 31 |
| **"내 이름은 이남이", 훈 할머니 특종(1997) … 321쪽** | 32 |
| **DJP 전격회동(1997) … 324쪽** | 33 |
| 흑금성은 박채서(1998) | 34 |
| 대일 졸속 어업협상, '쌍글이' 특종(1999) | 35 |
| 김영삼 전 대통령 계란 투척 봉변(사진특종·1999) | 36 |
| 재계 지각변동(LG대주주 내부자 거래조사·이건희 DJ 독대·2000) | 37 |

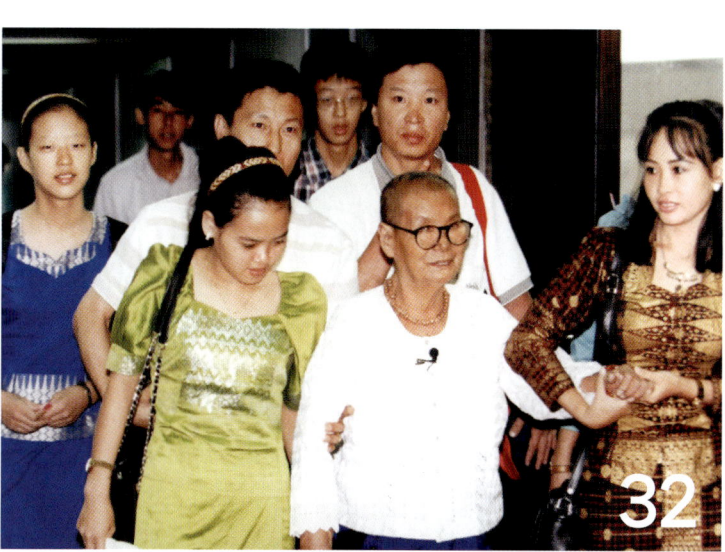

# 한국일보 70년·70대 특종

38  동강댐 기획(2001) … 333쪽
39  아프가니스칸 수도 카불 르포(2001)
40  진승현 게이트(2001)
41  이용호 게이트(2002)
42  **최규선 게이트(2002) … 368쪽**
43  SK비자금 조성 및 이남기씨 정관계 로비(2003)
44  **양길승 청와대 제1부속실장 호텔 향응 파문(2003) … 383쪽**
45  쌀협상 이면합의 들통(2004)412
46  "로드킬…고속도로가 야생동물의 무덤으로"(사진특종·2005)
47  **연내 남북정상회담 추진(2007) … 433쪽**
48  숭례문을 되살리자 캠페인(2008)
49  중도가 나서 중심을 잡자(2009)
50  〈공정사회 길을 묻다〉 기획 시리즈(2010)
51  **척박한 얼음의 땅 그린란드 탐사(2011) … 506쪽**
52  **통진당 해체, 이석기 녹취록(2013) … 537쪽**
53  **현직 판사, 사채업자로부터 3억 수수(2014) … 565쪽**
54  나라 살림, 새 틀을 짜자(2015)
55  광복 70주년, 독립운동가 70년(2015)

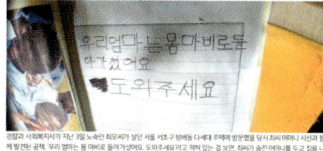

| | |
|---|---:|
| 저성장 시대 행복 리포트(2016) | 56 |
| **문화예술계 블랙리스트 확인(2016)** … 590쪽 | 57 |
| 박근혜 대통령 필러 시술 흔적(사진특종·2016) | 58 |
| **미얀마 로힝야족 난민캠프 르포(2017)** … 603쪽 | 59 |
| 마약리포트-한국이 위험하다(2018) | 60 |
| 지옥고 아래 쪽방(2019) | 61 |
| 인도네시아 한인 기업 임금체불 파문(2019) | 62 |
| 한여름의 연쇄살인, 폭염(2019) | 63 |
| **조국 장관 후보자 딸 장학금 특혜(2019)** … 632쪽 | 64 |
| **방배동 母子의 비극(2020)** … 647쪽 | 65 |
| 중간 착취의 지옥도(2021) | 66 |
| 농지에 빠진 공복들(2021) | 67 |
| 맹신과 후원, 폭주하는 유튜버(2022) | 68 |
| **무법지대, 코인리포트(2023)** … 693쪽 | 69 |
| 사라진 마을, 오버투어리즘의 습격(2023) | 70 |

# 한국일보가 걸어온 시간들 [1950년대]

1950년대 한국일보가 주도한 연날리기 대회 입상자들이 기념 촬영을 하고 있다.

출발지인 부산에서 선수 대표가 공정한 경기를 다짐하고 있다.

1951　　1952　　1953　　1954　　**1955**

부산을 출발, 서울까지 이어지는 경부 역전 마라톤 대회가 1955년부터 시작됐다.

정부 수립 10주년 기념 '베를린·판문점 간 5만 km 자동차 주파' 행사.

1950년대 한국일보 편집국 모습을 담은 그림.

한국일보 편집국에서 1950년대 당시 사용했던 대형 카메라.

1956    1957    1958    1959    **1960**

1957년 4월 14일 진행된 제1회 미스코리아대회 예심 현장 모습.

1959년 2월 서울 광화문에서 열린 연날리기 대회장 전경.

# 한국일보가 걸어온 시간들 [1960년대]

1965년 4월 서울 신세계 백화점에서 열린 월남 종군 보도 사진전.

제1회 한국연극영화 예술상 시상식.

1961 — 1962 — 1963 — 1964 — 1965

1962년 개최된 제6회 미스코리아 대회. 1950년대 초창기 대회보다 참가자 규모와 사회 전반의 호응도가 크게 높아졌다.

1968년 무렵 한국일보에 설치된
내부 전화 교환소.

1968년 2월 28일 서울 상공 사진.
화살표로 표시된 원 안이
전날 화재로 피해를 본 한국일보 모습.

1966 — 1967 — 1968 — 1969 — **1970**

1968년 10월 진행된 견습기자 선발 시험.

# 한국일보가 걸어온 시간들 [1970년대]

지구촌 주요 도시의 현지 시각을 알리는 시계들을 배경으로 24시간 가동되던 1970년대 한국일보 외신부.

서울 한남동 단국대 운동장에서 열린 창간 20주년 기념 한국일보 체육대회.

1972년 무렵 편집국.

1974년 본격 가동에 들어간 현대식 윤전기.

1971  1972  1973  1974  **1975**

1972년 1월 한국일보가 마련한 국제우편 사진 전시 행사.

1973년 무렵의 인쇄 시설.

경부고속도로 개통을 맞아 발 빠르게 확충된 한국일보 수송부.

컴퓨터를 이용한 한글 문서 작업의 현대화를 모색하던 1970년대 말 한국일보.

| 1976 | 1977 | 1978 | 1979 | **1980** |

‍성 응시자만을 대상으로
‍행된 1975년 7월
‍습 기자 선발 시험.

1978년 여름 무더위 속에도 조판부 직원들이 활자를 이식하고 있다.

# 한국일보가 걸어온 시간들 [1980년대]

1980년대 당시 권위주의적 정부가 통보한 언론 지침.

창간 30주년 기념식.

1981 — 1982 — 1983 — 1984 — 1985

창간 30주년 '사원 등산 대회'에 참가한 사우들이 기념 촬영을 하고 있다.

1980년 중반 회장 주재 임원 회의.
태극기 아래 인물이 장강재 회장.

1989년 7월 전직 한국일보 사우들이 본사를 방문, 달라진 시스템을 둘러보고 있다.

한국일보는 배달 소년들을 격려하기 위해 장학금 지급과 체육 행사 등 다양한 노력을 기울였다.

| 1986 | 1987 | 1988 | 1989 | **1990** |

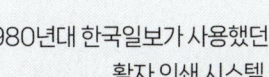

한국일보가 발행해 큰 인기를 얻은 대입가정학습.

1980년대 한국일보가 사용했던 활자 인쇄 시스템.

한국일보의 위상을 반영하듯 1989년 7월 서울 지하철 승객 다수가 한국일보를 읽고 있다.

# 한국일보가 걸어온 시간들 [1990년대]

1990년대 한국일보 국제부 풍경.

한국일보는 1993년 8월까지만 활자 인쇄 방식으로 신문을 제작한 뒤(아래 사진), 이후에는 전 과정을 전산으로 처리했다.

'사랑의 쌀 나누기'로 모은 귀중한 쌀이 1991년 11월 아프리카 수단으로 선적되고 있다.

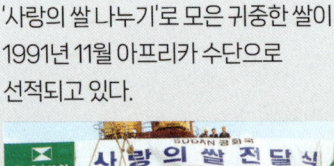

1991    1992    1993    1994    **1995**

1994년 6월 성황리에 열린 창간 40주년 기념행사.

1994년 '94한국문학인 대회'에서 소설가 이문열씨가 강연하고 있다.

1998년 4월 당시 김종필 국무총리 부부가
한국일보가 마련한 '증권갖기' 운동에 참여하고 있다.

1999년 3월 7일 치러진
한국일보 견습기자 선발 시험.

1998년 미스코리아 선발대회 참가자들이
화장품 제조업체를 방문, 설명을 듣고 있다.

| 1996 | 1997 | 1998 | 1999 | **2000** |

1998년 5월 열린 거북이마라톤 20주년 행사.

1996년 한국일보 경영진들이 윤전기에서
쏟아지는 한국일보를 점검하고 있다.

# 한국일보가 걸어온 시간들 [2000년대]

2004년 중학동 사옥의 한국일보 구내식당 풍경.

2004년 2월 서울 인왕산 쪽에서 바라본 서울 풍경. 철거되기 이전 한국일보 중학동 사옥도 보인다.

한국일보 50주년 엠블럼

2001  2002  2003  2004  **2005**

2000년대 한국일보 조사부 직원들이 지면 스크랩 자료를 살펴보고 있다.

2004년 한국일보 편집국 풍경. 편집국장 주재 부장회의. 1면 편집자가 마감을 앞두고 오퍼레이터의 도움을 받아 조판을 서두르고 있다.(왼쪽 사진)

2004년 판매국 직원들이 업무를 보고 있다.

명동 사옥으로의 이전을 앞두고 편집국 기자들이 중학동 사옥을 배경으로 기념사진을 찍고 있다.

2007년 2월 9일 한국일보 편집국 기자들이 중학동에서의 마지막 야근을 하고 있다.

2006　　2007　　2008　　2009　　**2010**

2009년 명동 사옥 회의실에서 경제부와 산업부 기자들이 기획 회의를 하고 있다.

성남공장에서 인쇄 후 포장된 신문을 트럭에 싣기 위해 옮기고 있다.

# 한국일보가 걸어온 시간들 [2010년~재창간 이전]

부도덕한 경영진에 맞서 한국일보 구성원들은
2013년 여름 내내 불의에 맞섰고,
우리 사회 각계의 성원에 힘입어 재창간의 기회를 얻었다.

2010 — 2011 — 2012

2012년초 한국일보
새해 상견례에서
편집국 구성원들이
언론의 정도를 지킬 것을
다짐하고 있다.

2011년 8월 7일 서울 한진빌딩에서
치러진 70기 견습기자 선발시험.
900여명이 지원, 높은 경쟁률을 보였다.

위기 극복 직후인 2014년에도 예비기자들의 행렬이 이어졌다. 2014년 6월 치러진 취재 및 편집기자 선발시험.

동화그룹 승명호(왼쪽) 회장과 한국일보 고낙현 대표가 2014년 11월 3일 한국일보 인수를 위한 본계약을 체결하고 있다. 동화그룹은 법원이 실시한 한국일보 인수를 위한 정성·정량 평가 모두 인수 경쟁자를 압도적 수치로 따돌렸다.

2013     2014     2015

소통을 강조한 내부 구조의 숭례문 신사옥 편집국에서 기자들이 새출발을 다짐하고 있다.

2013년 12월 4일 열린 사우회에서 한국일보 선배들이 위기를 극복한 한국일보의 새로운 발전을 기원하는 구호를 외치고 있다.

# 한국일보가 걸어온 시간들 [재창간~2024년]

2015년 6월 9일 열린 재창간 행사에서 한국사회를 대표하는 각계 초청인사들이 새로운 출발을 다짐하는 한국일보에 진심 어린 격려의 박수를 보내고 있다.

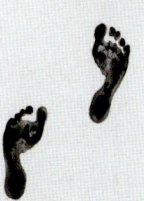

2015     2016     2017     2018     2019

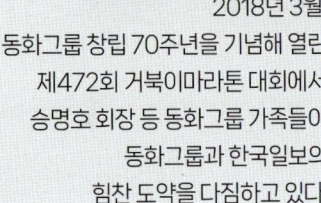

2018년 3월, 동화그룹 창립 70주년을 기념해 열린 제472회 거북이마라톤 대회에서 승명호 회장 등 동화그룹 가족들이 동화그룹과 한국일보의 힘찬 도약을 다짐하고 있다.

코로나19에도 차질 없는 신문 발행을 위해
2020년부터 코로나19의 기세가 진정될 때까지
상암동과 용산 서조빌딩에 제2편집부를 마련했다.

2020 — 2021 — 2022 — 2023 — 2024

2022년 말 승명호 회장(오른쪽)이 편집국 등 전 부서를 순회하며 '냉주파티'를 하고 있다.
이 행사는 창간 초기부터 이어져 온 오랜 전통이다.

2019년 2월 22일 서울 고려대에서 열린 '대강당 리모델링 준공식'에서 승명호(오른쪽) 한국일보 회장이 염재호 총장으로부터 감사패를 받고 있다. 고려대는 한국일보와의 돈독한 협력을 위해 대강당 강의실 중 하나를 '한국일보 홀'로 명명했다.

# 한국일보 사옥 변천

사옥은 한국일보 부침의 역사와 궤를 같이했다.

### 숭례문 사옥
(2015~2027년 예정 · 서울 중구 세종로 17 와이즈 타워)
2015년 5월 31일부터 입주.
와이즈 타워 16~18층을 사용했고,
임원실은 18층에,
뉴스룸국(편집국)은 17층에 위치했다.

**용산 사옥** (2027년 예정 · 서울 용산구 갈월동)
한국일보 용산 신사옥 조감도.
한국일보는 2007년 중학동 사옥 이후
20년 만에 '내 집'에 입주하게 됐다.
높이 100m, 지상 20층, 지하 7층 규모.

그래픽=송정근

**중학동 사옥**(1954~2007년 · 서울 종로구 중학동 14)
한국일보 중학동 사옥 본관(사진 왼쪽)과 신관 모습.
구관은 1968년 2월 27일 화재로 구사옥이 전소된 뒤 1년 만에
다시 지은 것이고, 신관은 1988년 6월 8일 준공됐다.

**백인백상(百人百想) 조형물**
중학동 사옥 신관 입구에 설치돼 있던 청동 조형물로,
조각가 이필언씨가 8개월 작업 끝에 1989년 1월 완성했다.
높이 3m인 이 조형물은 소시민 얼굴을 펜대에 부조로 새기고
그 위에 우람한 펜촉이 등을 길로 향한 채 세워졌다.
2015년 동화그룹이 인수 뒤, '한국일보 박물관'으로 옮겨 전시 중이다.

**명동 사옥**
(2007~2015년 · 서울 중구 남대문로 63 한진빌딩)
2007년 2월 3일부터 1주일에 걸쳐
국·실별로 각각 다른 층에 나뉘어 입주했다.
이후 2015년 5월 29일까지 약 8년간 사용했다.

# 진실을 향한 열정
# 세상을 보는 균형

1954~2024 한국일보 70년의 기록

# 차례

| | |
|---|---|
| 발간사 | 2 |
| 제1장 창간과 눈부신 도약 1954~1969년 | 65 |
| 제2장 특종의 연속, 전설의 시작 1970~1980년 | 139 |
| 제3장 신문의 신문 1981~1988년 | 199 |
| 제4장 무한경쟁 시대 1989~2001년 | 259 |
| 제5장 변화의 모색 2002~2010년 | 365 |
| 제6장 우리에게 좌절은 없다 2011~2014년 | 495 |
| 제7장 재창간, 되살아난 기자 정신 2015~2020년 | 559 |
| 제8장 용산 시대를 향한 발걸음 2021~2024년 6월 | 653 |
| 부록 | 719 |
| '한국일보 70년사' 편찬을 마치고 | 874 |

| 제1장 |

1958년 정부수립 10주년 기념행사로 진행된 '베를린-판문점' 5만km 자동차 주파 행사.

# 창간과 눈부신 도약

### 1954~1969

한국은행 부총재였던 백상은 조선일보 사장을 거쳐 한국일보를 창간했다. 한국일보는 인재들을 모으고, 한국 언론사상 최초로 견습기자 공채를 도입하여 새바람을 일으켰다. 창간 10년 만에 30만 부로 급성장하면서 국내 유력지로 발돋움했다. 백상은 서울경제신문 일간스포츠 소년한국 주간한국 주간여성 미주한국일보 등 자매지를 잇달아 창간하여 국내 최대 언론그룹을 이루었다.

# 1954년
신문은 아무도 이용할 수 없다. 신문은 누구나 이용할 수 있다. - 장기영

**한국일보의 창간**

1954년 6월 9일. 한국언론사에 새로운 획을 그은 이날 한국일보는 '신문은 누구도 이용할 수 없고, 누구도 억제할 수 없다'는 새 신문의 진로를 내외에 선언하면서 서울 중학동 14번지에서 역사적인 창간호를 내고 탄생했다. 발행·편집·인쇄인 겸 사장 장기영, 주필 오종식, 편집국장 김홍진, 공무국장 김완식 등이 대장정의 기수들이었다. 신문 규격은 타블로이드 배판 2면으로 16단이며 세로쓰기 한 줄에 11자가 들어가는 115행이 한 페이지에 담겼다.

당시는 한국전쟁의 참화 속에서 나라 전체가 극심한 혼란과 혼돈을 겪으며 방황하면서도 재기를 위해 안간힘을 쓰던 때였다. 이러한 상황에서 새롭게 선보인 한국일보는 국민들에게 활기찬 의욕을 불어넣는 희망이었고, 신문업계에는 건전한 경쟁을 유발하는 신선한 충격이었다.

'신문은 누구도 이용할 수 없다'는 제목의 창간사설은 당시의 시대정신과 언론의 사명, 신문이 표방하고자 하는 방향성 등을 압축하

창간사옥 드로잉.

고 있다. 편집국장 겸 정치부장 김영상이 집필하고 주필과 발행인이 퇴고한 창간사설은 신문의 사명으로 민주언론과 공정언론을 강조하면서 우리나라 최초의 상업주의 신문을 표방하고 있다. 한국신문사상 처음으로 뚜렷한 개성을 나타낸 사설로 언론사에 기록됐다.

민주언론으로서의 다짐은 "우리는 항시 권력을 감시하면서 민중 보호에 극력 대변하려 한다. 우리가 공기(公器) 관리인(管理人)으로 자처하면서 호헌의 선봉을 결의한 속에는 국가 이익을 위해서는 매양 정부나 정부 여당에 일보(一步) 앞설 각오도 두루 갖추고 있다…"는 대목에 나타나 있다. 공정언론으로서의 자세는 "경제 재건에 있어서, 국제 친선에 있어서, 문화 향상에 있어서 언제나 우리는 정부의 앞에 서서 나아가고자 한다. 그러나 우리는 정부와 행정을 비판하여야 한다. 그 정책과 행위를 논평할 뿐 개인 공격은 있을 수 없다. 타협도

있을 수 없다"는 말로 요약되고 있다.

상업신문으로서의 신조는 "우리는 근대 경제학 이론을 신봉하고 새로운 자유경제사회의 옹호를 자각하면서 리얼리즘에 입각한 상업신문의 길을 개척하여 나아가지 않으면 안 될 것이다. 진실하다고 확인한 사실만을 보도함으로써 시대와 호흡을 같이하는 독자의 귀와 입과 눈이 될 명랑한 신문의 본도(本道)를 가고자 한다. 시시비비(是是非非)의 필봉을 가다듬기 전에 감히 다시 한번 '신문은 누구도 이용할 수 없고, 누구도 억제할 수 없다'는 신조를 거듭 선언하여 둔다"는 결론 속에 요약돼 있다.

한국일보 창간을 전후해 한국경제는 최악의 상태였다. 전쟁으로 그나마 얼마 되지 않던 생산시설이 거의 파괴되어 생필품을 조달하지 못했으며, 도시마다 일자리를 구하러 다니는 실직자들로 넘쳐났다.

정부는 1953년 2월 15일 화폐개혁을 단행, '원' 단위를 '환'으로 바꾸어 100대1로 화폐가치를 평가절하했으나 천정부지의 물가는 계속 뛰었고 생필품의 매점매석도 여전했다. 1953년 말 남한 인구는 2,154만 6,248명으로 1인당 국민소득은 70달러에도 못 미쳤고 수출은 4,156만 달러, 수입은 1억 7,402만 달러에 불과했다.

백상(百想) 장기영은 국내상황이 이러한데도 한국일보 창간을 단행했다. 백상이 신문사 창업에 관심을 갖기 시작한 때는 1940년대 말 조선은행 조사부장 시절부터였다.

중년의 백상 장기영.

백상의 신문에 대한 관심은 한국은행 부총재를 사임한 지 한 달 만인 1952년 4월 28일 경영난에 처해 있던 조선일보 대표 취체역 사장에 취임함으로써 구체화한다.

1954년 봄, 백상은 조선일보에서 물러났다. 이후 25일 만에 경영이 부실했던 태양신문을 인수했다. 노태준이 1949년 2월 25일 창간한 태양신문은 한국전쟁을 겪으면서 겨우 명맥만 유지해 오던 신문이었다. 당시 발행부수는 공식적으로 8,000부였다고 하나 납본신문을 인쇄해서 판권을 유지하는 정도로 유가지로서는 보잘것이 없었다. 백상은 1954년 4월 24일 판권이양과 인수계약을 체결했다.

사옥으로 종로구 중학동 14번지에 있던 적산가옥 목조 2층 고무신 공장을 매입했다. 조선일보에서 백상을 따라 나온 창간 준비사원들은 우선 태양신문 제호 아래 뭉쳐 5월 25일자부터 신문을 만들었다.

조선일보에서 김홍진(논설위원) 임창수(편집부장) 주효민(경제부장) 김주묵(정치부장) 최병우(외신부장) 김용장(조사부 차장) 김자환(정치부 기자) 송병효(경제부 기자) 이 형(사회부 기자) 홍유선(편집부 기자) 서광운 이용훈(외신부 기자) 김오동 홍점석(통신사) 등이 백상의 뒤를 따랐다. 업무국에서 나온 사람은 주순욱 김종규 주현달 김복문 조종상 우선룡,

공무국은 전영춘 이규순 박병안 김진복 김열광 최석종 이용린이었다.

코리아타임스에서는 편집국장 박수창을 비롯해서 나성돈 홍순일 서제숙 김수득 홍 일 등이 함께했다. 백상은 밤낮으로 동분서주, 태양신문 인수 후 불과 한 달 만인 5월 31일 마리노니식 윤전기 1대와 평판인쇄기 3대 등 제작시설을 옮겨왔다. 마리노니식 윤전기는 1920년대 제품으로 시간당 1만 5,000부를 인쇄할 수 있으나 접혀지지 않은 채 10부씩 한꺼번에 나오는 구식이었다. 평판인쇄기는 코리아타임스를 인쇄하기 위해 들여왔다.

창간호가 나오기 며칠 전부터 서울시내 거리에는 '바르고 빠르고 친절한 한국일보' '신속, 공정, 친절한 한국일보' 등 새 신문의 등장을 알리는 홍보문구가 곳곳에 나붙었다. 이 홍보문구는 사회부 기자 이 형의 표어 당선작이었다. 드디어 6월 7일자 태양신문 1면에는 ▲8일 결간 후 9일자부터 한국일보로 개제(改題)하며 ▲새로 나오는 한국일보는 신제호, 신필봉, 신진용, 신소설 등으로 새로운 감각에 의한 해방 후 발간되는 유일한 대신문이 될 것이라는 내용의 사고가 실렸다.

장 사장이 태양신문을 인수한 1954년 5월 25일자로 '정기 간행물 허가사항 변경신청서'가 공보처 출판과에 접수되어 허가 번호 '제62호'로 인가가 나왔다. 제호만 '한국일보'로 정했을 뿐 사옥 간판이나 문서에는 당분간 한자로 韓國日報(한국일보)를 병용하기로 했다.

### 濟濟多士(제제다사)가 모인 한국일보 편집국

한국일보의 산실 2층 편집국은 'ㄷ'자 모양으로 나무 책상들을 배치했는데 편집국장석은 서쪽 끝, 사회부장석은 왼편, 정치부장석과 경제부장석은 오른편에 각각 자리 잡고 있었다. 한국 언론사로서는 처음으로 'UP통신'의 텔레타이프 1대를 동양통신을 통해 가설해 놓았다. 'UP통신' 기사를 전재하면서 이른바 '본사특약'을 처음 쓰기 시작했다.

6월 1일자로 발령받은 37명의 편집국 창간 멤버는 다음과 같다. 오종식(주필) 김홍진(편집국장) 김영상(부국장 겸 정치부장) 김주묵(차장) 김자환(기자) 백윤진 현영건 이강현 박용선 이 형(기자) 임창수(편집부장) 서재학 박녹영 홍유선(기자) 주효민(경제부장) 안병효(기자) 홍유선(편집겸임) 최병우(외신부장) 서광운(기자) 김오동 홍점석(통신사) 천관우(조사부차장) 이용훈(기자) 이용일(체육부장) 최무기(기자) 고재환(교정부장), 이종대 신홍철(기자) 조풍연(문화부장) 한홍택(도안사) 김영배(사진부장) 정행수 김명환(기자) 이수만 김정철 이상원(제판부원).

이밖에 16일자로 유광렬이 논설위원으로 초빙되었고 27일에는 김규동이 문화부 기자로 입사해서 창간 사원은 논설위원실과 편집국을 합해 모두 39명이었다. 총무국은 33명으로 국장에 금 철, 부국장에 주순욱, 광고부장에 김경용, 사장비서에는 김종규가 발령났다.

코리아타임스는 박수창 편집국장 밑에 나성돈 홍순일 김성현 서제숙 박중희 이윤태 김수득 김용구 곽효석 기자가 진용을 갖추었다. 한국일보는 코리아타임스 11명을 포함하여

1954년

154명으로 출발했으나 6월 말 기준으로는 편집국 39명, 총무국 37명, 공무국 60명, 코리아타임스 30명 등 모두 166명이 대장정의 1진이 됐다.

6일 낮 12시 목조 2층의 논설위원실에서 발행인 장기영이 사원들을 모아놓고 발언했다. "신문의 제호를 지금 투표로 결정해야겠습니다. 먼저 한마디 하겠습니다. 아시다시피 우리 신문계에는 미신 비슷한 얘기가 전해오고 있습니다. 제호에 지명을 붙이면 오래 가고 추상명사로 하면 생명이 길지 않다는 말이 있습니다."

며칠 전부터 논설위원실 벽에는 시사신보(時事新報), 서울타임스, 한국일보, 신아일보(新亞日報), 현대일보(現代日報) 등 열댓 개에 달하는 제호가 굵은 붓글씨로 써 붙여져 있었다. 이 가운데 한국일보와 시사신보가 유력한 가운데 두 개를 놓고 찬반양론이 백중했다. 투표 결과는 같이 나왔다. 결국 가부동수일 때 결정권을 쥔 백상이 '한국일보'를 택해 제호가 결정됐다. 백상은 6월 9일 태양신문의 제호를 한국일보로 바꾸어 태양신문의 마지막 지령인 1,236호를 이어 1,237호로 창간호를 선보였다.

### 돼지고기 한 근에 맞춘 월정 구독료

창간일을 6월 9일로 정한 데는 특별한 이유가 있었다. 백상은 "한국일보의 정신은 칠전팔기의 정신이다. 창간일의 6과 9자 그것은 쓰러지면 또 일어나는 오뚝이와 같지 않은가"라는 어록을 남겼다. 당신 신문 한 부는 10환, 월정 구독료는 200환이었다. 생필품값을 보면 쌀 1등급 한 말에 800환, 쇠고기 한 근 250환, 돼지고기 한 근 200환, 금 한 돈쭝은 1,800환이었다.

자매지로 코리아타임스와 〈週刊스포쓰〉가 발행됐다. 〈週刊스포쓰〉는 체육부장 이용일이 판권을 인수하여 6월 22일부터 매주 화요일마다 발행했다. 〈週刊스포쓰〉는 김은배가 주간지로 발행하던 우리나라 최초의 스포츠신문으로 장차 일간스포츠의 모체가 된다.

당시에 신문발행의 허가와 절차는 까다로운 편이었다. 한국일보가 6월 9일 창간호를 냈

초창기 한국일보 제호의 변천.

1954. 6. 7. 까지 | 54. 6. 9. ~ 8. 2. | 54. 8. 3. ~ 11. 17. | 54. 11. 18. ~ 12. 2. | 54. 12. 3. ~ 12. 6. | 54. 12. 6. ~ 55. 6. 8.

### 창간 발행인 백상 장기영

　창업자 백상 장기영은 1916년 5월 2일(음력 4월 1일) 아버지 장동후와 어머니 고성 이씨 사이의 외동 아들로 서울 남문 밖에서 태어났다. 인동 장씨 집안으로 그의 증조부는 대원군 실각 후 조선 말엽 남대문 밖에서 서울과 시골 사이의 새 소식을 전파하는 역할을 겸했던 물산객주업을 창업, 경영하였고 아버지는 젊은 시절부터 곡물무역에 종사한 것으로 알려져 있다.

백상 장기영.

　백상은 한남보통학교(1930년 3월 25일)와 선린상업학교(1934년 3월 25일)를 졸업했다. 졸업 후 곧바로 1934년 4월 15일 조선은행에 입행했다. 1945년 청진지점에 근무하던 백상은 소련군이 8월 13일 진주하자, 급히 서울로 오는 도중에 광복을 맞이했다. 그는 경황이 없는 중에도 자신이 관리하던 예금주 명부와 예금을 본사로 가져오는 치밀함을 보였다. 조선은행은 청진지점 사무취급소를 설치, 예금주들한테 대단한 환영을 받았다.

　백상은 한국경제가 당면한 문제점을 지적하고 지향해야 할 방향을 제시하는 많은 글을 써서 여러 신문에 게재하였으며 특히 오종식의 알선으로 서울신문에 익명으로 경제사설을 전담했다. 백상은 한국전쟁 중인 1950년 12월 7일 한국은행 부총재란 책임을 맡아 전시금융 수습에 진력했다. 이때 나이 34세에 불과했다. 1952년 3월 27일 한은 부총재 자리에서 물러남으로써 18년간 몸담았던 은행계를 떠났다. 한은 부총재를 그만둔 지 한 달 만인 1952년 4월 28일 조선일보 대표취체역 사장에 취임했다. 조선일보는 전쟁 와중에 사주 방응모가 납북된 데다 극심한 경영난으로 새로운 경영자를 물색 중이었다. 조선일보는 납북된 사장이 소유하고 있던 모든 주권 행사를 5년 동안 백상에게 위임했다. 백상은 책상 앞에 있지 않고 공장으로 내려가 문선에서부터 제작, 발송에 이르기까지 손수 진두지휘했으며 매일 배달을 점검하고 몸소 거리에서 가판 판매를 독려했다. 백상의 타고난 근면성과 경영능력은 조선일보를 빠른 속도로 일으켜 세웠다.

　이 와중에 백상은 1953년 4월 23일 경영난에 빠진 영자 일간지 코리아타임스를 김활란 여사에게서 인수하여 발행인·사장에 취임했다. 정진석 교수는 자신의 저서 '기자 최병우 평전'에 "장기영은 사주를 잃고 전란으로 경영난에 허덕이던 조선일보를 재건하면서 경영자로서의 능력을 발휘했다. 장기영이 경영을 맡은 후 조선일보는 한 해 동안 발행 부수가 350%나 늘었고 지대수입은 640%, 광고수입은 518% 신장했다. 그러나 장기영은 5년 기한을 채우지 못하고 조선일보를 떠났다"고 기술하고 있다.

지만 제3종 우편물 인가는 2년 9개월 만인 1957년 3월 7일에야 나왔고 신문발행을 해도 좋다는 면허증격인 지금의 '등록번호 가-12'는 신문 허가제가 등록제로 바뀐 후인 1960년 7월 1일에 교부받을 수 있었다.

### 서울의 '신문산맥'에 우뚝 선 한국일보

한국일보 창간호는 제호부터 색달랐다. 글씨는 이화여전 교사이던 여성 서예가 이미경(당시 37세)이 궁체 붓글씨로 썼다. 한반도의 둘레를 무궁화와 벼 이삭으로 에워싼 바탕에 '한국일보'라고 새겨 돋보였다. 무궁화와 벼를 배열한 무늬는 일제에 대한 항거의 표시로 쓰던 형상이었다. 초대 경제부장 주효민은 "벼는 장차 한국일보가 여러 매체를 거느리겠다는 백상의 뜻이 담긴 상징이었다"고 말했다.

백상은 다섯 차례에 걸쳐 제호의 변신을 시도했다. 8월 3일자부터 무늬는 그대로 두되 글씨를 굵게 했으며, 11월 18일자부터는 무궁화와 벼 무늬를 없애는 대신 세로 줄에 한반도가 희게 새겨지도록 하고 글씨체를 굵게 했다. 12월 3일자부터는 궁체는 그대로 두되 점무늬를 촘촘히 새겼고, 12월 7일자부터는 같은 서체에 점 무늬를 약간 성글게 했다. 1955년 6월 9일 창간 1주년에는 가로줄 무늬를 넣었다.

백상은 사고를 통해 '제호 도안 현상모집'도 했다. 당선작 5만 환, 가작 1만 환의 상금을 내건 현상공모에는 1,045점이나 응모했다. 이 가운데 당선작 1편(박정래)을 선정하고 이를 토대로 화가 한홍택이 도안을 마무리했다.

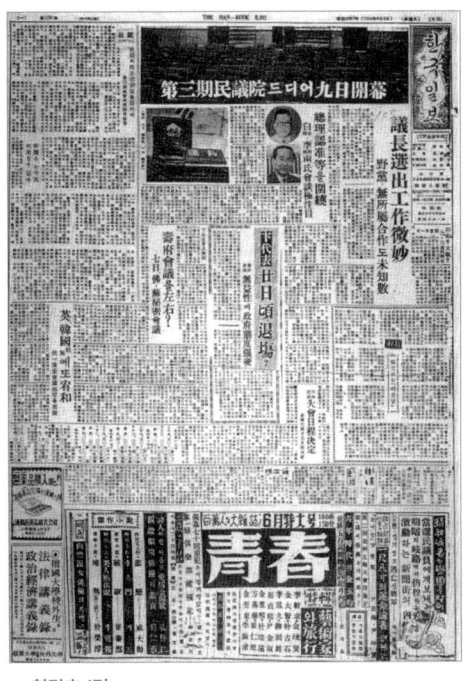

창간호 1면.

창간호에는 두 개의 사설이 실렸다. 첫 번째는 '정국의 민주적 안정을 기하라'는 제목으로 제3기 국회 개원에 맞춘 글이고, 두 번째가 '신문은 누구도 이용할 수 없다'는 제목으로 한국일보 사시를 처음으로 밝힌 사실상 창간사설이다. 사설을 두 개로 나누어 1면의 왼쪽에 처리한 것은 2면뿐이던, 당시로서는 파격이라 할 수 있다.

창간호 1면 톱기사는 민의원 개막을 알리는 내용이고 그 아래는 제네바회의에 참석한 변영태 외무부장관의 활약상을 다룬 외신기사였다. '지평선'도 창간호에 첫선을 보였다. 하늘과 땅을 나누는 지평선과 같이 1면에서 기사와 광고를 구분이라도 하듯 아래쪽에 굽도리처럼 자리잡았다. 지평선1호는 군경원호의 달을 맞아 조풍연이 썼으나 필자를 밝히지는 않았다. 한국일보 지면에서 '지평선'의 위치는 조금씩 달라졌지만 그 평원에는 하루도 쉬지 않고 기자정신이 발휘되고 있는 셈이다.

1면 16단 중 4단이 월간잡지 '청춘' 6월 특대호 광고였다. 160면짜리가 150환이었다. 2면 좌측 상단에는 '스포츠'란을 두어 대만 원정 야구대표팀 경기에서 홍군이 선승했다는 기사와 전국학교대항 육상경기결과를 소개하고 있다. 그리고 가십란인 '표주박'과 '서울물가' '일기예보' '모임' '연예안내' 등이 자리를 잡았으며 방송시간을 안내하는 '라디오' 코너도 보인다.

염상섭의 소설 '미망인'이 김인승의 그림으로 16일부터 연재된다는 내용이 사고로 실려 있다. 5단 크기의 광고란에는 외자관리청의 산업용철강재 경매 공고, 한국산업은행 남대문지점 이전복귀, 샘표간장, 해태캬라멜의 경품뽑기 광고 등이 조각조각 게재돼 있다.

창간호 2면.

당시 한국일보가 자리 잡은 중학동 14번지 일대는 옛부터 '송현마루' 또는 '솔고개'라 불렸다. 중앙청에서 안국동에 이르는 고갯길에 소나무가 많아 붙여진 이름이다. 지형상으로 볼 때 북악산의 동녘 줄기로 뻗어 내려오는 화동(옛 경기고 앞)에서 일찍이 동아일보가 창간됐고, 솔고개의 중학동에서 한국일보가 태어났으며, 멧부리의 발치를 이루는 관철동 쪽에서 조선일보가 창간되면서 당시 세간에서는 이 일대를 신문산맥이라고 불렀다.

### 살아 숨쉬는 신생지 한국일보

한국일보는 새로운 기획물과 참신한 아이디어에 의한 파격적인 지면구성 등으로 출발부터 기존 신문들을 압도해 나갔다. 창간 1년 만에 3만 5,000부를 발행하게 된 것도 차별화를 선호하는 독자들의 선택 때문이었다. 한국일보는 매주 월요일마다 2개 면을 증면, 4면 체제로 좀 더 많은 정보를 독자들에게 제공하기 위해 노력했다. 2면에 '해외논평' '국외단신' '움직이는 세계' 등 해외 뉴스와 논평란이 대폭 확대됐다. 증면된 3면에는 종전 2면에 있던 사회와 체육기사를 옮겨오고 4면에 문화면을 신설했다.

창간 1주일 만인 14일자부터 2면에 연재를 시작한 염상섭의 소설 '미망인'은 30세 안팎

1954년

창간 때부터 독자들의 사랑을 받아온 <블론디> 만화

의 전몰 미망인과 납북인사의 가정생활을 그린 작품으로 한국전쟁 이후 한 가정의 가족사를 통해 어려웠던 당시의 사회상을 그리고 미래에 대한 희망을 조명해 나갔다. 7월 6일자부터 1면에 '외신 속보-마감 후 입전'란을 마련, 편집 마감시간 후에 들어온 국제뉴스를 갈아 끼워 개판(改版)의 시초가 됐다. 칙영(Chic Young)의 '블론디'는 7월 13일부터 2면 체육란 바로 옆에 자리를 잡아 호평을 받았다. 이 만화는 미국의 중산층 샐러리맨인 대그우드와 부인 블론디가 주인공으로 이들의 평범한 가정 이야기를 해학적으로 그려, 한동안 한국일보 지면의 마스코트가 됐다.

한국일보는 중산층을 겨냥해서 신문을 만들었고, 특히 젊은 세대와 대학생들을 주 타깃으로 보도와 해설에 치중해서 독자층을 넓혀 나갔다.

정치 가십란인 '정국왕래'는 7월 20일자부터 1면에 신설됐다. 10월 3일자부터 종전의 상용자를 편평자형 6.4포인트로 대체했다. 편평 활자체는 용지난에 허덕이던 일본의 아사히신문이 1948년 1월부터 채택한 것이다. 이에 따라 한 행이 11자에서 13자로 늘어나 베다조(組)140행으로 전 16단 한 면에 실제로는 2단 정도의 기사를 더 싣게 됐다.

편집, 제작, 판매 등에서 야심차게 드라이브를 걸기 시작할 무렵 한국일보는 정부의 느닷없는 대언론 조치에 직면하게 됐다. 이승만 대통령이 10월 14일 '신문정비·한글전용'에 관한 특별담화를 발표한 것이다. 대통령의 담화의 핵심은 ▲인구에 비해 신문 수요가 많아 과잉경쟁이 벌어지고 있으며 ▲최소 10만 부는 발행되는 신문이 있어야 하는데 그렇지 못하므로 규제가 필요하다는 것이었다.

한국일보는 가만히 앉아 당할 수 없었다. 정부의 조치를 반박하는 사설을 10월 16일자에 게재했다.

(전략) 이 글을 각하께서 친히 읽어 주시게 될까 미심합니다만, 친히 읽어 주신다 하더라도 각하께서는 "너희들의 신문은 몇 장이나 발행하느냐"고 반문하실 것 같아서 주저스럽습니다만 본지는 발행한 지 불과 3개월 만에 3만 8,000여 부를 보급하게 된 데 대해서 독자에게 감사하는 심정을, 이 나라의 민주주의 신문의 발전을 위하여 먼저 각하와 함께 갖고자 합니다. (후략)

한국일보는 사설에서 이같이 전제하고 현재 10만 부를 발행하는 신문이 없으니 우선 정부의 현행 인가제를 폐지하여 신문을 이권화하는 악폐부터 먼저 도려내야 하며, 이른바 정부기관지라는 신문도 역시 해소돼야 한다고 주장했다. 당시 공보처 통계는 1954년 10월 1일 현재 전국의 일간지는 40개로 이 가운데 13개가 서울에서 발행되고 있다고 밝히고 있다.

11월 7일부터는 일요판 타블로이드 8면 부록 특집을 발행하기 시작했다. 월요일자와 광복절과 같은 국경일에 발행되는 4면짜리를 빼놓고는 매일 배달되는 2면짜리 지면이 허전하던 때, 한국일보의 8면짜리 타블로이드판 일요일 특집은 독자들에게 큰 호응을 받았다. 첫 일요특집은 1면에 천관우가 전담한 '페리스코프'란과 표제사진, 목차, 지난주의 10대 뉴스 등을 담고, 2면에는 '시론' '중앙청의 표정', 3면에 '해외토픽', 4면에 '주간경제' '세계의 달러시세' '도매물가'를 실었다. 5면은 학예면으로 문예, 과학, 독서, 신간소개 등을 담고, 6면은 스포츠면으로 스포츠 소식 외에 내 고장 소식, 기자메모를 선보였다. 7면에 연예 및 오락물 등이 실렸다. 8면은 가정면으로 곽하신의 소년 모험소설 '옛날항아리'를 연재하고 생활, 미용, 주부수첩, 크로스워드, 독자질의 등을 다뤘다.

백상은 글 잘 쓴다는 소식을 들으면 어떤 방법을 써서라도 한국일보에 글을 쓰도록 했다. 11월 29일부터 일요판에 '근세인물평전'을 연재하기 시작했고 12월 3일부터는 결혼 출생 사망 회갑 등을 묶어 '독자소식'란을 신설했다.

정치, 경제분야뿐 아니라 세계의 화제, 오밀조밀한 오락, 취미, 소설, 바둑까지 망라한 일요판은 선풍적인 인기를 끌었다. 전국의 지사, 지국이 더 보내 달라고 아우성이었다. 다방이나 정거장에서는 일요판만 따로 20~30환에 날개 돋친 듯이 팔렸다. 한 달 동안에 본지 부수가 1만 부나 늘었다

전무후무했던 국회 '사사오입 개헌파동'.

## 첫 여론조사가 필화 1호

1954년

1954년 11월 하반기 국내 정치는 소용돌이에 빠져들었다. 이른바 '개헌파동'이다. 집권 자유당은 9월 6일 이승만 대통령의 종신집권을 가능케 하려는 개헌안을 국회에 상정했다. 개헌안은 11월 27일 제90차 국회 본회의에서 표결에 부쳐져 가(可) 1백35표, 부(否) 60표, 무효 1표, 기권 6표의 결과를 낳았다. 재적 의원이 203명이었으므로 개헌안 통과를 위해서는 재적의원 3분의 2인 136명 찬성이 필요한데, 가표는 135표로 1표가 모자랐다. 그래서 사회자인 최순주 부의장이 부결을 선포했다.

그러나 최 부의장은 11월 29일 국회 91차 본회의에서 개헌안 부결 선포는 계산 착오에 의한 것이므로 이를 취소하고, 개헌안은 '사사오입'의 수학원리에 따라 가결되었음을 선포했다. 한국일보는 12월 1일자 1면 머리 3단 통단의 사설 '정국의 혼돈과 국민의 우려'를 통해 "여당과 야당은 함께 국회 안에 있어야 한다"고 역설했다. 특히 여의 실수와 야의 난투를 가리는 대목에서는 "첫째 최 부의장이 의장의 자리에 앉아 있으면서 다만 흥분하였던 탓으로, 의사과정의 보고를 그대로 믿고 선포했다는 말부터가 좀처럼 수긍되지 않았다. 부의장이 부결 판정을 내렸을 때 즉석에서 자유당 의원들 중 한 사람이라도 의견을 표명하고 반대를 제의했어야 이치에 합당할 것이다"고 지적했다.

국회는 12월 9일 부의장의 사임과 부의장의 불신임안을 가결함으로써 문책에 대신했다.

한편 한국일보는 개헌 보도와 관련해서 뜻하지 않은 화를 입었다. 9월 13일자 2면에 특집으로 다룬 '개헌안은 통과될까'란 주제의 일선기자 방담 기사를 실은 후 개헌안의 옳고

 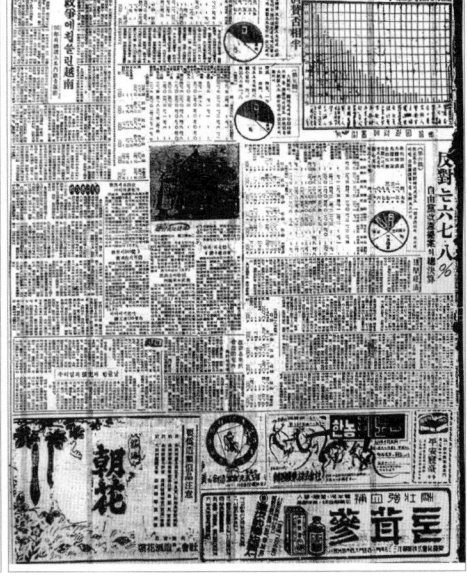

한국일보 첫 필화사건을 초래한 9월 13일자 여론조사 지면.

그름을 가려보자는 뜻으로 여론조사를 실시했다.

여론조사는 조사부 차장을 지낸 논설위원 천관우가 맡았다. 국가 안위에 관한 중대 사항인 국민투표에서 총리제 폐지와 국회의 국무위원에 대한 개별 불신임권, 초대 대통령에 대한 중임제한 폐지 등 5개항의 내용을 담은 설문서는 10월 7일 1,200부가 서울 지방의 각계각층 인사에게 배부됐다. 국회의원, 정당과 사회단체 간부, 판사 검사 변호사 의사 공무원 경찰관 군인 교육인 은행원 회사원 상인 점원 노동자 기술자 예술인 농부 주부 학생 무직자 등 다양한 사람들을 대상으로 이뤄졌다. 결과는 10월 11일자 2, 3면 거의 전면에 걸쳐 '본사 여론조사에 나타난 민의-개헌안을 국민은 이렇게 본다'란 주제로 보도됐다. 예상했던 대로 과반수가 개헌안에 반대했다. 특히 대통령 중임제'에 대해서는 78.8%가 반대의견을 나타냈다.

헌병사령부에서 전화가 걸려왔다. 발행인, 편집국장, 논설위원이 불려가 문초를 받았다. 설문 대상자 가운데 군인 6명이 있는데 회답을 보낸 장교의 이름을 대라는 것이었다. 군인이 정치에 개입하는 행위는 국방경비법 위반이라는 것이었다.

한국일보 여론조사는 우리나라 언론사상 표본조사의 효시이자 필화사건 제1호가 됐다.

백상은 어느 날 공항에 기자를 두어야겠다고 말했다. 우리나라 최초의 공항 동정란 '오는 사람 가는 사람'이 1955년 3월 15일부터 사회면에 등장했다. 4단 크기 박스로 사진과 함께 다룬 '오는 사람 가는 사람'이 나가자 독자들의 반응이 좋았다. 한국일보 공항 출입기자 제1호는 사회부 원용대였다. 이후 정연권 유한성 김종하 정태인 최은호 유태완 김명규 이한권 김승웅 박정수 임승무 이이춘 박흥진 김수종 이황 송대수가 이어받았다.

백상은 편집국 진용이 갖춰지자 주필 오종식의 편집국장 겸임을 두 달 만에 풀어주고 8월 16일 제3대 편집국장에 이건혁을 발령했다. 당시 한국일보의 대우는 파격적이었다. 동아일보의 부장급 월급이 1만 5,000환~1만 6,000환 정도였는데 한국일보는 주필이 4만 환, 논설위원과 편집국장이 3만 환, 부국장은 2만 7,500환, 부장급은 수당을 합쳐 2만 5,000환, 평기자는 1만 5,000환 안팎이었다.

### 최초의 공채 '기자사관학교'

최병우의 건의로 백상은 견습기자 모집을 결정했다. 창간 한 달 만의 결단이었다. 한국일보는 1954년 7월 11일자에 먼저 광고를 냈고 이어 21일자에 사고를 냈다. 시험과목은 논문, 시사상식, 모의취재, 영어, 구두시문이고 자격은 전문대 졸업자로 만 23세 이상 27세 미만으로 했다. 시험 결과 견습 제1기생으로 김 훈 최종기 장익환 이순기 임철규 홍성원 등 6명이 8월 1일자로 입사했다. 여성에게도 똑같이 공개 채용의 문호를 열었으나, 1958년 제7기에서 비로소 견습 여기자 고광열이 나왔다.

백상은 특종기사로 타지를 앞질렀거나 좋은 사진이 실렸으면 그대로 넘어가지 않았다.

1954년

밤샘한 기자들과 청진동 해장국집으로 향했다. 취재기자가 잠들어 있으면 전화로 불러 "청진동으로 오시오" 하고 청했다. 막걸리 한 사발로 목을 축이고 뜨거운 뼈다귀 국물로 시장기를 달래는 약식 파티가 베풀어졌다. 특종한 기자는 사장실로 따로 불러 금일봉을 주어 치하했다.

한국일보를 상징하는 색깔은 초록색이다. 취재차량의 색깔이 그린이고, 그 앞머리에 펄럭이는 깃발 또한 초록색이었다. 백상은 종종 "이 세상에서 가장 아름다운 빛으로 이른 봄 갓 피어오르는 낙엽송의 새싹 빛깔 이상의 것은 없다"라고 말했다.

한국일보는 스포츠 행사에 남다른 안목과 정열을 갖고 있었다. 한국일보가 창간 후 벌인 첫 스포츠 행사는 대한야구협회와 공동주최한 '육·공군 야구전'(1954년 7월 18일)이었다. 서울운동장에서 펼쳐진 육·공군 야구전은 경비행기가 공중에서 떨어뜨린 공으로 손원일 국방장관이 시구했다. 미국 대학 최강팀인 오리건 대학 농구팀을 초청, 한미 친선농구대회도 열었다. 이 대회는 우리나라가 해외팀을 초청한 첫 번째 경기였다.

한국일보는 또 제9회 '전국도시대항야구선수권대회'(1954년 10월 1~5일)를 대한야구협회 주관으로 개최했다. 서울 부산 대전 광주 마산 익산 대구 인천 등 8개 팀이 참가한 대회는 큰 인기를 얻었다.

1950~1960년대 전국을 누빈 한국일보 취재차량.

# 1955년
큰일을 하려면 피와 눈물이 따른다. 수양은 혀를 깨무는 것이다. - 장기영

**파격적인 대우로 인재들 모여**

1월 1일 신춘문예 현상모집 당선작을 발표했다. ▲소설 '유예'(猶豫·오상원·서울 동대문구 숭인동) ▲희곡 '태양의 그림자'(주동운·서울공관신협사무소) ▲시 '우리는 사리라'(김윤·서울 중구 을지로2가) ▲동화 '장날'(서석규·대전시 남동)

신년호에 견습기자 제2기생 모집 사고를 내고 시험을 치러 2월 1일자로 최정호 이광표 정연권 등 세 사람을 뽑았다. 이에 앞서 구랍 12월 9일에는 코리아타임스 견습기자를 따로 모집했다. 이와 함께 중견기자 오소백을 사회부장으로 스카우트했다. 오소백은 사회부 기자를 지방에 주재시키도록 허락받아 전주 주재 전북 특파원에 최종호, 대구 주재 경북 특파원에 이 형, 부산 주재 경남특파원에 이영화 기자를 각각 파견, 한국일보 지방 주재 기자의 시초가 됐다.

3월 1일자로 증면을 단행했다. 월·목요일은 종전대로 2면을 발행하고 나머지 요일은 2면에서 4면으로 증면한 것이다. 증면과 함께 사회·해설·문화·논평면이 대폭 강화됐다.

백상은 "신문경영이란 도깨비에게 걸음걸이를 시키는 것이다"라는 말을 한 적이 있다. 이것은 초기 한국일보 경영에 고심하던 그의 심중을 가장 잘 표현한 말로 전해지고 있다. 열심히 노력한 보람이 있어 한국일보의 발행부수는 창간 1년 만에 5만 부를 넘어섰다. 백상은 5만 부를 돌파하면 부수 수당을 주기로 했던 당초 약속대로 3,000환씩의 수당을 지급했다. 신문용지 값도 큰 폭으로 오르자 한국일보는 마침내 1955년 5월 1일 1면 사고를 통해 월정 구독료를 종전 300환에서 400환으로 인상한다고 알렸다.

초창기 스포츠 행사 중 가장 돋보인 것은 '9·28기념 부산-서울 대역전경주대회'였다. 이 대회는 당시 체육담당 최무기 기자가 제안한 대회로 서울수복을 기념하고 장차 신의주까지 달려갈 통일의 염원이 담겨 있었다.

이 대회는 부산과 서울을 7일간에 걸쳐 각 지역의 선수로 구성된 여러 팀이 참가해서 달려야 하는 큰 경기이기 때문에 부산의 국제신문, 대구의 영남일보, 대전의 대전일보 등 4개 사가 공동주최하고 대한육상경기연맹 주관, 대한체육회와 국군체육회의 후원을 받아 치러

1955년

제1회 부산-서울 대역전경주대회 모습.

졌다. 출발지점은 부산시 남포동 국제신문사 앞이고 종착점은 중앙청 옆 한국일보사 앞까지로, 부산 밀양 경주 대구 대전 조치원 수원 서울로 이어지는 장장 520㎞에 이르는 거리였다.

9·28수복기념 부산-서울 대역전경주대회는 그 후 '부산-서울 간 대역전경주대회'로 연례행사가 되어 한국의 마라톤 인맥을 형성했다. 송금룡(충남)-문흥주(전남)-박원근(충남)-박경덕(경기)-이홍렬(충남)-허의구(경기)-김원탁(서울)-김재룡(경기)-백승도(서울)-황영조(강원)-김원기(전북)-이봉주(충남) 등은 이 대회를 통해 배출된 마라토너들이다. 황영조는 1991년 하계유니버시아드 마라톤 우승, 1992벳부마라톤 2위(한국신 2시간 8분 47초), 1992바르셀로나올림픽 마라톤에서 우승했고 김원기는 1992년 뉴욕마라톤에서 3위, 1994동아국제마라톤서 2위를 했다. 이봉주는 2001년 보스턴 마라톤과 2007년 서울국제마라톤에서 우승했다.

대한야구협회와 공동으로 주최해 온 전국 도시 대항 야구 선수권대회는 1958년 제13회로 막을 내렸다. 이후 한국일보는 그 대신 재일교포 학생야구단 모국방문 친선경기에 힘을 쏟았다. 재일교포 학생야구단 초청경기는 1956년부터 시작됐는데 1970년까지 13회를 거듭하는 동안 선풍적인 인기와 함께 우리나라 고교야구의 수준을 크게 높이는 데 기여했다. 1971년 출범한 '봉황기 쟁탈 전국고교 야구대회'는 이렇게 해서 시작됐다.

이 무렵 우리나라 '애국가'를 작곡한 안익태가 25년 만에 서울로 돌아와 크게 환영을 받았다. 한국일보는 국제호텔 특별실에서 독점 좌담을 갖고 이를 3월 30일 4면 머리기사로 상보했다. 안익태는 이날 인터뷰에서 '애국가' 작곡 동기에 대해서도 소상히 설명했다.

좌담기사가 나간 후 반달도 못되어 안익태에게 문화포장이 보내지고 이 일이 계기가 되어 샌프란시스코에서 입수한 옛 앨범의 필적을 분석, 애국가가 안익태 선생에 의해 만들어졌다는 결론이 정부 조사위원회에서 내려졌다. 현대사 발굴에 대한 의지가 안익태로 이어진 것이다. 한국일보가 1992년 10월 15일 7억여원의 기금으로 '안익태기념재단'을 결성하고 이후 '안익태작곡상'을 제정한 것도 같은 맥락이었다.

8월 9일 소설 '고개를 넘으면'(박화성 작·김영주 화) 연재가 시작됐고 10월 30일 편집국장에 임창수가 임명됐다.

# 1956년
인내는 위기를 구하는 힘이요, 길이다. - 장기영

### 이승만 대통령도 참석한 연날리기 대회

1956년 1월 1일 신년호 1면에 영암선(경북 영주~강원 철암 간 86.2㎞) 개통에 앞서 '산도 물도 넘고 가리라'란 주제의 사진 특집과 함께 신년사를 실었다. 이날 신춘문예 현상모집에서 단편소설 부문에 '도정'(道程)(백승찬), 소년소설 부문에 '경재와 하모니카'(정주상), 라디오 드라마 부문에 '눈보라 속에'(이목영)가 당선됐다. 시와 희곡 부문에는 당선작이 없었다.

연날리기대회에 참석한 이승만 대통령(오른쪽 두 번째).

제1회 전국연날리기선수권대회가 열렸는데, 행사 취지를 알리는 사고가 1월 31일 게재됐다.

실제 대회는 2월 25, 26일 양일간, 장소는 중앙청 앞에서 치러졌다. 종목은 도 대항 개인전과 관·군 대항 등으로 이루어졌다. 전국연날리기대회는 일반부는 1등에 8개월 이상 송아지 한 마리, 2등은 6개월 이상의 산양 한 쌍, 3등은 3개월 이상 돼지새끼 한 쌍을 본사 책임 아래 거주지까지 배달해 주는 조건이었다. 군·관부는 1등에 자전차 한 대(삼천리표), 2등은 유기 12첩 반기, 3등은 유기 9첩 반기를 부상으로 준다는 것이었다. 모든 입상자에게는 한국일보 3개월분 구독권도 제공키로 했다.

전국연날리기대회는 첫 회부터 큰 반응을 불러일으켜 신청자가 100명을 넘었다. 대회 이틀째인 26일엔 이승만 대통령이 참석했다. 백상연날리기 대회는 명칭이 백상 민속놀이 및 연날리기 축제, 창작연날리기 경연대회로 바뀌었으며 2004년 3월 28일 오전 여의도 한강시민공원 청소년광장에서 제38회를 끝으로 중단됐다.

### 한국 최초의 민영 TV

1956년

한국 최초의 TV방송국 HLKZ-TV는 1956년 5월 12일 미국RCA사에 의해 설립됐다. 한국은 이로써 세계에서 15번째, 동양에서는 필리핀 일본 태국에 이어 네 번째로 TV방송국 보유국이 됐다. 12일자 1면에 박스로 '본사 1층 전면에 TV수상기를 설치하여 일반에게 공개한다'는 사고를 냈다.

HLKZ-TV는 한 돌을 맞아 한미 합작의 대한방송주식회사(DBS)로 재발족했다. 취체역 사장에 장기영이 취임했다. DBS-TV는 한국일보 제공 TV뉴스, TV인터뷰, 극영화, TV콘서트 등의 프로그램으로 오후 6시 30분부터 9시 30분까지 하루 3시간 방영했다.

한국일보가 세운 최초의 TV방송국.

DBS-TV는 새출발을 한 지 얼마 못 가서 좌초했다. 불의의 화재로 1959년 2월 2일 0시 5분께 방송시설을 모두 태웠다. 경찰조사 결과 화인은 누전이었고 피해액은 2억 환으로 추산됐다. 백상은 어떤 방법으로든 TV를 재건하고 싶었지만, 당시 여건상 여의치 않았다. 그래서 4년을 두고 재건을 위해 노력했지만 끝내 성공하지 못했다. 대한방송주식회사는 1963년 3월 5일 임시 주주총회 결의로 해산, 폐업계를 냈다. 한편 KBS-TV는 HLKZ-TV 인력이 주축이 되어 1961년 12월 31일 개국했다.

헝가리 반공난민과 전화(戰災)고아를 돕기 위한 운동이 11월 9일부터 전개됐다. 모금 기간은 한 달 예정이었으나 반응이 좋아 연장되어 총 262만 490환(5,260달러 98센트)의 성금이 모아졌다. 백상은 1957년 3월 6일 조정환 외무부 장관을 방문, 수표와 취지를 설명한 서한을 함께 전달했다. 이 수표는 양유찬 주미대사에게 보내져 한국신문사상 해외난민 의연금 모금 제1호가 됐다.

12월 13일 1면은 '집 없고 엄마 없는 전쟁고아를 도웁시다'란 주제의 사고와 함께 한국일보사와 코리아타임스사 사원 일동의 이름으로 10만 환의 성금을 내놓았음을 밝혔다. 13일부터 1개월간 전개된 이 운동은 성금이 들어오는 대로 곧바로 고아원과 고아들에게 직접 전달했다.

한국일보는 창간과 함께 불우 이웃을 돕는 사업에 큰 관심을 갖고 여러 행사를 벌였다. 이는 10만 어린이 부모찾기운동(1961~71년)을 비롯해서 1,000만 이산가족 찾아주기 운동(1974~76년), 큰 홍수가 있을 때마다 벌인 이재민 돕기 운동, 사랑의 쌀 나누기운동(1990년) 등으로 이어졌다.

# 1957년
이 세상에는 공짜도 없고 거저도 없다. 일한 만큼 소득이 온다.   -장기영

### 최초의 미인 선발대회

1957년 1월 새로 도입한 고속윤전기가 가동을 시작했다. 일본에서 만든 이 윤전기는 시간당 3만 부를 찍을 수 있었다. 한국일보는 구독료와 관련해 조선일보와 협정을 맺고 주간 32면, 평일 4면을 찍되 월 구독료를 400환으로 인상했다. 5월 19일 미스코리아 선발대회를 개최했다. 미스코리아를 뽑는 일을 한국일보가 맡기까지는 논란이 있었다. 찬반양론이 엇갈린 가운데 개최하기로 최종 결론이 났고, 1957년 4월 6일 1면에 7단 크기의 사고를 냈다.

> (전략) 매년 7월 11일부터 10일간 미국 캘리포니아주 롱비치시에서 열리는 미스유니버스 뷰티 패전트(세계미인제전)는 공산진영을 제외한 56개국의 미의 대표들이 모여 미와 건강을 다루는 세계적인 일대 행사로서 금년에는 본사에서 모집 선발한 한국대표도 이에 참가할 것입니다. 여기에 참가하는 각국 대표들은 자기의 아름다움을 경쟁할 뿐더러 국제친선과 상호 이해를 증진시키는 데 기여하는 바 크다 하여 '관직 없는 대사' 또는 '평화로운 친선사절' 이라고도 불리우고 있습니다. 우리나라에서도 과거 2차에 걸쳐 이에 대표를 보낸 바 있지만 금년에는 한층 더 아름답고 심신이 함께 건전한 '관직 없는 대사'를 보내어 대한 여성의 진선미를 세계에 빛내도록 거족적인 성원이 있기를 바라는 바입니다. (후략)

미스코리아 모집 규정과 선발 방법 및 특전도 사고를 통해 상세히 알렸다. 응모 자격은 만 18세 이상 28세 이하의 한국 여성으로서 지·덕·체 3면에 진선미를 겸비한 사람, 직업의 유무는 불문하나 흥행단체 또는 접객업소에 종사한 일이 없는 미혼여성으로 했다.

첫 대회인 만큼 특전이 여러모로 배려됐다. 미스코리아 입상자에게는 미국 롱비치시에서 7월 11일부터 개최되는 미스 유니버스 뷰티패전트에 파견하고, 본사 및 각 협찬기관이 상금과 부상을 수여했다. 왕복 교통비와 대회 때 필요한 2점의 야회복·여행복·한복 등 의류 및 롱비치 시장에게 증정할 선물은 주최측이, 체재비는 국제미인평의회와 미스유니버스 뷰티 패전트에서 부담했다. 신청 마감은 4월 30일이었고 예선심사는 비공개로 5월 2일

1957년에 열린 제1회 미스코리아대회 포스터와 선발대회의 모습.

부터 3일간 서울을 비롯한 전국 14개 시도 대표 2명 이상씩을 지역별로 선발한 후 본선은 5월 5일 치러질 예정이었다. 그러나 마감일이 다가오는데도 신청이 들어오지 않았다. 행사 준비 기간이 짧은 탓도 있었지만 당시만 해도 미스코리아 선발에 대한 일반인들의 인식이 좋지 않았기 때문이었다. 중산층 이상 가정의 부모일수록 딸을 미스코리아 선발대회에 나가도록 허락하지 않았다. 응모 마감이 5월 10일로 연기됐고 이에 따라 예선은 5월 12일부터 3일간, 본선은 19일로 각각 미뤄졌다.

1회 대회 심사위원은 고희동(화가·예술원회원) 모윤숙(시인·문총 최고위원) 박은혜(경기여고교장) 박화성(소설가) 손창환(의사·대한적십자사총재) 이메리(이화여대 교수) 이해랑(연극인·예술원 회원) 엄점득(대한체조협회 이사장) 장 발(화가·서울대 미대교수) 채선엽(성악가·이화여대 교수) 최상수(민속연구가) 도상봉(화가) 등으로 구성됐다. 심사위원들이 저명인사들이고 공공기관이 후원하자 57명이 신청했다.

서류 심사를 통해 20명이 예선을 통과했다. 이 중 2명이 사퇴, 18명이 5월 19일 오전 서울 명동극장에서 결선을 치렀다. 집단 심사와 수영복 심사, 육체미를 보는 개별 심사를 거쳐 박현옥(23)씨가 영예의 미스코리아에, 홍인방(22) 김정옥(24)씨가 준미스코리아에 뽑혔다.

이듬해 1958년 5월 25일 개최된 미스코리아 선발대회는 처음부터 큰 관심과 호응 속에 이뤄졌다. '미의 제전'을 하루 앞둔 24일 오후 2시, 결선에 오른 14명의 미인들이 꽃차를 타고 해병군악대의 인도로 한국일보사 앞을 출발해서 중앙청 앞-세종로-국회의사당-덕수궁-남대문-서울역-남대문시장 뒤-퇴계로-대한극장에 이르는 길을 따라 퍼레이드를 벌여 서울의 도심을 축제 속에 몰아넣었다. 두 번째 대회에서 미스코리아에는 오금순(21)씨, 준미스코리아에 정연자(20) 김미자(17)씨가 선발됐다.

제3회 대회는 1959년 5월 24일 서울운동장 수영경기장에서 열려 오현주(20)씨를 미스코리아로 선발했다. 오씨는 1960년 7월 24일 미국 롱비치에서 열린 미스유니버스 뷰티패전트에 참가해서 '스피치상' '인기' '스포츠' '선외상' 등 4개 부문에서 입상했다. 오씨는 민주당 정부의 각료이자 국회의원인 오위영의 막내딸로 이화여대 불문과 2학년 재학중이었다. 오씨는 미국의 세계적 영화제작회사인 파라마운트, 20세기폭스, 콜럼비아, 유니버셜, 인터내셔널 등에서 영화출연 교섭을 받았으나 모두 거절했다.

### 국내 최초의 뉴스 전광판

백상은 박흥식 화신산업 사장의 양해를 얻어 1957년 4월 4일 서울 종로 네거리 화신백화점 옥상에 전광뉴스대를 설치했다. 8개월 걸려 제작된 전광뉴스대는 종이테이프에 타자기로 구멍을 뚫어 회전도전기에 돌리는 방식이었다. 2,000여 개의 특수 전구를 배열한 전광판에 글자만 발광케 하는 원리를 이용한 것이었다. 밤마다 생생한 뉴스를 짤막하게 간추려 전광판을 통해 비춰줌으로써 행인들이 멀리서도 볼 수 있게 했다. 또 전광판을 통해 한국일보를 알리고 광고도 내보내 일석이조의 효과를 얻었다.

우리나라 최초의 뉴스전광판 가동을 알리는 한국일보 기사.

1957년 처음으로 신문 주간이 설정되고 4월 7일을 제1회 '신문의 날'로 기념하게 되자 '신문의 폭력, 신문의 반성'이란 사설을 싣고 '직필은 사람이 죽이고, 곡필은 하늘이 죽인다' '국민은 자유를 지키라, 신문은 당신을 지킨다' '개인 명예의 존중 없이, 신문의 명예 있을 수 없다' '아무도 뉴스를 막을 수 없고, 누구도 신문을 이용할 수 없다' '신문은 민중의 벗이며 사회의 거울이다. 신문 위에 사람 없고 신문 아래 사람 없다' '기자의 비판은 여론의 양식, 여론은 신문의 양식, 신문은 독자의 양식' 이라는 등 본사 선정 신문주간 표어를 연재했다.

창간 3주년 기념사업으로 '한국일보사 경제연구소'를 신설하고 '100만 환 현상소설 모집' 공고를 냈다. 한국일보사 경제연구소는 한국생명빌딩(서울 종로구 송현동 60)에 자리 잡고 국내외 경제실태 조사와 통계분석 등을 통해 경기를 예측하고 국내 경제자원의 개발 및 경제발전의 이론과 실제를 연구 발표했다.

### 광고는 정정할 수 없는 기사

1950년대 신문광고는 영화 소개가 주종을 이뤘고, 다음이 공고와 안내, 약 광고가 차지했다. 광고업무는 처음 총무국 산하의 광고부에서 했다. 상당수의 광고는 우선 실어 놓고 값을 적당히 매기는 식으로 운영했다.

초기 광고 영업을 정착시킨 주인공은 장상홍이다. 그는 일본서 국립영양학교를 나와 광복 전 영양제 '와까모도' 한국출장소 광고주임을 맡았었고 원기소 광고로 '기사광고'를 개척한 사람이다. 장상홍은 백상에게 "광고는 교육이다. 광고는 개발해야 한다. 광고는 생산

1957년

국내 기사광고의 효시인 원기소 광고.

이자 뉴스이다"라고 설명했다. 백상은 '생산'과 '뉴스'란 말에 '광고는 특종'이란 말로 대꾸했다. "광고도 특종기사다. 광고는 정정할 수 없는 기사다. 그래서 더 중요하다"라는 백상어록은 여기서 비롯됐다. 1956년 3월 28일 1면에는 '광고상담소' 신설을 알리는 사고가 나갔다.

1957년 8월 15일 광고부가 광고국으로 승격됐다. 초대 광고국장에 조선일보 광고부 촉탁 출신 윤동현이 임명됐다. 광고영업은 신문용지 값을 벌어들이는 분기점을 넘어섰고 장차 운영비까지 떠맡는 수입원을 이루게 됐다. 백상은 영업이 궤도에 올라서자 여태껏 광고업계의 폐습으로 눈총을 받아오던 사전 광고 게재와 적당히 조정되던 광고 요금의 문제를 없애기로 했다. 1958년 12월 8일 1면에 5단으로 '광고윤리강령 및 게재 기준'을 제안했다.

---

**[광고윤리강령]** (단기 4291년 9월 20일 제안)

1. 광고는 사회적 윤리기반에 입각하여 일반대중의 편익을 도모하고 공공복지에 기여할 수 있어야 한다.
1. 광고는 일반적으로 수긍될 수 있는 의사를 표준으로 한다. 경쟁하는 상품의 비방보다도 오히려 광고되는 상품이나 용역의 장점을 기초로 일반의 수락을 추구하여야 한다.
1. 광고는 분배를 감소시키는 데 기여하는 경제적인 책임과 공공이익에 봉사하는 사회적인 책임을 승인하여야 한다.
1. 광고는 상품 및 용역의 올바른 실태를 대중에게 주지시킴으로써 야기되는 반향을 또한 정확히 고려하여 그로 하여금 신망을 가지도록 하여야 한다.
1. 광고는 진실하여야 한다. 사실을 과장시켜 대중을 현혹시킨다든지 또한 미신이나 무지 등을 악용하여서는 안된다.
1. 광고는 구상이나 표현방식에 있어서 독창적이어야 하며 타의 모방이나 도작(盜作)이어서는 안된다.

**[한국일보 광고게재 기준]** (단기 4291년 8월 25일 제정)

1. 한국일보의 광고는 공안 및 사회법규에 어긋나는 것이어서는 안된다.
1. 한국일보의 광고는 신문보도의 자유를 침해 모독하는 내용이 있어서는 안된다.
1. 한국일보의 광고는 독자의 권익과 신문지면의 품위를 손상시키는 것이어서는 안된다.
1. 한국일보의 광고는 사회도의를 존중하여야 하며 미풍양속에 어긋나는 것이어서는 안된다.
1. 한국일보의 광고는 광고주나 광고대리점과 함께 책임을 질 수 있는 것이어야 한다.
1. 한국일보의 광고는 진실하여야 하며 사실을 과장하는 것이어서는 안된다.

# 1958년
집은 까치집처럼 조각나무로 모아 지어야 강풍에도 잘 견딘다. - 장기영

**'언론통제' 선거법 개정안 파동**

1958년 1월 1일 신년호 1면 머리로 '과학의 세계에 눈을 뜨자'란 주제의 사진특집과 함께 '우리도 공명정대하게 살아보자'란 주제의 신년사를 실었다. 신년호 16면 특집 속엔 각 정당 수뇌들이 말하는 '총선 전망과 경제 자립책'을 알아보는 설문특집을 비롯해서 '1958년을 움직일 20인' '서기 2000년의 정월 초하루를 그려본 무술년 8인 만화제'를 실었다. 우주시대의 도래와 통신혁명으로 우편집배원이 없어질 것이고 서울과 부산이 하루 생활권에 들어갈 것으로 전망했다. 2개 면을 과학특집으로 엮어 당시로서는 파격적인 신년호를 만들었다. 당시 TV가 막 선을 보일 때 한국일보는 1980년대에는 인공위성을 통한 직접 방송시대가 열릴 것을 독자들에게 예고했다.

언론인들은 1월 11일 서울 시공관에서 '전국언론인대회'를 열고 언론의 자유를 침해하는 조항을 포함한 '선거법 개정안'을 철회할 것을 결의하는 총궐기대회를 가졌다. 한국일보는 12일자 1면 머리로 전국언론인대회의 결의 내용과 함께 결의문 전문을 게재했다. 또 사설을 통해 '언론 봉쇄의 악법은 절대 개정돼야 한다'고 역설했다.

한국일보는 필요에 따라 새로운 부서를 신설, 급변하는 세태에 대처해 갔다. 그중에서도 1958년 3월 1일 과학부를 신설한 것은 한국 언론사상 최초의 일일뿐더러 세계의 흐름을 따라가기 위한 결정이었다. 한국일보는 창간 때부터 과학보도에 대한 관심이 컸다. 1954년 11월 7일부터 신설된 일요특집에 〈해외과학〉란을 둔 것이 대표적이다.

초대 과학부장에는 서광운이 임명됐다. 후에 심승택 이광영 이병일 유주석 등으로 이어졌다. 과학부 신설은 한국의 과학언론 발전에 선구자적인 역할을 했다. 한국일보에 이어 연합신문(1959년) 조선일보(1964년) 중앙일보(1965년) 경향신문(1967) 서울신문(1968년) 동아일보(1969년)의 순으로 과학 전담부서를 두었다.

신라 화랑도의 무예를 오늘에 되살리고 풍류 깃든 민속의 멋을 진흥시키기 위해 제1회 전국남녀 활쏘기대회를 4월 18일부터 나흘 동안 서울 사직공원 뒤 황학정에서 개최했다. 전국 각지의 남녀 궁사 500여 명이 참가했다. 이승만 대통령이 부인 프란체스카 여사와 함께 예고없이 대회장을 방문했다.

### 100만 환 당선작 '비극은 없다'

한국일보 창간 첫 소설은 우리나라 사실주의 문학의 시조인 염상섭에게 특별히 부탁해서 쓴 '미망인'(1954년 6월 16일~12월 6일)이었다. 이를 이어받아 정비석의 '민주주의족'(1954년 12월 10일~1955년 8월 8일), 박화성의 '고개를 넘으면'(1955년 8월 9일~1956년 4월 23일), 정비석의 '낭만열차'(1956년 4월 25일~11월 24일), 박화성의 '사랑'(1956년 11월 25일~1957년 9월 15일), 김말봉의 '화관의 계절'(1957년 9월 18일~1958년 5월 6일)이 차례로 연재됐다.

백상은 창간 첫 연재소설인 염상섭의 '미망인'이 신문에 실리기 이전에 정비석에게 원고를 준비토록 했는가 하면, 박화성의 '고개를 넘으면'은 원고 청탁 1년 후에야 연재를 시작할 수 있었다. 한국일보는 1957년 100만 환의 상금을 내걸고 창간 3주년 기념사업의 하나로 장편소설을 모집했다. 이렇게 해서 뽑힌 작품이 홍성유의 '비극은 없다'였다.

홍성유의 데뷔작이기도 한 이 작품은 5월 7일부터 연재되기 시작하여 장안에 선풍적인 인기와 화제를 불러 일으켰다. 서울대 법대 행정학과를 나온 28세의 작가 지망생의 작품이 100만 환이란 당시로서는 파격적인 액수의 현상소설 응모에서 당당히 당선된 것이다. 작품을 심사한 김기진은 "뛰어난 솜씨"라 했고, 박화성은 "장편소설로서의 모든 요소를 구비했다"고 했으며, 박종화는 "현재 기성 저널리즘 문단의 수준에 육박하고도 남음이 있다"고 평했다. 김말봉은 "홍군이 가장 놀랄 만한 커다란 비극을 그리면서도 감히 '비극은 없다'고 한 것은 홍군이 무엇인가 제시하려는 것이 있어서이지 지적인 광휘만이 아니리라. 작품을 읽어가는 동안에 어느덧 우리는 현실을 깊이 파헤친 한국인의 한때 살아 움직인 군상들을 보게 된다"고 논평했다.

삽화는 삼중당에서 월간잡지 '아리랑'에 그림을 그리고 있던 우경희가 그렸다. 당선작보다 50여 회를 늘려 207회를 연재했다. 1959년 홍성기 감독에 의해 영화로 만들어졌다. 김지미는 이 작품에서 주연으로 열연했다. 다시 1988년 정진우 감독에 의해 영화와 장편드라마로 동시에 제작돼 KBS TV에 방영됐다.

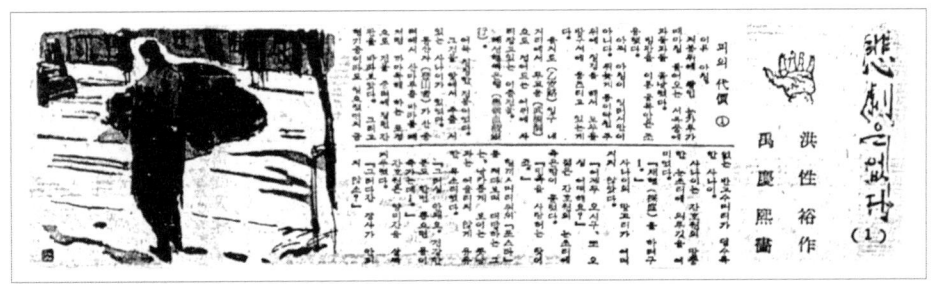

'비극은 없다' 첫 회분(1958년 5월 7일).

10월 20일 구내식당이 개설됐다. 백상은 복지시설의 하나로 본사 1층 서쪽 끝 별채에 아담한 공간을 만들고 쿠폰(식권철)을 발행, 본사 사원과 보급소 직원 및 손님들에게 저렴한 값으로 식사를 제공했다.

### 최병우 특파원 실종

1958년 5월 9일 한국일보 논설위원 겸 코리아타임스 편집국장인 최병우는 김포공항을 떠나 13일 싱가포르에 도착했다. 인도네시아 사태를 취재하기 위해서였다. 1958년은 인도네시아 현대사의 중요한 해였다. 2월 15일 수마트라의 반 수카르노 세력은 인도네시아 공화국 혁명정부(RRRI) 수립을 선포하고 대통령 수카르노가 나라를 공산주의로 이끌어 가고 있다고 비난했다. 그리고 혁명정부를 인도네시아의 정통정부로 인정해 줄 것을 자유세계에 호소했다. 최 특파원은 이런 상황에서 싱가포르를 거쳐, 인도네시아에 특파됐다. 한국일보는 최 특파원이 14일에 보낸 첫 기사를 16일자 1면에 게재했다.

최 특파원은 싱가포르에서 보낸 제1신에서 "제2의 판문점을 방불케하는 싱가포르에는 세계 각국에서 몰려든 60여 명의 신문·통신 특파원들이 취재활동을 하고 있다"고 전했다. 5월 18일 최 특파원은 제2신을 보내왔다. '드높은 인니 혁명군의 구성원/한국 의용병도 환영'의 제목으로 싱가포르에 주재하고 있는 인도네시아 혁명정권 대표를 취재한 내용이었다. 한국일보

최병우 특파원(오른쪽)과 종군기자들.

는 이 무렵 UP, AP통신에 더하여 4월 1일부터 영국 로이터통신을 편집국 텔레타이프를 통해 직접 받아 볼 수 있게 됐다. 한편 16일 미국의 UP통신과 INS통신이 합병하여 UPI로 새 출발했고 동양통신이 6월 2일자로 UPI와 수신계약을 체결했다. 최 특파원은 23일자로 보낸 제3신을 통해 '인도네시아 사태는 며칠 동안 맥없이 급전하더니, 미국의 외교정책이 중립주의인 수카르노 정부를 지지하는 쪽으로 선회하는 바람에 반공혁명은 버림받은 고아가 됐다'고 보도했다.

25일 보낸 제4신에서는 싱가포르와 혁명군 기지 메나도 사이에 날마다 있었던 통신연락이 끊겨 동란의 진상을 파악하기 어렵게 됐다고 알려왔다. 그는 기사 취재를 위해 부지런히 뛰어다니다가 간첩으로 오인되어 싱가포르 사복 형사들에게 연행되기도 했다.

최병우는 9월 5일 대만으로 가서 대만해협의 위기를 취재 보도하라는 본사의 긴급지시를 받았다. 8월 23일부터 중공군은 금문도에 맹렬한 포격을 퍼붓기 시작했다. 중국 대륙 연안에 있는 금문도와 마조도는 각각 수만 병력의 국부군이 지키고 있었고, 장개석 총통은 이 섬들을 대륙 수복의 발판으로 여기고 있었다.

최 특파원은 타이베이에 도착한 이틀 뒤인 9월 7일 오후 본사 편집국장과 통화했다. 최

특파원은 10일 펑후(澎湖) 열도 마궁(馬公) 군항에서 호송선단을 타고 빗발치는 포탄을 헤치며 금문도에 상륙했다. 그는 이 섬을 디딘 단 한 사람의 외국인 기자였다. '금요일(9월 12일)까지는 금문도발 제1신을 보낼 테니 기대하라'고 기약했던 바로 그날 한밤중에 AP통신은 뜻밖에도 '금문도에 상륙한 최병우가 부상을 입었다'고 타전해왔다.

최병우 특파원의 대만 해협 취재를 알리는 9월 5일자 한국일보 사고.

한국일보와 코리아타임스는 9월 13일자 1면에 AP통신을 통해 들어온 부상당한 최 특파원의 사진과 함께 기사를 실었다. 최 특파원은 부상에도 불구하고 9월 15일 오후 4시 국제전화로 금문도 사태를 알려왔다.

최 특파원은 부상당한 몸으로 쉬지 않고 맹렬한 취재활동을 계속하다 보니 건강이 몹시 나빠졌다. 백상은 19일 조사부장 김종규를 타이베이에 급파해서 최병우의 건강을 돌보도록 하는 한편 그의 임무를 이어받게 했다. 사장은 김종규를 통해 최병우에게 병세가 호전되는 대로 귀사할 것도 지시했다.

김종규가 서울에서 도쿄를 거쳐 타이베이에 도착한 것은 21일이었다. 그는 비행장에서 곧바로 병원으로 가 최병우를 만났다. 김종규는 최병우에게 사장의 귀사 지시를 전했다. 9월 23일 국부군은 기자의 금문도 방문 금지령을 해제했다. 그래서 김종규 특파원은 9월 24일 새벽 외국인 25명, 중국인 10명의 기자들과 함께 군용기편으로 타이베이를 떠나 한국 시간으로 오전 8시 45분 금문도에 도착했다. 이들은 9월 14일 대만정부가 내외기자에게 금문도와 마조도 그리고 펑후 열도에 들어갈 수 없도록 금지령이 내린 후 처음으로 금문도에 도착한 기자들이었다.

그날 최병우는 병원에서 나와 원래 묵고 있던 중국지사에 들렀다. 금문도에서 김종규가 타전하는 기사가 들어오면 이를 즉시 서울로 중계하기 위해서였다. 마침 국부군 당국이 중국지사에 25일 오후 대만 남부에 있는 해군기지에서 금문도로 가는 보급선단이 있으며 기자의 승선이 가능하다고 통보했다. 타이베이에서 고웅까지 가는 교통편도 마련돼 있었다. 최병우는 담당 의사의 허락을 받아 승선을 신청했다. 최병우가 25일 오전 8시 송천(松川)공항에서 공군수송기를 타고 출발, 도중에 버스를 갈아 타고 고웅의 좌영 해군기지에 들어간 때가 11시경이었다. 그때 이미 김종규는 중국지사에 돌아와 있었다. 김종규는 '금문도로 가는 유혹을 막을 수 없어 오늘 아침 항공기편으로 고웅으로 출발함. 이번에는 일절 부질없는 행동을 삼가고 자신의 안전을 도모하겠음'이라는 최병우의 영문 메모를 발견했다.

추석을 하루 앞둔 9월 26일 타이베이발 AP특전은 청천벽력 같은 급보를 알려왔다. 금문도 3km 해상에서 상륙용 주정이 뒤집혀 한국의 최병우를 비롯해서 일본의 야스다 노부유키

(요미우리신문) 등 6명의 신문기자가 실종됐다는 미확인 보도였다.

한국일보에 최병우의 생사를 알기 위한 비상이 걸렸음은 물론이다. 자유중국의 해군과 공군은 합동으로 수색작업을 벌였으나 여섯 기자의 행방은 찾을 길이 없었다. 10월 9일 김종규 특파원이 고인의 손때 묻은 영문타자기 등 일용품이 든 두 개의 가방을 들고 타이베이 CAT편으로 돌아왔다. 10월 8일 한국일보는 1면에 '금문도 종군중 순직한 최병우 특파원 위령제를 지낸다'는 근고(謹告)를 한국일보사와 코리아타임스사 공동 이름으로 냈다.

위령제는 고인의 모교인 경기중·고교 교정에서 10월 11일 오후 2시 엄수됐다. 이승만 대통령이 보낸 조화 속에 상복의 부인(김남희·36)과 딸(최영희·8) 그리고 노부모의 슬픈 모습이 2,000여 명 조문객의 마음을 아프게 했다. 정부는 1963년 8월 11일 고인에게 문화훈장 대통령장을 추서하여 생전의 공적을 위로했다. 백상은 유달리 아끼던 고인의 넋을 위로하는 뜻에서 장서 1만 권을 모아 '최병우 기념 신문도서관'을 본사에 1964년 4월 9일 설치했다. 유가족도 고인의 장서 1,118권을 이 도서관에 기증했다.

당시까지 대한민국 역사상 종군 취재 중 목숨을 잃은 유일한 기자인 최병우는 1924년 전남 목포에서 태어났다. 서울교동보통학교, 제일고보와 일본 시코쿠 고치 고등학교를 졸업했다. 이후 금문도 포격전 50주년이 되던 2008년 8월 24일 최병우를 비롯한 6명의 위패가 금문도 충렬사에 봉안되었다. 1989년에 최병우 국제보도상이 신설됐으며, 1990년 1월 11일 제1회 최병우 기념 국제보도상이 시상되었다. 이 상은 2014년 관훈언론상에 통합되어 '국제보도' 부문이 최병우 국제보도상을 겸하게 되었다.

10월 21일 미국 프로야구 명문 세인트루이스 카디널스 초청 '백구의 제전'을 펼쳤다.

11월 11일자부터 조·석간제가 단행됐다. 한국일보 지령 제2,850호의 제호 밑에 '조간(朝刊)', 같은 지령의 낮 신문에는 '석간(夕刊)'임을 표시했다. 첫 석간 소설로 월탄 박종화 작·운보 김기창 그림으로 '여인천하'가 11월 11일자 2면에 모습을 드러냈다.

세인트루이스 카디널스 야구팀의 환영 카퍼레이드(왼쪽 사진). 백구의 제전 경기장에서 이승만 대통령(오른쪽)과 백상(가운데).

# 1959년
생각을 많이 하는 사람만이 가장 훌륭한 일을 많이 할 수 있다. - 장기영

**알뜰히 챙긴 소년 배달원**

1959년 1월 1일부터 석간 2개 면을 증면해서 조·석간 각 4개 면을 발행하기 시작했다. 지면 배정도 재정비해서 조간 4면에 있던 문화면을 석간 4면으로 옮기고 석간에 '뉴스의 눈'을 신설했다. 신년호 1면의 '잃어버린 땅에도 봄이 오렴'이란 주제의 사진특집(조용훈 촬영)에 신춘문예 당선작품인 송선영의 시조 '휴전선'을 함께 실었다. 조간 2면에 김영상(서울시사 편찬위원)의 '서울 600년'이 16일 연재를 시작했다. 부사장 겸 주필 및 편집국장에 오종식이 겸임 발령됐고, 편집국장 김현제는 기획위원에 임명됐다.

6월 9일 창간 5주년을 맞아 조간 10면 특집을 발행했다. 1면에 '본래의 소신대로 정진하련다'란 주제의 창간 다섯 돌을 맞는 한국일보의 진로에 대한 사설을 싣고 기념사업으로 제1회 전국씨름대회 개최와 제10기 견습기자 모집을 알리는 사고를 실었다.

창간 5주년 기념사업의 하나로 소년 배달원의 역할을 높이 평가해서 '소년 배달원의 노래'를 짓기로 결정했다. 현상금 10만 환을 내걸고 가사를 공모한 결과 총 596편의 응모작 중 목포여고 교사 김승묵의 작품이 입선됐다. 이를 시인 이은상에게 부탁해서 부르기 쉬운 가요조로 손질했다. 가사가 확정된 후 작곡을 다시 현상공모, 방한기의 곡이 뽑혔다. 한국일보 '소년 배달사원의 노래'는 이렇게 해서 1959년 7월 14일 확정됐다.

창간 다섯 돌 기념사업으로 단오절과 개천절을 전후하여 봄·가을 두 차례에 걸쳐 전국장사씨름대회를 열고 천하장사를 뽑았다. '제1회 춘계 전국장사씨름대회'는 예정됐던 단오절을 보름 넘긴 1959년 6월 25일부터 7월 2일까지

> **〈소년 배달사원의 노래〉**
> 1. 신문은 그날 그날 지식의 양식 / 오늘도 내가 전한 새로운 소식 / 비가 오나 눈이 오나 달려야 하는 / 우리는 매스컴의 나어린 일꾼 (후렴) 고달픈 배달에 몸은 지쳐도 / 마음은 별빛 같은 이상에 산다.
> 2. 좋은 일 기쁜 소식 적힌 날이면 / 걸음도 한결 더 가볍더구나 / 바르고 빠른 것 보도의 생명 / 우리는 매스컴의 나어린 일꾼
> 3. 집집이 기다리는 오늘의 소식 / 내 손으로 세계를 알려 주고서 / 즐거이 부른다 희망의 노래 / 우리는 매스컴의 나어린 일꾼

8일간 중앙청 광장에서 열렸다. 전국장사씨름대회는 전국남녀활쏘기대회 그리고 1956년에 시작한 전국연날리기선수권대회와 함께 한국일보의 3대 민속기예 제전의 하나로 해마다 인기를 더해 갔다. 그러나 한국일보가 대한씨름협회와 공동 주최한 전국장사씨름대회는 김학룡이 네 번째 천하장사의 칭호를 차지한 1963년 8월 6일 제6회 대회로 막을 내렸다. 민속씨름이 1983년 프로화하고 현재의 틀을 갖추게 된 것은 한국일보가 시작한 전국장사씨름대회가 밑거름이 됐다.

### 아이스쇼 초청 공연·수익금은 태풍피해 극복에 기탁

한국일보는 세계적인 '홀리데이 온 아이스쇼' 팀을 초청했는데, 9월 1일 1면에도 7단 크기의 사고를 내보냈다.

9일 첫 공연이 펼쳐졌다. 관람료는 무대에 가까울수록 비쌌다. 특별석이 2,500환(백색), 가석 1,800환 (홍색), 나석 1,200환(녹색), 다석 700환(황색)으로 결정됐는데, 표는 색깔로 구분해서 알아보기 쉽게 했다. 당시 서울 시내 개봉관의 극장 요금은 500~600환이었다. 아이스 쇼는 공연이 거듭될수록 인기가 치솟았다. 한국일보는 폭발적인 인기를 외면할 수 없어 공연을 닷새 늘려 10월 4일까지 연장했다. 개천절 이튿날의 작별 공연에서는 뒤늦게 입단, 합류한 한국의 여성 스케이터 조천백자(趙千百子)씨가 열연함으로써 피날레를 멋지게 장식했다. 이 홀리데이 온 아이스 쇼는 대성공을 거뒀다.

아이스 쇼가 성황리에 치러지는 동안 14호 태풍 '사라' 호가 9월 17일 남부 지역을 강타해서 전국에 유례 없는 큰 피해를 입혔다. 한국일보는 아이스 쇼 1회분 수익을 수재의연금으로 내놓는 한편 22일 1면에 '태풍 이재민 의연금품 모집' 사고를 냈다.

본사는 총 5,000만 환의 성금과 각종 의연품을 모아 수재민에게 전했다. 홀리데이 온 아이스 쇼단은 4년 후 다시 왔다. 창간 9주년을 기념해서 1963년 여름 재초청한 것이다.

9월 28일 서울수복을 기념해서 참전 16개국 마라톤 선수들을 초청한 인천-서울 간 국제마라톤대회를 개최했

'홀리데이 온 아이스쇼' 팀의 공연 장면.

다. 본사는 마라톤 중흥에 남다른 열정이 있었다. 1955년 9·28수복 기념 부산-서울 간 대역전경주대회를 개최한 것도 그 때문이었다. '한국체육사상 초유의 성사'란 제목으로 제1회 참전 16개국 초청 9·28수복 기념 국제마라톤대회를 알리는 사고가 13일자 1면에 5단 크기로 나갔다.

# 1960년
일을 만들어서 하라. 아이디어가 없는 인간은 목석과 같다. - 장기영

**민의의 편에 서서**

1960년 1월 1일 신년호 조간 1면에 마해송의 글과 그림으로 동화 '꽃씨와 눈사람'을 게재했다. 4대 대통령 선거(3월 15일)를 앞두고 있는 상황에서 이승만 대통령을 비롯한 3부 요인의 신년사 및 정치 관련 기사를 뒷면으로 돌린 것은 과감하면서도 이색적인 신년특집이었다. 새해 사업으로 '한국출판문화상', 국민 개영(皆泳)운동 원영(遠泳)대회', '부녀백일장' 등을 새로 마련했다. 23일에는 서울역에서 귀향·귀성 인파가 몰리면서 초유의 압사사고가 발생했다.

3·15 선거 당일에는 조간 1면 머리에 '올바른 선거 후에 올바른 정치 있다'를 제목으로 공명선거의 중요성을 강조했다. 조간 1면에 공명선거의 중요성을 알리는 특별 사설을 내보냈다.

한국일보는 이날 조간 2면에 '공약의 실천을 내 한 표로 하자'란 통단 컷을 가로로 뜨고 양면에 6단 크기로 '길 막고 물어보자 협잡선거 웬말이냐' '어쩌자고 이럴까 겨우 찾은 강산인데'란 컷을 세로로 썼다. 그리고 한국일보사와 공명선거추진 전국위원회가 3월 7일부터 10일까지 4일간 현상모집한 '공명선거표어' 2만 9,532편 가운데 예선에서 뽑힌 154편을 '3·15 정·부통령 선거 득표수와 3·15 선거 유권자수 대비' 표와 함께 전면에 걸쳐 실었다. 사회면에 '내 마음의 공명선거 어느 장사 막으랴'를 통단 가로컷으로 뜨고 '보아도 부정, 보여도 부정'이란 8단 컷을 세로로 썼다.

3월 16일자 조간 1면은 투표 장면 사진을 4단 통단으로 싣고 그 밑에 가로 통단으로 '정·부통령선거 어제 전국 일제히 투표'란 컷을 달고 바로 아래 쪽에 4단 크기로 '허무한 분위기 속/각지마다 삼인조 투표강행'을 상보했다. 이 날짜 2면에 본사 기자들의 현지 보도가 전면에 걸쳐 실렸다. '전국 도처서 삼인조 공개투표'란 가로 컷을 떠 다룬, 본사 기자들의 현장 보도는 3·15 선거가 부정으로 치러졌음을 적나라하게 고발했다.

3·15 부정선거는 마침내 이날 밤 북마산 파출소가 불타고 이를 저지하는 경찰이 발포함으로써 5명이 사망하고 70여 명이 부상하는 사태를 초래했다. 본사는 김자환 정치부장을

제4대 정·부통령 선거포스터(왼쪽)와 한국일보사 앞에 마련된 정·부통령 선거 개표 상황판.

취재반장으로 김영배 사진부장, 예용해(사회부) 이원홍(정치부) 박원구(지방부) 백린흠(지방부) 김명태(마산지사)를 취재진으로 현지에 특파했다.

한국일보는 마산사태 취재 과정을 통해서 시민들의 절대적인 환영과 격려를 받았다. 군중들은 데모의 와중에서도 한국일보 차량이 가면 박수를 치며 길을 비켜주었고 마산특별취재반이 거처를 정한 백운여관은 물론 본사에도 격려 전화가 쇄도했다. 한국일보는 이를 7일자 1면 머리로 사진과 함께 선언문을 곁들여 다뤘다.

> 이승만 정부는 집정 12년간에 거듭한 실정의 결과 민심이 완전 이반되어 자유선거로는 도저히 정권을 연장할 수 없게 되자 이번 3·15 선거에 있어 최후 발악으로 모든 부정과 극악수단을 무소불위로 구사하여 민주주의의 초석인 선거제도를 완전히 파괴하고 말았다. 이번 선거는 '선거'가 아니라 바로 '국민 주권의 강탈 행위'이다. 그러므로 3·15 선거는 전적으로 불법이고 무효임을 거듭 엄숙히 선언하는 바이다.

### 역사에 남아 있는 '4·19' 민주필봉

한국일보는 4월 18일 고대생 시위를 19일자 1면 머리에 4단 크기의 데모 현장 사진과 함께 '3천여 고대생 데모 감행'이란 제목으로 대서특필했다. 2면에는 현장사진을 특집했고, 사회면에는 지방으로 번져가는 데모를 머리로 올렸다.

20일 석간부터는 비상계엄 선포에 따라 보도에 제한이 가해졌다. 한국일보는 사실 전달에 힘썼다. 그러나 이는 검열에서 여지없이 삭제됐다. 검열단은 삭제된 부분을 다른 기사로 채울 것을 요청했다. 그러나 이미 윤전기에 걸려 있는 상태여서 삭제된 부분을 칼로 긁어내고 발행했다. 따라서 20일자 석간은 1면 사설을 비롯해서 일반 기사가 20% 정도 깎인 상태의 공백으로 나갔다. 사회면은 더욱 심해 25% 정도가 깎여 나갔다. 한국일보는 계엄하에서

1960년

계엄 당국의 검열로 기사가 삭제된 한국일보 지면.

도 사설과 특별기고를 통해 현실을 알리는 일에 충실했다

한국일보는 4·19 혁명에서 다친 학생들을 돕기 위한 운동을 펴기로 했다. '사상학생돕기 간호금품 접수'는 20일 한 주부와 독지가가 보낸 주스와 성금, 독자들의 애절한 내용의 편지가 동기가 됐다. 이에 본사는 20일 이 사실을 사회면을 통해 머리기사로 알렸다. 20일자 사회면에 소개된 한 여성 독자의 편지와 22일자 1면 사고의 내용은 다음과 같다.

[한 여성독자의 편지] 저는 어젯밤 직접 피해를 받은 청년의 어머니나 누이는 아닙니다. 그러나 그렇기 때문에 더욱더 가만히 있을 수가 없어 병원에 달려갔습니다. 내가 할 수 있는 일…. 이미 죽은 이들에게는 어찌할 바 없지만 지금 죽어가고 있을지 모르는 이들에게나마 내 피를 쏟아주고 싶었습니다. 그들의 젊은 목숨이 한없이 애처로워 다만 그것뿐이었습니다. 연약한 부녀라고 거절당하자 나는 있는 대로 구내의 주스를 사 모아서 병실의 그 피투성이 머리맡에 놓아 주었습니다. 부모가 서울에 없는 시골 학생들이 많았습니다. 그들은 따뜻한 어머니나 누나를 기다리고 있었습니다. 링거와 마실 것을 요구하고 있습니다. 시내 각 병원마다 즐비하니 누워 있을 그들. 상처받아 괴로워하는 모습을 생각할 때 우리 어머니들과 누이들은 한시도 가만히 있을 수 없을 것이라고 생각합니다. 진심 어린 성원 있으시기를 바랍니다.

[사고] 21일 오전 8시 현재로 계엄사령부에서 발표된 4·19 사태의 민간 측의 사상자만도 사망 111명, 부상 561명에 달하였습니다. 이미 목숨을 거둔 학생들에 대해서는 회생시킬 도리는 절망이라 하겠거니와 방금 생사의 경지를 방황하는 중상자와 의지할 곳도 없이 신음하고 있는 고독한 지방학생들에게는 무엇을 제치고도 긴급구호의 대책밖에는 없습니다. 각 병원에 수용된 부상자들에게 의료의 만전을 기대하는 터입니다만, 그들에게 지금 긴급한 것은 극도로 허탈하고 무한히 필요한 병자에게 국민들의 정성어린 간호와 위문인가 합니다. 기보한 바와 같이 한 무명의, 수혈을 거부당한 부인이 본사에 간곡한 서한과 함께 보내온 주스 두 상자는 이 마당에 거룩한 나이팅게일 정신의 씨를 뿌려 21일 오전 현재 어느 익명을 요구하는 신사가 내놓은 100만 환, 그리고 아기 돌상에 놓을 과자를 보낸다는 어느 부인을 비롯한 각 방면에서의 간호금품이 연이어 답지하여 본사에서는 이를 접수와 동시에 즉각 차례로 병원에 전달했습니다. 이에 본사는 권유 모집의 형식은 취하지 않습니다만 기탁하시는 간호금품

을 지체없이 전달하기 위해 본사 내에 '간호금품 접수처'를 설치하였습니다.

사상자 간호금품은 각계에서 쏟아져 들어왔다. 한국일보는 이를 위해 각계 대표로 이루어진 위원회를 구성키로 하고 이를 알리는 사고를 25일자 1면에 냈다. 사상학생 간호금품은 4월 28일 1억 환을 돌파했다. 신문 검열은 4월 24일 오후 3시 30분 이승만 대통령의 '자유당 총재직 사임' 발표를 기해 없어졌다. 4·19혁명은 마침내 26일 이승만 대통령의 하야로 수습국면에 들어섰다.

### 3일 만에 끝난 소설 '혁명전야'

본사는 격변기 소용돌이 속에서 '읽히는 신문'을 통해 사세를 키워 나가기 위한 계획을 과감히 추진했다. 백상은 그중의 하나로 젊은 대학생을 주인공으로 등장시켜 당시 한국의 시대상을 파헤치려는 계획을 했다. 이렇게 해서 나온 것이 연재소설 '혁명전야'였다. 작가는 정비석, 그림은 김영주로 결정됐다. 4·19 이후 한 달이 채 안 된 5월

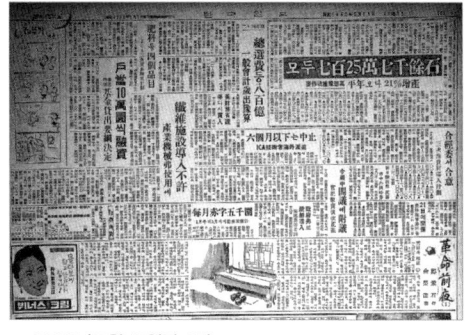
1960년 5월 19일자 4면.

12일 1면 사고를 통해 연재 계획을 알렸고, 5월 19일자 4면에 소설 첫 회가 '천국과 지옥'이란 소제목을 달아 나갔다. 등장 인물은 신명철(고려대 법과) 김진호(서울대 정외과) 한상준(연세대 상과) 등 대학생. 이야기는 21일까지 3회에 걸쳐 실마리를 풀어 나가는 서론 단계였다. 3회분 중간쯤에서 이야기는 고려대·연세대·서울대의 학풍에 대한 다음의 묘사로 이어졌다. 이른바 대학생 오십 환 용도론인 것이다.

> (전략) 연세대학에 다니는 한상준은 언제나 모양으로 곤색 양복을 말쑥하게 차렸고 서울대학에 다니는 김진호는 회색 양복바지에 나일론 점퍼를 입고 있다. 그리고 지금 방안에서 친구들을 내다보고 있는 고려대 학생 신명철은 철 늦은 골덴 바지에 낡아빠진 와이샤쓰를 입고 있다. 그들의 옷차림은 우연하게도 그들이 속해 있는 대학교의 특징을 제각기 대변하고 있는 듯도 싶었다.
>
> 항간에는 돈 오십 환을 가지고 그네들이 다니는 세 대학교의 특징을 단적으로 표현한 재미나는 말이 떠돌고 있다. 돈 오십 환이 생기면 고려대생은 막걸리를 마시고, 연세대생은 구두를 닦고, 서울대학생은 노트를 산다는 것이다. 따라서 여자대학생들로 보면 연세대생은 연애의 대상이요, 고려대생은 결혼의 대상이요, 서울대학생은 동경(憧憬)의 대상이라는 것이다. (후략)

1960년

그날 석간 사회면은 '장면 저격 사건의 배후와 모의가 백일하에 드러났다'는 내용이 톱으로 거의 전면을 장식했다.

'혁명전야'가 나간 다음날인 21일 오전 11시 30분경 연세대 학생 약 200명이 본사로 몰려왔다. 그동안 한국일보가 연세대학생에 대해 보도한 기사 내용에 문제가 있었고 연재소설에서 연세대 학생에 대한 묘사가 그들의 명예를 훼손시켰다는 항의였다. 이들은 이후 정비석을 대동하고 다시 본사로 몰려왔다. 정비석은 학생들에게 끌려 본사까지 걸어왔다. 백상, 정비석, 학생 대표와 교수가 사장실에서 선후책을 협상했다. 그 결과 22일 1면에 게재 중단을 알리는 사고와 함께 4면에 '정비석의 해명서'가 나왔다.

> (해명서) 나 정비석은 한국일보에 연재 중인 졸작 '혁명전야'에서 연세대 상과대학 한상준을 등장시켰는데 한군의 가정을 부패한 가정으로 하였고, 한군을 사치스러운 학생으로 묘사한 바 있었습니다. 작가가 가정을 그와 같이 묘사한 것은 나중에 가서 한군이 그러한 가정에서 성장했음에도 불구하고 사회의 부패상에 철저히 항거하여 4. 19혁명에 영웅적인 활동을 한다는 것을 그려나갈 계획이었습니다. 그런데 그것이 현실적으로는 연세대와 동교 학생 전체의 명예와 위신을 떨어뜨린 결과가 되었으므로 이를 연세대 학생 전원에게 깊이 사과의 뜻을 표하며 그 책임을 절실히 느끼고 이에 다음과 같은 해명을 공개하는 바입니다.
> 1. '혁명전야'는 자진 집필을 단념함.
> 2. 연세대 학생 운운은 현실적으로는 아무 근거가 없음에도 불구하고 소설적으로 허구 묘사한 것임을 해명함.

### 소년한국일보·서울경제신문 창간

1960년 7월 17일 소년한국일보에 이어, 8월 1일 서울경제신문이 창간됐다. 한국일보는 7월 16일 소년한국일보의 인사를 단행했다. 주간 겸 편집국장에 조풍연, 취재부장 김요섭 편집부장 이영희, 사진부장 최병학, 교정부장 박갑천이 발령됐다. 또 1면의 '뉴스의 눈'란에 우리나라 최초의 어린이 일간신문 발행을 알리는 기사와 함께 4면에 어린이 페이지 안내를 실었다.

한국일보는 이어 31일자 1면 사고를 통해 서울경제신문의 창간을 알렸다. 초대 편집국장은 김현제였다. 창간 사원은 소년 사원까지 합쳐 28명이었다. 31일자 석간 1면에는 조간 서울경제신문을 연중 무휴로 발행하며 월간 구독료는 500환임을 알리는 사고를 냈다.

### 일본 요미우리신문과 제휴

백상이 일본 요미우리(讀賣)신문 사장 쇼리키 마쓰타로(正力松太郎) 사장과 친하게 된 것은 1959년부터였다. 백상은 그해 가을 일본을 방문해서 쇼리키 사장과 업무제휴에 관한 기본적인 문제에 대해 합의했다. 그리고 1960년 10월 1일 한국일보와 요미우리신문은 상호협력 협정을 맺었다.

요미우리신문이 한국에 특파원을 파견한 것은 1960년 10월 11일이었다. 초대 특파원은 히노 게이조(日野啓三)였고 2대 특파원으로 시마모토 겐로(島元謙郎)가 1961년 4월 15일 부임했다. 시마모토는 1959년부터 한국일보 도쿄지사장 이지수와 친했다. 이 같은 인연으로 해서 시마모토는 1959년 가을 백상과 쇼리키 마쓰타로 사장의 첫 대면을 주선하기도 했다.

한운사는 '끝없는 전진-백상 장기영 일대기'에서 다음과 같이 쓰고 있다.

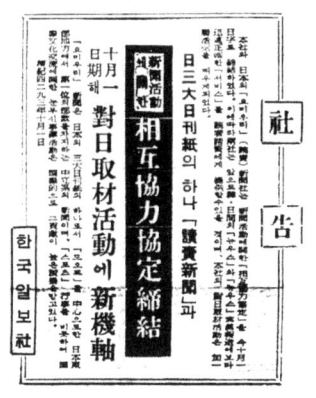

요미우리신문과의 협정을 알리는 사고.

> 이승만 대통령 시대의 일본 기자들은 한국에 발을 붙일 수 없었다. 대통령의 철저한 반일 태도에다 민중들도 습성화되어 일본은 아예 우리와 상관 없는 나라로 생각해 버리고 말았다. 4·19 학생의거가 그 담벼락을 허물어 놓았다. 일본 기자들은 조심스럽게 고급 호텔에 유숙하면서 한국을 건드려 보기 시작했다. 그중 요미우리신문의 시마모토 기자는 한국일보에 보다 호의를 갖고 사장에게 어프로치해 보았다. 그는 장 사장의 일본말과 일본통에 놀랐다. 쇼리키 마쓰타로 사장은 원래 경찰 출신인데 사회면에 중점을 두고 오락적 감각으로 신문을 제작해 가면서 한편으로 사업을 잘 벌인다. 직업 야구팀 자이언츠의 오너이며, 시대의 총아로 등장한 텔레비전 경영까지 하여 일본 매스컴의 왕자 바로 그것이 됐다. 도쿄에 갔던 어느 날 장은 문득 쇼리키를 만나고 싶어져서 시마모토에게 연락을 했다. 사장실로 안내를 받았을 때다. 장은 통성명이 끝나자마자 느닷없이, "돈 1백만 엔만 꿔 주시오" 하고 노려보았다. 쇼리키는 순간 놀랐으나, 상대를 헤아리고 조용히 대답했다. "꿔 드리죠." 이렇게 해서 한국일보와 요미우리신문은 형제 사이가 됐다.

이에 따라 요미우리신문은 1961년 여름 서울경제신문 편집국 한쪽에서 일을 보기 시작했다. 한·일국교 정상화가 되지 않은 상태여서 당시 일본 신문들은 지국을 개설하지 못한 상태였다. 요미우리신문이 한국에 정식 지국을 개설한 것은 1966년 6월 7일이었다.

# 1961년
침략자의 군대는 평일에 강하고, 평화주의 군대는 전시에 강하다. -장기영

**10만 어린이 부모 찾아 주기**

1961년 새해 사업으로 '10만 어린이 부모 찾아 주기' 운동을 전개했다. 1956년 12월 13일 '집 없고 엄마 없는 전쟁고아를 돕자'는 운동에 이은 전쟁고아를 돕기 위한 사업이었다. '고아'란 말 대신 '10만 어린이'라 표현한 것은 고아들에게 심리적 영향을 주지 않기 위해서였다. 한국일보는 이를 위해 1960년 12월 30일 1면에 이 사업의 취지를 알렸고 전담부서를 설치했다.

1월 1일 신년호 조간 1면에 통단 10단 모두를 할애해서 부모 잃은 소년·소녀 63명의 명단의 인적 상황과 함께 얼굴 사진을 실었다. 일중(一中) 김충현(金忠顯)이 쓴 '십만 어린이의 부모를 찾아 주자'를 통단 컷으로 썼고 10단 아래쪽에 3단 통단으로 '길에 사는 아이'란 마해송의 동화를 실어 독자들의 심금을 울렸다. 신년호 1면 전체를 부모 잃은 어린이들의 기사와 사진으로 가득 메운 지면 편집은 한국 신문 편집사상 일찍이 없었던 파격적인 것이었다. 첫 회분은 구세군 서울후생학원(서울 북아현동)·한국보육원(서울 휘경동)·화성영아원(서울 하왕십리동)에 수용된 아이들이 실렸다. 첫 열매는 신문이 나간 다음날(2일) 오후에 이루어졌다. 구세군 서울후생학원에 4년째 수용돼 있던 우종철(12)군이 한국일보를 보고 달려온 누나(종숙·19)를 만난 것이다.

4월 1일 400만 환 현상 장편소설 당선작에 '잃은 자와 찾은 자'가 발표됐다. 특파원이 하와이에서 망명 중인 이승만 전 대통령과 단독 인터뷰에 성공, 5월 7일자 일요화제로 특종 보도했다. 5월 20일 한국 일간신문 발행인협회 용지대책위원회의 결의에 따라 매주 56면에서 8면을 줄여 48면을 발행하게 됐다. 이에 따라 한국일보 일요특집 4면이 없어지고 매주 수요일자 조간(지방판은 석간)과 토요일자 조간은 당분간 2면만을 발행하게 됐다.

5·16 쿠데타가 일어난 1961년 한국일보는 창간 7주년을 맞아 '월간 한국일보'를 출범시켰다. 6월 9일 창간 7주년에 지사·지국망이 400개 소로 늘어났고 자매지 서울경제신문이 전국적으로 지사·지국망을 모집하여 독자적으로 보급망을 확충해갔다.

6월 30일 본사에 '6·25 반공애국유적 부활추진사업부'를 설치하고 전국 반공애국유적

### <70대 특종> 하와이 망명 이승만 전 대통령 단독 인터뷰

1961년 4월 30일 오전 9시30분, 미국 하와이 트리플러(Tripler) 육군병원. 한국일보 정태연 특파원이 16병동 388호실로 들어섰다. 어둡고 텅 빈 병실에 일순 놀랐지만, 바다가 보이는 건너 편 베란다 나무의자에서 백발 노인을 찾을 수 있었다. 4·19 혁명으로 하야하고 하와이로 물러난 이승만 전 대통령의 한국 언론과의 첫 인터뷰가 성사되는 순간이었다.

독재자 풍모가 사라졌어도 이 전 대통령의 관심은 대한민국이었던 것으로 보인다. 안부 인사를 나누자마자, 망명 후 처음 만난 한국 기자에게 질문을 쏟아냈다. "그런데 우리나라 사정은 요사이 어떻지?", "(춘궁기 어려운 농촌 사정에 대해) 어떤 해결책이 있겠나"라고 물었다. '뚜렷한 성과가 없다'는 대답을 듣고는 '참 어려운 고비일 텐데…'라고 한탄하거나, 낙담한 듯 두 무릎 위의 양 손가락이 자꾸 경련을 일으켰다고 당시 인터뷰는 전하고 있다.

병상에 누운 80대 노인 이승만의 상황과 조국에 대한 애틋한 심정이 한국일보 지면에 담겼다. 당시의 열악한 통신 사정탓에, 인터뷰 이후 며칠 걸려 비행기편으로 전달된 정 특파원의 원고와 사진은 5월 7일자 한국일보에 '일요화제: 병상의 이승만 박사와 50분'이라는 제목으로 게재됐다.

인터뷰에는 이 전 대통령의 병약한 상황도 드러난다. '병환은 어떻습니까'라는 물음에 "뭐 별로 염려할 정도는 못 돼. 등에 무엇이 나서 그 치료를 하고 있지"라고 말했다. 이 전 대통령은 원치 않는 망명에 나섰지만, 조국으로 돌아오고픈 수구초심의 심정도 드러낸다. '본국으로 돌아가실 의향은 없느냐'는 돌발 질문에, 긴 한숨을 내쉬면서 영어로 "I wish to…"(돌아가야 하겠는데)라며 말끝을 흐렸다.

이 전 대통령과의 인터뷰는 특종 기회를 놓치지 않으려는 한국일보 기자 정신의 대표 사례로도 꼽힌다. 미국 병원과 프란체스카 여사의 엄격한 통제로 미국 언론조차 접근하지 못하는 상황이었지만, 정 특파원은 끈기와 기지를 발휘해 안내 데스크, 미 여군 간호부장, 프란체스카 여사 등 '세 관문'을 뚫어냈다. 그리고 이 전 대통령이 입원 중인 16병동 388호실에 접근할 수 있었다. 인터뷰 기사는 이 전 대통령 동향에 관심 많았던 국내 독자들의 주목을 끈 것은 물론, 생애 말년 이 전 대통령의 행적과 심경을 추측하는 중요한 사료로 평가된다.

박정희 소장이 지휘한 군대의 쿠데타 소식을 알리는 5월 16일자 한국일보 1면(왼쪽 사진). 5월 16일 아침 박정희(왼쪽) 소장과 쿠데타 세력.

부활운동을 전개했다. 9월 7일 백령도에 윤보선 대통령의 친필로 '반공유적전적비'가 세워졌다. 이어 파주 일대의 유격전에서 전몰한 45기의 태극단 묘소에 합동 묘비를 제막했다. 1963년 7월 29일에는 서울대 의대 뒷동산에 이름 모를 자유전사의 비를 세웠다. 1968년 시작한 한국일보의 시비 건립사업은 여기에서 연유됐다.

### 언론사 처음으로 항공부 신설

7월 7일 한국 언론사상 처음으로 항공부가 신설됐다. 초대 항공부장 배덕찬은 자신이 갖고 있던 알루미늄 골재와 나무로 제작된 L-16과 L-4 훈련용 경비행기를 본사에 대여 형식으로 갖고 들어와 운영했다. 본사는 곧 이들 경비행기를 모두 구입했다. 그리고 1966년 2월 22일 취재용 4인승 단발 세스나(182J Skylane형: 최대시속 272㎞, 항속거리 1,112㎞)기를 비롯해서 다음 해 취재용 3인승 헬리콥터(Bell 47G-3B-1형: 최대시속 168㎞, 항속거리 384㎞)와 6인승 원거리 취재 및 신문 수송용의 쌍발기 파이퍼(Aztec C형, 최대시속 346㎞, 항속거리 1,788㎞)를 구입했다.

항공부는 많은 특종과 신속 정확한 보도에 크게 기여했다. 항공부는 발족 이틀 후인 7월 9일 HL-22기를 띄워 대한체육회 주최의 체육축전 장면을 촬영해서 사회면의 머리를 장식했다. 이어 7월 10일 하늘에서 굽어본 한강의 만수 장면을 촬영해서 1면에 '뉴스의 눈'으로 크게 보도했다. 부산을 비롯한 지방의 큰 행사 장면을 담은 사진은 곧바로 서울로 가져와 중앙청 뜰에 떨어뜨려 줌으로써 현장감을 살려 생생하게 보도할 수 있었다. 당시만 해도 서울 시내 비행이 자유로웠다. 그래서 수색비행장까지 가지 않고 직접 본사와 이웃한 중앙청 뜰에 필름통을 떨어뜨릴 수 있었다. 본사 항공부의 활약이 눈부시자 각 사가 항공기를 구입하고 속속 항공부를 두게 됐다. 항공부장은 배덕찬에 이어 박성도 여봉길로 이어졌다. 항공부는 시대의 흐름에 따라 활용도가 떨어져 1978년 수송부와 합쳐졌고 1988년 11월 31일 문을 닫았다.

# 1962년
인간은 서러움을 겪어야 남의 사정도 알고, 고마움도 알게 된다. ―장기영

## 군정 실시와 사회부장 구속

1962년 1월 1일 신년호에 윤보선 대통령과 박정희 국가재건최고회의 의장의 글이 실렸다. 또한 박 의장을 조풍연 소년한국일보 주간이 특별 인터뷰했다. 새해 사업으로 '조림품평대회' '인간문화재 영화제작' '묻혀 있는 민요 전설 찾기' '글라이더 활동대회' '부산-서울 간 대역전마라톤' '여론조사 사업확대' 등 6대 사업과 함께 종래 해오던 14개 연례행사도 함께 진행했다. 600만 환 현상공모에 입선한 소설 '절망 뒤에 오는 것'(전병순 작·박고석 화)을 3월 6일부터 연재하기 시작했다. 일선에 '사랑의 꽃씨를 모아 보냅시다' 운동을 전개해서 모아진 꽃씨의 일부를 정전위에 전달했다.

대형 오보를 낸 4월 16일자 한국일보 석간 사회면.

4월 16일 석간은 사회면 톱으로 강화도에서 본사 정범태 기자가 보낸 기사를 '쫓겨난 관광/전등사 주변의 잃어버린 휴일/폭력배가 난무/부녀 등 200명의 놀이훼방'이란 제목을 달아 2장의 사진과 함께 다뤘다. 2장의 사진은 윗단에 '불량배에 쫓겨 전등사에서 내려오는 이날의 관광객들'을, 아랫단에 '놀이 온 미군에게 시비를 거는 진(陳)모의 패거리'란 설명이 붙여졌.

기사가 나간 나흘 뒤인 4월 20일 새벽 경기도경은 ▲반공법 위반 ▲특정범죄처벌에 관한 임시 특례법(허위사실 유포) 위반 ▲출판물에 의한 명예훼손 등 혐의로 정범태 기자를 구속했다. 그날 밤에는 사회부장 이목우를 같은 혐의로 구속했다. 치안국이 밝힌 구속 사유는 사진이 사실과 다르다는 것이었다. '관광하기 위해 절간으로 올라가는 사진'을 불량배에 쫓겨 내려오는 것처럼 설명했고 '미군과 해병대와의 사소한 말다툼을 말리는 진모'를 마치 미군에게 시비를 거는 패거리인 양 썼다는 것이었다. 이소동 치안국장은

> 1962년

20일 오후 '국가·사회 이익과 배치된 위 보도에는 단호한 조치를 취할 것'을 다짐하는 담화와 함께 관계 기자의 구속 사유 전문을 발표했다.

한국일보는 즉시 사건 전모를 객관적으로 파악하기 위해 위원장에 김현제(기획위원장), 위원에 임방현(기획위원 겸 논설위원) 박권상(기획위원 겸 논설위원) 예용해(문화부장) 등 9명으로 '전등사 기사 사건 특별조사위원회'를 구성했다. 또 사건의 진상과 취재 경위 등을 상세히 추적해서 보고서를 작성했다. 아울러 사회부 김창열 이문희 등으로 구성된 조사팀을 보내 현장을 확인, 이를 독자들에게 알렸다.

4월 23일 석간 2면 전면을 할애해서 '사회부장과 사진부 차장을 구속에 이르게 한 전등사 쫓겨난 관광기사 시말기'를 다뤘다.

> 본사는 본지 16일자 석간(지방은 17일자 조간) 3면 '쫓겨난 관광' 제목 하의 기사 중 ①4단 사진의 설명문 '불량배에 쫓겨 전등사에서 내려오는 관광객들'과 ②6단 4행 '미군들의 술을 빼앗아 마시다가…'의 구절은 사실과 다르며 ③부제목 '부녀 등 200여 명의 놀이 훼방'과 ④7단 2행 '진 등 일당의 행패는 이날 처음 비롯된 것이 아니고 이전에도 이런 일이 왕왕 있었다'는 과장된 표현이었으므로 정정합니다.(후략)

계엄 군재(軍裁)는 추가로 문제의 기사를 편집한 최병욱 편집위원을 불구속 입건했다. 서울·경기지구 계엄고등군법회의 검찰부가 이목우 정범태 최병욱 등 세 피의자를 5월 8일 정식 기소했고 동 재판부(재판장 김영준 중령·심판관 김인성 소령·법무사 문진탁 판사)는 5월 15일 오전 선고 공판을 열고 다음과 같이 판결했다. ▲사진부 차장 정범태: 징역 2년(특정범죄처벌에 관한 임시특례법 제3조 2항 '허위 사실 유포' 및 형법 제309조 '출판물에 의한 명예훼손'을 적용) ▲사회부장 이목우: 공소 기각(허위 사실 유포 방조 혐의로 징역 8월 구형) ▲편집위원 최병욱: 공소 기각(허위 사실 유포 방조 혐의로 징역 8월 구형)

정춘용 검찰관은 이날 선고 공판에 앞서 이목우 최병욱에 대한 공소를 취하했다. 한국일보사에서 자진 정정 기사를 냈고 이 부장과 최 위원은 한국 언론계에서 10여년간 종사하면서 민주 언론에 공헌한 점 등이 인정된 것이다. 정범태는 1년 가까이 옥고를 치르고 이듬해 4월 13일 형집행 정지로 풀려났다.

창간 8주년을 맞아 한국 최초로 제1회 전국 신문독자조사와 함께 여론조사를 6월 4일 착수, 그 결과를 6월 25일 석간에 4,5면을 할애해서 소개했다.

조사 결과 한국일보 독자는 3년 이상 정기구독이 62.4%를 차지했고 1년 이상이 83.2%로 대부분이 장기구독자였다.

'우리나라 민주주의는 왜 못 커왔나'에 대한 질의에서는 정치가가 부패해서가 가장 많았고(25.0%), 다음이 민도가 낮아서(23.9%), 집권자가 무능 독재(10.3%), 민주주의 경험이 없어서(7.7%)의 순으로 응답했다.

**사회노동당 필화사건**

11월 28일 1면 머리로 '신당, '사회노동당(가칭)'으로'란 컷을 달고 '정강 정책 초안도 완료 英 노동당 대체로 본따/근로대중 지지획득과 통일에의 원대한 목표 전제한 듯'이란 두 줄기 가로 제목과 '곽상훈씨 등 구 정치인 소수를 포섭/도 당책임자로 최고위원과 몇 장관도 내정'이란 세로 제목을 붙인 기사를 대서 특필했다. 백상의 구속과 근신휴간 사태를 몰고 온 이 기사는 조선일보 출신 한남희가 쓰고 김자환 정치부장이 데스크를 본 것이었다.

이 보도가 나가자 박정희 최고회의 의장은 28일 오후 ▲취재보도 경위 조사규명 ▲한국일보사에 대한 응분의 조치를 즉각 취할 것을 내각과 관계당국에 지시했다. 이원우 공보부장관은 "이 보도 내용과 취재 경위에 대해서는 그 진상을 끝까지 규명할 것이며 앞으로 언론인들은 기사 취재에 보다 신중을 기하여 국가이익에 위배되는 행위가 없도록 하기 바란다"고 말했다.

11월 29일 1면 머리기사로 '작일 보도 본보 사회노동당 운운은 잘못'이란 컷을 달고 '혁명정부 이념으로 보아 말도 안돼-주체세력이 구상하는 신당은 범국민보수정당'이란 가로 제목과 '서구식 사회주의 정당이라도-우리 실정엔 좌경할 우려'란 세로 제목을 달아 11월 28일자 크기 분량으로 기사를 바로잡았다. 이와 함께 사과문을 1면에 3단으로 게재했다.

> 작28일자 본보 제1면에 게재된 '신당 '사회노동당'(가칭)으로 정강정책초안도 완료' 제하의 기사는 전연 사실무근임이 판명되어 그 전문을 취소합니다. 혁명정부의 이념으로 보나 그간의 업적으로 보아 그러한 성격의 정당은 생각할 수도 없는 일임에도 불구하고 본보가 신중치 못한 보도를 함으로써 본의 아니게도 혁명정부당국에 누를 끼치고 일반국민에게 오해를 갖게 한 데 대하여 심심한 사과를 드리는 바입니다.

발행인 겸 편집국장인 백상은 다음날인 29일 세 사람의 기자와 함께 구속됐다. 정부는 한국일보에 대해 자진정간을 권고했다. 이원우 공보부장관은 29일 오전 '사회노동당 발기설'에 관한 28일자 한국일보 기사에 대해 "한국일보는 허무맹랑한 허위보도를 함으로써 국민의 의혹과 대외 체면을 손상케 했으므로 국민 앞에 사과하는 뜻에서 자진 정간할 것을 권고한다"고 발표했다.

발행인의 이름으로 12월 1일자(제4,316호) 1면 머리에 '근신 휴간사'를 낸 다음 12월 2, 3, 4일 사흘 동안 신문발행을 중단했다. 막후 협상 끝에 '자진 정간'에서 '근신 휴간'으로 군정의 강경 방침이 누그러진 것으로 알려졌다. 그러나 사흘간의 '근신 휴간'은 사실상 강권에 의한 휴간이었다. 한국신문편집인협회는 11월 30일 한국일보 사태에 대해 성명을 냈다.

1962년

편집인협회는 정부가 신문발행을 정지토록 권고하는 조처는 지나치다고 지적했다.

### 장기영 사장, 경영일선 퇴진

12월 5일 속간사와 함께 지령 4,317호를 발간했다. 백상은 12월 6일 퇴임사를 내고 사장직에서 물러났다. 오랜 친우인 남궁 련이 당일 후임 사장에 취임했다. 한국일보는 남궁 련 사장 취임으

근신 휴간을 알리는 12월 1일자 1면.

로 위탁경영 체제로 들어갔다. 부사장 겸 주필엔 성인기, 코리아타임스 부사장 겸 편집국장 장기봉이 10대 편집국장까지 겸직하게 됐다. 이때 주효민은 논설간사였다.

12월 6일자로 공고된 개헌안에 대한 국민투표가 17일 실시됐다. 투표 결과 유권자 1,241만 2,798명 중 85.28%가 투표에 참가해서 78.78%의 찬성으로 개헌안이 가결됐다. 이에 따라 제3공화국의 기틀이 되는 개정헌법이 26일 공포됐다.

필화사건으로 11월 29일 구속됐던 장기영 사주가 9일 만인 12월 7일 자정 홍유선 편집국장, 김자환 정치부장과 함께 석방됐다. 그러나 문제의 기사를 쓴 기자는 남아서 수사당국의 문초를 계속 받으며 군법회의 재판을 기다리게 됐다.

12월 14일 성인기 부사장이 주필에 겸임 발령됐고 제15기 견습기자 모집 사고가 16일 1면에 나갔다.

필화사건에 대한 군법회의 구형 및 변론 공판은 이듬해 1월 9일 열렸다. 한남희에게는 허위사실유포죄를 적용해서 징역 3년, 유정기에겐 징역 1년 6개월을 각각 구형했다. 변론인들은 "설사 '허위사실'이라 하더라도 고의가 아닌 이상 범죄가 성립될 수 없다. 또 '비방' 운운은 검찰관의 창작으로서 말도 안되며 설사 그렇다손 치더라도 '신당' 아닌 정부가 비방의 객체일 수는 없는 것이다. 혁명정부가 곧 신당이란 말인가. 무죄가 마땅하다"고 변론했다. 1월 17일 열린 선고 공판에서 재판장은 한남희에게 선고유예, 유정기에게 무죄를 각각 선고했다.

두 사람은 1월 17일 오후 5시 30분 석방됐다. 구속된 지 51일 만이었다. 한남희 기자에 대한 판결문 요지는 "피고인은 1962년 11월 28일 한국일보 조간(서울시내판) 1면에 혁명주체 세력이 추진하는 정당명이 가칭 '사회노동당'으로 내정됐다는 사실 무근한 보도를 했으나, 이는 정부를 비방할 목적으로 한 것이라고 판단하기 곤란하므로 선고유예를 하는 것이다"였다.

# 1963년
숫자는 요술쟁이다. 정신을 차리지 않으면 백발백중 틀리게 마련이다. - 장기영

1월 1일 신년호로 16면 특집을 냈다. 1면 머리에 '오늘부터 정치활동 허용'이란 컷에 '정당법과 집회·시위법률 공포'라는 가로 제목과 '시위 앞으로 6개월은 허가제/중요 건물 부근선 금지/일출·일몰 전후엔 옥외집회·시위 등 불허'라는 세로 제목으로 정치활동의 시작을 알렸다.

새해 사업으로 최병우 기념 신문도서관 설립과 아이디어개발 센터 설치, 남녀신인체육상 제정을 마련했다.

2면에 '정치복귀… 첫 주자는 누구'란 주제로 새해 국내정국 전망을 특집했고 대통령 선거에서 '신구세대의 대결'이란 주제로 박정희 윤보선 변영태를 인물로 다뤘다. 4면에 새해에 달라지는 상법을 상세히 풀이했고, 5면에 '신춘 대담'으로 박정희와 소설가 박경리의 대담을 엮었다. 10면에 한국일보 주최 제1회 전국조림품평대회 심사발표와 함께 우량 개인으로 뽑힌 신태호의 조림 16년을 특집으로 엮었다.

백상은 모든 일이 순조롭게 풀리고 필화사건이 일단락되자 17일 한국일보 발행인으로 복귀했다. 사장 퇴임 43일 만의 일이었다. 백상의 사장 복귀로 부사장 겸 주필인 성인기가 18일자로 사임했고 남궁 련 사장도 열흘 뒤 물러났다. 29일 1면 본사 사령에 편집국장 장기봉의 의원면직과 함께 편집부국장 홍유선의 편집국장 발령이 났다.

2월 17일 특별기획 '명작의 고향'이 연재를 시작했다. 첫 주제는 이인직의 '치악산'이었다.

3월 10일 '일선 막사에 꽃씨를, 국군묘지엔 나무를'이란 월 주제를 내걸고 '사랑의 꽃씨 모으기·나무심기' 운동을 전개했다. 국내 정치는 급박하게 돌아가 민주공화당이 2월 26일 창당, 총재에 정구영이 뽑혔고 중앙정보부가 3월 11일 김동하 등이 주동이 된 쿠데타 기도 사건의 전모를 발표했다. 이 사건으로 해서 김현철 내각이 15일 총사퇴했고 최고회의 의장 박정희는 정당활동의 일시 중지와 군정 4년 연장을 제의하는 성명을 발표했다. 6월 9일에는 창간 9주년을 맞아 '독자에게 드리는 글'을 1면에 사고 형식의 기사로 실었다. 사고는 한국일보의 사세 신장에 대한 감사와 독자들의 성원에 더욱 보답하겠다는 다짐을 밝히는 내용이었다.

박정희 후보가 10월 15일 대통령선거에서 총 투표자 1,103만 6,175명 중 470만 2,640표를 얻어 윤보선(454만 6,614표) 후보를 15만 6,026표 차로 누르고 당선됐다.

1963년 12월 17일 박정희는 군복 아닌 민간인 복장 차림으로 제5대 대통령에 취임했다. 이로써 군정은 2년 7개월(945일) 만에 마감됐다.

### <70대 특종> 케네디 암살 외신 속보 특종

1963년 11월 23일 새벽 4시 39분(한국시간). 한국일보 외신부 텔레타이프가 긴급 뉴스를 알렸다. 미국 존 F. 케네디 대통령이 오스왈드가 쏜 총에 암살 됐다는 급보였다.

잘 훈련된 한국일보 외신기자들의 눈이 번쩍일 때, 백상이 평상시와 같이 새벽 편집국에 들렀다가 세기의 충격적 뉴스를 함께 접

암살 직전의 케네디 대통령 부부.

했다. 백상은 곧바로 운전기를 세우고 1면에 6단 크기로 케네디 암살 소식을 알리도록 했다. 지방에 보낼 호외도 제작했다. 경쟁지가 마감시간에 쫓겨 우물우물하고 있을 때, 한국일보만 서울 일원 조간신문에 케네디 암살 소식을 알릴 수 있었던 비결이었다.

박승탁 기자는 '百人百想-우리가 아는 장기영 사주'에서 케네디 특종을 처리한 뒤 장 사장이 내린 지시에 대해 이렇게 쓰고 있다.

"박승탁씨, 미국 대사한테 전화 걸어서 나 좀 대주시오. 그리고 미국 대사관 주변을 샅샅이 스케치하세요."

미국 대사가 나왔다고 하자 백상은 수화기를 들고 서슴지 않고 말했다.

"Hello ambassador, I am very sorry I cannot say good morning to you, it is bad morning. Your President Kennedy was shot. He was killed. UPI sent us this news. You better phone to your government. I am very sorry to inform you this sad news."

슬픈 뉴스 속에서도, 이날 장기영 사장의 덕을 단단히 본 것은 주한 미국대사였다. 동아시아 주재 외교관 가운데 본국에 사실 여부를 물어 온 대사는 그뿐이었던 것이다. 경황 중에도 미국 대사는 숨을 돌리자마자, 한국일보사 앞에 성조기가 달린 차를 세워 놓고 사장실로 들어갔다. 그는 감사하다는 말을 몇백 번을 해야 할지 모르겠다고 줄곧 한국식으로 머리를 조아렸다고 전해진다.

# 1964년
예산통과가 힘드는 것이 바로 민주주의다. - 장기영

**백상 입각**

1964년 민정 첫해를 맞은 제3공화국은 자주와 번영을 지표로 민생 문제를 해결해 가난을 몰아내겠다고 약속했다. 박정희 대통령은 제1차 경제개발 5개년 계획의 3차년도를 맞아 연초부터 국민생활 향상을 경제정책의 최우선 목표로 내세웠다. 특히 5월 2일 단행된 대폭적인 환율 인상은 정부의 경제 정책 수행을 한층 어렵게 만들었다. 박 대통령은 당면 과제를 해결하기 위해 11일 국무총리 경질 등 전면개각을 단행했다. 제3공화국의 두 번째 내각인 정일권 내각이 출범하면서 백상이 부총리 겸 경제기획원장관으로 입각하게 됐다.

백상은 제3공화국 출범 당시에도 초대 내각의 국무총리 후보로 거명됐다. 백상은 '불도저'라는 별명으로 1964년 4월부터 3년 5개월여 동안 부총리 겸 경제기획원장관으로 재직한 후 1967년 10월 한국일보 발행인으로 복귀한다.

상공부장관을 지낸 장예준은 '속 백인백상'에서 백상의 부총리 시절을 이렇게 회고했다.

> 부총리라는 관직이 바쁜 것은 사실이지만 그분과 같이 부지런한 분은 만나본 적이 없다. 자신이 근무하는 3개의 방과 비서실에는 항상 손님이 기다리고 있어 이 방 저 방을 오가며 속 전속결식으로 용무를 처리하시곤 했다.
>
> 백상은 추상적인 것보다는 구체적이고 가시적인 것을, 이론보다는 행동을 중시하는 실용주의적 사고를 소유하셨던 것으로 생각한다. 어떤 문제에 대하여 구체적 내용과 계수를 알고 싶으실 때에는 해당 부처의 장관에게 문의하는 것이 상식이나, 그 부처의 담당 과장이나 국장에 묻곤 하셨다.
>
> 물가 안정이 주요 과제였던 당시 물가 비중이 높았던 쌀·쇠고기 등 식료품의 가격 안정을 위하여 가격 형성의 주된 역할을 하는 용산의 미곡 도매상·정육점 조합장 등을 직접 부총리실로 초치하여 교섭, 설득하시곤 하였다.

백상의 입각에 따라 한국일보 발행인 겸 제4대 사장에 한국일보 편집부국장을 지낸 김종규가 1964년 5월 12일 취임했고 편집국장에는 홍유선이 유임됐다.

**창간 10주년에 발행부수 30만 부 돌파**

1964년 들어 한국일보는 1960년부터 1962년까지 연재한 문화부장 예용해의 '인간문화재' 시리즈에 이어 '속 인간문화재'를 2월 2일부터 17회에 걸쳐 연재했다. 당시 김원룡 서울대 문리대 교수는 "전통의 횃불이 꺼지기 전에 때맞춘 기록이자 한국 고미술의 기본문헌"이라고 칭찬을 아끼지 않았다.

한국일보는 금문도 사태 취재 도중 순직한 최병우 특파원을 기리기 위해 장서 약 1만 권으로 '최병우 기념 신문도서관'을 4월 9일 설립, 고인의 업적을 기리고 신문학 연구에도 기여토록 했다. 춘궁기의 농어촌 결식아동을 돕기 위한 '결식아동 구호운동'이 5월 5일 어린이날을 기점으로 시작됐다. 사회부는 보릿고개로 굶주림에 허덕이는 농어촌의 결식아동 실태를 취재해 5월 15일자부터 6회에 걸쳐 '웃음을 잃은 교실'을 연재했다.

1954년 창간 후 계속 성장해 온 한국일보는 1964년 창간 10주년을 맞이하여 정상 목표로 삼았던 30만 부를 돌파했다. 6월 9일자 1면 사고에는 단 8,000부의 창간호로 시작한 한국일보가 10주년을 맞는 6월 9일 30만 부를 돌파하여 30만 6,800부로 늘어났다는 내용이 실렸다. 총 지면수를 따지면 단간 2면으로 1만 6,000면이던 것이 이제는 245만 4,400면, 약 153배의 성장이다. 한국일보는 창간 기념일인 6월 9일을 기해 '독자 모니터제'를 실시, 언론사상 또 하나의 신기원을 이룩했다.

창간 10주년을 기념해 한국일보의 독자 실태를 조사, 그 결과를 창간 기념호에 밝혔다. 도표와 함께 게재된 조사 결과는 한국일보의 총 독자 수도 공개했다. 당시 우리나라 국민 중 101만 4,500명이 한국일보를 읽고 있으며 이 중 가정 독자는 55만 9,000여 명인 것으로 나타났다. 한국일보 독자의 생활 수준은 상류 35%, 중류 52%로 나타나 당시 독자의 절대 다수인 87%가 중산층 이상의 생활을 하고 있는 것으로 밝혀졌다. 또 연령은 20~30대가 64%로 가장 많았고 교육 수준은 국졸 이하 12%, 중졸 22%, 고졸 31%, 대졸 33%로 나타났다.

6월 3일 3,000여 명의 대학생이 박 정권 퇴진을 요구하며 거리로 뛰쳐나왔다. 이날 세종로에서 청와대로 가는 길은 시위대로 가득 찼고 파출소 7개와 소방서 1개 소가 불타고 군 트럭 17대가 탈취됐다. 결국 정부는 6월 3일 밤 10시를 기해 서울시 일원에 비상계엄을 선포했다. 이때부터 포고령에

창간 10주년 당시 중학동 사옥.

의한 언론·출판·보도의 사전 검열이 실시됐다.

### 국내 첫 종합주간지 '주간한국' 창간

9월 27일 한국 최초의 종합주간지인 '주간한국' 창간호가 나왔다. 첫 출판국장에는 1956년 '주간희망'을 펴낸 경험이 있는 기획위원 김용장이 취임했고, 초대 주간한국 부장에는 명 편집자로 이름을 떨친 김성우 편집위원이 발탁돼 '주간한국'의 인기를 급상승시켰다. 창간 당시의 부원은 다음과 같다. ▲출판국장 김용장 ▲부국장(논설위원 겸임) 임방현 ▲주간부장(취재, 편집 총괄) 김성우 ▲정리부장 박갑천 ▲기획위원 홍계표 조경희 ▲주간부차장 이명원 ▲차장대우 최석노 ▲부원 정범태 윤여덕 이근우 송평성 이건섭 송정숙 정홍택 허영환 신현구 이서지 서인태 민용기

타블로이드판 32면에 세로쓰기 체제인 창간호는 임방현이 '진실을 대화하자'는 제목의 창간사를 썼고 '박 대통령의 언론관을 묻는다' '정계 개편론의 앞뒤' '미 대통령 선거는 돈 싸움' '한국인은 과연 우등 국민인가' 등의 심층취재기사를 시원시원한 편집으로 실었다. 창간호 표지는 '자랑할 것 없는 나라-세계 제일은 가을 하늘'이란 제목을 세로로 뽑고 한강변 유엔군 자유수호 참전기념탑 아래를 지나가는 염소떼가 담긴 흑백사진을 실었다.

'주간한국'은 제대로 된 주간지가 전무하다시피 했던 당시 상황에서 창간 초기부터 경이적인 인기를 누렸다. 최초의 종합주간지라는 명성과 함께 발행 부수도 급격하게 늘어 갔다. 1964년 10월 6일자 한국일보 지면에 주간한국은 '매진사례'란 제목의 이례적인 돌출 광고를 내고 '주말의 동반자 주간한국은 선풍적 화제 속에 창간호와 제2호가 완전히 매진되었습니다'며 독자들에게 감사를 표시했다. 창간호 5만 1,000부를 찍어낸 지 불과 1년 만인 1964년 9월 18일자 제52호로 10만 300부를 발행했고 1967년 3월 25일자 제131호로 21만 부, 1968년 2월 10일자 제177호로 33만 1,000부를 발행했다. 당시 주요 일간지의 하루 평균 발행 부수는 20만 부 수준이었다.

주간한국 창간호.

신기록 행진은 여기서 그치지 않았다. 1968년 5월 12일자로 40만 부를 돌파하더니 그해 6월 15일자 제195호는 41만 5,000부를 기록, 당시로서는 국내 일간지를 포함한 한국 정기간행물 사상 최고 발행 부수를 기록했다.

'주간한국'의 가장 큰 업적 중 하나는 당시로서는 불모지나 다름없었던 각종 창작 활동의 산실 역할을 했다는 것이다. 거의 매번 발행 때마다 문화 분야의 기획기사를 연재했고 공상과학소설·추리소설 등을 연중행사로 공모해 문화적 범위를 넓혀갔다. 창간 직후부터 연재한 '작가 노트'는 현역 작가들의 대표작이 나오기까지 작가의 내면세계를 엿볼 수 있는 인기 기획물이었고 1970년 1월부터 연재한 '우리문학 산책'은 질의 응답을 통해 작품 속의

1964년

궁금한 점들을 파헤쳐 현대 한국문학을 조감하는 시리즈였다. 또 제100호 발행 기념으로 연재를 시작한 '오늘의 작가'는 문화계 인사 100명의 공개투표로 선정된 '오늘의 작가'들에게 200자 원고지 100장 분량의 단편을 쓰게 해 독자들에게 비교적 공정한 작품 평가 기준을 제시했다는 찬사를 받았다.

### 고대사 유적 학술조사 큰 반향

1964년부터 3개년 계획으로 '신라 오악(五岳)' 즉 동토함 남지이 서계룡 북태백 중팔공 등 신라시대의 다섯 명산에 대한 학술조사에 나섰다. 이 학술조사 사업은 한국일보가 창간 10주년을 맞아 착수한 대대적인 문화사업이었다. 한국 고대사 유적에 대한 종합 학술조사 사업은 당시 언론계뿐 아니라 학계에도 엄청난 반향을 불러일으켰다. 한국일보는 신년호에서 신라 오악 학술조사를 1964년의 역점 사업으로 벌인다는 사실을 알린 데 이어 11월 12일자 사고를 통해 종합 학술조사 사업에 착수한다고 공식 발표했다.

종합 학술조사 사업 착수를 알리는 사고가 실린 11월 12일자 1면.

# 1965년

납이 녹아서 활자가 되려면 600도의 열이 있어야 한다. 활자화되는 기사는 600도의 냉정을 가지고 써야 한다. 뜨거운 냉정, 이 양극을 쥐고 나가는 게 신문이다.  －장기영

**월남 특파원 맹활약**

한국일보는 월남 파병 이전부터 월남의 전황에 관심을 두어 1963년 첫 상주 특파원에 정태연이 부임했다. 해외취재 경험이 풍부한 정태연은 이미 1960년대 초부터 아시아와 구미 지역은 물론 아프리카와 남미 지역을 직접 취재해 '세계의 사회면'에 기사를 실었다.

정태연은 월남사태가 국제 문제로 떠오르기 시작한 1963년 8월 24일 사이공의 유일한 한국 특파원으로 부임해 1965년 11월 18일 귀사할 때까지 월남에서의 뉴스 경쟁을 선도해 나갔다. 비둘기부대의 월남파병을 계기로 한국일보는 1965년 2월 27일부터 '월남 진중문고 만들어 주기 운동'을 대대적으로 전개했다. 3월 8일 1차분으로 접수된 각종 서적 2,183권과 1차 마감 이후 5월 9일까지 추가 접수된 7,000여 권을 비둘기부대에 보내 월남 현지에 '진중도서관'을 설치했다.

3월 18일부터 '사랑의 꽃씨' 보내기와 파월 장병 위문금품 보내기 운동을 새로 시작했다. 4월 1일부터 10일간 '제1회 월남종군 보도사

백마부대 환송국민대회.

진전'이 한국일보 주최로 신세계백화점에서 열려 월남 현지의 생생한 모습을 알렸다. 9월 5일부터 월남 진중문고 보내기 운동을 다시 시작했다. 이 운동은 위문금품 보내기 및 연하장 보내기와 함께 파월장병 3대 위문사업으로 연중 계속됐다. 정 특파원 이후 월남 주재 특파원은 조순환 이문희 김해도 유태완 심명보 이재승 김태원을 거쳐 마지막으로 안병찬 특파원이 대미를 장식했다.

1965년

### '조림운동' 경제캠페인의 효시

한국일보는 1965년부터 국토 녹화사업에 본격 착수했다. 한국일보가 대대적으로 시작한 국민조림운동은 민둥산을 숲이 우거진 산림자원으로 변화시키는 역사였다. 1월 24일자 1면 사고는 '포플러는 3년이면 이렇게 자란다'는 큼직한 사진과 함께 국민 조림운동의 수종과 참가 방법을 소개했다. 수종은 성장 속도가 빠르고 경제성이 높은 포플러로 정해졌고 조림 기간은 1차로 3년을 잡았다.

국민조림운동은 언론사가 벌인 국가경제 캠페인의 선구자 역할을 했고 그 뒤 우리나라 농촌 근대화에 결정적 계기가 된 '새마을운동'에도 큰 영향을 미치게 된다. 박정희 대통령은 국민조림운동이 전국에 확산되고 있던 1965년 2월 1일 김종규 사장을 청와대로 불러 조림운동 성금 10만 원(10구좌)을 기탁한 뒤 "한국일보가 벌이고 있는 이 운동은 사업을 촉진할 뿐 아니라 가난한 농촌을 부흥시키는 첩경이 될 것"이라고 격려했다. 5월 8일자 특집면은 당시의 성과를 이렇게 소개했다.

> 금년 1월 1일부터 벌여온 농촌돕기 포플러 조림운동은 마침내 거족적인 범국민운동으로 번져 대통령을 비롯, 324명의 독지가와 33개 단체가 이 운동에 호응, 참가함으로써 제1차년도 분만도 1965년 4월 5일 현재 총 1,573구좌에 달하는 희사금이 거두어졌습니다.
> 국회의원, 공무원, 국영기업체, 금융단, 실업인, 상사, 학생, 군인, 해외교포, 주한 외국인 및 미군, 주부뿐 아니라 한국을 들러간 외국인, 서독에 가 있는 우리 광부에 이르기까지 각계에서 보내진 희사금인 1,573만 원으로 포플러 묘포는 전국 654개의 지정부락과 919개의 위임된 부락에 마련되어 지난 3월 16일부터 삽수를 수송, 4월 15일까지 408만 9,800그루의 삽수 작업을 마쳐 독지가들의 정성 속에 심어진 포플러는 봄을 맞아 한 그루 한 그루 푸른 싹이 움트기 시작하고 있습니다.

1965년부터 1981년 사이에 본보가 조림을 지원한 포플러의 총수는 전국적으로 2,400만 그루에 달했다.

### 광복 20주년 기념탑 건립 주도

한국일보는 신년호에 사고를 내 8·15 광복 스무 돌을 맞는 기념사업으로 '8·15 민족해방기념탑'을 건립키로 했음을 내외에 알렸다. 이 사업은 한일 국교 정상화를 둘러싼 정국 혼란으로 인해 완성을 보지 못했으나 오늘날 수도 서울의 상징으로 자리잡은 남산 서울타워의 원형 역할을 했다.

8·15 민족해방기념탑은 저명한 건축가 김수근이 기본설계를 맡아 당시 아시아에서 가장 높다던 도쿄타워보다 10m가 더 높은 해발 410m의 지상에 총 높이 150m의 탑으로 설계

됐다.

1월 18일에는 한국일보가 제정한 제1회 한국연극영화예술상 시상식이 시민회관에서 성대하게 치러졌다. 혼란했던 당시의 시대상황에 비추어 볼 때 연극영화예술제를 한국 최초로 열고 시상을 제도화한 것은 문화예술사에 새로운 지평을 연 것이었다. 모두 다섯 부문에 걸쳐 진행된 제1회 한국연극영화예술상의 대상은 '벙어리 삼룡'에서 열연한 김진규가 수상했고 작품상에는 영화부문에서 '벙어리 삼룡', 연극부문에서 '도적들의 무도회'가 각각 수상하는 영광을 안았다.

### 언론사 첫 특별취재반 가동

1965년 3월 11일부터 12회에 걸쳐 '밀수- 남해 작전' 시리즈를 연재했다. 당시 사회부 차장 김창열을 단장으로 사진부 차장 조용훈, 박원구 안병찬 최해규 이성우 한성관 기자 등이 특별취재단을 구성, 직접 현장에 가서 남해안 일대의 밀수 실태와 대책 등에 대한 박진감 넘치는 기사를 보내왔다.

1964년 11월 14일부터 전개한 '무의탁 군경자녀 돕기 운동'을 20일자로 마감했다. 한국일보는 당초의 모금 목표액을 훨씬 넘는 성금 4,740만 원과 위문품 7만 점을 원호처에 전달했다.

사회부는 4월 7일 신문의 날을 전후한 신문주간을 맞아 특별 르포 시리즈 '실화 계룡산'을 기획, 4월 6일부터 15회에 걸쳐 집중 보도함으로써 선풍적인 인기를 끌었다. 이 시리즈는 사회부 차장 위상욱을 단장으로 김한도 김윤산 이중식 기자 등이 특별취재반을 구성했다. 특별취재반은 한국일보가 처음 도입한 취재방식이었다.

4월 15일에는 사회노동당 필화사건으로 46개월 동안 발행이 중단됐던 사보 5호가 속간됐다.

사보 5호는 4년여 만에 다시 발행된 만큼 내용이 풍부했다. 1965년 4월 1일 현재 38개의 서울시내 보급소, 11개의 지사, 748개의 지국 및 4개의 해외지사까지 포함한 모두 801개의 '매머드' 보급망을 갖추고 있다고 소개하고 연도별 보급망 확장 기록과 각 도별 보급망을 도표로 제시했다. 사보는 또 본사 사원 614명, 지사장 11명, 해외지사장 4명, 본사 편집국 소속 지방주재 기자 72명, 각 지방의 지국장 748명, 보급소장 38명, 분국장 및 총무 850명, 배달소년 등과 그 가족을 합쳐 '한국일보 가족'은 모두 1만 6,000여 명에 이른다고 소개하고 한국일보 사원명단을 실었다.

4월 16일부터는 벽지학교에 '라디오 보내기 운동'을 시작했다. 6월 9일에는 당시 계속되는 극심한 가뭄으로 인해 창간 11주년 자축연을 생략했다.

5월 25일 시민회관서 소년한국합창단의 첫 공연이 있었다. 6월 19일부터 '양수기 보내기 운동'을 시작, 7월 16일까지 119만 8,552원과 양수기 2대를 극심한 가뭄에 시달리는 전

1965년

　23일자 5~8면에 한일 협정 전문을 게재했다. 야당과 대학생들을 중심으로 한 한일 협정 반대운동이 격화하자 박 대통령은 23일 특별담화를 발표해 결연한 의지를 거듭 강조했다. 한국일보는 24일 호외를 발행, 한일 협정의 문제점과 향후 정국전망 등에 대해 보도했다. 한일 협상 과정에서 독도를 흥정 대상으로 삼아서는 안 된다는 국민 여론이 일자, 6월 8일부터 '독도경비대에 위문품 보내기 운동'을 대대적으로 전개해 독도가 우리 영토임을 분명히 했다.

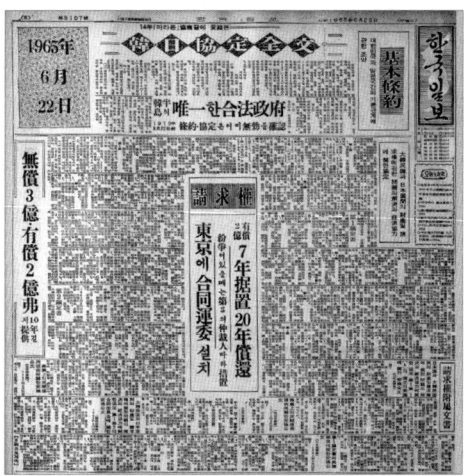

1965년 6월 23일자 5면에 실린 한일 협정 전문.

　7월 29일자 사회면에 '폭행사건 취재에 뭇매' 제하의 기사를 중간톱으로 보도했다. 24일 밤 경남 김해 공병학교 교장(준장)이 술에 취해 김해경찰서 김모 순경을 가볍게 폭행했다가 거꾸로 두들겨 맞게 되자 부대원을 동원해 김해경찰서로 찾아가 경찰서장에게 김 순경의 구속을 요구하며 소란을 피운 사건이었다. 이튿날 교장은 없었던 일로 넘기려 했지만 당시 한국일보 김해 주재 조인환 기자가 27일자 '소란 피운 이중 오해'라는 제목으로 기사화했다. 신문을 본 공병학교 장교들이 그날 밤 조 기자 집으로 쳐들어가 그에게 린치를 가했다. 기자협회는 현지조사단을 파견하고 언론은 '군의 행패'라는 취지로 대서특필했다. 결국 8월 1일자에는 '화근은 취한 장군'이라는 군경합동수사본부의 수사결과가 사회면 톱기사로 올라갔다.

　8월 31일에는 1966학년도 중학교 입시방침이 학교별 단독 출제로 바뀜에 따라 자매지 소년한국일보와 공동으로 '15주 완성 중학입시 예상문제집'을 매주 화요일과 목요일자 지면에 게재했다. 또 9월 23일 독자 서비스의 일환으로 편집국장 아래에 독자부를 신설하고 '한국일보 뉴스 문답' '희망 취재-우리가 거기 있다' 등 2개 란을 새로 만들었다. 한글날을 맞아 10월 9일자 3면의 기사와 제목을 순한글로 편집했다.

　12월 7일에는 한국일보 독자, 일반시민 및 파월장병 가족 2,000명을 시민회관으로 초대해 월남 기록영화 시사회를 가졌다.

　한국일보는 15일 부산·대구·광주지사에 본사의 직통 텔렉스를 설치, 제작과 판매기반을 더욱 굳건히 다졌다.

　18일 한일 양국은 협정비준서를 교환하고 국교를 정식 수립했다. 같은 날 한국일보와 주간한국 가판소년들을 위한 '사랑의 집'이 문을 열었다.

# 1966년

신문제작은 오케스트라의 연주와 같다.
각자 맡은 일에 최선을 다하여 화음을 창조해야 한다. - 장기영

### MBC, 한국일보 뉴스 방송

1966년 1월 24일부터 문화방송 채널을 통해 한국일보 뉴스방송이 시작됐다. 한국일보는 이에 앞서 1일 아래의 사고를 내보냈다.

> 한국일보 뉴스가 전파대를 타고 하루 24시간 연중 무휴(일요일 포함)로 애독자 여러분에게 전해지게 되었습니다. 한국일보사는 우리 국내 민방 중 최대 네트워크를 갖고 있는 문화방송(MBC)과 제휴, 오는 24일 새벽 첫 뉴스 시간(5시 50분)부터 하루 네 차례씩 '방송뉴스 서비스'를 해드리기로 결정했습니다. 이는 종래 지면을 통해서 보도해 드리던 우리 '세계의 뉴스'를 신문 발간 전이라도 보다 빨리, 보다 정확히, 보다 생생한 밀도를 갖고 여러분의 가정·직장에 전해드림으로써 보도의 직시성에 더욱 충실하겠다는 뜻을 도시하려는 것입니다.

23일자에는 '세계를 움직이는 톱 레이디 15인'이 특집으로 나갔다. 이 특집은 여성 인물들에 대한 관심이 그렇게 높지 않은 당시 시대 상황에서 새로운 관심을 불러일으켰다. '세계를 움직이는 톱레이디 15인'은 인디라 간디 인도총리, 엘리자베스 영국여왕, 버드 존슨 미국 대통령 부인, 케네디 전 미국 대통령 부인 재클린 케네디, 시리키트 태국 왕비, 골다 메이어 전 이스라엘 외무장관, 장제스 총통 부인인 쑹메이링(宋美齡) 여사 등이었다.

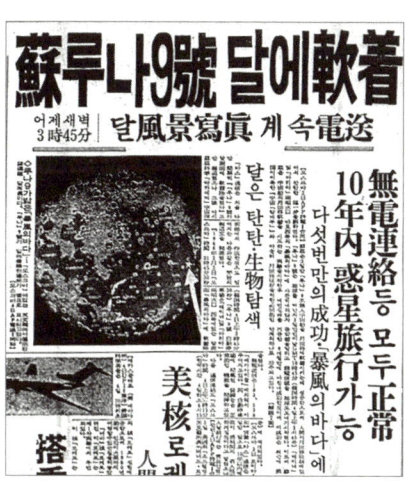

루나9호의 달 착륙을 전하는 2월 5일자 1면.

소련은 2월 4일 새벽 3시 45분(한국시간) 무인 우주선 '루나 9호'를 달 표면에 착륙시키는 데 성공했다. 1958년 3월 1일 과학부를 만들어 과학 관련 보도를 선도해온 한국일보는 미·소 간의 우주경쟁시대를 대대적으로 지면에 반

1966년

영했다. 우선 루나 9호의 달 착륙 기사를 사진과 함께 곁들여 2월 5일자 1면 머리기사로 실었다.

6월 1일부터 농촌 문제 해결을 위한 본격적인 기획 취재물이 시작돼 연말까지 계속됐다. '농부 4000년-농민헌장을 위한 시리즈 1집'이란 제목의 첫 번째 시리즈가 나갔다.

6월 4일 장 면 전 부통령이 세상을 떠났다. 9일 창간 12주년을 맞이하여 전국의 지사, 지국 수는 875개 소로 집계됐다. 16일 밤에는 이화여대 강당에서 피아노의 세기적 거장 루빈스타인 초청공연을 가졌다. 9월과 11월에는 정명화 정경화 귀국독주회와 베를린 도이치 오페라 초청공연을 잇달아 주최했다. 시민의 귀와 눈을 번쩍 띄게 하는 고급 예술의 이벤트였다. 8월 초 삼복더위가 한창일 때 '이해랑 이동극단'을 발족시켰다. 8월 5일자 사고는 '연극이나 영화가 도시에만 집중되어 문화 발전의 최선단을 걷고 있는 연극예술을 이번에는 각 지방에 보급시키고자 이동극장을 마련하고 전국 방방곡곡에 순회하여 본보 애독자 여러분을 위안하며 지방 문화 발전의 역할을 하고자 한다'며 발족 취지를 알렸다. 이해랑 이동극단은 1966년 한 해 동안 전국 176개 마을을 돌며 120여만 명의 관객 동원 기록을 세웠다.

### 국보21호 석가탑 도굴 훼손 특종

9월 들어 한국일보는 한국기자협회 제정 제1회 한국기자상을 수상하는 특종을 기록했다. 특히 이 특종은 본사 기자가 아닌 지방 주재 기자의 끈기로 기록한 것이어서 더욱 값진 것이었다. 경주 불국사 경내에 있는 국보 제21호 석가탑(일명 무영탑)의 일부가 훼손된 사실을 대구주재기자 이갑문(지방부 차장대우)이 7일 기사로 보내왔다. 당시 이 기자는 도굴범들이 석가탑을 훼손했을 가능성이 있다고 기사를 썼고 한국일보는 이 기사를 8일자 사회면 머리기사로 실었다.

당국은 사건 초기 단순한 자연현상에 의한 것으로 단정하고 무관심했다. 그러나 한국일보의 보도가 나간 뒤 정밀조사를 벌인 결과 석가탑 훼손은 경주에 근거를 둔 상습 절도단의 소행임이 확인됐다. 석가탑을 훼손한 도굴범들은 석가탑 외에도 전국 각지의 보물급 문화재를 도굴했던 사실이 추가로 밝혀졌다. 이 기자는 행정당국뿐 아니라 일반인들에게 문화재 보호의 필요성을 일깨운 공로로 제1회 한국기자상(취재보도 부문)을 수상했다.

# 1967년
연필을 뾰족하게, 날카롭게 깎아서 기사를 쓰자. - 장기영

### 6·8선거 진상 보도

1967년은 제6대 대통령 선거와 제7대 국회의원 선거가 5월 3일과 6월 8일 잇달아 실시된 선거의 해였다. 1월 1일자 1면에는 1967년의 시기적 중요성을 강조하는 '공명선거와 경제성장을 다짐하며 우리는 다시 출발점에 서 있다' 제하의 사설이 신년사로 실렸다.

한국일보는 1월 6일 퀴즈 상금을 키와 몸무게로 환산해 시상하는 '살림장만 200만 원 퀴즈'를 시작했다. '10원 지폐를 키만큼 5원 주화를 체중만큼'이란 기발한 광고문안은 그 후 한국 광고계의 기록이 됐다. 3월 1일부터는 국내에서 처음으로 신문광고 스페이스의 기본단위를 행수에서 cm로 바꾸었다. 한국일보는 전국의 시·도를 상징하는 꽃과 나무를 선정키로 하고 3월 24일자 8면을 전부 할애해 이 사실을 알렸다. 5만 장의 응모엽서를 통해 선정된 각 시·도의 꽃과 나무가 5월 9일자에 실렸는데, 서울은 개나리와 은행나무였고 부산은 등꽃과 사철나무였다.

5월 3일 대통령 선거가 실시됐다. 2박 3일간에 걸친 개표결과 668만 8,666표를 얻은 박정희 후보가 윤보선 후보를 116만여 표 차이로 누르고 제6대 대통령에 당선됐다. 6·8 총선

거는 불법·타락선거의 시비로 얼룩졌다. 투·개표 과정을 보도한 9일자 3면은 불법·타락선거를 고발하는 기사로 채워졌다.

이 무렵 한국일보가 주도하는 탐사팀이 경주 앞바다 문무왕릉에 대한 조사를 벌여, 그곳이 신라시대 인공적으로 조성된 해중 무덤임을 증명했다. 당시 이 탐사기사는 우리 역사에 대한 국민적 관심을 불러일으키는 역할을 했다.

## <70대 특종> 한국일보 탐사대, 경주 앞바다 문무왕릉 확인

삼국사기 다수의 곳에 신라 문무왕의 죽음과 관련, 흥미로운 내용이 확인된다.

'문무왕이 승하하자 시호를 문무라 하고 유언에 따라 신하들이 동해 어구 큰 바위 위에 장사 지냈다…. 그 능은 감은사 동쪽 바다에 있다 (삼국사기·왕력)… 문무왕의 유언에 따라 그 뼈를 장사지낸 곳이 대왕암이고, 절은 감은사며, 훗날 문무왕이 용으로 화한 모습을 바라본 곳에 이견대가 있다.'

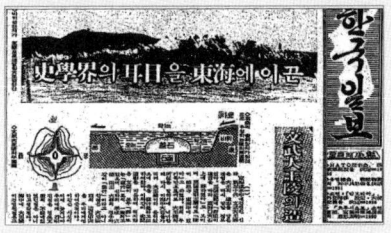

선조들이 기록한 역사는 제대로 지키지 않으면 세월 속에 전설로 마모된다. 역사 속에 실재한 사실인데도 '팩트' 확인이 이뤄지지 않으면 소문 속에 살이 붙어가면서 실제와는 멀어진다. 하물며 1,300여 년 전 신라 문무왕이 죽어서도 나라를 지키기 위해 수중릉을 만들었다는 기록은 한국일보가 직접 나서기 전까지는 설화와 역사적 사실의 중간에 머물고 있었다.

1967년 5월 16일자 '경북 월성군 봉길리 앞바다 대왕암은 문무대왕릉'이라는 제목의 특종 기사가 한국일보에 실렸다(사진). 문무왕릉의 존재를 확인, 세상에 처음 알린 쾌거였다. 한국일보가 창간 10주년을 기념해 벌인 '신라 학술 조사사업'의 성과였다. 삼국사기 등의 문헌에는 문무대왕이 수장유언을 남겼다는 사실이 기록돼 있을 뿐 정확한 위치와 구조는 기록되지 않았기 때문에 당시까지 많은 이들이 반신반의하는 상황이었다.

한국일보가 주도하고 국내 최고 전문가들이 나선 조사단은 경주 시내에서 동쪽으로 약 30㎞ 떨어진 바닷가에 자리잡고 있는 둘레 200m 정도의 바위 섬인 대왕암에 대한 실측 조사를 벌였다. 섬 가운데서 매장 당시 쓰인 것으로 보인 거북 모양의 돌 등을 발견하는 한편, 수로를 내기 위해 인위적인 공사를 벌인 흔적도 확인했다. 이를 토대로 대왕암이 삼국통일을 이룩한 문무대왕릉임을 공식 확인했다. 다만 비파괴검사 첨단 탐사기술이 부족했던 상황에서 탐사봉만으로 추정하는 바람에 수중릉의 구조에 대한 일부 발표에 오류가 있었음이 확인됐다. 예컨대 수중릉 안 거북바위 밑에 빈 공간이 존재하며 그곳에 부장품이 존재할 것으로 추정했지만, 2000년 이뤄진 지하투과 전자탐사에서는 단단한 암반이 확인됐다.

학계에서는 문무왕릉 탐사보다는 당시 한국일보 주도로 이뤄진 일련의 신라 유적 탐사에 주목하고 있다. 1964년부터 다섯 명산(신라오악)에 대한 학술조사에 나서 태백산 자락에서 반가사유석불(半跏思惟石佛)을 발견하는 등 국보급을 포함, 147점의 귀중한 문화재의 발굴이 한국일보의 공헌이라는 것이다.

### 돌아온 백상

부총리 겸 경제기획원장관으로 입각했던 백상이 3년 5개월여 만인 1967년 10월 3일 한국일보로 다시 돌아왔다. 백상의 복귀는 10월 3일 단행된 6개 경제부처 개각에 따른 것이었다. 신임 부총리 겸 경제기획원장관에는 박충훈 상공부장관이 임명됐다.

한국일보를 비롯한 언론은 '장 부총리의 업적과 10·3 개각'의 의미를 분석하는 해설기사를 앞다투어 실었다.

조선일보는 8일자 '일요 아침의 대화'란에 백상과의 인터뷰 기사를 실었다. '신문사로 돌아간 장기영 전 부총리- 기발한 제작 이미 구상' 제하의 기사에서 백상은 "우선 한국일보 사정이 허락된다면 '산책'이란 제목으로 수필을 몇 회쯤 쓰겠습니다. 그리고 당장 내가 신문사에 기여할 일은 단 몇 줄의 기사라도 교정을 보는 일부터지요"라고 말했다.

백상은 17일 발행인에 복귀했다. 그는 이어 1968년 3월 4일에는 한국일보사 사장에 다시 취임했다. 돌아온 백상은 한국일보 현관의 흑판에 백묵으로 '우리의 방향'이란 글귀를 적어두고 드나드는 직원들이 읽어보도록 했다. '바르고 곧고 밝게 성장하자. 사회의 일지되고 역사의 증인되자. 용기 있는 시민의 친구 한국일보, 한 시간 일찍 일어나고 한 시간 늦게 자는 한국일보 사원. 밝은 빛과 희망을 주는 신문 되자. 근대화의 구심력 되자.'

10월 21일자 1면에 실린 '인사말씀'은 백상이 한국일보 경영에 복귀했음을 대내외에 공식 선언하는 메시지였다. 내용은 다음과 같다.

> 애독자 여러분 그동안 안녕하셨습니까. 오늘부터 신문사에 돌아와서 다시 실무를 보게 되었습니다. 정부에서 일하고 있는 3년반 동안도 끊임없이 한국일보를 아껴주시고 도와주셨음에 대해서 참으로 감사하여 마지않습니다. 모든 면에 부족한 점을 자인하오나 온갖 힘을 신문 제작에 기울여 보려고 합니다. 바르고 곧게 세계에서 가장 노력하는 '밝은 신문'을 만들어 보겠습니다. 신문 본래의 사회적인 사명을 다함으로써 평소의 지도와 지원에 보답하려 합니다. 배전의 애호편달(愛護鞭撻)이 있으시기를 빌어 마지않습니다.
>
> - 1967년 10월 21일 장기영 근백

23일부터 월요회 제도가 부활됐다. 백상은 30일 월요일 회의에서 한국일보의 성장 목표를 담은 '3·3·1운동'을 제창하고 "이 운동이 성공하면 양적으로 국내 최대의 신문이 될 것"이라고 다짐했다. '3·3·1운동'은 한국일보 유가지 30만 부 돌파, 주간한국 30만 부 보급망 확보 및 전국 보급소 1,000개로 확장 등의 목표를 숫자로 표시한 것으로 그의 추진력을 상징하는 것이었다. '3·3·1운동'의 유공 사원은 월요회 석상에서 표창하고 상금은 가정으로 우송하기로 했다. 11월 30일 '3·3·1운동'의 1차 마감 결과 1등은 총 456부를 확장한 장강재 기획관리실장이 차지했다. 한국일보는 12월 1일부터 다시 50만 부 확장 운동을 대내적

1967년

으로 전개했다.

한국일보는 당시까지 창간 이래 최대 규모의 인사를 11월 1일부터 16일까지 다섯 차례에 걸쳐 단행하고 조직도 5국 3실 41개 부로 개편했다. 모두 86명이 움직인 인사 내용은 서울경제 신문 부사장 신영수, 총무국장 이기석, 사장비서실장 손일근, 기획관리실장 장강재, 편집국부국장 겸 종합편집부장 남 욱, 편집국부국장 겸 정치부장 정성관, 편집국부국장 대우 정태연, 편집국 지방부장 심명보, 출판국 부국장대우 주간한국 편집장 김성우, 논설위원 김자환, 편집국부국장 겸 경제부장 서용찬 등이다. 또 조세형과 정종식을 편집부국장과 편집국부국장 겸 외신부장으로 신규 채용하고 장재구를 기획관리실로 전보 발령했다.

1964년 발행부수 30만 부를 돌파한 이후 소강 국면에 접어든 듯했던 한국일보 발행 부수가 '3·3·1운동' 시작과 더불어 다시 상승하기 시작, 11월 16일에는 30만 1,700부를 발행했다. 총무국은 6개월 이상 근무 사원의 연 14일간 휴가 실시, 6개월 견습기간 후 대졸 신입사원 급여 9,000원 지급 등 개정된 급여 인사규정을 10월 1일부터 적용했다. 기동력을 강화하기 위해 10월 말 미국 벨사(社)가 제작한 헬리콥터 47G3-B1형 1대와 GMC의 대형트럭 1대를 추가 구입했다. 12월 20일에는 미국서 6인승 쌍발 파이퍼기 1대를 다시 구입, 한국일보가 보유한 비행기는 세스나 182호기, L5H11012호기, 헬기 등을 합쳐 모두 4대가 되어 사실상 국내 언론사 중 최강의 항공 기동력을 갖게 됐다.

우리나라 최초의 신시 육당 최남선 작 '해에게서 소년에게' 발표 60주년을 맞아 11월 8일부터 연말까지 '신시 60년 기념작 시리즈'를 1면에 실었다.

12월 3일에는 30만 원의 상금을 내건 바둑대회 '한국 명인전'을 개최한다는 사고를 실었다. 한국일보가 마련한 '제1회 한국 명인전'은 12월 11일부터 1차 예선을 시작해 토너먼트 방식으로 8개월간 치러졌다.

'신시 60년 기념작 시리즈' 실시를 알리는
11월 8일자 1면 사고.

# 1968년

건물 잃은 것은 작은 손실이다. 사람 잃은 것은 큰 손실이다.
용기를 잃는 것은 모든 것을 잃는 것이다.  - 한국일보 애독자

**화재로 사옥 전소… 시련 극복**

박 대통령은 1968년 1월 15일 새해 첫 기자회견에서 연말까지 1인당 국민소득 200달러 목표를 달성하고 국방력을 강화해 북한의 침투를 봉쇄하겠다고 다짐했다. 21일 밤 북한의 무장간첩 31명이 청와대를 습격하기 위해 침입한 '1·21' 사태가 일어났다.

북한 무장간첩이 침입한 1.21 사태를 알리는 1월 23일자 한국일보 1면.

이에 앞서 발행인 백상은 1968년 1월 1일 신년사를 통해 한국일보 50만 부 발행이라는 새 목표를 내세우고 사원들의 협조를 당부했다. 발행인의 경영합리화 방침에 따라 장강재 기획관리실장은 1월 1일자 사보에 창간 후 처음으로 총액 7억 8,300여 만 원의 한국일보 새해 예산 내역을 공개했다. 장 실장은 새해에는 두 차례에 걸쳐 사원 봉급을 인상하고 적자 요인 사업을 최대한 억제해 사원 대우 개선에 주력할 방침이라고 밝혔다. 지출 내역은 자재 구입비가 40%로 가장 많고, 인건비 25%, 취재 및 통신비 10%, 차량유지비 5%, 원고료 4%, 사업비 4%, 기타 10% 등이었다. 발행인의 결정에 따라 월요회가 1월 9일부터 화요회로 바뀌었다.

구내식당이 27일 문을 열었다. 신관 후문쪽 50여 평의 대지 위에 세워진 건물의 1층은 식당, 2층은 다방과 특실로 꾸며졌다. 1967년 12월 말 조립 작업에 들어갔던 신형 윤전기 2대가 1월부터 정상 가동되기 시작했다. 일본에서 새로 도입된 이 윤전기는 8면짜리 신문을 시간당 10만 부까지 인쇄할 수 있으며 다색도 인쇄 가능했다.

2월 27일 한국일보 4층 사옥이 전소되는 대화재가 발생했다. 창간 14년 만에 맞는 최대의 시련이었고 청천의 날벼락이었다. 증축 중인 신관 건물 내에 있던 윤전기 2대를 제외한

1968년

1968년 2월 27일 대화재는 창간 14년 한국일보의 최대 시련이었다. 사옥 화재 후 상공 사진(오른쪽).

모든 신문 제작 시설이 재로 변했고 7명의 사우가 불을 끄려다 목숨을 잃었다. 그러나 한국일보는 대화재의 시련에도 불구하고, 신문을 계속 발행하는 불굴의 정신을 실천해 보인다. 세계 언론사상 화재로 신문 제작 시설을 잃고도 계속 신문을 발행한 경우는 미국 데일리 워커지(紙)와 한국일보뿐이었다. 시라큐스 대학은 한국일보 2월 28일자를 학술 자료로 도서관에 영구 보관했다. 이 같은 사실은 당시 이 대학에 유학 중이던 변종화에 의해 국내에 알려졌다.

불이 난 과정은 이렇다. 대화재는 27일 오전 11시 55분 윤전기 용접 과정에서 발화됐다. 당시 본관 1층 윤전실에서 동덕공업사 용접공 임종호(29) 등 4명이 윤전기 용접 공사를 하다가 불티가 바닥의 기름에 인화됐다. "불이야" 하는 소리가 윤전실에서 울려오자 사원들이 소화기와 물통을 들고 뛰어갔으나 이미 윤전실은 연기가 가득 차 접근이 힘들었다. 12시 15분께 긴급 출동한 소방차 26대가 본격적인 진화작업을 시작했다. 오후 1시 10분께 불길이 잡히기 시작해 오후 2시 10분에는 완전히 진화됐다. 대화재로 인한 물질적 피해액은 3억 원(경찰 추산 2억 원)으로 추산되었지만 진화 과정에서 7명의 사원이 희생돼 충격을 더했다.

순직사원 7명은 송재헌(69·제1공무국장·창간사원) 최익선(58·정판부원·근속 6년) 유익표(49·문선부원·근속 12년) 이필흥(48·정판부원·근속 13년) 김정복(46·문선부장·창간사원) 최석윤(33·문선부원·근속 12년) 이시복(21·정판부원·근속 2년)이었다. 발행인은 "여러분들이 남긴 불꽃 같은 정열을 이어받아 잿더미를 딛고 기어이 일어서겠다"고 다짐했다.

대화재로 인해 2면 발행된 28일자 한국일보는 1면에 '사과와 인사의 말씀'을 싣고 창간 이래 최대의 시련을 기필코 극복하겠다는 의지를 대내외에 천명했다.

> 27일 오전 불의의 본사 화재로 이웃과 관계당국 및 사회 각계에 끼친 심려에 사과하오며 우선 지상을 빌어 인사말씀 드립니다. 본사는 특히 진화에 나섰던 사우 7명을 희생케 되었음을 실로 애탄, 자괴하여 마지않으며 그 유족들과 언론계 동지들에게 송구스러운 마음 금할

길이 없습니다. 이번 화재로 본사는 구관 4층을 전소케 했고 고속윤전기 3대를 포함한 공장시설의 거의 전부를 잃었으나 다행히 증축 중에 있는 신관에 갓 시설한 윤전기 2대를 확보하고 있습니다. 본사 사원 일동은 신문이 하루도 쉴 수 없는 '사회의 양식'임을 명심하고 최단 시일 내에 원상복구를 위한 작업에 진력하는 한편 제반 시설이 복구될 때까지 당분간 동업 신아일보의 호의에 따라 동사 시설을 이용하는 관계로 부득이 지면을 축소, 우선 한국일보는 금 28일자만 2면을 발행하였습니다.

자매지는 오늘(28일자) 하루만 쉬고 코리아타임스는 본사서, 서울경제신문은 동업 중앙일보의 호의로, 주간한국과 소년한국은 동아출판사에서 각각 제판, 29일자부터 정상 발행하겠습니다. 애독자 제위의 해량(海諒)을 바라마지 않습니다.

거듭 시민 여러분께 실화를 사과드리오며 신속한 진화에 힘써주신 소방·치안 당국과 본사의 화재에 뜨거운 위문과 격려를 해주신 여러분께 감사드립니다.

1968년 2월 27일 한국일보

화재사건 1년 후인 1969년 6월 4일 공식 완공된 중학동 신사옥. 실제 입주는 1968년부터 이뤄졌다.

**각계 도움으로 차질 없는 신문발행 실현**

불의의 재난을 당한 한국일보에는 27일 오후 정일권 국무총리, 김종필 공화당의장 등이 위문의 말을 전하고 갔으며, 조진만 대법원장은 장기영 발행인에게 위문의 글을 보내왔다. 29일까지 각계 인사 3,000명이 내방, 격려하고 국내외에서 1,000여 통의 전문을 보내왔다. 한국일보는 위문인사 명단을 신문 지상에 차례로 게재함으로써 답례를 했다.

박정희 대통령은 순직한 7명의 유가족에게 조의금으로 금일봉을 보내왔다. 특히 '건물 잃은 것은 작은 손실이다. 사람 잃은 것은 큰 손실이다. 용기 잃는 것은 모든 것을 잃는 것이다'는 한 독자의 위로 전문은 한국일보 전 사원에게 커다란 감명과 용기를 불어넣어 주었다.

장기영 발행인을 장례위원장으로 한 순직 사우 7명의 합동장례식이 3월 2일 낮 12시 한국일보 옆 전기공고 교정에서 엄수됐다. 발행인은 1,200여 명의 조객 앞에서 "…여러분들은 험하고 긴 언론의 가시밭길을 지켰습니다. 어질고 굳은 의지를 가지고 빛나지 않은 자리를 지키던 언론인들이었습니다. 소화기를 들고 자모장을 메고 불길 속에 쓰러져간 사우들이여, 끓는 쇳물 속에 뛰어드는 언론의 생명을 위해 평상보다 백 배나 천 배나 우리들은 더

1968년

일할 것입니다. … 한국일보는 급속하게 재건되어 갑니다. 그러나 슬픕니다, 말도 없이 직장에 쓰러진 일곱 사우여. 굽어보시라! 천지신명은 지선지성한 이 순직 언론인들의 영혼을 길이 보호하소서"라고 애도했다.

순직사원 7명의 유해는 2일 오후 망우리 묘소에 안치됐다. 6월 6일 순직사우 묘소 앞에 높이 3m의 오석으로 된 추모비가 건립됐다. 한국일보는 장례식에 앞서 3월 1일 순직사우의 유족 7명을 채용키로 했다.

한국일보의 불사조 정신은 화재가 난 당일 저녁부터 발휘됐다. 편집국은 불탄 사옥 뒤편에 신축 중이었던 건물 3층으로 급히 옮겼고 28일부터는 철제 책상이 들어오기 시작했다.

발행인은 한국일보 별관 자리에 임시대책본부를 설치하고 간부회의를 직접 주재했다. 일본 지사에 "공무국 자재 일체를 긴급 구입, 수송하라"고 전화로 지시를 한 발행인은 화재 복구를 위한 총동원 체제를 갖추기 위해 3월 11일 서울경제신문 부사장 신영수, 전 광고국장 윤동현, 한국일보 편집국장 홍유선을 한국일보 부사장으로 임명하고 신 부사장에게는 화재 복구를, 윤 부사장에게는 사옥 신축업무를, 홍 부사장에게는 신문 제작을 전담토록 했다. 장강재 기획관리실장은 이사를 겸직하게 됐다.

한국일보는 700명 전 사원의 피나는 노력 끝에 4월 15일 1차 복구를 마무리하고 정상 발행 체제를 회복했다.

기자협회보 3월 15일자는 장기영 발행인과 조선일보 체육부 차장의 대담기사를 실었다. 발행인은 "현장을 가봐야 인터뷰 기사가 생생할 것"이라며 기자를 복구현장으로 직접 안내한 후 "'사건이 발생한 그 순간이 마감 시간이다' '매초마다 마감시간이다'라는 표어판도 구관을 삼킨 불 속에 타 버렸지만 그 '한국일보 정신'은 불태우지 못했습니다. 결국 나에게는 화재가 발생한 그 순간이 바로 재건의 시발점이 된 것입니다"고 강조했다.

장 발행인은 4월 16일 편집부국장 조세형과 정태연을 각각 워싱턴 특파원과 도쿄 특파원으로 임명하고, 편집부국장 겸 외신부장 정종식은 파리특파원으로 임명했다. 22일에는 공석중인 공무국장에 조기호가, 손일근과 최정호는 논설위원에 임명됐다. 신설된 관광사업부장에는 비서실 부장대우 김중기가 7월 1일자로 부임했다. 6일에는 부국장 겸 사회부장 김 훈과 전 도쿄 특파원 이원홍이 편집국 차장에, 사회부장에는 부국장 겸 종합편집부장 남 욱이 임명됐다.

5월 6일 한국일보는 8면 기준 시간당 20만 부를 인쇄할 수 있는 능력을 되찾았다. 고속윤전기 4대가 이날부터 정상 가동됨에 따라 신문 인쇄 시간도 30분 이상 단축됐다.

장 발행인은 6일 이란의 수도 테헤란에서 열린 국제올림픽위원회(IOC) 총회에서 IOC위원에 선출됐다. 이기붕 이상백에 이어 한국인으로서는 세 번째였다.

7월 4일 한국일보사의 새 사옥 신축 공사가 시작됐다. 새 사옥은 나중에 한국일보 본관으로 사용됐다. 설계는 일본 유학에서 돌아와 건축계에 새 바람을 일으키고 있던 김수근이 맡았다. 김수근은 창간 당시 목조 사옥의 개조 작업을 맡았던 김용환의 아들이어서 부자가 한국일보와 깊은 인연을 맺었다. 한국일보 새 사옥은 대화재의 시련을 딛고 1969년 6월 4일 공식 준공식을 가졌다. 서울 종로구 중학동 14번지에 자리잡은 사옥은 지하 3층 지상 13층으로 대지는 647평, 건평은 5,758평이다. 이 건물은 2007년 자본잠식 상태이던 한국일보 구조조정을 위한 재개발 계획으로 철거됐다.

### 한국 언론 최초의 컬러 광고

대화재에도 불구하고 그해 3월부터 전면광고가 쇄도해 화재 복구 작업에 활력소 역할을 했다. 5일자 8면에 전면광고를 낸 종근당제약은 '우리는 독자와 같이 불의의 한국일보 재화(災禍)를 애석하게 생각합니다. 그러나 한국일보사의 급속한 재건을 보고 마음 든든함을 느낍니다. 더욱 힘찬 발전을 독자와 더불어 격려합니다'고 했다. 7일에는 한일약품이 전면광고에 '재건되는 한국일보에 격려를 보냅니다'는 문구를 게재했고 12일에는 '용기있는 시민의 친구 한국일보, 쉴 수 없는 신문, 밤낮 없는 신문'이라는 격려문구가 주요 광고 거래처의 상표광고와 함께 실렸다. 28일에는 유유산업의 5단짜리 광고가 녹색으로 나갔는데 이는 한국언론사상 컬러 광고의 시초가 됐다. 4월 25일 롯데공업의 전면 상품광고가 붉은색으로 나가고 30일에는 서소문에 처음으로 태평로 광고영업소를 개설했다.

광고 기획에서도 앞서 나간 한국일보는 마침내 9월 10일 한국 최초로 전면 안내광고를 내보냈다. '한국 안내'로 나간 이날 8면의 전면 안내광고는 대화재의 역경을 극복한 한국일보 정신의 또 다른 결실이었다. 영국 정부의 초청으로 1953년 영국을 방문한 적이 있는 백상이 당시 런던타임스가 1면에 전면 안내광고를 싣고 있는 것을 보고 시도한 것이었다.

1964년부터 1967년까지 3년간 신라 오악(五岳) 학술조사 사업을 벌여 문화사적 업적을 남긴 한국일보는 다시 3월 22일자 사고를 통해 경주 낭산, 청도 혈례, 영천 골화 등 신라 삼산(三山) 학술조사사업을 3개년 계획으로 벌인다고 밝혔다.

3월 25일 여론조사부를 신설하여 계창호 편집부국장이 여론조사부장을 겸임케 된다. 여론조사부는 4월 16일부터 1개월 동안 전국독자 여론조사를 실시했다.

한국일보는 4월 13일 남산도서관 옆 녹지대에 '소월시비'를 건립했다. 제막식에는 평소 문학에 관심이 많았던 발행인이 직접 참석했다. 10월 24일에는 '100만 원 현상 한국창작문학상'을 제정, 한말숙의 '신과의 약속'을 당선작으로 발표했다. 이에 앞서 5월 7일에는 1963년부터 연재된 월탄 박종화의 '삼국지'가 1,603회로 대미를 장식했다.

5월 20일 공화당 단독 국회에서 향토예비군설치법과 주민등록법이 통과됐다.

7월 18일 사진부 유호석 기자가 촬영에 성공한 낙뢰 컬러사진은 한국 최초의 것으로 화제가 됐다.

8월 17일부터 전국 주요도시의 15개 극장에서 매주 1회 한국일보 해외 뉴스를 방영했

1968년

다. 20일 밤 11시 소련이 체코의 자유화를 무력으로 저지한 체코 사태가 발생하자 정종식 파리특파원을 체코-오스트리아 국경으로 급파해 상세한 기사를 실었다. 9월 3일자에는 프라하에서 뉴욕 도쿄를 거쳐 서울까지 공수된 체코 사태 사진으로 '포화에 낙엽 진 자유의 시신들' 제하의 화보를 만들어 체코 사태의 참상을 알렸다.

백상은 11월 24일 장강재 기획관리실장을 미국에 파견해 미주지사 개설 준비에 착수했다. 한국일보 기획관리실이 직영하는 한국학원이 9월 3일 문을 열었다. 종로구 송현동 60번지 안국동 로터리에 위치한 한국학원은 본사 사원이나 직계 가족이 수강하면 수강료의 반액을 할인해주고 강의실은 사원들의 토론장으로 활용토록 했다. 한국학원 개강 첫날에는 양주동 박사가 공개강좌를 했다.

4개 일간지와 1개 주간지를 발행하던 한국일보는 11월 말 4페이지 기준으로 시간당 60만 부를 인쇄할 수 있는 능력을 보유했다. 지패식(池貝式) 고속윤전기 6대와 컬러윤전기 2대가 본격 가동되었고 최신 연판시설도 4월 화재 복구 당시보다 1대가 늘어 2대가 됐다. 기계 포장기 3대와 모노타이프 3대를 새로 들여왔다. 공무국 부국장 겸 관리부장 이기화는 10월 14일 신문 인쇄 기술을 향상시킨 공로를 인정받아 한국신문협회가 수여하는 제3회 한국신문상을 받았다.

12월 31일 대망의 신사옥 입주가 시작됐다. 지하층에 자리 잡은 공무국 사무실, 문선부, 정판부 및 윤전부 등은 공사 진척이 빨라 이미 11월 초에 입주를 완료한 상태였다. 신사옥 입주기념식은 화재 발생 1주년을 겸해 1969년 2월 27일 거행됐다. 한국일보는 신사옥 입주에 즈음하여 '돕고 격려해 준 여러분께 뜨거운 감사를' 제하의 글을 송년호 1면에 실었다.

체코사태의 참상을 알린 화보.

# 1969년
시민의 눈이 되라, 빛이 되라. 시민의 벗이 되라, 빛이 되라. - 한국일보 사가·1969년 제정

**'주간여성' 창간호 발행**

한국일보의 다섯 번째 자매지인 '주간여성' 창간호가 1월 1일 발행됐다. 4·6배판 규격에 총 80페이지로 부당 가격은 30원으로 결정했다. 1964년 창간된 '주간한국'은 이미 1968년 9월 8일 43만 부를 돌파한 상태였다. 한국일보는 '주간여성' 창간을 앞두고 1968년 12월 5일 기구를 일부 개편하여 주간한국부와 주간여성부를 편집국에 신설했다. 김성우 주간한국 부장은 주간담당 편집국 국차장에 임명되고, 이명원 서인태가 주간여성 부장과 주간한국 부장을 각각 맡았다.

한국일보가 건국 20주년 기념사업의 하나로 1968년 8월 4일부터 착수한 국민생활 실태조사 결과가 4개월여 간의 작업 끝에 1월 9일 발표됐다. 언론사가 컴퓨터 분석을 통해 전국적인 규모로 국민생활 실태를 조사한 것은 처음 있는 일이었다. 국민생활 실태조사 결과는 '이것이 한국이다' 제하의 기사로 9일자 5·6·7면 전체를 장식했다.

국민생활 실태조사 결과는 당시 우리나라의 사회경제 상황을 극명하게 보여주었다. 전체 응답자의 3%만이 상류층이라고 대답

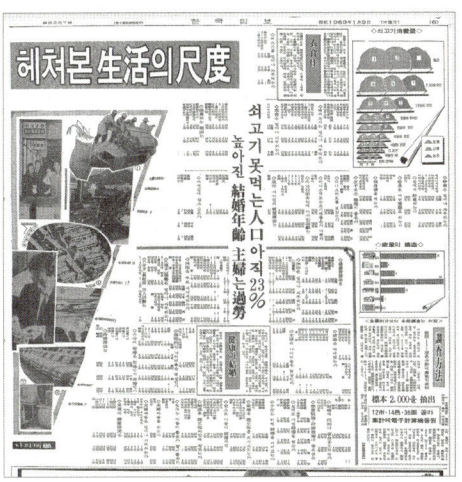

국민생활 실태조사 결과를 다룬 1월 9일자 6면.

했고, 과반수인 58%의 응답자는 하류층이라고 밝혔다. '쇠고기는 특별한 때만 먹는다'고 대답한 경우가 전체 응답자의 42%에 달했고, '미니 스커트는 보기 나쁘다'는 대답이 78%를 차지했다.

'현재의 소원이 무엇인가'라는 질문에 '농토를 갖는 것'이 24%로 가장 많았고, 다음이 '상점, 기업체를 갖는 것'(16%), '출세하는 것'(14%), '마이홈의 소유'(10%), '해외여행'(7%) 등의 순으로 나타났다. 가옥 구조는 초가(46%)와 한옥(31%)이 대부분이었고 양옥은 1%,

1969년

아파트는 0.2%에 불과했다. 또 전체 응답자의 87%가 월부로 물건을 구입한다고 밝혀 '월부시대'를 실감케 했다. 국민생활 실태조사 결과 중 20대의 의식구조는 30일자 8, 9면에 '21세기의 주역-20대의 의식'으로 나갔다. 당시의 20대가 가장 갖고 싶어하는 것은 선풍기가 26%로 가장 많았고 다음이 현금, 자택, 전화의 순이었다.

2월 14일 설악산 '죽음의 계곡'에서 한국산악회의 해외원정 훈련팀 10명이 눈사태에 묻혀 실종되는 사고가 일어나 10일 동안 구조작업이 계속됐다. 한국일보는 18일자 1면 머리기사로 이를 처음 보도한 것을 비롯 3월 1일 실종자들의 시신이 발견돼 사고가 일단락될 때까지 특종을 연발했다. 이 특종으로 마일연 속초 주재기자가 8월 8일 제3회 한국기자상(보도 부문)을 수상했다.

4월 4일 정치부 기자 송효빈이 제6대 한국기자협회장에 선출됐다.

5월 20일 한국언론사로서는 처음으로 미국 워싱턴 내셔널프레스 빌딩에 한국일보 특파원 사무소를 개설했다. 세계 뉴스의 흐름을 한눈에 지켜볼 수 있는 워싱턴에 사무소를 개설한 것은 경쟁지보다 한 발 앞서 국제화, 세계화를 이룩하는 초석이 됐다.

### LA지국 창설, 최초의 미주판 발행

미국에 이주한 한국인들이 가장 많이 거주하는 LA에도 5월 27일 한국일보 지국을 개설했다. 지국 창설 당시의 주소는 'The Hankook Ilbo & The Korea Times LA Office 11638 Ventura Studio City. California 91604'였다. 장재구가 초대 LA지사장을 맡았다.

LA지국 창설 요원은 장 지사장, 조창현 신종욱 이재환 권증안 등 5명이 전부였다. 신문제작은 물론 광고와 배달까지도 이들이 모두 해냈다. LA지국은 한국일보 창간 15주년 기념일인 6월 9일 한국일보 미주판 500부를 처음 발행했다. 광고는 전량 LA 현지의 광고를 실었다. 이날 발행된 한국일보 미주판은 한국인이 미국에서 제작 발행한 최초의 종합일간지로 기록됐다.

한국일보 미주판은 처음 4페이지로 제작됐다. LA지국은 한국일보를 매일 항공편으로 받아 재인쇄하는 방법으로 한국일보 미주판을 제작했다. LA 현지판은 1주일에 한 번 게재했다. 작은 제목과 본문 활자는 모두 한글 타자기로 쳤고 큰 제목은 손으로 직접 썼다.

LA지국의 제작 시설 중 인쇄 시설은 자랑할 만한 것이었다. 오프셋 인쇄가 가능했기 때문이다. 오프셋 인쇄된 한국일보 미주판의 사진은 선명도 면에서 본지에 뒤지지 않았다. LA지국은 지국 창설 이후 눈부신 성장을 거듭해 미주본사로 발돋움했다.

4월 20일부터 서울-대전 간 직송 체제가 완성됐다. 충남 전체와 충북·경북 일부 지방의 신문을 종전 지방판과 별도 제작하고 보급망도 대폭 확충했다. 충남북과 경북 북부지방까지의 신문 수송을 위해 이미 3월 16일 포드 7.5톤짜리 대형트럭 3대를 구입했다. .

5월 25일에는 취재 기동력을 보강키 위해 현대자동차의 '포드 코티나' 10대를 구입했다.

서울-대전 간 신문 직송에 이어 경상도와 전라도 지역에 대한 직송체제를 7월부터 가동했다. 한국일보는 중계 사고가 잦고 배달 시간이 늦었던 대구-울산, 대구-영천-포항 구간은 7월 4일부터, 영산포-해남 구간은 7월 7일부터 각각 중계없이 본사 차량으로 직송했다. 이들 지역의 직송에는 신진자동차에서 구입한 신형 트럭 3대가 고정 배차됐다.

4월 들어 일간스포츠 창간 작업이 구체화했다. 16일 일간스포츠 창간준비위원회가 구성되고 위원장에는 이용일 편집부국장이 임명됐다. 일간스포츠 창간준비위원회는 28일과 5월 3일 전체회의를 열고 창간 15주년 기념일인 6월 9일 일간스포츠를 창간키로 일단 의견을 모았다.

한국일보 창간 15주년 기념호는 6월 9일이 신문이 발행되지 않는 월요일인 관계로 6월 8일자로 하루 앞당겨 발행했다. 장강재 기획관리실장이 6월 9일자로 부사장에 임명됐고, 사원 월급이 11일부터 통장으로 입금됐다. 9일 현재 전국 지사와 지국은 1,038개 소를 넘어섰다.

창간 15주년을 기념해 심명보 최정민 이문희 김해도 유태완 이재승 등 6명으로 구성된 대규모 기동 특파원단을 6월 6일 월남에 파견, 월남전을 총정리했다. 50일 동안 월남 전역을 누비며 생생한 현장 기사를 지면에 실은 월남 기동특파원단은 10월 3일 한국신문협회가 시상하는 제4회 한국신문상(편집 부문)을 수상했다. 유태완은 7월 11일 의양언론문화재단이 제정한 제3회 독립신문기념상도 받았다.

7월 21일 미국의 유인 우주선 아폴로 11호가 달에 착륙했다. 한국일보는 관련 기사는 물론 컬러사진까지 곁들여 '인류의 달 정복' 기사를 8월까지 꾸준히 내보냈다.

창간 9주년을 맞은 서울경제신문이 8월 1일부터 본사서 독립, 신영수 부사장이 서울경제신문 사장에 임명되고 백상은 회장을 맡았다. 이는 자매지의 경영체질을 강화하기 위한 것이었다. 서울경제신문은 이에 따라 6개월 동안 장부상의 독립채산과 정밀기업 분석을 실시하게 된다.

8월 11일부터 단일호봉제를 실시했다. 공석 중인 종합편집부장에는 월남에서 돌

1969년 7월 22일자 1면.

아온 심명보를 8월 1일자로 임명했다. 한국일보 사가(社歌)를 18일 확정, 발표했다. 박목월 작사, 나운영 작곡의 한국일보 사가는 명랑한 행진곡풍으로 사원은 물론 배달 소년들 사이에서 애창됐다.

1969년

9월 14일 3선 개헌안이 국회에서 변칙 통과되고 야당과 대학생들을 중심으로 한 전국적인 3선개헌 반대 데모가 거세졌다. 박 대통령은 10월 17일 국민투표를 실시, 투표율 77.1%에 65% 찬성으로 3선 개헌안을 통과시켜 장기집권의 발판을 구축했다.

한국신문협회 결의에 따라 9월부터 한국일보 월 구독료가 180원에서 220원으로 인상됐다.

> **<한국일보 사가>**
> (1절)
> 찬란한 자유의 새벽을 나는 신념의 불사조 한국일보
> 곧고도 바른 붓끝으로 오늘의 역사를 증언하라
> 아~아 생생한 사실을 사실대로 알려서
> 시민의 눈이 되라 빛이 되라
> (2절)
> 세기의 물결을 힘차게 가르는 꿋꿋한 길잡이 한국일보
> 공정한 여론의 횃불을 들어 명랑한 사회의 불씨가 되라
> 아아 밝고도 구김없는 필진을 펴서
> 시민의 벗이 되라 빛이 되라
> — 박목월 작사

무주택 사원들을 위한 한국일보 사우촌(社友村) 계획이 9월 들어 실천에 옮겨졌다. 15일 영등포구 개봉동 주택단지에 한국일보 사원주택 15동이 착공됐다. 3월부터 주택공사와 개봉동 주택단지 단체분양 교섭을 벌여 60필지를 확보하고 주택은행에서 건축자금 단체융자를 받았다. 사원주택 내부 구조는 대지 60평에 건평 18평의 한·양옥 절충 단층집으로 방은 3개였다. 11월 6일에는 2차로 29개 동이 착공되고 1970년 3월부터 입주가 시작됐다.

**일간스포츠 창간**

9월 26일 마침내 한국일보의 일곱 번째 자매지인 일간스포츠가 창간됐다. 창간호 1면에 실린 일간스포츠 창간사는 '스포츠 입국론'을 제창했다. 일간스포츠는 장기영 한국일보 사장을 발행·편집·인쇄인으로, 한국일보 초대 체육부장 이용일을 편집국장으로 하여 9월 17일 문공부에 정기간행물 등록을 마쳤다. 타블로이드 배판 4면으로 나온 일간스포츠 창간호는 1·2면과 3면 절반은 스포츠 기사, 3면 절반과 4면은 연예기사를 실었다. 일간스포츠 창간호는 5만 부가 인쇄됐다.

12월 12일 한국일보와 자매지 간부들에 대한 대폭적인 2월 인사이동이 단행되고 일부 기구개편도 이루어졌다. 백상이 한국일보와 자매지의 발행인만 맡게 됨에 따라 서울경제신문 편집인에 신영수 서울경제사장, 한국일보·주간한국 및 주간여성 편집인에 홍유선 부사장 겸 편집국장이 각각 겸임 발령됐다. 또 일간스포츠 편집인에는 이용일 편집국장이, 한국일보를 비롯한 각 자매지의 인쇄인에는 조기호 공무국장이 기용됐다. 한국일보 편집국에 흡수됐던 주간한국과 주간여성은 신설된 주간국 소속으로 바뀌고 김 훈 편집국 국차장을 주간국장으로 승진시켰다. 이원홍 편집국 국차장은 편집국장 대리로, 남 욱 부국장 겸 사회부장은 편집국 국차장으로 자리를 옮겼으며 김성우 주간담당 편집국 국차장은 부국장 겸 사회부장으로 전보됐다.

# 한국일보 사람들 [1954~1969년]

### 김완식
(1893~1957)

서울생. YMCA 중등과. 광복 후 서울신문을 거쳐 국도신문·경향신문 공무국장. 한국일보 창간동인으로 참여하면서 공무국장을 역임.

### 한진희
(1895~1976)

함남생. 일본 명치대 법학과. 한국일보 주최 연날리기 때 입사, 한국일보 공무국장(1956년). 우리나라에 유도와 수영을 정식 종목으로 도입한 체육인. 수영연맹 및 유도회 회장 역임.

### 유광렬
(1898~1981)

경기 파주생. 면서기에서 독학 입신. 동아일보 상해특파원(20년), 조선일보 사회부장(27년). 광복 후 국회의장 비서실장, 5대 국회의원. 한국일보 창간동인 논설위원. 성곡언론문화재단 이사장. 저서 〈간도소사〉〈당쟁야화〉 등.

### 전영춘
(1898~1979)

서울생. 경성일보에서 근무(1919년), 조선일보로 옮겨 공무국 부국장(52년)을 지내고 한국일보 창간에 참여. 공무국장(57년)을 역임하고 윤전 담당 국장 재직 중 68년 2월 구사옥 화재를 겪었다.

### 송재헌
(1900~1968)

서울생. 삼산보통학교. 조선일보(1923년), 매일신보(31년)를 거쳐 광복 후 서울신문·태양신문 문선부장. 한국일보 창간동인으로 문선부장 역임. 공무국장 재임 중 68년 2월 구사옥 화재로 순직.

### 이건혁
(1901~1979)

서울생. 경성대 법학전문. 조선일보 경제부장(37년), 서울신문 주필 겸 편집국장. 54년 8월 한국일보 편집국장 초빙돼 6개월여 재임. 한국경제신문 주필, 세계일보 주필. 저서 〈건국과 국민경제〉〈돈과 물건〉.

### 금 철
(1905~1981)

경기 강화생. 배재고보. 조선일보 사업부 차장(1943년), 자유신문 창간동인(45년)을 지내고 한국일보 창간동인으로 참여해 총무국장을 맡았다. 한국영화문화협회 상임이사 등 역임.

### 성인기
(1905~1966)

충남 아산생. 일본 와세다대 정경학부. 조선일보 편집국장, 부사장. 한국일보 부사장 겸 주필(61년) 재임 중 63년 1월 '사회노동당 기사 필화사건'으로 퇴사. 민주공화당 창당 발기인으로 당무위원 역임.

### 오종식
(1906~1976)

부산 동래생. 일본 동양대 전문부 문화과. 한국일보 창간동인. 초대 주필, 편집국장 겸 부사장. 서울신문 사장(60년), 부산국제신보 사장(62년). 방송윤리위원장(66년). 대한민국 무궁화훈장. 저서 〈현북만필〉 등.

### 신석초
(1909~1975)

충남 서천생. 일본 법정대 철학과. 시인. 57년 한국일보 입사, 문화부장·논설위원(67~74년)으로 활약. 경기 하남시 창우동 백상 장기영 사주 묘소에 '신석초 시비'. 대표작 〈바라춤〉은 백상의 애송시.

### 전홍진
(1909~1969)

서울생. 보성전문 상과. 동아일보 기자, 서울신문 편집국장, 조선일보 논설위원. 한국일보 창간동인으로 초대 편집국장. 국회의장 비서실장. 서울신문 주필 겸 전무, 자유당 선전위원장 등.

### 조풍연
(1914-1991)

서울생. 연희전문 문과. 〈문장〉 편집장을 지낸 뒤 한국일보 창간동인. 초대 문화부장, 사회부장, 편집부국장, 논설위원. 한국일보 이사(66~73년). 한국출판학회상 수상. 저서 〈현대의 국어생활〉 등.

### 이용일
(1915~1997)

서울생. 연희전문 상과. 주간스포츠 주간(50년). 한국일보 창간과 함께 초대 체육부장. 편집부국장(60년). 일간스포츠 초대 편집국장 겸 편집인(69년). 대한체육회 이사·상임위원, KOC위원 등 역임.

### 남궁 련
(1916~2006)

서울생. 일본대 경제학과. 한국종합제철 취체역을 맡던 중 한국일보 사장으로 초빙(62년 12월), 53일간(63년 1월까지) 근무. 대한조선공사 사장과 대표이사 회장, 전경련 이사. 핀란드 사자대훈장, 노르웨이 1급 기사훈장.

### 임창수
(1916~1990)

충남 연기생. 일본대 예술과 본과. 49년부터 태양신문·서울신문 기자 거쳐 조선일보 편집부장 지내다 한국일보 창간에 동참, 한국일보 편집국장(55~58년) 후 서울신문 편집국장(63년) 등.

### 김영상
(1917~2003)

충남생. 일본 릿쿄(立教)대 영문학과. 한국일보 창간동인. 편집부국장 겸 정치부장. 동아일보 편집국장·논설위원(63~70년). 대한언론인회 자문위원장(2002년). 저서 〈서울의 전통문화〉 등.

### 김주묵
(1918~1988)

충북 음성생. 일본 와세다대 법학부. 장면 총리 공보비서관, 조선일보 정치부장. 한국일보 창간동인으로 정치부장대우. 4대 국회의원(58년) 후 한국일보 복귀(61년). 대한증권 부사장 등.

### 김현제
(1918~1963)

경남 고성생. 진주고보 졸업. 국제신문 사회부장, 동양통신·연합신문 편집국장. 한국일보 사회부장 편집국장(58년), 서울경제신문 초대 편집국장(60년). 45세 타계 때까지 6개 신문 편집국장.

### 설국환
(1918~2007)

함남 단천생. 일본 도쿄대 농학과. 세계일보 전무 거쳐 60년 입사. 논설위원(65년), 주미총국장 겸 워싱턴특파원으로 한국 최초의 백악관 출입기자, 대한여행사 대표(73년)와 회장(89년), PATA 이사. 저서 〈일본 여행〉.

### 이목우
(1919~1973)

경북 성주생. 독학 입신. 영남일보 사회부장으로 낙동강전투 종군기자. 55년 한국일보 입사, 사회부장(59년). 대구일보 편집국장, 경향신문 제작총국장 후 한국일보 복귀(69년). 편집부국장으로 재직 중 별세.

### 김영배
(1921~1961)

서울생, 경기중등공민. 연합신문 사진부 차장(40년), 태양신문 사진부 차장(49년). 태양신문에서 한국일보 창간에 합류한 6인 중 1인. 초대 사진부장(54~59년).

### 안정모
(1921~1995)

황해 벽성생. 서울대 상대 중퇴. 민국일보 경제부장 역임. 62년 한국일보 경제부장으로 입사(62년). 서울경제신문 편집국장(65년), 부사장(72년). 경남기업·조선공사 사장, 정일건설 회장, 삼흥주택 사장 등.

### 이원교
(1921~2001)

충남 아산생. 서울대 상대. 경향신문 부국장, 한국일보 편집부국장(60년). 서울경제 편집국장 겸 한국일보 경제부장(62년). 중앙일보 초대 편집국장(65년). 한국PR연구소 이사, 안중근의사 기념사업회 회장 등.

### 주효민
(1921~2008)

평남 대동생. 도쿄전수대 상과. 조선일보 경제부장 지내고 한국일보 창간동인. 초대 경제부장, 정치부장, 주필(78년), 논설고문(80년). 한국일보 사빈(88년). 서울언론인클럽 한길상(2002년) 등 수상.

### 김용장
(1922~2002)

충남 연산생. 보성전문 상과. 한국일보 창간동인. 사회부장, 서울경제 편집국장(61년). 서울신문 편집국장 거쳐 63년 복귀, 출판국장으로 주간한국 창간. 저서 〈한비자의 경영철학〉 등.

### 김자환
(1922~1983)

평북생. 일본 상대 문학부. 상해신한일보·대한일보·조선일보 거쳐 한국일보 창간동인. 정치부장, 편집부국장, 논설위원, 개발국장, 기사심의실장, 편집위원 역임. 78년 퇴사, 미국 이민.

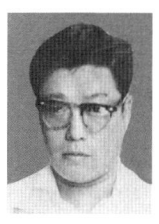
### 박운대
(1922~1971)

평북생. 중국 신경 법정대 법학부. 경향신문 편집부장, 중앙일보 편집국장을 거쳐 58년 한국일보 논설위원으로 입사. 조선일보 논설위원을 지내고 한국일보 논설위원(68년)으로 복귀, 사설 집필 중 순직.

**박용선**
(1923-1966)

서울생. 선린상고. 서울신문 경향신문 기자. 한국일보 창간동인. 사회부 기자·차장·부장 대우, 연락부장·편집부장·인사부장 등을 역임. 총무국장(63년) 재임 중 별세.

**송병효**
(1923~1974)

대전생. 일본 동지사대 경제학부. 부산매일신문·조선일보 거쳐 한국일보 창간동인. 경제부장(56년). 경향신문 경제부장(63년) 지내고 복귀, 편집부국장 겸 경제부장 역임. 72년까지 사설 집필.

**윤임술**
(1923~2023)

경남 창원생. 일본 릿쇼(立正)대 불교학과 중퇴, 서울대 신문대학원 수료. 연합신문 편집부장(56년), 한국일보 편집부국장·편집위원(60~63년). 언론중재위원, 부산일보 사장(86~88년). 저서 〈한국신문 백년 사료집〉 등.

**한운사**
(1923~2009)

충북 괴산생. 본명 한간남. 서울대 불문학과 중퇴. 한국일보 문화부장, 한운사라는 필명으로 방송극 전업작가로 변신. 한일친선협회 부회장(92년), 동양문화센터 원장(95년). 저서 〈현해탄은 알고 있다〉 〈빨간 마후라〉 등.

**최병우**
(1924~1958)

전남 목포생. 일본 도호쿠대. 한국일보 창간동인. 편집부국장, KT 편집국장 재임 중 58년 대만 금문도 특파, 취재 중 풍랑으로 실종. 관훈클럽 창설(54년) 주역. 추모집 〈신문기자 최병우〉 발간.

**현영건**
(1924~)

서울생. 일본 센슈대·서울신문학원. 연합신문 거쳐 한국일보 창간동인. 사회부 차장·부장. 관광공사 도쿄사무소장(61년)·홍보부장. 롯데관광㈜ 고문(86~95년) 역임. 저서 〈한국(일본어판)〉.

**조동표**
(1925~2012)

서울생. 보성전문 경상과. 일간스포츠 초대 체육부장(69년), 주간국장(80년)을 거쳐 스포츠담당 첫 논설위원(82년) 역임, 89년 퇴임 이후 방송 출연, 기고 등으로 활발한 활동 전개.

**천관우**
(1925-1991)

충북 제천생. 서울대 사학과. 한국일보 창간동인. 논설위원으로 일하다 조선일보로 옮겨 논설위원, 편집국장. 한국일보로 복귀해 칼럼 '메아리' 집필. 국사편찬위원 국정자문위원 등 역임. 금관문화훈장 수훈. 저서 〈고조선사〉 등.

**남욱**
(1926~1970)

함북생. 평양종합대학. 민국일보·서울신문 거쳐 60년 1월 입사. 문화부장, 부국장 겸 종합편집부장(67년), 부장 겸 사회부장(68년). 편집국차장으로 승진(69년). 야간국장 근무 직후 회사에서 순직.

**정일영**
(1926~2015)

경남 마산생. 서울대 정치학과. 한일회담 대표(60년)·외무부 차관(63년) 역임. 한국일보 논설위원. 벨기에· 프랑스 대사, 9·10대 국회의원, 국민대 총장(84년). 중화민국교황청 1등 수교훈장 수훈.

**홍유선**
(1926~1999)

서울생. 경기상업 졸업. 한국일보 창간 동인. 편집·경제·문화부장, 최장수 편집국장(63~71년). 주필(72년), 사장(79년), 부회장(81년). 한국일보 사빈(89년). 91년 퇴임. 편집인협회 고문(79년) 등 역임.

**김종규**
(1927~2020)

경남 마산생 연희전문 상과. 한국일보 창간 참여. 조사부장, 편집부국장을 역임. 동화통신 편집국장(63년). 한국일보 사장(64년). 연합통신 사장(87년), 황조근정훈장(74년). 저서〈주변머리 없는 남자〉.

**송건호**
(1927~2001)

충북 옥천생. 서울대 법대. 외신부장, 논설위원(61년). 경향신문 논설위원(63년)·편집국장, 동아일보 편집국장(69년). '말'지 발행인(84년), 한겨레신문 창간 사장. 금관문화훈장(99년) 수훈. 저서〈이상과 현실〉〈한국현대사〉.

**장기봉**
(1927~2008)

경북 안동생. 미 하버드대학원. 연합신문 정치부장, 대통령 공보비서관(50년). 서울신문 사장(56년), 한국일보 편집국장(63년), 동화통신 편집국장, 65년 신아일보 창간. 한국일보 이사(81년) 등 역임.

**홍승면**
(1927~1983)

서울생. 서울대 사회학과. 외신부장·논설위원, 편집국장 두 차례(58년, 59년) 역임. 동아일보 논설위원, 편집국장. IPI 한국위원회와 아시아신문재단 사무국장, 덕성여대 교수. 저서〈프라하의 가을〉등.

**신영수**
(1928~2003)

서울생. 선린상고. 연합신문 경제부장 거쳐 62년 한국일보 논설위원 입사. 관리국장(65년), 총무국장(66년). 한국일보 부사장(68년), 서울경제신문 사장(69년), 한국일보 사빈(89년). 저서〈용감한 개척자들〉.

**정성관**
(1928~1980)

황해 송화생. 서울대 상대. 서울일일신문 정치부 차장을 거쳐 62년 한국일보 정치부 차장 입사. 편집국차장(70년). 내무차관(71년), 관광공사 부사장(72년), 한주관광 사장(79년) 등 역임. 저서〈판문점 밀화〉.

**편용호**
(1928~1978)

부산생. 고려대 경상과. 국제신문·부산일보 기자, 연합신문 정치부장. 한국일보 정치부장(61년)과 편집부국장. 이후 정계로 진출해 6·7대 국회의원, 신민당 대변인 등 역임.

### 최종기
(1928~2007)

강원 강릉생. 서울대 법대·미국 미네소타 대학원. 견습 1기(54년). 58년까지 정치부 기자. 59년부터 서울대 법대·행정대학원 교수. 국민훈장 석류장(94년). 저서 〈국제관계론〉〈국제행정론〉 등.

### 김용구
(1929~2019)

서울생. 감리교신학대. 54년 코리아 타임스 입사·편집국장(59~61년), 한국일보 논설위원(63년). 80년 해직 후 88년 복직. 고려대 신방과 석좌교수. 올해의 수필문학상 대상(94년). 저서 〈불교산책〉〈한국사상과 시사〉 등.

### 이광표
(1930~2021)

서울생. 서울대 상대. 견습 2기(55년). 조선일보로 옮겨(65년) 외신부 차장, 중앙일보 창간(65년)에 참여. 73년 상공부 공보관으로 관계 진출, 대통령 의전비서관(74년), 문공부장관(80년), 서울신문 사장(87년) 등 역임.

### 이순기
(1930~)

서울생. 연세대 경제학과·미 컬럼비아대 신문대학원. 견습 1기(54년), 편집부 기자로 활약하다 59년 퇴사. 대한일보 뉴욕특파원, 서울신문 기획위원(73). 저서〈신의 민족-호메이니는 누구인가〉 등.

### 임방현
(1930~2022)

전북 전주생. 서울대 철학과, 미국 하버드대 니만펠로. 60년 한국일보 논설위원으로 입사. 청와대 대변인, 11·12대 국회의원, 민자당 당무위원 등. 황조근정훈장 수훈. 저서 〈근대화와 지식인〉 등.

### 이 형
(1931~)

경남 통영생. 서울대 화학과, 미 컬럼비아대. 한국일보 창간동인. 미국 유학(62~71년) 후 논설위원 복귀(72년), 편집국장 대리(78년). 80년 강제 해직. 통영 한산신문 발행인 역임. 저서〈당신은 중산층인가〉 등.

### 이용훈
(1933~)

서울생. 연세대 이공대, 미국 보스턴대학원. 한국일보 창간동인으로 사장비서, 정치부 차장을 지내고 73년 퇴사했다. 한주관광 부사장(79년), 세양여행사 대표(87년). 산업포장(83년) 수상.

### 최정호
(1933~)

전주생. 서울대 철학과·독일 하이델베르크대. 견습 2기(55년), 독일특파원(62~68년) 시절 현지에서 박사학위. 논설위원(68~72년). 연세대 언론홍보대학원장(94년), 울산대 석좌교수. 저서 〈한국의 문화유산〉〈사람을 그리다〉 등.

### 제재형
(1935~2020)

경남 고성생. 고려대 정외과·성균관대 대학원 정치학과. 정치부 차장(63년). 민주당 대변인 후 언론계 복귀. 한국일보30년사 편찬위원(83년). 고대교우회보 편집국장(88~93년). 저서 〈한미 수교사〉.

| 제 2 장 |

경쟁매체를 앞도하는 특종과 다양한 기획으로 한국 언론을 주도하던 1970년대 한국일보 중학동 사옥 모습.

# 특종의 연속, 전설의 시작

1970~1980

한국일보는 크고 작은 특종을 연이어 터뜨림으로써 여론을 주도했다. 소설가 황석영을 발굴하여 연재한 소설 '장길산'은 신문 연재소설의 신기원을 이루면서 퀄리티 신문의 면모를 보여주었다. 또한 1977년 에베레스트 등정과 봉황대기 야구대회 창설 등은 공익성을 띤 언론 사업의 방향을 제시했다. 일선 기자들의 민주언론수호선언은 타 신문사들의 자유언론실천 운동에 결정적 영향을 미쳤다.

# 1970년
붓끝에서 신경이 약동해야 한다. 이것이 신문기자 정신이다. - 장기영

**1단 특종상 제도 도입**

1970년 1월 1일자 1면 머리기사는 국토통일원이 실시한 통일문제에 대한 국민여론 조사 결과였다. 통일의 방법론 문제에서부터 남북한 국력 비교 등 총 25개 세부 항목에 대한 여론조사 결과 대다수 응답자들은 '선 건설 후 통일론'에 찬성하고 있는 것으로 밝혀졌다. 1일자 7면에 첫 회가 나간 '20세기 한국의 증언'이라는 제목의 월탄 박종화 회고록도 매주 일요일자에 장기 연재되기 시작했다.

1970년 새해를 '말 없이 일하는 해'라고 밝힌 발행인은 신년사에서 정기승급제 실시를 약속하고 기획관리실을 1일부터 확대 개편했다. 장강재 부사장은 3월 7일 정기승급제를 실시한다며 승급 원칙과 1970년도 상여금 지급 계획을 밝혔다.

베토벤 탄생 200주년을 맞아 1월 25일자 5·6·7면에 '베토벤 200년, 세계는 축제의 대합창' 제하의 특집기사가 3월 6일부터 7일까지 나가고 베토벤 음악 심포지엄이 한국일보 본관 12층 강당에서 열렸다. 또 1970년 한 해 동안 12회의 '베토벤 대음악제'를 시민회관에서 개최했다.

2월 1일부터는 기존의 특종상 제도에 '1단상' 부문을 신설, 1단짜리 특종 시대를 열었다. 제도는 1단짜리 기사가 신문 지면에서 차지하는 비중을 중시, 그 묘미를 살리는 동시에 취재기자의 의욕을 북돋아주기 위한 것이라고 기획관리실은 밝혔다.

3월 17일 밤 발생한 이른바 '정인숙 피살사건'의 실체를 보여줄 사고 자동차를 담은 사진 특종을 이뤄냈다. 그러나 엄혹한 시대 상황 때문에 모든 사진이 공개되기까지는 상당한 시간이 필요했다.

'천자춘추(千字春秋)' '정계야화(政界夜話)'란이 부활하고 '세계에선 이런 일이'와 '일요일을 즐겁게'가 신설됐다.

시간당 8페이지 신문 15만 부를 인쇄할

1970년대 공무국 연판부.

## <70대 특종> 정인숙 여인 피살사건

정인숙 피살사건은 제3공화국 당시인 1970년 3월 17일 밤 11시경, 서울 마포구 합정동 절두산 근처 도로에서 발생한, 교통사고를 가장한 총격 살인사건이다. 코로나 승용차에는 정인숙(본명 정금지·26) 여인이 목과 가슴에 두 발의 총알을 맞고 숨져 있었고, 정씨의 오빠 정종욱은 넓적다리에 관통상을 입었다. 정종욱씨는 지나가던 택시기사에게 도움을 청하여 구조되었다. 고급요정 선운각에서 일하던 정 여인은 국무총리 정일권과 갈등관계에 있었고, 야당은 한때 이 사건 배후로 정부 고위층의 개입 의혹을 제기하기도 했다.

검찰 수사 도중 정 여인 집에서 정·관계 고위층의 명함 26장이 포함된 33장의 명함이 쏟아져 나왔다. 명단에는 당시 정권 실세들이 포함되어 있었다고 알려진다. 1주일 후에 나온 검찰 수사 결과에 따르면, 범인은 오빠 정종욱인 것으로 밝혀졌다. 정종욱은 동생의 운전기사 노릇을 하면서 문란한 행실을 지적했으나, 자신의 말을 듣지 않고 심한 폭언을 가하자 가문의 명예를 위해 누이동생을 암살하고 강도를 당한 것처럼 위장했다고 주장했다.

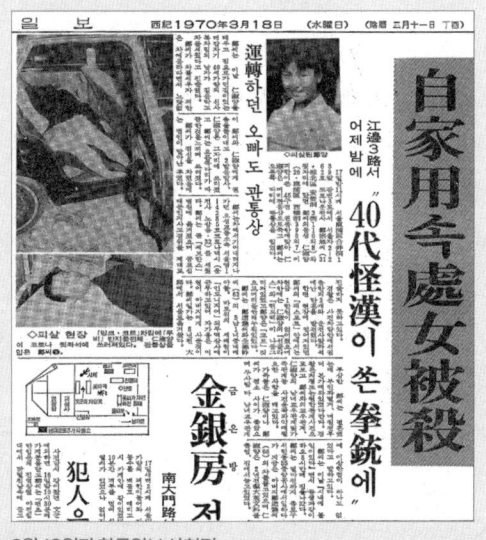

3월 18일자 한국일보 사회면.

당시 상황을 보여주는 사진은 한국일보 기자가 기지를 발휘해서 찍었다. 사건 당일 독자로부터 마포 강변도로에서 총소리가 나고 승용차에 여자가 죽어있다는 제보가 전달됐다. 사진 기자와 사건 기자들이 현장에 달려갔지만 자동차는 없었다. 경찰이 중요 증거인 자동차를 취재진이 발견하지 못하는 곳으로 옮겨 놨기 때문이다. 다방면의 취재 노력을 통해 해당 자동차가 언론의 눈을 피해 서울 마포경찰서로 옮겨진 사실을 확인했다. 한국일보 사진부 최동완 기자는 눈이 내리는 밤, 마포경찰서 뒷마당 은밀한 곳에 숨겨진 차량을 찾을 수 있었다. 또 차 안에 손전등을 비춰가며 차량 안팎을 찍을 수 있었다. 이 과정에서 뒷좌석에 잠자는 것처럼 누워 있는 정 여인도 찍혔다.

수 있는 FAH-51형 고속 윤전기 2대가 4월 9일 도입돼 5월 4일 본격 가동됐다. 이로써 한국일보는 FAH-51형 윤전기를 포함, 모두 8대의 윤전기를 확보해 국내 최대 인쇄 능력을 보유하게 됐다.

일간스포츠의 가판 판매 부수가 3월 3일 4만 3,000부를 기록한 데 이어 4월 11일에는 한국일보 발행 부수가 40만 부를 돌파했다.

5월 1일 한국일보 워싱턴 지사가 워싱턴 내셔널프레스 빌딩 1024호 특파원 사무실에 설치됐다. 초대 지사장은 조세형 특파원이 겸임했다.

한국일보 창간 이후 처음으로 기획관리실이 제작한 한국일보 홍보책자를 9일 배포했다. 고급 아트지 12절판 24페이지에 컬러로 된 한국일보 홍보책자는 한국일보 사사(社史)·사시(社是)·지면의 특색·취재 및 보급망·독자 성분·발행 부수·사업·인쇄 및 취재 장비는 물론 6개 자매지까지 다채롭게 소개했다.

6월 7일 한국일보가 제정한 제1회 한국미술대상전의 심사 결과를 발표했다. 대상(상금 100만 원)은 재미화가 김환기 화백이 그린 '어디서 무엇이 되어 다시 만나랴'가 차지했다. 출품작 전시회는 9일부터 한 달간 경복궁 내 국립현대미술관에서 열렸다.

### 경부고속도로 개통, 그 위로 뻗어가는 한국일보

6월 7일 경부고속도로가 개통됐다. 한국일보는 경부고속도로 개통 이후 야기될 신문 발송 체계의 변화에 대비, 7월 1일 업무국 기구를 대폭 개편했다. 10일 차장급 이상 간부 43명에 대한 인사를 단행했다. 43명 중 32명이 승진한 인사 내용을 보면 정성관 부국장 겸 정치부장이 편집국 국차장으로 승진, 편집국에는 남 욱 편집국 국차장과 함께 2명의 편집국 국차장이 포진했다. 서용찬 부국장 겸 경제부장이 서울경제신문 편집국 국차장에 기용되고, 임 영 주간여성부장이 부국장 승진과 함께 일간스포츠 연예부장을 겸임했다. 조동표 체육부장이 부국장 승

경부고속도로 개통을 보도한 1970년 7월 8일자 1면과 당시 한국일보 수송부(오른쪽).

1970년

진과 함께 일간스포츠 체육부장으로 전보됐다.

정치부 임삼 부국장대우와 경제부 권혁승 부장대우가 각각 정치부장과 경제부장을 맡고 조순환 외신부 차장이 외신부장으로, 오도광 체육부 차장이 체육부장으로, 이영희 문화부 차장이 주간여성부장으로, 유호석 주간사진부 차장이 주간사진부장으로 각각 승진했다. 김창열 사회부장과 편집부 차장은 부장대우로 승진했다.

이명원 연예부장이 문화부장, 정경희 외신부장이 정치부장 대우, 심명보 종합편집부장이 주간한국부장, 김재영 일간스포츠 편집부장이 주간한국 편집부장, 서인태 주간한국부장이 일간스포츠 편집부장, 정범태 주간사진부장이 한국일보 사진부장대우로 전보됐다.

6월 7일 열린 제1회 한국일보 가족운동회 모습과 한국일보 16년의 발자취를 담은 기록영화가 7월 10일 본관 12층 강당에서 두 차례 상영됐다. 이에 앞서 7일에는 본관 13층에 '타임스클럽'(이후 송현클럽)이 문을 열었다.

창간 후 처음으로 기획된 사원 포상 휴가여행을 8월 6일부터 8일까지 실시했다. 한국일보 가족운동회의 성적에 따라 각 국에서 추천된 사원과 그 가족 등 63명은 회사가 제공한 2대의 버스를 타고 경주 불국사와 부산 해운대 등을 돌며 포상 휴가여행을 즐겼다.

9월 9일 오전 11시 편집국에서 뇌출혈로 쓰러진 남욱 편집국 국차장이 10일 오후 11시 향년 45세로 순직했다. 그의 장례는 12일 오전 9시 자택에서 발인, 10시 명동성당에서 영결미사를 거쳐 11시 10분 한국일보에서 사우장으로 엄수됐다.

6개 자매지의 독립채산제 실시에 앞서 18일부터 자매지별 경영평가회의를 일주일에 한 번씩 열었다. 본관 3층 상황실에서 열린 이 회의는 장강재 부사장이 주재하고 편집·광고·업무·공무·기획관리실의 부장급 이상 간부가 참석했다. 요일별 회의 매체는 월요일이 소년한국일보, 화요일이 서울경제신문, 수요일이 주간국, 목요일이 코리아타임스, 금요일이 일간스포츠 등이었다.

편집국 국장실에서 편집국 간부들과 환담하는 장강재 사장(화살표).

# 1971년
신문제작은 하루하루가 전쟁이다. 전쟁은 이겨야 한다.
이기기 위해서는 한 사람 한 사람이 잘 싸워야 한다.   - 장기영

### 매일 아침 시가 있는 1면

백상 자택에서 신년인사를 겸해 매년 베풀어지던 '새해맞이 소연'이 1971년부터는 본사 13층 '타임스클럽'으로 옮겨 치러졌다. 1월 1일 정오부터 오후 5시까지 5시간 동안 베풀어진 '새해맞이 소연'에서 발행인 등 참석자들은 칵테일 파티와 노래자랑 등으로 친목과 상호 발전을 다짐했다.

창간 5년 뒤인 1959년부터 매주 일요일자 1면에 시를 게재해온 한국일보는 1970년 12월 22일부터 '매일 아침 시가 있는 지면'을 제작, 1971년에도 이어갔다.

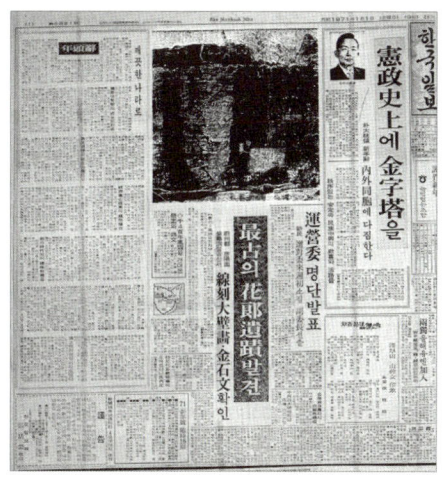

1971년 1월 1일 신년호 1면.

'한국일보 시단'의 역사는 1959년 '일요시단'에서 시작됐다. 매주 일요일 아침 독자들에게 시를 선물한 '일요시단'은 1959년 7월 12일 조병화 시인의 작품 '여름'을 첫 회로 내보냈다. 1970년 12월까지 '일요시단'에 실린 시는 모두 412편에 달했다. 한국일보 시단은 계절에 따라 제목도 '신춘시단' '조춘시단' '성하시단' '가을시단' '송년시단' 등으로 바꾸어 달아 독자들의 흥미를 돋우었다. 한국일보는 참여의 폭을 넓히기 위해 원로 시인들뿐 아니라 문단에 막 발을 들여놓은 신진 작가들도 시를 게재할 수 있도록 했다.

한국일보의 첫 주자였던 조병화는 "한국일보 창간발행인이 시를 아끼는 인물이었다"고 회고했다. 하루를 시작하며 제일 먼저 접촉하는 활자이기 때문에 1면의 시는 어둡지 않은 것을 선택했다. 또 지면을 고려해 장시는 싣지 않고 원고지 2, 3장 이내의 시를 실었다.

소설가 김동리도 이후 1981년 한국일보 지령 1만 호 돌파를 축하하며 한국일보 시단의 가치를 이렇게 평가했다.

"나같이 많은 신문을 받으면서 많이 읽지 않는 사람도 드물 것이다. 1면부터 8면이든

1971년

12면이든 제목만 대충 보고 휙휙 넘겨버린다. 그런데 내가 꼭 한 가지 본문까지 읽는 것이 있다. 그것은 한국일보 첫 면에 게재되는 시다."

**한국현대사 발굴시리즈 연재**

7대 대통령 선거와 8대 국회의원 선거가 4월 27일과 5월 25일 잇달아 실시됨에 따라 신년호는 1971년 새로 선거권을 갖게 된 20대 유권자들의 정치의식을 분석한 특집기사 '정당보다 인물 중심으로-대중 공존시대 선거'를 4, 5면에 실었다. 7일에는 신라 화랑의 유적을 연구, 조사할 '화랑 유적 조사회'를 발족시켰다.

한국현대사 발굴 시리즈가 1971년부터 본격 시작돼 1972년까지 네 차례 나뉘어 연재됐다. 그 첫 번째는 파리에서의 한국독립운동사를 김준희씨가 정리한 '파리의 반세기'였다. 1970년 12월 26일 첫 회가 나간 후 4월 2일까지 25회가 나갔다. 두 번째는 특집부장 서광운이 한국의 미주 이민사를 취재해 쓴 '미주의 한인70년'이 4월 21일부터 9월 29일까지 30회 동안 연재됐다. 세 번째는 1972년 2월의 '한국외교비화'였고 네 번째는 1972년 9월 경제부가 시작한 '원(圓)의 증언'이었다.

'한국문화영화제작소'와 '한국광고영화제작소'를 한국일보 병설 기구로 설립, 1월 22일 문공부에 등록했다. 본관 5층에 자리 잡은 두 제작소는 각종 문화영화와 광고영화의 제작을 통해 영화계와 광고업계에 기여하는 한편, 지방에 지점을 설립할 계획도 세웠다.

1월 23일 오후 승객 60명을 태운 대한항공 소속 '포커F-27 쌍발 여객기'가 사제 폭발물을 든 20대 전과자에 의해 납북되기 직전 강원도 고성 해변에 불시착하는 사건이 발생했다. 한국일보는 즉각 사회부의 구용서 이행원 이성준 손위수 이재무 장재국, 사진부의 김운영 김인규 최동완 변창원, 지방부의 마일연 윤창형 박주환 등으로 임시 취재반을 구성해 24일자부터 상세하게 속보를 내보냈다. 휴전선을 넘기 직전 가까스로 비행기를 불시착시켜 승객들의 목숨을 구한 조종사 이강흔은 1959년

대한항공 여객기 납북 시도 사건을 전하는 1월 24일자 1면.

한국일보 항공부에 입사해 취재 비행을 하다 어려운 고비를 넘기기도 했다. 26일자 1면에는 속초 주재기자 윤창형이 특종한 사고 여객기 사진을 실었다. 납북 위기를 가까스로 모면하고 불시착하기 직전의 모습을 담은 현장감 넘치는 사진이었다.

3월 7일 편집국 간부진의 인사 이동이 단행됐다. 편집국 국차장에 김성우 사회부장이 승진 발령되고, 사회부장에 김창열 문화부장, 문화부장에 정경희 편집3부장, 최병학 기사심

사 부장이 국장석 근무로 각각 전보됐다.

장기영 발행인이 7일 공화당 종로지구당위원장 겸 대통령 선거대책위원장에 선출됐다.

### 자매지 기자 모임 '제2화요회'

한국일보와 자매지 기자들 상호간의 친목 모임인 '제2화요회' 총회가 4월 7일 4년 만에 다시 열렸다. 총 회원 157명중 100여 명이 참석한 이날 재기 총회는 안병찬 사회부 기자를 대표상임간사로 선출했다. '제2화요회' 총회는 오후 8시 30분 본관 13층 '타임스클럽'에서 이성춘 정치부 기자의 개회 선언으로 시작됐다. 부사장 겸 편집국장 홍유선이 10년 만에 편집국장 자리를 편집국장대리 이원홍에게 물려주고 부사장직만 맡게 됐다.

충남 공주읍 송산리에 방치돼 있던 무령왕릉이 7월 8일 문화재관리국의 백제고분 보수공사 중 발견됐다. 1,445년 전 찬란한 백제 문화를 꽃피웠던 백제 25대 무령왕릉이 완벽한 상태로 발견된 것이다. 국내외 고고학계는 물론 전 국민의 이목이 무령왕릉 발굴 현장에 집중됐다. 한국일보는 8일 제1보를 내보내 무령왕릉 발굴의 역사적 가치를 알린 데 이어 "최초의 최고의 신비' '순금왕관 2개' 등 12종 80여점 발굴', '왕비 합장 두 목관 나란히' 등 발굴 성과와 부장품을 자세히 소개했다. 10일자는 신라 금관과는 외부 모양이 전혀 다른 백제 금관을 1면에 실은 것을 비롯, 발굴과정과 각종 부장품의 모습을 담은 컬러사진을 실었다.

한국일보가 주최한 제1회 봉황대기 쟁탈 전국야구대회가 7일 전국 37개 고교 야구팀이 참가한 가운데 서울운동장에서 개막됐다. 영예의 봉황대기를 가져간 1회 우승팀은 결승전에서 대광고를 1대 0으로 이긴 경북고였다.

### 70년대에 맞춘 한국일보의 새로운 지면

60년대 분위기에서 벗어나, 희망의 70년대에 맞추자는 취지의 지면개혁을 8월 15일자

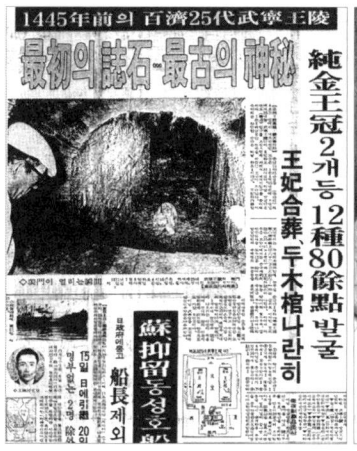 

백제 무령왕릉 발견을 보도한 1971년 7월 9일자 1면. 백제 고분 무령왕릉 발굴 현장(오른쪽).

임무를 마치고 귀국한 주월 한국군.

부터 단행했다. 일요일자 특집판을 부활하는 한편 창간 이후 1면에 자리를 잡아온 사설을 2면으로 옮겼다. 또 사회경제 구조의 다양화에 따른 시대변화 양상을 소화하기 위해 사회면을 한 페이지에서 두 페이지로 늘렸다.

9월 4일자 1면은 파월 국군의 단계적 철수 계획을 알렸다. 청룡부대와 십자성부대의 일부가 1972년 2월까지 철수하고 맹호부대 등 나머지 부대는 1972년 6월 이후에 철수한다는 내용이었다. 월남전 초기 단계부터 대규모 특파원단을 파견해 월남전 보도를 선도해온 한국일보는 파월 국군의 철수라는 새로운 상황을 맞아 7일부터 지체없이 '주월 한국군'을 연재했다. 이듬해인 1972년 3월 24일 100회로 막을 내렸다. 필진은 이문희 박 실 이성춘 오인환 하장춘 주우춘 안택수 이재승 지동욱 이강훈 김진동 최상태 강대형 백우영 이병일이 담당했다.

한국신문협회는 12월 8일 '중공의 유엔 진출로 말미암은 국제 정세의 격동과 북한의 무력 도전 책동의 증대에 따라 국가의 안전 보장이 심각한 지점에 처하고 있다'며 박 대통령을 지지하는 '국가 비상사태 선언에 대한 성명서'를 채택했다. 17일에는 한국신문협회 명의로 '언론 자율정화'를 결의했다. 그러나 이는 자율형식을 빌린 타율적 결의였다. 이에 따라 각 언론사는 일종의 정부기자 공인제인 프레스 카드제를 실시하고, 지방 주재기자 수를 대폭 줄이는 '언론자율 정화에 관한 결정 사항' 7개항을 지상에 발표했다.

# 1972년
사설은 쉽게 써야 한다. 사설 제목은 시와 같아야 한다. - 장기영

**'도전과 응전'의 아놀드 토인비 단독회견**

1972년 1월 1일자 신년특집은 남북적십자회담 예비회담을 계기로 물꼬가 트인 남북한 관계를 집중적으로 다루었다. 4, 5면은 한국을 취재한 경험이 있거나 한국 문제에 정통한 세계 각국의 저명 언론인 17명의 지상 좌담을 실었다.

정종식 파리 특파원은 세계적인 역사학자 아놀드 토인비 교수와 단독 회견, '토인비 교수의 조망'이란 제목으로 5일부터 두 차례에 걸쳐 연재했다. 정 특파원은 런던의 토인비 교수 자택을 직접 찾아가 단독 회견에 성공했다. 토인비 교수는 남북한 관계에 대해 언급, "한반도의 비극은 분단에서 시작됐다. 남북적십자회담의 문이 열리기는 했으나 통일에의 합의 도출은 불가능에 가까울 것이다"고 밝혔다.

한국일보와 자매지인 코리아타임스가 공동주최한 '제1회 한국국제사진전'이 7일부터 13일까지 서울신문회관 화랑에서 열렸다. 12일부터는 '전선에 시멘트·철근 보내기 운동'을 벌였다. 1971년 12월 25일 100회로 제1부 연재를 마친 '월탄 박종화 회고록' 제2부가 15일부터 연재되기 시작했다. 2부는 제호를 '월탄 회고록'으로 바꿨다.

23일자 일요판 특집은 1962년 해외 이민이 허용된 이후 10년 간의 해외 이민사를 총정리하는 '세계의 프론티어 한국'을 실었다. 한국일보 해외 취재망을 가동해 작성된 이 기사는 '이민 10년 만에 70만 명의 우리 국민이 세계 85개국에 나가 활동하고 있다'고 밝혔다.

한국일보는 25일 본사 12층 강당에서 제12회 한국출판문화상, 제4회 한국창작문화상, 제2회 한국문학번역상, 72년도 한국일보 신춘문예, 제9회 한국신인체육상, 제1회 한국 국제사진전 등 한국일보가 제정한 6개 분야에 대한 공동 시상식을 가졌다.

문화부장과 학계 권위자들의 대담 형식으로 꾸며진 '한국의 사상'이 26일 '단군신화'를 시작으로 8월까지 27회에 걸쳐 연재됐다. 건국 신화에서부터 해방 후 좌우 이념 대립까지의 사상사를 다각도로 조명했다. 2월 16일 독자부의 활동 범위를 지역사회 개발을 위한 주민 운동으로까지 확대한다는 내용의 사고를 냈다. 단순한 뉴스 전달자로서의 역할에서 한 걸음 더 나아가 독자들의 애로 사항을 직접 수렴해 지면에 반영한다는 적극성이 고려된 것이다.

1972년

리처드 닉슨 미국 대통령이 2월 21일 베이징에 도착, 8일간의 중국 방문을 시작했다. 한국일보는 닉슨의 베이징 도착 이틀 전인 19일 역사적인 닉슨 대통령의 중국 방문을 가장 빠르고 심층적으로 보도하기 위해 미국의 권위지 시카고 트리뷴과 특별기사 제공 계약을 체결했다. 시카고 트리뷴과의 특약 기사는 조세형 워싱턴 특파원의 중계를 거쳐 한국일보 본사에 전달됐다.

닉슨 대통령이 중국을 방문, 마오쩌둥(오른쪽)과 인사를 나누고 있다.

5월 6일자 1면 머리기사는 바둑 입단 1년 8개월 만에 명인이 된 서봉수 2단의 명인전 대국 기사 '20세 명인 탄생'을 실었다.

### 국내 첫 일본 지방판 발행

7월 4일부터 '한국일보 일본 지방판'을 발행했다. 국내에서 발행되는 한국일보 지면에 매주 한번 일본판 1개 면을 삽입하는 방식으로 제작됐다. 기사는 도쿄 지사에서 보내오고 편집과 인쇄는 본사가 담당했다. 1969년의 한국일보 미주판에 이어 한국 신문으로서는 처음으로 일본판까지 발행한 것은 당시 경영진이 꿈꾸던 한국일보의 세계화를 한층 구체화한 것이었다. 일본판은 매주 수요일자에 격주로 1개면씩 게재됐다. 일본판 제호는 '한국일보 日本版(일본판)'이었고 도쿄, 오사카, 홋카이도, 나고야 등 재일동포들이 많이 거주하는 지역의 소식을 실었다. 1993년 7월 28일자까지 발행됐다.

특파원들이 취재한 '세계의 코리아 쇼크'가 6일부터 나갔다. 7일부터 '독자 시사만평'과 '세계의 사설'을 새롭게 선보였다. 1면 사고를 통해 독자 시사만평과 세계 권위지 사설 게재 등 지면 변화 내용을 알렸다.

7일자 2면에 실린 독자만평 첫 회는 김인섭(경기 고양)씨가 보낸 '바캉스를 금강산에서(사진)'였다. 4면에는 크리스천 사이언스 모니터(미국), US 뉴스 & 월드리포트(미국), 데일리 텔레그래프(영국), 런던 타임스(영국), 르 피가로(프랑스)의 사설을 요약한 '세계의 사설' 첫 회를 실었다. 30일자부터 김찬삼씨의 '기견기문(奇見奇聞)-세계는 이렇더라'가 연재되기 시작했다. 세계 각국을 여행한 경험을 쓴 이 연재물 첫 회는 '물맛은 한국이 최고'였다.

7·4 남북공동성명 발표 이후 국민의 관심이 남북회담에 쏠려 있는 사이 박정희 대통령은 모든 기업의 사채를 동결시키는 '8·3조치'를 전격 발표했다. '8·3 조치'는 대통령의 '긴

급재정 명령권'에 의해 발동됐다. 한국일보는 '8·3조치' 발표로 경제문제의 중요성이 부각됨에 따라 해방 이후 한국 경제사를 총정리하는 '원의 증언'을 9월 26일부터 1973년 6월 21일까지 42회에 걸쳐 연재했다.

평양에서 열리는 제1차 남북적십자회담 본 회담에 참석하는 대한적십자사 대표단 일행 54명이 8월 29일 판문점을 거쳐 평양에 도착했다. 대표단 일행 54명에는 '대한민국 신문·통신 공동취재단' 20명도 포함되어 있었다. 한국일보는 김창열 사회부장과 김운영 사진부 차장을 수행기자로 평양에 파견했다.

### 분단 이후 최초의 평양 취재

8월 30일자 1면은 평양에서 열린 남북적십자회담 소식을 전면에 실었다. '여기는 평양-우리가 왔다'는 제하의 1면 내용은 다음과 같다.

평양에서 열린 남북조절위원회 회의 때 김일성을 만난 장기영 발행인(왼쪽). 가운데는 이후락 당시 중앙정보부장.

【평양 29일=대한민국 신문통신 공동취재단】여기는 평양이다. 분단27년 만에 처음으로 남한의 54명이 29일 북한땅을 밟았다. 이산가족을 찾아주기 위한 남북적십자 회담에 참석하기 위해 한적 대표단과 보도진 일행은 이날 오전 10시 30분 판문점을 출발, 3시간 55분 만인 오후 2시 25분 평양에 도착했다. 대동강변 문수리 숙소에 여장을 푼 일행은 이곳에서 평양 방문의 첫 밤을 보냈다. (후략)

박정희 대통령은 10월 17일 오후 7시 전국에 비상계엄령을 선포하고 개헌안을 27일까지 공고하여 한 달 내에 국민 투표에 부칠 것이라고 발표했다. 1인독재 체제로 이어지는 '10월 유신'의 시작이었다.

19일 북한에 대한 자료 수집과 연구를 담당할 '통일문제연구소'를 발족시켰다. 초대소장은 논설위원 박동운이었고 간사는 서광운이 임명됐다. 이후 박용배 이계성 등이 소장을 맡았다. 10월 27일 비상국무회의의 의결을 거친 개헌안이 공고됐다. 한국일보는 28일자 개헌안의 전문을 실어 역사의 증거로 남겼다. 11월 2일 남북조절위원회 제2차 회의가 평양에서 열렸다. 장기영 발행인이 남측 조절위원장의 보좌역으로 동행했으며 공동 취재반에는 지동욱이 파견됐다. 30일 남북조절위원회 제3차 회의가 서울에서 열렸다. 이날 장 발행인은 남측 조절위부위원장에 임명됐다.

# 1973년

승부는 일요일 아침에 난다. 일요일 새벽 세시 반에 특종이 있다고 생각하는 정신이 한국일보 정신이다. - 장기영

### 장강재 6대 사장 취임

유신 첫해인 1973년 신년호는 18면을 제작했다. '변혁의 아시아와 남북대화 연 한반도' '80년대로 향한 과제' 등을 새해 특집으로 마련했다. 또 3면 사고는 한국일보가 신라 오악과 신라 삼산 학술조사에 이어 새해부터 '향토사 발굴 학술조사' 사업에 착수한다고 알렸다.

하와이 이민 70주년을 맞아 1월 2일자 4·5면을 특집으로 꾸몄다. '불굴의 현대사-하와이의 한국' 제하의 특집면은 1903년 1월 13일 첫 이민 93명이 일자리를 찾아 하와이 호놀룰루에 도착한 이후 겪은 70년의 세월을 상세하게 소개했다.

1972년 10월 발족된 이동독자부가 1월 13일 광주에서 첫 활동을 시작했다.

14일자 1면에는 1969년에 창설된 독자부 기능을 지방 현지로 옮겨 보다 가까운 곳에서 독자들의 의견을 수렴하기 위해 이동독자부 활동을 시작했다는 취지의 사고도 내보냈다. 이동독자부는 1973년 한 해 동안 광주·충남·강원·경북·전북·경남·충북 등 전국을 차례로 돌며 생생한 화제기사를 발굴했다.

27일 파리에서 베트남 휴전협정이 정식 조인됐다. 한국일보는 3면에 월남휴전협정 전문을 게재한 것을 비롯해 이후 일주일 동안 월남휴전협정 조인에 따른 속보를 내보냈다.

유신 첫해 엄혹한 상황을 보여주는 윤필용 사건을 보도한 1973년 4월 29일자 1면.

유신체제하의 강압적인 분위기가 새해부터 신문제작 과정에 직접 영향을 주기 시작했다. '유신질서 정착' '새마을운동 지원' 등의 관급 기사가 신문과 방송에 자주 등장했다. 그러나 한국일보는 이 같은 시대적 제약 요인에도 불구하고 1973년 상반기 동안 '명수' '명저의 사상' '암을 정복한다' '현대의 기수' 등을 연속해

서 내보내는 등 다양한 지면 구성을 위해 노력했다. 정달영 사회부기자가 집필한 '명수'는 1972년 11월 26일 '복(鰒)'(조리사 김정규옹)을 첫 회로 다룬 이후 1973년 5월 27일 '박(箔)'(금박장 김경용씨)에 이르기까지 24개 분야의 최고 전문가들을 소개했다. 문화부가 1972년 12월 6일부터 1973년 6월 29일까지 연재한 '명저의 사상'은 원효의 '유심안락도(遊心安樂道)'를 시작으로 17회에 걸쳐 명저에 담긴 사상사를 정리했다.

2월 27일 치러진 제9대 국회의원 총선에서 서울 종로·중구 지역 공화당 공천으로 출마한 장기영 발행인은 5만 7,607표를 얻어 1위로 당선됐다. 장기영 발행인이 국회의원에 선출됨에 따라 장강재 부사장이 3월 11일 발행인 겸 제6대 사장에 취임했다. 새로운 발행인의 첫 번째 인사가 4월 1일 단행됐다. 홍유선 부사장이 주필로 자리를 옮겼고, 부주필에는 송효민이 임명됐다. 또 총무국장에 이기석, 관리국장에 장원영이 임명됐다. 출판국장 장기태는 업무국장을 겸임케 됐고 주간담당 출판국장에는 김 훈이 임명됐다. 소년한국 편집국장에는 김수남, 자매지 광고국장에는 이수홍, 비서실장에는 배성환이 임명됐다.

4월 29일자에는 '윤필용 사건'에 대한 군사재판 결과가 보도됐다.

한국과학기술진흥재단과 공동 주최한 제1회 '주부를 위한 생활과학 강좌'가 24일부터 3일간 한국일보 12층 강당에서 열렸다. '전 국민의 과학화운동'을 활성화시키는 데 큰 기여를 한 이 강좌는 주부들의 참여 신청이 밀려 매월 1회 전국에서 개최됐다.

1971년 5월 15일 45호를 낸 이후 발행이 중단됐던 사보가 6월 1일 46호를 발행했다. 장강재 발행인은 사보를 통해 6월부터 전 사원의 봉급을 10~45%까지 차등 인상하고 인사고과제를 실시하겠다고 밝혔다.

**사세확장 가속화**

6월 8일자 1면 사고는 '민족 회화의 발견' '20년 만의 속보' 등 알차고 새로운 기획 연재물이 창간 19주년에 맞춰 신설된다고 알렸다. 내용은 다음과 같다.

> 동주 이용희 교수의 '민족회화의 발견'을 9일자부터 게재합니다. 이미 예고해드린 바와 같이 이 교수는 그동안 일본 각지의 박물관과 미술관 그리고 개인 소장가를 찾아다니며 귀중한 자료를 방대하게 수집하여 정리하고 있습니다. 우리나라 회화 연구의 권위인 이 교수의 이번 기획은 실종되었던 선인들의 작품을 처음으로 소개할 뿐 아니라 단절된 민족회화사를 연결, 재정리하는 획기적인 것입니다.
>
> '20년 만의 속보'가 10일자 한국일보 일요판에서 첫발을 내어 디딥니다. 우리나라 신문에 변이를 일으킨 한국일보의 지면에서 20년 만의 새 뉴스를 발굴해내는 기획입니다. 망각의 세계로 사라진 그 기사를 오늘의 현실에서 재현하고 시공의 조류를 거슬러 올라가 보려는 것입니다. …(중략)…

1973년

'세상이 달라졌다'는 내주부터 주 1회꼴로 연재됩니다. 기획의 초점은 '달라진 세상'과 '달라진 인간'을 연결지어 변화의 본질을 추구하는 것입니다. 이것은 정치·경제·사회·문화·오락·생활 등 우리를 포위하고 있는 모든 환경이 어디를 향해 질주하고 있으며 그 속에서 형성되어가는 인간생태의 참모습을 탐색하는 것입니다.

'이색연구'가 내주부터 소개될 것입니다. 지금도 연구실이나 서재에 들어앉아 진기한 연구에 몰두하고 있는 사람들이 있습니다. 우리들의 의식주를 비롯해서 자연·인체·민속·역사 등 모든 분야에서 큰 성과를 올리고 있습니다. …(중략)…

'알아둡시다'가 12일자부터 게재됩니다. 이것은 여러분들의 살아있는 백과사전입니다. 생활지식에서부터 전문지식에 이르기까지 알고 싶어하는 모든 숙제를 풀어드릴 것입니다. 물론 독자 여러분들의 질의에도 응합니다.

1부 1부장 1차장제와 내외근 교류 원칙에 따라 11일 편집국 기자 72명에 대한 인사이동을 단행했다. 인사 내용은 ▲논설위원실 근무 정광모 ▲지방부장 박원구 ▲편집부 데스크 차장 겸 내근조장 김지회 김창규 ▲편집부 내근조장 김태찬 손진문 ▲정치부 데스크 차장 김상진 ▲경제부 차장 지동욱 ▲사회부 차장 이문희 김해도 ▲지방부 차장 이갑문 ▲교정부 차장 성구현 ▲교정부 내근조장 김진명 권오제 이윤수 ▲사진부 데스크 차장 김운영 ▲외신부 이성춘 김시복 진경탁 김태홍 ▲편집부 지병두 신상석 김환겸 ▲사회부 구용서 구대열 이이춘 ▲지방부 박용배 이홍훈 이충우 손위수 ▲정치부 박실 신우재 ▲경제부 최승모 등이었다.

6월 23일 장강재 사장은 대대적인 사세 확장 계획을 발표했다. 장 사장은 "언론기업의 경영 여건이 새로운 시대 감각에 맞는 결단과 활로 개척을 요구하고 있다. 창간 20주년까지 한국일보사의 유신적 중흥을 이루겠다"고 말했다. 7월 1일자 사보는 사세확장 계획에 따라 6월 25일부터 1974년 6월 9일까지 활동을 벌일 사세 확장 기구의 구성과 기능을 다음과 같이 알렸다. 사세확장 기구에 25일자로 인사 발령을 받았다.

◆**사세확장 추진 특별위원회**: 이원홍 편집국장을 위원장, 본지 및 자매지 각 국장을 위원으로 한다. 사세 확장에 관한 제반 문제의 협의, 추진 방안 심의 및 결의, 성과 분석 및 검토는 월 1회 정기회의에서 하되 사장이 필요성을 인정할 때 임시회의를 연다.
◆**운영 소위원회**: 권혁승 박현태 김창열 유영종 이영희 박원구 윤방한 이기흥 이기화 심명보 유일연 조동표 정경희 박재권 박양주 이동봉 김윤일 구자만 고봉진 배성환 등 20명으로 구성, 사세 확장에 관해 사장이 특별히 요구한 사항을 심의·의결한다. 주 1회 이상 회의.
◆**사사편찬위원회**: 홍유선 주필을 위원장, 유광렬 논설위원, 이원홍 편집국장, 장기태 업무국장, 서광운 사사편찬부장을 위원으로 구성, 사사 편찬의 방향 및 편집 지침 협의, 설정과 원고심사 및 취사 선택, 개발국 사사편찬부를 지휘 감독하며 월 1회 이상 수시 회의.

◆**개발국**: 김자환 담당국장 밑에 5부를 두어 선발 사원과 본사 및 자매회사에서 자발적으로 참여한 사원으로 구성, 사세확장 사업의 구체적 실무 담당.
◆**사사편찬부**: 사사편찬에 필요한 취재·편집·제작을 담당. 부장 서광운.
◆**개척부**: 현장 활동을 통한 본지·자매지·월간지의 부수 확장 및 사후 관리, 광고 증대 및 개발에 관한 일체 업무와 사후관리, 부수 확장 과정서 생긴 독자의 의견 수집 및 분류 정리, 발송서 가정배달의 전 과정 점검과 문제점의 해결 방안 검토·수립. 부장 심명보.
◆**조정부**: 부실 지사·지국·보급소의 실태 조사 및 미수금 현황 파악, 미수금 회수 업무 수행 및 부실 보급망 정리·교체. 부장 심명보.
◆**심의부**: 본지 정치·경제·사회·문화·지방부 등 5개 부서의 부장이 1주일씩 윤번제 담당, 부원은 본지 편집국기자 4인으로 1개월 교체, 겸직. 지면 쇄신 위한 제반 기획수립·보고, 독자모니터 제도의 조직 관리와 지면 쇄신 자료 분석·보고, 사보 편집.
◆**기획평가부**: 사세 확장 추진 특별위원회 및 개발국과 본사 상설 기구간의 조정업무와 각종 기획 수립. 확장된 독자카드 관리. 20주년 기념행사 계획 수립. 사원 복지 제도 연구 및 각종 관련 정보의 수집·분석. 사세 확장 관련 사원의 아이디어 접수 및 포상제 연구. 확장에 필요한 본사, 자매회사 전 사원의 동원 계획 수립과 개발국 각 부서의 예산 편성 조정. 부장 고봉진.
◆**기동부**: 수송부원 5명과 차량 5대를 특별배치, 사세 확장 사업 수송문제 전담. 부장 우선룡.

'두꺼비'의 작가 안의섭이 7월 1일부터 한국일보 가족이 됐다. 이 날짜로 편집국 편집위원에 임명된 안의섭은 김규택 백문영에 이어 세 번째로 '사회만평'을 맡게 됐으며 독자적인 시사만화 '두꺼비'를 함께 연재했다. 안의섭의 첫 작품(사진)은 6일자부터 나갔다. 1면에 실린 '사회만평'은 통일당·국민당·민중당·통사당 등 군소정당의 몰락을 풍자했고 4컷짜리 만화 '두꺼비'는 7면에 자리 잡았다.

### 달라진 한국일보, 배달망 확충

총무국 인사부는 6월 15일 현재 한국일보에 몸 담고 있는 사원 총수가 946명이라고 밝혔다. 기자직 390명(41%), 기술 기능직 360명(38%), 사무직 196명(21%)이다.

1973년은 판매부문에 경영의 역점이 두어진 한 해였다. 7월 3일부터 19일까지 장강재 사장은 서울 시내 75개 보급소를 방문했다. 새벽 4시 본사에 도착해 발송작업을 확인하고 15분 후 보급소로 출발하곤 했다. 장 사장은 보급소 방문 목적을 "잘못을 파헤치려는 것이 아니라 벽 없는 대화를 나누자는 것"이라고 밝히고 7월 14일부터는 우수 보급소장 10명으로 구성된 '보급소장 10인 위원회'를 만들어 매일 아침 7시 회의를 주재했다.

업무국은 보급소 환경이 통일되어 있지 않다는 조사 결과에 따라 7월부터 보급소 환경을

1973년

통일토록 전국 보급소에 지시했다. 이에 따라 보급소는 국기 사기 사훈 소훈을 액자에 넣어 벽면에 달았고 관할 지도도 작성, 비치했다. 업무국은 또 '배달사원'이라고 불러오던 각 보급소 배달 소년들을 '한국소년사원'으로 부르기로 하고 5개 항목의 '한국소년사원의 다짐'도 만들었다. 내용은 다음과 같다.

> 한국소년사원의 다짐
> 1. 불굴의 정신으로 일하며 공부한다.
> 2. 뉴스를 전달하는 사명을 다한다.
> 3. 성실과 정확을 신조로 삼는다.
> 4. 친절한 태도로 독자에게 감사한다.
> 5. 번창하는 한국일보를 눈앞에 그리며 사세확장 대열에 앞장선다.

이때부터 한국일보 마크가 새겨진 제복과 비옷이 지급됐고, 배달 성적이 우수한 경우 장학금도 지급됐다.

한국일보 7개 자매지의 종합PR판이 14일 처음 모습을 보였다.

4월 6일 시작된 경주의 155호 고분 발굴 작업이 7월 들어 급진전됐다. 7월 17일자부터 여러 차례에 걸쳐 금관 등 유물 모습을 컬러 화보로 소개했다. 8월 23일에는 삼국 통일의 기상이 담긴 '천마도'가 발견돼 24일자 1면에 컬러로 소개했다.

8월 7일부터 19일까지 열린 제3회 봉황대기 쟁탈 전국고교야구대회는 대회 규모와 관중 동원 면에서 사상 최대 기록을 세웠다. 재일동포팀 등 42개 팀이 참가했고 예선 시작부터 결승전까지 입장한 관중은 20만 명을 넘었다.

일본에서 사실상 망명생활을 하던 김대중씨가 8월 8일 도쿄에서 실종된 '김대중 납치사건'이 일어났다. 9일자 각 신문에는 도쿄발 외신으로 들어온 이 기사가 실렸지만, 2단 크기로밖에 못 나갔다.

1973년 8월, 일본에서 실종된 뒤 집에 돌아온 김대중(사진 왼쪽)씨와 관련 사실을 담은 한국일보 지면.

### <70대 특종> 경주 155호 고분(천마총) 금관 발굴

1973년 7월 14일자 한국일보 1면(사진)에는 수십 점의 신라시대 금제 국보급 문화재가 발굴된 특종 기사가 게재됐다. 경주 지역에 산재한 통일신라 이전 대형 고분의 본격적 발굴을 위해, 인근의 작은 고분을 시험 삼아 발굴하는 과정에서 뜻하지 않게 초대형 유물이 쏟아져 나온 상황이 한국일보 취재진에 포착된 것이다.

기사에 따르면 금관과 희귀 유물이 쏟아진 고분은 경주 황남동 155호 고분. 외형상 크지 않아 보이던 이 고분에서 내관과 외관이 모두 구비된 금관과 금팔찌 2개, 금가락지 10개, 요대, 칼 등 국보급 문화재가 발굴됐다. 당시까지 출토된 금관 중 내관과 외관이 별도로 이루어진 금관이 출토된 건 금령총에서 발굴된 금관에 이어 세 번째에 불과했다. 게다가 4~5세기에 만들어진 것으로 추정되는 이 금관은 화려하고 정교한 장식이 특징이었다. 따라서 아직까지도 역대 출토된 신라 금관 중 최고품으로 평가되고 있다.

한국일보의 금관 발굴 특종은 우연이 아니었다. 박정희 대통령 특별지시로 이뤄진 대대적인 경주지역 유적 발굴 과정에 대한 깊은 이해를 통해 경쟁 매체를 압도할 수 있었다. 1971년 이후 경주관광개발계획을 추진하던 박 대통령이 경주에서 가장 큰 규모인 98호 쌍둥이 고분의 발굴 지시를 내렸다. 한국일보는 이 사실을 확인하는 한편, 그때까지 발굴 경험이 없었던 우리 고고학자들이 155호 고분을 시험 삼아 발굴키로 한 것에 주목했다. 그해 4월부터 실제 발굴이 시작됐는데, 발굴 진척상황을 예의 주시하던 한국일보 취재진은 발굴 시작 3개월가량 지난 시점에서 다량의 금제 유물이 출토된 사실을 확인할 수 있었다.

당시 역사학계에서는 한국일보의 특종을 당연한 것으로 인식하는 분위기였다. 그 이전 경주지역 문화재 탐사 경쟁에서 앞선 취재력을 과시했던 만큼 한국일보 주요 유물의 발굴을 경쟁지보다 앞서 보도한 건 놀랄 만한 일이 아니라는 반응이었다.

한편 한국일보를 통해 잇따른 국보급 문화재 발굴 사실이 전해지면서, 경쟁 매체의 후속 보도가 이어졌고 국민적 관심도 높아졌다. 155호 고분에서는 금관뿐만 아니라 '말다래'에 그려진 멋진 천마도까지 발견됐는데, 그 이후 해당 고분은 '천마총'이라는 이름을 얻게 되었다.

1973년

8월 25일 제2화요회의 새 대표간사에 안병찬 외신부 차장이 선출됐다. 편집실은 25일부터 5일간 사원생활에 대한 설문조사를 실시했다. 남자 87명, 여자 13명 등 모두 100명을 대상으로 조사를 실시한 결과, 응답자들이 가장 바라는 후생시설은 구내식당 개선이 37%로 가장 많았고 다음이 숙직실 개선(22%), 야식 판매(12%), 야근비 인상(8%), 점심값 지불(2%)의 순이었다.

한국일보는 국내 신문사로서는 처음으로 본사와 시내 보급소 간의 직통전화를 가설, 9월 1일 개통식을 가졌다.

중동전쟁이 10월 6일 재발했다. 정종식 파리 특파원은 한국 기자로는 가장 먼저 13일 새벽(한국 시간) 레바논의 수도 베이루트에 들어가 14일자부터 긴박감 넘치는 기사를 실었다.

원로언론인 유봉영이 '조선왕조실록'을 풀어쓴 '이야기 실록'이 5일부터 연재되기 시작했다. 1978년 5월 31일까지 장장 971회에 걸쳐 연재되는 대기록을 남긴다.

11월 들어 유신체제의 언론통제에 대한 기자들의 집단적인 거부 움직임이 표면화하기 시작했다. 한국일보 편집국 기자들은 7일 유신 선포 이후 처음으로 언론자유를 요구하는 철야농성을 벌인 데 이어 22일에는 언론자유 확립을 결의했다. 전문과 3개 행동 강령으로 구성된 '언론자유 확립 결의문'은 22일 '제2화요회'에서 만장일치로 채택됐다. '제2화요회'는 이날 오후 2시 30분 편집국에서 대표간사의 사회로 진행됐고 박용배 상임간사가 결의문을 낭독했다.

1973년 11월 22일 한국일보 편집국에서 이뤄진 언론자유 시국선언.

회의에 참석한 편집국 기자 150명이 박수로 통과시킨 '언론자유 확립 결의문' 내용은 다음과 같다.

> 우리는 오늘의 언론이 외부의 부당한 간섭 등으로 본연의 임무를 다하지 못하고 있는 사태를 중시하고 언론의 자유를 되찾기 위해 모두 다시 뭉쳐 불굴의 자세로써 다음을 결의한다.
> [사실 보도를 위한 행동강령]
> 1. 우리는 한국기자협회가 71년 5월 채택한 '언론자유수호 행동강령'을 굳게 지킬 것을 다짐한다.
> 1. 우리가 목격하고 취재한 보도되어야 할 사실이 명백하게 부당한 외부의 작용에 의해 침해되었을 경우 이의 시정을 위해 적절한 행동에 나선다. 이러한 행동에 나섬에 있어서 우리들 전체 기자는 상호 존경과 신뢰로 우리의 목적이 관철될 때까지 결속, 전진한다.
> 1973년 11월 22일 한국일보 일동

12월 2일자 각 신문 1면에는 '새해부터는 신문에 끼워 배포하던 달력을 만들지 않습니다'는 한국신문협회 안내문이 실렸다. 이로써 정초마다 달력을 자체 제작해 독자들에게 서비스해 오던 관행이 사라지게 됐다. 유신 첫 해가 저물어가는 27일 국제신문협회(IPI)는 '언론자유가 세계 도처에서 침식되고 있다'는 연례보고서를 발표했다. 한국일보는 유신체제 하의 한국은 물론 세계 각국의 언론상황을 적나라하게 분석한 이 보고서의 중요성을 인식, 29일자 1·3면에 상세하게 소개했다.

# 1974년
가장 많이 생각하는 사람이 가장 좋은 창조를 낳는다. -장기영

**창간 20주년, 발행부수 60만**

1974년 1월 1일자로 편집기획국과 광고기획국이 신설돼 김경환과 이경성이 각각 편집기획국장과 광고기획국장에 임명됐다. 8일에 개헌논의를 금지하는 대통령긴급조치 1호가 선포됐다. 이 긴급조치는 헌법의 부정이나 반대, 개헌 주장과 조치 자체에 대한 비판도 금지하여 언론에 재갈을 물리는 것이었다. 이어 긴급조치 2호로 비상군법회의가 설치된다. 이런 정치, 언론환경 속에서 펜 끝을 곧추세우려는 춘추필법의 사시 제정에 대한 첫 번째 도전이 그해 10월 말에 일어나 한국일보가 격동한다. 그리고 민주언론 수호선언으로 결정(結晶)된다.

3월부터 사원 봉급이 평균 30% 인상된 것을 비롯 수당·출장비·야근비·일요숙직비 등도 50~100%씩 대폭 인상 됐다. 상여금은 새해부터 300%가 지급됐다.

장강재 사장은 신문의 날을 하루 앞둔 4월 6일 사보를 통해 '퀄리티 페이퍼'론을 강조했다. 장 사장의 '퀄리티 페이퍼' 론은 이후 한국일보 지면 제작에 반영됐다. 5월 남산 서울타워를 소개하는 기사가 뜻하지 않게 필화사건으로 확대됐다.

창간 20주년을 앞두고 한국일보 발행부수가 60만 부를 돌파했다. 20년 전 8,000부의 발행부수로 창간호를 냈던 한국일보는 매년 성장을 거듭해 6월 5일 60만 8,000부를 발행했다. 이로써 한국일보사는 본지 외에도 서울경제신문 7만 부, 일간스포츠 25만 부, 코리아타임스 5만 부, 소년한국일보 10만 부, 주간한국 15만 부, 주간여성 15만 부 등 모두 140만 부를 발행하는 국내 최대 언론사로 발돋움했다. 한국일보는 발행부수 60만 부 돌파와 때맞춰 획기적인 독자카드제를 실시했다. 가판 등 유동독자를 제외한 국내 고정독자 50만 명을 대상으로 실시한 독자카드제는 독자의 연령·학력·직업·구독년수 등을 조사해 독자 관리 자료로 활용됐다.

최초의 한국일보 사사가 6월 9일 출간돼 전·현직 사원들에게 무료로 배부됐다. 한국일보 사사편찬위원회(위원장 홍유선 주필) 주관으로 편찬부(부장 서광운)가 1년 동안의 작업 끝에 내놓은 '한국일보 20년'은 4·6배판 크기에 모두 863페이지였다. 본문은 547페이지로

## <70대 특종> 남산 서울타워 필화사건

권위주의 정부에서는 예상치도 못했던 기사가 권력자의 심기를 건드려 필화사건으로 번지는 경우가 많다. 사실에 입각해 불편부당의 자세로 쓰인 1970~1980년대 한국일보 기사의 상당수가 당시 최고 권력자의 편파적 해석으로 결과적으로 사회적 물의를 일으키기도 했다. 대표 사례가 1974년에 발생했다.

한국일보는 그해 5월 12일 일요일자 사회면 톱기사(사진)에서 마무리 공사가 한창인 남산 서울타워 전망대를 독점 소개했다. 문창(1946.1.17~2023.4.8) 기자의 이 르포기사는 '북의 땅 송악이 보인다. 북악도 성큼 수채화처럼'이란 제목으로 이 건물이 서울의 새로운 명소가 될 것임을 예고했다. 하지만 이 기사는 오히려 남산 서울타워를 한동안 서울시민과 격리시키는 결과를 낳았다.

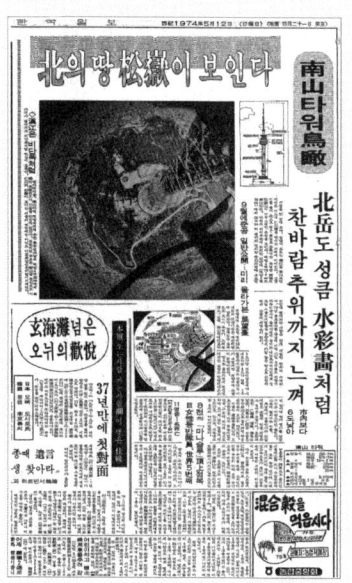

신문이 배달된 일요일 아침 박정희 대통령이 노발대발해서 긴급 수석비서관회의를 소집했다. 박 대통령은 두 가지를 질타한 것으로 알려졌다. 우선 남산 서울타워에서 개성의 송악산이 보인다면 개성에서도 당연히 남산 서울타워가 잡힐 것이므로 북한 장거리포의 목표물이 될 수 있다는 지적이었다. 또 하나는 남산 서울타워에서 북악산이 발아래 훤히 보인다면 불순분자가 전망대에서 고성능 무기로 청와대를 공격할 수도 있다는 우려였다.

박 대통령의 예상치 못한 분노는 취재기자는 물론 김창열 사회부장과 이원홍 편집국장까지 정보기관에 연행돼 호된 조사를 받는 상황을 초래했다. 이적성을 띤 기사를 게재한 저의와 배후를 대라는 것이었다.

독재시절 웃지 못할 필화사건은 엉뚱한 결과를 가져왔다. 이듬해 8월 중순 전망대 등 남산 서울타워 시설이 완공됐으나 신문 방송 등 모든 매스컴에는 그 사실조차 보도하지 못했다. 입구에는 '전망대 사용금지'와 '관계자 외 출입금지'라는 대통령 특별지시 팻말이 내걸렸다.

전망대가 일반에 공개된 것은 박 대통령이 사망한 지 1년이 지난 1980년 10월 15일부터였다. 한국일보는 1980년 8월 30일자 사회면에 전망대가 서울시민에게 돌아가게 됐다는 사실을 또다시 특종 보도했다. 서울의 자랑인 남산 서울타워 전망대는 이렇게 해서 한국일보가 그 문을 닫게 했고, 또 열게도 한 셈이 돼 버렸다.

▲창업의 기수 ▲확대 재생산으로 내실화 ▲민권투쟁으로 좌표 확인 ▲민주의 메아리 속에서 ▲약진하는 6대 자매지 등 7장으로 되어 있고 나머지는 사진화보 66페이지와 부록 등으로 엮어졌다. 사진화보는 한국종합물산에서 인쇄됐고, 제본 등 나머지는 모두 평화당인쇄주식회사에서 맡았다. 초판 발행은 2,000부였다.

### 춘추필법의 사시 새로 제정

창간 20주년인 1974년 6월 9일자 한국일보는 20면을 발행했다. 1면 머리에는 '500개 제조업체 중간진단 결과 공해규제 시설 80%가 미비'를 올렸다. 환경보호운동에 일찍 눈뜬 한국일보의 의미 부여였다. 1면 중간에는 창간 20돌 성년기념 사업으로 한국일보사가 서울 삼청공원에 세운 고려 충신 포은 정몽주의 '단심가' 등을 새긴 시조비 기사를 실었다. 단심가는 '이 몸이 죽고 죽어 일백번 고쳐 죽어'로 시작된다. 1면에 '춘추필법(春秋筆法)'이란 박정희 대통령의 친필 휘호도 실었다. 창간 20주년 기념 한국일보 가족체육대회가 한남동 단국대 교정에서 열렸다.

창간 20주년 기념호 1면.

사설은 20돌을 기념하여 1면 좌측에 '한국일보 20년의 반성'이란 제목으로 실었다.

> …(전략)… 아무도 이용할 수 없는 신문이어야 누구도 이용할 수 있는 신문으로 될 수 있다. 우리는 이 신조 밑에 독자와 국민의 눈과 귀와 입과 가슴과 머리가 되는 사회적 공기의 관리인으로서 최선을 다하고자 애서 왔다. 이제 우리는 자매지를 합쳐 150만 독자의 대가족과 더불어 오늘의 성년을 기념한다. 다만 우리의 오늘이 자부의 날만은 아니다. 미흡과 과오의 반성으로 새롭게 보답할 것을 결의할 뿐이다.

3면은 '거수기에서 권력의 인격화까지' 정치 신조어 20년의 변천을 소개했다. 왼쪽에는 특별기고로 유진오의 '절박할수록 사실 보도를 하라'는 당부가 실렸다.

장강재 사장은 7월 1일 내실과 도약의 새 10년을 위한 지표로서 사시(사진)를 제정했다. '신문은 누구도 이용할 수 없다'는 창간사의 구현 지침으로 '춘추필법의 정신' '정정당당한 보도' '불편부당의 자세' 3개 항을 정했다. 역사의 진실한 기록자가 되자는 한국일보의 독자에 대한 다짐이었다. 춘추필법의 정신이란 공자가 일찍이 '춘추' 서술에서 보여준 것처럼 대의명분에 입각한 서릿발 같은 사필의 정론을 뜻한다. '정정당당한 보도'는 어느 시대의 어떤 사람에게도 평가받을 수 있는 떳떳한 보도를 의미한다. '불편부당의 자세'는 어떤 특정한 계층이나 개인에게 기울지 않는 자세를 지키는 것을 말한다. 중국 노나라 사관에 의해 편년체로 기록됐던 노 은공 1년(기원전 773)~애공 4년(기원전 481년)의 역사를 공자가 필즉필(筆則筆) 삭즉삭(削則削) 해놓은 '춘추'가 오늘날까지 뛰어난 경서로 평가받고 있는 것은 불편부당하고 정정당당한 공자의 가치 판단 때문이었다.

한국일보는 또 이날 진용을 새로이 짰다. 국장과 부장 96명이 전보되거나 승진했다. 이원홍 편집국장은 논설위원 겸 기사심사위원장으로, 편집기획국장이던 김경환이 편집국장이 됐다. 함께 움직인 편집, 논설 간부들은 다음과 같다. ▲논설위원 홍순일 ▲논설위원 조세형 ▲사장실 근무 국장 김자환 ▲코리아타임스 편집국장 정태연 ▲업무기획국장 조병종 ▲업무제1국장 윤방한 ▲업무제2국장 김병엽 ▲주미특파원 겸임 김태웅 ▲편집국 국차장 권혁승 ▲편집부국장 김창열 ▲편집부국장 유영종 ▲경제부장 지동욱 ▲사회1부장 이문희 ▲사회2부장 김해도 ▲서울경제부국장 정태성 ▲일간스포츠 체육부장 겸임 오도광 ▲레저부장 심명보

한국일보는 사시정신 제고운동의 첫 단계로 사내 곳곳에 사시를 붙여 놓고 신문제작에 이를 구현해 나갔다. 1975년 4월부터는 사시정신을 본떠 한국학 관련 역저들을 정리해내는 '춘추문고'를 발간했다. 그러나 다짐을 지키려는 앞날에는 숱한 시련이 기다리고 있었다.

8월 3일 김해운 사진부기자는 광릉에서 크낙새 촬영에 성공, 1면에 컬러사진으로 실었다.

닉슨 미국 대통령의 사임이 발표된 9일자 1면은 광고 없이 닉슨 기사를 실었다. 15일 광복절 기념식이 열린 서울 장충동 국립극장에서 재일동포 문세광이 박정희 대통령을 저격, 육영수 여사가 운명했다. 한국일보는 저격사건의 취재진 보강을 위해 기존의 조두흠 도쿄 특파원 외에 지동욱 경제부장을, 뒤이어 이성춘 기자를 오사카에 특파했다.

### 연재소설 '장길산' 큰 화제

한국일보는 창간 20돌을 기념하여 여러 사업을 수행했다. 원호의 달인 6월 첫날 원호대상을 제정했다. 20만 원고료 장편소설 공모 당선작도 발표했다.

육영수 여사 피격을 보도한 1974년 8월 16일자 1면.

1974년

당선작은 김성종의 '최후의 증인'이었다. 김성종은 그 후 일간스포츠에 '여명의 눈동자'를 연재하여 인기 추리소설작가로 급성장했다. 이 소설은 1991년 10월 7일부터 1992년 2월 6일까지 방영되며 폭발적인 인기를 끌었던 문화방송 창사 30주년 기념 드라마 '여명의 눈동자'(36부작)의 원작이 됐다.

'최후의 증인'과 함께 7월 11일자부터 실린 소설이 황석영의 '장길산'이다. 당시 한국일보는 황석영을 발굴해 '저력 있는 청년 작가'로 소개했다. '장길산'의 파장은 누구도 예지하지 못했다. 작가의 사정으로 여러 차례 절필의 위기를 맞으며 연재와 중단을 거듭한 끝에 1984년 7월 5일 2,092회로 10년 만에 대미를 기록했다. 한국신문 연재소설 사상 최장기간으로 기록될 '장길산'이 끝나자 중앙일보 경향신문 한국경제신문 등 일간지들도 소설의 대미를 비중 있게 문화면에 보도했다. 유례없는 일이었다.

벽초 홍명희의 '임꺽정(林巨正)'과 어우를 한국 역사소설의 금자탑이 된 '장길산'은 진부한 궁중 이야기나 영웅 이야기로 흐르던 우리나라 역사소설의 울타리를 파괴하고, 시선을 박해 받던 천민과 민중으로 돌려 소재로 삼은 점부터 강한 매력을 주었다. 노비의 후손인 장길산은 황해도 재인촌(광대마을)에서 태어난 실재 인물이다. 18세기 조선조 의적으로 알려진 장길산은 부패한 당시 사회를 바로잡으려던 민중 지도자의 한 사람이었다. 연재 중이던 1975년 2월에는 규장각 도서 중 숙종 때 죄인의 심문을 기록한 이영창등추안(李榮昌等推案)이라는 사료에서 장길산의 행장이 발견됐다.

작가 황석영은 연재를 끝낸 다음날 기고에서 '장길산'을 쓴 10년 간의 세월은 민중사의 장강을 헤맨 연옥이었으며 작품의 생동감과 긴장을 잃지 않기 위해 집필할 곳을 찾아 서울 광주 해남 제주 등으로 20여 차례나 옮기면서 트럭에 자료를 싣고 다녔다고 술회했다.

황석영은 연재가 여러 번 끊길 적마다 화를 내던 독자들께 엎드려 사과드리며, 똑같은 악몽에 시달려온 한국일보 문화부 기자들에게는 무슨 험담을 듣더라도 대꾸할 변명의 말이

'장길산' 1회와 마지막 회.

떠오르지 않는다고 말했다.

사실 황석영은 문화부원들에게는 '웬수' 같은 존재였다. 그는 문화부에 들를 때마다 문화부장에게 혼이 났다. 문화부원들은 '장길산'의 산고를 황석영과 함께했다. 사진부원들 역시 복사기가 귀하던 시절이라 사진기를 들고 서울대 도서관의 '조선왕조실록'을 촬영하여 작가 황석영에게 사진으로 제공해야 했다.

황석영이 문학적 영감을 얻기 위해 남도로 떠난 뒤, 그의 원고는 때로는 고속버스의 인편에 부치거나 광주지사의 텔렉스 혹은 전화통화로 접수됐다. 일간이라는 사실을 잊은 많은 독자 겸 심부름꾼들이 황석영의 원고를 들고 2~3일을 묵힌 뒤 예정보다 늦게 나타나 문화부의 애를 태웠다. 삽화가들도 어려웠다. 마지막 삽화가였던 최연석은 전화로 불러오는 소설을 한 장 한 장 넘겨받아 읽으면서 마감 시간에 대어 그려야 했다. 장길산은 김기창 삽화로 시작돼 김아영의 붓으로 이어졌다. 황석영은 "참으로 '장길산'은 한국일보의 전폭적인 지지의 토대 위에서 대미를 장식했다"고 말했다.

### 유신에서 시작해 5공화국에서 마무리된 '장길산'

'장길산'은 제1·2부가 끝난 1977년 10월 2일부터 두 달 반 동안 처음으로 쉬었다. 작가의 자료수집 때문이었다. 그해 12월 15일부터 3부가 실렸다. 그러나 집필을 위해 해남으로 내려간 황석영이 건강을 해쳐 부득이 제3부 제1장을 마친 1978년 9월 22일자부터 연재를 중단하게 됐다. 소설은 해가 바뀐 1979년 2월 9일부터 다시 연재됐다. 그러나 '피치 못할 개인사정에 의해 그해 12월 5일자에 또 휴재 사고'가 나간 뒤 1980년 1월 22일 다시 나타났다. 그런 큰 사고 외에도 '작가사정으로 쉽니다'라는 본문 고딕체의 좌하단 1면 사고는 헤아릴 수 없이 많이 나갔다.

'장길산'은 유신체제 속에서 첫발을 내디며 1970년대 말 정치 사회변동을 겪었고 1980년대의 변혁기를 거쳐 시대와 함께 고뇌하면서 끝을 보았다. 황석영은 "당시 32세의 무명신인이던 나에게 다른 아무것도 묻지 않고 의심없이 내맡기면서 신문 지면임을 의식하지 말고 마음대로 해보라던 백상 장기영 선생님께도 이제 겨우 마음의 빚을 더는 듯하다"면서 "그 후의를 잊을 수 없다"고 밝혔다.

한국일보는 문학사에 남을 대기(大器)를 키워주는 또 하나의 그릇이었다. 그렇다면 황석영을 누가 발탁했는가.

문화부장이던 이영희는 어느 날 '문학사상'사에 들렀다가 이어령에게서 황석영이 역사소설 '장길산'을 준비 중이라는 말을 듣고 이를 한국일보에 연재할 생각을 품는다. 그리고는 의사결정의 신속화를 위해 평소 잘 통하던 사주 장기영을 만나 결정을 내리도록 했다는 것이 당시 이병일(견습 21기) 문화부 기자의 회고다.

황석영과 장길산의 만남은 작품을 쓰기 1년 전쯤인 1973년 가을 문인들과 어울렸던 자리에서 장길산의 얘기를 들으면서 시작됐다. 그는 민중운동사를 연구하던 국사학자 정석종 영남대 교수를 찾아가 자료를 얻어 소설로 꾸밀 생각을 했다. 황석영은 규장각 사료에서 장길산이라는 의적이 있었다는 사실이 나왔다는 글을 보고 중편을 쓸 생각으로 자료를 모았던 것이 결국 200자 원고지 1만 7,000장의 대하소설이 되었다고 술회했다.

'장길산'은 연재되던 당시의 사회상과 교직되면서 문학이 사회의 거울임을 입증했다. 황석영은 줄거리와 구성 인물에 대한 생생한 것들을 자신이 부딪쳤던 당대의 사건과 사람들에게서 얻어 냈다고 말했다. 공장, 광산 노동자로, 월남전 참전병으로 겪은 작가의 온갖 밑바닥 체험이 보다 나은 곳으로 나가기를 바라는 민중의 염원으로 결정된 것이다. 문학평론가 염무웅은 이렇게 평가했다.

> '장길산'을 여타의 흔한 역사소설과 구별하게 하는 점은 그 뚜렷한 역사의식이다. 그동안 대다수의 이른바 역사소설들은 역사를 현재의 삶과 분리된 단순한 과거로 취급했다. 과거의 사실들을 나열하는 데 그침으로써 역사에 매몰되거나, 현대인들의 흥미에만 영합함으로써 역사를 외면하는 경우가 많았던 것이다. 장길산은 오늘의 우리의 삶에 대한 강렬한 관심이 언제나 밑바닥에 깔려 있다는 점에서 참된 역사의식을 지향하는 흔치 않은 소설의 하나이다.

대미와 함께 현암사에서 10권으로 출판된 '장길산'은 해마다 수만 질씩 팔리는 스테디셀러가 됐고, 미륵사상의 무대가 된 전남 화순의 운주사는 관광명소로 부상했다.

### 발행인 연행과 민주언론 수호 선언

이 무렵 한국일보는 논설위원 홍순일을 동남아 9개국의 순회특파원으로 파견했다. 그는 월남의 수도 사이공에서 90분간 티우 대통령과 단독면담에 성공, 10월 18일자 1면 머리, '티우 언론정책 완화, 반정시위 공공질서 해치면 모든 수단 동원'이란 제하에 보도했다. 티우는 회견에서 미국의 군원 삭감 압력은 부당하며 반정부 데모에는 공산국 등 외국의 자금이 제공되고 있다고 주장했다. 이어 22일자 3면에는 '반정(反政) 절정 티우의 고민'이라는 분석 기사도 실었다. 이 기사의 제목은 '디엠 정권 교훈 수습 자신' '보좌관들 부패는 바로 티우의 부패' '광범한 개혁 요구에 체제 위험 우려'였다. 편집부장 이상우가 제목을 달았다.

그런데 이 기사를 문제 삼은 당국은 22일 김경환 편집국장을, 23일엔 장강재 발행인과 이상우 편집부장을 연행, 보도 경위를 조

한국일보 기자들의 민주언론수호 결의를 보도한 1974년 10월 25일자 1면.

사했다. 김 국장은 22일 오후 1시계 중앙정보부원 2명과 임의동행 형식으로 중앙정보부에 출두했다. 김 국장은 중앙정보부에서 월남사태에 관한 순회 특파원의 기사취재·송고·편집 과정 등에 관해 30여 시간 동안 신문을 받았다.

장강재 발행인과 이 부장도 23일 낮 12시계 중앙정보부원에 의해 임의동행 형식으로 중앙정보부에 출두, 월남 기사의 편집 및 발행 과정에 관해 조사를 받은 후 이날 밤 11시계 함께 귀사했다. 22일 낮 이같은 사실이 알려지자 편집국 기자 일동은 철야농성에 들어갔다.

김 국장은 이날 자정이 지나도록 귀사하지 않았다. 기자들은 편집국에서 비상총회를 열고 소환 사실을 23일자 지면에 게재키로 결의, 이를 야간국장에게 요청했다. 야간국장은 기사게재 여부를 발행인과 재협의한 후 국장이 귀사한 뒤 24일자에 지방판부터 게재하겠다고 약속, 당일자 게재는 일단 유보됐다. 그러나 기자들은 기사를 작성한 후 문선부에 채자시켜 놓았다. 서울판 강판 시간인 23일 새벽 3시가 임박하자 정판부에 내려가 기사게재를 재차 요구했으나 기사화는 이뤄지지 않았다.

23일 오전 11시에 귀사한다던 김 국장이 귀사하지 못했다. 발행인과 편집부장이 다시 연행됐다. 편집국 기자들은 오후 8시계 총회를 열고 발행인과 편집 간부 2명의 연행사실을 보도할 것을 거듭 요구했다. 이날 밤 11시계 발행인과 김 국장, 이 부장이 귀사했다. 철야총회를 진행 중이던 기자들의 박수를 받으며 편집국에 들어선 김 국장은 "신변을 염려해준 데 충심으로 감사한다"는 인사와 함께 "여러분이 나 자신의 문제만을 걱정한 것이 아니라는 것을 알고 있으나 사건을 더 이상 확대하지 않는 것이 좋겠다"면서 기자들의 귀가를 종용했다.

그러나 귀가를 거부한 기자 100여 명은 총회를 속개, 발행인 등의 연행사실을 '명백한 언론자유 침해'로 단정하고 이를 보도한다는 결의를 재확인했다. 야간국장에게 이를 게재하도록 요구했다. 야간국장은 연행됐던 당사자들이 이를 거부한다고 유보했다. 기자들은 24일 새벽 3시계 다시 정판부로 내려가 농성했지만 기사는 빛을 보지 못했다. 기자들은 새벽 4시30분께 편집국에서 3차 총회를 속개, 앞으로의 대책을 제2화요회 상임간사단에게 일임키로 했다. 24일 오후 6시부터 열린 제2화요회(회장 박실·견습 16기) 상임간사단 회의는 ①발행인 등의 환문(喚問) 및 철야농성 기사를 1면 3단 이상의 크기로 게재 요구하되 관철되지 않을 경우 즉각 신문제작을 거부할 것과 ②결의문과 행동지침을 채택하여 매듭짓는다는 최종 방안을 총회에 건의키로 결정했다.

오후 8시계 제4차 기자총회가 편집국에서 열렸다. 미국의 워싱턴포스트, CBS 방송, 일본의 NHK 방송, 후지(富士) 텔레비전 등 외신기자들이 몰려들었다. 총회는 오후 9시 제2화요회 상임위가 건의한 2가지 결의사항에 대해 무기명 비밀투표를 실시했다. 개표결과는 찬성 63 대 반대 21, 건의 내용을 그대로 채택했다. 기자들은 오후 10시계 민주언론수호결의문과 행동지침 4개항을 선언했다.

> 1974년

제작 거부에 들어간 기자들은 부별로 수권위원을 선출, 17인 수권위(위원장 박 실, 부위원장 김기경 김환겸)를 구성했다. 수권위는 장 발행인과 편집국장에게 요구사항을 전달했다. 기자들의 제작거부에도 불구하고 11시 30분께 5판 신문이 3판 그대로 찍혀 나오자 기자들은 수권위로 하여금 '제작거부란 궁극적으로 발행중지를 뜻한다'는 것을 간부진에게 통고하도록 했다.

### 마침내 신문에 게재된 민주언론 수호 결의문

수권위는 간부진과 계속 협의를 시도했고 발행인과 4차례나 회합, 기사 게재를 요구했다. 경기판과 서울판의 마감시간이 다가온 25일 새벽 2시에 제작거부 중이던 기자들은 경기판 인쇄를 시작한 윤전기를 세우고 신문제작 거부결의를 관철하기 위한 농성을 계속했다. 장강재 발행인은 윤전실에서 기자들의 비장한 결의를 확인하고 기사 게재를 결정, 25일 새벽 5시께 기자들에게 이를 통보했다.

10월 25일자 경기판과 서울의 1면에는 3단 제목으로 '한국일보 기자일동 민주언론 수호 결의' 기사와 본사 장강재 발행인 및 편집 간부의 중앙정보부 연행 사실이 게재됐다. 한국일보사 기자 150여 명은 25일 새벽 본사 편집국에서 민주언론 수호를 위한 결의문과 행동지침을 다음과 같이 채택했다.

> 한국일보 기자 일동은 언론부재의 현실 앞에서 진실을 전달하는 사명을 다하지 못했음을 국민 앞에 부끄럽게 생각해 왔다. 그러나 이제 더 이상의 방관이나 주저는 우리의 역사에 돌이킬 수 없는 죄악이 되고 있음을 통탄한다. 지난 22일부터 철야로 진통해온 우리는 여기 굳게 서서 민주 언론을 사수할 것을 결연히 선언한다.
>
> 우리는 또한 언론에 대한 통제와 억압이 국가의 안보와 발전에 하등의 도움이 될 수 없음을 천명한다.
>
> 자유는 스스로 쟁취할 수밖에 없다는 당위 앞에 우리는 다음과 같은 행동지침을 채택, 이를 확인하고 실천할 것을 결의한다.
>
> (1) 지난 22, 23일 이틀에 걸쳐 신문 제작과 관련 발행인·편집국장·편집부장이 중앙정보부에 출두, 조사를 받은 사태를 언론 자유에 관한 중대한 침해로 단정한다.
>
> (2) 우리 사회의 종교인, 지식인, 학생 등이 주장하고 있는 사실을 외부 간섭 없이 자유롭게 보도할 것과 자유 언론에 대한 어떠한 압력에도 굴하지 않을 것을 다짐한다.
>
> (3) 앞으로 신문 제작에 관련되어 언론인 누구라도 부당하게 연행, 구금될 경우 이를 사실대로 보도함은 물론 그들이 귀사할 때까지 편집국에서 기다리며 투쟁한다.
>
> (4) 중앙정보부원을 비롯한 기관원의 신문사 출입을 일절 거부한다.

민주 언론을 위한 진통은 편집국에 국한되지 않았다. 논설위원 일동도 언론자유에 관해 집필한 사설이 게재되지 않는 데 항의, 26일 한때 한국일보와 자매지의 사설·칼럼란 집필을 거부했다. 논설위원들은 26일자로 한국일보에 게재할 예정이던 언론자유에 관한 사설이 실리지 않자 이날 오전 11시 30분께 홍유선 주필을 찾아가 이유를 물었다. 그들은 이 사설이 게재되지 않을 경우 24시간 동안 집필을 거부하기로 결의했다. 논설위원들의 24시간 집필 거부로 27일자 한국일보의 지방판 사설은 거부결의 이전에 집필해 놓았던 '한·일경협의 재개' 사설 1건만으로 채워졌으며 시내판에도 고정 칼럼인 '메아리'는 빠진 채 발행됐다.

**전체 언론사로 확대된 민주언론 수호운동**

한국일보 기자들의 민주언론 수호운동은 당시 지식인들의 사회운동에 적지 않은 자극제가 됐다. 동아일보 기자들도 24일 오전 동사 편집국에서 자유언론실천 선언대회를 열고 3개 항을 결의한 뒤 이 같은 결의 내용을 24일자 지면에 보도할 것을 요구하면서 신문제작 참여를 보류, 동아일보 24일자는 25일 새벽에야 발행됐다. 동아방송도 24일 오후 1시부터 뉴스 보도를 중단, 밤 11시 재개됐다.

조선일보 기자들도 24일 밤 9시 20분 언론자유회복을 위한 선언문을 채택했다. 중앙일보 기자들도 24일 오후 동사 편집국에서 사실보도를 위한 4개 항의 결의문을 채택했다. 28일 제2화요회와 한국기자협회 한국일보분회는 양 기구를 일원화하여 보다 효율적으로 언론자유 수호활동에 대처해 나가기로 결의하면서 기협분회장에 박용배(견습 17기)를 뽑았다. 이러한 언론자유 수호를 위한 활동은 12월 10일 서울 서대문구 중림동 329 소재 신진식당에서 소장 기자 중심으로 결성대회를 가진 전국출판노조 한국일보사 지부로 이어졌다.

한국노조는 12월 10일 서울시에 제출한 설립신고서가 반려되자, 1975년 1월 30일 설립신고서 반려처분 취소를 요구하는 소원을 국무총리실에 제기했으나, 기각당했다. 한국노조는 이에 4월 11일 서울시를 상대로 노조설립신고서 반려 취소 청구소송을 냈다. 한국노조는 결국 정치적 여건이 마련된 1986년에야 빛을 보게 됐다.

1974년 당시 창립총회의 참석자는 이창숙 김환겸 박정삼 김영호 김영환 김수종 임철순 김영백 양 평 이재무 조광동 오인목 박찬식 박정수 홍창선 배기철 이이춘 노서경 박홍진 조성호 김홍묵 노기창 진경탁 안봉환 백우영 김안기 성인숙 신상석 지병두 임승무 박영환 등 31명이었다 (회람 1호 게재순). 회람 1호에 따르면 집행부는 지부장 이창숙, 부지부장 진경탁 신상석, 회계감사 양 평, 사무장 박정삼, 총무부장 김영호, 쟁의부장 박정수, 조직부장 조성호, 섭외부장 김영백으로 구성됐다.

# 1975년
사건이 발생한 그 시간이 바로 마감 시간이다.  - 장기영

**제목 활자로 쓴 사설**

1975년 한국일보는 연두 사설로 2면에 '정치의 건재를 갈망함 - 너와 나 아닌 우리의 시대로'를 실었다. 사설은 '벗 아니면 적'이라는 양분법적 발상양식을 새해 벽두에 잠시라도 허심(虛心)히 자성할 것을 애타도록 당부했다. 1월 23일 박 대통령은 유신헌법의 찬반국민투표안을 공고하면서, 부결되면 대통령직을 물러나겠다는 담화를 발표했다. 한국일보는 '국민투표와 주권적 선택 의사 표시, 주저말고 열쇠를 쥐자'는 제목의 다음과 같은 사설을 4호 활자로 크게 싣는다. 4호는 본문용이 아니라 1단 기사의 제목용으로 쓰이는 활자다.

(전략) 현행 국민투표법은 투표일 공고일로부터 투표일까지 찬반에 관한 연설과 벽보 인쇄물 서명 행진을 금하고 있으며 다만 선관위의 위촉에 따른 제안 이유 내지 절차 방법 등에 관한 특정 인사들의 지도와 계몽이 가능하도록 규정하고 있다. 모든 유권자가 쾌히 찬반을 표시하되 가장 민주적인 의사표시가 보장되고 납득되도록 투·개표 절차에 이르기까지 모든 것이 공정하게 조용하고 깨끗하게, 제발 말썽 없고 후유증 없도록 유감없이 진행되어야 한다는 것이 근본적인 대전제다. (후략)

1975년 4월 30일 월맹 공산군이 사이공에 입성했다. 한국일보 안병찬 특파원은 마지막 월남특파원으로, 목숨을 건 취재로 한국일보 정신의 본보기가 됐다. 안 특파원은 29일 오전 본사와 텔렉스 교신을 마친 후 5월 5일 다시 괌도에서 연락될 때까지 일주일 동안 행방불명 상태에 있었다. 이 당시 한국 기자로서는 유일하게 사이공 함락상황을 현장에서 지켜봤다.

4호 활자로 사설면을 만든 1975년 1월 23일자 2면.

## <70대 특종> 사이공 최후의 새벽

'전진할 때는 선봉부대와, 후퇴할 때는 최후미부대와 같이 행동한다.'

독자들의 알 권리를 위해 위험을 무릅쓰고 전쟁터를 누비는 '종군 기자'의 각오를 보여주는 말이다. 창간 이후 70년간 한국 언론의 기자정신을 이끌어온 한국일보는 '종군 기자'라는 분야에서도 선도적 역할을 했다. 그 대표 사례가 사이공 최후의 새벽을 목도하고 지면에 실은 안병찬 기자였다.

안 기자는 1975년 4월 30일 북베트남군(당시 월맹군)이 사이공을 향해 공격을 퍼부으며 최후 진격에 나섰을 때 현장을 사수했다. 그가 베트남 패망 이틀 전, 사이공 중앙우체국의 텔렉스로 보낸 현장 르포기사는 한국 언론이 전한 사이공발 최후 기사였다. 더 이상의 송고 수단을 확보할 수 없었지만, 안 기자는 '사이공 최후의 표정을 컬러로 찍고 돌아오라'는 본사 미션의 수행을 위해 최선을 다했다.

안 기자가 탈출을 결심한 건 월남이 항복선언을 하기 불과 6시간 전인 4월 30일 새벽 4시 5분이었다. 탈출 경로는 미국 대사관에서 떠나는 헬리콥터가 유일했다. 조마조마한 기다림 끝에 극적으로 마지막 헬기를 타고 현지를 빠져나올 때까지도 그의 후속 취재는 계속됐다.

안 기자는 사이공 탈출 이후 한국일보와 다수의 매체를 통해 알려진 취재기에서 당시를 이렇게 회고했다. "사이공 함락이 초읽기에 들어가면서 나는 서울 본사로부터 '빨리 철수하라'는 전문을 다섯 통 받았다. 나도 인간적으로 겁이 났고 고민을 많이 했다. 그러나 눈앞에 펼쳐지는 모든 것이 나의 특종인데, 그 널린 특종들을 그냥 두고 떠날 수가 없었다."

안 기자의 베트남 탐사는 사이공 탈출 40년 뒤에도 다시 이뤄진다. 한국일보 재창간 원년인 2015년 한국일보 취재진의 신분으로 현지를 찾았다.

안 특파원은 사이공을 탈출한 뒤 보름 만인 5월 13일 편집국에 돌아왔다. 안 특파원은 괌에서 사이공 함락 직후의 탈출 과정을 기사로 작성, 5월 7일자부터 10회에 걸쳐 '현장서 본 월남의 최후-사이공에서 괌도까지'를 인기리에 연재했다. 안 특파원은 7월 월남 패망 3일간의 생생한 기록을 담은 '사이공 최후의 새벽'을 책으로 펴내 호평받았고 다음해 서울시문화상을 받았다. 안 특파원은 경원대 신문방송학과 교수를 거쳐 언론인권센터 이사장을 지냈다.

안병찬 기자.

1975년

여기자만 뽑은 1975년 31기 견습선발 시험장. 1970년대 여직원 전용 휴게실(오른쪽).

## '세계 여성의 해', 여기자만 뽑은 31기

1975년은 유엔이 선포한 '세계 여성의 해'였다. 한국일보는 여성의 해를 의미있게 기렸다. 견습기자를 여성으로만 뽑은 것이다. 최연지 김연숙 권정희 신연숙 박희자 최성자 등 6명이 뽑혔다.

한국일보 70년 역사에는 유명한 여기자들이 많다. 조경희는 한국일보 부녀부장, 논설위원, 기획위원, 심의위원을 거쳐 예총회장을 지냈으며 관계에 진출, 정무 2장관직을 맡았다. 정광모는 주로 정치부 기자로 활약, 정치부장 대우를 거쳐 논설위원을 역임했다. 이영희는 소년한국편집부장, 주간여성부장, 정치부장 대우, 문화부장, 논설위원을 거쳐 정계에 진출해 국회의원(전국구)이 됐으며 공연윤리위원장을 역임했다. 시인 김후란(본명 김형덕)도 한때 문화부에서 근무했다. 연극평론가인 구히서(본명 구희서) 전 일간스포츠 문화부장도 1970년에 입사했다.

한국일보는 1975년 11월 1일자로 홍유선 주필 겸 제작총국장을 위원장으로 하는 새 기구로 '편집위원회'를 발족시켰다. 이날 한국일보 편집국장에는 김경환에 이어 김창열, 일간스포츠 편집국장에는 정종식, 한국일보 편집국 국차장에는 유영종이 임명됐다. 정종식 국장은 9월 1일 파리 특파원직을 김성우에게 인계했다. 편집위원회는 홍 위원장 외에 김자환 기사심의실장, 홍순일 조세형 논설위원이 겸직으로, 김경환 계창호 위원이 전임으로 위원직을 맡았으며 본지 국장, 5개 자매지 국장 등 12명으로 구성됐다. 위원회는 사장의 최고 자문기관으로 본지 및 자매지 제작 전반을 토의했다.

# 1976년
신문은 비판하는 용기도 있어야 하지만, 칭찬하는 용기도 있어야 한다. — 장기영

### 신문 제작의 원색화 본격 시동

1976년은 컬러의 해였다. 신년호는 기사와 광고를 대대적인 컬러 지면으로 제작, 16면을 선보였다. '남태평양 컬러 기행' 첫 회가 9면에 실려 조순환 김운영 특파원의 글과 사진으로 마우리족을 소개했다. 환태평양 컬러 기행은 조세형 김시복이 이어받아 12월 4일 36회로 끝났다. 신년호의 오프셋 원색인쇄는 전해 7월에 이케가이(池貝) 고스 메트로 오프셋 윤전기와 스캐너 그래프 색분해 제판기를 도입한 덕분이었다. 스캐너 그래프 색 분해기는 빨강 파랑 노랑 검정의 4가지 색을 동시에 분해하는 성능을 가졌다. 1968년부터 다색도 컬러 인쇄를 일부 해왔으나 아연판에 의한 직쇄(直刷)라는 원시적 방식이었다.

신문제작의 원색화는 급증하는 텔레비전의 광고시장 잠식에 대항하는 방법이기도 했다. 텔레비전 수상기는 1968년 12만 대에서 1973년 100만 대, 1976년 8월에는 250만 대로 늘어났다. 컬러 텔레비전은 1980년 7월 11일 시판이 공식 허용됐다. 신문의 광고 점유율은 1972년 45%에서 1976년 35%로, 10%포인트나 하락했다. 반면 텔레비전의 광고 점유율은 13%에서 25%로 늘어나고 있었다.

6월 9일 창간 22주년을 맞아 한국일보는 한국미술대상전을 5년 만에 부활한다는 관련 사고를 1면에 크게 실었다. 상금으로는 총 1,500만 원을 내걸었다. 금상 200만 원, 은상 100만 원에 각각 파리 왕복 항공권을 제공한다는 내용이었다. 창간기념호는 '세계 속의 한국, 세계 속의 한국일보'라는 기사에서 한국일보는 8명의 해외특파원과 20여 명의 해외통신망을 확보했다고 소개했다. 당시 특파원은 김성우(파리) 김태웅(워싱턴) 조두흠(도쿄) 장재구(LA) 남정호(프랑크푸르트) 문준석(함부르크) 김명규(캐나다) 유명연(스웨덴)이다.

### 국내 언론 최초의 해외연수

1976년 8월 31일 현재 한국일보 가족은 본사만 1,300명으로 국실별 인원은 논설위원실 18명, 편집위원실 2명, 기사심의실 2명, 편집국 196명, 주간국 39명, 코리아타임스 46명, 서울경제 68명, 일간스포츠 53명, 소년한국 16명, 지방주재 72명, 해외특파원 6명, 총무국

46명, 업무총국 65명, 업무1국 16명, 업무2국 16명, 공무국 289명, 관리국 132명, 도서출판·출판영업 14명, 광고국 27명, 서울경제광고국 14명, 자매지 광고국 24명, 코리아타임스 광고국 14명, 기타 2명, 준사원 50명, 소년사원 57명이다. 지사·지국은 1,077개로 해외 지사 지국은 15개였다.

9월 30일 한국일보 사보에는 '금년부터 해외연수제 실시' 기사가 실렸다. 이는 창간 이래 언론의 국제화에 앞장서온 한국일보가 국내 언론계에서는 최초로 실시하는 회사 제공의 해외연수였다. 신문은 사람이 만드는 것이고 사람의 훈련이 지극히 중요하다는 장기영 사주 이래의 인식에 기초한 미래를 향한 투자였다.

연수는 유학연수와 실무연수로 나누고 정원은 각각 2명으로 책정됐다. 유학연수는 1년 기간으로 해외교육기관에 취학 연수하는데 일본 도쿄의 게이오(慶應)대학으로 결정됐다. 실무연수는 해외 지사나 기타 기관(미국 로스앤젤레스 지사)에 실무 종사하며 연수하는데 기간은 2년 이내였다. 연수생의 자격은 기자직 사원으로 5년 이상 근무한 자 중에서 본인 지망과 소속 국장 추천을 받아 편집위원회가 주관하는 심사와 시험을 거쳐 선발했다. 첫 해외 연수 지원자는 18명이었다. 이에 따라 11월 1일 최초의 해외연수 기자로 최승모(19기) 김병무(21기) 김시복(21기) 윤여춘(22기) 박찬식(22기) 신상석(25기) 이재무(25기) 등 7명이 선발됐다. 최승모 김병무 윤여춘은 LA에서 수학한 뒤 한국일보 LA 지사에 근무했다.

11월 1일 신안 앞바다에서 중국 원나라 시대의 보물이 발견돼 학계가 흥분했다.

3일 지미 카터가 미국 대통령에 당선됐다. 앞서 미 매컬레스터대에서 수학 중이던 김승웅(견습 23기)은 유세장에서 카터를 단독 인터뷰, 주한미군의 단계적 철수 계획을 알아내 9월 17일자 1면 머리로 보도했다.(사진)

# 1977년
공정하고 정직한 신문을 만들라. - 장기영

## 백상 61세로 영면하다

일을 쉬지 않고 계속한다는 것은 그만큼 자기 생명을 쉼 없이 연소시키고 있는 것이다. 인간의 의식을 좀먹고 있는 것은 태만이요 권태다. 우리들이 지금 여기서 계속해야 될 것은 무한한 가능에의 도전이요, 자기 생활의 확대와 미래에 충격을 줄 수 있는 일에 대한 부단한 모색인 것이다.

이렇게 말하던 백상이 갔다. 1977년 4월 11일, 그가 필생의 정열로 키웠던 한국일보 곁을 홀연히 떠났다. 나의 뼈는 은행인이요 피는 언론인, 손발은 체육인, 얼굴은 정치인이라고 즐겨 비유했던 한국일보 창업 사주 백상이 간 것이다. 1인 다역에 능하기에 '25시의 사나이'로 불렸던 백상은 결코 길지 않은 61세에 생의 막을 내렸다. 그의 죽음은 구체적인 기록으로 남아 있지 않다. 그의 서거가 급작스런 재변이었던 탓이다. 한국일보 12일자 1면은 그의 부음을 이렇게 전하고 있다.

> '본사 장기영 사주 별세, 어제 아침'
> 
> 한국일보 사주이며 국회의원, 남북조절위원회 서울 측 공동위원장대리, IOC 위원인 백상 장기영씨가 11일 오전 서울 서대문구 충정로 3가3의 8 자택에서 심근경색으로 별세했다. 향년 61세.
> 
> 고인은 전날인 10일 밤 11시께 평소와 다름없이 취침했는데, 이날 새벽 4시께 갑자기 심장마비 증세를 일으켜 서울대 부속병원에서 응급치료를 했으나 회복을 하지 못한 채 자택으로 돌아왔다. 서울 태생인 고인은 선린상업을 졸업, 은행인으로 사회에 첫발을 디딘 후 50년 한국은행 부총재, 52년 조선일보 사장, 54년 한국일보

생전의 백상 장기영.

창업, 64년 부총리 겸 경제기획원 장관, 67년 국제올림픽위원회(IOC) 위원, 72년 남북조절

위원회 부위원장, 73년 제9대 국회의원, 76년 공화당 당무위원 등 언론인, 체육인, 경제·정치인으로 많은 공적을 남겼다. 유족은 부인 이문자 여사(53)와 장강재 한국일보 사장 등 5남 1녀가 있다. (후략)

사주의 빈소는 11일 서대문 자택(서울 서대문구 충정로 3가 3의 8)에 마련됐다. 허 정 유진오 박순천 김홍일 김의택 등 정계원로, 민복기 대법원장. 정일권 국회의장 최규하 국무총리, 김재규 중앙정보부장, 남덕우 부총리, 김치열 내무, 김용환 재무, 이선중 법무, 서종철 국방, 황산덕 문교, 최각규 농수산, 신동식 건설, 심

4월 13일 여의도 국회의사당 앞 광장에서 치러진 장기영 사주 영결식.

흥선 총무처, 김성진 문공, 장형순 제1무임소, 민병권 제2무임소 장관 등 각계 인사가 조문했다. 이병철 삼성그룹 회장, 이서옹 조계종 종정, 김옥길 이대 총장, 김상협 전 고대 총장, 김종필 전 국무총리, 이후락 전 중앙정보부장, 이 호 대한적십자사 총재, 구자춘 서울특별시장, 전택보 천우사 사장 등이 찾아와 고인의 명복을 빌었다.

정계에서 구태회 국회부의장, 이효상 공화당의장 서리, 백두진 유정회 의장, 김용태 공화당 원내총무, 이영근 유정회 원내총무, 이철승 신민당 대표, 김영삼 신민당 고문, 이민우 국회부의장, 송원영 원내총무, 윤치영 전 공화당 당의장 서리 등 전현직 정치인들이 조문했다.

문화계에서 이은상 모윤숙 이봉래 최정희씨, 언론계에서 김종규 한국신문협회장, 천관우씨, 일본신문협회장 히로오카 도모우, 요미우리신문 발행인 쇼리키 도루(正力亨). AP통신 부사장 스렌 스윈턴, 체육계에서 이종갑 대한체육회 부회장, 이낙선 배구협회장, 최정민 축구대표팀 감독 등이 조문했다. 김정렴 청와대 비서실장은 박정희 대통령의 조의를 전하면서 묘소로 국립묘지를 사용해도 좋다는 제의를 전했다. 불교 신자인 부인은 찬의를 보였으나 상주가 선친의 화장을 꺼려 성사되지 않은 것으로 알려졌다. 조문객은 5,000명이 넘었다.

미당 서정주 시인이 백상의 죽음을 시로 곡했다. 장례식이 국회장으로 치러지던 13일, 한국일보는 미당의 시 '곡(哭) 장기영 선생'을 1면에 크게 실었다. 백상은 시를 1면에 처리한 우리 나라의 첫 신문 경영인이었다. 시를 아는 장 기자, 시인을 아낄 줄 알았던 장 사주를 미당은 이렇게 애도했다.

영결식은 13일 오전 11시, 여의도 국회의사당 앞 광장에서 국회장으로 거행됐다. 고인

> 1954년
> 한국일보 창간 직후의 어느 날
> 한국일보사엘 들렀더니
> 소사(小使) 차림의 한 사내가
> 너무나 열심히 실내 청소를 하고 있다가
> 우리를 보고 시무룩이 미소해 보여서
> "참 충실한 소사지?"
> 내가 어느 기자에게 물으니
> "아니다. 그가 장기영 사장이다"고 했다.
> 어찌 소사 노릇뿐이리요.
> 소사요 급사요 기자요 사장으로서
> 그의 심장의 피는 뛰고 뛰고 또 뛰고 있을 뿐이었다.
> 백상이라는 그의 아호는 딱 들어맞는 것이다.
> 사람들이 한 가지로만 생각하고 사는 일을
> 그는 늘 백 가지로 생각하고
> 백 가지로 실천하고 살으셨으니까...
> 그의 그리하여 백상백천(百想百踐)의 심장은
> 한 신문사의 틀을 넘어 벗어나서
> 이 나라의 체육을 세계에 앙양하는 길로,
> 이 나라의 정치를 바로 이끄는 길로,
> 이 나라의 통일을 기어코 이루는 길로,
> 그 맨 앞에 달려가서 언제나
> 똑딱 똑딱 똑딱 뛰고만 있었다.
> 그러기에 이번 그의 육신의 죽엄을
> 나는 죽엄이라고는 도무지 생각지 않는다.
> 사람들 백갑절로 뛰고 있던 이 심장이 가시적으로
> 똑딱 똑딱 열심히 뛰고 있다가
> 저 하늘과 영원 속으로
> 범위를 아주 넓혀 옮겨 들어선 것으로만 본다.
> 이 나라에 정신과 성의가 있는 날까지는
> 그의 심장의 고동은
> 언제나 그 어디에 들어박혀
> 백 갑절로 열심히 뛰고 있을 것이다.  - 미당 서정주, <곡(哭) 장기영 선생>

의 유족과 3부 요인, 여야 동료 의원과 재계·사회 단체 등 각계 인사, 주한 외교사절, 국회 사무처 직원, 일반 시민 등 1,500여 명의 조문객이 참석했다. 13일자 한국일보는 '창업인을 보내며 수성의 책임을 다진다'는 사설을 실었다.

장례위원장은 정일권 국회의장, 본사측 영결준비위원장은 신영수 서울경제신문 사장이었다. 영결식에 앞서 이날 오전 9시 서대문 자택에서 발인제를 마친 영구는 서대문 로터리-독립문-중앙청을 거쳐 한국일보 사옥 앞에 도착했다. 사주의 유해는 한국일보 사우들이 마련한 고별식에 참가했다. 고별식에는 한국일보 사원·사우 및 일반 조객 3,000여 명이 참석, 고인의 유덕을 추모하는 마지막 조의를 표했다. 그해 7월 19일 고인의 묘비 제막식이 검단산 묘소에서 엄수됐다. 글은 월탄 박종화가 짓고 글씨는 원로 서예가 일중 김충현이 맡았다. 백상의 4주기에는 화보집 '장기영 그 모습'이 출간됐다.

### 세계 최고봉에 태극기를 꽂다

'세계의 정상에 우리가 섰다.' 한국일보가 세계 정상을 디뎠다. 1977년 9월 15일 낮 12시 50분(한국 시간 오후 4시 30분), 한국일보사와 대한산악연맹이 공동 주관한 '77한국 에베레스트 원정대'는 해발 8,848m 세계 최고봉인 에베레스트의 정상을 정복, 태극기를 꽂았다. 한국은 이로써 세계 8번째의 에베레스트 등정국이 되었으며 몬순 기간에 등정한 세계 최초의 나라가 됐다. 세계 정상에 우리가 섰다.

1977년 9월 15일 낮 12시 50분 에베레스트 정상에서 고상돈 대원이 태극기를 들고 정상정복의 기쁨을 누리고 있다.

1977년 9월 17일자 한국일보는 통단 컷으로 알리며 1면 전부를 이 기사에 할애했다.

【카트만두 16일=비니야 통신원 텔렉스 급전】 한국은 드디어 세계의 정상에 섰다. 한국일보·대한산악연맹 공동주관 77한국 에베레스트 원정대(대장 김영도)는 1977년 9월 15일 낮 해발 8,848m 에베레스트 정상에 역사적인 발자국을 남겼다. 지난 9일의 1차 등정 시도에서 실패한 후 6일 만에 다시 불굴의 도전에 나선 한국대의 제2차 공격조 고상돈(29) 대원과 셰르파 펨파 노르부(28)는 이날 8시간 50분의 사투 끝에 정상에 오르는 데 성공, 지구의 제3극에 태극기와 네팔기를 꽂는 장엄한 순간을 맞이했다. … (중략) … 김 원정대장의 지시에 따라 2차 정상공격조로 선발된 두 사람은 14일 대기하고 있던 제4캠프에서 해발 8,500m 제5캠프로 전진, 그날 밤 그곳에서 머물렀다. 제5캠프까지는 6명의 보조 셰르파들이 장비·식량의 운반을 지원했다. D데이인 15일 두 사람이 정상 공격에 나선 것은 먼동이 트기 전인 새벽 4시(이하 현지 시간)였다. (후략)

한국일보 등반대의 에베레스트 등정 모습(왼쪽). 귀환한 에베레스트 등반대원들을 위해 한국일보가 마련한 환영식.

　등반 성공의 낭보가 전해진 다음날 한국일보는 원정대의 쾌거를 속보하기 위해 네팔의 수도 카트만두에 취재본부를 설치했다. 정태연 코리아타임스 편집국장을 본부장으로 하여 계창호 편집위원, 안병찬 외신부 차장, 원정대원으로 활약 중인 김운영 이태영 대원, 비니야 통신원 등 6명으로 구성됐다. 취재본부는 원정대 베이스 캠프에서 가까운 남체르바자르까지 진출, 원정대를 마중하고 에베레스트 등정보고 '정상에 서다'를 10월 7일자부터 44회 연재했다. 이태영의 글과 김운영의 사진으로 이어진 시리즈에는 조대행 한정수 김병준 박상렬 김영도 대원도 참여했다. 10월 11일 박정희 대통령은 한국원정대 18명을 접견, 노고를 치하하고 체육훈장을 수여하면서 에베레스트의 등정 성공은 한국인의 의지와 단결의 결정이라고 말했다.

　한국일보는 이 정상 정복으로 사주를 잃은 슬픔을 훌륭하게 극복했다. 한국일보 제2의 도약도 이때부터 시작됐다. 12월 20일 편집국 일부 간부에 대한 인사발령이 있었다. 이문희 사회1부장이 정치부장으로, 김해도 외신부장이 사회1부장으로, 박승평 사회2부장이 외신부장으로, 김상진 정치부장이 사회2부장으로 각각 이동했다.

# 1978년
경영적 독립은 언론자유의 일대 관건이다. -장기영

**주식회사 한국일보로 새출발**

1978년 1월 1일 한국일보는 주식회사로 변모했다. 이날 한국일보는 법인으로 발족하면서 인사의 말씀을 1면에 실었다.

> 한국일보가 새해 1월 1일을 기해 '주식회사 한국일보사'로 새출발합니다. 백만 애독자 여러분의 성원과 저변 넓은 광고주 제위의 협력 밑에 세계 정상을 향해 날로 매진하는 저희 한국일보는 해방 후 유일의 민간 독립지로서 현대적 경영 추세에 부응하여 현재의 골격 위에 상법상 '법인'의 새 체제를 갖추게 된 것입니다. 이에 따라 주식회사 한국일보사는 한국일보와 코리아타임스·서울경제신문·일간스포츠·소년한국일보·주간한국·주간여성 등 6대 자매지를 종래와 꼭 같은 발행인·편집인의 손으로 경영·제작·판매하게 됩니다.
> … (중략) … 한국일보는 한 시간에 100만 부를 찍어내는 고속윤전 시설로도 인쇄에 숨이 찰 만큼 애독자가 늘어났고 1,500명의 '한국가족'과 전국의 1,000여 지사·지국, 전 세계 22개국에 뻗친 해외지사·지국망을 거느리는 방대한 기구로 확대 발전되어 왔습니다. 그 위에 날로 새로워지는 경제여건은 경영의 현대적 기법을 요구하고도 있습니다. 이에 한국일보는 창간 백상 장기영 사주 별세의 비운을 딛고 새로운 신문제작 결의를 다지면서 법인체제를 도입한 것입니다. … (후략) …
>
> 1978년 1월 1일, 주식회사 한국일보사 대표이사 장강재

장 사장은 2월 1일 사보에서 법인화의 첫 해에 내실 있는 도약을 이룩하자고 호소했다. 그는 인사문제에 대해 신문사의 모든 인원과 기능은 오직 좋은 신문을 만들겠다는 한 가지 목표에 집중돼야 하며 인사는 이런 환경과 여건을 만들어주는 자신의 책임이라고 언급했다. 그는 또 급여 인상의 폭은 30%로 설정하고 이를 두 차례 나눠 올리고, 1차로 2월 전 사원에 10%를 올리고 2차로 6월에 나머지를 올리겠다고 말했다.

대폭적인 인사이동이 2월 1일 단행됐다. 홍유선 주필 겸 이사가 부사장으로 승진하고 송

효민 부주필이 주필이 됐다. 조세형 논설위원이 한국일보 편집국장으로, 김창열 편집국장은 논설위원, 이 형 논설위원은 편집국장 대리로 전보됐다. 그 밖의 인사 내용은 다음과 같다.

▲논설위원 김 훈 ▲논설위원 정경희 ▲주간국장 유영종 ▲통일문제연구소장 손일근 ▲통일문제연구위원 박동운 ▲총무국장 배성환 ▲기획실장 고봉진 ▲사업국장 김중기 ▲경리국장 윤영호 ▲업무1국장 장원택 ▲기획위원(사주 전기 담당) 지동욱 ▲기획위원(사주 전기 담당) 김대수 ▲소년한국도서 대표이사 김평윤 ▲소년한국도서 대표이사 이기석 ▲소년한국도서 국장 윤방한 ▲한국일보 편집 국차장 박현태 ▲한국일보 편집 국차장 심명보 ▲편집부국장 겸 문화부장 오도광 ▲생활부장 정광모 ▲경제부장 이성표 ▲사회2부장 문은모 ▲소년한국 부국장 조경희 ▲출판국 부국장 장갑영 ▲코리아타임스 외신부장 김송현 ▲코리아타임스 사회부장 김명식 ▲코리아타임스 문화체육부장 안정효 ▲외신부장(직대) 박연수 ▲외간부장 이종규 ▲자금부장 박상진 ▲계리부장 김용운 ▲개발부장 김병성 ▲투자사업부장 이상용

이 무렵 사내 국장단에게는 승용차가 배당됐다. 사세 신장의 당연한 귀결이기도 했다. 국장단을 위한 신형 포니 승용차 15대가 새로 들어온 것이다. 자재부장은 주식회사 발족한 달 뒤 '물량으로 본 한국일보 사세'를 2월호 사보에 밝혔다.

> 신문용지: 한 달 1,400 톤 소요. 값은 2억 6,000만 원
> 잉크: 한 달 140드럼 소요. 월간 1,000만 원 이상
> 볼펜: 회사 지급만 월 1,500 자루
> 필름: 컬러 포함 약 4,400피트
> 원고지: 하루 200자용 4,000장
> 외신부 텔레타이프 용지: 132~198롤
> 차량: 116대, 휘발유 2만 8,000리터, 경유 1만 리터 소모 (1977년 12월)

4월 11일 사주의 1주기를 맞아 백상기념사업회는 추모사진첩 '장기영 그 모습'을 출간했다. 또 이날 안국동 로터리 서울 종로구 송현동 60의 1에서 백상기념관 건립 기공식이 열렸다. 기념관은 그해 11월 11일 개관했다. 기념관 건물은 2004년 한국일보 구조조정 과정에서 삼성생명에 매각됐으며, 이후 철거됐다.

4월 21일 대한항공 보잉 707 여객기가 소련 영토인 무르만스크에 총격을 받아 강제 착륙한 사건이 발생했다. 이 여객기는 승객을 태우고 20일 밤 파리를 떠나 21일 새벽 1시 50분께 북극권에 다다랐으나 항로를 이탈하여 소련 영공 안으로 들어갔다. 소련기의 총격을 받고 무르만스크의 얼어붙은 호수에 착륙했는데 기체가 파손되면서 승객 2명이 숨지고 2명이 부상당했다. 한국일보는 승객 송환 등을 속보하기 위해 본사에서 박 실 이성준 기자를, LA 지사에서 민병용 김영석 두 기자를 헬싱키에 급파했다. 한국일보는 4월 25일자에 한국인 승객이 소련에서 찍은 유일한 사진인 켐 마을의 어린이 병원 사진을 입수, 특종 보도했다.

개관 직후 백상기념관.

### 한국거북이마라톤대회 신설

5월 한국일보는 기사 작성을 위한 스타일북을 마련했다. 좋은 신문을 만들려는 노력으로 4월부터 '이달의 편집자상' '편집상' '교정 100%상'을 제정했다.

거북이마라톤도 시작했다. 5월 21일 일요일 오전 9시 서울 장충동 국립극장 앞, 내외국인 1,500여 명이 출발선에 올라 걷기를 시작했다. 선수마다 가슴에 출전 번호를 달았다. 참가자들은 국립극장 앞을 출발하여 남산순환도로·남산식물원·팔각정 앞을 거쳐 전장 7㎞의 코스를 걸었다. 국내 걷기대회의 효시라고 할 수 있다.

첫 대회의 요강은 회비 1,000원을 내면 영구회원이 되고 매회 참가 회원에게 행운상을 추첨하여 텔레비전 세트를 준다는 내용을 담았다.

첫 대회에는 최고령자로 73세 이종석씨, 최연소자로 두살 배기 변규하군이 참가했다. 영화인 황해, 1978년도 미스코리아 6명 등 인기인들도 참가했다. 첫 대회 행운상은 이천석씨에게 돌아갔는데 그는 이 텔레비전을 정립회관에 기증했다.

시민들의 호응 속에 성장한 거북이마라톤은 1979년 1월 9일 대회 가사를 공모하여 이일

한국일보사
한국거북이마라톤
나를 위해
가정을 위해
사회를 위해
나라를 위해

제1회 거북이 마라톤(왼쪽)과 거북이 마라톤기념비에 새겨진 글.

구씨가 당선됐다. 1979년 3월 29일에는 거북이 행진곡을 공모했고 당선작을 신방호씨로 결정, 발표했다.

거북이마라톤에는 특히 일본인들이 단체로 참가했다. 1982년 2월에는 한국거북이마라톤 회원을 일본 중일(中日)걷기대회에 파견하기도 했다. 거북이마라톤은 때에 따라 캠페인을 겸한 걷기대회가 됐다. 1987년 4월 26일엔 심장병 어린이를 치료하기 위한 모금 운동을 곁들였다. 새세대심장재단과의 공동 주최였다. 1991년 11월 24일에는 한국일보 전국 동시인쇄를 기념하는 거북이마라톤이 대구에서 열리기도 했다.

거북이마라톤은 1991년도 첫 대회인 1월 20일부터 명예대회장제도를 도입했다. 당시 이종찬 의원이 첫 대회장이 되었으며 2월에는 정주영 현대그룹 명예회장, 3월에는 정대철 의원이 맡았다. 1993년 5월 16일 한국거북이마라톤 15돌을 맞아 서울 남산 국립극장 앞 광장에서는 기념비가 제막됐다.

6월 9일 창간 24주년에 한국일보는 '다시 새로워지려고 한다. 창간 24주년을 맞은 우리의 지향'을 사설로 실었다. 같은 날 한국일보는 '오늘의 세계는 어떻게 살고 있는가'를 파헤치기 위해 지구의 6대 문화생활권으로 한국일보 필진을 특파했다. 미국 정경희 논설위원, 일본 김창열 논설위원, 유럽 김성우 주불특파원, 중동 아프리카 김해도 사회부장, 중남미 이 형 편집국장대리, 동남아시아 안병찬 외신부 차장이었다. 이들의 취재는 6월 13일부터 '한국일보 필진 세계를 간다'는 제목으로 창간 25주년 때까지 1년 동안 장기 연재됐다.

제10대 국회의원 선거(12월 12일 실시)에 출마하기 위해 조세형 편집국장이 11월 1일 한국일보를 떠났다. 그는 서울 성북구에서 야당인 신민당 후보로 출마해 압도적으로 당선됐다. 같은 날 편집국장에는 권혁승, 서울경제신문 편집국장에는 박현태가 임명됐다.

정경희 특파원이 미국 뉴욕 상황을 소개하는 6월 13일자 '한국일보 필진 세계를 간다' 시리즈 1회.

# 1979년
우리가 협심하고 단결할 때 한국일보는 더욱 발전할 수 있다. - 장강재

### 장강재 대표이사 회장 취임

1월 1일 한국일보는 신년사에서 '폭넓은 대화로 변화에 대처하자-안보 국력신장 뒷받침할 정치의 활성화'를 호소했다. 11면에는 창간 25주년 기념 기획으로 '한국인 4반세기'의 연재를 시작했다. 그 이전 4반세기의 인심·가치관·생활·사회·경제·교육 등 제 분야의 변천을 분석하여 교훈과 슬기를 얻자는 것이었다.

국력 신장에 기여할 새로운 정치의 활성화를 당부한 1월 1일 신년사.

같은 날 한국일보 편집국에 다음과 같은 인사이동이 있었다. ▲편집국 국차장 조두흠 ▲주간한국부장 문은모 ▲국장석 근무 박양준 ▲제2사회부장 안희명 ▲주일특파원 송효빈 ▲기획실 부실장 배봉휘 ▲기획실 기획부장 구용회

3월 15일 장강재 사장은 '한강푸른나무심기' 헌수기금 1억 5,000만 원을 정상천 서울시장에게 전달했다.

4월 11일 백상 2주기에 한국일보는 사내기구를 대폭 증강하여 10명의 이사진을 신설하고 국장급의 인사이동을 단행했다. 대표이사 장강재 사장은 대표이사 회장(발행인)에, 홍유선 부사장은 대표이사 사장(편집인)에 각각 취임했다. 이러한 인사이동과 기구개편은 창간 25주년을 앞두고 정상의 고지를 향한 웅비의 기틀을 마련하기 위한 것이었다. 인사이동에 이어 13일에는 전 사원에게 100%의 특별 보너스가 지급됐다.

인사 내용은 다음과 같다. ▲대표이사 회장(발행인) 장강재 ▲대표이사 사장(편집인) 홍유선 ▲부사장(업무 기획 담당) 장재국 ▲부사장(총무·광고 담당) 장재근 ▲이사(코리아타임스 편집 담당) 정태연 ▲이사(총무 담당) 장기태 ▲이사(업무 담당) 배성환 ▲이사(광고 담당) 이홍수 ▲이사(기획 담당) 고봉진 ▲이사(도쿄 담당) 김충한 ▲코리아타임스 편집국장 유일연 ▲한국일보 광고기획국장 이창영 ▲출판국장 이경성 ▲총무국장 김중기 ▲관리

국장 이동봉 ▲광고국장 이기흥 ▲서울경제 광고국장 이인호 ▲일간스포츠 광고국장 배영부 ▲수송국장 이용운 ▲한국일보 기획실장 문은모 ▲비서실장 문현석 ▲총무국부국장(서무부장 겸임) 구현만 ▲공무국 부국장(자재부장 겸임) 장천영 ▲공무국 부국장(윤전부장 겸임) 이근달 ▲공무국 부국장 (주조부장 겸임) 장준영 ▲공무국 부국장(원색부장 겸임) 이완준 ▲공무국 부국장(연판부장 겸임) 김시택 ▲서울경제 광고국 부국장(영업부장 겸임) 김종우 ▲한국일보 경리국 부국장(자금부장 겸임) 박상진 ▲수송부장 김덕룡 ▲한국종합물산 부사장 장갑영(이상 4월 11일자) ▲코리아타임스 편집국차장 방태영 ▲코리아타임스 정치부장 직무대리 조병필(4월 16일자)

한국일보는 1977년 에베레스트 등정의 쾌거에 이어 북미주의 최고봉인 매킨리봉에 도전하기 위해 '정상의 사나이' 고상돈 등 5명의 '79한국매킨리 원정대'를 파견했다. 창간 25주년 사업의 일환이었다. 그러나 대원 2명이 5월 30일 새벽 정상을 정복한 뒤 조난을 당해 목숨을 잃었다. 출국한 지 26일 만의 일이었다.

6월 9일 한국일보는 창간 25주년을 맞았다. 일요일인 다음날 한국일보 가족 5,000여 명은 서울 한남동 단국대 교정에서 체육대회를 열어 하루를 즐겼다. 창간 기념호는 16면을 발행했다. 1면 머리는 한국인 표준체위를 공업진흥청과 과학기술연구소에서 조사한다는 내용이다. 2면 사설은 '정의감과 사명감으로-창간 25주년 맞아 더욱 분발하련다'를 실었다. 창간기념호 3면에서 유진오 박사는 한국일보에 이렇게 당부했다.

> 신문은 한마디로 소리를 외치고 이야기를 해야 할 때 외치고 할 말을 하는 것이 제작의 정도인 줄 안다. 외쳐야 할 때 음성을 낮추고 이야기를 해야 할 때 침묵하는 것은 기능이 고장난 것이다. 국가 발전에 있어 신문은 중요한 역할을 맡고 있는 만큼 국가 발전과 국리민복을 저해하는 환부나 문제점이 있을 때는 과감하게 파헤쳐야 할 것이다.
>
> 물론 신문이 구한말 때처럼 높은 곳에 서서 나무라기만 하라는 것은 아니다. 이제 25살 된 한국일보가 앞으로도 시시비를 정도로 패기와 정열과 열성으로 신문을 만들던 창간 정신을 계속 발전 구현시켜 나가기를 바라는 마음 간절하다.

이 날짜에는 또 유명연 스웨덴 특파원의 '시베리아 횡단 2만 5,000리'가 연재되기 시작했다.

### 'YH 사건' 1단 특종

5월 30일 신민당 전당대회는 김영삼 의원을 총재로 선출했다. 8월 9일 YH무역 생산직 여성근로자 170여 명이 서울 마포 신민당사 4층에서 농성하는 사건이 발생했다. 서울 동대문구 면목동에 있는 가발 봉제업체인 YH무역주식회사가 8월 6일 폐업 공고를 내자 종업

## <70대 특종> YH사건

다수 언론이 침묵하던 상황에서 한국일보에만 1단 기사로 게재된 YH사건은 부마사태와 10.26, 그리고 12.12로 이어지며 역사적 물줄기를 바꾸는 단초를 제공했다. YH사건은 단순한 노사분규에 그칠 수 있었다. 1979년 8월 9일 가발 봉제업체 YH무역 생산직 여성근로자 170여 명이 사측의 폐업공고에 반발할 때만 해도 정치적 휘발성이 크게 없었다. 그러나 이들 노동자들이 서울 마포 신민당사로 찾아와 농성을 시작하고, 해당 사실이 한국일보에만 11일자와 12일자 보도되면서 공안 당국의 주목을 받으며 사태가 커졌다. 한국일보 취재 기자가 경찰에게 폭행을 당하며 확인한 11일자 17판 기사의 전문은 다음과 같다.

서울시경 기동대 경찰관들이 YH여성 근로자를 강제로 끌어내고 있다.

서울 시경 기동대 경찰관들은 11일 새벽 2시꼐 2일째 신민당 당사 강당에서 농성 중인 YH무역 여성근로자들을 당사에 들어가 실력으로 해산시켰다. 함께 밤을 새우던 김영삼 총재를 비롯한 20여 명의 소속 의원들은 경찰이 당사로 들어오자 2층에서 의자 등을 던지며 저지했지만, 기동대는 최루탄을 쏘며 4층까지 올라가 여성근로자들을 끌어내어 당사 밖 대기 버스에 태웠다.

경찰의 실력행사로 여성 근로자 10명이 부상을 입었다. 한편 경찰의 해산을 취재하던 한국일보 사진부 박태홍 기자, 사회부 최규식 기자, 중앙일보 양원방 기자 등이 경찰관 등에게 발길질, 주먹질 등을 당하고 플래시와 야간통행증을 빼앗겼다. 경찰은 이들 기자들이 신분을 밝혔으나 대꾸 없이 폭행했다.

한국일보의 용기 있는 보도는 결과적으로 YH 근로자 편에 섰던 김영삼 총재 등 야당에 대한 국민적 지지를 이끌어 내는 계기로 작용했다. 미 국무부가 한국일보 보도 이틀 뒤인 14일 이례적으로 "여성근로자의 강제해산이 경찰의 과도한 대응이었음은 의심할 여지가 없이 명백하다"는 논평을 내놓는 등 국제사회 주목도 이끌어 냈다. 대다수 언론학자들은 YH사건에 대한 한국일보의 보도로 촉발된 박정희 정권의 강경 대응이 김영삼 총재의 국회의원직 제명을 불러왔고 결과적으로 유신정권을 무너뜨리는 부마항쟁으로 이어졌다는 입장이다.

원들이 신민당사로 몰려가 공장을 다시 가동시키고 일자리를 주선해 달라며 농성을 시작한 것이다.

이 사건은 정치문제로 비화하여 신민당과 재야 인사들이 이들을 격려했다. 경찰은 11일 새벽 신민당사에 난입, 여종업원들을 강제 해산시켰다. 11일자 1면은 근로자들의 해산을 1단으로 특종 보도했다. 이 기사는 12일자에 1면 머리로 커졌다. 1단 기사가 1면 머리에 못 지않은 비중을 가질 수 있어 행간을 음미해야 했던 시대였다.

8일 서울시는 1988 올림픽 서울 유치 계획을 발표했다.

### 한글 기계화의 선구자

10월 9일은 533돌을 맞은 한글날이었다. 한국일보는 한글의 자동 문선과 자동 사진식자가 가능한 컴퓨터 시스템을 개발하여 정식가동에 들어갔다. 이 체제의 가동으로 과거 문선 직원이 한 자 한 자씩 고르던 원시적 공정이 대체되기 시작했다. 한국일보 개발팀은 2년 뒤인 1981년 10월 9일 한글날에 다시 한글·한자 혼용 컴퓨터를 개발 발표했다.

망명 중이던 전 중앙정보부장 김형욱이 파리에서 실종된 기사를 10월 16일자에 김성우 특파원이 송고했다.

26일 박정희 대통령이 피격, 사망했다. 27일자는 가로 3단통 컷으로 〈박 대통령 유고〉로 보도했다.

전국에 비상계엄이 선포되고 언론에 사전검열이 실시됐다. 최규하 총리가 27일 대통령 권한 대행에 취임했다. 28일 계엄사령부 합동수사본부장인 소장 전두환은 중앙정보부장 김재규가 무능을 힐책받자 해임을 우려해 대통령에게 총격을 가했으며 함께 있던 경호실장 차지철도 쏘았다고 발표했다.

12월 6일 최규하 국무총리가 통일주체국민회의에 의해 제10대 대통령에 당선됐다. 그는 잔여임기를 채우지 않고 새 헌법에 따라 선출되는 대통령에게 정

박정희 대통령 서거를 전하는 10월 28일자 1면.

부를 이양하겠다고 말했다. 8일 0시를 기해 긴급조치 9호가 해제됐다.

12일 국회는 신현확의 총리 임명을 동의했다. 같은 날 밤 전두환이 이끄는 합동수사본부 팀이 정승화 계엄사령관 겸 육군참모총장 등 수명의 군 장성을 체포하는 12·12사건이 발생했다.

# 1980년
우리 신문이 바른 방향으로 가고 있는가? -장강재

**계엄하 민주언론 회복 선언**

1980년이 밝았다. 10·26 이후 국민들은 언론의 민주주의 회복에 대한 기대가 컸다. 1월 1일 한국일보의 신년사는 '안정된 상황하에서의 정치 발전-서로 믿고 이해하며 협조해야 이룩할 수 있다'는 주제로 실렸다.

2월 23일 한국일보는 기구 개편과 함께 152명의 인사이동을 단행했다. 일간스포츠 조동표 국차장이 주간국장이 되고 일간스포츠 국차장에는 오도광 한국일보 부국장이, 서울경제신문 국차장에는 정태성 서울경제 부국장 겸 취재1부장이 각각 임명됐다. 그 밖의 부장 이상의 인사 내용은 다음과 같다. ▲한국일보 부국장대우 겸 정치부장 이문희 ▲한국일보 부국장대우 겸 경제부장 이성표 ▲한국일보 부국장대우 겸 사회부장 김해도(이상 승진) ▲문화부장 정달영 ▲체육부장 김진걸 ▲부국장 겸 조사부장 박원구 ▲편집부장 김창규 ▲편집부장 손진문 ▲편집부장 이준기 ▲서울경제 정경부장 김영렬 ▲서울경제 편집부장 구자익 ▲서울경제 부국장대우 겸 사회부장 연기호 ▲서울경제 산업부장 조해붕 ▲증권부장 이창종 ▲물가부장 윤희중 ▲일간스포츠 편집부장 김지회 ▲레저부장 안병찬 ▲체육부장 이

'서울의 봄'에 대한 기대가 컸던 1980년 1월 12일, 편집국에서 한국일보 기자들이 민주 자유언론을 위한 시국선언을 하고 있다.

태영 ▲문화부장 강대형 ▲한국일보 관리국장 김병엽 ▲업무부2국장 이동봉 ▲수송부장 김덕성 ▲정비부장 김장수

5월 13일 밤 9시 서울의 6개 대학생 3,000여 명이 계엄 철폐 요구 시위를 벌였다. 14일에는 전국에서 대학생 5만 명이 거리로 나왔다. 서울서는 17개 대학의 학생 3만 명이 시위를 벌였다. 13일 밤 한국일보 편집국은 진통했다. 기자들이 전날 언론자유 확보와 계엄 철폐 등을 요구하는 결의를 하고, 이를 신문에 게재하도록 요구한 것이다.

그러나 이날 기사는 상당 부분 검열에 삭제되었기 때문에 그 공백을 '주간한국'이라는 2호 활자를 넣어 발행했다. 기자들은 당시 야간국장인 이성표 경제부장에게 삭제 부분을 완전 공백으로 남겨 인쇄하도록 요구했으나 진통 끝에 '주간한국' 이라는 2호 활자를 짜 넣어 인쇄하게 됐다. 이 기사는 '언론 회복 등을 선언'이라는 2단 제목에 '기협 한국일보분회'의 1단 부제를 붙여 7면 좌하단에 게재됐다. 한국일보사는 29일 한국신문협회의 결의에 따라 광주시민돕기 모금운동을 알리는 사고를 신고 2,000만 원을 냈다.

### '광주 유혈 현장' 목격한 조성호

5월 19일 광주에 특파돼 공수부대가 전남도청에 진입한 다음날인 28일까지 10일간 현장을 취재했던 조성호 사회부 기자는 "해마다 오월이 오면 그날의 피어린 절규가 들려오는 것 같다. 처절한 항쟁의 무대 금남로가 떠오르고 피투성이 참혹한 현장이 눈앞에 어른거려 가슴이 막혀온다"고 이후 술회했다. 조 기자는 전국부장이 된 1995년 5월 25일자 한국일보 칼럼 '메아리'에 이렇게 광주를 이야기했다.

광주항쟁을 보도하기 시작한 1980년 5월 28일자 1면.

> 오월 내내 광주에서는 5·18기념행사가 이어졌다. 초순부터 시작된 각종 행사가 5·18을 전후해 절정에 달하고 26일에는 또 기념음악제가, 27일에는 전남도청 앞에서 희생자들의 영혼을 달래는 진혼제가 열린다. 오월 이맘때가 되면 광주의 그날들이 머릿속 가득 밀려온다. 15년 전 5·18 사건이 일어난 직후 광주에 가 있었던 10일간의 체험은 슬픈 추억의 단면으로 잠재해 있다가 그때가 돌아오면 함성처럼 되살아난다.
>
> 군과 시위군중과의 숨막히는 가두공방, 총성과 피로 물든 전남도청 앞 광장, 통곡과 비명으로 아수라장을 이룬 병원사체실, 마지막 날 도청 안의 처절한 장면, 금남로와 농성동에서 총알이 머리결을 스쳐갔던 위기의 순간 등 … (중략) …

> 1980년

> 세상에는 풀어야 할 한도 있고 묻어야 할 한도 있다. 광주의 한이 바로 그런 것이다. 5·18 15주년은 이제 광주의 남은 상처를 마저 아물게 하고 역사발전을 위한 용서와 대화합의 장을 열어야 한다는 이면의 외침을 일깨워주고 있다. (전국부장)

전두환은 6월 2일 정보부장서리직의 사표를 제출하고 보안사령관과 국보위 상임위원장만 맡았다.

9일 한국일보는 창간 26주년을 맞았다. 9일자는 휴간이기 때문에 8일자가 기념호가 됐다. '광주사태' 직후의 어수선한 시국이었다. 이날은 창간 기념사설도 싣지 않았다.

**미스 유니버스 서울대회 주최**

7월 8일 한국일보사는 서울 세종문화회관에서 '미스 유니버스 대회'를 열었다. 그리고 미국의 숀 웨덜리를 미스 유니버스로 뽑았다.

대회 개최를 추진하고 결정하던 당시의 나라 형편과 개최가 임박했던 시기의 정국은 판이했다. 광주민주화 항쟁의 비극이 국민들의 가슴을 짓누르고 있었다. 한국일보는 대회 취소를 심각하게 고려했지만 그것은 불가능했다. 당시 미스 유니버스 서울대회 조직위 사무국장을 맡았던 김중기는 미스 유니버스 개최에 이르기까지의 과정을 이렇게 회고했다.

"1980년초 권력을 장악한 전두환 보안사령관이 장강재 회장을 만나서 좋은 이벤트가 없는지 물었다고 합니다. 회사로 돌아온 장 회장은 즉시 회의를 소집해 간부들의 의견을 들었고 미스 유니버스 대회를 유치해보는 게 어떠냐는 아이디어가 나왔습니다. 그해에 열리는 미스 유니버스 대회는 원래 캐나다에서 열리기로 확정돼 있었습니다. 하지만 우리 일행은 뉴욕에 있는 미스 유니버스 조직위원회를 방문하여 유치의사를 밝히며 조직위를 며칠간 설득한 끝

1980년 7월 8일, 서울 세종문화회관에서 열린 미스유니버스 본선(왼쪽)과 참가자들의 서울 시내 카퍼레이드.

에 허락을 받았습니다. 그때 조직위가 내세운 조건은 두 가지였습니다. 하나는 당시 실권자의 '대회를 안전하게 치르겠다'는 각서가 있어야 한다는 것이었고, 다른 하나는 대회를 컬러TV로 중계해야 한다는 것이었습니다. 앞의 조건은 이미 사전에 얘기된 것이기에 아무런 문제가 없었지만 컬러 방송은 미비한 상태였습니다. 당시 우리나라는 컬러TV 방송 기술과 여건은 거의 갖춰진 상태였지만 2,3년 후부터 본격적인 방송을 하겠다는 계획이었습니다. 당국은 시험 방송을 서둘러서 조직위 요구를 들어주기로 했고 결과적으로 이 대회로 인해 컬러 방송을 앞당기게 됐다고 할 수 있습니다. 유치 결정이 이루어진 이후부터 시간은 촉박했지만 준비는 순조로웠습니다. 정부 관련 부처는 앞장서서 대회 준비를 도와주었고 마침내 7월에 개막해 성공적으로 개최할 수 있었습니다."

7월 31일 한국일보 1면에는 '언론자율정화와 언론인 자질 향상에 관한 결의'가 실렸다. 한국신문협회 회원 일동의 채택 형식이었다. 이 자율정화 결의문은 당시 신문협회 부회장이던 조선일보 방우영 사장의 사회로 채택됐다.

8월 1일자 1면은 정기간행물 172종의 등록 취소 기사가 차지했다. 주간 15개, 월간 104개, 계간 16개지 등이었다. 등록 취소 간행물에는 한국기자협회가 발행하는 '기자협회보' '저널리즘'을 비롯하여 '월간중앙' '씨알의 소리' '뿌리깊은 나무' 등 수준 높은 월간지와 '창작과 비평' '문학과 지성' 같은 고급 계간지도 포함됐다.

1일을 기해 한국일보사는 3개지 편집국장을 경질하는 등 인사 이동을 단행했다. 주효민 주필이 논설고문으로, 윤종현 논설위원이 논설주간으로, 심명보 편집국 국차장이 편집국장에 임명됐다. 그 밖의 인사는 다음과 같다. ▲일간스포츠 편집국장 조두흠 ▲서울경제 편집국장 정태성 ▲한국일보 논설위원 권혁승 ▲한국일보 논설위원 박현태 ▲한국일보 논설위원 유영종 ▲한국일보 논설위원 김해도 ▲한국일보 논설위원 이영희 ▲편집국국차장 이상우(종합편집부장 겸임) ▲편집국국차장 이성표 ▲편집국국차장 이문희 ▲사회부장 박승평 ▲정치부장 안희명 ▲경제부장 김영렬 ▲외신부장 안병찬 ▲주간한국부장 박희주 ▲주간여성부장 장с록 ▲일간스포츠 레저부장 최은호 ▲서울경제 정경부장 김진동 ▲코리아타임스 전담 논설위원 홍순일 한기형 최종수 ▲통일문제연구소 자문위원 김대수

### 서울경제신문 강제 폐간

서울경제신문이 1960년 8월 1일 창간된 지 20년 3개월 25일 만에 지령 6,390호로 '종간호', 즉 폐간호를 발행했다. 신군부의 강제 폐간 조치에 따른 것이었다. 1면 머리는 '본지 오늘로 종간, 1980년 11월 25일호를 마지막으로 창간 20년 3개월 25일 만에'라는 폐간 기사였다.

당시 장강재 회장이 받아 쓴 각서의 문안은 다음과 같다.

## 각서

본인은 새 시대를 맞아 국가의 언론정책에 적극 호응하여 본인이 발행인으로 되어 있는 서울경제신문을 다음과 같이 조치할 것을 다짐하여 이에 각서하며 이 각서에 의한 조치에 대하여는 앞으로 민·형사소송 및 행정소송 등 여하한 방식에 의해서도 일체의 이의를 제기하지 않겠습니다.

## 다음

1. 언론의 건전한 육성과 창달을 위하여 1980. 11. 25. 서울경제신문의 발행을 정지하며 동일자로 서울경제신문의 등록을 자진 취하한다.
2. 서울경제신문사 소속 사원 및 임원은 계열사인 한국일보·일간스포츠·KT(코리아 타임스)에 전원 흡수하며 흡수로 인한 잡음이 발생하지 않도록 조치한다.

1980. 11. 12
주식회사 한국일보 대표이사(서울경제신문 발행인) 장강재

같은 날 45개 언론사의 사주나 대표들도 보안사로 불려가 언론통폐합과 관련된 포기각서를 썼다. 각서는 11월 11일 당시 문공부 공보국장이던 허만일과 보안사에 파견된 문공부 홍보연구관 김기철이 보안사령관 보좌관 이상재의 지시에 따라 만든 견본을 사주들이 그대로 옮겨 쓰는 형식으로 이루어졌다.

11월 20일 편집국장이던 심명보는 한국일보를 퇴사하고 정계로 들어갔다. 그의 국장 재임 기간은 3개월 20일이었다. 21일 후임 국장으로 권혁승이 복귀했다. 서울경제신문 강제 폐간과 함께 일단의 기자와 논설

서울경제신문 종간호인 1980년 11월 25일자 1면.

위원들이 정든 한국일보를 떠났다. 이 역시 통폐합과 같은 맥락에 있었다. 검열 거부 등 저항세력을 제거하여 언론을 순치한다는 목표였다.

이에 따라 서울경제신문이 폐간되기 앞서 한국일보 논설위원 이 형 임재경 김용구가 떠났다. 한국일보에서는 정치부 박 실 차장, 사회부 채의석 기자, 편집부 노향기 김윤자 이영일 기자, 경제부 김영호 기자, 외신부 최욱 기자, 사진부 장병욱 기자, 교정부 박용수 기자가 격류에 말려 회사를 떠났다. 서울경제신문 박정삼 홍 길 엄병윤 지봉재 이성준 기자와 여기자인 이수영 안정숙이 종간에 앞서 동료들과 작별했다. 주간국 부국장 박양주, 신영숙 임진숙 기자, 코리아타임스 권태선 기자, 일간스포츠 김병규 기자, 주간한국 이정섭 기자, 대전주재 홍순민 기자, 광주의 이상문 박희도 기자, 부산의 김환주 기자, 울산의 박재영 기자도 수난을 당했다.

장강재 회장은 해직자를 줄이기 위해 문공부·보안사 기타 정부 당국자들을 만나 백방으로 노력을 벌여 이 숫자를 30명으로 줄였다고 1988년 언론청문회에서 직접 언급했다. 서울경제 폐간에 따라 인원을 흡수하기 위한 인사가 있었다. 부장급 이상의 인사는 다음과 같다.

▲일간스포츠 부국장 조해붕 ▲편집위원 연기호 ▲편집위원 김진동 ▲주간국 편집위원 제재형 ▲경제부장대우 윤희중 ▲편집국장석 부장대우 이창종 ▲일간스포츠 편집1부장 김지회 ▲편집부장대우 박치원 ▲레저부장대우 김정삼

# 한국일보 사람들 [1970~1980년]

**조경희**
(1918~2005)

경기 강화생. 이화여전 문과. 조선일보 기자, 부산일보 문화부장. 63년 입사, 부녀부장, 주간부장, 논설위원, 소년한국일보 부국장. 예총 회장(87년), 정무제2장관(88년). 대한민국문화예술상(87년). 저서 〈지푸라기 철학〉 등.

**이열모**
(1920~2006)

함남 홍원생, 경희대 대학원 경제학과. 재무부 이재국장(56년), 조선일보 논설위원(60~67년). 한국일보 논설위원(72년)으로 옮겨 서울경제신문 사설 집필. 세계일보 논설위원 역임. 저서 〈경제발전과 근대화〉 등.

**박동운**
(1921~2010)

평북 신의주생. 경성대 법문학부. 고려대 출강 중 60년 논설위원 초빙. 통일문제연구소 초대 소장(72~78년). 유네스코 한국위원, 국토통일원 정책자문위원. 국민훈장 동백장(74년). 저서 〈통일문제 연구〉 〈북한통치 기구론〉 등.

**윤종현**
(1922~2018)

경기 파주생. 서울대 상과대. 기사심사부장, 방송뉴스부장, 사회부장, 편집부국장. 이사(83~85년), 논설고문(83~88년) 역임, 88년 퇴임. 서울언론인클럽회장(2002년). 국민훈장 동백장. 저서 〈김일성의 군사사상〉 등.

**이규현**
(1922~2004)

서울생. 일본 와세다대 중퇴. 60년 논설위원으로 입사, 코리아타임스 편집국장(63~67년), 중앙일보 편집국장 역임 후 71년 논설위원 복귀. 문공부장관(79년), 캐나다·노르웨이 대사. 수교훈장 광화장. 저서 〈이름-사람, 간판, 이모저모〉.

**임 삼**
(1923~2005)

평북 용천생. 경희대 대학원 정치학과. 주일특파원(61~65년), 부국장 겸 정치부장(70년). 9대 국회의원, 서울신문 전무(76년), 금강기획 상임고문, 대한축구협회 이사 겸 홍보분과 위원장(97년).

**김영수**
(1925~1989)

서울생. 일본 예과 중퇴, 고대 경영대학원. 연합신문·합동통신 기자 거쳐 한국일보 입사. 서울경제신문 강제 종간 당시 부국장 겸 산업부장. 한국일보 관리국장(81~83년) 역임.

**장기태**
(1926~1996)

함북 청진생. 일본대 법학과 중퇴. 업무국장(65년)·업무국장 겸 제2국장(73년), 업무총국장(74년), 총무이사, 업무·공무 담당 이사, 상무이사(83~85년), 한국특판 대표이사 사장. 91년 퇴임.

**장원영**
(1926~ )

강원 원주생. 서무부장, 경리부장, 총무국·관리국 부국장, 관리국장(73년). 한국조립건물 대표이사(79년), 한국일보사 이사(91~93년) 등.

### 김경환
(1928~1986)

함남 정평생. 단국대 사학과 중퇴. 대한일보 상무 겸 편집국장(73년)을 지내고 74년 한국일보 편집기획국장으로 입사. 편집국장(74~75년), 편집위원(75~76년). 언론연구원 이사 재직 중 별세.

### 박원구
(1928~1995)

경남 진주사범, 동국대 사학과. 지방부장·업무기획국 부국장, 일간스포츠 편집부국장 겸 레저부장, 한국일보 편집부국장 겸 조사부장. 한국마사회50년사 편찬주간(91년) 등 역임. 저서〈한국경마 60년사〉.

### 서광운
(1928~1998)

전남 목포생. 서울대 중퇴, 도쿄대 수료. 외신부장(57년), 과학부장(58년) 지내고 서울신문 문화부장(62년). 한국일보 특집부장(69년)으로 복귀, 과학부장(73년) 도서관장(80년). 저서〈4차원의 전쟁〉〈한국 신문소설사〉 등.

### 조기호
(1928~1975)

부산생. 전문학교 중퇴. 편집부국장·편집위원 지내고 경향신문 부국장, 서울신문 편집국장, 중앙일보 심의실장·출판국장·편집국장·공무국장 역임. 68년 복귀, 공무국장(68~73년). 판매기획국장으로 재임 중 별세.

### 예용해
(1929~1995)

경북 청도생. 경북대 국문과. 54년 한국일보 창간 직후 입사. 문화부장·논설위원. 65년 중앙일보로 옮겨 문화부장 후 한국일보 논설위원(68년)으로 복귀. 대한민국 문화예술상(77년) 수상. 저서〈인간문화재〉〈이바구 저바구〉 등.

### 이원홍
(1929~)

경남 고성생. 서울대 문리대. 사회부장, 주일특파원(65~68년), 편집국장(71~74년), 논설위원, 기사심사위원장. 한국방송공사 사장(80년), 문공부장관(85년). 국민훈장 무궁화장. 저서〈멀고먼 사람〉〈붉은 탁류〉 등.

### 정광모
(1929~2013)

경기 수원생, 이화여대 정외과. 청와대 출입 첫 여기자. 논설위원, 생활부장 후 78년 퇴사. 언론중재위원, 소비자보호단체협의회 회장. 경원대 이사장. 국민훈장 모란장(96년). 저서〈청와대〉〈한국소비자운동〉 등.

### 임홍빈
(1930~2023)

충남 금산생. 서울대 법학과. 일요신문 논설위원 거쳐 한국일보 논설위원(62~71). 문화일보 편집자문위원(95년), KBS 이사(98년) 역임. 문학과사상사 대표(87년). 저서〈대통령의 안방과 집무실〉 등.

### 이영희
(1931~2021)

일본 도쿄생. 이화여대 영문과. 소년한국일보 편집부장·주간여성부장, 논설위원(80년) 역임. 11대 국회의원, 공연윤리위원장, 이화여대 동창문인회 회장. 소천아동문학상. 저서〈동화집-별님을 사랑한 이야기〉 등.

조세형
(1931~2009)

전북 김제생. 서울대 독문학과 졸업. 워싱턴특파원(68~73년), 논설위원(74년), 편집국장(78년). 10·13·14 15대 국회의원, 민주당 최고위원. 주일대사. 저서 〈워싱턴 특파원〉〈힘의 정치 민주의 정치〉 등.

손일근
(1932~)

서울생. 서울대 법대. 55년 입사, 비서실장, 논설위원, 도쿄지사장(72~77년). 한국일보 이사(83~93년), '한국일보30년사' 편찬실장, 백상기념관장. 경원대 법정대 겸임교수. 저서 〈독백의 여운〉 등.

정종식
(1932~)

경남 통영생, 서울대 정치학과. 63년 입사, 정치부장대우·부국장. 서울신문 부국장 겸 편집부장 후 복귀(67년). 주불특파원(68년), 일간스포츠 편집국장(75~78년). 연합통신 사장(83년), 한진그룹 고문(98년).

홍순일
(1932~2024)

서울생. 서울대 공대 조선학과. 54년 코리아타임스 입사. 편집국장, 논설주간(85~87년), 이사(85~87년), 타임라이프 상임이사(87~93년). 관훈클럽 총무, 신영연구기금 이사장. 코리아타임스 칼럼 'Seoul Perspective' 집필.

권혁승
(1933~)

강원 강릉생. 서울대 상대. 경제부장(70년), 서울경제 편집국장(75년). 한국일보 편집국장 2회(78년·80년), 상임고문. 한국간행물윤리위원회 위원장, 백교문학회장. 국민훈장 목련장(84년). 저서 〈대통령의 경제학〉 등.

정태연
(1933~2013)

충북 제천생. 중앙대 법학과. 기사심사부장, 외신부장, 주월특파원(65~66년), 편집국장대리. 대한항공 홍보담당 이사(72~74). 코리아타임스 편집국장(74년)·사장.

김창열
(1934~2006)

평양생. 서울대 법대. 문화부장(70년), 사회부장(71년), 편집국장(75~78년). 견습 출신 첫 한국일보 사장(86년). 방송위원장(93년), 위암장지연선생기념사업회 회장(03년). 중앙언론문화상(02년), 국민훈장 동백장(98년).

장갑영
(1934~2020)

서울생. 서울고. 59년 입사. 비서실장(69~73년), 통일문제연구회 간사(76년), 출판부국장(78년). 한국종합물산 부사장(79년), 한남레저 대표이사 부사장 등.

조순환
(1934~2005)

경남 함양생. 서울대 정치학과. 주월특파원, 주미특파원(77~82년), 논설위원(82~88년). 제14대 국회의원, 평화문제연구소 지도위원 등 역임. 월남전쟁 취재보도상(67). 저서 〈불타는 월남〉 〈대통령, 질문 있소〉 등.

**심명보**
(1935~1994)

강원 영월생, 서울대 법대. 지방부장, 주월특파원(68~69년), 일간스포츠 레저부장, 한국일보 편집국장(79년). 80년 정계 진출, 11·12·13·14대 국회의원, 민정당 대변인·사무총장 역임.

**계창호**
(1936~2019)

평북 선천생. 서울대 정치학과. 사상계 편집장(58년), 61년 입사. 외신·문화부장 후 조선일보. 68년 복귀, 편집부국장 겸 여론조사부장, 일간스포츠 편집국장(71년). 동화연구소 소장. 저서 〈광복 50년과 장준하〉.

**김중기**
(1936~2024)

서울생. 연세대 영문학과. 편집국 외신부 근무 중 비서실 차출. 중앙일보 사업과장(65년) 후 한국일보 사업부장(67년) 복귀. 사업국장(78년), 사업본부장(87년). 한주여행사 대표. 국민포장(93년). 저서 〈양주입문〉.

**이기홍**
(1936~)

서울생. 고려대 경영학과. 61년 광고국 입사. 광고국장(79년) 후 81년 한국방송광고공사 설립 참여, 감사 전무이사로 활동. 한국방송영상 사장(92년), 한국광고업협회장(2000년). 국민포장(86년). 저서 〈정치광고론〉 〈선거와 정치 광고〉.

**김충한**
(1937~)

서울생. 성균관대 법정대. 오사카 지사장, 동경지사장(77~83년). 한국일보사 이사, 부사장(83년). 한국일보 광고담당 부사장. ㈜한국이앤엑스 회장(98년~2024년 현재). 저서 〈민의가 행정에 미치는 영향〉.

**유영종**
(1936~고인)

함남 흥남생. 서울대 철학과. 문화부장(69년), 종합편집부장, 편집국차장(75년), 일간스포츠 편집국장(78년). 한국일보 논설위원(80년), 편집위원(83년), 수석논설위원 후 94년 퇴직. 공연윤리위원회 심의위원(95~97년).

**김수남**
(1937~1997)

경남 김해생. 성균관대 국문학과. 60년 소년한국일보 기자·편집국장(73년). 소년한국일보 담당 사장(90년). 색동회와 국민독서문화진흥회 회장. 국민포장 수훈, 서울시교육상. 저서 〈책나라로 가는 길〉.

**지동욱**
(1937~고인)

대구생. 경북대 경제학과. 경제부장(74년)을 지내고 78년 퇴사. 주간 한일비즈니스(81년 창간) 발행인. Global Strategy Institute 소장. 저서 〈백상 장기영〉 〈군복을 벗은 한국(일어)〉 〈한국재벌의 흥망(일어)〉 등.

**김해도**
(1938~2016)

부산생. 서울대 독문학과. 외신부장(75년), 사회부장(78년), 논설위원(80년) 지내고 81년 퇴사. 방송위원회 심의위원, 언론중재위원회 사무총장·부위원장(96년). 한국신문상, 국민훈장 동백장.

| 제 3 장 |

1983년 6월 KBS '남북이산가족찾기 캠페인'에 맞춰 한국일보는 여의도 광장에 별도 부스를 설치해 친구, 친지 명단을 담은 호외를 배포했다.

# 신문의 신문

### 1981~1988

한국일보는 1981년 4월 29일 지령 1만 호에 이른 후 당시까지 한국언론사상 최대 부수인 160만 부를 발행, 정상을 달리게 됐다. 국내 언론사 처음으로 공채기자 출신 사장을 탄생시켰고 컴퓨터를 활용한 편집 제작 인쇄시스템을 도입해 신속하고 효율적인 신문공정도 확립했다. 선후배의 끈끈한 관계와 자유로운 분위기가 알려지면서 기자공채 시험은 평균 경쟁률이 200~300대 1에 이를 만큼 인기가 높았다.

# 1981년
현실을 인정하자. 잘못이 발견되면 고치면 된다. - 장강재

**한국일보 지령 1만 호**

광주민주화운동 등으로 현대사에서 미증유의 혼란을 겪었던 1980년이 가고 1981년이 왔다. 한국일보는 신년호의 2면 신년사에서 '화합의 빛으로 영원한 민주 생명력을 갖자'고 호소했다.

1월 5일자 7면에는 '최고(最古)의 태극기를 찾았다'는 특종 보도가 전해졌다. 이 태극기는 고종황제의 외교 고문이었던 O. N. 데니가 1890년 한국을 떠나면서 가져갔던 것으로 이후 데니 태극기로 불리게 됐다. 데니의 외손자에게 기증받아 미 오리건주 포틀랜드시의 윌리엄 롤스턴 씨가 갖고 있던 것을 한국일보 시애틀 조병우 지사장이 확인해 보도한 것이다.

1981년 4월 10일 한국일보 임시이사회는 장재구 미주본사 사장 겸 LA 지사장을 새 대표이사 사장으로 선임했다. 또 부회장 직제를 신설하여 대표이사 부회장에 홍유선 전 사장이, 부회장에 신영수 이사가 임명됐다. 미주본사 사장 겸 LA 지사장에는 장재민 이사가, 한국일보 편집인에는 정태연 이사가 선임됐다.

8월 1일 '백상기자대상'을 제정했다. 이 포상은 한국일보 창업주인 백상의 정신을 살려 연 1회 가장 우수한 특종기사를 쓴 기자 또는 뛰어난 노력을 한 기자를 포상할 목적으로 제정된 것이다. 해마다 한국일보 창간기념일인 6월 9일에 시상키로 했다.

4월 29일자로 한국일보는 창간 26년 10개월 20일 만에 지령 1만 호를 기록했다. 지령 1만 호의 1면 머리는 '각종 세무 부조리를 뿌리뽑기 위해 세무서원들의 업체 방문을 금지한다'는 국세청장의 기사가 실렸다. 2면 사설은 '독자 체온이 감싸준 1만 호, 충고와 격동 속에 혼신을 다짐한다'는 제목으로 가일층의 분발을 약

1981년 4월 29일자 지령 1만 호 칼럼.

속하며 애독자와 광고주에게 고마움을 표했다. 지령 1만 호의 5면은 한국일보 창간 멤버이자 사학자인 천관우가 특별기고로 한국일보의 창간정신을 말했다. 그 전문은 한국일보의 정신을 극명하게 표현한다. 그 전문을 싣는다.

한국일보의 창업정신을 말하기에는 내가 적임이 아닌 것 같다. 창업주인 고 장기영 선생을 도와 어려운 창간 전후를 이끌고 나온 인사는 여럿이고 그중에는 현재까지도 '한국'을 지켜 오는 중진 몇몇 분도 있다. 후일 금문도 전투 취재 중에 순직한 고 최병우 형의 인권으로 나도 '한국' 창간 멤버의 한 사람이 되기는 하였으나 당시는 약관에 말직이어서 견문의 범위가 뻔했던 것이다. 그러나 이번은 그런대로 그대가 창간 당시를 말해보라고 하니, 피상적인 파악이나마 기억을 다소 되살려 보기로 하겠다. 지금 한국일보사에 방마다 액자로 걸려 있는 '사시(社是)'는

일(一), 춘추필법(春秋筆法)의 정신

이(二), 정정당당(正正堂堂)한 보도

삼(三), 불편부당(不偏不黨)의 자세

로 되어 있다. 그러나 내가 알기에 이 '사시'는 여러 해가 지난 뒤에 확정된 것으로 처음에는 이렇게 성문화한 것은 없었다. 그 대신 창업주의 명언 몇 가지가 사시를 대신하고 있었다고 할 수 있겠다.

…(중략)…

그러나 여기서 거론하고자 하는 것은, "공자가 '춘추'를 지었을 때 '지아자(知我者)도 춘추(春秋)요, 비아자(罪我者)도 춘추(春秋)라' 하였거니와 공정을 우리 신문제작에서 거울삼아 자명자계(自銘自戒) 하려는 마음"이라 하여, '맹자'(등문공· 藤文公· 하)의 일구를 인용하면서 신문 제작의 준엄한 '춘추'정신을 강조하고 있는 대목이다. 이 역시 칠판에 꽤 오래 지워지지 않고 남아 있던 금언인데, 오늘날의 사시 제1항의 '춘추필법의 정신'으로 고정된 데에는 이와 같이 오랜 창업정신이 밑에 깔려 있다고 해야 하겠다.

같은 1주년 기념호 지면에는 '직필(直筆)은 사람이 해하고' '곡필(曲筆)은 하늘이 벌한다'는 두 줄기의 기둥 커트를 썼다. 이것도 칠판의 것이었다. 이 문구가 '춘추' 정신의 또 다른 표현일 것은 분명하고, 장기영 선생다운 자기 해석이었던 것으로 안다.

이 역시 모르기는 하되 '한국일보 20년사'에 의하면 '천자춘추'라는 칼럼이 창설된 것은 창간 1주년의 두 달 전부터라고 되어 있다. 이 난이 한동안 보이지 않다가 최근에 부활된 것을 보고 기뻤던 것은 반드시 복고 취미에서가 아니다. '춘추' 정신을 더욱 살려나가겠다는 제작자들의 의지가 새삼 엿보였기 때문이다.

한국일보의 창업 정신이라고까지 할 수는 없을는지 모르나 적어도 창간 당시의 기풍의 하나로 나는 감히 패기를 들고자 한다. '한국'이 그 무렵 단기간에 국내 일류지로 성장한 데에

는, 환도 직후에 신문계의 판도가 크게 달라질 수 있는 전체의 상황에도 원인이 있었겠지만 그보다도 당시 40미만의 패기만만한 창업주였던 장기영 선생의 진두지휘 아래 전 사원이 그 야말로 혼신의 창의와 불철주야의 노력을 기꺼이 감당한 데에 있다고 본다. 중학동 마루터기, 초라한 2층 건물에서 시작한 '한국'이 오늘의 대를 이루게 된 데는 그 패기를 빼놓을 수는 없다고 나는 가끔 생각하는 것이다.

지령 1만 호 5면의 하단에서 문화부 우계숙 기자는 세계에서 유일하게 매일 시를 싣는 신문 한국일보의 시가 22년동안 2,500회를 기록했음을 밝혔다. 우 기자는 "신문기자는 시인이라야 한다. 시와 그림이 가득 찬 신문 이것이 장래의 신문이다"고 갈파한 백상의 말을 환기했다. 한국일보가 지령 1만 호를 기록한 1981년 4월 당시 사원 수는 1,500명을 넘어 있었으며 발행부수는 100만 부를 돌파, 12면 합쇄 체제에 있었다. 9월 20일 일요일자에 한국일보 일요 특집판이 부활됐다. 4면을 펼치는 이 특집은 활자매체의 특성인 심층보도에 초점을 맞추어 국내외의 현안과 궁금증을 속 시원히 파헤치려는 것이었다.

장강재(오른쪽) 사장의 안내로 장기영 발행인 추념 어록전에서 주요 인사들이 전시작품을 돌아보고 있다.

# 1982년
기사 한 줄로 인해 불이익을 받는 사람이 한 사람도 없어야 한다. - 장강재

### '사도(師道)의 등불' 찾아내 시상

한국의 평균가정을 소개한 신년호.

1982년 1월 1일 신년호는 24면을 발행했다. 신년호의 7면 사회면 머리는 서울의 홀트회의 알선으로 3세 때 미국 가정에 입양된 전쟁고아 로빈슨 코와트(본명 이영숙)양이 23년 만에 엄마를 찾아온다는 기사다. LA의 변홍진 기자가 썼다. 11면에서는 컴퓨터가 선정한 '한국의 평균가정' 두 집이 소개됐다. 농촌에서는 경기도 화성군 오산읍의 이종만씨인데 그는 국졸로 2남 2녀의 아버지였다. 도시에서는 서울 김포교통의 시내버스 운전사인 배기영(36)씨다. 중졸의 배씨는 18세에 해병대를 지원, 제대한 뒤에 중동에서 덤프 트럭을 몰았던 1남 1녀의 아버지였다. 그의 월소득은 30만 원 남짓이었다. 1면 왼쪽에는 그해부터 새 시대의 지향에 맞는 사도의 등불을 밝히기 위해 한국교육자대상을 제정키로 했다는 내용의 사고가 실렸다.

6일 한국일보는 한국 신문사상 최초로 윤전기의 국내 조립에 성공, 12면의 전면합쇄 발행 체제를 완비했다. 그 전까지는 발행 면수의 일부를 분리 인쇄해 왔었다. 한국일보의 인쇄 능력은 이에 따라 시간당 40만 부로 늘어났다.

3월 3일 한국일보에 인사이동이 있었다. 정태연 편집인 겸 이사가 신설된 코리아타임스 부사장에, 한국일보 권혁승 편집국장은 편집인 겸 편집이사로 각각 승진했다. 또 일간스포츠 조두흠 편집국장은 한국일보 편집국장으로 전보되는 등 3월 3일과 6일에 걸쳐 65명의 인사가 있었다. ▲일간스포츠 편집국장 이성표 ▲주간국장 이상우 ▲주미 특파원 이문희 ▲일간스포츠 국장대리 오도광 ▲한국일보 논설위원 김성우 ▲한국일보 논설위원 조순환

▲일간스포츠 논설위원 조동표 ▲한국일보 편집국 부국장 송효빈 ▲한국일보 편집국 부국장 박승평 ▲한국일보 편집국 부국장 정달영 ▲한국일보 편집국 부국장 김영렬 ▲주불 특파원(부국장) 안병찬 ▲사회부장 오인환 ▲외신부장 김용정 ▲경제부장 박인순 ▲특집부장 박용배 ▲문화부장 강대형 ▲체육부장 김재설 ▲조사부장 김진걸 ▲일간스포츠 문화부장 김진동(이상 3월 3일자)

▲부국장 겸 종합편집부장 김지회 ▲편집부국장대우 겸 편집부장 김창규 ▲편집부장 박영길 ▲교정부장 정병하 ▲코리아타임스 부국장 김두근 ▲코리아타임스 부국장 겸 정치부장 조병필 ▲부국장대우 특집부장 변보국 ▲부국장대우 경제부장 한건주 ▲부국장대우 문화체육부장 박연수 ▲부국장대우 외신부장 전기학 ▲일간스포츠 부국장대우 편집부장 이준기 ▲주간국 부국장 대우 손진문 ▲주간국 편집위원 최남진 ▲주간한국부장 강영수 ▲기획실 기사심의실장 연기호 ▲기획실 기사심의위원 김진명 ▲기획실 이창종(이상 3월 6일자).

### 기자 공채에 언론사 최고 경쟁률 기록

1982년 4월 18일 일요일, 한국일보는 제39기 견습기자 시험을 실시했다. 시험에는 1,987명이 응시, 한국 언론사의 견습기자 모집 사상 최다수 지원 기록을 세웠다. 응시자들은 성균관대학교에서 3시간 동안 국어 상식 외국어 순으로 시험을 치렀다. 여성 지원자도 496명이 응시했다. 기록은 이듬해 3월 13일 실시된 40기 견습기자 모집에 2,731명이 응시해 경신됐다. 여성 역시 590명이 지원해 사상 최다였다. 그러나 2년 뒤 1985년 3월 10일 43기 모집에 3,089명이 응시함으로써 이 기록은 다시 깨졌다. 8명을 뽑은 한국일보에 2,059명이 지원해 257대 1의 경쟁을 기록했다. 8명을 뽑는 일간스포츠에는 1,030명이 응시해 124대 1을 기록했다.

지원자가 몰렸기 때문에 45기와 46기는 서류전형을 실시해 지원자를 여과했다. 45기는 1,415명이, 편집전문 견습기자를 뽑은 46기는 331명이 응시했다. 47기 때부터 서류전형을 없애 다시 모든 지원자에게 응시 자격을 주었다. 견습기자 공채는 한국일보 기자 충원의 가장 보편적인 방법으로 뿌리내렸다. 공채시험은 기수별 견습 이외에도 전문분야에서 경력직이나 수습기자를 뽑는 데 실시됐다. 공채 이외에는 수시로 스카우트하는 특별 채용과 인턴사원 모집이 있다. 인턴기자는 1988년 각 대학교에 의뢰하여 10명을 처음 뽑아 편집국에서 훈련시킨 뒤 50기 공채 때 총 선발인원 25명 중 한국일보에 5명, 서울경제신문에 1명 등 6명을 합격시켰다.

한국일보는 70년을 이어오며, 가장 우수한 기자를 선발하기 위해 시대상황에 맞게 관련 제도를 수정해왔다. 창간 당시에는 사주가 스카우트한 인재들이 한국일보 편집진용을 구성했다. 백상은 신문사 운영에 쪼들릴 때에도 어디에 좋은 인재가 있다는 소리를 들으면 기어이 '한국일보 맨'으로 만드는 인재에 대한 집념을 가졌다.

1982년

한국일보는 한국 언론계에 기자 공채 제도를 정착시켰다. 1955년 1월 20일 실시한 2기 견습기자 시험에서 응모 자격은 남녀 구별 없이, 학력은 대학졸업자 또는 동등의 학력을 가진 자로서 영문 또는 기타 구주어의 해독에 능한 자로 바뀌었다. 시험과목은 논문, 영어(또는 기타 구주어)·구두시문으로 변경했다. 영어 독어 불어 중에서 택일할 수 있게 된 것이다. 6기부터는 시험과목이 논문 영어 또는 기타 구주어, 기사작성·상식 및 구두시문으로 바뀌었다. 20기부터 1차 시험은 외국어(영어 독어 불어 중에서 택일)와 상식으로, 논문 면접 등은 2차 전형으로 바뀌었다. 23기부터 시험과목은 상식 외국어(영어). 제2외국어(독어 불어 중 택일)로 세분화했다.

국어가 시험과목으로 등장한 것은 26기부터이다. 논문 또는 작문시험이 1차 전형에서 빠진 대신에 들어간 것이다. 시험과목은 국어 영어 상식과 선택 외국어 4과목이 됐다. 36기부터는 국어 외국어(영어 독어 불어 중 택일), 상식, 작문으로 바뀐다. 45기부터는 외국어에 중국어가 추가된다. 48기부터는 국어 영어 상식으로 다시 바뀌었다. 응시 자격이 고졸 이상이 된 것은 1958년 3월 말 실시한 제7기 모집 때부터이다.

1964년 10월 25일 1차 시험을 본 17기까지 1차 합격자 명단을 한국일보 지상에 실었는데 18기부터는 번호만을 알려주게 됐다.

견습기자 모집은 특정 부문에 국한해 모집하기도 했다. 14기는 경제 견습기자만 뽑았다. 이때 응시자격도 상고 또는 대학의 경상학계를 졸업한 실력을 가진 만 30세 미만의 건강한 남녀로서 외국어를 해득할 수 있는 자로 했다. 1994년 12월 실시된 57기 선발에서는 응시자 수의 증가로 1차 시험을 서류전형으로 대체하면서 '4년제 대학 졸업자'로 자격을 제한했다. 또 3차 시험에 '작문 및 현장실습'을 추가해 1개월간의 인턴생활을 중요한 평가기준으로 설정하고, 환경·의학·전자공학 부문의 박사학위 소지자를 우대하는 전문기자제를 별도로 도입했다.

세계화와 국제화의 추세를 반영, 1997년 12월 실시된 59기 모집부터는 토플(550점 이상) 또는 토익(750점 이상) 성적 소지자로 응시자격을 제한했다. 이후 2002년 6월 63기 이후부터는 1차 필기시험(국어·작문·상식), 2차 면접의 방식을 기본 골격으로 유지하는 한편, 경력기자의 선발도 강화하는 방식으로 변천해왔다.

### '여기자 칼럼'에서 '장명수 칼럼'으로

1982년 6월 9일은 창간 28주년이었다. 20면을 발행한 기념호 1면에서는 조순환 워싱턴 특파원의 알렉산더 헤이그 미 국무장관 특별회견 기사를 실었다.

10일 제1회 한국교육자대상 시상식이 있었다. 영예의 대상은 스무 살 처녀의 몸으로 야간 강습소를 세워 큰 국민학교로 발전시킨 인천 동명국교 박창례(72) 교장과 37년간 평교사로 재직해온 제주 오현중 고창선(60) 교사가 받았다. 이밖에 25명이 '스승의 상'을 받았다.

7월 1일 '건강하게 삽시다'는 제하의 사고가 1면에 게재되면서 식생활 개선 운동이 전개되기 시작했다. 이 운동에는 한국일보와 자매지가 전부 동원됐다.

23일 문화부 장명수 차장이 집필하는 '여기자 칼럼'이 시작됐다. 이 칼럼은 기자로서, 주부로서 만나고 겪는 이야기들을 여성 특유의 예민하고 정확한 시각으로 매일 전하는 독특한 세평이며 수상이었다. 생각하는 여성을 위한 칼럼이라는 호평을 받던 '여기자 칼럼'은 후에 '장명수 칼럼'으로 바뀐

알렉산더 헤이그 미 국무장관과의 인터뷰가 게재된 1982년 6월 9일자 한국일보 1면.

후 2011년 2월 17일자 마지막 칼럼 '박완서, 거목 옆의 거목'까지 총 29년간 계속됐다. '여기자 칼럼'이 생긴 지 4일 뒤 칼럼 '메아리'가 기명으로 바뀌었다. 1959년 이래 한국일보를 대표하는 명칼럼이던 '메아리'는 우선 김성우 김창열 두 편집위원이 맡았다. 김성우는 안병찬에게 주불 특파원을 인계하고 귀국한 직후였다. 또한 김창열은 편집국장을 지낸 뒤 논설위원을 거쳐 편집위원으로 있었다. 두 위원은 매일 번갈아 4반세기가 넘는 기자생활을 토대로 독자들에게 세상만사를 분석했다.

당시 장명수 문화부 차장이 집필을 시작한 7월 23일자 첫 여기자 칼럼.

# 1983년
신문은 항상 중심에 서야 한다. -장강재

**보도사진전서 금·은·동 휩쓸어**

1983년 신년호는 24면을 발행했다. 1면 머리는 '미국에서 신비의 물질, 생장 호르몬 분비 촉진 인자 합성 성공. 난장이 키를 키운다'가 실렸다. 미 샌디에이고에서 박흥진 기자가 보내온 것이다. 2면 사설은 '생산적인 대화 사회로 민주시대 진일보의 한 해가 되자'고 호소했다. 신년 특집으로 9, 10면에는 '시민의식'을 실었다. 경제부 박 무 기자가 썼다.

19회 보도사진전에서 금상을 수상한 '저 어린 상주'.

한국일보는 1월 9일 첫 구주판을 제작했다. 구주판은 주 1회씩 만들었다.

15일자에는 1980년 6월부터 1982년 5월까지 한국일보에 연재됐던 김성우 파리특파원의 역작 '컬러기행 세계문학전집'이 단행본으로 출간됐다고 소개됐다.

2월 9일 한국일보 사진부가 제19회 보도사진전에서 금·은·동상과 장려상을 휩쓸었다. 한국사진기자회가 주최하는 사진전에는 전국 사진기자들의 사진 175점이 출품됐다. 영예의 금상은 이기룡이 받았다. 수상작은 의령 총기 난동 때 부모를 잃은 어린이가 분향하는 모습을 담은 '저 어린 상주'였다. 은상은 박상은양 살해사건으로 구속됐다가 무죄로 풀려나오는 정모군 모자의 포옹 장면을 담은 김용일의 '모자(母子)'가 차지했다. 동상은 아프리카를 순방 중인 전두환 대통령의 웃음 띤 표정을 잡은 박태홍의 '미소', 장려상은 이철희 장영자 사건과 관련된 결혼식 '하객 명단'을 입수, 사진으로 찍은 최동완이 받았다. 보도사진전에서 한 언론사가 모든 상을 독차지한 것은 한국일보가 처음이었다.

5월 1일 본격적인 레저스포츠 전문지인 '월드테니스' 신간호가 발행됐다. 이 책은 생동감 넘치는 화보와 해외정보 등으로 국내 300만 테니스 동호인들의 호응을 불러 일으켰다.

5일 어린이날, 승객과 승무원 등 105명을 태운 중국민항기가 납치돼 춘천에 불시착했다. 어린이날로 휴일이었으나 한국일보 편집국과 공무국 직원들이 신속하게 출동해 5일자 호외1호, 6일자 2·3호, 9일자 호외를 잇달아 발행했다. 춘천에 급파된 사회부 경찰팀은 민항기 납치 범인들은 여자 1명이 낀 군인 6명이라고 첫날 호외 특종을 했다.

이날 한국일보사는 대대적인 인사도 단행했다. 한국일보 편집국장은 조두흠에서 김성우로, 코리아타임스 편집국장은 유일연에서 방태영으로, 소년한국일보 편집국장은 김수남에서 조해붕으로 바뀌었다. 그밖의 인사 내용은 다음과 같다. ▲이사 천관우 ▲코리아타임스·주간·월간 담당 사장 겸 한국일보 수석부사장 장재국 ▲일간스포츠·소년한국일보 담당 사장 장재근 ▲한국일보 광고 담당 부사장 김충한 ▲일간스포츠 담당 부사장 배성환 ▲한국일보 편집·총무 담당 상무이사 권혁승 ▲업무·공무 담당 상무이사 장기태 ▲기획 담당 상무이사 고봉진 ▲일간스포츠 담당 상무이사 조두흠 ▲이사 겸 논설고문 주효민 ▲이사 손일근 ▲총무이사 겸 사업본부장 김중기 ▲광고담당 이사 이창영 ▲소년한국 담당 이사 김수남 ▲공무 담당이사 이기화 ▲코리아타임스 담당 이사 유일연 ▲기획담당 이사 겸 기획실장 문은모 ▲이사대우 이경성 ▲이사대우 장원택 ▲한국일보 광고국장 ·이사대우 이인호 ▲이사대우 배영부 ▲이사대우 겸 비서실장 문현석 ▲이사대우 배봉휘 ▲공무1국장 장준영 ▲공무2국장 이완준 ▲총무국장 장천영 ▲경리국장 박상진 ▲자매지 광고국장 김우경 ▲동경지사장 이종성 ▲논설주간 김창열 ▲논설위원 김대수 ▲편집위원 유영종 ▲편집위원 정달영 (이상 5월 15일자) ▲코리아타임스 부국장 겸 경제부장 한건주 ▲코리아타임스 부국장 겸 편집국장석 근무 부장 김명식 ▲코리아타임스 부국장 겸 사회부장 박연수 ▲코리아타임스 부국장 겸 정치부장 정운봉

### 가로쓰기 사설의 바로쓰기 다짐

6월 9일 한국일보는 창간 29주년을 맞았다. 1면에는 11단 사고로 '개척하는 신문 한국일보의 새 기획 새 지면'이 선보였다. 첫째는 신문의 새 기원으로 사설 가로쓰기를 단행한다는 알림이다. 그 이유는 시대의 흐름에 맞추어 모든 독자에게 친근해지기 위해서였다.

둘째로 알리는 내용은 ▲여론조사부 신설 ▲주 1회 사학자 천관우씨 칼럼 게재 ▲시대에 맞는 예기(禮記)를 정립하기 위한 '신 예기' 연재 ▲국제기자 조순환의 '세계는 지금' ▲논설위원 예용해의 컬러기행 '다(茶)를 따라' ▲속·식생활개선 캠페인 ▲'우리말은 아름답다'였다.

창간기념호 사설은 가로쓰기로 3건을 실었다. 두 번째 사설은 '연필을 뾰족하게, 가로쓰기 사설의 바로쓰기 다짐' 이다.

13면에는 한국일보사와 한국경제연구소가 공동 조사한 결과, 우리나라의 국부(國富)가

1983년

472조 1,977억 원으로 집계됐음을 설명했다. 총 국부는 국토 위의 유형 고정자산을 망라했다. 토지·건물 구축물(도로 항만 교량 철도 댐 등)·선박·기계 및 장비·차량·운반구·공구 및 비품·동식물(자연림은 제외)·가재(家財)자산·재고자산을 모두 합쳤다. 땅값은 한 평이 평균 8,800원으로 절반 이상을 차지하며 국민총생산(GNP)의 5.4배였다.

29주년 창간 기념식에서 백상기자대상은 1983년 3월 13일자 한국일보에 '이재형 민정당 대표위원 사의표명'을 특종 보도한 정치부 차장대우 황소웅에게 돌아갔다. 은상은 ▲3월 20일자에 '일·중공 여객기 한국 비행정보 구역 통과'를 특종 보도한 코리아타임스 정치부 차장대우 박창석 ▲6월 3일까지 73회에 걸쳐 '명무(名舞)'를 연재 보도한 일간스포츠 문화부 구희서 기자, 사진부 정범태 차장 ▲1월 16일과 2월 6일자에 '세계에 ET 선풍' 기사를 국내에서 처음 보도한 주간한국 탁성만 김영규 기자에게 주어졌다. 동상은 ▲사회부 이 황 김종래 기자 ▲소년한국일보 취재부 권오상, 한국일보 사진부 김용일이 차지했다.

### 언론사상 최고 160만 부

6월 20일 한국일보 서울본사와 LA 미주본사 간에 팩시밀리가 개통됐다. 7월 28일에는 본사와 동경지사 간에도 팩시밀리를 개통했다.

7월 1일 인사를 단행했다. 이성춘 정치부장을 부국장으로, 박인순 경제부장을 논설위원에 임명했다. 그 밖의 인사 내용은 ▲정치부장 박용배 ▲경제부장 박병윤 ▲외신부장 이재승 ▲특집부장 김용정이다.

5일 한국일보는 한국방송공사(KBS)의 남북이산가족찾기 캠페인에 호응하여, KBS가 5월 30일부터 중계 방송해 온 이산가족 명단을 호외로 발행하기 시작했다. 이즈음 여의도 KBS 주변 만남의 광장은 눈물바다가 됐다.

호외는 하루에 타블로이드판으로 최대 32면까지 발행했는데 이 활자의 분량은 약 50만 자에 해당된다. 국민들의 열화 같은 성원 속에 발행된 이 호외로 이시보(63) 이시여(60) 자매, 신분임(56) 신분여(37) 자매가 상봉하는 등 한국일보는 텔레비전의 일회성을 극복하면서 이산가족찾기를 주도하는 활자 매체로서 위력을 발휘했다. 호외 발행으로 국제적인 상봉만 68건이 확인됐다. 한국일보 호외는 매일 전 세계 35개 해외지사·지국으로 공수되었

이산가족 찾기가 한창이던 1983년 7월4일 KBS앞 분수대까지 가족과 친지를 찾는 벽보가 가득 붙어 있다. 한국일보도 이산가족 찾기에 동참, 신문사상 유례없는 566호라는 연속 호외를 발행해 이산가족들의 명단을 실었다.

기 때문이다. 한국일보사는 1961년 이미 '부모형제를 찾자'는 운동을 전개한 데 이어 1974년 1월 1일부터 1976년 3월 12일까지 '1,000만 이산가족·친지찾기 운동'을 펼쳐 총 3,510건을 게재, 164건의 상봉을 이루게 한 바 있다. 한국일보는 1984년 1월 31일까지 7개월 간 이산가족 찾기 호외를 670호나 발행하여 총 10만 952명의 명단을 수록했다.

이산가족찾기 호외 발행으로 구독신청이 급증했다. 7월 16일 한국일보는 대기록을 수립했다. 한국 언론사상 최대 부수인 160만 부를 발행한 것이다. 한국일보는 이를 10면 사고, '정상을 달리는 한국일보… 오늘 160만 부를 발행했습니다'로 자랑스럽게 알렸다.

대한항공 747기 추락을 알리는 한국일보 1면.

이날 이행원이 논설위원으로 발령 받았다.

29일 우리나라 인구가 4,000만 명을 돌파했다.

9월 1일 대한항공 747 여객기가 뉴욕을 출발, 앵커리지를 거쳐 서울로 오던 도중, 사할린 부근 상공에서 소련 전투기의 미사일 공격으로 격추돼 승객과 승무원 269명이 전원 사망하는 참사가 발생했다.

10월 1일 장강재 회장의 지시에 따라 한국일보 구내식당은 전 사원에게 점심 무료급식을 시작했다. 무료급식은 한국 언론사에서 처음이었다. 또 대학생(전문대생 포함) 자녀를 둔 사원에게는 대학생 1명에게 연간 40만 원의 장학금을 지급하기 시작했다.

아웅산 묘소 폭탄테러 내용을 담은 한국일보 1면.

### 아웅산 참사 현장에서 살아남은 기자

10월 9일 전두환 대통령이 아시아 태평양 6개국의 순방길에 올라 첫 방문국인 버마(현재 미얀마) 수도 랭군(현재 양곤)에 도착했다. 전 대통령이 참배하려던 아웅산 묘소에서 폭탄테러 사건이 발생해 대통령의 도착을 기다리며 도열해 있던 서석준 부총리와 이범석 외무장관, 김동휘 상공장관, 서상철 동자장관, 함병춘 청와대 비서실장, 김재익

1983년

청와대 경제수석비서관, 이계철 버마대사, 하동선 해외경제협력위 기획단장, 강인희 농수산차관, 김용한 과기처차관, 이기욱 재무차관, 심상우 민정당 의원, 민병석 대통령 주치의, 이재관 대통령비서관, 이중현 동아일보 기자, 경호원 2명 등 17명이 사망하고 14명이 중경상을 입었다. 버마인도 3명이 죽고 33명이 부상했다.

한국일보 청와대 출입기자인 윤국병 정치부 차장과 코리아타임스 박창석 차장대우가 현장에 있었다. 두 기자는 중상을 입고 귀국했다. 윤국병은 국립의료원에서 11월 10일까지 치료를 받았다. 윤국병은 29일자 사보에서 '지옥의 랭군'을 이렇게 증언했다.

10월 9일은 일요일이라 오전에 아웅산 국립묘지를 참배키로 돼 있었을 뿐 별다른 스케줄은 없었다. 기자는 참배에 앞서 한국일보 18기 출신인 이재관 청와대 공보비서관과 프레스센터를 점검한 뒤 참배 예정 시간인 10시 30분보다 15분쯤 앞서 묘소에 도착했다. 김재익 경제수석비서관에게 "안녕하세요"라고 인사하자 옆에 있던 김동휘 상공장관이 손을 내밀었다. 김 장관이 원래 악수하기를 즐기는 분임을 아는 터라 나는 반갑게 손을 내밀면서 "어제 뵈었는데 또 손을 내미세요?"라고 조크를 던졌다. 김 장관이 "악수 빼고 뭐 있느냐"며 웃음을 띠었다. 그러나 서석준 부총리는 침울해 보였고 이범석 외무부 장관도 표정이 밝지 않았다.

나는 이번 행사의 풀 기자를 맡았기에 앞 열 쪽으로 다가섰다. 그 순간 의장대가 앞쪽으로 걸어갔고 진혼 나팔 소리가 들렸다. 이어서 눈이 멀 듯한 섬광이 번뜩이면서 '꽝' 하는 폭음과 함께 화끈한 열기가 얼굴에 몰아쳤다.

그래도 폭음을 순간적이나마 어디 댐 기공식의 발파음으로 착각했던 것은 그 끔찍한 음모를 생각지도 못할 만큼 순진했기(?) 때문이었던가 보다.

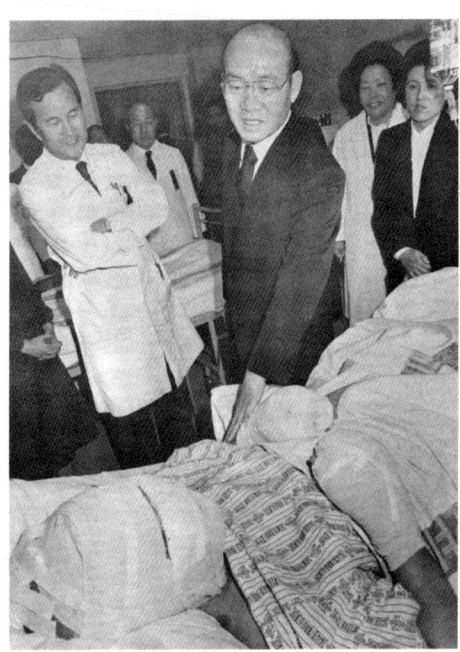

싸한 화약냄새를 느끼면서 각목에 짓눌린 듯한 느낌이 들었다. 머리를 쳐드니 맑은 하늘이 보이고 얼굴에 끈적끈적한 피가 만져졌다. 형체를 알아볼 수 없는 그 사람 그 사람이 여기저기 나뒹굴어져 있었다.

아내와 아들 딸의 우는 모습이 보이면서 신문사에 전화를 해야 한다는 강박관념만이 가슴을 짓눌렀다. 장작더미 같은 각목 틈을 빠져나오니 머리에서 나온 피

1983년 10월 9일, 전두환 대통령의 서남아 및 대양주 순방 첫 기착지인 버마의 국립묘지 폭발사건으로 중상을 입고 국립의료원에 입원중인 윤국병 기자가 전두환 대통령 내외의 방문을 받고 있다.

가 눈앞을 가렸다. 양복을 벗어 얼굴을 뒤집어썼다. 엉겁결에 정문까지 걸어나가 승용차를 잡아타고 버마육군병원에 도착했다. 지옥서 빠져나온 순간이었다.

이때부터 서울에 돌아올 때까지 나는 4번을 울었다.

육군병원은 휴일이라 근무자가 적었다. 침대에 뉘어져 2층 골방 같은 곳에 가니 동료 기자들이 보였다. 여기서 터져서 피가 나오는 머리를 마취도 못하고 7바늘이나 꿰매야 했다. 너무 진통이 심해 모르핀 주사를 달라고 고함치고는 기절했다.

다시 정신을 차려 보니 대낮, 현지 진출 기업의 부인들이 온몸에 피를 묻혀가며 간호하고 있었다. 눈물이 핑 돌았다. 얼굴과 팔이 부어 오르고 잘라져 나가는 듯한 고통이 엄습했다. '신문사에 연락을 해야 하는데…' 헛된 애만 쓰다 기절하기를 여러 번 했다.

대통령이 귀국했다는 얘기를 들었으며 대부분의 각료들이 사망했다는 소식에 눈물을 쏟았다. '도대체 이게 웬 날벼락인가!' 의료 시설이 6·25 동란 때를 연상시켰다. 링거 주사 한 대 못 맞고 허기까지 느꼈다. 눈을 뜰 수 없을 만큼 얼굴이 부어올랐을 때 국내 의료진이 와 응급처치를 받은 뒤 한 많은 귀국길에 올랐다. (후략)

11월 10일 한국일보 30년사 간행을 위한 사사편찬위원회가 구성됐다. 장재구 사장을 위원장으로 편찬실장에 이사 겸 백상기념관장 손일근, 편찬위원에 서광운 도서관장, 제재형 기사심의위원, 김진걸 조사부장, 유호석 부장대우, 김석영 출판국 편집부장, 김승웅 특집부 차장대우, 서무에 백상기념관 박명인 과장이 참여했다.

한국일보 30년사.

# 1984년

신문경영이란 도깨비에게 걸음걸이를 시키는 것이다. — 장기영

### '길에 이름 붙여주기' 캠페인

1984년 신년호 1면.

1984년 1월 1일 신년 특집호는 24면을 발행했다. 1면 머리기사는 '전 세계의 1984년을 여는 한국인 백남준, 굿모닝 조지오웰'이었다. 비디오 예술을 창시한 백남준은 뉴욕, 파리, 서울을 잇는 사상 초유의 위성쇼를 착상, 지휘했다. 2면은 각계 지도자의 신년사를 실었다.

새해 캠페인으로 '길에 이름을 붙여주자'는 운동을 전개했다. 신현옥 사회부 기자는 이 기사에서 이름이 없어 못 찾는 길은 길이 아니라고 주장했다.

1984 백상체육대상 수상자와 1984 한국신춘문예 당선작이 발표됐다. 백상체육대상 단체상엔 ▲기록경기 김진호(양궁) ▲개인경기 양영자(탁구) ▲투기경기 복싱 김광선(복싱) ▲구기 개인 강만수(배구) ▲구기 단체 정신여고(핸드볼), 개인상엔 ▲최우수 김재엽(유도) ▲남 장려 이문영(축구) ▲여 장려 김진숙(수영)이 차지했다. 한국신춘문예에서는 ▲시 '최익현'(오태환) ▲'그리운 꿈'(이연철) ▲시조 '산가일기'(김완성) ▲희곡 '일곱 번째의 살해'(성준기) ▲수필 '구도로'(이면기) ▲동화 '꿈꾸는 대나무'(박상재)가 당선됐다.

11일 1면에 '대학입시-어떻게 개선되어야 할 것인가' 연재를 시작했다. 대학입시의 문제점을 짚어 보고 개선방법을 찾기 위한 이 기획은 내용의 중요성을 생각해서 1면에 11회 연재했다. 2회부터 10회까지는 일부를 1면에 소화하고 나머지 상당 부분을 3면으로 돌리는 지면 배정을 했다. 이 같은 편집 방식은 편집국장 김성우의 1983년 8월 3일 연재물 '4000만의 대한민국' 4회분에서 처음 시도했다. 1면의 지면 압박을 해소하기 위해 1면에 머리를 내

밀고 상세한 내용을 뒷면으로 돌리는 편집 방식이 본격적으로 도입된 것은 1984년부터였다. 이는 한국 언론사상 첫 시도이기도 했다.

19일 5면에 '논쟁'란이 신설됐다. 주제는 '우리의 국민상으로 선비상이 옳은가'였다. 이에 앞서 15일 김정환 고려대 교수는 '일요일 아침에'란에 '선비상을 키워가자'란 주제로 기고했다.

1월 24일 3면에 '데스크 진단'란이 등장했다. 오인환 사회부장은 첫 데스크 진단을 통해 '입시에도 순리가 통해야 한다. 눈치 북새통에 교육은 간 곳이 없다. 적성 지원을 무시한 20년 후의 인재난을 생각하면 전율하게 된다. 궁극적인 책임은 사회에 있다'고 썼다.

이산가족 찾기 명단·색인 호외 발행을 670호로 끝맺었다.

2월 8일 42기 견습기자 모집 사고를 냈다.

12일 한국일보의 자매지인 '주간한국'이 지령 1,000호를 기록했다. 1964년 9월 27일 한국 최초의 본격 시사 주간지로 창간된 '주간한국'은 참신한 기획과 알찬 내용으로 독서계의 선풍을 일으키면서 20년간 주간지의 선구이자 정상으로 전국 독자들의 사랑을 받고 있었다.

### 창간 30돌 한국광고대상 제정

3월 1일 도쿄특파원이 송효빈에서 이병일로 바뀌었다.

2일 창간 30돌 기념사업으로 '한국광고대상' 제정을 1면에 발표했다. 모집 부문은 ①종합일간지 부문(한국일보) ②특수일간지 부문(코리아타임스·일간스포츠·소년한국일보) ③잡지 부문(주간한국·주간여성·월드테니스·스포츠레저·학생과학) ④특별공모 부문(사회 공공광고·올림픽 국민으로 가는 길)으로 정했다. 내용은 ▲대상 1점(상금 200만 원) ▲금상 3점(상금 각 100만 원) ▲은상 3점(상금 각 70만 원) ▲동상 3점(상금 각 50만 원)으로, 본상 수상자 10명은 미국과 일본 광고계 시찰 특전을 주었다.

4일 42기 견습기자 23명(한국일보 8명, 코리아타임스 8명, 일간스포츠 7명)의 최종 합격자 명단이 발표됐다.

4월 1일 지면 제작방식을 종전의 한 면 17단에서 15단으로 바꿨다. 이 같은 제작 방식의 개혁은 늘어나는 노령 인구와 청소년층에 근시가 크게 증가하는 현상에 주목해서 과학적 연구와 실험 끝에 취해진 조치였다. 신문 한 면을 17단에서 15단으로 바꿈으로써 매 단의 높이가 커지고 수용자 수가 늘어나 읽기에 편하면서도 시력을 보호할 수 있게 했다. 이에 따라 1단 12자가 13.5자로 늘어났다. 17단 규격은 1940년대에 정해진 것이다.

창간 30주년 기념사업의 하나로 여덟 번째 자매지인 월간 '스포츠레저'를 1일 창간했다. 18일 1면에 국민학생과 중학생을 위한 과학 교양지 월간 '학생과학'을 한국일보에서 5월호부터 발행한다는 사고가 났다. 22일 일요일 창간 30주년을 앞두고 사원과 가족 1,000여 명은 서울 근교 북한산에서 등반대회를 열고 '가장 좋은 신문'을 만들 것을 다짐했다. 또 이

1984년

날 1면에 식생활 캠페인 '건강하게 장수합시다' 제3차년도 사업을 알리는 사고를 게재했고 '유전공학 어디까지 왔나'를 미국 서부 DNA밸리 현지 취재로 3면 전면을 할애해서 특집 보도했다.

29일 교황 방한을 앞두고 외신부 최해운이 로마에서 '교황의 한국방문 성사 뒤에는 고아로 로마 수녀에게 입양된 12살 마미자양이 있었다'고 1면에 보도했고 5·6·7면에 교황 특집을 임승무 이형숙 김용선 이형기가 썼다.

### '한국일보 약진과 영광의 30년', 사사 발간

6월 8일 제3회 한국교육자대상 수상자로 최영복(64·서울 성동여자실업고 교장)과 유무열(60·강원 지촌국교 교장)이 선정됐다. '한국일보 30년사'가 발간됐다. 국배판 변형 총 1,007쪽.

창간기념식에서 이용린 문선부장을 비롯한 창간사원 8명 등 장기 근속자 408명과 백상기자대상 수상자, 백상공로대상 수상자 등이 표창장을 받았다.

한국일보는 1984년 창간 30돌을 맞아 한국 신문사상 처음으로 장기 연속 와이드 특집을 발행, 독자를 생각하는 정상의 신문으로서의 면모를 십분 과시하면서 화제를 일으켰다.

6월 9일자 신문을 24면 발행하면서 전두환 대통령과 김성우 편집국장의 특별회견 내용을 비롯, 한국의 자연 100선, 이산가족찾기 그후 추적, 사진부 박태홍의 지구 최북단 '노스케이프' 기행, 본사와 서울대 사회과학연구소가 공동 연구한 '한국 1세대-변화의 12대 동력' 등 야심적이고 알찬 기사를 19개 면에 걸쳐 보도한 데 이어 6월 17일까지 8일간 매일 4개 면을 창간 특집면으로 구성했다. 8일간 연속 컬러 특집 발행은 그때까지 한국 신문사상 최장 기록이었다.

당시 제작된 창간 특집I은 본사와 서울대 사회과학연구소가 공동 연구한 우리나라 최초의 전후 30년사 정밀분석을 '한국일보가 증언해온 한국사회 1세대 변화의 12대 동력'이라는 주제로 다뤘다. 선정된 12대 동력은 ①관료와 군 ②국제정세 ③수출과 재벌 ④유학생 ⑤근로계층 ⑥교육열 ⑦과학 기술 ⑧교통·통신 혁명 ⑨대도시화 ⑩물질주의 ⑪비판 세력 ⑫종교의 대형화였다. 연구팀은 김경동(서울대 사회학) 김세원(서울대 경제학) 김우창(고려대 영문학) 김장환(연세대 화학) 정원식(서울대 교육학) 진덕규(이대 정치학) 등 6명이었고 연인원 900여 명이 동원돼 조사, 분석했다.

특집II는 한국일보가 첫 기치를 든 '이산가족찾기' 그 후 추적을 본사와 고대 사회연구조사실 공동조사로 다뤘다.

특집III은 자연보호에 앞장서 온 한국일보가 독자와 함께 뽑은 '한국의 자연 100선'을 실었다. 자연보호 사업을 효율적으로 전개, 86아시안게임과 88올림픽을 앞두고 세계에 자랑할 대표적 자연자원 100가지를 선정하자는 운동은 1983년 7월부터 시작됐다. 한국일보의 환경 관련 운동은 그 뿌리가 깊다. 한국일보는 자연보호 의식과 운동이 전개되기 전인 1961년 익조보호운동을 폈고 전국 조림품평회와 사랑의 꽃씨모으기 운동(1962년), 포플러 조림운동(1965년) 등을 전개한 바 있다. 이러한 정신은 포플러 1억본심기 운동(1969년)에 이어 낙동강천연기념물 도래지 보호운동(1970년), 한강 푸른나무심기(1979년)로 확대됐다. 멸종됐다던 광릉 크낙새를 추적해 찾아냈고 지리산 반달곰의 생태를 취재 보도한 것도 자연을 살리고 보호하자는 정신과 맥을 같이한 것이었다.

자연보호중앙협의회가 1년간 모집한 추천작은 모두 419편이었다. 당초 3차로 끝낼 예정이던 심사는 5차까지 연장돼 결국 50종을 선정했다. 한국의 자연 100선 1차분 50개 종목은 다음과 같았다.

  인수봉(서울)

  장수동 은행나무(인천)

  백령도 해금강, 덕적도 줄사철나무, 광릉 맹꽁이(경기)

  설악산 숨 다리, 삼척 무릉계곡, 설악산 대승폭포, 대암산 끈끈이주걱 자생지, 점봉산 금강초롱, 설악산 흔들바위, 정선 카르스트 지형, 도계 용소굴과 박쥐, 고성 칠성장어(강원)

  단양 칠성암, 단양읍 중선암(충북)

  안면도 소나무숲, 보령 아현리 느티나무(충남)

  마이산 타포니(전북)

  진도 하늘다리, 광산 대촌면 은행나무, 소흑산도 청띠제비나비, 거문도 박달목서, 소흑산도 뿔씨오리, 여천군 백도, 장흥 관산읍 후박나무, 영암 칠지폭포, 지리산 피아골 단풍, 진도 영등사리(전남)

  영덕 용바위, 봉화 물야면 밤나무, 달성 구지면 은행나무, 독도, 울진 불영사 계곡, 울진 덕구계곡, 울릉도 나리분지(경북)

  울주군 당누릅나무, 창영군 우포늪, 협천 가회면 이팝나무, 거제 해금강, 하동 불일폭포, 거창 수승대, 낙동강 하구 달랑게(경남)

  서귀포 범섬, 성산읍 후박나무, 송당리 덕남굴, 한라산 오백나한, 용담동 용두암, 서귀포 담팔수나무, 성산포 일출봉(제주)

### 30주년을 장식한 다양한 문화·예술 특집기사

12일자에는 '운보 김기창 화백의 새로운 조형세계' '한국일보 출신 학자 11명이 말하는 한국일보'(최종기 최정호 노재봉 이상우 서정우 허영환 정종욱 구대열 박광자 정운영 유영균), '세계 유명신문사 사장 인터뷰-일본'(요미우리신문 고바야시 요소지), '블론디 작가 딘 영과의 인터뷰'(김태웅 워싱턴 특파원)를 특집으로 다뤘다.

13일자에는 '특종 한국일보 그때 그 주인공' 제1화 '모정의 뱃길 3만 4,000리 박승이 정숙현 모녀'(1962년 2월 10일), 제2화 '나무꾼 맹인효자 정영일'(1962년 4월 29일), 제3화 '70년 만에 첫 발견한 광릉 크낙새'(1974년 8월 3일), 제4화 '머리 잘라 아들에 쌀밥-삭발의 모정 반연옥 강종준 모자'(1965년 5월 20일), 제5화 '저 하늘에도 슬픔이 이윤복'(1964년 12월 22일), 제6화 '시민회관 화재 구사일생 기적의 소녀 조수아'(1972년 12월 3일), 제7화 '윤 노파 살인혐의 무죄 고숙종 여인'(1981년 10월 16일) (사회부 임철순 설희관 최규식 박영기 배정근 사진부 한 융 박태홍 장계문 신종오 민덕유), '두꺼비 30년 회고록'을 실었다.

14일자는 1면에 본지 창간 30돌 특별기획으로 미국 국적의 언론인 현 웅(일명 피터 현)의 중공 현지 답사기 '광개토대왕비를 찾아서'를 2회에 걸쳐 연재했다. '광개토대왕비를 찾아서'는 당시 정권이 정보를 독점하고 여러모로 언론을 통제하던 시대에 어떻게 하면 독자들에게 세상 돌아가는 것을 알려줄 것인가 해서 계획한 기획물이었다. 정부가 여러 이유를 붙여 보도를 통제하는 바람에 연재는 2회로 마감할 수밖에 없었다.

15일자에는 '한국의 50대 재벌'을 특별취재반(경제부 박병윤 부장, 최상태 부장대우, 김기경 차장, 박찬식 신상석 차장대우, 유주석 박무 박영철 기자)을 편성해서 연재하기 시작했고, 프랑스 르 몽드지의 사장 앙드레 로랑을 안병찬 특파원이 인터뷰했다. 한국의 50대 재벌은 후에 책으로 출간됐다.

16일 본지 집필 작가들이 호선한 대표작 '장길산'의 황석영을 장명수가 인터뷰했고, 본지 연재소설 작가들이 선정한 '한국 전후 문학 30년의 문제작'을 짚어 본 특집을 다뤘다.

### LA 올림픽 취재단과 데스밸리 사고

7월 5일 10년간 장기 연재해 오던 황석영의 '장길산'이 2,092회로 대미를 장식했다.

LA올림픽을 신속, 생생하게 보도하기 위해 영국제 컬러 및 흑백 겸용 사진 전송기를 12일

LA 올림픽 폐막식을 보도한 1984년 8월 14일자 1면(왼쪽)과 LA올림픽 주요 장면을 게재한 한국일보 화보지면(오른쪽).

오전 개통했다. 본사와 LA지사를 잇는 전송망은 LA올림픽이 끝나기까지 24시간 가동, 올림픽 보도에서 새로운 지평을 열었다.

15일 일촉즉발 전운이 감도는 이라크에 파견된 임종건 특파원의 현지 르포 기사가 1면 머리를 장식했다.

17일 LA올림픽 취재단 21명이 현지로 출발했다. 특별취재단은 ▲지휘본부장 장재민(미주본부장) ▲취재단장 오도광(일간스포츠 편집국장 대리) ▲한국일보 민병택 체육부 차장대우) 방석순 김인규(이상 체육부 기자) 최규식(사회부 기자) 고명진(사진부 기자) 천일평(일간스포츠 체육2부 차장대우) 서종도(일간스포츠 사진부 기자) ▲LA지사 이 철(편집국장) 김영석(편집국 부국장) 박 전(편집국 외신부장) 변흥진(사회부장) 박흥진(특집부장) 박세훈(사진부 차장) 김수종 정승호 손호석(이상 사회부 기자) 이강현(외신부 기자) 유근철(사진부 기자) 박의근(뉴욕지사 취재부장)으로 짜였다.

제23회 하계 올림픽은 29일 LA 메모리얼 콜로세움에서 소련 등 동구권이 불참한 가운데 개막됐다. LA올림픽 기간 한국일보는 언론사상 첫 컬러판 호외를 발행했고, 선수촌에 단독 잠입하는 등 많은 특종을 했다. LA올림픽 기간 중 현지에서 사진전송기로 보낸 사진만도 흑백 392장, 컬러 159장 등 551장으로 다른 국내 신문의 3배 수준이었다. LA올림픽을 마감하고 8월 15일자 1면에 88서울올림픽을 대비해서 '서울에서 만납시다-88년을 위한 LA의 교훈'을 주제로 연재를 시작했다.

15일 인사가 있었다. 내용은 ▲조두흠 일간스포츠 담당 상무이사 겸 한국일보 편집위원 ▲홍순일 코리아타임스 논설주간 ▲유영종 한국일보 논설위원 ▲정경희 한국일보 논설위원 겸 한국일보 편집위원 ▲이상우 한국일보 편집위원 ▲박승평 주간편집국장 ▲정달영 한국일보 편집부국장 겸 종합편집부장 ▲김지회 한국일보 편집부국장 겸 편집부장 ▲강대형 일간스포츠 부국장대우 레저2부장 ▲장명수 한국일보 문화부장 ▲김용정 한국일보 편집부국장 겸 편집국장석 부장 ▲이광영 한국일보 편집부국장 겸 특집부장 등이었다.

16일 LA올림픽 취재단 일원으로 파견됐던 일간스포츠 체육2부 천일평 차장대우가 데스밸리에서 교통사고로 척추 부위에 중상을 입었다. 천일평은 척수 손상으로 하반신이 마비됐다. 4개월 24일간 치료를 받고 1985년 1월 10일 귀국, 세브란스병원에 입원해서 1개월 동안 적응훈련을 받은 다음 휠체어를 타고 3월 20일부터 출근하기 시작했다.

9월 15일 이동취재반이 발족됐다. 취재반장에는 구용서 부장대우가 발령됐다. 본사가 사회부 산하에 '이동취재반'을 신설한 것은 1980년대 말 정부의 언론통제 정책에 따라 중앙 일간지의 지방주재 기자제가 폐지됨으로써 지방이 취재권에서 벗어나는 현상을 개선하기 위해서였다. 취재반은 봉고와 스텔라 승용차를 전용으로 배정받아 배기철 최성기 조성호 등으로 취재진용을 갖추고 전국을 영남권과 호남권 등으로 나눠 취재활동을 활발히 전개했다.

1984년

**설문걸 민단장, 배달소년 장학금으로 1억 원 쾌척**

10월 2일 새로 제정한 '한국광고대상' 수상작이 발표됐다. 제1·2·3부(매체별 모집 부문) 대상 1점에 상금 200만 원과 상패 금상 3점에 상금 각 100만 원과 상패, 은상 3점에 상금 각 50만 원과 상패, 장려상 25점에 상금 각 30만 원과 트로피가 증정됐다. 또 대상·금·은·동상 수상자 10명에게는 미·일 해외시찰 특전도 주어졌다. 제4부(특별공모 부문)에는 금상에 상금 100만 원과 트로피, 은상 상금 70만 원과 트로피, 동상 상금 50만 원과 트로피, 장려상 3점에 상금 각 30만 원과 트로피가 증정됐다. 대상과 금상은 다음과 같다.

| 제1부 | 종합일간지 부문 | 대상 | 대우전자 | 왜 작은가 |
|---|---|---|---|---|
|  |  | 금상 | 쌍용 | 오늘은 속이 불편하구나 |
| 제2부 | 특수일간지 부문 | 금상 | 에스콰이아 | 똑같은 구두 |
| 제3부 | 잡지 부문 | 금상 | 송도어패럴(주) | 티버드 |
| 제4부 | 특별공모 부문 | 금상 | 송연한 | 아테네에서 서울까지 |

14일 제5회 한국일보 배달소년 체육대회 및 백상장학금 전달식이 서울 종로구 현대건설 연수원에서 있었다. 457명 배달소년들에게 백상장학금이 수여됐고 각 경기 종목 입상자들에게는 컬러TV·자전거 등 상품이 주어졌다. 대회에는 한국일보 임직원뿐 아니라 배달소년 장학금으로 1억 원을 희사한 일본 이시카와현 설문걸 민단장도 나와 배달소년들을 격려했다.

**1980년 해직 기자 복직**

1980년 8월 정치적 격동기의 와중에 권력에 의해 강제 퇴직됐던 월간편집국 취재1부 김병규가 일간스포츠 차장, 주간 편집국 주간한국부 김영호, 주간여성부 임진숙, 월간편집국 최 욱이 한국일보 주간부 기자로 1984년 10월 16일 복직했다. 한국일보사의 강제해직 언론인은 모두 30명이었는데, 1983년부터 이들을 복직시키기 위해 힘썼다. 첫 복직은 김환주(한국일보 사회부 부산 주재)가 1983년 2월 26일 방계 회사인 한주여행사로 발령됨으로써 이루어졌다. 그러나 김병규 등 4명에 대해 복직 조치하는 데는 어려움이 따랐다. 언론통폐합과 언론정화란 이름으로 이들을 강제 퇴직시킨 5공 정권이 엄연히 지속되고 있는 상황이었기 때문이다.

이런 어려움 속에도 1985년 4월 16일에는 한국일보 논설위원이었던 이 형을 한국일보 논설위원으로, 한국일보 사회부 기자였던 채의석을 특집부 기자로 발령하고, 1987년 4월 1일 서울경제 부장이었던 홍 길을 한국일보 사업위원, 1988년 5월 1일 서울경제 기자였던 박정삼을 서울경제 증권부장으로, 1988년 6월 1일 한국일보 사회부 울산 주재였던 박재영을 같은 자리로, 1988년 7월 1일 한국일보 논설위원이었던 김용구도 논설위원으로 각각 복직 조치했다. 1988년 7월까지 모두 11명이 복직했다.

5공 정권이 언론에 대한 고삐를 좀처럼 풀려 하지 않는 상황에서 한국일보는 1985년 4월 18일 편집국 총회를 열고 언론사 중 가장 먼저 "오늘의 언론이 어느 때보다도 위축되고 외부압력에 무력하다는 비판을 뼈아프게 받아들이며, 국민의 알 권리와 언론의 알릴 권리가 침해되고 있는 현실에 대해 깊이 책임감을 통감한다"는 '우리의 결의'를 채택했다. 한국일보 기자들은 '우리의 결의'를 통해 언론의 기능회복과 자율권 확보를 위해 기관원의 출입과 홍보지침 등 일체의 외부 간섭을 거부하고 민주화를 위한 정당한 의사 표시들에 대한 공정한 보도를 통해 민주발전의 일익을 담당하겠다고 다짐했다.

한국일보 기자들은 이어 1986년 4월 18일 본사 13층 송현클럽에서 총회를 갖고 ▲언론인의 신분보장 ▲외부간섭의 거부 ▲공정보도 등을 다짐하는 3개항의 '우리의 결의'를 채택했다. 한국일보가 또다시 '우리의 결의'를 내게 된 데는 1986년 1월 19일 안의섭 화백의 연재만화 '두꺼비' 사건이 계기가 됐다. (※1986년도 인기만화 '두꺼비' 연재중단 참조)

한국일보의 결의가 있자 각 언론사가 다시 이를 뒤따랐다. 정부는 마침내 1987년 3월 11일 언기법 개정과 주재기자 부활을 검토하는 등 언론활성화 대책을 강구하기 시작했다. 강제 해직 언론인에 대한 복직 문제가 표면화한 것은 3년 뒤인 1987년 6월 29일 이른바 '6·29 선언' 이후이다. 그리고 1987년 12월 16일 대통령 선거와 1988년 4월 26일 13대 총선을 통해 노태우 대통령의 6공이 들어서면서 완전히 풀렸다. 한국일

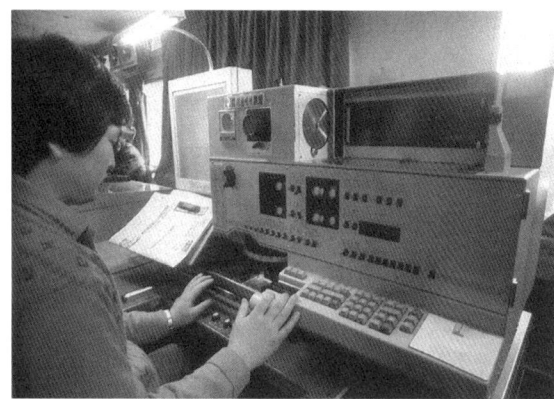

1980년대 한국일보가 활용한 PAVO-UP 사진식자기.

보는 1988년 11월 국회 언론청문회가 있기까지 복직을 희망하는 강제 해직자 중 노향기만 복직이 안된 상태였다. 이 무렵 노향기는 복직을 위해 준비 중에 있었다. 나머지 19명은 이미 사회에서 새 일터를 마련, 복직을 원치 않거나 할 수 없는 상황이었다.

### CTS시대 대비한 전산편집

11월 1일 CTS(오프셋 방식) 시대에 대비하기 위해 전산편집운영국을 신설했다. 본지와 자매지를 전면 CTS 방식으로 제작한다는 계획에 따라 우선 첫 단계로 코리아타임스가 창간 34주년인 11월 1일을 기해 완전 CTS 방식의 제작 체제를 갖춰 한국 언론사에 새로운 장을 열었다. 한편 코리아타임스는 종래 납에 의해 이루어지던 문선·정판·주조공정을 본사 전산팀이 국내 최초로 개발한 모델 HK8304CRT 입력기를 이용한 가벼운 PS판 공정으로 대치함으로써 보다 선명한 지면을 독자들에게 제공하게 됐다.

1984년

한국일보도 전산편집운영국 신설과 함께 CTS화 마무리 작업에 박차를 가해, 국내 언론사 중 신문의 완전 CTS화의 선도적 위치를 확보했다. 완전 CTS화는 1992년 완성됐다. 14일 제17회 한국창작문학상 수상자로 소설가 임철우의 단편소설 '아버지의 땅'이 뽑혔다. 29일 제25회 한국출판문화상 수상 도서를 선정해서 발표했다. 99개 출판사에서 262종 총 921권이 출품됐다.

11월 30일 정치활동 규제자 84명에 대한 3차 해금이 있었다. 당시 정부의 주요 결정은 기사화할 수 있는 날짜와 시간을 정해 놓고 자료를 배포하는 것이 관례였다. 정부의 3차 해금자 명단에 대한 기사 게재는 12월 1일 아침부터였다. 그때만 해도 중앙일간지는 서울에서 인쇄한 신문을 열차나 자동차 편으로 지방에 보내는 배달체제였다. 따라서 서울에서 하루 전에 인쇄해도 지방에서 독자가 신문을 받아보는 시간은 다음날 아침이었다.

한국일보가 해금 기사를 당일 시내 가판을 제외하고 지방판부터 다룬 것은 이 같은 배달체제를 생각해서 지방독자에게 뉴스를 속보하기 위한 노력의 결과였다. 그러나 이것이 문제가 됐다. 전두환 대통령과 청와대 출입 기자단 일행이 30일 부산시민회관에서 열린 제21회 수출의 날 기념식을 위해 부산에 머물고 있었다. 청와대를 출입하는 타사 기자가 12월 1일자 한국일보 부산판을 보고 놀라 본사에 이를 알렸다. 한국일보가 엠바고를 깼다는 것이다. 물론 지방에서 한국일보만이 해금 기사를 특종보도했다. 경쟁지는 이를 정부에 강력 항의했다.

하지만 이는 엄격히 따져볼 때 부산 독자는 다음 날 아침 엠바고가 풀리는 시간대에 신문을 받아 보기 때문에 문제가 될 성질의 것이 아니었다. 그러나 경쟁지들의 항의가 계속되면서 본사 정치부 윤국병 기자는 한 달간 청와대 출입이 정지됐다. 또한 이날 이재승 외신부장은 해금 소식을 곧바로 LA지사로 알렸다. 그리고 워싱턴의 이문희 특파원과도 통화했다.

안기부가 전파 감시를 통해 이를 알게 됐다. 안기부는 12월 1일 이재승을 연행했다. 엠바고를 어겼다는 것이다. 그러나 일반에게 알리지 않고 단순히 신문제작을 위한 조치였기 때문에 이를 문제 삼아 신문사 간부를 연행해서 가두어 둔다는 것이 어렵게 됐다. 이에 안기부는 2개월 전에 있었던 대한적십자사의 북적 수재물자 제공 제의 수락에 대한 보도 과정상의 문제를 들고 나왔다. 당시 한국일보 외신부는 정부가 북한의 제의를 수락하기로 내부 결정했다는 사실을 하루 전에 알아 LA지사에 팩스로 알렸다. 안기부는 이때 일을 들어 당시 한국일보가 팩스를 통해 LA지사에 알림으로써 북한이 이 전파를 잡아 우리의 전략이 노출됐다고 트집을 잡았다. 또 그 책임을 뒤늦게 이재승에게 추궁했다. 그러나 그 역시 뚜렷한 실정법 위반은 물론 일반적인 구속의 명분이 되지 못했다. 결국 사건은 김성우 편집국장의 신원보증서 제출로 일단락되어 이재승은 하루 만에 풀려났다.

11일 제15기 명인전에서 조훈현 9단이 제4국에서 서봉수 명인에 불계승을 거둬 1983년 빼앗긴 명인 타이틀을 탈환했다. 창간 30돌 기획 '한국의 50대 재벌'이 12일 46회로 연재를 끝맺었다.

# 1985년
한 시간 일찍 일어나고, 한 시간 늦게 자는 것이 앞서 가는 길이다. - 장기영

**신년호 특집 '배포 금지' 소동비상**

1985년 1월 1일 신년호로 24면 특집을 냈다. 1면은 본사와 한국갤럽조사연구소가 공동으로 의원 100명과 전국의 만 18세 이상 1,325명을 대상으로 실시한 '12대 총선에 대한 여론조사'를 머리(상보 4, 5면)로 하고, 여의도 대한생명 빌딩에서 프로 행글라이더인 백준흠이 3분간 상공을 날아 여의도광장에 내려앉는 사진을 담았다.

신년 사설은 '우리들 다시 갈림목에 서다'를 주제로 총선에서 선택의 중요성을 강조했으며 4개의 주제별 특집을 냈다.

특집I은 '한국의 현 위치'가 주제였다. 1985년 현재 한국과 한국인이 서 있는 전체적인 세계 속의 좌표는 어디인지를 정치·경제·교육·사회윤리·보건환경 분야에 걸쳐 고려대 한국연구실과 6개 전문연구 공동조사(내국인 500명, 외국인 100명 표본조사)로 알아보았다. 조사결과 한국과 한국인은 외양면에서는 중진국 상위권에 들어섰지만 질서의식은 아직도 후진국 수준을 벗어나지 못하고 있는 것으로 분석됐다.

특집II는 해방 40주년을 맞아 알아본 '대한민국을 움직여 온 100인'을 선정해서 간단한 인적 사항과 함께 사진을 실었다(사진). 인물의 선정과 분석은 유재천(서강대 교수·신문방송학) 이상우(서강대 교수·정치학) 한상진(서울대 교수·사회학)이 맡았다. 분야별로 선정된 '대한민국을 움직여 온 100인'은 다음과 같다.

〈정치〉김 구 김규식 김대중 김성수 김영삼 김종필 박정희 송진우 신익희 여운형 유진산 윤보선 이기붕 이범석 이승만 이철승 장 면 장택상 전두환 조병옥 최규하 허 정 〈경제〉 구인회 김성곤 김용완 김우중 김유택 남덕우 박두병 박흥식 백두진 신현확 이병철 전택보 정주영 조중훈 〈법조〉고재호 김병노 민복기 이 인 정구영 조진만 〈외교·국방〉김용직 김정렬 백선엽 변영태 손원일 송요찬 이응준 임병직 장도영 정일권 채명신 〈문화〉김기창

1985년

김동리 김승호 김은호 김환기 박녹주 박종화 서정주 염상섭 유치진 유치환 이미자 이상범 이은상 조지훈 현제명 〈학계〉김활란 박종홍 백낙준 안호상 양주동 유진오 이병도 이희승 최현배 최형섭 〈언론〉고재욱 오종식 유광렬 장기영 장준하 홍종인 〈종교〉김수환 김재준 김창숙 노기남 이청담 이효봉 한경직 〈여성·기타〉김용직 모윤숙 박순천 손기정 이상백 이태영 임영신 조남철

'대한민국을 움직여 온 100인' 속에 정치활동 규제에 묶인 김대중이 포함됐다. 당시 정치활동 규제에 묶인 인사를 기사화한다는 것은 모험이었다. 이런 상황에서 김대중에 관한 기사와 사진이 특집으로 다뤄졌다. 이를 탐지한 문공부와 안기부가 신문배포 금지를 통보해 왔다. 김대중을 다룬 지면은 신년호 컬러판이었다. 이 때문에 미리 인쇄해서 지방에 보내 놓은 상태였다. 한국일보는 배포 금지의 부당함을 청와대와 안기부·문공부 등 관계기관에 설명해야 했다. 당국도 신문의 회수가 불가능하다는 사실을 알고 결국 포기했다.

한국일보는 타임(TIME) 및 뉴스위크(NEWS WEEK)와 독점계약을 맺고 이를 1월 5일 1면 사고로 알렸다. 1차 대전직후인 1923년과 1933년에 차례로 창간된 타임과 뉴스위크는 짜임새 있는 세계적 특파원망으로 당시 국제여론을 선도하는 매체였다. 한국일보는 타임 및 뉴스위크와의 계약을 계기로 국내 신문사에서는 최초로 인공위성을 통한 전자뉴스 수신체계를 갖췄다.

85 백상체육대상 수상자가 다음과 같이 결정됐다. ▲기록 서향순(19·광주여고·양궁) ▲구기 개인 박찬숙(26·태평양화학·농구) ▲개인 김 완(25·제일합섬·탁구) ▲투기 김원기(23·상무·레슬링) ▲구기 단체 중앙대 농구팀 ▲최우수 신인 허병호(19·강원고·레슬링) ▲여 장려 신인 이주선(20·제일모직·탁구) ▲남 장려 신인 노진수(20·성균관대·배구)

6일 새 연간 기획으로 '다른 나라 교육은 어떤가', 김광웅(서울대행정대학원 교수)의 '정치평론', 홍원탁(서울대 교수)의 '경제평론', 미당 서정주의 '세계 방랑기', '최을경 할머니와 의논하세요'를 마련하고 이를 1면에 알렸다. 미당의 세계 방랑기 '바람이 오라고 하여'

2.12 총선에서 신민당 약진을 보도한 1985년 2월 13일자 1면(왼쪽)과 당시 선거유세 장면.

는 8일부터 연재되기 시작했다.

17일 본사 전화국번이 720국은 730국, 722국은 732국으로 바뀌었다.

2월 12일 총선에서 민정 87석, 신민 50석, 민한 26석, 국민 15석을 각각 차지함으로써 신당 바람이 정국을 강타, 종래의 정치판도를 크게 바꿔 놓았다.

20일 8면에 일요 연재물로 코미디언 이주일의 '뭔가 말이 되네요'를 연재하기 시작했다. 이 칼럼은 부담없이 읽고 웃다가도 무심결에 그의 독특한 시각에 공감하면서 결코 웃을 수만은 없는 해학이 담겨 있어 큰 호응을 받았다. 이 코너는 7월 28일까지 28회 연재한 후 8월 1일부터 같은 주제로 일간스포츠 월요일자 12면으로 옮겨갔다.

3월 5일 한국일보 LA지사 신종욱 박 록이 백두산을 등정한 기사가 1면 머리와 3·5면 컬러특집으로 장식됐다. 두 특파원은 남·북 분단 후 한국 기자로는 최초로 1983년 8월 20일 백두산 영봉과 천지의 모습을 취재하고 돌아왔다. 1년 반 만에 한국일보 지상에 빛을 보게 된 것은 그동안 중공 지역에 대한 여행은 물론 보도가 제한됐기 때문이었다.

### 설문걸·한국일보, 장학재단 발족

'설문걸 장학재단' 설립 축하연이 3월 21일 본사 13층 회의실에서 열렸다. 이 자리에서 재일동포 실업가인 설문걸 선생이 한국일보 사장에게 장학기금 1억 500만 원을 기탁했다. 한국일보 배달소년들에 대한 장학재단 첫 장학금 전달은 12월 7일 본사 13층 송현클럽에서 있었다. 중학생 172명, 고교생 145명 등 첫 수혜자 317명에게 총 1,010만 원이 지급됐다. 이 장학금은 이후에도 꾸준히 이어져, 2023년까지 장학금을 받은 학생 수는 1,512명, 총 장학금은 2억 8,744만 원에 달한다. 설문걸 선생은 1991년 7월 14일 작고했다.

3월 21일 한국일보 본사 13층 회의실에서 열린 '설문걸씨 장학재단 설립 축하연'에서 설문걸(오른쪽)씨가 한국일보에 1억 500만 원의 장학기금을 전달하고 있다.

17일 장명수 문화부장이 학원사가 제정하고 '주부생활' '여성자신'이 공동 주관한 제2회 '오늘의 여성상'을 받았고 이어 6월 15일 최은희 여기자상도 수상했다. 장 부장은 1982년 7월부터 한국 언론사상 처음으로 한 사람이 매일 쓰는 기명 '여기자 칼럼'을 통해, 우리 주변 생활과 정치·경제·사회 전반의 문제를 예리하게 논평함으로써 '읽는 신문'에서 '대화하는 신문'으로 바꿔 놓았다.

4월 1일 본사는 장재구 한국일보 사장을 발행인으로 겸직 발령하는 등 대폭적인 인사이동을 단행했다. 배성환 일간스포츠 담당 부사장을 건설본부장으로 전임시키고 김창열 한국일보 논설주간, 홍순일 코리아타임스 논설주간, 김성우 한국일보 편집국장을 각각 편집담당 이사로 승진시켰으며 이성표 일간스포츠 편집국장을 한국일보 편집국장으로, 김영렬 한국일보 편집부국장을 일간스포츠 편집국장으로 각각 발령했다. 인사 내용은 다음과 같다. ▲장기태 공무담당상무 ▲고봉진 기획담당상무 ▲배성환 건설본부장 ▲주효민 면 이사 ▲윤종현 면 이사 ▲이창영 사업위원 ▲김창열 이사 ▲홍순일 이사 ▲김성우 한국일보 편집담당 이사 ▲이성표 한국일보 편집국장 ▲김영렬 일간스포츠 편집국장 ▲오도광 일간스포츠 논설위원 ▲이문희 한국일보 편집국장대리 ▲정달영 한국일보 편집국 국차장 겸 종합편집위원 ▲안병찬 한국일보 논설위원 ▲박용배 한국일보 논설위원 ▲오인환 한국일보 정치부장 ▲김용정 주홍콩특파원 ▲이행원 한국일보 사회부장 ▲김병무 주워싱턴특파원 ▲김승웅 주불특파원

### '3김 낚시론'의 김동길 칼럼 화제

3김 낚시론을 피력한 김동길의 1985년 4월 4일자 목요칼럼.

4월 4일 목요칼럼 '동창을 열고'에서 김동길은 '나의 때는 이미 끝났다'는 주제로 '3김 낚시론'을 펴 전국에 화제가 됐다. 김동길은 천관우의 '담배 한 대 물고'와 함께 1983년 10월 6일부터 목요칼럼을 써 왔다. 목요칼럼은 연세대 교수로 서양사를 전공한 김동길과 한국사를 전공한 언론인 천관우가 같은 시기에 맡아 세평을 날카롭게 다뤄 많은 독자들의 사랑을 받아왔다.

같은 날 오후 6시 한국일보와 일간스포츠가 주최한 제21회 한국연극·영화·TV예술상 발표와 시상식이 서울 롯데호텔 크리스탈볼룸에서 열렸다. 연극 부문은 극단 여인극장의 '모닥불 아침 이슬', 영화 부문은 동아수출이 제작한 '깊고 푸른 밤', TV 부문은 MBC TV의 '한국의 나비'가 대상을 차지, 각각 200만 원의 상금을 받았다.

15일 한국일보와 일간스포츠가 공동 주최하는 제4회 한국교육자대상 수상자로 양종구(중등부·64·전북 사대부고 교장)와 강학구(초등부·49·성남 혜은학교 교감)가 선정됐다.

18일 한국일보와 태평양화학이 공동주최하는 1985미스코리아 선발대회가 서울 세종문화회관 대강당에서 열려, 진에 배영란(19·경원공업전문대 의상과 2년)씨, 선에 안정미(18·미국 뉴욕 존 F 케네디고 졸)씨, 미에 김윤정(21·중앙대 공예과 3년)씨가 각각 뽑혔다.

김태웅 뉴욕특파원이 니카라과에 첫 입국, 현지 사정을 상세히 보내와 5면에 특집 보도했다. 편집자는 "본사 김태웅 뉴욕특파원이 5월 13일 중미 최대의 분쟁 지역인 니카라과에 특파돼 니카라과 사태를 현장 취재했다. 니카라과에 좌익 산디니스타 정권이 들어선 후 한국 기자로서는 최초로 니카라과에 들어간 김 특파원은 1979년 소모사 정권 붕괴 이후 좌우 세력 간의 내전으로 시달리고 있는 니카라과의 모습을 보내왔다"고 소개했다. 김 특파원은 수도 마나과시 중심가도 폐허가 됐고, 곳곳에 혁명 찬양 벽보와 즐비한 판잣집에 생필품 전쟁이 심했다고 보도했다.

### 대대적인 계열사 인사

6월 9일자로 김성우 편집국장이 편집인으로 발령났다. 9일 창간특집 20면을 발행했다. 독자와 한국일보가 함께 벌이는 연중 캠페인 '이 고비를 넘어야 한다'의 연재가 시작됐다. 특집 I '한국 정당의 뿌리'가 9면에 연재되기 시작했다. 특집 II는 연중 캠페인 '이 고비를 넘겨야 한다' 연재에 앞서 이에 대한 총론과 중요성을 다뤘다. 14·15면은 한국일보와 자연보호중앙협의회가 공동으로 주관해서 선정한 '속·한국의 100선'을 다뤘다. 특집III은 17·18·19면에 걸쳐 한국일보 독자와 비독자들이 한국일보를 어떻게 보고 있으며 느끼고 있는지를 고려대 사회과학연구소(대표집필 김문조)에 의뢰해서 조사 분석한 '오늘의 한국언론-한국일보'를 실었다. 조사에서 한국일보는 '정직하고 성실한 신문'으로 '한국언론의 대중화 시대를 열었다'는 평이 나왔다.

7월 1일자로 일간스포츠·코리아타임스, 주간 및 월간편집국에 대한 승진 및 전보인사가 다음과 같이 단행됐다. 〈일간스포츠〉▲이준기 국차장 겸 종합편집부장 ▲김진동 부국장 겸 문화부장 ▲손진문 부국장 겸 편집부장 ▲이봉운 부국장대우 연예부장 ▲강대형 부국장대우 레저부장 ▲이충우 문화부장 〈코리아타임스〉▲한건주 부국장 겸 경제부장 ▲이형귀 편집부장직대 〈주간국〉▲김관용 부국장 겸 교정부장 ▲이건섭 편집부장 〈월간국〉▲김정삼 취재부장

9월 26일 일간스포츠 창간 16주년을 맞아 지면을 쇄신하고 매일 컬러 제작 체제로 들어갔다. 30일 한국기자협회 일간스포츠분회 창립 겸 한국일보분회 임시 총회가 본사 13층 송현 클럽에서 열려 일간스포츠분회장에 이기홍, 한국일보분회장에 김영환이 선출됐다.

10월 1일 인사이동이 단행되어 한국일보 편집국 박영길(편집부) 오인환(정치부) 장명수(문화부)가 각각 부국장대우로 승진했다.

25일 5면에 김성우의 '컬러기행-세계명곡전집'이 연재됐다.

11월 11일 오전 8시 55분 한국일보 항공부 차장 서상수(48)와 정비사 오창교(53)가 취재 비행 중 사고로 순직했다. 이들은 부산시청 앞에서 출발한 본사 주최 제31회 부산-서울 대역전 경주대회를 취재하기 위해 행사장으로 접근하던 중 돌풍에 밀려 민가에 추락, 변을 당했다.

# 1986년
사회의 일지 되고, 역사의 증인 되자. -장기영

**인기만화 '두꺼비' 연재중단**

1986년 1월 1일 신년특집으로 24면을 냈다. 1986 한국 신춘문예 모집에서 1,510명이 응모한 5,000여 편의 시 부문에서 최영철의 '연장론'이 당선작으로 뽑혔고 566편이 응모한 소설 부문에서는 당선작을 못내고 박정우의 '전지에서'가 가작으로 선정됐다.

편집위원 안의섭 화백은 1월 19일자 사회면의 네 쪽짜리 연재만화 '두꺼비'에서 전두환 대통령의 55회 생일(1월 18일)에 빗대어 "대통령 각하 오래오래 사십쇼!" "하는 짓이 마음에 쏙 듭니다" "건강하셔야 합니다" "레이건"이란 표현을 했다. 이성표 편집국장은 7판이 나오자 만화 내용에 문제가 있다고 판단, 안 화백과 상의해서 표현을 완화하든가 아예 다른 내용으로 바꿀 계획이었다. 그러나, 당시 언론을 압박하던 문공부와 안기부·청와대 등에서 이 만화를 '국가원수에 대한 모독'이라 규정, 문제삼고 나온 것이다. 이날짜 '두꺼비'는 결국 첫판인 7판 이후 게재할 수 없었다. 안 화백은 다음날 안기부로 연행됐다. 그리고 여러 형태의 신문을 받았다. 한국일보 기협분회장 김영환은 곧 임시총회를 소집하

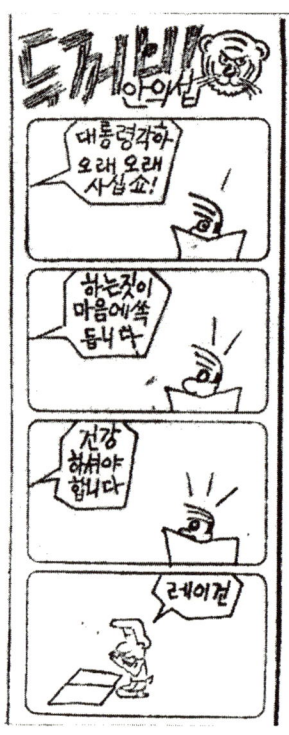

1월 19일자 문제의 연재만화 '두꺼비'.

고 대책을 논의했다. 총회는 화백이 풀려나올 때까지 편집국에서 농성할 것과 부당한 언론탄압에 대해 유인물을 통해 널리 알려야 한다는 쪽으로 의견이 모아졌다.

그러나 당시 정치상황에서 유인물을 만들어 뿌린다는 것은 큰 모험일 뿐더러 파장이 엉뚱한 데로 번질 가능성을 생각해서 사태를 지켜보기로 하고 일단 농성에 들어갔다. 농성은 이틀간 안 화백이 풀려나기까지 계속됐다. 안 화백은 안기부에서 풀려나 서울 방배동에 있는 가야병원에 입원했다. 그리고 회사를 나오지 못하게 됐다. 당국의 퇴직 압력이 가해졌기

때문이었다.

본사는 화백을 일단 집에서 쉬도록 하고 관계당국의 퇴직 압력을 무마했다. 그리고 6월 8일부터 7월 11일까지 한 달 동안 대만 일본 유럽 멕시코 하와이 등을 순방하며 현지 풍물 스케치와 함께 기행문을 쓰도록 했다. 안 화백은 독일 '바이로이트와 바그너 축제'를 시작으로 '두꺼비 기행'을 연재하기 시작했다. 그러나 이 역시 6회로 연재를 중단할 수밖에 없었다. 안 화백이 제자리로 돌아온 것은 1년 7개월 만인 1987년 8월 25일이었다. '6·29 선언'으로 정치 해빙이 있은 이후였다.

1월 21일 제4회 여성생활 수기모집에서 최우수작은 엄연호(인천)의 '그래도 찬란한 노래로', 우수작은 김민희(경기)의 '동생이 안겨준 선물', 이은규(서울)의 '할아버지의 죽음' 조월호(미국)의 '뿌리'가 차지했다.

26일 한국일보 편집국장에 이문희 편집국장 대리가 승진 발령됐고 이성표 편집국장은 논설위원으로 자리를 옮겼다.

### 최은희 신상옥 탈출, 일부 지역 특종

북한에서 영화제작에 종사했던 최은희와 신상옥이 납북 8년 만인 3월 13일 오스트리아 빈을 여행 중 탈출, 미국 대사관에 망명을 요청해 왔다. 한국일보는 취재망을 통해 이들의 서방 탈출 사실을 곧 탐지했다. 파리의 김승웅 특파원이 빈 현지로 달려갔고 미국의 김병무, 일본의 이병일 특파원이 사건의 전말을 추적했다. 그러나 이 뉴스는 당국의 통제로 보도가 보류됐다. 당국은 사건이 미묘하기 때문에 미국 국무부가 공식 발표하기까지 보도중지를 요청해왔다.

미 국무부의 최은희 신상옥에 대한 브리핑은 한국 시간으로 18일 새벽 1시(워싱턴 시간 17일 정오)로 예정돼 있었다. 한국일보는 17일 오후 6시경 첫 지방판(7판)을 마감하고 워싱턴의 정오 브리핑에 대비하고 있었다.

그러던 중 "지난 13일 최은희·신상옥이 미 정부측에 접근, 도움을 요청했다. 이에 따라 미국은 이들에게 도움을 주었다. 그러나 그 이상 아무것도 더 말해줄 수 없다"는 빈 주재 미 대사관의 성명 발표가 AP와 UPI 등 외신을 통해 오후 8시경 입전됐다.

빈 주재 미국 대사관의 발표는 그대로 미 국무부의 발표를 뜻하는 것으로 시차 때문에 앞당겨진 것뿐이었다. 이렇게 판단한 한국일보는 7판 인쇄를 하면서 서둘러 8판 제작에 들어갔다. 8판은 7판 인쇄 시간에 돌발적인 큰 기사가 터졌을 때 개판을 하기 위한 응급조치이다. 이 사건이야말로 근래 없었던 큰 뉴스였다. 사건의 전말은 사전 취재로 이미 상세히 기사로 채자된 상태였다. 그래서 8판은 곧 인쇄에 들어가 부산을 비롯한 경남북, 광주·전주 등 전남북, 강원도 일원에 발송됐다.

지방판이 가정에 배달되려면 새벽 5시는 넘어야 한다. 따라서 이 시간은 이미 예정된 미

국무부의 공식발표 4시간 후가 된다. 당국이 요청한 엠바고 시간도 지키게 됐다. 그러나 의외의 상황이 벌어졌다. 이 사건을 담은 지방판 개판 신문이 지방으로 가고 있을 때 당국에서 눈치를 챘다. 문공부와 경찰·안기부·보안사 등 당시 모든 언론통제 관련 기관들이 전화를 통해 발송 중지를 요구했고, 한국일보에 직원들을 보내 신문의 배달 불가를 통보했다. 이에 본사는 신문이 이미 열차에 실려 발송된 상태인 데다 신문이 가정에 배달되는 시간은 미 국무부에서 사실을 발표한 후가 되기 때문에 엠바고를 깬 것이 아니라고 주장했다.

당국은 경찰과 기관원을 동원해서 한국일보가 도착하는 대로 압수할 것을 시달했다. 그래서 18일자 지방판 배달지역 중 부산 대구 광주 전주 등 영호남 일대의 한국일보는 3분의 2정도가 역에서 전량 압수됐다. 하지만 마산과 창원 등 일부 지역은 '최은희 신상옥 탈출' 대특종을 담은 신문이 그대로 독자들의 손에 쥐어졌다.

한국일보는 이 같은 일련의 사태로 해서 장강재 회장, 장재구 발행인, 김성우 편집인, 이문희 편집국장이 고초를 겪었다.

25일 '화요 에세이'를 신설, 한국일보 편집국장을 역임한 조세형이 집필하기 시작했다.

1974년 한국일보 편집국장을 지낸 김경환이 향년 58세로 4월 2일 별세했다.

11일 '문학기행-명작의 무대'가 연재되기 시작했다. 전국에 흩어져 있는 소중한 명작의 본적지를 찾아 창조적 기쁨을 함께 나누면서, 그 문화의 원형을 복원·보존·재창조하는 길을 구상해 보기 위해 마련한 '문학기행-명작의 무대'는 1989년 5월 28일까지 3년간 85회 연재했다. 문화부 김 훈 박래부가 집필했다.

15일 한국일보·일간스포츠 주최, 문교부·대한교육연합회 후원 제5회 한국교육자대상 수상자로 28년간 불모와도 같은 과학실험 교육을 개척, 발전시켜 온 강순옥(53·인천 간석여중 교장)과 27년간 미술·반공 교육에 힘써 온 이영국(46·강원 홍천 내천국 교감)이 선정됐다.

5월 20일 한국 민주화 투쟁과정에서 벌어진 안타깝고 슬픈 순간이 서울대 학내 상황을 취재하던 한국일보 카메라에 포착됐다.

24일 제13회 월드컵축구대회 취재팀이 김운영 일간스포츠 사진부장, 이기홍 체육1부 차장, 이재무 한국일보 체육부차장, 장계문 사진부기자로 구성됐다. 31일부터 체육면에 '펠레 칼럼'을 연재하기 시작했다.

### 1면 톱 자리에 사설 올려

6월 8일 창간 32돌 기념특집으로 32면을 발행했다. 1면 머리에 통단 4단 크기로 '창간 32돌에 다짐한다-헌법과 언로'를 주제로 한 사설을 이례적으로 올렸다. 내용은 다음과 같다.

### <70대 특종> 서울대생 이동수 분신 사건

1986년 5월 20일 오후 3시 20분께 서울대 학생회관 4층 도서관쪽 옥상으로 통하는 난간에서 이 학교 원예학과 1년 이동수 군이 온몸에 시너를 탄 석유를 뿌리고 불을 붙인 후 7m 아래 2층 난간으로 투신, 병원으로 옮기는 도중 오후 4시께 사망했다. 이 군은 학생 2,000여 명이 중앙도서관 앞 아크로폴리스광장에 모여 5월제 개막 행사를 하는 도중 문익환 목사가 강연을 하고 있을 때 갑자기 난간에 나타나 "제국주의 물러가라" "경찰은 물러가라"는 등의 구호를 외치고 분신, 온몸이 불길에 휩싸인 채 아래로 떨어졌다. 순식간에 일어난 일이었다.

권주훈 기자가 포착한 서울대생 이동수의 분신 장면.

분신 투신 장면은 한국일보 사진부 권주훈에 의해 유일하게 포착됐다. 하지만 이 사진은 당시 언론 상황으로는 보도되기 어려운 것이었다. 당시 시국은 대통령 직선제를 놓고 여야가 크게 대립된 상태로 긴장이 학원가에 팽배해 있을 때였다. 그러나 알릴 것은 알려야 했다. 이 사진은 그래서 22일자 10면에 '생명과 주장은 바꿀 수 없다'란 컷을 뜬 머리기사로 '이런 비극 다시는 없어야…'란 사진 설명을 붙여 4단 크기로 다뤘다. 권주훈은 사진 설명에서 "어떤 경우이든 부모를 생각해서라도 죽는 일만은 하지 말아 다오. 분신을 보는 어른들은 안타깝고 서글프다. 생명의 존엄과 가치, 살아 있음으로써 이룰 수 있는 모든 창조의 기회를 스스로 저버리는 자기 파괴 행위는 결국 사회 파괴로 이어지기 때문이다. 온몸에 불을 붙인 이 충격적인 투신 장면은 그 같은 우려와 연민, 애달픔의 앵글로 포착한 것이다"라고 썼다.

엄청난 반향이 일었다. 국내외 신문들이 일제히 사진을 요청해 왔다. 이 장면은 AP·AFP·로이터 등 외신을 타고 나가 한국 민주화투쟁을 전 세계에 알리는 계기가 됐다. 사진은 유럽·미국·일본의 유수 일간신문에 게재됐고 타임과 뉴스위크 등 주간지에도 실렸다. 권 기자는 한국일보 창간 기념일에 백상기자대상을 수상했다.

1986년

창간 32돌 기념 사설을 실은 1986년 6월 8일자 1면.

이제 우리 시대가 마음먹고 이야기하려는 것은 명백하다. 지금 도도한 대 흐름은 국정의 '어디로'라는 문제 제기를 풀어나가는 방향감각을 뚜렷이 가다듬게 한다. 곧 지난 4반세기의 우여곡절을 초극하는 '민주화'의 진운이 우리 앞에 펼쳐지고 있으며, 당장 그 필요조건인 개헌 문제가 부각됐다. 여기에서 우리는 고난 속의 방황으로 얼룩진 역사의 경험적 교훈을 헛되이 하지 않기 위해 두 가지 일깨움부터 먼저 지적하고자 한다. 하나는 시대조류에 역행하면 불행과 실패가 불가피하다는 것이다. 다른 하나는 성급한 폭주가 초래할 것은 십중팔구 엄청난 희생과 파괴일 수 있다는 도리이다. 그리하여 우리 겨레가 정녕 슬기를 모아야 할 것은 파국이나 돌발사태를 유발하지 않는 합리적 정치발전과 지속적 경제성장이다. (중략)

우리는 개헌 문제의 원내 수렴에 기대를 걸며 또 합의 개헌에 격려를 보내는 입장이다. 하나, 그 수렴은 광범한 국민적 합의의 도달을 전제로 하는 것이라야만 정당화의 확고한 기반을 말할 수 있는 법이다. 나아가서 개헌 내용에 관한 여야 합의란 결코 권력구조나 선거제도만을 중점적으로 다루는 듯한 인상에 치우쳐서는 안될 것이다. 자칫 국민 부재의 정치인들만의 이해 절충 산물이라는 오해를 받게 되면 도리어 안정 속의 민주정치 발전과는 판이한 부생 작용을 유발할까 걱정된다는 것이다.

이 경우에도 최우선적 고려 요인은 국민의 기본권 특히 언론자유의 보장에 있다. 이 자유를 통해 각종 부조리의 적발과 예방, 시정이 가능하며, 국정의 신 국면 개척을 위한 지혜 집중의 길이 열린다. (후략)

10일 본사는 국내 언론사상 처음으로 미주 지역에 신문지면의 위성전송을 시작했다. 한국일보 LA 미주본사가 현지판을 내기 시작한 것은 1969년 6월 9일이었다. 초기 LA미주본사는 지방판인 7판을 김포비행장에서 밤 10~11시경 출발하는 화물기편을 이용해서 보낸 전사지(轉寫紙)와 필름을 받아 이를 현지판과 함께 인쇄했다. 이 때문에 미국에서 받아보는 신문은 하루 정도의 시차가 있었다. 한국일보가 통신위성을 통해 지면을 직접 전송하게 되자 LA에서 발행되는 신문도 시차가 없어졌다.

6월 16일 본사는 이사회를 열고 대폭적인 경영진의 개편을 단행했다. 장재구 대표이사 발행인 사장 후임에 김창열 이사 논설주간, 대표이사 부사장에 장재국 코리아타임스 담당 사장 겸 한국일보 부사장이, 코리아타임스 담당 사장에 정태연 코리아타임스 담당 부사장이, 일간스포츠·소년한국일보·주간·월간담당 사장에 김성우 한국일보 편집담당이사 편집인이, 한국일보 부사장에 장재근 일간스포츠담당 사장이 각각 선임됐다. 한국일보 이사 겸 주필에는 조두흠 일간스포츠담당 상무 겸 편집위원이, 한국일보 편집인에는 이문희 한국일보 이사대우 편집국장이, 일간스포츠 편집인에는 김영렬 일간스포츠 편집국장이 각각 선임됐다.

9월 19일 한국일보와 일간스포츠·코리아타임스·월드테니스 등은 범사적으로 아시안게임 공동취재단을 구성했다.

10월 11일 장명수의 '여기자 칼럼'이 1,000회를 맞아 1면에 '선의를 배운 4년'을 주제로 썼다.

제10회 서울 아시안 게임 개막식.

15일 본사는 건물 내의 전화교환방식을 종래의 EMD 기계방식에서 CBX-II 디지털 전자교환방식으로 바꾸었다. 이에 따라 모든 구내전화기가 다이얼에서 푸시 버튼식으로 교체, 용량도 대폭 증설돼 통화가 빨리 이루어지는 것은 물론 통화의 감도 훨씬 좋아졌다. 또 3자리 수인 구내용 전화번호는 모두 4자리로 조정되고 구내용 수화기로 외부와 통화하는 용량도 10개 선에서 30개 회선으로 증설됐다.

12월 6일 제19회 한국창작문학상(상금 300만 원)에 서정인(50·전북대 교수·영문학)의 '달궁'이 뽑혀 7일 6·7면에 게재됐다.

12월 15일 오후 한국일보 편집부 김주언이 9월호 '말'지 특집호에 게재한 '보도지침' 관련 기사로 서울 남영동 치안본부 대공분실에 연행됐다. '보도 지침'이란 5공시절 문화공보부 홍보정책실이 안기부 등 관련기관과 협의해서 필요에 따라 신문사에 은밀하게 협조요청 형식으로 시달한 보도통제 가이드 라인이었다.

## <70대 특종> 5공의 언론통제, 보도지침 폭로

1986년

1970~80년대 대한민국 언론 암흑기에도 한국일보 구성원들은 유신체제와 군사정권에 저항하는 국내 언론계의 분위기를 선도했다. 한국일보 기자들은 제3공화국 시절 유신체제의 언론통제에 대해 집단적 거부 움직임에 나선 바 있으며, 5공화국 시절에는 군사정권의 '보도지침'을 폭로했다. 5공 정권이 언론을 통제했던 '보도지침'이 알려진 경위는 이렇다. 1986년 한국일보 김주언 기자는 1985년 10월 19일부터 1986년 8월 8일까지 문공부 홍보정책실

김주언 기자.

이 각 언론사에 시달한 584개항의 보도지침 내용을 한국일보가 보관 중이던 자료철에서 복사해 민주언론운동협의회에 넘겨줬다. 대부분 언론사는 문공부에서 내려온 보도지침을 참조 후 폐기하거나 별도 보관하지 않았으나, 한국일보 경영진과 구성원들은 당장의 전면 거부는 힘들어도 그 부당함을 역사적 기록으로 남겨야 한다는 의미에서 보관 조치를 취했던 것이다. 이 같은 사실은 1988년 국회 차원에서 이뤄진 5공 청문회 내용에서도 확인된다.

질문: 박관용 위원

다른 신문은 보도지침을 받고 전부 다 없애 버렸는데 마침 한국일보에는 이것이 정리돼서 보관 돼 있었습니다…(중략)…어떻게 해서 보관하게 되었는지 경위를 아시면 말씀을 좀 해 주시지요.

답변: 장강재 전 한국일보 사장

1986년 초로 기억이 됩니다. 당시 문공부 장관이 프라자호텔에서 만나자 그래서 간 적이 있었습니다. 그때 미니 차트 같은 것을 가지고 왔는데 보도지침을 한국일보가 가장 많이 위반을 했다는 경고 비슷한 것을 받았습니다. 그래서 제가 여러 가지 이유에서 앞으로는 그것을 기록을 남겨라 하는 지시를 한 적이 있습니다.

김주언 기자가 전달한 보도지침은 민언련에 전달된 뒤, 〈월간 말〉지를 통해 세상에 알려지게 된다. 〈월간 말〉지는 1986년 9월 6일 특집호를 발간해 당시 전두환 정권의 언론통제 실상을 알렸다. 한국일보가 단초를 제공해 군사정권의 언론탄압이 세상에 처음 공개된 것이다.

이 사건으로 김주언 기자는 그해 12월 17일 구속됐다. 국내 종교·시민단체들은 물론이고, 세계적인 인권단체 국제앰네스티까지 나서 석방을 촉구했다. 한국일보도 김 기자의 변호사를 직접 선임하는 등 적극적으로 문제해결에 나섰다. 결국 김 기자는 1987년 6월 3일 징역 8월, 자격정지 1년, 집행유예 1년을 선고받고 석방됐다.

# 1987년
용기 있는 시민의 친구, 한국일보.  - 장기영

**신문도 홍보시대, PR판 발행**

한국일보는 1987년 신년주제를 '전환점, 87의 선택'으로 정했다. 국내외 상황을 종합해 볼 때 1987년은 우리나라의 미래를 결정할 중요한 전환기일 수밖에 없다고 보고 다양한 특집 기사를 마련했다. 민주화투쟁과 6·29로 대변되는 1987년 한 해 동안의 정치사회적 대격변을 미리 내다보기나 한 것처럼 '전환점, 87의 선택'은 시의적절한 신년주제로 중요 대목마다 진가를 발휘하게 된다.

사진부기자 고명진이 21일 한국사진기자협회가 주최한 '87보도사진전'에서 전투복에 불이 붙은 전경의 사진 '현장'으로 금상을 차지했다.

한국일보의 대외홍보업무를 담당할 '홍보위원회'(위원장 김수남 소년한국일보 이사)가 1월 8일부터 활동을 시작했다. 홍보위원회 신설은 1986년 말 사장단회의에서 결정됐다. 사장단회의는 신문사 간의 판매경쟁이 점차 치열해짐에 따라 각 매체의 홍보 강화가 절실하다고 보고 홍보위원회를 신설키로 했다. 홍보위원회는 계간·월간 사보 및 각 매체의 PR판 발행시기와 내용 결정 등을 담당했다.

홍보위원회와 함께 사보 편집실도 1월 신설됐다. 기획실 산하 기구로 조직을 정비한 사보 편집실은 계간·월간 사보를 제작했다. 사보 편집실에서 제작한 계간사보 창간호는 3월 12일 5,000부가 발행됐다.

홍순일 코리아타임스 논설주간이 1월 8일 관훈클럽의 신영연구기금 이사장에 선출됐다.

2월 1일자로 일부 기구개편과 대폭적인 승진인사가 단행됐다. 월간 편집국을 출판국에 통합시키는 기구개편에 따라 편집국, 취재1, 2부는 스포츠 레저부로, 취재3부는 월드테니스부로 명칭이 바뀌었다. 한국일보 편집국 이성춘 부국장이 확대 개편된 출판국 국장에, 한국일보 송효빈 논설위원이 소년한국편집국장, 한국일보 박영길 부국장대우 편집부장은 부국장 겸 종합편집부장에 각각 전보됐으며 오인환 정치부장, 박병윤 경제부장, 박용배 사회부장은 부국장으로 승진했다. 7월 1일자 인사는 한국일보 편집국 장명수 문화부장을 편집위원, 김병무 워싱턴 특파원을 외신부장, 이병일 도쿄특파원을 문화부장, 이재승 외신부장과 정 훈 문화부차장을 각각 워싱턴 및 도쿄 특파원으로 발령했다.

김용정 홍콩특파원이 1986년 2월 필리핀 민중혁명을 현지에서 심층보도, 필리핀 민주화에 기여한 공로로 22일 필리핀 정부가 주는 '피플파워' 메달을 받았다. 마닐라 가든 호텔에서 거행된 이날 수여식에는 아키노 필리핀 대통령 등 정부 요인들이 참석했다.

장강재 회장이 27일 아시아신문재단(PFA) 한국위원회 1987년도 정기총회에서 아시아신문재단 한국위원회 회장에 재선임됐다.

### 6.10 항쟁, 최루탄을 쏘지 마라!

백상의 10주기를 맞아 고인의 업적을 기리는 다양한 추모행사가 기일인 4월 11일을 전후해 펼쳐졌다. 첫 번째는 백상재단 설립이었다. 3월 25일 본사 4층 회의실에서 개최된 백상재단 창립총회에는 발기인 32명이 참석해 법인설립을 결정했다. 이어 4월 9일과 10일 이틀 동안 법인 인가와 등기를 마친 재단은 20억 원의 기금을 설립 조성하여 인재양성을 위한 장학사업, 학술활동 지원, 예술활동 및 문화행사 지원, 언론인 자질향상과 언론창달을 위한 사업, 우수선수 육성과 체육진흥을 위한 사업 등 각종 공익사업을 펼쳤다.

한국일보는 '심장병 어린이에게 따뜻한 새 생명을'이란 주제로 새세대심장재단과 공동으로 4월 26일 남산 순환도로에서 '사랑의 대행진-거북이마라톤대회'를 열었다.

한국일보는 5공 말기의 어수선한 사회분위기 속에서 6월 9일 창간 33돌을 맞았다. 창간 기념 특집으로 20면을 제작한 9일자는 서울대 사회과학연구소와 공동으로 벌인 여론조사 결과를 바탕으로 중산층의 정치적 역할론을 집중적으로 다루었다.

통일민주당과 민주헌법쟁취국민운동본부 등 범야권은 6월 10일 명동성당 등 전국에서 '박종철 군 고문치사 조작은폐 규탄 및 호헌철폐 국민대회'를 강행했다.

11일자 지면은 '6·10 규탄대회'와 민정당 전당대회 관련 기사로 가득 찼다. 사회면에는 9일 시위 도중 뇌에 최루탄 파편이 박히는 부상을 당한 연세대생 이한열 군이 의식불명 상태에 빠졌다는 기사가 10일자에 이어 4단 크기로 나갔다.

한국일보는 12일자 사설 '최루탄의 비극'과 3면 해설기사 '최루탄 얼마나 위험한가'를 통해 시위진압 경찰의 무절제한 최루탄 사용과 그로 인한 위험성을 지적했다. 28일자 사설 '민심과 결단-늦추면 늦출수록 때를 놓친다'는 집권세력의 결단을 이렇게 촉구했다.

> 국민이 무엇을 바라고 민심이 어디로 흐르고 있는지 이미 명백해졌다. 국민이 바라는 것은 순조롭고 평화로운 방법에 의해 국민 스스로가 자유롭게 자기가 원하는 정부를 선택하고 자기가 원하는 행정수반을 뽑을 수 있는 권리를 찾겠다는 것이다. 현실이 이러함에도 이를 충족시켜 주기 위한 방법에 조건을 단다든지 허드레 과정을 달 아무런 필요가 없을 것이다.

마침내 6월 29일 노태우 민정당 대표는 직선제 개헌 수용을 골자로 한 8개항의 시국수습방안을 발표했다. '6·29선언'이었다. 성균관대 강사인 손혁재씨는 6·29로 마무리된 1987년 상반기 동안의 한국일보 지면에 대해 "날카로운 정치감각과 중립적 자세를 지녀 다른 어느 신문보다도 정치면의 공정성과 정확성이 뛰어난 한국일보는 정국의 동향을 비교적 객관적인 위치에서 공평하게 사실 보도를 하려고 애쓴 노력이 엿보인다"고 분석했다. 손씨의 지면 평가는 계간 한국일보 사보 1987년 가을호의 '한국일보를 말한다'에 실렸다.

노태우 민정당 대표.

### '두꺼비' 다시 독자 곁으로

1986년 1월부터 당국에 의해 강제로 중단됐던 안의섭 화백의 '두꺼비' 만화가 25일부터 다시 한국일보 독자들을 찾아갔다. 25일자 1면에는 '두꺼비가 다시 등장했습니다'를 실었다. 그 내용은 다음과 같다.

> 1986년 1월 19일 이후 사정에 의해 연재가 중단됐던 안의섭 화백의 인기만화 '두꺼비'와 '사회만평'이 오늘 아침부터 다시 독자 여러분과 만나게 됩니다. 날카로운 해학과 통쾌한 세태풍자로 우리 시대의 시시비비를 가려온 '두꺼비'는 지난 33년 동안 지칠 줄 모르는 용기와 정열로 역사의 풍랑 속을 헤엄쳐 왔습니다. 한국일보 편집위원인 안 화백은 1년 7개월 만에 이루어진 '두꺼비'와 독자 여러분의 재회를 기뻐하면서 '더욱 사랑받는 여러분의 두꺼비'가 될 것을 다짐하고 있습니다.
>
> 오늘의 격변하는 정세를 풍자와 해학으로 증언해나갈 '두꺼비'에게 더욱 뜨거운 박수갈채를 보내주시기 바랍니다.

한국신문협회의 결의에 따라 9월 1일부터 신문 면수를 주 72면에서 80면으로 증면하고 월 구독료도 2,700원에서 2,900원으로 인상했다. 신문 1부 값은 130원에서 140원이 됐다.

1일부터 주당 8면이 증면됨에 따라 일부 지면 개편을 단행했다. 가장 큰 특징은 독자면인 '소리'였다. 창간 당시부터 독자면의 중요성을 강조해온 한국일보는 1일부터 '소리'를 대폭 확대, 1개면을 할애하고 편집도 쇄신했다.

한국일보 사회부 곽해승 기자가 27일 오전 3시 교통사고로 순직했다. 향년 28세. 같은 차에 탔던 사회부 유동희 이창민 기자는 부상을 당했다.

### 한국일보 노동조합 출범

한국일보 노동조합이 10월 29일 공식 출범했다. 한국일보 노조는 유신 이후 창립된 최초

1987년

## <70대 특종> 최루탄을 쏘지 마라

순간 속에 영원한 의미를 포착하는 사진 특종은 우연의 산물이 아니다. 사진기자의 근성과 노력, 당시 상황의 역사성과 사회적 중요성에 대한 깊은 이해가 전제되어야 한다. 그런 의미에서 <아! 나의 조국> 혹은 <최루탄을 쏘지 마라>로 불리는 사진의 한국일보 특종은 품성 있는 기자의 제대로 훈련받은 스킬이 녹아든 걸작이다.

이 사진은 1987년 6월 26일 부산시 문현 로터리의 평화대행진에 집결한 시민, 학생들의 시위대에 대한 사진 취재 과정에서 나왔다. 경찰이 다탄두 최루탄을 발사하며 가두시위를 저지하자 한 시민이 웃옷을 벗고 "최루탄을 쏘지 마라"며 경찰 쪽으로 달려가는 모습이다.(사진) 비록 엄중한 시국 상황

때문에 당시에는 1면에 게재되지 못했지만, 민주화를 향한 한국 시민들의 열망을 적나라하게 보여준 이 사진은 1999년 9월 28일 AP통신의 '20세기 100대 사진'으로 선정됐다. AP통신의 전 세계 고객사 및 미국 내 회원사가 각각 50장씩 고른 것에 포함됐던 것이다.

수상 이후 이어진 다수의 인터뷰에서 특종 사진을 얻어낸 고명진 기자는 "셔터를 누르는 순간 전율을 느꼈다. 내 평생의 특종이란 생각이 들었다. 사진기자구나, 내가 사진기자구나. 사진기자로서 그 자리에 있었다는 것이 너무 감사했다. 다만 이 사진을 당시 신문에 싣지 못했다. 서글펐다. 자극적이라는 이유 때문이었다. 그래서 이 사진에 대한 애정이 더욱 큰 것 같다. 내가 사진기자의 길을 선택한 것에 대해 보람과 긍지를 느낄 수 있게 만들어 준 사진이다"라고 말했다.

이 사진은 과격한 진압이 난무하던 1987년 6.10 민주항쟁을 온몸으로 담아낸 당시 사진기자들의 직업의식을 반영한 결과물이기도 하다. 이 사진을 얻기 하루 전인 6월 25일 고 기자는 대구시위에서 '백골단'으로 불리던 진압경찰에게 뭇매를 맞았다. 시위현장에서 체포된 시민을 연행하는 일명 '닭장차'까지 쫓아가며 사진을 찍는 적극적인 취재에 화가 난 경찰의 보복이었다. 100대 사진 선정 뒤 이뤄진 한 인터뷰에서도 고 기자는 "당시에는 사진촬영을 방해하는 전담 백골단이 있었고 사진기자에게 매타작을 놓는 것도 다반사였다. 대구에서 짓밟힌 몸을 이끌고 부산으로 향했다"고 말했다.

엄혹했던 시절의 외압과 자기검열로 빛을 보지 못했던 고 기자의 사진들은 이후 <그날, 그거리>라는 책으로 묶였고 그 책의 표지는 '아! 나의 조국'이 장식했다.

의 언론노조 '선봉노조'로 불리게 된다. 한국일보 노조의 전신은 1974년 결성됐던 '전국출판노조 한국일보사지부'였다. 그러나 '전국출판노조 한국일보사지부'는 법적으로 인정받지 못해 1987년 10월 29일이 한국일보 노동조합 창립일이 된다. 한국일보 노조는 이날 '소식'지를 발행했다.

'소식' 창간사

우리는 드디어 단결했다. 모두가 노동조합 활동이 절실히 요구되고 있다는 데 인식을 같이하고 우리의 권익을 보호하고 사내 민주화를 실천할 수 있는 우리의 조합을 탄생시킨 것이다.

우리는 자신감에 차 있다. 어떠한 난관이 있더라도 극복하고 우리의 조합을 정상 궤도에 올려 놓을 것이다. 물론 우리에겐 언론노조 활동의 축적된 경험이 부족하다. 또 우리의 활동을 와해시키려는 음모가 있을 수 있다. 이같은 난관을 극복하기 위해선 조합원들의 강고한 단결이 필요하다. 우리의 노동조합 탄생과 더불어 창간된 노동조합 회보 '소식'은 앞으로 조합원들의 단결과 적극적 참여 분위기를 조성하기 위해 다음과 같은 역할을 수행할 것이다.

한국일보 노동조합 소식지 '소식' 창간호 2면.

첫째, '소식'은 조합의 사업내용과 기타 활동, 조합원의 동정 등을 상세히 조합원들에게 전달할 것이다. 조합 활동은 공개적으로 수행돼야 조합원들의 참여를 극대화시킬 수 있으며 이를 위해 회보는 조합 활동의 모든 내용을 상세하고 신속하게 조합원들에게 전달하게 된다.

둘째, '소식'은 조합원들의 의견을 충실히 수렴하는 장이 되어야 한다. 조합원은 누구나 똑같은 무게로 회보에 자신의 의견을 개진할 수 있을 것이다.

셋째, '소식'은 사내 언론의 활성화를 통한 사내 민주화에 앞장설 것이다. 우리의 단결을 가로막는 요인은 각국 부서 간 보이지 않는 침묵의 벽이다. 회보는 이 벽을 허무는 역할을 수행해야 한다.

한국일보 노동조합 회원 모두의 기탄 없는 의견 제시와 참여를 바란다.

장강재 회장은 11월 5일 위원장 등 노조간부들과 첫 상견례에서 노조결성 동기와 목적을 듣고 "상식과 이성을 바탕으로 모든 문제를 해결해 나갔으면 한다"고 밝혔다.

11월 1일자로 편집위원실을 신설하는 한편 기존의 관리·수송국을 총무국에 통폐합하는 등 대폭적인 직제 개편을 단행했다. 신설된 편집위원실은 조사부·도서관·편집디자인부(신

1987년

설)를 관장하고, 자료실 준비·편집기획 기사의 업무 및 CTS 개발에 따른 편집 부문의 연구·자문업무 등을 맡았다. 특히 편집디자인부는 전자 및 인쇄기술 문화의 급속한 발전에 따른 인쇄미디어의 시각문화적 중요성이 요구되는 시대적 요청에 부응하여 한국일보 및 자매지의 제작에 기여할 '편집디자인 전문기자'들로 구성했다.

기구개편과 함께 대폭적인 승진인사를 12월 1일자로 단행했다. 김중기 총무담당 이사 겸 사업본부장이 상무이사 겸 사업본부장, 문은모 기획담당 이사 겸 기획실장이 상무이사 겸 기획실장, 이사대우 이문희 편집국장은 이사 겸 한국일보 편집국장, 이사대우 이인호 광고국장은 이사 겸 한국일보 광고국장, 이사대우 배영부 일간스포츠 광고국장은 이사 겸 일간스포츠 광고국장, 이사대우 배봉휘 종합조정실장은 이사 겸 종합조정실장, 이사대우 문현석 비서실장은 이사 겸 비서실장으로, 방태영 코리아타임스 편집국장은 이사대우 코리아타임스 논설주간, 홍원기 업무1국장은 이사대우 업무1국장, 이완준 공무국장은 이사대우 공무국장, 박상진 경리국장은 이사대우 경리국장으로 승진했다.

한국일보 정달영 편집국장 대리는 신설된 편집위원실장(국장급)으로, 코리아타임스 조병필 국차장은 코리아타임스 편집국장, 한국일보 편집국 박용배 부국장은 총무국장으로, 편집국 오인환 부국장은 국차장으로 승진했다.

외신부는 페레스트로이카 시대의 소련을 조망하는 '기로에 선 소련'을 3일부터 7회에 걸쳐 연재했다.

정승화 전 육군참모총장이 9일 민주당에

12월 17일 새벽까지의 개표상황을 토대로 노태우 후보의 당선 확실을 알린 한국일보 17일자 1면.

입당한 시점을 전후해 12·12 사태가 선거 쟁점으로 떠오르자 한국일보는 특별취재반의 취재, 집필로 '다큐멘터리 12·12'를 14일부터 4회에 걸쳐 연재했다.

12월 16일 제13대 대통령 선거에서 828만 2,738표를 얻은 노태우 민정당 후보가 임기 5년의 새 대통령에 선출됐다.

# 1988년
밝은 빛과 희망을 주는 신문되자. -장기영

**언론혁명의 선도**

올림픽의 해인 1988년 신년호부터 한국일보의 제호가 커졌다. 새 제호의 크기는 가로 3.2㎝, 세로 9.4㎝로 가로 2.9㎝, 세로 8.7㎝였던 종전 제호보다 10% 확대된 것이다. 새 제호는 힘있고 중량감 있는 모습이며 글자 모양과 배경 지도도 부분적으로 손질했다.

한국일보 자매지의 홍보용 스티커가 신년 들어 제작됐다. 차량 집기 등에 부착해 홍보효과를 얻을 수 있도록 도안된 이 스티커는 매체별로 1가지씩 모두 9종류였다. 한국일보 스티커는 한국일보 로고 아래에 8대 자매지 이름을 나열했으며 자매지 스티커는 로고 위에 캐치프레이즈를 곁들인 디자인이었다. 당시 자매지별 캐치프레이즈는 다음과 같다. ▲읽을수록 젊어지는 신문(일간스포츠) ▲한국의 지성을 대표하는 민간 영자지(코리아타임스) ▲슬기로운 어린이의 똑똑한 벗(소년한국일보) ▲가장 오래된 그리고 가장 새로운(주간한국) ▲단 하나뿐인 여성주간지(주간여성) ▲300만 테니스인의 파트너(월드테니스) ▲싱싱한 사계절의 레포츠지(스포츠레저) ▲미래의 꿈을 키우는 잡지(학생과학)

인쇄 능력을 대폭 늘리고 깨끗한 지면을 만들어 줄 오프셋 윤전기가 2월부터 도입되기 시작했다. 16면 증면 등에 대비, 인쇄시설을 6개 라인으로 확충키로 하고 2월 초 1차 분으로 일본 하마다사의 오프셋 컬러 윤전기 2개 라인분을 들여왔다.

1차로 도입된 컬러 윤전기는 신사옥에 설치돼 5월부터 가동됐으며 나머지 3개 라인분도 9월까지 모두 도입됐다. 이로써 한국일보의 오프셋 컬러 인쇄 능력은 4페이지 기준 시간당 8만부에서 16페이지 기준 시간당 32만 부로 늘어났다.

'변혁 1988-내일의 역사 기점에 섰다'를 신년 주제로 서울대 사회과학연구소와 공동으로 국민여론 조사를 실시, 그 결과를 신년호 2·13·14·15면에 실었다. 조사결과 국민들은 언론자유에 가장 큰 기대를 갖고 있는 것으로 분석됐다. 32면을 발행한 신년호의 2면 사고를 통해 광복 43주년과 건국 40년을 맞아 독립운동사업을 펼친다고 알렸다. 사고 내용은 다음과 같다.

1988년

한국일보사는 1988년부터의 새로운 연차사업으로 '독립운동 의열현창 캠페인'을 벌입니다. 광복 43년·건국 40년을 맞는 새해를 기해 독립운동 의열들에 대한 새로운 현창에 나서는 뜻은, 이것이 세계의 제전 올림픽을 주최하는 오늘의 '민주 한국'의 근원을 찾아 밝히는 중요한 단서이며 그 정신의 주초를 새로이 다져 세우는 역사적인 과업이라 믿기 때문입니다. … (중략) …

한국일보사는 독립운동 의열현창 캠페인의 제1차 연도 사업으로 올해로 순국 60주년을 맞이하는 조명하 의사의 동상 건립과 올해로 순국 50주년을 맞이하는 도산 안창호 선생 기념관 보존사업을 벌이기로 했습니다. … (중략) …

오늘의 '민주 한국'을 있게 한 민족정기의 바탕이 어디에 자리 잡고 있었던가를 확인하게 될 '독립운동 의열현창 사업'에 한국일보 국내외 독자들의 성원과 격려 있기를 기대합니다.

1일자로 일본 도쿄에 아주 본사를 설치하고 장재근 부사장을 아주본사 사장에 임명했다. 아주본사는 일본 및 동남아 일대를 대상으로 현지판 발행과 보급 확대 업무 등을 담당했다. 1월부터 공무국을 제외한 전 사원에게 특별승급이 적용돼 기본급의 6%가 인상됐다. 6월의 정기승급과는 별도로 실시된 이 승급은 1987년 9월 공무국의 임금이 인상된 데 대한 국간 임금격차 조정에 따른 것이다. 또 1월부터 휴가 제도가 개선돼 종전 6일(휴일 제외)에서 8일로 늘어났다. 휴가 실시 기간도 1·6·12월을 제외한 연중으로 확대했으며 4일씩 2회로 나눠 휴가를 갈 수 있도록 했다. 개정된 휴가 제도는 입사 1년 이상인 사원에게 적용되며 1년 미만인 사원은 4일씩의 휴가를 갈 수 있도록 했다.

일본에서 최대 부수를 발행하는 요미우리신문의 가토 히로히사 편집국장 일행이 15일 한국일보를 방문, 서울올림픽에서의 취재 협조 등을 요청했다. 요미우리신문은 서울올림픽 기간 동안 한국일보 인쇄시설을 이용해 요미우리 도쿄 본사에서 전송한 올림픽 특집판을 인쇄, 한국에 와 있던 일본인들에게 배포했다.

1987년 12월부터 야근사원에게 석식을 무료 제공한 데 이어 2월 7일부터는 일요일 근무자에게 중식을 무료 제공했다. 이에 앞서 한국일보는 1983년 10월부터 언론계에서 가장 먼저 전 사원에게 중식을 무료 제공해왔다.

한국일보 장명수 편집위원이 '여성동아' 제정, '여성동아 대상' 1987년도 수상자로 뽑혀 1월 19일 상패와 상금 200만 원을 받았다.

2월 1일 정부가 우편번호를 여섯 자리로 바꾸면서 한국일보사의 우편번호는 110-792가 됐다.

**서울경제신문 복간준비위 발족**
서울경제신문의 복간 작업이 종간 7년 3개월 만에 시작됐다. 한국일보사는 2월 10일 '서

서울경제신문 복간준비위원회 현판식.

울경제신문 복간준비위원회'를 발족시켜 실무 작업에 본격 착수했다. 위원장은 김창열 사장이었고 부위원장은 장재국 부사장이 맡았다. 12일에는 정부에 정기간행물 등록을 신청했고, 13일에는 1면 사고에서 '서울경제신문 8년 만에 복간됩니다'고 알렸다. 이날 권혁승 상무이사를 위원장으로 하는 복간 실무위원회도 구성했다.

장명수 편집위원이 12일 여기자클럽 회장에 선출됐다.

전두환 전 대통령의 동생이자, 새마을운동 중앙본부회장 재직 당시 비리 혐의를 받던 전경환씨가 19일 행선지를 알리지 않은 채 돌연 출국하고, 하루 뒤부터 새마을운동 중앙본부 비리에 대한 전면수사가 시작됐다. 한국일보는 전씨 출국 사실을 가장 먼저 보도했다. 또 이에 앞서 영종도 투기, 소값 파동 등 새마을운동과 관련된 각종 의혹과 비리를 3월 초부터 집중 보도했고 20일자부터는 8회에 걸쳐 '내막-전경환 새마을'을 연재했다.

한국일보는 4월 1일부터 매일 16면을 발행했다. 코리아타임스가 제작을 맡은 서울올림픽 공식신문의 명칭이 1일 'The Seoul Olympian News & Record'로 결정됐다. 올림픽기간 중 매일 64면(첫날 124면, 마지막 날 404면)씩 발행된 이 신문은 영·불어로 된 타블로이드판이다.

서울경제신문의 복간을 앞두고 4월 들어 일부 기구가 통폐합됐다. 특징은 주간편집국을 해체하여 '주간한국'은 한국일보 편집국 소속으로, '주간여성'은 출판국 소속으로 각각 통합한 것이다. 특히 '주간한국'은 인력을 크게 줄여 한국일보 편집국이 편집·제작을 주관하게 했다. 또한 출판국에서 발행해 온 월간 '스포츠레저'는 4월호를 끝으로 발행을 중단했다.

4월 1일자, 5월 1일자 두 차례에 걸친 인사를 통해 서울경제 복간준비위원들을 위촉했다. 박병윤 한국일보 편집부국장과 이준기 채희문 김려환 오승우 최철호 백승기 기자 등 출판국팀과 김기경 이건섭 서익원 탁성만 김영호 김기덕 한택수 기자 등 '주간한국'팀, '주간여성'의 주태산 기자 등이 준비요원으로 발령됐으며 한국일보 편집국 경제부의 조원영 부장대우는 겸직 발령을 받았다.

48기 견습기자 9명과 49기 견습기자 25명이 4월 1일과 7월 1일자로 각각 입사했다. 언론 자율경쟁시대 개막과 서울경제신문 복간 등에 대비해 전문기자 채용이 1988년 들어 가속화했다. 1987년 6월 1일과 1987년 11월 1일자로 교정 전문기자 3명과 편집디자인 전문기자 4명이 들어온 데 이어 1988년에는 모두 8차례에 걸쳐 전문기자를 모집했다. 채용 내용은 5월 1일 편집전문 3명, 7월 1일 취재 10명과 경력 21명, 8월 1일 교정전문 9명, 9월 1

## <70대 특종> 전경환씨 돌연 출국

1960~1970년대 국제공항은 대한민국에서도 매우 특수한 장소였다. 해외 여행이 제한적일 수 밖에 없던 당시 여건상 공항을 드나드는 인물들은 오피니언 리더들이 많았기 때문이다. 당연히 신문 지면을 장식할 사건들이 많이 발생하는 곳이었다. 한국일보가 경쟁지에 앞서 공항 출입기자를 배치하고, 수많은 특종을 공항에서 발굴해 낸 것도 그 때문이었다.

다수의 공항 특종 가운데 대표사례가 1988년 3월 전경환 특종이었다. 노태우 정권의 5공 청산작업이 시작될 무렵인 1988년 3월 18일 '전경환씨의 도피성 일본 출국'을 한국일보가 가장 먼저 포착했다. 그리고 이를 포착한 기자는 앞서 말한 그 누구보다 공항 사정을 잘 알고 있던 공항 출입기자였다. 주인공은 당시 김포공항에 상주하던 이황 기자였다. 그는 전두환 대통령의 동생이자, 새마을운동 중앙본부회장이던 전경환씨가 이날 오후 6시 53분 일본 오사카행 KAL722편으로 출국한 사실을 다수의 제보를 통해 확인해 본사에 알렸다.

한국일보의 특종 기사는 5공 청산의 물꼬를 텄다. 전씨의 도피성 출국이 이튿날 아침 보도되자, 비난 여론이 들끓었고 여론의 추는 5공 청산으로 급물살을 탔다. 거세게 저항하던 전두환 전 대통령 측도 검찰 조사에 순순히 응해야 했다. 전두환 전 대통령의 호통을 받고 전경환씨가 20일 오후 김해 공항을 통해 귀국했다. 여론을 등에 업은 검찰은 곧바로 새마을운동본부 및 감사원 내무부 등에서 관련자료 일체를 넘겨받아 전경환씨와 새마을 본부 비리에 대한 본격 수사에 착수했다. 5공 청산의 본격 신호탄을 알린 이 특종 보도는 1988년 제20회 한국기자상(취재보도부문)을 수상했다.

공교롭게도 전경환씨 관련 특종은 이후에도 한국일보의 몫이었다. 귀국 후 열흘 만에 검찰에 출두하던 전씨의 뺨을 일반 시민이 때리는 순간이 한국일보 카메라에만 포착됐다. 전씨는 해외 재산도피 및 공금횡령 등의 죄목으로 검찰에 소환된 상태였다. 전씨는 30일 구속됐다. 한국일보 31일자에는 전씨의 구속영장 전문이 실렸다.

전경환씨의 출국을 알린 한국일보 3월 19일자 특종기사.

일 사진전문 7명과 편집전문 11명, 12월 1일 편집전문 5명과 교정전문 4명 등이다.

5월 1일자로 도쿄지사장 이종성을 미주본사 주필로 전보시키고, 신임 도쿄지사장에는 김평윤을 임명했다. 한국일보 미주본사 편집위원 김영석이 취재한 '소련 1988 봄'이 3일자부터 8회에 걸쳐 연재됐다.

12일 톰 브래들리 LA시장이 미주본사 장재민 사장에게 언론공로상을 수여했다. LA시는 매년 '아시아 전통주간'에 아시아 이주민의 권익을 대변하는 데 활약을 보인 인사 7명을 선정, 시상해왔다. '주간한국'이 15일자 통권 1,219호부터 혁신호로 모습을 바꿨다. 주간한국은 혁신호부터 표지에 인물사진을 과감하게 사용하고 기존의 생활정보란을 모두 폐지했다.

**한국일보 신관 준공**

한국일보는 6월 1일자로 서울경제신문 편집국을 발족시켰다. 서울경제담당 사장에는 권혁승 한국일보 상무이사 겸 서울경제 복간준비위원장이 임명됐다. 서울경제 편집국이 출범함에 따라 본지 및 자매지 간부 등 122명에 대한 대폭적인 인사를 1일자로 단행했다. 조두흠 이사 겸 주필은 상무 이사로 승진했고, 이문희 이사 겸 본지 편집국장은 편집이사 겸 편집인으로 임명됐다. 또 한국일보 신임 편집국장에는 오인환 편집국 국차장을, 서울경제 편집국장에는 박병윤 서울경제 복간준비위원을 임명했다.

새로 구성된 서울경제편집국 국차장 겸 종합편집부장에 이준기 서울경제 복간준비위원, 편집부장에는 채희문 서울경제 복간준비위원, 부국장 겸 정치부장에는 최상태 경제부장이 각각 임명됐다. 또 사회부장에 김기경 서울경제 복간준비위원, 산업부장에 본지 조원영 경제부장대우, 증권부장 직무대리에 박정삼 서울경제 복간준비위원, 중소기업 부장에 박영환 전 한국경제신문 산업2부장, 유통경제부장 김정삼 출판국 스포츠레저부장, 과학기술부장 직무대리에 유익종 출판국 스포츠레저부차장, 문화부장 직무대리에 양 평 본지 문화부차장, 부국장 겸 사진부장에 김경태 본지 사진부장, 편집위원에 김진걸 편집위원실 조사부장이 각각 임명됐다.

한국일보 신관이 6월 8일 준공됐다. 1986년 8월 26일 기공식 이후 연인원 5만여 명을 투입하는 공사 끝에 지상 8층 지하 3층의 신관건물이 완성된 것이다. 신관 규모는 대지 705평에 건평 2,827평이었다. 한국일보 본관 옆에 자리잡은 신관은 언론 자율경쟁 시대에 대비해 최신 인쇄시설 등 각종 CTS 제작시설을 갖추었다. 준공 기념식은 9일 신관 건물에서 거행됐다.

신관에는 시간당 15만 부를 인쇄할 수 있는 다색도 초고속 윤전기, 자체 개조한 흑백 오프셋 윤전기, 최신 자동제판기, 캐리어, 카운터 스태커, 자동 포장 결속기, 자동단지기 등 일련의 최신 자동인쇄 시설이 설치됐다. 9일자 29면과 30면에 실린 '한국일보를 새롭게 했습니다'는 신관 준공에 맞춰 본격 가동되기 시작한 첨단 신문제작 시설을 상세하게 소개

1988년 완공된 한국일보 신관 사옥(앞)과 1969년 지어진 본관 건물.

했다.

8일 오후에는 장강재 회장, 오히라 일본 하마다 인쇄기 제작소 사장 등 외빈과 임직원들이 참석한 가운데 다색도 초고속 윤전기와 흑백 오프셋 윤전기 시동식을 가졌다. 시동식에서 장 회장은 인쇄시설 설치에 공이 큰 하마다 인쇄기 제작소와 삼양중기주식회사 등 9개 회사에 감사장을 수여했다.

신관 지하에는 각종 인쇄시설이 설치됐고 지상 1층은 포장 발송실, 2층은 제판실, 3층과 4층 일부에는 전산제작실이 들어섰다. 4층에는 소년한국 편집국, 5층에는 일간스포츠 편집국과 공동 암실, 6층에는 서울경제신문 편집국, 7층에 코리아타임스 편집국, 8층에는 코리아타임스·서울경제신문·일간스포츠 광고국이 이사갔다. 신관에는 새로운 사무용 집기가 설치됐고, 본관의 사무용 집기도 신관 준공에 맞춰 개선됐다.

창간 34주년 기념식이 9일 오전 본사 12층에서 임직원 200여 명이 참석한 가운데 열렸다. 공로대상 금상은 해당자가 없었으며 은상은 총무국 전기부 등 2개 부에, 동상은 전산개발실 이용근 사원 등 3명에게 수여됐다. 기자대상 금상은 한국일보 사회부 이 황 차장이 차지했으며 은상은 일간스포츠 체육1부 김병규 차장 등 2명, 동상은 한국일보 정치부 최규식 기자 등 3명에게 돌아갔다. 또 10년 장기 근속사원 70명, 15년 40명, 20년 48명, 25년 11

명, 30년 장기 근속사원 6명에게 순금반지와 순금배지 기념품을 전달했다.

### 6대 대형기획 선보여

한국일보는 6월 11일자 3면 사고를 통해 '김용옥 에세이' '장명수가 만난 사람' 등 6대 대형기획을 시작한다고 알렸다.

12일자 3면에 '장명수가 만난 사람' 첫 회가 나갔다. 첫 회의 주인공은 '전환시대의 논리' '우상과 이성' 등의 저서로 유명한 한양대 리영희 신문방송학과 교수였다. 29일부터 심층기획 시리즈 '신세대 그들은 누구인가'가 연재되기 시작했다. 29일자 13면에 나간 첫 회는 '권위주의'였다.

7월 16일자 1면 사고는 서울경제신문이 8월 1일 복간된다고 공식적으로 알렸다.

8월 1일 서울경제신문 창간일을 택해 발행된 서울경제신문 복간호는 총 32면을 발행했다. 1면의 복간사 '용기·양심·지조의 다짐'은 "1980년 11월 25일 비상계엄하에서 강제 종간당했던 서울경제신문이 오늘 복간했다. 역사의 흐름을 역류시키면서 자유언론의 숨통을 막았던 어두운 시대의 흐름에 따라 빼앗겼던 자리와 역할을 되찾고자 여기 새로운 모습으로 선을 보인다"며

1988년 8월 1일자로 발행된 서울경제신문 복간호.

서울경제신문의 부활을 선언했다. 2면에는 노태우 대통령 등 국내 인사와 해외 저명언론사 대표들의 복간 축하전문을 서울경제신문 약사와 함께 실었고 3면에는 60년 당시의 창간사와 80년의 종간사를 전문 게재했다.

### 언론계 최초의 인턴기자 선발

8월 15일 한국일보는 한국 언론사상 처음으로 인턴 기자를 선발했다. 기존 공채제도의 약점을 보완하기 위해 외국 언론사에서 실시되고 있는 인턴제도는 각 대학이나 교수의 추천을 받은 졸업 예정자를 임시 고용, 일정기간 편집국에 근무케 하면서 자질과 훈련 성과를 평가하여 자격이 있다고 판단되는 사람을 시험을 거쳐 선발하는 제도이다.

서울대·고려대·연세대 등 3개 학교의 추천을 거쳐 선발된 9명의 인턴 기자는 15일부터 2개월간 한국일보 편집국에서 근무했다. 그중 5명은 1988년 12월 공채시험을 거쳐 견습기자로 입사했다.

한국일보는 16일자 1면 사고를 통해 '서울올림픽 독자사진 공모'를 알렸다. 17일자는 그리스 올림피아 신전에서 있은 서울올림픽 성화 채화식 리허설 사진을 1면에 크게 실었다.

1988년

한국일보 사회부 이 황 차장의 '전경환씨 돌연 출국' 기사와 한국일보 사진부의 주간한국 연재물 '한국의 오지'가 17일 제20회 한국기자상 취재보도 부문과 사진보도 부문 수상작으로 각각 선정됐다.

한국일보사는 23일 제휴사인 일본 요미우리신문사와 신문활동에 관한 협력을 강화하는 각서를 교환했다. 이날 오후 4시 본사 13층 회의실에서 열린 각서 교환식에서 본사 조두흠 상무이사 주필과 요미우리신문 미즈카미 겐야 전무취체역 편집주간이 서명, 교환한 각서는 ▲양사는 서로 기사와 사진을 교환하고 지국 또는 특파 기자에 대한 편의와 원조를 제공하고 ▲신문제작 이외의 면에서도 폭넓게 협력하고 지면 강화 및 사업 발전에 기여하며 ▲협력 관계의 세부사항은 별도 실무자 간의 협의와 합의에 따라 결정한다고 돼있다.

### '서울올림픽' 한국일보 저력 과시

한국일보와 서울경제신문·일간스포츠는 올림픽 개막일인 9월 17일자부터 폐막 다음날인 10월 3일까지 17일간 올림픽 특집판 '서울올림픽'을 공동 제작했다.

12면 또는 8면으로 제작된 특집판은 첫 면과 마지막 면을 컬러 인쇄했다. 3개지의 공동 특집인 '서울올림픽'의 첫 면에는 서울올림픽에서 뛰어난 기록을 낸 '88서울영웅들'의 강인한 모습을 그린 얼굴 그림과 함께 라이벌의 기록 결과가 나란히 실려 독자들의 올림픽에 대한 흥미를 더해주었다.

한국언론계에서 처음 시도된 올림픽 공동 특집판은 한국일보 편집국을 중심으로 일간스포츠에서 편집부 3명, 체육부 3명, 문화부 1명, 교정부 2명 등 9명이 참가했다. 서울경제신문에서도 편집부 2명, 체육부 2명, 문화부 1명, 경제기자 2명, 교정 1명, 외신 1명 등 10명이 참가했다. 이 기간 동안 한국일보는 16면을, 서울경제신문에서는 12면을, 일간스포츠는

1988년 서울 올림픽 개막식.

16면을 각각 자체적으로 제작해 독자들에게 매일 28면 또는 32면의 두둑한 신문을 배달해 주었다. 특히 한국일보는 올림픽 기간 중 매일 아침 대구·부산 등 영남지역에 컬러 전송호외를 발행했다. 18일 처음 발행된 전송호외는 올림픽 경기의 하루 전적을 종합한 지면을 최신 팩시밀리 송수신 설비로 전송, 대구에서 고속 인쇄하는 방법으로 제작됐다.

언론 자율경쟁 시대의 첫 관문에서 '서울올림픽'을 제작한 것은 한국일보의 저력을 다시 한번 대내외에 알리는 계기가 되었을 뿐 아니라 한국일보 그룹 산하 자매지간의 유기적인 공동제작을 시도했다는 데서도 커다란 의의가 있었다.

특히 대구에서의 원정 인쇄는 1991년 동시인쇄를 준비하게 된 커다란 동인이 됐다. 코리아타임스는 서울올림픽대회 동안 올림픽 공식신문인 '올림피안'을 발행했다. 9월 3일부터 10월 5일까지 33일간 발행된 올림피안은 타블로이드판으로 첫날 124면, 마지막날 404면을 제외하고 매일 64면씩 제작됐다. 영어·불어로 편집된 올림피안은 경기장, 선수단 숙소인 선수촌과 호텔에 배포하고 자동판매기로도 판매됐다. 또한 영어·불어와 한글로 된 '선수촌신문'도 발행했다.

서울올림픽 최우수 선수에게 수여되는 백상크라운은 동독의 수영 6관왕 크리스틴 오토가 차지했다. 회장은 10월 3일 메인 프레스센터에서 시상했다.

구주본사가 10월 1일 독일 프랑크푸르트에 설립됐다. 한국일보가 1일자부터 독일 프랑크푸르트 구주본사에서 위성송신을 통해 인쇄됨에 따라 유럽지역 교포들은 동일한 날짜의 신문을 서울과 같은 날 받아보게 됐다. 기존 서울에서 항공편으로 신문을 구독할 때보다 하루 내지 이틀이 빨라져 서울과 같은 시간대에 고국 뉴스를 접하게 된 것이다. 신설된 구주본사 사장에는 미주본사 최광욱이 부임했다. 파리 런던 마드리드 3개 지국이 소속돼 있는 구주본사는 지사·지국의 운영권을 서울본사에서 이전받아 직영체제로 출발했다.

한국일보는 1969년 LA에 미주본사를 설립, 국제화의 첫발을 내디뎠으며 1988년 1월 일본 도쿄에 아주본사를 설치함에 따라 아프리카와 대양주를 제외한 '세계 어느 곳에서나 볼 수 있는 신문'으로 성장했다.

**흑막 속의 언론 통폐합 특종**

한국일보는 1980년 당시의 언론통폐합 과정을 파헤치는 '흑막의 언론통폐합'을 10월 21일부터 20회에 걸쳐 연재, 5공화국에서 금기시됐던 언론통폐합 문제를 처음으로 공식 제기했다. 이 기획은 중견기자들로 구성된 특별취재반이 취재와 기사 작성을 전담했다. 특히 이성준 사회부장이 입수한 '언론건전육성 종합방안보고'라는 자료는 1980년 언론통폐합 조치의 진상과 성격을 밝히는 데 중요한 전기를 마련했다.

22일 1980년 언론통폐합에 대한 국정감사가 실시됐다. 허문도 등 증인 7명의 국회 증언 내용 전문을 게재한 23일자 지면은 '8년 만에 진상의 일부 드러나' '언론 학살 공박에 개혁

강변' 등이었다. 허씨는 국회 증언에서 "언론통폐합은 내가 입안했다"고 주장했다.

그러나 한국일보가 확보한 '언론건전육성 종합방안 보고'라는 자료에 의하면 1980년의 언론통폐합 조치는 '저항세력' 제거가 주요 목적이었던 것으로 밝혀졌다.

25일자 사설 '언론통폐합 우격다짐'은 허씨 증언의 모순점을 조목조목 반박하고 조속히 언론청문회를 열어 언론 통폐합의 진상을 밝힐 것을 촉구했다. 한국일보의 '흑막 속의 언론 통폐합'을 필두로 각 신문에서 언론통폐합 문제를 연일 대서특필하자 결국 노태우 정부도 진상규명 여론을 일부나마 수용하게 됐다. 정부 대변인 정한모 문공부 장관은 28일 국회답변에서 "80년도 언론통폐합 조치는 당시 상황이 어쨌건 간에 무리하게 추진된 불행한 일"이라며 정부의 잘못을 사실상 시인했다. 29일자에는 '5공비리 척결 본격 작업'이 1면 머리기사로 나갔다. 이렇게 해서 올림픽 이후 국내 정치의 초점은 언론통폐합 등 5공청산 문제 전체로 비화했다.

### 국회 언론청문회

11월 1일자 1면 머리기사는 언론통폐합, 언론인 강제해직, 언론기본법 제정 등 5공 초기의 3대 언론정책이 일원화한 조직에 의해 계획적으로 추진된 것이라고 밝혔다. 1면에는 또 '전두환씨 일가 관련 비리 본격 수사' 기사도 실었다.

3일 헌정사상 처음으로 국회청문회가 시작됐다. 국회 차원의 5공 청산 작업이 본궤도에 오른 것이다. 이때부터 각 신문의 지면은 청문회 관계

언론통폐합 실체를 규명하고자 했던 88년 국회언론청문회에서 증인으로 출석한 이광표, 허삼수, 이수정, 허화평(왼쪽부터)씨가 당시 상황을 추궁받고 있다.

기사와 증언 내용으로 가득 찼다. 4일자에는 국회 5공특위의 일해재단 청문회를 집중적으로 실었다.

1980년 언론통폐합의 진상을 철저하게 규명하기 위한 국회 언론청문회가 21일부터 열렸다. 한국일보는 1980년 언론통폐합의 역사적 중요성을 감안해 청문회의 속기록 전문을 게재하는 등 진실 규명에 최대한의 노력을 기울였다. 22일자 사설 '희생자가 증인이다-언론청문회 증언을 솔직히 하라'는 언론청문회가 갖는 역사적 중요성에 대해 이렇게 밝혔다.

> '1980년 언론 대학살'은 우리 언론사상 최악의 비극으로 기록된다. 가슴에 통한의 비수를 맞은 700여 언론인들은 과거 세대의 사람으로서가 아닌, 현실의 증인으로 눈을 부릅뜨고 이

사건의 결말을 지켜보고 있다. 그들만 아니고 모든 언론인과 국민은 똑같은 심경임은 말할 나위가 없다. 국회문공위는 비공개 간담회와 언론청문회를 열어 진상 규명에 들어갔다. 첫날 언론인 강제 해직에 관련된 증인 신문을 통해 해직기자 명단은 당시 소위 검열단 보좌역으로 지칭되어 위세를 떨친 이상재씨가 작성 제출하라는 지시를 내렸음이 드러났다. 또한 그 주축은 편제에도 없는 언론대책반 또는 이상재팀이라고 불린 7~8명의 일단이었음도 밝혀졌다. 대학살의 단초나마 잡힌 셈이다. (후략)

11월 23일자 1면 머리기사로 나간 '통폐합, 허문도·이상재팀'은 21, 22일 이틀째 계속된 언론청문회와 관련 "이날 청문회에서는 한국일보사가 단독 입수, 보도한 '언론건전육성 종합방안 보고'에 초점이 모아졌다"고 밝혔다. 장기봉 전 신아일보사장은 22일 청문회에서 "신라호텔에서 어느 조간신문 사장이 무슨 주간지인가가 지방에서 사고를 냈다며 '왜 신문 정비를 빨리 하지 않느냐'고 얘기한 것을 들었다"고 증언했다.

국회 청문회에 출석한 장강재 한국일보 회장.

12월 12일 노동조합은 정기총회에서 제2기 노조집행부를 선출했다. 노조위원장에는 한국일보 사회부장대우 조성호가 투표 조합원 393명 중 380명의 지지를 얻어 당선됐다. 노조는 총회에서 조합비를 기본급의 1%로 인상하고 집행부 임기를 1년으로 하는 등의 새로운 조합 규약을 채택했다.

국회 언론청문회도 12일 재개됐다. 국회 문공위는 1980년 신 군부세력에 의해 저질러진 언론통폐합의 진상을 보다 철저히 규명하기 위해 13일 한국일보·조선일보·동아일보·중앙일보 등 4대 신문사 사주들의 증언을 청취했다.

# 한국일보 사람들 [1981~1988년]

**김정태**
(1922~)

경남 마산생. 일본대 전문부 정경학과. 산업경제신문 편집국장 겸 논설위원 지내고 60년 논설위원으로 입사. 88년 정년 퇴임할 때까지 경제전문가로 활약. 자유지성300인회 이사 등.

**안의섭**
(1924~1994)

경기 이천생. 강원 춘천사범, 서울대 예대. 시사만화가로 조선일보·대한일보 편집위원 거쳐 73년 편집위원으로 입사, 시사만화 '두꺼비' 연재. 89년 퇴사. 세계일보·문화일보 이사급 편집위원. 관훈언론상. 만화집 〈두꺼비 선집〉.

**김성진**
(1931~2009)

황해 해주생. 고려대 경제학부. 견습 4기(56년), 동양통신으로 옮겨(57년) 정치부장. 청와대 공보수석비서관 겸 대변인(71년), 문공부장관(75년), 연합통신 초대 사장(81년). 저서 〈박정희 시대〉 〈평화의 허상〉 등.

**이완준**
(1931~1991)

서울생. 성동고. 중앙일보 원색부 거쳐 67년 한국일보 입사. 공무국 사진제판부장, 부국장 겸 원색부장(79년)을 지내고 공무국장(83년) 역임. 공무국장 겸 이사로 재임 중 작고.

**이용운**
(1931~고인)

대구생. 청진수산전문학교. 56년 한국일보 입사. 수송부 부장을 거치면서 초창기 한국일보 보급에 진력. 수송국장(79~84년). 한주여행사 상무(87년) 등. 월남참전전우복지회 이사.

**이창영**
(1931~2012)

충북 음성생. 선린상고. 서울경제 광고국 부국장, 국장, 한국일보 광고국장(81~83년), 광고담당 이사(83~85년), 사업위원 후 87년 퇴임. 사단법인 한국광고협의회 이사, ㈜진흥 상무이사 등.

**최종수**
(1931~)

전남생. 서울대 영문학과, 신문대학원. 한국일보와 코리아타임스 기자·논설위원 지내고 81년 퇴사. 언론연구원 이사, 전남일보 사장, 광주대 신방과 교수·언론대학원장. 저서 〈한국신문 편집론〉 〈한국매스커뮤니케이션 이론〉.

**정경희**
(1932~2015)

충남 공주생. 서울대 사회학과. 외신부장(68년), 주간한국부장(73년), 논설위원(78년), 편집위원(84~86년). 위암장지연 언론상, 송건호언론상(2002년) 등 수상. 저서 〈한국고대사회 문화 연구〉 〈미국과 디스코와 자유와〉 등.

**김운영**
(1933~)

경기 강화생. 중동고. 조선일보 거쳐 65년 한국일보 입사, 사진부장(76년), 일간스포츠 사진부장(81년), 편집부국장 겸 사진부장(88년) 지내고 92년 정년 퇴임. 대한민국체육훈장 맹호장(77년). 저서 〈에베레스트 사진집〉.

**박현태**
(1933~)

경남 사천생. 서울대 법대. 부국장 겸 정치부장(73년). 서울경제신문 편집국장(78년)·논설위원(80년). 11대 국회의원, KBS 사장(85년), 동명정보대 총장(98년) 등. 03년 출가(법명 지연, 백련사 주지).

**이성표**
(1933-1990)

경기 시흥생. 성균관대 법학과. 경제부장, 편집국 부국장(80년), 지내고 일간스포츠 편집국장(82년), 한국일보 편집국장(85년), 논설위원(86년), 일간스포츠 담당 상무이사(86~87년), 88년 퇴사. 한국화공 대표.

**송효빈**
(1933~2021)

충남 대덕생. 연세대 사학과. 미국 미주리대학 신문연구소. 정치부장대우, 도쿄 특파원(79~84년), 소년한국일보 편집국장(87~88년), 논설위원(88년). 기자협회장, 신문연구소 이사. 저서〈이것이 일본이다〉〈가까이서 본 박정희 대통령〉등.

**김성우**
(1934~)

경남 통영생. 서울대 정치학과. 초대 주간한국부장(64년), 사회부장(69년), 파리 특파원(75~82년), 편집국장(83~85년). 일간스포츠 사장(86년), 주필(94년). 대한민국문화예술상. 저서〈컬러기행 세계문학전집〉〈돌아가는 배〉등.

**김태웅**
(1934~2008)

일본 도쿄생. 한국외대 영어과. 54년 코리아타임스 입사. 한국일보 뉴욕 주재 UN특파원(68~90년)으로 활약. 미국서 코리아소사이어티를 조직, 첫 사무총장 역임. 이후 뉴욕 거주.

**남재희**
(1934~)

충북 청주생. 서울대 법대 졸. 한국일보, 민국일보(60년), 조선일보(62년)를 거쳐 서울신문 편집국장(72년)·이사·주필 등. 79년 정계 진출. 10·11·12·13대 국회의원, 노동부 장관. 호남대 교수.

**조두흠**
(1934~2021)

광주생. 전남대 정치학과. 주일 특파원(72~79년), 한국일보 편집국장(82~83년), 상무·주필(86년), 논설고문(89년), 일간스포츠 담당 사장(90~93년). 한국언론인금고 이사장. 저서〈일본, 일본인, 일본사회〉.

**조해붕**
(1934~2002)

경북 상주생. 서울대 사학과. 기사심의부, 정치부 차장을 지내고 서울경제신문 취재3부장(77년), 산업부장(78년), 일간스포츠 부국장, 소년한국일보 편집국장(83~86년). 규봉산업㈜ 상무이사.

**구자만**
(1936~)

경기 화성생. 국민대. 체신청 근무. 한국일보 초대 인사부장(79년), 총무국 총무부국장 겸 총무부장(84년), 한국특판사장(94~01년).

**김지회**
(1936~2011)

충남 당진생. 국학대 정치학과. 서울신문 거쳐 67년 한국일보 편집부 입사. 편집2부장(74년), 일간스포츠 편집부장(80년), 한국일보 부국장 겸 종합편집부장(82년) 지내고 93년 퇴임. 한국편집포럼 회장(00년), 주간당진뉴스 회장.

**문은모**
(1936~2020)

경기 양평생. 서울대 사회학과. 사회2부장(78년), 주간한국부장(79년), 기획조정실장(79년). 상무이사(87년)로 전국 동시인쇄시대와 CTS화 등을 지휘. 전무이사(93년), 부사장(94년)을 역임하고 00년 퇴사.

**손진문**
(1936~)

대구생. 청구대 국문과. 대구일보 거쳐 67년 입사. 일간스포츠 편집부장(83년) 후 88년 퇴사, 국민일보 부국장 겸 편집부장, 전문건설협회 이사 겸 신문사 주간, 굿데이신문 상임고문.

**이문희**
(1936~2005)

함남 원산생. 서울대 사회학과. 주월 특파원, 사회부장(74년), 정치부장(77년), 워싱턴 특파원(82년), 편집국장(86년) 겸 이사(87년). 편집 담당 전무 겸 편집인(94년), 주필 두 차례 역임 후 97년 퇴사. 한일포럼 위원, 남여주CC 사장

**이인호**
(1936~2005)

서울생. 동국대 경제학과. 서울경제신문 광고국장(79년), 이사대우 한국일보 광고국장(83년), 사업담당 상무이사 · 전무이사(94년)를 지내고 97년 퇴사. 한국신문협회 광고협의회 회장. 대통령 표창(광고 유공).

**장천영**
(1936~고인)

강원 원주생. 국민대 경제학과 졸업. 61년 입사, 총무국 자재과장을 거쳐 자재부장(71년), 부국장 겸 자재부장(79년), 총무국장(83~87년)역임. 금양지업(주) 대표이사 등 역임.

**정흥택**
(1936~)

서울생. 한국외대 영문과. 주간한국 최초의 연예전문기자로 활약. 월간편집국 초대 국장(83년), 출판국장 역임. 한국영상자료원 이사장(97년), 국제영상자료원연맹 부회장(2000년). 상명대 석좌교수. 저서 〈영어홍수 속의 진짜영어〉.

**김대수**
(1937~1998)

서울생. 서울대 불문학과. 대학 재학 중 입사, 런던대 사회학과 수료하고 경제부 차장 거쳐 71년 퇴사. 국세청장 비서관으로 근무했다. 73년 복귀해 기획위원, 논설위원(83년). 저서 〈모래알 같은 이야기〉.

**김영렬**
(1937~)

서울생. 서울대 지질학과. 한국일보 경제부장, 편집부국장, 일간스포츠 편집국장(85년), 판매 담당 상무이사(90년), 서울경제신문 발행인 대표이사 사장(98년). 한국신문협회 부회장(2001년), 신문발행인포럼이사(02년). 법률방송 회장.

### 김우경
(1937~2015)

인천생. 중앙대 상학과. 여원사·신태양사를 거쳐 66년 한국일보 광고국 입사. 서울경제 광고부장, 한국일보 자매지 광고국장(83년), 서울경제신문 광고국장(89년).

### 안병찬
(1937~)

충북 진천생. 해양대. 주월 특파원, 외신부장(80년), 주불특파원 겸 편집부국장(82년), 논설위원(85년) 지내고 89년 퇴사. 경원대 신문방송학과 교수, 시사저널 상임편집고문. 저서 〈사이공 최후의 새벽〉〈기자가 되려면〉 등.

### 오도광
(1937~2012)

서울생. 서울대 사회학과. 한국일보 체육부장, 부국장 겸 문화부장(78년), 일간스포츠 편집국장, 한국일보 논설위원(87년). 명지대 체육과 객원교수(2000년) 등 역임. 스포츠미디어리서치 편집위원장.

### 홍원기
(1937~2023)

경기 양주생. 성균관대 경제학과. 한국일보 지방부·사회부 기자 거쳐 업무국장, 상무이사, 판매이사. 한국ABC협회 이사 겸 공사제도위원장(89년), 메트로신문 상임고문. 대한언론인회 회장, 한국일보사우회장 역임. 저서 〈신문인생 40년〉 등.

### 고봉진
(1938~2018)

경북 문경생. 서울대 철학과. 기획실장(78년), 한국일보 기획담당 상무(83년), 한국일보 타임라이프 대표(93년), 한국일보 멀티미디어 이사(95년). 한국현대수필문학상(93년). 수필집 〈흔들리는 당신을 위하여〉 등.

### 유광열
(1938~)

충북 진천생. 68년 한국일보 입사. 일간스포츠 광고국 근무. 과장(75년), 차장 승진(80년), 부장 승진(84년).

### 박휘명
(1938~)

경북 상주생. 건국대학교 행정학과 졸업. 65년 한국일보 입사. 수송부차장 승진(76년), 수송부부장 승진(80년). 1986년 한국일보 퇴사.

### 이상우
(1938~)

경남 산청생. 청구대 국문과. 대구일보 거쳐 66년 입사. 주간국장(82년) 등 역임하고 85년 퇴사. 스포츠서울 창간 편집국장, 일간스포츠 사장(97년), 스포츠투데이·국민일보·파이낸셜뉴스 사장.

### 김진동
(1939~)

전남 장성생. 서울대 국문학과. 한국일보 편집위원, 일간스포츠 문화부장(82년)·부국장, 국차장 겸 종합편집부장(87년), 편집국장(90년), 서울경제신문 이사대우 논설위원(93년), 주필(94년). 대통령 표창(70년).

**박승평**
(1939~)

부산생. 서울대 법대 졸업. 사회2부장(75년) 사회부장(80년)을 지내고 부국장(82년), 주간국장(84년), 논설위원(88년)을 역임했다. 수석논설위원(94년)을 거쳐 논설위원실 이사로 재직하다 97년 퇴사.

**박 실**
(1939~2022)

전북 정읍생. 서울대 정치학과. 외신·정치부 차장 지내며 기자협회장. 80년 해직 이후 정계 입문. 12·13·14대 국회의원, 국회사무총장(98년). 한남대 석좌교수, 청조근정훈장(2003년). 저서〈한국외교비사〉등.

**이성춘**
(1939~)

서울생. 고려대 정외과. 정치부장(80년), 출판국장(87년), 논설위원(88년)으로 통일문제연구소장 겸임. 기자협회장, 고려대 신문방송학과 석좌교수 등. 저서〈전후 분단국가의 언론정책(공제)〉등.

**정달영**
(1939~2006)

충북 진천생. 한국외대 독어과. 문화부장(80년), 일간스포츠 편집국장(89년), 한국일보 편집국장(90년), 주필(92년). 방송위 보도교양심의위원장(96년). 한국외대 겸임교수(2003년). 가톨릭언론대상. 저서〈하늘의 길 땅의 길〉.

**이재승**
(1939~)

서울생. 서울대 영문과. 주월특파원(69년), 외신부장(83년), 워싱턴특파원(87~90년), 논설위원(91년) 역임. 문화방송 시청자위원장(98년), 동원대 인터넷정보과 교수. 국민훈장 목련장(92년). 저서〈IMF는 극복됐는가〉.

**최동완**
(1939~1996)

서울생. 경동고 졸업, 성균관대 중퇴. 사진부 차장(85년), 부장(88년), 편집위원(90년) 역임하고 91년 퇴사. 한국사진기자회 회장(86~87년), ㈜태평양교역 대표이사(95년) 등 역임. 한국기자상(80년) 수상.

**강대형**
(1940~)

전남생. 서울대 사학과. 문화부 차장을 거쳐 일간스포츠 문화부장(80년), 한국일보 문화부장(82년), 일간스포츠 부국장 겸 생활사회부장. 서울경제신문 판매국장(94년), 한국일보 이사 역임. 언론중재위원회 전문위원.

**구용서**
(1941~1984)

서울생. 고려대 정치외교학과. 사회부 차장대우(80년)·차장(82년), 일간스포츠 레저부장(84년) 후 한국일보 사회부로 복귀, 부장대우로 이동취재반장을 역임하던 중 순직. 사회부장으로 추서됨.

**박인순**
(1941~2014)

충남 천안생. 서울대 정치학과. 경제부장(82년), 논설위원(83년). 청와대 공보비서관 지내고 논설위원으로 복귀(92년). 수출보험공사 부사장(92년), 언론중재위 부위원장(2002년) 역임.

**송규섭**
(1941~고인)

서울생. 경기기계공고 재학 중 입사(57년). 납활자 시대의 산증인으로 평가받는다. 정판부장(84년), 부국장 겸 정판부장(89년)을 지내고 93년CTS의 완성으로 납활자 시대가 종언을 고하면서 퇴임.

**김용정**
(1942~)

제주생. 서울대 중문학과. 외신부장(82년), 특집부장(83년), 초대 홍콩특파원 겸 지사장(85~88년), 판매국장(89~93년), 논설위원(94년). 한국케이블TV방송협회 사무총장(98년). '피플파워 메달' (필리핀 정부) 수상.

**박창복**
(1942~)

충남 서산생. 한국일보 입사(69년). 차장 승진(84년), 부장 승진(87년). 89년 퇴임 후 전국매일 서울본부장 역임. 대통령표창 수상.

**이은재**
(1943~)

충남 서천생. 중앙대 법정대학. 70년 한국일보 입사. 광고관리부장(83년), 광고부국장 겸 관리부장(90년), 광고관리위원(98년).

**장창환**
(1943~)

경북 영천생. 69년 한국일보 입사. 관리부 수송차장(81년), 회장수행비서부장(85년).

**정일택**
(1943~)

전북 김제생. 대동상고 졸업, 중앙대 중퇴. 여원사에서 일하다 68년 입사. 기획실 차장(81년)을 거쳐 업무1국3부장(83년)으로 10여년간 수도권 판매부장. 판매1국장(94년)을 역임하고 96년 퇴사.

| 제 4 장 |

1996년 8월 한국일보 기자들이 한라산에서 무선 PC통신을 이용한 교신에 성공한 뒤 환호하고 있다.

## 무한경쟁 시대

1989~2001

한국일보는 30년 만의 월요일자, 조·석간 발행 등 다양한 시도로 국내 신문 산업 경쟁에서 앞서 나갔다. 그러나 변화를 주도하던 사주가 이른 나이에 세상을 떠나면서 경영 안정성이 흔들리기 시작했다. 외환위기에 따른 경영 부담이 가중되면서 내부 불안정이 갈수록 증폭됐고, 이는 서울경제신문과 일간스포츠 분사 등 경영권 분리로 이어졌다.

# 1989년
한국일보는 사회적 공기(公器)로서 막중한 시대적 사명을 완수해야만 한다. - 장강재

**홍보실 신설, '함께 사는 사회' 연중 캠페인**

한국일보는 1989년 1월 1일 언론사상 최초로 홍보실을 신설하는 등 일부 기구를 개편했다. 또 279명에 대한 대폭적인 인사도 단행했다. 기구 개편과 인사는 언론 자율화 시대와 지방자치제 실시 등의 급격한 사회 변화에 발맞추고 창간 35주년을 앞둔 시점에서 사내 기풍을 쇄신하는 데 역점을 두었다.

신설된 홍보실은 홍보부·교육훈련부로 구성, 실장은 정달영 이사대우 편집위원실장이 겸임하고 홍보부장에는 박정수 한국일보 사회부 차장, 교육훈련부장에는 노진환 한국일보 정치부 차장대우가 승진·전보됐다. 독립기구로 확대·개편된 자료실 실장에는 강영수 일간스포츠 편집국 부국장대우 체육2부장이 승진했다.

홍기원 이사대우 업무1국장은 업무이사로 승진하고, 김용정 한국일보 편집국 부국장(홍콩특파원)은 업무1국의 새 사령탑을 맡았으며, 이충우 일간스포츠 편집국 부국장대우 문화부장이 업무1국 부국장에 임명됐다. 박용배 총무국장은 통일문제연구소장을 겸임하게 됐다. 김재설 한국일보 부국장대우 체육부장은 일간스포츠 부국장(체육2부장 겸임)으로, 이재무 한국일보 체육부 차장은 체육부장직대(차장)로, 이성부 일간스포츠 문화부장대우(차장)는 문화부장직대(부장대우)로 승진했다. 유주석 한국일보 외신부 차장은 홍콩특파원(차장)으로 발령났다.

또 자매지 광고국에서 코리아타임스 영업부를 분리, 신설한 코리아타임스 광고국장 직무대리 부국장에는 이완호 자매지 광고국 부국장대우 코리아타임스 영업부장이 승진했다. 코리아타임스 편집국의 문화부와 체육부는 문화체육부로 통합됐다. 일반부서에서는 과장 직급을 신설, 대졸 입사 5년 이상자는 고과에 의해 과장으로 대거 승진, 적체된 인사를 해소시켰다. 1980년 언론 통폐합 당시 해직 기자 중 유일하게 남았던 노향기 사우(25기)가 1일자로 한국일보 편집부 차장으로 복직됐다.

32면을 발행한 신년호는 1면 머리기사에서 국내 정치의 최대 이슈는 중간 평가와 지방자치제 실시 문제가 될 것이라고 밝혔다. '90년대의 과제'를 신년 특집 주제로 정한 한국일

1989년

보는 국내외적인 당면 과제를 심층 분석하는 4대 기획을 신년호에 실었다. 4대 기획은 ▲지역 감정 해소 ▲북방 교류 시대 ▲한반도 평화와 통일 ▲보혁 진통 등이었다. 성장의 그늘에서 소외 당하고 있는 우리의 이웃을 찾아보는 '함께 사는 사회'가 신년호부터 연재되기 시작했다. 신년호 15면에 나간 '함께 사는 사회' 첫 회는 "한국일보는 새해 함께 사는 사회, 외로운 이웃을 따뜻한 가족애로 부축해주는 성숙한 사회를 위해 연중 캠페인을 계속한다"고 밝혔다.

### 자매지 서울경제신문 별도 법인으로 등록

2월 1일자로 견습 50기 22명이 입사했다. 한국일보가 언론사상 최초로 실시한 견습기자 제도가 반백 년의 연륜을 쌓은 것이다. 한국일보 신관 입구의 청동 조각 조형물 '백인백상(百人百想)'이 중견 화가이자 조각가인 이필언씨가 8개월 간 작업한 끝에 1월 완성됐다. 높이 3m의 이 조형물은 농부·공장근로자·주부·학생 등 순박하고 투박한 한국의 소시민 얼굴을 펜대에 부조로 새기고 그 위에 그들의 다양한 목소리를 대변하듯 우람한 펜촉이 등을 길로 향한 채 세워져 있다. 이 조형물은 2015년 동화그룹에 인수된 뒤에는 한국일보 박물관으로 옮겨졌다.

안병찬 논설위원이 6일 관훈클럽의 제35대 총무에 선출됐다.

1989년 두꺼비에 이어 2월15일 첫 선을 보인 시사만화 심마니.

1987년 7월 19일부터 연재가 중단됐던 한국일보 '일요 시단'이 8일 부활했다. 1986년 6월 9일부터 연재된 '재발굴-한국독립운동사'가 13일부터 인물편 연재를 시작했다. '이문희 칼럼'과 '이성춘 칼럼'이 14일부터 신설됐다.

한국일보 자매지인 서울경제신문이 11일 별도 법인으로 등록했다.

한국일보는 5일자로 막을 내린 시사 만화 '두꺼비'에 이어 15일부터는 '심마니'(사진)를 내보냈다. 안의섭 편집위원은 7일자로 퇴사했다. 심민섭 화백의 '심마니'와 '가라사대'가 한국일보에 등장함으로써 '시사 만화의 세대 교체' 바람이 일었다. 농어촌 문제의 원인과 대책을 알아보는 '농어촌 무엇이 문제인가'가 18일부터 6회에 걸쳐 연재됐다.

한국일보는 2월부터 미·영·독·일 4개국 전문가들을 해외 고정필진으로 참여시켰다.

판매 업무의 활성화를 위해 업무국의 조직을 3월 1일자로 대폭 개편했다. 종전 업무1국의 업무1부·업무2부·업무3부·업무4부는 수도권 판매1부·수도권 판매2부로, 특수판매부는 수도권 특수판매 1·2·3·4부로 개편됐으며 업무2국의 업무1·2·3·4부는 지방판매1부·지방판매2부로 개편됐다.

서울경제신문 복간을 기념한 '전직 서울경제 사우 초청 간담회'가 9일 열렸다. 문화부 최성자 기자의 '동서 문명의 교차로-중국 돈황을 가다'가 16일부터 8회에 걸쳐 연재됐다.

사회부가 서울언론인클럽이 제정한 '제5회 언론상' 기획취재보도 부문 수상자로 21일 선정됐다. 서울언론인클럽은 한국일보 사회부 등 특별취재반이 1980년 언론통폐합의 결재 문서인 '언론 건전 육성 종합 방안 보고'를 88년 10월 시리즈로 특종 보도, 언론통폐합의 비사 발굴에 기여했다고 이유를 밝혔다. 특별취재반은 89년 백상기자대상 금상, 한국기자협회의 한국기자상을 수상하는 등 사내외의 언론상을 휩쓸었다.

### 문익환 목사 단독 인터뷰

노향기 편집부장이 3월 31일 제29대 한국기자협회장에 선출됐다. 이충우 업무1국 부국장이 4월 2일 한국가톨릭매스컴위원회가 주는 제3회 가톨릭 언론 대상을 수상했다. '백상 추념 희귀본전'이 11일부터 17일까지 백상기념관에서 열렸다. 신년호부터 연재된 '90년대의 과제-지역 감정 해소'가 7일 13회로 끝났다. 한국일보는 그동안 연재된 내용을 토대로 14·15일 한국사회학회와 공동으로 지역 감정 해소 학술 토론회를 개최했다.

13일자 '장명수가 만난 사람'의 주인공은 북한을 전격 방문해 충격을 던져준 문익환 목사였다. 문 목사는 13일 귀국했으나 곧바로 구속됐다. 그러나 장 편집 부국장은 문 목사가 귀국하기 하루 전인 12일 도쿄에서 그를 단독 인터뷰하는 데 성공함으로써 경쟁지들은 물론 정부 당국까지 놀라게 했다.

경제부는 20일부터 '기로에 선 한국 경제'를 8회에 걸쳐 연재했다.

21일 호봉제 실시에 대한 노사 합의에 따라 26일 급여부터 호봉제가 적용됐다. 회사 측은 조합 측이 요구해온 부서간 현격한 급여 차이 조정과 인사 고과에 의한 불이익자 구제, 병역 관계 반영 등 3개 항을 수용했다. 호봉제가 실시되면서 정사원에 대한 호봉 기준표가 마련됐다. 정기 호봉 승급 시기는 1989년부터 4월과 10월로 하여 1단계 씩 승급하되 입사 1년 미만자에 대해서는 별도 기준에 의거, 호봉 승급을 실시토록 했다. 병역 관계 반영 문제는 현역필 자 및 장교 출신자는 2단계, 방위필 자는 1단계의 특별 승급을 5월부터 적용했다.

### 김기진 유지 담은 '팔봉비평문학상' 신설

5월 2일자는 한국일보와 서강대 김학수 교수팀이 공동으로 벌인 전화 여론조사 결과를 실었다. 6공 정부의 최우선 과제는 노사 분규 해결과 5공 청산인 것으로 나타났다.

70대 초반의 팔봉 김기진.

1989년

한국일보는 '팔봉(八峰)비평문학상'을 제정, 1990년부터 시상키로 했다. 이를 알린 10일자 사고 내용은 다음과 같다.

> 한국일보사는 소설가이며 문학평론가였던 고 팔봉(본명 김기진·1903~1985)의 문학적 유지를 받들어 '팔봉비평문학상'을 제정, 운영키로 했습니다. 비평문학상으로는 획기적인 상금 500만 원의 '팔봉비평문학상'은 고인의 유지에 따라 유족들이 본사에 기탁한 1억 2,000만 원을 바탕으로 운영됩니다. …(중략)… 한국일보사는 이번 신설되는 '팔봉비평문학상'이 '한국일보문학상'과 함께 상호 보완 관계를 유지하면서 우리나라 문학 정신의 최고봉을 확인하는 제도로 가꾸어 나가겠습니다.

업무국 전직 사우 초청 간담회가 9일 본관 9층 대회의실에서 열렸다. 정훈 도쿄 특파원이 북한 방문 후 도쿄에 머물고 있는 황석영을 단독 인터뷰한 기사가 11일자 9면에 나갔다. 21일자 사고를 통해 23일부터 국내 일간지 중 가장 큰 활자로 신문을 제작한다고 알렸다. 자료실 부국장 겸 도서관장 연기호가 31일자로 퇴사했다. 6월부터 '시평' 필진이 윤영오 국민대 교수(정치학), 안명기 변호사, 송상현 서울대 교수(법학), 김세영 이화여대 교수(영문학)로 바뀌었다. 4일자에는 중국 인민해방군이 민주화 시위대를 유혈 진압한 이른바 천안문 사태가 1면에 보도됐다.

한국일보 창간 35주년 특별 회견에서 노태우 대통령은 중간 평가를 받지 않겠다고 공식 선언했다. 9일자는 대통령의 회견 내용을 전문 게재했다. 한말 갑신정변의 주역이었던 김옥균의 일본 유배 실록을 9일자 7·25면에 독점 게재했다.

창간기념식에서 백상기자대상 금상은 당시의 언론통폐합 최종 결재 서류인 '언론 건전 육성 종합 방안 보고서'를 입수, 특종 보도하여 베일에 가려졌던 5공 치하 언론 탄압의 진상 규명에 결정적 단서를 제공한 본지 사회부가 단체 수상했다. 은상은 일간스포츠 체육2부 천일평 차장과 서울경제 산업부 박재균 차장이 공동 수상했다. 동상은 '주한 미군 용산

중국 천안문 사태를 보도한 한국일보 기사 및 화보.

기지 이전'을 특종 보도한 코리아타임스의 이낙호 기자와 '대통령 할아버지 시험 줄여주세요' 등 1988년 8월부터 6건의 특종 기사를 연달아 보도한 소년한국의 박두순 기자, 강영훈 총리의 등장 등 '1·25 대폭 개각'을 종합지에 앞서 보도한 일간스포츠 사회부팀 등이 각각 차지했다.

백상공로대상 금상의 영예는 서울경제신문의 CTS화를 주도했고, 국내 최초로 레이저 빔 프린터를 이용한 출력 방식의 개발을 통해 서울 올림픽 공식 신문을 발행하면서 경비를 절감한 전산개발실에 돌아갔다. 은상은 제판 공정 단축으로 신문 제작에 기여한 공무국 제판부와 올림픽 공식 신문 제작권을 획득, 회사 수익 증대에 크게 기여한 올림픽 공식 신문 제작팀이 차지했다. 동상은 제도 개선에 힘쓴 총무국 인사부와 활자 개혁 기간을 3개월 이상 단축한 공무국 주조부, 오프셋화의 실현에 기여한 전산제작실 및 업무2국의 고시정·유재주 차장 등이 공동으로 수상했다.

9일부터 '지구촌 한민족-유·이민의 어제와 오늘'을 연재하기 시작했다.

### 서울시와 '서울시민대상' 제정

한국일보는 11일자 사고를 통해 '서울시민대상'을 제정한다고 알렸다. 내용은 다음과 같다.

> 한국일보사는 창간 35돌을 맞아 서울특별시와 공동으로 참시민 정신을 남 몰래 실천해온 자랑스러운 시민을 발굴, 표창하는 서울시민대상(가칭)을 제정, 올해부터 매년 서울 올림픽 개막일인 9월 17일 시상키로 했습니다. 전 인류의 축전인 올림픽을 성공적으로 치러낸 것은 바로 올림픽 주최 도시인 1,000만 서울 시민이 일궈낸 시민 정신의 승리인 것입니다. 그 정신은 질서와 청결을 스스로 실천하고, 남을 나같이 생각하는 친절과 용기를 보여주며, 도시를 맑게 하고 전통 문화재를 알뜰히 보호하는 애향 정신 등을 담고 있는 것입니다. (후략)

한국일보는 또 13일자 1면 사고를 통해 "신문 매체의 공익성과 광역성을 충분히 활용해 학습의 기회 균등을 확보토록 함으로써 '신 과외 시대'의 숙제인 건전 과외, 적정 과외를 정착시키는 데 한몫을 하고자 한다"며 '한국일보 대입 가정학습'의 발행을 알렸다. '한국일보 대입 가정학습'은 17일부터 매주 토요일마다 4면씩 발행했다. 1989년 2월 과외 허용 조치가 내려진 이후 또다시 과외 열풍이 일기 시작한 상황에서 '대입 가정학습'은 전국 80만 수험생과 자녀를 둔 각 가정에서 폭발적인 인기를 모았다. 다른 조간은 물론 석간 신문까지도 한국일보의 기획을 모방해 따라왔다. 기존의 제작 지면과는 별도로 발행된 '한국일보 대입 가정학습'에는 고교 상위권 학생의 수준에 맞춰 배점 비중이 높은 국어·영어·수학 3개 과목에 100여 문제가 학력고사 형태로 출제됐으며 중·하위권 학생들도 충분히 이해할 수 있도록 알찬 해설을 곁들였다.

1989년

장강재 사장의 독자에게 드리는 글. 1989년 6월 22일자 1면.

## 장강재 회장, 10년 만에 경영에 복귀

한국일보 노사는 16일 연봉기준 16%의 임금 인상(호봉 승급분 8% 별도)과 편집권 독립에 관한 원칙에 합의했다. 편집 독립에 관한 노사 합의 사항은 편집국장이 임명된 후 편집국장의 임명 동의 여부를 묻는 투표를 실시, 편집국 제작 구성원의 과반수 찬성을 얻도록 했다.

장강재 회장이 6월 20일 열린 이사회에서 사장으로 선임됐다. 1979년 장기영 사주를 이어 회장이 된 지 10년 만에 경영 일선에 복귀한 장 사장은 22일자 1면 '독자 여러분께 드립니다'는 글을 통해 독자에게 인사했다.

장 사장의 취임과 함께 김창열 한국일보 대표이사 사장, 정태연 코리아타임스 담당 사장, 김성우 일간스포츠 담당 사장은 한국일보사 논설위원 겸 상임고문으로 발령됐으며 홍유선·신영수 부회장과 천관우 상임고문은 사빈(社賓)으로 추대됐다.

장 사장의 취임을 계기로 대폭적인 인사를 단행했다. 총 95명이 승진·전보된 인사는 21, 24일과 7월 1일 등 3차례로 나뉘어 있었다. 조두흠 상무이사 겸 한국일보 주필이 한국일보 논설고문에 임명됐고, 주필에는 이문희 한국일보 편집이사가 임명됐다. 김영렬 이사 겸 일간스포츠 편집국장은 일간스포츠 담당이사로 자리를 옮겼고, 정달영 이사대우 홍보실장이 일간스포츠 편집국장에 임명됐다. 홍보실장에는 윤국병 한국일보 편집국 부국장이 임명됐다.

한국일보 편집국은 황소웅 정치부장이 편집국 부국장으로 승진됐고, 김서웅 경제부장은 논설위원으로 발령났다가 다시 서울경제 편집국 부국장 겸 정경부장으로 자리를 옮겼다. 정치부장에는 이성준 사회부장이 임명됐다. 경제부는 신상석 차장, 사회부는 배기철 차장이 각각 경제부장직대와 사회부장직대로 승진 기용됐다.

## 30년 만에 '휴간 없는 신문' 월요일자 발행

7월 3일부터 월요일자를 발행했다. 신문 없는 월요일에 신문을 발행한 것은 한국 언론사에 또 하나의 획을 긋는 용기 있는 결단이었다. 한국일보에서 월요일자를 발행한 이후 동향을 살피던 경쟁지들도 차례로 월요일자를 제작하게 됐다.

89년 7월 3일자 '휴간 없는 신문'에 대한 전문가 대담 기사.

1959년 이후 30여 년 만에 처음으로 발행한 3일 월요일자는 모두 8면을 제작했다. 2면 사설 '다시 월요일에 신문을 내며'를 통해 월요일자 발행의 의미를 밝힌 데 이어 3면에는 언론학자 3명의 좌담 기사 '휴간 없는 신문-언론사의 쾌거'를 실었다. 좌담에는 서정우(연세대) 안광식(이화여대) 팽원순(한양대) 교수가 참여했다.

김영환 파리특파원의 '프랑스 혁명 200돌'이 9일부터 4회에 걸쳐 연재됐다. 업무국의 일선 보급 조직 명칭이 15일부터 바뀌었다. 직할시와 도청 소재지급은 지사로, 그 밖의 지역은 모두 지국으로 통일시켰다. 총무국 서무국 부국장 구자만, 자재부 부국장대우 부장 심창섭이 15일자로 퇴사했다. 전직 편집국장 간담회가 18일 장강재 사장을 비롯, 전현직 편집국장 30여 명이 참석한 가운데 열렸다.

1988년 6월부터 일시 중단됐던 장명수 편집부국장의 '여기자 칼럼'이 8월 1일자부터 이름을 '장명수 칼럼'으로 바꾸어 다시 연재되기 시작했다. 8월부터 판매 업무의 활성화를 위해 업무1국의 판매촉진부와 업무2국의 판매관리부가 판매촉진부로 통합됐다. 또 수도권1~4부가 수도권특판부로 통합됐다. 광고국은 영업3부를 폐지하고 기획부를 제작부로 개칭했으며 영업기획부를 신설했다.

7일자 사고를 통해 '한국독립전쟁사-남북의 시각'을 주제로 국제학술회의를 개최한다고 알렸다. 88년 '흑막 속의 언론 청문회'를 특종 보도한 한국일보 특별취재반이 17일 제21회 한국기자상 시상식에서 취재보도 부문상을 수상했다.

9월 1일부터 '올림픽 1년-빛나는 16일 무엇이 남았나'가 8회에 걸쳐 연재됐다. 11일자 사고는 한국일보와 대한항공이 공동으로 '해외 동포 혈육 찾기 캠페인 광고'를 연재한다고 알렸다.

한국일보가 제정한 제1회 서울시민대상 수상자가 17일자 1면 사고에 발표됐다.

### 월요일자 8면에서 12면으로 증면

10월부터 월요일자가 8면에서 12면으로 증면됐다. 컬러 간지를 포함, 16면 동시 인쇄 및 접지가 가능한 윤전기 '베이 윈도' 시설이 10월부터 가동되기 시작했다.

군의 위상을 본격 진단하는 '민주화 시대의 군은 달라지고 있는가'가 17일부터 8회에 걸쳐 나갔다. 1988년 6월 9일부터 1년 4개월 동안 인기리에 연재됐던 기획시리즈 '신세대 그들은 누구인가'가 25일 60회를 끝으로 막을 내렸다. 제2회 한국일보 잘 만들기 토론회가 장재국 발행인, 오인환 편집국장을 비롯 96명의 편집국 기자들이 참석한 가운데 21·22일 경기도 용인군 현대인력개발원에서 열렸다.

냉전 체제의 붕괴 과정을 다각도로 분석한 외신부의 '개혁-세계의 급류로'가 11월 7일부터 연재됐다. 1980년대 이후 정치·사회 변화의 한 축을 담당할 정도로 역할이 확대된 대학 운동권의 변천 과정을 정리한 '운동권 전환기를 조명한다'가 8일부터 연재됐다.

# 1990년
이번 기회를 놓치면 우린 희망이 없다. - 장강재

**"무한 경쟁 주도할 총력전 전개하자"**

1990년 1월 1일자는 40면을 발행했다. 1면 머리는 전직 대통령으로는 사상 처음으로 1989년 12월 31일 국회 광주·5공특위 연석회의 청문회에 증인으로 출석, 역사의 심판대에 선 전두환 전 대통령의 증언 내용을 올렸다. 그의 발언은 4·5·6·7·8면에 이어졌다.

국회 5공특위 청문회에 나온 전두환 전 대통령.

신년특집도 큰 호응을 얻었다. 신년특집 I 은 '21세기를 여는 우리 경제의 과제와 진로'를 구본호 한국개발연구원장이 기고했다. 18면 '21세기-한반도'는 이재승 워싱턴 특파원과 도널드 자고리아 뉴욕 헌터대 교수의 대담으로 실었다. '21세기-세계'에는 프랑스 석학 기 소르망 회견기가 실렸다. 20·21면에는 21세기의 국민 생활을 진단하는 한국개발연구원(KDI)의 예측을 경제부 박영철이 썼다. KDI는 수출을 1,800억 달러로, 채권액은 800억 달러로 전망했다.

신년특집 II는 '국내 최초 동계 대장정-백두산·두만강을 가다'였다. 외신부 이상호와 사진부 박종우는 눈 덮인 백두산을 등정, 취재했다.

2일 장강재 사장은 신년 사보 인터뷰에서 한국일보 중흥의 원년인 새해를 맞아 무한 경쟁 시대를 주도할 총력전을 전개하자고 강조했다. 당시의 한국 언론은 1987년 6월 29일 민주화 선언으로 행동 영역을 급속히 넓히면서 자타가 공인하는 한국일보 주도의 무한 경쟁 시대에 돌입하고 있었다. 6·29 선언 직전 문공부에 등록된 일간신문은 30여 개에 불과했다. 그러나 1988년 말 65개, 1989년 말 70개, 1990년 8월에는 78개로 불어났다. 수적으로 2.8배의 놀라운 팽창이다. 신창간과 복간이 잇따르면서 독재 시대의 유습인 독과점 체제가 깨졌다. 그 타파를 한국일보가 앞장선 것이다.

한국일보는 무한 경쟁에 대비하는 공격적 자세로 '1990년 토털 홍보 작전'을 전개해 나갔다. 1989년에 육교·텔레비전·라디오 등을 이용하여 이미지 제고에 노력했으며 정상 탈환의 해로 정한 1990년엔 더욱 적극적인 홍보 활동을 전개했다.

### 종교계와 함께 사랑의 쌀 나누기 운동 전개

18일 한국일보가 후원하고 한국기독교총연합회가 주최한 '사랑의 쌀 나누기' 범국민 캠페인 발기인 대회가 열렸다. 발기 대회의 조직은 다음과 같다. ▲발기인 대표 한경직 영락교회 원로목사 ▲실행위원장 이한빈 전 국무총리 ▲운동본부장 박세직 전 올림픽조직위원장 ▲발기인 윤보선 전 대통령, 최태섭 한국유리 회장, 김인득 벽

한국일보사와 사랑의쌀나누기운동본부가 모금한 사랑의 쌀이 몽골로 향하는 운송편에 선적되고 있다.

산그룹 회장, 최순영 신동아그룹 회장, 김일환 한국어린이재단 명예회장, 유상근 명지대 총장, 서영훈 한국방송공사 사장, 최창봉 문화방송 사장, 이재은 기독교방송 사장, 정연희 기독교여성문인회장, 이영덕 남북적십자회담 대표, 황산성 변호사, 이진우 국회의원, 곽선희 소망교회 목사

운동이 시작된 지 한 달 만인 30일 성금 총액이 10억 원을 돌파했다. 성금 건수는 1만여 건, 참여 인원은 해외동포를 포함 10만 명을 넘어섰다. 사랑의 쌀 운동은 1차 운동 기간을 마무리한 1990년 6월 30일 23억 원이 답지했다. 이 기간 중 운동에 참여한 직장 단체·관공서·개인 기탁자들이 1만여 건에 이르는 것으로 집계됐다.

'쌀 풍년을 사랑 풍년으로'라는 구호 하에 전개된 이 사랑의 실천 운동은 민간 주도 원칙 아래 작은 사랑 큰 나눔의 범국민 운동으로 뿌리를 내렸다. 3년간 운동의 대열에 동참한 국내·해외 동포 성금 기탁자들은 60만 명을 넘었다. 3년 간 모인 성금과 이자는 65억 1,339만 5,685원이었다. 이 중 23억 3,543만 2,739원이 국내 소년소녀가장·영세민·장애인·사회복지단체·이재민 그리고 불우이웃을 위해 곳곳에 세운 '사랑의 쌀 식당'의 밥상에 따뜻한 쌀밥으로 나누어졌다.

해외 원조로 사랑의 쌀나누기 운동은 'Rice of Love, KOREA'라는 이름 아래 국제적인 관심을 불러일으켰고 이 운동을 이끌어온 한경직 목사는 1992년 4월 30일 베를린에서 종교계의 노벨상으로 평가되는 템플턴상을 수상했다.

1990년

### 일간스포츠 일간지 최초 24면 가로쓰기

3월 1일 자매지 일간스포츠는 편집 체제를 혁신했다. 국내 일간지로서는 최초로 24면 체제에 가로쓰기로 전환했다. 이날 한국일보의 기획 연재물 '신세대 그들은 누구인가'가 단행본 상·하 두 권으로 출판됐다. 서울경제신문은 26일자 월요판에 신도시 분당 2차 분양 아파트 당첨자 명단을 4면에 걸쳐 실어 호평을 받았다. 이 월요판은 가판 및 추가 인쇄분까지 동이 났다.

4월 2일 오인환 한국일보 편집국장, 조병필 코리아타임스 편집국장, 박용배 총무국장이 이사대우로 승진했다. 그 밖의 인사는 다음과 같다.

▲경리국장 김용운 ▲한국일보 편집국장대리 박영길(종합편집부장) ▲일간스포츠 편집국장대리 김진동 ▲한국일보 국차장 겸 생활부장 장명수 ▲코리아타임스 편집국차장 김명식 ▲한국일보 편집위원 이광영 최동완 ▲편집국 부국장 이병일 ▲부국장대우 윤천식(편집부장 겸임) ▲부국장대우 이성준(정치부장 겸임) ▲문화부장 박찬식 ▲사회2부장 직무대리 노진환 ▲북한부장 직무대리 정일화 ▲외신부장 직무대리 문창재 ▲사진부장 직무대리 박태홍 ▲홍보부장 이성부 ▲코리아타임스 부국장대우 김송현(편집부장 겸임) 정운붕(정치부장 겸임) 전기학(사회부장 겸임) ▲서울경제 부국장대우 조원영(산업부장) 김기경(국제부장) ▲일간스포츠 부국장대우 장영택(주간여성부장) ▲일간스포츠 종합편집부장 천상기 ▲일간스포츠 체육1부장 김병규 ▲일간스포츠 체육2부장 천일평 ▲일간스포츠 사회부장 박정수 ▲일간스포츠 문화부장 성인숙 ▲일간스포츠 교정부장 박창원 ▲소년한국일보 부국장대우 박진길(취재부장) ▲업무국 부국장 조근우

11일 장기영 사주의 13주기를 맞아 백상 추념 '중국 원로 화백 초대전'이 백상기념관에서 개막됐다. 개막식에는 김기창·황유엽·김서봉·한익환 등 미술계 인사들과 장강재 사장, 심명보 의원, 설국환 대한여행사회장 등이 참석했다.

15일 문화면에 '시와 그림'이 처음 실렸다. 종래 1면에 실리던 한국일보 '일요 시단'의 형식을 바꾼 것이다. 첫 그림은 장 콕토의 프레쥐스 성당, 시는 이해인의 '부활 소곡'이었다.

### 한국 언론사상 최다 주 156면 발행

17일자는 한국일보가 '월요일자'에 이어 획기적인 증면을 단행, 언론사상 최다인 주 156면 발행에 돌입했다. 한국일보는 주 156면을 발행하게 됨에 따라 전체 지면을 재조정, 쇄신하는 한편 독자의 생활 속에 파고드는 기획과 특집을 마련했다. 인기 연재물 '컬러 기행 러시아 문학'(김성우) '신중년 세대'(사회부) '공산권 정치 기행'(정치학자) '지구촌 한민족'(외신부) '차범근의 월드컵 탐색'과 함께 '여성 저널' '요즈음 어떻습니까-각계 인사들의 근황' '북한' '독서 광장' 등이 선을 보였다.

19일자부터 '주간 여성'이 100면의 컬러 화보를 비롯해 심층 취재 기사 등 모두 180면을

엮는 혁신을 단행했다.

5월 8일 한국일보는 제1회 팔봉비평문학상 수상자로 문학평론가 김 현씨를 선정했다. 김씨의 수상 평론집은 문학과지성사 발행 '분석과 해석'이었다. 팔봉비평문학상의 운영위원은 정비석·김성한·구상·윤석중이었다. 심사는 문학평론가 정명환·한계전·김병익·염무웅이 맡았다.

15일 1면 사고로 제9회 한국교육자대상 수상자가 발표됐다. 대상은 선린상고 김해인 교장, 경북 칠곡국교 박영숙 교사이고 스승의 상은 서울 남부국교 이석우 교장 외 29명, 특별상은 인천혜광학교 배영환 교사였다.

17일 한국일보와 일간스포츠 편집국장을 지낸 이성표(57)씨가 별세했다. 이 전 국장은 16일 오전 서울 강동구 하일동 중부고속도로 상행선에서 교통사고로 중상을 입고 치료를 받아왔다. 이 전 국장은 1959년 한국일보에 입사, 경제부장·일간스포츠와 한국일보 편집국장을 거쳐 논설위원·업무담당 이사를 역임했다.

1990년 5월 29일 팔봉비평상 1회 수상자에 대한 시상식이 열렸다. 수상자 김현 교수가 와병 중이어서 장남 김상구(서울대 노문학과 1년)군이 구상씨로부터 상장과 상금을 받고 있다.

### 창간 36돌 기념호 36면 발행

24일 일본을 방문한 노태우 대통령에게 아키히토(明仁) 일왕은 "일본에 의해 초래된 이 불행했던 시기에 귀국이 겪으셨던 고통을 생각하며 본인은 통석(痛惜)의 염(念)을 금할 수가 없습니다"라고 과거사에 대해 반성했다. 26일자에서 일본 고대사에 정통한 한국일보 문화부장 출신 이영희 작가는 특별 기고에서 일본의 사과 용어는 납득하기 어렵다고 비판했다. 그는 "통석이라는 단어를 두고 의견이 구구한 것 같은데, 여기에는 '심히 유감스럽다' 또는 '심히 아쉽다'는 뜻이 포함되어 있으나 진정한 사과 발언으로 보기는 어렵다. 더욱 납득키 어려운 것은 이보다는 그 앞의 '맛보셨던'(아지와레타)이라는 말마디다. 일본으로 인해 36년간 강점당한 고통과 손실이 우리에게 있어서 한낱 맛이었던가. 이것은 도무지 이해할 수 없는 용어"라고 비판했다. 또한 외신부 최규식 기자는 통석의 염에 대해 학자들의 의견은 사죄의 뜻이 없다는 게 중론이라고 썼다.

6월 7일 한국일보 사회2부는 '농촌 살릴 길 없나-가속되는 황폐화 현장 긴급 진단' 시리즈를 시작했다.

9일 한국일보는 창간 36돌을 맞아 36면의 기념호를 발행했다. 1면 머리는 이문희 주필의 노태우 대통령 회견이었다. 대통령은 한미 정상회담을 위해 워싱턴을 방문 중이었기 때문에 인터뷰는 현지에서 했다. 7면에는 백선엽 장군의 기록을 토대로 6·25 40주년 화보, 25면은 컬러 특집으로 황소웅 부국장의 해외 취재인 '대격변의 국제화 시대, 르포 한국 외교', 29면에는 '태백산맥'의 작가 조정래씨의 '만주벌 기행'이 각각 연재를 시작했다.

15일자 1면에 1898년 10월 19일자 미국 잡지 '배니티 페어'에 실린 고종 황제의 천연색 초상화가 소개됐다. 이 어영은 캐리커처로는 처음인데 고서 수집가인 여승구씨가 런던에서 구입해 한국일보에 제공한 것이다. 22일 제23회 한국일보문학상을 소설가 김영현씨가 받았다. 수상작은 '저 깊고 푸른 강'이었다. 29일 정준성 파리지사장이 면직되고 후임에 오한근이 임명됐다.

7월 첫 주부터 매일 24면 발행 체제에 돌입, 한국 언론사상 최다 면수인 주 168면을 발행하기 시작했다. 한국일보는 수시로 1면 기둥 사고를 내 '한국일보만 매일 24면 발행합니다'라고 알렸다.

'언제나 한국일보가 해냈습니다'는 제목의 PR판을 7월 발행했다. '한국 한국인 한국일보, 밝은 아침 밝은 내일 한국일보'라는 부제가 붙은 이 홍보 페이지는 한국일보가 왜 좋은 신문인가라는 세평의 이유를 이렇게 설명했다. ▲특종이 가득하다 ▲독보적인 기획물이 풍성하다 ▲정보량이 가장 많다 ▲배달이 가장 빠르다 ▲이웃 사랑의 정신이 넘친다.

이러한 한국일보의 드라이브로 1990년 6월을 기준으로 광고 단수는 한국일보가 4,640단으로 1989년 6월 16면 발행 당시의 3,080단에서 무려 50.6%의 성장을 이룩했다. 반면 A일보·B일보·C일보는 4,000~4,500단을 기록했다. 유가 독자는 전국 평균 20%의 성장을 기록했다. 새로 입주하는 아파트에서 한국일보의 구독률이 30%선을 넘었다. 1989년 6월 125만 부이던 평균 발행 부수는 1990년 6월 현재 145만 부를 넘어서 150만 부를 눈앞에 두게 됐다. 편집국 기자는 1988년 6월 180명, 1989년 6월 201명, 1990년 7월 230명으로 늘어났다.

16일 한국일보사 영남본부 사옥 기공식이 경남 창원시 중앙동 현장에서 열렸다. 중앙 일간지 중 지방본부 사옥은 한국일보가 처음이었다. 이는 지방화시대를 맞아 지방 독자들에게 새로운 정보를 더 신속하게 전달하려는 노력의 일환이었다. 같은 날 소년한국일보는 창간 30돌을 맞았다. 소년한국일보는 그해 11월 13일부터 유가지 30만 부를 발행, 우리나라 어린이신문 사상 새로운 기록을 세웠다.

### 장강재 회장, 장재국 사장 체제

8월 13일 한국일보사 임직원 일본 연수단 제1진 21명이 5박 6일 일정으로 출국했다. 14일자부터 한국일보는 백선엽 전 육군참모총장의 회고록 '실록 지리산'을 연재하기 시작했다. 또한 광복 45년을 맞아 독립유공자들의 위상을 재정립하기 위한 기획으로 '독립유공자'를 3회 연재해 그들에 대한 무관심, 푸대접과 후손들의 생활상을 조명했다. 15일 광복절

45주년에 한국일보는 '청산 못한 일제'라는 제목의 사설을 썼다.

31일 장강재 사장이 회장으로 복귀했다. 사장에는 장재국 대표이사 부사장이 임명됐다. 장 회장의 복귀는 1989년 6월 21일 사장으로 취임한 지 만 1년 2개월 10일 만의 일이다. 9월 1일자로 대폭 인사가 있었다. 편집국장에는 정달영 이사대우 일간스포츠 편집국장이 임명됐다. 장재근 아주본사 사장을 부사장으로, 정태연 상임고문 겸 논설위원을 코리아타임스 사장으로, 조두흠 논설고문 겸 논설위원을 일간스포츠 사장으로, 김수남 소년한국일보 이사를 소년한국일보 사장으로 각각 발령했다.

한국일보사는 또 담당 상무 제도를 도입했다. 이문희 이사 겸 주필을 편집 담당 상무이사로, 김영렬 일간스포츠 담당 이사를 업무 담당 상무이사로, 이인호 이사 겸 한국일보 광고국장을 광고 담당 상무이사 겸 한국일보 광고국장으로 각각 임명했다. 오인환 이사대우 한국일보 편집국장은 이사 겸 한국일보 주필로, 박용배 이사대우 총무국장은 이사 겸 총무국장으로 승진했다. 일간스포츠 편집국장에는 김진동 편집국장대리가 승진했다. 박병윤 서울경제신문 편집국장은 이사대우로 승진했다.

9월 1일 한국일보가 발행하는 4개 매체의 마이크로필름이 제작됐다. 한국일보는 창간일인 1954년 6월 9일부터, 코리아타임스는 1956년 1월 1일부터, 서울경제신문은 1960년 8월 1일부터, 일간스포츠는 1969년 9월 26일부터 시작해 모두 1989년 12월 31일까지의 신문을 수록했다.

김일성(오른쪽) 주석과 악수하고 있는 강영훈 총리.

16일 한반도 분단 45년 만에 처음으로 대한민국의 국무총리가 평양 땅을 밟았다. 강영훈 총리를 수석대표로 한 남북고위급회담 대표단 70명이 판문점을 거쳐 평양에 도착해 3박 4일간의 공식 일정에 들어갔다. 한국일보는 이 회담의 취재를 위해 이성준 정치부장과 박태홍 사진부장을 평양에 특파했다.

20일자부터 이 부장은 '평양을 다녀와서'를 8회 연재했다. 첫 회의 제목은 '변화의 바람 속에 불변의 허세, 말끝마다 통일 판에 박은 논리'였다. 이 부장은 이 연재로 1991년 1월 11일 관훈클럽이 국외 보도 부문에 수여하는 제2회 최병우기념 언론상을 수상했다. 26일 김성우 상임고문 겸 논설위원의 '컬러 기행-러시아 문학'이 43회로 끝났다.

1990년

### 평창동 제2별관 제작 시설 가동

11월 27일 한국일보사의 평창동 제2별관 제작 시설 가동식이 열렸다. 1990년 2월 4일 기공한 제2별관은 대지 1,341평, 지하 1층 지상 3층 규모의 컴퓨터 자동제어 중앙통제식 인쇄 시설로 다색도 고속윤전기·흑백윤전기를 포함, 16대의 윤전기와 최신 신문전송기·자동 발송 및 제판 시설을 갖췄다. 컬러 4면을 포함한 24면을 한 시간에 평균 24만 부 인쇄할 수 있었다. 이로써 한국일보사는 기존 인쇄시설을 포함하여 시간당 50만 부(24면 기준) 이상을 인쇄할 수 있는 능력을 갖추게 돼 시설 면에서 국내 신문사 중 가장 앞선 경쟁력을 확보하게 되었다.

장강재(왼쪽 세 번째) 회장이 평창동 공장에서 인쇄된 지면을 살펴보고 있다.

11일자부터 조정래씨의 소설 '아리랑'이 연재되기 시작했다. 12일부터 서울서 열리는 남북한 총리 3차 회담을 앞두고 한국일보는 특별취재반을 구성했다.

# 1991년
솔직해져야 모든 것이 제대로 보인다. - 장강재

**생명기행으로 장식된 신년 특집**

1991년 1월 1일 한국일보는 신년 특집호로 32면을 발행했다. 1면 머리는 '여야, 정초부터 선거 준비 부산, 지방자치제 정국 본격 돌입. 전국 지방의원 후보 2만 명 난립 예상 일부 벌써 과열·타락 조짐'이라는 제목의 기사였다. 신년 주제는 '투표 혁명을 이루자'였다. 첫 회에서 정치학자 민준기(경희대)·김호진(고려대)·안청시(서울대)·신명순(연세대)·송호근(한림대) 교수 등 5명이 발제 토론을 벌였다.

4일부터 한국일보의 주제인 '생명'에 맞추어 '김성동의 생명 기행'이 연재되기 시작했다. 이 기획은 국토의 환경 오염 실상과 이를 극복하려는 생명 운동의 실태를 샅샅이 드러내려는 취지에서 시작됐다.

이 기획의 사진은 최동완 편집위원이 맡았다. 김성동씨는 첫 회에서 "생명의 광란을 잠재우자, 확산되는 오염과 탐욕은 생존 자체를 위협한다. 물질 앞에 무너져 내리는 정신, 세계를 뿌리에서 다시 보아야 한다"고 썼다. 김성동씨는 41회로 이 기획의 말미에 즈음하여 "발길 닿는 곳마다 병든 땅, 유토피아는 없는가. 보통 주부들이 공해 방지를 위해 작은 실천을 하는 것이 한 가닥 위안이 된다"고 말했다. 이 생명 기행은 '생명 에세이'라는 단행본으로 출간됐다.

10일 사랑의 쌀 나누기 운동을 공동 주관해온 한국일보사와 운동본부는 사랑의 쌀 1만 2,487가마를 방글라데시 국민들에게 전달했다. 16일 원로 언론인이며 사학자인 천관우 한국일보 사빈(社賓)이 서울대병원에서 별세했다. 충북 제천 출신인 고인은 1951년 언론계에 몸담은 뒤 한국일보·동아일보·조선일

1991년 1월 본격화한 걸프전 상황을 전하는 한국일보 지면.

1991년

보·민국일보 등 주요 일간지의 논설위원·주필·편집국장을 역임하면서 직필을 보여준 당대의 문필가였다. 고인은 1969년 신동아지 필화 사건으로 물러났다가 1981년 한국일보 상임고문으로 언론계에 복귀했다. 사학자 이기백은 17일자에 '출중했던 모습 어디서 뵈올지'라는 조사를 썼다. 17일부터 본격화한 걸프전쟁 관련 기사를 특별취재단을 꾸려 상세히 보도하기 시작했다.

3월 3일 본사는 사랑의 쌀 2차년도 모금 활동을 시작했다. 9일 전자뉴스부를 신설했다. 같은 날 한국데이타통신(데이콤)의 정보통신망인 천리안과 계약하고 한국일보 뉴스를 가입자에게 24시간 서비스하기 시작했다.

### 서울경제 배상 신청 배상심의회에서 기각

정부의 초법적인 언론통폐합 조치로 강제 폐간당했던 자매지 서울경제신문의 원상 회복과 피해 보상을 요구하는 국가 배상 신청을 서울지구배상심의회가 기각한 데 대해 9일 재심을 요구했다. 한국일보는 소송 대리인인 이세중 변호사를 통해 법무부 배상심의회에 재심 신청서를 제출하고 한국일보가 입은 유무형 손실액 1,000억 원 중 1차로 청구했던 100억 원의 배상 신청에 재심을 청구했다.

11일 '사랑의 쌀 나누기 운동'을 재개하고 임직원 명의로 1,750만 원을 기탁했다.

4월 1일 지면을 혁신했다. 매주 월요일자에 한국일보 '월요 포럼'과 '실록 청와대'를 실었다. 월요 포럼은 월요석·인물·맥 등의 기사와 함께 정국의 상황을 체계적으로 분석했다. 대하시리즈 '실록 청와대'는 제5공화국의 실체를 당사자들의 증언과 사실 추적으로 파헤쳐 갔다.

5월 1일 한국일보는 이완준 이사 겸 공무국장을 이사로, 최상태 서울경제 편집 부국장 겸 사회부장을 홍보실장으로 임명했다. 또 서울경제신문 정경부를 정치부와 경제부로 분리하고 특집부를 특집레저부로 개편했다. 그 밖의 인사는 다음과 같다. ▲전산제작실장 겸 공무국장직무대리 김상혁 ▲논설위원 황소웅 ▲편집국 국차장 장명수 윤국병 ▲부국장 겸 생활부장 이병일 ▲부국장대우 사회2부장 김기경 ▲경제부장 직무대리 박무 ▲외신부장 직무대리 백우영 ▲주간한국부장 직무대리 노진환 ▲서울경제 편집국차장 김서웅 ▲서울경제 부국장대우 경제부장 신상석 ▲서울경제 부국장대우 사회부장 정 훈 ▲서울경제 정치부장 박정삼 ▲서울경제 국제부장 양 평 ▲서울경제 문화부장 박재균 ▲서울경제 증권부장 직대 김윤식 ▲서울경제 특집레저부장직대 고호진

명지대 강경대군 사망 등 당시 잇따른 젊은 청년의 사망과 관련, 5일자 1면 특별 기고에서 새문안교회 김동익 목사는 '젊은이여 죽어서는 안 된다'고 호소했다.

7일 정부는 중앙일간지가 지방에 분공장을 설치하고 서울에서 편집한 신문을 인쇄, 배포하는 것을 허용했다. 최창윤 공보처 장관은 정기간행물 등록에 관한 법률에는 '지사 또는

지국은 정기간행물을 편집·발행할 수 없다'고 돼 있으나 지방 분공장은 지사·지국에 해당되지 않는다는 법무부의 유권해석이 내려졌다고 밝혔다. 이것은 법률적으로 신문의 전국 동시 인쇄가 아무 하자가 없음을 밝혀주는 것이었다.

7일자부터 조세형 의원의 '의원이 본 북한'이 연재됐다. 8일 한국일보사가 제정한 제2회 팔봉비평문학상 수상자로 김윤식 서울대 교수가 선정됐다. 17일자부터 외신부 최해운은 '통일 16년의 베트남'을 현지에서 르포하여 연재하기 시작했다. 21일 이완준(60) 공무이사가 숙환으로 별세했다. 장례는 25일 사우장으로 치러졌다.

6월 4일자부터 수도권 뉴스를 3개 면으로 확대했다. 1일 독자부를 신설한 데 이은 조치였다. 4일 사할린에서 사랑의 쌀 1,000가마가 동포들

1991년 5월 14일 치러진 강경대군 장례식.

에게 전달됐다. 이 쌀은 5월 30일 한국해양대 원양실습선 한바다호에 실려 부산을 떠났으며 사회부 한기봉 기자와 사진부 신상순 기자가 동승했다.

9일 한국일보는 창간 37주년을 맞았다. 32면을 발행한 창간 기념호의 1면 머리는 '북한, 핵 안전 협정 체결 통보' 기사였다. 창간 37돌 기념 사설은 '남은 시간의 의미'라는 제목으로 1면에 실렸다. 3면에는 원로 12인의 민주화에 대한 진단을 실었다. 원로는 고흥문(전 국회 부의장)·박경리(소설가)·이재형(전 국회의장)·김갑순(전 YMCA연합회장)·박홍(서강대 총장)·이한빈(전 부총리)·김은호(전 대한변협회장)·서영훈(전 흥사단 이사장)·현승종(한림대 총장)·김정한(민족문학작가회의 고문)·이만섭(전 국민당 총재)·홍남순(변호사) 등이다.

9면에는 정일화 워싱턴특파원이 미국 최대 학술 단체의 하나로 꼽히는 아시아학회 앨버트 포이어베커 회장을 회견한 내용을 실었다. 9일부터 3개의 특집 연재가 시작됐다. 25면은 '아시아 세기를 여는 새 도전, 동남아가 일어선다' 첫 회로 쿠알라룸푸르에 파견된 홍선근 기자의 기사였다.

26면은 최성자 기자의 '고구려 기행, 남북한·중·일 사학자 집안을 가다'였다. 28면은 1992년 임진왜란 발발 400주년을 앞두고 '임란 400년, 한일 관계 역사의 현장에 가다'가 시작됐다. 문화부 이기창 기자가 맡은 이 기획의 첫 회는 부산진 동래성이었다. 31면에는 열대성 폭우와 대홍수로 물의 나라가 된 '방글라데시의 대참사' 현장을 외신부 장현규 기자와 사진부 박종우 기자가 르포했다.

## 국내 언론 최다 해외 8개 지역 특파원 체제 구축

1991년

12일자부터 '김경원 칼럼-기류 조류'가 신설됐다. 첫 회의 제목은 '안보 문제는 사라졌는가'였다. 7면에는 1989년 국민총생산이 세계 15위라는 기사가 실렸다. 근로시간은 일주일에 평균 50.7시간으로 세계에서 가장 길다고 한국은행은 발표했다. 13면에는 안병영 연세대 교수의 정치 진단 '오만한 경제주의 발상-통일 위해선 민주·복지 체제 키워야 한다'는 기고가 실렸다.

27일 사랑의 쌀 나누기 운동본부와 한국일보는 방글라데시에 보낼 사랑의 쌀 714톤을 선적하고 기증식을 했다.

7월 14일자부터 '탈연방 민족 운동의 향도, 리투아니아를 가다'가 외신부 류동희 기자의 송고로 게재되기 시작했다. 15일 한국일보 문화부장 및 이사, 소년한국일보 주간, 색동회 회장 등을 역임한 청서 조풍연(77)씨가 별세했다.

8월 1일자 1면에는 '세계 8개 지역에 특파원, 최대 해외 취재망 구축'이라는 사고가 다음과 같이 실렸다.

> 세계를 우리 눈으로 보는 노력이 요구되는 국제화 시대입니다. 한국일보사는 21세기를 눈앞에 두고 격동하는 국제 정세를 보다 빠르고 정확하고 심도 있게 우리의 시각에서 분석 보도하기 위해 해외 상주 특파원을 크게 늘렸습니다. 8월 1일자로 시행된 해외 취재망 확충 계획에 따라 이미 7월 24일 외신부 김수종 차장이 뉴욕 상주 특파원으로, 같은 날 최해운 기자가 싱가포르 상주 특파원으로 각각 부임했으며 오는 6일 원인성 기자가 런던 상주 특파원으로 활동을 시작합니다. 한국일보는 이에 이어 한·소 양국 간의 기자 교류 계획이 확정되는 대로 곧 모스크바에도 특파원을 상주하게 할 예정입니다. 뉴욕·싱가포르·런던에서 특파원이 새로 활동을 시작함에 따라 한국일보는 워싱턴(정일화)·도쿄(문창재)·홍콩(유주석)·파리(김영환)·베를린(강병태) 등 기존의 5개 지역을 포함, 모두 8개 지역에 특파원을 두게 되어 국내 신문사로는 최대의 해외 취재망을 구축하게 되었습니다. 한국일보는 해외 취재망 대폭 확충을 계기로 하루가 다르게 변하는 국제 환경의 생생한 모습을 국내에 전달하는 데 최선을 다하겠습니다.

## 영남본부 가동, 전국 동시 인쇄 시대 열어

16일자 한국일보 1면에는 '한국일보 서울-지방 동시인쇄 시작, 국내 최초의 현지 공장 언론사에 혁명적 새장, 창원 영남본부 21일 본격 가동'이라는 제목의 사고가 실렸다. 21일자 25면에는 '한국일보 또 하나의 쾌거, 뉴스가 24시간 빨라졌다. 전국 동시 인쇄 시대 열었다. 시간당 총 65만 부, 양과 질 최고, 영호남 지역도 진짜 조간 배달'이란 제목으로 전국 동시 인쇄 개막을 자축하는 기사가 실렸다.

27일 한국일보 사진부 김문호(29) 기자가 대구시 수성구 고모동 경부선 고모-동대구 사이 팔현 건널목에서 취재 중 부산발 대구행 110호 무궁화호 열차에 치여 순직했다. 그는 태풍의 영향으로 비가 내린 이날 '비 내리는 고모령' 노래비를 사진 취재하던 중 뒤에서 달려온 열차를 미처 피하지 못해 사고를 당했다. 김 기자는 경북 안동시 안막동에서 태어나 안동중고와 세종대 경제학과를 졸업하고 1990년 6월 한국일보 견습 52기로 입사했다. 장례는 29일 서울대병원 영안실에서 회장 등 한국일보사 임직원·유족·친지 등 500여 명이 참석한 가운데 한국일보사장으로 치러졌다. 고인의 유해는 화장돼 경북 안동군 서후면 봉정사에 봉안됐다.

10월 1일 배영부 이사가 이사 겸 일간스포츠 광고국장에 임명됐다.

2일 연형묵 북한 총리는 한국일보 로스앤젤레스 본사 변홍진 기자와의 단독 회견에서 북한은 대미 관계 개선이 가장 절실하다고 말했다.

4일 한국일보와 서울시가 제정한 제3회 서울시민대상 수상자에 정용성(58·서울신자초) 교장이 뽑혔다. 21일 '91 한국광고대상'이 발표됐다. 대상은 금성사의 수퍼 미러클이었다.

22일 남북한 제4차 고위급 회담을 위한 우리측 대표단 90명이 평양에 도착했다. 한국일보는 이이춘 북한부장과 사진부 최동완, 서울경제 박정삼 부장을 파견했다. 이이춘 부장은 서울에 돌아온 뒤에 '평양 91년 가을'을 3회 연재했다.

10월 1일자부터 광주·전남권에도 동시 인쇄·배달이 단행됐다.

12일자에는 남부본부 창원 공장 준공식을 알리는 사고가 나갔다. 우리나라 신문사에 큰 획을 그은 전국 동시 인쇄 시대를 선도한 창원 공장은 컬러 4면 포함, 24면 기준 시간당 15만 부를 인쇄할 수 있는 최첨단 시설을 갖췄다. 중앙 일간지 중 유일한 현지 시설인 창원 사옥은 1990년 7월 16일 착공, 1년 4개월 만에 준공됐으며, 832평의 대지에 연건평 2,988평 규모로 지하 2층 지상 5층으로 된 최신식 건물이었다. 서울에서 제작된 신문을 3분(컬러 1개 면당) 만에 수신할 수 있는 지면 수신기 등 컴퓨터 인쇄 시설을 갖춘 창원 공장은 21일 본격적으로 가동, 소련 쿠데타 실패와 대구 거성관 나이트클럽 방화 사건 보도 등에서 동시 인쇄의 위력을 과시했다.

전국 동시인쇄망은 창원에 이어 1992년 6월 광주 공장이 가동됨으로써 완성됐다. 남부본부 광주 공장은 광주시 북구 양산동에 세워져 5월 20일부터 시험 가동을 해왔다. 광주 공장의 가동으로 한국일보사는 서울과 영호남 지역에 언론사 중 유일한 자체 공장으로 3각 동시 인쇄망을 구축, 사실상 전국을 '동시 뉴스권'으로 묶는 국내 최초의 신문이 됐다.

### 29년 만에 석간 부활, 조·석간 동시 발행 체제로

10월 28일과 31일 한국일보 1면에는 '제1회 통일 기원·국민 화합 대행진, 지리산 노고단에서 만납시다'라는 사고가 실렸다. 영호남 동시 인쇄를 기념하는 행사였다. 11월 2일자

1991년

사회면에는 보사부 출입 기자실의 촌지 수수가 보도됐다. 보사부 출입기자단이 추석을 전후해 제약·제과·화장품 등 업계와 단체에서 추석 떡값·해외 여행 경비 명목으로 8,000여만 원을 받아 나눠 썼다는 내용이었다. 한국일보는 이후 '본사 기자 관련, 자정 노력에 철저 조사, 재발 없도록 최선'이라는 제목 하에 사과문을 실었다. 한국일보 기자들이 4일 자정 결의를 했다. 이 결의는 5일자 1면에 실렸다.

12월 1일 한국일보 편집국의 사령탑이 바뀌었다. 정달영 이사대우 편집국장은 편집이사 겸 논설위원으로 옮기고 박병윤 이사대우 서울경제신문 편집국장이 뒤를 이었다. 조병필 이사대우 코리아타임스 편집국장은 코리아타임스 담당 이사가 되고 김진동 일간스포츠 편집국장은 이사대우로 승진했다. 또 한국일보 윤국병 편집국 국차장은 편집국장대리가 됐다. 서울경제 편집국장에는 김서웅 국차장이 승진했다. 또 서울경제 이준기 국차장 겸 종합편집부장은 국장대리 겸 종합편집부장으로 승진했다.

이같은 포석은 한국일보가 조·석간을 발행하기 위한 것이었다. 월요일자 발행, 전국 동시 인쇄 등 자율개방시대의 한국 언론의 무한 경쟁을 주도해온 한국일보의 또다른 도전이 시작된 것이다. 이를 알리는 사고가 2일자에 실렸다. '한국일보 조·석간 발행합니다'라는 제목이었다. '24시간 뉴스 속보 체제 가동, 월요일자도 무휴 발행 전국 동시 인쇄 개척 이어 제3의 신문 혁명 선도'라는 제목이 붙었다.

> 석간 한국일보가 나옵니다. 한국의 대표적 조간지인 한국일보가 조간에 더하여 석간을 발행합니다. 1991년 12월 16일 월요일부터, 하루 두 차례씩 독자 여러분 곁을 찾아갑니다. … (중략)… 이제 한국일보는 휴일 없는 신문 발행, '전국 동시 인쇄'에 따른 뉴스 사각지대 해소에 이어 조석간 발행으로 명실공히 '24시간 뉴스 속보 체제'의 가동을 선언합니다. (후략)

한국일보가 재발행한 석간의 지령은 1만 3,398호로 조간과 같았다. 16일자 조간은 '본지 오늘부터 조·석간 발행'이라는 소식을 1면 머리로 알렸다. 석간 2면에는 '정오 뉴스'가 오른쪽에 자리잡았다. 이것은 조간에 난 뉴스의 다이제스트였다. 2면 머리엔 '정주영씨 내년 봄 방북'이라는 기사가 올랐다. 3면에는 김우중 대우그룹 회장의 한국일보 석간 복간 기념 특별 기고 '우리는 통일로 가고 있다'는 글이 실렸다. '장명수 칼럼'도 석간으로 옮겨 실렸다. 4면에는 주식 시세, 5면은 건강란이 차지했다.

6면에는 '한국일보 조·석간 발행, 각계의 목소리'가 실렸다. 와타나베 쓰네오 요미우리 대표취체역 사장은 석간 발행이 잇단 서비스 개혁의 쾌거라고 찬양했다. 7면에는 '한국일보 조·석간 발행 그 역사적 의미'가 신문방송학 교수 4인의 좌담으로 실렸다. 참가자는 강명구(서울대)·김영석(연세대)·김학주(서강대)·최선열(이화여대) 교수였다. 15면 사회면 머리는 창간 독자 이영식씨의 '석간 맞이'가 실렸다.

# 1992년

신문기자는 시인이 돼야 한다.
시와 그림이 가득 찬 신문, 이것이 장래의 신문이다. ―장기영

**대규모 취재단, 총선 현장 생생히**

신년호의 1면은 남북한이 전날 핵문제 논의를 위한 3차 접촉에서 '한반도의 비핵화에 관한 공동 선언'에 최종 합의하고 이에 가서명한 사실이 톱으로 올랐다. 신년 사설은 '21세기를 대비하자'는 제목으로 1면에 실렸다. 25·26·27면에는 사회과학원과의 연중 캠페인 주제로 선정된 '2,000년대를 개척하자'가 실렸다. 92년 시대적 의미라는 발제에서 김경원 사회과학원장은 이렇게 썼다.

> 지금 우리는 1992년을 맞고 있지만 이미 2000년대는 시작되었다고 해도 과언은 아니다. 왜냐하면 오늘의 선택이 2000년대의 한국을 결정하기 때문이다. 특히 현재와 같은 혁명적 상황 하에서는 더 이상 결단의 순간을 지체할 수 없다. 1992년은 한국 사회의 모든 분야에서 이성과 균형을 되찾고 새로운 활력을 일으키는 대전환의 한 해가 되어야 할 것으로 믿는다.

1월 4일부터는 '14대 총선(3월 24일)… 표밭 현장'이 연재되기 시작했다. 7일자부터 '조망'이 '화요 칼럼'으로 바뀌었다. 새 필진으로 정달영 편집이사가 참가, 이문희 편집인, 오인환 주필과 함께 이 칼럼을 이끌게 됐다. 장명수 국차장은 1991년 12월 16일부터 발행되기 시작한 석간 한국일보에 '장명수 칼럼'을 연재하게 됨에 따라 '조망'의 필진에서 떠났다.

총선 열기가 중반전에 접어든 2월 13일부터 한국일보는 사내의 대표 필진 6명을 총선 열전장에 파견해 현장 칼럼 '14대 길목에서'를 연재하기 시작했다. 김창열·김성우 상임고문, 이문희 편집인 겸 상무이사, 정달영 편집이사, 이성춘 논설위원, 장명수 편집국 국차장 등 6명이 교대로 썼다. 한국일보는 총선 운동 기간 중 '선진국 선거 어떻게 하나'를 6회 연재했다.

3월 1일 1면에는 '북한 동포에게 사랑의 쌀을 보냅시다. 생명의 나눔, 평화의 실천 3차 운동 성금 오늘부터 접수'라는 사고가 실렸다. 한국일보사가 먼저 1,000만 원을 기탁했다.

1992년

## LA 흑인 폭동 피해 동포 돕기 캠페인

19일부터 한국일보사는 아세아방송(AM1566KHZ) 극동방송(AM1188KHZ)에 매일 낮 12시부터 10분간 석간 뉴스를 제공하기 시작했다. 1991년 5월부터 불교방송에 하루 두 차례(오전 9시, 오후 6시) 뉴스를 제공해 온 한국일보사는 석간 발행에 따른 속보 체제에 맞춰 방송 매체와의 제휴를 확대한 것이다.

한국일보는 1991년 한 해 동안 매주 일요일자에 게재했던 '한국일보 대입가정학습' 문제 및 1991년 8월에 실시했던 본사 주최 '제1회 전국고교생 대입 학력 경시대회' 문제를 한데 모아 '한국일보 대입 가정학습 문제집'을 25일 발간했다. 이 문제집은 1990, 91년에 이은 세 번째 것으로 해마다 치열해져 가고 있던 대학 입시 경쟁에 대비, 전국의 일선 교사들과 수험생들에게 좋은 반응을 얻었다.

흑인폭동은 LA교민들에게 큰 상처를 남겼다.

장기영 사주의 15주기를 앞둔 4월 10일 오후 세종문화회관 세종홀에서 '끝없는 전진 백상 장기영 일대기' 출판기념회 겸 추모 모임이 열렸다. 이 책은 한국일보 초창기 동인이었던 작가 한운사가 14년에 걸쳐 집필한 것이다.

29일 미 LA에서 최악의 흑인 폭동이 발생해 시 일원에 비상 사태가 선포되고 주 방위군이 투입됐다. 한국일보 미주본사와 교포 단체는 '한인 구호 비상대책위원회'를 결성했다. 비상대책위는 성금은 물론 쌀·라면·음료수 등 각종 생필품을 접수해 한인 피해자들에게 전달하려는 목적이었다.

한국일보사는 따뜻한 동포애를 호소하는 사고를 5월 3일자에 다음과 같이 게재했다.

> 한국일보사는 미 LA에서 발생한 사상 최악의 흑인 폭동으로 하루아침에 삶의 터전을 송두리째 잃고 망연자실해 있는 재미교포들을 위해 동포의 정성을 모으기로 했습니다.
> 약탈과 방화의 무법천지가 휩쓸고 간 뒤 골조만 남은 가게 앞에서 초점 잃은 표정으로 주저앉아 있는 교포 여인의 모습은 바로 폭동을 당한 우리 형제들의 참상을 보여주고 있습니다.
> 낯선 이국 땅에서 온갖 어려움을 딛고 일어나 오늘날 '미국 속의 한국'을 일궈낸 교포들이 당한 환난은 바로 우리의 고통이자 아픔입니다. 하와이 사탕수수 농장 이주로 시작된 100년 미주 이민사가 우리 민족의 근대 수난사를 대변하고 있다는 점에서 더욱 가슴을 아리게 합니다. 흑백 인종 분규의 와중에서 창졸간에 희생양이 된 교포들에게 무엇보다 중요한 것은

재기를 위한 용기입니다. 그리고 그들에게 가장 먼저 달려가야 할 사람들은 다름 아닌 한 핏줄의 우리들입니다. 지난날 재미교포들은 모국이 천재지변을 당하거나 애끓는 사연이 전해질 때면 앞다퉈 동정을 아끼지 않았습니다. 이제 이들이 실의와 좌절을 딛고 낯선 이국땅에 다시금 한민족의 굳건한 생명력을 키울 수 있도록 우리가 나설 때입니다.

한국일보사는 지난 60년대부터 재미교포들과 애환을 같이하며 성장해온 한국일보 미주본사와 함께 실의에 빠진 교포들을 돕는 일에 발벗고 나서기로 했습니다. 혈육의 온정이 교포들에게 재기의 용기를 불어넣어 우리의 미주 이민사가 새 장을 맞을 수 있도록 국민 여러분의 아낌없는 동참과 뜨거운 호응을 기대합니다.

### 세계 동시 인쇄, 바르셀로나 올림픽서 위력 발휘

5월 4일 한국일보와 일간스포츠가 공동 주최하고 국민생활체육 부산협의회가 후원, 부산 롯데월드가 협찬한 제1회 한국거북이마라톤 부산 대회가 수영만 요트 경기장에서 열려 3,000여 명의 시민들이 참가했다. 9일 본사 홍보실 편집디자인부 윤종구 차장은 문화부가 후원하는 제1회 한글 서체 공모전에서 최우수상인 문화부 장관상을 받았다.

6월 1일 한국일보는 배영부 이사 겸 일간스포츠 광고국장을 일간스포츠 광고담당 상무이사 겸 일간스포츠 광고국장으로 임명했다.

9일은 창간 38주년이었다. 창간기념식에서 백상기자대상 금상은 14대 총선을 정확히 분석, 예측한 한국일보 최규식 정치부 차장대우 외 10명에게 수여됐다. 은상은 김미지 재혼을 특종 보도한 일간스포츠 연예부와 '가락동 민자당 연수원 한양에 팔린다'를 특종 보도한 서울경제신문 유상규 기자가 차지했다. 동상은 ▲강병태 베를린특파원(유럽연합 조약 체결) ▲코리아타임스 문화체육부('한국의 미를 찾아서' 기획 연재) ▲윤옥식(소년한국 학생과학부·컴퓨터랜드 기획), 특별상은 석간기획팀이 받았다.

창간일에 맞춰 한국일보는 독일 프랑크푸르트 구주 본사의 인쇄 공장을 정상 가동함으로써 한국·미주·구주에서 '전 세계 동시 인쇄 시대'에 돌입했다. 한국과 미주·구주를 잇는 3각 위성 전송 세계 동시 인쇄 체제는 서울 본사에서 제작한 한국일보 지면을 태평양 상공의 위성을 통해 로스앤젤레스 미주 본사로 전송하고, 로스앤젤레스 미주 본사는 대서양 상공의 위성을 통해 구주 본사로 중계 전송, 현지에서 인쇄하는 방식이었다. 당시 구주본부장은 최광욱, 지사장은 김의환이었다. 이같은 체제는 92년 8월 바르셀로나 올림픽에서 한국선수단의 선전을 전하는 데 적극 이용됐다.

1992년 8월 10일, 바르셀로나 올림픽 마라톤에서 우승한 황영조 선수.

## 안익태기념재단 설립, 안익태 작곡상 제정

창간기념호는 32면을 발행했다. 1면 머리에는 '국민들은 새 지도자상의 창출을 바란다. 대선 후보 지지자 있다 55% 불과'라는 본사와 미디어리서치의 공동여론조사 결과가 실렸다.

10일 로스앤젤레스 흑인 폭동 피해 교민 돕기 성금 23억 2,637만 7,714원을 대한적십자사에 전달했다. 모금액은 253만 달러(약 20억 1,500만 원)에 달했다. 같은 날 제25회 한국문학상으로 이창동 작 '녹천(鹿川)에는 똥이 많다'가 선정됐다.

17일 한국일보 광주공장 가동을 기념하여 '시인 만세' 광주 행사가 광주문화예술회관에서 열렸다. 18일 오인환 이사 겸 한국일보 주필이 한국일보를 떠났다. 이에 따라 정달영 편집이사 겸 논설위원이 이사 겸 한국일보 주필이 됐다. 오 주필은 김영삼 대통령 후보 정치 담당 특별보좌관이 됐으며 새 정부의 공보처장관으로 입각했다. 23일자부터 생활과학부 송영주 기자의 '명의' 시리즈가 연재되기 시작했다.

7월 2일 서울경제신문 권혁승 사장이 은탑산업훈장을 수상했다. 무역위원회 위원으로 수입 자유화에 따른 국내 산업 피해 구제 활동 등을 통해 산업 발전에 기여한 공로였다.

바르셀로나 올림픽이 끝나자 애국가의 작곡가인 안익태 선생의 음악적인 위업을 계승하는 한편 스페인 마요르카에서 쓸쓸히 살고 있는 부인 롤리타 안 여사를 보살피자는 운동이 일어났다. 이 기사는 14일자 사회면 머리로 소개됐다.

16일자 사회면에는 전국부 김인규 기자의 롤리타 여사 현지 인터뷰 기사가 실렸다. 한국일보는 9월 30일 기념사업재단을 설립한다고 사고를 냈다. 10월 15일 본사 13층 송현클럽에서 안익태기념재단이 설립 총회를 열고 정식 발족했다.

본사가 8월 15일부터 10월 5일까지 모금한 7억여 원의 '안익태 선생 기념 사업 국민성금' 기금으로 운영

8월 16일자 롤리타 안 여사에 대한 기사.

될 이 재단은 고 안익태 선생의 스페인 유가를 보존, 관리하고 부인 롤리타 안 여사의 생계 지원 및 고인의 음악혼을 기리는 기념음악제와 기념관 설립·동상 제작 등의 사업을 체계적으로 전개하려는 목적이었다.

한국일보사와 일간스포츠는 17일 저녁 세종문화회관에서 '안익태 선생 기념 사업 기금 마련을 위한 환타지의 밤'을 열었다. 지휘자 금난새는 선생의 대표곡 '코리아 환타지'를 연주했다. 안익태기념재단은 사업 목적의 하나인 유족 생계 지원을 위해 매달 지원금을 지급하기로 하고 우선 석 달치를 1993년 3월 30일 주스페인 한국대사관 김상일 영사를 통해 전달했다.

또 93년 11월부터 '안익태 작곡상'을 공모, 94년 1월 10일 '교향시-아킬레스의 방패'를 응

모한 신예 여성작곡가 임지선씨를 제1회 수상자로 선정했다. 이 상은 12회째인 2004년까지 이어지다가 안익태기념재단의 내부사정에 따라 중단됐다.

9월 1일 편집국에 기획취재부가 신설됐다. 기동성 있는 취재로 석간의 지면을 활용하려는 의도였다. 초대 부장에 백우영 국제부장직대가 임명됐다. 국제부장에는 유주석 국제부 부장대우가 임명됐다. 이날 생활과학부 오미환 기자가 평양에서 열리는 남북한·일본 여성토론회에 참가하기 위해 떠났다. 그는 돌아와 9일자부터 '신세대 여기자 평양 기행'을 3회 연재했다. 16일부터 러시아 이타르타스통신 비탈리 이그나텐코 사장의 칼럼이 월 1회 게재됐다. 19일부터 정치부 조재용 기자가 '다시 본 평양'을 3회 연재했다.

27일 '비 내리는 고모령' 노래비를 취재하다 순직한 한국일보 사진부 김문호 기자의 정신을 기리는 '김문호 기자 불망비'가 대구 수성구 만촌동 노래비 옆에 세워졌다. 불망비에는 '가을비 내리던 이곳 경부선 철길은 그가 마지막 달려간 현장이다. 29세 젊음을 뜨겁게 마감한 그대의 영원한 기자혼을 이 돌 위에 새긴다'고 적었다. 정달영 주필의 글을 서예가 이동규씨가 새긴 것이다.

11월 1일 초대 모스크바 이장훈 특파원이 임지로 떠났다. 모스크바 지국장에는 김홍선, 싱가포르 지국장에는 이기정이 임명됐다. 16일부터 한국일보는 데이타통신(데이콤)의 천리안을 통해 본지 기사 자료를 개인용 컴퓨터 사용자들에게 제공하기 시작했다.

김문호 기자 불망비.

20일 대통령 선거 공고일을 앞두고 '바른 선택 바른 정부'라는 캠페인을 내건 한국일보는 14대 대선 특별취재반을 가동했다. 23일부터 한국일보는 대선 현장을 조명하여 새 정치 문화를 제시하는 특별 칼럼 '선택의 길목'을 연재했다.

12월 18일 실시된 대통령 선거에서 김영삼이 당선됐다. 한국일보는 대선 보도에서 '불편부당의 자세'라는 사시에 충실하게 어느 정파에도 치우치지 않는 보도를 위해 노력했다. 모 정당의 모 신문 불매운동도 있었으나 대선 기간 중 한국일보에는 구독 신청이 폭주했다. 한국일보가 14대 대통령 선거에서 공정했다는 증거는 기자협회가 조사한 매스컴 학자들의 진단에서도 밝혀졌다. 10일자 기자협회보는 언론학자들의 조사를 통해 '언론사들의 특정 후보 편파가 78.7%'라고 보도했다. 한국일보는 편향성 1.07%로 공정한 보도를 한 것으로 평가됐다.

# 1993년
편집 기자는 시를 써야 한다. 신문제목 하나가 시다. - 장기영

### 새해 '부패와의 전쟁' 캠페인, 폭넓은 호응

1993년 신년호는 32면을 발행했다. 문민 정치 시대의 개막을 앞두고 한국일보는 신년호에 김영삼 대통령 당선자와의 특별 회견 기사를 1·3면에 게재했다. 대담은 박병윤 편집국장이 맡았다. 신년호 2면 사설 '1993년, 우리의 과제'는 문민 정부 출범의 의미를 다음과 같이 밝혔다.

우리는 지난 대통령 선거의 흥분과 상처, 혼란스러움에서 채 벗어나지 못한 상태에 있다. 지금은 김영삼 대통령 당선자가 취임을 준비하는 짧은 과도기의 한복판이다. 김 당선자로의 정권 교체를 가리켜 우리는 '문민 정치 시대의 개막'이라고 힘주어 말한다. 1993년의 새 아침을 여느 아침과 다르다고 느끼는 역사적 각성은 이 때문이다.

김영삼 대통령 당선자가 한국일보와 1993년 신년 특별회견을 갖고 신한국건설 등 새정부의 국정운영 포부를 밝히고 있다. 왼쪽은 당시 박병윤 편집국장.

우선 선거를 통해 국민에게 공약한 일들이 산적해 있다. 우리 사회의 모든 일들이 개혁의 대상 아닌 것이 없다. 그러나 공약들 중에는 선거의 승리를 위한 사탕발림과 과장이 없지 않다. 공약을 빈틈없이 이행한다는 것은 더없이 좋은 일이지만 무리한 실천이나 성급한 감행으로 돌이킬 수 없는 부작용을 낳아서는 안된다.

올해는 '우리의 국운이 걸린 해'이다. 자칫 한발짝만 비켜서는 날이면 3류국으로의 전락이 불 보듯 환하다. '국운이 걸린 해'인 1993년에 국민이 스스로 나서서 스스로의 운명을 걸 수 있도록 고양된 도덕적 분위기를 만들어 가는 일이 시급하다고 우리는 생각한다.

신년호는 또 '문민 정치 시대'와 '통일 성취 시대'를 특집으로 실었고 '불붙는 경제 전쟁-

기술로 이긴다'를 경제면에 연재하기 시작했다. 25면에는 '새 정부의 과제와 선택'을 주제로 이현재·강영훈 전 국무총리를 초청한 특별 좌담 기사도 마련했다. 사회는 서울대 김세원 국제경제학과 교수가 맡았다. 신년 주제 '사람을 키우자'는 연중 기획 시리즈가 4일부터 연재됐다. 5일자 5면에는 미국 MIT대 폴 새뮤얼슨 교수의 특별 기고가 실렸다.

12일부터 세계 각국의 부정부패 문제를 심층 분석하는 '부패와의 전쟁-세계가 비상 걸렸다'가 연재되기 시작했다. 국제부가 기획하고 취재한 이 시리즈는 큰 반향을 일으켰으며 정권인수팀에도 좋은 정책적 자료가 됐다. '부패와의 전쟁' 제2부 '우리의 실상-심층 추적'은 2월 9일부터 시작됐다. 한국일보는 이와 함께 경제정의실천시민연합(경실련) 서울YMCA 공해추방운동연합 등 시민 단체와 함께 부패 부조리 추방 운동을 대대적으로 벌여나갔다. 2월 13일자 사설 '이번에도 말로 그칠 순 없다'는 문민 정부 출범에 앞서 시민 운동 차원에서 확대 실시한 '부정부패 추방 운동'의 중요성을 밝혔다. 한국일보 신년 캠페인 '부패와의 전쟁'은 경실련 부정부패 추방운동본부가 2월 24일 부정부패 고발 창구를 개설하는 등 시민운동 단체들이 본격적으로 참여하면서 범사회적으로 관심을 불러일으켰다.

한국일보 및 자매지 부장급 이상 간부에 대한 인사가 1월 15일자로 단행됐다. 한국일보는 박용배 이사 겸 총무국장이 총무이사에, 박병윤 편집국장이 서울경제 편집담당 이사 겸 주필에 임명됐다. 장명수 국차장은 심의실장 겸 편집위원에, 편집국장에는 윤국병 편집국장대리가 임명됐다. 이성준 부국장 겸 정치부장은 편집국장대리로 발령났으며 총무국장에 김기경 편집국 부국장 겸 전국부장이 임명됐다. 일간스포츠의 경우 김진동 이사대우 편집국장이 이사대우 논설위원으로 전보됐고 편집국장에는 김재설 국차장이 승진했다. 나머지 인사내용은 다음과 같다.

▲국차장 겸 편집1부장 이영의 ▲국차장 겸 생활과학부장 이병일 ▲부국장 박찬식 ▲기획위원 이광영 ▲도쿄특파원(부장) 이재무 ▲정치부장 이이춘 ▲경제부장 박 무 ▲사회부장 박정수 ▲부국장 대우 전국부장 배기철 ▲전국부장대우 부산취재본부장 노진환 ▲전국부장대우 호남취재본부장 김병규 ▲문화부장 백우영 ▲체육부장 박정삼 ▲국제부장 유주석 ▲기획취재부장 문창재 ▲북한부장 겸 여론조사부장 이종구 ▲주간한국부장직대(부장대우) 임종건 ▲사회부장대우 임철순 ▲국제부장대우 김영환 ▲전국부 차장대우 대구취재본부장 안재현

### '대학을 살리자' 이어 '고교 교육을 살리자' 연재

2월 11일부터 장기 시리즈 '대학을 살리자'의 후속으로 '고교 교육을 살리자'라는 기획 기사가 매주 1회 연재되기 시작했다. 이를 알리는 11일자 1면 사고는 다음과 같다.

한국일보사는 92년 2월 27일부터 지난 1월 14일까지 '대학을 살리자'는 특집 기획물을 장

기 연재, 교육계는 물론 사회 전반에 큰 반향을 불러일으켰습니다. 시리즈가 계속되면서 대학의 체질 개선을 위한 움직임이 가시화했고 교육 당국에서는 연구 여건 개선 등을 위한 정책 개발을 서두르기 시작했습니다. 그러나 광운대 등의 입시 부정으로 대학의 위상은 여지없이 무너졌으며 전현직 교사가 낀 대리시험 등은 전인 교육을 지향해야 할 우리의 고교 교육이 얼마나 진학 위주로 오염되고 파행 운영되고 있는가를 보여주고 있습니다. 학벌 만능의 기형적인 풍토 속에서 수단과 방법을 가리지 않는 맹목적인 진학 과욕이 빚어낸 이번 사건은 바로 우리 사회의 총체적 부정과 부패의 현주소로 교육의 근간을 흔들고 있습니다. 한국일보사는 11일자부터 '대학을 살리자'의 후속 시리즈로 '고교 교육을 살리자'를 주 1회 게재합니다. 고교 교육 현장을 집중 취재, 문제점을 파헤치고 개선 방향을 제시하게 될 특집 시리즈에 독자 여러분의 관심과 성원을 부탁드립니다.

김영삼 대통령이 2월 25일 제14대 대통령에 취임, 32년 만에 역사적인 문민 정치 시대의 막을 열었다.(사진) 한국일보는 이날 2면 사설에서 '김영삼 대통령 시대의 역사적 소명'이란 제목으로 문민정부의 역사적 의의와 과제를 밝혔다. 3월 1일자부터 사설이 2면에서 3면으로 자리를 옮겼다.

한국일보는 4월 1일자부터 상시 32면 발행 체제에 들어갔다.

### 미스코리아 선발 금품 수수로 관련자 구속

6월 1일 중국 인민일보와 제휴, 협력하기로 했다는 내용의 사고를 게재했다.

9일 창간 9주년을 맞아 특집 40면을 발행했다. 1·3면에는 김영삼 대통령과의 창간 기념 특별 회견 기사를 실었다. 36·37면에는 독자 여론조사 결과를 보도했다. 한국일보가 언론사 최초로 실시한 전국 동시 인쇄에 대해 응답자의 74%가 보도의 신속성에 기여했다고 답변했다.

한국일보 전통의 사업인 미스코리아 대회가 담당자의 잘못으로 사회적 물의를 빚게 된 뼈아픈 사고가 일어났다. 미스코리아 선발과 관련, 일부 사람들이 돈을 주고받은 사실이 드러나 29일 관련자들이 구속됐다. 검찰은 "미스코리아 심사위원 선정이나 후보 선발 과정에서의 부정은 발견되지 않았다"는 내용의 수사 결과를 발표했다. 한국일보사는 검찰 수사 결과 발표와 관계없이 26일 담당자를 문책, 해임하고 29일자 1면에 '미스코리아 선발 대회 관련 사회적 물의 사과 드립니다'를 실었다.

### CTS 시대 개막, 한국일보 그린네트 가동

9월 1일부터 한국일보가 전 지면을 한국일보사 컴퓨터시스템 그린네트(GREEN NET)로 제작, 그동안 신문의 상징이었던 납 활자에 의한 활판 시대를 마감했다. 8월 31일자로 활판 제작 시대가 끝나고 9월 1일부터 완전한 CTS 시대가 열린 것이다. 8월 30일 오후 6시 40분께 편집부 김양배 차장이 정판부 윤성덕 과장과 함께 짠 1면이 활판의 마지막 7판이었다. 시내판은 1시 30분께 강판돼 한국일보 활판 시대의 막을 내렸다.

9월 1일부터 가동에 들어간 전산제작 시스템 '그린네트'.

그간 전국 동시 인쇄 등 국내 신문 제작의 기술 혁신을 주도해온 한국일보가 완성한 그린네트도 본사 전산개발실에서 자체 개발한 것으로 '24시간 전 세계를 연결하는 전자 뉴스 네트워크'라는 의미의 영문 'Global Reach Everyday Electronic News Network'의 머릿글자를 딴 약어다.

CTS 공사 완공으로 신관의 주컴퓨터와 편집기, 편집국의 각 단말기는 광통신망으로 연결됐으며 전 지면의 전산 제작에 맞춰 편집국·지방취재본부·해외 특파원들에게 추가로 데스크톱과 노트북 PC가 지급됐다. 완전 전산화가 이루어진 본지 편집국은 그동안 신문 기자의 필수품인 원고지가 사라졌으며 8월 23일부로 편집국 내에 금연이 선포되어 깨끗하고 쾌적한 분위기가 이뤄졌다.

활판시대의 마감에 따라 문선·정판·윤전 등 관련부서 사원에 대한 명예퇴직 신청을 받았다. CTS와 관련된 문선·정판부 등 50여 명이 명예퇴직 가산금을 받고 정든 회사를 떠났다. 또한 47명이 일반 명예퇴직했다.

그린네트 구축에 앞서 편집국 내부 공사가 3개월여 만에 완료됐다. 신문 CTS 작업을 총괄 조정하는 대형 주컴퓨터를 설치하고 이 주컴퓨터와 사내 PC 간의 통신을 위한 광네트워크를 설치하는 공사가 4월 16일 본관 4층 제2편집국 바닥 공사부터 시작됐다. 이 공사는 3층 편집국, 신관 3층 전산제작실 등의 바닥 공사와 본관 3층 내장 공사 등을 거쳐 8월 9일에 끝났다. 이로써 전산실의 주컴퓨터와의 통신 및 PC 간의 통신이 가능하게 돼 신문기사 송고는 물론 편집·광고에 이르는 사내 종합전산망 체제가 완성됐다.

한편 4월 30일부터 공사기간 동안 3단계에 걸쳐 대이동을 해온 편집국 각 부서는 공사가 끝난 후 3·4층으로 나누어 자리가 재배치돼 한국일보 편집국은 본격적인 2개 층 시대를 맞이하게 됐다. 3층에는 정치·경제·사회·전국·국제·체육·사진·편집·교열·통일·여론독자·편집디자인부와 국장실·휴게실·흡연실·인터뷰실이 자리잡고, 4층에는 문화1·문화2·생활과학·기획취재·주간한국·홍보부 및 전자뉴스부가 들어갔다. 3층 편집국은 실내 벽과 계단 앞문·화장실 등을 새 자재로 교체하고 외래 방문객 접수대를 신설하는 등 대폭적인 내부 공

1993년

사를 마쳐 사원들이 한결 쾌적한 분위기에서 일할 수 있게 했다. 광케이블 설치를 위한 바닥 공사 외에 편집국 내부도 대폭 새로 단장했다.

한국일보 '편집국 발전 위원회'가 9월 14일 27차 회의를 끝으로 해체됐다. '편집국 발전 위원회'는 근 1년간의 활동 기간 동안 편집국원 인사·기자재 교육·취재비 지원·편집국의 행정 및 시설 지원·자료실 현황 조사 등에 대한 원칙을 마련했고 스타일북 제작·편집국 수첩 제작·이달의 우수 기자(편집)상 제정 등을 성과물로 남겼다. 인사에 있어서는 입사 후 6년 이내 3개 부서 순환 근무·인사위원회 설치·편집-취재 부서 간 인사교류는 1년 근무 기준 등의 원칙을 세웠으며, 기자 재교육은 입사 6년 이상의 기자를 대상으로 연초에 선발해 매년 미국·일본·유럽 및 국내 연수 기회를 주기로 했다. 또 취재팀별 판공비와 출입처 기자실별 운영비를 회사가 부담, 지원키로 했고 복사기를 추가 지원하고 목욕탕 무료 이용권 등도 제공하기로 했다.

### 장강재 회장 숙환으로 49세에 영면

8월 2일 한국일보사 장강재 회장이 서울 용산구 한남동 자택에서 49세의 젊은 나이에 타계했다. 한국일보는 2일자 시내판에 이를 1면 5단, '본사 장강재 회장 별세. 오늘 새벽. 4일 오전 10시 한국일보사장'이라는 제목으로 전했다. 다음은 부음 기사.

한국일보사 장강재 회장이 2일 오전 4시 40분 서울 용산구 한남동 1의 214 자택에서 간암으로 별세했다. 고인은 지난 4월 12일부터 서울대병원 연세대병원에서 입원 치료를 받아오다 1일 오후 자택으로 옮겨졌다.

고 장강재 회장은 1945년 서울에서 태어나 1965년 한국일보사에 입사, 기획관리실장, 부사장, 사장 등을 거쳐 1977년 장기영 창간발행인 타계 이후 대표이사 사장 겸 발행인 회장 등으로 재직하면서 한국일보와 자매지 코리아타임스·서울경제신문·일간스포츠·소년한국일보 등 한국일보 매체 그룹의 발전을 이끌어 왔다. 서울고·한양대를 졸업하고 고려대 경영대학원을 수료한 고 장 회장은 한국신문협회 이사(1973년)·한국신문연구소 이사(1976년)·학교법인 성균관대 이사(1979년)·대한체육회 이사(1979년)·외무부 정책자문위원(1981년)·아시아신문재단 한국위원회회장 겸 본부 이사(1981년) 등을 역임했으며 최근까지 국제신문협회(IPI) 한국위원회 이사(1982년 이후)·자연보호중앙협의회 이사(1982년 이후) 등을 맡아왔다. 고 장 회장은 창업주에 이어 20여 년 간 한국일보를 경영해 오면서 특히 전국 동시 인쇄 실현, 월요일자 신문 발행, 조·석간제 부활 등 한국 신문 산업의 경영과 편집에서 새 지평을 열었으며 정직한 신문과 힘없고 고통 받는 사람들의 처지를 적극 반영하는 신문의 제작을 신조로 삼아 왔다.

폭넓은 교우로 각계에서 다양한 활동을 해온 고인은 사랑의 쌀 나누기 운동, 불우이웃돕기

장강재 회장의 별세를 알린 한국일보 1면(8월 2일자)과 8월 4일 본사에서 거행된 고 장강재 회장의 영결식.

캠페인을 통해 박애와 인도 정신을 실천한 공로로 1991년 4월 국민훈장 무궁화장을 받은 것을 비롯, 우리나라 체육 문화의 발전에 기여한 공로로 올해의 국제업적상(문화부문 1982년 12월), 국제올림픽위원회(IOC)의 올림픽 훈장(1989년 9월) 등을 받았다.

유족은 부인 이순임 여사와 2남 1녀. 장례는 한국일보사장으로 치러지며 빈소는 자택에 마련됐다. 영결식은 4일 오전 10시 서울 종로구 중학동 14 한국일보사에서 거행된다. 장지는 경기도 하남시 창우동 선영.

장 회장의 영결식은 8월 4일 오전 10시부터 부인 이순임 여사와 2남 1녀의 유족, 장재국 한국일보 사장과 친지, 전·현직 사우 등 국내외 인사 2,000여 명이 참석한 가운데 본사에서 한국일보사장으로 거행됐다. 유해는 경기도 하남시 창우동 선영의 장기영 창간발행인 묘소 아래 안장됐다. 장지에도 1,000여 명의 각계 인사들이 마지막 길을 지켜보았다.

9월 13일 이사회는 '한국일보 40주년 위원회'의 발족을 결정했다. 장년 한국일보를 기념하고 새로운 출발을 다짐하기 위해서였다. 위원회는 장재국 사장을 위원장, 김성우 상임고문을 집행위원장, 문은모 전무를 집행위 부위원장으로 하고 산하에 집행위원회와 4개 분과위를 두었다.

4개 분과위는 사사편찬분과위(위원장 이문희 상무) 기념사업분과위(위원장 김수남 소년한국일보 사장) 축하행사분과위(위원장 박용배 이사) 홍보분과위(위원장 배영부 상무)로 구성됐다. 이에 따라 21일 본관 5층에 한국일보 40년사 편찬 위원회가 발족했다. 40주년 위원회는 23일 집행위에서 40주년 기념 사업의 주제를 '젊은 신문, 녹색 사회, 대문화 한국'으로 정하고 이 주제에 맞는 각종 사업을 펼쳐나가는 한편 신문 제작에도 이를 반영하기로 했다.

계유년 세모를 앞둔 28일 본사 13층 송현클럽에서 한국일보사 전직 사우들의 모임인 송현회가 발족했다. 송년회를 겸한 창립 총회에서 송현회 회장에 이원홍(전 한국일보 편집국장·전 문공부 장관), 부회장에 심명보(민자당 국회의원), 이종만(㈜도투락 회장), 장기태씨를 각각 선임했다.

### 장재국 사장, 대표이사 회장 발행인에 취임

한국일보사는 장강재 회장 타계 후 3개월 만인 11월 1일 한국일보를 이끌어나갈 새로운 경영진을 구성했다. 한국일보 정기이사회는 장재구 이사를 명예회장 겸 상임상담역으로 추대하고 장재국 대표이사 사장 발행인을 대표이사 회장 발행인, 장재근 부사장을 대표이사 사장, 장재민 미주본사 사장을 미주본사 회장으로 각각 선임했다.

1993년 12월 1일자부터 석간이 휴간됐다. 1991년 12월 16일 복간된 지 2년 만의 일이다.

창간 40주년 해외기동취재반의 아시아 리포트 취재단이 1994년 3월 출국에 앞서 김포공항에서 기념 촬영을 하고 있다.

'세계로의 도전'을 새해 주제로 내건 한국일보는 40주년 기념 사업의 두 번째 기획으로 전 세계를 무대로 한 특별 기동취재반을 편성, 연중 가동하기로 하고 1차로 미주 지역 취재반 제1진을 12월 27일 특파했다. 특파된 편집국 각 부 기자 10명은 3개월 간 상주특파원 6명과 함께 미주 지역을 집중 조명했다.

30일에는 자매지인 '주간 여성'이 종간됐다. '주간 여성'은 1969년 1월 1일 창간해 종간호까지 통권 1,279호를 발행했다. 한국일보사는 연말연시를 맞아 대폭적인 인사를 단행했다. 창간 40주년을 맞아 조직 활성화를 극대화하려는 의도였다.

한국일보 주필에 김성우 상임고문이, 서울경제신문 사장에 김영렬 한국일보 판매담당 상무, 한국일보 편집국장에는 이성준 국장대리가 임명됐다. 권혁승 서울경제신문 사장, 정태연 코리아타임스 사장과 조두흠 일간스포츠담당 사장은 각각 한국일보 상임고문으로 임명됐다.

이인호 상무이사 겸 한국일보 광고국장이 사업담당상무, 배영부 상무이사 겸 일간스포츠 광고국장이 상무이사 겸 한국일보 광고국장, 문현석 이사 겸 비서실장이 총무·기획담당 이사 겸임으로 각각 전보됐고 박병윤 서울경제신문 이사 주필이 상무이사 겸 주필, 김기경 총무국장이 판매담당 이사, 허현 기획실장이 제작담당 이사로 각각 승진했다. 또 정달영 이사 겸 주필이 이사로, 박용배 이사 겸 통일문제연구소장이 편집담당 이사 겸 통일문제연구소장, 윤국병 한국일보 편집국장이 편집담당 이사, 유영종 논설위원이 수석논설위원으로 임명됐다.

# 1994년
신문은 나무다. 싱싱한 수액이 줄줄 흐르는 나무다. -장기영

**창간 40주년 기획 '걸어서 남극까지'**

1994년 봄을 맞는 중학동 사옥 앞에는 40주년 로고(사진)가 새겨진 대형 깃발이 펄럭이기 시작했다. 윤전기에서 막 쏟아져 나오는 싱싱한 신문의 모습을 상징한 초록빛 네모 바탕에 백발로 나타낸 '4'와 빗금으로 그려진 '0'은 40년 동안 차곡차곡 쌓아 온 한국일보의 역사와 첨단 정보를 담은 디스크  로 상징되는 전자 시대를 의미했다. 창간 이래 젊고 정직한 신문을 지향해온 한국일보가 더 새롭고 역동적인 자세로 국제화시대를 이끌어가겠다는 각오를 형상화한 것이다.

제2창간 의지를 독자들에게 선명하게 각인시키려는 로고는 세계 300여 대기업의 기업이미지를 개발해온 미국 앤스패치 그로스먼 포르투갈(Anspach Grossman Portugal)사의 유진 그로스먼이 디자인했다.

40주년 기념사업의 첫 번째는 '걸어서 남극까지'라는 기획이었다. 한국일보 창간 40주년 기념 남극점 탐험대(대장 고인경)는 1994년 1월 11일 오전 6시 30분(현지시간 10일 오후 6시 30분) 남위 90도 남극점에 도달했다. 1993년 11월 28일 발대식 이후 44일간에 걸친 1,400㎞ 도보 대장정이 끝나는 순간이었다. 12일자 1면 머리는 '남극점 걸어서 정복했다'는 컷과 함께 탐험대의 사진이 실렸다. 그때까지 남극점 도보 탐험에 성공한 나라는 영국·이탈리아·일본 뿐이었다. 또한 한국 탐험대는 예정을 일주일 앞당긴 기록을 세웠다. 중도 무보급, 무휴식이라는 신기록까지 이룩했다.

남극점 탐험대에는 손태규(기획취재부), 윤평구(일간스포츠) 특파원이 동행했다. 탐험대의 허영호, 김승환, 유재춘, 홍성택 등 4명은 이날 남극점에 태극기와 한국일보기를 꽂음으로써 한국일보가 주관한 고상돈 대원의 에베레스트 정상 정복(1977년), 허영호 대장팀의 북극점 정복(1991년)에 이어 한국인의 지구 3대극지 정복 기록을 세우게 됐다.

1994년

한국 탐험 30년사 특집 지면(왼쪽)과 남극점 탐험대.

### 정확하고 정직한 신문을 만들자

2월 1일 한국일보 편집국 간부 인사가 있었다. 내용은 ▲국장대리 겸 종합편집부장 박영길 ▲국차장 겸 특집편집부장 이영의 ▲논설위원 이병일 ▲부국장 배기철 ▲사회부장 문창재 ▲국제부장 이종구 ▲통일부장 박정수 ▲생활과학부장 유주석 ▲전국부장직대 조성호 ▲기획취재부장직대 임철순 ▲여론독자부장직대 겸 관리부장직대 김영환 등이다.

한국일보는 허영호 대장의 탐험기 '남극점에 서다' 시리즈를 마치며 남극점 정복을 계기로 본 한국 탐험 30년사를 총정리, '이제 우주로 나가자'는 컷을 달아 3일자 11면에 컬러 와이드 박스로 보도했다. 한국일보 40주년 기념 대기획 특집 '아메리카 리포트' 두 번째 편이 6일자에 5개 면에 걸쳐 컬러 사진과 화려한 그래픽을 곁들여 집중적으로 선보여 좋은 반향을 불러일으켰다. '아메리카 리포트'의 해외기동취재반은 ▲정승호(경제부) ▲이기창(문화부) ▲조재용(정치부) ▲신상순(사진부) ▲진성훈(편집부) ▲이광일(국제부) ▲홍윤오(통일부) ▲고태성(정치부) ▲유승호(사회부) ▲장래준(체육부) ▲정일화·정진석(워싱턴특파원) ▲김수종(뉴욕특파원) ▲이준희·홍성필(LA특파원) ▲김인규(상파울루특파원) 기자 등이다.

7일 오전 고 장강재 한국일보 회장의 묘비 제막식이 경기 하남시 창우동 검단산 기슭 묘소에서 부인 이순임 여사와 장재국 한국일보 회장 등 임직원 및 친지가 참석한 가운데 열렸다.

코리아타임스는 17일자로 ▲대표이사 사장 조병필 ▲상무이사 한건주 ▲편집국장 김명식 등 인사발령을 냈다.

한국일보가 매달 세 번째 일요일 남산에서 개최하는 한국거북이마라톤 200회 대회 기사가 21일자 1면과 30면에 실렸다. 이날부터 3면에 '김영삼 정부 1년'을 결산하는 시리즈를 시작해서 25일자까지 5회 보도했다.

### 창간 40주년 맞아 지면 전면 쇄신

한국일보는 6월 9일 창간 40주년을 앞두고 3월 1일자부터 지면을 전면 쇄신했다. 28일자 1면에 이를 알리는 사고가 나갔다.

> 한국일보가 3월 1일(화)자부터 대폭 새로워집니다. 오는 6월 9일로 창간 40주년을 맞는 한국일보는 변혁기 한국 사회를 선도하고 독자들의 정보 욕구에 한층 부응키 위해 시사칼럼 및 정치·경제·국제분야에서부터 첨단과학기술·생활·레저에 이르는 전 지면에 걸쳐 풍부하고 야심찬 혁신을 단행합니다. '젊고 정직한 신문' 한국일보가 새롭게 선보일 지면에 변함없는 성원을 바랍니다. (후략)

영어학습의 고전이었던 '삼위일체'의 저자가 5일자부터 '안현필 삼위일체 장수법'을 주말마다 연재하기로 했다는 사고가 5일자 1면에 실렸다. 7일자 1면에는 기존의 '여성저널'을 확대 개편한 '생활 경제' 5개 면을 매주 월요일자에 특집으로 게재한다는 내용을 사고로 알렸다.

소년한국일보사는 4월 16일자로 대표이사 사장 발행인에 김수남 이사를 발령했다. 한국일보 창간발행인 고 백상 장기영 사주의 17주기 추모식이 11일 오전 경기 하남시 창우동 검단산 묘소에서 거행됐다.

한국일보사는 창간 40주년 기념사업의 하나로 호안 미로 종합전시회를 특별후원한다는 사고를 15일자 1면에 냈다. 20세기 초현실주의 미술의 거장인 호안 미로전은 1부(5월 17일~6월 5일)와 2부(6월 7일~6월 26일)로 나누어 서울 강남의 쥴리아나 갤러리와 강북의 백상기념관에서 개최됐다.

한국일보사는 16일자로 문은모 전무를 부사장으로 승진시키는 등 한국일보와 자매지 임원에 대한 대대적인 승진인사를 단행했다. 이문희 편집담당 상무이사는 편집담당 전무이사, 이인호 사업담당 상무이사는 사업담당 전무이사, 배영부 상무이사 겸 한국일보 광고국장은 광고담당 전무이사, 박병윤 서울경제신문 상무이사 겸 주필은 서울경제신문 전무이사 겸 주필로 각각 승진시켰다.

이와 함께 박용배 한국일보 편집담당 이사가 편집담당 상무이사, 문현석 총무기획담당 이사 겸 비서실장이 총무·기획담당 상무이사 겸 비서실장, 배봉휘 이사 겸 종합조정실장이 상무이사 겸 건설본부장으로 승진했고 이성준 한국일보 편집국장, 김재설 일간스포츠 편집국장, 김서웅 서울경제신문 편집국장, 배재균 소년한국일보 편집국장이 모두 이사대우 겸 편집국장으로 승진했다. 이밖에 김용운 경리국장이 이사대우 경리국장으로, 예창해 서울경제신문 광고국장이 이사대우 광고국장으로, 윤세일 한국일보 광고국 부국장이 한국일보 광고국장으로 승진했으며 권오술 기획실장이 개편된 기획조정실장으로 발령 났다.

1994년

### '아메리카 리포트' 이어 '아시아 리포트'

한국일보가 '아메리카 리포트'에 이어 아시아 기동취재반을 파견, '아시아 리포트'를 준비 중이라는 사실을 18일자 1면에 와이드 박스로 독자들에게 알렸다.

> 한국일보는 창간 40주년을 맞아 전 세계에 해외기동취재반을 파견, 치열한 경제전쟁 현장을 연중기획특집으로 생동감 있게 보도하고 있습니다. 한국일보는 1차로 본사 기자 10여 명과 현지 특파원 5명으로 미주기동취재반을 구성, 미국·캐나다·멕시코 등을 취재해 '아메리카 리포트'로 보도하면서 2차로 지난 3월 아시아 기동취재반을 파견했습니다. 현재 동·서남아 10여 개국에서 활동 중인 취재반은 본사 기자 10명으로 구성됐으며 '아메리카 리포트'에 이어 '아시아 리포트'를 다음 주부터 현지에서 주 1회 대형 특집으로 보도할 예정입니다. '아시아 리포트'는 인도차이나·아세안(ASEAN·동남아국가연합)·서남아 순으로 게재됩니다.

한국일보 창간 40주년 기념 '94한국 베링해협횡단 탐험대'가 발대식을 하고 대장정에 나선다는 사고를 27일자 1면에 박스로 대원들의 사진을 곁들여 보도했다. 허영호 대장과 대원 6명의 베링해협 횡단 대탐험에는 본사 박종우 사진부 기자도 동행 취재했다. '아메리카 리포트'에 이은 '아시아 리포트' 첫 번째 기사 '베트남-경제재건의 닻 올렸다'가 29일자 33면부터 40면까지 화려한 사진과 함께 집중 보도됐다.

5월 1일자 한국일보와 자매지 각국실 국차장 부국장과 부·차장급 등 156명에 대한 대대적인 승진인사가 단행됐다. 한국일보 편집국에서는 조성호 전국부 부장직대 부장대우 등 5명이 부장으로 승진했고 이형기 문화2부 부장직대 차장이 부장직대 부장대우로 승진했다. 또 편집부 김양배 차장 등 5명이 부장대우 차장으로, 최규식 정치부 차장대우 등 11명이 차장으로, 정재용 사회부 기자 등 7명이 차장대우로 각각 승진했다. 일간스포츠 편집국에서는 장영택 연예부 부국장대우 부장이 부국장 겸 부장으로, 이성부 사회부장과 신대남 특집기획부장이 각각 부국장대우 부장으로 승진하는 등 모두 11명이 승진했다. 서울경제신문은 편집국에서 조원영 부국장 겸 정경부장이 국차장 겸 정경부장으로 승진하는 등 모두 12명이, 광고국에서 7명이 승진했다.

### 미국 뉴욕에 한국일보 해외제작본부 신설

7일자 29면에서 36면까지 8개 면에 걸쳐 한국일보 '아시아 리포트'의 두 번째 베트남 특집이 꾸며졌다. 하노이 하이퐁·몽가이를 해외기동취재반이 르포하면서 사회간접자본시설 건설 현황과 금융제도 등을 중심으로 경제 개발을 위한 베트남의 노력을 취재했다. 한국일보 제정 '제5회 팔봉비평문학상' 수상자에 김병익씨가 선정됐다는 사고를 8일자 1면에 내고 수상자 인터뷰를 13면 문화면에 보도했다.

한국일보가 제정한 제13회 한국교육자대상 수상자 선정 내용이 13일자 1면에 발표됐고 수상자들의 개인별 공적 내용과 상보는 26면과 27면에 보도됐다. '아시아 리포트' 베트남 두 번째 특집이 13일자 6개 면에 집중 보도됐다.

1994년 미스코리아 선발대회에서 미스코리아 진에 한성주(19·서울 진)씨가 뽑혔다. 미스코리아 선에는 이유리(20·부산 진) 윤미정(20·경북 진)씨, 미에는 김미숙(20·전북 미) 김례분(21·광주전남 미) 성현아(19·광주전남 진)씨가 각각 선발됐다. 또 미스코리아 태평양에 전민선(21·남가주 선), 미스코리아 한국일보에 최명련(19·경남 진)씨가 뽑혔다. 이번 대회에서는 처음 선과 미를 2명과 3명으로 늘려 선발했다.

6월 1일자로 정달영 이사를 이사 겸 심의실장에, 윤국병 편집담당이사를 이사 겸 한국일보 뉴욕해외제작본부장에 각각 임명했다. 한국일보사는 창간 40돌을 맞아 미국 뉴욕에 '한국일보 해외제작본부(THE HANKOOKILBO-KOREA TIMES WORLD NEWS CENTER)'를 신설, 운영한다는 사실을 6일자 1면에 박스로 알렸다. 해외제작본부는 윤국병 이사(본부장), 뉴욕 주재 김수종·조재용·홍희곤·김준형 특파원과 이상석·정진석(워싱턴) 박진열(로스앤젤레스) 김인규(상파울루) 한기봉(파리) 원인성(런던) 특파원으로 구성됐다.

### 창간 40주년 지면 48면 발행

체신부는 한국일보 창간 40주년을 기념하는 우표엽서 100만 장을 발행, 8일부터 우체국에서 판매했다. 한국일보는 창간 40주년인 9일 48면을 발행했다. 1면 머리기사는 김영삼 대통령과 이성준 편집국장의 특별회견 내용이었다. 김 대통령은 "북한이 끝내 핵개발 추진을 중단하지 않는다면 우리 정부의 한반도 비핵화 공동선언 준수 노력이 중대한 도전에 직면하게 될 것이라는 점을 우려하지 않을 수 없다"고 밝혔다. 1면 사진은 눈 덮인 백두산 천지를 중국 옌볜 동포사진작가 남용해씨가 헬기에서 찍은 것이었다.

2면에 국제신문인협회 요한 프리츠 사무국장, 요미우리·USA투데이·LA타임스·신화통신 사장 등과 UPI·로이터통신에서 보내온 축하 메시지를 넣었다. 통일문제 여론조사(5면) 국내외 전문가 20인의 통일 전망(6·7면) 국내외 시사만화가들의 축하 만평과 메시지(8면) 운보 김기창 화백의 휘호 '40 길조(吉鳥)의 비상'이 눈길을 끌었고 박두진 시인은 '햇덩어리 밝은 정기'란 제목의 축시를 써 보내 주어 9면(사진)에 소개했다.

창간 40주년 기념 축하연이 9일 오후 6시 30분 3부 요인과 주한 외교 사절, 각계 인사 등 2,000여 명이 참석한

1994년

가운데 서울 힐튼호텔 컨벤션센터에서 열렸다. 축하연에는 이만섭 국회의장·이영덕 국무총리·김종필 민자당 대표·이기택 민주당 대표·김우중 대우그룹 회장·정세영 현대그룹 회장 등 정·관·재·문화계의 주요 인사들이 참석했다.

### 김주언 기자 '말'지 사건 무죄 선고

제27회 한국일보 문학상의 수상작으로 구효서씨의 단편소설 '깡통따개가 없는 마을'이 선정됐다. 시상식은 7월 1일 오후 본사 13층 송현클럽에서 있었다. 한국일보사가 창간 40주년 기념사업의 하나로 불교 미술의 정수를 보여주는 '중국 돈황 대벽화전'을 국내 최초로 개최한다는 사고가 7월 1일자 1면에 보도돼 미술애호가들의 관심을 불러일으켰다. 12일부터 8월 10일까지 서울 동아갤러리에서 열린 전시회는 입장객들이 줄을 이어 성황이었다.

서울형사지법 항소4부는 7월 5일 5공 시절 '보도지침'을 폭로한 '말'지 사건의 김태홍(당시 민주언론운동협의회 사무국장)·신홍범(민주언론운동협의회 실행위원)·김주언(한국일보 기자)씨의 외교상 기밀 누설 및 국가보안법 위반 사건 항소심에서 원심을 깨고 무죄를 선고했다. 재판부는 판결문에서 "피고인들이 월간 '말'지에 게재해 외교상 기밀누설죄가 적용된 F16기 인수식 및 미 FBI 국장 방한 등 7개 항은 이미 외국 언론을 통해 보도된 것들로 현대 정보사회의 급속한 발전과 정보교환의 원활성 등을 감안할 때 외교상 기밀로 볼 수 없다"고 밝혔다. 김 피고인 등은 1986년 8월 '말'지 특집호에 문공부 홍보정책실의 '보도지침'을 폭로했다가 구속 기소돼 1987년 6월 1심에서 김태홍 피고인은 징역 10월에 집행유예 2년, 신 피고인은 선고유예, 김주언 피고인은 징역 8월에 집행유예 1년이 선고돼 풀려났다.

김일성 북한 주석이 1994년 7월 8일 새벽 사망했다. 한국일보는 10일자 1면 전체를 광고 없이 이 기사로 채웠으며 전체 24개 면 중 16개 지면에 관련 기사와 화보를 게재하였다.

김일성 사망을 알린 한국일보 7월 10일자 1면.

### 한국문학인대회 성황리에 개최

한국일보사가 한국문단의 대화합과 문학 중흥을 이루기 위해 '한국문학의 어제 오늘 내일'을 주제로 24일 오후 5시 경주 코오롱호텔에서 개최한 '한국문학인대회' 기사를 25일자 1면과 2·8·9·30면에 걸쳐 상세하게 보도했다. 대회에는 구상·박경리·이어령·고은·박화목·차범석·조경희·조병화·김남조·송기숙·정공채·김병총·문덕수·황명·백낙청·김용직·김병익·김치수·윤흥길·한승원·이문열씨 등 문단의 대표적 문인과 강인섭 민자당 의원, 이성재 한국문화예술진흥원장 등 각계인사 500여 명이 참석, 2박 3일간 대토론회와 화합을 위한 잔치를 벌였다.

한국일보는 창간 40주년과 서울 정도(定都) 600년을 기념, 서울국제현대미술제를 12월 16일부터 1995년 1월 14일까지 국립현대미술관에서 개최한다는 사고를 29일자 1면에 내보냈다. 미술제에는 국내 작가는 물론 세계 45개국의 정상급 화가·조각가·판화가 570명의 작품이 소개된다고 알렸다. 이날자 33면부터 6개 면에 해외기동취재반이 보내온 '아시아 리포트' 인도 편 기사가 집중 보도됐다.

인기 연재소설 '아리랑'이 1,089번째 이야기를 끝으로 대단원의 막을 내렸다. 3년 6개월 동안 '아리랑'을 써온 작가 조정래씨가 연재를 마치며 쓴 글이 30일자 최종분 소설 옆에 자리 잡았다. 8월 1일자부터 이순원씨의 소설 '미혼에게 바친다'가 이우경 화백의 그림으로 연재되기 시작했다.

시사만화가 안의섭(70) 화백(문화일보 편집위원)이 3일 오후 서울중앙병원에서 심장마비로 사망했다. 안 화백은 1950년 서울대 음대를 졸업한 후 1954년 경향신문을 시작으로 동아일보·조선일보·한국일보·세계일보에 재직하며 30여 년 동안 시사만화 '두꺼비'와 만평을 연재해왔다. 5일자 29면에 '통렬한 풍자 해학 40년 외길'이란 제목으로 안 화백의 일생을 되돌아봤다.

안의섭 화백은 4컷짜리 시사만화 '두꺼비'의 직설적이고 통렬한 풍자와 해학을 통해 40년 가까운 세월 서민들의 친근한 벗이 되어왔다. 특히 독재와 권위주의 정치 행태를 단골 메뉴로 삼아 억눌린 독자들의 심정을 속시원하게 대변해왔다. '두꺼비'의 독특한 캐릭터는 소시민이지만 나라를 사랑하고 불의를 용납하지 못하는 민주시민의 전형을 반영한 것이었다.

안 화백은 1955년 경향신문 편집기자로 일할 당시 우연히 탄생시킨 '두꺼비'로 인해 독자들의 사랑을 한 몸에 받았으나 여러 차례 혹독한 시련을 겪었다. '두꺼비'는 1960년 자유당 정권의 미움을 받아 한때 지면에서 사라졌으며, 유신 시대와 5공 때까지 4차례나 연재가 중단됐다. 안 화백은 수차례 외유를 떠나야만 했다.

특히 '두꺼비'가 한국일보에 연재되던 1986년 투병 중이던 레이건 미 대통령을 빗대 전두환 대통령 생일에 "각하, 만수무강하십시오"라는 내용을 그려 큰 파문을 일으켰다. 안 화백은 이후 가택연금상태에서 1년 7개월이나 붓을 놓아야 했다. 1980년에는 관훈언론상을 수상했다.

**해외경제특집 '유럽 리포트' 시작**

한국일보 창간 40주년기념 해외경제특집 세 번째 기획으로 19일자부터 '유럽 리포트'를

1994년

8월 19일자 유럽 리포트 지면.

주 1회 게재한다는 사고가 9일자 1면에 실렸다. 해외기동취재반이 보내온 '유럽 리포트' 첫 번째는 유럽연합(EU)을 분석한 기사로 19일자 6개 지면에 다양하게 실렸다.

1994 미스코리아 미 성현아씨가 24일 일본 도쿄에서 열린 '94 미스인터내셔널대회'에서 미스포토제닉상을 받았다. 한국일보 자매지인 일간스포츠가 '94 히로시마 아시안게임'의 한국 공식 스포츠신문으로 선정됐다는 사실을 26일 1면에 알렸다. '유럽 리포트' 두 번째 기사는 EU의 우주산업 제패 야망을 프런트면으로 6개 지면에 상세하게 다뤘다.

국내 최초·최고의 시사주간지 '주간한국'이 9월 27일 창간 30주년을 맞아 국제화 시대의 필독 교양지로 전면 혁신한다는 내용의 사고가 31일자 1면에 크게 나갔다.

국제올림픽위원회(IOC)가 태권도를 2000년 시드니올림픽 정식종목으로 채택했다는 기사가 5일자 1면 톱으로 보도됐다. 사진부 박종우 기자의 '한국일보 40돌 대탐험 베링해협을 가다' 5회 시리즈가 7일자 9면 '북극해의 관문 프로비데냐' 편을 끝으로 막을 내렸다. '유럽 리포트' 네 번째 기사로 유럽연합 국가들의 환경 정책과 자원 재활용 실태를 점검하고 영국의 금융산업을 조명, 9일자 6개 면에 보도했다.

한국일보사와 서울시가 주최하는 제6회 서울시민대상 수상자가 17일 1면 사고로 발표됐다. 영예의 대상은 향토사학자 김영상씨, 본상은 소년소녀 가장과 불우노인들을 돌봐온 박무웅(대림산업 현장소장), 장돈식(서부병원장)씨가 받았고, 장려상은 심순자, 박수천, 조경구씨 등에게 돌아갔다.

삼정기계 사장 부부 납치사건을 수사 중이던 서울 서초경찰서가 9월 21일 강동은 등 5명을 검거, 강도살인 및 사체유기혐의로 구속하고 현금과 다이너마이트, 가스총, 공기총, 칼 등 범행도구를 증거물로 압수했다. 이들은 1993년 7월 김기환을 두목으로 범죄단체 '지존파'를 결성한 뒤 이 부부를 납치 살해, 시체를 소각하는 등 4차례에 걸쳐 5명을 살해했다. '지존파'는 전남 영광군 불갑면 금계리 화산마을 두목 김기환의 집에 시체소각로까지 갖춘 비밀아지트를 두고 전국을 무대로 범행해왔다. 한국일보는 22일자 1면 톱으로 '우리 사회 이대론 안 된다'는 제목으로 충격적인 사건을 진단하고 관련 기사를 사회면 등 7개 면에 보도했다.

한국일보는 26일자부터 연중 캠페인 '함께 사는 사회'의 일환으로 '우리는 소외계층을 잊고 있다'는 슬로건을 내걸고 시리즈를 시작했다. '유럽 리포트' 여섯 번째 기사가 30일자

6개 지면에 나갔다. 이탈리아 베네통 등 유럽의 대물림한 가족기업의 이모저모를 살펴보고 프랑스의 첨단 정보화 실태를 보도했다.

10월 1일 김성우 한국일보 주필이 환갑의 나이에 결혼식을 올렸다. 뉴욕에 본부를 둔 한국일보 해외제작본부가 10월 5일부터 매주 수요일 '월드 리포트'라는 해외 특집을 게재한다는 사고를 4일자 1면에 내보냈다. 5일자로 문창국 판매1국장을 판매기획국장에, 명동완 총무국장을 판매1국장에, 권오술 기획조정실장을 총무국장에 각각 전보 발령했다.

한국일보사의 정치비사 발굴 대하시리즈 '실록 청와대'의 세 번째 단행본이 출간됐다는 사고가 6일자 1면에 나갔다. 94 한국광고대상 수상작이 10일자 1면 사고에 발표됐다. 대상은 삼성전자의 '바이오TV 명품'에 돌아갔고 마케팅 금상은 제일제당의 '컨디션'이 차지했으며 모두 6개 부문에서 입상작 45점이 선정됐다. 시상식은 27일 오후 4시 본사 강당에서 열렸고 수상자 20명은 해외시찰 기회가 주어졌다.

신문 활자의 개혁을 선도해온 한국일보가 10월 18일자부터 새로운 활자를 선보인다는 사고를 14일자 1면에 냈다. 새 활자는 읽기 쉽고 시원한 지면 제작을 위해 기존의 것보다 7% 정도 커져 신문인쇄체제는 1단 12.5자 89행에서 1단 12자 85행으로 줄어들게 됐다.

북한과 미국이 17일 밤(현지시간) 남북 대화 재개를 포함한 핵문제의 일괄 타결에 완전 합의, 잠정 합의문을 채택하고 3단계 고위급 2차 회담을 폐막했다는 내용의 기사가 19일자 1면 톱으로 보도됐다. 또 2면서부터 8개 면에 관련 기사와 해설, 스케치 등을 실었다. '유럽 리포트' 아홉 번째 기사를 해외기동취재반이 보내와 21일자 6개 지면에 실었다. 프런트 면은 유럽연합의 관광 시설 및 정책 등을 집중 조명했다.

**어려운 한자에 한글 독음 병기**

서울 성수대교가 무너지는 대참사가 21일 오전 7시 40분께 일어나 국내는 물론 세계를 깜짝 놀라게 했다. 박승평 논설위원이 11월 1일자로 수석논설위원으로 발령 났다. 장재국 한국일보사 회장은 2일 창간 120주년을 맞은 일본 요미우리신문 도쿄본사를 방문, 쇼리키 도오루 사주와 와타나베 쓰네오 사장 등과 의견을 나눴다. '유럽 리포트' 열한 번째 특집기사가 4일자 33면 등 6개 면에 나갔다. 네덜란드 항공기 제조사와 스위스의 시계 회사의 경영 기법 등을 소개했다.

조혜련(39) 전 생활과학부 기자가 22일 오전 11시 50분 아주대병원에서 지병으로 별세했다. 1980년 입사한 조 기자는 주간여성부·문화부·생활과학부 기자를 지냈다.

한국일보 1994년 11월 29일자가 400년 후에 개봉될 서울 1,000년 타임캡슐 수장품 600점 중의 하나로 선정돼 실물로 영구 보관됐다. 서울시는 서울 정도 600년 기념사업의 하나로 중구 필동 남산골(옛 수방사터)에 묻을 타임캡슐 수장품 600점을 확정한 바 있다. 이 캡슐에는 서울 시민의 삶의 양식, 제도, 환경 등 9개 분야의 600점이 실물과 축소 모형

1994년

마이크로 필름, CD 비디오 등으로 제작, 보관됐다. 보신각을 본떠 만든 캡슐은 11월 29일(천도일) 땅에 묻힌 뒤 400년 뒤 정도 1,000년이 되는 2394년에 개봉된다.

한국일보사는 독자들의 편의를 위해 12월 3일자부터 어렵고 생소한 한자에 한글 독음을 병기한다고 1면에 알렸다. 다만 고정 인사란과 부음란, 독자들에게 친숙하고 지명도가 높은 인명은 한자만 쓰고 문화 연예 및 스포츠면의 인명은 종전처럼 한글 위주로 표기하기로 했다. 인명과 어려운 한자에 한글 병기하기는 나중에 한글에 한자 병기하기로 순서가 바뀌었다.

한국일보가 제정한 제35회 한국출판문화상의 저작상 수상자로 '중세국어 구문 연구'를 쓴 이현희 교수(서울대)와 '불사(不死)의 신화와 사상'의 저자 정재서 교수(이화여대)가 선정됐다는 내용의 사고가 20일자 1면에 나가고 인터뷰와 상보는 18·19면에 게재됐다.

서울 정도(定都) 600년을 기념해 제작된 타임캡슐이 1994년 11월 29일 서울 중구 필동2가 84 남산골공원에 매설되고 있다. 한국일보를 포함한 600여 점이 담긴 타임캡슐은 400년 후인 2394년 11월 29일 개봉된다.

# 1995년
기사를 발로 써라. - 장기영

### 편집국 기구 개편, 대대적인 인사

한국일보는 1995년 신년호 특집을 한국 언론사상 최초로 96면 발행했다. 신년 특집은 본판 32면과 4개 섹션 특집 64면으로 짜였다. 섹션의 주제는 1면 남북통일, 2면 지방자치, 3면 연예 및 TV, 신춘문예 당선작, 4면 일본 리포트 등이었다. 섹션 특집 64면은 지역에 따라 12월 31일 사전 배달했다. 한국일보는 '녹색생명' 운동과 '함께 사는 사회, 함께 사는 세계' 운동을 1995년 연중 캠페인으로 정하고 1일자 1면에 대형 기둥 사고를 내는 등 힘차게 출발했다.

1995년 신년호 1면.

한국일보는 1995년 새해를 맞아 대폭적인 편집국 기구 개편과 창사 이래 최대 규모의 간부 승진 인사를 단행했다. 행정조직 개편과 지방화 시대 개막에 따른 독자들의 다양한 정보 수요에 적극 부응하기 위한 기구 개편은 인력의 적절한 활용과 전력의 극대화를 통해 폭주하는 최신 정보를 체계적으로 전달하는 데 주안점을 두었다.

편집국 기구개편에서는 종래의 부국장·부국장대우 직급이 없어지고 편집국장 밑에 6명의 국차장제가 신설됐으며 부서들도 세분화했다. 이에 따라 편집국 조직은 종전의 16부, 1 해외제작본부, 4 지방취재본부에서 22부, 1 해외제작본부, 5 지방취재본부로 확대 개편됐다. 1월 1일자로 이상우 신임이사를 일간스포츠담당 부사장으로, 박용배 편집담당 상무이사를 상무이사 겸 뉴미디어 추진본부장으로 임명하는 등 본지 및 자매지 임원과 간부에 대한 인사를 단행했다.

정달영 이사 겸 심의실장이 상무이사 겸 심의실장, 김용운 이사대우 경리국장이 경리담당이사, 장명수 한국일보 편집위원이 이사대우 한국일보 편집위원으로 승진했다. 또 서울

1995년

경제신문 김진동 이사대우 논설위원이 이사 겸 주필, 김서웅 이사대우 편집국장이 편집담당 이사, 예창해 이사대우 광고국장이 이사 겸 광고국장으로 승진했으며 최상태 홍보자료실장이 서울경제 편집국장으로 전보발령됐다. 허욱 건설본부 부국장이 한국일보 총무국장 겸 건설본부 부본부장, 이영흠 기획조정실 부국장 겸 제3부장이 경리국장, 박정삼 한국일보 체육부장이 홍보자료실장 직대로 승진 전보됐다.

편집국 승진인사에서는 이성준 이사대우 편집국장이 이사 겸 편집국장으로 승진했으며 박찬식 부국장, 이이춘 정치부장 등 6명을 국차장으로 임명했다. 또한 도영봉 편집부 부장대우(차장)가 편집 2부장으로 승진하는 등 견습 37기 부장까지 나왔고, 최규식 정치부 차장이 국제2부장 직대가 되는 등 견습 36기까지 부장 직대로 승진했다.

신설된 국차장제는 제1국차장이 편집1·2·3과 교열, 제2국차장이 정치1·2와 국제1·2, 제3국차장이 경제1·2와 과학·생활, 제4국차장이 사회1·2와 전국·사진, 제5국차장이 문화1·2와 체육·주간한국, 제6국차장이 기획·여론독자부를 6개 권역별로 분담토록 했다.

이와 함께 편집부가 편집1·2·3부로, 정치부가 정치1·2부, 경제부가 경제1·2부로, 사회부가 사회1·2부로, 국제부가 국제1·2부로 분리되고 생활과학부는 생활부와 과학부로 분리·독립됐다. 또 전국부 내에 수도권취재본부가 신설되고 기획취재부는 기획관리부로 명칭이 변경됐으며 통일부는 정치2부로 통합됐다. 이와 함께 김경희 문화2부 차장대우가 문화2부 차장으로 승진되는 등 견습 37기까지 차장으로, 정치1부 신재민 기자 등 견습 40기가 차장대우로 승진했다. 한국일보 편집국 인사 내용은 다음과 같다.

▲논설위원 박무 ▲이사 겸 편집국장 이성준 ▲제1국차장 이영의 ▲제2국차장대리 이이춘 ▲제3국차장 박찬식 ▲제4국차장 배기철 ▲제5국차장대리 백우영 ▲제6국차장대리 박정수 ▲여론독자부장 유주석 ▲편집위원 박태홍 ▲국장석 부장 박영철 ▲편집1부장 김양배 ▲편집2부장 도영봉 ▲편집3부장 홍창덕 ▲편집부 차장대우 김봉천 김용진 이민호 ▲정치부장 노진환 ▲정치2부장 이종구 ▲경제1부장(직대차장) 방민준 ▲경제2부장(직대차장) 정승호 ▲사회1부장 문창재 ▲사회2부장 설희관 ▲문화1부장 임철순 ▲문화2부장(직대차장) 박래부 ▲국제1부장 김수종 ▲국제2부장(직대차장) 최규식 ▲생활부장 최성자 ▲과학부장 김영환 ▲기획관리부장(직대차장) 박진열 ▲체육부장(직대차장) 유석근 ▲사진부장 권주훈 ▲수도권취재본부장(차장) 안재현 ▲부산취재본부장(부장대우) 최연안 ▲대구취재본부장(차장) 정재용 ▲대전취재본부장(차장대우) 남영진

**'함께 사는 사회, 함께 사는 세계' 캠페인**

제1회 한국일보 청년작가 초대전을 알리는 사고가 6일자 1면에 크게 나갔다. 한국일보가 '미술의 해'를 맞아 6월 9일을 전후해 개최할 초대전에는 한국화·서양화 등 4개 장르 별로 역량 있는 45세 미만 작가의 작품이 전시되며 대상은 1,000만 원, 부문별 우수상 4명에

게는 700만 원씩 수여된다고 밝혔다. 광복 50주년을 맞아 1억 원 고료 장편소설을 공모한다는 사고를 8일자 1면에 냈다. 주제는 자유이며 200자 원고지 2,000매 이상의 작품으로 9월 30일 접수 마감해서 11월 1일자에 발표한다고 알렸다.

한국일보 이사대우 광고국장에 예창해 서울경제 이사 겸 광고국장이, 서울경제 광고국장에 윤세일 한국일보 광고국장이 4월 1일자로 발령 났다. 예용해(66) 전 한국일보 논설위원(문화재위원)이 10일 오전 서울 강남구 청담동 동서청담빌라 자택에서 숙환으로 별세했다. 경북 청도 출신인 고인은 경북대 사대 국문과를 나와 1954년 한국일보에 입사, 문화부장, 기획위원, 논설위원 등을 역임하고 1991년 정년퇴직했으며 1963년부터 문화재위원으로 활동했다. 대한민국 문화예술상과 서울시문화상을 수상했다.

한국일보는 20일자로 이인호 사업담당 전무이사를 광고담당 전무이사로, 배영부 광고담당 전문이사를 사업담당 전무이사로 전보 발령했다.

서울 남산 껴안기 대회에 7만여 명 등 현대자동차·제일제당 후원으로 전국에서 진행된 '우리 산 껴안기'에 10만 5,000여 명의 시민이 참가했다. 이날 행사 상황과 의미를 다룬 기사는 24일자 1면 머리로 보도됐고 17·38·39면에 상보와 스케치, 화보 등을 담았다.

지구의 날 기념 남산 껴안기 대회가 성황리에 열렸다.

### 고정칼럼 '지평선' 지면 이동

'중국 리포트' 첫 번째 기사가 26일자 17면 등에 펼쳐졌다. 각계인사들의 애송시와 좋아하는 이유 등을 '이 주일의 시'란 코너로 7일부터 게재한다는 내용을 5일자 1면에 사고로 알렸다. 제6회 팔봉비평문학상 수상자에 김주연 교수(숙명여대 독문과)가 선정됐다고 7일자 1면에 알렸다. 수상작은 기술문명과 문학의 관계를 성찰한 '사랑과 권력'이었으며 시상식은 30일 오후 본사 13층 송현클럽에서 열려 상금 500만 원이 수여됐다.

1995년 한국을 대표할 미스코리아 진에 김윤희(21)씨가 뽑혀 14일자 1면에 왕관을 쓰고 활짝 웃는 모습의 사진이 올랐다. 22면에 나머지 수상자들의 사진과 프로필, 스케치 기사 등을 담았다. 선에는 최윤녕(20·뉴욕 진) 김정화(21·충남 진), 미에는 김민정(20·충북 진) 한성원(21·남가주 선) 김아린(22·워싱턴 진), 미스한국일보에는 임주연(20·강원 진), 미스태평양에는 이경숙(19·서울 선)씨가 각각 선정됐다.

한국일보가 주최한 제14회 한국교육자대상 수상자가 15일자 1면에 발표됐고 개인별 공적 내용과 상보는 32·33면에 보도됐다. 대상은 초등 부문에 김병렬 서울사대부국 교장, 중

등 부문에는 박병재 부산배화학교 교사가 받았다.

한국일보 1면에 게재해온 고정칼럼 '지평선'이 23일부터 3면으로 자리를 옮겼다. 이번 지면 변경은 사설과 지평선을 한곳에 모아 게재함으로써 본사의 주장을 집중시키고 신문의 영향력을 증대시키는 한편 종합뉴스면인 1면에 더 많은 뉴스를 보도하기 위한 조치였다. '지평선'은 1954년 6월 9일 창간과 함께 선보인 이래 2024년 현재까지도 풍부한 화제를 제공해온 명칼럼이다.

한국일보가 제정한 제22회 한국보훈대상 수상자가 6일자 1면에 발표됐다. 상이군경 부문은 김명수·황재학씨, 미망인 부문 주정숙씨, 유족유자녀 부문 이종헌씨, 중상이 배우자 부문 최선자씨, 특별보훈대상 부문은 이종갑씨가 선정됐다. 시상식은 19일 오전 11시 30분 본사 강당에서 열려 350만 원의 상금과 상패가 주어졌다.

### 광복·분단 50주년 기념 다양한 기획

한국일보 창간 41주년 기념식이 9일 오전 본사 12층 강당에서 장재국 회장을 비롯한 500여 명의 사원들이 참석한 가운데 열렸다. 창간기념식에서 백상기자대상 금상은 '우리 산 껴안기 대회'를 기획 보도한 한국일보 기획관리부 박진열 부장, 박정규·김광덕·이진동 기자가 받았다. 백상공로대상 금상은 전산시스템·온라인화 및 전산화 S/W 자체 개발 등으로 경비 절감과 경영 합리화를 한 전산개발실이 받았다. 한국일보는 9일자에 창간 특집 52면을 발행했다. 별지 특집은 국민소득 1만 달러 시대, 언론혁명 뉴미디어, 50년 질곡 남북관계, 녹색 생명 환경과 삶 등이었다.

제1회 한국일보 청년작가초대전 개막식과 시상식이 20일 백상기념관에서 있었다. 대상은 강용면씨가 조각 '역사 원년'으로 수상했다. 부문별 우수상에는 허진(전남대 교수)씨의 한국화 '다중인간-레디고!!', 권여현(원광대 교수)씨의 서양화 '얼굴', 유인씨의 조각·설치 '그들의 속성', 우수희씨의 판화 '무제1' 등이 뽑혔다. 대상에는 1,000만 원, 우수상에는 700만 원의 상금이 주어졌다.

서울 삼풍백화점 붕괴 참사가 30일자 1면 전체와 10개 면에 걸쳐 보도됐다.

1995년도 한국일보 임금협상이 25일 오후 본사 회의실에서 장재국 회장과 윤승용 노조위원장이 조인식을 함으로써 완전 타결됐다. 내용은 기본급 10% 일괄 인상, 기자직 1호봉 특별 승급, 기본급 기준 2%선에서 시간외 근무수당 신설, 상후하박 원칙에 입각한 호봉표

삼풍백화점 붕괴 참사를 보도한 1995년 6월 30일자 1면.

조정 등이 골자다.

한국일보는 광복 50주년의 해를 맞아 '광복 50-다시 여는 반세기'란 제목으로 8월 3일자 1면 톱부터 시리즈를 시작했다. 한국일보사, 국가보훈처, 사단법인 이준아카데미가 공동 주관하고 전국경제인연합회가 협찬해 설립한 '이준 열사기념관'이 5일 오전 11시(현지시간) 네덜란드 헤이그에서 개관됐다. 이준 열사가 순국한 헤이그시 와건스트라트 124 옛 드용(DE JONG) 호텔을 매입, 설립된 기념관은 해외에서 순국한 선열의 순국 현지에 세워진 최초의 기념물이다.

### 노태우 4,000억 비자금 파문

전직 대통령으로는 헌정 사상 처음으로 노태우 전 대통령이 11월 16일 구속수감됐다.

민주당 박계동 의원이 10월 19일 국회 본회의에서 노태우 전 대통령의 4,000억 원 비자금설을 구체적으로 주장해 정치권에 큰 파문이 일고 있다는 기사가 20일자 1면 톱으로 보도됐고 관련 기사가 2·3·4·34·35면에 나갔다. 박 의원의 폭로는 노 전 대통령의 구속으로 이어지는 등 엄청난 파문을 일으켰다.

1994년도 미스코리아 선 윤미정씨가 11월 12일 필리핀 바기오시에서 열린 '95 미스 아시아태평양 선발대회'에서 최고의 영예인 미스 아시아태평양에 선발됐다. 미스코리아 출신이 국제미인대회에서 정상을 차지하기는 1969년 '미스 아시아 대회' 이후 처음이다. 13일자 제2사회면에 왕관을 쓴 사진과 함께 기사가 나갔다.

한국일보의 1억 원 고료 장편소설 공모에 채길순씨의 역사 소설 '흰옷 이야기'가 당선작으로 선정됐다. 채씨는 '흰옷 이야기'에서 동학혁명부터 한국전쟁에 이르는 역사의 격동기를 배경으로 계급·분단·성(性) 등 여러 겹의 피해자였던 여인 3대의 삶과 우리 근·현대사를 조명했다. 특히 전라도가 주무대인 기존 동학소설과는 달리 충청도 지역을 중심으로 평양·함흥·서울 등 전국에 걸친 동학운동과 독립투쟁을 빠르고 생동감 있게 그려냈다. '흰옷 이야기'는 96년 1월부터 한국일보에 연재됐다.

남극대륙 최고봉인 빈슨 매시프(5,140m) 등정에 성공한 '95 한국 빈슨 매시프 원정대'가 12월 27일 오후 귀국했다. 한국일보사와 한국방송공사가 공동주최한 95 한국 빈슨 매시프 원정대 허영호 대장은 12월 12일 오전 2시 20분(현지시간 11일 오후 2시 20분) 등정에 성공했다. 이로써 허 대장은 세계 최초로 3극점과 7대륙 최고봉을 모두 정복한 세계적인 산악인이 됐다.

# 1996년
사설은 오늘 아침 콩나물값이 얼마라는 것부터 써라. - 장기영

### 총선 올바른 선택 위한 연중 캠페인

한국일보는 1996년 정치가 나라의 앞날을 좌우할 중요한 한 해가 될 것으로 보고 '바른 선택' '바른 정치' '바른 국가'를 캐치프레이즈로 연중 캠페인을 펼쳤다. 이와 함께 기존의 사랑의 쌀 나누기 운동인 '함께 사는 사회, 함께 사는 세계'와 쾌적한 생활환경을 만들기 위해 벌여온 '녹색 생명 운동' 등 2대 상시 캠페인도 계속 전개했다.

신년호는 56면을 발행했다. 1면에는 남극대륙 최고봉에 우뚝 선 허영호 대장 등 '95 한국 빈슨 매시프 원정대'의 장한 모습을 담은 사진을 실어 병자년 새해가 밝고 활기찬 도약의 한 해가 될 것을 기원했다. 이날부터 원정대의 탐험기 '지구의 한계점에 서다'를 연재했다.

5면에는 이세중 변호사가 특별기고한 '광복 100년 영광의 그날 위해 달리자'는 글이 실렸다. 8·9면에는 15대 총선 출마 예상자 명단을 실었다. 고우영 화백이 한국일보의 새로운 4단 만화 '고소금'과 시사 카툰 '한국만평'을 1996년 1월 1일부터 맡았다. 1억 원고료 장편 소설 당선작 '흰옷 이야기'를 8일부터 연재한다는 사고를 6일자 1면에 냈다.

성덕 바우만 관련 기사를 연속해서 1면과 사회면 톱으로 속보를 내보냈으며 38·39면에 관련 기사를 실었다. 한국일보와 KBS의 보도로 성덕군의 이야기가 알려지자 3,000여 명이 넘는 사람들이 골수이식을 위한 채혈에 동참했다. 가톨릭대 의대 골수정보은행과 적십자병원에 골수 기증 의사를 밝힌 자원자만도 개인이나 단체 직장을 포함, 1만여 명에 육박했다.

한국일보사와 안익태기념재단이 제정한 '안익태 작곡상' 제3회 수상자로 '오케스트라를 위한 분광(分光)'을 출품한 김철화씨(35·일리노이주립대 박사과정)가 선정됐다고 5일자 사고를 통해 발표했다. 제36회 한국출판문화상 시상식이 8일 본사 13층 송현클럽에서 열렸다. 김성우 상임고문 겸 주필은 '의상(義湘)-그의 생애와 화엄사상'의 김두진 교수(국민대)와 '한국의 물시계'를 저술한 남문현 교수(건국대)에게 저작상 상금과 상패를, '페르시아어 한국어사전'을 발간한 한국외국어대 출판부 등 20개 출판사 대표와 번역상 수상자 2명에게 출판상 상패를 각각 수여했다.

## <70대 특종> 성덕 바우만을 살리자

1996년 여름 한국일보는 미국 언론의 주목을 받는 한국 언론이 됐다. 미국으로 입양 간 한국계 성덕 바우만의 사연 때문이었다. 그해 7월 미국 시사주간지 타임이 특별 기사를 내보냈고, 미국 공중파 TV인 NBC도 결과적으로 한국일보의 매체 파워를 강조하는 내용의 기사를 내보냈다.

타임과 NBC의 한국일보 소개 기사가 나간 사연은 성덕 바우만의 백혈병 투병과 회복 때문이다. 1995년 한국일보가 백혈병에 걸린 바우만의 사연을 소개하고(사진) 한국의 여론을 일으켜 바우만의 생명을 살려내기 위한 골수 기증운동을 벌인 사연에 관한 것이었다.

타임은 '한국이 아들을 살리다'라는 제하의 기사에서 성덕 바우만군을 살리기 위한 한국 국민들의 노력과 그런 국민적 공감대를 이끌어 낸 한국일보와 KBS의 역할에 주목했다. 타임은 이 기사에서 한국에서 태어나 미국에 입양된 성덕 바우만이 지난해 백혈병에 걸린 사실이 한국일보를 통해 알려지면서 성덕 바우만을 구하기 위한 운동이 시작됐다고 전했다. 또 성덕 바우만에게 골수를 기증하겠다는 지원자들이 줄을 섰고 그 결과 골수 기증자인 서한국씨를 찾아냈다고 덧붙였다. 이어 골수
기증자를 찾는 과정에서 드러난 제도적 장애와 보험규정 문제가 해결되는 성과도 얻게 됐다고 강조했다.

범국민적 골수기증 운동을 이끌어 냈던 한인 입양아 성덕 바우만씨의 사연은 95년 11월 22일 한국일보 보도로 처음 알려졌다. 당시 21세로 미국 공군사관학교 4학년이던 바우만씨는 이듬해 임관을 앞두고 있었으나, 만성골수성백혈병으로 학업을 중단하고 미 텍사스주 군 암치료 전문병원에서 투병 중이었다. 한국일보는 이후 기사와 사설 등을 통해 안타까운 사연을 매일 보도했고, 전 국민적인 골수기증 운동의 불씨를 댕겨 96년 2월 2일 유전자형이 같은 골수 기증자를 찾을 수 있었다. 이후 골수 기증·치료비 기부 운동이 들불처럼 일어나 많은 백혈병 환자들이 새 생명을 얻는 계기가 됐다.

1996년

12.12 및 5.18 사건으로 기소된 전두환 노태우 두 전직 대통령이 수의차림으로 나란히 심판대에 섰다.

### 장명수·김성우 축하연 잇따라 열려

12·12 및 5·18사건으로 기소된 전두환·노태우 두 전직 대통령 등 관련 피고인 16명에 대한 첫 공판이 3월 11일 오전 서울지법 417호 대법정에서 서울지법 형사합의30부 심리로 열려 검찰 신문이 진행됐다. 두 전직 대통령이 피고인으로 함께 법정에 선 것은 헌정 사상 처음으로 12일자 1면 전체와 10개 면에 상세하게 보도됐다.

4월 1일자 1면에는 한국일보의 인기 칼럼 '장명수 칼럼' 2,000회를 맞아 필자가 독자들에게 보내는 글이 큰 박스로 장식됐다. 제목은 '독자와 더불어 14년, 2,000회를 넘어서며'였다. 33면에는 각계 인사들이 '장명수 칼럼'을 읽는 재미에 대해 썼다. 한국일보 여기자회는 1일 오후 5시 본사 송현클럽에서 축하연을 열었다. 편집국 사우 180여 명은 축하 사인이 새겨진 기념패를 만들어 전달했다.

김성우 상임고문 겸 주필이 7월 5일로 한국일보에 입사, 언론계에 몸담은 지 만 40년이 됐다. 당시 김 주필은 현역 언론인으로는 최고참일 뿐 아니라 언론사 근속 40년은 우리 언론사에 유례가 흔치 않은 일이었다. 김 주필은 '견습은 아직 끝나지 않았다'는 제목으로 사보에 외길 언론 40년을 회고했다. 김

고문의 기자 40년 축하연(사진)이 각계 인사 및 전현직 사우 등 500여 명이 참석한 가운데 본사 13층 송현클럽에서 12일 열렸다. 김 고문은 1956년 견습 4기로 입사, 초대 주간부장·사회부장·파리 특파원·편집국장·상임고문 겸 주필·일간스포츠 사장 등을 거쳤다. 명예시인인 김 고문에게 이날 연극협회는 명예배우 칭호가 새겨진 감사패를 전달했다.

### 서울경제 강제폐간 헌법소원

한국일보사는 5월 11일 1980년 신군부의 초법적인 언론통폐합 조치로 강제폐간 당했다가 1988년 8월 복간한 자매지 서울경제신문의 원상 회복과 피해 보상을 위해 낸 국가배상법 8조에 대한 위헌심판제청 신청을 법원이 기각한 것은 기본권 침해라며 헌법재판소에 헌법소원을 냈다.

한국일보사 제정 제15회 한국교육자대상 수상자가 결정돼 15일자 1면에 알렸다. 대상은

초등 부문에서 인성교육에 헌신한 대구계성초교 최종덕 교장, 중등 부문은 독서생활화에 힘써온 경기 광명고 이방주 교장이 선정됐다. 스승의 상은 서울안평초교 최봉실 교장과 청주세광고 최동준 교장 등 26명에게 돌아갔다. 시상식은 30일 오후 2시 서울세종문화회관에서 열려 대상 수상자에게는 500만 원씩의 상금이 수여됐다.

한국일보사 주최 '제2회 청년작가 초대전' 대상에 최인선씨의 양화 '오염된 공기, 흑연두뇌-신체1'이 23일 선정됐다. 대상작은 6월 5일부터 19일까지 예술의전당에서 4개 부문별 우수상과 함께 전시됐다.

'96 미스코리아 선발대회'가 25일 오후 6시 서울 세종문화회관 대강당에서 열려 한국을 대표하는 최고의 미인에 이은희(18·서울 진)씨가 선발됐다. 한국일보사·일간스포츠와 ㈜태평양이 공동주최하고 데이콤과 문화방송이 후원한 대회에서 선에는 김양희(20·경북 진) 설수진(21·서울 선), 미에는 최숙영(22·부산 선) 이지희(19·부산 진) 최정윤(20·남가주 선)씨가 선정됐다. 미스태평양에는 이자영(19·대구 진), 미스한국일보에는 권민중(20·충북 진)씨가 뽑혔다. 신설된 미스데이콤은 선으로 선발된 설수진씨가 차지했다.

### 한국일보 발행 부수 212만 1,540부 공개

제23회 한국보훈대상 수상자가 6월 6일자 1면에 발표됐다. 고명곤(상이군경 부문), 박종순(미망인 부문), 정화원(유자녀 부문), 옥봉순(배우자 부문), 남기형(특별보훈 부문)씨 등이 영예의 상을 받았다. 시상식은 13일 오전 한국일보사 13층 송현클럽에서 열렸으며 수상자들은 400만 원의 상금과 상패를 받았다.

9일 한국일보 창간 42주년을 맞아 36면을 발행했다. 1면 톱은 김영삼 대통령을 이성준 편집국장이 인터뷰한 기사였다. 내용은 3·4면에 실었다. 김 대통령은 회견에서 "4·11 총선에서 우리 국민은 낡은 정치와 부패한 정치가 청산돼야 한다는 뜻을 강하게 표현했다"며 "신한국당의 15대 대통령 후보는 이같은 시대적 변화의 추이와 국민의 기대에 부응하는 방향으로 정해질 것"이라고 밝혔다.

한국일보 임원 인사가 9일 단행했다. 김영렬 서울경제신문 사장이 한국일보 수석부사장직을 겸임하고 이문희 전무이사가 주필로, 이성준 한국일보 편집국장이 편집담당 상무이사(편집인)로, 김서웅 서울경제신문 편집담당이사가 한국일보 이사대우 편집국장에 임명되는 등 모두 10명의 임원이 승진·전보됐다. 나머지 인사내용은 ▲사업담당 부사장 김충한 ▲판매담당부사장 겸임 이상우(일간스포츠담당 부사장) ▲논설고문 김성우 ▲전무이사 겸 주필 이문희 ▲사업담당 전무이사 이인호 ▲일간스포츠담당 전무이사 배영부 ▲한국일보 미주본사사장 엄호택

10일자 1면에는 한국일보 발행 부수가 212만 1,540부라는 사실을 밝히는 사고가 나갔다.

1996년

　한국일보사는 창간 42주년을 기해 발행 부수를 공개하고 이를 한국ABC(신문잡지부수공사기구)협회를 통해 인증받기로 했습니다. 1954년 6월 9일 창간 이래 정직하고 공정한 신문을 표방해온 한국일보는 독자와 광고주 여러분께 발행 부수를 있는 그대로 알림으로써 새 출발의 계기로 삼고자 합니다.
　한국일보는 6월 10일 현재 국내 190만 5,890부, 해외 21만 5,650부 등 모두 212만 1,540부를 발행하고 있습니다. 한국일보사는 한국ABC협회 규정대로 금년 6월분부터 발행 부수 공사보고서를 제출, 예비 공사와 본 공사의 절차를 밟아 ABC협회의 인증을 받게 됩니다.
(후략)

　한국일보사가 1996 애틀랜타 하계올림픽(사진) 개막에 맞춰 미국의 유력 스포츠전문주간지 '스포츠 일러스트레이티드'지와 독점전재계약을 체결했다는 사고를 7월 21일자 1면에 냈다.
　14일 오후 백두산과 한라산 간에 무선 PC통신을 이용한 교신이 성공, '한민족 정보공동체'를 실현했다. 그린넷 캠페인의 하나로 '한민족 네트워크'를 구축한 한국일보사가 사단법인 미래사회 정보생활'과 공동으로 마련한 PC통신 대화는 국내 최초로 성사됐다.
　명인전이 1996년 제28기 대회부터 총예산 규모를 3억 원으로 대폭 증액, 최대 규모의 국내 기전으로 탈바꿈한다는 내용이 8월 19일자 1면 사고로 나갔다. 한국일보사 주최, 한국기원 주관으로 1967년부터 운영돼 온 명인전은 조남철, 김인, 서봉수, 조훈현, 이창호 9단 등 당대의 최고수들을 명인으로 배출하면서 한국 바둑의 발전에 기여해왔다. 제28기 명인전의 상금은 우승 4,000만 원, 준우승 800만 원이었다. 군산상고는 20일 동대문운동장에서 열린 제26회 봉황대기 전국고교야구대회(한국일보사·일간스포츠·대한야구협회 주최) 최종일 결승전에서 인천고를 6대 0으로 제압, 14년 만에 초록 봉황대기를 탈환했다.

### 대대적인 조직 개편과 후속 인사

　박영길 일간스포츠 편집국장대리와 박진길 소년한국일보 편집부국장이 9월 1일자로 각각 일간스포츠와 소년한국일보 편집국장으로 임명됐다. 전임 김재설 이사대우 일간스포츠 편집국장은 이사대우 일간스포츠 편집위원으로 전보됐으며 배재균 소년한국일보 편집국장은 정년 퇴임했다.
　한국일보사·일간스포츠 공동주최로 9~13일 본사 12층 강당에서 열린 제23회 한국음악 콩쿠르 대상 수상자로 피아노 부문 국영하(17·서울예고), 바이올린 부문 이현주(16·서울예고)양이 각각 선정됐다. 첼로 부문은 대상없이 금상에 박새롬(15·인천선학중)양이 뽑혔다. 대상과 금·은·동상 수상자 11명에 대한 시상식은 10월 4일 오후 3시 한국일보사 송현클럽에서 열렸다.

대폭적인 편집국 기구 개편과 함께 한국일보 및 자매지 편집국의 간부 인사를 10일자로 단행했다. 또 조직 개편에 따른 차장 이하 기자 41명에 대한 후속인사도 이어졌다. 95년 1월 1·2·3부 또는 1·2부로 나눠졌던 편집·정치·경제·사회·문화부가 단일부로 통합됐다. 경제부는 생활부와 과학부의 일부 기능을 흡수, 경제과학부로 명칭이 바뀌었고 간지 제작을 전담할 특별취재 1·2부가 신설됐다. 또 과학부·생활부가 폐지됐고 기획관리부는 관리부로 이름이 변경됐으며 기획편집부가 신설됐다. 6명이던 국차장은 4명으로 줄었다.

이에 따라 한국일보 편집국 조직은 종전의 22부, 1 해외제작본부, 5 지방취재본부에서 16부, 1 해외제작본부, 5 지방취재본부로 재편됐다. 인사 내용은 다음과 같다.

〈한국일보〉▲논설위원 정일화 문창재 노진환 ▲편집부장 도영봉 ▲정치부장 이종구 ▲경제과학부장직대 방민준 ▲사회부장 임철순 ▲전국부장직대 박진열 ▲문화부장 설희관 ▲국제부장 김인규 ▲여론독자부장직대 박래부 ▲특별취재1부장직대 최규식 ▲특별취재2부 차장대우 한기봉 ▲관리부장직대 안재현 ▲심의실장석 부장 최성자 김양배 〈일간스포츠〉▲편집부장 홍창덕 ▲체육부장 노기창 ▲축구부장 이기홍 ▲야구부장직대 성백빈 ▲사회부장 성인숙 ▲연예1부 장직대 김의명 ▲부국장대우 연예2부장 신대남 ▲레저부장 조성호 〈서울경제신문〉▲논설위원 임종건 〈코리아타임스〉▲정경부장 박창석 ▲사회문화부장 박무종

### '네오 페이지' 신설로 지면 혁신

남극대륙을 무보급 횡단한다는 사고가 10월 22일자 1면에 아래와 같이 크게 나갔다.

에베레스트·매킨리봉 등정, 남극점 무보급 탐험 등으로 한국인의 도전과 개척정신을 세계에 떨쳐온 한국일보사는 '남극대륙 무보급 횡단'을 새로 시도합니다. 세계적 탐험가 허영호(42)씨를 대장으로 이상호(37) 김승환(36) 박쾌돈(34) 이근배(34) 최기순(33)씨 등 5명으로 구성된 탐험대는 22일 서울 팔레스호텔에서 발대식을 갖고 23일 장도에 오릅니다. 탐험대는 대서양 쪽에서 출발, 남극점을 지나 태평양 연안에 이르기까지 빙하 지대 2,800km를 식량과 보급품을 짊어지고 끌며 4개월 동안 도보행진합니다. 탐험대는 26일 칠레의 푼타아레나스를 경유, 29일 남극대륙의 대서양 쪽 버크너아일랜드를 출발, 97년 새해를 남극점에서 맞이하게 됩니다. 이어 '얼음지옥' 버드빙하를 건너 97년 2월 13일 종착지인 태평양 연안 맥머드기지에 도착할 예정입니다. …(중략)… 한국일보사와 일간스포츠는 인공위성과 미주 본사를 통해 탐험대의 활동을 생생히 보도할 것입니다. 많은 성원을 바랍니다.

1996년

일본 가나자와시에서 27일 개최된 96 미스인터내셔널대회에서 1995 미스코리아 선 김정화씨가 사진기자들이 선발하는 미스 포토제닉에 뽑혔다. 한국일보사와 서울시가 공동 제정한 제8회 '서울시민대상' 시상식이 28일 서울 시민의 날 기념 '한마음 큰 잔치'가 열린 동대문운동장에서 있었다. 영예의 대상은 불우청소년을 보살핀 이익순(81·부일한의원원장)씨가 받았다. 전 한국일보 사진부장 최동완(57)씨가 31일 오후 서울 동작구 대방동 성애병원에서 급환으로 별세했다. 최 전 부장은 1968년 한국일보에 입사했으며 한국사진기자협회장을 역임했다.

11월 4일자부터 대대적 지면혁신이 이뤄졌다. 혁신의 핵심은 '네오(NEO) 페이지' 신설이었다. 네오 페이지는 고급문화정보 '네오 클래식'과 신문 속의 잡지 '네오 포커스', 여성·패션·라이프스타일의 '네오 라이프' 등이었다.

한국일보 4일자 1면에는 뉴스토피아 한국일보의 네오 페이지가 첫선을 보였다. 특집 'NC 세대가 온다'가 그것이었다. 17면에는 소설가 장정일의 작품이 포르노냐 전위냐, 그 신화와 반신화를 다뤘고 21면에는 일본 작가 시오노 나나미의 세 남자, 베스트셀러 뒤집기를 실었다.

지면혁신의 일환으로 96년 11월4일자에 첫선을 보인 네오 클래식

### 한자보다 한글 우선으로 표기 바꿔

한국일보 문창국 판매1국장이 판매기획국장에, 장태근 판매2국 부국장이 판매1국장 직무대리로 12월 1일 각각 발령났다. 2일에는 예창해 이사대우 한국일보 광고국장이 이사대우 사업위원, 윤세일 서울경제신문 광고국장이 한국일보 광고국장, 권효명 서울경제신문 광고국 부국장이 서울경제신문 광고국장 직무대리로 각각 발령났다.

한국일보 편집국은 가독성을 높이기 위해 한글 표기를 우선으로 하는 표기 원칙을 새로 정하고 12월 2일자부터 적용했다. 제목은 가능하면 한글을 쓰도록 했으며 종전에 한문을 먼저 썼던 기사 내 인명은 한글 우선으로 바꾸었고 기자 이름은 모두 한글로 표기하도록 했다. 새 표기 원칙은 다음과 같다.

[인명 표기]
1. 기사는 한글 표기 후 필요한 경우 한자 병기
2. 기사 내 인명은 한글 표기 후 예외없이 괄호 속에 한자 병기
(1) 단, 이홍구(李洪九) 신한국당대표처럼 한 기사에서 이름을 다시 쓸 때는 이 대표, 같은 면에 이름이 반복될 경우 이홍구 대표 등으로 한 번만 씀.
(2) 헌법재판소 전원재판부(주심 金汶熙 재판관)와 같은 경우 (주심 김문희·金汶熙 재판관) 등으로 ( ) 안은 '·'로 한글·한자를 병기함.
3. 기자 이름은 한글로만 표기
4. 내부 칼럼니스트 이름은 한글로 표기-예 : 김성우 칼럼
※ 예외
1. 체육면은 현행대로 기사 내 인명을 한글로 표기함
2. 부음, 동정, 인사이동, 훈포상 수상자 명단 등은 지면 사정 등을 고려, 한자로만 표기함 (단, 어려운 한자는 괄호 안에 한글을 병기함)
[인명·지명 표기]
1. 중국·일본의 인명, 지명은 현지 발음 먼저 표기 후 괄호 속에 한자를 병기(단, 중국의 경우 약칭을 쓸 경우 '鄧 주석' '姜 총리' 등으로 표기)
[제목 표기]
제목도 무리가 없으면 한글로 표기(제목의 인명은 한글로만 표기)

   김성우 한국일보 고문이 17일 오후 주한 프랑스대사 관저에서 도미니크 페로 대사에게서 '프랑스 국가공로훈장 기사장'을 받았다. 재단법인 설문결장학재단은 26일 오후 한국일보사 13층 송현클럽에서 1996년 장학금전달식을 열었다. 이 자리에서 한국일보 울산병영지국 배달소녀 김인옥(17·학성여고)양 등 고교생 30명이 38만 원씩 모두 1,140만 원의 장학금을 받았다.

# 1997년
살아있는 뉴스를 그대로 베어 오는 것이 일선 기자의 일이다. - 장기영

**임시주총서 장재구 대표이사 회장 선임**

한국일보는 대통령 선거가 있는 1997년 한 해 동안 '바른 선택, 바른 정치, 바른 국가'를 슬로건으로 연중 캠페인을 벌이기로 했다. 제29회 한국일보 문학상 시상식이 1월 16일 한국일보 13층 송현클럽에서 열렸다. 수상작은 소설가 전경린씨의 중편소설 '염소를 모는 여자'로 이 작품은 1995년 '문학과 사회' 겨울호에 발표됐다.

한국일보사와 안익태기념재단이 공동 주최한 제4회 안익태작곡상 대상에 이신우씨의 '시편 20'이 선정됐고 가작에는 이현주씨의 '12개의 창문을 통한 빛'이 뽑혔다.

한국일보사는 27일 임시주주총회와 이사회를 열어 장재구 명예회장을 신임 대표이사 회장으로 선임했다. 한국일보사가 제정한 제37회 한국출판문화상 시상식이 2월 5일 오후 한국일보사 13층 송현클럽에서 열렸다. 저작상은 '독도의 민족영토사 연구'(지식산업사)를 쓴 신용하 서울대 사회학과 교수와 '한국양형론'(나남출판)을 쓴 이영란 숙명여대 법학과 교수에게 돌아갔다. 출판상 수상작으로는 '한국 한자어사전'(단국대 동양학연구소) 등 11개 부문 22종이 선정됐으며 일지사가 출판 발전에 기여한 공로로 제작상을 받았다.

한국일보사는 5일자로 장태근 판매1국 국장직대 부국장을 판매1국장에, 정수기 제작국 부국장 겸 화상부장을 제작국장직대 부국장 겸 화상부장으로 발령냈다. 서울경제신문 광고국장에는 권효명 서울경제 광고국장직대 부국장이 승진했다.

북한 권력서열 21위로 총리급 실력자인 황장엽 노동당 국제담당비서가 12일 오전 중국 베이징의 한국총영사관에 망명을 신청했다는 뉴스가 13일자 1면 거의 전부와 6개 면에 실렸다.

한국일보사와 일간스포츠가 주최한

황장엽 북한 노동당비서의 한국 망명 신청을 보도한 1월 13일자 1면.

제31회 백상배 전국 연날리기대회가 23일 경기 용인 에버랜드 장미원에서 열렸다. 일반부 끊기, 창작연, 왕자전, 멀리 날리기 등 본 경기 5개 종목에 500여 명의 동호인이 참가, 열전을 벌였다.

한국일보사는 25일 이사회를 열어 장재근 대표이사 사장의 중임을 의결했다. 장 사장은 1993년 11월 대표이사에 취임, 한국일보 사장·인쇄인을 맡아왔다. 한국일보사는 3월 1일 일간스포츠 담당 사장(편집인)에 이상우 부사장을 임명했다. 서울경제신문사는 같은 날 김영렬 대표이사 사장(한국일보 수석부사장 겸직)을 재선임하고, 박병윤 전무이사를 대표이사 부사장(편집인)으로 선임했다.

코리아타임스는 대표이사 사장에 한건주 상무이사를 선임했다. 한국일보 김성우 논설고문은 이사 겸 논설고문, 윤국병 한국일보 뉴욕해외제작본부장은 이사 겸 비서실장, 김기형 판매담당이사는 이사 겸 뉴미디어본부장, 홍원기 전 판매이사는 이사 겸 판매본부장에 각각 임명됐다. 박승평 수석논설위원, 이성춘 이재승 논설위원, 장명수 이사대우 한국일보 편집위원은 이사로 선임됐다.

이영의(56) 한국일보 편집국 국차장이 23일 오후 서울대병원에서 지병으로 별세했다. 고인은 1966년 한국일보 견습 19기로 입사, 편집부장과 서울경제신문 부국장 겸 편집부장을 거쳐 1995년부터 한국일보 편집국 국차장으로 재직해왔다. 장례식은 25일 오전 서울대병원에서 한국일보사 사우장으로 치러졌다.

한국일보사는 4월 1일 간부 인사를 단행했다. 특집기획국을 신설, 종전의 특별취재1부를 특별취재부로 개편해 산하에 두었으며 문화부와 특별취재2부를 문화부로 통합했다. 또 경제과학부를 경제부와 정보과학부로 분리했으며 네오 라이프면을 담당했던 여성생활팀은 여성생활부로 승격시켰다. 인사내용은 다음과 같다.

〈한국일보 편집국〉 ▲특집기획국장 박정수 ▲논설위원 임철순 박래부 이병완 ▲국차장 겸 문화부장 백우영 ▲부국장 겸 정치부장 이종구 ▲부국장 겸 경제부장 박무 ▲부국장 겸 주간한국부장 김수종 ▲사회부장 박진열 ▲전국부장 방민준 ▲체육부장 김인규 ▲국제부장 이상석 ▲여성생활부장 박희자 ▲정보과학부장 설희관 ▲여론독자부장 유석근 ▲관리부장 안재현 ▲정치부장대우 최규식 ▲특별취재부장 정승호 ▲편집위원 박금자 한기봉 김대성

〈서울경제신문〉 ▲논설위원 정훈 ▲국차장 겸 정경부장 신상석 ▲편집위원 양평 ▲사회부장 임종건 ▲산업1부장 김성태 ▲증권부장 이종승 ▲문화레저부장 김양배 ▲국제부장직대 안순권

**한국일보 최첨단 성남 공장 준공**

최첨단 인쇄시설을 갖춘 한국일보사 성남 공장 준공식이 4월 7일 오전 경기 성남시 중원

1997년

세계 최초의 무구동축 방식 윤전기를 채택한 한국일보 성남 공장의 1997년 모습.

구 상대원동 567의 1 현장에서 각계 인사 200여 명이 참석한 가운데 거행됐다. 1991년 8월 창원 공장의 가동과 함께 국내 최초로 전국 동시 인쇄 시대를 연 한국일보사는 이날 수도권 성남 공장을 완공함으로써 완벽한 전국 동시 인쇄 체계를 갖춰 전국 독자들에게 정확한 뉴스를 신속하게 전달할 수 있게 됐다.

최상태 서울경제신문 편집국장이 한국일보 이사 겸 광고본부장으로, 조원영 서울경제신문 편집국 국차장이 서울경제신문 편집국장으로 각각 5월 6일 승진했다.

한국일보가 제정한 제8회 팔봉비평문학상에 구중서(61·국문과) 수원대 교수가 7일 선정됐다. 수상작은 21세기 한국 문학을 준비하는 이론서로서 리얼리즘 옹호를 역설한 '문학과 현대사상'(문학동네). 시상식은 6월 3일 한국일보에서 열렸으며 500만 원의 상금이 수여됐다. 한국일보사가 제정한 제16회 한국교육자대상 수상자가 14일 선정됐다. 초등 부문 대상은 30년간 장애아교육에 헌신한 경기 수원자혜학교 강홍립 교장, 중등 부문 대상은 향토사랑교육에 열정을 쏟아온 경남 충무중학교 황영수 교사가 각각 받았다.

17일 오후 서울 세종문화회관 대강당에서 열린 '97 미스코리아 선발대회'에서 김지연(19)씨가 진에 선발됐다. 선에는 조혜영(19) 김진아(21), 미에는 여혜전(19) 임선홍(18) 정은주(19)씨가 뽑혔다. 미스태평양에는 함소원(20), 미스한국일보에는 조윤주(19)씨가 선발됐다.

김수남 소년한국일보 사장이 20일 낮 12시 20분 서울중앙병원에서 숙환으로 별세했다. 향년 60세.

권혁승 한국일보 상임고문의 '경제기자 40년' 축하연이 장재구 회장을 비롯한 본사 임직원과 고건 국무총리, 조순 서울시장, 김우중 대우그룹 회장 등 정계·재계·학계·언론계 인사 등 500여 명이 참석한 가운데 20일 한국일보 13층 송현클럽에서 열렸다.

권혁승 고문의 경제기자 40년 축하연.

## 국내 발행 부수 190만 2,208부 공인

한국일보 발행 부수가 212만 1,540부라는 사실이 5월 30일자 1면에 다음과 같은 사고로 공표됐다.

> 한국ABC협회(신문·잡지 부수 공사기구)가 29일 한국일보의 국내 발행 부수 190만 2,208부를 공인했습니다. 한국일보는 1996년 6월 10일 국내 190만 5,890부, 해외 21만 5,650부 등 모두 212만 1,540부를 발행 부수로 공개하고 한국 ABC협회의 부수 공사에 참여했습니다.
> 한국일보사는 이후 한국ABC협회 규정에 따라 1년 동안 예비 공사와 본 공사 등의 엄격한 절차를 거쳐 이날 ABC협회가 발행 부수를 최종 인증했습니다.
> 한국ABC협회 측은 국내 인쇄분만 공사 인증하고 해외 인쇄분은 공사 대상이 아니라는 공사 규정에 따라 한국일보가 1996년 7~9월 중 보고한 국내 발행 부수 190만 2,208부를 발행 부수로 공인했습니다.
> 이에 따라 이번에 인증받은 국내 발행 부수와 해외 발행 부수 21만 6,266부를 합할 경우 한국일보 총 발행 부수는 211만 8,474부가 됩니다. 올해로 창간 43돌을 맞는 한국일보의 이번 발행 부수 공인은 언론의 정도를 지키며, 독자들에게 신뢰받는 새로운 한국일보로 거듭나는 힘찬 첫걸음이 될 것입니다.

한국일보사 제정 제15회 여성생활수기 공모 당선자 시상식이 6월 1일 오후 본사 9층 대회의실에서 열렸다. 시상식에서 김성우 한국일보 논설고문이 최우수작 당선자인 이옥순씨에게 원고료 150만 원과 상장 및 상패를, 우수작 당선자 박진남씨와 조임생씨에게 원고료 100만 원씩과 상장·상패를 전달했다.

'철인 요트맨' 강동석씨가 3년 5개월여에 걸친 '요트 단독 세계일주'에 성공했다. 5월 28일 마지막 기항지인 일본 오키나와 도마리항을 떠난 강씨는 8일 오후 2시 30분 '선구자Ⅱ'호를 몰고 비가 거세게 내리는 부산 수영만에 안착, 길고도 처절했던 대장정의 대미를 장식했다. '강동석 요트 단독 세계일주'는 한국일보사·일간스포츠 주최, ㈜데이콤 협찬, SBS 후원으로 이뤄졌다.

한국일보는 9일 창간 43주년을 맞아 특집 별지 32면을 포함, 68면을 발행했다. 1면 톱은 '경제 살리자 나라 살리자' 창간 특별기획으로 '국력 결집만

단독 세계일주에 성공한 뒤 부산항에 입항한 강동석씨.

1997년

이 살길'이라고 강조했다. 이배근 시인의 '빛은 새벽을 달린다'는 축시를 실었고, 요트로 세계를 일주하고 개선한 강동석씨가 펄럭이는 한국일보 사기 옆에서 활짝 웃는 모습의 사진을 올렸다. 17면에는 '명동태자' '두꺼비' '심마니' 등 연재만화로 본 한국일보 43년을 소개했다.

창간 43주년 기념 자축연이 전·현직사우, 지사·지국장 등 700여 명이 참석한 가운데 9일 오후 6시 본사 송현클럽에서 열렸다. 창간일인 9일 176명을 승진시킨 대규모 인사가 단행됐다. 김수남 사장의 타계로 공석이던 소년한국일보 사장에 김재설 이사대우 일간스포츠 편집위원이 선임됐으며 김서웅 이사대우 한국일보 편집국장이 이사 겸 한국일보 편집국장으로 승진했다. 주삼중 판매2국장, 강대형 일간스포츠 판매국장, 권오술 기획조정실장, 윤세일 한국일보 광고국장, 허욱 총무국장, 이영흠 경리국장 등이 이사대우로 승진했다. 정수기 제작국장직대는 제작국장, 고상배 전산개발실장직대는 전산개발실장으로 승진했다.

제3회 한국일보 청년작가초대전 개막식과 시상식이 10일 오후 서울 백상기념관에서 열렸다. 장재근 한국일보사 사장은 대상수상자 이재효씨에게 상패와 상금 1,000만 원, 우수상 수상자 ▲한국화 박영대 ▲양화 손진아 ▲조각·설치 최옥영 ▲판화 서희선씨에게 각각 상패와 상금 700만 원씩을 수여했다.

**캄보디아 생존 위안부 '훈 할머니' 특종**

경남 마산 출신의 73세 할머니가 일제에 의해 일본군 위안부로 강제로 끌려간 지 50여년 만에 캄보디아 수도 프놈펜 북부의 한 작은 마을에 생존한 사실이 13일 확인됐다. 1997년을 달군 '훈 할머니' 특종의 시작이었다. 한국일보는 외신으로 들어온 기사를 정성껏 취재해 1보를 내보내는 한편, 이희정 기자를 현지로 특파해 훈 할머니의 아린 사연을 취재해 독자들에게 소개했다. 이 과정에서 훈 할머니의 신원과 친지를 찾아내는 쾌거를 거두기도 했다. 이 기자는 1997년 9월 한국 기자협회의 '이달의 기자상'을 받았으며 특별취재팀은 같은 해 10월 한국신문협회의 한국신문상을 수상했다. 또 다음해 5월 최은희 여기자상도 받았다.

한국일보사가 주최하고 국가보훈처가 후원한 제24회 한국보훈대상 시상식이 16일 오전 본사 13층 송현클럽에서 열렸다. 장재근 한국일보 사장은 ▲상이군경 부문 이춘희 박승엽 ▲미망인 부문 김호웅 ▲중상이 배우자 부문 석애자 ▲특별보훈 부문 박정용씨 등 수상자 5명에게 상패와 상금 200만 원씩을 수여하고 이들의 애국심과 희생 정신을 격려했다.

작가 최인호의 소설 '상도(商道)'를 이우범 화백의 삽화로 7월 1일부터 연재한다는 사고가 20일자 1면에 나갔다. 채길순씨의 1억 원 고료 장편소설 '흰옷 이야기' 후속으로 연재된 '상도'는 조선 철종 시대의 실존 인물인 거상 임상옥의 생애를 그린 작품으로 독자들의 인

## <70대 특종> "내 이름은 이남이", 훈 할머니 특종

1997년 6월 13일 오후 4시께, 한국일보 초판 마감시간이 임박한 시점이었다. 한국일보 외신부에 흥미로운 와이어가 들어왔다. 캄보디아에서 일본군 위안부로 추정되는 한국인 할머니가 발견됐다는 내용이었다. 심상치 않다고 판단한 데스크의 지시로 외신부 기자들은 캄보디아 프놈펜 한국대표부를 수소문해 할머니를 최초로 만난 인물로 외신에서 소개된 한국인 사업가 황기연씨와 접촉할 수 있었다.

잡음 섞인 휴대전화 통화에서 황씨가 말했다. "아리랑을 불러주니까 가사는 모르지만 멜로디를 기억하고는 울면서 흥얼거리더라구요. 열대지방에 썰매가 어디 있다고 썰매도, 김치도 알아요."

한국일보 외신기자들은 확신을 갖고 이 여성이 일제에 의해 끌려간 위안부 피해자임을 직감했다. 외신과 황씨가 전한 사연을 최대한 정확하게 구성해 14일 첫 보도를 내보낼 수 있었다.

한국일보의 힘은 최초 보도 이후 발휘됐다. 경쟁지가 머뭇거리고 있을 때 현지에 기자를 파견했다. 훈 할머니는 프놈펜의 한 호텔에서 한국에서 파견된 본보 이희정 기자를 만난 뒤, "50여 년 만에 처음으로 한국 여자를 만났다"며 기뻐했다. 얼굴을 어루만지고 손을 쓰다듬으며 반가워했다. 취재를 통해 확보한 훈 할머니의 고향인 진동 마을 전경, 진동공립보통학교 졸업식 사진을 보고서는 "진동이 맞다. 동창 얼굴도 기억난다"며 흥분을 감추지 못했다. 한국일보는 이런 과정을 통해 76일간 캄보디아 프놈펜과 국내를 샅샅이 훑는 취재를 펼쳤다. 수많은 특종이 쏟아졌다. 그 과정에서 외무부는 훈 할머니가 50여년 만에 고국 땅을 밟을 수 있도록 나섰고, 대검찰청은 유전자 감식을 통해 고향과 가족, 한국 이름 '이남이'까지 찾을 수 있도록 도왔다.

한국일보 도움으로 캄보디아 생활을 정리하고 1998년 5월 1일 영주 귀국한 훈 할머니는 한동안 경북 경산에 머물렀다. 그러나 한국말을 전혀 못하는 데다 가족이 그리워 캄보디아로 다시 돌아갔고, 2001년 2월 15일 한 많은 인생을 마감했다.

기가 좋았으며, 연재가 끝난 뒤에는 TV 드라마로도 만들어져 호평을 받았다.

7월 10일자 1면에는 리처드 워커 전 주한미대사의 회고록을 연재한다는 내용의 사고가 실렸다. 권혁승 한국일보 상임고문이 한국간행물윤리위원회 위원장에 25일 재선출됐다.

한국 에베레스트 등정 20주년 기념 행사가 28일 오후 한국일보 13층 송현클럽에서 열렸다. 행사에는 에드먼드 힐러리 경 부부와 송태호 문화체육부 장관, 임철순 대한산악연맹회장, 장재구 한국일보사 회장, 고 고상돈 대원 부인 이희수씨와 산악인 등 300여 명이 참석했다.

1977년 한국에베레스트원정대의 에베레스트 등정 20주년을 맞아 한국원정대의 쾌거를 기리는 기념비가 9월 14일 해발 3,850m 네팔 탕보체 사원 앞산에 세워졌다는 기사와 사진이 10월 3일자 1면에 보도됐다. 에베레스트원정대 기념비는 한국이 처음이다.

한국일보사와 일간스포츠가 공동 주최한 제24회 한국 음악콩쿠르 시상식이 8일 오후 본사 13층 송현클럽에서 열렸다. 제30회 한국일보문학상 시상식이 10일 오후 본사 13층 송현클럽에서 열렸다. 장재구 한국일보사 회장은 이날 공동수상자인 소설가 성석제(37·수상작 '유랑'), 윤영수(45·수상작 '착한 사람 문성현')씨에게 상금 1,000만 원씩과 상패 및 트로피를 수여하고 격려했다.

한국일보사와 서울시가 제정한 제9회 서울시민대상 시상식이 28일 서울세종문화회관에서 열렸다. 대상은 한국전쟁 때 남편을 잃고 보훈단체 회원들의 지위 향상을 위해 애써온 이상홍(70)씨가 받았으며 본상은 자원봉사자 황임숙(60)씨와 지체장애아들을 돌봐온 곽동순(43)씨에게 돌아갔다.

### 특종과 함께 몰려온 외환위기 먹구름

주가가 이틀째 폭락, 600선에 이어 580선까지 붕괴됐다. 10월 16일 종합주가지수는 기아 사태 장기화에 따른 금융시장 불안, 비자금 파문 확산, 일부 중견기업의 부도설 등이 복합적으로 영향을 미쳐 전날보다 25.49포인트 급락한 579.25로 마감됐다. 17일자 1면 머리에 올라간 이 기사는 우리나라에 국제통화기금(IMF) 외환위기가 몰려오고 있는 신호탄이었다. 이날 사설은 '600선 무너진 증시' 제하에 이렇게 우려하고 있다.

1997년 10월 17일자 1면.

경제계의 우려가 현실로 나타나고 있다. 한보 이후 기아까지 이어지는 대기업 부도 사태가 아직 어느 것 하나 해결의 실마리를 찾지 못하고 있는 가운데 쌍방울 해태 태일정밀 등 중견그룹들마저 위기에 몰리며 경제가 심하게 휘청거리고 있다. 금융기관들은 산처럼 쌓이는 부실 채권에 사실상 기능 마비 상태를 보이고 있다. 증시부양책으로 실낱같은 희망을 걸었던 증시마저 종합주가지수 600선이 무너지자 투자자들이 넋을 잃고 있다. 금융시장에서는 다시 불길한 금융대란설이 난무하고 있다. 외환시장의 불안감이 또 고개를 들고 있다.

우리 경제의 어디 한구석에도 마음 놓을 만한 데가 짚이지 않는 게 오늘의 실상이다. 정부가 아무리 우리 경제의 거시지표가 호전되고 있다고 외쳐도 환청일 수밖에 없다. 새삼 이유를 따질 것도 없다. 금융시장의 위기가 어제 오늘의 이야기가 아니고 실물경제의 파국 상태가 새삼스럽지 않았다. 경제 문외한들도 예견할 수 있었던 상황이다.

정부가 무책임하고 어설픈 논리로 경제 상황을 방기했기 때문이다. 정치권이 경제의 어려움을 외면한 채 정쟁에만 몰입했기 때문이다. 이제는 원인을 따지고 대책을 세우라는 주장도 되풀이하기에 진력이 났다. 경제정책팀의 무능력이 여실히 드러났다. 감당할 능력이 없거나 정책이 더 이상 경제 살리기에 실효성을 상실했다면 경제팀이 취할 행보는 뻔하다. 어쩌면 경제팀의 교체가 가장 빠른 경제 위기 극복의 실마리가 될지 모른다는 경제계의 주장에 귀를 기울일 필요도 있다. 경제 위기를 극복하기 위해선 경제 정책의 최종 책임자인 정부가 나서야 한다. (후략)

97 안익태음악회가 한국일보사·안익태기념재단 공동 주최로 16일 오후 서울 예술의전당 콘서트홀에서 열렸다. 한·중 수교 5주년을 기념, 한국일보사와 중국 인민일보사가 공동 주최하는 '중국 원로화가 초대전'이 200여 명의 각계 인사들이 참석한 가운데 20일 오후 본사 1층 갤러리에서 개막돼 29일까지 계속됐다. 중국 원로화가 작품 100여 점이 선보인 초대전은 전통산수화와 인물화, 만화 등을 아우르는 다양한 장르로 꾸며져 중국 현대미술의 흐름을 잘 보여주었다.

한국일보사는 '한국출판문화상'의 명칭을 '한국백상출판문화상'으로 바꾸어 새롭게 출발한다고 11월 8일자 1면에 사고로 알렸다. 저작상 상금도 500만 원으로 인상했다.

정부가 국제통화기금(IMF)에 구제금융을 요청했다. 기사는 22일자 1면과 8개 면에 집중적으로 보도됐다. 정부는 98년부터 신문발행업, 정기간행물발행업 등에 대한 외국인 투자를 25% 미만 범위 내에서 허용하고 뉴스제공업(통신사)에 대해서는 2000년 1월부터 외국인투자(25% 미만)를 허용키로 했다.

12월 18일 대통령 선거에서 김대중 국민회의 후보가 당선했다. 이에 앞서 한국일보는 김대중 후보의 당선에 결정적 계기가 된 이른바 'DJP' 회동을 1997년 10월 28일자에 특종 보도했다.

## <70대 특종> DJP 전격회동

헌정사상 첫 정권교체가 이뤄진 1997년 15대 대통령 선거의 향방은 'DJP 연합'이라고 알려진 당시 김대중 국민회의 총재와 김종필 자민련 총재의 공동전선에 달려 있었다. DJP 연합이 실제로 성사된 것은 그해 11월 3일이었지만, 두 거물 정치인의 단일화 논의는 이미 물밑에서 진행되고 있었으며 그 흐름을 가장 먼저 확인한 매체는 역시 한국일보였다.

서울 여의도 국회 의원회관에서 DJ와 JP가 '야권 단일화 합의문'에 최종 서명하기 일주일가량 전인 10월 28일자 한국일보 1면에 두 사람의 회동을 알리는 특종기사가 게재됐다(사진). 특종 기사에서 한국일보는 김대중 총재가 김종필 총재의 서울 청구동 자택을 비밀리에 방문해 단일화 협상을 매듭지었다고 보도했다. 김대중 총재가 단일후보가 되고 김종필 총재가 조각권을 가진 공동 정권의 국무총리를 맡기로 했다는 합의문 내용도 전했다. 이런 과정을 통해 이뤄진 DJP연대를 토대로 세를 불린 김대중 후보는 한나라당 이회창 후보를 꺾고 대통령에 당선됐다.

한국일보가 정치 특종의 전통을 이어갈 수 있었던 건 끈질긴 취재망의 가동 덕분이었다. 한국일보는 당일 밤 주요 매체 정치부 기자 중 유일하게 김 총재의 일산 자택을 지키고 있다가, 사건기자 등의 도움을 통해 관련 정보를 입수해 김종필 총재와 만나고 돌아온 김 총재에게 메모를 넣어 회동 사실을 포착할 수 있었다.

한국일보 특종은 정가와 경쟁지에 큰 파장을 일으켰다. 당시 미디어오늘에 따르면 역사적 특종을 놓친 경쟁지들은 대선전이 가열되는 와중에 야당 반장을 교체하는 등 출입처 개편을 단행했다. 일부 신문들은 이후 'DJP 단일화'에 대해 강도 높은 비판성 기사를 내보냈는데, 낙종에 따른 분풀이 성격이 강하다는 분석이 흘러나오기도 했다.

후문이지만, 'DJP 후보단일화' 서명식 행사에서 김대중 총재가 이례적으로 유감을 표시한 것도 이 때문이다. 김 총재는 당시 야당 전담 기자들에게 "미안하다. 친구 집에 사적으로 조용히 찾아간 것이 이렇게 영향을 끼칠 줄 몰랐다. 나 때문에 몇몇 기자들이 곤경에 처한 것을 잘 알고 있다"고 말했다. 자민련 안택수 대변인도 4일 오전 출입기자들을 당사 근처의 음식점으로 초청, "마음 편하게 먹고 잘 지내자"며 건배를 제의했. 'DJP 회동' 특종 이후 조성된 일주일가량의 긴장 정국은 한국일보 특종의 파괴력을 그만큼 보여준다는 평가를 받았다.

# 1998년
광고도 기사다. 광고는 정정할 수도 없는 기사다. 그래서 더 중요하다.  - 장기영

**재창업 의지로 IMF 위기 극복하자**

1998년 새해가 밝았으나 외환위기는 국가 경제를 벼랑 끝으로 몰고가 나라 전체가 휘청거리면서 신문사 경영도 극도로 어려워졌다. 장재구 한국일보사 회장은 신년사에서 "IMF 경제위기는 큰 시련이지만 어떻게 보면 우리가 도약할 수 있는 기회"라며 "한국일보를 재창업한다는 마음가짐으로 힘을 합쳐 위기를 극복하자"고 사원들을 독려했다.

1월 1일자로 단행된 인사에서 장명수 이사 겸 편집위원을 이사 겸 주필로 임명, 한국언론사에 여성 주필 1호라는 기록을 남겼다. 이문희 전무이사 겸 주필을 상임고문에 위촉했으며 일간스포츠 편집국장에 박정수 한국일보 특집기획국장, 서울경제신문 편집국장에 신상석 서울경제신문 국차장 겸 정경부장을 각각 임명했다. 박영길 일간스포츠 편집국장은 한국일보 이사대우 편집위원(일간스포츠 담당), 이병일 논설위원은 수석논설위원, 이이춘 국차장은 논설위원, 배기철 국차장은 특집기획국장으로 각각 발령 났다. 편집국은 이종구 부국장 겸 정치부장과 박무 부국장 겸 경제부장을 국차장으로 임명했다. 편집국 정치부장에는 최규식 정치부장대우 차장이, 경제부장에는 이병완 논설위원이 각각 임명됐다.

1998년 신년호는 48면을 발행했다. 신춘문예 시·소설·희곡·동화·동시 등 5개 부문 당선작을 신년호에 발표했다. 부문별 당선작은 다음과 같다.

▲시 '언덕 위의 붉은 벽돌집'(손택수) ▲소설 '가위 바위 보'(이수경) ▲희곡 '만행'(노동혁) ▲동화 '노 젓는 스님'(윤제학) ▲동시 '동생과의 약속'(김희정)

한국일보사와 MBC는 12일부터 시민단체, 농협과 함께 외채 상환을 위한 금 모으기 공동 캠페인(사진)을 대대적으로 벌였다.

한국일보사와 안익태기념재단이 공동 주최한 제5회 안익태 작곡상 시상식이 16일 오후 본사 9층 회의실에서 열렸다. 장재근 한국일보 사장은 작품 '알타이의 제전'으로 대상에 선정

된 임준희씨와 '홍익인간'으로 가작에 뽑힌 박은하씨에게 상패와 상금을 전달했다.

**경영진 일괄 퇴진, 전문경영체제 도입**

한국일보 주주들은 1월 31일 임시주주총회에서 경영 일선에서 물러나기로 하고 전문경영체제를 도입하기로 합의했다. 이와 함께 1997년 말 23명이었던 한국일보사 임원 중 재선임 5명을 제외한 주주 임원 등 18명의 임원을 사퇴시켰다.

한국일보사 임시주주총회와 이사회에서 장재근 한국일보 대표이사 사장이 회장직무대리로 추대됐다. 또 박병윤 서울경제신문 대표이사 부사장은 한국일보 대표이사 사장 겸 발행인으로, 이성준 한국일보 상무 겸 편집인은 대표이사 부사장 겸 편집인으로, 김재설 소년한국일보 대표이사 사장은 일간스포츠담당 상무이사로, 윤국병 한국일보 이사는 소년한국일보 대표이사 사장으로 각각 선임됐다. 장명수 주필 겸 이사는 유임됐다. 한편 김영렬 서울경제신문 대표이사 사장 겸 발행인은 재선임됐고 문현석 한국일보 상무이사는 서울경제신문 대표이사 부사장에 선임됐다.

한국일보사는 기구 통폐합에 따른 고문 및 본부장, 국실장 인사를 2월 3일자로 단행했다. 문은모 전 한국일보 부사장을 상임고문에 위촉하고 논설위원실장에 김서웅 편집국장을 임명했다. 나머지 인사내용은 다음과 같다.

▲광고본부장 최상태 ▲제작본부장 겸 제작국장 허현 ▲관리본부장 겸 경리국장 권오술 ▲판매본부장 겸 일간스포츠 판매국장 주삼중 ▲건설본부장 허욱 ▲한국일보 편집국장 배기철 ▲비서실장 박정삼 ▲한국일보 광고국장 윤세일 ▲일간스포츠 광고국장 김홍태 ▲한국일보 총무국장 설희관 ▲판매국장 장태근 등이다.

제38회 한국백상출판문화상 시상식이 2월 3일 오후 한국일보사 13층 송현클럽에서 열렸다. 저작상 수상자인 '한국근대소설사'(인문과학·솔 발행)의 김영민 연세대 국문과 교수, '한국민족주의와 남북관계'(사회과학·서울대출판부)의 도진순 창원대 사학과 교수, '법은 무죄인가'(일반시사·개마고원)의 박홍규 영남대 법대 교수에게 상금 500만 원과 상패가 수여됐다. 한국세계대백과 사전을 발행한 동서문화사 등 18개 출판사 대표와 번역상 수상자 4명은 출판상을 받았다.

한국일보사, MBC와 전국의 시민·사회·종교단체 등이 함께 벌인 '외채 상환 금 모으기 범국민 운동'에는 62만여 명이 호응, 37톤의 금이 모아졌다.

박영길 일간스포츠 이사대우 편집위원이 10일 한국일보수석편집위원으로 발령 났다. 한국일보사는 전문경영인 체제 출범과 함께 기존의 7실 3본부 13국을 통폐합하여 2실 4본부 9국 체제로 하는 기구 개편을 11일 단행했다. 전체 86개 부를 54개 부로 통폐합한 것으로 32개의 부가 타 부에 흡수됐다.

한국일보사는 기구 개편에 이어 부장급 후속인사를 11일 단행, 본격적인 위기 돌파와 개혁 드라이브의 진용을 갖췄다. 이날 편집국을 비롯한 전 국실과 부서에 걸쳐 모두 45명의 부장을 다음과 같이 인사 발령했다.

〈한국일보〉 편집국 ▲문화과학부장 임철순 ▲여론독자부장 정승호 ▲주간한국부장 김수종 ▲사진부장(통합) 이동호 〈일간스포츠〉 ▲부국장 조성호 ▲편집부장 김양환 ▲연예부장 신대남 ▲사회레저부장 박인숙 ▲문화부장 박희자 〈비서실〉 ▲뉴미디어부장 김영환 ▲기획홍보부장 유석근 ▲심의부장 성인숙 〈관리본부〉 총무국 ▲부국장 겸 비서실 부국장 이인영 ▲사업부장(기획단장) 안재현 ▲총무부장 이정수 ▲구매부장 정승기 ▲관리부장 최성남 ▲시설부장 윤석범 ▲인사부장직대 차장 차기천 〈관리본부〉 경리국 ▲자금부장 이성후 ▲경리부장 신우철 ▲경영관리부장 서태한 ▲전산부장직대 차장 이용근 〈광고본부〉 ▲부국장(영업담당) 최관이 ▲부국장(개발단장) 방민준 ▲부국장(기획관리담당) 이윤호 ▲영업1부장 홍재서 ▲영업2부장 김종성 ▲영업3부장직대 차장 김원식 ▲영업4부장 배성한 〈제작본부〉 ▲전산개발부장직대 남상규 ▲제작관리부장직 강경하 〈판매본부〉 ▲수도권판매2부장직대 한광수 ▲수도권판매3부장직대 이광호 ▲지방판매1부장 박희응 ▲지방판매 2부장 이은영 ▲영업부장직대 차장 박해상 ▲판매관리부장 최길동

한국일보사와 서울경제신문은 MBC와 함께 18일부터 '경제 살리기 증권 갖기 저축 운동'을 벌이기로 하고 12일자 1면에 사고로 알렸다.

### 한국일보 제호 디자인 변경, 전면 가로쓰기

헌정 50년 만에 처음으로 여야 정권 교체를 이룬 김대중 대통령이 2월 25일 제15대 대통령에 취임, '국민의 정부'를 공식 출범시켰다. 한국일보는 1면 톱과 11개 지면을 대통령 취임식 관련 기사로 다양하게 꾸몄다.

한국일보가 3월 16일부터 전면 가로쓰기를 단행했다. 첫 작품이 나온 이날 아침 박병윤 사장과 판매본부 직원들은 시내 곳곳에서 '새롭게 선보인 한국일보'를 대대적으로 홍보했다. 이같은 가두 캠페인은 한국일보가 창간 44주년을 맞는 6월 9일까지 새로운 모습으로 탈바꿈하기 위해 전개하는 100일 대작전의 하나로 전면 가로쓰기 단행과 함께 본격적으로 시작됐다.

취임 선서하는 김대중 대통령.

홍세표 외환은행장은 4월 15일 오전 한국일보사 13층 송현클럽에서 한국일보사와 환경운동연합이 공동으로 벌이는 녹색생명운동을 지원하기 위해 발행한 녹색생명신탁통장 97년도 2차 기부금 1억 1,595만 1,423원을 장재근 한국일보사 회장 직무대리와 이세중 환경련 공동대표에게 전달했다.

영화평론가 박흥진(한국일보 미주본사 칼럼니스트)씨가 한국인으로는 처음으로 미국 LA

1998년

영화비평가협회(LAFCA) 회원이 됐다. 1974년 1월 한국일보사에 입사한 박씨는 1980년부터 미주본사에서 근무하면서 영화 비평을 시작했고 한국일보와 일간스포츠에 '지금 할리우드에선' '박흥진의 할리우드통신' '명감독 열전' 등을 연재했다.

한국일보사 제정 제17회 한국교육자대상 수상자가 결정됐다. 초등 부문 대상 수상자는 37년 간 불우청소년 선도에 앞장서온 전남 완도 동고초등교 서부현 교장, 중등 부문 대상 수상자는 30년 간 장애아 교육에 헌신해온 서울 선화학교 김장현 교장이 선정됐다. 시상식은 28일 오후 서울세종문화회관 소강당에서 열렸다.

### 초유의 미스코리아 선발 심사 오류

한국일보사는 5월 17일 한국거북이마라톤 20주년 기념대회를 남산순환도로에서 성대히 치렀다. '98 미스코리아 선발대회'가 컴퓨터 오류로 심사 결과 발표를 보류하는 사고가 발생했다. 한국일보는 24일자 1면 톱에 '독자 여러분께 사과 드립니다'는 제목으로 아래와 같이 경위를 밝히고 공정한 재선발을 다짐했다.

> 23일 서울 세종문화회관 대강당에서 열린 한국일보사 주최 98 미스코리아 선발대회에서 심사위원들의 점수를 합산하는 컴퓨터 프로그램에 오류가 생겨 2차 후보들의 심사 결과에 착오가 발생했습니다. 이에 따라 한국일보사는 98 미스코리아 선발대회 심사 결과 발표를 유보합니다. 한국일보사는 이른 시일 내 98 미스코리아 선발대회 운영위원회 심사위원회를 재소집, 심사 결과를 재심의하기로 했습니다. …(중략)…
>
> 컴퓨터 오류는 참가 후보 62명 중 1차로 15명을 선발한 뒤 다시 8명의 후보를 뽑는 과정에서 발생했습니다. 일부 후보의 총점에 심사위원 9명 중 1명의 점수가 누락, 2차 후보 선발에 중대한 착오가 생긴 것입니다. 한국일보사는 한 점의 의혹이 없도록 공정하고 투명한 방법으로 재선발 대회를 치르도록 최선을 다할 것입니다. 다시 한번 한국일보 독자 여러분과 전국의 TV 시청자 여러분께 머리 숙여 깊은 사과의 말씀을 드립니다. 아울러 이번 대회에 참가한 후보와 가족 여러분들에게도 사과의 말씀을 드립니다.

'98 미스코리아 선발대회' 재심사가 30일 오전 서울 세종문화회관 소강당에서 열려 최지현(21·서울 진)씨가 진에 선발됐다. 선에는 김건우(20·전북 선), 이재원(21·대전충남 진), 미에는 양소현(20·충북 진), 이정민(21·충북 미), 최윤희(23·전북 미)씨가 각각 뽑혔다. 미스코리아 태평양에는 이정희(19·대구 선), 미스코리아 한국일보에는 곽신혜(19·경북 진)씨가 선발됐다.

박찬식(55) 한국일보 논설위원이 30일 오전 서울대병원에서 지병으로 별세했다.

한국일보사는 6월 1일부터 주 5회 8면씩 '경제 섹션'을 별쇄로 발행했다. 월요일부터 금

김대중 대통령(오른쪽)이 6월 7일 저녁 방미 기간 중 숙소인 뉴욕 월도프 아스토리아 호텔에서 한국일보 배기철 편집국장(가운데) 및 최규식 정치부장과 특별회견을 하고 있다.

요일까지 매일 발행된 '경제 섹션'은 독자들에게 좋은 반응을 얻었다.

6월 9일자는 한국일보 창간 44주년을 기념, 방미 중인 김대중 대통령의 뉴욕 회견 내용을 1면 톱으로 올리고 '한국 경제 현재와 미래' '작가 황석영이 기고한 장길산 10년' '새 사상으로 새 천 년을 열자' 등의 특집기사를 담아 40면을 발행했다. 인터뷰는 배기철 편집국장과 최규식 정치부장이 뉴욕 현지에서 했다.

한국일보사가 주최하고 국가보훈처가 후원하는 제25회 한국보훈대상 시상식이 18일 오전 한국일보사 12층 강당에서 열렸다. 상이군경 부문 김석호(63), 미망인 부문 김봉학(65), 유족유자녀 부문 이기무(54), 중상이자 배우자 부문 김봉희(46), 특별보훈 부문 이린규(71) 씨 등 수상자 5명에게 상패와 상금 200만 원씩이 수여됐다.

### 서울경제·일간스포츠 경영권 분리

한국일보사는 10월 2일 임시주총과 이사회를 열고 장재국 전 회장을 대표이사 회장에 선임하고 장재근 회장 직무대리를 부회장에, 문현석 서울경제신문 대표이사 부사장을 부사장에 각각 임명했다. 임시주총에서는 박병윤 대표이사 사장(발행인), 이성준 부사장(편집인), 김재설 일간스포츠담당 상무, 장명수 주필을 유임시키는 한편 문 부사장과 배기철 한국일보 편집국장, 장중호씨를 이사로 선임했다. 또 김영렬 서울경제신문 대표이사 사장, 윤국병 소년한국일보 대표이사 사장을 비상임이사로 겸직토록 하고 배봉휘 전 한국일보 상무이사를 비상임이사로 선임했다. 한편 한국일보사는 경영혁신과 구조조정 노력의 일환으로 자매지인 서울경제신문, 일간스포츠, 주간한국을 주주인 장재구 전 회장에게 양도하기로 했다.

국내 최고 권위의 기전인 제29기 SK배 명인전 시상식이 22일 오전 한국일보사 13층 송현클럽에서 열렸다. 우승자인 명인 이창호 9단에게 상금 4,000만 원과 상패, 준우승자인 조훈현 9단에게 상금 800만 원과 상패가 각각 수여됐다. 1년 만에 타이틀을 탈환한 이 명인은 명인전 통산 7차례 우승을 기록했다. SK배 명인전은 제30기부터 SK엔크린배 명인전으로 명칭이 바뀌었다.

서울의 상징인 남산을 가꾸고 살리기 위한 '남산 껴안기' 행사가 서울시민의 날인 28일 오전 남산 팔각정 입구 등 남산순환도로 6.5㎞ 구간에서 열렸다. 한국일보사와 SBS가 공동 주관하고 서울시민의 날 행사추진위원회가 주최한 행사는 1995년 4월 23일 지구의 날을

1998년

기념해 한국일보사와 환경운동연합이 공동 주관한 이후 두 번째다.

한국일보사와 서울시가 공동 주관한 제10회 서울시민대상 시상식이 28일 오전 남산 팔각정 서울시민의 날 기념식장에서 열렸다. 시상식에서 10여 년 간 교도소 교화와 자원봉사 활동을 한 서화자(57)씨가 영예의 대상을 받았다. 본상은 무료 의술을 펼친 운여운(38·주민의원 원장)씨와 자원봉사자 양인희(52)씨가 수상했다. 한명순(51)씨 등 7명은 장려상을 받았다. 수상자들에게는 대상 1,000만 원, 본상 각 500만 원, 장려상 각 300만 원의 상금과 상패가 수여됐다.

서울경제신문사는 11월 2일 임시주주총회와 이사회를 열어 장재구 전 한국일보 회장을 대표이사 회장에 선임하고 대표이사 발행인에 김영렬 사장을 유임시켰다. 임시주주총회는 또 새 이사에 장재민 한국일보 미주본사 회장, 윤국병 소년한국일보 사장, 배봉휘 한국일보 이사, 김서웅 한국일보 논설위원실장, 신상석 서울경제 편집국장을 선임했다. 한편 한국일보사는 구조조정을 위해 자매지인 일간스포츠와 주간한국을 소정의 절차가 끝나는 대로 서울경제신문사에 양도하기로 했다.

서울경제신문사는 17일 편집인 부사장에 김서웅 한국일보 논설위원실장을 임명했다. 또 윤세일 광고국장을 이사대우 광고국장으로 승진 발령하는 한편 기획조정실장에 박정삼 한국일보 비서실장을, 경리국장에 나진환 전 한국일보 경리국 부국장을 각각 발령했다. 이에 앞서 한국일보 11월 2일자 1면에는 정주영 현대그룹 명예회장과 정몽헌 회장이 북한 김정일 국방위원장을 만난 기사가 실렸다.

정주영 회장(가운데)과 김정일 위원장이 악수하고 있다. 두 사람의 만남을 계기로 현대그룹의 대북사업이 본격화됐다. 우리나라 관광객들이 분단 이후 처음으로 금강산 관광을 하고 있다(오른쪽 사진).

# 1999년

한국일보 정신은 칠전팔기의 정신이다.
창간일의 6과 9자, 그것은 쓰러지면 또 일어나는 오뚝이와도 같지 않은가. -장기영

**장재국 회장, 발행인·사장 겸임**

한국일보 1999년 신년호 1면 머리에는 '새천년 새로운 한국 만듭시다'는 제목 아래 영국이 건설중인 '밀레니엄 돔' 사진을 크게 실었다. 이 사진은 영국 정부의 2000년위원회 산하 '뉴밀레니엄 익스피어리언스'사가 한국일보에 특별히 제공한 것이다.

'99 한국일보 신춘문예' 시상식이 1월 14일 오후 한국일보사 13층 송현클럽에서 열렸다. 당선자 여림(본명 김영진·시) 김도언(소설) 고선웅(희곡) 김춘옥(동화) 정동현(동시)씨에게 상장과 트로피, 상금이 수여됐다. 소설 본심을 맡았던 김윤식 서울대 교수는 "당선자들은 치열한 수련으로 탁월한 문학의 수준을 이룩해 달라"고 당부했다.

한국일보사는 27일 오후 이사회를 열어 장재국 대표이사 회장을 발행인으로 선임하고 사장을 겸임토록 했다. 한국일보사는 이에 따라 박병윤 대표이사 사장 발행인을 상임고문에 위촉했다.

한국일보사는 31일 배기철 이사 겸 한국일보 편집국장을 편집이사 겸 편집인에, 박무 편집국 국차장을 편집국장에, 권오술 기획위원을 관리본부장에, 김홍태 일간스포츠 광고국장을 일간스포츠 광고본부장에 2월 1일자로 각각 발령했다. 이 밖의 인사는 명동원 판매본부부본부장, 안중관 제작국장, 이종구 편집위원, 임현배 일간스포츠 광고국장직대 등이다.

미스코리아 선발대회가 북한 국적의 조총련 동포에게도 개방됐다. 미스코리아 일본 지역 예선을 한국일보사 도쿄지사와 공동 주최하는 민단 중앙본부는 이 무렵 조총련계 동포에 대한 문호 개방을 결정, 지방 본부에 적극적인 홍보를 지시했다.

제39회 한국출판문화상 시상식이 2월 10일 오후 제39회 한국일보사 13층 송현클럽에서 열렸다. 저작상 수상자인 '조선후기 서울상업발달사 연구'(인문사회과학 부문·지식산업사 발행)의 고동환 한국과학기술원 인문사회과학부 교수, '유가사상의 사회철학적 재조명'(인문사회과학 부문·고려대출판부)의 이승환 철학과 교수, '20세기의 문명과 야만'(시사교양·한길사)의 이삼성 가톨릭대 국제학부 교수에게 각각 상금 500만 원과 상패가 수여됐다.

한일 간 자국 수역 내 상대국 어선의 조업을 보장하기 위한 실무 협상에서 해양수산부가

우리 어선들의 업종과 어기(漁期)조차 제대로 파악하지 않고 협상에 임해 어민들에게 엄청난 피해를 입힌 것으로 26일 밝혀졌다. 13일 종결된 한일어업협정 후속 실무협상에서 양측간 합의된 '일본 배타적경제수역(EEZ) 내 한국 어선의 조업 조건 및 입어 절차'에는 국내 대형기선저인망 업종의 주력 선단인 일명 쌍끌이 선단 250여 척이 아예 입어 대상 업종에서 누락됐다. 이와 같은 내용의 한국일보 특종은 문책 인사 등 파문을 일으켰다.

### 뉴스 통신시장 독점 체제 18년 만에 깨져

언론 통폐합 이후 유지돼온 연합뉴스(옛 연합통신)의 통신시장 독점체제가 18년 만에 깨지게 됐다. 서울행정법원 행정 3부는 26일 해외뉴스 전문 공급업체 뉴스서비스코리아(대표 최해운)가 문화관광부를 상대로 낸 정기간행물 등록 신청 반려 처분 취소 소송에서 원고 승소 판결했다. 1995년 설립된 뉴스서비스코리아는 1997년 공보처에 통신사 등록을 신청했으나 공보처가 무선국 허가가 없고 특정 분야의 정보만 제공하는 것은 통신에 해당하지 않는다며 반려하자 소송을 냈다. 뉴스서비스코리아는 그 뒤 뉴시스로 회사명을 바꿨으며 최해운 대표는 한국일보 견습 35기 출신이다.

한국일보는 9일 판매국과 광고국에 대한 인사를 다음과 같이 했다. 〈판매국〉 ▲국장(일간스포츠 판매국장 겸직) 장태근 ▲부국장대우 지방판매부장 배흥배 ▲수도권판매1부장 한광수 ▲수도권판매2부장직대 이현석 ▲부국장 겸 전단관리부장 이은영 〈광고국〉 ▲국차장 이윤석 ▲부국장 추남호

정부는 제43회 신문의 날인 4월 7일 언론 문화 발전에 기여한 방일영 전 조선일보 고문에게 금관문화훈장, 박병윤 한국일보 상임고문과 권근술 한겨레신문 논설고문에게 은관문화훈장을 각각 수여했다. 한국일보사 도쿄지사와 민단 중앙본부가 공동주최하는 미스코리아 일본지역 예선 대회에 조총련계 자매가 나란히 나서 화제가 됐다. 도쿄 하치오지시에 사는 김순이(21)·아영(19) 자매는 3일 200여 명의 지원자 중 32명을 뽑는 서류·면접 심사를 나란히 통과, 16일 오후 도쿄 신바시 야쿠르트홀서 열리는 예선 대회 출전 자격을 획득했다.

### "동강 보전", 큰 성과 이뤄낸 환경보호 주요 기획

제29주년 지구의 날(4월 22일)을 기념하는 '열린 한마당-차 없는 거리, 숨쉬는 지구' 행사가 25일 오전 11시~오후 3시 서울 세종로 일대에서 열렸다. 한국일보가 한국기자협회와 한국언론재단이 공동수여하는 3월의 '이달의 기자상' 취재 및 기획보도 부문을 동시에 수상했다. 한국기자협회는 26일 이달의 기자상 취재보도 부문에 주간한국부 남영진 차장, 기획보도부문에 동강 특별 취재팀 등 5개 부문 수상자를 선정, 발표했다. 남 차장은 '자살한 교장 제자들 탑골공원서 사죄의 참배' 기사로, 동강 취재팀은 개발과 환경을 둘러싸고 국가적 이슈가 된 영월 동강댐 건설 논란을 집중 조명한 '동강댐 총 점검' 시리즈로 각각 영예를

## <70대 특종> 동강댐 기획

인류 문명은 자연의 개발로 이어졌다. 그러나 대안이 있다면, 개발보다는 그대로 놔두고 생태적 가치를 보전하는 게 더 중요하다. 1991년 강원도 동강에 댐을 건설하려던 논의에 한국일보가 생태계 보전의 의미도 생각하자고 제안한 것도 그 때문이다.

강원 평창군 오대천과 정선군 조양강이 합류해 흐르는 동강(東江). 정부는 1991년 4월 동강에 높이 98m, 길이 325m, 저수량 6억 9,800만 톤 규모의 영월 다목적댐(일명 동강댐)을 짓는 계획을 발표했다. 물 부족시대 대비, 홍수예방 차원의 결정이었다. 그러나 정부 결정 과정에서 개발에 따른 이익과 균형을 이뤄야 할 생태계 보전의 가치가 충분히 검토되지 않았다는 정황이 포착됐다.

환경 보전론자들의 반대 여론이 거세게 일었을 뿐만 아니라 정부 내에서도 건교부와 환경부가 이견을 보이는 등 곳곳에서 마찰이 생겼다. 동강할미꽃 등 미기록종을 포함해 각종 희귀동식물이 서식하는 생태계의 보고(寶庫)로 알려진 동강에는 천연기념물 260호인 백룡동굴 등 천고의 신비를 간직한 천연동굴이 곳곳에 남아 있었지만, 그에 대한 신중한 평가가 없었다는 게 한국일보가 나선 배경이었다.

한국일보는 한 발 앞선 기획, 동강댐 총점검 시리즈 '동강을 살리자'를 내보냈다. ▲여론조사와 현지르포 ▲생태계, 그 신비와 실태 ▲메아리 없는 정선아리랑 ▲동강댐은 안전한가 ▲동강을 위한 대안 등 5회에 걸친 심층 분석 기사가 잇따라 게재됐다. 국민이 진정 원하는 것이 무엇인지를 살펴보고 환경 등 삶의 질을 중시하는 방향으로 정책을 펴야 한다는 대안도 제시했다. 맹목적 반대보다는 개발과 보전 사이의 균형적 이익을 전제로 한 시리즈 기사를 계기로 수많은 사회적 논의가 오갔다. 결국 10년 가까이 이어진 사회적 논의를 통해, 2000년 6월 5일 환경의 날을 맞아 당시 김대중 대통령이 동강댐 건설 백지화 방침을 밝혔다.

정부 정책에 대한 문제의식에서 출발한 기사는 자연환경을 살린 일등 공신으로 평가받았다. 그 결과 '동강 특별취재팀'은 1999년 4월 서울언론인클럽이 제정한 제15회 언론상 기획취재상을 수상했다.

1999년

안았다.

코리아타임스는 5월 4일 박창석 편집국장을 이사 겸 편집국장으로, 소년한국일보는 이재무 편집국장을 이사 겸 편집국장으로 각각 승진 발령했다.

'99 미스코리아 선발대회'가 23일 오후 서울 세종문화회관 대강당에서 열려, 영예의 진에 김연주(21·대전충남 진)씨가 선발됐다. 한국일보사와 일간스포츠가 주최하고 ㈜LG생활건강, MBC가 공동 후원한 대회에서 미스코리아 선에는 한나나(20·서울 선), 미에는 설수현(23·경북 선)씨가 각각 뽑혔다. 미스코리아 드봉은 김효주(20·부산 미), 미스코리아 에이스 침대는 강옥미(22·제주 선), 미스코리아 휠라는 이혜원(20·서울 미), 미스코리아 한국일보는 손혜임(21·대구 미)씨가 선정됐다. 이혜원씨는 미스코리아 포토제닉상도 받았다.

고 박찬식 한국일보 논설위원의 칼럼집 '지도자와 우상' 출판기념회가 고인의 1주기(30일)를 앞두고 24일 오후 한국일보사 13층 송현클럽에서 열렸다. 한국일보사가 제정한 제18회 한국교육자대상 시상식이 27일 오후 서울 세종문화회관에서 수상자 32명과 가족 등 500여 명이 참석한 가운데 열렸다. 시상식에서 서병렬(65·광주동부교육청) 교육장과 오익균(59·공주농고) 교사 등 대상 수상자 2명이 상패와 부상 각 500만 원을, 이홍재(63·서울언주초교) 교장 등 스승의 상 수상자 30명이 상패와 부상을 각각 받았다.

### 한국일보 사장·발행인 지낸 홍유선씨 별세

김영삼 전 대통령이 페인트 달걀을 맞는 순간의 사진.

김영삼 전 대통령이 일본을 방문하기 위해 6월 3일 오전 김포공항 국제선 2청사 의전 주차장에 도착, 환송객 80여 명과 악수하던 중 재미동포 박의정씨가 던진 달걀에 얼굴을 맞는 봉변을 당했다. 김 전 대통령이 달걀 세례를 받는 순간을 한국일보 사진부 고영권 기자가 포착해 4일자 1면에 특종 보도했다.

한국일보 창간 45주년 기념 기획특집 'IMF 탈출-이제는 도약이다'가 5일자부터 1면에 5회 연재됐다. 순서는 '힘겨웠던 1년 반의 겨울나기' '중산층 없이 미래도 없다' '기업하기 좋은 나라를 위하여' '정치개혁 해야 한다' '새로운 패러다임을 찾아서'였다.

한국일보 사장·발행인을 지낸 원로언론인 홍유선(73)씨가 5일 오전 삼성서울병원에서 숙환으로 별세했다. 장례는 한국일보사장으로 치러졌다.

한국일보 창간 45주년 기념식이 9일 오전 장재국 한국일보사 회장을 비롯한 전현직 사우 300여 명이 참석한 가운데 본사 12층 강당에서 열렸다. 기념식에서 한국일보 경제부 장인철 기자가 한일어업협정 실무협상에서 쌍끌이 선단이 누락된 사실을 특종 보도한 공로로 백상기자대상 금상을, 평창동 제2별관 윤전기 증설 공사팀이 공로 대상 금상을 각각 받았다.

한국일보사가 주최하고 국가보훈처가 후원하는 제26회 한국보훈대상 시상식이 28일 오전 한국일보 12층 강당에서 열렸다. ▲상이군경 부문 허만선(54) ▲미망인 부문 정귀임(79) ▲유족·유자녀 부문 김오삼(48) ▲중상이자 배우자 부문 우갑선(44) ▲특별보훈 부문 김두홍(76)씨 등 5명에게 상패와 상금 200만 원씩이 수여됐다.

### 장명수 주필, 대표이사 사장·발행인 취임

한국일보는 7월 1일자로 문창재·노진환 논설위원을 수석논설위원으로, 조명구·정진석 기자를 논설위원으로, 정광철 기자를 뉴미디어본부 부장으로 각각 발령했다. 나머지 인사는 다음과 같다. 〈한국일보〉 ▲편집국 사회부차장(대전·충청취재본부장) 유동희 ▲사회부차장 정병진 〈일간스포츠〉 ▲편집국 부국장 신대남 ▲편집위원 노기창 ▲체육부장 권기팔 ▲연예부장 김경희 ▲판매국장 박희웅 〈서울경제신문〉 ▲일본어판 편집위원 이병일

한국일보사는 8월 16일 이사회를 열고 박병윤 상임고문을 부회장에 장명수 주필을 공석 중인 대표이사 사장에 각각 선임했다. 또 장 신임 사장이 발행인을 겸임토록 하고 문현석 부사장을 대표이사 부사장으로 선임했다. 한국일보사는 이날 경영 혁신을 위해 구조조정위원회를 설치하고 장재국 대표이사 회장이 위원장을 겸임토록 했다. 또 손일근 백상기념관장을 상임고문에, 장일희 전 이사를 백상기념관장에 각각 위촉했다.

19일 서울동대문야구장에서 열린 제29회 봉황대기고교야구대회 결승전에서 천안북일고가 광주상고를 17대 6으로 꺾고 12년 만에 정상에 올랐다.

한국일보사는 정달영 상임고문을 주필에 임명하고 이인영 회장 비서실 부국장을 비서실장으로 9월 1일 승진시켰다.

한국일보사는 9월 2일부터 조태호씨의 4컷 시사만화 '조삿갓'을 매일 사회면에 연재한다는 내용의 사고를 1면에 냈다. 조씨는 87년 일간스포츠의 200만 원 고료 만화 현상공모를 통해 데뷔했다.

한국일보사는 최상태 광고본부장을 홍보담당 상무이사, 권효명 광고본부 부본부장을 광고본부장에 임명하고 박정수 광고본부 부본부장 겸 광고국장을 일간스포츠 사업판매본부장에, 이윤호 광고국 국차장을 광고국장직무대리에 4일자로 각각 발령 냈다. 한국일보 사장을 지낸 김창열 한국방송위원회 위원장이 15일자로 상임고문에 위촉돼 다시 돌아왔다.

장명수 사장 취임과 함께 발족한 '장명수 사장 후원회'(회장 장영신 여성경제인연합회장)

가 9월 20일 한국일보 평생 독자 1,000명 약정서와 1년 정기구독자 1,000명의 명단을 한국일보사에 전달했다. 후원회에는 장정자 대한적십자사 부총재, 정광모 소비자연맹 대표, 배우 윤여정씨 등 여성계 인사 30여 명이 참여했다.

장명수 한국일보 사장의 취임 축하연.

### 한국일보 6월 항쟁 사진
### 세계 100대 사진에

AP통신이 28일 발표한 '20세기 100대 사진'에 1987년 한국의 6월 항쟁 광경을 담은 한국일보 사진이 선정됐다. 이 사진은 부산 문현로터리에 집결한 시위대 앞에서 웃통을 벗어 던진 한 시민이 다탄두 최루탄을 발사하는 경찰을 향해 달려가는 모습으로 한국일보 고명진 기자 작품이다.

11월 15일자 1면에 한국일보가 지면 혁신을 단행했다는 사고가 아래와 같이 크게 나갔다. 국토를 종단하는 부산-통일촌 간 1,400리 대장정 레이스가 충북의 우승으로 막을 내렸다. 충북은 14일 제45회 부산-서울 대역전경주대회(한국일보 일간스포츠 대한육상경기연맹 주최) 560.9㎞ 레이스에서 28시간 55분 18초를 기록, 2위 경기(29시간 3분 27초)를 8분 9초 차로 제치고 1위를 차지, 대회 2연패를 달성했다.

한국일보사가 주최하고 SK그룹이 후원한 제9회 SK전국 고교생 대입학력경시대회 시상식이 30일 오후 입상자 및 가족, 교사 등 200여 명이 참석한 가운데 본사 12층 강당에서 열렸다. 개인 대상을 차지한 대구 경신고 최민준(인문계 수석)군과 은광여고 이지연(자연계 수석)양에게 각각 상패와 장학금 250만 원이 수여됐다.

한국일보사가 주최하고 SK주식회사가 후원한 제30기 SK엔크린배 명인전 시상식이 12월 4일 오후 한국일보사 13층 송현클럽에서 열렸다. 우승자인 명인 이창호 9단에게 상금 2,400만 원과 상패, 준우승자인 최명훈 7단에게 상금 600만 원과 상패가 수여됐다. 제32회 한국일보 문학상 수상자인 소설가 현기영씨에 대한 시상식이 9일 오후 한국일보사 13층 송현클럽에서 열렸다.

한국일보가 언론사상 처음 발행하는 점자신문 '함께 사는 사회, 함께 읽는 신문' 창간호가 13일자로 나왔다. 이 신문은 격주 월요일마다 타블로이드판 28면 부록으로 발행됐다. 한국일보사는 ㈜테크노티가 개발하고 테크노드림㈜이 마케팅하는 합성수지를 이용한 점자 인쇄 기술을 독점 확보, 양면에 점자가 인쇄된 4페이지를 선보였다.

# 2000년
신문기사는 시(詩)다. -장기영

### 2000년 신년호 1면 백지 발행

한국일보는 뉴밀레니엄이 시작되는 2000년 1월 1일자 1면(사진)을 백지로 발행해 큰 화제가 됐다. 획기적이고 참신하며 1세기 후에나 다시 해볼 수 있는 편집이라는 긍정론과 무모할 뿐 아니라 독자의 알 권리를 침해한 무례한 편집이라는 부정론이 엇갈렸다.

신년호 56면 중 7면에는 이어령 새천년준비위원장의 특별기고 '밀레니엄 메시지'를 담았다. '2000 한국일보 신춘문예' 당선작이 2면에 발표되고 두 번째 특집 1~3면에 시와 소설을 실었다. 시는 조정씨의 '이발소 그림처럼', 소설은 이종근씨의 '후레쉬 피쉬맨', 희곡은 김현태씨의 '행복한 선인장', 동화는 김해원씨의 '기차역 긴 의자 이야기', 동시는 김자연씨의 '까치네 학교' 등이 선정됐다. 시상식은 14일 오후 한국일보 13층 송현클럽에서 열렸다.

3일자 1면에 신년호 백지 1면의 취지를 한기봉 문화부장이 다음과 같이 썼다.

2000년 1월 1일자 한국일보 1면 톱은 '2000년 1월 1일'이었다. 한국일보라는 제호 밑에 이 연도의 표기만 있을 뿐 일체의 기사와 사진이 없었다. 신문은 그날의 뉴스 중 가치가 큰 것들을 골라 1면에 보도한다. 그리고 1면 톱으로는 그 중에서도 가장 뉴스 가치가 큰 것이 선정된다. 한국일보는 2000년 1월 1일자에 가장 중요한 뉴스는 2000년 1월 1일이 됐다는 사실 자체라고 판단했다.

한국일보는 밀레니엄 특집팀을 운영하면서 새 천년의 벽두에 무엇을 담을 것인가를 두고 한 달여 동안 고심을 거듭해 왔다. 토론과 논란은 치열했다. 신문의 사명은 그날그날의 기록

2000년

이자 정보 전달이라는 점을 잊지 않으면서 다양한 기획안을 검증했다. 그 과정에서 2000년이 온다는 이 벅찬 사실을 가장 극명하게 전하는 것 외에 다른 뉴스는 무의미하다는 의견이 제기됐다.

기다렸든 기다리지 않았든, 그것이 희망이든 두려움이든 새 천년은 다가온다는 사실, 그것 말고 무엇이 1면 톱이 돼야 하는가. 아무도 거역할 수 없는 시간과 도도한 우주적 대전환 앞에 인간이 빚어내는 뉴스는 초라했다. 어떤 수사(修辭)와 헌사로도 새 천년의 메시지를 전달하기에는 역부족이었다.

일부 지방배달판에는 강구항에서 힘차게 솟아오르는 아침해를 전면 사진으로 싣고 '새 천년 모든 것이 불확실하고 모든 것이 가능하다'는 메시지를 옆에 새겼다. 그 자체로도 파격이었지만 한국일보 기자들은 지방판이 나온 뒤 또다시 난상토론을 거듭한 끝에 이마저 모두 빼기로 결정했다. 사진 한 장과 한 구절의 설명으로도 부족하다고 판단했다.

우리는 모든 설명을 유보하기로 했다. 할 말이 없어서가 아니라 할 말이 너무나 많았다. 그래서 1면 톱은 '2000년 1월 1일'이 됐다. 그것은 뉴스와 메시지를 아울러 담은 기사였다. 백지처럼 보이지만 백지가 아니며 Y2K 문제나 제작상의 사고는 더욱 아니었다.

3면에는 독자들의 반응을 담았다. 제목을 보면 '상당한 화제가 될 것' '채울 것이 많다는 메시지' '강렬하지만 너무 자극적' '무언의 웅변 뒤엔 아쉬움' '파격적이고 신선하다' '백지에 대한 설명했어야' '사고 난 줄 알고 깜짝 놀라' '신문 의무 포기 유치하다' '하단 광고 없었더라면' '긍정, 부정 의견 반반 갈려' 등이었다.

### hk인터넷 독립법인 출범

한국일보·서울경제·일간스포츠·코리아타임스·소년한국일보 등 5개 일간지의 통합 인터넷사업 회사인 hk인터넷㈜이 2월 1일 독립법인으로 출범했다. hk인터넷의 신임 대표이사 사장에는 장중호 한국일보 이사가 선임됐다. hk인터넷은 'hk뉴스포탈'의 제작·운영을 비롯, 신문에 안 난 뉴스, 해외동포판 웹페이지, 다양한 데이터베이스, 비즈니스 건강 생활 등의 각종 정보를 제공하는 것을 목적으로 했다.

한국일보사는 2월 1일자로 배기철 편집이사 겸 편집인을 기획조정본부장(이사·편집인 겸임)에, 명동원 판매본부 부본부장을 기획조정본부 부본부장에, 박진열 비서실 부국장대우 부장을 기획조정실장에, 서태한 전 경리국 부국장을 경리국장에 각각 임명했다.

한국기자협회는 8일 한국일보의 기획 취재 '동강댐 총 점검'과 김영삼 전 대통령 페인트 달걀 봉변 사진 등을 제31회 한국기자상 수상작으로 선정했다. 고영권 기자는 이 특종사진으로 3월 3일 삼성언론재단이 제정한 제4회 삼성언론상도 받았다.

제40회 한국출판문화상 시상식이 9일 한국일보사 13층 송현클럽에서 열렸다. 저작상 인문사회과학부문 수상자인 '현상학과 정치철학'(문학과지성사 발행)을 쓴 서울대 김홍우 교수(정치학과)와 '한국의 생태 사상'(돌베개)을 쓴 서울대 박병희 교수(국문학과)에게 상금 500만 원과 상패가 수여됐다.

한국일보사는 4·13 총선 보도자문위원회를 발족, 13일자 1면에 사고로 알렸다. 자문위원은 다음과 같다. ▲최공웅(변호사·위원장) ▲오택섭(고려대 신방과 교수) ▲김용호(한림대 정외과 교수) ▲이승종(서울대 사회교육과 교수) ▲이순원(소설가) ▲유선영(한국언론재단 객원연구위원) ▲김이숙(e코퍼레이션 대표). 한국일보사는 전국 규모의 4·13 총선 취재본부를 구성, 본격 가동에 들어간다고 14일자 1면에 알렸다. 취재 본부는 정치부·사회부·여론독자부·사진부 등 100여 명의 기자로 구성됐다.

분단 사상 처음으로 역사적인 남북정상회담이 6월 중순 평양에서 열릴 것이라는 내용이 한국일보 4월 11일자 1면 전면에 대서특필됐다. 관련 기사는 2~10·13·17·30·31·33·42면에 실렸다. 1면에는 김대중 대통령과 김정일 국방위원장이 악수하는 컴퓨터 합성사진을 올렸다.

### 창간 46주년 네티즌 윤리 운동 연중 기획

한국일보사는 5월 1일자로 박무 이사 겸 한국일보 편집국장을 이사 겸 논설위원실장에 신상석 서울경제신문 이사 겸 편집국장을 이사 겸 한국일보 편집국장에 각각 임명했다. 서울경제신문사는 이날 이종승 편집국 부국장을 편집국장에 발령 냈다.

새 천년 첫 한국 최고 미인의 영광은 김사랑(22·서울 진)씨에게 돌아갔다. 한국일보와 일간스포츠, 한국i닷컴이 주최하고 ㈜LG생활건강이 주관한 '2000 미스코리아 선발대회'가 28일 오후 MBC TV를 통해 전국에 생중계되는 가운데 서울 세종문화회관 대극장에서 열렸다. 미스코리아 선 드봉에는 신정선(20·전북 선), 미 금강산에는 손태영(20·대구 진)씨가 각각 뽑혔다. 미스코리아 갤러리아는 장은진(18·서울 선), 미스코리아 골든듀에는 손민지(21·대전충남 미)씨가, 미스코리아 한국일보에는 박소윤(24·경북 선), 미스코리아 한주여행사에는 박미선(21·서울 미)씨가 선정됐다.

한국일보사가 팔봉 김기진 선생의 문학적 유지를 기려 유족의 기금으로 제정한 팔봉비평문학상 제11회 수상자인 문학평론가 정과리(충남대 불문과) 교수에 대한 시상식이 31일 한국일보사 13층 송현클럽에서 열렸다.

한국일보사는 김성우 논설고문을 파리총국장에 임명하고 박래부 논설위원을 심의실장에, 최성자 편집위원을 논설위원에 각각 발령했다.

한국일보는 창간 46주년인 6월 9일 56면을 발행했다. 1면 머리는 휴전선 철책 사이로 지는 해 사진을 크게 실었다. 김대중 대통령의 창간 축하메시지를 1면에 실었다. 창간 기념으로 '편리한 e-세상, 나부터 e-예절'이란 슬로건을 내걸고 네티즌 윤리 운동을 연중 기획으

2000년

로 전개한다는 내용도 1면에 내보냈다.

남북정상회담을 위한 김대중 대통령의 평양 방문이 북한 측 요청으로 당초 12일에서 13일로 하루 연기됐다. 한국일보 13일자 1면은 5단 광고를 제외한 전면이 김 대통령 방북 관련 기사였고 11개 면을 특집면으로 제작했다. 1면에는 김규동 시인이 '북에서 온 어머님 편지'라는 시와 함께 북에 있는 동생에게 '아우야, 통일의 날은 온다'라는 글을 썼다.

**평양 남북정상회담 대대적으로 보도**

14일자 1면에 김대중 대통령과 김정일 국방위원장이 반갑게 악수하는 역사적인 사진이 크게 실렸다. 두 정상의 남북정상회담 기사는 15일자에도 1면 전부를 차지했다.

한국일보사가 제정한 제27회 한국보훈대상 시상식이 20일 오전 본사 강당에서 열렸다. ▲임병옥(56·상이군경 부문) ▲박성희(77·미망인 부문) ▲진태준(75·유족유자녀 부문) ▲권호남(64·중상이자 배우자 부문) ▲곽선부(72·특별보훈 부문)씨 등에게 상금 400만 원씩과 상패가 수여됐다.

8월 1일자 1면에는 서울신라호텔에서 열린 남북장관급회담에서 합의된 6개 항을 보도했다. 이 가운데는 경의선 복원 공사를 연내에 착수한다는 내용도 들어 있었다.

김정일 북한 국방위원장 초청으로 평양을 방문한 장명수 한국일보 사장 등 남측 언론사 사장단 46명과 북측 고위 언론 관계자들은 6일 연석회의를 열고 남북한 언론 및 언론인 교류를 추진한다는 원칙에 합의했다. 남북적십자사는 8일 판문점 연락관 접촉을 하고 이산가족 서울·평양 방문단 151명(이산가족 100명 포함)의 명단과 언론사 사장단과 신변안전보장각서를 교환했다.

김정일 위원장은 12일 남측 언론사 사장단과의 오찬에서 복원되는 경의선 철도 옆에 개

김대중 대통령과 김정일 국방위원장이 평양에서 남북정상회담을 가졌다.(오른쪽 사진) 당시 상황을 전하는 한국일보 6월 14일자 1면.

성까지 연결되는 새 도로를 건설하고 현대가 건설할 개성 관광단지와 공업단지에는 서울 관광객도 올 수 있을 것이라고 말했다. 규모가 큰 단체의 방북 시 직항로 이용과 2005년까지 금강산과 설악산을 연계하는 관광상품 개발도 약속했다.

김정일 위원장을 만나고 있는 장명수(왼쪽) 한국일보 사장 등 언론사 사장단.

### 서울경제신문 한국일보에서 분사

한국일보사는 16일 광고·판매담당 상무이사(편집인)에 배기철 이사·기획조정본부장(편집인)을 승진발령하고 이사·기획조정본부장에 장중호 이사·뉴미디어본부장을 발령했다. 또 판매본부장에 명동원 기획조정본부 부본부장, 일간스포츠 사업·판매본부 부본부장 겸 일간스포츠 판매국장에 장태근 판매본부 부본부장 겸 판매국장, 논설위원실장에 노진환 수석논설위원을 임명했다. 판매국장에는 박희응 일간스포츠 판매국장, 한국일보 광고국장에는 김성태 서울경제신문 편집국 부국장, 제작국장직대(부국장)에는 강경하 기획조정실 기획관리부장이 임명됐다. 코리아타임스 광고국장에는 이윤호 한국일보 광고국장직대(국차장)가 임명됐다. 김성우 파리총국장, 김창열 상임고문, 문은모 상임고문, 정달영 주필, 최상태 홍보담당 상무이사, 허현 제작본부장, 주삼중 판매본부장, 안중관 제작국장이 16일자로 퇴사했다. 박무 이사 겸 논설위원실장도 17일자로 퇴사했다.

한국일보 편집국 데스크들이 뉴스의 현장과 이면의 이야기를 들려주는 칼럼 '편집국에서'와 언론학자 등이 한국일보 지면을 비평하는 '옴부즈맨 칼럼'을 신설한다고 10월 3일자 1면에 알렸다. '편집국에서'는 매주 화·목요일에 나갔고 '옴부즈맨 칼럼'은 금요일마다 격주로 게재됐다.

4일 일본 도쿄에서 열린 '2000 미스인터내셔널 대회'에서 미스코리아 미 손태영씨가 '준미스인터내셔널'의 영예를 안았다. 한국인으로 최고 성적인 2위에 오른 손양은 포토제닉상도 받았다.

한국일보 자매지 서울경제신문이 10월 1일자로 한국일보사에서 분사했다. ㈜서울경제신문은 5일 주주총회와 이사회를 열어 대표이사 회장에 장재구 서울경제회장, 발행인 겸 대표이사 사장에 김영렬 서울경제 사장을 선임했다. 이사에는 장재민 한국일보 미주본사 회장과 김서웅 서울경제 부사장, 배봉휘 이사, 윤세일 이사대우 광고국장이 선임됐다. 감사에는 최상태 전 한국일보 홍보담당 상무, 비상근이사에 윤국병

준 미스인터내셔널이 된 손태영양.

> 2000년

소년한국일보 사장이 각각 선임됐다.

한국일보사는 6일부터 '위크엔드(Weekend)' 섹션을 발행했다. 문화·레저·스포츠·여행·사이버게임·쇼핑 등 풍부한 주말 정보를 담은 위크엔드 섹션은 매주 금요일 12페이지 전면 컬러로 발행했다.

### 황석영 소설 '손님' 한국일보 연재 시작

소설가 황석영씨.

소설가 황석영씨가 16일부터 한국일보에 장편소설 '손님'을 연재하기 시작했다. 삽화는 중진화가 민정기씨가 맡았다. 한국일보사와 한국예술종합학교가 공동 주최하고 안익태기념재단이 후원한 제27회 대한민국 청소년음악콩쿠르 시상식이 16일 오후 한국일보사 13층 송현클럽에서 열렸다. 종합 대상의 한윤정(서울예고)양을 비롯한 입상자 21명에게 상장과 상패, 장학금이 수여됐다. 장학금은 종합 대상 150만 원, 부문별 1위 70만 원, 2위 50만 원, 3위 30만 원이었다.

한국일보사와 서울시가 공동 주관한 제12회 서울시민대상 시상식이 23일 오전 서울 중구 소공동 원구단시민공원에서 열렸다. 시상식에서 사회복지시설 봉사 활동을 해온 정보통신회사 서울통신기술㈜ 사회봉사단이 영예의 대상을 받았다. 본상은 무료 이발 봉사를 30년째 해온 신영철(51·중구 신당동)씨와 장애인복지시설을 후원해온 오진권(49·서초구 방배동)씨가 수상했다. 강철호(60·중랑구 망우동) 심순자(57·강북구 수유동) 박옥순(45·영등포구 양평동)씨 등은 장려상을 받았다. 수상자들은 대상 1,000만 원, 본상 각 500만 원, 장려상 각 300만 원의 상금과 상패를 받았으며, 대상을 수상한 서울통신기술 사회봉사단은 상금 전액을 사회복지시설에 기탁했다.

한국일보사는 25일 오전 본사 신관에서 신관 공장 제작 시설 가동식을 열고 신문 인쇄를 시작했다. 신관 공장 제작 시설에서는 세계적 윤전기 제작사인 일본 하마다인쇄기계㈜의 설비가 도입됐다. 이 시설은 시간당 최대 15만 부 인쇄 가능 최첨단 윤전기로 48개 면 중 20개 면의 컬러 인쇄와 3개 섹션면 합쇄를 할 수 있었다.

김대중 대통령은 11월 1일 오후 서울 세종문화회관에서 열린 한국일보 자매지 코리아타임스 창간 50주년 기념 리셉션에 참석, "북미 관계가 급속히 개선되고 있으며 북일 관계도 머지않아 긍정적 변화가 있을 것으로 본다"고 말했다.

### 중·일 유력 언론과 '한중일 문화대토론회' 주최

'한·중·일 문화대토론회'가 23일 오전 서울 웨스틴조선호텔에서 '동북아시아 문화의 지역성과 세계성'을 주제로 개막됐다. 한국일보사와 일본 요미우리신문사, 중국 인민일보사가 공동 주최하고 한국교육방송공사(EBS) 주관, 문화관광부가 후원한 토론회에서 한국 측

지명관 한일문화교류정책자문위원장은 "3국은 아시아 공동 발전의 틀 위에서 상호 문화를 이해함으로써 기존의 경쟁적 관점을 해소해야 한다"고 역설했다.

한국일보사가 주최하고 SK텔레콤이 후원한 제10회 SK전국고교생 대입학력경시대회 시상식이 28일 오후 본사 12층 강당에서 열렸다.

한국일보사가 주최하고 SK주식회사가 후원한 SK엔크린배 명인전 시상식이 29일 한국일보사 13층 송현클럽에서 열렸다. 우승자인 명인 이창호 9단에게 상금 3,000만 원과 상패, 준우승자인 조훈현 9단에게 상금 1,000만 원과 상패가 각각 수여됐다.

한국일보사가 제정하고 한국가스공사가 후원한 제33회 한국일보문학상 수상자인 소설가 하성란씨에 대한 시상식이 12월 6일 오후 3시 한국일보사 13층 송현클럽에서 열렸다.

노벨재단은 '노벨상 제정 100주년 기념 전시회'를 추진하면서 김대중 대통령이 1980년 사형 선고를 받고 청주교도소 등에서 가족들에게 보낸 옥중 서신 원본을 전시키로 했다. 김 대통령 관련 전시품은 쪽지에 못으로 눌러쓴 편지와 옥중 서신 외에도 수감번호 9번이 적힌 죄수복, 성경책, 안경, 지팡이 등이다. 특히 쪽지 편지에는 "국내신문은 한국(조간), 동아(석간)의 가십과 사설만 넣어 주고 영자지는 코리아타임스를 보내달라"는 글도 있었다. 김대중 대통령은 10일 밤(한국시간) 노르웨이 오슬로 시청 메인홀에서 하랄드 5세 국왕과 각국 외교 사절, 국내외 초청 인사 등 1,100여 명이 참석한 가운데 거행된 시상식에서 노벨평화상 증서와 금메달, 900만 크로네(12억 원 상당)의 상금을 받았다.

김대중 대통령의 노벨평화상 수상을 알린 한국일보 1면 지면.

한국일보사가 제정한 제41회 한국백상출판문화상 수상자가 20일 결정됐다. 저작상의 인문과학 부문은 '고구려 고분 벽화 연구'(사계절출판사)를 쓴 김호태 울산대 박물관장, 사회과학 부문은 '한국 현대정치사 서설'(지식산업사)을 지은 진덕규 이화여대 교수, 시사교양 부문은 '정치와 삶의 세계'(삼인출판사)를 펴낸 김우창 고려대 대학원장이 선정됐다.

재단법인 설문걸장학재단은 26일 오후 한국일보사 13층 송현클럽에서 2000년도 장학금을 전달했다. 김충한 재단 이사장과 재단 이사 등이 참석한 전달식에서 한국일보 인덕원 지국 최현우 군 등 24명의 고교생이 38만 원씩 장학금을 받았다.

# 2001년
신문은 사회의 공기(公器)요, 목탁(木鐸)이다. - 장기영

### '신뢰 회복' 화두로 신년호 48면 발행

2001년 1월 1일자 신년호는 48면을 발행했다. 1면 머리에는 동해 일출 사진을 '시련을 뚫고 2001 새 희망이 솟는다'는 제목으로 크게 실었다. 사설 제목은 '리더십 위기를 극복하자'였다. 3면의 신년 특집 2001 한국일보 신년 화두는 신뢰 회복이었다.

한국일보 신춘문예에는 '그 노인이 지은 집'(시·길상호) '잃고, 묽고 희박한'(소설·남문석) '너에 대한 추측'(희곡·김정훈) '해장죽(海藏竹)'(동화·배미경) '꽃씨 하나가 꽃이 되려면'(동시·최재숙) 등이 당선작으로 선정됐다. 시상식은 1월 18일 오후 한국일보사 13층 송현클럽에서 열렸다.

한국일보는 1일자로 임현배 일간스포츠 광고국장 직무대리를 일간스포츠 광고국장에 임명했다.

2일자 1면에는 한국일보와 일간스포츠가 제정하고 백상재단이 후원한 제38회 백상체육대상 수상자가 발표됐다. 5대 대상은 ▲구기 송성태(하키) ▲투기 심권호(레슬링) ▲개인 김영호(펜싱) ▲기록 최재봉(빙상) ▲단체 현대 유니콘스(프로야구)가 차지했다. 신인상은 ▲최우수 신인 윤미진(양궁) ▲남자 우수 신인 정부경(유도) ▲여자 우수 신인 강초현(사격) 등이 받았다. 시상식은 5일 오후 한국일보사 13층 송현클럽에서 열렸다.

한국일보사는 8일자부터 매주 월요일 1면에 다시 '한국 시단' 코너를 마련해 시를 싣기 시작했다. 이날은 김광규 시인의 '귀밝이술'을 올렸다. 한국일보사와 안익태기념재단이 공동 주최한 제8회 안익태작곡상에 이귀숙씨의 '관현악 캔버스'가 대상으로 선정됐다.

국세청이 17개 중앙 언론사에 대한 세무 조사에 착수한다는 기사가 한국일보 2월 1일자 1면 머리기사로 보도됐다. 언론사에 대한 전면적인 세무 조사는 문민 정부 시절인 1994~96년 이후 처음이다. 이남기 공정거래위원장은 "12일부터 한국·조선·동아·중앙일보 등 4개 신문사에 대해 우선적으로 부당 내부 거래 및 불공정 거래 행위 행태에 대해 조사하겠다"고 8일 밝혔다. 공정위는 이를 위해 이날 9~10명씩으로 구성된 4개 조사반을 별도로 구성, 13개 대상 언론사를 각 반별로 배정했다.

정주영 현대그룹 창업 명예회장이 3월 21일 별세했다.(사진)

**일간스포츠 사장에
장중호 한국일보 상무**

한국일보사와 환경부, 물절약범국민운동본부가 공동 주최한 물 절약 실천 사례 공모전 시상식이 30일 오후 한국일보사 13층 송현클럽에서 열렸다. 수상자와 수상 단체는 최우수상 ▲서당초 ▲포항제철소 ▲황해진(국군 청평병원 시설과장), 우수상 ▲유덕희(진주시 정촌면사무소) ▲아주대 ▲박준석(공군 제1전투비행단 병장), 장려상 ▲한인희(서울 서초구 방배동) ▲전효정(경기 고양시 백석동) ▲이은희(대구 탐구사회교육원장) ▲김숙자(충남 서천군 서면초 교감) ▲인천구치소 등이다.

한국일보 논설위원실과 편집국 인사가 4월 10일 있었다. 내용은 ▲논설위원 이백만 ▲기획조정실장 최규식 ▲편집국 부국장 박진열 도영봉 ▲경제부장 배정근 ▲사회부장 신재민 ▲심의실장 겸 주간한국부장 정재용 등이다.

한국일보사가 제정한 제20회 한국교육자대상 시상식이 5월 2일 오전 서울 세종문화회관 컨벤션홀에서 수상자 34명과 가족 등 400여 명이 참석한 가운데 열렸다. 김종오(61·수원과학고) 교장과 김정일(60·서울명일초) 교장 등 대상 수상자 2명에게 상패와 상금 500만 원씩이 수여됐고 이생현(54·대전맹학교) 등 스승의 상 수상자 32명에게는 상패와 부상이 주어졌다.

2001년 한국 최고 미인의 영광은 김민경(20·서울 선)씨에게 돌아갔다. 한국일보·일간스포츠와 LG생활건강이 공동 주최하고 MBC와 한국i닷컴, ㈜이스타즈가 주관한 '2001 미스코리아 선발 대회'는 27일 오후 서울 세종문화회관 대극장에서 열렸다. 미스코리아 선·하이트에는 서현진(22·대구 선), 미·토토에는 백명희(19·서울 미)씨가 각각 뽑혔다. 또 미스 갤러리아에 고운미(21·남가주 진), 미스 골든듀 김지혜(23·서울 진), 미스 무크 정아름(20·서울 선), 미스 한국일보 한지원(20·남가주 선)씨 등이다. 이날 대회는 MBC TV를 통해 2시간 30분 동안 전국에 생중계됐다.

한국일보사가 주최하고 롯데그룹이 후원한 제19회 여성생활수기 공모 당선자 시상식이 30일 본사 13층 송현클럽에서 열렸다. 장명수 한국일보 사장은 '깎고 볶으며 달려온 40년'으로 최우수작에 당선된 오옥자(56)씨에게 상패와 원고료 300만 원을, 우수작 당선자 배남선(52) 하기선(22)씨에게 상패와 원고료 200만 원씩을 수여했다.

팔봉비평문학상 제12회 시상식이 6월 7일 오후 한국일보사 13층 송현클럽에서 열렸다.

시상식에서 수상자인 문학평론가 황종연(41·동국대 국문과) 교수에게 상금 500만 원과 상패가 수여됐다. 시상식에는 팔봉의 유족과 김윤식, 이상섭, 김병익씨 등 심사위원, 평론가 홍기삼, 홍정선, 정과리, 우찬제씨 등 100여 명이 참석했다.

㈜한길무역은 8일 임시 주총을 열어 회사명을 ㈜일간스포츠로 변경하고 대표이사 회장에 장재근 한국일보 부회장, 대표이사 사장에 장중호 한국일보 상무를 각각 선임했다. 이사에는 일간스포츠의 신대남 편집국장, 김홍태 광고본부장, 박정수 사업·판매본부장이 선임됐다. 이 같은 우회상장을 통해 일간스포츠 주식은 코스닥에서 거래될 수 있었다.

한국일보사 제정 제28회 한국보훈대상 시상식이 13일 오전 한국일보사 강당에서 열렸다. 국가보훈처가 후원한 시상식에서 상이군경 부문은 이성균·정준효, 미망인 부문 장남기, 유족·유자녀 부문 신현덕, 특별보훈 부문 이경백씨 등이 상금 200만 원과 상패를 각각 받았다.

한국일보는 방민준 편집국 부국장을 광고본부 부본부장에, 박래부 부국장 겸 문화부장을 심의실장(부국장급)에, 이상석 인터넷부장을 부국장에, 한기봉 생활과학부장을 문화과학부장에 각각 발령했다.

### 일간스포츠, 한국일보서 완전히 분리

한국일보는 18일자 1면에 '하이터치 개념의 새 지면 오늘부터 선보입니다'는 제하의 와이드 박스를 내보냈다. 내용은 다음과 같다.

창간 47주년을 맞은 한국일보가 18일자부터 하이터치(High Touch) 개념의 새로운 지면을 선보입니다. 하이터치신문 한국일보는 언론사상 처음으로 온라인(On-line)과 오프라인(Off-line) 저널리즘의 본격 통합을 시도합니다. 우선 제호와 각 면 밴드부터 다시 디자인했습니다. 지면도 젊고 신선한 감각으로 꾸미되, 고품격·고품질 기사를 통해 건전한 비판과 감시 기능을 강화할 것입니다.

경제생활 섹션의 명칭을 'Hi Biz'로 바꾸고 본면 안에 내부 섹션으로 배치, 경제 기사를 한데 모았습니다. 풍성한 정보통신(IT) 뉴스를 다루던 e라이프면도 통합, 운영합니다. 별지로 제작되는 하이터치 섹션은 새로운 감각으로 특화한 정보와 읽을거리를 요일별로 제공합니다.

우선 파격적으로 월요일자에 레저면을 배치, 주초부터 주말 생활을 안내하며 화요일에 대중문화, 수요일에 리빙과 가정을 다룹니다. 목요일에는 관심 있는 이슈에 심층 접근하는 포커스 면을, 금요일에는 '책과 세상'을 싣습니다.

새 로고 '하이(Hi)'는 한국일보(Hankookilbo)와 인터넷신문 hankooki.com을 지칭하는 약어입니다. 또 독자들께 드리는 아침 인사인 동시에, 높은(high) 품질, 독자와의 인간적인 쌍방향 교류 '휴먼 인터랙티브(Human Interactive)'를 뜻합니다. Hi는 새 섹션의 이름 'Hi Touch'에서 따온 것이기도 합니다. '하이터치(High Touch)'는 '하이테크(High Tech)'의 보완적 반대 개념인 '휴먼터치(Human Touch)'를 말합니다.

국세청은 중앙 언론사 23곳에서 모두 1조 3,594억 원의 탈루 소득을 적발, 5,056억 원의 세금을 추징했다. 서울지방국세청 청장은 20일 그해 2월 8일부터 6월 19일까지 계속된 언론사 세무 조사 결과를 발표하면서 "일부 언론사들이 사기 또는 기타 부정한 방법으로 세금을 탈루했는지를 면밀히 분석하고 있다"며 "조세 포탈 혐의가 밝혀질 경우 검찰 고발 여부를 신중히 검토할 계획"이라고 밝혔다. 또 지난 4개월간의 세무 조사 결과 23개 중앙 언론사(신문사 17곳, 방송사 5곳, 통신사 1곳)와 계열기업, 대주주 등이 모두 1조 3,594억 원의 소득을 탈루한 사실을 적발, 5,056억 원의 세금을 추징했다고 밝혔다.

공정거래위원회는 20일 전원회의를 열고 신문 고시(신문업 불공정거래행위 기준 고시)안을 최종확정, 7월 1일부터 시행하기로 했다. 이에 따라 신문 강제 투입 허용 기간이 7일 이내로 제한되고 무가지와 경품 제공도 유가지 대금의 20% 이내에서만 허용된다. 공정위는 신문사들의 고시 위반 행위에 대해 신문협회가 자율 규약을 통해 우선 시정토록 하고, 자율 시정이 안 되거나 신문협회가 공정위에 처리를 의뢰한 경우에 한해 개입하기로 했다.

한국일보사 자매지 일간스포츠가 7월 1일부터 완전 독립한다는 내용이 21일자 한국일보 1면에 실렸다. 한국일보사 장재국 회장과 일간스포츠 장재근 회장, 장중호 사장은 20일 한국일보가 보유한 일간스포츠의 영업권을 일간스포츠에 양도키로 하고 영업 양수·도 계약을 체결했다. 일간스포츠는 코스닥 등록기업인 한길무역을 사실상 합병함으로써 코스닥 시장에 진출하는 첫 일간지가 됐다.

### 한국일보 노조 파업, 직장 폐쇄 조치

국세청은 29일 조선일보 방상훈 사장, 동아일보 김병관 명예회장과 김병건 부사장, 국민일보 조희준 넥스트미디어 회장 등 언론사 사주를 상속·증여세 포탈 등 개인 비리 혐의로 검찰에 고발했다. 한국일보와 중앙일보, 대한매일은 각각 ▲양도세 과소 신고(한국) ▲증여세 탈루 및 회계 장부 파기(중앙) ▲법인세 탈루(대한매일) 등 혐의로 탈루 행위 당시 대표이사와 회계책임자 등이 검찰에 고발됐다. 회사별 탈루 소득은 중앙일보가 1,723억 원으로 가장 많고 동아 1,700억 원, 조선 1,614억 원, 국민일보 536억 원, 한국일보 525억 원, 대한매일 237억 원 순이었다. 이에 따른 추징세액은 조선일보 864억 원, 중앙일보 850억 원, 동아일보 827억 원, 국민일보 204억 원, 대한매일 155억 원, 한국일보 148억 원으로 집계됐다.

2001년

한국일보사 노조가 20일 오후 6시 30분부터 파업에 들어가 신문 제작에 차질이 빚어졌다. 회사는 22일자로 직장 폐쇄 조치를 취했다. 23일자 1면에는 노조의 파업으로 일부 지역에 21일자 신문의 배달이 늦어진 점을 독자들에게 사과하고 한국일보 편집국 기자들은 파업에 참여하지 않아 신문은 정상적으로 제작되고 있음을 알렸다.

노사는 2001년 4월 3일 단체교섭을 개시, 노조 측이 주장하는 임금 15% 인상과 비정규직 사원의 정규직화 문제 등을 논의했다. 그러나 광고시장 불황 등 경기 위축과 국세청의 세무 조사 여파로 인해 단체교섭은 교착 상태에 빠졌다. 노조는 6월 15일 단체교섭 결렬을 선언하고 서울지방노동위원회에 조정 신청을 냈으나 결렬되자 7월 6일과 11일 부분파업을 했다. 그 후 서울지방노동청의 주선으로 수차례 교섭이 진행됐지만 의견차를 좁히지 못했다.

파업이 계속되면서 회사는 유형 무형의 막대한 손실을 입었다. 노사는 일단 파업을 중단하고 교섭을 진행하기로 하여 8월 20일 직장 폐쇄를 해제하고 22일부터 신문을 정상적으로 발행하게 됐다. 그러나 단체교섭은 파업 이전과 마찬가지로 합의점을 찾지 못했다. 노사 간 단체협약은 장재구 회장이 2002년 1월 말 회사를 다시 맡은 뒤 체결됐다.

### 장재근 전 사장 조세 포탈 혐의로 검찰 조사

서울지검은 8월 8일 국세청이 고발한 언론사 사주 중 국민일보 조희준 전 회장과 동아일보 김병건 전 부사장, 한국일보 장재근 전 사장 등 3명을 소환 조사했다. 검찰에 따르면 법인세와 증여세 등 포탈 세액 규모는 조선일보 64억 원, 동아일보 102억 원, 국민일보 및 넥스트코퍼레이션 36억 원, 한국일보 9억 9,000만 원, 중앙일보 7억 1,200만 원, 대한매일 34억 원으로 나타났다.

서울지검은 17일 밤 조선일보 방상훈 사장과 동아일보 김병관 전 명예회장, 국민일보 조희준 전 회장 등 3명에 대해 특정범죄가중처벌법(조세 포탈) 및 특정경제범죄가중처벌법(횡령) 위반 등 혐의로 구속, 서울구치소에 수감했다.

박정수(56) 일간스포츠 사업·판매본부장이 25일 오후 서울 영동세브란스 병원에서 지병으로 별세했다. 장례는 29일 오전 11시 본사 후정에서 한국일보사 일간스포츠 사우장으로 치러졌다.

한국일보에서 분사한 일간스포츠는 9월 12일 김경희 연예 담당 부국장을 편집국장으로 발탁하는 인사를 단행했다. 김 국장은 스포츠신문 업계의 여성 편집국장 1호인 동시에 1969년 일간스포츠 창간 이래 첫 40대 편집국장이라는 기록도 세웠다. 한국일보사와 한국예술종합학교가 공동주최하고 안익태기념재단이 후원하는 제28회 대한민국청소년 음악 콩쿠르 시상식이 27일 한국일보사 송현클럽에서 열렸다. 바이올린 중등부 1위로 종합 대상(문화관광부장관상)을 받은 신현수(14·전주예술중)양 등 입상자 18명에게 상장과 상패, 장학금이 수여됐다. 장학금은 종합 대상 150만 원, 부문별 1위 70만 원, 2위 50만 원, 3위 30만 원이다. 부문별 1위는 한국예술종합학교 음악원 예비학교 오케스트라 협연과 예비학교 특례 입학의 특전이 주어졌다.

공정거래위원회는 10월 5일 전원회의를 열고 언론사의 판촉용 경품을 전면 금지하는 대신 무가지를 유지 비율의 20% 한도 내에서 허용하는 내용의 신문협회 자율규약안을 의결했다. 공정위는 "협회가 자율 규약을 확정한 뒤 규약 위반시 처리 지침 등을 각 신문사에 전달할 계획"이라고 밝혔다.

미국 9·11테러를 전하는 9월 12일자 1면.

신문 협회는 자율규약안에 고시가 규정한 ▲7일 이상 신문 강제 투입 금지 ▲지국 판매 목표량 일방 결정 금지 ▲기사 게재 전제로 한 광고 유인 금지 등의 내용을 포함시켰다.

대통령 부인 이희호 여사는 11월 2일로 창간 51주년을 맞은 한국일보 자매지 코리아타임스에 '정보화 시대 여성의 지위와 역할'을 주제로 특별 기고했다. 이 여사는 기고문에서 "해마다 전 세계에서 1,100만이 넘는 어린이들이 미처 다섯 살이 되기도 전에 사망하고 있다"면서 "자선 활동을 통해 남북한, 아프리카 등을 비롯한 전 세계 어린이들을 보호하기 위한 노력을 계속해 나갈 것"이라고 말했다.

한국일보사가 제정한 제34회 한국일보문학상 수상자로 6일 소설가 오수연씨가 선정됐다. 수상작은 중편 '땅 위의 영광'으로 작가가 인도에 머물면서 겪은 체험을 바탕으로 한 작품이다. 시상식은 12월 4일 오후 한국일보사 13층 송현클럽에서 열려 상금 2,000만 원이 수여됐다.

한국일보사는 5일 광고국 추남호 부국장을 국차장에, 홍재서 부장을 부국장(AD 종합부장)에, 윤삼호 AD 1부장을 부국장대우(AD 1부장)에, 박용영 AD 2부 부장직대 차장을 AD 2부장에, 신우철 기획부장을 부국장대우 기획부장에, 김선경 제작부장을 부국장대우 제작부장에 각각 임명했다. 문창룡 비서부 부국장대우 부장은 부국장 겸 부장에, 김용남 제작국 부국장대우 부장은 부국장에, 이계영 전산제작부장은 부국장대우 부장에 각각 발령 냈다.

한국일보사가 아프가니스탄에 파견한 국제부 홍윤오 기자는 15일 오후 하지 압둘 쿤디르가 지휘하는 反탈레반군과 함께 동부 전략도시 잘

아프간 현지의 홍윤오 기자.

2001년

랄라바드시에 도착, 한국 기자로는 처음으로 탈레반이 지배했던 아프가니스탄 요충지를 현장 취재했다. 홍 기자의 기사는 17일자 1면 톱으로 현지의 전쟁 분위기를 생생하게 전했다.

제47회 부산~서울 대역전경주대회(주최 한국일보사·일간스포츠·한국i닷컴·대한육상경기연맹)가 18일 충북의 4연패로 대단원의 막을 내렸다. 충북은 부산~서울 533.3㎞ 7개 대구간을 모두 석권하는 저력을 발휘하며 27시간 8분 23초를 기록, 2위 서울을 무려 14분여 차이로 따돌리고 우승했다.

### 한국일보·요미우리, 한일 교류 좌담회

한국일보사와 요미우리신문사가 공동 주최하는 2002 한일 월드컵 개최 기념 한일 교류 좌담회 5차 행사가 27일 '대중문화 교류'를 주제로 일본 가나가와현 하코네 유모토 후지야 호텔에서 개막됐다. 이날 만찬에서 한국 측의 이어령 전 문화부 장관과 이영혜 디자인하우스 대표, 영화감독 강제규씨, 일본 측 우메하라 다케시 일본국제문화연구센터 고문, 요모타 이누히코 메이지학원대 교수, 가수 사와 도모에씨 등은 상호 이해 증진과 성숙한 양국 관계 정립을 기원했다.

안익태(1906~1965) 선생의 동상이 서울 올림픽공원 내 평화의 광장 옆에 세워졌다. 안익태기념재단은 12월 11일 오전 관련 제막식을 했다. 조각가 안규철 한국예술종합학교 교수가 제작한 동상은 높이 85㎝ 흉상으로 가로·세로 60㎝, 높이 125㎝의 화강암 단 위에 올려졌으며 뒷면에는 애국가 4절 전문과 약력을 새겼다.

한국기자협회와 한국언론재단은 18일 제135회 이달의 기자상 취재보도 부문 수상작으로 한국일보 사회부의 '진승현 게이트 국정원 개입 및 진승현씨 총선 자금 제공'(이진동·최기수·김기철·고찬유 기자) 등을 선정했다. 시상식은 28일 오전 서울프레스센터에서 열렸다.

재단법인 설문결장학재단은 21일 오후 한국일보사 부산지사에서 2001년도 장학금을 전달했다. 한국일보 부산 부전지국 백경진(18·부산동고)군 등 부산, 대구, 울산, 경남·북 지역 신문배달 고교생 17명에게 38만 원씩 수여됐다.

코리아타임스는 26일 이상석 한국일보 편집국 부국장을 편집국장에, 최원석 코리아타임스 종합편집부국장 겸 부장을 광고국장에 임명했다.

# 한국일보 사람들 [1989~2001년]

### 이준기
### (1935~)

경남 합천생. 부산수산대. 한국일보·서울경제·일간스포츠 종합편집부장과 편집국 국차장. 93년 서울경제에서 정년 퇴임. 제일경제신문 편집국장(95년). 시집 〈나무의 귀〉, 저서 〈다시 그 바다에서〉 등.

### 김병무
### (1938~2022)

전북 군산생. 국민대 행정학과. 워싱턴 특파원(85년), 외신부장(87년). 세계일보 워싱턴 특파원(88~93년), 논설위원(93년), 수석논설위원(94년). 저서 〈워싱턴 로비〉 〈대답 없는 007기〉 등.

### 이광영
### (1938~)

충북 옥천생. 고려대 물리학과. 생활과학부장, 편집위원으로 과학칼럼 집필, 뉴미디어부 부국장(95년). 전북대 자연과학대 초빙교수, 대한암협회 고문. 녹십자문화상(81년). 저서 〈첨단산업과 신소재〉 등.

### 홍광희
### (1938~)

충북 음성생. 73년 한국일보 입사. 부국장 승진(94년), 국장 승진(95년), 광고개발본부영업국장. 과천 선바위미술관 관장, 경기도 박물관협회 부회장.

### 구희서
### (1939~2019)

서울생. 이화여대 사학과. 체육부 문화부를 거쳐 체육부장직대(92년), 문화부장직대(93년) 후 94년 퇴사. 한국연극평론가협회 회장(95년). 옥관문화훈장(03년). 저서 〈한국의 명무〉 등.

### 김기경
### (1939~2014)

인천생. 고려대 법학과. 외신부장대우, 주간한국부장, 한국일보 부국장 겸 전국부장(91년), 총무국장(93년), 판매담당 이사(94년), 뉴미디어본부장(97년). 한국전기신문사 전무이사 겸 편집인(99년).

### 김용운
### (1939~)

충남 보령생. 경희대 경제학과, 고려대 경영대학원. 78년 계리부장으로 입사. 부국장 겸 계리부장(85년)을 거쳐 경리국장(90년), 이사 겸 경리국장(94년), 임원실 이사(95년) 등. 97년 퇴사.

### 문창국
### (1939~2015)

전북 군산생. 군산상고. 상업은행 근무 중 70년 기획관리실 입사. 도서출판부장, 출판국 부국장 겸 출판영업부장, 판매1부장 겸 수도권특수판매부장, 판매기획실장(96년) 등. 97년 퇴사.

### 이행원
### (1939~)

충남 천안생. 고려대, 미 USC대학원 수학. 사회부장(85년), 논설위원(86년). 한국교육과정평가원 이사(98년), 한국언론재단 상임자문위원(99년). 저서 〈취재보도의 실제〉 〈한국교육의 선택〉. 역서 〈사이공함락 그 후〉.

**최상태**
(1939~2016)

광주생. 서울대 법대. 경제부장(87년), 서울경제신문 부국장 겸 정경부장(88년), 편집국장(95년). 한국일보 홍보담당 상무(99년). 한국신문협회 광고협의회 회장(99년), 한국전기신문 부사장.

**강영수**
(1940~)

인천생. 서울대 사범대. 사회1부 차장대우(79년), 주간한국부장(82년), 체육2부장(83년), 일간스포츠 편집국 국차장(93~96년) 역임 후 96년 퇴사. ㈜팬택 상임고문, 프로축구연맹 사무총장(98년), ㈜벨웨이브 고문.

**김재설**
(1940~)

서울생. 연세대 정외과. 체육부 차장(78년), 부장(82년), 편집국 부국장(89년), 일간스포츠 편집국 국차장(91년), 편집국장(93년). 소년한국일보 사장(97년), 한국일보 상무이사(98년). 2000년 퇴사. 연세대 언론인회 감사.

**박용준**
(1940~)

경기 파주생. 일간스포츠 광고영업부 차장(83년), 관리부장직대(88년), 관리부장 승진(91년), 부국장대우 관리부장(94년). 95년 퇴사.

**안중관**
(1940~2021)

황해생. 인천사범대, 성균관대 영문과. 출판부 차장(88년), 올림픽신문 제작부장(88년), 공무관리부장(89년), 제작관리부장(94년), 제작국장(99년)으로 한국일보 CTS화 기반 마련. ㈜한국인쇄기술 사장.

**주삼중**
(1940~)

전남 순천사범. 영업부장(79년), 영업부장 겸 부국장(84년), 영업부장 겸 판매2국장 직대(87년). 이사대우 판매2국장(97년), 판매본부장 겸 일간스포츠 판매국장(98년). 00년 퇴사. 뉴시스 상무.

**강창균**
(1941~2022)

전남 영광생. 조선대. 판매국 차장(74년), 판매국 부장(79년), 판매국 부국장(84), 전남광주지사장(89년), 전북지사장(93년). 백상공로대상 금상.

**박병윤**
(1941~2022)

전남 나주생. 서울대 경제학과. 한국일보 경제부장(83년), 편집국장(91년). 서울경제신문 주필(93년), 한국일보 대표이사 사장(98년), 부회장(99년). 제16대 국회의원. 은관문화훈장(99년). 저서 〈탈세〉 〈재벌과 정치〉 등.

**박정길**
(1941~)

서울생. 성균관대. 판매국 1차장(92년), 부장대우(96년), 부장(98년). 02년 퇴사. 노동일보 이사·업무국장.

### 윤국병
(1941~2021)

인천생. 서울대 정치학과. 정치부장(87년), 편집국장(93년), 소년한국일보 대표이사 사장(98년), 한국일보 수석 부사장·대표이사 사장(02년), 코리아타임스 대표이사 사장(03년). 한국신문편집인협회 운영위원장(93년).

### 이병일
(1941~)

전북 부안생. 고려대 정치외교학과. 일본 연수생 출신 첫 주일 특파원(84년). 문화부장(87년), 국차장 겸 생활과학부장(91년), 논설위원(94년). 서울경제신문 편집위원(99년), 논설위원(2000년). 03년 퇴임.

### 정일화
(1941~)

경남 하동생. 서울대 정치학과. 북한부장 직대(90년), 워싱턴 특파원(91~94년), 논설위원(96년). 국민일보 논설위원, 편집위원(98년). 국무총리 정책자문위원회 부위원장(99년), 세종대 겸임교수. 저서 〈워싱턴 전망대〉 등.

### 조원영
(1941~2004)

충남 청양생. 서울대 외교학과. 편집부국장 겸 산업부장(88년), 서울경제 편집국 국장 겸 정경부장(94년), 편집국장(97년). 내외경제신문 편집인(98년), 녹색경제신문 회장, 제일경제신문 전무이사 겸 편집국장(04년). 저서 〈재벌과 가벌〉.

### 최연안
(1941~)

경남 하동생. 부산대 무역학과. 부산주재 사회부장(88년), 부산취재본부장(95년), 부산지사장(97년). 00년 퇴사. 한국시사21 발행인. 저서 〈파도는 쉬지 않는다〉 〈공무원은 동네북?〉 등.

### 김대성
(1942~고인)

부산생. 중앙대 법학과. 사회부·문화부 차장. 문화일보 편집위원(94년), 사회2부장(95년). 97년 한국일보 편집위원으로 재입사. 98년 퇴사. 저서 〈문화유산에 담긴 한국의 미소〉 〈차 문화 유적답사기〉 등.

### 김서웅
(1942~2008)

경남 마산생. 서울대 경제학과, 미국 밴더빌트 대학원. 경제부장, 서울경제신문 복간 뒤 정경부장 겸 부국장(89년), 편집국장(91년), 한국일보 편집국장(96년). 서울경제신문 대표이사 사장(02년).

### 박영길
(1942~)

경북 성주생. 영남대 약학과. 신아·대한일보 거쳐 70년 한국일보 입사. 편집부장(82년), 국차장 겸 종합편집부장(90년), 편집국장대리(91년), 일간스포츠 편집국장(96년). 머니투데이 편집국장(02년), 이사.

### 예창해
(1942~)

경북 청도생. 한양대 기계공학과. 67년 회장 비서실 입사. 한국일보 광고국장(96년), 이사대우 광고개발본부장(97년). 일본 한국종합기획 서울지사장. 삼구빌딩·퀸빌딩·예경빌딩 등 회장으로 빌딩 임대사업.

**왕정일**
(1942~)

서울생. 한국일보·일간스포츠 광고국 과장(82년), 차장 승진(88년), 일간스포츠광고 영업3부장 승진(91년). 1996년 퇴사.

**이성부**
(1942~2012)

광주생. 경희대 국문과. 자료실 홍보부장(90년). 일간스포츠 부국장 겸 문화레저부장(97년). 66년 동아일보 신춘문예 〈우리들의 양식〉 시 부문 당선. 대산문학상(01년). 시집 〈우리들의 양식〉 〈전야〉 〈빈 산 뒤에 두고〉 등.

**이영의**
(1942-1997)

서울생. 경기고 졸업. 65년 입사. 미 LA지사 편집부장 지내고 87년 귀국해 편집1부장. 서울경제 부국장 겸 편집부장(88년), 한국일보 부국장 겸 종합편집부장(91년), 편집국 국차장 겸 종합편집부장(95년) 재직 중 별세.

**황소웅**
(1942~2019)

경남 산청생. 경희대 정치외교학과. 정치부장(88년), 부국장(91년), 논설위원(92년). 국민회의 총재 언론담당 특보(98년), 부대변인(99년), 국회의장 비서실장(2000년) 등. 경희대 언론정보학부 겸임교수.

**권주훈**
(1943~)

충남 논산생. 우석대 경제학과. 사진부 차장(90년), 사진부장(95년), 편집위원(96년). 96년 11월 퇴사. 동아일보 사진부(02년). 한국기자상 특별상(97년), 대한사진문화상 보도사진상(97년) 등.

**김병규**
(1943~2023)

전남 보성생. 한국외대 영어과. 80년 해직 후 84년 복직, 사회부 이동취재반장(85년), 광주주재 전국부장대우(92년), 부국장 겸 호남취재본부장(98년) 등. 02년 퇴사. 민주화운동관련자 인정(02년).

**김승웅**
(1943~)

충남 금산생. 서울대 외교학과. 파리 특파원(85~88년). 시사저널 편집국장대리 정치부장, 워싱턴 특파원. 우석대 객원교수, 국회사무처 공보관, 재외동포재단 사업이사. 저서 〈실록 김포국제공항〉 〈DJ를 평양에 특사로 보내시오〉.

**노천기**
(1943~)

충남 홍성생. 68년 한국일보 입사. 통신과장 승진(72년), 차장 승진(79년), 부장 승진(83년), 부국장대우 승진(91년), 부국장 겸 관리부장 승진(91년). 98년 2월 퇴사.

**민영기**
(1943~)

서울생. 조선대 법학과. 업무기획국 기획부장직대(79년), 기획조사부장(85년), 업무1국 특수판매부 부국장대우(89년), 판매본부 이사(94년). 한국산업인력공단 자문위원(00년).

**박찬식**
(1943~1998)

서울생. 서울대 심리학과. 외신부 차장대우(82년), 경제부차장(84년), 특집과학부 차장(86년), 경제부장대우, 외신부장, 문화부장, 부국장대우 문화부장, 논설위원(95년) 재직 중 별세.

**박태홍**
(1943~)

전남 광양생. 한양공대 광산공학과. 사진부 차장(88년), 사진부장(94년), 편집위원(95년). 96년 퇴사. 한국기자상(73년).

**배영부**
(1943~)

서울생. 국제대 영문학과, 고려대 경영대학원, 미국 하버드대 경영대학원 연수. 이사 겸 광고국장(87년), 미주 연수(90년). 91년 복귀 후 한국일보 광고담당 전무이사(94년), 하와이지사장(97년).

**이형기**
(1943~)

충남 서천생. 동국대 국문과. 주간한국부, 문화부 차장(90년), 문화2부장직대(94년), 심의실 부장(95년), 편집위원(96년) 등. 96년 퇴사.

**이 황**
(1943~2021)

서울생. 한양대 화학공학과. 사회부 차장(86년), 교육훈련부장(89년), 사회부 부장대우(98년), 부국장급 사회부 공항팀장(99년). 코리아타임스 편집위원.

**허 현**
(1943~)

대구생. 서울대 철학과. 기획2부장(79년), 기획실 부국장 겸 기획2부장(84년), 기획실장(89년)을 맡아 CTS작업을 지휘. 제작담당 이사(94년), 제작본부장 겸 제작국장(98년). 00년 퇴임.

**권효명**
(1944~)

경북 안동생. 한양대 화학과, 대학원 졸업. 한국일보 광고국 부국장 겸 부장(89년), 서울경제신문 광고국부국장(89년), 광고국장(97년), 한국일보 광고본부장(99년), 광고본부 이사(01년).

**박 무**
(1944~2005)

서울생. 서울대 철학과. 서울경제신문 정경부 차장(88년), 한국일보 경제부장(93년), 논설위원(95년), 편집부국장(97년), 편집국장(99년), 이사 겸 논설위원실장(2000년). 머니투데이 대표이사 사장.

**박정삼**
(1944~)

전남 강진생. 서울대 철학과. 80년 해직 후 프로야구 청보핀토스 단장(84년). 88년 서울경제신문 증권부장으로 복귀. 기획조정실장(98년). 국민일보 편집국장(99년). 국가정보원 제2차장.

**배봉휘**
(1944~2019)

경남 진양생. 서울대 토목공학과. 건설부와 현대건설을 거쳐 78년 입사. 종합조정실장(83년), 실장 겸 이사(87년). 한주레저·한국이미지산업·한주산업개발·KTN 대표이사. 한국일보 상무이사 겸 건설본부장(94년), 부사장(02년). 03년 퇴임.

**백우영**
(1944~2016)

전북 군산생. 서울대 중문과. 주간한국 부장직대(90년), 편집국 국차장 겸 문화부장(97년) 등 역임하고 98년 퇴사. 삼성언론재단 미디어연구실 연구위원(98년), 서강대 신방과 강사(00년).

**유문찬**
(1944~)

경기 용인생. 한양대 원자력공학과. 71년 입사. 사업부 차장(78년), 사업본부1부장(89년), 부국장 겸 부장(91년), 사업국장(94년) 등. 97년 퇴사.

**윤세일**
(1944~)

서울생. 연세대 교육학과. 광고국장(94년), 서울경제 광고국장(95년), 광고국 이사(2000년), 스포츠한국 사장(03년), 한국일보 광고담당 이사(03년), ㈜한국종합미디어 대표, 법률방송 사장(08~16년).

**이상옥**
(1944~)

경남 고성생. 중앙대. 73년 한국일보 입사. 차장 승진(83년), 서울경제신문 복간(88년), 서울경제총무부장 승진(88년), 부국장 승진(91년).

**이영흠**
(1944~)

서울생. 선린상고·동국대 경영대학원. 73년 입사. 경리국 부국장 겸 조정부장(85년), 종합조정실 제2부국장(92년), 경리국장(95년). 이사대우(97년). 98년 퇴사. 머니투데이 부사장. 조선일보 상임고문.

**이은영**
(1944~)

경기 남양주생. 중앙대 신문방송대학원. 업무기획국 과장(76년), 차장(80년), 부장(84년), 대전지사장(88년) 부국장 겸 판매위원(02년). 연세대 총동문회 상임이사, 중대 신문방송대학원 개원 30주년 총동문 부회장.

**이이춘**
(1944~2022)

경남 밀양생. 서울대 사학과. 북한부장(91년), 정치부장(93년), 편집국 국차장(95년), 논설위원. 98년 퇴사. 한국고속철도건설공단 홍보이사, 총무본부장, 부산 코모도호텔 사장.

**장명진**
(1944~)

서울생. 중동고. 수송과장 승진(73년), 차장 승진(78년), 부장 승진(83년), 부장 겸 수송부장(92년). 97년 퇴사.

### 정 훈
(1944~)

광주생. 고려대 행정학과. 한국일보 사회부 차장(83년), 도쿄 특파원(87~90년), 외신부장(90년). 서울경제신문 부국장대우 사회부장(91년) 논설위원(97년), 출판국장(00년). 03년 퇴사. 서울시립 한남직업전문학교 교장.

### 조성호
(1944~)

충남 연기생. 서울대 천문학과. 노조위원장(88년). 전국부장(94년), 과학부장(95년), 일간스포츠 사회부장(97년), 편집부국장(98년), 심의실장(01년). 머니투데이 편집위원, 뉴시스 편집국장 역임. 자유언론실천재단 이사장.

### 박정수
(1945~2001)

경북 청도생. 성균관대 신문방송학과. 일간스포츠 사회부장. 한국일보 대구취재본부장(91), 사회부장(93년), 특집기획국장(97년). 일간스포츠 편집국장(98년). 일간스포츠 사업판매본부장(99년) 재임 중 별세.

### 박희응
(1945-2002)

충북 영동생. 경희대 법대. 공채2기(73년). 업무1국 제2부장직대(86년), 업무국 영업부장(88년), 판매본부 국장(97년), 일간스포츠 판매국장(99년). 한국일보 판매국장(00년), 지방판매국장(02년).

### 배기철
(1945~)

전북 완주생. 고려대 정치외교학과. 사회부장(89년), 전국부장(93년), 편집국장(98년), 기획조정본부장(00년). 한국신문방송편집인협회 부회장(99년), 한국디지털위성방송 상임고문(02년) 뉴시스통신사 대표(06년) 등.

### 이광호
(1945~)

서울생. 경희대 경제학과. 판매국2소장단부장(82년), 특수판매부장(87년), 판매3부장(90년), 판매촉진부장(97년), 판매본부장(02년). 백상공로대상 동상(01년), 국가유공자월남참전유공(대통령상 수상).

### 이성준
(1945~)

서울생. 서울대 인류학과. 사회부장(87년), 정치부장(89년), 편집국장(94년), 부사장(98년). 02년 퇴사. 관훈클럽 총무(91년), 한국신문협회 운영위원장. 대한언론인협회상(취재 부문), 관훈클럽 국제보도상 수상.

### 김남헌
(1946~)

인천생. 서울대 천문기상학과. 총무국 새마을부 부장직대(87년), 판매촉진부장(90년), 판매국 부국장대우(94년), 판매기획국장(97년) 등을 역임하고 98년 퇴사했다. 한국일보사우회 감사.

### 노진환
(1946~)

경남 진주생. 고려대 정치외교학과. 정치부장(95년), 주필(02년)을 역임하고 04년 5월 정년 퇴임. 외교통상부 외교정책자문위원, 서울신문 사장. 한국기자상(91년). 저서 〈외교가의 사람들〉〈시대의 격랑 속에서〉.

### 문창재
(1946~2023)

강원 정선생. 고려대 국문과. 도쿄 특파원(90~92년), 기획취재부장, 사회부장, 정치2부장, 논설위원, 논설위원실장. 04년 1월 정년퇴임. 한국일보사우회장 역임. 저서 〈동경특파원 보고서〉 〈징용 조선인은 전쟁 소모품이었다〉 등.

### 문현석
(1946~)

경북 문경생. 서울대 사회학과. 70년 한국일보 기획관리실 기획부 입사. 비서실장(79년), 이사 겸 비서실장(87년). 총무기획담당 상무이사 겸 회장 비서실장(94년), 한국일보 부사장, 소년한국일보 사장.

### 손영신
(1946~)

황해도 개성생. 단국대 화학공학과. 사업1부장(93년), 사업부장(03월), 사업위원(06년). KBS국제방송국 주최 신춘문예 수기 당선 '밀봉아지트67년', DBS동아방송콘테스트 입상 녹음구상.

### 오준길
(1946~)

평양생. 인천공고. 한국일보 입사(69년), 차장 승진(86년), 부장 승진(91년).

### 유주석
(1946~)

서울생. 서울대 식물학과. 경제부·외신부 기자를 거쳐 외신부 차장(88년), 홍콩특파원(89년), 국제부장(93년), 생활과학부장(95년), 편집위원(96년) 등을 지내고 98년 퇴사. 시민일보 부국장 겸 사회부장(01년).

### 이기룡
(1946~)

충북 괴산생. 청주기계공고. KBS에 근무하다 73년 한국일보 사진부 입사. 사진부 차장(95년)을 거쳐 국장석 편집위원(96년)을 지낸 뒤 96년 퇴직했다. 조선일보 사진부 근무. 뉴시스 사진부 부장대우.

### 이정수
(1946~2024)

충남 부여생. 명지대. 총무부장 승진(90년), 총무국부국장 겸 서무부장(95년)을 지내고 97년 퇴직. 1993년 7월, 국무총리표창 〈이웃돕기〉 수상-한경직 목사 주관 민간단체공로표창.

### 이종구
(1946~)

서울생. 고려대 정치외교학과. 북한부장(93년), 국제부장(94년), 사회1부장(95년), 편집국 국차장(98년), 논설위원(99년). 한나라당 총재 공보특보. 제17대 총선 선거대책위 홍보위원(04년).

### 천일평
(1946~2021)

서울생. 단국대 국문과. 사회부·체육부 기자 거쳐 일간스포츠 체육2부장(89년), 야구부장, 편집위원(95년), 편집인(2001년) 역임. 한국일보 편집위원(03년). 대통령표창(88년). 저서 〈한국야구사〉.

**김영환**
(1947~)

인천생. 서울대 불어교육과 졸. 견습 29기(74년). 파리특파원(88~92년), 여론독자부장(94년), 과학부장(95년), 영상뉴스부장(97년), 뉴미디어부장(98년) 역임. 서울경제 부국장 겸 인터넷부장(99년). 03년 퇴사. 저서 〈순교자의 꽃〉.

**이재무**
(1947~)

경북 김천생. 고려대 정치외교학과. 정치부 차장(80년), 체육부장(85년), 도쿄특파원(93년), 편집국 국차장(96년) 역임. 소년한국일보 편집국장(97년) 거쳐 이사 겸 편집국장. 저서 〈우리가 싸운 언론 한마당(공저)〉.

**임현배**
(1947~)

경기 하남생. 74년 한국일보 입사. 한국일보 일간스포츠차장 승진(83년), 부장 승진(88년), 부국장 겸 부장(92년), 일간스포츠 광고국장(95년). 02년 퇴사.

**장태근**
(1947~)

경남 하동생. 한국방송통신대학교 경영학과 졸업. 70년 한국일보 입사. 경향신문 입사, 지방부장 역임(90년), 한국일보 판매1국(96년), 부국장 승진(97년), 판매1국장 승진, 일간스포츠 판매본부장(98년), 굿데이신문 고객서비스본부장(01년).

**한왕석**
(1947~)

전북 완주생. 서울대 졸업. 회장 비서실(73년), 차장(82년), 부장(86년), 일간스포츠 교정부장(92년). 한우회 부회장.

**허 욱**
(1947~)

서울생. 서울대 토목공학과. 건설부, 현대건설 등에 근무하다 79년 입사. 종합조정실 제1부장(84년), 제1부국장(91년), 총무국장(95년), 건설본부장(98년) 등을 역임. 98년 퇴사.

**고갑판**
(1948~)

충남 논산생. 83년 한국일보 입사. 판매지원부차장 승진(98년), 부장 승진(01년).

**김 훈**
(1948~)

서울생. 고려대 영문학과. 소설가. 한국일보 문화부 차장을 지내고 시사저널 사회부장(94년). 99년 한국일보 편집위원으로 복귀, 2000년 퇴사. 동인문학상(01년), 이상문학상 대상(04년). 저서 〈문학기행〉〈칼의 노래〉〈남한산성〉 등.

**라진원**
(1948~)

경남 양산생. 서울대 상학과. 한국일보 타임라이프 관리본부장(79년), 한국일보 경리국부국장(84년), 서울경제신문 총무국장(98년), 한국일보 관리본부장(02년), 한국일보 감사(03년). 04년 퇴사. 뉴시스 대표이사 부사장.

**명동원** (1948~)

광주생. 서울대 화학과. 79년 한국일보 기획관리실 입사. 부국장 겸 기획1부장(92년), 총무국장(94년), 뉴미디어본부 부본부장(95년), 판매본부장(2000년) 역임. 법률TV방송 감사. 국무총리표창.

**성인숙** (1948~)

경기 김포생. 이화여대 신문학과. 한국일보·일간스포츠 체육부 기자, 일간스포츠 야구부장(95년), 사회부장(97년), 한국일보 심의부장(98년), 일간스포츠 편집국 부국장(99년). 청와대 제2부속실장(00년).

**임종건** (1948~)

충남 서천생, 중앙대 신문방송학과. 서울경제 정치부장직대, 한국일보 주간한국부장(94년), 전국부장(96년), 서울경제 국장 겸 사회문화부장(98년). 논설위원실장, 사장, 부회장. 한남대 교수, ABC협회 회장.

**노병백** (1949~)

전북 정읍생. 용산공고. 총무국통신과장 승진(81년, 과에서 부로 승격), 통신부차장대우(84년), 통신부차장 승진(86년), 통신부장대우(90년). 96년 퇴사.

**정승기** (1949~)

전남 광주생. 수도공대. 73년 한국일보 입사. 자재부장(90년)과 부국장(95년)을 역임. 03년에 퇴사.

**홍창덕** (1949~)

충남 온양생. 중앙대 신방과. 편집부차장(90년), 편집3부장(94년) 역임하고 98년 퇴사. 예술교육신문 편집국장(99년), 한국문화재신문·황해민보 편집국장. 문예사조 시부문 신인상(99년). 저서 〈기자가 본 한국종교〉.

**김인규** (1950~)

대구생. 고려대 신방과. 상파울루 특파원(95년), 국제부장(96년), 체육부장(97년), 대구·경북 취재본부장(98년), 편집국 부국장대우(00년). 한국일보 미주본사 뉴욕지사 편집국장. 저서 〈브라질 문화의 틈새〉.

**남상규** (1950~)

서울생. 83년12월 한국일보 입사. 차장 승진(90년), 부장 승진(94년), 정보시스템부장 역임 후 퇴사(04년).

**윤석범** (1950~)

서울 동대문생. 명지대. 69년 한국일보 입사. 차장 승진(82년), 부장 승진(86년), 부국장 승진(98년).

### 이성후
(1950~)

서울생. 단국대. 경리국 자금부 차장(90년), 부장(96년), 부국장대우(99년). 퇴사 후 부국장 재입사(01년). 02년 퇴사. 경동나비엔 감사(03년).

### 고명진
(1951~)

부산생. 서라벌예술대 사진학과. 사진부장(96년), 편집국 부국장대우(00년). 02년 퇴사. 한국사진기자회장(94년), 상명대 사진학과 겸임교수(97년). 한국보도사진전 금상(98년). 저서 〈보도사진집-그날 그 거리〉.

### 권오술
(1952~)

경북 안동생. 서울대 정치학과. 기획실 차장(79년), 총무국 인사부장(87년), 부국장 겸 인사부장(91년). 기획실장·기획조정실장(94년), 관리본부장 겸 경리국장(98년) 등. 02년 퇴사.

### 이동호
(1952~)

강원 영월생. 서라벌예대 사진학과. 일간스포츠 사진부장직대(97년), 한국일보 사진부장(98년). 스포츠투데이 부국장 겸 사진부장(01년), CTS준비팀장 등을 거쳐 고객서비스국장(04년).

### 문창용
(1953~)

충남 논산생. 동국대 경영대학원. 비서실 차장대우(86년), 비서실 부장(94년), 비서실 부국장대우(97년), 부국장(99년).

### 박영철
(1953~)

경기 광주생. 서울대 국문과. 견습 33기(77년), 경제부차장(91년), 국장석부장(95년), 편집위원(96년) 지내고 퇴사. 이후 프리랜서로 활약하며 한국일보 명인전 기보해설 기사 등 연재.

### 정승호
(1953~)

경북 안동생. 서강대 경영학과. 경제부 차장(94년), 특별취재부장, 주간한국 부장, 여론독자부장(97년), 사회부장(99년), 편집국 부국장(00년), 심의실장(02년). 02년 퇴사. ㈜디자인소호 이사.

### 최규식
(1953~)

전북 전주생. 서울대 철학과. 국제부장(95년), 정치부장(98년), 부국장 겸 통일문제 연구소장, 편집국장(02년), 논설위원(03년). 제17·18대 국회의원, 주 헝가리 대사(18년).

### 김주언
(1954~)

충남 천안생. 서울대 화학과. 한국일보 과학부 차장(95년), 전국부 차장(96년). 98년 퇴사. 87년 '보도지침 사건'으로 구속. 한국언론재단 연구이사, 뉴스통신진흥회 이사장.

**도영봉**
(1954~)

대구생. 건국대 법학과. 편집2부장(95년) 편집부국장(99년), 심의실 부국장(01년). 머니투데이 편집국부국장(01년), 종합편집부장(02년). 머니투데이 온라인종합신문 준비위원장, 전무. 건국언론인상(15년).

**유광선**
(1954~)

전남 광주생. 79년 한국일보 입사. 기관부근무 차장(98년), 부장 대우(00년). 04년 퇴직. 크라운엣세 기계팀장.

**이병완**
(1954~)

전남 장성생. 고려대 신문방송학과. 서울경제신문 정경부장(94년), 한국일보 경제부장(98년), 논설위원(98년). 청와대 국정홍보조사 비서관, 청와대 홍보수석비서관, 노무현재단 이사장. 한국여자농구연맹 총재.

**최성자**
(1954~)

경기 파주생. 연세대 사학과. 생활부장(95년), 심의실 부장(96년), 논설위원(00년). 04년 퇴사. 문화재청 문화재전문위원(01년). 제13회 최은희여기자상(96년). 저서 〈한국의 멋, 맛, 소리〉 등.

**김호섭**
(1955~)

경기 남양주생. 과장 승진(89년), 부장 대우 승진(94년), 인사부부장 승진(97년). 98년 퇴사. 00년 문화일보 기획관리부장. ㈜한국인쇄기술 사장(03년).

**박영기**
(1955~)

부산생. 성균관대 신방과. 사회부·체육부 기자, 경제부차장 대우(95년), 도쿄 특파원(96년), 한국일보 도쿄지사장(00년) 등. 02년 퇴사.

**허기덕**
(1955~)

서울생. 76년 한국일보 입사. 제작국 차장(90년), 기계정비부장 승진(95년). 2004년 퇴사.

**이백만**
(1956~)

전남 진도생. 서울대 경제학과. 한국일보 경제부장(00년), 논설위원(01년). 01년 퇴사, 한경와우TV 보도본부장(02년), 청와대 홍보수석, 주 교황청 대사, 한국방송광고진흥공사 사장.

**조명구**
(1956~)

충북 청주생. 고려대 신방과. 정치부 차장(95년), 충청권 취재본부장(97년), 정치부장대우(99년), 논설위원(99년). 00년 퇴사. 한국조폐공사 감사(01년). 저서 〈우의, 마의, 민의〉 〈양반 좋아하네〉 등.

**이장훈**
(1957~)

서울생. 서울대 영문과. 모스크바 특파원(92~96년), 사회부 차장(99년), 국제부 차장(2000년), 주간한국부장(02년). 02년 퇴사. 머니투데이·뉴시스 등에서 프리랜서 활동. 저서 〈북극곰에는 응답이 없다〉 등

**류동희**
(1958~2021)

충남 부여생. 한국외대 영어과. 국제부·경제부 기자 거쳐 홍콩특파원(92~94년) 역임. 국제1부(95년)·전국부(97년)·뉴미디어부(98년) 차장을 지내고 사회부 부장대우(2000년)로 대전취재본부장. 02년 퇴사.

**신재민**
(1958~)

서울생. 서울대 정치학과. 워싱턴 특파원(97년), 주간한국부장(00년), 사회부장(01년), 정치부장(03년), 편집국 부국장(04년). 04년 퇴사. 조선일보 출판국 부국장. 문화체육부 1차관.

**차기천**
(1958~)

충북 진천생. 한국외국어대. 87년 한국일보 입사. 인사부차장(96년), 인사부장(98년). 03년 퇴사. 신문협회상(99년).

**원용범**
(1959~)

서울생. 자금부 차장(97년), 서울경제 총무부장(98년), 부국장(06년), 한국일보 미디어마케팅본부 부국장 승진(07년). 소년한국일보 부사장.

**정진석**
(1960~)

서울생. 고려대 정치외교학과. 워싱턴 특파원(93~95년), 정치부 차장(98년), 국제부 차장(99년), 논설위원. 99년 퇴사, 16·17·18·20·21대 국회의원. 국회 부의장 역임, 대통령비서실장. 저서 〈총성없는 전선〉.

**홍선근**
(1960~)

경기 평택생. 서울대 철학과. 워싱턴특파원(95년), 경제부 차장(97년), 논설위원(99년). 머니투데이 편집국 부국장(01년), 편집국장, 머니투데이 그룹 회장.

**홍선희**
(1963~)

서울생. 코리아타임스 입사(76년), 차장(85년), 부장대우(94년). SPACE(쏦間)그룹 이사, 동북아평화연대 부이사장·상임대표(08~10년), 한우회 부회장. 이화여고 동창회 새빛상(92년).

| 제 5 장 |

중학동 사옥 재개발이 확정되고 명동 사옥으로 이전이 결정된 직후인 2007년 2월 당시 한국일보 경제부 기자들이 몇 년후 중학동으로 귀환을 염원하며 기념사진을 찍고 있다.

## 변화의 모색

2002~2010

대주주들의 이합집산과 급변하는 언론환경에서 한국일보를 지켜내기 위한 눈물겨운 노력이 전개됐다. 중학동 사옥을 매각하고 연봉과 취재수당 등에서 업계 최저 대우를 감수하며 취재에서 제작까지 전 구성원이 '퀄리티 페이퍼'를 만들기 위해 분투했다. 그러나 사세 위축이 계속되면서 일부에서 시작된 인력 이탈이 시간이 갈수록 확산됐다.

# 2002년
근대화의 구심력 되자. - 장기영

### 신년 특집 '코리아 세계에 우뚝 서라'

한국일보는 신년 특집 48면을 발행했다. 3면 전체는 '2002 코리아 세계에 우뚝 서라'라는 제목으로 국가 도약을 위한 한국일보의 5대 제안을 특집으로 다뤘다. 5대 제안은 정치 올바르게, 경제 투명하게, 사회 정의롭게, 문화 신명나게 등이었다.

제39회 백상체육대상 시상식이 1월 8일 오후 한국일보사 13층 송현클럽에서 열렸다. 5대상 기록 부문에서는 2001년 5월 보스턴마라톤대회에서 우승한 이봉주(사진) 선수가 영광을 차지했다. 2001년 7월 독일 뮌헨 세계유도선수권 남자 81kg급에서 금메달을 차지한 조인철(26·용인대 대학원) 선수와 5월 오사카 동아시아 농구대회 때 국가대표 센터로 활약한 김주성(23·중앙대) 선수가 투기·구기 부문 대상을 받았다. 또 전년도 독일오픈탁구 단식 1위에 오른 유지혜(26·삼성생명) 선수는 개인 부문 대상을 수상했고 배구슈퍼리그 5연패와 전국체전 3연패를 이룬 삼성화재 남자배구단에 단체 부문 대상이 돌아갔다. 신인 부문 최우수 선수는 축구대표팀 송종국(23·부산 아이콘스) 선수가 받았다.

관훈클럽은 1월 11일 한국프레스센터에서 창립 45주년 기념식과 제19회 관훈언론상 및 제13회 최병우 기자 기념 국제보도상 시상식을 열었다. 이 자리에서 한국일보 사회부 법조 및 경찰팀이 진승현, 이용호 게이트의 실체를 보도한 공로로 관훈언론상을 받았다.

한국일보사가 주최하고 한국기원 주관, SK주식회사 후원의 제32기 SK엔크린배 명인전 시상식이 1월 11일 한국일보사 송현클럽에서 열렸다. 시상식에서 한국일보 장명수 사장과 SK주식회사 권준오 전무는 우승자인 명인 이창호 9단에게 상금 3,000만 원과 상패, 준우승자인 유창혁 9단에게 상금 1,000만 원과 상패를 각각 수여하고 격려했다. 이 9단은 그

## <70대 특종> 최규선 게이트

최고 권력자의 비리는 그의 가족에게서 생겨날 가능성이 크다. 김영삼 대통령과 차남 김현철씨가 그랬고, 김대중 대통령의 경우도 그랬다. 한국일보는 한국 민주화의 상징인 YS와 DJ 모두 대통령이 된 뒤, 자녀 단속에 실패해 게이트로 번진 상황을 특종 보도했다.

최규선(오른쪽)씨가 마이클 잭슨의 방한을 기념해 김홍걸씨와 함께 찍은 사진.

2002년 봄 불거진 이른바 최규선 게이트는 김대중 당시 대통령의 3남 홍걸씨가 연루된 스캔들이다. 당시 미래도시환경 대표였던 최씨가 홍걸씨를 등에 업고 각종 이권에 개입, 금품을 받아 챙긴 사건이다. 이 사건을 계기로 김대중 대통령의 두 아들(홍업·홍걸)이 구속됐고, 최씨는 징역 2년 6월의 실형을 살았다. 김 대통령은 그해 6월 22일 대국민사과문을 통해 "제 평생 많은 어려움을 겪었지만 이렇게 참담한 일이 있으리라고는 생각조차 못했다"면서 "모두가 저의 부족함과 불찰에서 비롯된 일로서 국민 여러분께 죄송하다"고 사과했다.

한국일보는 최규선 게이트가 불거지기 전부터 그의 측근의 제보를 받아 사실을 확인했다. 최규선 관련 보도의 경우 2002년 4월3일부터 9일까지 핵심 증인인 천호영씨의 신변을 확보해 독점 인터뷰 방식으로 사건의 실체를 독자들에게 알릴 수 있었다. 일부 언론도 비슷한 시점에 해당 사실을 보도하기는 했으나, 미디어오늘 등이 정리한 당시 상황은 한국일보의 보도가 가장 빨랐다는 게 확인된다.

최씨는 전남 나주 출신으로 김대중 전 대통령이 집권하는데 큰 도움을 줬고 한때 김 전 대통령의 총애를 받았다. 또 김대중 정부 초기에는 막후 실세로도 활동했지만 이후 정권 내 반대파에게 밀려나게 된다. 최씨는 미국 유학시절 구축한 인맥으로 김 전 대통령의 대외 활동에 도움을 줬는데, 1997년 당시 세계적 팝 가수 마이클 잭슨을 초청해 김 전 대통령을 만나게 한 것은 대표적 도움으로 꼽는다.

최규선 게이트는 부패 스캔들이라는 점 이외에도 주목 받았다. 한국일보 등의 지적으로 수사에 나선 검찰이 그를 소환했을 때 최씨가 들고 나온 책이 화제가 되기도 했다. '렉서스와 올리브 나무'였는데 이 책은 외환위기 이후 김대중 정부가 추진한 신자유주의의 이론적 토대가 되는 책이었다.

대회에서 2연패 뒤 3연승이라는 극적인 역전승으로 타이틀을 방어하며 명인전 4연패, 통산 10승이라는 대기록을 세웠다.

서울경제신문은 1월 14일 임시주주총회와 이사회를 열고 김영렬 대표이사 겸 발행인의 사표를 수리하고 후임에 김서웅 부사장을 선임했다. 이사회는 또 이종승 편집국장을 이사 겸 편집국장에 임명했다.

2002년 한국일보 신춘문예 시상식이 1월 16일 한국일보사 13층 송현클럽에서 열려 당선자 임경림(시), 가백현(소설), 김재화(희곡), 봉현주(동화), 김미희(동시)씨에게 상금과 상패가 수여됐다.

한국일보사는 1월 29일 임시주주총회를 열고 장재구 서울경제신문 회장, 장재민 미주한국일보 회장, 윤국병 소년한국일보 사장, 김성환 미주한국일보 사장, 배봉휘 서울경제신문 이사를 새로운 이사로 선임했다. 장재국 한국일보 대표이사 회장과 장재근 이사(한국일보 부회장)는 이날 퇴임했다. 장명수 한국일보 대표이사 사장과 신상석 이사(한국일보 편집국장)는 유임되고 배봉휘 이사는 한국일보 부사장으로 선임됐다.

한국일보사는 2월 18일 신상석 이사 겸 편집국장을 부사장 겸 편집인으로 임명했다. 또 노진환 논설위원실장이 주필에, 최규식 경영전략실장이 편집국장에, 정숭호 편집국 부국장이 심의실장에, 임철순 편집국 국차장이 논설위원에, 박래부 심의실장이 논설위원에, 박진열 편집국 부국장이 경영전략실장에 각각 발령 났다.

19일에는 이병규 정치부장, 신재민 사회부장, 이창민 경제부 차장을 논설위원으로, 강병태 논설위원과 정재룡 주간한국부장은 편집국 부국장에 임명했다. 25일에는 문창재 논설위원을 논설위원실장에 임명하고 이병규 정치부장을 논설위원 겸 통일문제연구소장에 각각 발령했다.

### 재테크 콘텐츠 확대 등 지면 대폭 개편

한국일보는 2월 20일자 29면부터 39면까지 10개 면에 '4,000만이 함께 뛴다'는 슬로건을 내걸고 월드컵 D-100일 특집을 실었다. 29면에는 한국일보와 대한축구협회가 공동으로 벌이는 '붉은 옷 입기' 캠페인을 알리는 특집을 담았다.

한국일보사와 안익태기념재단이 공동 주최한 제9회 안익태작곡상 시상식이 2월 25일 오후 한국일보사에서 열렸다. 이해는 대상 작품 없이 서순정(31·미국 맨해튼음대 박사과정)씨의 '관현악을 위한 유현(幽玄)'이 우수상에 선정됐다.

장재구 한국일보 회장은 2월 27일 1968년 본사 사옥 화재 시 순직한 7명의 사우 기일을 맞아 서울 망우리 합동 묘역을 찾아 분향하고 유족들과 환담했다.

한국일보사는 3월 1일 방민준 광고본부 부본부장을 광고기획국장에 발령했고 4일 윤국병 이사를 한국일보 수석부사장에, 배봉휘 서울경제 이사 겸 한국일보 부사장을 서울경제

2002년

부사장 겸 한국일보 부사장에 각각 임명했다.

한국일보가 건강하고 알찬 정론지로 3월 18일부터 거듭 난다는 내용의 사고(사진)가 이날 1면에 와이드로 나갔다. 내용은 ▲Hi Money를 월~금요일 8면씩 발행, 재테크의 충실한 길잡이로 꾸미고 토요일에는 북 섹션 '책과 세상'을 발행 ▲세계적 물리학자 김정욱 고등과학원장의 '과학 이야기' ▲기획 시리즈 '미국을 다시 본다' ▲말기 폐암 투병 중인 코미디 황제 이주일의 '나의 이력서' 연재 ▲연속 에세이 '나는 왜 문학을 하는가' 게재 등이었다.

서울언론인클럽은 3월 28일 주효민 전 한국일보 주필을 제18회 서울언론인클럽 언론상의 한길상 수상자로 선정했다.

한국일보 자매지인 코리아타임스는 4월 1일 이사회를 열고 대표이사 사장에 윤국병 한국일보 수석부사장을 선임했다. 윤 사장은 서울대 정치학과를 졸업하고 한국일보 편집국장과 소년한국일보 대표이사 사장을 역임했다.

한국신문방송인클럽은 4월 10일 제6회 한국언론대상 신문보도 부문 수상자로 '이용호 게이트'를 특종 보도한 한국일보 사회부 법조팀(신윤석·배성규·손석민·김영화·박진석·고주희 기자)을 선정했다. 시상식은 26일 오전 한국프레스센터에서 열렸다.

구독료 인상을 알리는 사고가 4월 26일자 1면에 나갔다. 5월부터 한 달 구독료를 1만 원에서 1만 2,000원으로, 한 부당 400원이던 가판 가격도 500원으로 올린다는 내용이었다.

### 사상 최대 규모 한일 월드컵 취재단 구성

한국일보는 5월 1일자 1면에 월드컵 D-30을 알리는 대형 사고를 아래와 같이 냈다.

지상 최대의 스포츠 잔치 2002 한일 월드컵 축구 대회가 30일 앞으로 다가왔습니다. 한국일보는 지구촌을 뒤흔들 흥분과 감동의 드라마를 독자들에게 생생하게 전달하기 위해 국내 최대 규모 취재단과 최고 수준의 해설 및 칼럼 필진을 구성했습니다.

또 독자와 함께 하는 다양한 이벤트를 마련합니다. 많은 성원과 참여를 바랍니다.

▲ 최고의 필진=정진홍(서울대 종교학과) 김명환(서울대 수학과) 권준수(서울대 의대 신경정신과) 강석진(고등과학원 수학부) 교수, 민속학자 주강현씨, 소설가 김별아씨, 고종석 한국일보 편집위원이 특별 칼럼을 통해 월드컵의 의미를 다양한 시각으로 분석합니다.

또 일본의 저명한 축구평론가 우시키 소키치로(牛木素吉朗) 효고대 교수가 현장 취재를 토대로 한일 두 나라 축구 문화를 비평합니다. 김호(프로축구 수원삼성) 김희태(명지대) 감독과 허정무(KBS), 김주성(MBC) 해설위원 등 이론과 실전에 두루 밝은 전문가들이 해설과 평가를 해줍니다.

▲ 붉은 옷을 입읍시다=한국일보는 대회 개막 D-100일부터 대한축구협회와 공동으로 '한국팀 경기일에 붉은 옷 입기' 캠페인을 벌이고 있습니다. 한국팀 경기일인 6월 4일과 10일, 14일에는 독자들이 직접 참여하는 다양한 이벤트를 마련합니다.

▲ 요미우리신문과 기사 교류·공동 기획=월드컵 개최 결정과 동시에 일본 요미우리신문과 월드컵 관련 기사를 교환하고 공동 기획을 선보인 한국일보는 대회 기간 한층 풍성한 공동 기획물을 마련합니다. 전면적인 기사 및 사진 교환으로 두 나라 20개 도시에서 펼쳐지는 감동의 현장을 전하고 원격 전문가 대담 등도 예정하고 있습니다.

▲ 국내 최대 규모 취재단=입체적인 취재 보도를 위해 일간스포츠와 함께 특별취재단을 구성했습니다. 한국일보 편집국 기자 50명과 일간스포츠 52명 등 102명으로 구성한 월드컵 특별취재단은 월드컵 경기 안팎의 다양하고 심층적인 뉴스를 전달할 것입니다.

한국일보사가 제정한 제21회 한국교육자대상 시상식이 5월 7일 오전 서울 세종문화회관 컨벤션홀에서 수상자 32명과 가족 등 500여 명이 참석한 가운데 열렸다. 교육인적자원부와 한국교원단체총연합회가 후원하고 삼성생명이 협찬한 시상식에서 김호철(48·충북 충주공고) 고덕희(40·대전 도마초) 교사 등 대상 수상자 2명이 상패와 상금 각 500만 원을, 최근옥(61·전주초) 교장 등 스승의 상 수상자 30명이 상패와 부상을 각각 받았다. 수상자들은 부부 동반으로 2박 3일간 제주도 여행을 떠났다.

한국일보와 일간스포츠가 주최하고 케이블 방송 EtN, 웨딩TV와 한국i닷컴이 주관한 '2002 미스코리아 선발대회'가 5월 19일 오후 서울 세종문화회관에서 열려 금나나(19·경북 진)씨가 영예의 진에 뽑혔다. 미스코리아 선·하이트프라임은 장유경(19·서울 진), 미스코리아 미·메르삐는 기윤주(20·서울 선)씨가 각각 차지했다. 다른 수상자들은 ▲미스 갤러리아 이진아(20·서울 미) ▲미스 골든듀 김소윤(23·대전충남 진) ▲미스 쉬즈노블 이재남(21·대구 진) ▲미스 한국일보·일간스포츠 김연수(21·충북 진)씨 등이다.

한국일보사는 2002 한일 월드컵 축구 대회를 맞아 세계의 명장 프란츠 베켄바우 감독(56·독일)과 루이스 메노티 감독(63·아르헨티나)의 칼럼을 독점 연재하기 시작했다. 칼럼은 5월 22일부터 대회가 끝날 때까지 수시로 게재됐다.

한국일보사가 공모한 제20회 여성생활수기 최우수 당선작에 최도선(44·경북 포항 북구 창포동)씨의 '할미꽃'이 선정됐다. 우수작에는 진경자(59·독일 프랑크푸르트)씨의 '영원한 체류'와 황새롬(25·인천 남동구 간석3동)씨의 '아빠의 귀한 선물'이 뽑혔다.

2002년

### 한일 월드컵 4강 쾌거, 대대적으로 보도

'2002 한일 월드컵 축구 대회'가 5월 31일 오후 7시 30분 서울 월드컵경기장에서 개막, 한 달 간의 대장정에 들어간다는 기사가 31일자 1면 톱이었고 14개 면에 관련기사를 넣었다. 소설가 최인호씨가 이날 1면에 '오라, 승리여 오라, 붉은 희망이여'란 제목으로 기고한 글이 길게 실렸다. 한국일보 6월 5일자 1면 헤드라인은 '이겼다! 48년 만에 해냈다 황선홍 유상철 골… 월드컵 출전 사상 첫 승 감격'이었다. 사진은 환호하는 황선홍과 유상철이 활짝 웃으며 질주하는 모습으로 전체 1면의 4분의 3을 차지했고, 48개 면 가운데 18개 면이 월드컵 관련이었다.

한국일보 창간 48주년 기념식이 6월 7일 오전 본사 13층 송현클럽에서 장재구 회장과 장명수 사장 등 사내외 인사 200여 명이 참석한 가운데 열렸다. 기념식에서 '최규선 게이트'의 실체를 특종 보도한 사회부 경찰·법조팀이 백상기자대상 금상을 받았고, 월드컵 기간 조판 업무를 효율적으로 해낸 제작국 전산제작부가 백상공로대상을 차지했다. 2002년 신설된 백상공로대상 특별상은 당시까지 25년 동안 한국일보 거북이마라톤대회의 사회를 맡아온 '뽀빠이' 이상룡씨가 수상했다. 이밖에 30년 근속한 노진환 주필 등 장기근속사원 89명을 표창하고 97개 우수 지국장에게 감사패를 수여했다.

제13회 팔봉비평문학상 수상자인 평론가 남진우(42)씨에 대한 시상식이 6월 7일 오후 본사 13층 송현클럽에서 열렸다. 장명수 한국일보 사장은 남씨에게 상금 500만 원과 상패, 팔봉의 장녀 김복희(성악가)씨는 기념 메달을 각각 수여하고 격려했다.

조해붕(69) 전 소년한국일보 편집국장이 6월 11일 오전 지병으로 별세했다.

한국일보사 제정 제29회 한국보훈대상 시상식이 6월 20일 오전 한국일보사 강당에서 열렸다. 국가보훈처가 후원한 시상식에서 상이군경 부문 안종대(42) 서유현(57)씨, 미망인 부

6월 23일자 1면(오른쪽 사진). 한국일보 신관 전광판 앞에 마련된 응원 공간에서 붉은 옷을 입은 시민들이 한국 선수들의 선전을 응원하고 있다.

문 서덕현(70)씨, 유족·유자녀 부문 김호영(64)씨, 특별보훈 부문 좌신아(76)씨 등이 상금 200만 원과 상패를 받았다.

독일과의 4강전 결과를 전하는 6월 26일자 1면.

2002 한일 월드컵에서 한국은 1934년 제2회 대회 이후 남미와 유럽이 아닌 국가로는 처음으로 4강에 진출하는 쾌거를 이룩했다. 한국일보는 6월 23일자 1면 전체에 이운재 선수가 선방하는 사진을 크게 쓰고 12개 면과 특집 8개 면에 관련 기사를 상세하게 보도했다. 26일자 1면 톱 제목은 '잘 싸웠다, 우린 위대했다'였고 화보와 특집면 제목은 '6월의 영광이여 영원하라' '2002년 6월 코리아 오디세이-꿈은 빛났고 여정은 장엄했다'였다. 8면에는 이근배 한국시인협회장의 '조국의 이름으로 하늘에 새긴다'는 장시가 실렸다.

한국일보와 일간스포츠, 서울경제신문이 공동 주최한 한국 거북이마라톤 대회 300회 행사가 7월 21일 아침 서울 남산 순환 산책로에서 열렸다.

고 장강재 한국일보사 회장의 9주기 추모식이 8월 2일 오전 경기도 하남시 창우동 검단산 기슭 묘소에서 유족과 친지, 본사 임직원, 전직 사우 등이 참석한 가운데 열렸다.

### 한국일보 사장 겸 발행인에 윤국병 부사장

한국일보사 노사는 20일 2002년 임금 및 단체협약을 체결하고 ▲임금 9.5% 인상 ▲코리아타임스, 소년한국일보, 한국인쇄기술 등에 합의 내용 적용 ▲95년 전 입사자부터 순차적으로 정사원 임용 등을 합의했다.

천안북일고가 봉황대기 사상 처음으로 4차례 초록 봉황을 품에 안는 감격을 누렸다. 천안북일고는 25일 서울 동대문야구장에서 열린 제32회 봉황대기 전국고교야구대회(한국일보사 일간스포츠 대한야구협회 주최) 결승전서 중앙고를 15대 3으로 대파하고 1999년 이후 3년 만에 다시 봉황대기 패권을 잡았다.

폐암 투병 중이던 코미디언 이주일(본명 정주일·62)씨가 27일 오후 경기 고양시 국립암센터에서 별세했다. 한국일보는 28일자 1면에 이씨의 부음을 크게 전하고 관련 기사를 19·30·31면에 올렸다. 사회면 톱 기사의 제목은 '하늘로 무대 옮긴 코미디 황제'였다. 한국일보사는 이주일씨의 회고록 '인생은 코미디가 아닙니다'를 발간했다. 이 책은 그해 3월부터 7월까지 한국일보에 연재한 '이주일의 나의 이력서'를 묶은 것이다. 판매 수익금은 유족과 협의해 고인을 기리는 뜻 깊은 곳에 사용하겠다고 29일자 1면 사고로 알렸다.

2002년

한국일보사는 30일 이사회를 열어 윤국병 수석부사장을 대표이사 사장에 선임하고 발행인을 겸하도록 했다. 이사회는 또 신상석 부사장 겸 편집인을 대표이사에 선임, 부사장과 편집인을 계속 겸임토록 했다.

한국일보사는 9월 1일자로 입사 7년 미만의 사원 8명을 포함해 계약직 사원 28명을 정사원에 임용했다. 이는 당초 노조와 합의한 임금 및 단체협약보다 진전된 조치이며 계약직을 늘려나가는 추세에 비추어 파격적인 인사 방침으로 받아들여졌다.

'장명수 칼럼'이 다시 시작된다고 11일자 1면에 사고를 냈다. 그는 2002년 8월 말 한국일보 대표이사직을 그만두고 본업으로 돌아가 첫 칼럼을 9·11 테러 1주년을 맞은 뉴욕에서 보내와 5면에 실렸다. 제목은 '눈물 안 마른 통곡의 벽'이었다.

한국일보는 황석영씨의 장편소설 '심청, 연꽃의 길'을 10월 1일부터 연재한다고 17일자 1면에 알렸다.

한국방송기자클럽은 16일 한국일보 사회부 경찰·법조팀의 '이용호 국정원 게이트 및 김홍업씨 등 권력 핵심 비리 추적' 특종 보도를 제5회 홍성현 언론상 신문 부문 특별상 수상작으로 선정했다. 시상식은 27일 오후 서울 여의도 63빌딩 별관에서 열렸다.

### '신 국토기행' 등 새로운 기획 기사 시작

한국일보는 29일 부산에서 개막하는 제14회 아시안 게임을 생생하게 보도하기 위해 특별취재단을 구성, 본격 가동한다고 23일자 1면에 사고로 알렸다. 월드컵 4강 신화의 벅찬 감동을 독자들과 함께 나눴던 한국일보는 '남북은 하나, 아시아도 하나'라는 캐치프레이즈를 내걸고 남북한이 화합하는 모습을 비롯해 44개국 1만 1,000여 명 선수들의 우의와 투지 넘치는 활약상을 충실히 보도할 것을 다짐했다.

한국일보사와 한국예술종합학교가 공동 주최한 제29회 대한민국 청소년 음악 콩쿠르 입상자 시상식이 27일 한국일보사 13층 송현클럽에서 열렸다. 피아노 고등부 1위로 종합 대상을 차지한 김동규(16·서울예고)군을 비롯해 피아노, 바이올린, 비올라, 첼로 4개 부문의 중·고등부 1~3위 총 23명이 상장과 상패, 장학금을 받았다. 장학금은 종합 대상 150만 원, 부문별 1위 70만 원, 2위 50만 원, 3위 30만 원이었다.

한국일보사는 10월 1일자로 광고국에 대한 인사를 다음과 같이 단행했다. 홍재서 부국장 겸 영업2부장을 부국장, 윤삼호 부국장대우 겸 영업1부장을 부국장대우 겸 영업부장, 신우철 부국장대우 겸 기획부장을 부국장대우 겸 영업지원부장에 각각 발령했다.

14일자 1면에는 한국일보의 새로운 기획물을 알리는 대형 사고가 나갔다. 내용을 간추리면 다음과 같다.

▲21세기 국토 대탐구 '신 국토기행'(월요일): 격동의 20세기를 지나며 눈부시게 변화한 우리 삶의 터전과 사람 사는 모습을 정밀한 현장 취재로 탐구하는 국토 인문지리지 '신 국

토기행'을 월요일자에 연재

▲연속 기획 '중국을 다시 본다'(화요일): 유일 초강대국 미국의 실체를 탐구한 '미국을 다시 본다'에 이어, 용틀임하는 거대국 중국의 역사적 변모를 심층 분석하는 '중국을 다시 본다'를 화요일마다 연재

▲지역 기획 '내 고장에선'(월요일): 지방화 시대에 맞춰 지역 현장 보고서 '내 고장에선'을 신설, 전국 각지의 다양한 화제와 움직임을 매주 월요일 소개

### 이창호 9단 본사 주최 명인전 5연패

한국일보는 12월 19일 실시되는 제16대 대통령 선거를 앞두고 대선 보도 기획·자문단과 후보 공약검증위원회 구성 등을 알리는 사고를 16일자 1면에 내보냈다.

2002 미스코리아 미스 갤러리아 이진아씨가 20일 필리핀 마닐라에서 열린 '2002 미스 어스(Earth) 대회'에서 미스 디스커버리상과 전통의상상을 수상했다. 당시 2회째 개최된 이 대회는 환경 보호를 주제로 한 미인 대회로, 필리핀 마닐라에서 53개국 대표가 참가한 가운데 열렸다.

한국일보사는 '개구리 소년' 사건을 계기로 경찰청, 한국복지재단과 공동으로 '미아 찾아주기' 캠페인을 전개한다고 11월 1일자 1면에 사고로 알렸다. 한국일보는 1989년부터 3년 동안 경찰 및 민간 단체와 함께 '잃어버린 아이 찾아주기' 운동을 전개, 국민적 호응 속에 큰 성과를 올린 바 있다.

한국일보는 제16대 대통령 선거를 21세기형 정책 선거로 이끌기 위해 서울대 한국정치연구소와 함께 대선 후보들의 정책과 공약을 분야별로 정밀하게 검증, 그 결과를 7일부터 차례로 공개한다고 4일자 1면에 알렸다. 한국정치연구소에 추천을 의뢰, 13개 분야 학계 전문가들로 구성한 공약검증위원회를 구성했다. 공약검증위원들은 대선 후보들의 정책 및 공약의 실현 가능성과 차별성 등을 심층 분석·평가했다.

한국일보사가 주최하고 한국기원 주관, SK 후원의 제33기 SK엔크린배 명인전 시상식이 6일 한국일보사 송현클럽에서 열렸다. 한국일보 윤국병 사장과 SK 강성길 상무는 우승자인 명인 이창호 9단에게 상금 3,000만 원과 상패, 준우승자인 안조영 7단에게 상금 1,000만 원과 상패를 수여하고 격려했다. 이 9단은 이번 대회에서 3승 1패로 타이틀을 방어하며 명인전 5연패, 통산 110번째 타이틀 획득의 대기록을 세웠다.

한국일보사가 제정하고 한국가스공사가 후원한 제35회 한국일보문학상 수상자로 소설가 은희경(43)씨가 선정됐다. 수상작은 중편 '누가 꽃피는 봄날 리기다소나무 숲에 덫을 놓았을까'이다. 14일자 1면에 선정 소식을 전하고 18면에 인터뷰, 19면에 작품을 요약해 실었다. 시상식은 12월 11일 오후 한국일보사 13층 송현클럽에서 열려 상금 2,000만 원이 수여됐다.

### '함께 사는 사회' 캠페인 기탁금 5억여 원 기부

2002년

제1회 송건호 언론상 수상자로 정경희(70) 전 한국일보 논설위원이 선정됐다. 정 전 위원은 1958년 한국일보에 입사해 외신부장, 문화부장, 주간한국부장 등을 지냈다.

제48회 부산~서울 대역전경주대회(주최 한국일보 일간스포츠 서울경제 한국i닷컴 대한육상경기연맹)가 최종일인 24일 충북의 5연패로 대단원의 막을 내렸다. 충북은 부산~서울 528㎞ 7개 대구간 중 5개를 휩쓸며 26시간 57분 22초로 2위 전남(27시간 13분 29초)을 여유있게 따돌리고 98년 이후 대회 5회 연속 우승에 성공했다.

한국일보사가 주최하고 SK가 후원한 제12회 SK 전국 고교생 대입학력경시대회 시상식이 28일 오후 본사 강당에서 열렸다. 시상식에서 서대전고 이건희(인문계)군과 상문고 한재덕(자연계)군이 대상의 영예를 차지, 상장과 장학금 250만 원씩을 받았다. 인문계 금상은 김종찬(경기 서현고)군과 박수영(창덕여고)양, 이진영(과천고)군이, 자연계 금상은 이재혁(휘문고) 윤진현(반포고) 박상용(대구 경신고)군이 수상했다. 이 밖에 은상 12명, 동상 24명, 장려상 54명 등 모두 98명이 개인상을 받았으며, 단체 대상과 금상은 휘문고와 서현고에 돌아갔다.

2002 미스코리아 골든듀 김소윤(서일대 연극영화)씨가 필리핀 마닐라에서 열린 '2002 미스 아시아퍼시픽 선발 대회'에서 대상(아시아퍼시픽상)을 수상했다는 뉴스가 12월 2일자 한국일보에 보도됐다. 각국 미녀 25명이 경합한 대회에서 김씨는 포토제닉상·우정상·폰즈상(피부미인상) 등 각종 특별상도 휩쓸었다.

한국일보가 1989년 1월부터 시작한 '함께 사는 사회' 캠페인 과정에서 많은 독지가들이 수혜자를 특정하지 않은 채 "불우한 이웃을 위해 써 달라"며 보내온 돈이 이때까지 5억 400만 원으로 불어났다. 한국일보는 서울대병원·연세대 세브란스병원·고려대의료원·한양대병원·경희의료원·이화여대병원·포천중문 의대·차병원 등 7개 대학병원에 성금 가운데 4억 5,000만 원을 전달했다. 나머지 5,400만 원 중 3,000만 원은 한국어린이보호재단에, 2,400만 원은 서울시교육청과 서울사회복지공동모금회 서울시지회가 함께 하는 '난치병 학생 돕기 캠페인'에 기부했다.

### 제16대 대통령에 민주당 노무현 후보 당선

제16대 대통령에 민주당 노무현 후보가 당선됐다.

재단법인 설문결장학재단은 23일 오후 한국일보사 10층 판매국 회의실에서 장학금 전달식을 가졌다. 행사에서 김충한 이사장은 한국일보 경기 고양지국 서동석(17·벽제고)군 등 전국의 신문 배달 고교생 14명에게 38만 원씩을 전달했다.

한국일보사와 일간스포츠가 공동 제정하고 백상재단이 후원하던 제40회 백상체육대상 시상식이 26일 한국일보사 13층 송현클럽에서 열렸다. 대상은 기록 부문 김민석(23·한진

노무현 후보의 대통령 당선을 알리는 12월 20일자 1면. 특표율과 당선소감 등을 담고 있다.

중공업·수영) 개인 부문 현 희(26·경기도체육회·펜싱) 투기 부문 김인섭(29·삼성생명·레슬링) 구기 부문 이운재(29·수원삼성·축구) 단체 부문 삼성라이온즈 야구단이 차지했다. 신인상 부문에서는 김승일(17·영광고·체조)군이 최우수 신인, 방성윤(20·연세대·농구)군이 남자 우수 신인, 고기현(16·세화여고·쇼트트랙)양이 여자 우수 신인상을 받았다.

한국일보사는 30일 이사회를 열어 신상석 부사장 겸 편집인을 대표이사 사장에 선임하고 발행인·편집인을 겸하도록 했다. 신 사장은 고려대를 졸업하고 1970년 한국일보에 입사(견습 25기), 경제부장, 편집국장 등을 역임했다. 전임 윤국병 사장은 건강상 이유로 사임했다.

공정거래위원회는 30일 전원회의에서 2001년 7월 15개 신문·방송사에 대한 부당내부거래 조사 결과 부과된 과징금 182억 원을 전액 부과 취소키로 결정했다. 공정위 관계자는 "언론사는 공익적 기능을 우선하는 특수성이 있고, 상당수 언론사가 경영난을 겪고 있어 이 같은 결정을 내렸다"고 밝혔다. 그러나 과징금 부과 취소에도 불구하고 부당 내부 거래 사실에 대한 공정위의 위법 판단 여부와 이들 언론사의 관계 기업 등에 부과된 과징금이 취소되지 않아 논란이 계속됐다.

# 2003년

곧고 바르게 성장하자. - 장기영

### 대통령 당선자 인터뷰 등 신년호 특집 55면 발행

2003년 1월 1일자 신년호를 55면 발행했다. 3면에는 노무현 대통령 당선자 인터뷰가 실렸고 8·9면에는 미국 이민 100년사 특집을 '땀과 꿈의 100년' 제목으로 다뤘다. 이밖에 '새 정부에 바란다'(37면), '386세대 교수 좌담'(35면), 'DMZ가 열린다'(38·39면), 'CEO 30인의 경제 전망'(41면) 등을 담았다. 신춘문예 당선작이 발표됐는데 시는 김일영(33)씨의 '삐비 꽃이 아주 피기 전에', 소설은 이정은(24)씨의 '독어(毒魚)'가 뽑혀 49면부터 52면에 걸쳐 작품이 실렸다.

노무현 대통령.

한국일보사는 1월 1일자 인사에서 설희관 총무국장을 50년사사편찬준비위원장에, 방민준 광고기획국장을 기획특집국장에 임명했다. 또 유석근 경영전략실 부국장대우 사업부장과 정승호 편집국 부국장을 편집위원에 발령했다. 3일에는 편집국 사회2부 박상준 부장대우차장(부산 주재)을 부산취재본부장에, 유명상 차장대우(대구 주재)를 대구취재본부장, 최정복 차장대우(대전 주재)를 대전취재본부장에, 김종구 기자(목포 주재)를 광주취재본부장에 각각 발령했다.

7일과 8일에는 조재용 정치부장과 고종석 편집위원을 논설위원에 발령내고 이기창 체육부장, 한기봉 국제부장, 서화숙 문화부장, 정병진 여론독자부장, 이준희 사회1부장을 신설된 편집위원실 편집위원에 임명했다. 또 편집국 편집1부장에 진성훈 편집2부장, 편집2부장에 허경회 편집1부장, 정치부장에 신재민 논설위원, 사회1부장에 윤승용 사회1부 차장, 국제부장에 이계성 정치부 차장, 여론독자부장에 송태권 경제부 차장, 문화부장에 황영식 정치부 차장, 체육부장에 김동영 사회1부 차장을 각각 발령했다.

2003년 한국일보 홍보 브로셔가 1월 초 선보였다. 2000년 발간 후 2년여 만에 제작된 브로셔는 한국일보가 새 회사로 새롭게 출범했음을 알리고 우리나라의 정정당당한 대표언론으로서 확고한 위상을 정립하고 있음을 강조하는 데 초점을 두었다. 브로셔 디자인과 제작은 디자인 전문업체 '디자인 소호'가 맡았다.

17일 서울 프레스센터에서 치러진 전국언론노동조합연맹 제8대 임원 선거에서 신학림 코리아타임스 기획실장이 위원장에 당선됐다.

2003년 한국일보 신춘문예 시상식이 2월 5일 오후 한국일보사 12층 강당에서 열려 김일영(시) 이정은(소설) 김민정(희곡) 이정호(동화) 최길하(동시)씨 등 당선자 5명에게 상금과 상패가 수여됐다.

한국일보사가 주최하고 ㈜두산이 후원한 제43회 한국백상출판문화상 시상식이 26일 오후 본사 12층 강당에서 열렸다. 저작상에는 인문·사회과학 부문에서 '의술과 인구 그리고 농업기술'(태학사 발행)을 쓴 이태진 서울대 국사학과 교수, '동방기독교와 동서문명'(까치글방)을 쓴 김호동 서울대 동양사학과 교수, 시사교양 부문에서 '우리의 소리를 찾아서'(전2권)를 쓴 최상일 MBC PD가 각각 상금 500만 원과 상패를 받았다. 자연과학 부문은 저작상 수상자가 없었다. 출판상은 번역 부문에서 김혜경 한밭대 중국어과 교수가 옮긴 '요재지이'(민음사)를 비롯, 13개 부문 15종의 책이 선정돼 상패를 받았다.

한국일보는 3월 3일부터 증면과 함께 지면을 전면 혁신, 심층적이고 현장성이 돋보이는 다양한 기획을 새로 선보인다고 3월 1일자 1면에 대형 사고로 알렸다. 요약하면 다음과 같다.

▲편집위원들의 기획 시리즈=월요일에는 이준희 편집위원이 우리 사회와 인간을 폭넓게 탐구하는 '세상 속으로', 화요일에는 이기창 편집위원이 큰스님들의 삶의 궤적을 따라 이타행(利他行)의 참 뜻을 되새기는 '한국의 선지식(禪知識)'을 연재

▲목요일에는 연예·스포츠 스타를 만들고 관리하는 이들의 빛과 그림자를 살피는 유석근 편집위원의 '스타 메이커' 연재

▲파워엘리트 교체 진단 '권력 이동'=파워 엘리트 교체 과정과 신 주류의 정체를 분석하며 한국 사회의 새로운 이념 좌표를 모색하는 시리즈를 집중 연재

▲동북아 허브 전쟁=동북아의 비즈니스 중심, 즉 허브(hub)가 되기 위한 치열한 각축전 속에 중국 대만 일본 싱가포르 등의 전략과 준비 상황을 심층보도

▲'Law&Lawyer' '일과 삶' 등 현장 기획=변호사 열전·법조인 칼럼·최근 판례 등 소개. 노동 현장의 현안과 사회복지 분야의 문제점을 파헤치고 삶의 온기를 전하는 '일과 삶'을 매주 게재

▲장편만화 '호두나무…' 연재=중견 만화가 박흥용씨의 장편만화 '호두나무 왼쪽 길로'를 월~금요일 연재

▲스포츠면 쇄신=스포츠면을 경기 현장의 거친 숨결과 스포츠인들의 생생한 스토리를 재현하는 '리얼스포츠면'으로 개편하고 '릴레이 골프 칼럼'을 신설하는 한편 스포츠 첫째 면 상단에는 스포츠 진기록과 신기록을 정리한 '스포츠 기네스'를 매일 게재

### 의료단체 참여한 범국민 금연 캠페인 전개

한국일보의 인터넷신문인 한국i닷컴(hankooki.com)은 4월 1일 이사회를 열고 박진열 한국일보 경영전략실장을 대표이사 사장에 선임했다. 박 사장은 한국일보 경영전략실장도 겸임했다.

'미주 한인 이민 100주년 기념 할리우드 보울 음악 대축제'가 26일 오후(현지시간) 미국 로스앤젤레스 할리우드보울 2만여 석을 완전히 메운 가운데 펼쳐졌다. 한국일보 미주본사와 SBS 공동 주최로 열린 음악 대축제는 한국의 최정상급 음악인들과 미주 한인들이 함께 어우러진 무대였다.

한국일보사는 5월 1일자로 윤세일 서울경제신문 이사를 한국일보 이사 겸 광고본부장에, 홍재서 광고국 부국장을 광고국장에 각각 임명했다. 한국일보는 또 감사실 부국장에 신우철, 광고국 부국장에 김원식, 영업지원부장에 김윤찬을 발령했다. 서울경제신문은 이날 김성태 한국일보 광고국장을 이사 겸 기획조정실장에 발령했다.

건강한 사회·건강한 신문을 지향하는 한국일보는 5일부터 범국민적인 금연 캠페인을 시작했다. 한국일보는 국민 건강을 해치는 흡연이 특히 미래의 주역이 될 청소년들에게 해악이 큰 것을 고려, 어린이날을 기해 '담배와의 전쟁'을 선포하고 2003년 한 해 지속적으로 금연 캠페인을 펼쳤다.

팔봉비평문학상 제14회 수상자로 김인환 고려대 교수가 선정됐다. 수상작은 조선 전기부터 현재에 이르는 통시적 탐색을 통해 한국 문학의 맥락을 짚고 본원을 탐구한 평론집 '다른 미래를 위하여'(문학과지성사 발행)였다.

### '참여 정부 100일 릴레이 인터뷰' 시작

한국일보와 일간스포츠가 주최하고 케이블TV EtN과 한국i닷컴이 주관, 하이트맥주, 선문평화축구재단, 메르비웨딩드레스, 광동제약, 로뎀, 한국포도주가 협찬한 '2003 미스코리아 선발 대회'가 5월 21일 오후 서울 광진구 능동 리틀엔젤스 예술회관에서 열렸다. 최고 미인의 영광은 최윤영(20·서울 진)씨에게 돌아갔다. 미스코리아 선·하이트에는 박지예(24·전북 진), 선·피스컵에는 신지수(21·서울 미)씨가 뽑혔으며 미·로뎀은 양혜선(21·서울 미), 미·광동제약은 안춘영(22·부산 진), 미·메르비는 오유미(21·서울 선)씨가 각각 선정됐다.

한국일보사가 제정한 제22회 한국교육자대상 시상식이 5월 28일 오전 서울 세종문화회관 컨벤션센터에서 수상자 30명과 가족 등 500여 명이 참석한 가운데 열렸다. 교육인적자원부와 한국교원단체총연합회가 후원하고 삼성생명이 협찬한 시상식에서 신능자(60·제주 중앙초) 교장과 송옥자(59·서울 영란여상) 교장 등 대상 수상자 2명이 상패와 상금 각 500만 원을, 최재선(61·서울 포이초) 교장 등 스승의 상 수상자 28명이 상패와 부상을 각각 받았다. 수상자들은 이날 오후 부부 동반으로 2박 3일간 제주도 여행을 떠났다.

한국일보사가 공모한 제21회 여성생활수기 당선작이 결정돼 30일자 1면에 알렸다. 최우수작은 이미애(40·부산 남구 대연4동)씨의 '인생 역경의 긴 터널', 우수작은 이의영(57·인천 남동구 구월1동)씨의 '가시밭길이여, 안녕', 박광희(47·부산 금정구 구서2동)씨의 '둥지를 떠났던 새들'이었다.

한국기자협회는 30일 서울 프레스센터에서 열린 '이달(4월)의 기자상' 시상식에서 SK 비자금 조성 및 이남기씨 등 정관계 로비 기사 등을 특종 보도한 한국일보 사회1부 법조팀 강훈, 박진석 기자에게 상을 수여했다.

한국일보사 제정 제30회 한국보훈대상 수상자가 선정돼 6월 6일자 1면에 알렸다. 수상자는 상이군경 부문 박석담(71) 강봉준(61), 미망인 부문 양연하(83), 유족·유자녀 부문 장순옥(51), 특별보훈 부문 성백균(59)씨 등이다.

한국일보 창간 49주년 특집으로 '참여 정부 100일 릴레이 인터뷰' 첫 번째는 고건 국무총리였다. A6면에 실린 인터뷰에서 고 총리는 "정부의 시스템이 정착하기까지 스스로 나서서 챙기겠다"고 말했다.

한국일보 창간 49주년 기념식이 6월 9일 오전 한국일보사 지하 1층 행사장에서 신상석 사장 등 임직원 200여 명이 참석한 가운데 열렸다. 기념식에서 'SK 그룹 비밀보고서 확인' 등을 특종 보도한 사회1부 법조팀이 백상기자대상 금상을, 한국일보 증면에 따른 8면 양면 컬러 별쇄분 인쇄 업무를 수행한 제작국 윤전부 성남팀 기본조가 백상공로대상 금상을 각각 받았다.

### 창간 50주년 준비위원회 발족

한국일보 계열사인 한국i닷컴은 6월 16일부터 신관 사옥에 설치된 대형 전광판을 통해 한국일보 지면을 보여주는 서비스를 시작했다.

장재구 한국일보 회장은 7월 4일 서울롯데호텔에서 왕천(王晨) 인민일보 사장을 만나 오찬을 함께 하며 양사 간 교류 협력 방안 등에 대해 환담했다.

한국일보사는 7월 14일 창간 50주년 준비위원회를 발족하고 첫 회의를 열었다. 준비위원회 고문은 장명수 윤국병 이사, 위원장은 신상석 사장, 부위원장은 노진환 주필, 간사는 박진열 경영전략실장, 총무는 손영신 사업부장, 한기봉 경영전략부장이며 위원은 설희관 50년사 편

설희관(오른쪽) 위원장 등 50년 사사편찬준비위 관계자들이 사사에 수록될 사진 자료를 골라내고 있다.

찬준비위원장, 임철순 논설위원, 최규식 편집국장, 홍재서 광고국장, 김용남 제작국장, 이광호 판매국장, 배정근 경제부장, 윤승용 사회부장, 황영식 문화부장, 송태권 여론독자부장, 김상철 기자협의회 대표 전민수 노조위원장 등 12명으로 구성됐다.

한국일보사는 14일 임철순 김수종 논설위원을 수석논설위원에, 방민준 기획특집국장을 논설위원에 각각 임명했다. 한국기자협회와 한국언론재단은 21일 제15회 '이달(5월)의 기자상' 수상작으로 한국일보의 '국정원 간부 사진 공개 파문' 등 10편을 선정했다.

7월 31일자 한국일보에는 노무현 대통령 최측근인 양길승 청와대 제1부속실장의 부적절한 행태를 보도한 특종이 게재됐다.

### 신문 속 매거진 주말 섹션 'Free' 선보여

한국일보는 8월 1일 새로운 개념의 주말 섹션 'weekzine Free'를 선보인다고 28일자 1면에 사고로 알렸다. 매주 금요일 16면씩 발행하는 Free는 주 5일 근무 시대 여가 문화를 선도하는 신문 속의 친근한 매거진을 지향했다. 커버스토리를 비롯해 나들이·푸드·패션·영화·비디오·케이블·레포츠·쇼핑·인테리어·건강·공연 등 문화·레저 전 분야에 걸쳐 생생한 체험 취재에 바탕한 재미있고 유익한 정보와 읽을 거리를 가득 담겠다고 밝혔다. 또 제호를 현대적 이미지로 바꾸는 등 지면 디자인을 혁신, 보기 좋고 읽기 쉬운 시각적 편집으로 독자에게 한층 가까이 다가가겠다고 다짐했다.

재단법인 안익태기념재단은 8월 15일 이사회를 열어 김형진 세종금융지주회사 회장을 제4대 이사장으로 선임했다. 이강숙 전 이사장은 명예이사장으로 추대했다. 안익태기념재단은 고 안익태 선생의 38주기 추모식을 16일 오후 서울 동작동 국립묘지 제2유공자 묘역에서 거행했다.

한국일보사는 8월 19일자로 박진열 경영전략실장을 편집국장에, 최규식 편집국장을 논설위원에, 양호진 판매국 수도권 판매2부장을 판매국장직무대리에 각각 임명했다. 조재구 수도권 판매부장은 판매국 부국장으로 승진했다. 26일에는 강병태 편집국 부국장을 논설위원에, 한기봉 경영전략실 부국장을 편집국 부국장에, 경영기획부 윤순환 기자를 경영기획부장직대에, 임종호 인사부 과장을 인사부장직대에 각각 발령했다.

한국일보 전직 사우인 박현태 전 KBS 사장이 태고종 수계식을 받아 화제가 됐다.

### 1면에 자주 등장하는 화제성 기사들

한국일보가 지면을 개편한 뒤 신문의 얼굴인 1면에 화제성 기사를 박스물로 처리하는 경우가 많아졌다. 23일자 1면에는 금연, 금주, 금혼 등 3금을 전통적으로 시행하고 있는 육군사관학교가 호프집 운영을 검토 중이라는 박스 기사가 돋보였다.

26일 필리핀 마닐라에서 열린 '2003 미스아시아태평양 선발 대회'에서 2003 미스코리

## <70대 특종> 양길승 청와대 제1부속실장 호텔 향응 파문

불편부당, 꺾이지 않는 않는 언론의 진정한 용기는 불의한 권력을 감시할 때 빛난다. 2003년 7월 31일자, 한국일보 1면 보도는 그 전형이다. 정권 실세의 불의한 행태를 가감 없이 전달함으로써 이후 유사한 사태를 막는 역할을 했기 때문이다.

한국일보 보도는 당시 청와대 양길승(사진) 제1부속실장이 경찰 수사를 받고 있던 이모씨로부터 사치스런 향응을 제공 받은 점에 주목했다. 양 실장이 이씨가 운영하던 청주의 고급 술집과 호텔에서 수 차례 향응을 제공받았다는 해당 지역 소문의 실체를 정확히 파악해 더도 덜도 없이 보도했다. 검찰 조사에 따르면 양 실장은 6월28일 청주시 인근 청원군의 한 식당에서 민주당 충북도지부 간부, 당원들과 식사를 한 뒤 일부 참석자 및 지역인사 5~6명과 함께 청주 시내 K나이트클럽에서 술자리를 가졌다. 또 나이트클럽 인근 R관광호텔에서 숙박한 뒤 이튿날 귀경했다.

당시는 새만금사업 헬기시찰 물의로 청와대 별정직 비서관 3명을 경질하는 등 공직 기강이 강조되던 시기였는데, 정권 실세인 양 실장이 범죄혐의 피의자로부터 접대를 받았다는 점에서 정권의 도덕성이 도마에 올랐다. 특히 K나이트클럽과 R호텔 소유주 이씨는 조세포탈 및 윤락행위방지법 위반 등 혐의로 수사를 받고 있었고, 당일 술자리에도 합석했던 것으로 알려져 수사무마 청탁 의혹까지 낳았다.

반론이 불가능한 팩트 위주의 정확한 보도는 즉각적인 반향을 일으켰다. 노무현 대통령은 수석·보좌관회의를 주재하고 유감을 표시했다. "민정수석실에서 정확한 사실을 재조사해 그 결과에 문제가 있다면 인사위에서 논의, 8월 말 인사 때 반영하라"고 지시했다.

이 기사는 2003년 9월 심사위원들로부터 최고점을 받으며 제155회 이달의 기자상을 받았다. 최고점을 받은 이유는 한국일보의 용기였다. 청주 일원에서 양 실장의 일탈에 대한 소문이 꽤 확산되었고 몇몇 언론사에도 비슷한 제보가 전달됐으나 촘촘한 팩트 확인을 통해 기사로 내보낸 건 한국일보가 유일했다는 것이다. 당시 선정위원들은 '이 기사는 정치적으로 엄청난 파장을 낳았으며 앞으로도 언제까지 후속기사를 더 양산할지 속단하기 어려울 만큼 충격파를 던졌다. 청와대 핵심참모가 연관된 사건을 용기 있게 파헤친 역작으로 평가 받았다. 몇몇 언론사가 이른바 몰래카메라 테이프로 제보를 받고도 묵혔던 사건을 활자화한 것은 기자에게 용기와 의지가 얼마나 중요한지를 새삼 일깨워준 계기가 됐다'고 밝혔다.

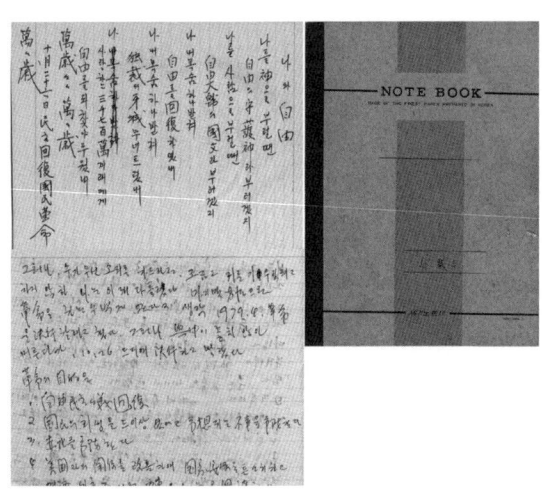

1979년 10월 26일 박정희 대통령을 시해한 김재규 전 중앙정보부장이 옥중에서 쓴 수양록 원본이 10·26 사건 24주년인 2003년 10월 26일 공개됐다. 그동안 옥중 수양록이 존재한다는 소문은 있었으나 원본이 공개된 것은 이 때가 처음이다. 본보가 입수한 대학 노트 32쪽 분량의 수양록에는 수형 생활을 불심으로 극복해나가는 과정이 일기체 형식으로 담겨 있다.

아 미·광동제약 안춘영씨가 민속의 상상을 수상했다.

한국일보 27일자에는 두 개의 특종 기사가 실렸다. 전두환 전 대통령 비자금 관련과 박정희 대통령을 시해한 김재규 전 중앙정보부장의 옥중수양록에 대한 기사였다.

한국일보사와 서울시가 공동 주관한 서울사랑시민상 봉사부문 제1회 시상식이 이명박 서울시장과 신상석 한국일보사 사장 등 500여 명이 참석한 가운데 28일 오후 서울시청 태평홀에서 열렸다. 38년간 소년소녀가장 등을 보살펴온 한국부인회 광진지부장 김영희(63)씨가 영예의 대상을 받았다. 이대연(46) 정영남(79) 피송자(62)씨와 봉사모임 마음자리·외국인노동자의집·중국동포의 집이 본상, 김금석(72) 김기석(44) 김삼중(60) 김순청(61) 김용선(53) 김용희(49) 김화조(67) 민숙기(55) 송종규(80) 오복식(50) 윤석남(54) 윤종진(78) 임일란(51)씨와 강동구 중식업연합회 자원봉사단, 용강동 먹거리상가 번영회가 장려상을 받았다. 대상 수상자에게는 1,200만 원, 본상 각 700만 원, 장려상 각 500만 원의 상금과 상패가 수여됐다. 이전까지는 서울시민대상이었는데 2003년부터 명칭을 서울사랑시민상으로 변경하고 상금도 올렸다.

2001년 미스코리아 대구 진 김지은(22)씨가 30일 KBS 기자 공채 시험에 합격, 언론인의 꿈을 이뤘다. 미스코리아 출신의 기자 탄생은 처음이었다.

신영수(75) 전 한국일보 부회장이 15일 오후 서울대병원에서 숙환으로 별세했다. 신 전 부회장은 서울 태생으로 선린상고를 나와 1948년 서울타임즈 기자로 언론계에 입문했으며 연합신문, 경제부장을 거쳐 한국일보 논설위원, 한국일보 부사장, 서울경제신문 사장, 국제언론인협회(IPI) 한국위원회 위원, 한국일보·코리아타임스·일간스포츠 부회장 등을 역임했다.

### 특종 기사 소개, 한국일보 홍보 전단지 배포

제36회 한국일보문학상에 배수아(38)씨가 선정됐다는 사고를 19일자 1면에 내고 A24면과 25면에 심사평, 수상자 인터뷰, 수상작(발췌)을 실었다. 수상작은 장편 '일요일 스키야키 식당'인데 허름한 스키야키 식당 주변에 모여 사는 사람들의 가난하고 궁핍한 삶을 다양한 각도로 보여준 작품이다. 시상식은 12월 10일 오후 한국일보사 12층 대회의실에서 열려 상패와 상금 2,000만 원이 수여됐다.

한국일보는 11월 21일 홍보 전단지를 만들어 배포했다. 2003년 들어 특종한 기사들을 취합한 표도 만들어 넣었다. '한국일보가 한국을 바꿉니다'는 제하의 1면 기사는 다음과 같다.

> 한국일보가 한국을 움직입니다. 한국일보가 한국의 정치, 사회, 경제를 변화시킵니다. 투철한 기자 정신이 살아있고, 권력과 부정 부패를 감시하고 파헤치는 언론 본연의 눈을 부릅뜨고 있기 때문입니다. 한국일보의 대특종으로 최근 정치 개혁과 반부패의 여론이 우리 사회에 더욱 거세게 일고 있습니다.
>
> 노무현 대통령의 측근 비리 의혹을 밝히기 위한 특검법이 얼마 전 국회에서 통과됐습니다. 이 특검법은 최도술 전 청와대 총무비서관, 양길승 전 청와대 부속실장, 이광재 전 청와대 국정상황실장 등 세 명의 비리 의혹을 다루도록 돼 있습니다. 이 가운데 두 명의 의혹은 한국일보가 아니었더라면 땅에 묻혔을지도 모릅니다.
>
> 한국일보는 양길승, 이광재 사건을 가장 먼저 터트려 이슈화한 신문입니다. 양씨가 청주의 키스나이트클럽 소유주 이원호씨한테 수사 무마 대가로 향응과 로비를 받았다는 의혹을 특종 보도해 엄청난 파문을 일으켰습니다. 이어 이광재씨가 썬앤문 그룹의 거액 대출 과정에서 압력을 행사하고 금품을 수수한 의혹을 제기했으며, 이 그룹이 대선 당시 노 후보 측에 돈을 제공했을지 모르는 단서를 보여주는 검찰 녹취록을 단독 입수해 보도했습니다.
>
> 대선자금 수사가 초미의 관심사가 된 시점에서 한국일보는 또 한번 결정적 특종을 터뜨렸습니다. 대선 당시 노 후보 캠프에 1억 원 이상의 정치 자금을 준 기업들의 명단과 금액을 입수, 보도해 정치권과 재계에 메가톤급 충격을 던졌습니다. 다른 언론들은 한국일보의 보도를 전제로 이 내용을 하루 늦게 게재했습니다.
>
> 권력 측근의 비리와 정경 유착에 대한 한국일보의 잇단 특종은 여야의 정치 쟁점으로 이어지면서 청와대와 각 정당, 재계, 시민단체에서 정치 개혁에 대한 논의가 급물살을 타게 됐습니다.
>
> 한국일보의 특종은 이것뿐이 아닙니다. 전 재산이 30만 원도 안 된다는 전두환 전 대통령의 1,000억 대 비자금 돈세탁 의혹을 처음 제기하고 끈질기게 추적하고 있으며 투기 열풍, 기업의 감원 태풍, 사교육의 현장, 바람난 사회 등을 심도 있게 르포해 정부의 정책 수립에 영향을 끼쳤습니다.
>
> 한국일보는 전통있는 특종 신문입니다. 지난해와 2001년에도 '이용호 게이트', '진승현 게이트' 등 대형 권력형 비리 사건을 잇따라 특종 보도해 한국기자협회가 수여하는 한국기자상 등 굵직한 언론상을 수상했습니다.
>
> 특종은 가장 먼저 단독 보도하는 것이지만, 그 이상의 큰 의미가 있는 것입니다. 특종이 없

다면 국민들이 당연히 문제를 삼거나 알아야 할 많은 사실과 사건들이 은폐되고 말 것입니다. 그래서 특종은 잘못 흘러갈지도 모를 우리 사회와 역사의 물줄기를 제대로 돌려 놓는 것입니다. 그것은 언론의 사명입니다. 한국일보는 묵묵히 그 사명을 다하고 있습니다.

### 창사 이후 첫 각 조직별 경영 계획 발표회

한국일보 부사장에 정기상(56)씨가 12월 1일자로 임명됐다. 정 부사장은 부산 출신으로 경남고와 연세대 경영학과를 졸업한 뒤 한일은행 비서실장, 한빛은행 인사부장, 기업고객본부장, 우리신용카드 상근감사위원 등을 역임했다.

한국일보는 12월 9~11일 국별로 2004년도 경영 계획 발표회를 개최했다. 편집·판매·광고·제작 등 각 국장들은 회장과 사장, 임원, 자금관리단장 등이 참석한 자리에서 직접 2003년도 업무 추진 현황과 내년도 사업 계획을 비롯해 인력과 조직의 효율화 방안, 업무 프로세스 개선 방안 등을 발표했다. 경영기획부는 참석자들의 의견을 수렴해 2004년도 경영계획안을 확정했다.

위암 장지연 선생 기념 사업회는 11일 정기총회를 열어 제2대 회장에 김창열 전 한국일보 사장을 선임했다.

한국일보사가 주최하고 한국기원 주관, SK가 후원한 제34기 SK엔크린배 명인전 시상식이 23일 한국기원에서 열렸다. 시상식에서 한국일보 신상석 사장과 SK 강성길 상무가 우승자인 명인 이창호 9단에게 상금 3,000만 원과 상패, 준우승자인 조훈현 9단에게 상금 1,000만 원과 상패를 각각 수여했다. 이 9단은 이번 대회에서 3승 2패로 명인 타이틀을 방어해 명인전 6연패의 위업을 달성했다.

한국일보사가 주최하고 ㈜두산이 후원한 제44회 한국백상출판문화상 수상자와 수상작이 27일 1면에 발표됐다. 관련 기사와 심사위원 명단은 B1~3면에 실렸다. 저술(학술, 교양)과 번역 부문은 저자와 번역자에게, 편집과 어린이청소년 부문은 출판사에 각 500만 원의 상금을 수여했다. 시상식은 2004년 1월 29일 한국일보사 13층 송현클럽에서 열렸다. 수상작은 ◇저술 부문 ▲학술 이주형(43·서울대 고고미술사학과 교수) 지음 '간다라 미술'(사계절 발행) ▲교양 이태원(31·서울 세화여고 교사) 지음 '현산어보를 찾아서'(전5권·청어람미디어 발행) ◇번역 부문 ▲김영두(36·국사편찬위원회 편사연구사) 옮김 '퇴계와 고봉, 편지를 쓰다'(이황, 기대승 지음·소나무 발행) ◇편집(공동 수상) 부문 ▲황금가지 발행 '세계민담전집'(1차 분 10권·신동흔 등 엮음·옮김) ▲태학사 발행 '태학산문선'(17권·정약용 등 지음·정민 등 옮김) ◇어린이청소년 부문 ▲보리 발행 '보리 어린이 노래마을'(그림책과 CD 6세트·백창우 곡, 강우근 등 그림)

# 2004년
한국일보는 중산·서민층을 대변하는 중도적 신문이다.     -프랑스 르 몽드지·2003년

### 한국일보 창간 50주년 '클린 코리아' 캠페인

한국일보사는 창간 50주년인 2004년 1월 1일 신년 특집으로 88면을 발행했다. A섹션 48면, B섹션 24면, C섹션 16면 등이었다. 1면에는 창간 반세기를 맞아 '클린 코리아' 캠페인을 1년 동안 전개한다는 사실과 새로운 기획물을 소개했다. 톱 기사는 현대리서치연구소에 의뢰해 조사한 여론조사 결과였다.

A3면에는 한국일보가 펼칠 사업과 새로운 엠블럼을 소개했다. 내용은 다음과 같다.

올해는 한국일보와 한국일보 독자들에게 가장 뜻 깊은 한 해이다. 한국일보는 종전 다음 해인 1954년 6월 9일 창간됐다. 한국 현대사의 영욕을 지켜보고 기록하면서 성장해 온 한국일보는 올해로 창간 반세기, 50주년을 맞았다.

우리 모두에게 지나간 반 백 년은 단순한 연대기 이상이다. 그 세월은 한국 전후사 50년이기도 하며 지금의 우리, 우리 세대, 우리 사회를 있게 한 토양이다. 그래서 한국일보의 빛 바랜 지면을 들추면 우리 현대사의 숨가빴던 호흡이 새롭게 다가온다.

한국일보는 창간 50주년을 맞아 지면의 대개혁과 함께 의미있는 다양한 사업들을 추진하고 있다. 우선 '한국 50년, 한국일보 50년' 전시회가 창간일을 즈음해 한국일보 사옥에서 열린다. 한국일보의 지면과 사진 등 각종 희귀한 자료 등을 전시하고 분야별로 우리들이 살아온 모습을 다양한 표현 수단을 사용해 보여준다. 신문의 과거와 오늘, 미래의 모습을 보여주며 독자들이 직접 지난 신문을 열람하고 신문을 제작해 볼 수 있는 기회도 준다.

품격 있는 문화지로서의 성가를 쌓아온 한국일보는 국내 전시회 사상 최고 수준의 미술전도 준비 중이다. 7월부터 10월까지 서울 시립미술관, 이후 연말까지 부산시립미술관에서 열릴 '색채의 마술사-마크 샤갈' 전이다. 2003년 3~6월 프랑스 파리의 그랑 팔레에서 개최돼 40만 명이 찾은 샤갈 회고전이 샌프란시스코 현대미술관(2003년 7~11월) 전시를 거쳐 서울에 그대로 옮겨 오는 것이다. 일반에게도 친근하고 사랑받는 샤갈의 대표적 작품 120여 점이 전시된다. 미술계는 대가의 작품 몇 점에 다른 작가들의 것을 포함한 그동안의 국내 전시

2004년

와 달리 샤갈전은 대가 한 명의 대표작들이 고스란히 전시된다는 점에서 최고의 전시회가 될 것이라고 기대하고 있다.

한국일보의 전통 있는 연례 사업들도 창간 50주년에 맞춰 새 모습을 보여준다. 창간과 함께 시작한 전통의 경부 역전 마라톤 대회에 일반 마라톤 동호인들의 참여를 확대하거나 별도의 대회를 여는 것을 계획하고 있다. 한국일보가 창설한 미스코리아 대회도 올해부터 대회의 의미에서부터 참가자, 심사, 진행, 사후 관리 등 모든 면을 시대 추이에 맞게 대폭 개선했다.

그러나 창간을 기념하는 행사보다 더 중요한 것은 신문의 질이다. 한국일보는 올해 대대적인 지면 개혁을 통해 독자들에게 더 사랑받는 신문으로 거듭날 것이다.

엠블럼(사진)은 붉은 색 바탕에 바를 '정(正)' 자와 한국일보의 연륜을 말해 주는 '50'이라는 숫자로 구성됐다. 여기에는 한국일보의 3대 사시(社是)가 담겨있다. '正'은 '정정당당(正正堂堂)한 보도'를 말하며 정도(正道)를 걷는 신문, 정론지를 뜻한다. 또 한쪽에 치우치지 않은 '불편부당(不偏不黨)의 자세', 공정(公正)한 신문을 의미하기도 한다. 바탕의 붉은 색은 '용기'를, '正' 자의 푸른색과 녹색은 정직함을 뜻하는데 이는 '춘추필법(春秋筆法)'의 정신'이다.

'50'은 반드시 지난 성상(星霜)을 말하는 것은 아니다. 오히려 다가올 새로운 반세기를 생각하고 정진하겠다는 한국일보의 약속이다. 전후의 폐허 속에 창간해 오늘날 한국의 대표 언론으로 성장한 지난 50년의 노고에 자족하지 않고 또다른 50년, 창간 100년의 꿈을 향한 각오이다. 전체적으로 강렬하면서도 묵직한 4각형의 디자인은 시대의 흐름에 영합하지 않고 묵묵히 언론의 정도를 걷는 한국일보의 정신과 재도약의 의지를 결집한 형상이다.

한국일보는 창간 50주년 엠블럼 외에도 '한국일보' 네 글자의 자모 중에서 '50'이라는 숫자 모양을 찾아 다른 색깔로 부각한 제호 디자인을 한시적으로 병행해 사용한다. 경제·스포츠 섹션 및 요일별 섹션에 쓰인 이 제호는 지구를 상징하는 타원형의 글꼴로 세계를 향해 뻗어가는 한국일보의 활기찬 이미지를 나타냈다. 디자인 작업은 ㈜브랜드웍스(대표 김혜옥)가 했다.

**한국일보 법조팀 관훈언론상 수상**

한국일보 신춘문예 당선작이 다음과 같이 결정됐다. 부문별 당선작 및 인터뷰는 C섹션에 담았다.

▲시 '유적'(예현연·경남 진주시 상평동) ▲소설 '덫'(이우현·서울 중구 신당4동) ▲희곡 '두 아이'(최명숙·서울 강동구 고덕1동) ▲동화 '마늘 냄새는 언제나 톡 쏘지 않는다'(이상화·서울 성동구 도선동) ▲동시 '다롱이의 꿈'(이옥근·전남 여수시 여서동). 시상식은 1월 15일 오후 한국일보사 13층 송현클럽에서 열렸다.

한국일보사 제정 제41회 백상체육대상 시상식이 7일 오후 본사 12층 강당에서 열렸다. 최우수 신인상은 미 프로농구 진출을 노리고 있는 하승진(19·삼일상고)이 받았고 남녀 우수 신인상은 강칠구(23·한체대·스키점프)와 변천사(17·신목고·쇼트트랙)가 차지했다. 5대 상 부문 구기 경기는 이승엽(28·지바 롯데 마린즈·프로야구), 기록 경기는 이규혁(26·춘천시청·빙상), 개인 경기는 윤미진(21·경희대·양궁), 투기 경기는 이원희(23·용인대·유도), 단체 경기는 성남일화축구단에게 각각 돌아갔다. 봉황대기 고교야구대회에 처음 출전한 충주 성심학교 야구부는 특별상을 받았다.

제35회 한국기자상을 수상한 뒤 한국일보 기자들이 기념 촬영을 하고 있다.

관훈클럽은 9일 서울 프레스센터 내셔널프레스클럽에서 창립 47주년 기념식을 열고 한국일보 사회1부 법조팀(김상철 이태규 강훈 노원명 박진석 이진희 김지성 기자)에게 제21회 관훈언론상을 수여했다. 한국일보 법조팀은 SK 그룹의 분식 회계와 비자금 조성 및 정관계 로비 사실을 잇달아 단독 보도했으며, 양길승 전 청와대 부속실장의 향응 비리 사실 및 이광재 전 청와대 국정상황실장의 금품 수수 내용이 담긴 '녹취록' 등 썬앤문 의혹을 특종 보도해 대통령 측근 비리 특검 출범에 결정적 단초를 제공했다.

한국일보사는 26일 편집국 인사를 단행, 황영식 문화부장을 편집위원, 신재민 정치부장을 부국장, 배정근 경제부장을 부국장 겸 경제부장, 윤종구 편집디자인부장을 부국장 겸 편집디자인부장, 윤승용 사회1부장을 정치부장, 이충재 사회2부장을 사회1부장, 김동영 체육부장을 사회2부장, 이창민 경제부장대우를 산업부장, 이대현 문화부 차장을 문화부장, 유승근 여론독자부 차장을 체육부장, 허경회 편집2부장을 편집1부장, 진성훈 편집1부장을 편집2부장, 유승우 정치부 차장을 정치부장대우에 각각 발령 냈다.

한국기자협회와 한국언론재단은 한국기자상 심사위원회를 열어 제35회 한국기자상 취재 부문 수상작으로 한국일보 사회1부 이태규 기자의 '양길승 청와대 제1부속실장 술집 호텔서 향응 받아 파문'을 선정했다고 2월 1일 발표했다. 시상식은 12일 오후 서울 프레스센터에서 열렸다.

삼성언론재단은 3월 23일 제8회 삼성언론상 논평·비평 부문 수상자로 매주 월요일 한국일보에 '장명수 칼럼'을 쓰고 있는 장명수 한국일보 이사를 선정했다.

한국일보사는 3월 7일 이윤호 소년한국일보 광고국장을 한국일보 이사대우 광고본부장에 임명했다. 코리아타임스는 8일 주주총회를 열어 대표이사 사장·발행인·인쇄인에 박무종

2004년

이사 겸 논설주간을 선임했다. 또 편집인 겸 이사 편집국장에 이상석 편집국장을 선임했다.

한국일보사는 16일자 1면에 '바른 선택 4·15-총선 보도 새 지평을 열겠습니다'는 사고를 아래와 같이 실었다.

> 4·15 총선이 한 달 앞으로 다가왔습니다. 이번 총선은 낡고 부패한 정치를 바로 세울 수 있는 중요한 기회입니다. 불법 대선자금 수사 등에서 드러난 부끄러운 실상들은 우리의 정치가 새롭고 깨끗하게 거듭나야 함을 단적으로 말해주고 있습니다. 한국일보는 유권자들의 바른 선택을 돕기 위해 다양한 기획을 준비하겠습니다. 아울러 정확한 정보를 충분히 제공할 수 있도록 총선취재본부를 발족했습니다.
>
> ◆후보 자질 등 분석=서강대 사회과학연구소(소장 손호철)와 함께 후보들을 상대로 설문조사를 해 자질은 물론 이념 성향을 분석 보도합니다. 또 당선자들의 이념 성향도 분석하고 총선 결과에 대한 정치사회학적 흐름을 면밀히 파헤칠 예정입니다.
>
> ◆중견작가 이순원, 방현석의 현장 르포=본지에 '길 위의 이야기'를 연재 중인 이순원씨와 오영수문학상을 수상한 방현석씨 등 2명의 중견 작가가 전국을 돌며 유려하고도 섬세한 필치로 총선 현장을 르포합니다.
>
> ◆총선 사이트 확장 개설=인터넷 한국일보(hankooki.com)에 총선 사이트를 확장 개설했습니다. 이미 출마 예상자 2,000여 명의 신상 자료를 데이터베이스로 구축했으며, 자유게시판과 불법·탈법 선거 신고 센터도 설치했습니다. 총선 블로그에서는 후보자의 신상 정보와 출마의 변 등을 올릴 수 있어 홍보 창구로도 활용이 가능토록 했습니다.
>
> ◆지방 신문과 제휴=주요 지방 유력 언론과 제휴해 지역의 선거 현황을 심층 보도합니다. 제휴 신문사의 사이트는 hankooki.com에서 링크가 가능합니다. 제휴 언론사는 국제신문(pusannews.co.kr), 경남도민일보 (dominilbo.co.kr), 전남일보 (jnilbo.com), 전북도민일보 (domin.co.kr), 대전일보(daejonilbo.com), 충청일보(ccnews.co.kr), 강원일보(kwnews.co.kr), 제민일보(cheminilbo.co.kr) 등입니다.
>
> ◆보도 준칙 준수=한국기자협회가 제정한 ▲공정한 보도 ▲유익한 보도 ▲지역주의 배제 ▲바른 선거 풍토 고취 등 4대 총선 보도 준칙을 성실히 준수해 보도하겠습니다.
>
> ◆개정 선거법 해설=중앙선관위의 후원으로 개정된 공직 선거 및 선거 부정 방지법, 정치자금에 관한 법률, 정당법 등 3대 정치관계법의 세부 내용을 질의응답 식으로 해설합니다.
>
> ◆접전 지역 여론조사=여론조사기관 미디어리서치와 함께 주요 접전 지역을 골라 수시로 판세를 점검하는 여론조사를 실시해 보도할 예정입니다.

중앙선거관리위원회는 15일 이성춘 전 한국일보 논설위원을 텔레비전 선거 방송 토론을 주관하는 중앙선거방송토론 위원장으로 선출했다.

**서울경제 사장 겸 발행·편집인에 이종승 국장**

한국일보사와 안익태기념재단이 공동주최한 제11회 안익태작곡상 공모에서 박태종(36·한국예술종합학교 음악원 강사)씨의 '오케스트라를 위한 카프리치오'가 대상에 19일 선정됐다. 시상식은 31일 오후 한국일보사 12층 송현클럽에서 열려 상금 500만 원이 수여됐다.

서울경제는 30일 정기주주총회와 이사회를 열어 대표이사 사장 겸 발행·편집인에 이종승 이사 겸 편집국장을 선임했다.

㈜한국종합미디어는 30일 정기주주총회와 이사회를 열고 윤세일 서울경제 이사를 대표이사 사장에 선임했다.

고 백상 장기영 한국일보 창간발행인의 27주기 추모식이 9일 오전 경기 하남시 창우동 고인의 묘소에서 열렸다.

4월 17일자부터는 신 여대야소 시리즈를 시작했다. 첫 회의 헤드라인은 '탈지역 탈계보 '뉴 리더' 떠오른다'였다. 2004년 연중 캠페인으로 클린 코리아 운동을 펼치고 있는 한국일보가 산업자원부·한국경제인연합회·대한상공회의소와 손잡고 '클린 컴퍼니 클럽'을 결성한다는 사고가 21일자 1면에 나갔다.

한국일보사가 제정한 제23회 한국교육자대상 수상자가 결정돼 30일자 1면에 알리고 개인별 공적은 A20·21면에 실었다. 초등 부문 대상은 30여 년간 어린이 교육에 헌신해 온 강원 횡성초 김정자(53) 교사, 중등 부문 대상은 학교 폭력 예방에 앞장선 서울 양강중 황호훈(58) 교사에게 돌아갔다. 스승의 상은 초등부 16명, 중등부 14명 등 30명이 받았고 시상식은 5월 12일 오전 서울 세종문화회관 컨벤션센터에서 열렸다.

한국일보의 전통 시사 칼럼 '아침을 열며' 필진이 5월 3일부터 바뀐다고 이날자 1면에 사고를 실었다. 요일 별 필진은 다음과 같다. [월요일] ▲김종석(49·홍익대 경영학부 교수) ▲정주연(41·고려대 경제학과 교수) ▲조하현(49·연세대 경제학과 교수) [수요일] ▲김주환(40·연세대 신방과 교수) ▲김경수(57·명지대 교육학습개발원 교수) ▲이남주(39·성공회대 중어중국학과 교수) [목요일] ▲김수진(49·이화여대 정외과 교수) ▲장하용(40·경희대 국제지역학부 교수) ▲박효종(57·서울대 국민윤리교육과 교수) [토요일] ▲박태균(38·서울대 국제대학원 국제학과 교수) ▲강미은(39·숙명여대 언론정보학부 교수) ▲김동식(37·문학평론가)

한국일보사가 창간 50주년을 맞아 서울경제, 부처님 오신 날 봉축위원회와 함께 기획한 무동력 요트 태평양 횡단이 성공했다. '바라밀다' 호에 몸을 싣고 120여 일간 태평양 횡단에 나섰던 전 법주사 주지 석지명 스님을 비롯한 승려 2명과 신도 4명 등 6명이 8일 오후 종착지인 부산에 안착했다. 이들은 오후 1시께 수영만 요트경기장에서 500여 명의 환영을 받았다.

팔봉비평문학상 제15회 수상자로 성민엽 서울대 교수가 선정돼 8일자에 사고가 나갔다. 수상작은 1980년대 후반부터 2000년대 초반에 이르는 한국사회 격변기에서 '문학은 무엇

2004년

이어야 하는가'를 현장성 있게 모색한 평론집 '변하는 것과 변하지 않는 것'(문학과지성사 발행)이었다.

한국일보사가 공모한 제22회 여성생활수기 최우수작으로 송연숙(43·서울 동대문구 용두동)씨의 '새벽을 정복하는 나의 삶'이 선정됐다는 사고가 20일자 1면에 나갔다. ▲우수작='달팽이 가족'(박정미·45·대구 달서구 상인동) '내 삶의 새 봄'(장화자·40·서울 서대문구 북아현2동) ▲장려상='일상의 작은 모험들'(박미순·25·경북 칠곡군 석적면) '나의 결혼 생활'(이정란·46·부산 영도구 동삼동). 공모에는 국내외에서 모두 99편이 응모했으며 심사는 소설가 오정희, 신경숙씨가 맡았다. 시상식은 5월 31일 오후 한국일보사 송현클럽에서 열려 최우수작 300만 원, 우수작 각 200만 원, 장려상 각 100만 원의 상금이 수여됐다.

### 본관 1층에 '한국일보 갤러리' 개관

고 백상 장기영 한국일보 창간발행인의 부인 이문자(80) 여사가 22일 오후 신촌세브란스병원에서 별세했다.

한국일보사는 6월 1일자로 김수종 수석논설위원을 주필에 임명하고 임철순 수석논설위원을 논설위원실장에 발령했다. 노진환 주필은 5월 31일 정년 퇴임했다.

한국일보사가 제정하고 국가보훈처가 후원하는 제31회 한국보훈대상 수상자 5명이 선정돼 5일자 1면에 사고가 나가고 공적 사항은 A17면에 실렸다. 수상자는 상이군경 부문에 김구연(59) 송기성(62), 미망인 부문에 서금옥(79), 중상이배우자 부문에 육애화(50), 특별보훈 부문에 이강수(72)씨가 선정됐다. 시상식은 23일 오전 한국일보사 12층 강당에서 열렸다.

한국일보사는 7일 1면 사고를 통해 '한국일보 갤러리' 개관과 동시에 '한국 50년, 한국일보 50년' 전시회를 개최한다고 알렸다.

한국일보 창간 50주년 기념식이 9일 본사 12층 강당에서 열렸다. '2004 백상기자대상' 금상은 한국일보 사회1부 이태규 기자(양길승 청와대 부속실장 향응 파문), 은상은 한국일보 경제부 남대희 기자(배드뱅크 만든다)가 받았다. 동상은 한국일보 사회1부 이태규, 김지성 기자와 코리아타임스 경제부 김연세 기자, 소년한국일보 취재부 서원극 기자에게 돌아갔다.

창간 50주년을 앞두고 중학동 사옥 1층에 마련된 한국일보 50년 전시회.

한국일보사는 이날 창간 특집을 포함 64면을 발행했다. 1면 톱은 전국 성인 남녀 1,000명을 대상으로 주요 국정 현안에 대해 전화 여론조사한 결과를 올렸다. 조사 결과 응답자의 57.5%가 추가 파병에 대해 반대했으며 찬성은 41%로 집계됐다. 노무현 대통령은 한국일보 창간 50주년을 축하하는 메시지를 보내와 1면에 크게 실렸다.

6월 9일자 1면에 실린 노무현 대통령의 창간 50주년 축하 메시지.

### '독자와 함께 다시 뛰겠습니다' 선언

창간 기념 특집호 1면에는 '색채의 거장' 샤갈전을 개최한다는 사고도 나갔다. 2면에는 '독자와 함께 다시 뛰겠습니다' 제하의 글이 한국일보사 명의로 실렸다. 특집 A10면에는 하워드 진 보스턴대 명예교수 인터뷰, A11면과 A25면에는 '중국 경제는 멈추지 않는다'와 '신문을 생각한다' 시리즈 첫 번째를 올렸다. 특히 특집 섹션 D1-7면은 '한국 50년 한국일보 50년'으로 꾸몄다. '특종기사 50년'과 '특종 사진 50년'은 "한 줄 한 줄 열정과 땀으로 시대 물줄기 바꿨고, 한 컷 한 컷 격동의 현장서 역사를 담았다"는 브리지 제목으로 한국일보 기자들의 어제와 오늘을 담았다.

한국일보 50년사 편찬준비위원회는 책자 발간과 함께 한국i닷컴에 데이터베이스를 구축, 전자사사 홈페이지를 9일 선보였다. 이와 함께 내빈들과 멀티미디어 환경에 익숙한 젊은이들을 위해 '한국일보 50년사'를 CD-ROM으로도 제작, 한국일보 50년사의 가독성을 높였다. 이때 구축된 홈페이지는 후속 관리가 제대로 이뤄지지 않으면서 2024년 현재는 가동되지 않았다.

2004년 한국 최고 미인의 영광은 김소영(24·서울 선)씨에게 돌아갔다. 한국일보와 서울경제, 코리아타임스가 주최하고, 한국i닷컴, 한국복지재단이 후원, 제이유네트워크와 모나리자가 협찬한 '2004 미스코리아 선발 대회'가 13일 오후 서울 송파구 방이동 올림픽공원 내 올림픽홀에서 열렸다. 미스코리아 선에는 한경진(19·경기 진), 미에는 김인하(19·서울 진)씨가 뽑혔으며, 미스 제이유네트워크에는 조혜진(19·강원 선), 미스 모나리자에는 최영아(21·서울 선), 미스 한국일보에는 김혜연(22·대전 진)씨가 각각 선정됐다. 우정상에는 이윤경(23·시애틀 진), 매너상에는 김고운(20·제주 미)씨가 후보자 투표로 각각 선정됐다. 사진기자단이 뽑는 포토제닉상은 김지인(19·울산 진), 인터넷 투표와 ARS로 선정한 네티즌 인기상은 한주안(20·인천 선)씨가 차지했다.

한국일보사는 22일 편집위원실을 없애고 편집위원들을 재배치했다. 이기창 위원은 신설된 심의실장직대, 이준희 황영식 위원은 논설위원, 정병진 위원은 편집국 부국장, 유석근 서화숙 송영주 위원은 편집국 국장석 대기자로 발령을 받았다. 안재현 부국장 겸 자료조사부장도 대기자로 전보되고 이호근 자료조사부 차장이 자료조사부 부장직대(차장)가 됐다.

### 김선일씨 피살 충격… 그리고 이라크 파병

가나무역 직원으로 이라크에 파견됐던 김선일씨가 6월 이슬람국가(IS)의 전신인 '유일신과 성전'에 붙잡혀 살해되면서 큰 파문을 일으켰다. 2월 이라크 추가파병 동의안이 국회를 통과하면서 베트남 전 이후 최대인 3,600명 규모의 국군 자이툰 부대가 이라크 북부 아르빌에 파병될 예정이었는데, 파병 직전인 5월 31일 이라크 무장세력이 파병 철회를 요구하며 김씨를 납치한 뒤 6월 22일 살해했다.

피랍 사태를 보도하는 과정에서 대량 오보가 양산되는 우여곡절을 겪었다. 한국일보를 비롯한 대다수 언론이 22일까지만 해도 생존 가능성이 있다고 보도했지만 23일 새벽 갑자기 사망 사실이 알려졌다.

피살 이후 김씨의 부산 본가와 출신 학교인 한국외대 등에 차려진 분향소에는 추모객들이 줄을 이었다. 한국일보는 당시 상황을 비극이자 위기로 보고 냉철한 리더십을 요구했다. 사설은 "김선일씨의 희생은 테러조직이 가한 한국민에 대한 공격"이라며 "참수라는 극악한 방식을 동원한 것은 무엇으로도 용서받을 수 없는 반인륜적 폭력"이라고 적었다. 이어 "정부는 국민의 생명을 지킬 만반의 대책을 세우는 데 비상한 결의를 다져야 한다. 면밀하게 주시하며 국가 이익과 국민 안위를 정부가 책임져야 한다"고 덧붙였다.

이후 국내에서는 이라크 파병에 대한 여론이 찬반 양론으로 갈라져 논란이 끊이지 않았다. 우여곡절 끝에 8~11월까지 자이툰 부대 3,600여 명은 이라크 평화 재건을 목표로 아르빌주에 파견됐다. 파병 논란에 대해 한국일보 사설은 "김선일씨 피살은 파병 논쟁에 새 변수가 되고 있다"고 봤다. 정부가 6월 18일 자이툰부대를 아르빌 지역에 순차적으로 파병한다는 방침을 확정했던 차에 참극이 발생했기 때문이다. 이에 여야 의원 50명은 추가파병 중단 및 재검토 결의안을 국회에 제출하는 등 파병 반대 움직임이 거세지기 시작했다. 사설은 "이라크 추가파병은 국회 동의를 얻었고 집권당인 열린우리당 역시 당론으로 재확인한 사안"이라며 "27명의 우리당 의원이 파병 재검토 결의안에 서명한 것은 생각해 봐야 할 부분이 많다"고 지적했다. 한편, 노무현 대통령은 유럽 순방을 마친 12월 8일 귀국길에 자이툰 부대를 깜짝 방문, 2시간가량 머물며 장병들을 격려했다.

### '한국일보와 나' 연재 시작

창간 50주년을 맞아 6월 17일부터 각계 인사들이 한국일보와 얽힌 각별한 인연을 소개하는 '한국일보와 나'를 게재하기 시작했다. 김동길 연세대 교수, 소설가 황석영, 이애주 서울대 교수, '새 박사' 윤무부 경희대 교수 등이 참여했다. 윤 교수는 새 연구 중 불어난 개울물에 휩쓸려 실신 상태가 된 자신을 한국일보 취재차량이 구해준 일을 회고했고, 1987년

6·29 평화대행진 당시 '시국 춤'으로 민주화를 앞당긴 이애주 교수는 당시 한반도를 연상시키는 춤추는 사진이 사회면에 실렸던 사연을 소개했다. 황석영 작가는 1984~1884년 10년간 2,092회에 걸쳐 한국일보에 연재된 소설 '장길산'과 장기영 창업사주에 얽힌 '비하인드 스토리'도 소개했다.

한국일보는 6월 28일부터 지면 혁신 차원에서 기존 52면에서 8면을 줄인 44면 체제에 돌입했다. 별도 섹션이던 경제 섹션을 본지 속에 넣은 'Inner섹션'으로 만들고, 종이 색깔도 본지와 다른 살구빛 종이를 사용했다. 대신 B섹션에는 생활밀착형 기사를 모았다. 월요일에는 건강면과 함께 어린이·여성·노인을 위한 지면을 마련했다. 화요일엔 부동산과 재테크, 수요일엔 여행 및 생활스포츠, 목요일엔 컨슈머 지면을 새로 선보였다. 금요일엔 최신 IT기술 및 게임 지면을 배치했다. C섹션은 양면 프론트 형태로 전환해 1~3면은 스포츠 기사를, 5~8면은 '오! 樂'으로 제작했다. 특히 28일자에는 D섹션을 마련해 부동산 특집으로 8면을 제작했다.

6월 17일자 23면 첫 회 이애주 교수 편.

한편, 한국일보 자매지 서울경제와 미주한국일보가 공동 발행하는 무료 스포츠지 '스포츠 한국'이 6월 28일 창간했다. 스포츠 연예 오락 취미 레저 등 스포츠 신문이 갖춰야 할 다양한 읽을 거리를 담았다. 특히 "시대의 흐름에 따라 무료 신문 형태로 제작해 독자 여러분이 가정 전철 미주 국내외 어디서나 만날 수 있도록 하겠다"고 밝혔다.

6월30일자 인사가 이뤄졌다. ▲논설위원 이준희 황영식 〈편집국〉▲부국장 정병진 ▲국장석 대(大)기자 유석근 안재현 서화숙 송영주

### '색채의 마술사 샤갈'전… 최단시간 10만 관객 돌파 기록

창간 50주년 기념으로 준비한 '색채의 마술사 마르크 샤갈'전이 연말까지 성황리에 개최됐다. 서울시립미술관과 공동주최한 샤갈전은 서울에서 10월 15일까지, 이어 부산시립미술관에서 11월 13일부터 이듬해 1월 16일까지 열렸다. 프랑스 그랑 팔레 미술관과 미국 샌프란시스코 현대미술관에서 2003년 열려 각각 50만 명 이상의 기록적 관객을 모았는데, 한국일보가 진행한 샤갈전은 '회고전의 서울 순회전' 성격이었다. 서울에서는 개막 22일 만인(월요일 휴관) 8월 8일 관객 10만 명을, 같은 달 29일에는 이미 20만 명을 넘어섰다.

2004년

하루 평균 5,000명에 가까운 관객이 그림을 보러 온 것이다. 이는 한국 전시 사상 최단기간 기록이었다. 시민 관객의 호응에 부응, 7월 17일부터는 신문 1면에 샤갈의 작품을 한 점씩 소개하는 '샤갈전 포커스' 코너를 게재했다. 샤갈전은 6년 뒤인 2010년에도 열려 변함없는 인기를 과시했다.

아테네 올림픽에 출전한 한국 여자 핸드볼팀이 8월 3일 결승전에서 석패한 뒤 서로를 격려하고 있다.

'올림픽의 고향'에서 108년 만에 열린 2004년 아테네 올림픽이 8월 14일부터 8월 30일까지 (한국시간) 진행됐다. 올림픽 사상 처음으로 202개 국제올림픽위원회(IOC) 전 회원국이 참가한 올림픽에서 한국은 유도 이원희의 첫 금메달을 시작으로 금메달 9개, 은메달 12개, 동메달 9개를 따내 종합 9위를 차지, '톱10'에 복귀했다. 2000년 시드니올림픽에서 12위로 처졌다가 다시 '세계 10강' 자리를 되찾은 것이다. 당시 아테네에는 박진용 고찬유 기자가 파견돼 현지의 생생한 소식을 전했다.

### 노조는 임금 17.8% 삭감… 장 회장은 약속 미이행

9월 14일 한국일보 노사간 임단협이 타결됐다. 장재구 회장이 약속한 54억 원 증자를 마무리하고 6~8월 임금 미지급금을 모두 지급한다는 내용을 담았다. 노조도 '고통 분담'의 일환으로 임금을 평균 17.8%나 삭감키로 했다. 직원 연봉의 경우 ▲3,000만 원 이하는 10%, ▲3,000만~4,000만 원 30%, ▲4,000만 원 초과는 50%가 각각 삭감됐다. 아울러 편집국 비대위측은 ▲회장의 추가 증자일정 공개 ▲유동성 해소 및 임금체불방지책 마련 ▲합리적인 인사를 위한 제도적 장치 마련 등 경영 쇄신책을 촉구했다.

당시 한국일보는 현금 유동성 부족 및 경영난이 가중되며 '청산이냐, 존속이냐'를 놓고 존폐 위기까지 거론됐었다. 2003년 말 기준 부채만 3,859억 원에, 퇴직금 미지급액(500억 원 추정) 미증자금(400억 원대) 등 과제가 산적해 있었다. 하지만 장 회장은 약속한 54억 원 중 5억 원만 입금(9월 13일)한 채 약속을 이행하지 못했고, 구성원들의 급여 및 상여금도 대부분 지급되지 않으면서 노사 갈등은 깊어갔다.

아울러 사측은 9월 13일 신상석 사장의 사표도 수리하고 17일 이종승 서울경제신문 사장을 한국일보 후임 사장으로 임명했다. 박진열 편집국장을 이사로 내정하고, 그 후임 편집국장으로 임철순 논설위원 실장을 임명했다.

9월 23일 0시부터 성매매특별법이 시행됐다. 이후 하루 평균 200명을 웃도는 성매매 사범이 무더기로 적발됐다. 성매매에 대한 인식을 바꿔놓는 계기가 됐으며 성매매 피해여성의 인권이 사회적 관심사로 떠올랐다. 그러나 왜곡된 형태의 성매매가 여전했고, 일부 업주와 성매매 종사자들이 생존권 보장을 요구하며 항의집회를 여는 등 후유증이 한동안 이어졌다.

한국일보는 10월 21일자에 성매매특별법시행 한 달을 맞아 성매매 여성 및 성매매 사범의 검거현황을 살피는 한편, 홍등이 꺼진 집창촌 상황을 현지 르포로 전했다. 또 ▲20대 성매매 여성의 하소연 ▲달라진 직장 성 풍속도 ▲특별법에 대한 오해와 진실 ▲성매매 여성 자활시설 실태 ▲외국의 입법 사례 등을 점검하고, 2000년 서울 종암경찰서장으로 부임해 속칭 '미아리 텍사스' 등 전국 집창촌 정화에 나섰던 김강자 전 총경 인터뷰까지 꼼꼼하게 챙겨 보도했다.

성매매 여성 및 관련 사범의 현황을 점검한 10월 21일자 르포기사.

중국 최고 권력자 장쩌민(당시 78세) 국가 중앙군사위원회 주석이 9월 19일 열린 중국 공산당 제16기 중앙위원회 제4차 전체 회의에서 군 통수 기관인 중앙군사위 주석직에서 퇴진했다. 그리고 후진타오(당시 61세) 공산당 총서기 겸 국가주석이 주석직을 승계함으로써 중국 지도부의 세대 교체를 마무리했다.

한국일보는 20일자 신문에 "江(장쩌민)이 흘러가고 '胡의 시대'(후진타오)가 활짝 열렸다"고 보도했다. 이어 "후진타오의 중국은 보다 적극적으로 '거대 중국'을 지향할 것"이라고 전망했다. 대미 관계에 대해서는 "미국이 중국 위협론을 과대포장하지 않는 한 선택적 공조와 경쟁을 지속하는 전략적 동반자 관계를 유지할 것"이라고 관측했다.

다만 양안 관계에 대해서는 "대만의 독립을 불허하고 통일을 이루겠다는 '하나의 중국' 정책에는 전혀 흔들림이 없다. 오히려 강력한 군사력과 경제력을 바탕으로 대만을 더욱 압박할 수도 있다"고 봤다. 대일 관계에 대해서는 "다소 호전될 수도 있지만, '동북아의 두 강대국'이라는 지정학적·역사적 한계를 극복하긴 어려울 것"이라며 센카쿠열도 등 영토 분쟁 사례를 들었다.

### 노조·편집국 비대위, '독자 생존안' 한 목소리

한국일보 노조와 편집국 비대위가 새 투자자 영입 또는 독립 언론으로 거듭나기 위한 독자 생존안을 마련키로 했다. 노조와 비대위가 한국 정상화 방안을 놓고 한 목소리를 낸 것은 이때가 처음이었다.

노동조합(위원장 전민수)과 편집국 기자들로 구성된 비상대책위원회(위원장 고재학)는 10월 12일 '한국일보 경영정상화를 위한 노조·공동대책위'를 본격 출범시켰다. 양측은 그동안의 상호 불신과 오해를 씻어 내자는 데 의견을 같이하고 회사 정상화를 위해 각종 사안을 "공동으로 풀어나가자"고 합의했다. 특히 11월 말까지 새 투자자 영입 또는 독립언론으로 거듭나기 위한 구조조정과 사업다각화 등 사원 중심으로 독자생존안을 마련키로 했다. 또 체불된 퇴직금과 임금을 받기 위해 회사 소유 건물과 임야, 공원 부지 등을 가압류 신청하는 방안도 적극 검토했다.

### 헌법재판소, 수도 이전은 '위헌' 결정

헌법재판소 전원재판부(주심 이상경 재판관)는 10월 21일 '신행정수도 건설 특별법'에 대한 헌법소원 사건에서 재판관 8대 1의 다수의견으로 위헌이라고 결정했다. 재판부는 "헌법에 명문규정은 없어도 서울이 수도라는 사실은 관습헌법으로 인정되는 만큼 수도이전은 헌법개정 절차를 거쳐야 한다"고 밝혔다. 이에 따라 행정수도 이전 논란은 사실상 종지부를 찍게 됐다. 하지만 수도 이전은 당시 노무현 대통령의 대선 공약으로, 특별법은 충청권으로 행정수도를 옮기기 위해 마련된 법안이었다. 2003년 12월 압도적인 지지로 국회를 통과했지만, 헌재가 이듬해 10월 이를 '위헌'이라고 결정한 것이다.

정부는 즉각 사업을 중단해야 했다. 하지만 신행정수도 입지로 결정됐던 연기·공주 등 충청권은 거세게 반발하는 등 정치·사회적 후폭풍이 거셌다. 한국일보는 22일자 1면에 헌법재판소의 결정을 상세 보도하는 한편, ▲노무현 대통령의 향후 정치적 결단 전망 ▲수도

수도 이전 헌법재판소 결정을 다룬 10월 22일자 1면.

11층 새 편집국을 방문한 역대 편집국장들.

이전 무산 이후 파장 ▲충청권의 실망감 ▲헌재 결정의 상세 분석 및 결정문 요지 ▲헌재 결정에 대한 여론조사 ▲향후 정책에 미칠 파문 ▲건설주 중심의 증시 폭락 현황 등을 10개 면에 걸쳐 대대적으로 보도했다.

사설은 헌재의 결정에 대해 "이로써 유례가 드문 국민 논란과 분열을 초래한 수도 이전 문제는 모든 게 원점으로 되돌아갔다"고 언급했다. 그러면서 "헌재 결정의 의미를 되새기는 것 못지않게 당장 정치·사회적 충격을 수습해 혼란을 줄이는 것이 무엇보다 중요하다"면서 "수도 이전을 둘러싼 소모적 논쟁을 되풀이하는 것은 피해야 할 것"이라고 적었다.

### '본부' 개념 도입한 조직 개편 단행

11월 1일자로 조직 개편을 단행했다. 광고국을 광고마케팅본부, 전산실을 정보지원실, 독자지원실을 고객서비스본부로 바꾸고, 경영지원본부, 종합기획실 등은 새롭게 신설했다. 또 중학동 건물 3층에 있던 편집국을 11층으로 옮긴 뒤, 4일에는 역대 편집국장을 초청해 '선후배와의 대화'의 시간을 마련했다.

현대 유니콘스와 삼성 라이온즈가 맞붙은 2004년 프로야구 한국시리즈는 무려 3차례나 무승부(2·4·7차전)가 나오면서 9차전까지 이어졌다. 2차전과 7차전은 '경기 시작 후 4시간이 지나면 새 이닝에 들어갈 수 없다'는 시간 제한 규정에 걸려 승부를 내지 못했고 4차전은 삼성 투수 배영수가 '10이닝 노히트 노런'(무안타 무실점)으로 역투하고도 '12이닝 제한 규정'에 걸려 비겼다. 가을비가 내리는 가운데 11월 1일 서울 잠실구장에서 열린 9차전에서도 혈투가 이어졌는데, 현대가 8-7로 삼성을 꺾고 팀 4번째 우승컵을 들어올렸다. 장대비 속 난타전이 벌어지면서 8회에는 한때 경기가 중단되기도 했다. 마무리 투수 조용준이 한국시리즈 최우수선수의 영예를 안았다.

2004년

조지 W 부시 미국 대통령이 11월 2일 대통령 선거에서 존 케리(민주당)를 힘겹게 누르고 재선에 성공했다.

'중동의 풍운아' 야세르 아라파트 전 팔레스타인자치정부 수반이 11월 11일 프랑스 파리 근교 군병원에서 숨졌다. 75세. 팔레스타인 국가 건설에 몸 바쳐 '팔레스타인의 국부'로 불렸지만 무자비한 테러와 부정 축재로 '두 얼굴을 가진 사나이'라는 평가를 받았다.

### 수능 성적 무효만 314명… 희대의 '휴대폰 커닝'

2004년 11월 17일 진행된 2005학년도 대학수학능력시험은 휴대전화를 이용한 부정행위와 대리시험으로 얼룩졌다. 수능 전 인터넷에 수능시험에서 일어날 대규모 부정행위 예고 글이 올라왔는데, 이 예고가 현실이 된 것이다. 광주광역시에서 처음 부정행위가 적발되면서 수사는 전국으로 확대됐다. 한국일보는 11월 20일자 1면에 "수험생 50여 명이 휴대폰을 이용해 조직적으로 부정행위를 한 사실이 드러나 경찰이 수사에 착수했다"면서 "1994학년도 수능 도입 이후 수험생 집단 부정행위가 적발된 것은 이번이 처음"이라고 보도했다. 당시 수능 부정은 우수한 수험생이 특정 문제의 정답을 휴대폰 메시지로 공범에게 보내면, 이들이 다시 다수의 수험생에게 재전송하는 수법으로 이뤄졌다.

이후 부정행위가 줄줄이 드러나 부정행위에 가담한 수험생과 브로커 등 374명이 입건되고 '성적 무효' 처리를 받은 학생만 314명에 달했다. 여기에 앞선 2002~2004학년도 수능 부정행위까지 연이어 적발되면서 이미 대학에 입학한 70여 명도 합격이 취소됐다.

한국일보는 사설에서 "수능시험이 휴대폰에 유린됐다"고 적었다. 사설은 "충분히 예상할 수 있는 일로 지적됐는데도, 휴대폰 수거 등 최소한의 관리 감독 규정도 지켜지지 않았다"면서 "수능 관리의 공신력이 심각하게 훼손됐다. 수능 제도 전반에 대한 논란이 불가피해졌다"고 분석했다. 그러면서 "교육 당국이 내놓은 단순하고 일회적인 대책만으로 수능을 계속 이어가기에 한계에 이르지 않았는지 심각하게 고민해 볼 일이다. 부정행위 원천 차단 등 근본적인 처방을 마련해야 한다"고 지적했다.

11월 22~30일 홈페이지를 통해 66기 견습기자 공채 원서를 접수한 결과, 10명 모집에 640명이 응시, 64대 1의 경쟁률을 기록했다. 2003년 1월 65기 견습 기자를 선발한 이후 거의 2년 만의 공채였다. 65기 경쟁률(80대 1)보단 경쟁률이 조금 낮아졌지만, 경영악화로 존폐의 위기에 몰리는 등 당시 한

수능 부정행위 사태를 전하는 11월 20일자 1면.

국일보의 이미지 손실을 고려하면 상당히 높은 경쟁률이었다.

서울경제에서 분사한 스포츠한국이 12월 31일 주주총회와 이사회를 열고 윤세일 한국종합미디어 사장을 대표이사 사장에 선임했다. 아울러 발행인·편집인도 겸했다. 스포츠한국은 또 이진희 편집국장과 배성한 광고국장을 이사에, 신우철 한국일보 감사실장을 감사에 각각 선임했다.

창간 50주년 기념 독자 사은행사인 '한국일보 문화 기행'이 2004년 내내 진행됐다. 독자와 함께 우리의 자연과 문화를 살피자는 취지로 1월부터 12월까지 매달 3가지 주제로 출발했다. 예를 들어 10월 문화 기행은 '가을 속으로'라는 주제로 ▲영상 기행(드라마 가을동화 촬영지 회룡포 장안사 등) ▲단풍 기행(충남 칠갑산 장곡사) ▲자연 기행(정선 억새 군락지) 프로그램으로 진행됐다. 참가 신청은 주관 여행사인 승우여행사에서 전화로만 받았다. 참가비는 성인 1만 원 어린이 5,000원을 받았는데, 점심식사와 여행자 보험료, 입장료, 기념품 등 일체 비용이 포함됐다.

사진 보도 '물 흐르는 청계천'(사진부 왕태석)이 제165회 이달의 기자상(2004년 5월) 전문보도 부문을 수상했다. 왕태석 기자는 5월 28일 당시 전국적인 호우로 청계천 복원 공사 현장에 물이 불어나자, 이 모습을 사진에 담아 복원 후 청계천 모습을 가늠할 수 있는 '물 흐르는 청계천'을 사진 보도했다. 이 사진은 무엇보다 기획의 우수성이 인정을 받았다. 당시 많은 사람들이 '청계천에 물이 흐르면 어떻게 되느냐'에 관심을 갖고 있었는데, 때마침 비가 오기를 기다려 청계천에 물이 흐르는 장면을 찍은 것이다. 심사위원들로부터 "기자의 끈질김이 일궈낸 수작이었다"라는 평가를 받았다.

왕태석 기자의 <물 흐르는 청계천>.

# 2005년

한국일보는 정치와 이념 진영에 휘둘리지 않는 한국 유일의 중도지다.
- 한국일보 바로세우기 위원회·2013년

### <신년 기획> 국민 45% "나는 중도"… 가장 아름다운 모국어는?

한국일보는 '중도·상생의 길'을 주제로 여론조사와 한일 관계 대담을 신년 기획 기사로 준비했다. 1월 1일자 신년호엔 미디어리서치와의 여론조사를 통해 국민의 45%가 '정치적 중도 성향'이라고 생각하는 것으로 파악됐다는 내용을 머리기사로 올렸다. 특히 국민의 80%는 "중도 시민단체가 필요하다"고 답변해 좌도 우도 아닌 균형 있는 외침을 원한다는 내용도 덧붙였다.

설문조사에서 나타난 '중도에 대한 평가'도 대단히 긍정적이었다. '중도'라는 단어에서 떠올린 이미지에 대해 45.3%가 '긍정적'이라고 답했고, '부정적' 이미지를 떠올린 응답자는 10.8%였다. 특히 긍정적이라는 답변은 40대(50.4%) 화이트칼라(50.6%) 학생(51.0%) 대학 재학 이상 학력자(50.0%)에서 많았다.

한국일보는 "과거 권위주의 정치체제의 일방적인 보수문화 속에서 소수의 진보는 민주화와 동일시됐다"면서 "반면, 중도는 어정쩡하고 기회주의

중도에 대한 국민 여론을 전한 1월 1일자 1면.

적인 태도로 인식되면서 오랫동안 백안시됐다"고 적었다. 그러면서 "그러나 최근 진보와 보수가 첨예하게 대립하는 상황이 빚어지면서 중도가 원래의 가치를 점차 회복해 가는 것으로 보인다"고 진단했다. 하지만 정작 국민들은 현재 우리나라엔 '중도 정당은 없다'고 인식하는 것으로 나타났다. 한반도와 국제관계를 논의한 '폴 케네디 인터뷰', '우주로 가는 한국' 등의 특집물도 눈길을 끌었다.

2일자엔 신문 문화기획 '가장 아름다운 우리 말'이 게재됐다. 우리 국민이 '가장 아름다운 우리말'로 생각하는 것은 사랑(33.7%)과 어머니(8.2%) 행복(7.4%) 고맙습니다(3.2%) 예쁘다(2.5%)로 나타났다. 한국일보는 "특히 '사랑'은 성과 연령 지역 직업 학력과 관계없이

부동의 1위였다"고 덧붙였다. 그러면서 여론조사 메시지를 다음과 같이 요약했다. "한국인 여러분, 우리 모두 새해에는 서로 사랑하고 욕하지 말고 건강합시다."

2005년 한국일보 신춘문예 부문별 당선작이 발표됐다. 시상식은 1월 14일 한국일보사 13층 송현클럽에서 열렸다. ▲시 '나무 도마'(신기섭) ▲소설 '피'(송옥영) ▲희곡 '청혼하려다 죽음을 강요당한 사내'(김수정) ▲동화 '노랑 제비꽃'(이해든) ▲동시 '우리 할머니'(김예란)

송영주 의학전문 대기자가 1월 27일 서울 프레스센터 20층 내셔널프레스클럽에서 한국여기자협회(회장 홍은희)가 수여하는 '제2회 올해의 여기자상'을 수상했다. 양윤경 MBC 기획취재센터 기자와 공동 수상. 송 기자는 '여자는 왜?'라는 의학 연재 기사로 여성의 건강에 대한 관심을 높인 공로가 수상 배경이 됐다.

2월 23일에는 김철훈 기자가 도쿄 특파원으로 부임했다.

황우석 교수가 2월 23일 서울대학교 문화관 대강당에서 진행된 제12회 청소년을 위한 자연과학 공개강연에서 '생명공학과 국가발전-장기이식 및 세포치료'라는 주제로 강연하고 있다.

한국일보가 서울대 자연과학대학, 한국과학문화재단과 함께 2월 22일과 23일 서울대 문화관 대강당에서 자연과학 공개 강연을 진행했다. '다시 보는 20세기 자연과학'을 주제로 진행된 강연은 황우석 서울대 교수, 이영욱 연세대 교수 등 대학 몇 연구기관의 학자들이 다양한 시각에서 20세기 자연과학을 설명했다. 초·중·고생과 일반인 누구나 무료로 참가할 수 있도록 했다.

### 광복 60주년 기업, 3대 기념 사업 추진

한국일보가 광복 60주년을 맞아 3월 1일부터 민족의 화합과 번영을 기원하는 3대 사업을 펼쳤다. 한국일보는 "한민족의 역사·문화적 뿌리를 되새겨 이를 나라 사랑으로 승화하기 위한 것"이라고 취지를 밝혔다. 일부 사업은 온라인으로도 진행됐다.

먼저, 나라 사랑, 무궁화 사랑 2010 프로젝트가 3월 1일부터 연말까지 이어졌다. ▲온라인 무궁화 100만그루 꽃피우기 ▲1,000가족 초청, 1일 무궁화 사랑 체험 교실(4월 5일~8월 15일) ▲백두산 탐험(8월)이 진행됐다.

이어 '문화유산을 다시 보며'라는 주제로 ▲조선왕조 궁중 연회 재현(5월 5일 경희궁) ▲문화예술 한마당(4~10월 매월 둘째 일요일)이 진행됐다.

마지막으로 '한민족의 뿌리를 찾아'라는 주제로 '아 대한민국 Corea! 고지도전'이 6월

25일~9월 4일 서울 코엑스에서 열렸다. 경희대 혜정문화연구소가 소장하고 있는 미공개 서양 고(古)지도 원본을 전시했다. 전시물들은 중국의 고구려 역사 왜곡, 일본과의 독도 영유권 및 동해 명칭 문제 등과 관련해 큰 사료적 가치를 지닌 것들이었다.

한국일보는 3월 2일자부터 발행면수를 32면에서 36면으로 4개 면을 더 늘렸다. 아울러 지면도 개편했다. 먼저 오피니언 면을 1개 면 더 늘려 다양화했다. 기존 '독자 광장'을 확대하고 '대학가 명칼럼' '해외 기고' 등 다양한 코너를 신설했다. 특히 한 주간의 의제와 이슈를 분석하면서 한국일보 논조를 독자들과 함께 생각하는 '논설위원실에서'는 쌍방향 언론의 새로운 모델로 눈길을 끌었다.

또 요일별로 새로운 연재물을 매일 실었다. ▲월요일엔 '건축, 우리의 자화상'(이화여대 임석재 교수) ▲화요일엔 우리나라 대표 지성인·연구자가 말하는 '나는 왜 공부를 하는가' ▲수요일 '무기, 전쟁 그리고 인간'(윤석철 객원 기자) ▲'시인 공화국 풍경들'(고종석 객원 논설위원)이었다.

국제뉴스 지면이 1개 면 늘어나 국제경제와 글로벌 이슈를 심층 분석했다. 금요일자 주말 특집 'Free'는 8개 면에서 12개 면으로 늘어나 여행 산행 이벤트 등 주말 나들이에 대한 소식과 패션 음식 건강 등 생활 속 이야기를 담았다. 특히 온라인-오프라인 연계를 강화한다는 취지에서 인기 블로그를 소개하는 '블로그 세상'을 오피니언 면에 신설했다. 한국일보 기사에 대한 반론과 이의를 접수하는 '한국일보에 할 말 있다' 코너를 한국i닷컴에 마련하고 그 내용을 신문에도 옮겨 실었다. 외부 칼럼 필진도 개편됐다. 한국일보는 "이번 개편을 통해 더 풍부한 정보와 깊이 있는 분석·기획 기사를 싣고 이념과 정파에 휩쓸리지 않는 균형 잡힌 시각을 독자들에게 제공하겠다"고 밝혔다.

### 노조, 장재구 회장 불신임 선언

전국언론노동조합 한국일보지부(위원장 임대호)가 장재구 회장에 대해 불신임을 선언했다. 노조는 3월 2일 '장재구 회장 불신임을 선포하며'라는 성명을 내고 장 회장이 지난해 말 약속했던 증자가 불이행된 후, 회생 대안을 밝히지 못한 채 사원들에 대한 신뢰를 저버리는 행보를 계속하고 있다고 밝혔다. 노조는 "바뀐 것이라곤 오직 사원들이 사표를 내고 회사를 나가고, 깎인 임금도 제때 못 받아 가며 하루를 힘들게 버티고 있다는 것뿐"이라며 장 회장에게 ▲3월 10일까지 조기증자계획을 밝히고 ▲회생을 위한 구체적이고 객관적인 방안도 공개할 것을 요구했다. 22일에는 사옥 앞에서 조합원 100여 명이 참석한 가운데 집회를 열고 장 회장의 증자를 촉구했다.

25일에는 편집국 기자들로 구성된 비상대책위원회(위원장 고재학)가 전체 회의를 열고 장 회장이 추진하고 있는 뉴욕한국일보를 위한 별도의 편집팀 구성에 반대했다. 뉴욕한국일보는 한국일보와 별도 법인 미주한국일보의 지사였다. 미주 한국일보 본사는 로스앤젤레스에 있었지만, 미국 내 시차와 서머타임 등으로 인해 별도의 편집팀을 두겠다는 게 사측의 입장이었다. 하지만 비대위는 "회사 회생을 위한 의지도 능력도 보이지 않은 채 엉뚱하게 뉴욕한국일보에 콘텐츠를 조기 전송하기 위한 별도 편집팀을 꾸리느냐"며 반발했다.

장 회장은 그러나 3월 31일까지 약속한 125억 원 중 30억 원만 증자했고, 채권단에 "창립 기념일인 6월 9일까지 증자 시한을 연기해 달라"고 요청했다. 기대했던 완전 증자가 불발로 끝나자 비대위는 4월 11~12일 대의원회의와 집회를 잇달아 열고 장 회장의 경영일선 퇴진을 요구했다.

'행동하는 교황' '시련의 교황'으로 불리며 27년 동안 로마 가톨릭을 이끌었던 교황 바오로 2세가 4월 2일 84세를 일기로 선종했다. 1996년 파킨슨병에 걸리면서 건강이 급속도로 악화됐다. 한국도 두 차례 방문(1984년, 1989년)했던 그는 역대 교황의 평균 재위기간(7.3년)보다 훨씬 긴 금세기 최장수 교황으로도 기록됐다. 교황은 죽음을 맞기 직전 "나는 행복합니다. 그대들도 행복하세요"라

2005년 서거한 요한 바오로 2세(왼쪽 사진)와 당시 새 교황으로 선출된 요제프 라칭거 추기경(베네딕토 16세).

고 힘겹게 한 자 한 자 적은 친필 메모를 병상을 지키던 신부와 수녀들에게 남겼다고 이탈리아 언론들이 보도했다.

신임 교황에는 독일 출신 요제프 라칭거 추기경이 선출됐다. 한국일보는 새 교황 라칭거에 대해 "초 보수적인 교리 해석으로 가톨릭 교회에서조차 '신의 로트와일러(독일산 맹견)'로 불릴 정도로 대표적인 강경 보수파"라고 소개했다. 이어 "동성애, 이혼, 인간복제를 전통적 윤리에 반하는 것으로 보고 해방신학, 종교 다원주의, 여성 사제 서품 반대 등 종교적 관점에서도 보수적"이라며 "10대 시절 독일 나치의 청년 조직인 '유겐트' 가입 전력이 불거져 한때 교황 자질 시비를 빚기도 했다"라고 썼다.

### 낙산사, 양양 산불로 전소… '불 타버린 식목일'

식목일인 4월 5일 '관동팔경'의 하나인 낙산사(강원 양양군 강현면)와 부속 건물들이 거의 전소됐다. 4일 밤늦게 강원 양양에서 발생한 원인을 알 수 없는 산불이 강풍을 타고 동해안 쪽으로 급속히 번지면서 낙

4월 5일 강원 양양군 낙산사에 산불이 옮겨 목조 건물이 불타고 있는 가운데, 소방관들이 진화 작업을 하고 있다.

산사까지 큰 피해를 본 것이다. 화재는 이틀 만에 진화됐다. 한국일보는 "이 대화재로 낙산사에 있던 주요 문화재 상당수가 소실됐다"고 보도했다. 당시 경내에는 보물 3건과 유형문화재 5건, 문화재자료 1건이 있었다. 가장 오래된 지불인 건칠관세음보살좌상(보물 1362호)을 비롯한 산중 탱화, 후불 탱화 등 3개 문화재는 지하 창고로 옮겨 화마를 피했다. 보물 제479호 낙산사 동종이 녹아 소실되면서 지정 해제되는 일도 발생했다. 이후 동종은 2006년 복원돼 다시 낙산사에 걸렸지만 문화재로 등재되지는 못했고, 화재 당시 녹아내린 모습 그대로 낙산사 내 의상대사 기념관으로 옮겨졌다. 유홍준 문화재청장과 조계종 총무원장 법장 스님 등은 4월 6일 낙산사 화재 현장을 둘러본 뒤 복원에 나섰다. 한국일보는 사설에서 "연례행사처럼 되풀이되는 산불에도 교훈을 얻지 못하는 재난 당국이 한심스럽다"면서 소방 당국의 초기 대응 체제 및 장비·전문 인력 부족 문제를 짚었다. 그러면서 "국가적 재난에 대한 방재 체계 구축을 서둘러야 한다"고 주문했다.

사진부 조용호 기자가 한국 기자로는 처음이자 유일하게 세계 환경보호단체 그린피스의 레인보워리어호에 동승해 3월 30일~4월 4일 6일간 그들과 동행하며 동해 고래 탐사를 취재했다. 그린피스가 한국에 온 목적은 5월 말 울산에서 열리는 국제포경위원회(IWC) 총회를 앞두고 동해안의 고래 생태 조사와 고래 보호 캠페인을 하기 위해서였다. 한국일보는 "그린피스 대원들은 한국 언론이 그린피스의 방문을 '포경을 막는 국제 환경 단체와 포경을 원하는 국내 어민 간 싸움'으로 보도하고 있다고 안타까워했다"고 보도했다. 그러면서 "그린피스가 원하는 것은 깨끗한 바다와 풍족한 어족이며, 이런 맥락에서 결코 어민들의 적이 아니라 동지와 같은 관계라고 말했다"고 덧붙였다. 조영호 기자는 3월 30일 경북 포항에서 출항한 지 이틀 만에 고래의 모습들을 포착해 4월 8일자 지면에 화보로 담아냈다.

4월 8일자 13면 화보 '고래가 춤추는 동해'.

### '100년 사학' 시리즈…고려대부터 시작

'100년 사학' 시리즈가 4월 11일부터 매주 월요일에 연재됐다. 한국일보는 시리즈를 시작하면서 "한국 근대교육의 역사는 곧 사학의 역사다. 사학 설립은 자주 독립운동이자, 교육 구국운동이었다"면서 "올해와 내년(2005~06년) 개교 100년을 맞는 명문 사학들의 어제와 오늘, 미래 발전 계획을 살펴본다"고 취지를 설명했다.

5월 5일로 개교 100주년을 맞는 '민족 사학' 고려대학교가 시리즈 첫 회를 장식했다. 한국일보는 "고대가 개교 100주년 기념품으로 와인을 택했다. '막걸리 고대'라는 이미지를 벗기 위한 아이디어다"라고 소개한

4월 11일자 7면 백년사학 시리즈와 시리즈 로고.

뒤 "상징만 바뀌는 것이 아니다. 하드웨어와 소프트웨어의 변화 등 '글로벌 KU(고려대) 비전'을 선포하고 올해를 세계 100대 대학 진입 토대 구축 원년으로 삼았다"라고 적었다. 이어 ▲1905년 순수 민간 자본으로 세워진 최초의 민간 사학 양정고등학교(학교법인 양정의숙) ▲불가의 가르침을 학문으로 승화시켜 온 동국대(1906년 5월 8일~) ▲1906년 설립된 국내 최초의 민족 여성 사학 숙명여대 ▲영남지역 최초의 중등 교육기관 대구 계성 중·고교(1906년 10월 15일~) ▲충청지역 최초의 근대 중등 교육기관 충남 공주시 영명중·고교(1906년 10월 15일) ▲구한말 이래 3만여 명의 여성 인재를 배출한 진명여고(1906년 4월 21일~) 등이 시리즈를 통해 소개됐다.

한국일보 4월 15일자에는 당시 국민적 관심이 뜨거웠던 쌀 관세화 유예협상에서 정부가 당초 약속을 어기고, 특정 합의에 대해 민간위원에게 알리지 않았다는 특종이 게재됐다.

### 편집국 비대위, 확대 개편… "컨틴전시 플랜 준비"

편집국 비상대책위원회(위원장 고재학)가 4월 19일 6개 실무팀과 편집국 부장단과 논설위원 등으로 자문위원단을 구성하는 등 비대위를 확대 개편했다. 이는 장재구 회장이 '마지막 기일'인 5월 말까지 증자를 하지 못했을 경우, '컨틴전시 플랜'(불의의 사태에 대응하기 위한 사전 계획)을 가동하기 위한 포석이었다.

6개 실무팀은 ▲채권단 협상팀 ▲인수자 물색팀 ▲신문개혁팀 ▲홍보팀 ▲법규팀 ▲조직관리팀으로 구성됐다. 실무팀의 역할은 다음과 같다. ▲채권단 협상팀: 경영진에 대한 문제를 채권단과 협상하고, 제3자 인수방안을 모색, 한국일보 제호 인수 등을 위한 협상 추진

## <70대 특종> 쌀 협상 이면합의 들통

2005년 4월 15일자 1면에 당시 쌀 관세화 유예 협정을 벌이던 우리 정부가 중국 등과 이면 합의를 하면서 함께 협상에 참가했던 민간 전문가에게 알리지 않았다는 특종 기사가 보도됐다. 당시 소문으로만 나돌던 이면 합의 내용을 최초로 밝혀낸 것은 물론이고, 민간 위원에게 은폐까지 했다는 내용이었다. 중대한 대외 협상에서 국익을 훼손한 것은 물론이고, 농민들의 생존권이 달린 농업협상 내용을 투명하게 공개하겠다는 약속까지 어긴 것이어서 정치권 국정조사로 이어지는 등 큰 파문을 일으켰다.

한국일보의 특종은 "쌀 외의 것에 대한 협상은 없다"던 정부가 "부가적 논의가 있을 것 같다."고 말을 바꾸는 과정에서 다른 중대한 내용을 숨기고 있다는 의혹이 제기되면서 시작됐다. 쌀 협상에 참여했던 민간 전문가들을 대상으로 일일이 구체적 내용을 크로스 체크하는 과정에서 ▲중국에 대해 체리 등에 관한 수입위험평가절차(검역) 편의 약속 ▲체리 외에 사과와 배에 대한 추가 편의 약속 등이 확인됐다. 정부가 당초 사전 공개 약속을 어기고 '부가적 합의사항'의 내용은커녕 그 같은 합의가 있었는지도 민간 전문가에게 알리지 않았다는 점도 드러났다.

한국일보는 당시 정부의 행태에 대해, 그 이전 중국과의 마늘협상 파동 등 몇 차례 비슷한 문제로 곤욕을 치르고도 정부가 교훈을 얻지 못했기 때문이라고 비판했다. 또 향후 이어질 주요한 대외 경제협상에서 국익에 입각한 투명한 협상 자세가 필요하다고 강조했다. 이 기사가 보도되자, 정부도 15일 오후 "본협상 타결 이후 기술적 절차적 과정까지 민간 대표에게 보고할 필요는 없다"라고 사실상 잘못을 인정하는 해명자료를 냈다.

이 특종을 계기로 정부의 경제 분야 대외협상에 대한 투명한 공개 절차가 공식화했다. "각국과의 합의문은 외교문서여서 공개할 수 없다"던 정부도 입장을 바꿔 국회의원들에게 문서를 공개하기 시작했다.

▲인수자 물색팀은 증자가 실패할 경우 인수자를 찾는 역할 ▲신문개혁팀은 한국일보 지면 경쟁력을 강화하는 방안 마련과 새로운 수익모델 개발 ▲홍보팀은 비대위의 내부 성명서 및 소식지를 발간하는 역할 ▲법규팀은 경영진에 대한 민·형사상의 책임을 물을 조치 강구, 법정관리에 대한 대응책 마련 ▲조직관리팀은 재정관리 및 편집국의 조직력을 강화.

약속했던 '5월 말 증자'는 이뤄지지 않았다. 장 회장은 약속 했던 증자 금액 125억 원 중 3월에 30억 원을 증자한 후 4월에 16억 5,000만 원, 5월에 20억 원 증자에 그쳐 총 58억 5,000만 원이 약속에 못 미친 것. 이후 추가 납입이 이뤄져 6월 말에야 장 회장의 500억 원 증자 약속이 지켜졌다.

### 종전 30주년, 베트남을 가다

한국일보는 베트남 종전 30주년을 맞아 베트남 전쟁과 전후 30년이 우리에게, 베트남 국민에게, 또 국제 정치적으로 어떤 의미인지 살피는 시리즈 기획물을 4월 25일부터 연재했다. 시리즈는 ▲호찌민 루트를 따라서 ▲적에서 우방으로 ▲통일 베트남의 힘 등 3편으로 나눠 게재됐다. 특히 4월 28일자엔 본지와 별도 섹션으로 6개 면에 걸쳐 '베트남 리포트' 코너를 마련해 현지의 변화된 양상을 상세하게 보도했다. 김동국 이태규 류효진 기자 등 3명으로 특별취재반을 꾸려 4월 중순부터 베트남 현지를 취재했다.

4월 28일자 C1면에 게재된 '종전 30년 베트남 리포트'의 다양한 화보.

한국일보는 "베트남이 첨단 자본주의 물결로 홍수를 이루고 있다"면서 "전쟁을 겪지 못한 30세 이하 젊은이(전체 인구의 57%)들은 전통의상 아오자이를 벗어 던지고 유명 브랜드의 티셔츠와 청바지를 입고 있다"고 베트남의 변화상을 전했다. 또 남부의 호찌민이 경제를 주도하고 하노이 등 북부는 중공업과 IT에 주력하며, 상대적으로 낙후된 전쟁 격전지였던 중부 지역은 관광지로 개발되고 있다고 분석 보도했다. 특히 "전쟁의 기억보다 미래가 중요하다"는 베트남인들의 변화한 태도에 주목했다. 한국일보는 "수도 하노이 도심에서 가장 자주 보이는 영어 간판은 삼성과 엘지다. 승용차와 전자제품 등이 모두 한국 기업이 만든 상품이다. 한국어 배우기도 열풍이다"라고 전하면서 "참전 군인조차 굳이 과거사를 들추려 하지 않는다"라고 썼다.

2005년

㈜한국일보사와 ㈜한남레저가 5월 9일 각각 일간스포츠 주식 보유 지분의 전량인 614만 7,000주와 30만 7,720주를 매각했다. 이는 전체 일간스포츠 주식의 25.66%에 달했다. 이는 채권단에 채무를 상환하기 위한 것이었다. 이로써 일간스포츠 최대 주주는 장중호 사장 측이 됐다.

창간 51주년을 맞아 6월 9일자 창간 기념호에 김대중 전 대통령의 특별 인터뷰를 게재했다. 인터뷰는 7일 서울 김대중도서관에서 코리아타임스와 공동으로 진행했다. 마침 10일(현지시간) 미국 워싱턴에서 노무현 대통령과 조지 W 부시 대통령의 한·미 정상회담을 앞두고 있던 중요한 시기였다. 김 전 대통령은 "노무현 대통령이 굳건한 한미동맹, 북핵 불용 의지, 북미 간 주고받는 협상의 필요성 등 3가지를 부시 대통령에게 강조해야 한다고 말했다. 6·15 남북정상회담 5주년이기도 했다. 김 전 대통령은 "훨씬 더 마음 놓고 살 수 있게 됐지만, 다른 한편으로는 당시 기대만큼 큰 진전이 없다는 생각도 있다"고 했다. 특히 김정일 북한 국방위원장의 남측 답방 약속이 지켜지지 않은 점을 아쉬워했다. 그는 "서울 답방이 어렵다면 도라산에라도 와야 한다"고 강조했다.

한·러 협력 농장을 탐방한 르포 '연해주, 한·러 협력 농장을 가다'도 눈길을 끌었다. 러시

6월 9일자 4면에 게재된 김대중 전 대통령의 인터뷰 기사. 왼쪽은 임철순 편집국장.

아 국영농장 파산 이후 십수년간 버려져 있던 연해주의 척박한 땅이 한국의 영농 자본과 기술, 그리고 고려인의 노동으로 숨을 쉬는 현장이었다. 스탈린 치하에 중앙아시아로 강제로 이주당했다가 소련연방의 붕괴 이후 귀환한 고려인의 후손들에게는 새 삶의 기반이자 희망의 땅이기도 했다.

박지성의 에이전트가 6월 22일 "맨유와 PSV에인트호벤 간의 협상이 이적료 600만유로 (73억 6,000만 원)에 타결됐다"고 발표했다. 한국인 프리미어리거 1호가 탄생하는 순간이었다. 8월에는 이영표의 프리미어리그 이적설이 흘러나왔고 같은 달 27일 토트넘 홋스퍼로 입단했다. 이후 9월 10일 리버풀과의 데뷔전부터 꾸준히 활약했다. 박지성·이영표의 활약은 국내 스포츠 전문채널에서 생방송되면서 '프리미어리그 붐'으로 이어졌다.

### 11년 만에 문학인의 밤 행사… '문학인과 51년'

창간 51주년 기념 '2005 문학인의 밤' 행사가 6월 30일 중학동 사옥 13층 송현클럽에서 열렸다. 1994년 '한국 문학인 대회' 이후 11년 만이었다. 한국문학을 꽃피웠던 원로 작가부터 갓 등단한 20대 작가까지 신춘문예와 한국일보문학상, 팔봉비평문학상 등으로 한국일보와 인연을 맺은 모든 문학인을 초청, 한국 문학의 미래와 희망을 위해 축배를 들었다. 당시 문학계는 정치 노선 혹은 문학 유파 등으로 갈등을 빚었

7월 2일자 7면에 '2005 문학인의 밤' 행사를 보도하고 있다.

다. 하지만, 이날만큼은 진영에 상관없이 200여 명이 참석해 즐겁게 먹고 마시고 담소를 나누며 건필을 다짐했다.

김갑수(문화평론가) 시인의 진행으로 2시간가량 진행된 이날 행사에는 박완서, 고은, 백낙청, 조정래, 유종호, 김훈 등 내로라하는 한국문인들이 함께 하며 허벅진 잔치 분위기가 이어졌다. 김광규 시인은 "지금껏 문인들이 이렇게 많이 한자리에 모인 것은 처음 본다"고 밝힐 정도였다. 행사에는 일반 독자들도 상당수 참여, 문인들의 멋과 낭만을 함께했다. 일부 매체는 "세상에 큰 소문이 나지 않았을지언정 뜻있는 문화인과 언론인들의 가슴에 큰 울림을 준 일대 사건"이라고 평가했다. 한국일보는 "한국전쟁 이후 문화 불모의 이 땅에 보석 같은 글의 꽃으로 문화의 힘을 키워 온 이들의 성취와 노고에 보답하고, 이어 갈 문학 만세(萬歲)의 다짐을 함께 하는 의미에서 마련됐다"고 행사의 취지를 설명했다.

2005년

'주5일 근무제'가 7월 1일부터 '300인 이상 사업장'으로 확대, 실시되면서 신문사에도 본격적인 주5일 시대가 열렸다. 하지만 신문사의 경우 신문은 주 6회 발행해야 하기 때문에 인력 운영과 휴일 근로수당, 의무 휴가일 수 등 합의가 쉽지 않았다. 또 격무 부서나 단독 출입처의 경우 '그림의 떡'이었다. 특히 가뜩이나 어려웠던 경영 상황에서 한국일보는 논의조차 여의치 않았다. ▲토·일요일 이틀을 유급 휴일로 지정하고 ▲휴일근로수당을 3만 원으로 책정하며 ▲생리휴가 유급화 등에 합의하는 수준에 그쳤다.

**불법도청 'X파일' 파문**

서울중앙지검이 수사 끝에 김영삼·김대중 정부 주요 인사들에 대한 광범위한 도청 실태를 파악했다. 국가안전기획부가 특수 비밀조직인 도청팀(일명 미림팀)을 가동해 정계·재개·언론계 핵심 인사들의 대화를 녹음했다는 내용이었다. 한국일보는 7월 21일자에서 "미림팀은 1993~1998년 2월까지 약 5년 동안 활동했고, 이들이 불법 도청한 녹음테이프는 수천 개에 이르는 것으로 알려졌다"면서 "특히 이 가운데 이학수 삼성그룹 부회장(당시 회장 비서실장)과 홍석현 주미대사(당시 중앙일보 사장)가 97년 대선자금 지원과 관련해 대화를 나눈 내용이 담긴 것으로 전해졌다"고 보도했다. 정치권과 언론·시민단체 등은 7월 22일 "안기부의 불법 도청 여부는 물론, 도청 파일에 나오는 의혹에 대한 진상 규명도 이뤄져야 한다"며 1997년 대선 당시 대선 자금 의혹을 규명하라고 촉구했다. 홍 대사도 25일 밤 청와대에 사의를 표명했고 노무현 대통령은 이를 받아들였다. 한국일보 사설은 "도청은 개인의 생활 영역을 파고들어 가장 비열하게 인권을 침해하는 범죄 행위"라며 "지금, 혹은 앞으로도 유사한 일이 벌어지지 않는다는 보장은 없다. 의혹을 낱낱이 규명하지 않으면 안 될 이유"라며 진상규명을 촉구했다.

결국 검찰은 국정원을 압수수색하고 전현직 안기부·국정원 직원들을 무더기로 소환하는 등 조사를 벌였고, 유·무선 전화까지 불법 감청한 사실을 밝혀냈다. 특히 이런 도청은 김영삼 정부에 이어 김대중 정부 출범 이후 안기부가 국정원으로 바뀐 이후에도 2002년 3월까지 4년여 동안 조직적으로 이뤄진 것으로 밝혀졌다.(8월 6일자 1면) 휴대폰 도·감청에 대해서도 국정원은 "디지털 휴대폰이 상용화하면서 98년 5월부터 불법 감청에 일부 활용했다"고 밝혔다. 이후 임동원·신건 전 국정원장이 연이어 구속돼 정치권 안팎에 파문이 일었다.

한국일보가 8월 18일자 지면을 통해 방송사 보도국 전·현직 간부 등 방송관계자가 연루된 비리 의혹을 단독 보도했다. 서울중앙지검과 서울경찰청이 검·경·언을 상대로 전방위 로비를 벌여 온 거물 브로커 홍모씨를 검거해 수사 중이었는데, 이를 단독 보도한 것이다. 한국일보는 "홍씨가 2003년부터 약 2년여 동안 검찰과 경찰 간부, 기자들에게 떡값 및 사건 청탁·무마 등의 명목으로 수백만 원씩 준 혐의를 받고 있다"고 보도했다.

박서강 기자가 '로드킬…고속도로가 야생동물의 무덤으로'를 통해 제180회 이달의 기자상(2005년 8월·전문보도 부문)을 수상했다. 환경 관련 사진으로는 보기 드물게 잔잔한 사회적 파장까지 몰고 온 이 사진은 "취재 기자의 치밀한 기획과 인내심이 만들어낸 성과"라는 평가가 이어졌다.

한국일보가 8월 서울 중구청으로부터 중학동 사옥 인근 부지에 대한 단독개발권을 획득했다. 해당 부지는 한국일보 소유 1,500평과 GS칼텍스, 개인 등이 소유한 500평 등 총 2,000평이었다. 아울러 이 지역 리모델링 권한도 갖게 됐다.

8월 18일자 1면에 게재된 사진 보도 '로드 킬…고속도로가 야생동물의 무덤으로'.

### 북핵 6자회담과 '9·19 공동성명'

북핵 6자 회담이 북한의 '2·10 핵무기 보유 선언'과 핵 군축 회담 제의 등으로 파국을 향해 치닫는 듯했다. 하지만 6·10 한미 정상 회담(한국시간 11일)에 이어 6월 17일 정동영-김정일 평양 면담으로 돌파구를 마련했다. 김정일 북한 국방위원장도 북핵 문제의 조속한 해결과 6·15 공동 정신에 기초한 남북관계의 지속적 발전을 기대한 노무현 대통령의 구두 메시지를 전달받고 긍정적인 입장을 표시했다. 이후 7월 12일 정부가 "북한이 핵을 포기할 경우 경수로 건설 중단에 상응하는 전력을 직접 송전 방식으로 북한에 제공하겠다"는 내용을 골자로 한 대북 중대 제안을 공개했다. 또 현정은 현대그룹 회장의 방북 일정을 통해 백두산·개성 시범 관광을 하기로 하면서 해빙 무드에 들어섰다. 그리고 7월 26일 중국 베이징에서 제4차 6자회담 1단계 회담을 연데 이어 9월 2단계 회담에서 북한의 핵무기 포기 등 한반도 비핵화의 원칙을 규정한 '9·19 공동성명'을 이끌어 냈다.

한국일보는 사설에서 "7,000만 겨레에게는 최고의 추석 선물"이라며 6자회담의 극적 타결을 반겼다. 이어 "이번 공동 성명은 한반도 및 동북아 전체의 평화 체제 구축에 디딤돌을 놓음으로써 2차대전 종전 후 60년 만에 동북아 지역에 실질적인 냉전 종식과 평화 정착의 전망을 열었다"고 의미를 부여했다. 그러면서 "앞으로의 과제는 '행동 대 행동'을 어떻게 실천해 나가느냐는 문제"라며 "북한은 목전의 작은 이해에 집착해 진을 빼는 게임을 벌이려 하지 말고 대범하게 양보할 것은 양보함으로써 국제 사회의 감동을 사는 지혜를 발휘해야 한다"고 당부했다. 그러나 이후 대북 금융제재가 현안으로 돌출하면서 공동 성명 이행 방안 협의를 위한 제5차 1단계 회담은 별다른 진전을 보지 못했고, 북미 대립의 골이 깊어지면서 차기 회담의 개최 여부마저 불투명한 상황이 계속됐다.

2005년

최종욱 기자가 9월 30일 서울 프레스센터에서 열린 제56차 한국사진기자협회 총회에서 제37대 회장으로 선출됐다. 1988년 한국일보 사진부에 입사한 최종욱 신임 회장은 취임 이후 2년 동안 협회를 이끌었다.

### 청계천 복원과 새 국립중앙박물관 개관

10월 1일자 1면에 게재된 복원된 청계천의 모습.

서울 도심을 가로지르는 청계천 5.84㎞가 생태 하천으로 복원돼 10월 1일 개통됐다. 일제에 의해 광통교 일대가 부분 복개된 지 68년, 1958년 복개가 본격 시작된 지 47년 만이었다. 청계천 새물맞이 행사는 전국 8도의 강과 연못 10곳에서 채수한 물을 청계천에 흘려보내는 합수(合水) 의식으로 거행됐다. 총 공사비 3,930억 원이 투입된 청계천은 개통 58일 만에 방문객 1,000만 명을 기록했다.

한국일보는 "반세기 만의 청계천 복원은 서울 하천 하나를 다시 흐르게 하는 토목공사가 아니다"라며 "청계천에 새로 흐르는 물이 서울시민뿐 아니라, 온 국민의 답답한 가슴을 시원하게 뚫어주는 소망의 물, 생명의 물이 되기를 기원한다"고 바랐다. 사설은 "서울이 자연과 환경의 도시, 문화의 도시로 거듭나고 있음을 웅변한다"고 청계천의 의미를 부여한 뒤 "청계천에 맑은 물이 계속 흐를 수 있느냐는 전적으로 우리에게 달려 있다는 것을 명심해야 한다"고 당부했다.

이어 10월 28일에는 국립중앙박물관이 새 용산박물관에서 개관, 광복 60년 만에 '용산' 시대를 공식 선언했다. 1993년 당시 김영삼 정부가 삼일절을 기해 민족정기 회복과 일제잔재 청산을 외치며 옛 조선총독부 건물인 국립중앙박물관 건물을 철거한다고 발표한 지 12년 만이었다. 용산 가족공원에 둥지를 튼 국립중앙박물관은 규모로는 루브르(프랑스), 에르미타시(러시아) 등에 뒤지지 않는 세계 6위 박물관(부지 9만 3,000여 평·연건평 4만 1,000여 평)에 속했다. 전시목록에는 금동반가사유상, 훈민정음 해례본, 10m가 넘는 추사의 '세한도', 충무공의 장검 등 국보 59점과 보물 79점이 포함돼 있었다. 한국일보는 사설에서 "귀중한 역사 유물이 오랜 셋방살이를 끝내고, 서울 용산의 웅장한 새 집에 찬란한 보물들을 풀어 놓는다"면서 "이제부터 박물관은 국민과 외국 관광객의 발길이 가장 먼저 향하는 공간으로 계속 가꿔져야 한다"라고 당부했다.

### 부산 APEC정상회의 성공 개최… "우리의 좌표 확인"

제13차 APEC(아시아태평양경제협력체) 정상회의가 미국, 일본, 중국, 러시아 등 21개 회원국 정상들이 참석한 가운데 11월 12일~19일 부산에서 열렸다. 역내 무역·투자 자유화 노력을 강조하는 '부산 로드맵'과 함께 DDA(도하개발어젠다) 협상의 조속한 타결을 촉구하는 특별성명을 채택했다. 특히 의장국인 한국은 건국 후 최대규모의 외교행사였던 APEC을 성공적으로 치러냄으로써 다자통상 외교의 지평을 넓히는 한편 선진통상국가 진입의 기틀을 다졌다는 평가를 받았다.

한국일보는 사설에서 "APEC 외교에서 우리의 좌표가 확인됐다"고 의미를 평가했다. 사설은

11월 14일자 7면에 화보로 소개된 제13차 APEC 정상회의 모습.

특히 선언적 의미에 그치는 정상회의보다 주요 참가국 사이의 개별 정상회담에 주목했다. 한반도 정세에 직접 영향을 미치는 미국과 중국, 일본 정상과 노무현 대통령의 회담, 미·중·일 3국 사이의 회담을 통해 각국 간의 친소(親疎) 거리감각이 드러났기 때문이었다. 사설은 "한중 정상회담은 따스한 분위기를 연출했다. 식품 안전을 둘러싼 은근한 갈등이나 고구려사 왜곡 등은 잠수했다"면서 "한미 정상회담은 역동적 동맹관계를 강조하면서도 북한 인권문제 등에서 어색함을 다 지우지 못했다. 한일 정상회담도 여전히 냉랭했다"고 평가했다. 그러면서 "한반도 주변 정세의 변화가 거듭 확인되고 있는 셈이다. 옳고 그름을 판단하기에 앞서 국민적 관심과 논의가 절실하다"고 적었다.

### 황우석팀 배아줄기세포 의혹 논란

'환자 맞춤형 배아줄기세포' 배양으로 국가 최고 과학자의 영예를 안은 황우석 서울대 석

2005년

황교수에 대해 '비윤리적 난자채취'와 '배아줄기세포 진위논란'이 잇따라 불거졌다. 황 교수와 줄기세포 공동연구를 진행했던 제럴드 섀튼 미 피츠버그대 교수는 11월 11일 '황 교수팀의 연구용 난자 취득 과정에 윤리적 문제가 있다'며 결별을 선언했다. 황 교수가 윤리 규정을 위반했는

11월 14일자 5면에 실린 황우석-섀튼박사의 모습.

데, 이에 대해 말해주지 않았다는 게 결별 이유였다. 섀튼 교수는 12일 피츠버그대 공식 성명을 통해 "황 교수와 함께 진행했던 20개월 간의 공동 연구를 끝낸다. 이 결정은 오로지 난자 제공 문제 때문"이라고 밝혔다. 황 교수 측은 14일 "줄기세포를 개발하는 과정에서 정부의 윤리 가이드라인을 엄격히 지켰다"고 반박에 나섰다.

한국일보는 "황 교수팀, 지혜로운 대처가 요구된다"고 보도했다. 사설은 "섀튼 교수가 윤리 문제를 이유로 든 만큼 당분간 국제적 논란을 피하기 어려울 전망"이라며 "황 교수팀이 즉각적 대응을 유보하고 신중한 태도를 보이는 것을 높이 평가한다. 오해가 있었다면 풀고, 지적에 일리가 있다면 문제 해결에 노력하는 것이 지혜로운 길이다"라고 적었다. 하지만 논란 이후 황 교수의 논문을 꼼꼼히 살펴본 일부 교수들은 "실험 데이터에 뭔가 문제가 있다"고 지적하고 나섰고 서울대는 12월 11일 진위 논란에 휩싸인 황 교수의 사이언스 논문을 재검증하기로 했다.

급기야 황 교수가 12월 16일 기자회견에서 "환자 맞춤형 줄기세포를 분명히 만들었으나 누군가 바꿔치기했다"고 주장했고, 이에 노성일 미즈메디병원 이사장도 곧바로 회견을 갖고 "황 교수가 만들지도 않은 줄기세포로 논문을 조작했다"며 상반된 주장을 펼쳤다. 이에 따라 줄기세포 진위 의혹은 논문 조작 문제에서 줄기세포의 실체를 둘러싼 책임 공방으로 번졌다. 한국일보는 12월 17일자 1면에 양측의 상반된 주장을 자세하게 싣는 한편, ▲서울대 조사위의 구성과 향후 활동 방향 ▲해외 과학자 및 언론의 움직임 ▲일반시민 반응 ▲황우석 쇼크에 따른 주식 시장의 변화 등에 대해 상세하게 보도했다. 특히 젊은 과학도들이 황 교수의 논문을 꼼꼼하게 분석하고 계속해서 문제를 제기하는 모습에 "우리 과학계의 자정 능력을 보여줬다"고 높게 평가했다.

그리고 서울대 조사위원회(위원장 정명희)가 12월 23일 기자회견을 열고 "논문 데이터를 분석한 결과, 단순 실수에 의한 오류로 볼 수 없다. 고의적 조작이다"라는 중간 조사 결과를 발표했다. 황 교수는 이 발표 후 서울대 교수직 사퇴 등 모든 공직에서 사퇴하는 사과 성명을 발표했지만 의혹은 배아줄기세포 자체의 진위 논란으로 확산됐다. 한국일보는 사

설에서 "난치병 치료의 중요한 관문을 통과했다는 황 교수의 말에 기쁨의 눈물을 흘리고 환자 등록까지 마친 사람들과 그 가족에게 이보다 더한 충격이 있을 수 없다. 이 충격은 이루 다 헤아리기 어렵다"고 비판했다. 그러면서 "조사위의 첫 발표는 믿음직스러웠고, 앞으로 나올 발표의 신뢰성을 높였다"고 평가하면서 "앞으로 드러날 진상을 대하기에 앞서 국민 모두가 더욱 단단히 마음의 준비를 하고 정확히 옥석을 가리려는 자세를 잃지 않았으면 한다"고 당부했다.

### 2005년 편집국 개편

사측과 편집국 비상대책위원회(위원장 김상철)는 4개월여의 논의 끝에 편집국을 크게 ▲종합뉴스부 ▲기획부 ▲문화·스포츠부로 나누는 것을 뼈대로 하는 편집국 개편에 돌입했다. 특히 종합뉴스부는 기존 정치, 경제, 사회, 국제부 등 여전히 뉴스 의존도가 큰 분야에 집중하는 동시에 대형 사건의 경우 부서의 경계를 넘어 '선택과 집중'을 할 수 있도록 했다. 향후 논조는 '중도 개혁'을 추구하기로 했다. 이는 사실과 진실을 적극적으로 찾되, 사회 이슈에 대해 양극화를 배제하고 사회 통합을 추구하겠다는 다짐이었다.

또 당시 급변하는 뉴스 소비 패턴을 분석해 속보가 아닌, 보다 깊은 정보를 제공해야 한다고 분석했다. 이에 따라 뉴스를 보는 시점 등 뉴스 가치 판단 부분과 문장작성법과 띄어쓰기 등의 기술적 부분을 망라하는 매뉴얼을 제작했다. 아울러 온·오프 통합 방식을 연구하는 DMP(디지털 멀티미디어 페이퍼) 추진팀을 신설하고 심의실을 강화했다.

한국일보 노조(위원장 임대호)가 '스포츠한국 가판 제작' 문제로 12월 12일부터 준법투쟁에 돌입했다. 이는 스포츠한국이 '저녁판 신문 추가 제작' 방침을 노조와 협의 없이 일방적으로 통보한 것에서 비롯됐다. 당시 장재구 한국일보 회장은 스포츠한국의 실질적인 주인이었다.

## 2006년
한마음으로 도약하지 않으면 낭떠러지 속으로 사라진다. - 한국일보 비대위 성명·2011년

### <신년 기획> '한류를 넘어, 아시아 문화 허브로'

병술년 새해 한국일보의 첫 외침은 "아시아의 '문화 용광로'가 되자"였다.

한국일보는 1월 1일자 신년 기획에서 '드라마 대장금' '영화 무극' '가수 비 공연' 등 동북아는 물론 동남아까지 휩쓸고 있는 한류와 그 파급 효과에 주목했다. 그러면서 "한류 일방적 수출에 각국의 경계심도 높아지고 있다"고 분석한 뒤 "대중문화 일변도로는 한때 유행에 그칠 가능성이 높다"고 전망했다. 이어 "아시아 각국의 문화를 수용해 새 문화로 녹여내는 전략을 갖춰야 한다"고 강조했다.

신년 특집기획 '여성 파워 시대'도 눈길을 끌었다. 한국일보는 "겉으로 드러나는 큰 사건은 없지만, 한민족 역사상 가장 의미 있는 혁명이 수면 밑에서 소용돌이치고 있다. 바로 성(性)의 혁명이다. 바야흐로 여성파워 시대가 활짝 열렸다"면서 여성 혁명의 실태를 특집으로 소개했다. 첫 여성 대법관 김영란씨의 인터뷰가 뒤를 이었고, 정계 재계 관계 법조계 등 사회 전반에 걸쳐 질적·양적으로 거세지는 여풍(女風) 현상을 담아냈다.

이외에도 '다둥이 가족의 새해맞이' '봉천동 집배원 체험 르포' '2006년 재테크 기상도' '월드컵의 해 밝았다' 등 다양한 신년 기획을 선보였다. 2006년 1월 1일은 일요일이었는데도, 〈신년호〉가 발행돼 2005년 12월 31일 각 가정에 사전 배달됐다.

2006년 한국일보 신춘문예 부문별 당선작도 발표됐다. 각 부문 수상작은 다음과 같다. ▲시 '거미집, 입가에 물집처럼'(김두안) ▲소설 '카리스마 스탭'(김애현) ▲동시 '미역'(박성우) ▲동화 '황금빛 울타리'(배덕임) ▲희곡 '시동라사'(김은성)

### 경영진, 신년 편지 "회생의 원년 만들자"

이종승 사장은 직원들에게 보내는 신년편지를 통해 2006년을 '한국일보의 회생의 원년'으로 만들 것을 약속했다.

이 사장은 신년사에서 "돌이켜보면 2005년은 우리 전 구성원이 무거운 짐을 머리에 이고 힘겹게 사투를 벌인 한 해였다"며 "여전히 그 짐은 여러분들을 힘겹게 누르고 있어 송구

한 마음"이라고 밝혔다. 이 사장은 그러나 "본사 건물 재개발을 통해 위기에서 탈출할 수 있는 발판을 마련했다"며 "우리는 이 조그만 발판을 도구 삼아 이제는 구성원 모두가 한마음, 한 몸이 돼 다가올 역경들을 부단히 헤쳐 나가야 한다"고 말했다.

이진희 당시 스포츠한국 편집국장이 1월 3일 한국일보 새 편집국장으로 선임돼 4일자로 발령을 받았다. 이에 따라 임철순 전 편집국장은 주필로 보직이 변경되는 등 후속 인사가 이뤄졌다. 〈논설위원실〉▲논설위원 배정근 정병진 이준희 이광일 〈편집국〉▲대기자 정재용 ▲부국장 송태권 이충재 ▲종합편집부장(부국장대우) 진성훈 ▲정치부장(부국장대우) 이영성 ▲경제산업부장 김경철 ▲사회부장 김승일 ▲국제부장 신윤석 ▲사진부장 이종철 ▲주간한국 및 미주부장(부국장대우) 허경회 ▲문화스포츠부 부장직대 황상진 ▲베이징 특파원 이영섭 ▲편집위원(미주담당) 김양배 ▲편집위원 윤종구 신상순 이창민 유승우 최규성 ▲부산취재본부장(부국장대우) 박상준 ▲대전취재본부 춘천주재(부장) 곽영승 ▲행정지원팀장(부장) 변우찬 ▲종합편집부 부장대우 채봉석 ▲피플팀장(차장) 하종오 〈스포츠한국〉▲편집국장 남재국 ▲스포츠부장 권정식

서울대학교 조사위원회 정명희 위원장이 10일 서울대 문화관에서 카메라에 둘러싸인 채 황우석 교수의 연구에 대한 최종 조사결과를 발표하고 있다.

황우석 교수의 논문 조작 의혹을 조사한 서울대 조사위원회는 1월 10일 기자회견에서 "체세포 복제 줄기세포를 만드는 원천기술이 없으며, 2004년 2005년 사이언스 논문은 모두 조작됐다"는 최종 조사결과를 발표했다. 앞서 조사위는 2차례의 중간 발표를 통해 2005년 논문에 보고한 줄기세포 데이터는 2개의 줄기세포를 11개로 부풀려 사용한 것이며, 이 줄기세포도 체세포 복제가 아닌 수정란 줄기세포라고 밝혔다. 이에 따라 황 교수팀이 주장한 '원천기술'을 증명할 수 있는 근거는 없는 것으로 밝혀졌다. 정명희 조사위원장은 황 교수팀의 핵이식과 배반포 형성 기술은 국제적 경쟁력이 있으나 영국 뉴캐슬대학 연구팀 등도 보유하고 있는 것으로 독자적인 기술이라고 할 수 없다고 밝혔다. 사이언스 논문 의혹과 함께 논란이 제기됐던 세계 최초 복제개 '스너피'는 체세포에 의해 복제된 것이 확인됐다.

이에 따라 대검찰청은 조사위로부터 줄기세포 관련 조사결과를 넘겨받아 본격적인 수사에 착수했다. 검찰에서는 '바꿔치기' 의혹과 연구비 사용내역 등에 대해 집중 수사했다. 한국일보는 조사위의 최종 발표 내용과 함께 "황 교수 연구에 사망선고를 내렸다"고 보도했다.

### 스포츠면 아웃소싱

2006년

혁신안을 통해 추진해온 스포츠면 아웃소싱이 1월 말부터 시행됐다. 스포츠부에 데스크 1명만 남기고 스포츠한국과 공동 인력 풀을 만들어 스포츠면을 메우고, 기존 스포츠부 인력을 다른 부로 배치해 '선택과 집중'을 하겠다는 계획이었다. 또한 스포츠면 아웃소싱의 성공 여부에 따라 향후 문화와 경제까지 추가로 아웃소싱한다는 계획도 추진해 나가기로 했다. 당시 스포츠전문지인 스포츠한국, 경제지인 서울경제가 있었기에 가능한 구상이었다. 경영 조직도 바뀌었다. 기존 경영지원본부와 채권관리부를 통합해 '경영정상화업무추진단'(단장 정기상 부사장)을 설치했다. 이는 채권금융기관과의 협상창구를 단일화하고 구조조정 업무를 효율적으로 추진하기 위한 전담부서 성격이었다.

영화 '왕의 남자'와 '괴물'이 잇달아 1,000만 관객을 돌파하며 신기록을 세웠다. 2005년 12월 29일 개봉한 '왕의 남자'가 개봉 45일 만인 2월 11일 꿈의 1,000만 관객을 돌파했다. 2004년 실미도(1,108만 명) 태극기 휘날리며(1,174만 명)에 이어 세 번째 1,000만 돌파 기록이었다. 이후 4월 18일 막을 내릴 때까지 무려 1,230만 명을 극장에 불러모았다. 7월 27일에는 봉준호 감독의 '괴물'이 괴물처럼 등장했다. ▲개봉 당일 최다 관객 ▲일일 최다 관객 ▲최단 기간 200만 돌파 등 각종 흥행 기록을 줄줄이 다시 썼다. 그리고 상영 105일만인 11월 8일 막을 내릴 때까지 1,302만 명을 불러모아 당시까지 한국 영화 흥행 1위에 올랐다.

한국일보는 2월 11일자 1면에 "이야기의 힘! 대작 흥행공식을 깼다"면서 영화의 흥행 배경에 주목했다. 실제로 왕의 남자는 스타도 없고, 예산도 적었으며, 비흥행 장르였던 사극의 한계까지 겹쳤던 터라 아무도 흥행을 예상하지 못했다. 특히 255개 스크린에서 시작했지만 입소문을 타고 397개까지 늘어나 영화 흥행의 성공 사례로 자리 잡았다. 한국일보는 "'왕의 남자'의 흥행에는 영화적 완성도뿐만 아니라 공길 역을 맡은 신예 이준기의 인기도 한 몫했다"고 분석했다. 예쁜 남자 신드롬을 일으켰던 이준기는 '왕의 남자'로 일약 스타덤에 올라 각종 영화제에서 신인상과 인기상을 싹쓸이했다.

다만 한 해 두 편의 1,000만 관객 영화가 등장했지만 "대형 블록버스터가 스크린을 독점해서 상대적으로 스타가 출연하지 않고 '작은 영화'들이 설 자리가 없다"는 지적도 터져 나왔다. 특히 괴물이 사상 최초로 620개 스크린에서 개봉하면서 논란이 확산했다.

2005년 이달의 기자상을 수상했던 박서강 기자가 2월 22일 한국프레스센터 20층 내셔널프레스클럽에서 열린 '제37회 한국기자상'에서 전문보도부문(사진보도) 상을 수상했다. 출품작은 "로드킬… 고속도로가 야생동물의 무덤으로"로, 2005년 10월 이달의 기자상에 이어 한국기자상까지 받은 것이다. 이에 앞서 박서강 기자는 '신낙균 사진상'도 함께 수상했다. 신낙균상은 동아일보 재직 당시 일장기 말소 사건을 주도했던 고(故)신낙균(1899-1955) 선생을 기념하는 상이다. 이 상은 매년 한국사진기자협회가 선정하는 한국보도사진전 대상 수상자에게 수여된다.

## 중학동 사옥 재개발 승인

정부는 2월 한·미 FTA 협상의 공식 개시를 선언했다. 이는 2004년 발효된 한·칠레 FTA 등과는 달리 우리나라가 거대 경제권과 처음 추진하는 FTA였다. "새로운 도약의 발판이 될 것"이라는 기대도 있었지만, 미국식 체제가 몰고올 양극화 심화 등 부작용에 대한 우려도 제기됐다. 정부는 "시한에 쫓겨 졸속 협상을 맺지는 않겠다"는 입장이었지만 비판론자들은 대규모 시위 등 반대 활동을 지속했다.

서울시 도시건축공동위원회가 2월 22일 돈화문 지역에 대한 지구단위계획을 변경, 한국일보 사옥을 포함한 중학동 일대에 대해 재개발이 가능하게 됐다. 당시 중학동 사옥 부지 및 건물 가치(약 860억 원)에 재개발 이익금까지 고려하면 1,000억 원이 넘는 자금을 확보할 것으로 기대됐다. 이후 3월엔 종로구청에 '도시환경정비사업 신청서'를 접수하면서 본격적인 부지 매각 수순을 밟았다. 하지만 이 과정에서 일부 토지소유주들이 반발, 4월 27일 신청서를 취하했다. 5월에는 문화재청이 '경복궁 복원 계획'을 발표, 중학동 개발에 차질을 빚게 됐다. 이에 반대 토지소유주의 부지(307평)를 제외한 나머지 부지(1,640평)에 대해서만 재건축을 추진하는 것으로 방향을 선회, 5월 16일 신청서를 재접수했다. 당시 한국일보는 재개발이 늦어질수록 누적 적자가 커지는 상황이었다. 채권 이자만 한 달에 7억 원 등 매달 13~14억 원의 적자를 기록한 것으로 집계됐다.

신설된 기획취재팀이 3월 6일자로 첫 기획 보도인 '영어가 권력이다'를 내놨다. 기획취재팀은 고재학 차장을 팀장으로 하고 조철환 이동훈 박원기 기자가 함께 했다. 한국일보는 이 기사에서 영어실력이 '신분과 계급을 결정'할 정도로 영어권력 사회가 다가오고 있다고 보도했다. 특히 "조기교육을 못받은 소외계층의 상실감은 생각보다 크다" "진학·취업·승진 등에서 양극화를 재촉하는 핵심 요인으로 떠올랐다"고 전했다. 특히 서울대 경영학과 86학번 졸업생 51명을 대상으로 조사한 결과를 근거로 영어실력이 우수할수록 평균 연봉이 많아진 사실을 확인했다. 또 ▲은행 유학파 임원은 10년새 9배나 늘었고 ▲국문과 교수를 뽑으면서 전공보다 영어 실력을 따지는 실태를 조명했다. 아울러 영어 홍수에 허물어지는 우리말 체계에 대해서도 꼼꼼하게 짚었다.

'피겨 요정' 김연아(당시 16세·군포 수리고)가 3월 10일 슬로베니아 류블랴나에서 열린 2006 세계 주니어 피겨스케이팅선수권대회에서 총점 177.54점을 받으며 일본의 아사다 마

3월 6일자 1면에 게재된 기획취재팀의 첫 기획 '영어가 권력이다'.

2006년

오(153.35점)를 제치고 우승했다. 김연아의 우승은 1905년 YMCA 소속이던 현동순이 한국인으로는 처음 피겨 스케이팅을 시작한 이후 한국 피겨 101년 사상 가장 빛나는 성과였다. 김연아는 특히 약 8개월 후 열린 성인 무대에서도 한국인 최초로 우승을 차지했다. 그는 11월 프랑스 파리에서 열린 2006~07 국제빙상경기연맹(ISU) 피겨 스케이팅 시니어 그랑프리 4차 대회 여자 싱글에서도 1위를 차지했다. 한국 선수가 성인 피겨무대에서 금메달을 딴 것은 이때가 처음이다.

한국일보와 CBS가 3월 14일 목동CBS에서 기사와 사진, 인력까지 교류하는 MOU를 맺었다. 이를 통해 한국일보는 CBS와 CBS 노컷뉴스의 기사·사진을, CBS는 한국일보와 한국아이닷컴의 콘텐츠를 사용할 수 있게 됐다. 또 CBS의 각종 방송 프로그램에 한국일보 기자들이 출연한다는 내용도 담았다. 아울러 양사가 공동 사업 및 관련 전략·정보를 함께 공유하기로 했다.

한국일보와 삼성이 4월 10일부터 '밝은 얼굴 찾아주기' 사업을 진행했다. 이 캠페인은 얼굴 모양이 성하지 않다는 이유로 사회에서 소외된 채 사는 이들에게 무료로 성형 수술을 해주는 것이었다. 기형 상태가 심하고 가정형편이 어려운 이웃 50명을 선정해 무료 진료 및 수술비 전액을 지원했다. 연말까지 신청을 받았고, 지원대상(의료급여 1·2종인 저소득층)과 대상 질환(두개·안면골 기형, 안면골절 후유증, 주걱턱, 무턱, 귀 기형, 안면비대칭, 구순구개열 후유증, 안면화상 후유증 등)도 엄격하게 정했다. 이후 '30년간 옥죄던 혹 떼낸 이지영씨' 등 신청자들의 절절한 사연을 지면을 통해 소개했다.

### '20세기 최고의 화가' 피카소전 개막

한국일보와 서울시립미술관이 공동 주최한 '위대한 세기: 피카소' 전이 5월 20일 개막했다. 전시 작품은 피카소의 초기 작부터 말년 작품까지 전 생애 시기별 대작과 걸작 등 140여 점으로 구성된 국내 최초이자, 최대 규모의 회고전이었다. 특히 전 세계 20여 곳의 미술관과 재단, 화랑, 개인 소장가들에 빌려온 작품들로, 대부분 국내에서 처음 전시된 것들이었다. 전시는 9월 3일까지 계속됐다.

개막에 앞서 19일 열린 리셉션 행사에는 이명박 서울시장, 필립 티에보 주한 프랑스 대사, 조양호 한진그룹 회장, 황영기 우리은행장, 이백만 청와대 홍보수석, 열린우리당 이은영 의원, 한나라당 이계

탤런트 강석우씨가 5월 31일 서울시립미술관에서 열린 '세기의 화가 피카소전'을 관람하고 있다.

경 의원, 유인촌 서울문화재단 대표이사 등 정·재·관계 인사 500여 명이 대거 참여해 자리를 빛냈다. 이후 개막 첫날인 20일과 일요일인 21일 서울시립미술관 피카소전 전시장을 찾은 관람객은 1만 명에 달하는 것으로 집계됐다. 2004년 '색채의 마술사 샤갈'전에 휴일 포함 개막 3일 동안 3,700명을 불러 모았던 것과 비교할 때 '폭발적인 흥행 대박'이라고 표현할 만했다.

경영기획본부 임상빈씨가 5월 20일 한강시민공원 난지지구 잔디공원 일대에서 열린 제1회 전국언론인 마라톤대회 남자 15㎞ 부문에서 2위를 차지했다. 임상빈씨는 이듬해인 2007년 5월 19일 철원 민통선 일대에서 열린 제2회 대회에서는 남자 10㎞에서 46분 27초의 기록으로 우승했다.

박근혜 한나라당 대표가 지방선거를 앞둔 5월 20일 오후 7시 15분께 서울 신촌 현대백화점 앞에서 지방선거 지원 유세를 벌이다 지충호가 휘두른 흉기에 얼굴을 크게 다쳤다. 박 대표는 당시 경기 군포시와 인천 지원 유세를 마친 뒤 오세훈 서울시장 후보 지원 유세에 참가하던 중이었다. 박 대표는 인근 병원으로 옮겨져 봉합 수술을 받았다. 범인 지충호는 아수라장이 된 유세장에서 "대한민국 만세"라고 외친 뒤 흉기를 버리고 달아나려다 사람들에게 붙잡혀 서대문경찰서로 연행됐다.

한국일보는 22일자 신문에 지충호의 범행 동기에 대한 박스기사를 경찰의 중간 수사결과 발표 내용과 함께 보도했다. 지씨의 범행 계획과 과거 행적을 조사 보도하는 한편, 피습 사건이 선거에 미칠 판세에 대해서도 전망했다. 사설에서는 "박 대표 피습은 증오의 정치 문화 산물"이라고 일갈했다. 이어 "이번 피습사건은 믿어지지 않을 만큼 끔찍하고 충격적"이라며 "박 대표의 의연한 대처에 경의를 표한다. 빠른 쾌유와 조속한 정상 활동 복귀를 진심으로 기원한다"고 했다. 그러면서 "증오의 정치에 관한한 정치권 누구도 떳떳할 순 없지만, 특히 앞장서 이를 확대 재생산한 현 정권에 가장 큰 책임을 묻지 않을 수 없다"면서 "청와대와 여권은 남의 일처럼 개탄할 게 아니라, 뼈아픈 자성으로 통합의 정치를 복구해야 한다"고 주문했다.

한나라당은 5월 31일 실시된 통합지방선거에서 전국 16개 시·도지사 중 서울·경기·인천 등 수도권 3곳을 싹쓸이한 것을 비롯해 12곳에서 당선자를 내는 등 광역단체장을 사실상 석권했다. 여당인 열린우리당은 전북지사 한 곳을 건지는 데 그쳤다. 총 230개에 달하는 기초단체장도 한나라당의 초강세가 이어져 서울 25개 구청장을 석권하는 등 155곳(67.4%)에서 승리를 거둔 것으로 나타났다. 열린우리당은 기초단체장 19곳을 차지하는 데 그쳐 20개 기초단체장 선거에서 승리한 민주당에도 뒤졌다. 광역·기초의원 선거에서도 한나라당은 광역의원 557명, 기초의원 1,622명으로 열린우리당의 52명, 629명을 압도했다.

한국일보는 6월 1일자에 침통한 여당과 활짝 웃는 야당 분위기를 비교해 게재하면서 "민심은 무서웠다. 민생파탄·독선적 국정·좌우혼선에 민심이 심판을 내렸다"고 분석 보도했다. 아울러 "지역 대표를 뽑는 선거에서 한 정당이 싹쓸이에 가까운 결과를 얻는 것이 정상적이진 않지만, 현실로 나타났다면 민의의 표출로 해석해야 한다"면서 "여당은 등 돌린 민심을 똑바로 읽어야 한다"라고 지적했다.

### 창간 52주년 기획, 3일에 걸쳐 기사 대방출

창간 52주년을 맞아 6월 7일부터 창간 기념일인 9일까지 3일에 걸쳐 여론조사 등 창간 기획 기사가 대거 게재됐다. 6월 7일자 신문엔 창간 기념 '대선후보 지지도 여론 조사 결과'를 발표해 눈길을 끌었다. 5·31 지방선거 이후 차기 대선후보 경쟁이 서서히 달아오르고 있는 정황을 고려한 기획 보도였다. 당시 여론은 고건 26.2%, 박근혜 25.8%, 이명박 20.2% 등으로 나타났다. 또 8일자에는 '한·미 FTA'에 국민 58%가 찬성한다는 여론조사 결과를 게재했다. 보도를 통해 "국민 10명 중 6명은 한미 자유무역협정 체결에 찬성하며, 성장이 분배보다 우선돼야 한다고 생각하는 것으로 나타났다"고 여론을 전했다.

창간 기념일인 9일자엔 저출산·고령화 사회를 맞아 창간 기획 '여성이 희망이다'가 선보였다. 현대차, LG전자 등 국내 10대 기업의 인력 구조와 고려대 83학번 여학생의 졸업 후 20년 삶의 궤적을 추적한 결과, "대졸 엘리트 여성들이 푸대접을 받고 있었다"고 보도했다. 이어 "최근 저출산·고령화 충격을 줄이기 위한 정부 대책이 잇따르고 있지만 우리 사회는

창간호인 6월 9일자 2면에 게재된 금강송(일명 춘양목) 사진. 사진은 최흥수 기자가 남부지방산림관리청 춘양양묘사업장에서 싹을 틔운 금강송 묘목을 경북 봉화군 춘양면 서벽리 금강송 군락지로 옮겨 촬영했다.

여전히 고답적인 관념과 남성 중심 문화에 갇혀 고급 여성 자원을 공중으로 날려 보내고 있다"고 지적했다. 그러면서 "여성은 저성장을 극복할 미개척 자원"이라고 주장했다. 창간호 2면엔 '소나무의 왕자' 금강송 사진이 눈길을 끌었다. 사진 설명에 "옆을 돌아보지 않는 금강송처럼 늘 하늘만 향해 뻗어나가겠다는 마음을 이어가겠다"고 다짐했다.

2002년 한일 월드컵의 감동을 잇는 2006 독일 월드컵이 6월 10일 개막했다. 하지만 딕 아드보카트 감독이 이끈 축구대표팀은 본선 조별리그의 험난한 벽을 뚫지 못한 채 16강 진출의 고비에서 고배를 마셨다.

2002년 월드컵의 감동에 이어 한국일보는 6월 10일자 개막 기사에만 1면 전체를 월드컵 관련 기사로 채우는 등 무려 6개 면을 월드컵에 할애했다. 특히 1면에 이례적으로 〈알립니다〉를 내고 "4강 위업을 달성한 대표팀의 또 한번의 신화 창조 도전 모습을 한 차원 높은 지면으로 독자들에게 제공하겠다"고 다짐했다. 그러면서 ▲독자적인 데이터 분석을 통한 과학적 기사 ▲전문가 초청 칼럼 ▲축구광 소설가들의 시각을 통한 현장의 감동 재현을 독자들에게 약속했다. 특히 월드컵 경기가 주로 새벽 시간대에 열리는 것을 고려해 모든 경기 결과를 인터넷 한국아이닷컴을 통해 독자들에게 실시간으로 전달했다. 독일 현지에도 김정민·손재언 기자를 파견해 한국 경기는 물론 모든 주요 경기를 심층 취재해 발빠르게 전했다.

한편, 2006 월드컵은 7월 10일 '아주리 군단' 이탈리아가 결승전에서 프랑스를 승부차기 끝에 꺾고 월드컵 통산 4회 우승의 위업을 달성했다.

### 디지털 초판 서비스 'PM7' 발행

7월 1일부터 한국일보 디지털 초판신문 'PM7' 유료 구독 서비스가 시작됐다. 이는 아침에 배달되는 한국일보 지면을 전날 오후 7시부터 PDF 파일 형태로 제공하는 서비스였다. PC 등으로 시간과 장소에 구애받지 않고 '내일의 이슈'를 빠르고 편리하게 먼저 살필 수 있게 된 것이다. 기사 스크랩도 가능하다. 온라인 중심의 언론 환경 변화에 맞춰 보다 풍성한 뉴스 콘텐츠를 독자들에게 제공하겠다는 취지로 시작됐다.

다목적 실용위성 아리랑 2호가 7월 28일 성공적으로 발사됐다. 이로써 우리나라는 1999년 12월 지구 관측용 다목적 실용위성인 아리랑 1호를 발사한 지 6년 6개월 만에 2대의 실용위성을 보유하게 됐다. 한국은 그동안 원격 탐사와 지리정보 시스템 자료를 외국 영상에 의존해왔으나 아리랑 2호 발사 성공으로 위성 본체에 대한 설계와 제작·조립 및 시험

7월 29일자 2면에 아리랑 2호의 발사 소식을 전하고 있다.

능력을 모두 국내 기술로 확보하게 됐다.

북한이 7월 5일 대포동 미사일을 비롯, 장·중·단거리 미사일 7발을 시험 발사한데 이어 10월 9일엔 지하 핵실험을 강행했다.

북한의 핵실험은 남북이 1992년 합의·발표한 한반도 비핵화선언을 일방적으로 파기한 것으로, 남북한 전력 균형을 일거에 무너뜨린 사건이었다. 미사일 발사로 이미 유엔 대북결의가 채택된 상황에서 핵실험까지 감행함으로 국제사회 역시 충격에 빠졌다. 국내 코스피도 32포인트가 급락하고 환율은 15원이나 급등하는 등 금융 시장도 크게 요동쳤다. 한국일보는 북한이 10월 3일 오후 6시 전 매체를 동원해 "핵 시험을 하게 된다"고 밝힌 이후부터 북한의 일거수일투족을 상세하고 철저하게 분석해 보도했다. 특히 북한의 이번 핵실험에 대해 "7월 미사일 발사에도 미국의 태도에 변화(금융제재)가 없자 '최후의 카드'를 꺼낸 것"이라고 해석했다. 또 핵실험

10월 10일자 1면. 북한의 핵실험 강행 직후 상황을 상세보도하고 있다.

강행 직후인 10일자에는 "포용정책만 주장해선 어렵다"는 노무현 대통령의 발언을 1면 머리기사 제목으로 뽑는 한편, 추가 실험 가능성에 대해서도 예의주시했다.

사설에서도 북한의 핵실험을 "민족의 생존을 위협하는 실험" "체제 위기를 자초한 무모한 행동"이라고 규정했다. 그러면서 미국의 강경 조치를 주목하는 한편, 미사일 발사 이후 정부가 북한에 보인 미온적 대처에 대해 문제를 제기했다. 경제에 대해서도 "북핵에 좌초하지 않도록 치밀한 관리"를 주문했다. 한편, 핵실험 후 6일만에 미국, 일본은 물론 러시아와 중국까지 경제·외교 제재를 명시한 추가의 유엔 안보리 대북 제재결의에 찬성함으로써 북한 핵프로그램에 대한 반대 입장을 분명히 했다.

### '연어 프로젝트', 돌아온 인재들

이하늬(서울 진)씨가 8월 3일 서울 세종문화회관에서 열린 '2006년 미스코리아 선발대회'에서 미스코리아 진으로 선발됐다. 선은 박샤론(인천 진), 장윤서(충북 진)씨가, 미는 박성민(서울 미) 김유미(서울 선) 박희정(부산 선) 김수현(광주·전남 진)씨가 각각 차지했다. 특히 이씨는 서울 진으로 뽑혔을 때부터 화제를 모았다. 아버지는 국내 주요 정보를 총괄하는 국정원 2차장 출신이었고, 어머니는 주요 무형문화재 23호 가야금산조 및 병창 보유자

인 문재숙 교수(이화여대 한국음악과)였다. 또 문희상 열린우리당 의원이 외삼촌이고, 언니도 당시 KBS국악관현악단에서 가야금 연주자로 활동 중이었다. 이씨는 당선자 인터뷰에서 "가족 얘기가 알려지면서 한숨도 못 잤다. 외부 압력이 있다는 모함도 받았다"고 털어놨다.

당시 대회에서 이씨만큼 화제를 모은 또다른 참가자도 있었다. 북한 김일성종합대를 졸업한 한영(중국 진)씨. 아쉽게 17명을 뽑는 본선 1차 선발에서 탈락했지만, 미스코리아 50년 역사는 물론 국내 다른 미인대회를 통틀어도 북한 최고학부 출신이 무대에 선 건 처음이었다. 대회는 개그맨 남희석씨와 2001 미스코리아 골든듀 출신인 김지혜 아나운서의 공동 사회로 진행됐다. 케이블TV인 MBC 드라마넷과 MBC ESPN이 전국에 생중계했다.

이하늬(서울 진)씨가 8월 3일 서울 세종문화회관에서 열린 '2006년 미스코리아 선발대회'에서 미스코리아 진으로 호명된 뒤 기뻐하고 있다.

회사 사정이 어려울 때 떠났던 기자들을 다시 불러들이는 일명 '연어 프로젝트'가 8월부터 추진됐다. 이종재 당시 차장 등이 연어 프로젝트를 통해 한국일보에 재합류했다. '연어 프로젝트'란, 망망대해를 떠돌다 산란기 때 자신이 태어난 강 상류로 돌아오는 연어처럼, 지속된 경영난과 회사에 대한 희망을 잃고 회사를 떠났던 기자들을 한국일보로 돌아오게 설득 하자는 것이었다. 실제로 당시 한국일보에서는 2004년 이후 60명이 넘는 기자들이 떠나 다양한 직종에서 근무하고 있었다. 구조조정으로 등 떠밀려 나간 경우도 있었고, 타 언론사, 기업체, 정부 기관 등의 스카우트로 이직한 경우도 있었다.

다만, 회사를 떠나며 퇴직금 반환 소송 등 갈등을 빚은 사람은 프로젝트 대상에서 제외하고, 최대한 많은 사람이 동의하는 사람을 대상으로 했다. 이런 움직임에 대해 언론계에서는 "한국일보만의 독특한 사풍, 즉 끈끈한 동료애가 바탕이 된 것"이라고 평가했다.

**사행성 게임 '바다 이야기', 사회 문제로**

사행성 게임기 '바다 이야기'가 대박을 터뜨린 것을 기폭제로 '인어 이야기', '황금성' 등 관련 게임장이 전국에 우후죽순처럼 생겨나면서 사회 문제로 번졌다. 경품용 상품권이 도박용 칩으로 사용돼 게임장 옆 환전소에서 불법 유통되는 현상까지 성행하자 검찰이 8월 말 서울중앙지검에 특별수사팀을 꾸려 100여 명의 수사 인력을 투입하는 등 사행성 게임과 전면전을 선포했다. 검찰은 12월까지 문화관광부 국장, 국회의원 전 보좌관, 상품권 업체 대표, 게임·상품권 업계 이익단체 대표, 조직폭력배, 영상물등급위원회 및 게임산업개발원 직원 등 약 40명을 구속한 데 이어 의혹의 대상이 된 일부 국회의원과 문화부 전 고위 공무원 등에 대해서도 강도 높은 수사를 벌였다. 노무현 대통령도 8월 31일 사행성 게임기 파문에 대해 "국민에 너무 큰 걱정을 끼쳐드린 데 대해 매우 송구스럽게 생각한다. 마음으로 사과드린다"며 머리를 숙였다.

한국일보 이사회는 9월 11일 이사회 회의에서 창간 이후 50년의 상징이었던 중학동 사옥 부지가 한일건설에 '900억 원 +@'에 매각됐다고 보고했다. 하지만 구조조정을 둘러싸고 노사 간 대립이 심화했다. 사측은 같은 달 22일 경영설명회를 통해 "제작국 분사를 포함해 200여 명에 달하는 임직원에 대해 명예퇴직을 실시한다"고 밝혔다. 명퇴를 신청한 이에게는 퇴직금에 별도로 기본급 7개월분을 추가 지급하기로 했고, 제작국 직원의 경우 고용 승계 우선권을 제시했다. 편집국과 일반직의 경우 50여 명을 구조조정한다는 방침을 세우고 명예퇴직을 권유했다. 당시 한국일보 임직원은 610명 안팎이었다.

이에 조합원들은 이 같은 구조조정에 동의한 임대호 노조위원장 등 집행부에 대해 '탄핵'까지 거론하며 규탄하고 나섰다. 조합원들은 23~24일 긴급회의를 열어 총회 개최를 요구하는 연판장을 돌려 총회 개최 요건(조합원 266명 중 130명 서명)을 충족시켰다. 25일에는 노조 사무실을 방문해 총회 개최를 요구하는 연판장을 임 위원장에게 전달했지만, 임 위원장이 대화를 거부하고 연판장을 찢어버리면서 갈등이 더 깊어지기도 했다.

결국 언론노조 한국일보 조합원들은 9월 28일 사옥 12층 강당에서 조합원 총회를 열고 임대호 위원장과 임원들에 대한 탄핵 및 비대위 해산안을 찬성(144명 중 138명) 가결했다. 이날 총회를 통해 새 비대위가 꾸려졌고, 신학림 언론노조 위원장이 비대위원장을 맡았다. 이에 따라 사측이 추진한 희망퇴직 등 인적 구조조정 작업은 불가능해졌다. 경영진 입장에선 이미 전 집행부와 합의가 끝난 상황에서 곤혹스러운 상황에 몰렸다. 구조 조정은 한국일보-채권단 간 채무 재조정 조건 중 하나였기 때문이었다.

일본 국민들의 압도적 지지를 누린 고이즈미 준이치로 총리가 물러나고 강경보수 정치인 아베 신조가 9월 26일 새 총리로 취임했다. 한국일보는 27일자에 아베 정권 출범 소식을 알리는 한편, 아베 총리가 취임 직후 가진 첫 기자회견에서 "한일 신뢰 구축 위해 노력하겠다"고 밝힌 점에 주목했다.

### 반기문, 유엔 사무총장 당선… '핵 해결에 성적표 달렸다'

반기문 전 외교통상부 장관이 10월 14일 뉴욕 유엔 본부에서 열린 유엔 총회에서 2007년 1월 임기가 시작되는 제8대 유엔 사무총장에 당선됐다. 이로써 한국은 유엔 가입 15년 만에 사무총장을 배출하게 됐다. 특히 분단국 출신이라는 약점을 극복하고 세계 갈등의 조정자를 배출한 것은 한국 외교사의 쾌거이자 '코리아'의 브랜드 가치를 높인 경사였다. 한국일보는 총회에서 박수로 추인된 반기문 신임 사무총장을 1면 기사로 축하하는 한편, 안보리 확대, 총회 강화, 비대해진 사무국 내부 개혁 등 향후 과제에 대해서도 언급했다. 특히 "북한 핵 해결에 성적표가 달렸다"고 분석했다.

반기문 신임 유엔 사무총장.

　전국언론노조(위원장 신학림)가 11월 14일 장재구 회장을 배임·횡령 혐의로 서울 중앙지검에 고소했다. 언론노조 측이 제기한 혐의는 장 회장이 채권단과 약속한 500억 원을 증자하는 과정에서 회사 자산을 활용했다는 내용이었다. 언론노조는 고소장에서 "현재 한국일보 사옥의 대지(약 1,500평)는 주변 시세 등을 감안하면 평당 1억 원 안팎에 이를 것으로 추정된다. 하지만 한일건설에서 받은 사옥 대금(900억 원+α)은 지나치게 낮은 수준이다"라며 "게다가 'α'가 장재구 회장이 2004년 9월 8일부터 최근까지 증자한 500억 원"이라고 밝혔다. 언론노조는 또 "장 회장은 한일시멘트와 한일건설을 매개 삼아 한국일보 사옥 매각 및 재개발 이익을 앞당겨 받아 자신의 증자 대금을 조달하는 데 사용했을 가능성이 높다는 게 혐의의 핵심"이라고 밝혔다.

　노사 협상이 지속되면서 사측이 11월 24일 성남 공장을 '휴업' 조치했다. 한국일보 경영진은 이날 임원 회의를 거쳐 이같이 결정하는 한편, 중학동 신관 공장 윤전기를 가동하는 동시에 외부 업체에 인쇄를 맡기기로 했다. 당시 성남공장은 노조 비대위(위원장 직대 전민수)가 가동하고 있었으며 11월 1일부터 사측이 공장을 사용하기로 임대계약을 체결한 미디어프린팅 직원들의 접근을 막고 있었다. 이종승 사장은 비대위에 "11월 15일까지 공장을 비워달라"고 요구했지만, 비대위는 "분사는 원천 무효"라며 성남 공장을 사수하겠다고 나섰다.

　경영진은 12월 1일 정리해고 대상자를 47명으로 확정한 뒤 12월 31일자로 정리해고를 단행했다. 당시 정리해고는 노조 비대위(위원장 직대 전민수)와 기자협의회 비대위(위원장 김상철)가 불참한 가운데, 기자·일반·분사 대상 직원을 대상으로 선정됐다. 정리해고 대상자 47명 중 노조 비대위 소속은 45명(조합원 총원 74명), 일반 부서는 2명이었다. 경영진은 또 노조 조합원 29명에 대해 판매국·사업본부·재무관리본부 등으로 보직을 전환해 배치했다. 이와 별도로 8명(편집국 6명, 일반 부서 2명)은 면담을 거쳐 11월 30일 명예퇴직을 선택했다. 이에 대해 노조 비대위는 12월 4일 특보를 내고 "회사가 마침내 해고의 칼날을 휘둘렀고, 그 칼날의 끝은 오직 조합원을 향했다"면서 "회사의 경영정상화를 위한 구조조정이 아닌, 노조 탄압"이라고 주장했다. 비대위는 또 본사 옆에서 천막 시위에 나섰다.

# 2007년
### 금강송처럼 하늘만 향해 뻗어나가겠다는 마음을 이어가겠다. -창간 52주년 2면 사진 설명

전 세계적으로 번영에 대한 열망이 표출된 한 해였다. 한국과 영국, 프랑스에서 '경제 중시' 지도자가 선거를 통해 국민의 선택을 받았다. 국내적으로는 한미 자유무역협정(FTA) 협상 타결, 국제 이벤트의 잇단 유치 등도 있었지만 태안 기름 유출 사고 등 우울한 소식도 잇따랐다. 해외에선 미국 서브프라임 모기지(비우량 주택담보대출) 부실 사태, 지구 온난화, 우주개발 경쟁, 초고유가 시대 등 경제 및 환경 이슈가 관심을 끌었다.

### <신년 기획> '2007년은 대선의 해'… 새해 7대 기획 발표

한국일보가 2007년 한 해를 '대선의 해'로 정하고 "찢겨진 한국에서 통합의 리더십을 발휘"할 리더를 기대했다. 한국일보는 1월 1일자 신년호에서 "2007년은 기로에 선 대한민국을 이끌 새 대통령을 뽑는 해"라면서 "낙관할 수 없는 해이지만, 감히 희망을 얘기하는 것은 새로운 선택을 앞두고 있기 때문"이라고 했다. 이어 각계 인사 30명이 전하는 '차기 대통령에 바라는 마음'을 보도했다. 30명의 인사들은 계층, 지역, 이념으로 갈가리 찢겼던 지난 시간을 반영하듯 대체로 '통합'을 주문했다. 또 야권 주자로 이명박 박근혜 손학규를, 여권 주자로는 고건 김근태 정동영 정운찬을 각각 선정해 대선주자 가상 대결을 신문지상에서 펼쳤다. 아울러 ▲대선의 10가지 변수 ▲어떤 사람들이 돕나 ▲대선 후보 빅6의 라이프 스토리 ▲잠룡은 누가 있나? 등의 기획 기사를 통해 '선택 2007'을 앞두고 선거 분위기를 띄웠다.

1월 1일자 11면 신년 기획 '새 대통령에게 바란다'.

또 원로들의 릴레이 인터뷰 '선진 사회로 가는 길'을 선보였는데, 시리즈 1회로 조순 전 경제부총리의 견해를 담았다. 외환위기 10년째 되는 해를 맞아 'IMF 그후 10년' 시리즈를 선보였다. 직장인과 구직자 2,728명을 설문해 지난 10년 우리는 어떻게 변했는지, 퇴출은행 직원들은 어떻게 살고 있는지 등을 심층 보도했다. 이와 함께 한국 최초의 우주인 후보 이소연씨의 새해 소감도 눈길을 끌었고, "부동산 대책을 보완해 반드시 집값을 잡겠다"는 노무현 대통령의 신년사도 실었다.

특히 새해 7대 기획도 내놨다. 먼저 ▲복지사회로 가는 '행복가족 행복사회'에서는 여성가족부와 함께 가족친화경영 모범 사례를 발굴했다. ▲지방을 살리자 'UP & UP 코리아'는 지방이 살아야 나라가 튼튼해진다는 차원에서 지방 경쟁력을 높이는 캠페인을 전개했다. ▲'아, 에베레스트'는 1977년 9월 15일 한국일보 후원 아래 이뤄진 고상돈의 에베레스트 등정 30주년을 기념하는 이벤트였다. ▲안데르센이 온다는 탄생 200주년을 맞아 안데르센 특별전을 ▲연중 포럼, 선진사회로 가는 길에서는 전문가 릴레이 인터뷰를 진행했다. ▲조기 퇴직자를 위한 희망찾기에서는 "일자리는 생명"이라고 보고, 퇴직자들의 인생 2모작을 지원하는 프로그램을 진행했다. ▲시장 개척활동 발굴 '세계가 무대다'에서는 우리 기업들의 활발한 개척활동 현장을 집중 발굴했다.

2007년 한국일보 신춘문예 부문별 당선작이 발표됐다. 2007년엔 특히 1월 1일자 신년호에서 무려 7개면을 할애해 당선작뿐만 아니라, 당선자 인터뷰, 심사평까지 세세하게 소개했다. ▲시 엘리펀트맨(이용임) ▲소설 요요(유응오) ▲동시 세탁기(김현서) ▲동화 무스탕 마네킹(유행두) ▲희곡 쥐를 잡자(김효정)

1월 4일자에 소개한 새 문화기획 '우리 시대의 명저 50'이 눈길을 끌었다. 매주 한 차례 명저의 저자와 책 주변의 이야기, 그리고 명저의 내용과 학문적·시대적 의미를 짚어보는 시리즈였다. 한국일보는 "속도를 최고 가치로 여기는 디지털 시대를 맞아 책은 느림의 미학으로 우리 삶을 살찌우고 정신을 깨어 있게 한다"면서 "해방 이후 우리 저술 가운데 두드러진 성취들을 소개, 아날로그적인 숨결과 입김으로 디지털 세상에 생명력을 불어넣어 지성의 싹을 틔우려 한다"고 취지를 밝혔다. 이를 위해 한국출판문화상 심사위원단과 함께 백범일지(김구)부터 한국인물연극사(유민영)에 이르기까지 총 50권의 책을 선정해 소개했다.

### 한국일보 등 자매지 5개사, 임시 사옥 이전… 거짓말이 된 사고

연초부터 전 세계 금융시장이 미국발 서브프라임 모기지 위기로 휘청거렸다. 주택 시장의 침체에 따라 대출이자 연체가 급증하자 모기지 업체들이 잇따라 도산한 데 이어 서브프라임 모기지에 투자한 미국과 유럽의 주요 금융회사들까지 큰 손실을 보면서, 이는 신용경색 위기로 연결됐다.

한국일보가 1월 15일 〈사고〉를 통해 중학동 사옥을 떠나 임시 사옥으로 이전하겠다고 알렸다. 한국일보사와 서울경제 스포츠한국 코리아타임스 한국아이닷컴 등 5개 사였다. 이전지는 한진빌딩(중구 남대문로 2가)이었고, 2월 3~10일 각 부서별로 각각 다른 층에 나뉘어 입주했다. 당시 한국일보는 "중학동 본사 부지에는 3년 후 16, 17층짜리 최첨단 빌딩 2동이 들어설 예정"이라며 "임시 사옥 이전이지만, 이를 도약의 또 다른 계기로 삼겠다"고 다짐했다. 그러나 '중학동 사옥'으로 끝내 돌아오지 못했고, 결과적으로 사고는 거짓말이 됐다.

이 무렵 2007년 내 남북 정상회담이 추진된다는 내용을 특종 보도했다. 정상원 기자가 청와대 보고용 문건을 단독 입수하면서다.

김동국 기자가 1월 15일 기자협회 한국일보지회 새 지회장으로 선출됐다. 1월25일에는 김희원 기자가 서울 프레스센터 내셔널프레스클럽에서 열린 올해의 여기자상 취재보도 부문을 수상했다.

서울 송파경찰서가 1월 16일 오전 경찰서 회의실에서 박홍우 부장판사 피습 사건 브리핑 후, 범행에 사용됐던 석궁과 칼, 노끈 등을 공개하고 있다.

고법 부장판사가 판결에 불만을 품은 전직 대학교수로부터 석궁에 맞아 병원 응급실로 실려갔다. 법정 밖에서 소송 당사자가 법관에게 물리적인 테러를 가한 것은 처음이어서 파장이 매우 컸다.

한국일보는 "법정 밖 판사 공격 행위는 사상 초유"라며 "사법 체계가 테러 당했다"고 성토했다. 법조계의 반응을 인용해 "법 권위에 대한 도전" "법치주의 근간을 뒤흔드는 충격적인 일"이라고 비판했다. 또 흉기 반입, 자해 소동 등 소송 당사자가 판결에 불만을 품고 난동을 부린 '법정 난동' 사례를 열거하며 대책 마련이 시급하다고 지적했다.

### "몇몇 기자가 기자실에 죽치고 앉아 주도"… 청와대 vs 기자실 갈등

기사송고실(기자실) 통폐합 문제를 놓고 기자실과 청와대의 힘겨루기가 2007년 내내 이어졌다. 1월 16일 노무현 대통령의 발언에서 시작됐다. 노 대통령은 국무회의에서 "몇몇 기자들이 (기자실에) 딱 죽치고 앉아서 기사 흐름을 주도해 나가고, 있는 것을 보도하는 것이 아니라 보도자료를 자기들이 가공하고 담합하는 구조가 일반화돼 있는지 조사해 보고하라"고 지시했다. 그러면서 "참여정부 역할의 가장 중요한 것은 소위 특권과 유착, 반칙과 뒷거래 구조를 청산하는 것인데, 여기에 가장 완강하게 저항하는 집단이 바로 언론"이라고

## <70대 특종> 연내 남북정상회담 추진

노무현 대통령 마지막 임기인 2007년의 화두는 제2차 남북정상회담의 개최 여부였다. 북한의 핵실험 이후 흐트러진 남북 관계를 재정립하려면 남북 정상의 회동이 필요하다는 분석이 우세했지만, 임기 말 정권이 실제로 추진할지 여부는 오리무중이었다.

그런 상황에서 한국일보는 1월13일자 노무현 정부의 통일부가 연내 남북정상회담 추진에 나선 사실을 특종 보도했다. '연내 남북정상회담 추진'이라는 제목과 함께 게재된 당시 특종 기사의 주요 내용은 이렇다.

'통일부가 지난해 12월 작성한 '2006년 남북관계 평가 및 2007년 대북정책 방향' 보고서에서 "북핵 상황이 장기 정체될 때에는 돌파구 마련을 위해 고위급 특사 파견 등 남북 최고 당국자 수준의 접촉을 추진할 것"이라고 밝혔다. 또 2007년 대북정책의 5대 과제로 ▲한반도 평화 프로세스의 본격 가동 ▲화해 협력 ▲남북간 신뢰기반 강화 ▲남북 경제협력 ▲대북정책 지지기반 확보 등을 제시했다. 눈에 띄는 것은 남북정상회담이나 대북 특사 파견 등 남북 최고당국자 수준의 면담을 추진한다는 대목이다. 그동안 정상회담의 필요성을 수 차례 피력한 정부가 정상회담을 위한 계획을 수립하고 있음이 드러난 것이다.'

한국일보의 정확한 특종 기사는 이튿날부터 경쟁지의 인용 대상이 되었다. 예컨대 경향신문은 14일자 기사에서 '정부가 올해 남북정상회담을 의미하는 '남북 최고 당국자 수준의 접촉'을 추진하고 있는 것으로 확인됐다'고 전했다.

한국일보의 특종은 이후 그대로 실현됐다. 2007년 10월2일부터 4일까지 남북정상회담이 평양에서 열렸다. 대한민국 노무현 대통령과 조선민주주의인민공화국 김정일 국방위원장 사이에 진행된 정상회담이 2000년 남북정상회담에 이어 두 번째로 열렸다. 정상회담 성명이 채택된 날에 맞춰 '10.4 남북정상회담'이라고 불리기도 하는데 이 회담의 결과로 남북 양측은 〈남북관계 발전과 평화번영을 위한 선언〉을 발표했다.

제2차 남북정상회담에서 노무현 대통령과 김정일이 악수를 하고 있다.

1월 17일자 1면에 게재된 박스 기사. 국정홍보처가 청사 기자실을 폐쇄한 가운데 10월 15일 오전 서울 세종로 외교통상부 청사 1층 로비에서 출입 기자들이 임시 책상을 만들어 놓고 기사를 작성하고 있다.

도 했다.

정부는 3월 15일에는 "효율적 국정 운영 및 자료 유출 등을 막기 위해 기자들의 사무실 출입을 제한할 필요가 있다"면서 기자실 축소를 검토하는가 하면, 5월 '취재지원시스템 선진화 방안'을 확정하고, 8월엔 공무원의 취재·응대 등을 제한하는 총리 훈령이 알려졌다. 여기에 5월 30일 통일부가 기사 내용을 이유로 특정 언론사 기자들에게 프레스센터에서 나가달라고 통보하는가 하면, 금융감독위원회·금융감독원은 기자들의 사무실 출입을 전면 금지했다. 이에 한국기자협회 소속 서울지역 38개 지회는 5월 31일 정부의 '취재지원 선진화 방안'에 반대하는 성명서를 발표하고 청와대에 전달하는 등 거세게 반발했다. 국제언론인협회(IPI)도 6월 1일 노무현 대통령에게 '기자실을 통폐합하고 언론의 정부 취재원 접근 제한 정책을 철회하라'는 내용의 공개서한을 보냈다. IPI는 5월 30일에도 우려를 표명하는 성명을 발표했다. 8월 30일에는 전국 47개 언론사 보도·편집국장들이 48년 만에 모여 정부의 취재 봉쇄 조치 전면 철회를 요구하는 결의문을 채택했고, 한국신문방송편집인협회도 9월 6일 회장단 회의를 열고 정부의 '취재지원 선진화 방안'에 대해 '편집·보도국장단 현안 대책 소위원회'를 구성해 대응했다.

한국기자협회 등 언론 4단체와 시민사회단체들이 중재에 나섰으나 실패했다. 결국 정부는 10월 각 부처 기사송고실을 폐쇄하고 통합브리핑룸을 운영했다. 하지만 대다수 기자들은 이를 거부해 기자실 문제는 해법을 찾지 못했고, 정부-언론 간 갈등은 깊어졌다. 한국일보는 10월 13일자 1면에 외교통상부 출입 기자들이 로비 바닥에 앉아 기사를 작성하는 사진을 실으며 "끝내 언론에 자물쇠를 채웠다"면서 정부의 방침을 강하게 비판했다.

17대 대선을 앞두고 한국일보는 '대선 보도 자문교수단'을 구성했다. 대선을 건전한 정책 경쟁으로 유도하면서, 공정하고 심층 보도하겠다는 취지였다.

한국일보는 3월 6일자 신문에 "불편부당을 사시로 삼아 온 본보는 분야별로 전문성과 중립성을 갖춘 자문 교수들과 함께 여야 대선 주자들의 정책과 자질을 심도 있게 분석·평가

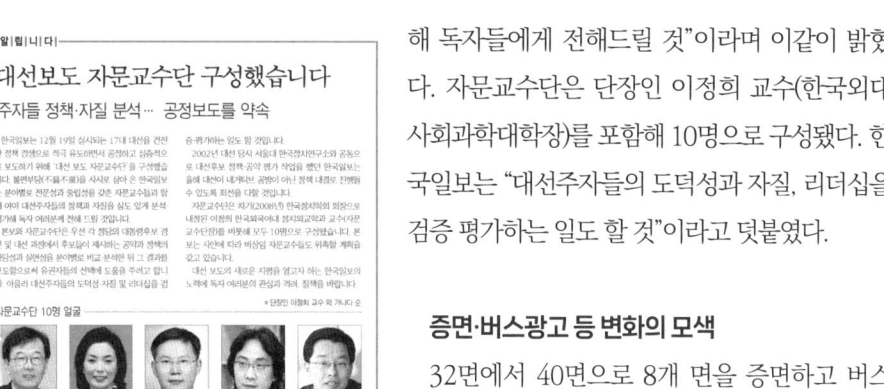

3월 6일자 1면에 게재된 '대선 보도 자문교수단'

해 독자들에게 전해드릴 것"이라며 이같이 밝혔다. 자문교수단은 단장인 이정희 교수(한국외대 사회과학대학장)를 포함해 10명으로 구성됐다. 한국일보는 "대선주자들의 도덕성과 자질, 리더십을 검증 평가하는 일도 할 것"이라고 덧붙였다.

### 증면·버스광고 등 변화의 모색

32면에서 40면으로 8개 면을 증면하고 버스 광고를 실시하는 등 변화를 모색했다. 한국일보는 3월 12일자 1면에 〈경제 이너섹션 빼내서 보세요〉라는 제목의 사고를 통해 이 같은 사실을 알렸다. 경제·산업 관련 지면이 대폭 늘어나 매일 12개 면의 경제 이너섹션이 새로 생겼다. 40개면 중 경제·산업 지면을 한 가운데에 배치해 독자가 통째로 꺼내 보고 보관도 쉽게 하도록 한다는 취지였다. 국제 경제, 금융 재테크, 기업 동향 등 당시 독자들의 수요가 폭증한 정보를 담았다.

또 국제면과 사람들면이 매일 2개 면으로 늘었다. 특히 사람들면에는 주한 외교사절 인터뷰 등 외교가 소식, 각계 명사들이 말하는 자신의 이야기, 이모작 인생 등을 소개하는 하이킥 라이프 등 연재물이 새로 들어섰다. 주 1회 논술면도 새로 생겼다. 증면과 함께 ▲미국 대학 입학 정보 ▲칼럼 〈오늘의 책〉 등이 연재됐고, 암 관련 국내외 최신 정보 시리즈도 선보였다.

하지만 회사 내부에선 논란이 불거졌다. 사측은 정상화 신호탄으로 증면이 필요하다는 입장이었다. 경쟁지에 비해 지면 양이 부족했기 때문이다. 기자들은 그러나 "인력 보강도 없이 증면하면, 노동 강도만 높아질 뿐 콘텐츠의 질적 하락을 가져올 수 있다"며 시기 조정 등을 요구했다. 또 한국일보 지면이 경쟁 매체 대비 적은 것은 사실이었지만, 광고를 제외한 순수 기사만 보면 사실상 비슷한 수준이라고 맞섰다.

아울러 3월 초부터 버스 광고를 시작했다. '독자에게 잊힌 신문'이란 냉정한 자평과 함께 일단 독자 곁으로 다가가겠다는 의미를 담았다. 이를 위해 새 캐치프레이즈(오늘도 나에게 박수를… 한국일보, 당신을 응원합니다)도 사내 공모를 통해 마련했다. 버스 광고는 주로 광화문 일대를 통과하는 노선버스 60대에 게재했다. 또 피카소전(2006년)에 이어 2007년에는 '안데르센 전시회' 등 활발한 문화사업을 통해 이미지 변화에도 나섰다.

이 무렵 대구는 2011년 세계육상선수권대회를, 인천은 2014년 아시아경기대회를 각각 유치한 데 이어 전남 여수시도 2012년 세계박람회 유치에 성공했다. 국제 이벤트의 잇단

2007년

유치는 지역 주민과 국민, 재계, 정부가 합심한 결과였다. 반면 강원 평창군은 안타깝게도 동계올림픽 유치에 다시 고배를 들었다.

424일을 끌어온 한·미 자유무역협정(FTA) 협상이 극적으로 타결돼 4월 2일 공식 발표됐다. 이로써 한국과 미국은 안보동맹에서 경제동맹 관계로 진입하는 첫걸음을 내딛게 됐다. 정부는 그러나 한·미 FTA로 피해가 불가피해진 농업 분야 등에 대한 후속 대책 마련과 반대 여론 등 해결 과제도 함께 떠안게 됐다. 3월 31일자에는 밤새 벼랑 끝 대치를 벌인 한미 양국의 진통 협상 과정을 생생하게 전했고 2일자에는 "협상 오늘 타결" 예고 기사를 실었다. 2면에서는 한·미 FTA 마지막 협상이 진행된 서울 하얏트호텔 안팎의 긴박했던 분위기를 다음과 같이 전했다. "협상장은 (1일) 오후까지 국익을 위해 치열한 전투를 벌이는 '총성 없는 전쟁터'나 다름없는 분위기였다".

반면, 한·미 FTA저지 범국민운동본부 회원들이 서울시청 앞 광장에 모여 FTA 철회를 요구하며 촛불문화제를 연 장면을 사진으로 담아 반대의 목소리도 여전함을 전했다. 사설에서는 "이제 국내 협상이 문제"라고 봤다. 사설은 "오랜 정치적 동맹관계를 유지해온 두 나라가 이제는 시장 통합을 통해 경제적으로 하나가 되는 역사적 사건"이라며 "세계 흐름에 뒤처진 통상 외교에 돌파구를 마련하겠다는 정부 전략"을 높게 평가했다. 그러면서도 "다만 전반적인 협상 결과에는 아쉬운 점이 많다"면서 자동차 섬유 무역규제 등 향후 피해를 최소화할 분야에 대해 일일이 열거했다. 그러면서 "협상 기간 드러난 극심한 대립과 갈등을 대화와 타협으로 녹여 국민적 지혜를 모으는 정치력을 기대한다"고 적었다.

4월 16일 미국 버지니아공대에서 총기 난사 사건이 발생해 자살한 범인을 포함해 33명이 목숨을 잃고 23명이 다치는 등 역대 최악의 총기난사 사건으로 기록됐다. 특히 범인이 초등학교 때 이민 간 한국계 조승희씨로 밝혀지면서 파장이 더욱 커졌다. 조씨는 고교 때부터 정신질환을 앓아 온 것으로 알려졌다. 미국 총기 문화에 대한 광범위한 비판을 불러일으킬 정도로 충격적인 사건으로 꼽혔다.

한국일보는 4월 18일자 신문에 '총기 참사 범인은 한국인 조승희로 밝혀졌다'고 보도했다. 또 범인 조승희가 3시간 동안 제지를 받지 않고 캠퍼스

4월 20일자 1면에 게재된 조승희 사진.

를 유린한 점에 주목하며 "늑장 대처에 피해가 커졌다"고 보도했다. 아울러 한국인에 나쁜 인식 심어질까 전전긍긍하는 동포사회의 모습도 담았다. 이어 19일자 1면에는 "미국민과 슬픔을 함께합니다"라는 제목과 함께 검은 리본을 달았고, 20일자 1면에 양손에 권총을 든 조승희의 사진을 모자이크 처리 없이 1면 머리로 실었다. 아울러 한미 관계에 미칠 파장, 주변 동료들이 전하는 조승희, 살해 동기 분석, 이민 1.5세대의 방황, 미 대선에 미칠 영향, 국내외 산업계 동향 등 분석 및 예측 기사를 쏟아냈다.

### 사르코지·브라운, 프·영 지도자로…"변화의 길을 터라"

프랑스와 영국이 경제통 지도자를 맞았고 호주는 11년 만에 정권 교체를 선택했다. 프랑스는 5월 6일 '더 일하면 더 벌 수 있는' 사회를 내세운 니콜라 사르코지 후보를 대통령으로 선출했다. 이어 영국은 6월 고든 브라운(56) 재무장관이 총리가 됐고 11월 호주 총선에서는 케빈 러드(50) 대표의 노동당이 승리했다.

한국일보는 5월 8일자 1면에 사르코지 대통령 당선 소식을 전하며 "첫 전후 세대이자 이민 2세대가 엘리제궁의 주인이 됐다"고 썼다. 그러면서 "그의 카리스마와 추진력, 그리고 직설적 발언이 인기의 비결이지만, 반대로 약점으로 작용할 수 있다"고 지적했다. 실제로 그는 2005년 내무장관 시절, 시위 이민자들을 향한 '폭도' 발언으로 '파리 폭동'의 빌미를 제공했다. 사설은 "프랑스 국민이 '사회보장 확대를 통한 연대'보다 '시장경제 체제 강화를 통한 성장'을 택했다"면서 "강한 프랑스와 선명한 정책을 표방한 사르코지가 당선된 것"이라고 분석했다. 이어 1차 투표율 83.8%, 결선 투표율 84% 등 높은 투표율에 주목하며 "프랑스 국민이 민주주의의 모범을 보였다"라고 평가했다.

6월 28일에는 브라운 영국 총리가 취임했다. 한국일보는 브라운 신임 총리가 취임하자마자 40세 개발 장관 등 40대 젊은 인재를 대거 등용한 것에 주목했다. 그러면서 브라운 총리·사르코지 대통령을 비교 분석하는 기사를 통해 "두 신임 지도자들이 변화의 길을 모색하고 있다"고 보도했다.

한국일보 '포토 온라인 저널'이 5월 9일 오픈했다. 사진부는 하루 평균 수십 장의 사진을 생산하지만, 정작 지면에 쓰이는 사진은 극히 일부고 나머지는 사실상 사장되는 게 당시 현실이었다. 이에 '버려지는 사진'을 활용하자는 취지에서 1월에 TF팀을 구성해 전략을 논의했고, 이날 첫 성과물을 내놓은 것이다. ▲포토 온라인 저널을 비롯해 ▲포토 에세이 ▲e전시 ▲야근 기자가 뽑은 오늘의 사진 등의 메뉴로 구성됐다. 특히, 포토 온라인 저널은 한 주제로 30장의 사진 슬라이드에 육성 내레이션을 삽입했다. 사진을 현장에서 찍은 사진 기자의 목소리를 통해 취재 현장의 느낌을 사실 그대로 전달하는 데 주안점을 뒀다. "참신함과 현장의 역동성을 동시에 감상할 수 있다"는 평가를 받았다. 이를 위해 사진 기자들은 마감 이후에도 3~4시간가량 원고 작성, 오디오 편집 등 추가 작업을 했다. 오픈과 동시에 20편의 온라인 저널을 선보였고, 이후에도 하루 1건 이상 콘텐츠를 서비스했다.

**4개 대학 학보사와의 공동 기획**

한국일보와 4개 대학 학보사(서울·연세·고려·이화여대)의 공동 기획이 5월 14일부터 비정기적으로 게재돼 눈길을 끌었다. 한국일보와 각 대학 학보사가 대학 현장을 심층 취재해 공동으로 게재하는 방법이었다. 기성 언론들이 대학 사회의 현실과 고민을 제대로 다루지 못했다고 판단해 이 같은 시도를 한 것이다. 학생 독자에 대한 회사 이미지 제고도 고려했다. 첫 보도 '짐 싸는 대학가 자취생들'을 시작으로 '6월 항쟁 의식 조사' '대학 국제화' '학부제' 등을 주제로 한 공동 기획 기사가 이어졌다. 특히 6월 항쟁 20주년을 맞아 공동 기획한 '1987년 민주화 운동 이후 20년'(5월 28일자)에서는 20년 전 총학생회장을 지냈던 열린우리당 우상호, 이인영 의원과 고려대, 연세대 비운동권 출신 현직 총학생회장과의 대담 등 다양한 기획으로 20년을 되돌아봤다.

2004년 샤갈전, 2006년 피카소전 등이 대성공을 거두면서 2007년에는 모네전과 안데르센전 등 대형 전시회를 잇따라 열었다.

'빛의 화가 모네전'이 6월 6일~9월 26일 서울시립미술관에서 열렸다. 5일 열린 개막 전야제에는 문화예술계는 물론 정·관계, 재계 인사 등 800여 명이 참석했다. 인상주의 미술의 선구자, 클로드 모네(1840~1926)의 국내 첫 회고전으로, 〈수련〉 연작, 〈꿩〉 〈과일 타르트〉 등 전 생애에 걸친 주요 작품 60여 점을 선보였다. 일반인 관람 첫날인 6월 7일부터 만원사례를 기록했다.

이어 동화 작가로 유명한 안데르센 전시회 '상상 공간-안데르센의 삶과 놀라운 이야기'가 6월 22일~12월 14일 서울 코엑스에서 열렸다. 13편의 안데르센 동화와 함께 즐기는 모험의 공간으로 꾸며졌다. 안데르센 작품 및 유품 75점을 비롯해 '꿈과 환상'을 주제로 한 공연이 마련돼, 어린이들에게 '교육의 장'이 될 수 있도록 기획했다. 특히 저소득층 어린이들을 초대해 행사의 의미를 더했다. 평일에도 개관(오전 10시) 전부터 엄마 손을 잡은 꼬마 관람객이 대거 몰릴 정도로 인기가 많았다.

'빛의 화가 모네전' 첫날인 6월 6일 서울시립미술관을 찾은 관람객들이 도슨트(작품해설자)의 설명을 듣고 있다.

11월 24일부터는 불멸의 화가 빈센트 반 고흐전이 개막해 2008년 3월 16일까지 서울 시립미술관에서 열렸다. 〈자화상〉을 비롯해 〈아이리스〉〈프로방스의 시골길 야경〉〈노란 집〉〈우체부 조셉 롤랭〉〈씨 뿌리는 사람〉〈파리인들의 소설책〉 등 고흐의 시대별 대표작 67점을 선보였는데, 국내 최초의 반 고흐 개인전이었다. 아울러 작품 보험가액만 1조 4,000억 원에 이르는 국내 최대 규모의 전시였다. 또 1면에는 〈반 고흐 지상갤러리〉 코너를 마련해 고흐의 작품을 1개씩 지면을 통해 소개해 미처 미술관에 오지 못한 독자들을 배려했다.

### 53주년 창간 기획 '이미지 UP 코리아'

2007년은 창간 기획도 대통령 선거에 초점을 맞췄다. 창간 전날인 6월 8일자부터 한나라당의 유력 대선 후보였던 이명박 전 서울시장 후보를 '창간 인터뷰'로 2개 면에 걸쳐 대대적으로 보도했다. 앞서 선정한 대선 보도 자문 교수들과 진행한 인터뷰를 기자들이 정리하는 방식이었다. 대선 보도 자문단장인 이정희 교수(한국외대 정외과)가 인터뷰 후 평가한 이명박 후보에 대한 소회를 박스 기사로 처리한 점도 눈에 띄었다. 또 이명박 박근혜 손학규 정동영 등 대선 주자들의 지지도 변화 추이도 여론 조사를 통해 보도했다.

창간 기념일인 6월 9일자에는 '이미지 UP 코리아' 시리즈가 시작됐다. 기사는 "한 국가의 대외 이미지는 그 나라에 대한 호감도와 신뢰도인 만큼 전통적 의미의 국력보다 더 중시되는 소프트파워의 결정적 요소"라고 보고 "우리나라는 대외적으로 어떻게 비치고 있으며, 어떻게 하면 국가 이미지를 더 높일 수 있을지 답을 찾고자 한다"고 취지를 밝혔다. 첫 회로 국가 이미지, 이대로 좋은가 '국격이 경쟁력'을 보도했다. 또 국민 의식 여론조사를 통해 "한미동맹 강화 및 성장을 중시하는 여론이 증가하는 보수·실용화 노선이 뚜렷해졌다"고 전했다.

한국인 관광객 13명 등 22명을 태운 채 실종됐던 캄보디아 PMT 항공 여객기가 사고 사흘째인 6월 27일 오전 7시 15분(한국시간 9시15분) 시아누크빌 인근 보꼬 산 정상 부근의 밀림지역에서 발견됐다. 탑승자 22명은 전원 사망했다. 한국일보는 캄보디아 수도 프놈펜에 김이삭·조영호 기자를 급파, 참사 현장인 보꼬산과 눈물바다가 된 프놈펜 '깔멧 병원' 현장을 취재했다. 깔멧 병원엔 한국인 탑승객 13명의 시신과 비보를 듣고 프놈펜까지 날아온 유족들이 있었다.

이준희 전략사업본부장이 7월 5일자로 신임 편집국장에 내정됐다. 이후 9~10일 편집국 임명 동의 절차를 거쳐 10일 편집국장에 취임했다. 이 국장은 1984년 한국일보에 입사한 뒤 사회부 법조팀장, LA특파원, 기획취재부장, 사회부장, 문화부장, 전략사업본부 본부장 등을 역임했다. 이후 후속 인사가 다음과 같이 진행됐다. ▲출판국장 송태권 ▲논설위원 이계성 ▲미디어전략실장 김경철 ▲국차장 이종재 ▲부국장 진성훈 이영성 ▲부국장 겸 문화

2007년

부장 이충재 ▲종합편집부장 채봉석 ▲경제산업부장 이의춘 ▲사회부장 황상진 ▲국제부장 김승일 ▲피플팀장 박광희

**아프가니스탄서 23명 피랍… 2명 사망 충격**

7월 19일 아프가니스탄에서 경기 성남시 분당 샘물교회 봉사단 23명이 탈레반 세력에 납치돼 온 국민을 놀라게 했다. 이후 탈레반은 8월 30일 마지막 인질을 석방했지만 2명을 살해한 뒤였다. 이 사건으로 해외 선교, 테러단체와의 협상, 몸값 지불설, 김만복 국가정보원장의 언론 노출 등을 둘러싼 논란이 일었다. 당시 탈레반은 "아프간에 주둔 중인 한국군이 7월 21일 정오까지 철수해야 하며 그렇지 않으면 18명을 살해할 것"이라고 경고했다. 당시 아프간에는 의무부대인 동의부대, 공병대인 다산부대 등 우리 장병 211명이 미군과 함께 수도 카불 북부 바그람 기지에 주둔하고 있었다. 피랍자들은 샘물교회 배형규 목사와 20~30대 청년 신도들이었으며, 현지 봉사활동을 위해 7월 13일 아프간에 입국한 뒤 23일 귀국할 예정이었다.

한국일보는 피랍자들의 상황을 자세히 보도하는 한편, 한국에 남은 피랍자 가족들의 애끓는 심정 및 무사 귀환을 기도하는 샘물교회 표정도 전했다. 아울러 당혹스러운 가운데 외교라인 총동원에 나선 정부의 대응도 함께 전했다. 지나친 선교 열망에 화를 부른 무분별한 개신교 해외 활동에 대해서도 일침을 가했다. 사설에서도 피랍인들의 무사 귀환에 힘써 달라는 당부와 함께 "아프간 지역에 장기 체류하면서 선교활동을 하는 기독교인이 100명이 넘어 이미 이들의 안전이 우려되던 터였다. 정부는 이들의 안전에 만전을 기해야 하지만, 당사자들도 조속히 귀국하는 등 정부의 노력에 호응해야 한다"고 밝혔다.

'천상의 목소리' 테너 루치아노 파바로티가 9월 6일 오전 5시(현지 시간) 이탈리아 모데나 자택에서 72세를 일기로 타계했다. 파바로티는 2006년 췌장암 수술을 받은 뒤 투병 생활을 해 왔다. 플라시도 도밍고, 호세 카레라스와 함께 세계 3대 테너로 꼽혔으나, 그의 목소리는 3대 테너 중에서도 으뜸이었다. 한국일보는 고인에 대해 "이웃집 아저씨의 미소를 지닌 오페라의 제왕이었다"고 평가하는 한편, 그의 일대기 및 후계자 구도를 상세하게 보도하며 추모했다.

9월 10일자부터 '외국어' 지면이 신설됐다. 글로벌 시대를 맞아 독자들이 고급 외국어 능력을 배양할 수 있도록 도움을 주겠다는 취지였다. 자매지인 코리아타임스와 함께 만든 이 지면은 월~금요일까지 매일 선별된 외신 기사와 영화, 미국 드라마 영문 대역 등을 소개하고 친절한 해설을 덧붙였다. 매일 가볍게 읽는 것만으로도 고급 시사·일상 영어에 익숙해질 수 있도록 했다. 그 첫 회로 35면에 영화 '악마는 프라다를 입는다' 중 한 장면에서 나온 대사들을 살폈다.

이종승 사장이 9월 28일 재선임됐다. 이에 따라 이종승 사장은 3년 임기의 대표이사직을

다시 맡게 됐다.

**2차 남북정상회담 7년 만에 평양 개최**

　노무현 대통령과 김정일 북한 국방위원장은 10월 2~4일 평양에서 2박 3일 동안 남북 정상회담을 갖고 평화 체제 구축과 서해평화협력특별지대 설치 등을 골자로 한 '2007 남북정상선언'을 발표했다. 2000년 1차 정상회담 이후 7년 만이었다. 경의선 열차는 12월 11일부터, 운행 중단 56년 만에 개성공단에 보낼 화물을 실어 나르기 시작했다. 노 대통령은 2일 낮 12시 모란봉구역 4·25 문화회관 앞 광장에서 열린 북측의 공식 환영식에서, 영접 나온 김정일 국방위원장과 처음으로 대면했다. 두 정상은 "반갑습니다"라고 짧게 인사를 나눴으나, 1차 정상회담(2000년 6월) 같은 포옹이나 깜짝 동승 등 파격은 없었다. 한국일보는 이 장면을 놓고 "환영은 뜨거웠지만 만남은 차분했다"고 전했다.

　양국 정상은 3~4일 양일간에 걸친 회담에서 남북 관계 발전과 평화 번영을 위한 '10·4 선언'을 발표했다. 이 합의문에서 해주 지역과 주변 해역을 포괄하는 '서해평화협력 특별지대'를 설치하고 경제특구 건설과 해주항 활용, 민간 선박의 해주 직항로 통과, 한강하구 공동이용 등을 추진키로 했다. 한국일보는 회담에 앞선 2일자에서 정상회담의 주요 쟁점을 짚었다. 특히 평화 이슈의 핵심인 '북핵 문제'에 대해서는 두루뭉술하게 정리할 것으로 예측했다. 또 노 대통령이 군사분계선을 걸어 넘은 데 대해 "이벤트성이 강해 보이지만 남한 대통령으로는 처음이어서 그 의미가 결코 가볍지 않다"면서도 "우리는 우려와 의구심의 시선이 엇갈린다. 한반도 평화와 공영을 위해 획기적인 이정표를 세워 우려를 터는 회담이 돼야 할 것"이라고 주문했다. 10·4 남북 선언 결과에 대해서는 "중요한 이정표라 할 만하다" "6자회담 합의문 타결도 큰 진전이다"라고 평가한 뒤 "다만 인식 차와 상호 불신 해소는 여전히 과제로 남았다"고 짚었다. 특히 '해주 특구'에 대해 "남북 경제협력의 새 도약대가 될 것"이라고 내다봤다.

　한국일보가 "후진타오 후계자로 시진핑 상하이시 당서기가 급부상하고 있다"고 10월 23일 보도했다. 중국 공산당이 10월 22일 인민대회당에서 열린 17기 중앙위원회 1차 전체회의에서 시진핑 상하이시 당서기와 리커창 랴오닝성 서기 등 차세대 지도자들을 정치국 상무위원으로 기용한 것이다. 한국일보는 특히 권력 서열 6위로 국가부주석을 맡게 될 시진핑 서기와 부총리를 맡을 서열 7위 리커창 서기를 주목하고 "차기 총리 후보로 부상할 것"이라고 예측했다. 또 당시 개편에서 후진타오 주석의 측근 상당수가 정치국원으로 선출되면서, 후 주석의 국정운영 기반이 강화됐다고 봤다. 아울러 후진타오 총서기 겸 국가주석의 집권 2기 중국에 대해 "성장 위주로는 한계에 부딪힌 만큼 지역·계층 격차 해소에 드라이브를 걸 것"이라고 심층 전망했다.

2007년

### 태안 유조선 원유 유출… "사상 최악 환경오염"

12월 7일 충남 태안군 앞바다 8㎞ 지점에서 유조선과 해상 크레인이 충돌해 원유 1만 2,547㎘이 유출되는 최악의 환경오염 사고가 발생했다. 국가의 해상 오염 방제력은 한계를 드러냈지만, 자원봉사의 땀으로 복구가 진행됐다. 사고는 예인선이 인천대교 공사작업을 마친 해상크레인 부선을 경남 거제로 끌고 가는 과정에서 로프가 끊어지면서 발생했다. 예인선과 분리된 부선이 표류하다 대산항 입항을 위해 정박하고 있던 유조선과 충돌한 것이다. 정부는 현장에 오일펜스를 설치해 오염 확산을 최대한 막으려 했지만, 파도까지 높아지는 바람에 오일펜스는 무용지물이 됐다.

서해안엔 초비상이 걸렸다. 군인과 지역 상인, 자원봉사자들이 만리포 해수욕장에서 바다까지 길게 줄지어 서서 양동이로 밀려온 기름을 퍼냈지만 역부족이었다. 한국일보는 기름 유출 사고 지점에서 가장 가까운 태안군 의향리 현장 일대로 달려가 바다도 가슴도 온통 시커멓게 변한 어민들의 심정을 르포로 보도했다. 아울러 유출 기름 확산 현황을 시간대별로 전했다. 사설은 "서해안 생태계에 큰 재앙이 우려된다"면서 "사고 원인을 제대로 가려 향후 안전 대책을 올바로 세워 달라"면서 정부의 발 빠른 대응을 촉구했다. 이후에는 〈태안을 살립시다〉 시리즈를 이어갔다. 특히 12월 13일자 '기름띠 상처 씻어내는 아름다운 인간띠'에서는 기업과 사회단체, 각 자치단체, 시민·학생이 앞다퉈 자원봉사에 뛰어들고 있는 정황을 전하며 "여전히 일손은 더 필요하지만, 희망이 보인다"며 국민적 지지를 호소했다.

'일하는 경제 대통령'을 내세운 한나라당 이명박 후보가 12월 19일 역대 대선 사상 최대

사상 최악의 원유 유출 사고로 충남 태안군 일대 해안가가 기름으로 뒤덮인 가운데, 12월 9일 소원면 만리포 해수욕장에서 자원봉사자들과 군인들이 힘을 모아 기름을 걷어내고 있다.

표차로 제17대 대통령에 당선됐다. 이명박 당선인은 대통합민주신당 정동영 후보에 무려 526만여 표(22%포인트) 차로 승리했다. 무소속 이회창 후보는 15%대 득표율을 기록했다. 이로써 한나라당은 10년 만에 정권 탈환에 성공했다.

한국일보는 20일자 1면에 이명박 후보의 당선 소식을 전하는 한편, 정동영 이회창 후보 진영의 반응도 꼼꼼히 살폈다. 이어 "출구조사에서 완승·완패가 결정됐다. 개표는 확인 작업에 불과했다"며 한나라당의 압도적인 승리를 분석했다. 아울러 ▲역대 최소 표차 당선 ▲최저 득표율 승리 등 과거 대선 기록과 개표 현장의 이모저모를 살폈다.

좌파적 정책으로 임기 내내 논란을 일으킨 노무현 정권이 민심을 잃은 결과였다. 한국일보는 3면에서 "편 가르기 5년에 국민이 매서운 심판을 내린 것"이라며 한나라당 압승의 의미를 설명했다. 특히 "다자구도에서 압도적인 승리를 거둔 만큼 향후 국정 드라이브에 힘이 실릴 것"이라며 "총선에서도 여세몰이 가능성이 높다"고 예측했다. 그러면서 이명박 당선자는 실용주의적 노선을 택해 큰 변화가 예상된다고 내다봤다.

사설에서도 "앙금을 털어내고 내일을 향해 가자"고 제안했다. 사설은 "현 정권에 대한 반감의 바닥에는 도덕적 정당성 의식의 과잉으로 독선에 빠진 결과, 무리수에 집착하는 아집에 대한 차가운 시선이 있다"며 "이런 우려를 씻으려면 측근들에 에워싸여 국민의 소리에서 멀어지는 일이 없도록 해야 한다"고 밝혔다. 그러면서 ▲국민을 아우를 통합의 리더십 ▲가슴 따뜻한 실용적 사고 ▲무리한 공약은 접을 수 있는 참 용기 등 3가지를 당부했다.

다만, 이 선거는 'BBK 사건 공방' 등 네거티브 전략만 판치고, 정책 경쟁이 이뤄지지 않아 아쉬움을 남겼다. 한국일보는 12월 6일자 1면에 "BBK 한방은 없었다"라는 머리기사를 싣고 주가 조작, BBK-다스 실소유가 모두 무혐의로 끝났다는 검찰의 발표 내용을 전했다. 사설에서는 "검찰의 수사 결과 발표로 BBK 사건이 막을 내렸다. 이제는 BBK에서 정책·비전 대결로 나아가자"고 제안했다. 또 "근거가 없는 한, 대선 국면을 한껏 어지럽힌 '진실 공방'을 이제는 매듭짓는 게 순리일 것이다"라고 주장했다.

12월 24일 출제 오류 논란에 섰던 2008학년도 대학수학능력시험 과학탐구 영역 물리 2-11번 문항에 대해 복수 정답이 인정됐다. 이에 따라 물리2를 선택한 수험생 전체 등급은 재조정하지 않은 채 등급이 오르는 수험생에게만 성적표가 재발부 됐다. 복수정답 인정을 요구하던 수험생들의 소송 제기 등 최악의 사태는 면했지만, 화학2 등 다른 과학탐구 과목 수험생과의 형평성 논란이 불거지면서 혼란에 빠졌다. 실제로 물리2를 선택하지 않은 수험생들은 "역차별"이라며 집단 소송 움직임도 불사했다.

일단 대학은 "원칙이 지켜져 다행"이라고 했지만, 수험생들 사이에서는 "최악의 입시 세대"라는 자조가 나왔고 학부모들도 "늑장 대응이 화를 키웠다"며 비난했다. 한국일보는 "수능에 대한 불신감이 팽배해졌다. 수험생 간 형평성 논란도 예고된다"면서 "특히 서울대와 각 대학 의대 등 최상위권에 영향을 줄 것"이라고 내다봤다.

# 2008년

이념과 가치관에 사로 잡히지 않은 공정함, 있는 그대로의 사실 전달이
한국일보 정신이다. - 이종승 사장·2008년 신년사

### 2008년 신년 기획 '이제는 경제다'

한국일보는 신년 기획의 화두를 경제에서 찾았다. 이명박 후보가 대통령에 당선된 직후인 2007년 12월 21일자부터 선진화 시대 대기획 '이제는 경제다'를 내놨다. 이 기획을 시작하며, "이명박 당선자에게 부여된 시대적 소명은 경제다"라며 양극화 해소, 일자리 창출 등 6대 경제 과제를 제시했다.

2008년 1월 1일자 1면 '선진화 시대 대기획-이제는 경제다' 지면.

새해 1월 1일자부터는 '이제는 경제다' 시리즈의 2부로, '세계는 지금 경제전쟁 리모델링 중'을 실으며 프랑스와 영국 독일 등 유럽 선진국의 실용주의 경제를 소개했다. 이들 국가의 경제 개혁 추진 현황을 살피면서 "프랑스와 독일의 경우, 과잉 복지와 경쟁 부재로 성장에 정체를 겪자 국민 스스로 우파 정부를 선택했다"라고 전했다. 그러면서 "새로 출범할 이명박 정부도 실용주의를 천명하고 있다. 좌우의 경계를 넘어 효율적이면서도 균형 잡힌 경제로 시스템을 리모델링해야 한다"며 이명박 정부에 좋은 참고서가 될 유럽 각국의 경제 개혁 실험을 소개했다. 또 ▲각계 20명이 제안하는 '새 대통령에 바란다' ▲중·미·일 석학과의 대화 ▲18대 총선, 우리 고장에선 누가 나오나 ▲차이나 파워-중국 세계 경제 여의주를 쥐다 등 다양한 기획을 선보였다.

2008년 한국일보 신춘문예 부문별 당선작이 발표됐다. ▲시 차창 밖, 풍경의 빈 곳(정은기) ▲소설 방(진연주) ▲동시 재개발 아파트(김영미) ▲동화 그 녀석 길들이기(임정순) ▲희

곡 그 섬에서의 생존 방식(김지용)

### 한국일보 칼럼, 한겨레 저격… "고대 교우회의 '마피아 본색'이라니…"

강병태 수석논설위원이 한겨레신문의 사설 '고대 교우회의 빗나간 동문 사랑'(1월 9일자)을 지면을 통해 공개적으로 정면 반박해 주목받았다. 강 위원은 1월 14일자 '지평선'(마피아 본색)에서 마피아 역사를 설명하며, "낡은 상식을 얘기한 것은 '고대 교우회의 마피아 본색'이란 지난주 한겨레신문 사설이 황당하고 천박하기 이를 데 없음을 일깨우기 위해서다"라며 한겨레 사설을 비판했다.

강 위원은 "TK 호남향우회 해병전우회 고대교우회 등으로 엇갈렸다 다시 만나기를 거듭하는 거대한 사회집단을 협소한 패밀리, 패거리의 틀에 얽어 넣는 것은 도착이고 착란이다"고 지적했다. 이어 "악에 받친 듯한 말투와 해괴한 논리로 스스로 패거리 본색을 드러낸 것은 무너진 전선을 다시 형성하려는 시도일 수 있겠다"며 "그러나 전에도 지적했듯, 수구 '찌라시'를 욕하다 선동 '삐라'로 전락하는 것은 보기 딱하다"고 덧붙였다. 강 위원의 칼럼에 한겨레는 특별한 반응을 보이지 않았다.

앞서 한겨레는 9일자 사설에서 "고대 교우회가 이명박 교우의 당선 이후 '승리의 새벽'을 구가하고 있다"며 "창립 100돌을 맞아 펴낸 교우회 100년사에 실린, '명'비어천가는 압권이었다"고 비판했다. 이어 "치졸하기 짝이 없는 문장은 한 오라기 지성의 흔적마저 지워 버렸다. 광신적 찬양과 선동이 넘치던 그 자리의 주인공은 이 당선인이었다"며 "패밀리의 원인으로서 그가 느낀 건 자부심일까 두려움일까"라고 비판했다.

㈜한국아이닷컴이 2월 4일부터 회사 이름을 ㈜인터넷한국일보로 바꿨다. 다만, 도메인은 예전 그대로 한국아이닷컴(www.hankooki.com)으로 유지했다. '인터넷한국일보'로 바꾼 이유는, 기존 '한국아이닷컴'으론 한국일보 서울경제 스포츠한국 소년한국일보 코리아타임스 등 5개 일간지와 주간한국, 골프매거진, 파퓰러 사이언스 등 자매 잡지가 서로 연계되기 쉽지 않다고 판단했기 때문이다. 또 중앙일보(조인스닷컴) 경향신문(미디어칸) 등도 기존 온라인 회사명을 새 이름으로 바꾸는 등 당시 업계의 개명 바람 분위기도 작용했다. 한국일보는 사고에서 "통일되고 깔끔해진 UI(사용자 인터페이스)와 디자인, 카테고리 조정, 보강된 검색 기능 등으로 보다 간편하게 뉴스와 정보, 동영상에 접근할 수 있게 됐다"라고 독자들에게 설명했다.

### 국보 1호 숭례문 방화

600년 동안 서울을 지켜온 '국보 1호' 숭례문이 사회에 불만을 품은 한 70대 노인의 '묻지마식 방화'로 2월 10일 오후 완전히 소실됐다. 누구나 마음만 먹으면 쉽게 드나들 수 있을 정도로 관리가 허술했고 화재 등 비상 상황에 대비한 안전관리 시스템도 거의 전무했다

2월 10일 밤 늦게 국보 1호 숭례문에 화재가 발생한 가운데, 숭례문 상층부가 화재를 이기지 못하고 붕괴되고 있다.

는 점이 드러나면서 평소 문화재 관리를 소홀히 해 온 우리 사회에 경종을 울렸다. 조상의 유적을 제대로 이어가지 못했다는 자괴감 속에 타버린 숭례문을 직접 보려는 시민들의 발길도 이어졌다.

한국일보는 11일자 1면에 화재 발생 정황을 상세하게 보도하는 한편, ▲숭례문의 문화적 의의▲화재가 초기에 진화되지 않은 정황 ▲문화재청 등 관계 당국의 관리 소홀 문제 등을 다양하게 짚었다. 12일자 1면에는 시민들이 숭례문 앞에 놓고 간 국화와 함께 전소된 숭례문의 참담한 모습이 사진으로 실렸다. 이어 "문화 재앙…. 부끄럽고 참담하다"고 탄식했다. 사설 '불타버린 숭례문, 무너진 문화 한국'에서도 "차라리 꿈이라면… 그러나 이것은 참담하게도 현실이다"라며 "불타 무너진 숭례문에 국화를 바치는 시민들의 마음을 헤아려 더 이상 선조와 후손들에게 죄를 짓는 일이 없도록 해야 한다"고 적었다.

특히 13일자 1면 머리기사 '이 아픔 장막으로 가리지 말라'에서는 숭례문에 15m짜리 가림막을 설치한 데 대해 "치부일수록 드러내 교훈을 얻어야 한다"는 시민들의 의견을 옮겨 담았다. 이 보도 후 가림막은 투명 패널로 바뀌었다. 정부는 "주변을 지나는 시민의 안전은 물론, 바람 등이 공사에 영향을 줄 수 있다"면서 "어떤 형태든 가림막은 설치돼야 하기에 투명 패널로 설치하게 됐다"라고 설명했다.

15일부터는 '모두 함께 숭례문을 되살립시다'라는 구호와 함께 〈숭례문 사진 갖기 캠페인〉을 펼쳤다. 성금 1,000원을 보내는 독자들에게 우리나라 대표 사진작가인 김중만의 숭례문 사진이 담긴 우편엽서를 증정하는 내용이다. 사진은 불타기 전 숭례문의 아름다움을 표현한 역작이었다. 성금 3,000원을 보내면 탁상용 프린트를 보냈다. 대량 구매하는 기업과 단체에는 별도 크기의 소장용 사진을 주문 제작해 주기도 했다. 이렇게 모인 성금은 전액 숭례문 복구를 위해 사용됐다.

5월 19일에는 숭례문 소실 100일을 맞아 복구 성금 마련을 위한 '대한민국 조각 100인전(展)'을 밀레니엄 힐튼호텔 특별전시장에서 6월 20일까지 한 달간 열었다. 이 전시회는 원로, 중진, 신인에 이르기까지 우리나라 대표 조각가들이 자신들의 작품 120점을 기증, 판매 수익금 전액을 숭례문 복구 성금으로 기탁하겠다는 뜻을 전달하면서 마련됐다.

2월 17일 남산 국립극장앞에서 열린 제367회 한국일보 거북이 마라톤 대회 참석자들이 출발에 앞서 '국보 1호 숭례문 사진 갖기' 캠페인에 동참하고 있다.

### 이명박 정부 출범… "한강의 기적 넘어 선진화 대전진"

2월 25일 이명박 대통령이 '경제 살리기'와 '실용주의'를 기치로 내걸고 임기 5년의 제17대 대통령으로 공식 취임했다. 이 대통령은 '선진화의 길, 다 함께 열어갑시다'는 제목의 취임사에서 5대 국정 방향으로 ▲섬기는 정부 ▲경제발전 및 사회통합 ▲문화 창달과 과학 발전 ▲튼튼한 안보와 평화통일 기반 조성 ▲국제 사회의 책임 완수 등을 제시했다.

한국일보는 26일자 신문에 취임사와 취임식 표정 ▲해외 반응 ▲국정 비전 ▲외교·대북 정책 전망 ▲MB노믹스 키워드 ▲산적한 난제들 ▲화보 ▲향후 당정 관계 등을 10개 면에 걸쳐 보도했다. 사설은 이 대통령의 취임사를 '실용주의 취임사'라고 보면서 "달변과는 거리가 먼 대통령이 취임사를 또박또박 읽어 내려가는 모습에서 한 시대가 새롭게 열리고 있다는 것을 느낄 수 있었다"고 적었다. 또 대통령이 솔직하게 국민의 행동을 요청한 점도 높이 평가했다. 그러면서 "'이명박이라면 할 수 있다'에서 '국민 여러분과 함께라면 할 수 있다'고 한 걸음 물러난 자세에서 큰 걱정거리 하나를 잠시 내려놓는다"고도 썼다. 아울러 '경제 살리기'에 대한 대통령의 구상도 뚜렷이 드러났다고 분석했다. 그러면서 "고뇌와 결단이 필요한 순간에는 국민의 얼굴과 취임 선서를 떠올리길 권하고 싶다"고 당부했다.

이 대통령은 취임을 일주일 앞둔 18일 한승수 국무총리를 필두로, 재정경제부 장관에 강만수 전 재경원 차관, 교육인적자원부 장관에 김도연 서울대 재료공학부 교수를 내정하는 15명 조각 명단을 발표했다.

하지만, 첫 인사부터 한계를 드러냈다. 장관 후보자 중 상당수가 수십억 원대 재산을 가진 것으로 드러나 '강부자'(강남 땅 부자)라는 비아냥을 들었고, 이 중 3명이 부동산 투기 의혹 등으로 인사청문회 과정에서 낙마했다. 또 청와대 참모진과 대통령직인수위도 이 대통령과 배경이 같은 '고소영'(고려대 소망교회 영남출신) 위주로 구성돼 제 식구 챙기기라는 비판이 끊이지 않았다. 이로 인해 정권 초반 여론은 급속히 등을 돌렸고, 미국산 쇠고기 파동을 증폭시킨 원인으로 작용했다.

한국일보는 새 정부 출범이 일주일도 채 남지 않은 상황에서 이명박 당시 당선인이 초대 내각을 일단 발표한데 대해 "이들만으로라도 우선 국정을 시작하겠다는 뜻이다. 새 정부의 파행 출범을 최소화하려는 것"이라고 의미를 분석했다. 그러면서 "정부조직법 개정안 협상이 최종 타결될 경우와 결렬될 경우를 동시에 대비하는 차원도 있다. 협상 압박을 위한 강공책이다"라고 들여다봤다. 그러면서 "하지만 이런 내각 체제도 어찌 됐든 편법이다. 또 통합민주당이 인사청문회에 순순히 응할지도 미지수여서 또 다른 파행이 불가피하다"라고 전망했다.

한국일보가 3월 3일부터 가판을 폐지했다. 이는 평창동 인쇄공장(서울 종로구) 매각을 앞두고 결정됐다. 한국일보는 그동안 가판을 이 평창동 공장에서 찍었는데, 평창 공장이 매각되면 가판을 성남 공장(경기 성남시)에서 인쇄해야 하는 상황이었다. 성남 공장에서 가판을 인쇄할 경우, 기사 마감 시간도 오후 4시 전후로 2시간 당겨야 하는데다, 인쇄 후 다시 서울로 배달하기는 사실상 불가능한 일이었다.

### 정치부장의 청와대 직행… 흔들리는 편집국

주요 보직을 맡고 있던 간부들의 잇단 이탈로 편집국이 크게 흔들렸다. 2007년 말부터 3월까지 14명의 편집국 기자가 회사를 떠났는데, 이들 중 상당수가 주요 부서 선임기자였다. 3월 초 정치부 청와대 출입 1·2진 기자와 서울시경 캡이 잇달아 모두 그만둔 데 이어 유성식 정치부장이 3월 7일 사표를 내고 청와대 선임행정관(2급 상당)으로 자리를 옮겼다. 당시 편집국에선 "현직 정치부장이 곧장 청와대로 향하는게 옳은 것이냐"는 비판과 "오죽했으면 그런 선택을 했겠느냐"는 동정론이 엇갈렸다. 앞서 2007년 말부터 2월 초까지는 시니어급 기자만 6명이 편집국을 떠난 터였다. 이들 중 상당수는 정부 기관, 혹은 대기업으로 이직했다.

이에 기자들은 기자 총회를 열고 대책을 논의하기에 이르렀다. 특히 이런 '이탈 현상'이 편집국에 남은 다른 기자들에게 영향을 끼치지 않을까 우려했다.

이런 인력 유출에 대해 내부에선 저임금 구조와 비전 부재 등을 가장 큰 요인으로 지적했다. 2002년 9월 회사가 워크아웃(채권금융기관 공동관리)에 들어가면서 '워크아웃 졸업'이란 공동 목표가 있기 때문에 한국일보 구성원들은 고통 분담을 받아들였다. 하지만 2007년 말 워크아웃 졸업 이후에도 기자들이 체감하는 '회복 속도'는 더뎠고, 회사 측은 비전 등을 제대로 제시하지 못하면서 편집국이 흔들렸다는 분석이다. 실제로, 임금의 경우 2000년 연봉제 전환과 맞물려 한 차례 인상에 그친 상태였다. 오히려 2004년 8월에는 기존 임금에서 17.8%나 삭감됐다.

3월 10일자 편집국 인사가 이뤄졌다. ▲국차장 겸 경제부장 이종재 ▲부국장 겸 정치부장 이영성 ▲논설위원 이의춘 ▲논설위원 겸 한반도평화연구소장 이계성

한국일보는 3월 21일 주주총회와 이사회를 열어 장재구 대표이사 회장을 재선임했다. 아울러 미주한국일보 장재민 회장과 미주한국일보 전성환 사장도 이날 각각 한국일보 이사로 재선임했다.

4월부터 한 달 구독료를 1만 2,000원에서 1만 5,000원으로 올렸다. 가판 가격도 500원에서 600원으로 올렸다. 앞서 중앙일보는 2월, 조선일보와 한겨레신문, 한국경제, 매일경제는 3월부터 1만 5,000원으로 올렸다.

### 18대 총선… 거대 여당 탄생

대선 4개월여 만인 4월 9일 실시된 제18대 총선에서는 여당인 한나라당이 299석 중 153석을 확보, 과반 의석을 차지했다. 민주당이 81석, 자유선진당 18석, 친박연대 14석, 민주노동당 5석, 창조한국당 3석, 무소속이 25석을 각각 얻었다. 하지만 한나라당은 공천 작업을 주도한 이재오, 이방호 전 의원 등 주류 핵심이 낙선하는 우여곡절을 겪었다. 반면 당 공천에서 탈락한 친박 무소속과 친박연대 후보들은 선전했고 이후 당에 복당했다.

4.9 총선에서 서울 은평을 지역에 출마하는 한나라당 이재오(왼쪽)후보와 창조한국당 문국현후보가 3월 29일 서울 불광동 조합원 총회장에서 만나 악수하는 동안 소설가 이순원씨(가운데)가 이를 취재하고 있다.

한국일보는 10일자에서 "친박계가 돌풍을 일으켰다"고 1면 제목을 달았다. 그러면서 "텃밭인 영남에서 예상 밖의 고전을 했고 '안정 과반' 확보에도 실패했다"고 보도했다. 또 투표율이 46%로 사상 최저를 기록한 데 대해서도 "국가 미래를 담당할 20~30대 젊은 층의 투표율이 현저하게 낮았다"고 우려의 목소리를 냈다. 또 "MB노믹스가 동력을 확보했지만, MB 측근들이 고전했다"면서 "반면 박근혜의 힘이 다시 과시됐다"고 분석했다.

여당의 공천 과정에서는 친박근혜계 정치인들이 대거 배제되면서 '친박 공천 학살' 논란이 벌어지기도 했다. 한국일보는 3월 16일자에 "박근혜 전 대표가 측근들이 대거 탈락한 영남권 공천을 강하게 비판하고 나섰다"라고 보도했다. 또 "살아서 돌아오라" "가슴이 찢어

2008년

진다, 해도해도 너무한다"며 박 전 대표가 친박계 의원들의 무소속 출마를 사실상 묵인한 것에도 주목했다. 사설은 "한나라당의 어지러운 공천 분란"이라고 표현하면서 "13일 밤의 대학살로 한나라당 공천 진통이 중대 고비를 맞았다"고 봤다.

반면, 민주당은 호남에서 승리했지만 수도권에서 한나라당에 대패했다. 무소속 의원들의 복당 등으로 연말에는 한나라당과 민주당의 의석수는 각각 172석과 83석이 됐다.

한편, 총선을 앞둔 3월 31일자 1면엔 이순원 소설가가 '1일 기자' 신분으로 격전지인 '은평을'을 취재 보도해 눈길을 끌었다. 당시 은평을에는 3선 의원이자 4선에 도전하는 한나라당 이재오 후보가 있었고, 창조한국당 문국현 후보가 도전장을 낸 형국이었다. 신문과 방송이 예민하게 지켜보고 있던 격전지였다. 취재 당일까지 각종 여론조사에서는 문 후보가 앞섰고, 실제 개표에서도 승리했다.

이순원 소설가는 3월 29일 하루 종일 두 후보의 유세 현장을 따라다닌 뒤 기사를 썼다. 이순원 소설가는 이재오 후보에 대해 "30년을 은평에서 살아온 만큼 주민 안부에 훤했다"라고 전했고, 문국현 후보에 대해서는 "탄탄한 논리로 표심을 훑었다"라고 적었다. 그러면서 "이 후보는 탄탄한 지역 뿌리와 조직이 힘이다. 반면, 문 후보는 운하 반대 명분을 타고 이곳으로 왔다"면서 문 후보가 '명분' 바람이 세차지만, 이 후보의 '현실' 뿌리도 깊어 보인다"라고 보도했다.

### 한국 첫 우주인 이소연…
### "우주 한국, 꿈이 솟았다"

4월 8일 오후 카자흐스탄 바이코누르 우주기지에서 한국 첫 우주인 이소연(30)씨를 태운 러시아 소유스 우주선이 우주를 향해 치솟았다. 이씨는 이틀 후인 10일 국제우주정거장(ISS)에 탑승해 8일간 18가지 우주과학실험과 지상 교신 등 임무를 마치고 19일 카자흐스탄 북부 오르스크 초원지대로 귀환했다.

3만 6,000여 명의 경쟁자를 물리치고 우주인으로 선발된 이씨는 우주 임무를 성공적으로 완수함으로써

4월 9일자 5면에서 이소연씨를 태운 소유즈호 발사 소식을 전하고 있다.

세계 475번째 우주인이자, 49번째 여성 우주인으로 기록됐다. 아울러 우리나라는 36번째 우주인 배출국, 11번째 우주과학실험 국가가 됐다.

한국일보는 4월 9일자 1면에서 이소연씨를 태운 소유즈호가 발사 9분 만에 지구 궤도에 진입했음을 알리는 한편, ▲숨가빴던 발사 현장 ▲우주인 경제 효과 ▲화보 및 기고 ▲시민 반응 등 5개 면에 걸쳐 상세 보도했다. 사설에서도 '한국인 우주인'의 의미를 되새기며 "이를 계기로 우주 개발에 국가 역량을 집중, 관련 산업 및 과학기술 개발을 향상시켜야 한다"고 강조했다. 아울러 "모험과 개척의 진취적 정신이 한국인에게 확산되는 계기도 돼야 한다"고 덧붙였다.

### 삼성 특검 및 이건희 회장 퇴진

김용철 변호사의 삼성 비자금 및 정·관계 로비 의혹 폭로로 2008년 1월 출범한 조준웅 특별검사팀이 3개월가량의 수사 끝에 4월 이건희 전 삼성그룹 회장을 불구속 기소했다.

한국일보는 4월 18일자 '특검 99일, 전원 불구속 마침표'라는 제목의 기사에서 "조준웅 특별검사팀이 이건희 삼성그룹 회장 등 전·현직 고위 경영진 10명을 불구속 기소했다"고 특검의 수사 결과를 전했다. 당시 특검은 "중죄지만, 경제 파장 등을 고려해 불구속 수사하기로 결정했다"고 밝혔고, 떡값 의혹에도 "증거 없다"며 모두 내사 종결했다. 한국일보는 특검 결과에 대해 수사의 의지·능력이 여론 기대에 미치지 못했음을 지적하면서도 큰 줄기에서의 성과는 인정했다. 사설을 통해서도 "이 회장과 비자금 4조 5,000억 원을 관리한 경영인을 모두 불구속 처리, 지나치게 형평에 어긋난 '삼성 봐주기'라는 비판이 거세다"면서도 "우리는 조준웅 특검팀이 여러 제약을 딛고 어느 특검보다 뚜렷한 성과를 거둔 것을 평가한다"고 밝혔다. 비리 의혹의 큰 줄기를 찾아내 삼성의 체질 혁신을 재촉하는 계기를 마련한 성과를 가볍게 여길 게 아니라는 것이다. 이어 "물론 미진한 대목도 여럿 있지만, 무작정 '졸속 수사'를 비난할 건 아니다"라며 "수사 결과를 수용하고 사법부의 판단을 지켜보는 게 순리"라고 썼다.

삼성그룹은 4월 22일 기자회견을 열고 '삼성 그룹 경영 쇄신안 10개 항'을 발표했다. 이 자리에서 이건희 회장은 취임한 지 20여 년 만에 전격 퇴진을 밝혔으며 이재용 삼성전자 전무도 고객총괄책임자 자리에서 물러났다. 당시 이학수 삼성그룹 전략기획실 부회장은 기자회견에서 삼성그룹 각 계열사가 향후 독립적인 전문 경영인 체제로 개편될 것임을 분명히 했다.

한국일보는 23일자 신문에서 "이건희 없는 삼성이란 그림 자체가 그려지지 않는다는 반응이 안팎에서 나온다"며 "선장이 물러난 삼성호가 독립 경영체제로 순항할지 지켜봐야 한다. 위기는 위기다"라고 썼다. 이어 순환출자 고리 끊기에 나선 삼성, 차명 재산의 향후 활용처, 경영권 승계 향방, 퇴진 막전막후 등을 상세하게 짚었다. 아울러 45세에 그룹 회장을 맡아 매출 152조 규모의 글로벌 기업으로 키워낸 이건희 회장의 성과도 가감 없이 적시했다.

기소 후 1심과 2심 재판도 '속전속결'로 진행됐다. 이 회장은 에버랜드 전환사채(CB) 편법 증여와 삼성SDS 신주인수권부사채(BW) 저가 발행 혐의에 대해 항소심에서 무죄 판결을 받았다. 조세 포탈 혐의만 유죄로 인정돼 집행유예 판결을 받았다.

### 미국 쇠고기 반대 촛불시위

촛불 시위는 그해 미국산 쇠고기를 사실상 연령이나 부위 제한 없이 수입하는 내용으로 한미 쇠고기 협상이 타결된 데 대한 반발로 시작됐다. 5월 2일부터 8월 15일까지 전국적으로 2,398차례, 연인원 93만 2,680명(경찰 추산)이 참가해 한국 사회를 뒤흔들었다. '광우병 공포'가 인터넷을 중심으로 확산돼 촛불집회로 이어졌다. 그리고 촛불집회는 졸속 협상 비판 및 검역 주권 논란, 나아가 갓 출범한 이명박 정부의 실정 비판으로 확산됐다.

두 번에 걸친 대통령의 사과와 추가 협상 등으로 사태가 수습됐지만 이명박 정부로선 출범 초기 정책 추진에 큰 타격을 받았다. 촛불집회의 성격을 놓고 '참여 민주주의의'냐 '인터넷 중우정치(衆愚政治)'냐는 평가가 엇갈렸지만, 기성 정당과 언론에 대한 불신으로 대의민주주의가 위기를 맞고 있다는 점만은 분명하게 확인시켰다.

한국일보는 시민들이 거리로 뛰쳐나간 것은 정치적 선동 때문이 아니라 귀를 막은 정부 및 일부 보수 언론 탓이라는 논조를 유지했다. 한국일보는 5월 26일자 3면 '쇠고기 불만, 총체적 반정부 시위로 돌변'에서 "참석자들의 절반가량이 거리로 쏟아져 나온 데는 상당한 정서적 공감대가 없이는 불가능했다는 분석도 있다"고 진단했다. 또 전문가들의 입을 통해 "시민들은 정부의 비현실적인 쇠고기 협상 자세와 국민은 안중에도 없는 듯한 태도에 불만과 이의를 제기하고 있다"며 "각종 여론 조사를 보더라도 국민의 뜻은 분명히 드러나 있는데, 정부가 책임을 지려는 자세 없이 문제를 대충 덮으려는 모습에 분노하는 것 같다"고 지적했다.

5월 12일 중국 쓰촨성 원촨현에서 리히터 규모 7.8의 강진이 발생, 7만여 명이 사망했다. 중국 정부는 구조와 복구를 위해 14만 명에 이르는 군 병력을 투입했다. 원자바오 총리가 복구 현장을 진두 지휘했다. 한국일보는 13일자에 지진 피해 현황을 보도하는 한편, "폭설, 티베트 사태에 이어 대규모 지진까지, 중국이 연초부터 줄 악재를 겪고 있다"면서 "올림픽 안전 개최에 대한 불안감이 확산되고 있다"고 전했다.

### 관광객 피격, 금강산 관광 중단

창간 54주년 기획으로 촛불 정국에 대한 국민 의식 여론조사를 실시해 6월 9일자에 게재했다. 당시 조사에서 이명박 대통령에 대해 '취임 초보다 나쁘게 생각하게 됐다'는 국민이 3분의 2에 달했다. 국정운영 지지도도 대선 당시 지지자 29%만이 "잘하고 있다"고 답했다. 아울러 여야 차기 대표로 누가 적합한지를 묻는 질문에서는 여권에선 정몽준(25%), 야권에선 추미애(18%) 의원이 각각 1위를 차지했다. 특히 대운하 건설 정책에 대해서는 무려 73%가 반대 의견을 피력했다. 이밖에 여야 대표 담화 등을 게재했다.

금강산 관광에 나섰던 50대 여성 박왕자씨가 7월 11일 북한군의 총격을 받고 사망했다. 북측은 박씨가 "군사 경계 지역을 침범했다"고 거듭 주장했지만, 이 사건을 목격한 남측 관광객의 의견은 달랐다. 정부는 북측에 진상규명을 요구했으나 북측은 이를 받아들이지 않았고, 사건의 실제 경위는 미궁으로 빠졌다.

이에 앞서 북한은 김태영 합참의장 등의 대북 강경 발언을 빌미로 3월부터 개성공단 내 남측 당국자 철수를 요구하는 등 냉랭한 태도를 보였다. 여기에 박왕자씨 피격 사건이 겹치면서 금강산 관광은 끝내 중단됐다. 9월 이후에는 김정일 국방위원장의 뇌졸중 가능성 등 건강 이상설이 불거졌고 북측의 12·1 조치로 남북 육로 통행은 제한되고 개성공단도 숨통이 막히는 등 남북 관계는 급랭했다.

한국일보는 7월 12일자에 "금강산 관광이 시작된 1998년 이후 북측에 의한 우리 국민의 인명 피해는 처음"이라며 북한군의 조준사격 가능성을 제기했다. 특히 당시 피격 경위는 북측의 일방적인 통보에 의존하고 있었는데, "박씨가 왜, 어떻게 통제 지역을 벗어났는지, 굳이 발포할 상황이었는지, 정확한 사격이 가능한지 등 납득하기 어려운 숱한 의문들이 제기된다"고 문제를 제기했다. 사설에서도 "정부가 진상규명 때까지 관광을 중단

금강산 관광객 총격 피살사건 정부합동조사단이 7월 25일 중간 조사 결과를 발표하면서 공개한 고(故) 박왕자씨 시신 수습 현장 사진. 사진은 현대아산 측이 촬영한 것으로, 7월 11일 피살 당시 현대아산 직원들이 북한 측과 함께 고 박왕자씨의 시신을 수습하는 현장 모습을 담았다.

한 것은 당연하다"면서 "북쪽은 성실하게 진상조사에 응하고 결과에 합당한 조치로 조속히 사태를 수습해야 한다"고 주장했다.

8월 6일 서울 세종문화회관에서 열린 제52회 미스코리아 선발대회에서 나리(서울 선)씨가 미스코리아 진으로 선발됐다. 선은 최보인(서울 미)·김민정(대구 진), 미에는 서설희(경북 진) 장윤희(서울 진) 이윤아(광주·전남 진) 김희경(전북 진)씨가 각각 차지했다. 이날 대회는 아나운서 신영일과 가수 박정아(쥬얼리)의 공동 사회로 진행됐고, 케이블 TV tvN을 통해 전국에 생중계됐다.

독도사랑 티셔츠를 입고 맨발로 문경새재를 넘는 '문경새재 맨발 걷기 대회'가 8월 13일 열렸다. 건강도 챙기고 문경새재의 맑은 공기와 뛰어난 자연풍광을 만끽하는 이 대회는 역

사 명소와 희귀 동식물, 박물관, 드라마 촬영장 등 볼거리가 풍성하게 마련됐다. 특히 대회 당일 '독도 사랑 티셔츠 입기 범국민운동 출정식'이 함께 열려 대회 참가자 전원에게 독도 사랑 티셔츠가 제공됐다.

### 박태환·장미란·야구… 2008 베이징 올림픽, 사상 최다 금

한국이 8월 24일 막을 내린 2008 베이징 올림픽에서 사상 최다 금메달을 획득하며 세계 7위에 올랐다. 금 13개, 은 10개, 동메달 8개를 따내 204개 참가국 중 종합 7위를 차지했다. 이와 함께 한국은 올림픽 기간 '태권 스타' 문대성 동아대 교수가 국제올림픽위원회(IOC) 선수 위원으로 선정돼 스포츠 외교에서도 질적인 도약을 이뤘다. 개최국 중국이 처음으로 종합 1위(금 51, 은 21, 동 28)에 올랐고, 이전 3개 대회 연속 1위를 차지했던 미국은 2위(금 36, 은 38, 동 36)에 머물렀다. 한국은 8위 일본에 앞서 아시아 국가로는 중국에 이어 2위였다.

한국일보는 특파원 1명과 기사 제휴사인 스포츠한국 기자 3명 등 총 7명을 베이징 현지에 파견했다. 또 현장 기자들을 지원하는 특별취재단은 12명으로 구성해 '8월의 드라마'를 생생하게 보도했다. 아울러 8월 25일자에는 "17일간의 드라마, 우린 행복했다"란 1면 기사와 함께 6개 면을 할애해 올림픽 성적과 의미를 결산했다.

선수들의 성적 하나하나 소중했지만, '마린 보이' 박태환(당시 19세·단국대)이 남자 수영 자유형 400m에서 3분 41초 86으로 가장 먼저 터치패드를 두드리고 한국 수영 선수로는 올림픽에서 첫 금메달을 딴 것은 특별히 의미가 있었다. 서양 선수들의 전유물이던 자유형에서 아시아인이 거둔 큰 쾌거였다.

상승세를 탄 한국은 '여자 헤라클레스' 장미란이 역도에서 세계신기록 5개를 세우며 우승했을 때 절정에 달했다. 또 야구대표팀은 최강 쿠바를 꺾고 9전 전승으로 금메달을 땄다. 이는 16년 만의 단체 구기 종목 금메달이었다. 그리고 양궁(2개)과 태권도(4개) 등 전통적인 강세 종목과 배드민턴과 사격의 선전이 어우러져 한국은 금메달 13개, 은 10개, 동 8개로 당시까지 올림픽 사상 최고 성과를 올렸다.

2012년 런던 올림픽에서 다시 만날 것을 기약

장미란이 8월 16일 베이징 항공항천대학 체육관에서 열린 베이징 올림픽 여자역도 최중량급(+73kg) 인상 3차 시기에서 140kg을 들어 올리며 세계 신기록을 작성하고 있다.

한 폐회식에선 장미란이 대표단 기수로 섰다. IOC 선수 위원 투표에서 최다 득표를 한 문대성 교수는 선수 위원 중 맨 앞에 서서 특별 소개를 받으며 입장했다. 한편, 육상에서 세계 신기록 3개를 세운 우사인 볼트도 자메이카 기수로 입장했다.

김정곤 기자가 9월 24일 기자협회 한국일보지회 신임 지회장으로 선출됐다.

### 최진실·안재환 등 연예인 잇단 자살… 온라인 악플 '자성론'

개그우먼 정선희의 남편이자 '엘리트 배우'로 불린 안재환이 9월 8일 서울 노원구에 주차된 자신의 차량에서 숨진 채 발견됐다. 40억 원에 달하는 사채로 극심한 어려움을 겪은 사실이 전해지면서 사채에 대한 사회적 경각심이 일었다. 10월 2일엔 '국민 여배우' 최진실이 자택에서 숨진 채 발견됐다. 당시 그는 안재환의 사채 문제에 연루됐다는 악성루머와 인터넷을 통한 비방에 괴로워했던 것으로 알려졌다. 이후에도 트랜스젠더 장채원과 모델 김지후, 엠스트리트의 이서현이 세상을 버리는 등 모방 자살 현상인 '베르테르 효과'가 나타났다.

인터넷 악플에 대한 자성론이 일었고 최진실씨와 그의 전 남편 조성민 사이에 친권·양육권을 둘러싼 논란도 빚어졌다. 특히 최진실 사망 이듬해인 2009년 8월에는 고인의 '유골 도난 사건'까지 벌어지는 등 사후에도 사건·사고가 끊이지 않았다. 조성민 역시 최진실 사망 4년여 후인 2013년 1월 6일 스스로 생을 마감했다. 또 최진실의 남동생 최진영도 누나의 사망 후 조성민과 친권·재산권 관련 갈등을 빚었고, 2010년 3월 29일 스스로 세상을 떠나 충격을 더했다.

한국일보는 10월 3일자 1면에 "세상 사람들에 섭섭했다"는 제목과 함께 최진실의 사망 소식을 전했다. 또 4개 면을 할애해 ▲고인의 자살 직전 행적 ▲연기자로 성공했지만 굴곡진 가정 생활을 보낸 파란만장했던 삶 ▲상처받은 별들의 '극단적 선택' 신드롬 분석 ▲두 자녀에 대한 양육권과 친권 전망 등을 자세하게 다뤘다.

사설에서도 "연예인들의 자살이 잦았지만, 최씨의 자살은 충격이 훨씬 크다"면서 "베르테르 효과에 대한 사회적 관심과 대책 마련이 요구된다"고 당부했다. 특히 숨진 최씨가 '안재환 자살에 자신이 결정적인 역할을 했다는 소문의 진위를 가려 달라고 경찰에 요청할 정도로 괴로워했다'는 점에 주목하고 "유명 연예인을 죽음으로 몰고 간 사이버 테러에 대해 규제와 처벌이 유명무실하다"고 지적했다.

### 미국 첫 흑인 대통령 탄생

미국 민주당의 버락 오바마 상원의원이 11월 4일 공화당 존 매케인 상원의원을 누르고 제44대 미국 대통령에 당선됐다. '오바마 혁명'으로 불릴 만한 이 승리로 미국 최초의 흑인 대통령이 탄생했으며, 민주당은 8년 만에 정권을 되찾았다.

2008년

오바마의 '오바마 혁명'에 힘입어 대선과 함께 치러진 상·하원 선거에서도 민주당이 압승했으며 미국의 국정운영은 새로운 전기를 맞이하게 됐다. 미국 경제의 부흥과 일방주의로 치달았던 외교 노선의 교정 및 국제적 역할 확대라는 과제를 짊어진 오바마 당선인은 자신의 당내 라이벌이던 힐러리 클린턴 상원의원을 국무장관으로 지명하고 로버트 게이츠 국방장관을 유임하는 등 새로운 인사정책을 시도했다. 한국일보는 11월 6일자 1면에 미국 첫 흑인 대통령의 탄생을 알리는 한편 "세기의 변화가 시작됐다"라고 진단했다. 특히 경제가 승부를 갈랐다고 봤다. 또 "경합 주였던 빅3(오하이오, 플로리다, 펜실베이니아)가 오바마에게 표를 준 반면, 공화당은 텃밭이었던 버지니아 인디애나 네바다를 모두 빼앗긴 것이 결정적이었다"고 판세를 분석했다.

아울러 오바마의 승리를 "232년 만의 검은 혁명"이라고 표현한 뒤 통합과 상생의 신세계로 나아가야 한다고 강조했다. 사설도 "미국이 새로운 미국으로 가는 위대한 선택을 했다"면서 "우리도 미국의 변화에 대해 소모적 논쟁을 하기보다 깊이 있는 분석과 성찰에 힘을 쏟아야 한다"고 강조했다.

패러디 기법으로 쓰인 〈서화숙 칼럼〉을 놓고 언론계는 물론 정계에까지 한바탕 소동이 번졌다. 당시 서화숙 편집위원은 11월 20일자 서화숙 칼럼에 '핵심 관계자 대 미네르바'라는 제목의 패러디 형식의 풍자 칼럼을 썼다. 미네르바는 당시 온라인에서 정부의 경제정책을 비판하는 익명의 논객이었는데, 그의 정체를 두고 다양한 추측이 나돌고 있었다. 서 위원은 칼럼에서 "청와대 핵심 관계자라고 주장하는 익명의 소식통에 따르면, 정보당국이 인터넷 논객 미네르바를 찾은 것은 그를 벌 주거나 입을 막기 위해서가 아니라 경제관료로 기용하기 위해서"라고 주장했다. 칼럼 자체가 풍자 칼럼이었을 뿐만 아니라, 일반 칼럼에서는 사용하지 않는 주석도 2곳이나 달았지만 이를 '팩트'로 착각한 상당수 언론이 인용하면서 파문이 커졌다. 급기야 민주당은 공식 브리핑을 준비했다가 전면 취소하기도 했고, 일부 언론은 '패러디 오보'에 사과하기도 했다.

한국일보는 이튿날인 21일자 칼럼란(38면)에 추가 '편집자 주'를 달고 "20일자 한국일보 48면 서화숙 칼럼은 사실 관계를 밝힌 기사가 아니라, 패러디 형식의 풍자칼럼임을 밝힙니다"라고 재차 알렸다.

한국일보와 굿네이버스가 주최한 제1회 한국 나눔봉사상 시상식이 12월 19일 서울 롯데호텔에서 열렸다. 13년간 무려 2,700명의 베트남 얼굴 기형 어린이를 무료 시술한 백롱민 세민얼굴기형돕기회장 등 어려운 이웃과 사랑을 나눈 음지의 활동가들이 수상의 영예를 안았다.

백 회장이 대상을 받았고, ▲금상은 ㈜포스코 봉사단, ▲은상 ㈜한미은행 노조, 교보생명 컨설턴트, 삼성생명㈜ 김정임씨 ▲동상은 ㈜한화 사회봉사단 등 단체·개인 18명이 상을 받았다. 시상식에는 한승수 국무총리 등 각계 주요 인사와 수상자 등 300명이 참석했다.

# 2009년
한국일보 기자들에게 펜을 허하라. - 기자협회보·2013년

### 신년 기획 '재편되는 세계 질서'

2009년 신년 기획은 세계 경제를 통해 한국 경제의 해법을 모색하는 '재편되는 세계 질서… 위기에 기회 있다'였다. 한국일보는 삼성경제연구소와 공동으로 추진한 기획 기사에서 글로벌 금융위기 등의 사례를 들며 "세계 경제의 대격변기를 맞아 미국 주도의 경제질서가 심각한 도전을 받고 있다"고 봤다. 그러면서 "하지만 경제 질서의 재편은 한국경제에 위기인 동시에 한 단계 도약할 더 없는 기회"라고 강조했다.

또 여론조사를 통해 이명박 정부의 집권 2년차를 이끌 내각 구성에 대한 국민들의 여론을 전했다. ▲바람직한 개각 시기와 방향 ▲당시 강만수 기획재정부 장관에 대한 신뢰도 ▲차기 대권 주자 등에 대해 여론을 가감 없이 전달했다. 이밖에 2009년 한반도 안보 정세, 해외 석학 인터뷰도 진행됐다.

특히 2009년은 인류가 처음 달에 발을 디딘 지 40주년이자 '우주 팽창'이란 충격적인 사

세계질서 재편과 한국의 대응을 심층 분석한 1월 1일자 1면.

실이 밝혀진 지 80년이 되는 해로, 유엔이 지정한 '세계 천문의 해'였다. 아울러 우리나라 천문기관인 서운관이 설립 700주년을 맞은 해였다. 이에 '세계 천문의 해' 한국조직위원회와 공동 기획으로 인간의 천문학적 상상력을 엿보는 특집 '우주, 당신을 기다립니다' 시리즈를 게재했다.

2일자엔 '희망 찾는 사람들' 시리즈가 시작됐다. 이런저런 이유로 꿈을 키워가기 어려운 이웃들의 희망을 찾아가는 코너였다. 첫 회로 "점자 악보를 원 없이 구해 마음껏 노래해 봤으면 좋겠다"는 팝페라 가수가 꿈인 시각장애 윤선혜 양의 희망을 다뤘다.

5일부터는 '신년 대기획-행복하게 사는 법 알려드립니다'가 매주 월요일에 게재됐다. 한국일보는 시리즈에서 "연령·성별·교육 수준·종교 유무 등이 행복에 미치는 영향은 미미하다"면서 행복학 총론을 시작했다. 이종승 한국일보 사장이 서울경제신문 발행인 및 인쇄인까지 맡게 됐다. 한국일보도 이상석 부사장을 인터넷한국일보 부사장으로 겸임 발령 냈고, 신우철 경영기획본부장을 상무이사로, 서순주 문화사업단장을 이사대우로 선임했다.

2009년 한국일보 신춘문예 부문별 당선작이 발표됐다. 이례적으로 희곡에선 공동당선작이 나왔다. ▲시 무럭무럭 구덩이(이우성) ▲소설 너의 도큐먼트(김금희) ▲희곡 열 두 대신에 불리러 갈 제(주정훈) 극적인 하룻밤(황윤정) ▲동화 내 사랑 이꽃분(강남이) ▲동시 징검돌(배산영)

한국일보가 1월 13일 미국 타임사와 한국어판 포춘인 '포춘 코리아'를 독점 발행하는 라이선스 계약을 체결했다. 포춘코리아는 미국 유럽 등 전세계에서 발행되는 포춘의 한글 번역기사와 자체 취재기사로 구성, 월간지 형태로 발행됐다.

### 김수환 추기경 선종, "서로 사랑하세요"

군포 여대생 살해 용의자 강호순이 1월 25일 경기 안산 상록경찰서로 들어서고 있다. 당시 언론계에서는 강씨의 얼굴 공개를 놓고 갑론을박이 벌어졌으나, 한국일보는 끝까지 강씨의 얼굴을 공개하지 않았다.

군포 여대생 등 경기 서남부 지역에서 부녀자 7명을 살해한 강호순이 1월 25일 체포됐다. 강호순은 2006년 12월 이후 경기 서남부에서 잇따라 실종된 부녀자 6명과 군포 여대생 안모씨까지 모두 살해했다. 유영철(2004년 20명) 정남규(2006년 13명)에 이어 2년여 만에 또다시 연쇄살인범이 우리 사회에 충격을 준 것이다. 한국일보는 강호순에 대해 "낮엔 이웃 밤엔 살인범이었던 여자 사냥꾼이었다"라고 보도하면서 "인성은 사라지고 악마적 광기만 남았는데도, 평범한 이웃으로 철저히 가장했다"고 비판했다.

한편, 강호순의 얼굴 사진을 신문에 공개해야 하느냐를 놓고 주요 신문·방송사 간 논란이 벌어졌다. 논란은 조선일보와 중앙일보가 1월 31일자 신문에 강씨의 얼굴 사진을 공개하면서 시작됐다. 이어 SBS, KBS, MBC 등 지상파 3사도 이 대열에 합류했다. 2월 2일에는 국민·동아·문화·서울·세계일보도 강씨의 얼굴을 신문에 실었다. "반인륜 범죄자 얼굴은 마땅히 공개해야 한다는 여론이 높아지고 있다" "흉악범 인권보다 공익과 사회 안전망이 필요하다"는 게 피의자 얼굴을 공개한 이유였다. 한국일보는 그러나 1월 31일자 1면 사진에도 얼굴 대부분이 모자에 가려 안 보이는 모습을 사용하는 등 강씨의 얼굴을 공개하지 않았다. 한국일보는 "사진 공개에 따라 얻어지는 공익과 이를 위해 치러야 할 사회적 비용을 둘러싼 국민적 합의가 아직은 충분치 않다고 판단했다"고 미공개 이유를 밝혔다.

한국 가톨릭계를 대표하는 인물이자, 우리 사회의 큰 어른이었던 김수환(스테파노) 추기경이 2월 16일 서울 강남성모병원에서 "고맙습니다. 서로 사랑하세요"라는 말을 남기고 선종했다. 향년 87세. 서울대교구는 "추기경께서는 마지막 순간까지 주위에 '고맙다' '감사하다'고 말씀하셨다"고 전했다. 2008년 7월 노환으로 입원한 뒤 한때 호흡 곤란으로 위중설이 돌기도 했다. 교황 베네딕토 16세도 서울대교구장인 정진석 추기경에게 보낸 전보에서 "김 추기경의 선종으로 깊은 슬픔을 느낀다"고 애도했다.

김수환 추기경의 생전 모습.

한국일보는 정진석 추기경의 추모 메시지와 정호승 시인의 추도사를 게재해 김수환 추기경의 선종을 함께 슬퍼했다. 또 평생 약한 자의 편에 서서 사회의 어둠을 밝힌 고인의 삶을 연보와 함께 재조명했다. 아울러 '존재만으로도 위안을 준 큰 어른이 하늘로 돌아가다'라는 제목으로 테레사 수녀와의 환담 장면 등 화보를 냈다. 사설도 "이 시대 큰 별을 잃었다. 그가 이룩한 이 땅의 평화와 민주화, 한국 가톨릭의 발전은 영원히 기억될 것이다"라며 고인의 명복을 빌었다.

선종 이후에도 이념과 종교를 넘어 전 국민의 애도 물결이 확산됐다. 영하 10도의 한파에도 불구하고 이명박 대통령 등 각계 인사는 물론, 두 시간씩 줄을 서서 기다렸다 조문하는 일반인들의 발길이 명동성당 빈소에 끊이지 않았다. 김수환 추기경이 생전에 "간소한 장례식"을 당부한 것에 따라, 장례 미사도 일반 신자 장례 미사와 같은 절차로 진행됐다. 많지 않은 재산도 교구로 환원됐다.

### 노무현 전 대통령 서거… 호외 발행

검찰 수사를 받던 노무현 전 대통령이 5월 23일 서거했다. 자신의 공식 홈페이지인 '사람 사는 세상'에 "정상문 전 비서관이 박 회장(박연차 태광실업 회장)으로부터 받은 돈은 저의 집에서 부탁하여 받아 사용한 것이다. 미처 갚지 못한 빚이 있었기 때문"이라는 내용의 사과문을 게재(4월 7일)한 지 46일 만이었다.

5월 23일(토)자
호외 총 4개면 중 1면

　　노 전 대통령은 이날 오전 5시 45분쯤 경남 봉하마을에 있는 사저에서 나와 경호원 1명과 함께 마을 뒷산인 봉화산을 오르던 중 6시 40분께 '부엉이바위'에서 아래로 뛰어내렸다. 의식 불명 상태에서 인근 병원으로 옮겨진 뒤 재차 양산 부산대학교병원으로 다시 옮겼으나 결국 숨을 거뒀다.

　　한국일보는 서거 당일인 23일 토요일 오후 2시부터 호외(4개면) 10만 부를 찍어 서울 시내와 부산·경남 지역에 배포했다. 25일(월요일)자에는 사건의 실체와 분석에 집중했다. 1면엔 헌정사상 최초의 대통령 투신 정황을 유서 내용과 함께 자세하게 취재 보도했다. 유서 내용엔 "너무 많은 사람을 힘들게 했다. 누구도 원망하지 마라"라고 적혀 있었다. 장례는 국민장으로 치러졌고, 고향인 봉하마을에 묘소가 만들어졌다. 노 전 대통령을 향한 검찰 수사에 대해서도 "목표 잃은 검찰수사 '공소권 없음'으로 종결"이라고 보도했다. "검찰이 박연차 전 태광실업 회장으로부터 건네받은 돈의 사용처를 최종 규명하기 위해 재소환하기로 했던 권양숙 여사에 대한 조사 방침을 백지화했다"는 내용이었다. 또 서거 당시 상황을 시간대별로 정리해 그래픽으로 전달하는 한편, 병원으로 달려온 권 여사가 시신 확인 후 혼절한 상황도 전했다. 이후 전국 분향소마다 추모행렬이 이어졌다. 특히 봉하마을과 덕수궁 주변 행렬은 1㎞ 이상 이어졌다.

한국일보는 영결일 추도 사설 '노 전 대통령을 보내는 날의 다짐'에서 "비극의 출발점인 '친인척 비리'를 근절할 방안을 찾지 못한다면 누구든 다시 맛보게 될 통한"이라며 "과거 정권에 대한 지나친 차별화 의욕이 전·현 정권 사이의 갈등을 빚고, 그것이 과거 정권에 대한 전방위적 수사를 부르는 요인의 하나가 된다. 더욱이 그런 수사가 여론과 대중매체의 경박성과 결합돼 대중의 폭발적 증오와 냉대를 낳는 현상에 대한 사회적 반성도 필요하다"고 지적했다.

'행복을 그린 화가-르누아르'전이 5월 28일 서울 시립미술관에서 개막해 9월 13일까지 이어졌다. 파리 오르세 미술관 등 세계 40여 곳의 미술관이 소장한 르누아르의 대표작 '시골 무도회' '그네' 등 118점을 선보이는 국내 최초·최대 규모 전시였다. 특히 르누아르 회고전 중엔 1985년 파리 그랑팔레 전시 이후 이번 회고전이 최대 규모로 꼽혔다. 그랑팔레 전에는 79만 명이 관람, 당시까지만 해도 프랑스 미술품 전시 사상 최다 관람객을 기록했었다. ▲일상의 행복 ▲가족의 초상 ▲여성의 이미지 등 8개 주제로 나눠 르누아르의 전 생에 걸친 작품을 망라해 전시했다.

개막을 하루 앞둔 27일에는 문화계 인사들이 참석한 프리오픈 행사가 열렸다. 당초 행사는 사회 각계 인사들이 참석해 화려하게 개막식을 진행할 예정이었지만, 노무현 전 대통령에 대한 추모의 뜻으로 개막식은 취소하고 프리오픈으로 규모를 크게 줄여서 진행했다.

6월 1일자부터는 1면에 '르누아르 지상 갤러리' 코너를 마련해 그의 작품을 하나씩 소개했다. 특히 6월 6일과 7일엔 이틀 동안 무려 2만여 명의 관람객이 몰리는 등 대성황을 이뤘다.

### 북한 김정일 3남 정은, 후계자로 급부상

2009년 들어서도 현대아산직원 북한 압송(3월), 장거리 로켓 발사(4월)로 이어지던 북한의 도발 강도가 5월 이후 더 높아졌다. 6자 회담에 불참(4월 14일)하더니 5월 25일 예고도 없이 함북 풍계리에서 핵실험을 강행했다. 2006년에 이어 두 번째 핵실험이었다. 폭발 규모는 TNT 3~4킬로톤 수준으로, 1차 핵실험에 비해 5~10배 큰 폭발 능력을 보였다. 한국일보는 사설에서 "북측의 브레이크 없는 긴장고조 행위에 충격과 우려를 금할 수 없다"면서 "국제사회의 목소리에 귀를 기울이고 도발을 즉각 중단할 것"을 촉구했다.

6월에는 유력한 후계자로 떠오른 김정은이 이목을 끌었다. 2008년 8월 뇌졸중으로 쓰러졌던 김정일이 아들을 후계자로 내세워 '3대 세습'의 시동을 건 징후가 곳곳에서 포착됐기

2009년

### "3남 김정운이 후계자" 北, 해외 공관에 전문

"2차 핵실험 직후 당·군·정에도 통보"

북한이 김정일 국방위원장의 3남 정운(사진)을 후계자로 최종 결정했다는 내용을 담은 외교전문을 전 세계 외교공관에 보내 충성맹세를 받고 있다는 사실이 한국 정보당국에 의해 포착됐다. 그동안 정운의 3대 세습 가능성은 여러 차례 제기돼 왔으나 구체적 정황이 정부 당국에 의해 공식 확인된 것은 이번이 처음이다.

1일 복수의 국회 정보위원들에 따르면 북한은 2차 핵실험 직후인 5월 28일 '노동당 김 위원장의 후계자로 3남 정운을 지명했다'는 내용의 외교전문을 전 세계에 있는 자국 외교 공관에 보내 충성맹세를 받고 있다. 국가정보원은 최근 이런 사실을 포착, 이날 국회 정보위에 보고한 것으로 알려졌다.

한 정보위원은 "그동안 후계자가 차남 정철이냐, 3남 정운이냐를 두고 국정원도 확실한 답변을 미뤄 왔는데 오늘은 외교전문 정황을 구체적으로 소개하며 비교적 명확하게 정운으로의 후계자 승계 사실을 알려 왔다"고 말했다. 또 다른 대북소식통은 "북한이 핵실험 직후 당과 군은 물론 최고인민회의 상임위원회와 내각에도 공식 통보 절차를 밟은 것으로 안다"고 말했다.

이와 관련, 전문가들은 최근 북한의 핵실험, 장거리 미사일 발사 준비 움직임 등 일련의 군사 도발이 후계 체제 구축을 위한 내부 결속 다지기용으로 보고 있다.

83년 김 위원장과 부인 고영희 사이에서 태어난 정운은 스위스 베른 국제학교와 김일성군사종합대학을 다닌 것으로 알려졌다. 그는 노동당 조직지도부에서 부장급이 있는 과 국방위원회 혹은 안전부대인 지도원 복무설이 있었다. 지난해 8월 김 위원장이 뇌혈관 질환으로 쓰러졌다 알려난 뒤 형 정남, 정철을 제치고 후계자로 낙점된 것으로 전해지고 있다.

김영화기자 yaaho@hk.co.kr

★관련기사 4면

6월 2일자 1면에 게재된 김정은 후계자 결정 기사. 당시엔 '김정은'이 아닌 '김정운'으로 알려졌다.

때문이다. 한국일보는 6월 2일자 1면에 "북한이 김정일 국방위원장의 3남 정운을 후계자로 최종 결정했다는 내용을 담은 외교전문을 전 세계 외교공관에 보내 충성 맹세를 받고 있다"고 정보 당국자의 전언을 인용해 보도했다. 북한의 3대 세습 가능성은 여러 차례 제기됐지만, 구체적인 정황이 포착된 것은 이때가 처음이었다.

흥미로운 것은 김정은이 처음 한국 언론에 노출됐을 때만 해도 '김정운'으로 알려진 점이다. 한국일보를 포함한 대부분의 국내 매체는 물론 해외 매체도 그를 '김정운'으로 표기했다. 하지만 9월부터 "김정일 국방위원장의 3남 이름은 '김정운'이 아닌 '김정은'"이라는, 이름 와전설이 확산했다. 일본 마이니치 신문도 9월 8일자 신문에 "북한에서 입수한 내부 문건에 김 위원장 3남의 이름이 '김정은'으로 표기된 것을 확인했다"고 보도하면서 이후부터 '김정은'으로 표기됐다. 이런 북한 고위급 인사 이름의 오기는 처음이 아니었다. 과거 김정일 위원장의 한자 이름(金正日)도 1980년 10월 제6차 조선노동당 대회가 열릴 때까지 '金正一'로 알려졌다.

9월 6일 새벽엔 북한이 예고도 없이 황강댐을 방류하는 바람에 경기 연천군 임진강 수위가 갑자기 높아져 야영객 등 6명이 급류에 휩쓸려 실종됐다. 황강댐은 군사분계선에서 27㎞ 떨어진 저수량 3~4억 톤 규모의 발전·용수공급용 댐이다. 한국일보는 "북한이 방류는 시인하면서도 사과는 없었다"고 비판하는 한편, 정부에 대해서도 "북한이 또 황강댐을 방류하면 물 폭탄을 막을 시설도 대책도 없다. 군남댐만으론 방어하기 어렵다"며 대책 마련을 촉구했다.

### <창간 기획>으로 정부·여당의 쇄신 촉구

창간 55주년을 맞아 진행한 여론 조사에서 정부·여당이 최우선으로 고쳐야 할 과제로 '일방통행식 국정운영'(29%)을 지적한 국민이 가장 많은 것으로 나타났다. ▲한나라당 내 계파 갈등 ▲지역·측근 중심의 편중 인사 ▲지도부 인적 개편 등도 주요 과제로 꼽혔다. 또 미국과의 관계에 대해서는 더 강화해야 한다는 의견이 19.1%로, 7년 전인 2002년 조사(6.3%)보다 크게 늘어났다. 이밖에 ▲차세대 성장 동력 녹색 산업 ▲아이 없이 미래 없다 ▲지방자치 15년 대해부 등 다양한 기획 기사를 제공했다.

창간 전날인 6월 8일엔 르누아르전이 열리고 있는 서울 시립미술관에서 창간 55주년 기

'국민 가수' 조용필이 6월 13일 경기 고양시 킨텍스 1홀에서 열린 '한국일보 창간 55주년 기념 조용필 국민 희망 콘서트'에서 열창하고 있다. 조용필씨가 한국일보에 전한 창간 축하 메시지.

념행사가 열렸다. 김형오 국회의장, 한승수 국무총리, 박희태 한나라당 대표, 고흥길 국회 문방위원장, 최시중 방송통신위원장, 정정길 대통령실장, 유인촌 문화체육관광부 장관 등 정·관·재·학계를 망라한 주요 인사들이 참석했다. 참석자들은 '치우치지 않은 정정당당한 신문' 한국일보의 역할을 높이 평가하고 앞으로의 더 큰 발전을 축복했다.

6월 13일엔 경기 고양시 일산 킨텍스 1홀에서 '가왕' 조용필의 무료 콘서트를 마련했다. 이 공연은 전 좌석 초대로 진행됐는데, 소외계층을 비롯해 각계각층의 인사를 초청해 의미를 더했다. 언론 인터뷰를 대체로 고사했던 조용필도 이때만큼은 한국일보 인터뷰에 응해 창간 특집 지면에 실렸다.

마이클 잭슨의 갑작스러운 사망은 전 세계 음악 팬들을 충격 속에 빠뜨렸다. 잭슨은 6월 25일 자신의 컴백 무대가 될 런던 콘서트(7월 13일 예정)를 3주 남겨두고 자택에서 숨진 채 발견됐다. 사망 직전 의료진이 구조 전화를 받고 자택에 도착했지만, 잭슨은 이미 숨을 제대로 쉬지 못하고 있었던 것으로 알려졌다. 경찰은 그의 사인을 약물 과다 복용으로 인한 심장마비로 발표했지만 그를 부검한 미 LA검시소는 마취제 과다 처방에 따른 주치의의 과실치사로 결론짓는 등 죽음을 둘러싼 의혹이 계속됐다. 그의 장례식에는 유명 인사들과 팬 등 무려 2만여 명이 참가했고, 장례식 장면은 약 10억명이 시청했다. 잭슨은 사후 70일 만인 9월 3일 캘리포니아주 포레스트론 공원묘지에 묻혔다.

2009년

한국일보는 그의 사망 소식을 알리는 한편, "그 누구보다 파란만장한 인생을 살다 갔다"고 조명했다. "1980년대부터 팝의 황제로 군림하며 21세기까지도 수많은 뮤지션들에게 음악적 영감을 잉태시켰다"면서도 "하지만 아동성추행 혐의로 순식간에 나락으로 떨어졌는가 하면, 세상을 떠나기 직전에도 자신을 괴물 취급하는 세상의 시선을 견뎌야 했다. '굴곡'이란 단어만으로 표현하기엔 너무나 극적이었다"고 적었다.

### 2009 미스코리아 진 김주리… 선 서은미는 인터내셔널대회 2위

김주리(서울 진)씨가 7월 8일 서울 세종문화회관 대극장에서 열린 2009 미스코리아 선발대회에서 영예의 진으로 뽑혔다. 선은 서은미(대구 진)씨와 차예린(전북 진)씨, 미는 최지희(경기 진) 이슬기(강원 진) 유수정(대전 진) 박예주(서울 미)씨가 차지했다. 서은미씨는 11월 28일 중국 쓰촨성 청두에서 열린 2009 미스 인터내셔널 대회에서 2위에 입상했다. 1위는 아나가브리엘라 에스피노자(멕시코), 3위는 클로이 베스 모건(영국)이 차지했다. 당시 서씨는 작은 태극기와 함께 한국일보 깃발을 들고 포즈를 취했다.

2009 미스코리아 선 서은미(사진 왼쪽)씨가 11월 28일 중국 쓰촨성 청두에서 열린 2009 미스 인터내셔널 대회에서 2위에 입상한 뒤 태극기와 한국일보 깃발을 들고 포즈를 취하고 있다.

조선시대 의학서 동의보감이 7월 31일 유네스코 세계기록유산으로 등재됐다. 그 이전까지 한국은 1997년 등재된 훈민정음, 조선왕조실록을 시작으로 직지심체요절, 승정원일기(2001년) 해인사 고려대장경판과 제 경판, 조선왕조의궤(2007년)를 세계기록유산으로 보유하고 있었다. 동의보감은 선조의 명을 받은 어의 허준이 중국과 우리 의서를 집대성해 1610년 편찬을 마친 의학 서적이다. 25권 25책으로 구성돼 있다.

한국일보는 사설에서 "동의보감은 중국은 물론, 일본도 한의학의 바이블로 평가할 만큼 자랑스러운 우리 문화유산"이라며 "이를 계기로 우리 문화유산에 대한 세계의 관심이 더 높아지게 됐다"고 의의를 설명했다.

### 양용은, 아시아 최초 PGA 제패

남자골프 양용은이 8월 17일 미국 미네소타주 채스카의 헤이즐틴 내셔널골프장(파72)에서 열린 PGA투어에서 우승하며 세계의 주목을 받았다. 한국일보는 1면 '바람의 아들, 우즈를 넘다'라는 제목의 기사에서 "이날은 아시아인이 사상 처음으로 미 프로골프(PGA) 메이저대회 정상을 차지한 날로 세계 골프 역사에 길이 남게 됐다"고 적었다. 당시 91년 동안

PGA챔피언십 우승컵인 '위너메이커 트로피'를 들어 올린 아시아인은 양용은이 처음이었다. 그리고 양용은에게 고개를 숙인 상대는 다름 아닌 '골프 황제' 타이거 우즈였기에 의미를 더했다. 한국일보는 "마지막 날 붉은색 셔츠를 입는 우즈의 징크스에 의해 생겨난 '빨간 셔츠의 공포'는 양용은에게만큼은 해당되지 않았다"라고 덧붙였다.

이에 앞서 한국 스포츠의 낭보가 이어지고 있었다. 김연아가 3월 29일 미국 로스앤젤레스에서 열린 세계 피겨선수권대회 여자 싱글에서 한국인 최초로 정상에 올랐다. 김연아는 특히 세계 최초로 꿈의 점수인 200점을 돌파(207.71점)했다. 한국일보는 김연아가 애국가를 들으며 눈물을 흘리는 사진과 함께 "연아, 꿈의 200점 돌파… 세계의 혼을 뺐다"고 머리기사 제목을 썼다. 월드컵 축구 대표팀도 아시아 최종 예선을 통과해 7회 연속으로 본선에 올랐다. 6월 7일 두바이 알막툼 경기장에서 열린 아랍에미리트(UAE)와의 2010 남아공월드컵 아시아지역 최종 예선 B조 6차전에서 박주영과 기성용의 연속골로 2-0 완승을 거두며 월드컵 진출을 확정했다. 당시 월드컵 7회 연속 진출은 브라질 독일 이탈리아 아르헨티나 스페인에 이어 통산 6번째였다.

### 김대중 전 대통령 서거

제15대 대통령을 지내고 노벨평화상을 받은 김대중 전 대통령이 8월 18일 서거했다. 향년 85세. 폐렴 증세로 신촌 세브란스병원에 입원한 지 37일 만이었다. 김 전 대통령의 장례는 박정희 전 대통령 이후 두 번째 국장(國葬)으로 진행됐다. 묘소는 서울 동작동 국립현충원에 마련됐다

김 전 대통령의 서거로 대한민국은 노무현 전 대통령까지 2009년에 두 명의 전직 대통령을 잃었다. 한국일보는 1면 머리기사에 "이로써 3김씨의 시대는 사실상 막을 내렸다. 또 노무현 전 대통령에 이어 김 전 대통령까지 민주개혁 세력의 두 축이 모두 무너져 내렸다"고 적었다. 그러면서 "많은 업적을 남겼으나 국민 통합, 지역화합이란 필생의 과업을 이루지 못했다. 그 역시 지역주의 벽을 넘지 못한 것이다"라고 덧붙였다. 이어 외신 반응과 서거의 의미, 일대기·연보, 화보, 공과와 어록, 빈소 스케치 등 9개 면을 털어 고인의 삶을 추모했다.

사설 '역사가 된 김대중 대통령'에서는 "대통령 당선은 그가 겪은 고난과 민주화 노력에 대한 보상일 수 있지만, 헌정사상 최초로 수평적 정권교체를 이뤘다는 점에서 더 큰 의미가 부여돼야 한다"고 봤다. 그러면서 남은 이들이 이어받아야 할 고인의 유지가 무엇인지에 대해서도 논했다. 사설은 "고인이 남긴 긍정적 정치 유산의 바탕 위에 국민 화합과 민주주의, 인권, 한반도 평화의 새 역사를 써 내려가야 한다"고 썼다.

### 미뤄진 우주의 꿈… 나로호, 궤도 진입 실패

8월 25일 오후 5시 전남 고흥 나로우주센터에서 한국 첫 우주 발사체 나로호가 불꽃을

내뿜으며 하늘로 치솟았다. 7차례 연기 끝에 온 국민의 염원을 안고 힘차게 날아오른 것이다. 하지만 위성 보호 덮개인 페어링 한쪽이 분리되지 않아 과학기술위성 2호를 정해진 궤도에 올리는 데는 실패했다. 발사부터 우주 진입까지는 순조로웠지만, 위성을 우주에 안착시키는 임무는 실패했기 때문에 '절반의 성공'이란 말이 나왔다. 위성은 대기권으로 낙하해 불탄 것으로 추정됐다.

한국일보는 26일자와 27일자 이틀에 걸쳐 발사 실패 원인을 상세하게 분석 보도하는 한편, 후일을 기약한 나로호가 언제 다시 발사될지도 전망했다. 그러면서 "그래도 과학 강국을 향해 큰 걸음을 내디뎠다"고 그간의 노력을 높게 평가했다. 사설도 "나로호 발사는 절반의 성공"이라고 짚고 "나머지 절반의 실패를 메우지 않고는 나로 2호 개발사업은 순탄하기 어렵다. 서두르거나 독자 기술에 집착할 이유가 없다는 상식에 바탕해서 나로 2호 개발로 나아가야 한다"고 지적했다.

8월 30일 일본 중의원 선거에서 야당 민주당이 집권 자민당에 대승을 거두며 정권 교체가 실현됐다. 제1야당 민주당이 중의원 전체 480석 중 308석을 차지하며 과반수가 훨씬 넘는 압승을 거뒀다. 일본에서 선거를 통한 정권 교체가 두 차례 있었지만, 야당이 과반수 의석을 획득해 정권을 차지한 것은 1955년 양대 보수정당의 합당으로 자민당이 창당된 이래 이때가 처음이었다. 민주당 정권은 관료가 주도하던 정부 운영과 미국에 의존해 온 안전보장 등 구체제 전반에 대한 변화를 시도했다. 특히 전후 일본 안보의 기축이던 미·일 동맹을 '대등한 관계'로 전환하겠다고 선언하고 과거 미국과 합의한 오키나와 기지 이전 방안을 사실상 백지화해 미국 중심의 동아시아 안보 질서에 충격을 가했다. 한국일보는 "일본이 반세기 넘는 자민당 일당 지배를 거부하고 역사적인 변화를 선택했다"면서 "자민당이 54년 만에 몰락하다"라고 보도했다. 사설도 "민주당의 선거 혁명으로 일본이 새 출발을 하게 됐다" "일본 정치가 거대한 변화를 실현했고 새로운 정치 구도를 예고했다"고 평가했다. 이어 하토야마 차기 총리의 아시아 중시 정책에 주목하면서 "새로운 한일 관계를 기대했다.

**세종시 수정·4대강 사업… 끝없는 여야 소모전**

이명박 정부의 두 번째 총리로 지명받은 정운찬 전 서울대 총장이 9월 3일 "행정복합도시는 효율적이지 못하다. 수정되지 않을까 한다"고 발언하면서 정치권은 세종시 수정 논란의 소용돌이 속에 빠져들었다. 그는 서울대 사회과학대학에서 진행된 기자회견에서 행정복합도시 건설에 대해 원안으로 추진하기보다 "충청도 분들이 섭섭하지 않을 정도"로 계획을 수정해 추진해야 한다는 입장을 밝혔다. 4대강 사업에 대해서도 "대운하 사업에는 분명히 반대했지만, 친환경적으로 하고 동시에 주변에 좀 더 쾌적한 도시를 만든다면 반대할 이유가 없다"고 밝혔다. 한국일보는 5일자 신문에서 세종시 관련 유력 정치인들의 발언을 조명하며 "세종시가 '화약고'가 됐다"면서 "정 총리 후보자의 '세종시 수정 추진' 발언을 계기로 총리 임명동의안 처리와 맞물리면서 뜨거운 쟁점으로 급부상하고 있다"고 진단했다.

이후에도 여야 정치인들의 설전이 이어졌고, 특히 11월 2일 한나라당 친박계 의원인 최경환 지식경제부 장관이 "정 총리가 박근혜 전 한나라당 대표를 가르치려 드는 것은 이치에 맞지 않는 것"이라며 내각 수장인 정 총리에 직격탄을 날리며, 여권 내 친이-친박계가 정면으로 충돌했다. 이명박 대통령은 "세종시는 충분히 숙고해야 한다. 당에서 잘 논의할 필요가 있다"고 말해, 수정 가능성을 열어뒀다. 친이계 일각에서는 "국민투표" 주장까지 나왔다.

여기에 2010년도 예산에 6조 7,000억 원이 반영된 4대강 사업을 둘러싼 논란도 가세했다. 이명박 대통령은 국민과의 대화에서 4대강 사업과 세종시 계획 수정을 '역사적 책무'로까지 규정하면서 강한 의지를 보였다.

사진부 손용석 차장이 9월 25일 서울 프레스센터에서 열린 한국사진기자협회 제60차 정기총회에서 제39대 회장으로 선출됐다. 손 차장은 1990년 한국일보 사진부 기자로 입사해 당시 청와대 출입 기자로 재직 중이었다.

### 기부·나눔 운동의 새장을 열다

9월 14일자 1면에 첫선을 보인 기획물 '프로보노 퍼블리코-기업, 능력을 나눈다' 시리즈가 눈길을 끌었다.

'프로보노'(Pro bono)는 공익을 위한다는 뜻을 함축한 라틴어다. 이 시리즈를 통해서 기업체들의 봉사 조직을 소개했다. ▲IT 서포트 ▲사랑의 집짓기 ▲특수 설계차 기증·수리비 지원 등을 실천한 기업을 차례로 다뤘다. 나눔에는 금전적인 것뿐 아니라 능력, 재능 등의 나눔도 있는 만큼, 사회에 꼭 필요한 다양한 나눔 문화를 널리 전하겠다는 취지를 담았다. 앞서 9월 7일자에는 '2030 기부를 즐기다' 시리즈도 진행됐다. 사진과 글 재능을 기부하는 블로거부터 공부 도우미, 자발적 광고 모임 단체에 이르기까지 기부를 실천하는 젊은이들을 소개했다.

한국일보는 시리즈 첫 회에서 "과거의 기부가 평생 모은 재산의 사회 환원이라는 극적인 방식으로 이뤄졌다면 거대 담론 대신 일상의 가치를 추구하는 20~30대는 일상에서 작은 선행을 실천하는 쪽으로 방향을 선회했다"고 분석했다.

이명박 대통령이 '친 서민 정책'의 일환으로 한국일보-국민은행이 공동 주관한 '내 고장 사랑운동'에 동참했다. 이 대통령은 10월 5일 청와대 집무실에서 '내 고장 사랑카드' 신청서에 직접 서명했다. 지방자치단체 60곳을 비롯해 기업, 공공기관, 사회단체 등 117곳이 참여하고 9월 말 기준 무려 13만 명이 내 고장 사랑카드에 가입한 상태였다. 이 대통령은 "내게도 고향이 있고, 고향이 더욱 발전하기를 바라는 것은 다른 사람과 같다"면서 "고향을 돕자는 이 운동이 단순히 고향 사랑에 그치지 않고 국민 모두가 나라 전체를 사랑하는 시발

## WBC 준우승 '제작 사고' 소동

한국일보 지면에 같은 기사를 '중복 게재'하는 제작 사고가 발생했다. 10월 8일자 10면(사회면)에 '포상금 25억 지급하라'는 제목의 기사가, 24면(스포츠면)에는 'WBC 포상금 달라… 야구선수협, KBO 고소'라는 기사가 각각 별도로 게재됐다.

발단은 추신수 등 선수 28명이 10월 7일 한국야구위원회(KBO)를 상대로 '대회출전비 및 포상금 등을 지급해 달라'며 25억 원대 소송을 제기하며 시작됐다. 이에 법조팀은 소장 내용을 위주로 기사를 작성했고, 스포츠면에서는 법정 싸움으로 비화한 '포상금 갈등'에 초점을 맞췄다. 두 기사의 기본 내용은 같았고 양도 비슷했다. 작성 기자가 다른 부서의 기사를 체크하지 못한 것도 문제였지만 데스크, 편집, 교열 등에서 이런 정황이 발견되지 않은 게 더 큰 문제라는 목소리도 나왔다.

인천 송도 국제도시와 영종도를 잇는 '바다 위 고속도로'가 10월 16일 위용을 드러냈다. 인천대교는 2005년 6월 착공해 4년여 만인 2009년 10월 16일 오후 개통식을 했고, 일반 차량 통행은 19일 0시부터 시작됐다. 총 길이 21.38㎞로, 국내 최장이자 당시 세계 5번째로 긴 다리며 바다 위를 지나는 구간만 약 12㎞에 달한다. 왕복 6차로지만, 가변차로를 운영해 실제로는 왕복 8차선이다.

2009년 4월 멕시코 동부 베라크루스주(州)의 한 작은 마을에서 처음 발생한 것으로 알려

10월 17일자 1면에 게재된 인천대교 주탑의 웅장한 모습. 인천대교는 16일 개통식을 한 뒤 19일부터 일반 차량의 통행이 시작됐다.

진 신종플루(인플루엔자 A·H1N1)가 전 세계로 급속히 번졌다. 이후 국내 감염이 점점 확산됐고 결국 정부는 10월 27일 관계 부처 합동 대책 회의를 열고 총력 대응 방침을 담은 대국민 담화문을 발표했다. 한국일보는 이날 1면에 "신종 인플루엔자 감염자가 하루에 5명이나 사망했다. 하루 환자 발생 건수도 4,000명을 넘었고, 학교 등 집단 감염도 900곳에 육박했다"며 신종플루 공포를 알렸다. 이어 "연령과 지역을 불문하고 동시다발적으로 발생하고 있다"면서 대란으로 번질 가능성이 있다고 봤다. 28일자에는 "학원가의 경우 신종플루 사각지대"라며 "환자 발생 시 학원 운영에 타격을 받을까 쉬쉬하고 있다"고 지적했다. 이어 "의원급 의료기관이 환자를 기피하고 있다. 정부 대응 지침이 현장에서 먹히질 않는다"고 일선 병원의 실태를 전했다. 아울러 환자가 가족일 경우 행동 요령도 자세히 전했다. 사설은 "신종플루 현황 설명을 더 늘리고 백신 접종 과정에서 발생하는 사안을 철저히 관리해 국민과 함께 차분하게 대응하자"고 제안했다.

조철환 기자가 11월 4일 기자협회 한국일보 지회 신임 지회장으로 선출됐다. 1994년 입사해 사회부, 주간한국부, 산업부를 거쳐 경제부에 근무 중이었다

### 3차 서해교전 발발… "서해 뒤흔든 2분여 포성"

북한 함정이 서해 북방한계선(NLL)을 침범, 우리 해군과 교전(대청해전)이 벌어졌다. 서해에서의 남북 교전은 1999년 6월 15일, 2002년 6월 29일에 이어 7년 만이자 3번째였다. 북한 경비정은 11월 10일 오전 11시 27분께 서해 대청도 동쪽 해상에서 NLL을 2.2㎞가량 침범했다. 해군은 5차례 경고 통신을 했지만, 북한 경비정은 이에 응답하지 않고 계속 침범했다. 이후 우리측 경고 사격과 북한의 직접 조준 사격이 이뤄지면서 약 2분간 교전이 벌어졌다. 북한 경비정은 우리 해군의 기관총과 함포가 쏟아지고 나서야 침범 13분 만에 북으로 퇴각했다.

우리측 인명 피해나 장비 손상은 없었다. 한국일보는 교전 상황을 상세 보도하는 한편, "정부가 정확한 경위 파악에 나서는 한편, 이번 사태가 남북 관계에 미칠 파장을 주시하며 긴박하게 움직였다"고 보도했다. 아울러 "10년 전 1차 연평해전(제1연평해전)에서 대승을 이끌었던 해군 고속정 '참수리'가 또 한번 위력을 발휘했다"고 전하는 한편, 막바지 꽃게잡이 철을 맞은 대청도 어민들의 표정도 빠짐없이 담았다.

### 유럽 합중국 탄생

27개국으로 구성된 EU(유럽연합)의 '미니 헌법'인 리스본 조약이 12월 1일 발효하면서 EU는 경제 통합에 이어 정치 통합의 주춧돌을 놓았다. 'EU 대통령'인 정상회의 상임의장과 외교안보정책 대표 자리가 신설된 게 큰 변화였다. EU 회원국 간 파워게임 결과, 당초 유력하던 토니 블레어 전 영국총리가 아닌, 헤르만 판롬파워 벨기에 총리가 초대 정상회의 상임

의장으로 선출됐다. 하지만 상임의장과 외교 대표의 권한과 역할 등 구체적 운영 방안이 정해지지 않아 유럽 합중국은 아직 걸음마 단계라는 평이 나왔다.

〈문학과 사회〉 2009년 봄호에 발표됐던 한유주 소설가의 단편소설 '막'이 제42회 한국일보 문학상 수상작으로 선정됐다. 시상식은 12월 4일 서울 출판문화회관에서 열렸다.

한국일보와 국립중앙박물관, SBS가 공동 주최한 '태양의 아들, 잉카'전이 12월 11일부터 2010년 3월 28일까지 국립중앙박물관 특별전시실에서 개최됐다. 인류 문명사의 미스터리로 남은 잉카와 페루 문명의 진수가 담긴 유물 총 351점을 모았다. 특히 20세기 세계 3대 고고학적 발견으로 꼽히는 '시판 왕 무덤'에서 출토된 최고의 황금 유물 41점이 국내 관람객에 첫선을 보였다. 또 세계 7대 불가사의로 꼽히는 마추픽추에서 출토된 잉카 유물 13점, 제작 방식 및 형태가 이집트 미라와는 완전히 다른 페루 미라 6점도 공개됐다. 미라를 페루에서 한국까지 운반하기 위해서는 특별 제작된 운송 케이스를 사용해야 했다. 페루의 건조한 기후에서 완벽하게 보존된 미라를 국내에서도 안전하게 관리하기 위해 온도와 습도를 맞추는 데만 5시간 이상 소요될 정도의 고난도 작업이 진행됐다.

### 이재용, 삼성 부사장으로 승진

이건희 전 삼성 회장의 외아들 이재용 삼성전자 전무가 부사장으로 승진, 경영 전면에 나섰다. 아울러 최지성 사장은 단독 최고경영자(CEO)로 삼성전자 7개 사업부를 총괄하게 됐다. 삼성은 12월 15일 부회장·사장급 승진자 12명을 포함한 사장단 인사(23명)를 내정, 발표했다. 먼저, 기존 투톱 체제(부품 부문, 세트 부문)는 '부문'이 폐지되면서 최지성 사장이 대표이사 사장으로 전권을 행사하게 됐다. 또 이재용 전무는 최고운영책임자(COO) 부사장 보직을 받아, 최 사장과 함께 경영 관리 및 업무 조정 등을 맡게 됐다. 한국일보는 "50대 CEO가 대거 발탁됐다"면서 "스피드 경영이 예상된다"고 전망했다. 아울러 최지성 사장이 전권을 갖게 된 것을 "이번 인사의 하이라이트다. 문과생이 정보기술 기업인 삼성전자를 천하 통일한 것은 이변"이라고 평가했다. 이재용 부사장에 대해선 향후 COO의 역할이 더 커질 것으로 예상된다는 점을 근거로 "경영 능력을 보여줄 기회와 책임이 동시에 주어졌다"고 적었다.

### 연중 이어진 기자상 수상

'나뒹구는 추억, 버려진 문화재, 간이역'(사진부 박서강)이 제223회(2009년 3월) 이달의 기자상 전문보도 부문 수상작으로 선정됐다. 이 보도는 "열악한 취재환경에도 불구하고 자신이 주제를 정해 꾸준히 취재한 기획보도사진의 독립영역을 구축한 의미있는 사진보도"라는 평가를 받았다.

'李 국방, 靑에 예산삭감 항의서한 파문 연속보도'(정책사회부 진성훈)가 제228회(8월)

버려진 간이역의 실태를 화보로 보여준 박서강 기자의 3월 16일자 화보 지면

이달의기자상 취재보도부문을 수상했다. 이 보도는 권력 내 갈등구조를 확인한 데다, 국방부의 특수성을 고려할 때 보안상 이유나 권력 치부인 까닭에 묻히기 쉬운 사건을 찾아 보도한 점에서 높은 점수를 받았다.

'효성 첩보 보고서 단독 입수 등 효성 축소 수사 의혹 연속 특종 보도'(사회부 박진석 이영창 김정우 권지윤)가 제230회(10월) 이달의기자상 취재보도부문에 선정됐다. 특히 심사위원 전원에게서 합격점을 받았다. 대검이 효성그룹에 관한 범죄 첩보 10여 가지를 분석, 위법 가능성이 높다는 결론을 내리고도 수사에 착수하지 않은 사실을 단독 보도한 뒤 관련 의혹을 집요하게 추적해 이슈화한 점이 높이 평가됐다. 자칫 묻힐 뻔한 재벌 비리 의혹을 검찰이 재수사하게 했고, 또 결과적으로 효성그룹이 하이닉스 인수를 포기하도록 하는 데 영향을 미치는 등 파급효과 역시 컸다는 게 공통된 평가였다.

'멋쩍은 북촌 한옥마을'(사회부 문준모 박민식)이 제231회(11월) 이달의기자상 기획보도 신문부문에 선정됐다. 이 보도는 '놓치기 쉬운 주제를 잘 다뤘다' '짧은 기사지만 할 얘기를 다 썼다' '단품 기사로는 여러 번 다뤄진 주제지만 최종적으로 잘 정리해 냈다'는 호평을 받았다.

# 2010년
멈출 수 없는 진실의 기관차, 한국일보 - 기자협회보·2013년

**3대 키워드와 10대 기획… 행사 수상자 큰절 사진도 눈길**

한국일보가 2010년 새해를 맞아 3대 키워드와 10대 기획을 약속했다. 한국일보는 1월 4일자 사고에서 "2010년은 그 의미가 남다르다"며 ▲한일 강제병합 100년 ▲한국전쟁 60년 ▲4·19혁명 50년 ▲5·18 민주화운동 30년 ▲한·러 수교 20년 등을 들었다. 이어 "하지만 과거 역사적 사건의 연대기적 매듭에만 있는 게 아니다. 더 중요한 메시지는 미래 한국의 갈림길이 바로 2010년이다"라고 의미를 부여했다. 그러면서 "한국일보는 대한민국의 격을 한단계 높일 길을 모색하고자 ▲소통과 화합 ▲선진 사회 ▲더불어 다 함께라는 3대 키워드를 정하고 그에 맞는 10대 기획을 마련했다"고 밝혔다.

먼저 〈소통과 화합의 새로운 10년〉에는 일본 요미우리신문과의 공동 기획 '한반도 신 소

1월 1일자 2면에 게재된 경인년 신년 사진. 2009년 한국일보가 주최한 각종 대회에서 대상을 받은 수상자들이 곱게 한복을 차려입고 큰절을 올리고 있다. 왼쪽부터 백승호 대역전마라톤경주대회 최우수선수상, 김주리 미스코리아 진, 박건주 봉황대기야구대회 우승팀 주장, 정윤영 한국음악콩쿠르 바이올린 1등, 류지광 미스터월드코리아 대상.

통의 시대를 열자'와 시리즈물 '중도에서 길을 찾는다'를 기획했다. 또 〈선진 사회로 가는 길〉에서는 'G20, 도약을 위한 기회, 공동 기획 'FTA 시대를 대비한다', '기업, 고품질 경제 주체로 만들자', '도시의 격을 높이자'가 마련됐다. 〈더불어 다 함께〉로는 '지구 환경 지키기, 이제는 행동이다' '내 고장 사랑운동' 사회단체와 공동 기획 '상생에 길을 묻다' '일자리, 소프트산업에 있다' 등이 기획됐다. 한·일 강제 병합 100년이자 한·러 수교 20주년을 맞아, ▲한일 미래세대의 지상 좌담 ▲구한말부터 한일 병합까지의 역사 ▲가상 소설 '아침에 떠난 수상(首相)' (이기호) ▲한러 수교 20년, 동구를 가다 ▲미완의 벨벳 혁명 등 다양한 기획 기사를 선보였다. 신년 사설은 '힘을 기르고 품격을 높이자'는 통사설로 구성됐다. 사설은 "상대를 인정하고 이견을 존중하는 따뜻한 관용이 필요하다"면서 "정당한 승부와 건전한 상식에 충실한 시민사회를 만들자"고 제안했다.

신년호 2면엔 2009년 한국일보가 개최한 각종 대회에서 대상을 받은 수상자 5명이 한복을 입고 큰절을 올리는 사진을 게재했다. ▲백승호(부산-서울 대역전 경주대회 최우수선수) ▲박건주(봉황대기 야구대회 우승팀 천안북일고 주장) ▲김주리(2009 미스코리아 진) ▲정윤영(한국음악콩쿠르 바이올린 고등부 1위) ▲류지광(미스터월드코리아2009 대상)이 촬영에 참가했다.

1월 11일자부터는 신년 기획 '워킹 맘을 부탁해'를 통해 가정으로 유턴하는 알파 우먼들의 고민을 보도, 많은 주목을 받았다.

한국일보 신춘문예에서 '희곡 부문' 당선작에 응모인의 연락처가 기재되지 않아 뒤늦게 당선자 수색에 나서는 소동이 벌어졌다. 2010 한국일보 신춘문예 부문별 당선작이 1월 1일자 지면을 통해 소개됐다. 그런데 이 중 희곡 부문 당선자는 누구인지 밝히지 못했다. 한국일보는 신춘문예 당선작을 소개한 별지 C6면에서 "희곡 부문 응모작 총 90편 가운데 '여기서 먼가요?'를 당선작으로 결정했으나 응모자 이름은 물론, 주소와 전화번호 등 연락처가 전혀 기재돼 있지 않았다"면서 "여러 경로를 통해 최종 발표일까지 보름여 동안 이 작품의 응모자를 수소문했다. 그러나 연락이 닿지 않았다"라고 설명했다. 이후 해당 작품의 응모자는 김나정씨로 밝혀졌다. 다음은 부문별 수상자. ▲시 '검은 구두'(김성태) ▲소설 '얼음의 요정'(이지원) ▲동시 '지리산의 밤'(최수진) ▲동화 '일부러 그런 게 아니에요'(송혜진) ▲희곡 '여기서 먼가요?' (김나정)

### 삼성·SK 기사, 온라인 '삭제 논란'

한국일보 1면에 실렸던 아이폰 관련 삼성·SK 기사가 한국아이닷컴과 포털사이트에서 사라져 논란이 일었다. 한국일보는 1월 6일 1면에 'SKT 작년 아이폰 도입 유보-이재용의 '막후 요청' 있었다?'라는 제목의 기사를 게재했다.

이 기사에는 "이재용 삼성전자 부사장이 2개월 전 최태원 SK그룹 회장에게 SK텔레콤의

2010년

미국 애플의 아이폰 도입을 유보해 줄 것을 요청한 것으로 알려졌다"며 "국내 이동통신시장 점유율 1위(51%)인 SK텔레콤이 아이폰을 도입할 경우 삼성 휴대폰 판매량이 국내에서 타격을 받을 수 있다며 최 회장에게 이같이 요구했고 SK텔레콤이 이를 받아들인 것으로 전해졌다"는 내용이 담겼다.

그러나 이 기사는 6일 오전 한국일보 온라인 사이트인 한국아이닷컴은 물론, 네이버·다음 등 포털사이트에서도 사라졌다. 당시 이종재 편집국장은 "기업체의 압력이 있던 게 아니다"라는 입장을 내놨다. 본래 취지와 달리, 진보·보수 갈등을 부추기는 기사로 확대 재생산되는 것 같아 온라인에서 내렸다는 설명이었다. 하지만 경제개혁시민연대(소장 김상조)가 SK텔레콤과 삼성 측에 '아이폰 도입 유보 요청설'과 관련해 공개 질의서를 보내는 등 파장이 적지 않았다.

한국 시간으로 1월 13일 오전 7시께 중미 카리브해의 섬나라 아이티에 대지진이 발생해 약 23만 명이 사망하는 대재앙이 일어났다. 아이티 지진은 특히 진원이 지표에서 10km에 불과한 '얕은 지진'이었던 데다 부실하게 설계된 '가난한 나라' 아이티의 건물들이 피해를 키웠다. 이재민도 수백만에 육박하면서 세계 각국에서 구호의 손길이 이어졌다. 지진 피해로 치안 기능이 상실되자, 아이티 전역에선 시내 상점 등을 목표로 약탈 행위까지 벌어졌다.

한국일보는 1월 15일자에 유엔평화유지군 소속으로 아이티에 파견 근무 중이던 이선희 육군 소령을 전화 인터뷰해 지진 발생 이후 상황을 상세히 전했다. 당시 이 소령은 위성 전화로만 유일하게 외부와 소통하고 있었다. 이 소령은 ▲폐허가 된 거리 ▲즐비한 시신 ▲유령처럼 배회하며 애타게 가족을 찾는 생존자의 모습을 유선으로 전달했다. 사설 '아이티 대지진의 참상과 교훈'에서는 "정부의 역할이 미미해 자연과 인간이 합작한 재앙이 거듭되고 있다"면서 "우리의 재난 대비 체제도 다시 점검해야 한다"고 강조했다. 16일자엔 "공항·항구·도로가 마비돼 구호 활동마저 대혼돈 상태"라며 안타까운 상황을 전했다.

대통령 관저까지 파괴된 아이티 피해 상황(왼쪽)과 현지 파견된 황유석 특파원.

1월 17일부터는 황유석 워싱턴 특파원이 아이티의 수도 포르토프랭스에 도착해 아이티 한국 구조단과 함께 동행했다. 황 특파원은 여진 공포 속에 수도 탈출을 위해 장사진을 이룬 피난 행렬, 구조 요원을 볼 때마다 달려드는 피난민들의 다급한 손, 약탈과 폭동 속에 총상을 입은 구호 요원 등 재앙의 땅으로 변한 아이티 강진 현장 소식을 생생하게 전달했다.

1월 20일에는 지진으로 가족을 모두 잃은 크리스토퍼 리쳐드씨의 사연을 아이티 카르푸 현지에서 전하는 한편, 유니세프 한국위원회와 함께 아이티 돕기 모금 운동을 시작했다. 직접 계좌 후원은 물론, 건당 2,000원의 문자 후원 방식도 함께 진행했다.

이해에는 이후에도 지구촌 곳곳에서 유달리 대규모 자연재해가 이어졌다. 2월 27일에는 칠레에서 규모 8.8의 대지진이 발생해 700여 명이 사망했고 파키스탄에서는 7월 말부터 석 달째 폭우가 이어지면서 국토의 5분의 1이 잠기는 등 1,900여 명이 사망하고 3,300만 명의 이재민이 발생했다. 4월엔 아이슬란드 화산 폭발로 유럽 '항공 대란'이 일어났고 인도네시아는 10월에 화산폭발, 지진, 쓰나미를 한 번에 맞는 삼중고를 겪었다. 러시아 등 여러 국가에서는 여름 최고기온을 잇달아 갱신했다.

**언론에 불어닥친 스마트폰 혁명**

MBC PD수첩 '광우병' 편 제작진이 무죄 판결을 받았다. 1월 20일 서울중앙지법이 PD수첩에 무죄 판결을 내림에 따라 검찰은 완패했다. 형사13단독 문성관 판사는 "정부 정책에 대한 감시와 비판은 언론 자유의 중요한 내용인 보도의 자유에 속한다"며 무죄를 선고했다.

한국일보가 1월 KT와 협의를 통해 7~8만 원 가량의 서비스 품목(휴대용 배터리 등)을 지원하는 형태로 기자들에게 아이폰 구매를 독려했다. 당시 언론사들이 뉴스 앱 개발을 서두르고 있었고, 모바일 시장이 확대되고 있는 점 등을 고려한 조치였다. 구매 비용은 부서에 따라 '통신비' 명목으로 전액 혹은 일부 지원했다. 1월 29일에는 애플사가 새롭게 선보인 아이패드 소식을 1면 머리기사와 관련 기사로 집중 조명했다. 아이패드는 현지시간으로 4월 3일 오전 9시부터 일반에 출시됐고, 9.7인치 크기의 LED 디스플레이를 갖추고 있었다. 와이파이가 탑재돼 무선인터넷 사용도 쉬웠고, 아이폰처럼 앱스토어(응용프로그램 장터)에서 프로그램들을 다운로드 받을 수도 있었다. 한국일보는 특히 "키보드는 화면 터치 방식으로 휴대가 간편하다"면서 "전자책과 전자신문을 읽기에도 편리해 e-북을 대체할 것"이라고 내다봤다.

아울러 '! vs ?'라는 제목의 기사에서 "공개 전부터 세간의 관심을 끌고 있는 아이패드는 도대체 어떤 기기일까"를 다뤘다. 그러면서 애플 창업 이후 퇴출된 뒤 아이팟으로 부활한 스티브 잡스의 '오뚝이 신화'를 재조명했다. 사설은 "미국 애플이 차세대 PC로 불리는 아이패드를 공개했는데, 우리 기업들은 콘텐츠 빈곤으로 고부가가치 시장을 선진국 업체에 내주고 있다"면서 "과감한 변신을 서두르지 않으면 'IT 강국'에서 밀려나는 건 시간문제다"라고 경고했다.

한국일보는 아이패드 출시 직후인 4월 5일자 1면에 "아이패드 '광풍'"이라는 기사와 함께 시판 첫날부터 불티나게 팔린 상황을 전하며 IT 시장의 빅뱅을 예고했다. 이후 아이패드가 출시되자마자 미국 현지에서 2대를 직접 구매, 정보지원부와 한국i닷컴에서 사용했다. 아이폰 앱 중 코리아타임스의 다운로드 수가 높다는 데에 착안, 외국인들이 원하는 뉴스 콘텐츠 개발도 가능할 것으로 내다보고 아이패드 맞춤형 앱 개발에 적극적으로 나섰다.

> 2010년

### 한국, 밴쿠버서 원정 올림픽 역대 최고 성적

한국일보와 미국 로스앤젤레스에 본사를 둔 미주한국일보(사장 전성환)가 2월 1일부터 기사 송고 시스템인 스쿠프 망을 공동 사용해 콘텐츠 강화에 나섰다. 이로써 특정 ID를 가진 담당자는 상대 쪽 제작 상황을 볼 수 있게 됐다. 미주한국일보 역시 서울에서 생산한 뉴스를 실시간으로 체크할 수 있었다. 서울과 로스앤젤레스에서 생산하는 기사를 실시간으로 온라인과 오프라인에서 동시에 활용해 시너지 효과를 내자는 취지였다.

한국이 2월 13일부터 3월 1일까지 진행된 밴쿠버 동계올림픽에서 동·하계 원정 올림픽을 통틀어 역대 최고 성적(종합 5위)을 올렸다. 그동안 한국이 올림픽에서 거둔 가장 좋은 성적은 개최국이었던 1988 서울올림픽 당시 종합 4위였다. 이전까지 역대 원정 올림픽 최고 성적은 1994 릴레함메르 동계올림픽(종합 6위)이었다. 아울러 밴쿠버에서는 금메달 6개, 은메달 6개, 동메달 2개를 따 역대 동계올림픽 최다 메달도 획득했다. 당시까지 최다 메달은 4년 전 토리노 대회 당시 11개(금6·은3·동2)였다.

한국 선수단은 '효자 종목'인 쇼트트랙 남자 1,500m에서 이정수가 첫 금메달을 신고하며 산뜻하게 출발했다. 이어 '89년생 동갑내기' 모태범과 이상화가 16일과 17일 메달 불모지였던 스피드스케이팅 남녀 500m에서 잇달아 금메달을 획득하며 '최초의 금메달', '여자 빙속 사상 첫 금메달'이라는 한국 빙속 역사를 새로 썼다. 이어 이승훈이 스피드스케이팅 남자 1만 m에서 우승하며 밴쿠버 올림픽 최대 이변을 연출했다.

마지막 금빛은 김연아가 장식했다. 김연아는 26일 역대 최고 점수(합계 228.56점)로 한국 피겨 사상 첫 올림픽 금메달을 따냈다. 미국 NBC 해설위원이 "여왕 폐하 만세"라고 외칠 정도로 완벽한 연기였다. 이로써 김연아는 ▲세계 선수권 대회 ▲그랑프리 파이널 ▲4대륙 선수권 대회에 이어 ▲올림픽까지 제패하며 여자 싱글 사상 처음으로 '그랜드 슬램'을 달성했다.

비인기 종목에서의 약진도 확인됐다. 한국일보는 3월 1일자 1면에 사상 처음 올림픽에 출전한 '한국판 쿨러닝' 봅슬레이 대표팀이 4인승에서 20개 팀이 겨루는 결선에 진출한 상황을 언급하며 "썰매가 없어 외국에 손을 내밀고, 변변한 경기장이 없어 떠돌이 생활을 하던 대표팀이 '일본을 잡고 아시아 최강을 확인하겠다'던 목표를 보란 듯이 달성했다"고 적었다. 850만 관객을 모은 영화 '국가대표'와는 달리 한 명의 관심이 절실했던 스키점프 국가대표에 대해서도 "노멀힐(비행기준 거리 95m)과 라지힐(125m)에서 나란히 2명이 결선 라운드에 진출했다"고 박수를 쳤다. 이어 "먼 나라 얘기인 줄만 알았던 스키와 스노보드에서 분전했다. 또 순위는 하위권이었지만 스켈레톤·루지 선수들이 펼친 불굴의 레이스도 전 세계에 한국을 알리는 귀중한 기회가 됐다"고 평가했다.

3월 13일자 28면에 게재된 3D 입체 사진.

2010년

### 국내 최초 3D사진 게재… '앗! 용이 튀어나오네'

한국일보가 국내에서는 처음으로 3D 입체 사진을 신문 전면에 게재해 눈길을 끌었다. 한국일보는 3월 13일자 28면에 3D 입체 사진을 게재했다. ▲과천 서울랜드 전래 동화관 앞 청룡상과 ▲눈이 쌓인 덕수궁 중화전 풍경을 담은 사진이었다. 사진은 한국아이닷컴에도 게재됐다. 사진을 제작한 류효진 기자에 따르면, 이 사진은 카메라 두 대를 일정한 거리를 두고 촬영한 것을 합성하는 방식으로 제작됐다. 카메라 두 대를 약 6~7㎝ 거리를 두고 찍어, 포토샵 프로그램으로 합성한 것이다. 물론, 입체 사진을 감상하기 위해선 입체 안경(셀로판지 적색과 청색으로 만들어진 적·청 안경)이 필요하다. 문구점에서 쉽게 구입할 수 있는 장비다.

한국일보 노사는 3월 통상임금의 7.6%를 인상하기로 결정했다. 당시 인상은 사실상 '처우 개선'의 성격이 강했다. 한국일보는 2009년 영업 적자 폭이 100억 원대였지만, 사기 진작이 절실하던 시기였다. 2000년 연봉제 전환 당시 평균 임금이 50%가량 인상된 이후 10년 동안 단 한 차례도 임금 인상이 없었다. 이에 따라 기자 직군의 평균 임금은 4,500만 원, 업무직은 3,800만 원 수준이 됐다.

이건희 전 삼성그룹 회장이 3월 24일 삼성전자 회장으로 복귀했다. 김용철 전 삼성 법무팀장의 비자금 폭로와 이에 따른 특검 수사로 2008년 4월 경영 일선에서 물러난 지 23개월여 만이었다. 한국일보는 "이 회장이 다시 경영 일선에 나선 만큼 삼성이 제3의 도약을 맞을지 주목된다"면서 향후 삼성이 어떻게 바뀔지 주목했다. 그러면서 이 회장이 그린 에너지와 헬스케어 등 신사업에 주력할 것으로 예측했다.

한국일보가 3월 30일 정기 주주총회와 이사회를 열고 이종승 사장을 대표이사 사장으로, 이사에 박진열 스포츠한국 사장과 신우철 한국일보 상무이사를 재선임했다. 신임 이사에는 이상석 인터넷 한국일보 사장 겸 한국일보 부사장을 선임했다.

### 천안함 폭침과 여론 분열

3월 26일 백령도 근처 해상에서 해군 초계함 천안함(PCC-772)이 침몰했다. 이 사건으로 104명 승무원 중 58명은 당일 구조됐지만, 나머지 46명은 구조되지 못했다. 그리고 끝내 40명이 숨지고 6명이 실종됐다. 정부는 민·군 합동조사단을 꾸려 침몰 원인을 조사한 끝에, 북한 연어급 잠수함(정)이 어뢰로 천안함을 침몰시켰다고 발표했다. 그러나 북한은 침몰 사건과의 연관성을 부인했고, 남북한 사이에는 긴장이 고조됐다. 천안함 침몰 원인에 대한 민·군 합동조사단의 결론을 놓고 각종 의혹과 음모론이 제기됐다.

한국일보는 3월 27일자에 천안함의 침몰 소식을 1면 머리기사로 전했다. 사고 시각이 초판이 마감된 26일 오후 9시 45분이어서 긴급히 '판 갈이'를 해야 했다. 온라인 홈페이지 한국아이닷컴도 사고 직후 메인 페이지를 특집 체제로 전환해 속보를 내보냈다.

천안함 폭침 현장에서 발견된 '1번'이라는 고유번호가 적힌 어뢰의 추진동력부.

해저에 있던 천안함은 4월 15일 함미가, 24일에 함수가 각각 인양됐다. 한국일보는 16일자 신문에 '끝내 듣지 못한 귀환 신고'라는 기사에서 함미 인양 및 36명의 주검이 수습된 상황을 상세 보도했다. 이어 정호승 시인의 추모시(詩) '님이시여! 조국은 지금 흐느낍니다'를 함께 게재했다. 희생 장병들의 영결식은 침몰 한 달여 만인 4월 29일에야 평택 해군 2함대 사령부에서 해군장으로 엄수됐다. 이후 민군 합동조사단은 5월 20일 북한 어뢰 공격의 결정적 증거물로 손으로 직접 쓴 것으로 보이는 '1번'이라는 고유번호가 적힌 어뢰 추진동력부를 공개했다. 한국일보는 사설 '천안함 진실, 남북 현실을 바로 보자'에서 "조사 결론을 부정하는 행태를 그만둬야 한다"면서 "대화와 협력만으론 북한을 변화시킬 수 없다. 남북의 현실을 바로 봐야 한다"고 주장했다.

이명박 대통령은 5월 24일 대국민 담화를 통해 "앞으로 (북한이) 우리의 영해 영공 영토를 무력 침범한다면 즉각 자위권을 발동할 것"이라며 군사·외교·경제에 걸친 3중 압박에 나섰다. 이에 북한도 이튿날인 25일 "남한과 모든 관계를 단절하겠다"며 맞섰다. 한국일보는 사설에서 "이번 선언은 도발 만행을 더 이상 인내하지 않겠다는 의지를 천명했다"고 의미를 부여한 뒤 "다만, 중요한 문제는 실전 상황에서 구체적으로 어떤 판단을 거쳐 어느 선까지 자위권을 발동하느냐다"라고 지적했다. 그러면서 "도발에 단호히 대처하면서도 의도하지 않은 분쟁 확산을 피하려면 신중한 고려와 철저한 대비가 긴요하다"고 당부했다.

### 로댕전 개최… '신의 손' 로댕이 찾아옵니다

'근대 조각의 시조' 오귀스트 로댕(1840~1917)의 걸작들을 모은 '신의 손-로댕'전이 4월 30일부터 8월 22일까지 서울시립미술관에서 열렸다. 로댕의 전 생애에 걸친 대표작 152점을 포함, 모두 180여 점의 작품을 통해 로댕의 삶과 위대한 예술 세계를 총체적으로 조명하는 국내 최초·최대의 로댕 회고전이었다. '생각하는 사람' '지옥문' '입맞춤' 등 로댕 예술의 진수로 꼽히는 작품들을 파리 로댕미술관에서 가져왔다. 특히 로댕 미술관을 한 번도 떠난 적이 없는 '신의 손' 등의 귀한 작품들도 대거 공수됐다. 조각은 물론, 데생화가로서 로댕의 면모도 보여 주는 드로잉 42점과 로댕의 모습을 기록한 사진 25점을 함께 선보였다. 또 로댕의 제자이자 뮤즈였던, 조각가 카미유 클로델과의 비극적 사랑을 조명한 작품도 전시했다. 입장료는 성인 1만2,000원, 어린이 8,000원이었다. 로댕전은 방학이 시작된 7월 누적 관람객 수 20만 명을 돌파했다.

2010년

이명박 정부 중간 평가 무대였던 6·2 지방선거는 집권 여당의 완패로 끝났다. 한나라당은 광역단체장 선거에서 서울·경기 등 6곳 수성에 그친 반면, 민주당 등 야당은 인천·경남 등 10곳에서 승리하면서 지방 권력을 교체했다. 전국 228개 기초단체장도 민주당(92곳) 등 야권은 146곳에서 승리, 한나라당(82곳)을 압도했다. 교육감도 진보 성향의 후보들이 대약진했다. 한국일보는 "천안함 안보정국에서의 선거였지만, 남북 관계 파탄과 세종시 수정 논란 등 국정 실패에 대한 민심의 냉혹한 평가이자 경고였다"라고 선거 결과를 평가했다.

특히 당시 선거는 그간 실시된 여론조사를 완전히 뒤집었다. 한국일보는 사설에서 "정부 여당이 민심은 물론 당심조차 절반은 챙기지 못한 증거로, 심각한 자성과 정치방식의 변화 요구가 제기된다"고 해석했다. 하지만, 승리를 거둔 민주당에도 일침을 놓았다. "역대 지방선거에서 야당이 번번이 대승을 기록했던 데 비해 이번 승리는 크기가 한참 작으며 당이나 지도부의 득표력보다 '노풍'에 의존한 바 크다"며 "전국적 지지율을 크게 끌어올리지 못해 수권정당 앞길에 가로놓인 걸림돌을 확인한 것도 고민"이라고 분석했다. 여권은 한나라당 정몽준 대표 등 지도부가 일괄 사퇴했고, 정부도 8·8 개각을 단행하는 등 대수술로 이어졌다.

**창간 56주년, 다양한 여론 수렴**

한국전쟁 발발 60주년과 6·15공동선언 10주년에 맞춰 한국일보가 '남북관계 대토론회' 시리즈를 마련했다. 대토론 기획의 첫 토론에는 정세현 전 통일부장관, 안병준 KDI국제정책대학원 초빙교수가 참가해 정치 분야를 중심으로 남북 관계 전반을 다뤘다. 두 대담자는 각각 정책 현장과 강단에서 오랜 기간 남북 문제를 다뤄온 전문가답게 남북 관계의 현실을 날카롭게 진단하고 깊이 있는 대안을 제시했다.

6월 10일자에는 당시 최대 현안이었던 4대강 사업과 세종시 수정안에 대한 국민 여론을 보도했다. 국민의 절반가량은 4대강 사업의 속도를 조절하고 규모를 축소하는 것이 바람직하다고 생각하는 것으로 나타났다. 또 세종시 문제에서는 원안보다 수정안을 지지하는 의견이 더 많았다. 한국일보·요미우리신문 공동 인터뷰에선 김영삼 전 대통령과 호소카와 전 일본 총리가 나섰다. 김 전 대통령은 인터뷰에서 "일본이 과거 36년간 저지른 죄악을 말로 다 해결할 수는 없다"면서 "잘못을 인정해야 한다"고 강조했다.

창간 기념일에는 "한국일보가 뉴미디어 시대를 선도하는 매체임을 선언하겠다"는 〈뉴미디어 시대, 뉴 한국일보!〉 선언 등 6가지 약속이 이뤄졌다. 뉴 한국일보 선언은 한국일보 계열 전 매체가 다양한 정보를 하나로 묶어 온라인과 모바일, 지면을 통해 제공하겠다는 내용을 담았다. ▲세계 여성 지도자 포럼 개최(11월) ▲다문화 가정 캠페인 ▲내고장 사랑운동, 범국민운동으로 정착 ▲이웃사랑 운동 '소통과 나눔' 확대 ▲샤갈전(11월) 개최도 약속했다.

6월 2일 세종문화회관에서 창간 56주년 및 호국보훈의 달을 기념해 '호국 콘서트'를 개최했다. 그해 4회째를 맞는 행사로, 현대건설 힐스테이트가 후원했다. 원래 '신춘 음악회'로 기획된 이 콘서트는 1회였던 2007년 3월 31일 당시 '봄의 속삭임'이란 이름으로 개최된 이래, 2009년까지는 같은 이름으로 봄에 개최됐었다. 2010년 세종문화회관 대관할 수 있는 날을 찾아 부득이 6월(호국 보훈의 달)로 옮기면서 콘서트 명이 바뀌게 됐다.

### 허정무호, 사상 첫 월드컵 원정 16강 진출

허정무 감독이 이끄는 한국 월드컵대표팀이 '2010 남아공 월드컵'에서 사상 첫 '원정 16강 진출'에 성공했다. 예선리그 첫 경기 그리스전에서 2-0으로 승리하며 기분 좋은 출발을 한 한국은 두 번째 상대인 강호 아르헨티나에 1-4로 대패하며 위기에 몰렸다. 그러나 예선 마지막 경기인 나이지리아와의 경기에서 2-2로 비겨 승점을 추가해 조 2위로 16강에 진출하는 쾌거를 이뤘다. 한국은 16강전에서 우루과이를 상대로 0-1로 뒤지다 1-1 동점까지 만들었지만 종료 직전 수아레스에게 결승골을 내주며 아쉽게 무릎을 꿇었다. 하지만 붉은 함성을 이끌어내며 충분히 감동을 선사한 멋진 월드컵이었다.

월드컵 기간 한국일보 지면도 '월드컵 체제'로 돌입했다. 한국일보는 사진부 원유헌 기자를 현지에 파견하고, 스포츠한국 소속 취재기자 2명의 기사를 받아 대표팀의 활약상을 보도했다. 6월 10일자 1면 사고에서 "축구 대표팀의 '사상 첫 원정 16강'을 향한 도전과 월드컵 현장의 모든 것을 한 차원 높은 지면으로 실시간 제공하겠다"고 밝혔다. 그러면서 ▲실시간 속보를 강화한 '내 손안에 월드컵이' ▲스포츠 코드 코리아와 협업을 통해 팀 전술, 선수별 기록 등 과학적 분석 ▲박항서 전남 감독, 고정운 풍생고 감독 등 한국일보 축구 해설위원의 관전평 ▲'축구광'인 소설가 이기호(Enjoy 월드컵) 소설가 김종광(월드컵 판소리)의 월드컵 칼럼 ▲김근석의 월드컵 카툰 등 다양한 코너를 마련했다.

특히 한국 대표팀이 그리스를 2-0으로 누른 후 6월 14일자 1면에 박지성 선수가 환호하는 모습을 담는 등 지면 40면 중 7개 면을 월드컵 소식으로 채웠다. 이와 별도로 사설에서도 '출발 좋은 월드컵, 이 기세로 계속 가자'라는 제목으로 "축구가 다시 우리를 하나로 만들었다. 16강 진출이라는 결과는 더 이상 중요하지 않다. 선수와 국민 모두가 혼연일체가 된 그 자체로 우린 이미 승리했다"라고 적었다. 또 '한국-나이지리아'전이 6월 23일 새벽 5시 30분께 끝나고 경기 내용 및 '16강 진출 확정'을 지면에 실을 순 없어, 한국일보닷컴을 통해 경기 소식을 전했다.

한편, 한국일보는 대표팀의 승리를 기원하는 대규모 거리응원전을 개최했다. 본선 1차전은 서울 상암동 월드컵공원 노을공원, 2·3차전과 16강전은 여의도 한강공원 너른들판에서 각각 펼쳐졌다. 특히 3차전 거리 응원은 22일 밤부터 7시간 동안 밤샘 행사로, 16강전 응원전도 26일 오후 7시부터 다음날 새벽 1시까지 각각 진행됐다.

이 무렵 '제2 조두순 (김수철) 사건 연속 특종 보도'로 사회부 고찬유, 허정헌, 남상욱, 강

2010년

지원, 김현우, 김혜영 기자가 제238회(2010년 6월) 이달의 기자상(취재보도부문)을 수상했다. 경찰이 은폐하려던 사건을 파헤쳐 학교 안까지 번진 어린이 대상 성범죄에 대한 경각심을 일깨웠다는 점에서 심사위원들의 호평을 받았다.

**이재명 성남시장, 지자체 최초 모라토리엄 선언… "정치적 의도" 논란**

이재명 경기 성남시장이 7월 12일 "판교 특별회계에서 가져다 쓴 5,200억 원을 단기간에 갚을 수 없다"며 모라토리엄(지불유예)을 선언했다. 지방자치단체가 지불유예를 선언한 건 이때가 처음이었다. 성남시의 모라토리엄 선언을 계기로 각 지자체의 방만한 재정 사용에 대한 비판의 목소리가 커졌다. 이에 예산이 불안정한 일부 지자체는 자판기에 절전 타이머를 부착하는가 하면, 소식지 배포나 축제들을 잇달아 중지하는 등 '긴축 모드'에 나섰다. 물론, '뒤늦게 호들갑을 떤다'는 비판을 피할 순 없었다. 모라토리엄 선언 배경을 놓고도 이 시장이 전임 시장의 방만한 시정 운영을 부각시키기 위해 '정치적 충격 요법'을 사용했다는 비판도 나왔다. 당시만해도 2년 연속(2007·2008년) 경기도 최고의 재정 자립 도시였고 전국 9번째 부자 도시(2009년)인 성남시가 모라토리엄까지 선언하게 된 배경엔 정치적 계산이 깔려 있다는 해석이었다. 실제로 7월 15일 국토해양부는 "지불유예를 선언할 상황이 전혀 아니다. 성남시가 사실을 왜곡, 과장했다"고 반박했다.

정소라(서울 선)씨가 7월 25일 세종문화회관 대극장에서 열린 2010 미스코리아 선발대회에서 진으로 선정됐다. 선은 장윤진(서울 선)씨와 김혜영(경북 진)씨. 미는 안다혜(충북 선) 하현정(서울 미) 이귀주(전북 진) 고현영(부산 진)씨가 수상했다. 당시 대회는 기존 형식을 과감히 탈피, 미스코리아들의 경쾌하고 화려한 공연에 초점을 맞췄다. 관객에게는 볼거리를, 참가 후보들에게는 끼와 재능을 마음껏 선보일 기회를 제공하겠다는 취지에서다. 영화배우 김수로와 2000년 미스코리아 진 김사랑의 공동 사회로 진행됐다. 1963년 초대 미스코리아 진인 김태희씨를 초대해 감사패를 증정하기도 했다.

한국일보가 소수자·소외 계층에 대한 특집 기사를 선보이며 주목받았다. 한국일보는 9월 17일자 사고를 통해 '함께 만드는 아름다운 이야기' 다문화 공모전을 진행했다. "미래 주역이 될 어린이들에게 더불어 사는 아름다움을 알려주기 위한 공모전"이라고 소개했다. ▲창작 동화(장편) ▲창작 만화(단편, 30쪽 이상) ▲UCC 등 3개 분야에 대해 공모했고, 상금은 가작 100만 원에서 최고 1,500만 원이었다. 이외에도 '지역 일꾼, 외국인 이웃사촌' '따로 또 같이 다문화 우리 문화' 등 연중 기획을 통해 다문화 사회를 조명했다. '양극화 대한민국이 갈라진다'에서는 산업·경제·교육·주택 등에 걸친 우리 사회의 양극화 문제를 진단했다.

최윤필 기자가 8월 25일 한국일보 새 지회장으로 선출됐다. 최 지회장은 1992년 입사해 편집부, 사회부, 경제부, 문화부를 거쳐 당시 사회부 피플팀에 재직 중이었다.

### '28세' 김정은, 얼굴 최초 공개

북한 김정일 국방위원장의 셋째 아들 김정은 노동당 중앙군사위 부위원장의 사진과 동영상이 처음 공개됐다.

10월 1일자 1면에 실린 김정은 사진.

김정은은 '인민군 대장' 칭호를 받은 다음날인 9월 28일 44년 만에 열린 조선노동당 대표자회에서 당 중앙군사위원회 부위원장에 올랐다. 북한은 당시 28세였던 김정은을 대중에게 얼굴은 물론 실명까지 처음 공개하며 '3대 권력 세습'을 공식화했다. 한국일보도 이튿날인 10월 1일자 1면에 조선중앙TV가 방영한 김정은의 모습을 게재한 뒤 "할아버지 김일성의 젊은 시절을 빼닮았다"고 보도했다. 이어 "베일에 싸여있던 김정은이 향후 공개 행보를 통해 권력세습 작업에 본격 나설 것으로 관측된다"면서 키는 172~175㎝, 체중은 80~90㎏ 정도로 추정했다.

10월 10일 조선노동당 창건 65주년 기념 군부대 열병식에서는 김정일·김정은 부자가 나란히 주석단에 모습을 드러냈다. 북한 주민뿐 아니라 전 세계에 김정은의 얼굴이 알려진 것이다. 공교롭게도 황장엽 전 북한노동당 비서가 같은 날 오전 서울 논현동 안가에서 숨진 채 발견됐다. 타살 흔적 없는 자연사였다. 남한으로 망명한 북한 최고위급 인사인 황씨는 1954년부터 김일성종합대학 교수로 재직하면서 '김일성 주체사상의 대부'라 불렸다.

김정일 위원장의 여동생인 김경희 당 경공업부장도 이례적으로 인민군 대장에 오르는 등 후계 안정화를 뒷받침할 친인척, 측근 등으로 후견인 진용도 갖췄다. 한국일보는 사설에서 "북의 3대 세습 체제는 시대착오적"이라고 비판했다. "일부 군주제 국가를 제외하고는 현대 세계 정치사에서 3대 권력세습은 유례가 없는 일이다. 북한 스스로 봉건 왕조 국가임을 만방에 확인한 셈이다"라고 했다. 이어 "당·정·군 경험이 거의 없는 김정은을 후계자로 내세운 것은 큰 모험일 수밖에 없다"면서 "특히 후계 구도가 선군 체제의 연속선상에 이뤄지고 있다는 점도 걱정스럽다"고 했다. 그러면서 "후계체제 구축 과정에서 북측이 군사 모험주의의 유혹에 빠지지 않고 합리적인 대내외 정책을 추구하도록 (정부가) 유도하는 것이 바람직하다"고 당부했다.

### G20 정상 회의 개최

주요 20개국(G20) 정상회의가 11월 11~12일 서울에서 열렸다. 이전 G8을 대체해 전 세계 최고 연례협의체로 자리 잡은 G20가 신흥국에서 열린 것은 대한민국 서울이 처음이었다. 외교사적 쾌거는 물론 국격(國格) 제고의 기회로도 의미가 깊다는 평가를 받았다. 버락 오바마 미국 대통령, 데이비드 캐머런 영국 총리, 후진타오 중국 국가 주석 등 회원국 정상 21명(유럽연합 대표는 2명)과 스페인 등 초청국 정상 5명, 유엔 등 국제기구 대표 7명 등

정상급 인사 33명과 배우자 15명이 참석했다.

한국일보는 이명박 대통령이 미국, 중국, 러시아 등 6자회담 참가국 정상들과 가진 회담에 주목했다. 사설은 "6자회담 참가국 정상과의 회담은 6자회담 재개 등 한반도 및 동북아 정세와 관련해 중요한 의미를 갖는다"면서 북핵 문제 해결 등 한반도 안정과 평화에 도움이 되도록 회담 성과를 십분 활용해야 한다"라고 강조했다.

11월 21일 서울 남산에서 진행된 제400회 한국일보 거북이마라톤 2010 에너지절약 걷기대회에서 참가자들이 출발 신호에 파이팅을 외치며 국립극장 문화광장을 출발하고 있다.

제400회 한국일보 거북이마라톤이 11월 21일 오전 서울 남산 국립극장 문화광장에서 1만여 명의 참가자들이 참석한 가운데 진행됐다.

1978년 5월 21일 시작한 거북이마라톤은 당시까지 33년 넘게 이어지며 '한국 걷기 운동의 효시'로 평가받았다. 누적 거리는 2,800㎞, 누적 참가 인원은 120만 명에 달했다. '에너지 절약'을 주제로 열린 이날 대회에서 참가자들은 7㎞ 대회 구간을 행진하며 늦가을 정취를 만끽했다. '뽀빠이' 이상용씨의 사회로 진행됐으며, 국민마라토너 이봉주, 나경원 한나라당 최고위원, 임연철 국립극장장 등도 뜻깊은 자리에 동참했다.

### 연평도 포격… '북, 대한민국 영토를 공격했다'

11월 23일 북한의 연평도 포격은 한국전쟁 이후 남한 영토에 대한 북한의 첫 포사격 도발이었다. 서해5도 지역이 '한반도의 화약고'임을 국내외에 드러낸 사건이기도 했다. 북한은 자신들이 일방적으로 그은 '서해 통항 질서'를 내세워 북방한계선(NLL)을 '강도들이 그어 놓은 선'이라고 말하며 포격의 정당성을 주장했다. 이 사건으로 해병대 병사 2명과 민간인 2명이 숨졌으며, 김태영 국방부 장관이 경질되고 김관진 장관이 들어섰다. 군은 연평도 인근 해상에서 대대적 포사격 훈련을 실시하며 맞불을 놨다.

한국일보는 11월 24일자 신문에서 북한의 공격을 도발로 규정하고 응징에 나서야 한다고 주장했다. 응징의 구체적 방법으로는 군사 태세의 강화, 국제무대에서의 외교적 압박 등이 거론됐다. 한국일보는 사설 '북의 전쟁 도발에 막대한 응징을'에서 "이런 도발을 다시는 저지르지 못하게 정부는 엄정한 책임을 물어야 한다. 당하고만 있을 수는 없다"며 "군사도발에는 언제든 응징이 가능하게 군사대비태세를 완벽하게 확립하는 것은 물론, 국제사회와의 긴밀한 협력을 통해 북측의 도발을 억제하기 위한 외교적 노력에도 만전을 기해야 한

11월 24일자 1면에 실린 북한의 연평도 포격 사진.

다"고 당부했다.

이후에도 한국일보는 '임전 태세'와 '국민적 결의'를 촉구했다. 11월 31일자 사설에서는 "정권 안보 차원의 상징조작이나 결단보다는 스스로 생명과 재산을 지키려는 국민적 결의가 민주적 안보의 초석"이라고 밝혔다. 연평도 사격 훈련에 대해서도 강경한 입장을 냈다. 우리 군은 서해 연평도에서 예정대로 12월 20일 사격 훈련을 실시하겠다고 밝혔고, 북한은 보복하겠다고 반발하면서 긴장이 높아졌다. 한국일보는 사설 '서해 포사격 훈련 목표는 북의 도발 억제'에서 "정부와 군인이 할 일은 분명하다. 계획대로 훈련을 실시하되, 북한의 어떤 망동에도 빈틈없는 대비태세를 갖춰야 한다"며 "이 고비를 넘기지 못하고 물러선다면, 남북 관계에서 갈수록 값비싼 대가와 희생을 치러야 할 것"이라고 밝혔다.

한국일보와 여성가족부가 공동 주최한 세계 여성 리더십 콘퍼런스가 11월 29~30일 서울 신라호텔에서 개최됐다. '여성, 변화 그리고 미래'를 주제로 열린 콘퍼런스는 제니 쉬플리 전 뉴질랜드 총리의 총괄 기조연설을 시작으로 총 6개 세션에 걸친 토론과 1개의 특별 연설로 진행됐다. 버락 오바마 미국 대통령의 경제회복 자문위원회 위원인 로라 타이슨 UC버클리 하스경영대학원 교수는 "한국은 국가경쟁력이 세계 22위지만, 성 격차 지수는 104위"라고 지적한 뒤 "여성의 능력을 더 활용할 땐 잠재력이 무궁무진할 것"이라고 언급했다. 타이슨 교수의 이 발제는 한국에서 국가경쟁력과 성 격차 지수를 좁히는 방안, 즉 여성의 경제활동 참가를 늘리고 기업 내 여성 지위를 높이는 방법론에 패널들의 토론이 집중되도록 했다.

# 한국일보 사람들 [2002~2010년]

### 신상석
(1942~)

전남 영암생. 고려대 행정학과. 한국일보 경제부장, 서울경제신문 부국장 겸 경제부장, 이사 겸 편집국장, 한국일보 이사 겸 편집국장, 발행인·편집인 겸 대표이사 사장. 뉴시스 사장.

### 장명수
(1942~)

충남 천안생. 이화여대 신문학과. 문화부장, 부국장 겸 편집위원, 주필, 한국일보 사장. 여기자클럽회장. 최은희 여기자상, 관훈언론상, 삼성언론상 등. 현재 이화학당 이사장.

### 김수종
(1947~)

제주생. 서울대 지리학과, 헬싱키 경제경영대학원. 뉴욕 특파원(91년), 국제부장(95년), 주간한국 부장(95년), 논설위원(98년), 수석 논설위원(03년), 주필(04년). 제주 문화상. 저서 〈0.6도〉.

### 설희관
(1947~)

서울생. 한국외대 불어과. 사회2부장, 여론독자부장, 문화부장, 정보과학부장, 총무국장, 한국일보 50년사 편찬 준비위원회 위원장. 시인, 수필가. 저서 시집 〈햇살무리〉 〈설정식 문학전집〉.

### 최성남
(1947~)

전남 목포생. 목포 상고. 한국일보 비서실 부국장대우 부장(94년), 사업부 부국장 겸 부장(97년), 관리부국장(99년). (사)한국성시화환경운동본부 사무국장(12년).

### 김용남
(1948~)

서울생. 서울 환일고. 69년 입사, 윤전부 차장(86년), 윤전부장(97년), 제작국장 직대(01년). 성남공장·창원공장 설립 실무.

### 김재만
(1948~)

전남 여수 돌산생. 샤갈전시운영팀장(04년), 경영지원본부 관리부장(05년), 종합경영기획본부 부국장(08년). 한우회 수석부회장(21년), 회장(24년). 재경송원고 총동문회장. 국무총리 훈장-한경직 목사 주관 민간단체 공로표창.

### 방민준
(1950~)

서울생. 서울대 국어교육과. 경제과학부장, 광고기획국장, 논설실장. 우리금융지주 사외이사, 뉴데일리 부사장. 저서 〈달마가 골프채를 잡은 까닭은?〉 〈초월의 길, 골프〉 〈버드피쉬(골프소설)〉 〈골프 오디세이〉.

### 배흥배
(1948~)

전북 부안생. 이리공고 광산과. 판매국 판매관리부 차장(88년), 지방판매부장(97년), 판매국 부국장(03년·지방판매부 부산지사장).

**이계영**
(1949~고인)

서울생. 선인종합고등학교. 활판인쇄 정판 공정을 전산제작(CTS)으로 전환하는 과정에서 실무·기획 담당. 정판 전산제작부장(98년), 제작국 부국장(01년). 신문협회 우수사원상(02년).

**배성한**
(1950~)

경남 산청생. 중앙대 신문방송대학원 수료. 일간스포츠 광고국 차장, 한국일보 광고국 부장(95년), 독자마케팅국장 이사(03년), 사업본부장 이사(05년).

**이윤호**
(1950~)

서울생. 성균관대 경영행정대학원. 한국일보 광고국장 직대(99년), 코리아타임스 광고국장(2000년), 이사대우 광고본부장(04년), 소년한국이사 영업본부장(06년), 소년한국 사장(16년).

**박래부**
(1951~)

경기 화성생. 국민대 법학과, 한양대 언론정보대학원. 문화2부장, 논설위원실장. 언론진흥재단 이사장. 저서 〈문학기행〉 〈한국의 명화〉 〈분노 없는 시대, 기자의 실존〉 〈좋은 기사를 위한 문학적 글쓰기〉 〈그리운 날의 풍경〉.

**서태한**
(1951~)

서울생. 서울 덕수상고, 방송통신대 국문과. 종합조정실 부국장(90년), 자금부장(92년), 기획조정실 부국장 겸 제1부장(94년), 경영관리부장(98년), 경리국장(00년). 이사대우 경영지원본부장(06년), 스포츠한국 상무이사(08년).

**김재동**
(1952~)

충북 영동생. 방송통신대. 82년 한국일보 입사, 총무부장(95년), 코리아타임스 총무국장(04년), 경영기획실장(10년). 국립수목원(광릉) 산림교육전문가(15~18년), 2024년 현재 (사)이음숲 고문.

**김양준**
(1953~)

인천생. 동인천고. 1984년 한국일보 입사, 전기부 과장 승진(91년), 차장 승진(96년), 부장 직대(02년).

**신우철**
(1953~)

충북 청원생. 충북대 농경제학과, 성균관대 경영대학원. 경영기획부장(99년), 감사실장(03년), 이사겸 경영기획본부장(05년), 상무이사(07년). 충청산림주식회사 대표이사.

**안재현**
(1953~)

경북 포항생. 성균관대 정치외교학과, 성균관대 언론정보대학원. 대구취재본부장, 수도권취재본부장, 부국장대우 겸 자료조사부장, 국장석 대기자. 한국일보 신우회장.

**유석근**
(1953~2005)

충남 아산생. 성균관대 유학과. 체육부장 직대(95년), 여론독자부장(97년), 기획홍보부장(98년), 부국장대우 사업부장(98년) 등. 편집위원으로 〈스타 메이커〉 〈한국스포츠 50년〉 집필. 국장석대기자(04년).

**김기대**
(1954~)

대구생. 경남대 원예과. 사업부 과장(86년), 차장대우(90년), 차장(92년), 부장대우(96년). 04년 퇴임.

**이병국**
(1954~)

전북 익산생. 방송통신대 국문학과. 판매국 부장(99년), 부국장(10년), 12년 정년퇴직. 백상우수사원상. 엠뉴스 이사(15년), (사)사람더하기 회장.

**이병규**
(1954~2004)

전남 담양생. 성균관대 정치외교학과. 정치부장(00년), 논설위원(04년). 민주평통 상임자문위원, 한·멕시코21세기위원, 통일문화연구원 자문위원. 한국기자대상(88년). 역서 〈볼셰비키 전통〉 〈휴머니즘〉.

**정재용**
(1954~)

경남 진주생. 건국대 법학과. 대구·경북취재본부장(95년), 수도권취재본부장(96년), 주간한국부장(99년), 사회부장(00년), 편집국 부국장(02년). 건국대 홍보실장, 뉴스1 편집위원. 저서 〈네가 기자냐〉.

**제갈홍**
(1954~)

전남 신안생. 한국일보 업무국차장 대우(95년), 차장 승진(98년), 판매국 부장 승진(04년). 09년 퇴사.

**홍재서**
(1954~)

서울생. 한양대 정치외교학과. 81년 입사, 한국일보 영업1부장(99년), 부국장 겸 영업2부장(01년), 광고국장(03년), 광고본부장(06년). 민족의학신문 부사장(17년).

**김양배**
(1955~)

서울생. 양정고, 서울대 신문학과. 편집부장(95년), 서울경제신문 문화레저부장(97년), 편집위원(04년).

**남영진**
(1955~)

충북 영동생. 대광고, 고려대 대학원 행정학과, 게이오대 연수. 한국일보 노조위원장. 한국방송광고진흥공사 감사, 신문발전위 사무국장, 지역신문발전위원회 부위원장, 미디어오늘 사장, KBS 이사장.

 박충호 (1955~)

서울생. 한국방송통신대. 81년 한국일보 입사, 연판부, 제작관리부(89년), 차장 승진(96년), 부장 승진(01년).

 송대수 (1955~)

충북 청주생. 한국외대 행정학과, 서울대 경제대학원, 중국 청화대. 사회부 차장, 베이징 특파원, 중국 총국장. 중국사회과학원 특임연구원, 스포츠서울 대표이사 편집인, 중국 봉황tv 한국사장, 식약신문 사장, 극장 단성사 사장.

 윤종구 (1955~)

충북 청원생. 홍익대 도안과. 홍익대 산미대학원 수료. 편집디자인부장(99년). 편집국 부국장 겸 편집디자인부장. 경원대 시각디자인학과 강사(88년). 제1회 '아름다운 한글 서체 디자인 공모전 최우수상(92년).

 이기창 (1955~)

충남 홍성생. 경희대 영문과. 여론독자부장(99년), 체육부장 겸 월드컵기획단장(02년), 편집부국장(03년), 편집위원. 인천일보 편집국장(06년). 현재 뉴스1 편집위원. 저서〈한국의 노포〉.

 박해상 (1956~)

충남 논산생. 강경상고. 영업부장, 지방판매부장, 관리부장(06년). 백상공로대상(동상·93년), 한국신문협회상(93년).

 이상호 (1956~)

서울생. 서울대 경영학과. 도쿄 특파원(92년), 경제부 차장(95년), 논설위원. 금융세제발전심의위원회 위원. 역저〈일본 재생〉.

 한기봉 (1956~)

대전생. 연세대 불문과. 파리특파원(92~95년), 네오클래식팀장(96년), 생활과학부장(00년), 문화과학부장(01년), 국제부장(02년), 편집국부국장, 샤갈 전시본부장(04년). 서울언론상(87년). 우먼타임스 편집인.

 곽영승 (1957~)

서울생. 한성고, 성균관대. 대전취재본부장(06년), 부국장, 심의위원(10년).

 송태권 (1957~)

서울생. 연세대 정치외교학과. 파리 특파원(95~99년), 논설위원(99년), 여론독자부장(04년), 경제부장(05년), 출판국장(07년), 상무이사. 서울경제신문 부사장, HMG퍼블리싱 대표이사 사장.

**양호진**
(1957~)

서울생. 연세대 토목과 중퇴. 86년 입사, 판매국 수도권 판매2부장대우(02년), 판매국장 직대(국장직대 부국장·03년). 신문협회상(98년).

**윤승용**
(1957~)

전북 익산생. 서울대 국문과. 워싱턴 특파원, 사회부장, 정치부장. 국방홍보원장, 청와대 홍보수석, 청와대 대변인, 서울시 중부기술교육원장, 남서울대 총장. 저서 〈리더의 서재에서〉 등.

**권영화**
(1958~)

경북 상주생. 한성대 무역학과. 한국일보 판매국 차장 승진(97년), 부장 승진(04년). 서울경제 독자마케팅국장(07~09년). 한국일보 독자마케팅부국장(13년).

**김원식**
(1958~)

충북 청주생. 한양대 신문방송학과. 광고국 부장직대(97년), 서울경제신문 광고국 부장(98년), 광고국 부국장(03년), 스포츠한국 광고국장 겸 경영기획실장(09년), 뷰티한국 대표이사.

**박상준**
(1958~)

울산생. 부산대 행정학과. 전국부 입사, 전국부 차장대우, 사회2부(부산취재본부) 부국장 대우, 부산취재본부장. 부산광역시 정무특보, 부산상공회의소 대외협력특보.

**이창민**
(1958~)

서울생. 서울대 영어과, 한양대 언론대학원. 도쿄 특파원(94년), 파리 특파원(99년), 논설위원(02년), 산업부장(04년). 뉴시스 편집국장, 파라다이스 감사, 법조언론인클럽 회장. 저서 〈서소문에서 서초동까지〉.

**임용영**
(1958~)

광고국 부장(01년), 광고국 부국장(05년), 소년한국일보 국장(09년). 뉴시스 상무(14년), 뉴시스 마케팅본부 본부장 전무.

**장용기**
(1958~)

경남 마산생. 한국일보 사업국 부국장, 주간한국 광고국장.

**조재용**
(1958~)

강원 원주생. 서울대 외교학과. 뉴욕 특파원, 정치부 차장(97년), 네오포커스팀장(98년), 논설위원(98년), 국제부장(99년), 정치부장(02년) 논설위원(04년). 연합뉴스 밴쿠버 통신원.

**고종석**
(1959~)

서울생. 성균관대 법학과. 사회과학고등연구원 수료. 편집위원, 논설위원. 저서 〈제망매〉 〈해피패밀리〉 〈히스토리아〉 〈엘리아의 제야〉 〈언문세설〉 등.

**배정근**
(1959~)

충북 증평생. 고려대 신방과, 뉴욕주립대 석사, 고려대 언론학 박사. 논설위원, 경제부장. 숙명여대 교수. 이달의 기자상 심사위원장. 한국기자상(89년).

**유승우**
(1959~)

서울생. 서울대 신문학과, 펜실베이니아대학 국제정치학과. 정치부 차장(00년), 국제부장, 월드컵기획단장, 정치부장 대우(04년), 기획취재팀장(07년). 백상기자대상(금상·96년).

**이대현**
(1959~)

경북 예천생. 한국외대 스웨덴어과, 국민대 대학원 언론학 박사. 문화부 대중문화팀장, 문화부 차장, 문화부장, 논설위원. 저서 〈'내'가 문화다〉 〈소설 속 영화, 영화 속 소설〉 〈유아 낫 언론〉 등.

**조재구**
(1959~)

경기 평택생. 경희대 철학과. 86년 입사, 판매국 수도권 판매1부장대우(02년), 판매국 부국장(부국장 겸 수도권 판매부장·03년).

**서화숙**
(1960~)

강원 화천생. 한국외대 불어과. 여론독자부장(99년), 문화과학부장, 문화부장(02년), 편집위원, 심의실장(10년). 한국청소년보호위 정책기획분과위원(03년). 저서 〈나야 뭉치도깨비야〉 〈민낯의 시대〉 등.

**송영주**
(1960~)

서울생. 연세대 문헌정보학과, 연세대 박사(의료법 윤리학). 생활과학부장, 의학전문 대기자. 복지부 정책홍보담당관, 한국존슨앤존슨 부사장, 법무법인 태평양 고문. 녹십자언론문화상.

**최성범**
(1960~)

강원 원주생. 강원대. 총무국 구매부 차장(01년), 부장 대우(03년), 경영지원부 부국장(09년), 경영지원부 국장(11년). ㈜에이치엠지퍼블리싱 경영관리 국장(12~20년).

**이의춘**
(1961~)

전북 완주생. 마포고, 서울대, 서울대 대학원. 경제산업부장, 논설위원(08년) 후 퇴사. 문체부 차관보, 미디어펜 대표, 인터넷신문협회 회장. 저서 〈한국경제의 진실〉 등.

**이종철**
(1961~)

서울생. 대건고, 한국외대. 사진부장(06년), 사진부 전문기자(09년). 백상기자대상(은상·99년).

**권오현**
(1962~2018)

강원 동해생. 성동고, 고려대. 생활과학부장, 여행 대기자(05년).

**김경철**
(1962~)

경남 창녕생. 남강고, 서울대. 경제산업부장, 미디어전략실장(08년). 이투데이 논설실장.

**신윤석**
(1962~)

서울생. 상문고, 서강대, 게이오대 연수. 국제부장, 도쿄 특파원(02년). 백상기자대상(은상·98년), 한국기자상(대상·01년).

**신정섭**
(1962~)

광주생. 대동고, 한양대. 전략기획실 부국장, 전략기획실장, 광고마케팅 본부장(07년).

**이광일**
(1962~2022)

서울생. 중대부고, 연세대, 연세대대학원. 기획취재부장(05년), 논설위원(06년) 이후 퇴사. 번역가로 활동.

**허경희**
(1962~)

경북 상주생. 서울대 영문과. 편집부장(01년), 편집2부장(03년), 편집1부장(04년), 편집부국장. 머니위크 대표.

**고태성**
(1963~)

강원 춘천생. 성수고, 서울대. 워싱턴 특파원(05년), 국제부장(09년). 뉴스1 행정정책부장, 강원랜드 홍보실장.

**김동영**
(1963~)

서울생. 고려대 신방과. 경제부 정책팀장(95년) 사회부 차장(00년), 체육부장(03년), 사회2부장(04년).

 김승일 (1963~)
전남 신안생. 대일고, 서울대, 아메리칸대 연수. 사회부장, 국제부장, 워싱턴 특파원(02년). 백상기자대상(동상·97년). 코오롱 부사장.

 박진석 (1963~)
경기 파주생. 한국방송통신대. 경리국 경리부 차장(99년), 판매국 부장(06년), 대전지사장.

 유성식 (1963~)
서울생. 상문고, 서울대, 게이오대 연수. 정치부장(06년).

 유승근 (1963~2011)
경기 평택생. 서울시립대 영문과. 체육부 차장(02년), 여론독자부 차장(03년), 체육부장(04년).

 김동식 (1964~)
경남 진주생. 경리국 계리부과장 승진(93년), 차장대우(99년), 차장 승진(02년), 부장 승진(04년), 문화사업부 부국장 승진(06년).

 이종수 (1964~)
서울생. 한성고, 고려대. 재계팀장(04년), 뉴욕 특파원(95년). 07년 퇴사 후 이코노뉴스 대표. 역서 〈한국의 추억〉.

 임종호 (1966~)
대전생. 경희대 법학과. 차장 승진(03년), 부장 승진(04년). 한국신문협회상(01년). 저서 〈중소기업 연봉제〉 등.

| 제 6 장 |

2012년 1월 한국일보 편집국 구성원들이 어려운 환경 속에서도 언론의 정도를 지키자는 결의를 다지고 있다.

# 우리에게 좌절은 없다

2011~2014

오랫동안 인내하던 한국일보 구성원들이 자신의 생존권과 회사의 영광을 되찾기 위해 불의에 직접 대항했다. 한국사회의 건전한 여론형성에서 한국일보가 갖는 중요성에 공감한 대다수 외부 오피니언 리더들도 한국일보 구성원의 저항에 힘을 보탰다. 구성원들의 자발적 희생을 토대로 한국일보는 마침내 재창간을 위한 소중한 기회를 잡게 됐다.

# 2011년
한국일보 사태는 민주주의의 위기다. - 안철수·노회찬 의원(2013년)

**지켜지지 못한 신년 다짐**

한국일보가 2011년 새해를 맞아 신년호 지면과 사장 신년사 등을 통해 '중학동 옛 사옥 회귀'를 다짐했다. 하지만 결국 지켜지지 못한 약속이 되고 말았다. 한국일보는 1월 1일자 1면에 '굿모닝 2011… 한국일보가 새롭게 출발합니다'라는 제목의 사진을 게재하고 "사진은 한국일보가 올해 초 자리하게 될 서울 중학동 신사옥과 떠오르는 태양을 합성한 모습이다"고 설명했다. "어두운 하늘을 밝히며 힘차게 떠오르는 태양의 기상처럼 정정당당한 보도로 세상에 빛을 밝히는 참 언론의 길을 가겠다"고도 다짐했다. 하지만 이 약속은 3월 사측이 "신사옥 입주 보류"를 선언하고 사실상 신사옥을 포기하면서 단 두 달여 만에 거짓말이 돼 버렸다.

다만 이와 별도로 신년 기획 기사는 풍성하게 마련됐다. 정치 성향 여론조사 결과, 진보·중도가 줄어든 것으로 나타났다. 한국일보는 "지난 2010년 천안함 폭침과 연평도 포격 도발을 겪으면서 우리 국민의 이념 성향이 보수 쪽으로 이동했다"고 분석했다. 실제로 "더 강

2011년 신년호 1월 1일자 1면에 게재된 신사옥 예정 사진.

력한 대북 정책"을 주문한 여론도 51%나 됐다.

1월 3일자에는 경제·통상 전문가 21명의 설문 조사를 통해 한국경제의 도전과제를 심층 진단하는 '새로운 10년, 새로운 도전' 기획이 게재됐다. 한국일보는 이 기획에서 '차이나 리스크'를 향후 10년 세계 경제를 좌우할 가장 큰 변수로 봤다. 4일자엔 'SNS가 세상을 바꾼다'에서 온라인 메시지의 실시간 폭발력에 대해 다뤘다.

2011년 신춘문예 응모작품 중 일부가 택배회사 실수로 분실돼 동화 부문에 한해 재공모에 나서는 소동이 벌어졌다.

한국일보는 2010년 12월 27일자 2면에 '2011 한국일보 신춘문예 '동화' 부문 재공모합니다'라는 사고를 냈다. 당시 한국일보는 신춘문예 응모작을 12월 3일에 마감한 뒤 동화부문 응모작 175명의 원고를 2묶음(88명분+87명분)으로 나눠 각각 심사위원에게 발송했다. 이중 87명의 원고는 12월 11일 심사위원에게 도착했는데, 나머지 88명의 원고 묶음이 배송되지 않은 게 확인됐다. 한국일보와 택배사는 전국 물류센터와 영업소를 샅샅이 찾아봤지만 12월 26일까지 찾지 못했고, 결국 27일자에 '응모 마감 연장'이란 사고를 낸 것이다.

한국일보는 사고에서 "마지막까지 분실 원고를 찾는 노력을 멈추지 않고 택배 회사에 책임을 묻기로 하는 한편 동화 부문의 재공모를 결정했다"며 "원고 관리 미비로 응모자, 독자 여러분께 심려를 끼쳐드린 점 다시 한번 사과드린다"고 말했다. 이어 "신춘문예 사상 초유의 이번 사고에 대해 책임을 통감하며 앞으로 재발 가능성에 대해서도 대책을 마련하겠다"고 밝혔다. 1월 14일 재공모 접수 마감 결과, 374편(321명)의 원고가 재접수 됐다. 여기에 이미 접수돼 보관 중이던 응모작 89편(84명)까지 최종 463편(405명)이 심사 대상에 올랐다. 이에 2011년 신춘문예 당선작은 예년처럼 1월 1일에 발표됐지만, 동화 부문은 1월 26일에 뒤늦게 발표됐다. ▲시 새는 없다(박송이) ▲소설 낚시(라유경) ▲동시 사과의 길, 냄비(김철순) ▲희곡 확률(김성배) ▲동화 알사탕(박옥순)

2010년 12월 27일자 2면에 게재된 신춘문예 재공모 사고.

### 봉황대기 고교야구 일시 폐지… 사회인 대회로 전환 모색

1971년부터 이어졌던 봉황대기 고교야구대회가 폐지됐다. 대한야구협회(KBA)가 1월 말 이사회에서 "2011년부터 고교야구 주말리그제를 실시하기로 결정"하면서 비롯됐다. 부산일보가 개최하던 '화랑대기'와 매일신문 대붕기, 광주일보 무등기, 인천일보 미추홀기 등 지역신문 주최 전국대회 4개도 함께 폐지됐다. 이에 봉황대기는 잠정적으로 '사회인 야구대회'로 성격을 바꿔 진행했다. 하지만 고교야구 활성화를 바라는 야구계의 바람은 거셌고, 결국 2년여 뒤인 2013년 8월 부활했다.

1월 21일 새벽 해군은 소말리아 해적에게 납치된 삼호주얼리호 선원들을 구출하기 위해 특수전여단(UDT/SEAL) 청해부대 요원들을 투입했다. 이른바 '아덴만의 여명' 작전. 총격전 끝에 장병들은 해적 8명을 사살하고 5명을 체포했으며 선원 21명을 구출했다. 이로 인해 천안함 폭침, 연평도 포격 등으로 가라앉았던 군과 국민의 사기가 높아졌다. 군 작전을 도운 석해균 선장은 국민적 영웅으로 떠올랐다. 석 선장은 해적에게 총상을 입고 1월 29일 밤 경기 수원시 아주대병원으로 이송돼 치료받았다. 석 선장은 잠시 의식을 회복했을 당시 의료진이 '여기가 어딘지 아시겠느냐'고 묻자 미소를 지었다. 의료진이 재차 '왜 웃느냐'고 묻자 "좋아서…"라고 짧게 답했다. 석 선장은 회복 후 국제해사기구(INO)의 '용감한 선원상'을 받았다.

한국일보는 사설에서 "청해부대가 한국인 선원 8명 등 인질 21명을 모두 구출하는 개가를 올렸다. 2006년 4월 어선 동원호를 시작으로 8차례나 속수무책으로 해적 피해를 당한 이후 처음 이룬 쾌거"라고 높게 평가했다. 석 선장에 대해서도 '석 선장, 불굴의 투혼으로 다시 일어나시오'라는 제목의 사설에서 "석 선장은 이번 구출 작전의 최대 영웅이다. 피랍 후 초인적인 용기와 기지를 발휘해 부하 선원들과 배를 구했다"면서 "캡틴 석, 당신이 일어나야 작전이 성공으로 종결됩니다"라고 적었다. 해적들은 철통 보안과 삼엄한 감시 속에 국내로 압송

삼호주얼리호를 납치했다가 청해부대에 의해 생포된 해적 5명중 1명이 1월 30일 부산으로 압송된 뒤 수사본부가 있는 부산 남해해양경찰청으로 들어가고 있다.

돼 대법원에서 징역 12년~무기징역까지 확정됐다. 한국일보는 국내에선 처음으로 해적들을 사법 처리한 부분에 의미를 부여했다. 1월 31일자 박스기사에서 "해적을 생포한 국가가 자국으로 압송해 처벌한 것은 세계적으로도 전례가 드물어 국내외의 관심이 쏠리고 있다"면서 "테러 세력에 강력한 응징 의지를 보여준 것"이라고 보도했다.

### 주말 에디션 'H'… "주말 콘텐츠 강화"

한국일보가 토요일인 2월 12일자부터 주말 에디션 'H'를 선보였다. 한국일보는 12일자 사고에서 "H는 한국일보의 이니셜임과 동시에 가슴으로 통하는 소통과 조화(Heart &

Harmony)를 뜻한다"라며 주말 에디션을 소개했다. 특히 별도 섹션이 아닌 본지에 포함하는 형식으로 10개 면을 연속으로 펼친 점이 눈에 띄었다.

이에 앞서 2월 10일부터는 소셜 미디어 시대를 맞아 독자와 함께 뉴스를 제작하는 '나침반'을 운영해 새로운 변신을 시도했다. 한국일보는 10일자 '알립니다'에서 "뉴스 소비자와의 접점을 크게 확대하는 새로운 미디어 상(像)을 모색하려 한다"면서 "SNS를 통해 독자, 네티즌과 뉴스 기획·취재는 물론 뉴스 평가와 유통을 함께 하겠다. 외부 비판과 제언을 뉴스 제작에 반영하고 뉴스 궁금증을 함께 풀어나가는 구조를 만들겠다"고 약속했다.

2011년 당시 경영진이 '중학동 사옥 입주 보류'를 선언, 사실상 옛 사옥을 포기했다. "3년 만에 중학동 옛 사옥으로 터전을 옮긴다"던 이종승 사장의 신년사 발표 후 두 달여 만이었다. 회사측은 3월 7일 보도자료를 내고 "최근 이사회와 그룹 사장단 회의를 열어 올해 입주 예정인 중학동 사옥 입주를 보류했다"면서 "2014년 완공 예정인 상암동 디지털 미디어 시티 내 사옥에 그룹계열사 전체가 입주하기로 의결했다"고 밝혔다. 입주를 보류한 이유로 '협소한 면적'을 들었다. 회사측은 "분양 면적 2,000평(실 평수 1,000평)이 협소해 일부 부서밖에 입주할 수 없다" "신문 경영이 어려운 이때 신규 차입을 통해 무리하게 입주하는 것보다는 상암동이 낫다"는 등의 이유를 밝혔지만, 사실상 재무적 이유에 따른 입주 포기로 해석됐다.

그러나 중학동 입주 보류 배경을 놓고 당장 의혹이 불거졌다. 한국일보 구성원들은 옛 사옥 터에 들어선 오피스 빌딩(트윈트리)의 상층부 2,000평을 시장가격의 절반가량인 140억 원(평당 700만 원)에 사들일 수 있는 우선매수청구권을 갖고 있는 것으로 알고 있었다. 그러나 예상 밖으로 중학동 사옥 입주가 보류되면서 수많은 의혹이 생겨나기 시작했다.

사회부 고찬유·남상욱 기자가 '만삭의 의사 부인 사망 사건 최초 및 연속 특종'으로 제246회 이달의 기자상 취재보도부문을 수상했다. 단순 변사로 볼 수 있는 사건을 문제의식을 갖고 신중하면서도 치밀하게 접근하는 취재 자세를 보여줬다는 평가를 받았다.

### 일본 도호쿠 대지진, 그리고 후쿠시마 원전 사고… 취재기자 급파

일본 역사상 최대인 규모 9.0의 지진과 쓰나미가 3월 11일 일본 도호쿠(東北) 지방을 강타했다. 이와테(岩手), 미야기(宮城), 후쿠시마(福島), 이바라키(茨城)현 등에서 실종자와 사망자를 합해 2만 3,000여 명의 희생자가 나왔다.

문제는 이후에 더 커졌다. 쓰나미로 냉각 시스템이 망가진 후쿠시마 제1원자력발전소 1~3호기가 3월 12~15일 잇달아 폭발하고 원자로 노심이 녹아 내리면서 '방사능 재앙'이 닥친 것이다. 방사성 물질의 유출 규모를 감안한 사고 등급은 1986년 우크라이나 체르노빌 사고와 같은 7등급으로 매겨졌다. 특히 사태 대응과정에서 일본 정부와 원전 운영사인 도쿄전력은 정확한 정보를 제때 제공하지 않고 피해를 축소 발표하는 데 급급했다는 비난 일본 도호쿠 대지진 피해 상황을 알리는 3월 12일자 1면 지면.

을 받았다. 당시 간 나오토 총리는 "지진 발생한 지역의 원전에는 아무런 문제가 없다"고 했고, 에다노 유키오 관방장관도 "방사능이 유출될 가능성은 전혀 없다"고 밝혔지만, 한국일보는 지진 직후인 12일자 2면에 "원전 화재로 방사능 유출이 우려된다"고 강조했다.

인명·재산 피해가 커지면서 한국일보는 인류애를 강조하며 일본을 돕자고 주장했다. 14일자 사설 '일본 대지진 참화, 우리 일로 생각하자'에서 "이번 참화에 위로와 안타까움을 표하면서 조속한 복구를 희망한다"며 "정부와 민간이 이웃나라의 고통을 조금이라도 덜기 위한 구조·복구 지원에 최선을 다하길 바란다"고 말했다. 이어 "이번 지진을 자연재해 대책의 재점검과 정비의 계기로 삼을 수 있어야 함은 물론"이라고 지적했다.

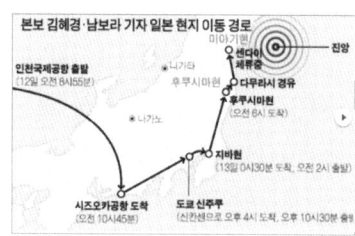

김혜경·남보라 기자의 일본 현지 이동 경로.

한국일보는 3월 12일 오전 사회부 김혜경·남보라 등 기자 2명을 현지에 급파하는 한편, 19일 교체 예정이었던 김범수 도쿄 특파원의 임기도 연장했다. 게이오대에서 연수 중이던 염영남 기자도 취재팀에 합류해 대지진 관련 상황을 보도했다. 하지만 현지 교통·통신 상태가 열악해 취재는 물론, 본사와의 연락도 원활하지 못했다. 무선 전화의 경우 통화 성공률이 절반 정도에 불과했다. 기사 및 영상을 전송하려 해도 인터넷 장애가 이어졌다. 인천을 출발한 김혜경·남보라 기자도 일단 시즈오카 공항에 도착한 뒤 신칸센으로 도쿄로 이동, 지바현과 후쿠시마현 다무라시 등을 거쳐 센다이에 도달하는 등 우여곡절을 겪었다. 18일부터는 남상욱 기자가 한국 구조대와 동행해 현지 상황을 전했다.

501

2011년

한국일보사는 3월 28일 열린 정기 주주총회와 이사회에서 신임 대표이사에 장재구 대표이사 회장을 재선임했다. 미주한국일보 장재민 회장과 전성환 사장도 한국일보 이사로 재선임됐다.

### 편집국 기자 130여 명, 노동조합 합류

한국일보 기자 130여 명이 3월 29일 노동조합(전국언론노조 한국일보 지부)에 집단 가입했다. 한국일보 기자협의회(회장 최윤필) 구성원 대부분은 노조에 가입하지 않은 상태였다. 기자들의 갑작스러운 노조 가입은 중학동 사옥 입주가 무산된 데 대해 경영진 책임을 묻기 위한 집단행동으로 해석됐다. 이로써 노조 조합원 수는 20여 명에서 150여 명으로 급증했다.

이어 31일에는 긴급대의원대회를 열고 최윤필 한국일보 기자협의회장이 노조위원장 대행을 맡는 등 새로운 집행부를 구성했다. 4월 4일 '다시 서는 저 들판에서'라는 제목의 성명을 내고 "지금 우리가 선 이 자리는 머뭇거릴 수도, 물러설 수도 없는 벼랑 끝임을 인식한다"며 "이 가파른 시간이 우리에게 허락한 가냘픈 희망, 그것은 단호한 결단과 망설임 없는 도약으로써만 쟁취할 수 있음을 우리는 차갑게 인식한다"고 밝혔다. 그러면서 "우리는 경영진에 촉구한다. 함께 한마음으로도 도약하지 않으면 저 낭떠러지 속으로 함께 사라지게 될 것임을"이라고 밝혔다. 이 성명을 놓고 '향후 경영진에 대한 선전포고 성격이 강하다'는 해석이 나왔다. 기자 대다수인 130여 명이 대거 노조에 가입하는 등 경영진에 대한 불신이 극에 달해 있는 상황이었기 때문이다.

한국일보가 4·19 혁명 51주년인 4월 19일 '4·19혁명 보도자료집' 전자책 시험판을 발행했다. 이 전자책은 1960년 3·15 부정선거 무효와 재선거를 주장하는 학생들의 시위부터 혁명이 최고조에 이른 4월 19일 당일까지 한국일보에 게재된 주요 기사를 발췌해 수록한 것이다. 당시 한자로 된 기사를 한글로 변경해 젊은 세대 독자들이 쉽게 읽을 수 있도록 했다. 4·19 기념 주간인 19~23일 무료로 배포했다.

한국일보가 주요 언론사 중 유일하게 2010년 대규모 적자를 기록한 것이 확인됐다. 금융감독원 전자공시(2011년 4월 발표)에 따르면, 국내 10개 일간지와 6개 경제지의 2010년 평균 매출은 전년 대비 10%가량 증가했다. 대부분의 매체가 영업이익을 냈지만, 한국일보는 2009년 100억 원, 2010년 94억 원 등 2년 연속 적자를 기록했다. 이에 노조는 4월 21일 '치 떨리는 분노를 삼키며'라는 제목의 노보에서 "도대체 100억 원이라는 이 참혹한 적자는 어디서 비롯된 것인지 우리는 명확히 알지조차 못한다"며 반발했다. 회사가 '2009년 임금을 7% 인상했기 때문'이라고 주장한데 대해서도, 노조는 "임금 인상 추가 비용은 10~12억 원 수준"이라며 "경영진은 사업 항목에서 47억 원의 손실을 내는 등 부실 경영을 했다"라고 반박했다. 노조는 중학동 사옥 입주 무산과 관련, 납득할 만한 해명과 해결책을 마련하라고 요구했다.

한국일보 노사가 5월 30일 기본급 6% 인상을 골자로 한 임금협상을 타결했다. 노조(위원장 대행 최윤필)는 5월 25일과 30일 두 차례 대의원대회를 열고 임금 인상안에 대해 논의한 뒤 30일 이를 추인했다. 기본급 인상 외에도 일일 취재비를 2,000원 올렸다.

### <창간 기획> 문재인 4.2 '진보'·박근혜 6.0 '중도보수'

한국일보가 창간 57주년을 맞아 주요 정치인들의 이념 성향을 분류하는 기획 기사로 많은 호응을 얻었다.

동아시아연구원(EAI)과 공동으로 한국리서치에 의뢰해 여론조사를 실시한 결과를 토대로 작성한 표였다. '매우 진보'를 0, '중도'를 5, '매우 보수'를 10이라고 규정할 때 정치인의 이념 성향을 숫자로 평가해 달라고 질문한 것이었다. 조사 대상은 유시민 문재인 김두관 정동영 손학규 정세균 김문수 정운찬 오세훈 정몽준 이재오 박근혜 이명박 이회창 등 당시 유력 정치인 14명이었다.

그 결과 이명박 대통령은 6.2, 박근혜 전 한나라당 대표는 6.0으로 집계됐다. 또 이회창 전 대표는 6.4로 조사 대상 중 가장 보수적으로, 유시민 대표는 3.7로 가장 진보적으로 꼽혔다. 또 중도보수에서 중도진보 쪽으로 나열하면 당시 이재오 특임장관(6.0) 정몽준 전 대표(5.7) 정운찬 전 총리·오세훈 서울시장(5.6) 손학규 대표·정세균 민주당 최고위원

6월 9일자 1면에 개재된 정치인 성향 분류표.

(4.7), 정동영 최고위원·김두관 경남지사(4.4), 문재인 노무현재단 이사장(4.2) 순이었다. 차기 대통령감으론 박근혜 전 대표(36.2%)가 압도적인 지지를 받았다. 박 전 대표는 특히 모든 연령층과 지역에서 1위를 달렸다. 심지어 호남권에서도 21.4%로, 손학규 민주당 대표(21.2%)보다 높았다. 이와 함께 반기문 유엔 사무총장을 단독 인터뷰해 "북핵 해결을 위해 김정일 만날 용의가 있다"는 내용을 보도했다. 인터뷰 직후인 17일 유엔 안전보장이사회는 총회에서 반기문 사무총장의 연임 추천결의안을 통과, 반 총장의 임기는 5년 연장됐다.

경제 분야에선 '2020을 향한 새로운 도전'이라는 제목으로 "앞으로 10년이 100년을 좌우할 것"이라고 내다보고 '새 먹거리 찾기'에 나선 기업들을 살폈다.

'블랙 스완, 세계를 뒤흔들다' 기획도 눈길을 끌었다. 일본 도호쿠 대지진, 9·11테러 등 발생할 가능성은 '제로'에 가깝지만, 한번 발생하면 세상을 완전히 변화시키는 대사건·사고를 짚어보자는 취지였다. ▲블랙스완에 취약한 한국인의 삶 ▲블랙스완 현장 ▲블랙스완의 경제학 ▲넥스트 블랙스완 가상 시나리오 ▲당신이 바로 블랙스완 등으로 알차게 구성된 기획이었다.

### 대표이사 사장·편집국장 교체

한국일보는 6월 10일 이사회를 열고 박진열 스포츠한국 사장을 한국일보 대표이사 사장 발행인으로 선임했다. 이어 13일에는 신임 편집국장에 이충재 부국장을 선임, 15일 임명동의안이 통과되면서 편집국장에 정식 취임했다. 이종승 전 사장은 부회장으로, 이종재 전 편집국장은 논설위원실로 자리를 옮겼다. 이상석 부사장은 대표이사 부사장이 됐다.

이충재 국장의 취임이 조직에 활력을 넣을 것인지 안팎의 주목을 받았다. 경영진 교체에도 불구, 노조는 앞서 6월 9일 중학동 사옥 입주 무산 등과 관련해 장 회장 등 경영진을 검찰에 고발하기로 결의했다. 편집국장 교체에 따른 후속 인사도 있었다. ▲논설위원실 논설위원 이영성 ▲부국장 겸 종합편집부장 진성훈 ▲디지털뉴스부장 황상진 ▲H섹션팀장 하종오 ▲선임기자 서화숙 조재우 이은호 남경욱 ▲사진부 선임기자 신상순 ▲문화부 선임기자 장병욱 오미환 ▲경제부장 고재학 ▲산업부장 이성철 ▲사회부장 김상철 ▲국제부장 박광희 ▲문화부장 이희정 ▲여론독자부장 김진각

한국일보 단독기사를 경쟁 매체가 토씨 하나 안 바꾸고 베껴 써 논란이 일었다. 한국일보는 6월 15일자 1면 톱에 '무려 5,500

6월 15일자 1면 지면.

만 건 개인정보 무차별 수집·보관 '빅브라더 경찰'이라는 제목의 기사를 실었다. 경찰 전용 서버에 5,500만 건의 개인정보가 무기한 저장되고 있다는 내용으로, 인터넷에는 오전 2시 42분에 전송했다. 이 기사는 한나라당 박대해 의원실 측의 자료를 단독 입수해 작성한 기사였다. 그런데 조선닷컴이 8시간 뒤인 15일 오전 10시 25분 ''빅 브라더' 경찰, 개인정보 5,500만건 무기한 보관'이라는 비슷한 제목의 기사를 노출했다. 한국일보가 '기사 도용'이라고 항의하자, 오후 1시 9분과 오후 2시 20분 두 차례 기사를 수정했다. 오전에 올린 기사는 99% 한국일보 기사와 똑같았고, 수정된 기사도 비슷한 부분이 많았다.

### 마침내 "평창!"… 동계올림픽 유치 성공

'세계 3대 콩쿠르'로 불리는 차이코프스키 콩쿠르에서 국내파 음악인 5명이 동시에 입상하는 기록을 세웠다.

먼저, 박종민(베이스) 서선영(소프라노)이 6월 30일 러시아 모스크바 차이코프스키 콘서트홀에서 열린 제14회 차이코프스키 국제 콩쿠르 성악 부문에서 남녀 1위를 휩쓸었다. 이어 '차이코프스키 콩쿠르의 꽃'인 피아노 부문에서 손열음과 조성진이 나란히 2, 3위에 올랐고, 이지혜가 바이올린 부문 3위를 차지했다. 한 나라에서 5명이 수상한 것은 차이코프스키 콩쿠르 사상 초유의 일이었다.

강원도 평창이 세 번째 도전 끝에 2018 동계올림픽 개최지로 결정됐다. 평창은 7월 6일 남아공 더반에서 진행된 '2018 겨울올림픽 개최지 선정 투표'에서 총 95표 중 63표를 얻어 경쟁 도시인 독일 뮌헨(25표)과 프랑스 안시(7표)를 압도적으로 눌렀다. 아시아에서 겨울 올림픽이 열리는 것은 1972년 삿포로, 1998년 나가노 대회에 이어 세 번째였다. 아울러 1988년 서울올림픽, 2002년 월드컵축구, 2011년 세계육상선수권대회를 개최한 우리나라는 겨울올림픽까지 유치해 프랑스, 독일, 이탈리아, 일본, 러시아에 이어 여섯 번째로 세계 4대 스포츠 행사를 치르는 '그랜드슬램' 국가가 됐다.

한국일보는 7월 7일 1면 헤드라인 '마침내… "평창!"'을 통해 평창 개최 사실을 압축적으로 전했다. 밤사이 국민들에게 전해진 감격과 환희를 절제하는 한편, 극적인 상황은 충분히 반영한 표현이었다. 사설도 "지성이면 감천이라고 했던가. 동계올림픽 개최의 꿈이 마침내 실현됐다"면서 "꼭 30년 전 독일 바덴바덴에서 1988년 하계올림픽 개최지로 "서울"이 호명되던 때의 감동 그 이상이다"라며 유치 결과를 높게 평가했다. 그러면서 "성공적 개최를 위해 지금부터 해야 할 일이 많다"면서 인프라 점검은 물론, 홍보와 국민적 지지 등 과제들을 제시하며 "다시 한번 우리의 저력을 보여줘야 한다"고 제안했다.

### 지면 개편… '사람! 소통! 논쟁!'

한국일보가 지면 개편을 단행하며 변화를 시도했다. 한국일보는 7월 18일 1면에 사고를

## <70대 특종> 척박한 얼음의 땅 그린란드 탐사

2011년 7월 19일(현지시간) 한국일보 탐험대가 마침내 그린란드 대설원을 건넜다. 북극과 가장 가까운 땅 그린란드, 그 극한의 설원에서 펼쳐진 목숨을 건 52일간의 탐험이 무사히 마무리됐다. 홍성택 그린란드 북극권 종단 탐험대는 이날 오후 좌표 북위 77도 15분 17초, 서경 63도 24분 36초 지점까지 이동한 후 헬기를 이용해 그린란드 최북단 도시인 카낙(Qaanaaq)으로 향했다. 홍 대장을 비롯한 대원 3명과 남은 썰매 개 10마리가 헬기로 이송됐다.

탐험대가 본격 탐험을 시작한 건 5월 29일이다. 북위 68도 52분 23초, 서경 49도 21분 33초 지점에서 개 썰매를 달리기 시작해 북극권(Arctic Circle) 최남단인 북위 66도 33분을 찍고 유턴해 그린란드 최북단을 향해 북상, 2,500km 넘게 이어온 대장정을 마무리한 것이다.

한국인 최초로 그린란드의 광활한 설원에 도전했고 국내 최초로 극 지역 원주민의 전통 이동 방식인 개 썰매를 이용한 새로운 시도여서 많은 관심이 집중됐던 탐험이었다. 또한 지구온난화의 피해를 직접적으로 받고 있는 그린란드의 현장을 생생히 체험할 수 있는 기회이기도 했다. 52일간의 탐험은 고난과 역경의 연속이었다. 예상하지 못한 히든 크레바스에 추락해 생사를 넘나들기도 했고, 지구온난화가 초래한 녹아내린 설원의 얼음 늪에 개 썰매가 빠져 한참을 우왕좌왕하기도 했다. 바다 얼음 상태가 양호한 곳으로 고도를 올리면 썰매 개들이 산소가 부족해 맥을 못 추는 고소공포증세를 보이는 등 진퇴양난의 고행길이었다.

창간 57주년을 맞아 기획한 '그린란드 북극권 종단'은 독자들에게 귀중한 사진 자료를 남겼다. 원주민들이 전통 방식으로 바다표범을 사냥한 뒤 해체하는 모습 등 조영호 기자의 사진 기사는 큰 반향을 일으켰다. 제1회 유엔새천년개발목표(MDGs)를 위한 연합국제보도사진전에서는 금상을 수상했는데, 이는 한국 기자로는 유일했다.

한국일보의 그린란드 탐험은 제48회 한국보도사진전(최우수상), 제250회 이달의 기자상(사진보도부문) 등의 영예도 함께 얻었다.

내고 "스트레이트 뉴스의 신속하고 심층적인 보도는 물론 사람과 삶의 이야기가 싱싱하게 살아있는 활기찬 기획 기사와 칼럼으로 독자 여러분을 찾아간다"고 밝혔다. 인터뷰 기사도 강화해 읽을거리도 늘렸다. 매주 토요일 '조재우의 공감', '이은호의 헬로!', '남경욱의 이 사람' 등 3명의 선임 기자가 심층 인터뷰를 진행했다. 서화숙 선임기자도 매주 일요일자 심층 인터뷰인 '서화숙의 만남'을 연재했다.

목요일에는 새 문화기획 '오늘의 명작, 그곳'과 문화부 기자들이 화제의 문화 인물을 만나 집중 해부하는 다자 입체 인터뷰 '100℃ 인터뷰'를 격주로 게재했다. 또 소셜 네트워크 서비스(SNS)와 관련된 이슈 및 트렌드를 다룰 '소셜미디어면'도 금요일자에 신설했다. 제호 등 디자인을 변경하는 등 편집에도 변화를 줬다. 사고는 "건강, 여행, 책과 세상, 부동산, 자동차, 디지털 등 우리 실생활과 직접 관련된 기존 지면도 더욱 알차게 꾸미겠다"고 다짐했다.

7월 28일자 1면에 게재된 '여기가 대치역 사거리' 사진. 27일 오전 서울 강남구 지하철 3호선 대치역 사거리 일대가 폭우로 잠기는 바람에 자동차들이 오도가도 못하고 있다.

7월 말 시간당 100~200㎜의 비가 전국 곳곳에서 며칠간 쏟아지면서 산사태 등 대규모 피해가 났다. 100년 만의 폭우였다. 특히 7월 26~28일 수도권 지역 집중 폭우로 서울 각 지역이 침수됐고 결국 27일 서초구 우면산에서 산사태가 일어났다. 토사가 주변 아파트와 주택가를 덮쳐 16명이 숨졌다. 단순한 천재가 아니라 서초구청 직원들이 사고 전 산림청 경고 문자메시지를 간과하는 등 인재라는 지적이 제기됐다. 서울 한복판인 명동과 광화문, 세종로 일대도 물바다가 됐다. 한국일보는 사설에서 "중부 대폭우가 수방 대책의 허점을 강타했다"고 지적했다. 사설은 "시간당 100㎜가 넘는 100년 만의 강우량을 기록했으니, 수방 대책의 의미를 따질 계제는 아니다"라면서도 "당장의 방재와 복구도 중요하지만, 장기적 수방 대책 강화의 의지를 다져야 한다"고 썼다. 정부는 5조 원을 들여 재난관리 개선 대책을 마련키로 했다.

### '무상급식'에 무릎 꿇은 오세훈

8월 24일 진행된 서울 무상급식 주민투표 투표율이 개표 요건인 33.3%에 크게 못 미쳤다. 2010년 지방선거에서 서울시의회는 약 70% 의석을 민주당이 장악했고, 2011년 1월 6일 무상급식 조례를 공포했다. 이에 오세훈 서울시장이 반발해 무상급식 찬반을 묻는 주민투표를 추진하면서 무상급식 문제는 여야 간 복지 논쟁을 상징하는 이슈로 떠올랐다. 그러나 주민투표가 유효 투표율(33.3%)에 크게 미치지 못하는 25.7%에 그치면서, 개표조차 못하게 됐다. 투표 결과에 책임을 지고 오 시장은 사퇴했고, 10·26 보궐선거로 이어졌다.

이어 10월 26일 진행된 보궐선거에서는, 안철수 후보의 양보로 야권 단일 후보로 나선 무소속 박원순 후보가 한나라당 나경원 후보를 누르고 승리했다. 박 시장은 10월 27일 친환경 무상급식을 지원하는 예산 집행안에 서명했다. 한국일보는 "민심은 변화를 택했다"고 선거 결과를 평가한 뒤 '시민사회운동가'가 당선된 데 의미를 부여했다. 사설은 "국민은 한나라당도 민주당도 아닌 시민사회운동가를 택했다. 기성 정치권이 말과는 다른 행동을 하고 있다고 본 것이다"라고 분석한 뒤 패자인 이명박 대통령과 한나라당, 서울시장 후보를 내지 못한 민주당을 모두 비판했다.

한국일보 자매지 주간한국이 9월 13일 추석 합본호인 2390호 발행을 끝으로 잡지에서 타블로이드판 신문으로 변경, 9월 17일(토) 첫선을 보였다. 스포츠한국의 주말판 신문으로 형태를 바꾸고 내용도 문화계 소식에서 시사로 변경해 한국일보 독자들에게 제공했다. 이에 따라 주간한국 편집국 기자 6명은 한국일보 편집국으로 이동했다.

한국일보가 9월 23일자 2면에 '밝힙니다'를 내고 "이 회장(이국철 SLS그룹 회장)이 주장한 홍보성 기사, 본보에 게재된 사실 없습니다"라고 해명했다. 한국일보는 '밝힙니다'에서 "이 회장이 일부 언론과의 인터뷰에서 '2002년 가을 신재민 전 문화체육관광부 차관이 한국일보에 재직할 때 전동차 홍보 기사를 써준 것에 감사하는 표시로 3,000만 원을 건넸다'고 밝힌 부분에 대해 자체 조사한 결과, 이 회장의 주장은 사실에 부합하지 않은 것으로 파악됐다"고 설명했다. 신 전 차관은 이 회장이 돈을 처음 줬다고 주장한 2002년 10월 한국일보에 논설위원으로 재직 중이었고, 정치부장(2003년 1월~2004년 1월)을 거쳐 부국장으로 승진한 지 2주 만인 2월 9일 퇴직했다. 이 회장이 신 전 차관에게 처음 돈을 건넸다고 주장한 2002년 10월부터 2003년 말까지 이 회장 및 해당 기업에 관한 한국일보 기사는 한 건도 없었다.

### 리비아 독재자 카다피, 비참한 최후

42년간 장기 집권했던 리비아 독재자 무아마르 카다피가 10월 20일 자신의 고향 시르테에서 비참한 최후를 맞았다. 카다피는 앞서 8월 23일 리비아 반군이 수도 트리폴리의 요새를 함락시킨 이후 종적을 감춘 채 시르테 등지에서 강력하게 저항했다. 카다피는 그러나 시르테의 하수구에 숨어 있다가 반군에게 생포돼 머리와 복부에 총을 맞고 숨졌다. 사살된 카다피의 시신은 미스라타의 한 정육점 냉장고 바닥에 전시돼 시민의 구경거리로 전락했다가 사하라 사막의 비밀 장소에 매장됐다.

카다피의 비참한 최후는 국내 신문 1면을 일제히 장식했으나 처리 방식은 다소 차이가 났다. 한국일보는 1면엔 카다피 생전 모습(2011년 4월)을 싣고, 컬러로 된 최후의 비참한 모습은 3면 박스 기사에 달린 사진으로 처리했다. 반면 상당수 신문들은 카다피의 피투성이 얼굴 사진을 컬러로 1면에 올렸다.

한국일보는 12월 5일 이사회를 열고 박진열 대표이사 사장을 부회장으로, 이상석 대표이사 부사장을 대표이사 사장 발행인으로 선임했다. 이상석

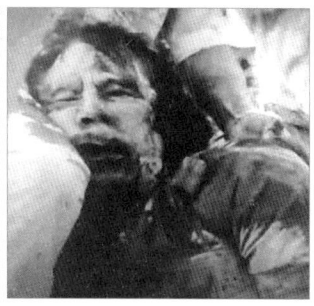

10월 21일자 1면에 게재된 생전 카다피의 모습과 3면에 실린 비참한 모습의 카다피.

신임 사장은 2008년부터 한국일보 부사장으로 재직해 왔으며 인터넷한국일보 대표이사를 겸임하고 있었다. 박진열 부회장은 1978년 한국일보 견습 36기로 입사해 편집국장, 스포츠한국 사장 등을 역임하고 2011년 6~12월 한국일보 대표이사 사장으로 재직해 왔다.

'최태원 회장 형제 선물투자 손실 SK그룹 보전 의혹 수사 특종'으로 사회부 김영화 기자가 제255회(11월) 이달의 기자상 취재보도 부문을 수상했다.

### 김정일 사망… "장의위원 1번, 김정은"

북한 김정일 국방위원장이 '강성 대국' 원년으로 선포한 2012년을 불과 14일 앞둔 12월 17일 69세를 일기로 급사했다. 조선중앙통신 등 북한 매체들은 19일 오전 10시부터 '중대보도' '특별 방송'을 예고한 뒤 정오에 "김 위원장이 17일 오전 8시 30분 급병으로 열차 안에서 사망했다"고 일제히 보도했다. 2008년 8월 뇌졸중으로 쓰러졌다 회복한 지 3년 4개월 만이었다. 1974년 후계자로 공식화된 지 37년 만에 김 위원장의 철권통치가 막을 내렸다.

북한은 김정은의 이름을 필두로 232명의 장의위원회를 구성한 데 이어 조선중앙통신 등 매체들을 통해 김정은을 '위대한 영도자' '위대한 계승자' 등으로 표현해 그를 새 영도자로 사실상 선포했다. 김정은 체제는 김정일 체제보다 불안할 수밖에 없다는 점에서 동북아 각국이 긴장했다. 20일자 한국일보 지면은 대부분 김정일 북한 국방위원장의 사망 관련 기사로 채워졌다. 총 40개면 중 전면 광고와 TV편성면(6개 면)을 제외한 34면 가운데 절반이 넘는 18개 면을 할애했다. 20일자 사설 '김정일 떠난 북한, 질서 있는 변화를 유도하자'에서는 대결보다는 대화와 개방을 통한 한반도 안정을 강조했다. 사설은 "그의 갑작스러운 사망은 내부 권력투쟁 심화 등 대격변으로 이어질 가능성을 배제하기 어렵다"면서 "김 위원장 사망의 파장이 한반도의 안정과 평화에 위협이 되지 않도록 정부는 만전을 기해야 한다"고 당부했다.

한편 26일에는 고 김대중 전 대통령의 부인 이희호 여사가 금수산 기념궁전에서 김정일 위원장의 시신 앞에 묵념한 뒤 김정은 부위원장에게 조문했다. 이 모습은 28일자 1면 사진으로 실렸다.

# 2012년
이념적 편향성과 상업주의에 대한 경계를 늦추지 않아야 한다. - 지령 2만 호 한국일보 사설

### 숭례문 복원 염원 담은 '청룡 모자이크'

2012년 임진년을 맞아 1월 1일자 신년호에 청룡 모자이크 사진을 '2012 대한민국, 용처럼 솟아올라라'라는 구호와 함께 게재했다. 옛 숭례문의 모습과 화재 이후 복원 과정, 이를 지켜보는 국민들의 염원이 담긴 사진을 모아 모자이크한 것이었다. 용의 형상은 숭례문 1층 천장에 그려진 황룡과 청룡 중 청룡의 이미지를 차용했다. 한국일보는 "이 두 마리의 용은 숭례문이 불탄 2008년 2월 10일 수천 도에 이르는 불길 속에서도 살아남아 있다"라고 설명했다.

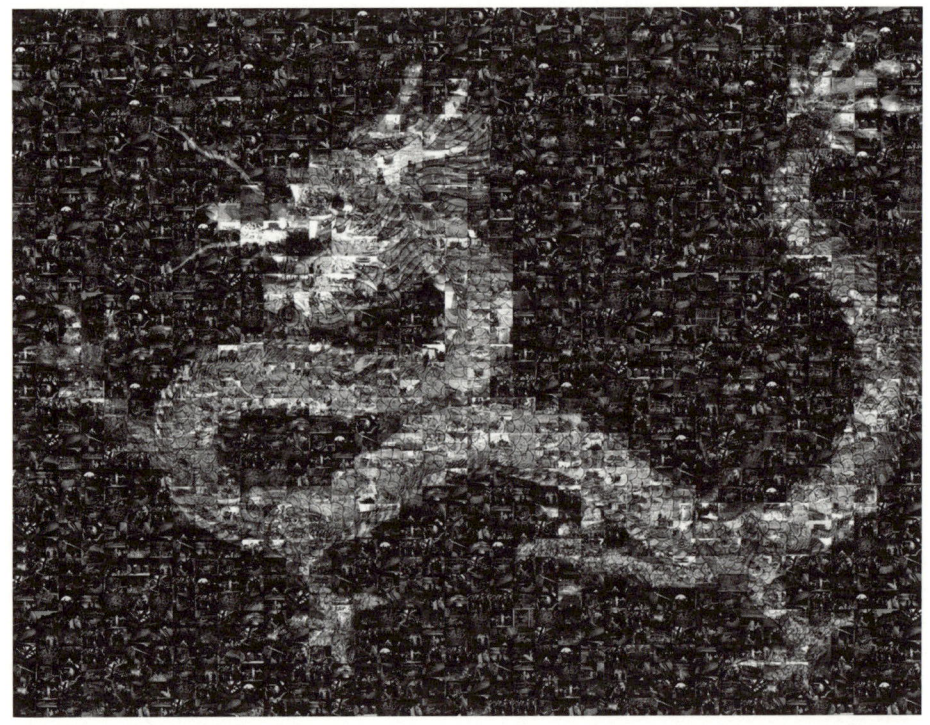

2012년 1월 1일자 1면에 실린 청룡 모자이크.

그리고 한국 사회에 5가지 질문을 던졌다. 한국일보는 "2012년은 경제개발계획 추진 50년이 되는 해"라며 "7대 무역 강국을 일궈냈지만, 이를 위한 고통의 대가도 상당하다. 성장 이데올로기에 묻혀 한국 사회가 포기하고 양보한 가치들을 뒤돌아봐야 할 때다"라고 적었다. 그러면서 "성장보다 사람이 중심에 놓인 자본주의를 위해 우리 사회가 함께 고민할 5가지 질문을 던진다"고 했다.

5가지 질문은 다음과 같다. ▲세계 최장 근로 시간, 누구를 위한 것인가 ▲투자보다 일로 번 돈의 세금이 많은 게 온당한가 ▲정글의 법칙과 약자 보호, 어떤 것이 공정할까 ▲양육을 위해 일을 포기할 수밖에 없나 ▲이젠 개천에서 용이 나올 수 없는 건가 등이다. 이어 5차례에 걸쳐 질문에 대한 현실과 해답을 찾는 기획물을 게재했다.

총선과 대선이 겹친 해인 만큼 여론조사가 주목받았다. 전국 20대(19~29세) 800명을 대상으로 정치의식 등을 조사한 결과, 응답자의 89.3%가 "2012년 총선과 대선 때 반드시 투표하겠다"고 답했다. 10명 중 7명(70.5%)은 "20대의 적극적인 정치참여로 세상을 바꿀 수 있다고 생각한다"고 응답, 투표 등 정치참여에 대해 적극적이고 낙관적인 태도를 가진 것으로 나타났다. 각계 트위터 이용자 12인이 보내는 신년 메시지도 눈길을 끌었다. 문재인(노무현재단 이사장) 윤미래(가수) 양준혁(전 야구선수) 박중훈(영화배우) 혜민 스님 등이 참여했다.

이상석 한국일보 사장은 용의 해를 맞아 'DRAGON'을 이니셜로 뜻풀이한 독특한 신년사를 1월 2일 발표해 눈길을 끌었다. ▲D=Dedication(헌신) ▲R=Renewal(쇄신) ▲A=Agility (기민성) ▲G=Globalization(세계화) ▲O=Optimism(낙관주의) ▲N=New thinking(신사고) 혹은 New Solution(새로운 해법) 등 6가지 해법을 제시했다.

2012년 한국일보 신춘문예 부문별 당선작 6편이 발표됐다. 소설 부문은 두 작품이 동시에 당선작으로 선정됐다. ▲시 '월면 채굴기'(류성훈) ▲소설 '내기의 목적-code of Honor'(김솔) ▲소설 '고열'(정경윤) ▲희곡 '덫'(허진원) ▲동시 '산새'(조정일) ▲동화 '나랑 놀고 가!'(나은경).

문화부 라제기 기자가 1월 31일 한국프레스센터 국제회의장에서 열린 제3회 '올해의 영화상' 시상식에서 '영화 기자상'을 수상했다. 라 기자는 인문학적 지식을 바탕으로 콘텐츠를 해석해 영화에 대한 흥미를 불러일으키는 기사를 꾸준히 써왔다는 평을 받았다. 영화기자상은 영화계 인사 5인으로 구성된 외부 심사위원회가 선정했다.

### 위기의 시대, 지성과의 대화 연재

한국일보와 출판사 '자음과모음'이 공동 기획한 '위기의 시대, 지성과의 대화' 시리즈가 2월 8일부터 시작됐다. 세계적인 석학들에게 국제 정치와 사회, 경제 위기에 관해 묻고 그들의 혜안을 듣는 인터뷰 시리즈로, 5월 9일까지 매주 수요일 연재했다. 슬로베니아 출신

기획 '지성과의 대화' 인터뷰에 응한 세계 석학들. 슬로보예 지젝, 자크 랑시에르, 가라타니 고진, 악셀 호네트(왼쪽부터).

의 세계적인 철학자 슬로보예 지젝의 첫 인터뷰를 시작으로, ▲자크 랑시에르(프랑스·철학) ▲가라타니 고진(일본·문학) ▲지그문트 바우만(폴란드·사회학) ▲악셀 호네트(독일·철학) ▲사이먼 크리츨리(영국·철학) ▲그렉 램버트(미국·철학, 문학) ▲가야트리 스피박(인도·여성학) ▲피터 싱어(호주·실천윤리학) ▲알베르토 토스카노(이탈리아·철학) ▲제이슨 바커(영국·철학) 등 11명이 참가했다.

### 새누리, 총선서 과반 확보

4월 11일 실시된 제19대 국회의원 총선거에서 새누리당이 전체 의석 300석 가운데 152석을 차지, 과반 의석을 확보했다. 제1야당 민주통합당은 서울에서만 압승을 거뒀을 뿐 다른 지역에서 고전하며 127석에 그쳤다. 통합진보당은 13석으로 제3당으로 자리매김했지만, 목표로 했던 원래 교섭단체 구성에는 실패했다. 자유선진당 5석 무소속 3석이었다. 당초 '정권 심판론'을 내세운 야당, 민주통합당의 우세가 예상됐으나 선거일이 다가올수록 야권 내 잡음 등으로 각종 악재가 터지면서 새누리당이 승리했다. 한국일보는 12일자 분석기사에서 "정권 심판론이 수도권 이외 지역에선 먹히지 않았다"면서 "여당이 내세운 미래를 위한 변화가 정권 심판론을 덮었다"라고 보도했다.

이충재 편집국장이 4월 30일 전격 교체됐다. 2011년 6월 국장에 취임한 지 10개월여 만이다. 후임에는 이영성 논설위원이 지명됐다. 이상석 사장은 'CEO의 글'을 통해 "언론사에 대한 주요 광고주들의 기여는 광고와 협찬으로 이루어진다"며 "특히 광고 매출의 점진적인 감소와 협찬 증대 추세 속에서 편집국장의 역할론에 대한 논의가 가열돼 왔음은 주지의 사실"이라고 밝혔다. 이 사장은 "최근 1분기 광고·협찬 매출이 전년 동기대비 18억이나 줄어드는 경영 수지상 하락세를 기록하고 있어 우려스럽다"고 설명했다. 경영이 악화하는 가운데서도, 비타협적 성향의 편집국장이 경영진에서 기대했던 역할을 하지 못한 것이 인사의 배경이 됐음을 보여주는 대목이다.

그러나 편집국 기자들을 중심으로 반대 의견이 거셌다. 후임 지명자의 성향과 과거 처신에 대한 불신도 한몫했다. 전국언론노동조합 한국일보 지부(지부장 최윤필)는 이날 '장재구 회장 퇴진하라'는 성명을 발표하고 "사측이 30일 전격 단행한 편집국장 인사에 충격을 금치 못하며 지난 1년간 편집국이 힘겹게 추구해 온 모든 가치를 전면 부정하는 행위로 규정한다"고 비판했다. 노조는 "경영 난맥의 책임을 편집국장 개인에게 묻는 이번 인사에 수긍할 수 없으며, 책임 부과의 정당성과 별개로, 편집권에 대한 심각한 침해행위로 규정한다"고 덧붙였다.

5월 2일엔 기자총회를 열어 '즉각적 인사 철회' 등 강경한 분위기가 이어졌다. 급기야 3일 노조 대의원 대회에서는 최윤필 노조위원장이 "사태에 대한 책임을 지겠다"며 위원장직을 사퇴했다.

사태는 노사가 8일 편집국장 임면에 대한 제도개선을 포함한 협약에 합의하면서 수습 국면에 들어섰다. 협약 내용은 ▲편집국장 임명 시 5일 전 내정자를 조합과 기자평의회에 통보 ▲편집국장이 편집 강령을 위반하지 않았는데도 인사권자가 취임 후 1년 이내 해임 시 편집국 3분의 2 이상 반대하면 해임 철회 등 편집국장 임면 절차가 대폭 강화 등이었다.

후임 지명자는 임명 동의 절차를 거쳐 10일 국장에 취임했다. 임명 동의를 위한 청문회 과정에서는 여느 청문회와 달리, 과거 금전 거래로 검찰조사를 받은 전력에 대한 우려가 제기됐다. 금전 거래와 관련, 후임 지명자는 "10년도 더 지난 일이고, 검찰 내사는 6~7년 전에 있었다. 당시 집안이 불가피하게 그런 돈이 필요해서 아는 사람에게 돈을 빌렸는데, 그 사람이 훗날 개인적 비리로 검찰의 수사를 받게 됐는데 자기가 살기 위해서 음해를 했다"고 말했다.

### 창간 58주년 '스마트 한국일보'… 창간 특집판 64면 발행

6월 8일자 신문은 창간 58주년 특집판으로 64면을 발행했다. 창간 기념일은 6월 9일이지만, 2012년엔 6월 9일이 토요일이라 본격적인 기획물은 하루 당겨 게재됐다. 한국일보는 창간 지면에서 "창간 58주년을 맞아 9일부터 인터넷·모바일 웹을 일제히 개편한다"고 밝히며 '스마트! 한국일보'를 제창했다. 독자들이 스마트폰, 태블릿PC를 통해 한국일보와 서울경제 스포츠한국 한국아이닷컴 등 한국일보 미디어그룹이 제작하는 모든 콘텐츠를 더욱 편리하게 접하도록 하겠다는 취지였다. 무엇보다 1인 미디어시대를 맞아 "독자 여러분들이 스마트폰으로 사건·사고 현장을 촬영해 직접 뉴스 제작에 참여할 수 있도록 모바일 웹에 이메일 제보 코너를 마련했다"고 밝혀 눈길을 끌었다.

창간 메인 기획으로는 '장강(長江·양쯔강)에서 만난 중국 현대 100년의 얼굴'이 게재됐다. 한국일보는 "전근대의 낡은 틀을 깬 중국은 하루가 다르게 모습을 바꿨고, 지금은 미국과 어깨를 나란히 하는 강국으로 부상했다"고 봤다. 그러면서 "서부 칭하이성 설산에서 발원해 상하이까지 6,380㎞에 걸쳐 대륙을 적시며 흐르는 장강에는 중국 현대 지도자들의 흔

2012년

적이 줄줄이 이어진다"며 역사를 바꾼 중국 지도자들의 흔적과 현대 중국을 살아가는 평범한 사람들의 삶에서 중국의 현대 100년을 살폈다. 시리즈 첫 회는 '쑨원과 미완의 강'으로 시작했다.

창간특집 여론조사에서는 국민 정치 성향 중 진보층이 줄고 보수층이 증가한 트렌드를 보도했다. 이 밖에 ▲다시 중도를 말하다 ▲피로한 사회 대한민국 ▲미래 경영으로 위기 넘는다 등의 기획도 주목받았다.

6월 18일에는 지령 2만 호를 발행했다. 1954년 6월 9일 창간한 지 58년 9일 만이다. 지령 2만 호는 전국 종합일간지 중 조선·동아·서울·경향에 이어 다섯 번째였다. 한국일보는 특집호를 내고 소설가 황석영씨와 신문의 인연, 58년의 역사, 한국일보 출신 인재들, 현재 신문을 만드는 사람들에 대한 이야기를 실었다. 본 지면에선 이명박 대통령, 반기문 유엔 사무총장의 축하 메시지를 담았다. 이 대통령은 "적극적 중도의 대변자가 되어 국민통합을 이루는 데에 큰 역할을 해주길 바란다"고 격려했다. 사설 '불편부당 한국일보 지령 20,000호'에서는 "격동의 현대사 속에서 시대정신과 언론의 사명을 지켜왔다"면서도 "지령 2만 호에 마냥 기뻐하고만 있을 순 없다. 신문의 위기를 자초한 책임에서 자유로울 수 없음을 인정한다"고 평가했다. 이어 "이념적 편향성과 상업주의에 대한 경계를 늦추지 않을 것"이란 다짐을 밝혔다.

기획 행사도 진행했다. 한·중 수교 20주년을 맞아 7월 19일 신라호텔에서 국내외 석학들을 초청해 '차이나포럼'을 열었다. 기조연설자로 나선 카런 핀켈스톤 세계은행그룹 국제금융공사(IFC) 부총재와 페이창훙 중국사회과학원 재정무역경제연구소장은 "한·중 관계가

창간 58주년 및 지령 2만 호 기념 로고(위)와 6월 19일 서울 신라호텔에서 열린 한국일보 지령 2만 호 기념 리셉션에서 참석 내외빈이 건배를 하고 있다.

20년의 짧은 역사에도 불구하고 놀라운 진전을 이뤘다"면서 "두 나라 협력관계의 양적·질적 성장은 지역 경제는 물론, 세계 경제 안정을 위해서도 꼭 필요하다"고 강조했다.

포럼 직후엔 신라호텔 영빈관에서 지령 2만 호 발행을 축하하는 기념 리셉션이 이어졌다. 정·관계, 재계 등 각계 인사와 주한 외교사절 등 250여 명이 참석해 정도를 지켜온 '한국일보의 오늘'을 축하했다. 강창희 국회의장은 축사에서 장석주 시인의 시 '대추 한 알'을 낭송하며 "지령 2만 호의 역사에 고난과 영광이 함께 했다"고 비유해 눈길을 끌었다. 건배사는 박근혜 전 새누리당 비상대책위원장이 했고 박용성 대한체육회장은 "국민의 사랑을 받는 신문으로 남아달라"고 덕담을 건넸다.

8월 12일~22일엔 10박 11일의 일정으로 '시베리아횡단철도 역사 대장정'에 나섰다. 독립유공자 가족과 다문화가정 자녀 등 33명이 참가해 항일 애국선열의 발자취를 따라 9,288㎞를 달리는 행사였다. 인천공항을 출발, 러시아 블라디보스토크에 도착한 뒤 시베리아 횡단 열차로 갈아타고 모스크바에 도착하는 코스였다. 대장정엔 김지은 김주성 기자, 박재홍 대리가 동행했다.

가족 캠핑 페스티벌과 독자 사진 축제 '한국일보와 나'도 진행됐다. 지면 서체도 바꿨다. 한국일보는 "새 서체는 눈의 피로도는 줄이고 가독성은 높인 게 특징"이라며 "같은 크기 공간에서 정보량의 변화 없이도 글자를 크게 보이게 한다"라고 소개했다.

제23회 팔봉비평문학상 수상자로 평론가 황현산(고려대 명예교수) 오생근(서울대 명예교수)씨가 선정됐다. 상 제정 이래 첫 공동수상이었다. 수상작은 황씨의 비평집 '잘 표현된 불행'과 오씨의 비평집 '위기와 희망'이었다. 시상식은 6월 20일 서울 프레스센터에서 열렸다.

### 세종시 공식 출범… '기러기 기자' 시대 준비

세종특별자치시가 국내 17번째 광역자치단체로 7월 공식 출범, 정부 기관 이전이 시작됐다. 1394년 조선의 한양 천도 이후 최대의 정부 핵심 기능 이전이었다. 2014년까지 총리실과 9부·2처·2청 등 36개 정부 기관(공무원 1만 452명)이 이전해 명실상부한 행정중심도시가 된다는 계획이었다. 이들 부처를 출입하는 기자들도 차례로 이사를 준비해야 했지만, 한국일보를 포함한 대부분의 국내 언론사는 기자 배치와 숙박, 교통 등에 대해 이렇다 할 방안을 마련하지 못했다. 한국일보의 경우, 오피스텔을 임대하고 취재 차량을 지원하는 방안을 논의했다. 하지만, 대부분의 기자가 서울에 연고를 두고 있었기에 문제 해결은 쉽지 않았다.

김유미(서울 진)씨가 7월 6일 서울 경희대 평화의전당에서 열린 2012 미스코리아대회에서 후보자 54명 가운데 영예의 진을 차지했다. 선은 이정빈(광주·전남 진) 김사라(서울 선)씨, 미는 김유진(서울 미) 김태현(경북 선) 김나연(대구 진) 김영주(인천 진)씨였다. 이날 행사에서는 2011년 안나푸르나 등반 도중 사망한 고 박영석 대장을 추모하는 행사도 진행됐다. 고인은 2006 미스코리아 미 김수현씨와 5년 전 에베레스트 등정에 함께 나서며 미스코리아 행사와 인연을 맺기도 했다. 참가자들은 외국곡 'You raise me up'을 부르며 박 대장의 무한한 열정과 산 사랑 정신을 기렸다. 고인의 아들 성우씨가 평생공로상을 대리 수상했다.

'김희중 청와대 제1부속실장 저축은행 금품수수'(사회부 김영화 강철원) 보도가 제263회(7월) 이달의 기자상 취재보도 부문을 수상했다. 이 보도는 "딱 맞아떨어지는' 팩트를 특종 보도했다는 점에서 수상작으로 선정하는 데에 이론이 없었다"는 평가를 받았다.

### 런던 올림픽 5위… 원정 올림픽 역대 최고 성적

대한민국 국가대표팀이 7월 28일~8월 13일(한국시간) 열린 2012 런던올림픽에서 목표로 내걸었던 '10(금메달)-10(종합순위)'을 넘어 종합 5위라는 올림픽 원정 출전 사상 역대 최고의 순위를 기록했다. 금 13, 은 8, 동 7개의 메달을 획득해 위상을 높였다. 진종오(사격)의 첫 금메달부터 '한국 태권도 최초 올림픽 2연패' 황경선(태권도)의 13번째 금메달까지 쉼없는 메달레이스를 달렸다. 양학선은 자신의 이름을 딴 신기술로 한국 체조 52년 사상 첫 올림픽 금메달을 목에 걸었다. 여자 양궁은 올림픽 단체전 7연패라는 금자탑을 쌓았다.

8월 13일자 2면 독도는 우리땅 세리머니 사진과 관련 기사.

특히 축구 '홍명보 호'는 3·4위 결정전에서 일본을 2-0으로 꺾었다. 1948년 런던 올림픽을 시작으로 64년간의 도전 끝에 축구가 따낸 첫 번째 메달(동)이었다. 그러나 대표팀 박종우는 일본전에서 펼친 '독도 세리머니'로 메달 수여가 보류되면서 뜨거운 논란에 휩싸이기도 했다. 박종우는 이듬해 2월에야 '엄중 경고'와 함께 동메달을 받았다.

8월 1일 한국기자협회 한국일보지회 신임 지회장에 정상원 기자가 선출됐다. 정상원 신임 지회장은 2000년 한국일보에 입사해 정치부, 국제부 등을 거쳐 지회장으로 선출될 당시 사회부 소속이었다.

이명박 대통령이 건국 이후 국가원수로서는 처음으로 광복절을 앞둔 8월 10일 독도를 전격 방문했다. 이 대통령은 독도에 도착해 "독도는 진정한 우리의 영토이고 목숨 바쳐 지켜야 할 가치가 있는 곳이다. 긍지를 갖고 지켜 가자"고 말했다. 당시 방문에는 유영숙 환경부 장관, 최광식 문체부 장관, 소설가 이문열 김주영이 동행했다.

일본은 당장 반발했다. 노다 요시히코 일본 총리는 "도저히 수용할 수 없다. 매우 유감"이라며 "독도는 역사적으로나 국제법으로나 일본의 고유 영토다. 의연하게 대처하겠다"고 밝혔다. 일본 정부는 또 무토 마사토시 주한 일본대사를 긴급 소환하는 등 강력히 항의했다. 한·일 연례 재무장관회의도 연기됐다. 이어 17일엔 일본 정부가 정식으로 국제사법재판소에 제소하기로 확정했다. 한일 관계 급랭에 대해, 한국일보는 "냉정하게 인식해야 한다"고 주문했다. 사설은 "독도가 역사적·국제법적으로 우리 땅이라는 것은 정부의 공식 입장이기 전에 국민 모두의 뇌리에 각인된 인식이다. 새삼 '독도는 우리 땅'을 외칠 이유가 없다"면서 "냉정하게 살펴 이번 방문으로 특별히 얻을 것은 없어 보인다"라고 썼다.

### 임금, 월 9만 6,000원 일괄 인상

한국일보 노사가 3개월의 줄다리기 끝에 8월 23일 '월 9만 6,000원 정액 인상'을 뼈대로 하는 임금협상안에 합의했다. 임금 총액 기준으로는 평균 2.7% 인상 수준이다. 기본급 기준으론 2011년엔 6%가 인상됐고, 2012년엔 3.4% 인상이었다. 임금인상 결과는 5월부터 소급 적용됐는데, 인상에 따른 3개월치 소급분의 50%는 8월 말에, 나머지 50%는 10월 말에 각각 나눠 지급됐다.

노조는 당초 임금 총액 기준 5.3% 인상을 주장했지만 사측은 매달 자금난에 시달리는 경영 상황을 들며 난색을 표했다. 결국 2012년 상반기 평균 물가상승률(2.7%)을 고려해 사측의 안을 노조가 수용했다. 아울러 2008년 이후 '체불 금액'에 대해서도 합의가 이뤄졌다. 사측은 '체불 금액'을 2012년 11월~2014년 12월 매달 30일에 분할 지급하기로 했다. '체불 금액'이란 2010년, 2011년 급여 인상에 따른 소급분, 미지급된 취재비, 휴일 수당, 학자금, 야근 식대, 연차 수당, 휴일 수당 등이다. 당시 회사는 편집국 기자들의 취재비, 출장비, 각종 수당, 전화 보조비, 야근비 등을 미지급했다. 외부 필자 원고료조차 반년 가까이 지급되지 않은 상태여서 필진의 항의가 쇄도하는가 하면, '무료 필진' 섭외에 나서기도 했다.

삼성전자와 애플 간 '세기의 특허 소송'이 한미 양국은 물론이고 독일 네덜란드 영국 호주 일본 등으로 확산되며 '지구촌 소송'이 됐다. 삼성의 손을 들어준 대부분의 나라와 달리, 미국에선 천문학적 배상금 평결을 얻은 애플이 완승을 거뒀다. 8월 24일(현지시간) 애플 본사가 위치한 미국 캘리포니아 법정에서 벌어진 삼성전자와 애플 간 세기의 특허 소송 1심 평결심에서 미국 배심원들은 애플 특허를 6건이나 인정했다. 반면 삼성전자 특허는 1건도 인정하지 않는 평결을 내놨다. 애초에 애플의 우세가 점쳐졌지만, 배심원들이 예상을 뛰어넘어 애플에 완승을, 삼성전자엔 완패를 안겼다. 그러면서 "삼성은 10억 5,000만 달러를 배상하라"고 평결했다. 한국일보는 27일자 1면에 "미국 배심원단의 애국심이 승부를 갈랐다"고 보도했다. 사설도 '우려되는 세계 경제의 보호무역주의 흐름'라는 제목으로 "이런 식의 비전문적 평결은 원천적으로 자국 기업의 이익을 우선시하는 애국주의 정서에 휩쓸릴 소지가 다분하다"고 지적했다.

2012년

### 싸이 '강남스타일', 유튜브 10억 조회

가수 싸이의 6집 신곡 '강남 스타일'이 전 세계에서 뜨거운 인기를 누렸다. 국내 앨범 발표와 동시에 유튜브에 올린 뮤직비디오 동영상이 말춤 열풍으로 불붙었다. '세계 최초 유튜브 조회수 10억 건 돌파' 등의 대기록을 남겼다. 10월 4일 밤 서울시청 앞 광장에서 열린 싸이의 무료 콘서트에는 무려 8만여 명의 관객이 운집했다. 싸이는 90여 분 동안 진행된 이날 공연에서 '강남 스타일' '챔피언' '새' 등 자신의 주요 히트곡을 불렀다.

당시 공연은 유튜브 싸이 공식 채널을 통해 전 세계에 생중계 됐고, 동시 접속자 수가 10만 명을 넘기며 서버가 마비되기도 했다. 서울광장을 한눈에 내려다볼 수 있는 플라자 호텔은 하루 전 객실 예약이 모두 끝났고, 주변 식당도 북새통을 이뤘다. 공연을 보러 온 50대 여성 2명이 경찰 바리케이드에 걸려 넘어지는가 하면, 흥분한 관객 11명이 실신하기도 했다. 일부 택시들은 공연이 끝난 뒤 승객들에게 웃돈을 요구해 빈축을 사기도 했다.

'불멸의 화가 Ⅱ : 반 고흐 in 파리'전이 11월 7일 서울 예술의전당 디자인미술관에서 개막해 2013년 3월 24일까지 이어졌다. 개막식에는 강창희 국회의장, 안철수 대선 후보, 이동근 대한상공회의소 부회장, 장영철 한국자산관리공사 사장, 최광식 문체부 장관 등 정·관계, 문화예술계, 재계 주요 인사 500여 명이 참석해 성황을 이뤘다.

2007년 11월 진행했던 '불멸의 화가 반 고흐'전이 회고전의 성격이었다면, 60여점의 유화를 선보인 이 전시는 반 고흐가 파리에 머문 2년(1886년 3월~1888년 2월)을 집중 조명한 전시였다. 파리 시기 최고 걸작으로 꼽히는 '탕귀 영감', 고흐 자화상 36점 중 '회색 펠트 모자를 쓴 자화상' 등 한자리에서 만나기 어려운 작품을 모았다. 11월 14일부터는 1면에 '지상 갤러리' 코너를 마련해, 전시 작품들을 자세히 소개했다.

### 오바마 재선, 시진핑 중국 1인자 등극

이 무렵 미국 중국 일본의 지도부가 재선임되거나, 교체됐다. 버락 오바마 미국 대통령이 11월 6일(현지시간) 실시된 미국 대선에서 밋 롬니 공화당 후보를 누르고 재선에 성공했다. 한국일보는 미국이 '강한 미국'보다 '공정 사회'를 선택했다고 분석했다. 사설은 "끝없는 불황과 극심한 빈부격차 등 미국의 힘겨운 현실에 대한 책임이 부시 전 공화당 정부에 더 많다는 유권자들의 인식이 표출됐다"고 봤다. 그러면서 "미국민이 바라는 나라의 모습은 분명하다. 왜곡된 시장근본주의 시스템에 대한 수술은 계속돼야 한다는 것이다"라며 "대외정책에서도 타국과의 협력과 조화에 무게를 둔 오바마의 청사진을 지지했다"고 적었다.

중국 공산당도 11월 14일 향후 5년간 중국을 이끌 중앙위원회 위원 205명과 후보위원 171명을 선출하면서 5세대 지도부 출범을 공식화했다. 시진핑 부주석이 15일 총서기로 선임돼 중국을 이끌게 되면서 본격적으로 '시진핑의 중국'을 열었다.

12월 16일 실시된 일본 중의원 선거(총선)에서는 자민당이 단독 과반을 확보했다. 이에

'중의원 과반 정당의 대표가 총리가 된다'는 원칙에 따라 12월 26일 취임, 아베 신조 총리가 2006년 이후 두 번째로 총리직을 수행하게 됐다. 한국일보는 일본 자민당의 압승에 대해 "극우 아베가 돌아왔다"면서 "동북아 안보에 심각한 우려"라고 보도했다. 사설은 "일본이 그동안 형식적으로나마 매달려 온 역사 반성과 사죄, 아시아 국가들과의 선린외교 기조에서 벗어나 일방적 자기주장을 강화할 경우, 동북아 안전보장의 기존 틀 전체가 흔들릴 수 있다는 점에서 이만저만 심각한 우려가 아니다"라고 적었다.

12월 1일자 24면에 게재된 박찬호 은퇴식 기사.

'원조 코리안 특급' 박찬호가 11월 30일 서울 플라자호텔에서 공식 기자회견을 열고 은퇴를 선언했다. 박찬호는 한양대 재학 중이던 1994년 미국 프로야구 LA다저스에 입단, 한국인으로는 처음으로 메이저리그에 진출했다. 이후 텍사스와 샌디에이고 필라델피아 뉴욕 양키스 등을 거치면서 아시아 출신 선수로는 당시까지 통산 최다승(124승)을 기록했다.

### 북한, ICBM급 장거리 미사일 발사

북한이 대통령 선거를 코앞에 둔 12월 12일 장거리 로켓(미사일)을 기습적으로 쏴 올렸다. 12일 평북 동창리 기지에서 쏘아올린 '운반 로켓 은하 3호'를 통해 '광명성 3호-2 위성' 발사에 성공한 것이다. 로켓 각 추진체가 정상적으로 분리됐고, 탑재물(북한이 주장하는 위성)이 궤도에 진입한 점 등을 토대로 정부도 '이번 발사가 일단 성공'이라고 판단했다. 북한은 로켓 발사 성공으로 미국 본토를 사거리에 둔 대륙간탄도미사일(ICBM) 능력을 보여줬다. 아울러 탑재물을 궤도에 진입시킴에 따라 한국보다 먼저 '우주 클럽'에 가입했다. 당시 한국의 나로호 발사는 3차 시도에서 기술적 문제가 발생하면서 2013년으로 미뤄진 상태였다.

한국일보는 북한의 로켓 발사 강행에 대해 "용납할 수 없는 도발"이라고 비판했다. 사설은 "북한이 국제사회의 강력한 경고와 만류에도 기어이 장거리 로켓 발사를 강행했다"면서 "이는 유엔안보리 결의의 명백한 위반이다"라고 적었다. 이어 "북한의 주

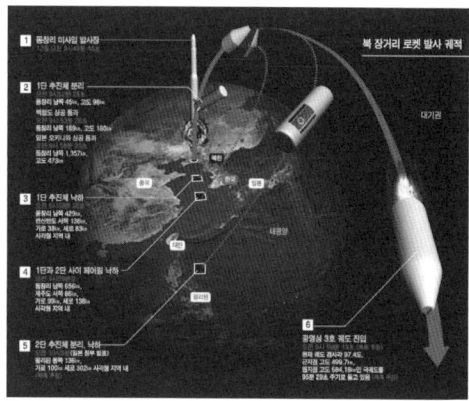

12월 13일자 1면에 게재된 북한 장거리 로켓발사 관련 시각물.

2012년

장대로 위성 발사가 맞는다 해도, 형식만 그럴 뿐 실제로는 대륙간탄도미사일 개발을 위한 위장된 발사 실험이라고 보는 게 타당하고"고 경계했다.

### 박근혜 첫 과반-역대 최다 득표… 첫 여성·부녀 대통령

18대 대선을 5일 앞둔 12월 14일, 한국일보를 포함한 7개 언론이 일제히 여론조사(12일 조사) 결과를 보도했다. 12월 13일~대선일(19일)까지는 여론조사 공표 금지 기간이라 이 날 보도 내용이 18대 대선 마지막 조사 결과였는데, 조사 결과는 초박빙 혼전 상황을 알리고 있었다.

박근혜 후보의 당선을 알리는 12월 20일자 1면.

보수 우파와 진보 좌파가 총결집해 양자 대결로 치러진 12월 19일 대선에서 새누리당 박근혜 후보가 당선됐다. 박 당선인은 51.55%를 득표, 문재인(48.02%) 통합민주당 후보를 눌렀다. 박근혜·문재인 두 후보의 득표율 총합이 99.58%를 기록할 정도로 양당 후보에게 거의 모든 표가 쏠렸다. 나머지 4명의 무소속 후보의 득표는 모두 더해도 12만 8,000여 표에 불과할 정도로 존재감이 없었다.

한국일보는 "박 당선인이 '100% 대한민국'을 위해 자신을 지지하지 않은 48%의 국민을 대통합해야 하는 무거운 과제를 안게 됐다"고 보도했다. 20일자 사설 '박근혜 대통령 당선인에 바란다'에서도 당선의 의미를 돌아본 뒤 "국민 통합과 화해의 손길을 펼쳐야 한다"고 당부했다. 또 "박 당선인이 문 후보와 민주당에 화해의 손길을 먼저 내밀고, 문 후보 측은 진정으로 승복하는 자세를 보여야 한다"고 주문하는 한편, 합리적이고 효율적인 경제 민주화도 기대했다.

이에 앞서 대선 당일인 19일자에는 '한 표 한 표가 미래를 만듭니다'라는 사설에서 "권력은 투표하는 국민으로부터 나온다"며 "보다 많은 국민의 투표 참여가 우리의 삶과 민주주의를 발전시킬 수 있다"면서 유권자들의 참여를 독려했다. 한편, 안철수 무소속 후보는 막판까지 3파전을 벌였지만, 문재인 후보와 단일화에 실패하자 11월 23일 정권교체를 위해 백의종군하겠다며 중도 사퇴했다.

# 2013년

한국일보는 유수 언론사 가운데 법원 회생절차를 통해 회생에 성공한 최초 사례다.
-법원 판결문

2013년 한국일보는 최대 격변기를 맞았다. 사주 고발 및 인사 파동 끝에 '편집국 폐쇄'라는 초유 사태가 벌어졌다. 편집국에서 쫓겨난 기자들은 길거리 시위에 나섰다.

한국일보 밖에선 국정원 대선 개입 의혹과 남북정상회담 회의록 폐기·유출 의혹을 둘러싼 논란과 공방이 치열하게 이어졌다. 통합진보당 이석기 의원이 내란음모 혐의로 구속돼 충격을 줬다. 북한에서는 2인자로 통하던 장성택이 국가전복음모죄로 사형을 선고 받고 곧장 처형돼 격변을 예고했다.

### 신년 심층 기획 '새 정부 5대 과제' '파워엘리트 150인' 눈길

2013년 한국일보의 새해 기획은 행복한 사회를 위해 정부가 특히 힘써야 할 부분을 심층적으로 분석하는 보도로 정했다. 국민이 희망하는 행복의 조건으로 ▲사회 양극화 및 빈부 격차 해소 ▲청년 일자리 창출 ▲흉악 범죄로부터 안전한 사회 ▲주거 안정 ▲비정규직의 정규직화 등 5가지를 선정했다. 5가지 행복 조건은 2012년 12월 16일부터 20일까지 10대~70대까지 1,048명을 대상으로 '새 정부 5년 동안 어떻게 변해야 더 행복해질까?'를 물은 결과를 토대로 선정됐다. 한국일보는 이 시리즈를 통해 "국민들이 불행감을 느끼는 원인은 상대적

1월 1일자 신년호 1면.

2013년

박탈과 빈곤 추락 불안에 있다"면서 "'행복 환상' 심어주기는 그만하고 불행의 원인부터 하나하나 줄여가야 한다"고 주장했다. 그러면서 "사회 약자엔 귀 기울이고 강자엔 공동체 의식을 일깨워야 한다"고 덧붙였다.

신년 사설에서도 〈대통합, 갑이 을을 배려하는 일〉이라고 적시하면서 "나의 입장에서 너를 이해하고, 갑의 자리에서 을을 포용하는 대통합만이 행복 시계를 되돌릴 수 있다. 지금 시작해야 한다"고 강조했다. 신년 정치 기획 〈박근혜 정부의 파워엘리트 150인〉도 눈길을 끌었다. 박 당선인이 취임한 뒤 당과 정부, 청와대 및 외곽에서 정부를 직·간접적으로 이끌어갈 인물을 상세히 분석했다. 파워 엘리트 150인 명단은 박 당선인의 정치 궤적을 반영해 추린 뒤 한국일보 '대선 보도 자문위원단'의 자문을 거쳐 선정됐다.

한국일보 이상석 사장은 1월 4일 신년사를 통해 한국일보의 사시 '춘추필법의 정신, 정정당당한 보도, 불편부당의 자세'를 강조하며 "또 한 해의 도전에 담대하게 맞서자"고 격려했다. 또 "2014년 창간 60주년을 맞는 만큼 '새로운 한국일보'의 이정표를 세우기 위해 임직원과 사우회 선배님들의 적극적인 성원을 부탁드린다"고 전했다.

2013년 한국일보 신춘문예 부문별 당선작이 발표됐다. 특히 1955년 제1회 신춘문예 당시 최종심에서 호평받았지만, 정치적인 이유로 탈락했던 박맹호의 단편소설 '자유 풍속'이 명예 당선작으로 선정됐다. ▲시 '쏘가리, 호랑이'(이정훈) ▲소설 '당신의 아름다운 세탁소'(윤지완) ▲희곡 '동화동경'(김성제) ▲동화 '생각하는 나무'(한광일) ▲동시 '시계수리점의 고양이'(이미례)

### 북한, 3차 핵실험… "섶 지고 불에 뛰어드는 핵 도박"

북한은 2월 12일 함경북도 길주군 풍계리의 지하 핵실험장에서 3차 핵실험을 감행했다. 북한 당국은 길주군에서 규모 4.9의 인공지진이 감지된 지 2시간 40여 분 만에 핵실험이 성공적으로 진행됐다고 발표했다. 한국일보는 13일자에 "김정은이 핵 도박을 하고 있다"고 적시하면서 추가 핵실험 위협 가능성도 우려했다. 또 "이번 핵실험의 파괴력을 핵폭탄으로 환산하면 6~7㏏(킬로톤)"이라고 추정한 뒤 2006년 10월 1차 핵실험(1㏏), 2009년 5월 2차 핵실험(2~6㏏)보다 규모가 커진 점에 주목했다. 특히 1, 2차 핵실험과 3차 핵실험 정황을 비교 분석해 "인력·장비 운용에서 끝까지 기만전술을 폈다"고 보도했다. 사설에서도 김정은이 "섶 지고 불에 뛰어드는 핵 도박을 하고 있다"고 비판했다. 이어 "20대 후반의 젊은 지도자가 이끄는 체제의 무모함과 모험주의에 분노를 넘어 절망감을 느낀다"고 덧붙였다.

한편, 한국 정부는 "북한의 핵실험이 안보리 결의를 위반했다"며 규탄했고 미국과 중국, 일본, 러시아 등 한반도 주변국들도 핵실험을 비난하거나 반대하는 입장을 발표했다. 유엔은 3월 7일(현지시간) 안전보장이사회 전체 회의를 열어 북한 핵실험에 대한 제재결의안 2094호를 채택했다.

김상철 편집국 부장이 2월 16일 오전 2시 폐암으로 별세했다. 향년 49세. 고인은 1990년 한국일보 견습 52기로 입사해 정책사회부장, 사회부장 등을 역임했다. 유족은 부인과 1남. 한국일보는 18일자 부고 기사에서 "고인은 객관적이고 공정한 시각, 권력에 대한 비판 정신을 견지한 깨어있는 기자였다. 2003년 법조팀장 당시 양길승 전 청와대 부속실장 향응 비리, 썬앤문그룹 정관계 로비 의혹 사건 등을 특종 보도했으며 그 공로로 2004년 제21회 관훈언론상을 받았다. 소외된 이웃에 대한 관심도 남달랐다. 2011년 정책사회부장으로 있으면서 사회 양극화 문제의 해법을 찾기 위해 기획한 시리즈 '대한민국, 복지의 길을 묻다'는 경제민주화 이슈를 촉발시키는 데 기여했다는 평가를 받았다. 또 한국일보 기자협의회장 등을 맡아 동료 기자들의 권익 및 자질 향상과 회사 발전에도 힘썼다"고 애도했다.

2월 25일 국회에서 열린 박근혜 대통령 취임식.

박근혜 대통령이 2월 25일 제18대 대통령으로 취임했다. 취임 후 ▲경제 부흥 ▲국민 행복 ▲문화 융성 ▲평화통일 기반 구축을 4대 국정 기조로 삼고 분야별 세부 국정과제를 설정했다. 한국일보는 26일자 사설에서 박 대통령이 취임사에서 언급한 '문화 융성' 선언에 대해 "반갑다"라고 평가했다. 그러면서 "국민 행복 시대 출발점은 결국 소통"이라고 강조하면서 '내가 옳으니 국민은 믿고 따라오라'는 독선의 함정은 경계할 것을 거듭 당부했다.

교황 베네딕토 16세가 2월 28일 오후 8시(현지시간)를 기해 전격적으로 퇴위했다. 퇴위 의사를 발표한 것은 이보다 앞선 2월 11일이었다. 베네딕토 16세의 퇴위는 2005년 4월 19일 교황으로 선출된 이후 7년 10개월 만이다. 교황이 생전에 자진 퇴위한 것은 1294년 첼레스티노 5세 이후 719년 만이었다. 이어 아르헨티나의 호르헤 마리오 베르골리오(76) 추기경이 콘클라베 개시 이틀 만인 3월 13일 제266대 새 교황으로 선출됐다. 베네딕토 16세가 퇴위한 지 13일 만이었다. 비유럽권에서 교황이 선출된 것은 시리아 출신인 그레고리오 3세(재위 731~741) 이후 1,282년 만에 처음이고, 미주 대륙 출신으로는 사상 처음이었다. 그는 청빈한 삶을 목표로 프란치스코를 즉위명으로 선택했다. 한국일보는 사설에서 "이번 교황 선출은 의외였고 파격이었다"면서 "새 교황을 맞는 전세계 가톨릭교회가 본래 사명인 빛과 소금으로 모든 이에게 평화와 안식을 줄 수 있길 기원한다"라고 바랐다.

### 국정원 댓글, 경찰 윗선서 축소·은폐 정황

국정원의 대선 개입 의혹 사건을 수사한 경찰이 수사 내내 부실·축소·은폐 수사 논란에

2013년

휘말렸다. 특히 수사 기간에 경찰 지휘부와 마찰을 거듭했던 권은희 과장(전 서울 수서경찰서 수사과장)은 이례적으로 수사 중 전보 발령을 받았다. 권 과장은 4월 18일 경찰 수뇌부의 은폐·축소 지시가 있었다고 폭로했다. 이 폭로로 정치권은 물론 시민사회의 공방이 뜨거워졌다. 시민단체들은 매주 도심에서 규탄 집회를, 일선 경찰은 사과 릴레이를, 대학교수와 학생들은 거리로 나와 국정원과 경찰을 규탄하는 시국선언을 하기에 이르렀다.

이 사건은 국회 국정조사와 국정감사에서 모든 이슈를 빨아들였다. 사건을 넘겨받은 검찰은 권 과장의 증언을 토대로 당시 수사의 최고정점에 있었던 김용판 전 서울경찰청장을 기소했다. 권 과장은 사법연수원 33기 출신으로 변호사 생활을 하다 2005년 특채로 경찰에 입문했다. 한국일보는 4월 20일자부터 당시 서울경찰청이 키워드 78개 중 4개만 분석한 후 "댓글 흔적 없다"고 발표하는 등 경찰의 축소·은폐 정황에 대해 상세하게 보도했다. 특히 9월 25일자에는 권은희 전 과장과의 언론사 최초 인터뷰를 게재해 많은 주목을 받았다. 권 전 과장은 인터뷰에서 "사건 수사 중 겪은 부당함을 밝히지 않았다는 죄책감을 안고 수사과장직을 수행할 수 없었다"고 의혹 공개 사유를 밝혔다.

### 노조, 장재구 회장 고발

한국일보 노조 비상대책위원회(위원장 정상원)가 4월 29일 장재구 회장을 특정경제범죄 가중처벌 등에 관한 법률 위반(업무상 배임) 혐의로 검찰에 고발했다. 그리고 서울중앙지검 형사 5부(부장검사 권순범)는 5월 3일 이 사건을 배당받아 수사에 착수했다. 노조 비대위는 고발 당시 "대주주 자격 없는 장 회장의 비리·무능 경영을 규탄한다"면서 "한국일보 중학동 사옥 매각 사태의

고발장을 제출하고 있는 한국일보 노조 비상대책위원회.
사진 미디어오늘

위법 책임을 검찰 수사와 법원 판결을 통해 따져 묻고자 한다"고 밝혔다. 이어 "장 회장이 결과적으로 한국일보에 200억 원 상당의 재산상 손해를 끼쳤다"며 "장 회장은 2011년 노조가 문제를 제기하자 개인 자산을 팔아 200억 원을 한국일보에 돌려놓고 본인은 경영에서 물러나겠다고 했지만 2년이 지난 지금까지 약속을 지키지 않았다"라고 밝혔다.

장 회장은 4월 30일 전 사원에 이메일을 보내고 "(한국일보) 매각 협상이 결렬됐다"고 밝혔다. 매입을 검토했던 업체가 "장 회장이 제시한 조건을 받아들이기 어렵다"며 매입 포기 의사를 밝혔다는 것이다. 장 회장이 요구한 조건에 대해서는 밝혀지지 않았다. 장 회장은 또 "적대적 M&A를 하고자 하는 무리로부터 회사를 구해야 한다"고 주장했다. 이어 한국일

보 전직 임원인 모씨가 "MOU 서류를 검토한 정황이 있다"며 배후 가능성을 제기했다.

노조 비대위 측은 장 회장의 주장에 대해 "내용이 터무니없다"고 반박하면서 매각 무산에 대해 투쟁 강도를 높였다. 또한 노조원과 비노조원, 편집국과 비편집국 대표로 구성되는 '한국일보 비상대책 위원회'를 5월 1일부터 본격 가동했다.

한편 이상석 사장은 노조의 장 회장 고발에 책임을 지고 4월 30일 사의를 표명했다. 이에 회사 측은 긴급 이사회를 통해 박진열 부회장을 사장으로 임명하고 이 사장을 부회장으로 자리를 바꾸는 인사를 진행했다. 또 장 회장의 경영권 행사에 부정적인 편집국 간부에 대한 인사를 5월 1일자로 단행했다.

한국일보 기자들은 편집국장 경질 등 장 회장의 인사를 전면 거부 했다. 비상대책위는 5월 2일자 1면에 성명을 게재하고 "1일 기습적으로 자행된 장재구 한국일보 회장의 편집국 인사를 거부키로 했다"며 "편집국장 이하 편집국 전 간부는 이번 인사와 무관하게 기존 체제를 고수할 것"이라고 밝혔다. 노조는 "이번 인사는 장 회장에게 책임 있는 처신을 요구한 편집국 간부들에 대한 보복이자 검찰 수사를 모면하기 위한 간계라는 게 우리의 판단"이라며 "노사가 합의한 '한국일보 편집강령규정' 조차 일방적으로 위반했다"고 지적했다.

이어 비대위는 2일 오전 15층 편집국에서 비상총회를 열어 장 회장의 부당 인사 거부를 결의하고 추가 고발 문제를 논의했다. 이어 결의문을 내고 "1일 인사는 한국일보 회생을 위해 앞장서 온 편집국장, 부국장, 일부 부장들을 겨냥한 학살"이라고 규정했다.

기자들의 반발을 불러 온 5월 1일자 인사는 대략 다음과 같다. ▲편집국장 하종오 ▲부국장 겸 편집2부장 채봉석 ▲부국장 겸 정치부장 김광덕 ▲부국장 겸 여론독자부장 김진각 ▲사회부장 염영남 ▲디지털뉴스부장 박진용 ▲창간60주년기획단장 이영성 ▲사회부 부산취재본부 부국장대우 고재학

### '한 지붕 두 편집국' 체제

한국일보 편집국 기자들이 5월 3일~6일 이영성 국장의 보직 해임에 대한 찬반투표를 진행했다. 편집국 재적 인원 193명 중 167명이 참여(투표율 86.5%)해 찬성과 기권 각각 1표씩이 나왔고 나머지 165표(98.8%)는 반대였다. 이 국장은 개표 이후 성명을 내고 "이번 인사는 ▲'5일 전 사전 통보'라는 절차를 어겼으며 ▲보복 인사를 금지한 법원 판례에도 어긋나고 ▲국장 지명, 임명 동의 후 부장단 인사를 한다는 관례도 깨뜨린 상식 밖의 불법적 조치"라고 비판했다.

비대위는 회사가 지명한 편집국장 후보자에 대한 임명 동의 투표를 진행한 결과 "과반수가 반대했다"고 8일 밝혔다. 편집국장에 대한 임명 동의 투표는 '찬성·반대' 여부만 발표할 뿐, 구체적인 수치는 밝히지 않는 게 관례다. 투표에서 과반수 반대가 나오면 인사권자는 10일 이내에 다른 사람을 임명해야 한다. 이에 따라 '한 지붕 두 편집국'이라는 전무후무한

회사의 부당 인사에 대한 대응책 마련을 위해 열린 편집국 기자 총회.

체제가 이어졌다. 상당수 기자들은 이 국장 체제에서 신문을 만들었고, 회사 측은 별도 공간에서 업무를 했다.

이런 상황에서 박진열 사장과 정상원 노조위원장은 5월 9일~14일 세 차례 만나 인사 문제를 논의했다. 사측은 회사가 안정될 때까지 제3의 인물을 편집국장 직무대행으로 임명하겠다는 안을 제시했다. 아울러 5월 14일 열기로 했던 이 국장에 대한 인사위원회도 유보했다. 이 국장은 2일자 신문 1면에 편집국 인사를 거부한다는 내용의 성명을 실은 점 등을 이유로 인사위에 회부된 상태였다.

이에 대해 노조는 부장단 인사에서도 부당한 점이 있다며 이 역시 철회하라고 맞섰다. 노조는 이 외에도 편집권 독립 보장을 위한 편집강령 개정, 당시 인사에 대한 사과와 책임 있는 조치 등을 요구했다.

### 박근혜 대통령·오바마, 첫 정상회담

박근혜 대통령이 5월 7일 워싱턴 백악관 오벌오피스에서 버락 오바마 미국 대통령과 정상 회담을 했다.

이 자리에서 양국 정상은 한미관계를 안보·경제 동맹을 넘어 사회·문화 인적 교류에서 실질적으로 협력하는 '글로벌 파트너'로 발전시키는 것을 골자로 하는 한미동맹 60주년 기념 공동 선언을 채택했다.

정상회담에서의 주요 합의 사항은 ▲포괄적 전략동맹 지속 발전 ▲대화의 문 열어두고 북한 도발에 단호히 대응 ▲한미 FTA 등 경제·통상 협력 증진 ▲글로벌 어젠다에 대한 파트너십 강화 ▲신성장 동력 창출을 위한 협력기반 마련 등 5가지였다. 한국일보는 공동선언 내용을 자세하게 풀이하는 한편, 역대 한미동맹 주요 내용과도 비교해 분석했다. 사설을 통해서도 한·미 양국이 한반도 안보 위기 해소를 위해 적극 협력하기로 한 점에 주목하며 "한미 정상이 보낸 메시지를 북한은 잘 읽어야 한다"고 밝혔다.

### 단독 기사 누락… "짓밟힌 1면"

부당한 편집국 인사를 둘러싸고 회사와 기자들의 대립이 이어지는 가운데 1면 단독기사가 사측에 의해 누락된 채 발행됐다. 한국일보 기자들은 5월 15일자 1면에 '박 대통령 광고업계 일감 몰아주기 지적에… 공정위 납품가 후려치기 조사 착수'라는 제목의 단독 기사를 배치했다. 한 대기업의 불공정 행위를 지적하는 내용이었다. 하지만 정작 다음날 독자들에게 배달된 15일자 1면에는 이 기사를 대신해 '육-공군 방공무기 알력'이란 기사가 실렸다. 14일 밤 경영진 지시를 받은 비편집국 소속 관계자가 해당 지면을 교체한 것으로 드러났다. 특히 확인결과 30판과 41판 42판 50판 PDF에는 단독 기사가 그대로 실려 있었다. 결국 비편집국 소속 관계자가 인쇄 직전 과정에서 임의로 기사를 바꿔치기 했음을 증명하는 대목이다. 또 판을 바꾸는 과정에서 2면과 18면에 같은 주제(외국인 없어 썰렁해진 명동)를 다룬 다른 사진이 게재됐다.

이에 기자들은 15일 이 사건에 대한 철저한 조사, 최종 책임자인 박진열 사장의 퇴진, 인사 철회 등을 요구했다. 또 비상 총회를 열고 "신문의 얼굴인 1면이 무참히 짓밟혔다"면서 사장실 앞에서 '책임자 처벌'과 '박진열 사장 사퇴'를 외쳤다.

반면 회사는 이영성 전 편집국장에 대해 대기발령 조치한 뒤 5월 22일 인사위원회를 열어 해임 결정을 내렸다. 해임 사유는 ▲인사 발령 불이행 ▲2일자 1면에 노조 명의 성명서 게재 ▲회사 인사 발령 신문게재 방해 등이었다.

이 과정에서 50여 명의 기자들이 인사위원회 개최 직전 회의 저지에 나서는 등 강력 반

5월 15일자 1면 30판(왼쪽 사진)에 있던 단독 기사(공정위, 납품가 후려치기)가 41판엔 빠져 있다.

발하면서 마찰을 빚었다. 인사위원회 장소도 당초 9층 회의실에서 상무실로 바뀌는가 하면, 인사위원 5명 중 3명만 참여한 채 진행됐다. 부장급 이상 간부에 대한 징계는 이사회 의결을 거쳐야 하는데 이 절차 또한 무시됐다.

한국일보 기자들이 결국 길거리 여론전에 나섰다. 기자 30여 명은 5월 23일 한국일보가 입주해 있는 한진빌딩 본관 앞에서 '방패막이 인사 규탄 및 장재구 회장 구속수사 촉구' 기자회견을 열었다. 또 4~5명씩 팀을 이뤄 명동 일대에서 시민들에게 비상대책위원회 특보를 전달하며 한국일보 상황을 설명했다.

한국일보 노조 비상대책위원회는 특보에서 "그간 눈감았던 신문사 내부의 불법과 부정을 세상에 알리기 위해 나섰다"면서 "한국일보 기자들이 똘똘 뭉쳐 가는 길이 정의라면 부디 응원해 주길 청한다"고 밝혔다. 비대위 특보는 각 출입처에도 배포됐다. 기자들은 이후에도 6층 회장실 앞에서 구호를 외치며 항의를 이어갔다.

사측은 간부급 기자 5명에 대해 '임금 동결'로 맞섰다. 사측은 이들 5명이 5월 2일~23일 무단결근한 것으로 처리해 임금을 지급하지 않았다. 대상은 이영성 전 편집국장, 황상진 부국장, 고재학 부장, 박광희 부장, 최윤필 선임기자 등 5명이다.

5월 29일엔 사측이 이계성 논설위원을 편집국장 직무대행으로 임명하고 기자들의 임명 동의투표를 통과하지 못한 하종오 편집국장 지명자를 논설위원실로 발령하는 인사(6월 1일자)를 단행했다. 이계성 국장직대는 사측-노조간 중재자 역할에 나섰지만 결국 양측은 합의하지 못했고, 6월 10일 자진 사퇴했다.

### 혼돈 속에서도 알찼던 창간 59주년 기획

사측과 노조의 대립으로 차가워진 분위기 속에 창간 59주년을 맞아 6월 8일(토)자와 10일(월)자로 창간 기획 기사를 게재했다. 8일자에는 창간 기획 〈GMO의 습격〉을 필두로 〈작은 집이 아름답다〉 〈원전, 이대로 안전한가〉 시리즈가 게재됐다.

또 10일자부터는 〈협력의 자본주의, 공유경제 현장을 가다〉라는 주제로 시리즈 1편인 '공유경제 활성화와 소비의 변화'가 게재됐다. 또, '정전협정 60주년 기념 인터뷰'로 정세현 전 통일부장관을 비롯해 한·중·일 전문가 3인 인터뷰(브루스 클링너 해리티지 재단 선임연구원, 자칭궈 베이징대 국제관계학원 부원장, 히라이와 슌지 간세이가쿠인대 교수) 심층 인터뷰도 게재됐다.

최후의 인상주의 화가 폴 고갱의 미술전

창간기획 〈GMO의 습격〉이 게재된 6월 8일자 2면.

'낙원을 그린 화가 고갱, 그리고 그 이후'가 6월 13일 개막식을 시작으로 서울 시립미술관에서 열렸다. 이 전시에는 고갱의 3대 걸작으로 꼽히는 ▲우리는 어디서 왔는가, 우리는 무엇인가, 우리는 어디로 가는가 ▲설교 후의 환상 ▲황색 그리스도를 비롯해 전성기 작품을 집중적으로 소개했다. 특히 고갱이 타히티에서 인간 존재에 대한 철학적 성찰과 질문을 담아 그린 대작 '우리는 어디서 왔는가, 우리는 누구인가, 우리는 어디로 가는가'는 한국에 처음 온 것이었다. 전시는 9월 29일까지 이어졌다.

### 편집국 폐쇄… 언론 사상 초유의 사건

한국일보 사측이 기자들이 없는 토요일 저녁 시간을 이용해 용역 인력을 동원, 편집국에서 일하던 당직 기자를 편집국 밖으로 몰아내고 편집국을 폐쇄했다. 이는 한국 언론 사상 초유의 일로 기록됐다.

장재구 회장과 박진열 사장, 이진희 부사장 및 일부 편집국 간부는 6월 15일 오후 6시께 외부 용역 20여 명과 함께 한진빌딩 15층 편집국으로 몰려와 편집국을 점거했다. 이날은 토요일로, 신문 제작이 없었기에 편집국엔 사진부 당직을 서던 기자 1명과 개인 용무로 들른 또다른 편집국 간부 1명만 있었다. 사측은 두 명의 기자에게 '근로 제공 확약서'라는 문서를 제시한 뒤 "이 문서에 서명하지 않으면 편집국에 들어갈 수 없다"면서 강제로 편집국 밖으로 몰아냈다. 근로확약서에는 "본인은 회사의 사규를 준수하고 회사에서 임명한 편집국장(직무대행 포함) 및 부서장의 지휘에 따라 근로를 제공할 것임을 확약한다. 만약 이를 위반할 경우 퇴거 요구 등 회사의 지시에 즉시 따르겠다"는 내용이 담겼다.

이후 사측은 용역 직원들을 동원해 15층 편집국 출입문을 봉쇄하는 한편, 15층으로 통하는 엘리베이터 4대 중 3대를 중지시키고 1대만 가동했다. 한진빌딩의 다른 입주업체들과 함께 쓰는 15층 비상계단, 한진빌딩 신관-구관을 연결하는 연결 통로도 폐쇄했다. 또 5월 1일 인사 파동 이후 기자들과 논설위원 등이 편집국 내부에 붙여놓은 성명서 등을 모두 뜯어냈다.

사측은 기자들이 기사를 작성·송고하는 전산시스템 '기자 집배신'도 장악했다. 기자 집배신에 접속할 수 있는 기자들의 아이디가 완전히 삭제됐다. 기자들이 개별 접속을 하면 '퇴사한 사람입니다. 로그인할 수 없습니다'라는 메시지만 떴다. 이로써 사측이 인정하지 않은 기자들은 신문·기사 작성이 불가능해졌다.

사측은 이어 6월 17일자 1면에 박진열 사장 명의로 〈독자 여러분께 양해 말씀드립니다〉라는 제목의 사고를 냈다. 사측은 사고에서 "본보는 지난달(5월) 초부터 회사 인사 발령에 불만을 품은 일부 편집국 전직 간부와 노조의 반발로 40일 넘게 정상적인 신문 제작을 하지 못하고 있다"면서 "신임 편집국장(직대)과 부장단, 그리고 지면 제작에 동참하는 기자들과 함께 신문 제작 정상화에 팔을 걷고 나섰다"라고 했다. 그러면서 "다만 오늘 자부터 지면수를 평소보다 다소 줄이는 조치가 불가피한 실정"이라며 독자들에게 양해를 구했다.

하지만 '편집국 폐쇄'라는 초유의 폭력 사태는 한국 언론계 차원의 반발을 불렀다. 한국기자협회(회장 박종률)는 16일 성명을 내고 "대한민국 언론 사상 초유의 편집국 폐쇄 조치를 즉각 철회하라"고 요구했다. 기자협회는 "장재구 회장은 최고 신문이었던 한국일보의 경영을 파탄시킨 무능에 그치지 않고 급기야 용역까지 동원해 저널리즘의 '성소'인 편집국을 폐쇄하는 대한민국 언론 사상 초유의 반언론적인 폭거를 일으켰다"며 "게다가 '근로제공확약서' 서명을 강요하며 경영파탄 책임에 대해 정당한 요구를 하고 있는 기자들을 협박하고 있다"고 밝혔다. 이어 "장 회장은 사상 초유의 편집국 봉쇄를 당장 철회하고 한국일보의 정상적인 제작을 보장해야 한다. 또 언론자유를 유린한 '6.15 폭거'에 대해 언론계와 독자들에게 공식 사과하라"며 "만약 계속해서 한국일보 기자들을 탄압하는 만용을 부린다면 역사적 단죄를 피할 길이 없을 것"이라고 경고했다.

회사 측의 편집국 폐쇄에 맞서 한국일보 기자들이 장재구 회장의 구속을 촉구하고 있다.

노동부 근로감독관은 17일 오전 편집국 폐쇄 조치에 대해 "개인 기물도 건물 안에 있는데 편집국을 폐쇄한 것은 법적으로 문제가 될 소지가 있다"는 입장을 사측에 전달했다. 한국일보 기자들은 20일부터 청와대, 국회, 검찰청 앞, 광화문 등지에서 장재구 회장의 퇴진과 구속 수사를 촉구하는 1인 시위에 돌입했다.

서울대를 포함한 우리 사회 각계의 여론주도층도 팔을 걷고 나섰다. 서울대 교수협의회·노조·총학생회, 그리고 전국대학노조 서울대지부 등 서울대 4개 조직은 7월 2일 공동 성명을 내고 "한국일보 경영진은 편집국 폐쇄 조치를 풀고 정상적으로 신문을 발행해 달라"고 촉구했다.

### 파행 제작된 '2013년 6월 17일자 한국일보'

편집국 봉쇄와 함께 대부분 기자들의 기사 송고가 불가능해진 가운데, 사측은 6월 17일자 신문부터 파행 제작을 강행했다. 사측은 장 회장이 임명한 편집국장 직무대행과 보직 부장 7명, 정치부 기자 5명 등 14명으로 평소보다 4~8면 감면한 28면 분량의 신문을 만들었다. 당시 전체 기자 195명 중 항의 농성에 동참한 기자는 132명, 특파원·연수·휴가 등이 49명이었다.

17일자 지면 대부분은 노조측 기자들이 편집국 폐쇄 직전인 14일 미리 송고해 놓은 기사와, 연합뉴스 등 통신사 기사들로 채워졌다. 논설위원들도 사설 집필을 거부, 사측 관계자들이 사설 3개를 모두 썼는데, 이 내용 또한 통신사 사설을 상당 부분 차용했다. 또한, 사측은 19일 사설 집필을 거부하고 비판 성명에 참여한 정병진 주필을 19일 논설위원으로 강등했다.

노조 비상대책위원회는 6월 17일 한진빌딩 앞에서 기자회견을 열고 회사 측의 파행 제작을 규탄했다. 비대위는 특보에서 "오늘 한국일보는 90% 이상을 연합뉴스로 채웠다. 단어 하나 바꾸지 않고 그대로 게재한 것이 대부분" "돈을 내고 한국일보를 보시는 독자들께 진심으로 사과드린다"고 밝혔다. 이어 정상원 비대위원장은 사측이 발행하는 신문을 '짝퉁 한국일보'로 규정하고 "신문이라고 내놓기도 창피할 수준"이라고 비판했다.

파행 제작된 2013년 6월 17일자 한국일보.

사측의 신문 제작에 직·간접적으로 투입됐던 자매지 기자들도 거부 움직임을 보였다. 서울경제 노조는 6월 19일 '한국일보 제작에 서울경제 편집부 인력을 제공하는 것을 중단해 달라'고 사측에 요구했다. 서울경제는 노조원이 아닌 일부 간부와 계약직 오퍼레이터를 한국일보 제작에 지원했다. 이에 서울경제 노조가 대의원대회를 거쳐 한국일보 제작에 일체 관여하지 말 것을 요구한 것이다. 서울경제 노조는 아울러 기사의 무단 활용도 반대했다. 하루 1~2꼭지의 서울경제 기사가 바이라인만 바뀐 채 '짝퉁 한국일보'에 실리는 데 대해 반발한 것이다. 스포츠한국 기자들 역시 18일 한국일보에 자신의 이름으로 기사가 게재되는 것을 반대한다는 입장을 데스크에 전달했다.

사태 초기에는 중재자적 입장을 취했던 한국일보 논설위원들도 장 회장 측에 비판적 입장을 냈다. 논설위원들은 19일 입장을 내고 "한국일보 사태는 단순한 노사갈등도, 경영진이 주장하는 노노갈등도 아니다"라며 "십수 년 언론사란 보호막에 싸여온 경영의 비리와 탈법, 부도덕의 적폐를 털어내 한국일보를 바로 세워야 한다는데 200여 명 기자 거의 전원이 뜻을 모은 것이 그 발단이며, 경영진이 부당한 인사 조치에 이어 급기야 편집국 폐쇄라는 최악의 선택으로 국면을 돌파하려 했다가 파국을 자초한 것이 본질"이라고 설명했다.

## 확산되는 '한국일보 살리기' 열기

2013년

노무현 전 대통령이 2007년 남북정상회담에서 NLL(서해북방한계선)을 포기하는 취지의 발언을 했다는 의혹을 둘러싼 정치권 공방이 가열됐다. 그리고 국정원은 결국 6월 24일 대화록 사본을 전격 공개했다. 이어 민주당 문재인 의원이 국가기록원의 원본 공개를 요구하면서 파장이 확대됐다. 하지만 국회 차원의 열람에서 대화록이 발견되지 않으면서 '사초 실종' 논란으로 번졌고 검찰 수사에서 대화록은 기록원에 이관되지 않은 것으로 드러났다.

한국일보 사태에 대해 여야 정치권 모두 부도덕한 경영진에 맞선 한국일보 구성원들을 응원했다. 국회 환경노동위원회, 교육문화체육관광위원회 소속 민주당 의원 11명이 한국일보 비상대책위원회를 6월 25일 방문했다. 정세균, 한명숙, 홍영표, 유기홍, 배재정 의원 등은 이날 한진빌딩 신관에서 열린 한국일보 비대위 총회를 찾아 격려했다. 의원들은 3층 노조 사무실을 들른 뒤 봉쇄된 편집국을 둘러봤다. 한명숙 의원은 "독재정권 때도 이런 일은 없었다"고 말했다.

정우택 새누리당 최고위원도 6월 26일 당 최고중진연석회의에서 한국일보 사태 해결에 당 차원에서 나서야 한다고 촉구했다. 정 위원은 "60년 전통을 자랑하던 종합일간지 한국일보가 파행 상태에 빠져 있는 모습을 보며, 한국일보를 사랑하는 국민의 한 사람으로서 안타까움을 금할 수 없다"고 밝혔고, 김용태 의원도 비대위와 면담한 뒤 편집국 봉쇄 현장을 방문했다. 27일에는 안철수 무소속 의원과 노회찬 진보정의당 공동대표가 현장을 찾아 기자들을 격려했다. 이들은 한국일보 사태에 대해 "민주주의의 위기"라며 한목소리를 냈다.

대한변호사협회(대한변협)와 민주사회를위한변호사모임(민변)도 한국일보 사태에 대한 입장을 발표해 한국일보 정상화와 장 회장의 검찰 수사를 촉구했다. 두 변호사 단체가 같은 사안에 유사한 입장을 낸 것은 드문 일이었다.

각 언론사 노조의 지지 성명도 잇따랐다. 경향신문, 동아일보, 매일경제, 머니투데이, 서울경제, 연합뉴스, 조선일보, 중앙일보, 한겨레 신문, 한국경제, 헤럴드 경제, CBS, KBS, MBC, MBN, SBS, YTN 등 신문·방송·통신사 17개사 노조 지회장이 한국일보 노조에 지지 메시지를 전했다. 또 2012년 입사한 17개 언론사 '막내 기자'들도 28일 성명을 내고 비대위를 지지했다.

한국일보 사내외 인사를 망라한 범사회적 기구 '한국일보 바로세우기 위원회'(한바위·위원장 이준희 논설위원실장)가 26일 공식 출범했다. 한국일보 기자와 직원뿐 아니라 전직 사우, 한국일보 외부 필진, 문화예술계, 학계, 법조계 인사 110명이 참여했다. 먼저, 전직 사우로 박병윤 전 한국일보 사장, 김수종·임철순 전 주필, 문창재·방민준 전 논설위원실장 등이 참여했다. 문화예술계에서는 소설가 조정래·이순원, 문학평론가 김병익·황종연, 시인 신경림·김초혜씨 등이, 법조계에서는 박찬종 변호사, 박영수 전 서울고검장, 나승철 서울변호사회 회장 등이 참여했다. 이봉조 전 통일부 차관, 배규식 한국노동연구원 선임연구위원, 번역가 김석희씨, 심봉석 이화여대 의대 교수 등 당시 한국일보 외부 필진들도 참여했다.

한바위는 ▲한국일보 편집국 원상회복과 신문 제작 정상화 ▲장재구 회장 엄정 수사와 한국일보 경영 정상화 ▲한국일보의 새로운 미래 발전 모색 등 3가지 내용을 목표로 활동했다.

### 25일 만에 열린 편집국, 회사측은 신문 제작 강행

한국일보 편집국 문이 폐쇄 25일 만에 열렸다. 서울중앙지법은 한국일보 비상대책위(비대위)의 편집국 폐쇄 금지 가처분 신청을 인용했다. 이에 따라 7월 9일 오후 3시부터 편집국을 기자들에게 개방하고 기사 집배신 시스템 접속 권한을 다시 부여했다.

사측은 그러나 서울경제 사옥에 마련된 이른바 '짝퉁 편집실'을 계속 운영하는 한편, 차장급 이상 데스크들의 기사 승인 권한을 허용하지 않았다. 또 ▲편집부 기자들의 조판 프로그램 접속 ▲사진부 기자들의 화상 시스템 접속은 차단됐다. 기자들이 기사를 작성해 송고할 순 있지만, 기사 데스킹과 편집·제작은 사측 간부 10여 명이 계속하도록 조치한 것이다. 결국 이후에도 서울경제 건물에서 진행되는 '짝퉁 한국일보' 제작은 계속됐다.

신문 파행 제작이 이어지면서 지면 사고도 이어졌다. '이미경 CJ E&A 부회장'을 '이미영'으로 표기한 대형 오자가 발생해 지면에 사과문까지 게재했다. 철 지난 사진을 싣는가 하면, 그래픽 오류 사례도 나왔다.

한편, 사측은 9일 '한국일보 바로세우기 위원회' 위원장을 맡고 있던 이준희 논설위원실장을 논설고문으로 전보 발령을 냈다. 논설고문은 논설위원실 논의 체계에서 배제돼 있어 사실상 보복성 좌천 인사였다. 사측은 또 7월 3일과 11일, 15일자 1면에 '경력 기자 모집' 사고를 냈다. 이어 12일에는 비대위와 함께 행동하고 있는 3개 부서(편집부, 산업부, 사회부) 간부급 기자 4명에 대해 '자택 대기발령'을 통보했다. 휴대전화 문자 메시지로 이 사실을 알리면서 사유는 밝히지 않았다.

비대위는 "사측이 대체 인력을 채용하려고 한다"면서 "이는 법원 가처분 결정의 취지를 위반하는 것"이라고 강력 반발하고 나섰다. 아울러 "극히 일부라도 한국일보 채용 모집에 관심을 가진 경력 기자들은 재판부가 분명한 법적 판단을 내려줬다는 점을 주지하시고 향후 피해 없으시기 당부한다"고 덧붙였다.

### 한국일보, 8월 12일자부터 정상 발행

6월 15일 편집국 폐쇄 이후 파행 발행되던 한국일보가 58일 만인 8월 12일자부터 정상 발행됐다. 한국일보 편집제작 평의회는 8월 8일~9일 이계성 편집국장 직무대리에 대한 임명동의안 투표를 진행, 과반수가 찬성했다. 이에 따라 한국일보는 이계성 국장직대가 11일

2013년

'정상 발행'된
8월 12일자 1면 지면.

취임하면서 그동안 데스크 승인권과 조판권이 박탈됐던 기자들에게도 권한을 부여해 대부분의 기자들이 제작에 복귀, 12일자 신문부터 정상 발행됐다.

앞서 서울중앙지법 파산부는 8월 8일 이계성 수석논설위원을 편집국장 직대로 지명했고, 편집국은 즉시 공청회를 열고 신임 투표를 진행했다. 논설위원으로 좌천됐던 정병진 주필도 제자리를 찾았다.

일선 기자들의 데스크 승인권 및 조판권도 다시 찾았다. 이어 정상 발행된 8월 12일자 1면에는 사시(社是) '춘추필법의 정신, 정정당당한 보도, 불편부당의 자세'가 대문 사진으로 걸렸다. 그리고 〈언론의 바른 길, 가슴 깊이 새기겠습니다〉라는 제목과 함께 한국일보의 정상 발행을 독자들에게 알렸다. 이어 12일자로 부사장 및 편집국 간부급 인사가 대대적으로 이뤄졌다. ▲부사장 이준희 ▲논설위원실장 황영식 ▲논설위원실 논설위원 이영성 황유석 장학만 ▲편집국 국차장 겸 종합편집부장 진성훈 ▲편집국 부국장 황상진 ▲편집2부장 채봉석 ▲경제부 부장직대(부장대우) 정영오 ▲산업부장 이성철 ▲국제부장 박광희 ▲문화부장 오미환 ▲기획취재부 부장직대(차장) 최윤필 ▲편집국장석 선임기자 장병욱 ▲인천취재본부장 송원영 ▲정치부 부장대우 정진황 ▲사회부 부장대우 이희정 김희원 ▲편집국 부국장 겸 전략기획실 제1실장 고재학 ▲편집국 부국장 겸 전략기획실 제2실장 최진환 ▲전략기획실 실장대우(부장) 송영웅

### 장재구 회장, 배임 혐의로 구속… 대법원, 징역 2년 6개월 선고

편집국 정상화는 건전한 여론형성에 기여하는 한국일보의 가치를 인정한 사법당국의 신속한 움직임 때문이었다. 정상화 조치에 앞서 장재구 전 한국일보 회장(서울경제 회장)이 한국일보와 서울경제에 총 456억 원의 손해를 끼친 혐의로 구속 기소됐다. 서울중앙지검 형사5부는 8월 5일 업무상 횡령·배임 등 혐의로 장 회장을 구속하고 한국일보·서울경제 전·현직 임원 3명을 불구속, 1명을 기소유예 처분했다. 당시 검찰이 밝힌 내용에 따르면 장 회장은 2006년 한국일보 중학동 사옥을 900억 원에 판 뒤 새로 들어설 건물에 싼값에 입주할 수 있는 우선매수청구권을 얻었지만, 이를 담보로 세 차례 돈을 끌어들였다. 이

<2013년 편집국 폐쇄 사태 일지>
- 4월 29일 노조, 장재구 회장 배임 혐의로 검찰 고발
- 4월 30일 장재구 회장, 회사 매각 협상 결렬 공표
- 5월 1일 이영성 편집국장 해임 등 주요 간부 인사 단행. 노조 "부당한 인사 거부"
- 5월 6일 이영성 국장 해임 찬반 투표서 '해임 반대 98.8%'
- 5월 8일 하종오 신임 편집국장 지명자 임명동의 투표 '부결'
- 5월 21일 이영성 국장 해고
- 6월 15일 편집국 폐쇄 및 기사 제작 권한 박탈
- 6월 16일 한국기자협회, 편집국 폐쇄 규탄 성명
- 6월 17일 '짝퉁 한국일보' 발행 시작
- 6월 19일 한국일보 논설위원들 성명 발표
- 6월 20일 정병진 주필, 논설위원으로 강등
- 7월 8일 이영성 국장 해고효력정지 결정. 법원, 편집국 폐쇄 금지 가처분 인용
- 7월 9일 편집국 폐쇄 해제
- 7월 17일 검찰, 장재구 회장 소환 조사
- 8월 1일 법원, 한국일보 재산보전처분 결정 장 회장, 경영권 상실
- 8월 5일 장재구 회장 구속
- 8월 12일 한국일보 정상 발행

과정에서 빚을 갚지 못하자 우선매수청구권을 포기해 한국일보에 196억 원 상당의 손해를 끼친 혐의를 받았다. 또 저축은행에서 대출받은 23억 원에 대해 한국일보 부동산을 담보로 주고 한국일보사가 지급보증을 서게 해 회사에 손해를 끼친 혐의도 받았다. 장 회장은 또 서울경제 돈 137억 원을 횡령하고 재무제표를 조작해 서울경제에 빌린 돈 40억 원을 갚은 것으로 처리했다. 아울러 서울경제가 경영이 어려운 한국일보의 유상증자에 60억 원을 출자하도록 해 손해를 끼친 혐의도 받았다.

이후 법정 다툼 끝에 2015년 10월 17일 대법원 형사2부(주심 이상훈 대법관)는 장 회장에 대한 상고심에서 징역 2년 6월을 선고한 2심 판결을 확정했다. 1심에선 장 회장에게 징역 3년을 선고했으나 2심에선 2년 6개월로 감형했고, 최종심에서 2심의 판단을 확정했다.

재판부는 장 전 회장이 서울경제신문의 재무제표를 허위로 꾸며 119억 원을 횡령한 혐의와 서울경제신문이 담보 없이 60억 원을 한국일보 유상증자에 출자하게 한 혐의(업무상 배임)에 대해 유죄로 인정했다. 재판부는 중학동 신사옥 우선매수청구권을 담보로 제공하고 매수인 지위를 포기해 한국일보에 196억 원 상당의 손해를 끼친 혐의에 대해서는 '손해액을 산정할 수 없다'며 특경법상 배임을 무죄로 판단했다. 하지만 우선매수청구권을 담보로 제공한 혐의에 대해서는 형법상 업무상 배임죄가 성립한다고 판단했다.

### 통합진보당 이석기 녹취록 특종… "국회, 종북주의에 정치적 사망 선고"

8월 28일 통합진보당 이석기 의원을 비롯한 진보 인사 10명에 대한 국가정보원의 동시다발 압수수색으로 '내란음모 사건'이 세상에 알려졌다. 이 의원 등을 상대로 3년여에 걸쳐 내사를 벌여왔다는 검찰과 국정원은 이 의원 등 130여 명이 'RO(Revolution Organization)'라는 비밀조직에 몸담고 전시에 남한 체제 전복을 위해 인명 살상과 후방 교란을 모의했다고 밝혔다. 압수수색 일주일만인 9월 4일 국회는 본회의를 열어 이 의원에 대한 체포동의요구서를 통과시켰고, 국정원은 다음날 내란 음모·선동 및 국가보안법상 반국가단체 찬양 등 혐의로 구속했다.

한국일보는 9월 5일자 1면에 체포동의안이 찬성 258표, 반대 14표, 기권 11표로 가결됐음을 보도하면서 "국회가 종북주의에 정치적 사망선고를 내렸다"고 평가했다. 국정원으로부터 사건을 넘겨받은 검찰은 20일간의 추가 수사 후 9월 26일부터 이 의원 등 7명을 차례로 기소했다. 이석기 의원 구속 직후 한국일보는 지하혁명조직(RO)의 회합 당시 녹취록을 입수해 단독 보도, 큰 파장을 일으켰다.

제41회 봉황대기 전국고교야구대회가 약 3년 만에 부활, 8월 30일~9월 16일 서울 목동야구장, 군산월명종합운동장 야구장, 청주야구장에서 열렸다. '역전의 명수' 군산상업고등학교가 우승했고, 조현명이 최우수선수에 선정됐다. 봉황대기는 2010년 40회 대회를 끝으로 폐지됐다가 2013년 41회 대회부터 다시 진행됐다.

### 한국일보 기업회생절차 시작

구 사주가 배제된 한국일보의 기업회생절차 개시가 결정됐다. 서울중앙지법 파산2부(수석부장판사 이종석)는 9월 6일 한국일보에 대한 기업회생 절차 개시를 결정하고 관리인으로 당시 재산보전 관리인인 고낙현씨를 선임했다.

법원은 "한국일보의 구 사주인 장재구 회장이 회사 업무와 관련한 배임 혐의 등으로 구속 기소된 사정을 고려해 제3자를 관리인으로 선임했다"며 "고낙현씨는 과거 한국일보 워크아웃 당시 수년간 채권관리단장을 맡아 회사 사정에 밝아 구조조정에 적합하다"고 밝혔다. 고낙현 관리인은 2007년 한국일보의 워크아웃 당시 주채권은행인 우리은행에서 파견

## <70대 특종> 통진당 해체, 이석기 녹취록

이석기 녹취록 특종(2013년 9월 2일자)은 한국일보 70년 역사에서 '낭중지추'의 사례로 꼽힌다. 경영난과 그에 따른 갈등으로 58일간 편집국이 폐쇄되는 사태를 겪었지만 진실을 향해 굽히지 않는 의지와 기자정신은 결코 훼손되지 않았음을 증명한 특종이었다.

이날 한국일보는 "이석기 통합진보당 의원 등이 참석한 이른바 지하혁명조직(Revolution Organization·RO)의 5월 12일 회합 녹취록 전문(A4 62쪽 분량)을 2, 3일 이틀에 걸쳐 전재한다"고 밝혔다(사진). 또 8월 30일자에 요약본을 보도한 뒤 전문을 추가 공개하게 된 배경도 설명했다. "전문 공개 요구가 높고 녹취록의 진위 및 내란음모 혐의 적용의 타당성 등을 둘러싸고 논란이 이어지고 있어 독자 여러분께 객관적인 판단의 근거를 제공하기 위해 전문 공개를 결정했다"고 덧붙였다. 언론계 주변에서는 한국일보가 온라인에 공개한 요약본을 일부 경쟁지가 인용하고서도 자신들의 특종인 것처럼 주장하자, 확실한 차별화를 위한 조치라는 분석이 나왔다.

한국일보는 이 특종을 다루면서 불편부당의 힘을 보여줬다는 평가도 받았다. 통일진보당이 사실과 다르다고 강력하게 반발하며, 해당 기사의 온라인 삭제를 요구했으나 진실의 힘은 한국일보의 편이었다. 서울중앙지법 민사50부(재판장 강형주 수석부장판사)는 이석기 의원 등 10명이 인터넷한국일보를 상대로 낸 게시 기사 삭제 및 게시금지 가처분 신청(2013카합1931)을 기각했다. 재판부는 "한국일보의 보도는 객관적으로 국민이 알아야 할 공공성, 사회성에 관한 사안을 다룬 것이고 기사의 게시를 통해 언론의 자유와 국민의 알 권리 보호를 통해 얻을 수 있는 이익이 이 의원 등의 인격권을 보호해 얻을 수 있는 이익보다 크다"며 "분단과 휴전 상태라는 대한민국의 특수상황과 이로 인한 국가안전보장에 대한 국민적 불안과 사회적 관심의 정도 등 제반 사정을 고려하면 이 기사는 공적인 관심사, 특히 정치적 이념과 전쟁 시의 대처 방안 등에 대한 발언을 다루고 있어 보도할 가치가 크다"고 밝혔다.

2013년

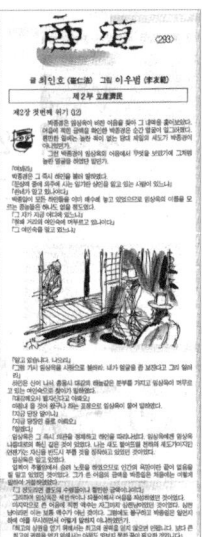

9월 26일자 2면에 게재된 최인호 부고 기사(왼쪽).
1998년 5월 11일자 25면에 게재된 최인호의 연재소설 상도(오른쪽).

돼 채권관리단장을 역임했다. 또 2013년 8월 1일 법원이 한국일보의 재산보전처분을 결정하며 보전관리인으로 임명한 후 한국일보 정상 발행 등 회사 안정에 기여한 점 등도 고려됐다.

이에 앞서 한국일보 전·현직 기자들과 논설위원 등 201명은 체불 임금과 퇴직금 등 96억 원의 임금 채권을 모아 7월 24일 서울중앙지법 파산부에 한국일보에 대한 기업회생 절차 개시를 신청했다. 이후 한국일보 직원들과 구 경영진인 장재구 회장 등은 법정관리인을 각각 추천했고, 법원은 면접 등을 거쳐 관리인을 선정했다.

'별들의 고향' 등 무수한 히트작을 내면서 '영원한 청년 작가'라는 애칭으로 불린 소설가 최인호가 9월 25일 별세했다. 향년 68세.

2013년으로 등단 50주년을 맞은 고인은 서울고 2학년이던 1963년 한국일보 신춘문예에 단편 '벽 구멍으로'가 당선작 없는 가작으로 입선해 작품활동을 시작했다. 이후 소설 '별들의 고향' '고래사냥' '깊고 푸른 밤' '겨울 나그네' 등 발표하는 작품마다 대중의 큰 사랑을 받았다. 그의 작품은 소설뿐만 아니라 드라마, 영화, 다큐멘터리 등 다양한 영역을 넘나들며 '청년문화의 대변자'로서 선풍적인 인기를 모았다. 고인은 사상계 신인문학상, 현대문학상, 이상문학상, 한국가톨릭문학상, 동리문학상 등을 차례로 받으며 본격문학과 대중문학의 양쪽에서 두루 평가받았다. 1987년에는 가톨릭에 귀의해 '잃어버린 왕국'과 '길 없는 길' '상도' '해신' 등 역사와 종교를 소재로 삼은 작품을 집중적으로 내놨다. 한국일보는 9월 26일자에 연보와 함께 그의 부음을 전하며 "사회 부조리와 청춘의 고뇌를 날카롭게 그린 한국 모더니즘의 기수였다"고 기렸다.

홍인기 사진부 기자가 10월 11일 프레스센터에서 열린 한국사진기자협회 제64차 정기총회에서 제41대 한국사진기자협회장으로 선출됐다.

### 윤석열 검사, 뉴스 메이커로 본격 등장

미국 연방정부 예산안이 통과되지 않으면서 '2014 회계 연도'가 시작되는 10월 1일부터 16일 동안 정부 업무와 기능이 중단되는 '셧다운'에 직면했다. 버락 오바마 미국 대통령의 핵심 정책인 건강보험 개혁안(오바마케어)을 둘러싼 정치권의 극한 대립이 초래한 결과다. 채무 한도 재조정 협상도 난항을 겪으면서 사상 초유의 국가 디폴트(채무불이행) 위기에 처하기도 했다. 한국일보는 10월 2일자에서 "빌 클린턴 정부 시절인 1995년, 21일간 지속된 셧다운 당시 혼란과 충격이 17년 만에 재연될 것"이라고 우려했다. 특히 국가채무 상한 협상 시한인 17일까지 셧다운이 장기간 지속돼 내수에 타격을 입으면 미국 성장률 저하뿐 아니라, 회복세를 보인 유로존에도 상당한 충격이 있을 것으로 전망했다. 다만, '내년 미국 중간선거를 앞두고 양당이 정치적 갈등을 오래 끌고 가진 않을 것'이란 전문가 의견도 함께 보도했다.

대선 직전인 2012년 12월 불거진 국가정보원의 대선·선거개입 의혹이 경찰의 수사 축소·은폐 의혹 속에 검찰 수사로 이어졌다. 채동욱 당시 검찰총장은 윤석열 여주지청장을 팀장으로 하는 특별수사팀을 구성해 본격적인 수사에 나섰다. 검찰 수사 결과 국정원 직원들의 '댓글 작업'은 사실로 드러났고 원세훈 전 국정원장은 선거법 위반 혐의로 재판에 넘겨졌다.

수사가 한창 진행되던 6월엔 원세훈 전 원장에 대한 법리 적용과 신병처리 문제를 두고 검찰과 법무부 사이에 갈등이 불거졌다. 황교안 법무부 장관의 일선 수사 개입 논란도 있었다. 국정원 수사를 둘러싼 검찰 내분과 잡음은 끊이지 않았고 여권 내부에서 채동욱 검찰총장에 대한 불만이 팽배해 있다는 얘기도 흘러나왔다.

이 와중에 9월 6일 채 총장의 '혼외 아들 의혹' 보도가 나오면서 국면이 급변했다. 채 총장은 최초 보도사인 조선일보에 정정 보도를 요청하고 "유전자 검사도 받을 용의가 있다"며 반격에 나섰다.(9월 10일자 1면), 하지만 황교안 법무부 장관은 사상 초유의 '검찰 총장 감찰'을 지시했고, 채 총장은 "검찰총장이 조사 대상자가 돼서는 정상적으로 검찰을 지휘할 수 없다"며 전격 사퇴했다. 한국일보는 9월 14일자 1면에 '채동욱 총장직 던지다'라는 기사에서 "취임 5개월여 만이자, 황교안 장관이 감찰 지시를 내린 후 1시간 만에 사퇴했다"고 초유의 사태를 기록했다. 이어 "감찰 사유는 '혼외 아들 의혹의 진상 규명'이었지만, 채 총장이 국

국정원 대선 개입 의혹 수사와 관련, 국정감사장에 출석한 당시 윤석열 검사에 주목한 10월 22일자 게재 사진.

정원 대선 개입 수사로 정권과 갈등을 빚어온 것이 근본 이유라는 지적이 제기된다"고 보도했다. 아울러 평검사 회의가 "퇴진이 적절치 않다"며 반발 움직임을 보인 것도 가감 없이 보도했다.

10월 22일자 1면 사진 '어색한 동석'엔 윤석열 당시 여주지청장이 등장했다. 국정원 대선 개입 의혹 사건 특별수사팀장이었던 윤석열 지청장은 10월 21일 서울 고검에서 열린 국회 법사위 국정감사에서 수사 및 의사 결정 과정에 대해 진술했다. 윤 지청장은 국감에서 "10월 15일 저녁 국정원 '대선 트위터 여론 조작'에 관한 수사계획을 조영곤 중앙지검장에게 보고했는데, '야당 도와줄 일 있느냐. 정 하려거든 내가 사표 쓰면 하라'는 답을 들었다"고 주장했다. 현직 검사장이 수사팀에게 수사를 막는 압력을 행사했다고 볼 수 있는 발언이었다. 하지만 조영곤 지검장은 "정식 보고가 아니며 깊이 검토하자고 돌려보낸 것이 전부"라고 반박하면서 양측의 진술이 엇갈렸다. 한국일보는 사설에서 "검찰 수뇌부의 국정원 수사 축소 압력 의혹"이라고 규정하고 "검찰은 국정원의 불법 행위를 있는 그대로 철저하게 수사해야 한다"고 주장했다.

### '도라산까지 연장'… 경부역전마라톤

국토 대종단 마라톤 제59회 부산~서울 대역전경주대회가 11월 24일 부산시청 앞에서 시작돼 30일 경기 파주시 임진각에서 마무리됐다. 9개 시도에서 남녀 선수 153명이 출사표를 던진 이번 대회는 '마라톤 코스 북방 한계선'인 도라산 남북출입사무소(CIQ)까지 연장돼 큰 관심을 끌었다. 길이로는 무려 534.8㎞다. 대회에서는 충북이 24시간 07분 42초 만에 골인하면서 8년 연속 종합우승을 달성했다. 충북의 8연패는 대회 신기록이었다.

남아프리카공화국의 첫 흑인 대통령이자 노벨평화상 수상자인 넬슨 만델라가 12월 5일 요하네스버그 자택에서 95세를 일기로 타계했다. 한국일보는 12월 7일자 1면에 "사람이 사람을 억압해서는 안 된다"는 고인의 정신을 생전 사진과 함께 담았다. 그러면서 "자유를 향한 긴 여행을 마쳤다"고 적었다. 한국일보는 고인의 인생 역정을 소개하

제59회 부산~서울 대역전경주대회에 참가한 각 시도 대표 선수들이 11월 30일 경기 파주시 민간인출입통제구역 통일대교를 지나 도라산 남북출입사무소를 향해 질주하고 있다. 선수들 머리로 평양까지 208㎞, 개성은 21㎞가 남았다는 교통 표지판이 눈길을 끈다.

면서 "용서와 화합으로 무장한 '아름다운 투사'였다"고 평가했다. 이와 함께 그가 남긴 어록을 정리하고 세계 각국 지도자들의 애도를 싣는 등 위대한 통합자의 마지막 가는 길을 기렸다. 아울러 사설에서도 "만델라가 남긴 화해와 통합의 메시지는 이 땅에도 절실하다"면서 한국 사회가 만델라의 유산을 깊이 음미해야 한다고 적었다.

북한이 12월 12일 국가안전보위부 특별군사재판을 열어 '2인자' 장성택에게 '국가전복 음모죄'로 사형을 선고하고 곧바로 처형했다. 장성택이 노동당 정치국 확대회의에서 '반당·반혁명 행위자'로 낙인찍혀 끌려 나간지 불과 4일 만이었다. 북한 당국은 공개한 판결문에서 장성택이 '이색분자'들을 규합해 북한을 위기에 빠뜨리고 권력을 탈취하고자 했다고 밝혔다. 당 정치국 확대회의에서는 장성택이 '종파'를 구축해 김정은 국방위원회 제1위원장에게 반기를 들었다는 비판도 나왔다.

장성택은 김정은 제1위원장의 고모부이자 그의 '후견인'이었다. 그런 그의 처형은 북한 권력 구도의 격변을 예고했다. 이와 함께 김 제1위원장이 '공포 정치'에 나선 것이라는 분석도 나왔다. 이후 북한은 김 제1위원장을 '위대한 영도자'로 부르기 시작하며 김정은 1인 지배체제를 강화했다. 한국일보는 12월 14일자 신문에 장성택이 끌려나가는 모습과 함께 "김정은, 피의 숙청이 시작됐다"고 보도했다. 또 "사형 직전 모습을 공개해 주민들에 공포 효과를 주려는 것"이라고 분석했다. 또 속전속결로 처형한 정황에 대해 전문가들의 다양한 관측도 전했다.

양 손이 포승줄에 묶인 채 재판을 받고 있는 장성택.

한편, 법정관리 중인 한국일보 매각 우선협상대상자에 삼화제분 컨소시엄이 선정됐다. 서울중앙지법 파산2부(수석부장 이종석)는 12월 17일 본입찰에 참여한 3개 업체 중 삼화제분 컨소시엄을 우선협상대상자로 승인했다. 삼화제분 컨소시엄은 1957년 설립된 삼화제분과 개인투자자 자격으로 참여한 이종승 전 한국일보 부회장으로 구성됐다.

기획취재부 박관규, 권영은, 정준호 기자가 공동 취재한 '기부금 제대로 쓰이나' 연재 기사가 제292회(2014년 12월) 이달의 기자상 기획보도 신문·통신 부문을 수상했다. 그동안 우리 사회가 기부금 모금에만 집중했을 뿐 정작 모인 기부금이 어디서 어떻게 쓰이는지에 대한 사후 검증이 부실했는데 외국 단체들과의 수평 비교를 통해서 치밀하고 심도 있게 검증한 점이 돋보였다는 평가를 받았다.

# 2014년

뫼비우스의 띠처럼 끊임없이 이어지는 게 한국일보의 정신이다. &lt;창간 60주년 사고&gt;

**신년 기획 '성장엔진 달굴 블랙박스 찾아라'**

2014년 1월 1일자 신년 기획의 키워드는 '대한민국 성장 엔진 업(UP)!'이었다. 한국일보는 기획에서 "지금까지 잘 작동하던 성장 엔진이 서서히 멈추고 있다"고 전제한 뒤 "이런 추세를 바꾸지 못하면 초고령화 사회에 돌입해 경제의 평균 잠재성장률이 경제협력개발기구(OECD) 34개국 중 최하위로 전락할 것"이라고 내다봤다. 그러면서 '미지의 성장 요소'인 블랙박스를 찾아야 할 때라고 진단했다. '대한민국 성장엔진 UP!'이란 주제로 "구조개혁에 실패한 일본을 반면교사로 삼아 비효율을 제거해야 한다"는 김준경 한국개발연구원(KDI) 원장 인터뷰를 게재했다. 이어 ▲추락하는 잠재 성장률 ▲경제활동 인구 어떻게 늘릴까? ▲모두에게 양질의 일자리를 ▲기업의 자발적 투자 유도하려면 ▲경제 개혁, 사회적 합의 이루려면 등 5차례에 걸쳐 국가의 성장엔진을 끌어올릴 실질적인 방안을 모색했다.

또 '요동치는 동북아' 기획에서는 한반도 정세와 외교 해법에 대해 도고 가즈히코 일본 교토산업대 교수, 윤덕민 국립외교원장 등 국내외 전문가 인터뷰도 게재했다. 아울러 1월 1일자 1면 사고를 통해 올해 한국일보가 창간 60주년을 맞

는다는 소식을 '60주년 기념 엠블럼(사진)'과 함께 알리며 "뫼비우스의 띠처럼 끊임없이 이어지는 한국일보 창간 정신의 형상화이자 재탄생의 의지를 함축하고 있다"고 설명했다.

2014년 한국일보 신춘문예 부문별 당선작이 발표됐다. 동시 당선작은 없었다. ▲시 '대화'(김진규) ▲소설 '피아노'(김태우) ▲희곡 '오늘의 저격수는 딸기 맛 초코바를 먹는다'(김원태) ▲동화 '딱 좋은 날'(정신)

한국일보 비상대책위원회가 제4회 언론상을 받았다. 시상식은 1월 10일 서울 환경재단 레이첼카슨홀에서 열렸다. 언론상은 언론학자 200여 명으로 구성된 미디어 공공성 포럼이 수여하는 상이다. 한국일보 비대위는 사측의 보복성 인사와 '짝퉁 한국일보' 제작에 맞서 두 달 가까이 봉쇄된 편집국 앞에서 편집권 독립과 언론 자유를 위해 싸우며 한국일보를 정상화하는 데 크게 기여했다는 평가를 받았다.

재창간 준비 단계로 법정관리에 들어간 한국일보가 2013년 말 명예퇴직을 진행한 데 이어 2014년 초에는 부장급 이상에서 사직서를 받고 직원 임금도 일부 삭감했다. 전 직원을 대상으로 진행한 명퇴는 14명이 신청했고 인사위원회 심의를 거쳐 최종 10명으로 결정됐다. 명예퇴직자는 위로금 명목으로 퇴직금에 각자의 6개월분 급여를 추가로 받았다. 또 전직을 위한 무급휴직 등이 허용됐다. 또 1월에는 부장 대우 이상 간부급 사원들에게는 사직서를 받아, 총 74명 중 65명이 사직서를 제출했다.

1월부터 임금도 평균 14.27% 삭감됐다. 앞선 2013년 10월 노사가 기업 회생 절차 조기 종결을 위해 합의한 고통 분담안이다. 다만 시니어 기자들의 임금 삭감 폭을 높이는 대신 연차가 낮은 기자들의 삭감 폭은 상대적으로 낮게 잡았다. 당시 매각이 예정대로 진행되면 3월엔 법정관리를 졸업할 것으로 예상되는 만큼 실질적인 임금 삭감은 2~3개월 정도에 그칠 것으로 예상하고 취해진 조치였다. 노조는 "회생절차를 온전히 마치고 새로운 한국일보로 거듭나기 위해 우리 역시 희생이 불가피하다"며 "다만 자구 노력 과정에서 한국일보의 새출발을 위한 구조개혁과 혁신이 아니라, 회사와 인수 후보의 편의와 이익만을 고려한 무리한 방식의 구조조정에는 반대한다"고 밝혔다. 이어 "회사와 인수 후보 측은 한국일보의 재도약을 위해 구성원들의 답답하고 불편한 마음을 다독이며 일을 추진해야 할 것"이라고 밝혔다.

### 러시아, 크림반도 병합… 주민 96% 병합 찬성

2월 우크라이나에서 친서방 정권 교체 혁명이 일어나자 이에 반발한 크림 공화국 내 친러시아계 주민들이 3월 16일 주민투표를 통해 러시아 귀속을 결정했다. 러시아는 신속하게 합병 조약 체결과 의회 비준 절차를 거쳐 3월 21일 블라디미르 푸틴 대통령이 크림 병합안에 서명, 1954년 이후 60년 만에 크림을 병합했다. 서방은 러시아의 크림 병합을 제2차 세계대전 종식과 냉전 붕괴 이후 정착된 국제질서에 대한 중대 도전으로 규정하고 잇따라 러시아를 제재했다. 이에 러시아는 서방 농산물과 식품 수입을 금지하며 대응했다.

군사적으로도 우크라이나 동부지역 친러시아 분리주의 반군에 대해 러시아가 지원을 계속하고, 서방은 우크라이나의 친서방 정권을 지지하면서 북대서양조약기구(나토)가 우크라이나 주변으로 군사력을 증강 배치하는 신(新) 냉전기에 돌입했다. 푸틴 대통령이 병합을 결정한 18일에는 크림반도에서 총격전이 발생해 두 명이 숨지는 등 군사 충돌 위험이 갈수록 높아졌다.

한국일보는 3월 17일자(크림 투표결과, 오늘 발표)부터 18일자(푸틴 손에 크림 운명 달렸다) 19일자(러, 합병조약 서명)까지 1면 머리기사 및 기획기사로 일련의 과정을 상세히 보도했다. 사설에서도 "(병합 찬성) 결과는 예상됐지만 이렇게 압도적인 표결이 나온 건 의외다. 크림공화국의 우크라이나 중앙 정부에 대한 거부감이 그만큼 크다는 증거다"라고 분석했다. 또 몰표에 가까운 투표 결과는 외교적 해결 여지를 협소하게 한다는 점에서 매우 걱정스럽다고 봤다. 아울러 미·러의 힘겨루기가 장기화 될 것으로 전망했다.

올림픽 2연패를 노리던 '피겨 여왕' 김연아가 자신의 마지막 현역 올림픽에서 편파 심사로 결국 웃지 못했다. 김연아는 2월 21일 러시아 소치 아이스버그 스케이팅 팰리스에서 열린 2014 소치 동계올림픽 피겨스케이팅 여자 싱글에서 쇼트프로그램과 프리스케이팅 모두 완벽에 가까운 연기를 펼쳤다. 하지만 개최국 러시아의 아델리나 소트니코바에게 뒤져 은메달에 만족해야 했다.

당시 김연아의 올림픽 2연패를 의심하는 전문가나 팬은 없었다. 그만큼 김연아의 예상 밖의 낮은 점수는 충격적이었다. 김연아는 순간 당황한 표정을 지었지만, 금세 '피겨 여왕'의 의연함을 되찾았다. 이후 시상식과 공식 기자회견까지 쉽지 않았을 일정을 잘 마무리했다. 당시 외신들도 "김연아가 소트니코바에게 뒤져 은메달을 차지했다는 것은 믿을 수 없는 일"이라면서 비판의 목소리를 높였다. 대한체육회가 판정 불이익 논란과 관련해 국제빙상경기연맹(ISU)에 이의를 제기했으나 결과는 달라지지 않았다.

편파판정에도 의연함을 잃지 않은 김연아의 마지막 올림픽을 다룬 2월 22일자 한국일보 1면.

한국일보는 2월 22일자 1면 〈고마워요, 김연아〉는 물론, 종합 2~4면과 스포츠면까지 할애해 여왕의 은퇴 무대를 아쉬워했다. 사설에서도 김연아가 마지막까지 보여준 의연함에 대해 "판정 시비마저 왜소하게 만든 아름다움이었다"고 극찬했다. 그러면서 "김연아를 비롯해 올림픽 2연패 위업을 이룬 이상화, 두 번이나 넘어지고도 포기하지 않고 질주한 박승희 등 아름다운 청년들이 있기에 기쁘고 자랑스럽다"고 썼다.

**여전히 험난한 경영 안정**

한국일보가 인수 우선협상대상자인 삼화제분 컨소시엄과 투자계약(본계약)을 체결했다. 한국일보는 2월 26일자 1면에 '한국일보사·삼화제분 컨소시엄, M&A 본계약 체결'이란 기사를 싣고 이 같은 사실을 알렸다. 당시 이뤄진 계약 내용이 예정대로 이행된다면, 4월 초에 열릴 2·3차 관계인집회에서 회생계획안에 대한 채권단 동의가 이뤄지고 5월에는 회생절차가 마무리될 것으로 예상됐다.

하지만 본계약 체결 이후 뜻하지 않은 변수로 일정이 지연됐다. 일단, 관계인 집회 전에 법원에 제출해야 할 회생계획안이 늦어졌다. 회생계획안에는 계약 내용과 함께 ▲구주주 지분 감자 ▲채무 변제 계획 등이 담겨야 했다. 그런데 채권단이 법인·개인 등 1,500명에 달하는 데다 채무 변제율 확정 등 검토 사항이 많아 작업이 늦어졌다. 또 ▲상암동 사옥 부지 매입 처리 ▲인터넷 한국일보와의 법정 다툼 등도 일정을 늦추는 걸림돌이었다. 게다가 삼화제분 내부 문제로 계약 일정이 차질을 빚을 수 있다는 우려가 나오기 시작했다. 일정이 순연되면서 한국일보 구성원들의 피로감이 높아지기 시작했지만, 대외적인 실무 문제와는 별개로, 내부 준비는 게을리하지 않았다. 노조와 편집국을 중심으로 온·오프라인 융합, 디지털 혁신 등에 대한 자체 보고서 제작 등 법정관리 졸업 이후에 대비했다.

3월부터 기니·시에라리온·라이베리아 등 서아프리카 3개국을 중심으로 에볼라 출혈열이 크게 번져 전 세계를 공포로 몰아넣었다. 2013년 12월 기니의 삼림 지역에서 한 소년이 감염돼 사망한 이후 해를 넘기면서 인접국은 물론 미국, 스페인 등 다른 대륙 국가로도 삽시간에 퍼졌다. 이에 세계보건기구(WHO)는 8월 에볼라에 대해 국제적 비상사태를 선포하고, 국제사회도 지원에 나섰으나 희생자는 끊이지 않았다. WHO에 따르면, 2014년 12월 초까지 모두 1만 7,000여 명의 감염자가 발생, 이 중 6,000여 명이 숨졌다.

에볼라에 감염되면 구토, 고열, 설사 및 출혈 등의 증세가 나타나며 치사율이 최대 90%에 이르렀다. 세계 각국은 에볼라 퇴치를 지원하기 위해 서아프리카 국가에 의료인력과 군 병력 등을 보내고, 치료제와 백신 개발에도 나섰다. 한국일보는 10월 25일자 1면 '뉴욕마저 에볼라에 뚫렸다' 보도를 통해 미국 최대 도시 뉴욕에도 에볼라가 번지면서 패닉에 빠진 미국 모습을 전했다.

### 세월호 참사… 현장 기자만 8명 투입

세월호가 4월 16일 오전 8시 48분께 전남 진도군 병풍도 부근 해상을 지나다가 조타수의 조타 실수로 왼쪽으로 기울었다. 과적에다 묶기(고박)도 부실한 화물이 쏠리고 경사가 더해지면서 전복 후 침몰했다. 세월호는 수학 여행길에 오른 경기 안산 단원고 학생 325명을 포함한 승객과 승무원 등 모두 476명을 태우고 인천을 떠나 제주로 향하는 길이었다. 온 국민이 모두 구조될 것이라고 믿고 참사 실황을 지켜봤기에 충격은 더 컸다. 이 사고로 295명이 숨졌고 11월 11일 수색이 종료될 때까지 9명은 생사조차 확인되지 않았다.

한국일보는 사고 다음 날인 4월 17일자에 1면 머리기사를 포함해 7개 지면을 할애, 사고 정황 외에도 구조·수색 활동, 피해가 커진 이유, 사고 원인 및 당시 상황, 정부의 부실 대응, 현장을 찾은 가족 동행 취재 등 사고 안팎을 꼼꼼히 챙겼다. 또 사고 직후 각 부서에서 끌어 모을 수 있는 기자들을 총동원해 특별취재단을 꾸리고 사고 현장에만 8명의 기자를 파견했다.

2014년

세월호 구조 상황을 전하는 4월 17일자 1면.

    이어 18일자 1면에는 신현림 시인의 "단원고 학생들 무사 귀환 소망하며…"라는 글을 게재했다. 19일에는 '화물칸 문은 열었지만 희망은 못 건졌다'라는 제목과 함께 "구조대원들이 처음으로 선체 진입에 성공해 구조 작업을 벌였으나 애타게 기다리는 생존자의 확인 소식은 들려오지 않았다"고 보도했다. 이후에도 황현산 문학평론가의 '이 비통함이 잊힐 것이 두렵다'(5월 9일자), 세월호를 잊지 말자 시리즈(5월 12일자부터), 박 대통령 "세월호 특별법·특검법 필요"(5월 17일자) 등 관련 기사를 1면에 배치하며 주요하게 다뤘다.

    검찰 수사를 피해 달아난 '세월호 실소유주' 유병언 전 세모그룹 회장은 6월 12일 전남 순천 송치재 휴게소에서 2.5km 떨어진 매실 밭에서 백골 상태에 가까운, 부패한 시신으로 발견됐다. 경찰은 당시 무연고자로 보고 시신 신원 확인을 위해 DNA 분석을 의뢰했는데, 그 결과 유 전 회장의 친형과 DNA가 일치한 것으로 밝혀졌다. 한국일보는 사설에서 "세월호 사고 이후 2달 동안 유씨 일가 검거에 연 인원 수십만 명의 경찰력과 육·해·공군, 주민 협조까지 동원하고도 허탕을 쳤다"면서 "수사와 검거 작전에 문제가 없는지 근본부터 다시 점검해 더는 국민을 실망시키지 않아야 한다"고 강도 높게 비판했다.

    이건희 삼성전자 회장이 5월 10일 자택에서 급성 심근경색으로 쓰러져 심폐소생술(CPR)과 막힌 심혈관을 넓히는 심장 스텐트(stent) 시술을 인근 병원에서 받은 뒤 삼성서울병원에 입원했다. 오랜 투병에도 불구, 이 회장은 2020년 10월 25일 서울 삼성병원에서 별세했다. 향년 78세.

### '한국일보닷컴' 오픈

한국일보가 ㈜인터넷한국일보와 뉴스 콘텐츠 공급 계약을 해지하고 자체 뉴스 사이트 한국일보닷컴(hankookilbo.com)을 5월 19일 오픈했다. 기존 한국일보 뉴스 홈페이지였던 한국아이닷컴(hankooki.com)에는 더 이상 한국일보 뉴스를 제공하지 않게 됐다.

한국일보는 5월 13일자 신문에 사고를 내고 이 사실을 알렸다. 한국일보는 사고에서 '반칙 없는 뉴스'를 모토로 "낯 뜨거운 선정적 기사와 광고, 허무한 낚시질 기사 등을 게재하지 않겠다"고 선언했다. 한국일보는 ㈜인터넷한국일보에 대한 지분율 감소로 지배력이 약해지면서 온라인 전략 수립이 어렵다고 보고 자체 뉴스 홈페이지를 개설하기 위해 준비해 왔다.

한국일보가 5월 22일 이준희 부사장을 사장에 선임했다. 부사장에는 이영성 논설위원이 선임됐다. 인사는 당초 8명이었던 임원이 법정관리에 들어간 뒤 사실상 2명으로 줄면서 대외 활동과 영업에 지장이 있었다는 점이 고려됐다. 또 정상적인 회사 운영을 위한 내부 필요성에 따라 법원과 협의해 결정한 인사였다. 27일에는 ▲수석논설위원 겸 통일문제연구소장 이계성 ▲디지털전략본부장 황상진 ▲편집국장 고재학 등의 인사 발령이 이뤄졌다.

6월 1일에는 대대적 후속 인사가 진행됐다. ◇논설위원실 ▲논설위원 이희정 정진황 ◇편집국 ▲국차장 진성훈 ▲부국장직대 겸 문화부장 박광희 ▲ 부국장직대 이성철 ▲종합편집부장(부국장) 이창선 ▲국장석 편집위원 채봉석 ▲ 종합편집부 편집1부장 유병주 ▲종합편집부 편집2부장 지관식 ▲정치부 부장직대 김정곤 ▲ 경제부 부장직대 이영태 ▲산업부장 정영오 ▲사회부장 김희원 ▲여론독자부장 황유석 ▲사진부장 손용석 ▲디지털뉴스부 부장직대 김영환 ▲디지털뉴스부 한국일보닷컴 운영팀장 김영신 ◇미디어전략국 ▲정보자료팀장 최종욱 ▲한국일보헬스 본부장 송강섭 ▲한국일보헬스 의학전문기자(부장대우) 권대익 ▲ 한국일보헬스 의학전문기자 김치중 ◇경영전략실 ▲경영전략실장직대 겸 회생전략팀장 이영창

### 안대희·문창극 잇단 낙마… 총리 인사 파동

세월호 참사 이후 새로 지명된 총리 후보가 연이어 낙마했다. 정홍원 총리가 세월호 참사 발생 11일 만인 4월 27일 사의를 표명하자, 5월 22일 후임으로 '국민 검사'라는 애칭까지 붙었던 안대희 전 대법관이 지명됐다. 안 후보자는 그러나 변호사 시절 고액 수임 및 전관예우 논란에 휘말렸다. 고액 수임금 전액을 사회에 환원하겠다고 약속했지만, 그에게 '관피아' 척결을 기대한 국민 여론은 싸늘하게 등을 돌렸고, 결국 지명 엿새 만에 후보직에서 물러났다.

6월 10일에는 문창극 전 중앙일보 주필이 총리 후보로 지명을 받았다. 헌정사상 첫 기자 출신 총리 후보였으나, 지명 다음날 공개된 과거 교회 강연 영상 발언으로 '역사관 논란'에 휘말렸다. 사퇴 압박은 고조됐고 결국 문 후보자마저 청문회 문턱도 가보지 못한 채 6월

2014년

24일 물러났다. 박근혜 대통령은 결국 6월 26일 사의를 표명한 지 60일이나 지난 정홍원 총리를 내각에 다시 주저앉혀야 했다.

제6회 지방선거에서는 새누리당이 경기·인천·부산을 포함해 8곳, 새정치민주연합이 서울과 충청권을 비롯해 9곳에서 승리했다. 새누리당은 기존 9곳에서 한 곳을 잃었지만 '세월호 참사'라는 초대형 악재에도 경기·인천 등 수도권 두 곳을 이기고 최대 격전지였던 텃밭 부산을 사수하면서 선방했다. 새정치연합은 믿었던 인천을 내줬지만 대전·세종·충북·충남 등 충청권 4곳을 석권하며 정치적 중원을 확실하게 장악했고, 전체적으로도 한 곳을 불렸다. 기초단체장 선거에서는 전국 226곳 중 새누리당이 117곳, 새정치연합이 80곳에서 승리했고 무소속 당선자도 29명이나 나왔다. 반면, 17개 시도 교육감 선거에서는 서울 조희연, 경기 이재정 교육감이 당선된 것을 비롯해 13곳에서 진보 성향 후보가 대거 약진했다.

한국일보는 6월 5일자 신문에서 '여도 야도 식은땀 6·4'라고 제목을 달고 "여당도 야당도 승리하지 못했다"고 해석했다. 한국일보는 "6·4 지방선거의 승패를 가른 결정적인 변수는 역시 '세월호 참사'였다"며 "전반적으로 야권의 '박근혜 정권 심판론'이 유권자들의 마음을 움직였다는 해석이 가능하다. 물론 여권이 선거전 막판 전면에 내세웠던 '박근혜 대통령 지키기'가 보수층 결집을 끌어냈다는 점도 분명하다"고 평했다.

### 창간 60주년… '오로지 반듯하게'

한국일보가 6월 9일 창간 60주년을 맞아 재도약을 모색했다. 5월 22일 새 사장 선임과 함께 대규모 인사를 단행한데 이어 지면 개편과 내부 정비에도 속도를 냈다. 6월 9일자 1면에는 '창간 60주년 로고'와 함께 '오로지 반듯하게, 새로운 60년의 다짐입니다'라는 한국일보 구성원들의 다짐을 밝혔다. 2면에는 박근혜 대통령, 정의화 국회의장, 반기문 유엔 사무총장 등 각계각층 인사가 보내온 창간 축사를 게재했다. 특히 "2014년은 한국일보 재도약의 원년이라는 새로운 의미를 더해, 우리 사회가 미래지향적인 가치를 모색할 수 있는 뜻깊은 행사들을 준비했다"면서 ▲한국 포럼 ▲차이나 포럼 ▲경부 역전 마라톤 ▲밀레 전시회 등 고품격 기획과 다양한 사업을 약속했다. 아울러 ▲6·4선거 결과의 의미 ▲차기 대선 후보 선호도 등 여론조사 결과와 ▲창간 기획 '통합을 실천하는 사람들' ▲사회 안전망을 재점검하는 '참사의 굴레' 시리즈 ▲해외 석학 인터뷰 ▲기획 시리즈 '언론의 미래' ▲본보 특종 사진 60년 등 다양한 콘텐츠를 게재했다.

한국일보 창립 60주년을 기념한 2014 한국 포럼이 6월 9일 서울 신라호텔에서 '하나의 대한민국:갈등 넘어 통합으로'라는 주제로 열렸다. 포럼에는 정의화 국회의장을 비롯해 박용만 대한상의 회장, 박승 전 한국은행 총재, 안철수 새정치민주연합 공동대표, 한광옥 국민대통합위원장, 김무성 새누리당 의원, 한덕수 한국무역협회장, 안양옥 한국교원단체총연합회장, 김명환 한국자유총연맹회장 등이 참석했다.

이준희 사장은 개회사에서 "대한민국은 이념·계층·지역·노사·세대 등 극단적인 갈등으로 고통받고 있다"고 말했다. 또 "갈등과 분열의 뿌리를 잘라내고 화합의 길을 모색하고자 한다"는 포럼의 의의를 설명했다. 정의화 국회의장은 축사에서 "사회 병폐 중 하나인 동서 지역갈등의 해소는 제도적인 뒷받침 없이는 불가능하다"면서 "중대선거구제나 석패율제, 권역별 비례대표제 도

산뜻하게 개편된 6월 9일자 1면 지면.

입 등이 필요하다"고 밝혔다. 포럼은 ▲통합이 시대정신이 돼야 하는 이유 ▲자기 진영에 대한 반성 ▲통합을 위한 바람직한 방식의 정치 개혁안 등 3개 세션으로 진행됐다.

창간 60주년을 맞아 7월 1일자부터 지면을 대대적으로 개편했다. 아울러 제호와 구성도 바뀌었다. 개편 방향은 ▲젊고 건강한 신문 ▲읽기 편한 신문 ▲콘텐츠가 풍부한 신문 ▲사회 통합을 지향하는 중도 가치의 신문 등 4가지였다. 먼저 기사 배치가 기존 7단 편집에서 5단 편집으로 바뀌었다. 간결하면서도 짜임새 있는 5단 편집을 통해 신문 읽기가 편해졌다. 이에 맞춰 기사도 단순 사실 전달보다는 심층 해설과 분석 위주로 바뀌고 스토리와 트렌드를 가미했다. 신문의 공식 입장을 담은 사설을 확대 배치하는 등 오피니언 면을 확충하고 고정 칼럼 집필진도 새롭게 편성했다.

### 2014 브라질월드컵… 취재기자 파견 못한 한국일보

주요 언론사들이 6월 13일 개막하는 2014 브라질 월드컵 취재를 위해 2010 남아공 월드컵 수준의 취재진을 꾸렸다. 하지만, 한국일보는 현지에 취재진을 파견하지 못한 채 국내에서 기자를 작성해 보도했다.

당시 국제축구연맹(FIFA)이 우리나라에 배정한 월드컵 ID카드는 총 75장(취재 55장, 사진 20장)이었다. 이는 2010년 남아공 월드컵 65장(취재 50장, 사진 15명)에 비해 15% 증가한 것인데, 종편 등 신규 매체 증가에 따른 것으로 풀이된다. 주요 언론사들은 많게는 3명(취재기자 2명·사진기자 1명)에서 적게는 취재기자 1명을 파견했다. 통신사인 연합뉴스도 남아공 월드컵 때와 비슷하게 7명(사진기자 3명 포함)을 현지에 보냈다.

그러나 한국일보는 취재·사진 기자를 파견하지 못했다. 브라질은 지구 반대편 남반구에 위치해 이동 거리가 이전 월드컵 대회 때보다 훨씬 길어졌을 뿐만 아니라 숙박비도 대회를 앞두고 크게 치솟았기 때문이다. 브라질 월드컵 취재를 위한 기본 비용은 기자 한 명당 최소 1,200~1,500만 원 이상으로 예측됐는데, 이는 남아공 월드컵보다 높은 수준이다.

한편 6월 12일~7월 13일 브라질에서 열린 2014 브라질월드컵에서는 독일이 아르헨티나를 1-0으로 꺾고 사상 4번째 월드컵을 들어 올렸다. 야심차게 브라질로 향한 홍명보호의 성적은 초라했다. 홍명보 감독이 이끄는 축구대표팀은 브라질월드컵에서 1무 2패를 기록, 1승도 거두지 못하고 예선 탈락해 일찍 귀국했다.

6월27일 오전(한국시간) 열린 2014 브라질월드컵 조별리그 H조 3차전에서 벨기에에 0대 1로 패배한 뒤, 눈물을 흘리는 손흥민 선수를 홍명보 감독이 위로하고 있다. 연합뉴스

일본 아베 신조 내각이 7월 1일 새로운 헌법 해석을 각의(국무회의)에서 의결해 '전쟁을 할 수 있는 나라'로 전환했다. '동맹국 등에 대한 공격을 자국에 대한 공격으로 간주하고 반격하는 권리인 집단자위권을 행사할 수 있다'는 내용을 담았다. 이는 개헌이라는 '정공법' 대신, 각의 의결만으로 1945년 패전 이후 견지해 온 '전수(專守) 방위(방어를 위한 무력만 행사)'의 궤도를 수정한 것이다. 이에 입헌주의 저촉 논란이 불거졌다.

한국일보는 7월 2일자 머리기사 '끝내… 아베, 동북아 군비경쟁 기름 붓다'에서 일본이 전쟁할 수 있는 나라가 됐음을 보도했다. 보도에서 "아베 같은 보수세력에게 이날은 일본이 전후 처음 비로소 정상으로 돌아온 축하할 날인지 모른다"면서도 "하지만 이미 동북아시아는 세계 강대국 파워 게임의 장이었고 이날을 기해 군비 경쟁이라는 판도라의 상자가 열렸다"라고 분석 보도했다. 그러면서 미국과 중국, 북한에 이어 일본이 상자의 마지막 빗장을 열었다고 표현했다. 사설에서도 "역사를 반성하지 않고 정당화했다"면서 "일본의 군사 대국화에 대한 경계를 늦추지 않되, 흥분하지 않고 일본 내부의 반대론을 지켜보는 것이 가장 합당한 자세일 것"이라고 냉정하게 분석했다.

### 프란치스코 교황 방한… '큰 울림' 선사

프란치스코 교황이 8월 13일 방한했다. 즉위 후 세 번째 외국 방문지이자 아시아 첫 방문지로 한국을 선택한 것이다. 공식 방한 목적은 윤지충 바오로 등 순교자 124위를 천주교 복자로 선포하는 시복미사 집전과 아시아청년대회 참석이었다. 하지만 교황은 4박5일, 100시간의 체류 기간에 공식 방한 행사 외에 사회의 약자들을 가까이서 보듬는 등 방한 기간

프란치스코 교황이 가톨릭 신자는 물론 일반 시민의 환영에 답례하고 있다.

내내 낮은 곳으로 임하는 모습으로 우리 사회에 큰 울림을 줬다.

방한 첫날부터 세월호 참사 유족과 장애인, 탈북자, 이주 노동자 등 소외되고 상처 입은 사람들을 만났다. 명동성당에서 집전한 미사에서는 남북한이 서로 진심 어린 대화로 평화와 화해를 위한 노력에 나설 것을 주문하면서 세계 유일의 분단 지역인 한반도를 위해 남북한 평화와 화해를 위한 메시지도 전달했다. 소탈하면서도 낮은 곳으로 임하는 교황의 모습은 종파를 초월해 큰 인상을 남겼다.

한국일보는 방한 10일 전인 8월 4일자부터 〈헬로! 프란치스코〉 기획물을 싣고 생일에 노숙자들을 성당으로 초대했던 사연을 소개하는 등 교황의 역사적 방한을 반겼다. 이후에도 ▲기적 같은 교황 선출 과정 ▲쉽고 강렬한 연설 화법 ▲즉위명 '프란치스코'에 얽힌 사연 ▲권위의 상징인 '빨간 구두' 거부 ▲소외된 자들을 대하는 자세 등을 시리즈로 자세하게 소개했다. 또 방한 직전엔 교황의 동선을 미리 짚어보고 교황을 향한 일반인들의 갖가지 사연과 바람을 지면에 게재했다. 방한 이후에도 밀착 취재를 통해 소탈하고 파격적인 교황의 말과 행보를 생생하게 전했다.

연초부터 우려를 낳았던 삼화제분 컨소시엄의 한국일보 인수 작업이 본계약 체결 6개월 만에 해지됐다. 한국일보는 8월 26일 본계약 해지를 통보하는 한편, 27일 재매각 공고를 냈다. 계약 해지의 직접적 이유는 경영권 분쟁에 따른 삼화제분 측의 인수대금 입금 불이행이었다. 27일 재매각 공고가 나면서, 이르면 9월 중순에도 '인수 우선협상대상자'가 선정될 것이라는 예상도 나왔다. 2013년 매각 당시에는 공개경쟁 입찰 매각공고(11월 8일)부터 우선협상대상자 선정(12월 17일)까지 40여일이 걸렸지만, 이번엔 인수의향서(LOI) 접수를 생략하고 바로 본입찰로 넘어가기 때문이었다.

### 동화기업, 우선협상대상자 선정… 본계약 체결까지 일사천리

동화기업이 한국일보 인수 우선협상대상자로 선정됐다. 서울중앙지법 파산3부(수석부장판사 윤준)는 9월 18일 동화기업을 한국일보 인수 우선협상대상자로, 부영 컨소시엄을 차순위 협상대상자로 선정했다.

2014년

승명호(왼쪽) 동화그룹 회장과 한국일보 고낙현 대표가 11월 3일 서울 남대문로 한국일보사에서 한국일보 인수 본계약 체결식을 마친 후 계약서를 교환하고 있다.

17일까지 한국일보 인수를 위한 입찰에는 동화를 비롯해 부영과 한국경제 등 3개 사가 참여했다. 동화기업은 바닥재 전문 동화자연마루를 대표 브랜드로 하는 중견기업으로, 입찰에서 가장 많은 금액을 써내 정량 평가와 정성 평가에서 고루 높은 득점을 했다. 삼화제분 컨소시엄의 한국일보 인수 금액은 320억 원이었으나, 이번 입찰가는 그보다 훨씬 높은 수준이었다. 동화는 또 경영계획서에서 편집국장 임명동의제 등 편집권 독립 보장을 위한 제도적 정책을 지키고 디지털 부문 투자와 고용 보장, 복리후생 증진을 위해 지원을 아끼지 않겠다고 약속했다.

이어 11월 3일 한국일보와 동화그룹은 한국일보사에서 고낙현 한국일보 대표(법정관리인), 이준희 한국일보 사장과 승명호 동화그룹 회장, 김홍진 동화기업 대표, 정대원 동화엠파크 대표 등이 참석한 가운데 본계약을 체결했다.

### 김정은의 세 남자, 기습 방한

2014 인천 아시안게임 폐막일인 10월 4일 ▲황병서 군 총정치국장 ▲최룡해 노동당 비서 ▲김양건 노동당 통일전선부장 등 북한 실세 3인방이 인천공항에 도착했다. 북한은 인천 아시안게임에 선수단과 함께 대규모 응원단을 보내려 했으나 남북 간 이견으로 응원단 파견이 무산돼 남북 관계에 먹구름이 낀 상태였다. 이들 북한 3인방은 인천에서 김관진 청와대 국가안보실장, 김규현 국가안보실 1차장, 류길재 통일부 장관과 오찬 회동을 했으며 아시안게임 폐막식장에서는 정홍원 국무총리를 만났다. 이 자리에서 황병서 총정치국장은

"이번에 좁은 오솔길을 냈는데 앞으로 대통로로 열어가자"고 말했다. 그러나 대통로는 열리지 않았고 남북은 대북전단 살포와 북한 인권 문제 등으로 갈등이 이어졌다.

한국일보는 이들의 전격적인 방문을 '남북 관계 개선을 위한 북한의 승부수'로 해석했다. 10월 6일자 1면에 "김정은의 세 남자가 깜짝쇼로 막힌 통로를 열었다"고 보도하면서 이들이 아시안게임 폐막식에 참석해 손 흔드는 사진을 실었다.

북한 3인방 인사의 방한을 다룬 10월 6일자 1면.

2014학년도 수능 출제 오류 논란(세계지리 8번 문항)에 대해 서울고법이 10월 16일 1심을 뒤집고 출제 오류를 주장한 수험생 측의 손을 들어줬다. 수능이 끝난 지 1년 만에 법원이 출제 오류를 인정하면서, 대입 결과가 뒤바뀌는 사상 초유의 일이 발생했다. 재채점을 통해 1만 명에 가까운 수험생의 세계지리 등급이 올랐고, 전년 수능에서 이 문제로 피해를 본 수험생들은 정원 외로 대학에 입학했다. 그러나 이 문제를 틀려 하향 지원한 수험생은 구제하지 못하는 등 후유증은 계속됐다.

한국일보 신임 노조 위원장에 편집국 사진부 김주성 기자가 당선돼 10월 30일부터 업무에 들어갔다. 전국언론노조 한국일보사지부는 10월 27~28일 지부장 선거를 실시했고, 김주성 기자가 단독 입후보해 투표에 참여한 조합원 133명 중 130명의 지지(찬성률 97.7%)를 얻어 당선됐다.

### 한국일보, 상암동 사옥 착공

한국일보가 10월 30일 서울 마포구 상암동 디지털미디어시티(DMC)에서 새 사옥 '디지털 드림 타워' 착공식을 했다.

이어 31일자 신문 1면 사진과 기사를 통해 상암동 신사옥 착공 소식을 알렸다. 또 7면 전면을 할애해 상암 시대 개막의 의미를 짚고, DMC와 신사옥 '드림 타워'에 대해 상세하게 소개했다. 새 사옥은 서울 마포구 상암동 1595-1 부지에 마련됐다. 상암DMC를 관통하는 디지털미디어스트리트의 중심부로 MBC, LG CNS, 스탠포드호텔 등과 인접한 위치였다. '드림 타워'란 이름의 사옥은 지상 15층, 지하 5층, 연면적 3만 7,530㎡ 규모의 최첨단 스마트 오피스 전용 빌딩으로 설계됐다. CJ건설이 공사를 맡아 2016년 8월 말 준공을 목표로 했다.

당초 한국일보는 계열사와 함께 입주해 최상층을 포함, 약 5,000㎡ 이상의 공간을 사용한다는 계획이었다. CJ헬로비전, 대원방송 등 방송사와 인터넷 업체 등 10여 개의 미디어 및 엔터테인먼트 분야 관련 업체들도 입주가 예정돼 있었다.

2014년

## 한국일보 상암동 시대 열린다

10월 31일자 1면에 게재된 한국일보 '디지털 드림 타워' 착공식 기사.

　한국일보는 지면에서 "올해 창간 60주년을 맞는 해에 새 사옥 건립을 위한 첫 삽을 떴다는 점에서 더욱 큰 의미를 갖는다"며 "이번 투자 유치로 한국일보는 재무 건전성을 획기적으로 개선함은 물론, 안정적 업무공간을 확보함으로써 재도약을 위한 발판도 마련하게 됐다"고 의미를 부여했다.

　박근혜 대통령의 '비선 실세'로 거론된 정윤회씨의 국정 개입 의혹 및 문건 유출 논란이 연말 정국을 강타했다. 논란은 정권 심장부인 '청와대 기밀문서 유출' 사고를 뛰어넘어 비선 라인의 '국정농단' 의혹, 나아가 대통령 측근 간의 '권력 암투설'로 번져 나갔고 결국 검찰수사로 이어졌다.

　이에 대해 청와대는 문건 내용을 '지라시(증권가 정보지)' 수준으로 규정하는 한편, 관련 의혹을 최초 보도한 세계일보와 문건 작성자이자 유출자로 의심되는 경찰 출신 전직 행정관을 검찰에 고소 및 수사 의뢰하며 진화에 나섰다. 박 대통령은 "터무니없는 얘기들"(12월 8일자) 등 여러 차례에 걸쳐 부인했으나 문건 유출 경위, 정윤회 비밀 회동 정보 등 대형 보도들이 잇따랐고 파문은 쉽게 사그라지지 않았다

# 한국일보 사람들 [2011~2014년]

**최관이**
(1946~)

충남 태안생. 중앙대. 일간스포츠 광고국 영업부장(90년), 서울경제 광고국장 상무이사(04년), SEN-TV대표(11년). 대통령 표창(177465호).

**박진열**
(1953~)

경남 고성생. 고려대 중문과. LA 특파원(94년), 사회부장(97년), 경영전략실장(02년), 편집국장(04년), 대표이사 부회장(11년). 백상공로대상(특별상·00년). 환경TV 미디어부문 사장(15년).

**임철순**
(1953~)

충남 공주생. 고려대 독문과, 한양대 언론정보대학원. 문화부장, 사회부장, 논설위원실장, 편집국장(04년), 주필(06년). 한국기자상(81년), 위암 장지연상(08년) 삼성 언론상(08년). 데일리임팩트 주필, 자유칼럼그룹 공동대표.

**강용운**
(1954~)

강원 신철원생. 제작국 과장 승진(99년), 차장 승진(06년), 경영기획부, 제작지원부 부장대우차장(09년), 부장 승진(11년), 부국장 대우(13년).

**이상석**
(1954~)

충북 청주생. 청주고, 경희대. 국제부장, 워싱턴 특파원, 대외협력실장 부사장, 대표이사 사장, 부회장. 서울경제TV SEN 대표이사 사장.

**이진희**
(1958~)

경북 경주생. 경북사대부고, 한국외대. 모스크바 특파원, 광고국장, 편집국장, 전략사업본부장, 편집인 겸 부사장(13년). 스포츠한국 사장.

**홍석철**
(1958~)

강원 강릉생. 강릉고, 홍익대. 마케팅1부장, 독자마케팅본부장(08년).

**이종재**
(1959~)

충남 서산생. 충남고, 한국외대, 조지워싱턴대대학원. 경제부장, 편집국장, 논설위원. 이투데이 대표, 공공가치연구원 PSR 대표. 외대언론상, 백강교육대상.

**채봉석**
(1962~)

경기 의정부생. 동대부고, 고려대, 고려대대학원. 종합편집부장, 편집위원(14년).

**김광덕**
(1963~)

제주생. 제주제일고, 서울대 정치학과, 서울대대학원 정치학과 석사. 한국일보 정치부장. 서울경제 부사장 겸 논설실장.

**남경욱**
(1963~)

경북 상주생. 신일고, 연세대, 서울대대학원, 게이오대 연수. 사회부 정책팀장.

**여동은**
(1963~)

대전생. 남대전고, 연세대. 스포츠부장.

**하종오**
(1963~)

경남 마산생. 마산고, 서울대. 문화부장, 사회부장, 편집국장(지명), 논설위원.

**김상철**
(1964~2013)

충남 부여생. 공주사대부고, 서울대, 브리스톨대 연수. 사회부장, 정책사회부장. 백상기자대상(동상·87년).

**이은호**
(1964~)

서울생. 서라벌고, 서울대, 게이오대 연수. 생활과학부장, 정책사회부장, 문화부장(11년).

**장병욱**
(1964~)

대구 월성생. 청구고, 서울대. 저서 〈재스재스〉〈다시 길을 떠나다〉 등.

**남택희**
(1965~)

충남 논산생. 한국방송통신대학교. 관리부차장 승진(05년), 관리부장 승진(12년).

**이현걸**
(1965~)

강원 태백생. 성균관대. 사업국장 직대(부국장 대우), ㈜한국일보 문화사업단 대표. KBS 성우(87~91년).

**김동국**
(1966~)

충북 청주생. 연세대. 기자협의회장(10년), 여론독자부장(14년). 국민권익위 홍보담당관(16년), ㈜영풍 상무.

**염영남**
(1966~)

대전생. 서울영동고, 고려대, 게이오대 연수. 사회부장, 논설위원. 제31회 한국기자상(00년), 백상기자대상(은상·99년). 뉴시스 정치부국장, 산업부국장, 편집국장, 대표이사 사장.

**류구선**
(1969~)

서울생. 국민대. 자금부장, 마케팅3부장. 백상공로대상(은상·09년).

| 제 7 장 |

2015년 6월 한국일보 재창간 행사에서 승명호 회장이 내외 초청인사들에게 재창간의 의미를 소개하고 있다.

## 재창간, 되살아난 기자 정신

2015~2020

재무구조 안정과 취재지원 시스템이 정비되면서 한국일보 경쟁력이 전성기 수준으로 급속히 회복됐다. 잃어버린 영광을 되찾자는 자발적 열기가 높아지면서 회사 전반에서 활력이 높아졌다. 재창간에 대한 의지는 잇따른 특종으로 나타났다. 언론계에서 한국일보가 돌아왔다는 평가가 나왔다.

# 2015년
한국일보는 공정하고 시시비비를 가리며, 사회갈등을 치유하는 나침반이다. - 승명호 회장

2015년은 한국일보가 구체제 아래에서의 취약한 수익구조와 불투명한 경영에서 벗어나 재창간을 선언한 첫해였다. 조직 전반에 활력이 넘쳐나고 특유의 기자 정신이 발휘되면서 많은 특종이 쏟아졌으나, 국내외 정세는 그 어느 때보다 엄중하게 흘러갔다.

### 재창간의 해, 화두는 '새로고침 코리아'

2015년 1월 1일자는 을미년 한 해를 희망·상생·통합의 한 해로 보고 '새로 고침 코리아'라는 슬로건과 함께 세월호 참사 이후 요구가 높은 국가 개조에 대한 논의를 시작했다. "올해가 골든타임"이라며 1일부터 '선거제도 혁신'에 대해 연재를 시작했다. 이어 여론조사를 통해 "선거제도에 대한 전반적인 손질이 필요하다"는 민심을 전하는 한편, 소선거구제의 폐단, 국회의원 정원 감축 등 향후 과제와 처방을 제시했다. 아울러 '제2의 창간'을 선언하는 한편, ▲연중 기획 새로 고침 대한민국 ▲경제혁신 대토론회 및 아이디어 공모전 ▲차이나 포럼의 국제 포럼으로 확대 ▲미스코리아 대회, 시민 참여 '리얼리티 쇼'로 ▲경부역전 마라톤 재탄생 ▲다채로워지는 지방자치 경영대전 등 6대 기획을 독자들에게 약속했다.

또 한일 수교 50주년을 맞아 1월 1일자 2개 면에 ▲유명환 전 외교통상부 장관 ▲무토 마사토시 전 주한 일본대사의 와이드 인터뷰를 실었다. 이 인터뷰에서 유 전 장관은 "우리가 반일 프레임을 깨고 대범하게 리드해야 한다"고 제안했고, 무토 전 대사는 "일본의 반성 노력을 (한국이) 알아줬으면 좋겠다"고 했다. 1월 5일자에는 경기 광주시 나눔의 집 앞에 설치된 위안부 피해 할머니들의 흉상 사진과 함께 청소년 613명의 위안부 인식을 평가하는 조사 결과 및 분석 기사를 1면 머리기사로 실었다. 이어 서울 및 수도권 지역 7개 학교 중·고등학생 613명을 대상으로 일본군 위안부에 대한 문제를 풀게 한 결과, 평균 점수는 100점 만점 중 49점의 낙제점이었다고 기사에서 전했다.

한국일보 회생계획안이 1월 9일 법원으로부터 인가 결정을 받았다. 서울중앙지법 파산 3부(수석부장판사 윤준)는 이날 법원 3별관 1호 법정에서 열린 한국일보 제2·3차 관계인 집회에서 한국일보가 제출한 회생계획안에 대해 이같이 결정했다. 이 회생계획안에는 '한

### 2015년

국일보가 동화 컨소시엄이 1월 2일 입금한 인수 대금으로 기존 채무를 100% 변제한다'는 내용이 담겼다.

회생계획안은 한국일보가 동화 컨소시엄과 맺은 투자 계약에 기초해 작성됐고, 회생 담보권자의 100%, 회생채권자의 89.1%가 찬성했다. 반대표를 던진 채권자는 장재구 전 회장이 지분을 가진 서울경제와 인터넷한국일보뿐이었다. 회생계획안은 담보권자의 4분의 3, 채권자의 3분의 2 이상의 동의로 가결된다. 재판부는 "법이 정한 가결 요건을 충족하고, 조사위원 보고에 따르면 회생계획안의 청산가치 보장 및 수행 가능성의 타당성이 인정된다"며 인가 결정을 내렸다. 법원 결정으로 유상증자에 따라 발행되는 신주(513만 주)는 동화 컨소시엄 대표자인 동화기업과 동화엠파크가 각각 308만 주와 205만 주를 인수했다.

파산3부는 이어 1월 29일 한국일보사에 대한 회생절차 종결 결정을 내렸다. 이 결정으로 한국일보는 '법정 관리'를 졸업하고 '정상 기업'으로 복귀했다. 2013년 7월 전·현직 사원 201명의 회생 신청으로 기업회생절차를 밟기 시작한 지 18개월 만이었다. 법원은 "우리나라 유수의 언론사가 법원 회생절차를 통해 회생에 성공한 최초의 사례"라고 의미를 부여했다.

### 새로운 한국일보, 회장 승명호

한국일보가 2월 2일 승명호 회장과 이종승 사장을 공동 대표이사로 선임했다. 승 회장은 1993년 동화기업 대표, 2001년 대성목재공업 대표를 거쳐 동화그룹 회장으로 재임 중이었다. 한국일보는 승 회장과 이 사장을 포함해 이영성 부사장, 권동형 상무(경영지원실장) 등 4명을 등기이사로 선임했다. 주필에는 이준희 전 사장을 임명했다. 2월 3일자 1면에 작게 게재된 소식이었으나, 이 작은 인사 소식을 전하기까지 한국일보는 편집국 폐쇄 및 '18개월 법정 관리'라는 불확실성의 긴 터널을 버텨야 했다.

이보다 앞선 1월 30일자 1면에는 '새로운 도약 약속드립니다'라는 제목의 〈사고〉를 통해 독자들에게 '18개월 만의 법정 관리 졸업' 소식을 알렸다. 한국일보는 사고에서 "불확실성의 굴레에서 벗어난 안정적인 언론기업으로 다시 태어나게 됐다"면서 "올해로 창간 61주년을 맞은 한국일보는 새 경영체제 구축과 재무구조 안정화를 바탕으로, 비판을 주저하지 않고 칭찬에 인색하

1월 30일자 1면에 게재된 사고.

지 않는 언론 본연의 역할에 보다 충실할 것"이라고 밝혔다.

한국일보가 새로운 경영체제를 선언하기 바로 직전, 한국 문학을 이끌어갈 새 작가들의 산실인 2015 한국일보 신춘문예 시상식이 1월 21일 한국 프레스센터 20층 국제회의장에서 열렸다. 당시 이준희 사장은 김복희(29·시), 윤종욱(33·시), 이지(40·소설), 박교탁(33·희곡), 박상기(33·동화)씨에게 각각 상금과 상패를 수여했다. 시 부문 공동당선과 동시 부문 당선 취소로 4개 부문 5명이 수상했다. 사회는 2014 미스코리아 진 김서연씨가 맡았다. 심사 위원이었던 이문재 시인, 성석제·윤성희 소설가, 한태숙·이윤택 연출가, 고정욱 동화작가, 남진우·김서정 문학평론가 등도 신진 작가의 탄생을 축하했다.

이완구 국무총리 후보자의 '언론 외압' 발언을 한국일보 기자가 직접 취재하고 녹음했으나, 확인 취재 과정에서 녹취가 야당 의원실에 넘어가는 사건이 발생했다. 한국일보는 2월 10일자 1면 사고를 통해 해당 녹음 파일이 지면에서 누락된 데 대한 입장을 밝혔다. 다음은 당시 한국일보가 내보낸 입장문.

> 이완구 국무총리 후보자의 언론 관련 발언을 담은 녹취록 공개 파문과 관련해 경위와 본보의 입장을 밝힙니다. 이 후보자는 지난달 27일 본보 기자를 포함, 일간지 기자 4명과 점심 식사를 나누던 중 일부 언론사 간부와 친분을 과시하며 인사에도 개입할 수 있다는 취지의 발언을 했습니다…(중략)… 본보는 이 후보자의 왜곡된 언론관이 문제가 있다고 보고 기사화 여부를 심각하게 검토했지만, 당시 그가 차남 병역면제 의혹에 대해 매우 흥분된 상태였고 기공식 석상에서 나온 즉흥적 발언이었다고 판단해 보도를 보류했습니다. …(중략)… 본보는 이번 사태가 취재 윤리에 반하는 중대 사안이라고 보고 관련자들에게 엄중 책임을 묻는 한편, 재발 방지를 위한 근본대책을 마련할 것입니다. 본보 구성원 모두 깊이 책임을 통감하고 있으며, 중도 가치를 지향하는 정론지로서의 본분을 새기는 계기로 삼고자 합니다.

이 와중에 'TV조선'이 생방송에서 한국일보에 막말한 뒤 항의를 받고 "부적절한 표현이었다"며 사과하는 등 물의를 빚었다. TV조선 프로그램 '엄성섭 윤슬기의 이슈 격파'는 2월 11일 이 총리 후보자의 '언론 외압' 발언 정황을 다뤘다. 엄 앵커는 "한국일보는 엄청나게 다른 언론인에 피해를 줬다. 새정치민주연합 정보원도 아니고, 기자가 기자가 아니라 완전 쓰레기지 거의"라고 비난했다. 한국일보지회는 TV조선 대표이사와 보도국장 앞으로 항의 공문을 보내 엄 앵커의 공식 사과와 문책을 요구했다. 엄 앵커는 12일 자신의 프로그램에서 "한국일보 기자 분에게도 정중히 사과의 말씀 전합니다"면서 "이번 일을 계기로 좀 더 신중하고 정중한 방송을 하도록 노력하겠습니다. 다시 한 번 심려를 끼쳐 죄송합니다"라고 덧붙였다.

뒤숭숭한 편집국 분위기를 반전시키려는 듯, 사회부가 2014년 내내 공을 들여 단독 보도한 '거액 금품수수 현직 판사, 사채왕과 유착 커넥션 추적'이 2월 24일 제293회 이달의 기자상에 선정됐다.

기혼자의 간통 행위를 처벌하는 '간통죄'가 62년 만에 역사의 뒤안길로 사라졌다. 헌법재판소는 2월 26일 재판관 7(위헌)대 2(합헌) 의견으로 형법 제241조 간통죄에 위헌 결정을 내렸다. 재판관 다수는 "성(性)에 대한 국민 의식 변화를 따라가지 못하는 낡은 법(法)"이라고 판단했다. 선고 직후 간통죄는 효력을 잃었다.

한국일보는 27일자 신문에서 〈간통죄, 철창서 나오다〉라며 헌재의 결정을 전하는 한편, '인권을 존중한 정당한 판결'이라는 전문가 및 시민·사회단체의 분위기를 함께 보도했다. 하지만 간통죄 폐지로 '적반하장 이혼 소송'이 잇따를 것이라는 우려도 잊지 않았다. 또 가정파탄 책임이 있는 배우자의 이혼 청구를 받아들이지 않는 '유책주의'와 배치된다는 지적도 했다. 사설에서도 "간통죄 폐지는 사회 전반에 걸쳐 적지 않은 파장을 미칠 것"이라며 "사회적 충격 완화를 위해 보완책이 서둘러 마련돼야 한다"고 주문했다. 또 사회적 합의가 완전히 이뤄졌다고 보기 어려운 만큼 건전한 성의식과 책임감 등 국민 개개인의 역할도 중요하다고 지적했다.

### '신개념 스포츠 전문지' 〈한국 스포츠경제〉 탄생

한국일보 스포츠 자매지가 3월 2일자부터 기존 〈한국 스포츠〉에서 〈한국 스포츠경제〉로 바뀌어 발행됐다. 한국일보는 1969년 국내 최초 스포츠 신문을 선보인 역사를 갖고 있다. 한국스포츠경제는 여타 스포츠 관련 매체와 달리 스포츠의 감동과 재미는 물론, 생활경제 전반의 다양한 정보와 읽을거리를 제공하는 새로운 개념의 스포츠 전문지를 표방했다. 이에 보도 영역을 기존 스포츠와 연예는 물론, 자동차·전자 통신·게임·쇼핑 등 비즈니스 분야로 확대했다. 한국스포츠경제는 "어려운 경제 여건 속에서도 우리 사회에 즐거움과 활력을 불어넣겠다"고 약속했다.

마크 리퍼트 주한 미국대사가 3월 5일 흉기를 든 괴한에게 습격당해 중상을 입는 사태가 발생했다. 리퍼트 대사는 당시 서울 세종문화회관에서 강연을 준비하다 극단 성향의 통일 운동가 김기종(55)에게 얼굴과 왼쪽 손목을 여러 차례 공격당했다. 뺨을 80여 바늘 꿰매는 등 2시간 30분 넘게 대수술을 받았지만 다행히 생명에는 지장이 없었다. 김기종은 앞서 2010년 7월에도 주한 일본대사에게 콘크리트 조각을 던진 전력이 있었다. 살인미수 혐의로 기소된 김씨는 이후에도 교도관 폭행 사건에 연루돼 총 징역 12년을 선고받았다.

피습 직후 마크 리퍼트 대사.

### <70대 특종> 현직 판사, 사채업자로부터 3억 수수

많은 특종이 그렇듯이 2014년 4월 8일자 한국일보 1면에는 감히 상상하기 어려운 비리가 폭로됐다. 양심과 공정한 판단의 상징이 되어야 할, 그래서 감히 그 공정성을 의심하지 않기로 암묵적 동의가 이뤄졌던 영역. 판사의 가공할 비리가 폭로된 것이다.

이 취재는 '사채왕'이라고 불리는 명동 사채업자로부터 억울하게 피해를 당한 사람의 제보로 시작되었다. 사채업자는 검·경찰에게 수억 원 돈을 뿌려 멀쩡한 사람을 기소하게 만들고 증인을 매수하여 위증하게 만드는 수법을 썼다. 그러다가 검찰, 경찰을 넘어 판사에게도 금품을 줬다는 사실이 포착됐다. 사채업자와 헤어진 전 내연녀가 검찰, 국세청에 제보한 것도 큰 몫을 했다. 전 내연녀는 사채업자의 악행을 도와주는 입장이었는데, 막상 헤어지고 나니까 '나도 당하겠구나 싶었다'고 한다. 이후 밝혀진 검찰 조사에 따르면 사채업자는 계좌 세탁을 통해 자신에게 유리한 판결을 얻어내기 위해 부정한 판사에게 3억 원의 돈을 건넸다.

이 특종이 중요한 건 비리 판사에 대한 사법부의 조직적 비호를 깨는 과정에서 10개월 넘게 보여준 한국일보의 뚝심이다. 첫 보도가 나간 뒤 비리 판사가 구속되고 처벌받기까지 다른 언론은 오보 가능성을 의심하며 물타기를 시도하기도 했다. 그러나 추가 취재를 통해 사채업자의 구치소 녹음 파일을 입수, 판사와 사채업자의 친분관계를 입증하는 객관적 증거도 얻게 됐다. 결국 그해 9월 검찰이 사채업자의 구치소를 압수 수색했고 이듬해 2월 판사는 구속됐다(사진). 현직 판사가 돈을 받은 혐의로 구속 기소된 건 헌정사상 처음이다.

이 특종은 다수의 언론 관련 단체로부터 상을 받았는데, 특히 공영방송 KBS의 '미디어 인사이드' 자문 교수단이 〈주목! 이 기사〉로 선정했다. KBS는 2015년 3월 내보낸 방송에서 ▲외부 압력에도 불구, 장기간의 취재로 진실을 밝혀낸 점 ▲법관 비리에 대한 감시시스템을 마련하는 등 사회적 파급효과가 컸다는 점에서 매우 의미 있는 특종이라고 평가했다.

2015년

한국일보는 〈한미 혈맹, 핏빛 테러 당했다〉는 제목과 함께 리퍼트 대사가 얼굴과 손에 피를 흘리며 병원으로 향하는 모습을 1면 사진에 담았다. 사설에서도 리퍼트 대사의 피습을 테러로 규정하고 "어떤 테러도 용납할 수 없다"고 단호하게 밝혔다. 그러면서 "한미 관계에 악영향을 줘서는 안 된다"면서 "또한 사회 내부의 이념 갈등이 우려된다"면서 불필요한 논쟁을 경계했다. 아울러 외교사절에 대한 경호 경비를 재점검하는 한편 정부에 "사태 수습에 만전을 기해야 한다"라고 주문했다.

동물 콘텐츠 조인트 벤처 동그람이(동물 그리고 사람 이야기)가 3월 전문 버티컬 서비스를 시작했다. 페이스북 페이지로 시작한 동그람이는 오픈한 지 1년 만에 페이스북의 '좋아요'가 5만 7,000여 명을 넘어섰다. 이는 당시 주요 경쟁매체의 페이스북 '좋아요'와 같은 수치인데, 디지털뉴스부 기자 1명이 인턴 직원들과 함께 한국일보라는 브랜드 명칭을 쓰지 않고 이뤄낸 점을 감안하면 적잖은 성과라는 평가를 받았다.

### 사내 인트라넷 '그린넷' 오픈, 탄탄해지는 회사 시스템

한국일보 독자권익위원회가 3월 18일 새롭게 구성됐다. 위원장은 사법연수원장을 지낸 권광중 법무법인 광장 변호사가 맡았고, 위원으로는 최창렬 용인대 교수, 지평님 황소자리 출판사 대표, 김남두 스타마크에이전시 사업부장, 채영길 한국외국어대 미디어커뮤니케이션학부 교수, 축구해설가 서형욱씨, 주부 정희수씨, 대학생 윤여진(경희대 언론정보학과)·변은샘(가톨릭대 영미언어문화학부)씨가 참여했다.

2015년 새롭게 구성된 한국일보 독자권익위원회 회의.

권익위는 매달 한 차례 정기 모임을 갖고 한국일보 보도 전반에 대한 의견을 제시하는 한편, 정정보도문, 추후보도문, 반론보도문 게재 등 독자 권익 보호를 위해 필요한 여러 조치를 심의·의결했다. 아울러 한국일보는 회의 내용과 관련한 의사록을 작성하고, 공개가 필요한 내용은 지면이나 인터넷 홈페이지에 게재했다.

한국일보 사내 업무 통합 정보 시스템 '그린넷'(GreenNet)이 3월 28일 오픈했다. 그린넷은 직원 간 소통이 이뤄지는 사내 인트라넷이다. 각종 공지 게시판 및 개인 메일·일정·연락처는 물론, 출장·휴가·비용 등에 대한 전자 결재도 지원한다.

또 번거롭게 결재자를 찾아야 했던 종이 결재 대신, 전자 결재를 지원해 언제 어디서든 결재가 가능해졌다. 특히 휴대폰을 통해서도 그린넷에 접속할 수 있어, 메일과 결재 문서를 결재자가 언제 어디서나 손쉽게 확인하고 결재할 수 있도록 편의 기능도 높였다. 결재할 때는 '위임 전결' 기능이 생겼는데, 업무 성격·비용에 따라 다양한 결재 라인을 미리 결정해 놓고 결재를 올릴 때 간편하게 선택할 수 있도록 했다.

또 이메일(아웃룩 메일)과 메신저(Lync)와도 연동됐는데, 개인 메일 용량은 기자직의 경우, 기존 40MB에서 1GB로, 비기자직 직원은 300MB로 대폭 확대됐다. 메일주소도 기존 '@hk.co.kr'에서 '@hankookilbo.com'으로 변경됐다. 기존 메일 주소는 향후 6개월 동안 유지 후 폐지됐다. 각종 IT 매뉴얼은 그린넷 메인 홈 '한눈에 보는 자료'에 등재돼 기자들이 보다 편리하게 관련 정보를 얻을 수 있는 것은 물론, 가벼운 문제 발생 시 빠르게 대처할 수 있도록 했다. 6월 29일에는 코리아타임스 그린넷도 오픈돼 한국일보-코리아타임스 간 정보 교류가 더욱 원활해졌다.

4월 1일부로 경영지원실 법무팀을 폐지하고 법무팀장으로 파견됐던 이영창 기자가 편집국(경제부)으로 복귀했다. 아울러 광고국을 'AD전략국'으로 변경하고 광고영업 1·2팀을 각각 AD 1·2팀으로 변경했다.

코리아타임스가 4월 3일자로 지령 2만 호(사진)를 발행했다. 1950년 11월 1일 창간한 지 64년 5개월 만으로, 국내 영자 신문 중엔 최초다. 앞선 2일에는 '1950년 창간호 동판 제막식'을 갖기도 했다.

### '성완종 리스트' 파문

성완종 전 경남기업 회장이 해외자원개발 비리 의혹으로 검찰 수사를 받다 4월 9일 '55자 금품 메모'를 남기고 목숨을 끊었다. 이 '성완종 리스트'에는 당시 박근혜 정부 유력 정치인 8명의 이름과 금액이 적혀 있었다.

이 파문으로 '부정부패와의 전쟁'을 주도하던 이완구 당시 국무총리가 취임 63일 만에 물러났다. 검찰은 3개월간 수사를 벌여 이 전 총리와 홍준표 경남지사를 재판에 넘겼다. 나머지 6명은 처벌되지 않았다. 검찰은 "금품 제공자가 사망한 사건이어서 수사의 한계가 있었다"고 했지만, "권력 눈치 보기 수사 아니냐"는 비판도 거셌다.

한국일보는 4월 11일 〈성완종의 55자, 정국 발칵〉을 머리기사로 싣고 사건의 전말을 상세하게 보도했다. 55자는 '성완종 메모'에 적힌 글자 수다. 또 5개 면을 할애해 패닉에 빠진 여당의 모습과 유족 측의 반응, 성완종 리스트에 거론된 인물들의 반응도 함께 보도했다. 아울러 성완종 리스트가 4·29 재보선에 미칠 영향도 전망했다. 이어 14일자에는 '성완종 리스트'의 특별수사팀장인 문무일 대전지검장이 서울고검에 출근하는 모습을 1면 사진 기사로 실어 주목받았다.

세월호 참사 1주기를 맞아 한국일보는 '세월호를 잊지 말자'라는 큰 주제로 ▲아픔 ▲치유 ▲규명 ▲개조 ▲동행이란 5가지 키워드를 제시했다. 그리고 4월 6일자부터 5가지 주제에 대한 기획 시리즈를 선보였다. 6일자에는 "세월호 선체를 인양해야 한다"(77%)는 여론조사 결과와 함께 ▲희생 학생의 아버지 박종대씨의 지난 1년의 삶 ▲텅 빈 단원고 교정 ▲진도 앞바다 등 세 가지 '아픔'을 전했다. '치유'에서는 ▲안산 지역 공동체의 희망 찾기 모습 ▲세월호 이후의 문학을, '규명'에서는 ▲출항에서 침몰까지 깡그리 무시된 안전 규정과 ▲남은 의혹 및 과제를 살폈다. 이어 '개조'에서는 ▲'관피아' 척결 1년의 현주소 ▲이름만 바꾼 안전망 ▲박 대통령 담화 이행 실적 등 세월호 이후 우리 사회의 안전망을 점검했다. 마지막으로 '동행'에서는 ▲공동체 회복의 길로 ▲이상돈·박영림 교수의 대담 등을 통해 "세월호를 둘러싼 정치 공방으로 인해 사회적 피로감과 대립·혼란이 가중되고 있다"고 지적하고 "아픔을 딛고 서는 공동체를 되찾자"고 제언했다.

특히 사고 1주년인 4월 16일자 1면에는 '다시, 피울음 삼키는 봄'이란 제목으로 사고 해역을 찾은 희생자 유족이 오열하는 모습을 사진 기사로 담는 한편, 신경림 시인의 애도시(詩) 〈언제까지고 우리는 너희를 멀리 보낼 수가 없다〉를 함께 게재해 눈길을 끌었다.

고교야구 최대 축제 제43회 봉황대기 전국고교야구대회가 4월 15일 65개 고교 팀이 출사표를 던진 가운데 막을 올렸다. 봉황대기는 보통 8월에 열렸지만, 2015년에는 4월 15일~28일까지 강원 춘천(의암야구장)과 속초(설악야구장)에서 진행됐다.

그리고 경북고가 28일 의암구장에서 열린 결승전에서 장충고를 10-1로 여유 있게 따돌리며 초록 봉황을 품에 안았다. 1회에만 6점을 몰아치며 초반 기세를 잡은 뒤 끝까지 분위기를 잃지 않았다. 경북고가 봉황대기에서 우승한 것은 1981년 이후 무려 34년 만이었다.

중동 지역을 중심으로 주로 발생하던 '중동호흡기증후군'(메르스)이 발생해 온 나라가 홍역을 치렀다. 우리나라에서 5월 20일 첫 감염자(바레인에서 입국한 68세 남성)가 발생했을 때만 해도 메르스를 대수롭지 않게 생각했다. 하지만 빠른 전염력에 환자가 186명까지 급증하고 이 중 38명이 사망해 사회가 불안과 공포에 빠졌다.

메르스 공포로 대형마트에는 발길이 줄고 2,000여 학교에서 휴교령이 내려졌으며, 우리의 내수 버팀목이었던 중국인 관광객 '유커'도 발길을 돌렸다. 특히 병원을 통한 전염 사례가 나오면서 아파도 병원에 가지 못하는 웃지 못할 상황도 발생했다.

한국일보 1면에 메르스 관련 기사가 오른 것도 5월 30일자 '메르스 괴담… 공포 확산' 기사가 처음이었다. 이후 '메르스 고위험군, 시설 강제격리' '메르스 의심 환자 첫 사망' 등 메르스 상황을 상세하게 전했다. 사설에서는 메르스 발생 초기 "변종 발생 등 모든 가능성을 열어두고 국민 보호에 나서 달라"고 주문했다.

한편, 보건 당국은 첫 환자 발생 후 217일 만인 12월 23일 자정을 기해 메르스 종식을 공식 선언했다.

6월 9일 재창간 선포식에서 승명호 회장이 정론지로 거듭날 것임을 선언하고 있다.

### 재창간 선포식… '다시 첫발을 내딛습니다'

5월에 들어서면서 '과거 명성을 되찾자'는 내부 구성원들의 열기가 확산됐다. 과감한 임금 인상과 처우 개선, 통합 지향적 로고의 채택 등 미래지향적 변화가 속도감 있게 진행되면서 구성원들의 자발적 변화도 시작됐다. 동화그룹의 전폭적 지원 아래, 5월 이후 연말까지 인사, 재무, 취재지원, 기업문화 등에서 공격적인 변화(※별도 박스 참조)가 이뤄지면서, 언론계 전반에서 한국일보가 과거의 위상을 되찾고 있다는 호평이 잇따랐다. 특히 5월 말에는 사옥을 한진빌딩(중구 남대문로 63)에서 와이즈타워(중구 세종대로 17, 16~18층)로 이전했다. 한진빌딩에서는 5월 29일(금)까지 근무했고 31일(월)부터 새 사옥에서 업무를 진행했다. 편집국은 17층에 자리 잡았다.

자발적인 재창간 열기를 이어받아, 6월 9일에는 공식적으로 재창간 선포식을 갖고 국민과 독자 앞에 정론지로 거듭날 것을 선언했다. 승명호 회장은 서울 롯데호텔 크리스탈볼룸에서 열린 선포식에서 "급변하는 언론환경에도 불구하고 우리가 끝까지 지켜가야 할 변하지 않는 가치는 저널리즘 정신"이라며 "디지털 미디어 시대에도 언론의 본질, 한국일보가 지향해 온 가치는 변하지 않을 것이며, 앞으로도 한국일보는 언론 본연의 역할을 다하겠다"고 밝혔다. 행사에는 정의화 국회의장, 양승태 대법원장, 박한철 헌법재판소장, 김무성 새누리당 대표, 문재인 새정치민주연합 대표 등 정·관계, 재계, 학계, 문화계 등 각계 인사 1,000여 명이 참석했다.

아울러 지면 1면에는 '다시 첫발을 내딛습니다'라는 제목 및 사진과 함께 새 제호와 기업심벌(CI)도 선보였다. 대대적인 지면 개편도 단행했다. 1면에 주요 기사를 간추린 뉴스 인덱스를 신설했고, 사회면은 사람들면 및 오피니언면과 연결 배치했다. 또 자동차, 음식, 패션, 인테리어 등 일상생활과 밀접한 콘텐츠가 담긴 라이프면을 확대했고, '책, 공동체를 꿈꾸다' 등 새로운 기획물도 선보였다.

### 2015 미스코리아 진, '성악 전공' 이민지

미스 경기 진 이민지씨가 7월 10일 서울 유니버설아트센터에서 열린 제59회 2015 미스코리아 선발대회에서 진(眞)으로 선정됐다. 이날 사회는 MBC 이재용 아나운서와 2013 미스코리아 진 유예빈씨가 맡았다.

외부 영입된 이병언 미래전략실장이 7월 13일자부터 업무를 시작했다. 아울러 뉴스 부문에 전국부가 신설되고, 사회부 산하 지방 취재 파트가 전국부로 이관했다. ▲논설위원 황상진 ▲전국부 부장직대 한창만

미국의 우주 탐사선 뉴호라이즌스호가 7월 14일 오전 7시 49분 57초(한국시간 오후 8시 49분 57초)에 태양계의 가장 외곽에 위치한 명왕성에서 약 1만 2,550㎞ 거리까지 접근했다. 2006년 1월 지구를 떠난 지 9년 6개월 만이다.

한국일보는 7월 17일자 1면에 '근접 촬영한 명왕성의 속살' 사진을 게재하면서 "높이 3,500m에 달하는 얼음산 파노라마"라고 표현했다. 그러면서 화산은 발견하지 못했지만, 명왕성의 지형이 1억년 전에 형성된 것으로 추정되는 등 뉴호라이즌스호가 밝혀낸 명왕성의 비밀을 상세 보도했다.

아울러 지평선에서는 "뉴호라이즌스호가 명왕성 최근접 비행을 하던 날, 미 항공우주국(NASA) 연구진이 성조기를 흔들며 기뻐하는 장면이 인상에 남는다"면서 "과학 기술이 인류 발전을 견인할 것이라는 믿음, 우주 탐사사(史)를 새롭게 쓴 과학적 성취에 대한 뿌듯함, 어릴 적 꿈을 현실에서 가능하게 해준 미국적 시스템과 문화와 같은 소프트파워에 대한 자부 같은 것들이 버무려진 환호"라고 평가했다. 이어 과학 시험 준비를 위해 학원으로 달려가는 한국 학생들의 현실과 비교하며 "소프트파워 배양은커녕 아이들에게서 꿈을 앗아가는 교육으로 과학기술 진흥, 과학 입국을 지향한다는 것은 이율배반"이라고 비판했다.

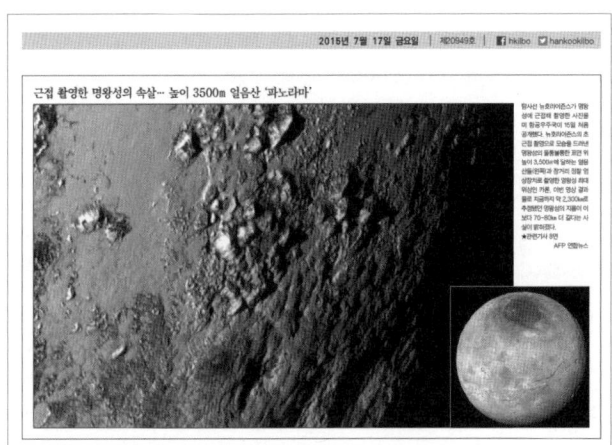

미국 뉴호라이즌스호의 명왕성 근접 촬영 사진을 게재한 7월 17일자 1면.

### 다시 뛰는 한국일보 <1> - 미래지향적 녹색 CI

2015년 6월 한국일보가 새로운 제호와 CI(기업 아이덴티티·그림)를 선보였을 때 독자들과 많은 외부인들은 그 파격성에 놀랐다. 그러면서도 정사각형 제호, 녹색의 사물·화살표가 어우러져 세계·미래와 소통하는 형상의 CI에 담긴 깊은 의미를 직관적으로 깨닫는 자신을 발견하면서 다른 의미의 놀라움도 경험했다.

한국일보 픽토그램 CI는 직관적 단순함이 특징이지만, 그 제작 과정은 결코 직관적이지 않았다. 한국일보 모든 구성원의 관여와 의견 수렴이 필요했다. 국내 최고 CI 디자인 업체의 자문 아래 한국일보 식구들을 대상으로 하는 2, 3차례 예비·본격 의견수렴 절차를 거쳐 만들어졌다. 2015년 4월 28일 편집국에서 복수의 CI 후보를 놓고 전 임직원을 상대로 선호도 조사를 벌인 것이 대표적이다.

한국일보 구성원들이 압도적 다수로 선정한 픽토그램 CI에는 우리가 매일 마주하는 삶, 모두가 추구하는 행복한 생활, 그 안에서 만들어지고 한국일보가 길어 올리는 세상의 모든 뉴스와 정보를 상징한다. 정제된 뉴스와 알찬 정보를 통해서 이 사회를 서로 배려하고 이해하며 공존하는 곳, 사람의 가치가 존중받는 곳으로 한 차원 끌어올리려는 한국일보의 지향점도 반영됐다. 이는 한국일보가 추구하는 '통합·공존·사람'이라는 핵심 가치와 맞닿아 있다.

한국일보의 새 제호도 천편일률적 가로 형태에서 탈피, 상하 구조의 단단한 사각 형태로 디자인됐다. 어떤 경우에도 흔들림 없이 춘추필법의 정신, 정정당당한 보도, 불편부당의 자세라는 창간 정신을 이어가겠다는 의지를 새로운 경영진도 공유하고 있다는 뜻도 담겼다.

녹색은 오래전부터 한국일보의 상징색이었지만, 새 CI와 제호를 만들면서 더 정교하게 색상이 선별됐다. 생명과 성장, 긍정과 신뢰의 색 이미지를 최대화하기 위해 가장 적절한 녹색이 선택됐다. 새 제호의 짙은 녹색은 시각적으로 편안함을, 심리적으로는 믿음을 준다. 그리하여 새로운 녹색 제호에는 검은색 일변도의 여타 신문 제호들과의 차별화로 미래지향적이고, 독자들과 늘 소통하면서 신뢰받는 한국일보가 되겠다는 의미가 투영돼 있다. 한국전쟁 이후 대한민국 현대사를 기록하는 한편, 스스로의 어려움과 경영난도 슬기롭게 극복한 '계속기업' 한국일보가 70년 전통을 쌓아 올리면서 미래를 지향하는 청년 정신을 간직한 비밀은 오롯이 CI에 담겨 있다.

2015년

## 역사 교과서 국정화… '역사 전쟁' 점화

교육부가 10월 12일 '역사 교과서 발행 체제 개선 방안 발표'를 통해 "2017년 3월부터 중·고교 한국사 교과서를 국정으로 발행하겠다"고 발표하면서 뜨거운 찬반 논란이 불거졌다. 황교안 당시 국무총리도 11월 3일 국정화 방안을 직접 확정 고시하며 "역사적 사실과 헌법적 가치에 충실한 '올바른 역사 교과서'를 만들겠다"고 밝혔지만 학계와 교육계가 헌법 소원을 제기하고 잇달아 시국 선언을 하는 등 반대 여론이 들끓었다. 반면 찬성론자들은 "현행 교과서가 애국심을 저하하거나 좌편향됐다"고 주장하며 맞섰다.

집필진 비공개 방침도 논란의 중심에 섰다. 이어 최몽룡 서울대 명예교수와 9년간 상업을 가르쳐온 고교 교사가 각각 여기자 성추행과 자격 논란으로 집필진에서 물러났.

한국일보는 10월 28일자 머리기사에서 박근혜 대통령의 국회 시정연설 소식을 전하며 "박 대통령이 '국정화 전선' 전위에 나섰다"라고 보도했다. 당시 박 대통령은 "역사 교육 정상화는 우리 세대의 사명" "국정 교과서, 왜곡·미화 좌시하지 않겠다" 등 시종일관 결연하고 단호한 어조로 논란을 정면 돌파하겠다고 거듭 밝혔다. 반면 야권은 강력 반발하면서 사태는 장기화됐다.

박근혜 대통령이 27일 오전 국회에서 시정연설을 끝내고 김무성 새누리당 대표 등 지도부의 안내를 받으며 퇴장하고 있다.

한국일보 사설에서는 박 대통령의 시정 연설에 대해 "역사 전쟁 불길에 기름을 부었다"고 비판했다. 사설은 박 대통령이 ▲4대 국정 개혁 ▲경제 회생 ▲청년 일자리 창출 등에 차분하고 온화한 표정으로 연설한 점을 높게 평가했다. 하지만 연설 막바지 '역사 교육 정상화'를 언급하면서 표정과 태도가 싸늘하게 바뀌었다고 봤다. 그러면서 "국정화 의지의 결연함을 과시하는 데는 성공했을지 모른다"면서도 "박 대통령의 불통(不通) 이미지가 더욱 굳어졌다"라고 평가했다. 그러면서 "국민 통합은커녕 분열만 자극하는 국정화에 매달리는 대통령과 정부의 모습이 답답하다"고 했다.

## 지구촌을 뒤흔든 IS 연쇄 테러

수니파 무장단체 이슬람국가(IS) 등 극단주의자들의 테러가 연초부터 이어지면서 전 세계가 충격과 공포에 빠졌다. 1월 7일 예멘 알카에다에서 훈련받은 극단주의자들이 프랑스 파리의 주간지 '샤를리 에브도' 사무실에서 총기를 난사해 12명을 살해했다.

8월 18일에는 태국 방콕 도심의 관광명소인 에라완 사원에서 중국 위구르족 분리주의자

### 다시 뛰는 한국일보 <2> - 업계 최고 임금 인상

재창간에 따른 가장 빠르고 큰 변화는 구성원들에 대한 처우 개선이었다. 2014년 인수 의향서 제출 때 약속했던 임금 인상, 직원복지 강화 등이 2015년과 2016년에도 지속적으로 이뤄졌다.

실제로 2015년 4월 기자협회보에는 한국일보의 파격적 임금 인상을 다룬 기사가 실렸다(사진). 내용은 이렇다. '4월 22일 한국일보 노사가 총급여 기준 평균 11% 인상을 골자로 하는 2015년 임금 인상안에 최종 합의했다. 취재비 등 각종 수당도 현실화하거나 신설됐다. 취재비는 최대 90만 원으로, 종합지 상위 3사 수준까지 올렸다. 한국일보 노조는 "수당 현실화와  신설 항목을 포함하면 월 전체 급여 기준으로 평균 20% 이상이 인상된 셈"이라며 "삭감 급여 회복분을 더하면 연초 대비 평균 35% 이상 급여가 인상된 것"이라고 밝혔다. 자녀 장학금 지급도 두 배로 늘렸다. 현행 대학생 자녀의 경우 1년에 한 해 연간 260만 원을 지급하는데, 이를 한 학기에 260만 원 지원으로 두 배 인상했다. 초등학교 입학 축하금(30만 원)도 신설됐다.'

외환위기 이전 신문산업의 마지막 호황기(1994년) 이후 단 한 차례도 이뤄지지 않았던 성과급(월 기본연봉의 50%)이 2015년 전 구성원에게 지급됐다. 표면적으로는 2015년 한국일보 매출액(608억 원·금융감독원 등록 기준)이 전년(569억 원) 대비 39억 원 증가하고, 영업수지(26억 4,000만 원)가 흑자전환(2014년 10억 원 적자)한 데 따른 것이지만, 재창간 원년의 사기진작을 위한 파격 조치의 성격이 짙었다.

새로운 경영진도 성과급 지급을 알리는 메시지를 통해 그 같은 점을 분명히 했다. '새로운 경영 체제와 경영시스템 도입 등으로 구성원 모두가 쉽지 않은 한 해를 보냈으리라 생각되지만, 모든 분들의 헌신적 노력으로 좋은 결실을 맺을 수 있었습니다. 회사는 임직원 여러분의 노력에 부응하고자 우리가 이룬 소중한 경영 성과를 함께 공유하고자 아래와 같이 성과급을 지급하고자 합니다. 금번 성과급 지급이 한국일보 구성원 모두의 성공 DNA를 일깨우는 첫 단추가 되길 바랍니다.'

이 밖에도 사내복지기금 운영을 현실화한다는 차원에서 한국일보 인수 전에 이미 약속했던 관련 기금의 20억 원 증액이 이뤄졌다.

들이 설치한 폭탄이 터져 20명이 사망하고 125명이 부상했다. 이어 10월 10일에는 튀르키예 앙카라역 광장에서 IS의 소행으로 추정되는 대규모 자살폭탄 테러가 발생해 102명이 숨졌고, 같은 달 31일 러시아 여객기가 이집트 시나이 반도 상공에서 폭발로 추락해 탑승자 224명이 전원 사망했다.

특히 11월 13일 금요일 밤 프랑스 파리에서 발생한 테러는 전 세계를 충격 속으로 몰아넣었다. IS 조직원들이 프랑스 파리 도심에서 연쇄 테러를 저질러 130명이 숨졌다. 또 일주일만인 서아프리카 말리에서는 이슬람 무장단체의 인질극이 발생해 27명이 사망했다.

한국일보는 11월 16일자에 '파리의 피 울음'이란 제목으로 기사를 올리고 "9·11 이후 최악의 테러"라고 보도했다. 또 동시다발 테러 정황을 시간대별로 별로 상세하게 전하는 한편, 난민 포용 정책을 펼쳤던 유럽연합(EU)이 국경 봉쇄와 난민 수용 정책 사이에서 갈등하는 상황도 보도했다.

특히 중동과 아프리카에서 적대 세력이나 상징물을 겨냥하던 테러가 일상을 즐기던 민간인, 즉 '소프트 타깃(soft target)'으로 표적을 옮겼다는 점에 주목했다. 한국일보는 사설에서 "테러범들이 3시간여 동안 파리 시내를 활보하면서 시민들을 무차별 학살했다"면서 "한국 또한 테러 안전지대일 수 없다는 경각심을 바탕으로 대테러 대책을 다듬어야 한다"라고 제언했다. 극단주의 세력의 직접적인 조직원이 아니라도 사회관계망서비스(SNS) 등을 통해 영향을 받은 '외로운 늑대'도 문제로 대두됐다. 이들의 자생적 테러를 어떤 방법으로 차단할 것인지에 대해 각국은 이렇다 할 대책을 내놓지 못하고 고심했다.

### 광복 70년·한일수교 50년… '평화의 배' 출항

광복 70년과 한일수교 50년의 의미를 되새기자는 취지로 '2015 피스&그린보트'가 8월 2일 부산항에서 출항했다.

'2015 피스&그린보트'는 아시아의 평화와 환경보호를 위해 2005년 시작한 선상 행사다. 한일 양국에서 550명씩 모두 1,100명이 3만 5,000톤급 크루즈여객선(오션드림호)을

8월 11일 오전 부산에 입항한 피스&그린보트 참가자들이 10일간의 여정을 마치고 오션드림호 선상에서 기념촬영을 하고 있다.

## 다시 뛰는 한국일보 <3> - 60년 전통의 발전적 계승

회사 지배구조는 바뀌어도 한국일보의 정신과 법통을 지키는 조치가 다방면으로 취해졌다. 2015년 4월 28일 그린넷 한국일보 게시판에 '한국일보 역사관 개관 관련 사사(社史)자료 취합'이라는 공지가 올라온 게 신호탄이었다. 2004년 50년사를 발간한 뒤, 곡절의 세월 속에 구체제 아래의 한국일보 서고, 성남공장 창고에 방치됐던 자료를 한곳에 모으고 제대로 관리하려는 시도였다. 경영권이 바뀌더라도 한국일보의 빛나는 전통을 발전적으로 계승하겠다는 당초 약속을 이행하겠다는 최고경영자 의지의 실현이기도 했다.

해당 공지 이후 수집된 것과 DB콘텐츠부 직원들이 미리 정리했던 자료들은 6월 9일 재창간 선포식에 맞춰 개관한 한국일보 역사관으로 옮겨졌다. 영광과 시련의 발자취를 거울삼아 격동의 현대사를 뒤돌아보고 새로운 시대를 개척한

한국일보 역사관 현판 사진.

다는 취지로, 인천 서구 가좌동에 마련된 한국일보 역사관에는 다양한 자료가 모아졌다.

창간 초기 사용된 인쇄용 납 활자, 취재 수첩, 취재 장비 등 실물 자료와 주요 인물·사건과 관련된 대형 사진이 함께 전시됐다. 정보기술(IT) 혁명 이전인 1990년까지 한국일보 조사부 직원들이 일일이 손으로 수집·분류한 각종 실물 스크랩과 실물 사진은 가좌동 건물 3층 전체에 소중하게 보관됐다.

재창간 직후 한국일보 역사관을 살펴보는 승명호(오른쪽) 회장과 이종승 사장.

타고 9박 10일간 부산항, 러시아 블라디보스토크, 일본 홋카이도, 나가사키, 후쿠오카를 거쳐 11일 다시 부산항으로 귀항했다. 한국 측에서는 환경재단과 한국일보가, 일본 측에서는 환경단체 피스 보트가 공동 주최했다.

한국일보는 양국 인사들이 펼치는 심도 있는 선상 대담과 김연수 소설가 등 작가들의 역사 현장 방문기 등을 연재했다. 아울러 선상 영화 상영 현장 및 원폭 피해 등 갖가지 사연을 품은 배에 오른 이들의 사연도 생생하게 보도했다.

우리 국군 장병 2명이 8월 4일 북한이 설치한 비무장지대(DMZ) 목함 지뢰 폭발로 큰 부상을 입었다. 이에 우리 군은 대응 조치로 8월 10일 심리전 수단인 대북 확성기 방송을 재개했다. 이에 북측은 강력히 반발하며 8월 20일 고사포와 직사포로 서부전선에서 포격 도발을 했고, 우리 군은 대응 사격과 함께 최고 경계 태세를 발령하는 등 남북 간 군사 긴장이 최고조에 이르렀다.

하지만 8월 25일 김관진 청와대 국가안보실장과 황병서 인민군 총정치국장을 양측 수석 대표로 하는 남북 고위당국자 접촉이 극적으로 타결되면서 대치 상황은 종결됐다. 이 접촉에서는 대북 확성기 방송 중단과 준전시상태 해제 외에도 이산가족 상봉, 당국 회담 개최, 민간교류 활성화 등에도 합의했다. 이에 따라 이산가족 상봉이 10월 20일~26일 금강산 이산가족 면회소에서 진행됐다. 남측 상봉단 96가족 389명과 북측 96가족 141명이 참가했다. 이어 11월 26일 판문점 실무접촉을 거쳐 12월 11일 개성공업지구에서 차관급이 수석 대표를 맡는 제1차 남북당국회담에도 합의했다.

한국일보는 이산가족 상봉일인 10월 20일자 1면에 '지금 만나러 갑니다'라는 제목의 사진에서 상봉을 하루 앞둔(10일) 이산가족들의 기대에 찬 얼굴을 담아냈다. 이어 21일자에는 '금강산이 울었다'는 기사를 통해 상봉 현장의 모습을 생생하게 전하는 한편, 이산가족 1세대가 스러지는 상황에서 이산의 한을 풀어줄 시간이 많지 않음을 적시했다. 사설에서도 이번 이산가족 상봉이 남북 관계 개선의 견인차 역할을 하길 바랐다.

### 차이나 포럼… "중국 일대일로, 한국도 투자 기회 늘어날 것"

한국일보와 코리아타임스가 주최하는 '차이나 포럼 2015'가 11월 5일 서울 신라호텔에서 열렸다. '전환기의 중국 경제, 기회와 도전'이란 주제로 열린 이날 포럼에는 중국 인민은행 통화정책위원인 판강 중국국민경제연구소장, 월드 베스트셀러 〈세계 경제의 몰락:달러의 위기〉의 저자인 리처드 던컨, 신흥시장 투자 분야 세계 최고 전문가인 마크 파버, 중국 인민대학 국제관계학원 부원장인 진찬룽 칭화대 석좌교수, 젱 마이클 송 홍콩 중문대 교수, 양용치앙 LeTV 클라우드컴퓨팅 CEO 등이 연사로 참석했다.

기조연설에 나선 정덕구 니어재단 이사장은 "중국의 고비용 저효율 구조를 대수술해야 한다"고 주장했고, 판강 위원은 "중국 성장률이 단기적으로는 6.6%까지 추락할 수 있다"고

### 다시 뛰는 한국일보 <4> - 강화된 투명경영

재창간 이후 중도 언론으로서의 한국일보 가치는 더욱 높아졌다. 경영권 인수를 타진할 때 제시한 ▲편집권 독립 ▲윤리·투명 경영 ▲공정한 평가 약속이 지켜졌다.

새로운 경영진은 재창간 초기부터 윤리·투명 경영을 뒷받침하는 제도적 장치 마련에 노력했다. 외부 감사제를 도입하고 전 직원 혹은 직원 대표(노조위원장)를 대상으로 결산기 경영 상황 정보를 공유하는 한편, 회사 주요 이슈에 대한 의사결정에 참여하는 통로를 공식화했다. 신규사업 투자 확대 등 주요 이슈에 대해서도 직원 대표(노조위원장)를 참석시켜 의견을 청취하겠다는 인수의향서 제출 당시의 약속도 이행했다. 구성원의 창의를 끌어내는 아이디어 제안 프로세스를 도입하는 한편, 고충 처리 프로세스를 동화그룹 계열사 전체를 아우르는 그린넷 서비스에 도입했다.

열심히 뛰고 취재하는 기자를 지원하는 든든한 지원시스템도 강화했다. 기사 게재로 인해 의도치 않게 발생할 수 있는 법적 분쟁에서 당당하게 대응할 수 있는 '법률 자문' 시스템이 2015년 10월부터 가동을 시작했다. 2015년 10월 13일 그린넷에 공지된 사내 알림에 따르면 법무법인 '예율'과 자문 계약을 체결, 기사 작성과 관련하여 법적 이슈가 있을 것으로 생각되는 모든 사항에 대한 자문 서비스를 제공하게 됐다. 오후 6시 이후 업무시간 외에도 법무팀 직원을 통해 자문 변호사와의 접촉 통로를 확보한 것도 일선 기자들에게서 높은 평가를 받았다.

이에 앞서 2015년 5월부터는 특종 발굴이나 뛰어난 업무성과를 거둔 구성원에 대한 포상제도를 획기적으로 개선했다. 이전까지는 매월 특종상만 수여됐으나, 5월 이후에는 특종상과 최다 페이지뷰(PV)상, 월간 우수사원으로 수상대상을 다변화하는 한편 포상금(변경 전 개인 20만 원/단체 40만 원·변경 후 단체 100만 원/개인 30만 원 등) 수준도 상향 조정했다. 창간 기념일에 맞춰 이뤄졌던 연간 포상도 변경됐다. 백상기자대상(기자직군)과 백상공로대상(기자·사무관리직군)으로 나눴던 기존 연간 포상도 'Great(Best) Journalism Award' 'Great(High) Achievements Awards', 'Great Achievements Team Award(단체), Value Award(특별상)로 세분화했다. 포상금도 이전 대비 두 배가량 늘어나 개인 수상자는 최고 300만 원, 수상 단체는 최고 1,000만 원까지 지급했다.

승명호 회장은 재창간 직후부터 매월 특종상 시상식 등을 직접 진행하고 있다.

경고했다.

이날 포럼은 ▲위안화 정책과 글로벌 경제 파장 ▲AIIB·일대일로에서 한국의 역할 ▲중국 시장 투자 전략 등 3개 세션으로 진행됐다. 전문가들은 중국의 일대일로(一帶一路) 정책과 아시아인프라투자은행(AIIB)이 성공하면 한국을 포함한 각국에 신흥시장 투자 기회가 증가하는 것은 물론 동북아 긴장 완화에도 도움이 될 것이라고 기대했다. 북한도 AIIB에 참여하도록 한국과 중국이 함께 노력해야 한다고 강조했다. 전문가들은 또 중국 주도로 우리나라 등이 참여하는 아시아 역내 개발금융기관인 AIIB에 북한을 적극 초대해야 한다고 제언했다.

### 김영삼 전 대통령 서거… 유훈은 통합과 화합

엄광열 감독이 이끄는 충북이 11월 21일 경기 파주시 통일촌에서 끝난 한반도 통일 대역전 마라톤대회에서 우승(종합 13시간 44분 31초)을 차지했다. 이로써 충북은 61년 대회 역사상 처음으로 10연패를 달성했고, 통산 20승 고지를 밟는 기쁨을 누렸다. 준우승은 경기(13시간 46분 37초)가, 3위는 서울(13시간 56분 11초)이 차지했다.

이번 대회는 부산~서울 간 500여㎞를 달렸던 예년 대회와 달리, 제주에서 시작해 파주 통일촌까지 259㎞를 달리는 방식으로 변경됐다. 한국 마라톤의 영웅 황영조와 이봉주도 후배들의 레이스를 따르며 응원을 보내기도 했다. 경부역전마라톤대회는 국내 유일의 국토 종단 마라톤 대회로 한국일보가 1955년부터 주최했다. 2015년 제61회 대회부터는 '한반도 통일 대역전 경주대회'로 이름을 바꿔 파주 민통선까지 구간을 넓혔다. 다만, 이듬해인 2016년 제62회 대회를 끝으로 중단됐다.

11월 23일자 1면 지면.

대한민국 제14대 대통령 '거산(巨山)' 김영삼 전 대통령이 11월 22일 새벽 0시 22분 서울대병원 중환자실에서 패혈증과 급성 심부전으로 서거했다. 향년 88세.

김 전 대통령의 차남 현철씨는 "김 전 대통령이 남긴 마지막 유훈은 '통합'과 '화합'"이라고 전했다. 2013년 김 전 대통령이 병원에 입원했을 당시 필담식으로 글을 썼는데 그때 '통합'과 '화합'을 적은 것으로 알려졌다.

26일 영결식 당일까지 서울대병원 빈소를 찾은 조문객은 3만 7,400여 명으로 집계됐다.

전국 각지에 지방자치단체가 마련한 분향소(221곳)까지 합치면 23만 7,000여 명에 달한다.

한국일보는 서거 직후인 11월 23일자 1면에 '김영삼(1927~2015), 민주화의 긴 여정 맺다'를 게재하고 '26일까지 국가장으로 치러진다'는 소식을 전하며 고인을 추모했다. 아울러 빈소 표정과 정·재·관계 추모 상황, 고인의 파란만장했던 일대기, 고인의 한국 정치사적 의의는 물론, 집권 이후 공과에 대해서도 가감 없이 집필했다.

김 전 대통령은 재임 시절(1993~1998년) 공직자 재산공개, 하나회 해체와 정치 군부 숙정, 역사 바로 세우기 등 정치개혁을 추진했다. 경제협력개발기구(OECD)에 가입하고 금융실명제를 '깜짝' 시행하는 등 경제개혁도 이뤄냈으나 집권 말기 발생한 국제통화기금(IMF) 구제금융 사태로 빛이 바랬다.

한국일보가 12월 31일 주주총회를 열고 신임 대표이사 사장·발행인에 이준희 주필을 선임했다. 이준희 신임 사장은 1984년 한국일보 견습 42기로 입사해 편집국장, 논설실장 등을 지냈다. 이에 앞서 12월 30일에는 황영식 논설위원실 국실장을 주필로, 황상진 논설위원을 편집국장으로 임명했다. 황 편집국장은 1989년 한국일보에 입사해 사회부장, 디지털뉴스부장, 디지털전략본부장 등을 역임했다. ▲논설위원실장 이계성 ▲논설위원 고재학 박광희 ▲미디어전략단장 최진환 ▲미래기획단장 송영웅

**연중 쏟아진 특종, 또 특종**

2015년은 주목할 만한 특종이 쏟아진 한 해였다. '사채왕 판사' 기사의 수상에 이어 경제부와 사회부가 합작한 '나라 살림 새 틀을 짜자'도 제295회 이달의 기자상 경제 보도 부문에 선정됐다. 경제부(김용식 고찬유 이훈성 유환구 강아름 김현수 이성택)와 사회부(채지은 변태섭 양진하) 합동취재팀은 기사에서 증세 요구와 복지 수요를 둘러싼 갈등을 해결해야 한다는 주제를 토대로 진영 논리에 빠지지 않고 합리적인 대안을 제시했다. 특히 기획 단계부터 전문가를 참여시켜 다양한 측면에서 깊이 있게 기사를 풀어 나가, 자칫 식상할 수 있는 주제를 독자들에게 참신하게 전달했다는 평가를 받았다.

또 '시각장애인들, 길바닥 언어를 잃다'(사진부 박서강 류효진)가 제296회(2015년 4월) 이달의 기자상 전문 보도 부문을 수상했다. 이 사진은 "시각장애인들의 또 다른 언어라고 할 수 있는 유도블록의 설치 및 관리 실태를 세밀하게 심층 보도했다"는 평가를 받았다.

사회부가 단독 보도한 '세월호 비리 연루 재판 중인 운항관리자… 정부 무더기 특채 파문'도 제299회 이달의 기자상 취재보도1 부문 수상작으로 선정됐다. 자칫 소홀하게 다뤄질 세월호 사건 관련자들의 상황을 끈질기게 추적, 제도적 허점의 일면을 생생하게 드러내 보였다는 평을 받았다. 운항관리자 당사자들의 입장에서는 직업 선택의 자유라는 측면에서 억울한 부분이 없지 않을 것이라는 지적도 있었지만 이 기사가 우리 사회가 어떤 점을 보완해 가야 할 것인지에 대해 잘 보여주었다는 평가가 많았다.

2015년

서울 거리의 시각장애인 유도블록 중 70% 이상이 파손된 실태를 사진으로 고발한 4월22일자 View & 지면

사회부는 또 300회 이달의 기자상에서도 '광복 70년 독립운동가 70년'으로 기획보도 부문을 수상했다. 모두가 알면서도 그 실체를 정확히 확인하지 못했던 내용을 '최초의 전수조사'를 통해 표면으로 끌어냈다는 점에서 높은 평가를 받았다.

한편, 1월 23일에는 사진부 박서강 기자가 '가족상봉 앞둔 이산가족'이란 사진으로 한국사진기자협회(회장 홍인기)가 주관하는 제51회 한국보도사진전 시사스토리부문 최우수상을 수상했다. 이 상은 전국 신문·통신사 사진 기자들이 전년도 취재한 보도사진 출품작 500여점 중 41편을 선정(11개 부문)해 수여하는 상이다. 또 문화부 라제기 기자가 '이창동 감독, 칸 영화제 그리고 소통'이라는 칼럼으로 5월 26일 한국기자협회 선정 '2015 기자의 세상보기' 우수상을 수상했다.

# 2016년

한국일보도 혁신 DNA가 전파돼 빠르게 경영 정상화를 이뤄냈고,
차별화된 신문 지면으로 좋은 평가가 이어지고 있다. - 승명호 회장

박근혜 대통령의 '40년 지기'인 최순실씨로 인한 국정농단 사건이 온 나라를 뒤흔들었다. 헌정사상 두 번째 대통령 탄핵소추안 가결로 이어지며 역사의 한 페이지를 썼다. 이에 앞서 국민과의 소통에 실패한 여당의 총선 참패로 여소야대 국회가 출범하면서 극적인 변화를 맞았다. 고질적 접대문화를 바꿀 부정청탁금지법(김영란법)이 시행됐으며, 고위직 판·검사가 연루된 법조비리가 재발했다.

### 종이 신문 혁신하되, 디지털 개발에도 과감한 투자

2016년 1월 1일자 1면.

한국일보는 연중 기획 '위기의 한국경제 해법을 찾는다'를 통해 한국경제 현실을 진단하고 새로운 돌파구를 찾는 데 힘썼다.

2016 한국일보 신춘문예 5개 부문 당선작이 발표됐다. ▲시 '위험수복'(노국희) ▲소설 '제레나폴리스'(조선수) ▲희곡 '손님'(여진원) ▲동화 '401호 욕할 매'(심진규) ▲동시 '콧구멍에 낀 대추씨'(안안미)

한국일보 온라인 뉴스 '한국일보닷컴'이 1월 4일부터 다양한 뉴스 메뉴를 제공하는 것을 뼈대로 한 개편을 실시했다. 우선 '이슈 박스'에서 뜨거운 관심을 끄는 이슈 기사와 기획콘텐츠를 제공하게 됐다. 또 '멀티미디어 접시'라는 메뉴를 통해 동영상, 카드, 인터랙티브, 퀴즈, 투표 등 뉴스를 다양한 형태로 담아 독자들에게 제공했다. 아울러 '빨간 번개 아이콘' 메뉴를 신설해 최신 트렌드 기사를 한눈에 볼 수 있도록 했다. 마지막으로 반려동물, 자동차 등 마니아들을 위한 관심사 버티컬 페이지를 통해 좋아하는 뉴스만 몰아볼 수 있도록 했다.

이와 별도로 취업 연애 주거 등 동아시아 다른 나라 청년들의 고민과 해법을 살펴보는 '한·중·일 청년 리포트'를 4개 국어 버전으로 제공했다.

3월 17일에는 4·13 총선 특집 페이지 '리얼 톡'을 오픈했다. 선거 관련 기사를 한데 모으는 한편, ▲뒷이야기와 취재 현장을 전하는 '4·13 뒤끝 뉴스' ▲여론조사 결과를 바탕으로 판세와 유권자 민심을 분석하는 '정한울의 여론 읽기' ▲격전지 현장을 생생하게 전하는 '격전지는 지금' 등 다양한 뉴스를 준비했다. 특히 '4·13 리얼톡'에선 기자들이 정치인들의 주요 발언을 가감없이 전달했다. 품격 높은 어록급 멘트부터 저급한 막말까지 날 것 그대로 제공했다. 독자들은 발언 내용에 대해 '좋아요' 혹은 '싫어요'를 누르거나 댓글을 달아 의견을 나눌 수 있도록 했다.

1월 6일자로 편집국 DF추진단을 폐지하고 일부 부문장·부장 인사가 이뤄졌다. ▲종합편집부문장 지관식〈부장〉▲정치 이태규 ▲사회 김희원 ▲문화 김범수 ▲여론독자 정영오 ▲국제 김정곤 ▲논설위원 정진황

한국일보와 행정자치부가 공동 주최한 제12회 대한민국 지방자치경영대전 시상식이 1월 21일 대한상공회의소 국제회의장에서 열렸다. 충청남도와 대구 중구, 경북 성주군 등 3곳이 대상의 영예를 안았다.

### 한국일보, 구상금 소송 승소

한국일보가 서울경제를 상대로 제기한 196억 원대 구상금 소송에서 승소했다. 서울중앙지법 민사합의25부는 1월 22일 구상금 1심 소송에서 원고 승소 판결했다. 서울경제는 즉시 항소했지만, 같은 해 10월 7일 진행된 항소심(서울 고법 민사 20부)에서도 항소가 기각되고 원심대로 판결됐다. 한국일보는 11월 말 서울경제로부터 구상금 196억 원을 받아 신규사업에 투자했다.

2016 리우데자네이루 올림픽을 불과 반년 앞두고 브라질을 중심으로 지카 바이러스가 확산됐다. 1월 30일 기준, 신생아 중 230명이 소두증으로 확인됐고 이 중 5명이 사망했다. 임신한 모체가 지카 바이러스에 감염되면 태아가 소두증에 걸린 채 태어날 가능성이 제기됐다. 전 세계인들이 몰리는 올림픽을 앞둔 상황이라 우려는 더욱 컸다.

우리나라에서도 3월 22일 브라질에 업무차 다녀온 40대 남성이 모기에 물려 감염되는 등 같은 해 9월까지 총 13명의 국내 환자가 발생했다. 브라질에서는 지카 바이러스 유행으로 낙태가 화두로 떠올랐다. 그간 브라질에서는 성폭행으로 인한 임신, 출산이 산모의 생명을 위협하는 경우, 태아가 무뇌증인 경우 등을 제외하고 낙태를 금지했다.

### 알파고 vs 이세돌, 세기의 대국

구글 딥마인드가 개발한 인공지능 바둑 프로그램 '알파고'와 이세돌 9단의 바둑 대결이 3월 9일부터 서울 포시즌스 호텔에서 5번기(9일, 10일, 12일, 13일, 15일)로 펼쳐졌다. 대국 공식 명칭은 '구글 딥마인드 챌린지 매치'.

4국에서 승리한 뒤 웃고 있는 이세돌 9단.

이세돌 9단은 1~3국을 내리 패한 뒤 4국에서 180수 만에 백 불계승을 거뒀지만, 5국에서 다시 패하며 1승 4패를 거뒀다. 이 대국은 인공지능의 실체와 의미를 일깨웠다는 데에서 의미가 컸다. 아울러 향후 인류가 인공지능을 어떻게 활용해야 할지 고민하는 단초가 됐다.

한국일보는 이세돌 9단이 1국에서 패한 직후 사설에서 "인공지능이 인류의 마지막 자존심까지 무너뜨렸다"고 적었다. 사설은 "바둑은 그동안 컴퓨터가 함부로 넘볼 수 없는 영역으로 여겨졌다. 천문학적 경우의 수를 가진 데다 직관과 감각, 상상력과 창의성을 가미해야 하는 영역이기 때문"이라며 "그러나 알파고는 예상보다 훨씬 강했고, 최대 약점으로 꼽혔던 초반 포석에서도 한 치도 밀리지 않았다"라고 평가했다. 그러면서 "최종 승부는 별 의미가 없어졌다. 알파고의 학습·훈련 능력에 비춰 무적의 바둑 고수로 업그레이드될 것"이라고 전망하면서 "인공지능이 인류 문명사에 긍정적 영향을 미칠 수 있도록 지혜를 모아 가는 게 급하다"고 적었다.

한국일보는 문화부 초대 장관이자 '디지로그' 저자인 이어령 전 이화여대 석좌교수의 인터뷰도 게재했다. 이 전 교수는 한국일보와 인터뷰에서 "지금 우리가 걱정해야 할 것은 AI가 아니라, 냉정한 인식과 판단을 할 줄 아는 '인간 지능'"이라고 말했다. "메르스 사태처럼 쟁점이 생겼을 때 나라 전체를 풍미하는 쏠림 현상을 경계해야 한다"는 지적이었다.

4월 1일부터 1면을 제외한 모든 지면을 5단 편집에서 6단 편집으로 바꿨다. 이 경우 기사 한 단의 폭이 63㎜에서 56㎜로 줄어 좀더 짜임새 있는 느낌을 주게 될 것으로 판단했다. 또 기사 본문 활자 크기를 기존보다 10% 확대하고 행 간격도 넓혔다. 신문을 읽을 때 내용이 명확하게 전달되고 피로감은 줄이기 위한 조치였다.

### 임금 10% 인상… 2년 연속 두 자릿수 인상

2015년(11% 인상)에 이어 2016년에도 10% 인상을 골자로 하는 '2016년 임금협상'이 4월 8일 최종 타결됐다. 임금은 8% 인상하고, 2%는 아직 개선되지 못한 일부 연차와 계층에서 발생하는 임금 왜곡 현상을 완화하기 위해 사용키로 합의했다. 이 경우 15년차 기자 기준, 평균 연봉은 500만~600만 원가량 인상되는 효과를 냈다. 한국일보 노사는 이외에도 5개로 나뉘어 있던 임금 체제를 호봉제로 단일화하고 매해 3월 기자직은 5만 1,500원,

미디어경영직은 6만 원을 인상키로 합의했다. 또 진급 시 별도로 600만~1,000만 원가량의 추가 혜택이 돌아가도록 하고, 통상임금 비율도 조정해 기본급 수준을 70%까지 끌어올렸다. 통상임금 기본급 비율도 이번 협상을 통해 달라졌다. 기자직은 기존 57%에서 70%로 상향 조정됐고, 미디어경영직은 80%로 확정됐다. 통상임금 비율 조정에 따른 혜택은 연차수당과 육아휴직에서 발생한다.

4월 13일 실시된 제20대 총선에서 여당인 새누리당은 122석을 얻는데 그쳐 더불어민주당(123석)에 이어 원내 2당으로 밀렸다. 국민의당은 38석을 얻으며 '제3당'으로서 지위를 굳혔다. 한국일보는 총선 결과에 대해 "집권 세력에 대한 국민의 준엄한 심판"이라고 적었다. 이어 "국민이 박근혜 대통령과 여당에게 '이대론 안 된다'는 경고를 표로 보낸 결과다"라며 "여당은 '영남', 더불어민주당은 '호남'이란 지역주의도 무너뜨렸다"고 보도했

총선 결과를 전하는 4월 14일자 1면.

다. 사설에서도 "박근혜 정부의 권력 누수가 본격화할 것임과 동시에 '노동 개혁' 등 4대 개혁 과제에 대한 입법적 뒷받침도 사실상 어려워졌다"고 전망했다. 이어 "오랜만에 여소야대와 3당 체제를 갖추게 됐다"면서 "청와대와 여당은 총선에서 나타난 민의에 겸허히 따라야 한다"고 적었다. 또 "높고 두꺼웠던 지역주의의 벽이 곳곳에서 무너졌다"면서 김부겸 홍의락 이정현 정운천 후보의 승리를 거론했다. 그러면서 "대구에서 부산·경남 벨트를 거쳐 전남·전북으로 이어진 U자형 띠에서 지역주의 극복의 분명한 희망을 본다"라고 의미를 부여했다. 한국일보는 특히 20·30세대의 투표율이 급증한 점에도 주목했다. 실제로 사전 투표자 513만여 명 중 19~29세가 132만여 명(25.8%)으로 가장 큰 비중을 차지했다.

### 2016 한국 포럼… 저성장 해법은?

'2%대 저성장 고착화'라는 미로에 갇혀 발버둥 치는 한국 경제의 활로를 찾기 위해 2016 한국 포럼이 4월 20일 롯데호텔 크리스탈볼룸에서 개최됐다. '위기의 한국 경제, 새 길을 찾아서: 시장 혁신 탈규제'라는 주제로 진행된 이번 포럼에는 황교안 국무총리와 박용만 대한상공회의소 회장이 축사를, 윤증현 전 기획재정부 장관이 기조 강연을 맡았다.

이날 포럼에서는 기업을 일으켜 세운 사소한 아이디어부터, 우리 사회 전반의 제도 개선과 구조 개혁 논의까지 대한민국 경제 동력의 불씨를 살릴 각종 제안이 총동원됐다. 특히

4월 20일 서울 소공동 롯데호텔에서 열린 '2016 한국 포럼'에서 승명호 한국일보 회장 등 참석자들이 박수를 치고 있다.

지금이 우리 경제의 패러다임 전환을 이뤄내야 하는 '골든 타임'이라는 데 이견이 없었다. 정계 인사들은 여야 정파를 넘어선 초당적 협력의 필요성을 역설했다. 제1세션 '격변하는 글로벌 환경, 한국의 시장 전략은'에서 이일형 대외경제정책연구원장은 경제성장이 분배나 일자리 효과로 나타나지 못한 이유를 분석했다. 제2세션 '한국 기업 혁신만이 살길이다'에서는 윤종록 정보통신산업진흥원장이 소프트파워 중심 '제4차 산업혁명'의 의미를 풀었다. '재도약을 위한 규제 혁파'를 논의한 제3세션에서 박재완 전 기획재정부 장관(성균관대 국정전문대학원장)은 민간 주도 경제를 역설했다.

### 김정은 핵 도발과 개성공단 폐쇄

김정은이 5월 9일 조선노동당 위원장에 취임하면서 명실공히 북한 당·정·군 정점에 섰다. 북한은 2016년에만 두 차례 핵실험(1월 6일, 9월 9일)과 24차례의 탄도미사일 발사 등 도발 수위를 높였다. 국제 사회는 유엔 안보리 제재 결의와 한·미·일 제재 등으로 맞섰지만, 김정은의 '핵 질주'를 막지 못했다.

이보다 앞서 한국은 2월 10일 남북 교류·협력의 상징인 개성공단 가동을 전면 중단한다고 발표했다. 북한이 1월 6일 4차 핵실험에 이어 장거리 미사일(은하 3호) 도발까지 강행하자, 정부도 나흘 만에 초강수로 맞대응한 것이다. 한국일보는 2월 11일자 '남북 마지막 통로 끊겼다'는 머리기사에서 "정부는 남측 인원과 설비·자재 등을 조속히 철수시킨다는 방침이다. '북한의 핵·미사일 포기'를 공단 재가동의 전제조건으로 내걸어, 개성공단은 사실상 폐쇄 수순에 들어갔다"고 보도했다. 사설은 "우리 측의 선제 조치로 개성공단 가동이 중단된 것은 이번이 사실상 처음"이라고 의미를 부여한 뒤 "이번 압박이 실효적인 효과가 있을지는 의문이다. 남북 관계가 완전히 파국으로 치달을 상황에 대비해야 한다"고 당부했다.

이런 상황에서 중국 닝보의 북한 류경식당 종업원 13명의 집단 탈북(4월 5일), 태영호 주영 북한 공사 망명(8월 17일) 등 중산층 이상 북한 주민들의 이탈이 속출했다. 한국일보는 태 공사의 귀순 직후 사설에서 "북한에서 우대받았을 인사들의 탈북이 잇따르는 상황은 체제 불안이 상·하층으로 동시에 번지고 있음을 보여준다"면서 이번 고위층의 망명을 북한 세습·공포 정치의 실상을 일깨운 사례로 봤다. 일각에서는 "북한

집단 탈북한 류경식당 종업원들이 4월 7일 인천공항을 통해 입국해 국내 모처의 숙소로 향하고 있다. 당시 남성 1명과 여성 13명이 귀순했다.

엘리트층의 균열 조짐"으로 보는 시각도 있었다. 한국일보는 그러나 "엘리트층의 망명 러시를 점치지만, 북한 사회에 미칠 장·단기적 영향을 다 가늠하기 어렵다"며 신중론을 폈다.

5월 9일 제16대 필리핀 대통령 선거에서 로드리고 두테르테 후보가 당선돼 말라카냥 대통령궁에 입성했다. 한국일보는 "필리핀 유권자들이 막말 논란에도 불구하고 두테르테 시장(당시 다바오 시장)을 새로운 지도자로 뽑은 것은 정치 변혁에 대한 기대 때문이었다"라고 분석했다.

### 창간 여론조사, 높아진 "정권 교체" 목소리

창간 62주년 기념 여론조사는 차기 대통령 선거를 향한 민심을 물었다. 조사 결과 정권 교체를 바라는 응답이 정권 재창출을 기대하는 응답보다 무려 2배나 더 많았다. 한국일보는 6월 9일자 신문에 이 같은 여론조사 결과를 게재한 뒤 "정부의 국정운영과 집권 여당에 대한 불만이 높은 것"이라며 "4·13 총선 전후 공천 파동과 계파 갈등으로 이탈한 여권 지지층 다수가 여전히 실망을 거두지 않았다"라고 풀이했다.

'산업 개혁'도 주요 주제로 다뤘다. 한국일보는 창간 기획 '산업개혁 : 미래를 열다, 동행을 꿈꾸다'에서 "스마트 공장은 거대한 흐름이다. 스마트 공장을 도입하지 않는 기업은 공룡처럼 도태될 것"이라는 헤닝 버틴 독일 플랫폼 인더스트리 4.0 사무총장(민관합동 정책협의체)의 인터뷰 등 4차 산업혁명을 준비 중인 세계 각국의 현지 상황을 지면에 담았다.

창간 62주년 기념식이 6월 9일 연세세브란스빌딩 대회의실에서 열렸다. 승명호 회장은 창간기념사에서 2015년에 608억 원의 매출과 26억 원의 영업이익을 달성한 부분을 언급하며 "내·외부 이해 관계자나 독자, 타 언론사로부터 긍정적인 평가를 받고 있다"면서 "하지만 국내 미디어 시장에서는 누구 하나 올바른 저널리즘의 가치를 만들어 내지 못하는 실정이다"라고 지적했다. 그러면서 ▲저널리즘을 기반으로 한 디지털 혁신 ▲신사업 개발을

통한 안정적인 수익 창출 ▲새로운 조직 문화 형성을 강조했다.

### 브렉시트, 유럽연합 균열… 반세계화 확산

영국의 브렉시트 상황을 전하는 6월 25일자 1면.

영국민들이 6월 23일 국민투표를 통해 43년 만에 EU 탈퇴(브렉시트·Brexit)를 결정했다. 탈퇴가 51.9%로 잔류(48.1%)보다 높은 득표율을 얻었다. 사전 여론조사에선 잔류 결정이 나올 것으로 예상됐지만, 결과는 반대였다. 늘어나는 이민자들로 인한 일자리 감소, 복지 부담 증가, EU의 불합리한 규제 등에 불만을 가졌고 결국 브렉시트로 이어졌다. 한국일보는 "영국은 고립주의를 선택했다"면서 "영국이 가입 43년 만에 EU와 결별함으로써 유럽은 물론, 세계 정치·경제 지형의 대격변이 예상된다. 반난민 정서에 힘입은 브렉시트가 EU 이탈 도미노로 이어질 수 있다"면서 극단적 고립주의의 범람 가능성도 제기했다.

브렉시트 직후 코스피가 4년여 만에 최대 낙폭으로 급락하는 등 아시아·유럽 증시가 폭락했다. 원·달러 환율도 30원 가까이 폭등하고 영국 파운드화는 하루 새 10% 넘게 급락했다. 한국일보는 사설에서 "브렉시트 파장은 장기 악재다. 올해 내내 글로벌 경제 전반에 부정적 영향을 드리울 것"이라며 "이런 충격파는 우리 경제에도 닥칠 수밖에 없다. 정부는 거시경제와 시장 안정을 위한 비상 대응에 빈틈없도록 상황별 플랜을 가다듬어야 한다"고 주문했다.

한편, 투표 결과로 데이비드 캐머런 총리는 사임하고, 영국의 두 번째 여성 총리인 테리사 메이가 취임했다. 아울러 유럽의 극우파들은 더욱 힘을 키우는 등 반 세계화 경향이 더 거세졌다. 브렉시트 이후 파운드화 가치가 31년 만에 최저로 떨어지고 엔화 가치는 폭등하는 등 금융시장이 요동쳤다. 인현우 기자가 런던에 급파돼 브렉시트 국민투표 현장을 생생하게 취재·보도했다.

한·미 군 당국은 7월 13일 미국의 고고도미사일방어체계(사드·THAAD)를 경북 성주에 배치한다고 공식 발표했다. 부지 발표 전부터 후보지로 거론되는 곳마다 반대 집회가 열렸고, 당초 성산 포대가 부지로 낙점되자 강력한 저항이 전개됐다. 결국 한·미 군 당국은 전자파 유해성 논란에서 상대적으로 자유로운 성주 내 롯데 골프장으로 부지를 변경했다. 중국은 사드가 자신들을 겨냥한 것이라며 거세게 반발했다. 한류 연예인 출연을 금지하는 '금한령'(禁韓令)을 내리고 사드 부지를 제공하기로 한 롯데의 중국 사업장에 대한 세무조사에 나서는 등 압박 범위를 문화·경제 영역으로 확장했다.

국내 1위 원양 선사였던 한진해운이 장기 부진의 늪에 빠져 8월 31일 결국 법원에 법정관리를 신청, 해운업계를 충격에 빠뜨렸다. 이후 전 세계 항만에서 한진해운 선박을 억류하거나 화물 하역을 거부하는 등 글로벌 물류 대란으로 이어졌고, 국내 해운업계 전체에도 막대한 피해가 발생했다. 3개월 만에 한진해운 선박 141척의 하역 작업이 모두 완료되면서 물류대란은 일단락됐지만, 한진해운은 물적·인적 자산이 뿔뿔이 흩어지면서 결국 이듬해 2월 파산 선고를 받았다. 이 과정에서 현대중공업과 대우조선해양, 삼성중공업 등 '빅3'는 자산 매각과 독 축소, 인력 30% 감축 등 자구 계획을 발표했고, 수천 명이 희망퇴직으로 일터를 떠나는 등 대대적인 구조조정이 진행됐다.

한국일보는 사설에서 "지난 40년간 5대양 6대주를 누비며 '해운 한국'을 이끈 거함이 역사의 뒤안길로 사라지게 됐다"고 적었다. 이어 "남은 문제는 후폭풍을 최소화하기 위한 대책"이라며 "우리 해운과 항만 산업의 재건을 위한 전략적 정책이 가장 중요하다"고 지적했다.

### 코리아타임스도 사옥 이전

코리아타임스가 9월 2~3일 서울 서대문구 임광빌딩에서 한국일보가 입주해 있는 중구 세종대로 와이즈타워 14층으로 사무실을 이전했다. 코리아타임스는 1950년 창간 이후 처음으로 한국일보 제호 옆에 코리아타임스 제호를 나란히 걸게 됐다.

추석 연휴를 코앞에 둔 9월 12일 오후 8시 33분 경북 경주시 남남서쪽 8.7㎞ 지점(내남초등학교 인근)에서 5.8 규모의 지진이 일어났다. 앞서 오후 7시 44분 경주 남남서쪽 8.2㎞ 지점에서도 5.1 규모 지진이 발생했다. 진도 5.8 규모의 지진은 1978년 지진 관측이 시작된 이후 당시까지 한반도에서 발생한 지진 중 가장 강력한 규모였다. 이후 12월까지 540회 이상 여진이 발생했다.

국민안전처에 따르면, 이 지진으로 23명이 다쳤고 경주, 울산, 포항 등에서 5,120건의 재산 피해가 발생했다. 경주에 있는 월성원자력발전소 1~4호기도 가동을 중지했다가 3개월 만에 재가동했다. 특히 불국사 다보탑의 상층부 난간석 일부가 내려앉으며 훼손됐다. 한국일보는 전문가들의 원인 분석과 함께 "최악의 상황에 대비한 지진 대응 시스템을 다듬어야 한다"고 주문했다. 사설은 서울의 내진 설계 건물 등을 사례로 들며 "정부는 건축물의 내진 설계를 강화하고, 지진 대응 매뉴얼을 다듬어야 한다"면서 "특히 원전과 방사성폐기물 처분장의 안전성을 철저하게 점검해야 한다"고 적었다. 또 "기후 변화와 환경문제로 원전과 석탄 발전 비중을 줄여 나가는 세계적 추세를 고려, 에너지 정책도 원점에서 새로 짜는 게 옳다"고 주장했다.

이 무렵 경쟁 매체 기자들이 부러워하는 한국일보 임직원을 대상으로 한 해외 워크숍이 이어졌다. 2015년 논설위원과 부장단들이 분기별로 베트남, 말레이시아 등으로 워크숍을 떠난 데 이어 2016년 9월 24일에는 입사 1년차 기자들이 4박 5일 일정으로 말레이시아를 다녀왔다. 일정은 문화 체험 및 취재, 관광, 해외사업장 투어 등으로 진행했다.

부정 청탁 및 금품 등 수수 금지에 관한 법률(김영란법)이 9월 28일 시행됐다.

한국일보는 "투명 사회를 향해 첫발을 뗐다"고 평가했다. 사설도 김영란법의 핵심 축을 ▲부정 청탁 금지와 ▲금품수수 금지로 정의했다. 그러면서 "직무 관련성 개념이 모호해 법 적용의 혼선이 우려된다. 초기엔 적지 않은 혼란이 일어날 것"이라며 "미비점을 계속 보완해 혼란을 최소화해야 한다"고 당부했다.

### 최순실 국정 농단 사건과 탄핵

9월부터 대통령 '비선 실세' 최순실의 국정농단 사건이 불거졌다. 첫 보도는 9월 20일 미르·K스포츠재단 설립에 관여했다는 것이었다. 이후 10월 24일 박 대통령의 연설문을 포함한 청와대 비밀 자료가 유출됐다는 보도가 뒤따르면서 국민적 분노를 샀다. 박 대통령은 이튿날 대국민 사과를 하고 일부 의혹을 인정했지만, 최씨 일가를 둘러싼 각종 의혹이 제기되면서 파장은 더욱 커졌다. 검찰은 최씨를 비롯, 국정 농단을 도운 혐의로 안종범 전 청와대 정책조정수석과 정호성 전 부속비서관을 구속하고 이들의 공소장에 박 대통령을 공동정범으로 적시했다.

검찰의 조사 요구에 불응한 박 대통령은 11월 29일 3차 대국민담화에서 진퇴 문제를 국회의 결정에 맡기겠다고 선언했다. 국회는 12월 9일 탄핵소추안을 압도적 찬성(234명)으로 가결해 헌법재판소로 넘겼다.

한국일보는 12월 10일자 1면에 국회가 탄핵안을 가결한 상황을 전하며 '촛불, 주권을 세우다'라는 제목과 함께 "2016년 12월 9일 대한민국은 비극의 역사와 민주주의 진보의 역사를 동시에 썼다"라고 보도했다. 또 ▲탄핵안 가결까지의 일지 ▲향후 정·관계 전망 ▲헌법재판소의 탄핵 심판 전망 ▲경제 불확실성 ▲사령탑 잃은 외교 현황 등을 다각도로 살폈다. 국회 탄핵소추안 처리를 전후로 전국에서 촛불집회가 전개됐다. 10월 29일 2만 명(주최 측 추산)으로 시작한 촛불집회는 이후 갈수록 규모가 커졌다. 박 대통령의 3차 담화 직후인 12월 3일에는 경찰 추산 순간 최다 인원 43만 명이 집회에 참여했다.

급박한 정국 상황에서 '세월호 선언 등 9,473명, 문화계 블랙리스트 확인'(문화부 조태성)과 '세월호 수색 한창때 朴은 미용 시술 흔적'(사진부 박서강)이 제316회(2016년 12월) 이달의 기자상 취재보도·기획보도 부문 수상작으로 동시에 선정됐다.

2016년

## <70대 특종> 문화예술계 블랙리스트 확인

2016년 10월 12일자 한국일보 1면에 소문으로 알려졌던 문화계 블랙리스트의 실재를 확인시키는 특종 기사가 게재됐다(사진). 당시 박근혜 대통령의 청와대가 2015년 문화예술계에서 검열해야 할 9,473명의 명단을 작성해 문화체육관광부로 내려보냈다는 주장과 이를 뒷받침하는 자료였다. 도종환 더불어민주당 의원이 전날 국정감사에서 한국문화예술위원회 회의록을 토대로 청와대가 정치검열을 위한 예술계 블랙리스트를 가지고 있다고 주장한 것과 궤를 같이하는 자료이기도 했다.

한국일보가 입수한 자료에 따르면 문제의 블랙리스트는 관련 인사들을 크게 네 부류로 나누고 있었다. 2015년 5월 1일 '세월호 정부 시행령 폐기 촉구 선언'에 서명한 문화인 594명, 2014년 6월 '세월호 시국선언'에 참여한 문학인 754명, 19대 대선 당시 '문재인 후보 지지 선언'에 참여한 예술인 6,517명, 2014년 서울시장 선거에서 '박원순 후보 지지 선언'에 참여한 1,608명이다.

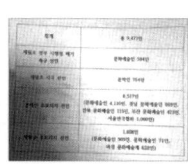

이 자료를 넘겨준 인사는 중도 언론으로서 한국일보의 위치에 공감, 심사숙고 끝에 역사적 흐름을 바꾸는 자료를 공개한 것으로 알려졌다. 당시 한국일보 기사는 "(해당 자료의) 표지 뒤에는 9,473명의 구체적 명단이 리스트로 붙어 있었고, 이 때문에 이 문건은 A4용지로 100장이 넘어가는 두꺼운 분량이었다"는 제보자의 설명도 함께 소개했다.

문화계 블랙리스트는 큰 파장을 일으켰다. 주요 언론의 후속 보도가 이어졌고, 가뜩이나 하락세였던 박근혜 정권의 국민적 신뢰는 더욱 추락하게 되었다. 그 이후의 역사는 사상 최초의 현직 대통령 탄핵과 구속으로 이어졌다. 해당 특종을 보도한 조태성 기자는 이달의 기자상 수상소감으로 "블랙리스트 이후 서로가 서로를 의심하고 못 믿는, 그런 상황이 제법 되는 것 같다. 이 파문이 온전하게 정리된 뒤, 이 모든 바람이 잦아든 뒤 그분들 모두가 웃음을 되찾을 수 있길 기원한다"고 말했다.

국회 탄핵소추안 가결을 알리는 12월 10일자 1면.

2016년

'노래하는 시인' 미국 가수 밥 딜런이 10월 13일 대중음악가로는 116년 역사상 최초로 노벨문학상 수상자로 선정됐다. 스웨덴 한림원은 "1960년대 반전운동의 상징인 딜런이 만들고 부른 서정적인 사회참여 노래들이 문학적 성취를 이뤘다"고 선정 이유를 밝혔다. 한국일보는 "반전을 노래하면서도 아름다운 은유를 구사하고, 평화와 자유를 갈구하는 서정적 시어를 다루는 능력을 높이 샀다"고 분석했다. 또 딜런의 주요 작품 연보와 함께 김민기 등 한국 1세대 포크 음악인들에 미친 영향에 대해서도 보도했다.

10월 14일자 1면.

## '이단아' 트럼프, 미 대선 승리

도널드 트럼프 공화당 대선 후보가 11월 8일 실시된 대통령 선거에서 미국의 제45대 대통령으로 당선됐다. 러닝메이트(부통령 후보)는 마이크 펜스였다. 전국 득표율(45.98%)에서는 경쟁 후보인 힐러리 클린턴(48.08%)에 미치지 못했지만 각 주에 할당된 선거인단 확보 수에서 우위를 차지했다.

'아웃 사이더' '이단아'로 불렸던 트럼프가 미국 대통령에 당선되면서 전 세계는 트럼패닉(트럼프+패닉)에 빠졌다. 그만큼 누구도 예상하지 못한 대이변이었다. 아울러 경선 과정에서 내내 '미국 우선주의' 노선을 분명히 했던 트럼프였기에 "세계 질서가 불확실성의 바다로 빠질 것"이라는 우려가 나왔다. 예상치 못한 트럼프의 승리 요인으로는 오바마 정권 8년에 염증을 느꼈던 중산층 이하 백인 계층이 '반이민주의'와 '보호무역주의'를 내세운 트럼프에 표를 결집시킨 것으로 분석됐다. '러스트벨트(쇠락한 공업지대)'와 '앵그리 화이트(성난 백인)'가 느끼는 분노의 표현이었다는 해석도 나왔다.

체 게바라와 함께 쿠바 공산 혁명의 아버지로 불리는 피델 카스트로 전 국가평의회 의장이 11월 25일 향년 90세의 나이로 사망했다.

12월 29일 실·국장급 인사가 발표됐다. ◇승진 ▲이사 주필 황영식 ▲이사 콘텐츠본부장 황상진 ▲편집국장 이성철 ◇보직 임명 ▲지방자치연구소장 겸임 논설위원 고재학 ▲콘텐츠본부디지털콘텐츠국장직대 최연진 ▲AD전략국장 정영오

이에 앞서 2016년 연중 내내 필수 인력에 대한 개별 입사가 이뤄졌다. ▲서상현 박지연 맹하경 윤태석(2월) ▲원하나 이호현 이상환 김동욱(4월) ▲박준석 고남열 조영빈(5월) ▲김표향 이탁희(6월) ▲곽주현 김정현 박재현 박진만 이상무 정반석 한소범(74기 견습기자·6월 22일자) ▲민재용 김지섭(11월) ▲이건우 박수영 김태헌 강수현 김반석(12월)

# 2017년

디지털 혁신을 위한 타사의 다양한 활동과 시도,
한국일보 또한 예외일 수 없다. —승명호 회장

### 2017년 화두는 청산·재정립·선택

2017년 정유년 새해를 맞아 '다시 반듯하게'라는 슬로건과 함께 '청산' '재정립' '선택'이란 세 가지 키워드를 제시했다. 이어 '무엇을 청산할 것인가'(1월 2일자) '참보수·참진보의 재정립'(3일자) '국민은 지도자가 아닌, 심부름꾼을 원한다'(4일자) 등 세 차례에 걸쳐 한국 사회의 과제를 심층 진단했다.

아울러 지능 정보 사회로의 변환도 놓치지 않았다. '데이터 혁명이 시작됐다'라는 신년 기획을 통해 '축적된 데이터가 바꾸는 미래' '꿈보다 더 꿈

2017년 1월 1일자 1면.

같은 현실' '자율 주행 차와 커넥티드 카' '4차 산업혁명의 생산 현장' 등 6차례에 걸쳐 미래 과학기술 발전을 전망하고 현재 산업 현장을 발로 뛰었다.

사내 그린넷이 1월 3일 새롭게 오픈했다. 먼저 PC와 노트북, 스마트폰 등 다양한 기기와 브라우저를 지원, 쉽게 그린넷을 사용할 수 있게 됐다. 외부에서도 보안 인증 절차를 간편화해, 좀더 빠르게 그린넷에 접근할 수 있게 됐다. 또 엘로우 페이지, 경조사 알림 게시판을 신설해 임직원 소식을 알기 쉽게 접하게 됐다. ▲팀 업무 소통 공간인 '팀 사이트' ▲회사 소식과 문화 행사 등을 한눈에 보는 '조직 문화' ▲혁신 활동별 성공·실패 사례를 공유하는 '경험 공유' ▲회사 규정을 한곳에서 볼 수 있는 '온라인 매뉴얼' 게시판도 새로 생겼다. 이 밖에 ▲위임전결 즐겨찾기 ▲결재선 디자인 변경 ▲병렬 합의 등 세부 기능도 새로 생기거나 업그레이드됐다.

2017년

1월 8일 편집국 산하에 뉴스1부문, 뉴스2부문을 신설 편제하는 내용의 조직개편(9일자)이 이뤄졌다. ▲미디어전략실장 이희정 〈부문장〉▲뉴스1 이태규 ▲뉴스2 이창선 ▲편집 유병주 〈부장〉▲정치 김정곤 ▲경제 박일근 ▲산업 장학만 ▲사회 정진황 ▲정책사회 이영태 ▲지역사회 한창만 ▲국제 양홍주 ▲기획취재 김희원 ▲스포츠 최형철 ▲멀티미디어 손용석 ▲그래픽뉴스 김문중 ▲편집1 지관식 ▲편집2 유재천 ▲편집3 이직 ◇디지털콘텐츠국 ▲웹뉴스팀장 김영신 ▲SNS팀장 강지용 ▲영상팀장 강희경 ▲기획뉴스팀장 최진주 ▲마케팅팀장 이호현 ▲동그람이팀장 고은경 ◇미래전략실 ▲문화기획단장 겸 지방자치연구부소장(선임기자) 최진환 ◇AD전략국 ▲AD3팀장 박철우

반려동물 이야기 디지털콘텐츠 '동그람이'의 역할도 강화됐다. 9일자 조직개편을 통해 뉴스기획팀 아래 있던 동그람이를 개별팀으로 분리했고 전담인력(기자, 에디터, PD, 서비스기획자) 채용도 진행됐다. 고은경 기자가 2014년 홈페이지에 연재한 칼럼 '반려동물 이야기'로 시작한 동그람이는 '동물'이라는 한정된 주제만으로도 페이스북 기준 '좋아요' 11만 개를 기록할 정도였다.

### 2017 한국일보 신춘문예, '쓰나미 오는 날' 등 수상

2017년 한국일보 신춘문예 5개 부문의 당선자 6명(동화 공동 당선)이 선정됐다. 시상식은 1월 25일 오후 4시 한국프레스센터 20층 국제회의장에서 열렸다. ▲시 '전원 미풍 약풍 강풍'(윤지양) ▲소설 '쓰나미 오는 날'(고민실) ▲희곡 '그린피아 305동 1005호'(주수철) ▲동화 '가정방문'(최수연) '두근두근 두드리기'(최현진) ▲동시 '서산 마애불'(박경임)

도널드 트럼프 미국 대통령이 1월 21일 대통령 취임식에서 '미국 우선주의'(America First)를 강조한 데 이어 관련 정책을 실행에 옮기면서 전 세계가 요동쳤다. 미국 내에서는 이슬람 국민 미국 입국을 제한하는 '반(反)이민' 행정명령, 멕시코 국경 장벽 건설, 불법 체류 청소년 추방 유예 제도 폐지 등을 밀어붙였다. 밖으로는 북미자유무역협정(FTA) 재협상, 환태평양경제동반자협정(TPP) 탈퇴 등을 공식 선언했다. 또한 파리기후협약과 유네스코를 탈퇴하고 예루살렘을 이스라엘의 수도로 인정해 국제사회의 비난이 쏟아졌다.

설날을 맞아 1월 26일 한국일보 전 임직원을 대상으로 격려금이 지급됐다.

사상 처음으로 서로 다른 유형의 구제역 바이러스가 동시에 발생하자 정부가 위기 경보를 최고 단계로 높였다.

### '1호 동남아 특파원' 파견, 김정남 독살 취재

정민승 기자가 2월 1일 베트남 호찌민에 '한국일보 동남아 특파원'으로 부임했다. 한국일보는 동남아 지역이 ▲한국과 밀접하고 ▲경제적으로도 발전 가능성이 크며 ▲한류 바람이 강해 차별화된 콘텐츠를 만들 수 있다고 판단했다. 정 기자는 이미 전년도 6월 동남아

특파원으로 내정된 뒤 6개월가량 준비를 거쳤다. 특파원 사무실은 베트남 호찌민에 마련됐다. 정부 기관은 하노이에 있지만 인도네시아, 캄보디아, 미얀마, 라오스 등 주변 국가로의 이동성을 고려한 결정이다.

한국일보가 베트남에 진출한 이후 타 언론사들도 잇달아 베트남에 취재기자를 파견했다. 아시아투데이가 2019년 2월 특파원을 보냈고, 연합뉴스가 같은 해 4월 하노이에 동남아 총국을 열었다. 파이낸셜뉴스도 2020년 1월 1일 베트남 특파원 파견 사실을 알렸다. 조선일보는 2019년 단기 특파원을 파견했고, 한국경제신문도 사내 연수특파원 형식으로 같은 해 8월 하노이 특파원을 보냈다.

김정남 피살을 다룬 한국일보 지면.

베트남 특파원 파견 직후, 김정일 북한 국방위원장의 큰아들이자 김정은 노동당 위원장의 이복형인 김정남이 피살됐다. 2월 13일 말레이시아에서였다. 한때 김정일의 후계자로도 거론됐던 김정남의 급작스러운 사망 소식이 한반도 안보 상황 및 박근혜 대통령 탄핵 정국과 맞물려 파장이 확대됐다. 이어 말레이시아 경찰은 16일 여성 용의자 1명과 이 여성의 도주를 도운 택시기사 등 남녀 커플을 추가로 체포했다. 정 특파원이 현지에 급파되면서, 한국일보는 급박하게 돌아가는 현지 상황을 경쟁 매체보다 빠르게 전달할 수 있었다.

서울중앙지법은 2월 17일 이재용 삼성전자 부회장에 대한 구속영장을 발부했다. 삼성 창립 이래 총수가 구속된 건 이 부회장이 처음이었다. 이 부회장은 삼성그룹 경영권 승계 과정에서 도움을 받기 위한 목적으로 최순실의 딸 정유라를 지원하고 미르·K스포츠재단에 204억 원을 출연한 혐의 등을 받았다. 이 부회장 측은 그러나 정씨에 대한 지원과 재단 출연에는 대가 및 부정 청탁이 없었다고 맞섰다.

'최순실 게이트'를 수사하고 있던 박영수 특별검사팀은 앞서 1월 16일 이 부회장에 대해 구속영장을 청구했지만 19일 기각됐다. 이에 특검팀은 2월 14일 '구속영장 재청구'라는 초강수를 동원한 끝에 결국 '구속'이란 성과를 냈다. 법원이 이 부회장에 대한 영장을 발부함에 따라, "삼성의 최순실 일가 지원과 청와대의 이 부회장 경영권 승계 사이에 대가성이 있었다"는 특검의 주장을 인정한 것으로 해석됐다.

3월부터 지면과 콘텐츠를 개편했다. 3월 2일자 '알립니다'에서 "기자들의 땀이 밴 현장·

심층 기획물, 각계 전문가들이 참여하는 고품격 연재물, 사진과 그래픽 뉴스까지 깊이와 재미를 더한 콘텐츠로 독자를 찾아갈 것"이라고 밝혔다.

매일 다양한 분야의 새 기획물을 지면에 배치했다. 월요일엔 '특파원 24시', '강소 기업이 미래다', 화요일엔 '범인 잡는 과학', 격주로 '2017 갈등 리포트' 등을 연재했다. 목요일에는 베트남 특파원의 '짜오! 베트남', '이동진 김중혁의 영화당', 금요일에는 '당신이 히든 히어로'(스포츠) 등을 마련했다.

수요일자에는 새로운 섹션 '겨를'이 독자들을 찾아갔다. 바쁜 와중에 시간적 여유를 뜻하는 우리말 '겨를'처럼 여행, 대중문화, 음식, 패션, 자동차 등 일상 소재를 다뤘다. 토요일판은 '끌림'이란 타이틀을 붙여 스트레이트 뉴스를 최소화하는 대신 주로 기획·연재 콘텐츠를 선보였다.

분야별 연재 코너도 신설했다. 정치권 속살을 엿보는 ▲여의도가 궁금해?, 문화계 인사들이 인생을 뒤흔든 계기를 소개하는 ▲나를 키운 8할은, 21세기 세계 산업계를 이끄는 ▲글로벌 Biz 리더, 국내외 생태환경을 짚어보는 ▲아하! 생태! 지구촌 뉴스 ▲Behind&, 인포그래픽 ▲D+D 등이었다.

**박근혜 대통령, 파면**

헌법재판소가 3월 10일 전원일치 의견으로 박 대통령 탄핵소추안을 인용했다. 이정미 헌재소장 권한대행은 이날 "피청구인(박 전 대통령)이 최순실씨의 사익을 위해 대통령의 권한을 남용하고도 잘못을 숨기고 수사에 불응한 것은 헌법 수호 관점에서 용납될 수 없는 중대한 법 위배 행위"라며 "법 위배 행위가 헌법 질서에 미치는 부정적 영향과 파급 효과가 중대하므로 피청구인을 파면함으로써 얻는 헌법 수호의 이익이 압도적으로 크다"고 밝히면서 대통령 파면을 주문했다.

헌정사상 첫 대통령 파면에 한국일보를 비롯한 일간지 대부분은 1면 전면에 박 전 대통령 탄핵 관련 사진과 기사를 담았다. 특히 한국일보는 11일자 1면에 게재된 '다시 희망을 보다'는 헤드라인만으로도 눈길을 사로잡았다. 한국일보는 "대통령 탄핵이 새로운 정치·사회적 혼란의 시작이 돼서는 안 된다. 대통령 파면이라는 비극적 사태를 극복하고 투명한 국가운영과 정치에 다가서는 출발점이 될 수 있도록, 헌법 개정 등 모든 수단을 강구하기 위해 국민 모두가 지혜를 모아야 한다"고 주장했다. 그러면서 '제왕적 대통령제로 비판되는 우리 헌법의 권력구조가 박 전 대통령의 헌법과 법률 위반 행위를 가능하게 한 필요조건'이라고 밝힌 탄핵 결정의 보충 의견에 각별히 주목해야 한다고 덧붙였다.

사설에서도 박 전 대통령을 비판하고 사과를 촉구했다. 한국일보는 사설에서 "더 이상의 분열을 막기 위해서는 박 전 대통령이 먼저 나서서 일부 지지자들의 과격 행동을 자제시키는 것이 무엇보다 급하다"며 "하지만 박 전 대통령은 헌재 결정에 대해 아무런 입장을 밝히지 않고 있다. 탄핵 결정으로 인한 충격을 이해하지 못할 바는 아니나 그렇다고 대국민 입장 발표도 하지 않고 침묵하는 것은 너무 무책임하다"고 비판했다. 13일부터는 '굿바이 낡은 리더십' 기획 기사를 8개 면에 걸쳐 배치하고 새로운 민주적 리더십의 필요성을 강조했다.

주한미군 사드(고고도 미사일방어체계) 배치 문제를 둘러싼 중국과의 갈등이 심화했다. 3월 사드 발사대 2기가 오산 기지로 들어오고, 4월 말 사드 부지인 성주 기지에 발사대, 사격통제레이더 등 장비가 반입되자 갈등은 최고조에 이르렀다. 2016년 한류 연예인 출연 금지 등 문화

3월 11일자 1면 지면.

영역에서 출발한 중국의 보복은 2017년 들어 사드 부지를 공여한 롯데로 확대됐다. 롯데의 중국 사업장에 대한 일제 소방·위생 점검과 영업 정지, 한국행 단체여행 상품 판매 중단 조치 등으로 이어졌다.

세월호가 침몰 해역에서 끌어올려져 3년 만인 2017년 4월 11일 목포신항으로 옮겨졌다. 이로써 2014년 4월 15일 인천항을 떠난 세월호는 1,081일 만인 3월 31일 인천항이 아닌 목포항으로 귀항했다. 땅 위로 옮겨져 선체 세척과 방역을 거친 뒤 미수습자 수색과 침몰 원인 조사 등 진실규명 작업이 본격화됐다. 7개월에 걸친 수색 끝에 객실 구역과 침몰 해역에서 일부 희생자들의 유해가 수습돼 장례가 치러졌다. 그러나 단원고 박영인·남현철 군, 양승진 교사, 부자지간인 권재근씨와 혁규군의 유해는 찾지 못했고 가족들은 11월 18일 '유해 없는 장례'를 치렀다.

4월 12일 한국일보 노조위원장 겸 기자협회 지회장에 배성재 기자가 선출됐다.

2017년

### 5월에 치러진 '장미' 대선, 문재인 당선

19대 대선 공식 선거운동이 4월 17일부터 시작됐다. 5당 후보들은 저마다 새로운 캐치프레이즈를 꺼내 들고 승부에 돌입했다. 제19대 대통령 선거(5월 9일)를 앞두고 대선 사상 첫 사전투표가 4~5일 이틀 동안 진행됐다. 사전투표에는 무려 1,107만 명이 참여, 당시까지 사전 투표율 역대 최고(26.06%)를 기록했다. 유권자 4명 중 1명이 미리 대선 투표를 마친 셈으로, "이 추세대로라면 대선 투표율이 80%를 넘을 수도 있다"는 관측까지 나왔다.

장미가 만개하는 시기여서 '장미 대선'이란 별칭까지 붙여진 5월 9일 대선에서는 더불어민주당 문재인 후보가 41.08%의 득표율을 기록하며 제19대 대통령에 당선됐다. 대선은 ▲민주당 문재인 ▲자유한국당 홍준표 ▲국민의당 안철수 ▲바른정당 유승민 ▲정의당 심상정 후보의 5파전으로 치러졌다.

문재인 대통령은 당선 후 국정과제 1호로 '적폐 청산'을 선언했고, 검찰은 이명박·박근혜 정부의 각종 의혹을 파헤쳤다. 또 문재인 정부는 신고리 원전의 건설 여부를 결정하는 과정에서 일반 시민이 참여하는 공론조사를 시행하기도 했다. 특히 치솟는 집값을 잡기 위해 강력한 규제안을 담은 8·2 부동산 대책을 내놓았고, 2018년 시간당 최저임금을 17년 만에 최대 폭으로 인상해 7,530원으로 책정했다.

문 대통령은 10일 새 정부 초대 국무총리 후보자로 호남 출신의 이낙연 전남지사를, 국가정보원장 후보자엔 서훈 전 국정원 3차장을 내정했다. 아울러 비서실장에 임종석 전 의원, 경호실장에 주영훈 전 경호실 안전본부장을 각각 임명했다.

| 1 | 절대 혼밥 하지 마라 |
| 2 | 검찰을 수족으로 생각 마라 |
| 3 | 전용기 세워 두지 마라 |
| 4 | 구정권 색깔 지우기 집착 마라 |
| 5 | 청와대 몸집 키우지 마라 |
| 6 | 기업인 만나되 독대하지 마라 |
| 7 | 정부조직 붙였다 뗐다 그만하라 |
| 8 | 시장 이기려 들지 마라 |
| 9 | 포스코 KT는 쳐다보지도 마라 |
| 10 | 블랙이든 화이트든 명단 만들지 마라 |

한국일보가 5월 15일자 1면에 제언한 '새 정부가 하지 말아야 할 10가지'.

한국일보는 15일자 지면을 통해 문재인 새 정부에 10가지 'Do Not 리스트'(하지 말아야 할 일들)를 제언했다. 한국일보는 전임 박근혜 정부가 불통과 독선으로 몰락했다고 보고 이를 반면교사로 삼아야 한다고 지적했다. 아울러 모든 것을 '다 하겠다'는 과욕보단 '하지 말아야 할 일'을 우선 선별해야 한다고 주장했다.

이보다 앞선 5월 11일부터는 '대통령에게 보내는 편지' 5통을 게재해 '힘의 정치'가 아닌 '정치의 힘'을 보여주길 바랐다. 5통의 편지는 문재인 대통령에게 소중한 한 표를 던진 40대 가장부터 시작해 다른 4명의 상대 후보자에게 투표한 주부, 대학생 등이 새 대통령에게 바라는 생각을 솔직하게 담았다.

### 초유의 인사 태풍… 중앙지검장에 윤석열

고강도 개혁을 앞둔 검찰에 메가톤급 인사 태풍이 몰아쳤다. 문 대통령은 5월 19일 서울

중앙지검장에 윤석열 대전고검 검사를 승진 임명하고, 법무부 검찰국장에는 박균택 대검 형사부장을 보임했다. 중앙지검장 인사는 충격에 가까웠다. 전국 최대 규모 검찰청으로, 중요 사건 수사를 도맡다시피 하는 중앙지검 수장은 검찰 서열 '넘버 2'로 평가되는 자리다. 노무현 정부 때인 2005년 이후 고검장급 간부가 맡는 것이 관례였다. 차장검사급인 윤석열 검사가 임명된 것은 사실상 두 단계나 승진(차장검사→검사장→고검장)한 셈이었다. 전임 18기(이영렬 고검장)에서 23기(윤석열 고검 검사)로 무려 5기수나 건너뛴 기수 파괴 인사이기도 했다. 문 대통령은 이날 김이수 헌법재판소 재판관을 헌법재판소 소장으로 지명했다. 하지만 김이수 내정자에 대한 헌재 소장 임명동의안은 인사청문회 95일 만인 9월 11일 국회에서 부결됐다.

문재인 대통령은 5월 21일 경제부총리 겸 기획재정부 장관 후보자에 김동연 아주대 총장을, 외교부 장관 후보자에 강경화 유엔 사무총장 정책특보를 각각 지명했다. 김동연 후보자는 정통 경제관료로선 드문 '고졸 신화'의 대표적인 인물이고, 강 후보자는 사상 첫 여성 외교부 수장으로 발탁됐다는 점에서 주목받았다.

문재인 정부 국정과제 1호인 '적폐 청산' 기조에 따라 검찰은 7월부터 5개월 넘게 이전 정권을 대상으로 숨 돌릴 틈 없는 수사를 벌였다.

먼저, 이명박 정권 당시 국정원이 민간인 '댓글 부대' 40여개 팀을 운용하며 여론 조작을 벌인 사실을 밝혀냈다. 또 국방부 태스크포스로부터 군 사이버사령부가 2012년 대선을 앞두고 군무원을 동원해 댓글 공작을 벌인 단서를 입수, 김관진 당시 장관 등 군 수뇌부와 이명박 전 대통령의 관여 여부를 수사했다. 박근혜 정권 국정원이 야권 성향 정치인·민간인 등을 사찰한 정황에 대해서도 수사했다. 박근혜 대통령을 보좌한 우병우 전 청와대 민정수석비서관이 국정원 불법 사찰의 배후에 있었다는 의혹도 나왔다.

검찰은 또 남재준·이병기·이병호 전 국정원장이 박 전 대통령에게 특수활동비 40여억 원을 건네준 것에 대해서도 재판에 넘겼다. 조윤선 전 정무수석, 최경환 전 경제부총리 등 박근혜 정권 '실세'들도 모두 수사선상에 올랐다. 이 밖에 ▲강원랜드 채용 비리 ▲역사 교과서 국정화 ▲MBC 부당노동행위 등 보수정권 시절 불거진 각종 의혹에 대한 수사가 전방위로 진행됐다.

예기치 않은 상황도 불거졌다. 지난 정부 국정원 파견 검사였다가 '국정원 수사 방해' 피의자가 된 변창훈 서울고검 검사가 스스로 목숨을 끊어 검찰 수사에 대한 비판이 고조됐다. 야권에서는 '무리한 수사', '하명 수사'라고 반발했다.

5월 프랑스 대선에서 만 39세 에마뉘엘 마크롱이 프랑스 역대 최연소 대통령에 당선됐다. 프랑스 국민은 60년 가까이 이어져 온 양당(사회당·공화당) 정치에서 벗어나 '새 정치'를 약속한 마크롱을 선택한 것이다. 마크롱은 대선 전 사회당에서 나와 신생 정당 '레퓌블리크 앙 마르슈'(전진하는 공화국)를 창당했고, 사회당 내 주류를 대거 끌어들이고 중도 유권자까지 흡수하면서 대선 승리까지 쟁취했다. '마크롱 열풍'은 6월 총선에도 이어져 그가 이끈 앙 마르슈는 전체 의석의 60% 이상을 차지했다. 반면, 프랑스 기성 정치권은 붕괴 위기에 직면했다.

한편, 독일 총선에서도 사회당이 참패하고, 오스트리아에서는 극우 정당이 연정에 참여하는 등 유럽 정치권 전반이 흔들렸다.

### 창간 63주년 기념식… "비전·혁신·행복한 기업문화, 다같이 실천해야"

창간 63주년 기념식에서 승명호 회장이 기념사를 하고 있다.

창간 63주년 기념식이 6월 9일 연세 세브란스빌딩 대회의실에서 열렸다. 승명호 회장은 창간 기념사에서 "한국일보의 합리성을 바탕으로 한 중도 지향의 가치는 시대적인 요구일뿐만 아니라, 대한민국 대통합을 위한 역할 측면에서도 의미가 있다"고 평가했다. 이어 "다만, 최근 디지털 혁신을 위한 타사의 다양한 활동과 시도를 보며, 한국일보 또한 예외일 수 없는 상황"이라고 짚었다. 그러면서 ▲구체적인 비전과 효과적인 전략 수립 ▲실질적인 디지털 혁신 ▲행복한 기업문화 조성 등 3가지를 함께 적극적으로 실천해 나가자고 당부했다.

문재인 대통령이 6월 19일 부산 고리원자력본부에서 열린 고리 1호기 영구 정지 기념식에 참석해 고리 1호기 정지를 "탈핵 국가로 가는 출발"이라고 선언했다. 울산 울주군 서생면 지역에 건설 중이던 신고리 5·6호기에 대해서도 "안전성과 함께 공정률과 투입·보상 비용, 전력 설비 예비율 등을 종합 고려해 빠른 시일 내에 사회적 합의를 도출하겠다"며, 대선 공약대로 신고리 5·6호기 건설 중단 가능성을 시사했다.

한국일보 내부에서는 대표 직속으로 동그람이 프로젝트TF팀이 6월 26일부로 신설됐다. TF팀장에는 김영신 기자가 임명됐다.

7월 7일 서울 유니버설아트센터에서 열린 2017 미스코리아 선발대회에서 서채원(경기 진)씨가 진으로 뽑혔다. 한국예술종합학교에서 한국무용을 전공한 서 씨는 한국 무용은 물론 발레에도 능숙한 인재였다. 선에는 정다혜(서울 미) 이한나(필리핀 진)씨가, 미에는 피현지(인천 선) 김사랑(서울 미) 남승우(서울 진) 이수연(경북 진)씨가 선발됐다.

최저임금위원회가 7월 15일 '2018년 최저임금'을

2017 미스코리아 진 서채원(왼쪽).

7,530원으로 확정했다. 2017년(6,470원)보다 16.4% 오른 금액이었다. 이는 2000년 9월~2001년 8월(16.6% 인상) 이후 17년 만에 최대 인상 폭이었다. '2020년까지 최저임금 1만 원을 달성하겠다'는 문재인 정부의 대선 공약이 반영된 결과였다. 이에 따라 최저임금이 적용되는 1인 가구 노동자는 월급 기준(209시간 기준)으로 22만 1,540원 인상된 157만 3,770원을 받게 됐다. 중소기업이나 소상공인들의 인건비 부담은 크게 늘어 영세기업의 피해가 우려된다는 목소리가 나왔다.

7월 24일부터 9월 12일까지 SBS 드라마 '조작'(연출 이정흠)에 한국일보 18층 대회의실, 16층 멀티룸·미팅룸, 옥상 공원 등 본사 공간을 촬영 장소로 제공했다. 남궁민 유준상 엄지원 문성근 등이 출연한 조작은 32부작으로 구성된 드라마로, 사회 부조리에 대한 현실을 파헤치는 기자들의 모습을 그렸다. 최고 시청률은 12.6%(닐슨코리아 조사)를 기록했다.

### 8·2 부동산 대책 발표… 가계부채 1,400조 원

문재인 정부의 초기 부동산 대책은 청약조정지역을 확대하는 내용 등을 골자로 한 6·19 대책으로 시작했다. 이어 메가톤급 규제책이 담긴 8·2 대책이 이어졌다.

8·2 대책에서는 규제 종합세트라 불리는 투기과열지구가 6년 만에 부활하는 등 고강도 규제책이 쏟아졌다.

서울 전역과 경기 과천시, 세종시까지 투기과열지구로 묶여 주택담보대출비율(LTV)과 총부채상환비율(DTI)이 40%로 내려가는 등 대출이 힘들어졌다. 재건축 조합원 지위 양도가 금지되는 등 재건축 규제도 신설됐다. 서울의 강남 4개 구를 비롯해 용산, 마포 등 11개 구와 세종시는 추가로 대출 규제 등이 적용되는 투기지역으로 다시 묶였다. 2주택자가 청약조정지역 내 주택을 팔 때 양도세율이 기본세율에 10% 포인트 중과되고 3주택자 이상인 경우는 20% 포인트 추가 과세되는 등 다주택자에 대한 양도세 중과도 도입됐다.

정부의 고강도 규제에도 불구하고 가계부채는 급증해 1,400조 원을 넘어섰다. 한국은행 집계 결과 가계의 금융회사 대출금과 신용카드 미결제액 등을 합친 가계신용 잔액은 2017년 9월 말 기준 1,419조 1,000억 원으로 사상 최대를 기록했다. 가구당 7,269만 원꼴이었다.

제45회 봉황대기 고교야구대회가 8월 12일 서울 목동구장과 신월구장에서 시작됐다. 신생 6개 팀을 포함해 역대 최다인 전국 74개 고교가 출사표를 던졌다. 9월 1일 목동구장에서 열린 결승전에서는 야탑고가 충암고를 2-1로 힘겹

45회 봉황대기 전국고교 야구대회 결승전이 1일 저녁 서울 목동야구장에서 열린 가운데 야탑고가 충암고를 2-1로 누르고 우승을 차지했다.

2017년

게 꺾고 1997년 창단 이후 20년 만에 전국대회 첫 우승컵을 들어 올렸다. 윤석민 오재원 오재일 김하성 등을 배출하며 단기간에 강호로 올라선 야탑고는 이로써 명실상부 신흥 명문으로 고교 야구 역사의 한 페이지를 장식했다.

미얀마 군부가 8월 25일 미얀마 내 이슬람계 소수민족 로힝야족을 대상으로 '인종 청소' 수준의 대량 학살을 시도했다. 로힝야족 반군이 경찰 초소 30여 곳을 공격한 데 대한 미얀마 군부의 대응인데, 이 과정에서 7,000명에 가까운 로힝야족이 숨졌다. 학살을 피해 미얀마-방글라데시 국경을 넘은 난민도 63만 명에 달했다. 노벨평화상 수상자이자 미얀마의 실권자로 알려졌던 아웅산 수치는 이들의 비극을 외면해 국제사회의 비판이 쏟아졌다.

이 무렵 한국일보는 한국 언론 최초로 로힝야 난민캠프 연재 르포기사를 내보내 성과를 올렸다.

### 북한, 6차 핵실험 및 잇단 미사일 도발… "핵무력 완성" 선언

북한은 2017년 6차 핵실험과 잇단 탄도미사일 도발을 이어가며 한반도 긴장을 고조시켰다. 김정은 노동당 위원장은 신년사에서 "대륙간탄도미사일(ICBM) 시험발사 준비 사업이 마감 단계"라고 주장하며 탄도미사일 발사를 멈추지 않았다. 2017년에만 총 15회, 20발의 탄도미사일을 발사했다. 특히 문재인 정부 출범 뒤인 7월 4일에는 첫 ICBM급 화성-14형 시험발사를 했고, 11월 29일 또 다른 ICBM급 화성-15형을 발사한 뒤 "국가 핵 무력 완성의 역사적 대업"이 실현됐다고 선언했다.

9월 3일에는 함북 길주군 풍계리 핵실험장에서 역대 최대 규모인 6차 핵실험을 감행했다. 김정은 정권 들어 4번째이자 전년도 9월 5차 핵실험 이후 1년 만에 감행된 6차 핵실험에 국제사회가 대북 압박과 제재 고비를 죄자 한반도 정세는 더욱 경색됐다. 유엔 안전보장이사회는 대북제재결의 2371호(북한 ICBM급 화성-14형 발사 대응), 2375호(북한 6차 핵실험 대응)를 잇달아 채택했다.

한국일보가 주최하는 '혁신도시 포럼: 혁신도시 10년, 내일을 묻다'가 9월 12일 대한상공회의소 국제회의장에서 열렸다. 대통령 직속 지역발전위원회와 공동 주최한 토론회에서는 혁신도시 착공 10주년을 맞아 정책 성과를 돌아보고 향후 올바른 방향 설정을 위한 다양한 해법이 제시되고 논의됐다.

한국 스포츠계의 거물 김운용 전 국제올림픽위원회(IOC) 부위원장이 10월 2일 노환으로 타계했다. 향년 86세. 김 전 IOC 부위원장은 1986년 IOC 위원으로 선출된 뒤 대한체육회장, 대한올림픽위원장 위원장, IOC 집행위원과 부위원장 등을 지내면서 ▲1988 서울올림픽 ▲2002 한·일 월드컵 등 국제대회 유치에 기여했다. 그러나 1999년 '솔트레이크시티 동계올림픽 스캔들'에 연루되면서 IOC로부터 엄중 경고를 받았고, 2003년 체코 프라하에서 열린 2010년 동계올림픽 개최지 투표 과정에서 강원도 평창의 유치 '방해설'로 인해 국

## <70대 특종> 미얀마 로힝야족 난민캠프 르포

저널리즘 학자들 사이에서는 '선진국일수록 국제기사를 중시한다'는 말이 있다. 개발도상국과 선진국 뉴스 소비자들의 중요한 차이가 나라 밖 뉴스에 대한 관심이라는 얘기다. 한국일보가 2015년 재창간과 함께 한국언론 최초로 베트남에 특파원을 파견, 동남아 현지 취재망을 가동한 것도 같은 맥락이다.

동남아 취재망 가동 이후 한국일보 노력이 가시적 성과를 낸 대표적 특종이 바로 로힝야 난민촌 르포기사다. 2017년 9월 시리즈 르포 기사로 게재된 이 특종은 보편적 인권에 대한 관심이 높아지던 한국 사회의 흐름과 맞물려 큰 반향을 일으켰다.

미얀마 서북부 라카인주의 로힝야족 무장 조직 '아라칸 로힝야 구원군(ARSA)'이 미얀마 군경 초소를 공격한 걸 계기로 2017년 미얀마 군부는 무차별적 보복에 나섰다. 미얀마 정부의 인종청소로 로힝야족 수십만 명이 고향을 떠나 국경을 넘었다. 난민캠프는 눈물과 굶주림, 죽음의 그림자로 범벅이 된 생지옥이라는 소식이 잇따라 외신을 탔다. 의욕 넘치는 한국일보 동남아 취재망이 가동된 것은 당연했다. 정민승 베트남 특파원은 미얀마 군부가 해외 언론인들의 접근을 차단하고 있는 상황에서도 베트남-태국-방글라데시를 경유, 현장에 접근했다. 한국 언론으로는 첫 현장 보도였다.

미얀마와 방글라데시 접경지대의 소수민족 로힝야족의 참상을 소개하는 과정에서 한국 언론과 시민사회가 우리와 직·간접적 이해관계가 없는 글로벌 현안에 대해서도 인류애적 입장에서 큰 관심을 갖고 목소리를 내는 모습을 보여줬다. 이 특종 르포기사는 2017년 말 관훈언론상 국제보도 부문 심사에서도 높은 평가를 받았다. 국제 분쟁의 현장을 단신으로 찾아 사진기사와 함께 생생하게 전달한 한국일보의 기자 정신에 대부분 심사위원들이 경의를 표시했다.

2018년 3월 12일 국가인권위원회와 한국기자협회가 공동 주관한 제7회 인권보도상 본상 수상작에도 선정됐다. 황대일 심사위원장은 "국내 언론 최초로 방글라데시-미얀마 접경지대로 잠입해 탄압받는 이슬람 로힝야족의 참상을 생생하게 파헤친 노력이 호평을 받았습니다"라고 말했다.

9월 18일자 1면에 게재된 '로힝야족 난민 캠프에 가다'.

회 청문회에 출석하기도 했다.

### 성폭력 고발 'Me Too' 전 세계로 확산

10월 5일 미국 뉴욕 타임스는 '할리우드 거물급 영화제작자 하비 와인스타인이 30여 년에 걸쳐 배우, 영화사 직원, 모델 등을 상대로 성추행했다'고 보도했다. 이어 앤젤리나 졸리, 귀네스 팰트로 등 유명 여배우들이 와인스타인에게 성추행당했다고 폭로하면서 성폭력 고발 운동인 '미투(Me Too·나도 당했다)' 캠페인이 한국을 포함해 전 세계로 확산하는 계기를 제공했다.

10월 18일 중국 공산당 19차 전국대표대회(19차 당대회)에서 시진핑 중국 국가주석의 집권 2기 체제가 출범했다. 시 주석은 이 당대회를 통해 절대권력자의 기반을 닦으면서 '시황제'란 별명을 얻었다.

장쩌민·후진타오 때와 달리 후계자를 지명하지 않았고, 공산당 당장(黨章·당헌)에 '시진핑 신시대 중국 특색의 사회주의 사상'을 지도 이념으로 삽입했다. 개혁·개방을 이끌었던 덩샤오핑의 '도광양회(韜光養晦·조용히 때를 기다리며 힘을 키움)' 시대가 가고, '분발유위(奮發有爲·분발해 성과를 이뤄냄)'로 중국이 힘을 드러내기 시작했다는 분석이 나왔다.

미국 트럼프 대통령이 11월 7일 1박 2일 일정으로 국빈 자격으로 방한했다. 1992년 노태우 전 대통령 당시 조지 H 부시 대통령 이후 25년 만의 국빈 방문이었다. 문재인 대통령은 평택 주한미군기지인 캠프 험프리스를 깜짝 방문, 트럼프 대통령을 최대한 배려하는 모습을 보였다. 양국이 초점을 맞춘 부분은 북한에 맞설 한·미 동맹 강화, 우호 증진, 국방력 강화 등 현안이었다.

실제로 양국 정상은 7일 청와대에서 단독 및 확대 정상회담을 한 직후 공동 기자회견에서 "한미 동맹의 굳건함에 대해 허심탄회한 대화를 나눴고, 북핵 문제를 평화적으로 해결하고 한반도의 항구적인 평화 체제를 정착시키기로 합의했다"고 밝혔다.

트럼프 대통령이 국회에서 연설한 8일, 친미·반미 단체들은 서울 여의도에서 각각 환영·반대 집회를 열었는데 이 과정에서 양측간 가벼운 충돌이 빚어지기도 했다.

11월 15일 오후 2시 29분 경북 포항시 북구에서 규모 5.4의 지진이 발생했다. 2016년 9월 12일 경북 경주 지진(규모 5.8)에 이어 1년여 만에 비슷한 규모의 지진이 또다시 발생한 것이다. 포항 지진은 발생 깊이가 3~7㎞ 지점으로 경주 지진(11~16㎞)보다 진원이 얕아 전국에서 흔들림이 감지될 만큼 충격이 컸다. 이후에도 여진이 12월 9일까지 총 70회 발생했다.

이에 따라 11월 16일 치러질 예정이던 2018학년도 대학수학능력시험이 일주일 뒤인 23일로 연기했다. 수능이 자연재해 때문에 연기된 것은 1993년(1994학년도) 수능 체제가 도입된 이후 처음이었다. 포항지역 12개 수능 시험장은 붕괴 위험은 없었지만, 벽에 금이 가

문재인 대통령과 트럼프 미국 대통령이 7일 오후 청와대 본관에서 정상회담에 대한 공동기자회견을 하고 있다.

거나 창문이 깨졌다. 특히 진원에서 가까운 북부지역 시험장의 경우 여진 피해에 대한 우려가 컸다. 이런 우려 속에 치러진 수능은 진동을 느끼기 어려운 규모 2.0 미만의 지진만 4차례 발생한 가운데 무사히 마무리됐다.

### 2017 차이나 포럼… "한·중 관계, 지금이 적기"

2017 차이나 포럼 '한중 수교 25주년, 새 패러다임을 찾아서'가 11월 15일 신라호텔에서 열렸다. 포럼에서 전문가들은 교류 과정에서 쌓인 많은 문제에도 불구하고 장기적으로 함께 공존해야 한다고 주장했다. 동시에 사드 배치를 둘러싼 양국 갈등의 앙금이 완전히 사라지지 않았다는 점도 확인할 수 있었다. 쉬훙차이(徐洪才) 중국국제경제교류센터 부총경제사는 "사드 문제는 한중 간 전략적 관심사에 대한 존중과 관심 부족으로 발생한 것"이라고 주장했고, 이규형 전 주중대사도 한중 사드 협의 결과를 두고 "합의문을 몇 번 읽어봐도 우리 입장은 찾아보기 어렵다"면서 "유감스럽지만 (중국 입장만 반영된) 일방적인 내용"이라고 강하게 비판했다.

고영권 사진부 기자가 12월 14일 중국 베이징에서 문재인 대통령의 중국 국빈 방문을 취재하다 중국 측 경호원에게 폭행당했다. 같은 장소에서 이충우 매일경제 기자도 함께 피해를 입었고 15일 입국해 서울대 병원에서 치료를 받았다. 당시 문 대통령을 근접 취재하던 기자들은 한·중 경제무역 파트너십 개막식장에서 이동하던 중 중국 측 경호원들에게 제지를 받았다. 기자들이 항의하는 과정에서 시비가 붙자 중국 측 경호원들은 기자들을 넘어뜨리고 폭행했다. 이때 고영권 기자는 허리를 다쳤고, 이충우 기자는 얼굴을 크게 다쳐 눈코 뼈가 부러졌다. 이에 청와대는 "중국 정부의 신속한 진상규명 및 책임자 처벌"을 요구했고 국제언론단체인 IFJ(국제기자연맹)와 국경없는기자회(RSF)도 성명을 내고 항의하는 등 논란이 확산됐다.

14일 오전 베이징 국가회의 중심 B홀에서 열린 문재인 대통령 '한·중 경제·무역 파트너십 개막식'에서 한국일보 고영권 기자가 중국 측 경호원에게 일방적으로 폭행당해 쓰러져 있다.

### 비트코인 광풍… 개당 2,500만 원까지

암호화폐 열기가 2017년 말로 갈수록 뜨거워졌다. 처음 등장했던 2009년 개당 0.9원이던 비트코인이 2017년 말에는 2,500만 원까지 치솟았다. 미국·유럽은 물론, 중국 일본 등 아시아권 투자자까지 비트코인 투자에 뛰어들었다. 국내에서도 직장인과 대학생, 주부, 심지어 어린이까지 투자 열풍에 가담했다. 미국 시카고 선물거래소가 12월 10일 비트코인 선물 거래를 시작하면서 암호화폐는 제도권 금융 시장에도 진입했다. 일본도 앞선 4월 비트코인을 지불 수단 중 하나로 인정했다.

㈜미스코리아 대표로 김찬백을 임명하고, 한국일보 대표 직속으로 미스코리아 조직위원회도 신설했다.

독립 사옥을 물색하던 한국일보는 12월 서울 정안빌딩(중구 서소문동 소재)에 대한 구매계약(약 530억 원)을 체결했다. 지상 10층 지하 5층 규모의 정안빌딩 구매에는 성남·창원 인쇄공장 매각대금, 서울경제 소송구상금 등이 투입됐다. 재창간 이후 크게 개선된 처우와 새 사옥 마련 소식까지 들리면서 한국일보 내부에서는 고무된 분위기가 감돌았다.

2017년에도 월별로 인재 영입이 이어졌다. 다음은 월별 신규 입사자. ▲박영훈(2월) ▲이찬희 김경민 박소연(5월) ▲강유빈 강진구 박지윤 손영하 홍인택(75기 견습기자·7월 12일자) ▲강유미 신소진(7월) ▲김정영(8월) ▲정은선 송도섭(9월) ▲이순지 변한나 한미애(10월)

# 2018년
더 치열한 고민과 부단한 노력으로 변화와 혁신을 거듭해야 한다. - 승명호 회장

### 신년 기획, '화 좀 줄입시다'

2018년 신년호 1면 지면.

한국일보는 1월 1일자 '성난 사회, 화 좀 내지 맙시다' 신년 기획에서 "우리는 쉽게 욱하는 사람들로 둘러싸인 '성난 사회'에 살고 있다"며 "휴대폰이 제대로 작동하지 않아도, 찾는 물건이 없어도, 자신과 정치색이 다른 뉴스나 인터넷 글을 봐도 치밀어 오르는 화를 억제하지 못하는 이들도 많다. 조그만 것들에 분개하는, 참을성 없고 충동적인 사회가 2018년 지금 대한민국의 모습"이라고 전했다. 그러면서 '도대체 그들은, 아니 우리는 왜 무엇에 화를 내고 있는지'에 대한 기획 보도를 1면 사진과 함께 담았다.

1월 1일부로 주필 직속으로 오피니언 에디터를 두고 미래전략실 내부의 사업을 세분화하는 내용의 조직개편을 실시했다. ▲논설실장 황상진 ▲콘텐츠본부장 이성철(편집국장 겸직) ▲편집부문장 이직 〈부장〉▲정치 김영화 ▲국제 조철환 ▲기획취재 양홍주 ▲스포츠 이성원 ▲디지털콘텐츠 한준규 ▲편집3 유병주 ▲논설위원 김정곤 ▲오피니언 에디터 진성훈 〈미래전략실〉▲문화사업팀장 최형철 ▲미래기획단장 송영웅 ▲지방자치연구소 공공사업팀장 박광희

2018 한국일보 그룹 시무식이 1월 3일 대한상공회의소 의원회의실에서 열렸다. 승명호 회장은 시무식에서 "한국일보와 코리아타임스는 국내 대표 중도정론지로 인정받고 있으며 지속적으로 흑자 경영이라는 괄목할 성과를 만들어가고 있다"고 2017년을 돌아봤다. 승 회장은 이어 '꼬리가 몸통을 흔드는 트렌드가 지배할 것'이라는 김난도 서울대 교수의 예측

을 소개하면서 "우리도 더 치열한 고민과 부단한 노력으로 변화와 혁신을 거듭해야 한다"고 강조했다. 아울러 ▲구체화한 비전과 전략 ▲적극적이고 과감한 디지털 혁신 ▲행복한 기업문화 조성 등 창간 63주년(2017년) 기념사에서 언급한 세 가지 키워드를 지속적으로 추진할 것임을 약속했다.

2017년 미국과 유럽에서 시작된 '미투(Me Too·나도 당했다)' 운동이 연초부터 한국 사회를 강타했다. 숨죽였던 여성들이 하나둘 입을 열었고, 가해자로 지목된 인물들은 순식간에 나락으로 떨어졌다.

국내 미투 열풍은 창원지검 통영지청 소속 서지현 검사가 1월 검찰 내부 통신망에 글을 올리면서 촉발됐다. 그리고 순식간에 사회 곳곳으로 퍼져 나갔다. 국회의원부터 직장인, 학생들까지 과거 경험을 털어놨다. 특히 문화계에서 거물급 인사를 가해자로 지목하는 폭로가 쏟아졌다. 최영미 시인은 한국인 최초 노벨문학상 후보로 거론된 고은 시인의 성추행을 암시하는 시 '괴물'을 발표했다. 문화예술계 블랙리스트 피해자로 주목받은 연극인 이윤택은 잇따른 성폭력 가해 폭로로 구속됐다. 영화계에서도 유명 배우들은 물론, 김기덕 감독에 관한 폭로가 나왔다. 성추행 의혹을 받은 배우 조민기는 경찰 조사를 앞둔 3월 9일 숨진 채 발견됐다.

차기 대권주자였던 안희정 전 충남지사가 성폭행 의혹에 정치 활동을 중단하면서 정점을 찍었다. 그해 8월 14일 1심 선고공판에서 무죄 판결을 받았지만, 2019년 2월 2심에서는 10개 혐의 중 9개 혐의가 인정되면서 징역 3년 6월을 선고받고 법정 구속됐다. 같은 해 9월 9일 상고심에서 형이 확정됐다.

미투 운동은 사회 저변에 잠복한 성폭력의 위험과 무관심을 수면 위로 끌어내 여권을 신장시켰다는 평가를 받았다. 하지만 이후 극단적 여성 혐오와 남성 혐오를 촉발시켰으며, 가해자로 지목된 일부 인사가 재판에서 무혐의 판결을 받은 점을 놓고도 논란이 벌어졌다.

**박항서 매직… 베트남 축구 영웅으로**

부임 4개월 만에 '변방 축구' 베트남의 수준을 끌어올린 박항서 베트남 국가대표팀 감독이 베트남 축구 영웅이 됐다. 박항서 감독이 이끄는 베트남 대표팀은 1월 아시아축구연맹(AFC) 23세 이하(U-23) 챔피언십에서 준우승을 하며 대변화를 예고했다. 이는 베트남 축구 사상 최고의 성적이다. 그해 8월 열린 2018 자카르타-팔렘방 아시안게임에서는 역대 처음으로 4강 진출에 성공했다. 이어 '동남아시아의 월드컵'으로 불리는 아세안축구연맹(AFF) 스즈키컵에서 10년 만에 정상에 올랐다.

베트남에 특파원을 파견한 덕분에 한국일보는 박 감독의 활약을 경쟁매체보다 신속하고 정확하게 전달할 수 있었다.

2018 평창동계올림픽이 2월 9일~25일 17일 동안 강원 평창·강릉·정선 일대에서 성공

리에 개최됐다. 평창올림픽은 1988년 서울하계올림픽 이후 우리나라에서 30년 만에 열린 두 번째 올림픽이다. 또 동계올림픽이 아시아에서 열린 것은 일본 삿포로(1972년)·나가노(1998년)에 이어 세 번째였다.

특히 북한의 평창동계올림픽 참가는 위기감이 감돌던 한반도 긴장을 완화하고 이후 남북정상회담을 끌어내는 산파 역할을 했다. 실제로 남북은 국제 종합대회에서 11년 만이자 통산 10번째로 개회식에 공동 입장했다. 아울러 국제종합대회 사상 최초로 여자 아이스하키 남북단일팀을 구성해 지구촌에 평화 메시지를 전파했다. 메달 '효자 종목'인 쇼트트랙, 스피드스케이팅 외에 그동안 생

2018 평창동계올림픽에 참가하는 북측 선수단이 2월 1일 오후 6시께 전세기 편으로 양양국제공항에 도착하고 있다.

소했던 스켈레톤, 스노보드 등에서도 메달을 일궈 개최국 자존심을 세웠다. 금메달 5개, 은메달 8개, 동메달 4개로, 아시아 국가 중 최고 성적인 종합 7위에 올랐다. 특히 메달 17개는 2010년 밴쿠버 대회(14개)를 뛰어넘은 역대 동계올림픽 최다 기록이었다.

한국일보가 16개 광역자치단체와 226개 기초자치단체를 대상으로 실시한 '2018년도 전국 지방자치단체 평가' 결과, 전국 7개 특별·광역시(세종특별자치시 제외) 중 서울시가 종합 1위에 올랐다. 울산시(2위), 광주시(3위), 인천시(4위)가 뒤를 이었다. 전국 9개 도 중에서는 경북이 종합 1위, 전남이 2위, 충남이 3위, 경기가 4위, 경남이 5위를 각각 기록했다. 경북도는 행정서비스 점수가 특히 높았다. 당시 평가는 행정서비스 평가 50%, 재정역량 평가 30%, 주민 대상 설문조사(주민평가) 15%, 제14회 대한민국지방자치경영대전 결과 5%가 각각 반영됐다.

### 제1회 '일자리 정책 박람회', 성황리 개최

3월 조양호 한진그룹 회장의 차녀 조현민 대한항공 전무가 회의 도중 광고회사 직원에게 폭언하고 물을 뿌린 '물컵 갑질'로 큰 파문이 일었다. 2014년 언니 조현아(개명 후 조승연) 당시 대한항공 부사장의 '땅콩 회항'에 이은 갑질 논란이어서 비난은 더욱 거셌다.

여기에 조현민 전무가 부하직원으로 추정되는 인물에게 분노를 참지 못하고 소리 지르며

화내는 음성 파일이 유출되는가 하면 조 회장 부인 이명희씨의 상습적인 폭언과 폭행 등 한진 일가의 또 다른 '갑질'이 폭로됐다. 이후 사태는 한진 일가의 횡령과 배임, 밀수 의혹 등으로 일파만파 확대됐고, 사정 기관들의 조사까지 진행됐다.

국토교통부는 대한항공 자회사 진에어가 미국 국적자인 조현민 당시 전무를 그 이전 6년간 불법으로 등기이사로 등록한 사실을 확인해 진에어의 사업 면허 취소까지 검토했다. 특히 나라 밖에도 알려지면서 뉴욕타임스 등 외신에 '갑질'(Gap Jil)이라는 단어가 소개됐다.

10월에는 국내 웹하드 업계 대부로 알려진 양진호 한국미래기술 회장의 상습 폭행과 엽기 행각이 드러나 사회를 들끓게 했다. 양 회장은 회사 사무실에서 전직 직원을 폭행하고 회사 워크숍에서 직원들에게 석궁이나 칼로 닭을 잡게 하는 영상이 공개되면서 구속됐다. 이 사건을 계기로 음란물을 유통하는 '웹하드 카르텔' 문제까지 불거져 경찰의 대대적인 수사로 이어졌다.

대통령 직속 일자리위원회와 행정안전부, 한국일보가 공동주최한 제1회 일자리 정책 박람회가 3월 8일 경기 고양시 킨텍스 제1전시장에서 열렸다. 일자리 창출의 한 축인 지자체들이 양질의 일자리를 만들기 위한 제도 개선을 논의하고, 우수한 일자리 정책을 벤치마킹하는 행사로 꾸며졌다. 243개 지방자치단체와 지방공공기관 등이 참여해 11일까지 4일간 지역 현장의 일자리 정책과 정보를 소개했다. 8일 하루에만 4,500여 명의 취업희망자 등 관람객이 현장을 찾는 등 성황을 이뤘다. 이 기간 지방공공기관 채용정보 박람회도 함께 열렸다.

개막식에는 김부겸 행정안전부 장관, 윤영찬 청와대 국민소통수석, 김병원 농협중앙회 회장, 김종욱 서울시 정무부시장, 이수영 일자리 정책 박람회 집행위원장 등과 각 지방자치단체 일자리담당관 등 총 500여 명이 참석했다. 문재인 대통령은 윤영찬 수석이 대독한 축사를 통해 "정부가 먼저 노력해 공공일자리를 늘려가고 민간에서 함께 협력하면 얼마든지 좋은 일자리를 만들 수 있다"며 "이 박람회가 이러한 노력의 모범인 것 같아 아주 뜻깊다"고 전했다.

### 이명박 전 대통령 구속

서울중앙지검은 3월 22일 밤늦게 뇌물수수 등 혐의로 이명박 전 대통령에 대한 구속영장을 발부받았다. 검찰 수사는 이명박 전 대통령이 대선 후보 시절인 2007년부터 10년 넘게 이어져 온 '다스는 누구 것인가'에서 시작됐다. 수사 과정에서 이 전 대통령 측근들이 등을 돌리고, 자동차 부품업체 다스(DAS) 전직 임직원들이 입을 열기 시작했다. 이 전 대통령은 "노무현 전 대통령의 죽음에 대한 정치 보복"이라며 검찰 수사를 비판했지만, 결국 구속됐다. 350억 원대 다스 자금 횡령, 110억 원대 삼성 뇌물수수 등 16가지 혐의가 적용됐다.

5개월가량 진행한 1심 재판에서 법원은 "다스의 실소유주는 이 전 대통령"이라는 사법적 판단과 함께 징역 15년에 벌금 130억 원, 추징금 82억여 원의 중형을 선고했다. 이후 2심 재판(2020년 1월 8일)에서는 징역 17년에 벌금 130억 원 추징금 57억 8,000여만 원이 선고됐다. 3심 상고심(2020년 10월 29일)에서 원심을 확정하면서 형량이 확정됐다. 이 전 대통령은 2022년 12월 30일 윤석열 대통령의 신년 특별사면으로 사면·복권됐다.

미국과 중국의 무역전쟁이 세계 경제 질서를 뒤흔들었다. 미·중 무역전쟁은 트럼프 미국 대통령의 대중 상품수지 적자에 대한 불만, 중국의 기술 발전에 대한 미국의 경계심 등이 작용하면서 본격화했다.

트럼프 대통령은 3월 22일 '중국의 경제 침략을 겨냥한 대통령 각서'에 서명해 관세부과를 지시했다. 중국의 '첨단기술 도둑질'을 명분으로 삼았다. 이후 미국은 연말까지 세 차례에 걸쳐 2,500억 달러 규모의 중국 제품에 고율 관세를 물렸다. 그러자 중국도 1,100억 달러 규모의 미국 수입품에 고율 관세를 물리면서 맞불을 놓았다.

글로벌 경제성장 둔화와 함께 세계 각국의 우려도 높아졌다. 결국 양국이 12월 1일 정상회담을 통해 90일 휴전과 그 기간 내 협상에 합의하면서 관세 전쟁은 일단 중단됐다.

그러나 미·중 갈등은 단순한 무역적자의 문제가 아닌 중국의 기술 발전을 견제하기 위한 패권 경쟁의 성격이 짙어 완전한 해결은 쉽지 않다는 관측이 일반적이었다. 중국 화웨이 창업자의 딸인 멍완저우 부회장이 미국의 요청에 따라 12월 초 캐나다에서 체포된 것도 이런 맥락으로 해석됐다.

문재인 대통령과 김정은 북한 국무위원장이 북한의 평창동계올림픽 참가를 계기로 대화 물꼬를 튼 뒤 4월 27일 판문점 남측 지역인 평화의집에서 처음으로 만났다. 완전한 비핵화와 남북 관계의 획기적 개선 등 합의사항을 담은 4·27 판문점 선언을 채택했다. 전 세계에 생중계된 두 정상의 판문점 군사분계선(MDL) 악수와 도보 다리 산책은 세계의 시선을 사로잡았다. 한 달 뒤인 5월 26일엔 판문점 북측지역 통일각에서 2차 정상회담을 했다. 6월 12일 싱가포르에서 열릴 북미 정상회담을 앞두고 김 위원장이 '중재자'인 문 대통령에게 만남을 요청했다. 두 정상은 한반도 비핵화와 항구적인 평화체제를 위한 협력 의지를 재확인했다.

세 번째 정상회담은 9월 18~20일 평양에서 진행됐다. 북한의 동창리 엔

남북정상회담이 열린 4월 27일 문재인 대통령과 김정은 북한 국무위원장이 북측에서 기념 사진을 찍은 후 함께 군사분계선(MDL)을 넘어오고 있다.

진 시험장 영구 폐기 등 비핵화 세부 내용을 담은 평양공동선언과 함께 군사 분야 합의서가 채택됐다. 김 위원장의 이른 시일 내 서울 답방을 명시해 분단 이후 첫 서울 정상회담을 예고했지만, 문 대통령 임기 중 이뤄지지 않았다. 두 정상이 백두산을 함께 오르는 장면도 연출했다. 이후 ▲비무장지대(DMZ) 내 감시초소(GP) 철거 ▲남북 간 철도·도로 연결 사업 등으로 이어졌다. 한국일보는 냉정한 태도를 취했다. 4월 3일자 1면에서 '매드 맨'으로 불리던 김 위원장의 너무나 달라진 모습에 물음표를 제시하는 한편, 광폭 외교 행보로 이미지 정치를 하는 것이라고 분석했다. 아울러 '정상 국가 지도자'로 자리매김하기 위해 치밀한 계산 속 국제 고립을 탈피하려는 의도라고 덧붙였다.

### 자카르타에도 특파원 파견

도널드 트럼프 미국 대통령이 이란 핵 합의에서 탈퇴한 데 이어 러시아와의 중거리 핵전력 조약(INF) 파기를 공식화하면서 냉전 이후 유지돼 온 세계 핵질서가 요동쳤다. 트럼프 대통령은 국제사회의 반발에도 불구하고 5월 8일 이란 핵 합의(2015년 7월 체결) 탈퇴를 공식 선언했다. 이후 8월과 11월 두 차례에 걸쳐 대이란 제재를 전면 복원했다. 트럼프 대통령은 또 중간 선거(11월)를 코앞에 둔 10월 20일 '러시아가 합의를 위반했다'며 INF를 폐기하고 탈퇴할 방침임을 공개적으로 밝혔다. INF는 중·단거리 탄도·순항미사일의 생산과 실험, 배치를 전면 금지해 냉전시대 미·소 군비경쟁에 마침표를 찍은 조약이다. 당연히 러시아와 중국은 격렬하게 반발했다.

마이크 폼페이오 미국 국무장관은 12월 초 러시아가 INF를 완전히 준수하지 않으면 60일 내로 조약 준수를 중단할 것이라고 밝혔다. 당초 미국의 INF 파기를 말리던 나토(NATO·북대서양조약기구)는 러시아가 INF를 위반하고 있다며 미국을 지지하는 쪽으로 돌아섰다.

한국일보는 5월 2일 사내 공지를 통해 자카르타 특파원 선발 공고를 내고 공모 절차에 돌입했다. 당시 한국일보는 워싱턴·베이징·도쿄·호찌민 등 4곳에 특파원을 파견하고 있었고, 자카르타엔 처음 특파원을 파견하기로 했다. 이성철 편집국장은 "미국과 중국 추가 파견, 유럽 등을 두고 논의가 있었다. 아세안 시장의 성장, 문재인 정부의 신남방정책에 대한 관심 등을 종합적으로 판단했다"고 배경을 설명했다.

자카르타 특파원 파견은 2017년 이뤄진 베트남 특파원 파견에 대한 내외부의 호평 때문이었다. 1호이자 결과적으로 마지막이 된 자카르타 특파원에는 고찬유 기자가 선임됐다. 고찬유 특파원은 2019년 3월 3일부터 현지에 부임해 업무를 시작했다.

2018 한국 포럼이 5월 3일 서울 신라호텔에서 '위기에서 평화로: 한반도 비핵화와 신동북아 질서'를 주제로 열렸다. 기조 강연을 맡은 조명균 통일부 장관을 비롯해 로버트 갈루치 전 미국 국무부 대북 특사(차관보) 등 북한을 제외한 북핵 6자회담 당사국의 최고 전문

가들이 한자리에 모였다. 이들은 임박한 북미 간 북핵 협상을 전망하고, 나아가 당시 북한의 태도변화를 계기로 동북아시아의 안보 구도가 어떻게 요동칠지 긴급 진단했다.

개막식에는 정세균 국회의장과 추미애 더불어민주당 대표, 홍준표 자유한국당 대표, 유승민 바른정당 대표, 조배숙 평화민주당 대표 등이 참석했다. 승명호 한국일보 회장은 환영사에서 "지구상의 유일한 분단국가에서 65년간 전쟁과 대치의 긴장 속에서 살아왔기에 우리 민족에게 평화는 무엇보다 중요하다"며 "비핵화의 길이 결코 쉽지 않은 여정이 될 것인 만큼 관련 당사국들이 지혜를 모아야 할 때"라고 당부했다.

한국일보사가 제정한 팔봉비평문학상 제29회 수상자로 비평집 '의미의 자리'(민음사)를 낸 조재룡(51) 고려대 불어불문학과 교수가 선정됐다. 시상식은 6월 7일 서울 동숭동 예술가의집 다목적홀에서 열렸다. 상금 1,000만 원과 상패가 전달됐다. 팔봉비평문학상은 한국 근대 비평의 개척자인 팔봉(八峰) 김기진(1903~1985) 선생의 유지를 기려 유족이 출연한 기금으로 1990년 만든 비평상이다. 심사는 김주연 숙명여대 명예교수, 오생근 서울대 명예교수, 김인환 고려대 명예교수, 정과리 연세대 교수가 맡았다.

### 창간 64주년 기념식… "섣부른 혁신보단 작고 내실 있는 변화"

창간 64주년 기념식이 6월 7일 대한상공회의소 의원회의실에서 진행됐다. 이준희 사장은 기념사에서 "섣부른 혁신보단 작고 내실 있는 변화와 유연한 체질을 갖춰야 한다"고 강조했다.

이날 기념식의 연간 포상자는 다음과 같다. ▲Great Achievements Award 송영웅 미래기획단장 ▲Great Achievements Team Award 고재학 지방자치연구소장, 한창만 지역사회부장 ▲Value Award 김태수 경영지원실 총무팀장 ▲Great Journalists Award 국제부 정민승 특파원 ▲High Achievements Award 김범철 독자마케팅국 마케팅 3팀장 ▲High Achievements Team Award 사회부 법조팀 ▲감사패 황영식 주필 ▲30년 장기근속자 이영성 이충재 ▲25년 근속자 이태규 정진황 김범수 정영오 우성태 김인구 성선경 ▲20년 근속자 조성준 박주영 ▲15년 근속자 김도상 이영준 강성래 김승균 소은숙 박병민 박상준 김주성 최고은 박경우 윤영원 ▲10년 근속자 송정근 이대혁 이윤주 이태무 강다연 김청환 강희경 김성환 김경남

양승태 대법원장 시절, 법원 수뇌부가 정권에 유리하게 판결을 왜곡하는 '밀거래'를 했다는 의혹이 제기됐다. 대법원이 일제 강제징용 소송 판결을 고의로 지연했다는 의혹이 대표적인 사례로 꼽혔다. 박근혜 정부 시절 청와대와 양승태 사법부 간에 이를 위한 긴밀한 협력이 오간 정황이 수사에서 드러났다. 당시 사법 정책을 비판하는 일부 법관을 감시와 관리 대상으로 삼고 각종 불이익을 줬다는 '블랙리스트' 의혹도 나왔다. 2017년 초 블랙리스트 의혹이 제기된 이후 법원은 2018년 5월 말까지 세 차례나 진상조사단을 꾸려 조사를 벌였

지만 관련 증거를 찾지 못했다. 그리고 이는 검찰 수사의 빌미가 됐다.

검찰은 6월부터 '사법 농단 수사'라는 공식 수사 명칭을 달고 광범위한 조사를 벌였다. 수십 명의 전·현직 판사가 검찰 조사를 받고 법원행정처 사무실까지 압수수색 대상이 되는 초유의 사태가 빚어졌다. 결국 10월 말 핵심 실행자로 지목된 임종헌 전 법원행정처 차장이 구속됐다. 박병대·고영한 전 법원행정처장은 구속은 면했지만 전직 대법관 최초로 구속 전 피의자 심문을 받는 불명예를 안았다.

이후 치열한 법정 다툼 끝에 박병대·고영한 대법관은 2024년 1월 1심에서 무죄를 선고받았다. 임 전 차장은 2024년 2월 징역 2년에 집행유예 3년을 선고받았다.

## 6·12 싱가포르 북미정상회담

2017년 일촉즉발의 대치 상황을 연출했던 도널드 트럼프 미국 대통령과 김정은 북한 국무위원장이 2018년 역사상 첫 북미정상회담의 주인공이 되며 대화 모드로 급반전했다. 두 정상은 6월 12일 싱가포르 센토사섬에서 만나 비핵화와 체제보장을 놓고 대화했다. 이어 새로운 북미 관계 수립과 완전한 비핵화 협력 등 4개 항으로 구성된 공동성명을 채택, 북한 비핵화와 한반도

6월 7일자 1면. 정민승 베트남 특파원이 북미 회담 직전인 6일 회담 장소인 싱가포르 센토사섬 카펠라 호텔을 먼저 찾아가 현장 분위기를 생생하게 전달했다.

평화 체제 구축을 향한 첫발을 내디뎠다. 한국일보도 사설에서 '트럼프-김정은, 한반도 평화 위한 담대한 결단 기대한다'(6월 12일자) '한반도 평화 향한 역사적 첫 걸음 내딛다'(13일자) '김정은, 말 아닌 행동으로 "중대한 변화" 보여줘야 한다'(14일자) 등 한반도 평화를 위한 두 정상의 의미 있는 후속 조치를 기대했다. 그러나 세부 논의 과정에서 진척을 보지 못했다. 마이크 폼페이오 미국 국무장관이 7월과 10월 방북했으나, '핵 리스트 신고 등 선(先) 비핵화 조치가 필요하다'는 미국과 '단계적으로나마 제재 완화가 이뤄져야 한다'는 북한의 요구가 엇갈리면서 답보 상태가 이어졌다. 정민승 베트남 특파원은 회담 직전인 6일 회담 장소인 센토사섬 카펠라 호텔을 발빠르게 찾아 '세기의 회담'을 앞두고 분주히 움직이는 현장 분위기를 생생하게 전달했다.

제7회 전국 동시 지방선거가 6월 13일 여당인 더불어민주당의 압승으로 끝났다. 민주당은 광역단체장 17곳 중 14곳에서 승리했다. 서울·인천·경기 등 수도권과 텃밭인 전북·전

남은 물론, 충청과 강원, 부산·울산·경남까지 휩쓸었다. 특히 서울시 25개 구청장 선거 중 서초구를 제외한 24곳도 모두 가져갔다. 지방선거와 함께 치른 국회의원 재·보궐선거에서도 12곳 중 후보를 내지 않은 경북 김천을 제외한 11곳에서 모두 이겼다. 반면 제1야당인 자유한국당은 대구, 경북지역에서만 승리하는 최악의 성적표를 받으며 'TK당'으로 위축됐다. 제주에선 무소속 원희룡 후보가 당선됐다.

기초단체장 선거에서도 민주당이 총 226곳 중 151곳에서 이겨 자유한국당(53곳), 민주평화당(5곳), 무소속(17곳)을 압도했다. 주목할 점은 정의당이 광역·기초 비례대표 선거에서 성과를 거뒀다는 것이다. 후보자를 당선시키진 못했지만, 수도권에서 두 자릿수에 가까운 정당 득표율을 보였고, 광주에선 민주당에 이어 정당 득표율 2위를 차지했다. 이 결과 이전에 한 명도 없었던 광역 비례후보 당선자를 10곳에서 배출했다. 남북·북미 정상회담으로 조성된 한반도 평화 이슈가 민주당에 유리한 환경을 제공한 것이 주요 승인(勝因)으로 꼽혔다.

21번째 FIFA 월드컵이 6월 14일부터 7월 15일까지 러시아에서 열렸다. 마스코트는 늑대를 의인화한 '자비바카'. 본선에서 32개국이 경쟁을 벌였고 결승에선 프랑스가 크로아티아에 4-2로 승리하면서 사상 두 번째 우승을 차지했다. 신태용 감독이 이끈 한국 축구는 9회 연속 및 통산 10회 본선 무대를 밟았지만 16강 진출에 실패했다. 조별리그 1, 2차전에서 스웨덴, 멕시코에 연거푸 패하면서 비난이 쏟아졌지만 조별리그 마지막 경기에서 대이변이 일어났다. 강력한 우승 후보 독일을 상대로 2-0 승리를 거뒀다. 16강 진출에는 실패했지만 독일전의 투혼으로 많은 박수를 받았다.

### '3김 시대' 막 내리다… 김종필 전 총리 사망

대한민국 정치사의 한 페이지를 장식했던 김종필 전 국무총리가 6월 23일 오전 8시 15분 노환으로 별세했다. 향년 92세. 이로써 김대중 김영삼 전 대통령과 함께 현대 정치사를 함께 써온 '3김 시대'의 주역이 모두 역사의 뒤안길로 퇴장했다. 김 전 총리는 지방선거 직전 기력이 쇠락해져 서울 아산병원에 입원해 영양제 치료를 받았다. 이후 퇴원했다가 약 보름 후 별세했다. 그의 별세 소식에 정치권을 비롯한 각계각층의 애도 행렬이 이어졌다. 윤영찬 청와대 국민소통수석은 논평을 내고 "한국 현대 정치사에 남긴 고인의 손때와 족적은 쉬 지워지지 않을 것"이라고 평가했다. 정부는 국민훈장

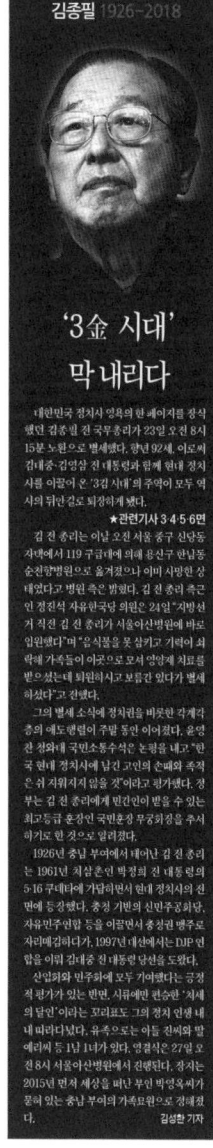

김종필 전 총재의 타계를 전하는 6월 26일자 1면.

무궁화장을 추서했다.
　1926년 충남 부여에서 태어난 김 전 총리는 1961년 처삼촌인 박정희 전 대통령의 5·16 쿠데타에 가담하면서 현대 정치사의 전면에 등장했다. 충청 기반의 신민주공화당, 자유민주연합 등을 이끌면서 충청권 맹주로 자리매김하다가, 1997년 대선에서는 DJP 연합을 이뤄 김대중 전 대통령 당선을 도왔다. 산업화와 민주화에 모두 기여했다는 긍정적 평가가 있는 반면, 시류에만 편승한 '처세의 달인'이라는 꼬리표도 그의 정치 인생 내내 따라다녔다.
　종교나 신념 등을 이유로 집총·입대를 거부하는 '양심적 병역거부자'가 사회봉사 등으로 병역을 대신하는 길이 열렸다. 헌재는 28일 병역법 관련 위헌법률심판제청과 헌법소원 심판 사건에서 '병역의 종류'를 규정한 이 법 5조 1항에 대해 재판관 6(헌법불합치)대 3(각하) 의견으로 헌법불합치 결정을 내렸다.
　'주 52시간 근무'가 7월부터 300인 이상 사업장에서 본격적으로 적용됐다. 노동시간 한도를 연장근로 포함 주 68시간에서 52시간으로 줄인 근로기준법 개정에 따른 것이다. 2004년 주 5일 근무제에 이어 2018년 주 52시간 근무는 일과 삶의 균형을 의미하는 '워라밸(work and life balance)'에 결정적 역할을 했다. 물론 시행이 순탄치는 않았다. 경영계는 주 52시간 근무제를 도입할 준비가 덜 됐다며 유예를 요구했고, 정부는 2018년 말까지 6개월을 계도기간으로 정해 위반 업체라도 한시적으로 처벌을 면할 수 있도록 했다.

### 2018 미스코리아, 상금 늘고 '국민 투표'도 도입

　7월 4일 서울 올림픽공원 올림픽홀에서 '2018 미스코리아 선발대회'가 열렸다. 이번 대회는 특히 상금 총액이 늘었고, 선발 방법에도 새로운 방식이 도입됐다. 지역 예선을 통과한 50명이 경기 용인시 ABL생명연수원에서 합숙 교육을 받았고, 1차 심사를 통해 본선 진출자 32명이 정해졌다. 전문가들이 참여한 1차 심사는 비주얼과 인성, 지성 평가로 이뤄졌다. 미스코리아 사상 처음으로 '온라인 국민 투표'를 도입해 이 결과가 본선 진출자 결정에 반영됐다. 가장 많은 표를 받은 2명은 본선 무대에 직행했다. 투표 결과는 인기상 배점의 50%를 차지했다.
　후보자들이 추첨을 통해 드레스와 수영복을 골라 입던 규칙도 바뀌었다. 1차 심사에서 높은 점수를 받은 1~16위에게 순위대로 드레스 선택 우선권을 줬다. 좋은 평가를 받은 후보자가 드레스를 먼저 고를 수 있도록 한 것이다. 수영복은 참가번호 순으로 8명씩 조를 짜서 조별로 동일한 수영복을 입게 했다. 각 조의 조장이 추첨을 통해 우선권을 행사하고 조원의 의견을 들어 수영복을 선택하는 방식이었다.
　상금도 크게 늘렸다. 2017년에는 상금 총액이 4,200만 원(진 2,000만 원·선 2명 각 500만 원·미 4명 각 300만 원)이었지만, 2018년에는 2억 4,000만 원으로 5배 이상 늘었다. 진은 1억 원(장학금 5,000만 원 포함), 선은 3,000만 원(장학금 1,000만 원), 미는 2,000만 원을 각각 받게 됐다. 장학금 제도가 처음 도입된 것이다. 미스코리아 출신이 심사위원장을 맡은 것도 달라진 모습이다. 1988년 미스코리아 진 출신인 배우 김성령이 맡았다. 미스코리아 선배가 미스코리아 선발에 적극 참여하는 새로운 전통을 만들었다. 이날 대회에서 진의 왕관은 김수민(23)씨에게 돌아갔다. 선은 송수현(25) 서예진(20)씨, 미는 임경민(20) 박채원(24) 이윤지(24) 김계령(22)씨가 차지했다.

세월호 참사 당시 국가가 초동 대응과 구조활동을 제대로 하지 못해 피해를 키웠다는 법원 판단이 나왔다. 이로써 참사 4년여 만에 국가 배상 책임이 인정됐다. 서울중앙지법 민사 30부(이상현 부장판사)는 7월 19일 전명선 4·16 세월호가족협의회 운영위원장 등 유족들이 국가와 청해진 해운을 상대로 낸 손해배상 소송에서 희생자 1명당 위자료 2억 원씩 지급하라고 판결했다. 친부모들에겐 각 4,000만 원씩의 위자료를 지급하라고 판결했다. 재판부는 "청해진해운과 국가의 과실로 이번 사건이 발생한 만큼 손해배상 책임을 인정한다"고 설명했다.

세월호 희생자 118명(단원고생 116명·일반인 2명)의 유족 354명은 2015년 9월 "국가가 세월호 안전 점검 등 관리를 소홀히 해 사고 원인을 제공했고, 참사 발생 후 초동 대응과 현장 구조활동을 제대로 하지 못해 피해를 키웠다"며 소송을 제기했다.

### 드루킹 사건에 희생된 노회찬

노회찬 정의당 원내대표가 7월 23일 스스로 목숨을 끊었다. 경찰에 따르면 그는 이날 오전 9시 38분쯤 서울 중구 신당동의 한 아파트에서 몸을 던졌다. 이 아파트 17층과 18층 사

K팝 그룹 방탄소년단(BTS)이 10월 6일 밤(현지시간) 미국 뉴욕의 시티필드에서 '러브 유어셀프'(Love Yourself) 북미 투어의 대미를 장식하는 피날레 공연을 하고 있다.

이 계단에서 노 대표의 겉옷이 발견됐고, 겉옷 안에는 그의 신분증이 든 지갑과 함께 유서가 있었다. 유서에는 "드루킹 관련 금전을 받은 사실은 있으나 청탁과는 관련이 없다"는 내용과 "부인 등 가족에게 미안하다"는 내용이 적혀 있었다. 드루킹 사건의 여파는 이후 17·19·20대 총선에 당선된 3선 의원의 죽음으로 끝나지 않았다.

드루킹은 2014년부터 2018년까지 친노·친문 파워블로거이자 경제적공진화모임 대표인 김동원의 별명이었다. 드루킹 일당은 2017년 대선에서 민주당 문재인 후보를 위해 온라인 댓글을 조작한 혐의로 특검 수사를 받고 수감되었다. 이 과정에서 드루킹 일당과 공모한 정황이 드러나, 문 대통령의 측근인 당시 김경수 경남도지사가 2021년 대법원에서 징역 2년 형을 확정받고 지사직도 상실했다.

아이돌 그룹 방탄소년단(BTS)이 전 세계를 K팝의 열기로 뜨겁게 달궜다. 방탄소년단은 9월 초부터 50여 일간 '러브 유어셀프'(LOVE YOURSELF)라는 주제로 미국, 캐나다, 영국, 네덜란드, 독일, 프랑스 등 6개국 11개 도시에서 22차례 공연을 했다. 북미와 유럽에서만 총 32만 관객을 모은 것으로 집계됐다. 이 기간 NBC '아메리카 갓 탤런트' '지미 팰런쇼', ABC '굿모닝 아메리카' 등 미국 유수의 프로그램들이 BTS 모시기에 열을 올렸다.

방탄소년단은 특히 9월 24일엔 유엔 정기총회에서 '자신을 사랑하고 스스로 목소리를 내라'는 메시지를 담은 연설로 전 세계 관심을 다시 받았다. 연설 후 소셜미디어(SNS)에선 방탄소년단의 음악과 메시지를 통해 용기를 얻었다는, 세계 각국의 사연들이 줄을 이었다.

'BTS 신드롬'은 전 세계 젊은이들이 한국 문화에 관심을 갖게 하고 더 나아가 한글을 배우게 했다. 그 공로를 인정받아 방탄소년단은 10월 정부로부터 화관 문화훈장을 받았다. 멤버 7명의 평균 나이는 당시 23.7세로, 문화훈장 수훈자 중 역대 최연소였다.

한국일보 지식공유 영상 채널 '오리지너(origin-er)'가 10월 2일 박소령 퍼블리대표의 '당신의 지갑을 여는 콘텐츠의 비밀'이란 주제로 첫선을 보였다. 오리지너는 신문사도 '동영상이 대세'라는 흐름 속에서 양질의 동영상 콘텐츠를 생산할 수 있음을 증명했다.

취재 기자와 DB콘텐츠부 기자, PD 등 3인이 제작하는 콘텐츠는 "'진짜'(혹은 '기원')를 만드는 사람들의 이야기"를 표방했다. 이로써 한국일보는 2015년 '프란'이 론칭한 이후 5개의 유튜브 채널을 운영하게 됐다. '프란'이 10~30대 여성을, '오리지너'는 20~40대 남성을 타깃으로 "저널리즘을 어떻게 더 잘할지" 고민했다. 또 베트남 구독자 대상 한류 대중문화 채널 'K-TREND', 아이돌 중심 연예 채널 '덕질하는 기자', 한국일보 E&B의 미스코리아 자원을 활용한 뷰티·일상 채널 '블링 팩토리'가 나머지 3개 채널이었다.

### 코라시아 포럼… '한반도 평화, 아시아의 기회와 도약'

아시아의 현재와 미래를 진단하는 코라시아 포럼이 11월 7일 서울 용산 드래곤시티호텔 3층 한라홀에서 진행됐다. 포럼은 전년도까지 진행하던 중국 전문 '차이나 포럼'을 확대·개편한 성격을 띠었다.

　승명호 한국일보 회장은 축사에서 "고비를 넘으면 한반도가 북으로는 북방·중앙아시아를 넘어 유럽까지 이어지는 신(新) 교역로가 연결되고 남으론 동남아시아국가연합(ASEAN·아세안)과 인도양을 가로지르는 해상 경제벨트가 열릴 것"이라며 "한반도 평화 시대가 아시아 동반성장을 넘어 아시아를 세계 경제·외교 중심으로 부상시키는 결정적 계기가 되는 셈"이라고 말했다.

　포럼 주제는 '한반도 평화, 아시아의 기회와 도약'이었다. 포럼에 참가한 아시아 각국 전문가들은 공동 번영을 위해 아시아가 어떻게 협력해야 하는지에 관한 다양한 아이디어를 제시했다. 특별 대담에서 티모페이 보르다체프 러시아 발다이클럽 연구소장은 "강대국은 자신들이 약속한 대로 행동하지 않고, 미국의 대북 정책은 예측 불가능하다"고 했다.

　연말이 다가올수록 부동산 가격 상승세가 가팔라졌다. 1~11월 사이 서울 아파트값은 전년 말 대비 8.22% 올라 상승률이 전년의(4.69%) 두 배에 달했다. 2006년 상승률(23.46%)엔 못 미쳤지만 서울 아파트 중위 가격이 평균 8억 원을 넘어선 반면, 울산, 경남, 충남 등 지방 아파트값이 같은 기간 평균 2.49% 하락한 것과 비교되면서 서울 집값 체감 상승률은 수치 이상이었다. 6월 종합부동산세 개편안 발표, 박원순 서울시장의 용산·여의도 통합개발 방침 등이 한동안 잠잠하던 서울 아파트값 상승세에 기름을 부었다.

　결국 정부는 8·2대책 이후 1년여 만에 9·13부동산 대책으로 다주택자 종합부동산세를 대폭 강화하고, 임대사업자 세제 혜택을 축소하는 등 세금 규제를 강화했다. 또 '역대급' 대출 규제로 1주택 이상 보유자 신규 대출을 차단하는 등 유동자금이 부동산 시장으로 흘러 들어가지 못하게 돈줄을 조였다. 이와 함께 수도권 3기 신도시 건설 계획을 발표하며 주택시장 안정을 꾀했다.

　유럽 대륙의 '뜨거운 감자'인 난민 문제가 우리나라에도 영향을 미쳤다. 제주도에서 예멘 출신 484명이 난민 신청을 해 그중 언론인 출신으로 알려진 2명이 12월 14일 처음으로 난민 인정을 받아 찬반 논란이 일었다. 이에 앞서 2018년 초부터 유럽 각국엔 '반(反)난민' 정권이 속속 출범했다. 이탈리아와 헝가리, 슬로베니아, 스웨덴이 대표적이었다. 특히 이탈리아는 마테오 살비니가 내무장관 겸 부총리로 취임한 이후 난민 구조선의 입항을 잇달아 거부하며 반난민 정책의 선봉에 섰다. 국제이주기구(IOM)에 따르면 11월 11일까지 지중해 루트로 유럽에 온 난민·이주자는 전년 같은 기간보다 34.9%나 감소했다.

### 자율주행차 등 4차 산업혁명 가시화

　미 항공우주국(NASA·나사)의 화성 탐사선 '인사이트(InSight)'호가 11월 26일 화성 적도 근처 '엘리시움 평원'에 착륙했다. 미 동부시간으로 이날 오후 2시 54분(한국시간 27일 오전 4시 54분) 지구로 날아온 인사이트호의 '착륙 확인' 낭보에 미국 전역이 들썩였다. 국

2018년

내 우주과학자들은 "독보적인 소프트웨어 기술의 승리"라며 인사이트호의 성공을 높이 평가했다. 인사이트호는 나사가 착륙 확인 신호를 받기 약 8분 전에 이미 화성에 도착했다. 지구와 화성이 워낙 멀어 전자신호 송신에 시간이 걸렸다. 5월 5일 발사돼 206일 동안 약 4억 8,000만㎞를 날아 목적지에 닿았다. 인사이트호가 보내온 사진 속의 착륙 지점은 암석이 거의 없는 편평한 모래 표면이었다. 나사는 인사이트호가 "불스 아이(Bull's eye)에 가깝게 착륙했다"고 표현했다. 멀리서 날아온 화살이 과녁 정중앙에 꽂힌 것과 마찬가지로 정확한 지점에 착륙했다는 의미다.

12월 5일 구글 모기업 알파벳의 자율주행차 부문인 웨이모가 미국 애리조나주 피닉스에서 세계 최초로 상용 자율주행차 서비스를 시작했다. 2018년 내내 글로벌 산업계를 강타한 자율 주행차, 거대 IT(정보기술) 등 4차 산업혁명 열풍이 최고조에 달했음을 보여줬다. 4차 산업 열풍으로 미국 애플은 8월 2일 '꿈의 시총'(1조 달러)을 달성했고, 9월 4일에는 세계 최대 온라인 상거래업체인 아마존도 장중 한때 시총 1조 달러를 넘어섰다.

한국일보 신임 노조위원장에 김성환 정치부 기자가 선출됐다.

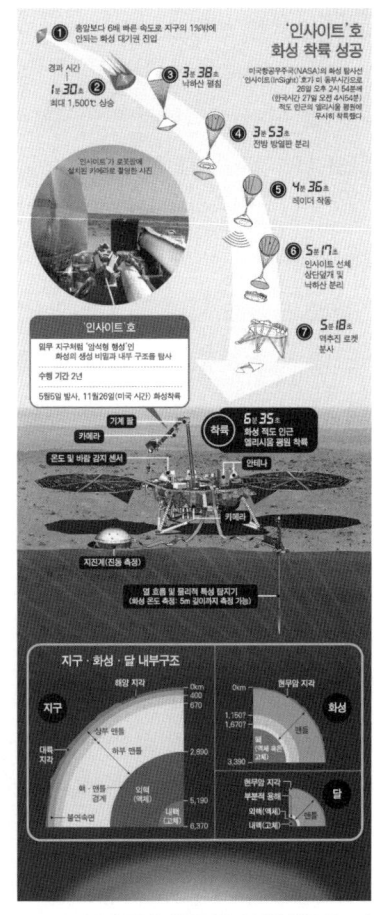

뉴스이용자들의 이해를 돕기 위해 한국일보가 제작한 인사이트호 화성착륙 관련 개념도.

편집인 산하에 논설위원실, 콘텐츠본부, 미디어플랫폼팀, 디지털전략팀을 편제하는 등의 조직개편이 12월 28일 이뤄졌다. 적용은 1월 1일부터. 〈임원보임〉▲편집인 이영성 ▲운영총괄 권동형 〈부문장〉▲뉴스2 정진황 ▲뉴스3 이영태 ▲신문 이창선 〈부장〉▲사회 김정곤 ▲경제 김용식 ▲산업 한준규 ▲문화 라제기 ▲정책사회 이왕구 ▲종합편집 이직 ▲디지털콘텐츠 정상원 ▲논설위원 정영오 박일근

2018년에도 새로운 일꾼들이 입사해 한국일보 재도약에 힘을 보탰다. ▲오준식(2월) ▲고준석 이정은(3월) ▲심지우 권혜련(4월) ▲박인혜(5월) ▲김현종 오세훈 이승엽 이한호 정준기 최나실(76기 견습기자·7월 2일자) ▲고주희(차장대우·7월) ▲최동순 권경훈 류호(8월) ▲진달래 현유리(9월) ▲임명수(10월)

# 2019년
### 4차 산업혁명 시대… 안주하거나 머뭇거릴 시간이 없다. - 승명호 회장

### 임시정부 100년… 독립운동 노래 100년 만에 첫 공개

3·1운동과 대한민국 임시정부 수립 100주년을 맞이해 '다시 부르는 삼월의 노래' 시리즈를 1월 1일자 1면 머리기사로 올렸다. 한국일보는 이 기획 기사에서 개인을 내던지고 오직 독립을 위해 모든 것을 바쳤던 운동가들의 숨겨진 스토리, 그리고 이들의 그늘 아래 묵묵히 사명을 다했던 무명 조력자들의 삶을 조명했다. 첫 장면으로 독립운동가들의 피와 한이 서려 있는 서울 서대문형무소 옥사를 택했다. 아울러 서대문형무소 여옥사(女獄舍)에 수감된 유관순 등 6명의 독립운동가가 옥중에서 만들어 불렀던 창가(唱歌)의 존재도 확인했다. 당시 여옥사 8호 감방에 수감된 독립운동가 중 시

1월 1일자 4면에 게재된 신년 기획 '다시 부르는 삼월의 노래'.

각장애 여성 심명철(본명 심영식·1896~1983)의 아들 문수일씨가 어머니를 통해 기록으로 남겨둔 노래 두 곡의 가사 전문을 본보에 최초 공개했다. 곡절의 요체는 '대한이 살았다'는 당당한 외침이었다.

이 곡은 2월 22일 '8호 감방의 노래'(Women's march)라는 제목으로 각 음원에 공개됐다. 아울러 서대문 형무소 역사관 여옥사에서 제작한 라이브 영상도 이날 한국일보 영상 채널 프란(Pran)의 유튜브, 페이스북, 인스타그램에 함께 게시됐다.

'파편 사회서 공감 사회로'라는 기획에서는 ▲난민 구호단체 사무국장 ▲연세대 총여학생회장 ▲귀화동포지원센터 대표 등 차별 현장에서 일하는 이들의 목소리를 담아 혐오와

2019년

분노에서 벗어나 '공감 사회'를 지향했다.

중국의 무인 달 탐사선 '창어(嫦娥) 4호'가 1월 3일 지구에선 보이지 않는 달의 뒷면에 착륙했다. 1969년 미국의 아폴로 11호가 달에 착륙한 지 50년 만이다. 달 뒷면에 착륙한 것은 이번이 처음으로, 중국은 우주 굴기를 과시하게 됐다. 앞서 창어 3호는 2013년 달 앞면에 착륙했다. 창어 4호는 착륙 직후 달의 뒷면을 담은 사진을 지구로 전송했고, 5월에는 첫 연구 성과로 달 맨틀의 구성 성분이 지구의 맨틀과 유사하다는 결론을 얻어냈다. 달 뒷면 탐사선 착륙의 난제는 지구와의 통신 문제였다. 중국은 그러나 미리 통신 중계 위성 '췌차오'(鵲橋)를 쏘아 올리는 방식으로 문제를 해결했다.

검찰이 1월 24일 양승태 전 대법원장을 구속했다. 구체적 혐의는 재판 개입, 사법부 블랙리스트, 비자금 조성 등 무려 47건에 달했다. 이로써 8개월간 이어진 사법행정권 남용 수사는 '전직 대법원장의 사상 첫 구속'이라는 비극으로 일단락됐다. 박병대·고영한 전 법원행정처장(대법관), 임종헌 전 법원행정처 차장과 10명의 전·현직 법관들도 관련 의혹에 연루된 혐의로 재판에 넘겨졌다.

소환조사 당시 포토 라인을 거부하고 대법원 앞에서 별도 회견을 갖는 등 검찰과 신경전을 거듭하던 양 전 대법원장은 재판에서도 혐의를 전면 부인하며 치열한 법리 대결을 벌였다. 검찰이 신청한 증인만 200명이 넘고, 재판 증인석엔 전·현직 법관들이 줄줄이 나와 증언했다. 양 전 대법원장은 3월 한 차례 보석을 청구했다가 기각됐지만, 7월 재판부 직권 보석으로 석방돼 불구속 재판을 받았다. 1심인 서울중앙지법은 5년 뒤인 2024년 1월 26일 양 전 대법원장에게 무죄를 선고, 직권남용 권리행사방해죄를 인정할 수 없다고 판단했다.

**연예계 추문에서 시작된 '버닝썬' 파문**

서울 강남 클럽 '버닝썬'에서 발생한 폭행 사건이 2019년 초부터 경찰과 업소·유명 연예인 간 유착 의혹, 연예인 음란물 유포 등을 포함한 '게이트'로 비화했다. 사건은 2018년 11월 24일 그룹 빅뱅 멤버 승리(이승현)가 경영에 참여했던 클럽 버닝썬에서 손님이 클럽 관계자들로부터 집단 폭행을 당한 것이 시초였다. 이후 1월 28일 한 방송사가 '당시 신고를 받고 출동한 경찰이 해당 손님을 추가 폭행했다'는 보도를 했다. 그리고 이를 전면 부인하는 경찰 및 버닝썬 측의 주장이 엇갈리면서 경찰 유착, 마약 투약, 탈세 등 의혹이 끊임없이 이어졌다.

승리가 가수 정준영 등과 함께 있던 카카오톡 대화방에서는 경찰 고위직 간부가 뒤를 봐줬다는 언급이 나왔고, 여성을 몰래 촬영한 불법 촬영물이 공유됐다는 사실까지 알려져 논란은 커졌다. 결국 국무총리에 이어 문재인 대통령까지 "성역을 가리지 않는 철저한 수사"를 주문했다.

검·경 수사권 조정 국면에서 경찰은 매머드급 수사팀을 꾸려 강남 주요 클럽 관련 의혹을 파헤쳤다. 음란물 유포 혐의를 받는 정준영을 구속하고 가수 최종훈 등 일부 연예인도 피의자로 입건했다. 버닝썬과 경찰 간 유착 고리로 지목된 전직 경찰관, 버닝썬 공동대표 등 관련자들도 입건됐다. 그러나 경찰-클럽 유착 의혹 핵심으로 지목된 윤모 총경이 업소 수사 상황을 외부에 흘린 혐의로만 불구속 송치돼 의혹을 해소하지 못했다는 비판이 나왔다. 검찰 송치 이후 금품수수 정황이 추가로 포착돼 윤 총경이 구속되면서 경찰 수사가 부실했다는 비판이 또 일었다.

한국일보와 한국지방자치학회가 전국 16개 광역자치단체 및 226개 기초단체를 대상으로 실시한 '2019년도 전국지방자치단체 평가'에서 서울시가 특별·광역시 경쟁력 평가 3년 연속 1위를 차지했다. 서울시는 월등한 재정 여건을 토대로 11조 원대 복지 예산을 책정한 것이 3연패의 주요 요인이 됐다. 경기도도 '9개 도 경쟁력 평가'에서 2017년 이후 다시 1위를 탈환했다. 특히 도내인구 유입 및 부동산 거래에서 호조세를 보이면서 재정이 탄탄해졌는데, 이를 토대로 '무상 교복'을 실현해 좋은 평가를 받았다.

### '이런 2막' 등 고품격 연재물… 지면 개편

2월 25일부터 지면 개편을 통해 다양하고 깊이 있는 읽을거리를 제공했다. 월요일에는 법조계의 관행과 속설을 파헤치는 '법조 캐슬, 사실은?'과 의료계의 속살을 들여다보는 '메디 스토리'가 번갈아 게재됐다. 새로운 변화를 모색하는 사회적 기업 소개 코너 '사회적 기업 2.0'도 신설됐다. 화요일에는 강력범죄를 다룬 '완전범죄는 없다' 시리즈의 후속으로 갈수록 고도화되는 지능범죄를 다룬 '지능범죄, 당신을 노린다'가 격주로 게재됐다. 수요일엔 은퇴 이후 바람직한 삶의 방식을 공유하는 '이런 2막'이 신설됐고, 역사 속 와인 이야기 '김성실의 역사 속 와인'도 선을 보였다.

금요일엔 과학소설과 고전을 새로운 시각에서 파헤치는 '읽어본다 SF' '다시 본다, 고전'이 격주로 게재됐고, 세계 각국의 무기를 살펴보는 'WEAPON & TARGET'도 선보였다. 토요일에도 '화를 보다, 경제를 읽다' '또 다른 시선, 워코노미(War-Conomy)' '아하! 생태' '김정명의 이슬람 문명 기행' 등 구성이 한층 다양해졌다.

2018년도 합계출산율이 결국 1명에도 못 미치는 0.98명으로 집계됐다. 통계청이 2월 27일 발표한 '2018 출생·사망 통계 잠정 결과'에 따르면, 2018년 출생아 수는 2017년(35만 7,800명)보다 8.6% 감소한 32만 6,900명이었다. 이는 관련 통계를 작성한 1970년 이후 최저치다. 2017년 출생아 수가 처음 30만 명대로 낮아진 뒤 2년 연속 급감세였다.

무엇보다 2018년 합계출산율(0.98명)은 역대 최저였던 2017년(1.05명)보다 더 낮아졌다. 합계출산율이 1명에 못 미친 것은 사상 처음이었다. 2005년 1.08명을 기록한 뒤 정부는 각종 저출산 대책을 내놓으며 한동안 1.1~1.2명 선을 유지했다. 하지만 이른바 '삼포(연애·결혼·출산 포기) 세대' 현상이 심화된 2017년 1.05명으로 추락한 후, 급기야 1명 선마

2019년

도널드 트럼프 미국 대통령과 김정은 북한 국무위원장이 2월 27일(현지시간) 2차 북미 정상회담장인 하노이 회담장 메트로폴 호텔에서 만나 악수하는 장면이 하노이의 국제미디어센터에서 중계되고 있다.

저 붕괴된 것이다.

도널드 트럼프 미국 대통령과 김정은 북한 국무위원장은 2월 27~28일 베트남 하노이에서 2차 정상회담을 했으나 합의에 실패했다. 비핵화 방식에서 일괄타결에 가까운 '빅딜'을 선호하는 미국과 '단계적 합의-단계적 이행'을 원하는 북한이 이견을 좁히지 못했다.

이후 김정은 위원장은 4월 최고인민회의 시정연설에서 '자주'와 '자력갱생에 의한 경제발전' 노선을 채택하고 "제재 해제 따위에는 더는 집착하지 않을 것"이라고 배짱 선언을 했다. 특히 미국을 향해 연말까지 '새로운 계산법'을 갖고 나오라며 양보하지 않겠다는 의지를 거듭 확인했다. 초대형 방사포와 잠수함발사탄도미사일(SLBM) 등 신무기도 잇달아 시험 발사했다.

6월 30일 남·북·미 정상의 극적인 판문점 회동도 빛이 바랬고, 10월 5일 스웨덴 스톡홀름에서 열린 북·미 간 실무협상도 성과 없이 끝났다. 여기에 북한은 '연말 시한'인 12월 두 차례나 대륙간탄도미사일(ICBM) 엔진 성능시험으로 추정되는 '중대한 시험'을 강행하는 등 북핵 위기가 점점 고조됐다.

3월 5일 독자 마케팅국장에 전승호 부문장이 임명됐다.

프랑스 파리의 상징인 노트르담 대성당이 4월 15일 오후 6시 50분쯤 발생한 화재에 무너졌다. 첨탑에서 치솟은 불길은 1시간 만에 지붕을 무너뜨리고 화염을 내뿜다 약 10시간 만에 진압됐다.

**조양호 대한항공 회장 별세**

조중훈 선대 회장의 창업 이념을 이어받아 한국 항공산업을 이끌었던 조양호 한진그룹 회장이 4월 8일 새벽 미국 로스앤젤레스(LA)의 한 병원에서 지병인 폐질환으로 별세했다. 향년 70세. 부인 이명희 전 일우재단 이사장과 장남 조원태 대한항공 사장, 장녀 조현아 전 대한항공 부사장, 차녀 조현민 전 대한항공 전무 등 가족들이 조 회장의 임종을 지켰다. 고인은 1949년 인천에서 조중훈 한진그룹 창업주의 장남으로 태어났다. 1974년 대한항공에 입사해 정비와 자재, 기획, 영업 등 항공 업무에 필요한 실무를 두루 익혔다. 1992년 대한항공 사장, 1999년 대한항공 회장, 2003년 한진그룹 회장에 올랐다.

고인은 1969년 항공기 8대로 출범한 대한항공을 50년 만에 전 세계 43개국 111개 도시에 취항하는 글로벌 항공사로 성장시켰다. 또 세계 항공업계가 대형 항공사(FSC)와 저비용 항공사(LCC) 간 경쟁 구도로 재편될 것으로 내다보고 2008년 진에어를 창립하기도 했다. 하지만 이른바 '땅콩 회항' 사건과 '물컵 갑질' 등 가족들의 행태가 사회적 논란이 됐고, 탈세 등 각종 비리 혐의로 사정기관의 전방위적인 조사를 받으면서 말년은 순탄치 못했다. 그룹 핵심 계열사인 대한항공 주주총회에서 대표이사직을 박탈당하기도 했다.

블랙홀 관측 사실을 전하는 4월 11일자 1면.

'우주의 무법자' 블랙홀이 드디어 인류에게 모습을 드러냈다. 유럽남방천문대(ESO)는 4월 10일 "'사건의 지평선 망원경(EHT) 프로젝트'를 통해 지구에서 5,500만 광년 떨어진 처녀자리 은하 중심에 있는 초대형 블랙홀 'M87'을 관측하는 데 성공했다"고 밝혔다. 이 블랙홀의 질량은 태양의 65억 배에 달하는 것으로 추정됐다. 블랙홀은 표면 중력이 매우 큰 천체로, 블랙홀을 벗어나기 위해 필요한 탈출 속도는 빛보다 빨라야 한다. 그래서 빛조차 블랙홀 밖으로 빠져나오지 못해 항상 어둡게 보인다. 국제공동연구진은 미국·칠레·스페인·남극 등 전 세계 8개의 전파망원경을 연결, 구경이 지구만 한 가상 망원경을 만들었다. 멀리 떨어져 있는 전파망원경끼리 묶으면 더 먼 천체를 선명하게 관측할 수 있다는 점에 착안한 것이다. 그리고 블랙홀에서 나오는 미세한 전파(파장이 긴 빛)를 같은 시각에 관찰해 해상도를 극대화했다.

### 2019 한국 포럼 "양극화 해소 위해 노동시장 개혁 절실"

2019 한국 포럼이 4월 25일 서울 신라호텔에서 '문재인 정부 3년, 3대 허들을 넘어: 노

동 개혁, 대기업정책, 혁신과 가치 충돌'을 주제로 열렸다. 승명호 한국일보 회장은 환영사에서 "4차 산업혁명 시대를 맞아 수출과 무역, 기술력으로 버텨온 우리 경제는 더 이상 안주하거나 머뭇거릴 시간이 없다"며 "우리 발목을 잡고 있는 노동 개혁과 산업구조 개편이 시급한 만큼 과감한 양보와 대승적 타협을 통해 바꾸고, 변해야 한다"고 강조했다.

기조 강연은 거시경제 분야의 세계적 석학이자 2011년 노벨 경제학상 수상자인 토머스 사전트 뉴욕대 교수가 맡았다. 이어 토론자들은 '고용은 안정적이어야 하는가 아니면 유연해야 하는가', '재벌을 규제 대상으로만 봐야 하는가', '전통·혁신 산업의 공존은 어떻게 이뤄져야 하는가' 등 우리 경제의 한 단계 도약을 위해서는 반드시 풀고 가야 할 여러 난제의 해법을 두고 장시간 머리를 맞댔다.

여야는 선거제 개혁안을 담은 공직선거법 개정안, 고위공직자범죄수사처 설치법안과 검경 수사권 조정법안을 포함한 검찰개혁 법안 등 이른바 '패스트트랙(신속처리안건) 법안'을 놓고 1년 내내 대치했다. 4월 29일 밤 국회 형사사법체계개혁특별위원회(사개특위)가 공수처 설치 및 검·경 수사권 조정안을 패스트트랙으로 지정했고, 4월 30일 국회 정치개혁특별위원회(정개특위)가 선거제 개혁안을 패스트트랙으로 지정했는데, 이 안건들이 지정되는 과정에서 여야가 물리적 충돌을 빚으며 '동물 국회', '폭력 국회'를 재연했다.

그리고 여야 간 대대적인 고소·고발전으로 이어졌다. '폭력 국회를 추방하자'며 2012년 여야 합의로 통과된 국회선진화법(개정 국회법)이 무색해지는 순간이었다. 패스트트랙 절차에 따라 선거법 개정안이 11월 27일, 검찰개혁 법안이 12월 3일 각각 국회 본회의에 부의되면서 여야의 '패스트트랙 대치 제2라운드'의 막이 올랐다. 여당인 더불어민주당은 바른미래당, 정의당, 민주평화당, 대안신당과 함께 '4+1 공조'를 복원해 패스트트랙 법안을 강행 처리하겠다는 방침이었다. 반면, 제1야당인 자유한국당은 필리버스터(무제한 토론을 통한 합법적 의사진행 방해), 장외 투쟁 등으로 총력 저지에 나섰다. 여야 간 극한 대치로 민생 법안은 뒷전으로 밀렸고, 20대 국회는 '최악의 국회'라는 오명을 썼다.

고찬유 자카르타 특파원의 '인도네시아 '임금체불 한인 기업' 파문'이 제343회(2019년 3월) 이달의 기자상에 선정됐다. 시상식은 4월 30일 프레스센터 기자회견장에서 열렸다. 이 보도는 현지 특파원의 발품과 문제의식이 돋보인 작품이었다.

나루히토(德仁·59) 새 일왕이 5월 1일 즉위했다. 상왕으로 물러난 아키히토(明仁·재위 1989~2019) 전 왕은 죽어야 승계가 이어지는 일본 왕가의 전통을 깨고 생전에 아들 나루히토에게 일왕 직을 물려줬다. 이로써 일본은 '쇼와(昭和)' 시대에서 '헤이세이(平成)'를 거쳐 '레이와(令和)' 시대가 열렸다. 문재인 대통령은 축전을 보내 "나루히토 천황의 즉위를 축하하고 퇴위한 아키히토 천황과 마찬가지로 전쟁의 아픔을 기억하면서 평화를 위한 굳건한 행보를 이어나가기를 기대한다"고 밝혔다. 한일관계의 우호적 발전을 위해 관심을 가져주길 바란다는 뜻도 전했다.

'기생충'의 봉준호(오른쪽) 감독과 송강호가 5월 25일 열린 제72회 칸 국제영화제에서 황금종려상을 들고 활짝 웃고 있다. CJ 엔터테인먼트 제공

봉준호 감독의 일곱 번째 장편 영화 '기생충'이 5월 25일 제72회 칸 국제영화제에서 심사위원 만장일치로 황금종려상(최고상)을 받았다. 영화 '기생충'은 전원 백수인 기택네 장남 기우가 박 사장네 고액 과외 선생이 되면서 일어나는 예기치 못한 사건을 그렸다. 가난한 가족과 부자 가족 이야기를 통해 빈부격차 문제를 다뤘다. 5월 30일 국내에서 개봉한 뒤 1,000만 관객을 돌파했다. 북미에서도 평단과 관객의 호평을 동시에 받았다. 2019년 북미 개봉 외국어 영화 중 최고 수입을 올렸다. 또 2020 골든글로브상에서 감독·각본·최우수 외국어영화상 등 3개 부문 후보에 올라, 외국어영화상을 받았다.

### 헝가리 유람선 참사… 한국 여행객 26명 사망·실종

5월 29일 오후 9시께(한국시간 30일 오전 4시) 헝가리 부다페스트 다뉴브강에서 유람선 허블레아니호가 바이킹시긴호와 충돌 후 침몰해 허블레아니호에 탑승했던 한국인 승객 20여 명이 희생됐다. 25명의 사망이 확인됐고, 한국인 승객 1명은 62일간에 걸친 수색 활동에도 끝내 찾지 못했다. 헝가리인 선장과 승무원 등 헝가리인 2명도 숨졌다. 당시 허블레아니호에는 야경 투어에 나섰던 한국인 승객 33명과 헝가리인 승무원 2명 등 35명이 승선해 있었다. 조사 결과 대형 유람선 바이킹시긴호는 허블레아니호를 추월하면서 무전 교신을 제대로 하지 않았던 것으로 파악됐다. 또 추돌 후 허블레아니호가 침몰하는데도 적절한 구조 작업이 이뤄지지 않았다. 국제부 김진욱 기자가 파견돼 실종자 수색 및 사고 수습 과정을 신속하게 전달했다. 바이킹시긴호의 선장은 과실로 대규

유람선 사고 현장에 놓여진 조화. 연합뉴스.

모 사상자를 낸 혐의로 재판에 넘겨졌다. 이후 사고 발생 4년여 만인 2023년 9월 1심 재판에서 징역 5년 6개월을 선고받았다.

이태규 뉴스1부문장이 6월 4일 편집국장에 임명됐고, 후속 인사가 이뤄졌다. ▲디지털콘텐츠국장 이영태 〈부문장〉▲뉴스1 정진황 ▲뉴스2 박일근 ▲뉴스3 조철환 ▲IT전문기자겸 스타트업랩장 최연진 ▲국제부장 양홍주 ▲논설위원 양정대. 17일에는 편집인 산하에 디지털전략부를 신설하는 조직개편도 이뤄졌다. ▲디지털전략부문장 고주희

7월 29일에는 편집국 기획취재부 산하에 기획취재팀과 탐사보도팀을 신설 편제했다. ▲편집2부장 강성래 ▲기획취재팀장 이진희 ▲탐사보도팀장 강철원

### 창간 65주년 기념식… "우리의 목표는 명실상부 최정상"

창간 65주년 기념식이 6월 5일 대한상공회의소 의원회의실에서 열렸다. 이준희 사장은 창간 기념사에서 "새로운 경영체제로 재창간을 선포한 지 5년째 되는 해"라고 강조했다. 그러면서 "우리의 진짜 목표는 명실상부 최정상 미디어로 부활하는 것"이라며 "안정기에서 도약기로의 전환이 필요하다"라고 강조했다.

이날 수상의 영예를 얻은 포상자는 다음과 같다. ▲Best Journalists Award 국제부 고찬유 자카르타 특파원 ▲Best Journalists Award 사회부 경찰팀(남상욱 외 12명) ▲Great Achievements Award 송영웅 미래전략실장 ▲Great Achievements Team Award 디지털콘텐츠국 영상팀 ▲High Achievements Team Award 미디어플랫폼팀 ▲Value Award 공공사업팀 ▲30년 장기근속 황상진 최종욱 김태수 손점용 오대근 허택회 ▲25년 근속 안종민 이성해 이진영 ▲20년 근속 양홍주 이지선 신동준 ▲15년 근속 채지은 이훈성 이영창 한경희 허광일 김신영 ▲10년 근속 박민식 강지원 고선영 이영태 허정헌 김남필 김소연 황수현 강주형 이정호 이희원 정유리 최윤필

홍콩의 민주화 시위가 이 무렵 시작돼 반년 넘게 지속했다. 이 시위는 홍콩 정부가 '범죄인 인도 법안(송환법)'을 추진한 데 반발해 6월 9일부터 시작됐다. 초기에는 평화적으로 진행됐으나 갈수록 폭력 시위로 변화됐다. 당국과 시위대가 충돌을 거듭하면서 시민 6,000명 가량이 체포됐고 이 과정에서 대학생 1명이 숨지기도 했다. 시위대는 11월 '최후의 보루'로 불리던 홍콩이공대학에서 경찰과 격렬한 충돌을 빚은 뒤 잠시 주춤했으나 같은 달 24일 구의원 선거에서 범민주 진영이 압승을 거두면서 다시 투쟁의 동력을 키웠다. 다만, 12월 중순부터 대규모 시위는 잦아들었고, 산발적 시위가 이어졌다. 2020년 1월 1일 새해 집회가 열렸는데, 103만 명(주최 측 주장)의 인파가 몰렸다. 시위대는 친중 의혹 업체들을 습격했고 경찰이 최루탄 등으로 대응하면서 다시 무력 충돌이 격화됐다. 하지만 신종코로나바이러스감염증(코로나19)이 전 세계적으로 확산되면서 시위도 급속히 약화됐다.

기획취재부 이혜미·김혜영 기자의 '지옥고 아래 쪽방'이 제345회(2019년 5월) 이달의

기자상 기획보도 신문·통신부문을 수상했다. 시상식은 6월 27일 프레스센터 기자회견장에서 열렸다. '지옥고 아래 쪽방'은 쪽방이라는 최저 주거 환경에서 소위 '재력가 건물주들의 월세 장사'가 이뤄지고 있다는 사실을 증명했다.

김세연(미국 아트센터디자인대 그래픽디자인전공)씨가 7월 11일 서울 경희대 평화의 전당에서 열린 2019 미스코리아 선발대회에서 진으로 선발됐다. 63회를 맞은 이번 대회에서는 수영복 심사를 폐지했다.

'선'에는 우희준(부산·울산) 이하늬(대구)씨, '미'에는 이혜주(대구) 이다현 신혜지 신윤아(이상 서울)씨가 선발됐다. 특히 선으로 선발된 우희준씨는 2018 자카르타·팔렘방 아시안게임과 2022 항저우 아시안게임에 카바디 국가대표로 출전해 화제를 모았다. 또 대회 이후에는 학군사관 후보생으로 지원해 2021년 육군 특수전사령부 국제평화지원단에서 통역 장교로 근무했다. 인기상은 장유림(경남)씨, 마리나베이 서울 셀프브랜딩상은 이하늬씨, K-ART 퍼포먼스상은 이정은(경북)씨에게로 돌아갔다.

K.tag 특별상은 2018년 미스코리아 진·선·미 당선자 7명에게 돌아갔으며 전년도 미스코리아 '진' 김수민씨가 대표 수상했다. K.tag 특별상은 소상공인연합회의 소상공인 공동 브랜드 'K.tag' 홍보에 기여한 미스코리아들에게 주어지는 상으로, 이 대회부터 신설됐다.

### 조국 사태… 검찰 개혁 놓고 극심한 갈등

문재인 대통령이 8월 9일 조국 전 청와대 민정수석을 법무부 장관으로 지명했다. 이에 야당이 입시 특혜 및 사모펀드 투자 의혹 등을 제기했고 검찰이 대대적인 수사에 착수하면서 이른바 '조국 사태'가 불거졌다.

조국 정국은 모든 이슈를 집어삼켰고, 20대 국회 마지막 정기 국회 역시 '조국 국회'를 방불케 했다. 또 조국 지지층과 반대층이 서로 갈라져 각각 서초동(검찰개혁 촉구 집회)과 광화문 광장(조국 사퇴 집회)에서 경쟁적으로 대규모 집회를 여는 등 여론이 분열됐다.

문 대통령은 9월 9일 조국 법무부 장관 임명을 강행했지만, 결국 임명 35일 만인 10월 14일 장관직에서 물러났다. 이후에도 검찰은 조국 전 장관이 민정수석으로 근무할 당시 ▲

조국 전 장관을 지지하는 집회(왼쪽)와 문재인 정부의 검찰 개혁을 반대하는 야당의 국회 시위.

유재수 부산시 경제부시장 감찰 무마 의혹 ▲김기현 전 울산시장 하명 수사 의혹 등을 수사했고, 이를 둘러싸고 여권과 검찰 갈등이 고조됐다.

여권은 고위공직자범죄수사처(공수처) 설치 및 검경 수사권 조정 등 검찰 개혁에 드라이브를 걸었다. 여기에 문재인 대통령은 12월 5일 더불어민주당 대표를 지낸 추미애 의원을 법무부 장관으로 지명하고, 검찰 개혁 법안을 밀어붙이면서 긴장감이 높아졌다.

한국 대법원의 일제강점기 징용 배상 판결을 계기로 촉발된 한·일 갈등은 2019년에도 극한 대립으로 이어졌다.

일본은 보복 조치로 7월 ▲고순도 불화수소 ▲플루오린 폴리아미드 ▲포토레지스트 등 반도체 디스플레이 핵심 소재 3개 품목에 대해 수출을 제한했다. 또 8월 2일엔 한국을 수출 절차 우대국 명단(화이트리스트)에서 제외하는 법령 개정안을 의결했다. 한국도 8월 한일 군사정보보호협정(GSOMIA·지소미아)을 종료하겠다고 선언했다. 일본은 물론 한·미·일 안보 협력을 저해하는 조치로 본 미국의 반발이 거셌다. 8월 2일에는 문재인 대통령이 직접 "다시는 일본에 지지 않을 것"이라며 강경 대응 방침을 천명했다. 또 9월에는 일본을 세계무역기구(WTO)에 제소하고 일본을 백색국가에서 제외하도록 전략물자 수출입 고시를 개정했다.

하지만 양국 간 물밑 협의는 계속됐다. 특히 10월 이낙연 총리가 나루히토 일왕 즉위식에 참석하고 11월 문재인 대통령과 아베 총리가 태국 방콕에서 아세안(동남아시아국가연합) 회의에서 환담하면서 관계 개선을 모색했다. 11월 23일 지소미아 종료를 6시간 앞두고 조건부 연장과 수출규제 재검토에 합의하면서 가까스로 봉합에 나섰지만, 각종 쟁점에서 만족할 만한 해법을 찾진 못했다.

경제부 이상무 기자의 '벤처투자 취지 역행' 증권사 발행어음 실태가 제346회(2019년 6월) 이달의 기자상 경제보도 부문에 선정됐다. 시상식은 7월 23일 프레스센터 기자회견장에서 열렸다. 심사위원들은 "증권사가 어음 발행으로 마련한 자금을 제대로 사용하고 있는지에 대한 기자의 문제의식과 이를 확인하기 위한 끈질긴 노력이 돋보였다"고 평가했다.

중거리핵전력(INF) 조약이 32년 만에 백지화됐다. 미국 마이크 폼페이오 국무장관은 2월 1일 INF 조약 이행 중단을 선언했고 2월 2일에는 블라디미르 푸틴 러시아 대통령이 같은 선언을 했다. 이 조약은 8월 1일을 기해 소멸됐다. 미국은 INF 탈퇴 이후 8월과 12월 두 차례 중거리 탄도미사일을 시험 발사했다. 냉전이 한창이던 1987년 체결된 이 조약은 미국과 옛 소련 양국이 중·단거리 미사일의 생산, 시험, 실전 배치를 금지하는 내용을 담고 있어 탈냉전의 신호탄으로도 여겨졌다. 그러나 러시아의 조약 위반을 이유로 미국이 탈퇴를 선언하자 러시아도 즉각 효력 중단을 발표한 것이다. 미국의 탈퇴 배경에는 중국의 핵 부상을 견제하려는 의도가 있는 것으로 풀이됐다. 실제로 미국은 탈퇴 발표 직후 중국까지 포함하는 새로운 조약을 제안했으나 중국은 이를 거부했다.

### <한여름의 연쇄살인, 폭염>… "뉴 미디어 저널리즘의 새 유형"

이슈365팀 조원일·이정은 기자, 영상팀 김창선 기자, DB콘텐츠부 박서영 기자가 합작한 <한여름의 연쇄살인, 폭염>이 제347회(2019년 7월) 이달의 기자상 기획보도 신문·통신부문에 선정됐다. 시상식은 8월 27일 프레스센터 기자회견장에서 열렸다.

국내편 4회, 해외편 4회로 구성된 이 기획은 예고편을 포함해 총 5편의 미니 다큐멘터리로도 제작돼 8월 8일 다큐멘터리 풀버전(약 30분 분량)이 공개됐다. "뉴미디어 저널리즘의 새 유형을 제시했다"는 평가를 받았다. 그해 4월부터 본격적인 취재에 들어가 제작에만 무려 3개월이 걸렸다. 자료조사와 취재는 공동으로 했지만, 기사와 다큐라는 최종 결과물을 만드는 작업은 별도로 진행됐다.

최대 미제 사건으로 남을 뻔했던 '화성 연쇄살인 사건'의 실체가 첫 사건 발생(1986년) 이후 33년 만에 드러났다.

경기 남부지방경찰청은 9월 18일 DNA 대조를 통해 부산교도소에 수감 중이던 이춘재를 용의자로 특정했다. 당시 이춘재는 '처제 성폭행 살인 사건'으로 25년째 복역 중이었다. 1994년 1월 충북 청주시 흥덕구 자기

화성 연쇄살인 사건 진범과 관련된 9월 19일자 1면.

집에 놀러 온 처제 이모씨(당시 20세)에게 수면제를 탄 음료를 먹인 뒤 성폭행하고 망치 등으로 머리를 여러 차례 때려 숨지게 했다. 이후 1995년 무기징역이 확정됐다. 경찰은 이춘재를 특정하기 한 달 전 보관 증거물에서 DNA를 새롭게 추출한 뒤 수형자 DNA 데이터베이스와 대조하는 방법으로 사건을 해결했다. 이춘재는 계속 혐의를 부인했지만, 갑자기 마음을 바꿔 10월 2일 화성에서 발생한 미제 살인 사건 9건을 포함한 14건의 살인과 성범죄 30여 건을 자백했다.

다만, 이 사건의 공소시효는 2006년 만료돼 처벌은 불가능했다. 그래서 일각에서는 특별법을 제정해서라도 처벌해야 한다고 촉구했다. 아울러 진범 논란이 제기된 8차 사건과 부실 수사 의혹이 불거진 초등학생 실종 사건 등 당시 경찰의 과오도 수면 위로 드러났다. 이에 경기남부청 수사본부는 8차 사건 당시 형사계장 등 6명을 직권남용 체포·감금 및 가혹행위, 독직 폭행 등 혐의로 입건하고 당시 경찰 수사과장과 검사 2명도 직권남용 체포·감금 등 혐의로 입건했다. 또 초등학생 실종 사건과 관련, 경찰이 피해자의 유골을 발견하고도 은폐한 정황이 있다고 보고 형사계장 등 경찰 2명을 사체 은닉과 증거인멸 등 혐의로 입건했다.

## <70대 특종> 조국 장관 후보자 딸 장학금 특혜

학업을 포기만 하지 않으면 주겠다는 의학전문대학원의 장학금은 특혜일까, 아닐까?

한국일보의 조국 장관 후보자 딸 장학금 특혜는 이런 상식적 질문에서 출발했다. 법무장관 후보에 오를 정도로 영향력 있는 인물의 자녀가 의학전문대학원에 진학한 뒤 두 차례 낙제하고도 지도교수로부터 3년간 1,000만 원이 넘는 장학금을 받은 사실에 대한 것이었다. 장학금은 교수 개인이 재량에 따라 지급한 것이긴 하지만, 이것이 공정한 것인지에 대한 상식적 물음이 던져진 것이다. 그리고 그 상식적 질문은 이후 더 큰 진실을 이끌어내는 힘이 되었다.

조국 법무부 장관 후보자는 가족들의 채무 면탈 의혹에 이어 사모펀드 투자, 딸의 의학전문대학원 장학금 독식 및 외국어고 재학 중 논문 1저자 등재 등 숱한 논란에 휩싸여 있었다.

2019년 8월 19일자 한국일보 특종 기사에 따르면 조 후보자의 딸은 2016년부터 2018년까지 6학기 연달아 매 학기 200만 원씩 모두 1,200만 원의 장학금을 받았다. 그러나 장학금을 받기 직전인 2015년 1학기와 마지막 장학금을 받은 2018년 2학기에도 각각 몇 개 과목에서 낙제해 유급을 당했다. 지도교수는 개인적으로 만든 장학회에서 지급한 것이기 때문에 문제 될 게 없다는 입장이었고, 부산대 측도 초기에는 절차상 하자가 없다고 밝혔다.

하지만 한국일보의 판단처럼 시민들의 상식은 기괴한 해명을 거부했다. 부산 지역사회를 중심으로 학업 성적이 저조한 조씨가 장학금을 받았다는 건 정당하지 않다는 분위기가 형성됐다. 게다가 조 후보자의 딸이 '면학 장학금'을 여러 학기에 걸쳐 받는 과정에서 지극히 이례적인 정황이 확인됐다. 조 후보자의 모친인 박정숙 웅동학원 이사장의 영향력이 도마에 오른 것. 부산대 간호대 출신인 박 이사장은 화가로 전업한 뒤 병원 측에 자신의 작품을 여러 차례 기부했고, 동문회에서도 활발하게 활동한 사실이 드러났다.

한국기자협회가 제348회 이달의 기자상으로 이 특종기사를 선정한 것도 이 때문이다. 결과적으로 대한민국 현대사의 흐름을 바꿔 놓은 이른바 '조국 사태'를 촉발시킨 용기 있는 보도로 인정을 받았던 것이다.

한편 이 보도 이후 검찰 특수부는 조 후보자를 상대로 제기된 각종 의혹과 관련해 압수수색을 진행했다. 정파적 대립과 논란에도 조 후보자 딸의 입시 비리 의혹 등에 대해서는 사법부의 단죄가 이뤄졌다.

2020년 대선을 앞두고 도널드 트럼프 대통령에 대한 미국 연방의회의 탄핵이 시도됐다. 시작은 '우크라이나 스캔들'이었다. 트럼프 대통령이 7월 볼로디미르 젤렌스키 우크라이나 대통령과 통화하면서 민주당 유력 대선주자였던 조 바이든 전 부통령과 그 아들에 대해 조사할 것을 압박했다고 미국 언론이 보도했다. 미국의 군사 원조 중단 카드를 앞세워 우크라이나를 압박했다는 것이다. 트럼프 대통령은 민주당의 탄핵 추진이 "마녀사냥"이라고 반박했다. 미 하원은 9월 24일 우크라이나 스캔들에 대한 조사에 착수했고, 12월 18일 트럼프 대통령에 대한 탄핵 소추안이 하원 본회의에서 통과됐다. 하지만 공화당이 장악한 상원에서 2020년 2월 5일 탄핵소추안이 부결되면서 트럼프 대통령은 탄핵 위기에서 벗어났다.

사회부 이현주·최동순·정준기 기자의 〈조국 법무부 장관 후보자 딸 특혜 장학금〉 보도가 제348회(2019년 8월) 이달의 기자상 취재보도 1부문에 선정됐다. 시상식은 9월 30일 프레스센터 기자회견장에서 열렸다.

### 글로벌 전역에서 터진 '민생고' 시위

경제 성장이 둔화하고 빈부 격차가 심해지면서 민생고에 시달린 세계 곳곳의 시민들이 길거리로 쏟아져 나왔다. 일부 시위는 유혈 사태로도 이어졌다. 대표적인 사례가 칠레 '50원 시위'다. 살인적인 물가와 싸워온 칠레 시민들은 '지하철 요금 30페소(약 50원) 인상'에 쌓였던 분노를 폭발시켰다. 급기야 칠레 정부는 11월 예정됐던 아시아태평양경제협력체(APEC) 정상회의와 12월 유엔 기후변화협약 당사국총회(COP25)를 취소했다.

에콰도르에서도 유류 보조금 폐지에 분노한 시위대가 거리로 쏟아져 나와 정부의 항복을 끌어냈고 볼리비아에서는 경제난에 시달리던 국민들이 대선 결과에 항의하며 전국적인 시위를 벌인 끝에 에바 모랄레스 당시 대통령이 망명길에 올랐다.

중동 지역에서는 레바논 정부가 스마트폰 메신저 왓츠앱에 230원 상당의 세금을 예고한 것이 민심을 분노케 했고, 결국 총리가 반정부 시위 12일 만에 사퇴를 발표했다. 이라크에서도 10월부터 반정부 시위가 벌어져 아델 압둘-마흐디 총리가 사임했다.

테러 조직 이슬람국가(IS)의 우두머리 아부 바크르 알바그다디(48세 추정)가 10월 26일 미군의 기밀 작전으로 사망했다. 도널드 트럼프 미국 대통령은 시리아 북서부 이들립 지역에 미군 특수부대를 투입했으며, 알바그다디는 자살 조끼를 이용해 스스로 목숨을 끊었다. 알바그다디의 영향력은 알카에다의 우두머리였던 오사마 빈라덴(2011년 사살)에 버금가는 것으로 평가됐다. 내전 중인 이라크에서 세력을 넓히면서 2014년 6월 IS 수립을 선포한 뒤 서방 국가에서 알카에다 못지않은 악명을 떨쳤다.

조직 개편을 단행, 경영전략본부 산하에 AD전략국과 대외전략실 등을 편제시켰다. ▲경영전략본부장 고재학 ▲경인취재본부장 이범구 ▲교육사업팀장 박광희 ▲문화사업팀장 최형철 〈부장〉 ▲정치 최문선 ▲국제 양정대 ▲기획취재 강철원 ▲지역사회 박석원 ▲문화 조태성 ▲정책사회 양홍주 ▲산업 허재경 ▲멀티미디어 박서강 ▲지식콘텐츠 한창만 ▲그래픽뉴스 김대훈 ▲선임기자 조재우 왕태석 라제기 김문중 ▲논설위원 김영화 이왕구 김지은

### 구자경 LG 명예회장 별세

손흥민(토트넘)이 12월 7일 잉글리시 프리미어리그 번리전에서 수비수 6명을 따돌리고 70여 m를 질주해 '원더골'을 뽑아내며 찬사를 받았다. 2019년의 맹활약을 압축적으로 보여주는 인상적인 장면이었다.

고(故) 구자경 LG그룹 명예회장.

아울러 손흥민은 11월 유럽축구연맹(UEFA) 챔피언스리그(UCL) 조별리그 B조 4차전 츠르베나 즈베즈자(세르비아)와 경기에서 유럽 무대 개인 통산 122·123호 골을 연속해서 터트렸다. 1990년대 독일 분데스리가에서 뛰며 유럽 통산 121골을 넣은 차범근 전 감독의 기록을 뛰어넘는 순간이었다. 손흥민은 세계 최고의 축구선수를 뽑는 발롱도르 후보 30명에 뽑혔고 역대 아시아 선수 중 가장 순위가 높은 22위에 이름을 올리며 찬사를 받았다.

'글로벌 LG'의 기틀을 닦은 구자경 LG그룹 명예회장이 12월 14일 숙환으로 별세했다. 고인은 고(故) 구인회 창업회장의 장남으로 45세 때인 1970년부터 LG그룹 2대 회장을 지냈다. 진주고를 졸업한 뒤 부산 사범학교 교사로 재직 중이던 1950년 부친의 부름을 받고 그룹의 모태가 된 '락희화학공업사'(현 LG화학) 이사로 취임하면서 그룹 경영에 참여했다. 이후 25년간 LG그룹을 이끌면서 전자와 화학을 중심으로 '글로벌 LG'의 기틀을 마련했다. 슬하에 고 구본무 회장을 비롯해 구본능 희성그룹 회장, 구본준 LG 고문, 구본식 LT그룹 회장 등 6남매를 뒀다.

전국언론노조 한국일보지부장 선거에 단독 출마한 최진주 기자가 지부장에 당선됐다.

한국일보 이사회는 12월 30일 이영성 부사장을 신임 발행인 겸 편집인·대표이사 사장에 선임했다. 이준희 전 사장은 고문으로 위촉됐다. 신임 인쇄인에는 권동형 경영지원실장이 선임됐다. 2019년에도 월별 신규 인력채용이 계속됐다. ▲서경호 이인범(1월) ▲성민호(2월) ▲박민정(3월) ▲고정인(5월) ▲안하늘 이유지 권정환(7월) ▲김영훈 김진웅 손성원 오지혜 조소진 최은서(77기 견습기자·7월 16일자) ▲류종은(8월) ▲김용식 유정석 장인규(9월)

# 2020년
한국일보는 대한민국 대통합을 위한 역할에도 의미가 있다.  -승명호 회장

2020년은 신종 코로나바이러스 감염증(코로나19)이 정치와 경제 사회 문화 등 모든 분야에서 전 세계를 집어삼킨 한 해였다. 국내에서도 1월 20일 첫 확진자가 나왔고 연말엔 하루 확진자 1,000명을 넘기는 등 대유행이 벌어졌다. 신년 기획은 '적대 사회-이미 닥친 디스토피아'로 시작했다. 1편 '국민이 등 돌린 베네수엘라'를 시작으로 지구촌 곳곳에서 일어난 시위를 분석해 그 공통점을 '악화되는 경제 양극화', '정치적 자유'로 꼽고 기존 통합기능이 무너지고 적대감이 극에 달했다고 전했다.

### 2020 시무식… "그동안의 고민, 성과로 만들어야"

2020 한국일보 그룹 시무식이 1월 3일 대한상공회의소 의원회의실에서 열렸다. 승명호 회장은 신년사에서 "이달의 기자상 관훈언론인상 온라인 저널리즘 어워드 대상 등 지난해 각종 상을 수상하면서 중도 정론지로서의 존재감을 드높였다"고 치하했다.

한국일보가 편집 강령을 전면 개정하고 취재 보도 준칙을 신설해 시행에 들어갔다. 한국기자협회 등 언론단체가 공동 제정한 보도 준칙과 별개로 이렇게 언론사 자체적으로 세부 사안별 보도 준칙을 만들어 시행하는 곳은 당시까지 극히 드물었다. 한국일보는 1월 1일자 신문지면 '알립니다'를 통해 "변화한 시대 가치와 달라진 미디어 환경을 반영하기 위해 노사가 지난해 9월부터 편집 강령 개정 TF를 구성, 내부 의견 수렴과 함께 언론학계 감수를 거친 결과물이다"라며 편집 강령 개정 사실을 알렸다. 편집 강령과 취재 보도 준칙 전문(全文)은 홈페이지에 공개됐다.

1월 1일자 2면에 게재된 편집 강령 개정 사고.

> **알립니다**
>
> **새 편집강령·취재보도준칙 시행**
>
> 편집권·뉴스 개방성 강조
> 성폭력 등 보도 35개 지침
> 7년 만의 대대적 개편
>
> 한국일보사는 편집강령을 개정하고 취재보도준칙을 새로 마련해 새해부터 시행합니다. 변화한 시대 가치와 달라진 미디어 환경을 반영하기 위해 노사가 지난해 9월부터 편집강령 개정TF를 구성, 내부 의견 수렴과 함께 언론학계 감수를 거친 결과물로, 한국일보 뉴스의 디딤돌이 될 것입니다. 1989년 언론자유와 알권리 수호, 언론옹호 의지를 담아 편집강령을 제정하고, 1991년과 2012년 개정을 한 뒤 7년 만의 대대적 개편입니다. 편집강령은 전문(前文)과 취재보도기준 8조, 시행세칙, 취재보도준칙을 포함한 편집강령규정 17조와 부칙으로 구성했습니다.
>
> 편집강령에는 편집권 독립과 권력으로부터의 외압 배격을 재천명했으며, 종전 지역주의뿐만 아니라 세대·이념·계층 갈등을 극복하고 사회통합에 힘쓰고자 하는 우리의 역할을 명시했습니다. 언론의 기본인 정확한 사실보도, 균형 있는 보도와 함께 국민 누구나 이용할 수 있도록 뉴스의 개방성도 강조합니다.
>
> 신설한 취재보도 준칙에는 사건, 성폭력, 자살, 성평등, 선거, 재난 보도와 관련해 모두 35개 항의 지침을 마련했습니다. 이는 국민의 알권리를 보장함과 동시에 인권을 보호하기 위함입니다. 선거보도 준칙은 불편부당한 자세를 구체화했으며, 성평등보도 준칙에는 차별 없는 사회를 지향하는 의지를 담았습니다.
>
> 정보와 다매체 홉수 속에 울고 그름이 흐려지고, 분별 없는 진영논리가 횡행하는 어지러운 시대환경입니다. 한국일보는 편집강령과 취재보도 준칙을 바탕으로 뉴스의 중심을 잡고, 바른 여론을 선도하며, 언론에 대한 신뢰를 높이고자 합니다.
>
> 편집강령과 취재보도 준칙 전문(全文)은 한국일보 모바일과 홈페이지(www.hankookilbo.com)를 통해 볼 수 있습니다.

2020년

한국일보 편집 강령은 1989년 제정된 이후 1991년과 2012년 두 차례 개정됐다. 그리고 약 8년 만에 이뤄진 세 번째 개편의 핵심은 '취재 보도 준칙 신설'이다. 취재 보도 준칙은 ▲사건 ▲성폭력 ▲자살 ▲성평등 ▲선거 ▲재난 보도 등 6개 부문 35개 항의 지침으로 구성됐다.

사건 보도 준칙은 헌법상 무죄 추정의 원칙을 적용해 법원의 유죄 확정판결이 있기 전까지 실명을 공개하지 않는 것을 원칙으로 했다. 다만 고위 공직자 등의 경우 공익과 알 권리를 고려해 예외를 뒀다. 성폭력 사건은 피해자 인권 보호를 최우선으로 하고, 기사 작성 시에도 가해자 중심 용어 표현은 사용하지 않을 것을 강조했다. 성평등 보도 준칙에는 차별 없는 사회를 지향하는 의지를 담았다. 선거 보도에선 불편부당한 자세를 구체화했다. '일과성 보도' 대신 이슈 중심으로 보도하고, 군소 후보들에게도 적절히 기회를 주도록 했다. 취재 보도 준칙 신설은 2019년 노조의 제안으로 시작돼 별도 TF에서 진행했는데, 편집국 기자들이 초안을 작성한 뒤 사내 의견 수렴과 언론학자 감수 등을 거쳐 확정됐다.

2020년 한국일보 신춘문예 5개 부문 당선자 5명이 선정됐다. 시상은 1월 22일 프레스센터 프레스클럽에서 열렸다. ▲시 '침착하게 사랑하기'(차도하) ▲소설 '전자 시대의 아리아(신종원) ▲희곡 '컬럼비아대 기숙사 베란다에서 뛰어내린 동양인 임산부와 현장에서 도주한 동양인 남성에 대한 뉴욕타임스의 지나치게 짧은 보도기사'(이홍도) ▲동화 '여덟 시에 만나'(차혜련) ▲동시 '화단'(김영경)

### 코로나19 팬데믹… 지구촌 보건·경제 붕괴

2019년 말 중국 후베이성 우한에서 발병이 보고된 뒤 코로나19가 새해가 시작되자마자 전 세계로 빠르게 확산했다. 세계 각국은 확산 억제를 위해 국경을 봉쇄하고 자국민들의 이동을 강력하게 제한했지만, 2020년 말까지 누적 사망자는 약 165만 명에 달했다.

국내에서는 1월 20일 첫 신종코로나바이러스감염증(코로나19) 확진자가 나왔다. 첫 확진자는 중국 후베이성 우한에서 입국한 중국인 여성이었다. 이후 2월 18일 신천지예수교 증거장막성전(신천지) 대구 교회에서 확진자가 무더기로 나오면서 1차 확산이 진행됐고 2월 29일엔 확진자가 909명으로 정점을 찍었다. 대구·경북지역의 누적 확진자는 한 달 만에 약 8,000명으로 늘었다. 이 무렵 세계 곳곳에서 한국인 입국을 막는 사태가 벌어지기도 했다.

코로나 19라는 초유의 사태로 국내에서는 중국인을, 해외에서는 한국인의 입국 금지를 요구하는 사태가 벌어졌다.

3월부터 콜센터, 종교시설 등을 중심으로 곳곳에서 집단 감염이 터져 나오자, 정부는 다중이용시설의 운영을 제한하는 '사회적 거리 두기'를 도입했다. 이 과정에서 '마스크 대란'이 일어났다. 개인 최소 방역 방법인 마스크를 구입하려는 수요는 급증했지만, 공급은 턱없이 부족했기 때문이다. 문재인 대통령이 "마스크 공평하게 보급하라"고 지시한 데 대해 식약처가 "재사용 가능하다"고 발언하면서 국민적 공분을 샀다.

5월 초에도 이태원 클럽발(發) 집단감염으로 다시 위기를 맞았고, 8월 중순부터 서울 사랑제일교회와 광복절 도심 집회 관련 확진자가 대거 쏟아져 나오면서 수도권 중심의 2차 유행이 발생했다. 이후 더 강력한 사회적 거리두기가 시행되면서 한풀 꺾였다. 거리두기가 장기화되자 이번엔 소모임·직장 등을 중심으로 일상 감염이 확산됐다. 11월 중순부터 3차 대유행이 시작됐고, 하루 1,000명대 확진자가 나오는 등 연말엔 연일 역대 최다 확진자 수를 기록했다.

대구·경북 지역의 코로나 대응을 격려하는 3월 9일자 한국일보 1면.

한국일보는 2월 3일자 신문부터 1면에 '오늘의 신종 코로나'라는 코너를 만들어 코로나 신규 확진자 수 및 치료 현황을 상세하게 보도했다. 또 3월 9일부터는 '코로나19 극복 캠페인'을 통해 감염병 극복과 경제 회복을 위한 다양한 기획 기사와 응원 광고를 게재했다. 그 첫 편으로 중앙재난안전대책본부와 함께 '힘내라 대구-경북! 대한민국이 함께 하겠습니다'를 1면 광고로 냈다. 코로나 피해 직격탄을 맞은 대구·경북이 지역 건강 문제뿐만 아니라 경제·사회적 심각성이 극심하다는 판단에서였다.

2013년 9월 첫선을 보인 뷰엔이 1월 30일로 300회를 맞이했다. 뷰엔은 그간 신문 지면에서 다양한 실험을 거듭했다. 심하게 훼손된 시각장애인용 유도블록과 판매직 노동자의 뒤틀린 발 사진으로 지면을 가득 메우기도 했고, 신문을 시험지나 게임판, 종이접기용으로 만들기도 했다. 이랬던 뷰엔이 2019년 말 처음 취재기자와 영상 전담 PD를 영입한데 이어, 이해 2월 17일에는 유튜브 채널 '뷰잉'으로 진화했다. '여자 둘이 결혼합니다'란 제목으로 레즈비언 부부의 이야기를 다룬 첫 번째 영상을 올렸는데, 반응은 뜨거웠다. 유튜브에서만 꾸준히 인기를 얻으며 조회수 40만회를 돌파했고, 네이버TV에 올린 영상도 못지않은 시청

률을 기록했다. 이 영상은 '신(新) 모던패밀리'라는 기획의 일환이었다. 이 밖에 미혼부, 무(無)혼남, 비혼공동체 등 '궤도 밖' 다양한 가족의 모습을 소개했다.

2월 20일자 신문엔 2개 면에 걸쳐 게재됐고 온라인에선 나흘에 걸쳐 차례로 소개됐다. 신문과 포털, 유튜브 공개 일정과 순번까지 미리 계획하고 준비한 것이었다. 덕분에 네이버에서만 합산 150만이 넘는 페이지뷰를 기록했다.

2월 18일 미래기획실 산하에 스포츠토토 인수 TF팀을 신설했다. ▲TF단장 송영웅(미래기획실장 겸직)

### 3월 3일자부터 '코로나 감면'… '이동 편집국'도 가동

한국일보 지면이 3월 3일자부터 기존 32면에서 28면으로 줄었다. 이는 2월 중순부터 코로나19 확진자가 폭발적으로 증가하고 지역사회 확산이 본격화하면서 대응 수위를 높인 것이다. 그 이전에는 기자가 감염원이 돼선 안 된다는 판단에 따라 확진자 접촉을 금하고 혹시나 동선이 겹치거나 비슷한 증상이 있을 경우 자가 격리하는 개별 대응 수준이었다면, 이후부터는 구체적인 대응책까지 본격적으로 고민을 시작한 것이다.

취재 기자들에게는 출입처 출근이 아닌, 재택근무를 적극 권유하는 한편, 내근 기자 및 행정 직원도 최소 인원만 출퇴근하도록 했다. 특히 3월 2일부터는 상암동 드림타워 K스튜디오에 '이동 편집국'을 설치, 편집부 인력을 2개 팀으로 나눠 이원화 근무를 시작했다. 이동 편집국에는 편집·조판 및 디자인, 광고 등 한국일보 직원 14명과 코리아타임스 9명이 근무했다. 10월부터는 용산구 서조빌딩으로 옮겼고, 약 16개월여 만인 2021년 7월 중구 와이즈타워 본사로 다시 합류했다.

여당인 더불어민주당이 4월 15일 치러진 제21대 총선에서 지역구 163석, 비례정당 더불어시민당의 17석을 합쳐 총 180석을 확보하는 유례없는 성적표를 받았다. 이는 헌정사상 단일 정당이 차지한 최다 의석수이며, 원내 의석 비율 60%는 1987년 민주화 개헌 이후 최고치다. 반면 제1야당 미래통합당은 지역구와 비례정당인 미래한국당을 합쳐도 103석에 머물러 개헌 저지선을 겨우 지키는 데 만족해야 했다. 원내 3당 민생당은 원외 정당으로 전락했고, 20대 때 다당 구도였던 국회는 양당 구도로 회귀했다.

민주당은 또 21대 국회 상반기 원 구성에서 18개 위원장을 모두 독식하며 입법 독주의 발판을 놨다. 상임위를 야당과 배분하지 않은 것은 1987년 이후 처음이었다. 미래통합당은 "관례대로 야당이 법사위원장을 차지해 정부·여당을 견제해야 한다"고 버텼고, 민주당이 제시한 '법사위원장을 제외한 11대 7 협상안'을 결국 거부했다.

### 윤석열-추미애 갈등 본격화

추미애 법무부 장관과 윤석열 검찰총장의 갈등이 2020년 내내 지속됐다. 낙마한 조국 전

장관을 대신한 추 장관은 1월 3일 취임하자마자 검찰 간부들에 대한 대대적 물갈이 인사로 포문을 열었다. 이에 윤 총장과 검찰은 '울산시장 선거 개입' 의혹 수사로 청와대를 정조준하면서 맞섰다. 급기야 추 장관은 '수사 지휘권'을 잇달아 발동, 윤 총장을 ▲채널A 전 기자 강요 미수

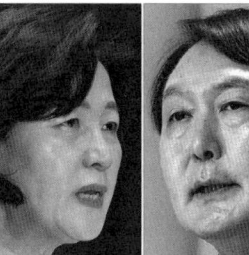

이른바 '추·윤' 갈등을 다룬 1월 4일자 1면.

의혹('검언유착' 의혹) ▲윤 총장 측근·가족 비위 의혹 수사 등에 대한 수사 지휘에서 배제했다.

검찰 안팎의 반감은 커졌다. 윤 총장은 국정감사에서 "검찰총장은 장관의 부하가 아니다"는 작심 발언을 한 뒤 검찰은 정부의 탈원전 정책과 연관된 월성 1호기 사건 수사에 착수했다. 이에 추 장관이 윤 총장에 대한 감찰을 지시하고 징계 절차에 돌입하자, 전국 검사들이 항의 성명을 내는 등 집단행동에 나서면서 양측 갈등은 전면전으로 치달았다.

'추미애-윤석열 갈등'이 극단적·장기화하면서 검찰개혁의 의미를 놓고도 논란이 가열됐다. 이런 가운데 검찰의 직접 수사 부서를 형사·공판부로 전환하고 검·경 수사권 조정으로 검찰의 수사권을 축소하려는 시도가 여당을 중심으로 가속화했다. 특히 여·야가 극심하게 대립했던 고위공직자범죄수사처법 개정안이 12월 10일 국회를 통과하면서 정권 주도의 검찰개혁에 속도가 붙게 됐다.

정치권에서도 검찰개혁은 핵심적 이슈였다. 여권은 윤 총장을 검찰 기득권의 상징으로 규정하며 사퇴를 거듭 압박했다. 반면, 보수 야권은 윤 총장 사퇴 요구를 '정치적 보복'으로 보고 방어막을 쳤다. 갈등이 이어지면서 오히려 윤 총장은 보수 진영의 유력한 차기 대선 주자로 떠올랐다. 각종 여론조사에서 윤 총장의 지지율은 치솟았고, 민주당 이낙연 대표, 이재명 경기지사와 다투는 '3강 구도'가 됐다.

영국이 영국시간으로 1월 31일 23시를 기해 유럽연합(EU)에서 탈퇴하는 브렉시트(Brexit)를 단행했다. 2016년 6월 국민투표에서 가결된 지 3년 7개월 만이었다. 이후 11개월간 유예 기간을 거친 뒤 2020년 12월 31일에는 예정대로 완전히 탈퇴했다.

### 두 번째 베트남 특파원 부임… 동남아 지국, 호찌민→하노이로

정재호 신임 베트남 하노이 특파원이 2월 2일 현지에 부임해 업무를 시작했다. 전임 정

2020년

민승 호찌민 특파원은 3년간의 임무를 마치고 귀국했다. 2017년 국내 중앙 일간지 최초로 베트남 경제중심지인 호찌민에 지국을 설립한 한국일보는 2020년부터는 수도 하노이로 지국을 옮겼다.

온라인 메신저 '텔레그램'에 개설된 단체 채팅방에서 불법 성 착취물을 제작·유포한 이른바 'n번방'이 파문을 일으켰다. 문재인 대통령도 'n번방 성 착취 사건'에 대해 강력한 수사를 지시했다.

경찰은 3월 19일 규모가 큰 채팅방 중 하나인 '박사방' 운영자 조주빈을 아동·청소년의 성보호에 관한 법률 위반 등 혐의로 구속했다. 조씨는 아르바이트 등을 미끼로 피해자들을 유인해 얼굴이 나오는 나체사진을 받아낸 뒤 이를 빌미로 성 착취물을 찍도록 협박하고 박사방에 유포한 혐의를 받았다.

경찰은 또 5월 'n번방'으로 불리는 숫자 대화방을 처음 만든 '갓갓' 문형욱을 붙잡아 구속했다. 이후에도 이들과 공모해 조직적으로 성 착취물을 제작하거나 돈을 내고 채팅방에서 동영상을 구입한 공범들 역시 줄줄이 검거돼 재판받았다. 이들에게는 아동청소년성보호법 위반 외에도 범죄단체를 조직한 혐의가 적용됐다. 수사당국은 채팅방 운영자들뿐 아니라 성 착취물 제작·유포를 방조한 혐의로 유료 회원은 물론, 무료 회원까지도 수사망을 확대했다. 불법 성적 촬영물을 소지만 해도 처벌하는 등 성범죄 처벌 수위를 높인, 이른바 'n번방 방지법'도 5월부터 시행됐다.

**1년 연기된 도쿄 올림픽**

7월 24일 일본 도쿄에서 열릴 예정이던 2020 도쿄하계올림픽이 코로나19 탓에 개최가 미뤄졌다. 토마스 바흐 IOC 위원장과 아베 신조 일본 총리가 3월 24일 전화 통화로 도쿄올림픽 1년 연기에 합의했다. 근대 올림픽이 태동한 1896년 이래 1·2차 세계 대전으로 동·하계 올림픽이 5차례 취소된 적은 있지만, 연기된 건 124년 만에 처음 있는 일이었다. 4년 주기로 짝수 해에 열리던 하계올림픽은 이듬해인 2021년 7월 23일 도쿄 올림픽스타디움에서 개막했다.

코로나19에 따른 입장제한으로 관람석이 절반 이상 빈 채 치러지고 있는 프로야구 경기.

국내 프로스포츠는 코로나19의 직격탄을 맞았다. 겨울철 스포츠의 대명사인 프로배구와 농구가 정규리그를 완주하지 못하고 중간에 문을 닫았다. 배구와 농구는 새해가 밝자마자 무관중 경기로 전환하며 어떻게든 시즌을 소화하려 했지만, 사태는 점점 악화됐고 여자 농구(3월 20일)를 시작으로 남녀 배구(3월 23일) 남자 농구(3월 24일)가 잇달아 시즌 초기 종료를 선언했다. 프로 출범 후 처음이었다.

봄부터 겨울 초까지 시즌을 치르는 프로야구와 프로축구는 예년보다 훨씬 늦은 5월 5일, 5월 8일에야 열렸다. 다만 프로야구와 축구는 리그를 완주했다. 야구는 11월 24일 한국시리즈 6차전을 끝으로 6개월 레이스를 마쳤고, 프로축구 K리그1(1부)도 11월 1일 전북 현대의 첫 4연패로 대미를 장식했다. 하지만 관중 입장을 구장 수용 규모의 10%~50%로 제한, 각 구단은 재정 손실을 피하기 어려웠다. 실제로 100% 관중 수입에 의존하는 프로야구 포스트시즌 배당금을 보면, 2020시즌 정규리그·한국시리즈 통합 우승팀 NC는 전년도 통합우승팀 두산(27억 원)의 절반에도 못 미치는 약 12억 7,000만 원을 가져갔다.

4월 29일 영상사업팀을 경영전략본부장 직속으로 신설했다. ▲팀장 강희경(영상콘텐츠팀장 겸직)

'괴짜 천재' 일론 머스크가 소유한 미국 민간기업 스페이스X가 5월 30일 미국 항공우주국(NASA) 소속 우주비행사 2명을 태워 국제우주정거장(ISS)에 보내는 데 성공했다. 옛 소련의 우주비행사 유리 가가린을 태운 세계 최초의 유인 우주선 '보스토크 1호'(1961년) 이후 민간 기업이 주도한 우주여행은 스페이스X가 처음이었다. 스페이스X는 11월 16일 실제 임무가 있는 우주비행사 4명을 ISS에 보내 민간 우주선 정규운항의 시작을 알렸다.

### 창간 66주년 기념식… 승명호 회장 "오로지 뉴스 소비자만 생각해야"

뉴스 생산 프로세스 변화에 맞춰 6월 1일 편집국을 뉴스룸국과 신문국으로 분리, 콘텐츠 생산 및 지면 제작을 각각 전담케 하는 조직개편이 이뤄졌다. 신문국 산하에 지면 편집 전문인력을 배치하고 지면 제작을 담당하는 신문에디터를 신설했다. 미래기획실 및 산하 조직은 폐지됐다. 조직개편과 함께 이충재 주필과 이태규 뉴스룸국장이 임명됐다. ▲신문국장 정진황 ▲신문에디터 겸 논설위원 조재우 최형철 조철환 최연진 라제기 〈뉴스룸국 부문장〉▲1부문장 박일근 ▲2부문장 김정곤 ▲3부문장 이영태 ▲대외전략실 문화사업팀장 최진환

한국일보가 신문 중심에서 온라인 중심으로의 조직전환을 선언했다. 창간 66주년 기념식이 6월 9일 연세 세브란스빌딩 대회의실에서 열렸다. 이날 기념식은 신종코로나바이러스감염증(코로나19) 확산으로 인해 부서장 및 팀장급 이상 인원만 참석했다. 최소 인원 참석으로 규모는 조촐했지만 분위기는 따뜻했다.

승명호 회장은 창간 기념사에서 "수십 년간 이어져 온 신문 중심의 조직과 업무방식을 완전히 바꾸는 이번 조치들은 한국일보 역사상 가장 큰 변화일 수 있다"면서 "올해가 한국일보 혁신의 원년으로 기록되기를 기대한다"고 밝혔다. 이어 "한국일보는 지금 커다란 변화

를 눈앞에 두고 있다"면서 ▲새로운 CMS '허브' 가동 및 뉴스 홈페이지 전면 개편 ▲새로운 업무 프로세스 시행을 언급했다.

구성원이 직접 선정한 연간 포상도 이뤄졌다. 포상자는 다음과 같다. ▲특종상 대상 '지옥고 아래 쪽방촌'(이진희 박상준 김혜영 박소영 이혜미) ▲특종상 우수상 '조국 전 장관 딸 부산대 의학전문대학원 장학금 부당 수령 관련 의혹'(이현주 최동순 정준기) ▲우수성과상 단체부문 대상 디지털전략부 ▲우수성과상 단체부문 우수상 스포츠토토 입찰 TF ▲30년 장기근속자 고재학 장인철 조재우 이창선 최진환 최정복 손용석 김문중 김종구 ▲25년 김희원 조철환 박일근 김범철 임창균 이성원 안경호 박서강 최흥수 ▲20년 김영화 이왕구 송용창 성시환 배우한 양용현 김대인 박구원 라제기 김용식 박석원 양정대 류효진 김영환 이승현 이준호 김소연 고찬유 정상원 최문선 박선영 ▲15년 김매이 김이삭 김정우 김광수 김희경 강준구 정민승 ▲10년 김동준 임소형 강윤주 김경준 김주영 김현우 김혜영 남보라 이동현 김창훈 서진호 성시영 강은영 최미진 박은성 남상욱

중국이 자치 지역인 홍콩에 본격적인 통제를 시작했다. 중국은 6월 30일 전국인민대표대회 상무위원회에서 홍콩 국가보안법(홍콩보안법)을 만장일치로 가결했다. ▲외국 세력과 결탁 ▲국가 분열 조장 ▲국가 정권 전복 시도 ▲테러리즘 등을 금지하고 처벌하는 내용을 담았다. 중국은 "국가안보 수호"라는 명분을 주장했지만, 중국 본토에 대한 홍콩 내 비판을 억누르려는 의도가 다분하다는 의혹이 강하게 제기됐다. 실제로 홍콩 시민들은 영국에서 반환된 뒤 유지되던 언론, 출판, 표현의 자유가 침해될 것이라며 반발했다.

미국은 '홍콩이 더는 중국과 서방의 소통로 역할을 할 수 없게 됐다'며 홍콩특별지위를 박탈하는 제재를 가했다. 홍콩은 관세, 투자, 무역, 비자 발급 등에서 중국 본토와 다른 특혜를 미국으로부터 받아왔다. 이는 홍콩이 글로벌 금융허브로 계속 성장할 수 있도록 토대를 구축한 제도였다. 다른 서방 국가들도 홍콩보안법에 반발해 제재성 조치를 쏟아내면서 중국과 서방의 갈등은 한층 증폭됐다. 홍콩 주민들의 망명 신청과 서방 기업들의 홍콩 탈출이 이어졌다.

**연락사무소 폭파·서해 공무원 피살… 급속 악화 남북 관계**

북한이 대북 전단 살포에 반발해 6월 16일 개성 남북공동연락사무소 청사를 폭파했다. 2018년 4월 27일 남북 정상의 '판문점 선언'에 따라 같은 해 9월 문을 연 연락사무소가 1년 9개월 만에 사라진 것이다. 9월 22일에는 서해 북단 소연평도 해상에서 어업지도선에 타고 있다가 실종된 공무원이 북측 해역에서 북한군의 총격을 받고 숨지는 사건이 발생했다. 특히 북측이 사체를 불태운 것 아니냐는 관측이 나오면서 국내에선 대북 감정이 크게 악화했다.

남북 관계가 경색을 넘어 긴장 국면으로 접어들자, 김정은 국무위원장은 9월 25일 통일

전선부 명의의 통지문을 통해 "우리측 수역에서 뜻밖의 불미스러운 일이 발생했다"며 "문재인 대통령과 남녘 동포들에게 커다란 실망감을 더해준 데 대해 대단히 미안하게 생각한다"면서 사과의 뜻을 전달했다. 하지만 북한은 피격 사건에 대한 남측의 공동 조사 요구에 끝내 응답하지 않았고, 해양경찰청의 집중 수색에도 시신을 찾지 못하면서 남북 관계는 파행을 이어갔다.

북한이 6월 16일 남북공동연락사무소 청사를 폭파한 직후, 폭파 위력으로 종합지원센터(오른쪽 큰 건물) 외벽이 무너져 내리고 있다. 자료: 조선중앙통신

서울시장과 부산시장의 '미투' 파문이 우리 사회에 충격을 던졌다. 박원순 당시 서울시장은 7월 9일 돌연 공식 일정을 취소하고 홀로 공관을 나선 뒤 이튿날 북악산에서 숨진 채 발견됐다. 실종 전날인 8일 박 시장의 비서가 경찰에 박 시장을 성추행 혐의로 고소한 상태였다. 박 시장은 2011년 보궐선거 당선 이후 내리 3선에 성공한 최장수 서울시장이었다. 아울러 국내에서 처음으로 직장 내 성희롱 소송인 '서울대 조교 성희롱 사건'(1993년) 등을 이끈 인물이었다. 특히 10년 가까이 그를 보좌했던 시 고위 간부들의 책임론까지 제기되면서 서울 시정은 물론 정치권까지 일대 혼란에 빠졌다.

4번째 도전 끝에 부산시장에 당선된 민주당 소속의 오거돈 시장도 총선 직후인 4월 23일 긴급 기자회견을 열고 시장직을 내려놨다. 당초 사퇴 사유는 '건강상의 이유'로 예측됐지만, 정작 "한 사람(직원)에게 5분 정도의 짧은 면담을 하면서 불필요한 신체 접촉을 했습니다"라는 충격적인 내용이 발표됐다. 특히 오 시장이 2019년 9월 기자회견에선 성희롱을 "반드시 뿌리 뽑아야 할 구태"로 지목한 적이 있어 비난은 더욱 거셌다. 특히, 성추행 사건은 총선을 코 앞에 둔 4월 7일이었고, 사퇴 시점은 총선 직후여서 ▲민주당 지도부의 사전 인지 여부 ▲피해자와의 사퇴 시점 협의 여부 등을 놓고 논란이 증폭됐다. 오 시장은 이후 불구속 수사를 받았지만, 1심(2021년 6월)에선 징역 3년을 선고받고 법정 구속됐다. 이후 2심(2022년 2월)에서도 1심의 판단은 유지됐고, 오 시장이 상고를 포기하면서 3년 형이 확정됐다.

한국일보는 박원순 전 시장이 숨진 이후 7월 24일자 1면 머리기사와 4~5면을 할애해 '권력형 성폭력' 피해자 김지은씨의 인터뷰 기사를 게재했다. 앞선 '안희정 사건'과 '박원순 사건'은 권력형 성범죄라는 점에서 매우 비슷한데, 일부 대중이 안희정 사건의 피해자 김지은씨까지 들먹이며 N차 가해를 지속하는 상황에 대해 김지은씨 본인의 솔직한 심경을 담았다.

## '초일류 기업 삼성' 이끈 이건희 회장 별세

2020년

이스라엘이 도널드 트럼프 미국 대통령의 중재로 8월부터 아랍에미리트, 바레인, 수단, 모로코와 차례로 관계 정상화에 합의했다.

반대로 이란-미국, 이란-이스라엘의 관계는 계속 악화됐다. 트럼프 행정부는 이란에 대한 경제 제재를 속속 복원했다. 아울러 1월엔 이란의 권력 실세 가셈 솔레이마니 혁명수비대 쿠드스군 사령관이 표적 공습으로 살해됐다. 이란의 핵무기 개발 프로그램을 주도해 온 간판 과학자 모센 파크리자데도 11월 27일 암살됐다.

아베 신조 일본 총리가 8월 28일 건강을 이유로 갑자기 사의를 표명했다. 이어 스가 요시히데(菅義偉) 신임 총리가 9월 16일 취임함으로써 2012년 12월 이후 8년 가까이 이어진 아베 독주 체제는 막을 내렸다.

8월 31일 디지털 역량 강화를 위해 한국일보 대표 직속으로 디지털전략실을 신설했다. ▲디지털전략실장 권동형(운영총괄 겸 인쇄인) ▲디지털전략팀장 김주성 ▲미디어플랫폼팀장 안경모 ▲IT팀장 이탁희

한국 재계의 거목 이건희 삼성 회장이 10월 25일 오전 4시 삼성서울병원에서 향년 78세를 일기로 별세했다. 2014년 5월 10일 급성 심근경색증으로 서울 이태원동 자택에서 쓰러지고 병상에 누운 지 6년 5개월 만이다. 나흘간의 장례 뒤 수원 가족 선영에서 영면했다.

이재용 부회장 등 유족들은 가족장으로 장례를 간소하게 치르며 조문도 사양했지만, 빈소가 차려진 삼성서울병원에는 여야 지도부와 재계 총수, 문화 예술인 등 각계의 인사들이 찾아와 고인을 기렸다.

문재인 대통령은 노영민 비서실장을 통해 유족을 위로했고, 조지 부시 전 미국 대통령과 애플의 팀 쿡 최고경영자, 토마스 바흐 국제올림픽위원회(IOC) 위원장 등 해외 인사들도 이건희 회장 빈소에 조화를 보냈다. 이 회장은 애니콜과 반도체 신화를 통해 삼성전자를 초일류 기업으로 도약시키고, IOC 위원으로서 국내 스포츠 발전에도 기여했다.

한국일보 역시 '글로벌 초일류 집념 '삼성 신화' 큰 별 지다'라는 1면 머리기사로 이 회장의 별세 소식을 전하며 고인의 생애를 조명하는 한편, '마누라·자식 빼고 다 바꿔' 등 이 회장의 생전 어록과 빈소 표정, 주요 연보 등 관련 보도를 여러 지면을 할애해 보도

이건희 회장 타계를 다룬 한국일보 1면.

했다. 특히 재계 관계자의 말을 인용해 "'이건희 회장이 없었다면 세계 초일류 기업으로 올라선 삼성도 없었을 것'이라는데 이견은 없을 것"이라며 "이 회장에 대한 부정적인 시각도 있는 게 사실이지만 '기업인 이건희'에 대한 평가는 높게 받을 만하다"고 전했다.

사설에서도 삼성을 글로벌 일류기업으로 이끈 고인의 업적을 높이 평가하되, 정경 유착, 경영권 세습 논란 등을 들며 '삼성이 거듭나는 계기로 삼아야 한다'고 주장했다.

### 미국, 바이든 시대 개막…트럼프, 전례 없는 대선 불복

조 바이든(민주당) 후보가 11월 3일 실시된 미국 대선에서 도널드 트럼프(공화당) 대통령을 꺾었다. 바이든 당선인은 이듬해인 2021년 1월 20일 제46대 대통령으로 취임해 '슈퍼 파워' 미국을 이끌었다. 그러나 이 과정에서 트럼프 대통령이 미국 헌정 역사상 극히 이례적으로 대선 결과에 불복, 파장이 일었다. 그는 부정선거 의혹을 제기하며 당선인 확정 절차를 멈추거나 대선 결과를 무효로 하려는 소송을 제기했다. 미국 법원은 트럼프 대통령의 손을 들어주지 않았다. 선거인단도 공식 투표에서 306 대 232로 바이든의 당선을 확정했다.

방탄소년단(BTS)이 2020년 연중 내내 한국 가요사는 물론, 전 세계 팝 음악계에도 중요한 분기점이 될 대기록을 연이어 탄생시켰다. 2월 발매한 정규 4집 '맵 오브 더 솔 : 7'으로 미국을 비롯한 세계 5대 음악시장 앨범 차트 정상을 석권하더니 8월 발표한 영어 싱글 '다이너마이트'로 빌보드 메인 싱글차트 첫 1위를 거머쥐며 북미 시장에서 대중적인 인기를 확인했다. K팝이 팝의 본고장 미국에서 인기 정점에 오른 것을 상징적으로 보여주는 사건이었다. '다이너마이트'로 BTS는 한국 대중음악 사상 처음으로 그래미 어워즈 후보에도 지명됐다.

그리고 12월에는 신종 코로나바이러스 감염증(코로나19) 시대를 담아낸 '라이프 고스 온'이 한국어 곡으로는 최초로 빌보드 싱글 정상에 올랐다. 미 시사잡지 타임은 BTS를 '올해의 연예인'으로 선정했다.

### 뉴스룸국 11월 대개편

7월에 이뤄진 뉴스룸국과 신문국으로의 분리 작업을 발전적으로 계승하는 내용의 추가 개편이 11월 이뤄졌다. 디지털 혁신의 컨트롤타워 역할과 뉴스룸국의 조직, 인사, 문화혁신을 지원하는 혁신총괄을 신설하는 내용의 조직개편이 이뤄졌다. 이충재 주필의 이사 승진, 이영태 뉴스룸3부문장을 뉴스룸국장으로 임명하는 한편 후속 인사도 이뤄졌다. ▲논설위원 이태규 박일근 송용창 ▲신문에디터 김정곤 양정대 〈부문장〉 ▲뉴스 김영화 ▲디지털기획 양홍주 〈부장〉 ▲종합편집 김영환 ▲편집1 강성래 ▲편집2 김소연 ▲국제 박석원 ▲사회 강철원 ▲정책사회 조태성 ▲경제산업 김용식 ▲문화스포츠 이성원

당시 개편은 뉴스1~3부문으로 나뉘었던 뉴스룸국을 ▲뉴스부문과 ▲디지털기획부문으

로 이원화한 것이 핵심이었다. 뉴스부문이 전통적인 스트레이트 뉴스를 총괄한다면, 디지털기획부문은 실험과 기획에 힘을 줬다. 아울러 사회부 지역사회부가 폐지되고 전국팀을 신설해 탐사 보도 기능을 강화했다.

신설된 디지털기획부문에는 ▲디지털뉴스부 ▲어젠다기획부 ▲문화스포츠부 ▲멀티미디어부 ▲1인 LAB을 편제했다. 신설된 어젠다 기획부는 한국일보가 설정한 의제를 긴 호흡으로 심층 보도하며 메시지를 전달했다. 첫 의제로는 ▲마이너리티(소수자)와 ▲기후 대응 문제를 정해 짧게는 수개월, 길게는 1년 이상에 걸쳐 메시지 전달과 독자와의 소통에 집중했다. 콘텐츠 실험을 위한 랩도 추가됐다. 기존의 스타트업랩에 더해 사람 인(人)과 익스플로러(탐험가)를 합친 ▲인스플로러랩과 ▲애니로그랩이 신설됐다. 또한, 국장 직속으로 커넥트팀을 두고 독자와의 접점을 넓히기로 했다.

전직 언론인을 대상으로 실시한 1회 기획취재물 공모전에서 전 YTN 기자 이준영씨의 '하늘을 날고 싶은 사람들'이 당선작으로 선정됐다. YTN생활 등 만 7년간의 기자직을 그만두고 파일럿의 꿈에 도전했던 이준영씨는 코로나19 직격탄을 맞은 항공업계 및 종사자들의 현실을 조명했고, 이 내용은 12월 8~11일 4회에 걸쳐 지면과 온라인에 연재됐다. 2018년 비행을 배우기 위해 미국 유학길에 올라 한·미 조종사 자격증을 취득한 이준영 전 기자는 '관찰자'가 아닌 '경험자'의 시선으로 하늘을 날 기회와 꿈을 빼앗긴 사람들의 이야기를 다뤄 공감을 얻었다.

〈방배동 모자의 비극〉(사회부 김진웅·오지혜·신지후·이동현·윤태석)이 제364회(2020년 12월) 이달의 기자상 수상작으로 선정됐다. 시상식은 이듬해 1월 26일 프레스센터 19층 기자회견장에서 열렸다.

**코로나로 크게 바뀐 일상들**

코로나19 때문에 2021학년도 대학수학능력시험이 당초 11월 19일에서 2주 뒤인 12월 3일로 미뤄졌다. 이후에도 코로나19 확산세가 수그러들지 않아 일각에선 수능 연기론까지 나왔지만, 교육부는 수능일을 더 미루지 않고 예정대로 시행했다. 연중 내내 교육 현장의 모습도 완전히 바뀌었다. 이전까지는 수십 년 뒤에나 가능할 것으로 생각됐던 '온라인 개학'과 '원격 수업'이 시행됐다. 4월에 온라인 개학을 하고 5월 20일부터는 순차적으로 실제 등교도 시작됐다. 이후 등교 수업과 원격 수업이 병행됐다.

경제 충격에도 불구하고 국내 증시는 사상 최고치를 경신하며 새로운 역사를 썼다. 코스피는 12월 16일 기준 2,771.79로 사상 최고를 기록했다. 11월 23일 역대 처음으로 2,600선에 올라선 뒤 12월 4일에는 2,700선(2,731.45)도 돌파했다. 코로나19 팬데믹으로 투매가 극에 달했던 연중 최저점(3월 19일·1,457.64)과 비교하면 무려 1,314.15포인트(90.1%)나 오른 것이다. 코스닥도 12월 16일 기준 939.65를 기록했다. 12월 3일에는 907.61로 거래를

## <70대 특종> 방배동 母子의 비극

2021년 4월 6일 서울 중구 한국프레스센터에서 한국일보의 '방배동 모자의 비극' 연속 보도에 대한 한국신문상 수상작 시상식이 열렸다. 한국신문상 심사위원회는 해당 보도에 대해 "30대 발달장애 아들의 '도와주세요'라는 호소는 우리 사회가 안고 있는 복지 사각지대의 맹점을 다시금 보여주고 제도적 보완까지 이끌었다"며 "고민의 흔적과 함께 발품을 판 기자들의 땀과 열정이 한껏 묻어났다"고 평가했다.

이 특종은 사소한 단서를 놓치지 않은 것에서 시작했다. 2020년 12월 3일 '사망한 어머니는 몇 달간 집에 방치됐고, 장애인 아들은 노숙을 한다'는 믿기 힘든 제보를 전해 듣고 취재기자가 찾아간 것이 시작이었다. 찾아간 주택 입구에는 우편물이 가득했고, 건강보험료 미납 통지서도 있었다. 기초생활수급자의 죽음은 수개월 동안 파악되지 않았고, 30대 중반인 아들의 장애 여부는 아무도 알지 못하는 상황이 확인됐다.

한국일보 기자들의 취재는 여기서 멈추지 않았다. 비극을 잉태시킨 제도의 허점을 파악하기 위해 유족들의 동의를 받아 비극적 가족 사연에 대한 심층 취재에 나섰다. 단순 고독사 보도에 머물 수 있었던 슬픈 사연의 조각이 맞춰지면서 한 편의 기획이 되었다. 사례를 넓혀 장애인 등록의 높은 문턱과 부양의무자 기준 논란, 재건축 지역의 소외문제까지 짚을 수 있었다. 비극의 이면에서 남몰래 남들을 돕던 평범한 이웃들도 조명했다.

'방배동 모자'의 비극적 사연이 한국일보를 통해 알려지자 부양의무자 기준을 폐지하라는 목소리가 높아졌고, 제도적 개선이 이뤄졌다. 당시 문재인 대통령의 직접 지시까지 나왔다. 문 대통령은 2021년 1월 25일 보건복지부·식품의약품안전처·질병관리청 등으로부터의 업무보고 자리에서 "지난해 방배동 모자 사례에서 보듯, 제도가 있어도 활용하지 못하는 이웃들도 있다"며 "생계급여 부양의무자 기준의 완전 폐지, 기초연금과 장애인 연금 인상 대상 확대, 상병수당 도입 등 사회안전망을 더욱 촘촘히 갖추어야 한다"고 강조했다.

### 사망 다섯달 방치된 엄마, 노숙자 된 아들… 방배동 모자의 비극

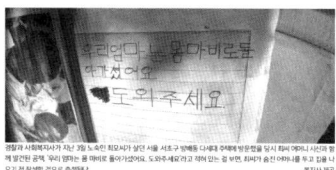

마치며 2018년 4월 17일(901.22) 이후 2년 7개월여 만에 900선을 회복하기도 했다.

과거와는 다른 모습의 개인 투자자, '동학 개미'가 상승세의 중심에 섰다. 팬데믹 초기인 3월에는 증시가 급락했으나 이후 개인 투자자들은 3월 한 달간 코스피에서 무려 11조 1,869억 원어치 주식을 사들였다. 월간 기준으로 관련 통계를 집계하기 시작한 1999년 이후 최대 규모였다. 외국인들이 주식을 내다 파는 것에 맞서 주식을 사들이는 것을 동학농민운동에 빗대 '동학개미운동'이란 신조어까지 나왔다.

2020년 초 30조 원 규모였던 증시 대기 자금인 투자자예탁금은 60조 원을 넘었고, 주식 거래 계좌 수는 560만 개가 넘는 신규 계좌가 개설되며 3,500만 개를 돌파했다.

소비 패턴에도 큰 변화가 생겼다. 대형 마트에서 장을 보고 식당에서 끼니를 해결하던 '일상'이 코로나19 확산에 따라 온라인 쇼핑과 음식 배달 주문으로 바뀌었다. 통계청에 따르면 온라인쇼핑 거래액은 1월 12조 3,047억 원에서 9월 14조 3,701억 원까지 치솟았다. 오프라인 위주로 운영하던 업체들도 온라인 사업을 강화했다. 공항 이용객이 급감하면서 어려움을 겪던 면세점업계는 6월부터 온라인몰을 통해 재고 면세품을 판매하면서 숨통 트기에 나섰다. 인구가 밀집된 수도권에서 카페 내 취식이 금지되고, 오후 9시 이후에는 일반 음식점 이용도 불가능해지면서 배달 수요는 가파르게 증가했다. 이와 함께 음식을 배달하는 라이더(배달대행기사) 수요도 급증했다.

팬데믹에도 불구, 2020년에도 한국일보의 문을 두드린 인재가 월별로 이어졌다. ▲김태경(8월) ▲김현미 박재연 박지영 우태경 이정원 최다원(78기 견습기자·9월 7일자) ▲박새롬 안경식 안광열(9월) ▲김효진(12월)

# 한국일보 사람들 [2014~2024년]

### 이종승
(1952~)

충북 충주생. 대우증권 거쳐 서울경제 입사(88년), 산업부장, 편집국장, 대표이사 사장. 한국일보 대표이사(04년), 부회장(11년). 뉴시스 대표. 한국일보 대표(15년). 뉴스웍스 대표이사 회장(24년).

### 강병태
(1953~)

경북 상주생. 고려대 법학과, 영국 웨일즈대 대학원. 베를린 특파원. 대구방송 보도부국장. 한국일보 논설위원(99년), 논설위원실장, 주필(16년). 백상기자대상(동상·92년), 대한언론상 논평부문상(10년).

### 이병언
(1955~)

서울고, 서울대, 워싱턴 경영대학원 MBA. (주)대우 근무. 동화기업 사장. 한국일보 미래전략실장. 코리아타임스 대표이사 사장.

### 정병진
(1955~)

경남 통영생. 서울대 정치학과. 워싱턴 특파원(95~96년), 생활과학부장(00년), 정치부장대우(01년), 여론독자부장(02년), 편집위원 겸 한국일보 50년사 편찬위원, 주필(12년). 관훈클럽 총무, ㈜부영 고문. 저서 〈궁정동 총소리〉.

### 이계성
(1957~)

전남 나주생. 광주고, 서울대. 국제부장, 편집국장, 논설위원실장(16년). 백상기자대상(금상·13년). 나남출판사 사장, 주필. 국회 대변인, 국회의장 정무수석비서관, 한전 비상임이사. 저서 〈지는 별 뜨는 별〉.

### 이유식
(1957~)

부산생. 서울대 경제학과, 대학원. LA 특파원, 경제부·정치부 차장, 생활과학부장, 논설위원, 논설고문. 뉴스1 초대 편집국장, 대표이사.

### 신상순
(1958~)

경기 의정부생. 동국대 농학과, 고려대 언론대학원 수료. 사진부장(02년). 서울사진기자회 회장(00~02년). 한국사진기자회 보도사진전 한국기자상(88년). 16년 퇴임.

### 황영식
(1958~)

경북 문경생. 서울대 정치학과. 도쿄 특파원(94~98년), 문화부장(03년). 신문에 〈고정관념을 깨는 사람들〉 집필. 논설위원, 주필(16년). 저서 〈다치바나 다카시의 탐사저널리즘〉 〈맨눈으로 본 일본〉.

### 이충재
(1960~)

강원 원주생. 고려대 사학과. 사회부장, 편집국장, 주필, 노조 수석부위원장, 한국일보 기자협의회장. 서재필 언론문화상(23년).

**송원영**
(1960~)

대전생. 광성고, 한국외대. 인천취재본부장(14년). 백상공로대상(동상·12년).

**김찬백**
(1961~)

서울생. 단국대. 인사부장(04년), 마케팅부장(08년), 광주지사장(09년), 코리아타임스 경영기획실부장(10년), 경영기획실부국장(12년), 경영기획실장(15년).

**목상균**
(1961~2021)

경기 과천생. 학성고, 한국외대. 부산취재본부장(16년).

**진성훈**
(1961~)

인천생. 서울대 영문과. 편집부 차장(98년), 부장대우(2000년), 편집2부장(01년), 편집1부장(03년), 편집국 국차장(14년), 뉴스부문장(15년). 21년 퇴임.

**최정복**
(1961~)

충남 청양생. 중앙고, 단국대. 대전취재본부장(03년).

**김창배**
(1962~2022)

경남 거창생. 브니엘고, 부산대. 부산취재본부장(12년).

**김태수**
(1962~)

서울생. 운봉공고. 총무팀장, 경영지원부문장(19년). Value Award(18년).

**조재우**
(1962~)

경남 밀양생. 장훈고, 고려대, 고려대 대학원, 워싱턴대 연수. 산업부장, 광고국장, 논설위원, 신문에디터(19년).

**유명상**
(1962~)

경북고, 고려대. 대구취재본부장(03년), 대구한국일보 대표(16년).

**최종욱**
(1962~)

충남 당진생. 경성고, 인하대. 사진부장, DB콘텐츠팀장(14년). 한국사진기자협회장(95년). 한국보도사진전 동상 3회(95·98·99년).

**고재학**
(1963~)

서울생. 남강고, 서울대. 경제부장, 편집국장, 경영전략본부장. Value Award(17년). 저서 〈절벽사회〉〈부모라면 유대인처럼〉〈휴대폰에 빠진 내 아이 구하기〉 등.

**유병주**
(1963~)

충북 보은생. 청주고, 서울대. 편집1부장, 편집부문장, 신문부문장(22년).

**지관식**
(1963~)

경기 의정부생. 의정부공고, 경희대, 게이오대 연수. 편집2부장, 종합편집부문장, 편집1부장(17년).

**김문중**
(1964~)

서울생. 영등포공고, 경원대. 그래픽뉴스부장. 24년 퇴임.

**송영웅**
(1964~)

충북 보은생. 대일고, 고려대. 경제·산업·주간한국·체육·사회부 기자, 경영전략본부장, 미래기획실장. (주)스포츠토토코리아 대표이사, 글로벌E&B 총괄. 백상공로대상(금상).

**장학만**
(1964~)

서울생. 고려고, 미국 세인트존스대, 하버드대학원. 베이징 특파원, 산업부장, AD전략국장(15년) 부국장, 논설위원. 신아기념관 대표.

**황상진**

서울생. 화곡고, 연세대. 사회부장, 편집국장, 콘텐츠본부장, 논설위원실장(18년). 백상기자대상(은상·11년). 공수처 대변인(21년).

**황유석**
(1965~)

서울생. 양정고, 서울대. 워싱턴 특파원, 국제부장, 논설위원, 여론독자부장(15년).

**이용현**
(1966~)

서울생. 전주고, 전북대. 일간스포츠 기자. 기획팀장, 사업국장. 한국일보 공공신사업기획팀장(19년).

**김정곤**
(1967~)

경북 영주생. 서울대 사회학과. 국제부장, 사회부장, 정치부장, 논설위원, 뉴스부문장.

**김용식**
(1972~)

휘문고, 고려대, 조지워싱턴대 연수. 경제산업부장, 논설위원(22년). 한국은행 공보관(24년). Journalists Award(Great·15년).

**김아람**
(1973~)

서울생. 경복고, 서울대. 재무관리팀장(15년).

| 제 8 장 |

2023년 11월 용산 사옥 기공식에서 한국일보 경영진과 외부 초청인사가 첫 삽을 뜨고 있다.

# 용산 시대를 향한 발걸음

2021~2024.6.

세계와 미래를 지향하는 한국일보의 변화가 본격화했다. 각 분야의 뉴스를 실시간, 폭넓은 시각으로 다양한 매체로 내보내려는 노력이 가속화했다. 베를린과 실리콘밸리에 특파원을 파견해 자체 생산하는 글로벌 뉴스의 현지성을 강화하는 한편, 용산 첨단 신사옥 건설도 시작됐다. 이런 움직임은 한국일보 구성원 모두의 단합 속에 이뤄졌다.

# 2021년
하루 늦게 보도하는 신문이 아닌, 이슈를 지금 보도하는
살아있는 뉴스룸이 돼야 한다. -승명호 회장

2021년은 신종 코로나바이러스 감염증(코로나19) 사태가 2년째 이어졌지만, 각 분야에서 일상 회복 움직임이 본격화한 해였다. 코로나19로 막대한 유동성이 시장에 공급되면서 자산 가치는 크게 올랐다. 코스피는 사상 처음 3,000고지를 넘어섰다. 정부는 세제를 강화하고 대출을 죄며 집값 잡기에 나섰으나 상승세는 멈출 줄 몰랐다. 정치권에선 여야 대선 후보가 검찰과 고위공직자범죄수사처의 수사 대상에 오르는 초유의 사태가 벌어졌다. 누리호의 발사는 한국 우주 발사체 기술력을 한 단계 끌어올렸다는 평가를 받았다. 비극적인 현대사를 장식했던 전두환·노태우 전 대통령은 한 달 간격으로 세상을 떠났다.

### 신년 기획 '인터뷰-엄마'

우리네 엄마의 서사, 엄마로 살아온 시간의 이야기를 담아낸 신년 연중 기획 연재물 '인터뷰-엄마'가 1월 1일부터 본격적으로 시작됐다. '무쇠 팔' 야구선수 고 최동원의 어머니 김정자씨의 인터뷰로 시작한 '인터뷰-엄마'는 이후 베이비박스 속 눈물의 편지들, 가수 인순이씨의 딸, 학대 피해 아이들을 거둔 위탁 엄마, '문소리 엄마'에서 '배우'로 거듭난 이향란씨, 조산사 김옥진씨, 여행 모녀 이명희-조헌주씨 등 다양한 엄마들의 모습을 담았다. 특히 첫 회였던 1월 1일자 1면에는 보통 어머니들의 생생한 표정과 일상이 담긴 얼굴 사진을 게재했다. 또 내 엄마는 어떤 분이었는지, 사진과 함께 어머니를 소개하는 사연을 받는 등 독자들의 참여도 독려했다.

1월 1일자 1면에 게재된 신년 기획 '인터뷰-엄마'.

1월 5일부터는 신규 코너 '제로 웨이스트 실험실'을 통해 〈두께 3㎝ 플라스틱… 화장품이 아닌 예쁜 쓰레기를 샀다〉 등 4건의 기획 기사를 보도했다. 기획 방향은 "소비자들에게 전가해 온 재활용 문제를 생산자 및 정부의 책임 관점에서 접근하겠다"는 것이었다. 첫 기획부터 "향기를 담은 화장품 용기, 알고 보니 플라스틱 쓰레기였다"면서 임팩트 있는 메시지를 날렸다. 또 '화장품 용기'를 해부하기도 했다. 기초 화장품 6가지를 골라 용기를 분해하고, 저울에 달고, 심지어 반으로 잘라 업체명까지 공개한 실험 과정 전체를 독자에게 전했다.

특히 GIF 이미지 등 사진만 15장을 사용, 일상에 기초한 환경 뉴스에 이목을 끌 사진들을 제시하는 방향으로 새로운 전달 방식을 도입하기도 했다. 기후 위기와 쓰레기 문제 등 환경 이슈가 주요 어젠다로 떠오른 가운데, 거대 담론이 아닌, 생활밀착형 아이템을 선정해 시청각적 충격을 의도한 사진·영상의 적극 활용으로 독자들의 공감을 얻었다는 평가를 받았다.

임금피크제와 희망퇴직 제도가 본격 시행됐다. 회사는 1월 4일 공지를 통해 '임금피크제 도입에 따른 특별 희망퇴직'을 접수했다. 이번 시행을 앞두고 2020년 10월 13일과 15일 이틀 동안 임금피크제 관련 설명회를 개최했다. 희망퇴직을 신청할 수 있는 자격은 만 56세, 또는 58세 직원이다. 56세의 경우 월 임금(기본급+법정수당)의 12개월분을, 58세의 경우 8개월 분을 위로금으로 지급한다는 내용이었다.

한국 증시의 대표 지수인 코스피가 1월 6일 장중 한때 3,000선을 사상 처음 넘어선 데 이어, 7일에는 종가(3,031.68) 기준으로도 돌파했다. 1956년 국내 주식시장이 문을 연 이후 65년 만이고, 1983년 1월 4일 코스피가 도입된 이후로는 38년 만이다. 한국일보는 1월 7일자 지면에 '꿈의 삼천피(코스피 3000) 이끈 동학개미의 힘'이란 기사를 통해 ▲1997년 외환위기 ▲2008년 세계 금융위기 등 과거 급격한 지수 하락 이후 반등이 있었다는 역사를 학습한 개인들이 코스피 3,000시대를 열었다고 분석했다. 그러나 승리감에 도취한 개인이 무리한 투자에 나서는 현상에 대해선 경계해야 한다고 적시했다. 실제로 개인들의 주식 투자 붐은 한국 주식시장의 저변 확대와 발전 등 긍정적인 측면도 있었지만, 증권사 등에서 빌린 돈으로 투자하는 '빚투' 등 문제도 낳았다.

**문재인 대통령, 부동산 정책 실패 첫 공식 사과**

2020년에 이어 2021년에도 집값이 크게 뛰면서 집 없는 서민들의 시름이 깊어졌다. 문재인 대통령도 1월 11일 신년사에서 부동산 정책과 관련해 "매우 송구한 마음"이라며 첫 공식 사과를 했다. 2020년 신년사에서 "부동산 투기와의 전쟁에서 결코 지지 않을 것"이라고 목소리를 높인 지 1년 만에 사실상 정책 실패를 인정하고 고개를 숙인 것이다.

1월 11일 AD전략국 산하 브랜드마케팅팀을 AD3팀으로 명칭을 변경했다. ▲AD1팀장 성선경 ▲AD3팀장 윤영원. 이어 1월 20일에는 지역취재본부 인사가 있었다. ▲대전취재

본부장 한덕동 ▲부산취재본부장 이동렬

2020년 11월부터 2021년 1월까지 이어진 3차 유행에 이어 4차 유행이 7월부터 시작됐다. 7월엔 신규 확진자가 하루 1,000여 명 수준이었지만, 12월에는 7,000명 안팎으로 급증했다. 백신 접종률(인구 대비 80%)은 세계 최고 수준으로 올라섰으나 추가 접종이 지연되면서 돌파 감염이 증가하고 고령층 중환자도 속출하면서 수도권의 중증 병상 가동률이 90%에 육박하는 등 의료체계가 흔들렸다. 높은 접종률을 토대로 11월부터 사회적 거리두기를 완화하는 '일상 회복'(위드 코로나)에 들어갔지만, 확진자와 위중증 환자가 폭증해 한 달여 만에 방역 강화로 돌아섰다.

전파력이 강한 '델타형' 변이가 전 세계에서 우세종이 된 가운데, 11월 하순에는 '오미크론'으로 명명된 새로운 변이까지 등장해 긴장감은 더욱 높아졌다. 코로나 1년을 맞아 한국일보는 1월 18일자부터 기획물 '코로나 1년, 망각(우리가 놓친 것들)'을 5차례에 걸쳐 게재했다. ▲지워진 돌봄 격차 ▲번아웃된 여성들 ▲직장인 옥죄는 감시 ▲늘어난 일회용품 등 전 국민이 코로나19와 사투를 벌이는 와중에 놓쳐버린 우리 주변을 돌아봤다.

조 바이든 미국 대통령이 1월 20일 제46대 미국 대통령에 취임했다. 바이든 대통령은 대외 정책에서 도널드 트럼프 전 대통령의 '미국 우선주의'를 폐기했다. 아울러 '미국이 돌아왔다'면서 동맹 복원과 국제 사회 주도권 회복에 주력했다. 내부적으로는 통합을 내세우며 대규모 인프라 투자 예산 등 미래 먹거리 창출과 신종 코로나바이러스 감염증 극복에 방점을 뒀다. 하지만 지지층

바이든 대통령 취임을 다룬 1월 20일자 1면.

간 정치적 양극화가 극심한 상황 탓에 여러 악재와 맞물려 1년도 채 지나지 않아 지지율 추락으로 어려움을 겪었다.

트럼프 전 대통령이 2020년 대선에 불복함에 따라 각종 소송과 재검표 등 취임까지 험난했다. 특히 1월 6일엔 극렬 트럼프 지지층으로 구성된 대규모 시위대가 워싱턴DC 미 의사당에 난입해 난동을 부리면서 회의 중이던 의원들이 긴급 대피하고 사상자가 발생하는 초유의 사태가 일어나 미 헌정사에 큰 오점을 남겼다. 한국일보는 의사당 난입 사태에 대해

2021년

"244년 미국 민주주의 치욕의 날"이라고 평가했다. 또 트럼프 전 대통령이 폭력 시위대를 "애국자"라고 지칭한 데 대해서도 엄중하게 비판했다.

미얀마 군부가 2월 1일 "지난해 11월 총선이 부정 선거였다"고 주장하며 쿠데타를 일으켰다. 군부는 이후 시위대를 유혈 진압했고, 약 11개월 동안 1,300명 이상 숨진 것으로 추산됐다. 아울러 군부는 쿠데타 직후 가택 연금한 아웅산 수치 국가 고문을 뇌물죄 등 10여 개 혐의로 잇따라 기소했다. 미얀마 민주 진영은 4월 임시정부인 국민통합정부(NUG)를 구성하고 주민 무장 조직인 시민 방위군(PDF)을 창설해 무장투쟁에 나섰다. 9월에는 전쟁을 선포하며 투쟁 강도를 높였다. 미국과 영국 등이 개별적으로 군정을 제재했으나 국제사회는 이렇다 할 역할을 못 했다. 반면, 유엔 안전보장이사회 상임이사국인 중국과 러시아는 '쿠데타는 미얀마 내정'이라는 입장을 고수했다. 아세안(동남아국가연합)은 쿠데타 수장인 민 아웅 흘라잉 최고사령관을 배제하며 평화적 해결을 압박했으나 다음해 의장국인 캄보디아가 군정 지지를 선언해 대오에 균열이 생겼다. 한국일보도 2월 2일자 신문부터 미얀마 안팎의 상황을 자세히 다루는 한편, '5년 만에 다시 미얀마의 겨울이 도래했다'고 보도했다.

2월16일자 1면 백기완 선생 부음 기사에 사용된 사진과 사진설명.

백기완 선생(통일문제연구소 소장)이 2월 15일 오전 4시 영면에 들었다. 한국일보는 1면에 고인이 2015년 당시 서울 대학로 학전소극장에서 민주 사상 특강을 하고 있는 사진과 〈천상으로 떠난 '임을 위한 행진곡'〉이라는 제목의 기사를 올려 죽음을 애도했다. 2면에도 백기완 선생의 주요 연보와 함께 평생을 반독재 민주화와 노동운동, 통일운동에 앞장서온 '거리의 투사'의 삶을 정리했다. 특히 〈현대사 민중운동 앞장선 거리의 투사…'노나메기' 숙제 남기다〉에서 "그는 생전에 '노나메기' 운동을 제창했다. 노나메기란 돈이 있든 없든, 사람이라고 하면 머슴만 일을 시킬 게 아니라 너도 일하고 나도 일하고 그래서 너도 잘살고 나도 잘살고, 올바르게 잘사는 세상을 말한다. 영원한 거리의 투사 백기완이 꿈꾸었던 세상은 이제 우리의 숙제로 남았다"고 했다.

**대구취재본부 신설**

대구취재본부가 4월 6일 신설돼 뉴스룸국 사회부 전국팀에 편재됐다. 대구취재본부장은 전준호 부장이 맡았다. 대구취재본부는 2년여 뒤인 2023년 6월 22일 '대구경북 취재본부'로 명칭이 바뀌었다.

서울·부산시장 보궐선거에서 야당이 승리했다. 분노한 민심의 심판이었다. 4월 7일 서울·부산시장 보궐선거 개표 결과, 서울에선 국민의힘 오세훈 후보(57.50%)가 민주당 박영선 후보(39.18%)를 무려 18.32%포인트 차이로 꺾었다. 부산에서도 박형준 국민의힘 후보(62.67%)가 민주당 김영춘 후보(34.42%)를 이기고 당선됐다. 2020년 4월 총선에서 '범여권 180석'의 압도적인 지지를 보여줬던 민심이 불과 1년 만에 뒤집힌 것이다.

한국일보는 4월 8일자 1면 머리기사로 '분노의 민심, 與 독주 뒤엎다'를 걸고 무섭게 돌아선 민심을 전했다. 아울러 40대를 제외한 전 연령대에서 모두 여권의 손을 들어준 개표·출구 조사 결과를 분석한 뒤 ▲진보 텃밭조차 국민의힘을 지지했고 ▲2030 세대도 야권 후보로 돌아섰다고 전했다. 아울러 문재인 정권 선거에서 첫 참패임을 들어, 2022년 대선을 앞두고 정국 격랑이 불가피할 것으로 내다봤다. 사설에서도 '여권의 독주와 위선을 민심이 심판한 것'이라고 지적하는 한편, 10년 만에 정치 재기에 성공한 오세훈 서울시장 당선자에게는 '승리에 도취 말고, 정부 여당과 조율하며 서울시정을 이끌어 달라'고 당부했다.

방탄소년단과 오징어게임(드라마) 미나리(영화) 등 K컬처가 2021년에도 지구촌을 뜨겁게 달궜다. K팝 대표 주자 방탄소년단은 5월 발표한 '버터'로 빌보드 메인 싱글차트 '핫 100'에서 10주 1위를 기록했다. 또 '퍼미션 투 댄스'와 '마이 유니버스'도 차트 정상에 등극해 2021년 통산 12주 1위라는 대기록을 썼다. 코로나19 사태 이후 2년 만에 미국 로스앤젤레스에서 연 오프라인 콘서트로 21만 4,000여 명의 관객을 모으는 등 인기를 과시했고, 미국 3대 음악 시상식 가운데 하나인 '아메리칸 뮤직 어워즈'에서 대상 등 3관왕을 차지했다.

영화계에서는 한국계 미국인 리 아이작 정 감독이 만든 자전적 영화 '미나리'가 주목을 받았다. 미나리는 1980년대 미국 남부 아칸소주 농장으로 이주한 한인 가정의 이야기로, 2020년 선댄스 영화제에서 심사위원대상과 관객상을 받으며 주목 받기 시작해 미국영화연구소(AFI) 올해의 영화상, 골든글로브 외국어영화상, 크리틱스 초이스 외국어영화상 등 100여개의 상을 받았다.

한인 가정의 할머니 순자 역으로 열연한 배우 윤여정은 4월 26일 한국 배우 최초로 제93회 아카데미 여우조연상을 품에 안았다. 방송가에서는 넷플릭스 오리지널 시리즈 '오징어게임'이 세계인을 매료시키며 인기 영상 1위에 올랐다. 오징어게임은 참가자들이 456억 원의 상금을 차지하기 위해 목숨을 걸고 벌이는 서바이벌 게임을 그린 작품으로, 이정재, 박해수, 정호연 등이 출연했다. '피플스 초이스 어워즈', '고섬 어워즈' 등에서 수상했다. 2022년 1월 10일 열린 제79회 골든글로브 시상식에서는 "이러다 다 죽어"를 외치며 주목받은 오영수 배우가 한국 배우 최초로 남우조연상을 받았다.

6월 1일자로 관계사 파견과 정기 인사가 이뤄졌다. ▲신문에디터 최진환 ▲대외전략실장 정영오 ▲글로벌E&B 사업팀장 강희경(한국일보 소속 유지)

2021년

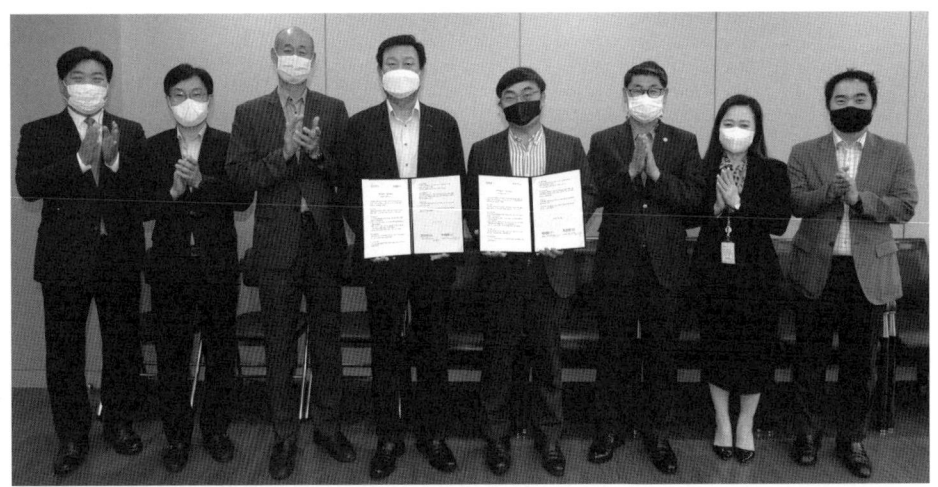

권동형(왼쪽 네 번째) 한국일보 전무와 배상록(왼쪽 다섯 번째) 경인일보 사장이 6월 17일 경기 수원시 경인일보 사옥에서 업무협력 양해각서(MOU)를 체결한 뒤 기념 촬영을 하고 있다.

**2년 연속 소박한 창간 기념식**

창간 67주년 기념식이 6월 8일 대한상공회의소 의원회의실에서 열렸다. 코로나19로 이날 기념식도 전년에 이어 경영진과 수상자만 참석했다.

우수사원 포상은 전년과 마찬가지로 자유로운 추천 및 온라인 투표로 결정됐다. 포상자는 다음과 같다. ▲특종상 대상 '방배동 모자의 비극 연속 보도'(사회부 윤태석 이동현 신지후 오지혜) ▲특종상 우수상 '중간착취의 지옥도 및 후속 보도'(어젠다기획부 남보라 박주희 전혼잎) ▲우수기자상 우수상 '인터뷰 – 엄마 기획'(인스플로러랩 김지은) '뷰엔 시리즈' (기획영상팀 박지윤) ▲우수성과상 단체부문 우수상 기획영상팀·미디어플랫폼팀·디지털마케팅팀 ▲30년 장기근속자 최수학 김창배 한덕동 목상균 전승호 신복현 황석순 유병주 지관식 박철우 ▲25년 근속 최상돈, 홍인기, 김정곤 ▲20년 근속 라유석, 송진석, 백연수, 이직, 이민선 ▲15년 근속 이제환 장우식 최연진 이광원 심무환 조성환 ▲10년 근속 박재홍 장윤환 정재호 권경성 권영은 안아람 고은경 김지은 변태섭 박소영 송옥진 정승임 윤은정 김한암 임정희 김선경 이미경

한국일보가 경인일보와 함께 효율적 신문 구독자 관리 및 신문유통망 확충을 위해 업무협력 양해각서를 체결했다. 6월 17일 경기 수원시 경인일보 3층 브리핑룸에서 열린 협약식에는 권동형 한국일보 전무, 전승호 독자마케팅국장, 이범구 경인취재본부장, 그리고 배상록 경인일보 대표이사 사장, 김학석 편집국장, 강희 경영지원국장이 참석했다. 양사는 효율적인 신문 구독자 관리와 유통망 확충에 공동 협력하고, 사업 및 광고 분야에서도 협력을 확대하기로 했다.

'2021 신(新) 예타농단 사태'(윤현지, 이유진, 소설희)가 한국일보 제2회 기획취재물 공모

전에서 최우수상에 선정됐다. 일반과 학생 부문으로 나눠 진행한 우수상은 '장애아동 입양 불모지'(진태희, 이슬아, 전혜진)와 '학교폭력 안과 밖, 피해자가 가려진 공간'(강주영, 김신영, 김주원, 신현우, 이나경)이 각각 선정됐다. 최우수상에는 500만 원, 우수상엔 각 300만 원의 상금을 수여했다. 당선작은 6월 23일부터 한국일보 지면과 홈페이지를 통해 3주에 걸쳐 매주 3편씩 게재됐다. 이번 공모전은 학생·일반인으로 응모 자격을 확대해 시행했다. 사내 심사위원단이 응모작의 사회적 문제의식과 참신한 시각, 저널리즘적 완성도를 종합적으로 평가해 당선작을 선정했다.

'2021 신(新)예타농단 사태'는 가덕도 신공항과 예비타당성조사 면제 사업이라는 시의성 높은 주제에 대해 현장감 있는 취재와 데이터 분석 등을 토대로 개선안까지 다루고 있어 완성도가 높다고 평가됐다. 또 '장애아동 입양 불모지'는 끊임없이 지적되어 온 주제지만 현장에서 생생하게 사례를 취재하고 문제점을 깊이 있게 분석한 점이 돋보이며 짜임새가 뛰어나다고 평가됐다. '학교폭력 안과 밖, 피해자가 가려진 공간' 역시 학교폭력이라는 다소 일반적인 주제였지만 폭력 이후의 문제점에 제도적으로 접근하면서 꼼꼼하고 분석적으로 다룬 점이 높은 평가를 받았다. 동영상을 활용한 부분에는 가산점을 부여했다.

### 실리콘밸리·베를린에도 특파원 파견

튀르키예 강진 피해 현장의 신은별 베를린 특파원.

한국일보는 7월 9일과 9월 9일 각각 실리콘밸리와 베를린 특파원 선발 공고를 내고 절차에 들어갔다. 2019년 신설한 인도네시아 자카르타 특파원을 폐지하고 2022년부터 자카르타 대신 미국 실리콘밸리와 독일 베를린 특파원을 신설한 것이다. 타 언론사의 경우 비용 절감을 이유로 해외 특파원이 전반적으로 축소되는 분위기에서 오히려 특파원 규모를 확대한 시도였다.

특파원 신설의 초점은 기획과 현장성에 있었다. 국내에서도 처리할 수 있는 일반 뉴스는 과감히 포기하고 현장성을 살린 기획 기사로 차별화하겠다는 것이다. IT 정보에 대한 수요가 점점 늘어나고 실리콘밸리에 한국 기업도 많이 진출하는 만큼 현장 기사를 발굴하려는 취지였다. 특히 실리콘밸리 특파원은 다른 지역 특파원보다 연차 기준을 조금 낮췄다. 임기를 줄이는 대신 연장이 가능하게 했다. 전문성과 기술 트렌드, 사람·기업 이야기 등을 집중적으로 다뤄야 하는 업무 특성을 감안했다. 소속도 국제부가 아닌 경제산업부로 결정됐다. 유럽 특파원도 타 언론사들이 선호하는 프랑스 파리가 아닌, 독일 베를린으로 결정했다. 독일이 당시 대한민국의 고민거리인 노동, 연금, 통일 등 많은 이슈를 선도적으로 해온 점, 유럽 경제의 중심인 점 등이 고려됐다. 물론, 베를린 특파원은 독일은 물론, 유럽 각국이 취재 범위였다.

2020 도쿄올림픽이 코로나19 여파로 1년 연기돼 이해 7월에야 열렸다. 태극 전사들은

2021년

연일 감동 드라마를 쓰며 역병에 지친 국민들에게 희망을 선사했다. '효자 종목' 양궁은 안산(광주여대), 김제덕(경북일고)이 혼성 단체전에서 합작한 첫 금메달을 시작으로 양궁에 걸린 5개의 금메달 중 4개를 휩쓸어 최강의 지위를 재확인했다. 특히 안산은 여자 단체전과 개인전에서도 금메달을 목에 걸며 양궁 역사상 첫 올림픽 3관왕이자 한국 스포츠 사상 첫 하계 올림픽 3관왕에 등극, 최고 스타로 떠올랐다.

펜싱도 금·은 각 1개씩에 동메달 3개를 따내며 '메달 효자' 구실을 톡톡히 했다. 체조에서는 신재환(제천시청)이 남자 기계체조 도마에서 정상에 올라 9년 만이자 한국 체조 역대 두 번째 올림픽 금메달을 수확했다. 한국은 도쿄올림픽에서 금메달 6개, 은메달 4개, 동메달 10개를 따 종합순위 16위에 자리했다. 한국일보는 김형준 기자를 현장 취재기자로 파견하는 한편, 사내에서도 올림픽 특별 취재팀을 꾸려 대응했다. 김형준 기자는 〈도쿄 올림픽 다이어리〉 등의 코너를 통해 코로나19 상황에서 힘겹게 치러지는 올림픽 현장을 생생하게 전달했다.

### 아프간의 '카불 엑소더스'

이슬람 무장 조직 탈레반이 8월 15일 아프가니스탄 수도 카불에 입성했고 친서방 성향의 아슈라프 가니 대통령은 국외로 도망쳤다. 이로써 탈레반은 20년 만에 재집권에 성공했고 미국 역사상 최장기 전쟁이던 아프간전도 20년 만에 막을 내렸다. 이에 앞서 조 바이든 미국 대통령이 아프간전을 종식하겠다며 미군 철수를 공식화하면서 4월부터 아프간 정세는 급변했다. 당시 미국에선 '아프간 정부가 무너지더라도 최소 1년 6개월은 버틸 것'이라는 기대가 나왔지만, 정부군은 탈레반의 기세에 추풍낙엽처럼 쓸려갔다.

탈레반 재집권으로 공포에 질린 아프간 시민들이 마지막 탈출을 위해 카불 공항의 미군 수송기를 따라 달리고 있다. AP

공포에 질린 시민들은 여권도 없이 탈출하겠다며 공항으로 몰렸다. 이슬람국가(IS)는 이를 노려 대형 테러를 벌였다. 그리고 바이든 대통령은 8월 30일 철군 완료를 선언, 전쟁에 마침표를 찍었다. 탈레반은 "완전한 독립을 얻었다"고 환호했다. 탈레반은 처음엔 국제사회의 시선을 의식해 인권과 여성의 권리 존중 등 과거와 달라진 정책 기조를 내세웠지만, 점차 강경파로 과도 정부를 채웠다. 그러면서 시위 강경 진압, 언론인 폭행을 일삼으며 '본색'을 드러냈고 그 사이 아프간은 최악 경제난에 빠졌다. 한국일보도 아프간 탈출 행렬을 '카불 엑소더스'라고 지칭하고 긴급 철수작전 등 현지 상황을 주시했다. 이어 '수송기에 오르는 마지막 미군' 사진과 함께 "최장기간 전쟁이 허무하게 종지부를 찍었다"라고 보도했다.

### 20대 대선 후보 확정… 민주 이재명 vs 국민의힘 윤석열

제20대 대통령 선거(2022년 3월 9일)를 앞두고 여야 각 당이 후보를 배출했다. 집권 여당인 더불어민주당은 10월 10일 이재명 전 경기지사를, 제1야당인 국민의힘은 11월 5일 윤석열 전 검찰총장을 각각 대선후보로 선출했다. 이로써 20대 대선은 국회의원 '0선 대결'로 치러지게 됐다. 국회의원 경험이 없는 정치인이 양대 정당 '대선 간판'으로 나선 것은 87년 체제 이후 처음이었다. 이후 양 진영은 선대위를 띄우고 본선 체제로 본격 전환, 지지층 결집에 나섰다.

2021년 가을로 접어들면서 거대 양당의 대통령 후보가 윤석열과 이재명 후보로 확정됐다.

민주당의 대선 경선은 봄부터 이재명 후보가 주도했다. 2020년까지만 해도 유력한 경선 후보였던 이낙연 전 대표가 1월 1일 이명박·박근혜 두 전직 대통령에 대한 '사면 건의' 발언 여파로 휘청거리자 이재명 후보가 이 틈을 타 경선 기간 대세론을 유지했다. 이 후보는 경선 초반 '황교익 내정' 논란, 쿠팡 화재 당시 먹방 논란, 바지 발언 등으로 흔들리긴 했지만, 11차례의 지역 경선 중 광주·전남을 제외하고는 싹쓸이했다. 다만 3차 선거인단 투표에서 이 전 대표가 압승, 이 후보가 '턱걸이 과반'으로 후보로 선출되면서 압도적인 지지로 본선 진출을 하겠다는 애초 구상은 타격을 받았다.

국민의힘 윤석열 후보는 3월 4일 "상식을 지키기 위해 떠난다"며 검찰총장직에서 물러난 지 8개월 만에 제1야당 대선 후보직을 거머쥐었다. 박근혜 전 대통령 특검 이후 '적폐 청산 칼잡이'로 이름을 알린 뒤 문재인 정권의 검찰총장으로 발탁됐지만 조국 수사와 추-윤(추미애-윤석열) 갈등 등 오히려 정권교체의 선봉에 섰다. 윤 후보는 6월 29일 정치 참여를 선언한 뒤 7월 30일 국민의힘에 입당했다. 레이스 초반 높은 지지율에 힘입어 대세론을 구축하는 듯했으나, 홍준표 의원이 2030 지지를 등에 업고 급부상했다. 특히 '전두환 발언' '개 사과' 논란 등으로 한때 경선 구도가 오리무중에 빠졌다. 선대위 구성을 놓고도 상당한 진통을 겪었다. ▲김종인 총괄선대위원장의 갑작스러운 '합류 보류' ▲윤핵관(윤 후보의 핵심 관계자) 논란 ▲이준석 당대표 '패싱 논란' 등으로 대선 후보 선출 이후 선대위 출범까지 한 달에 가까운 공백이 발생했다.

한국일보는 이재명 후보 확정 당시 아슬아슬했던 경선 최종 결과를 전하면서 '비주류의 대권 도전'이라고 평가했다. 아울러 사설을 통해 "대장동 의혹을 넘는 것이 당면 과제"라면서 정권 교체 여론이 강한 만큼 "중도층까지 포괄하는 태도를 보이는 것이 또 다른 과제"라고 지적했다. 윤석열 후보에 대해서도 "정권 교체의 칼을 잡았다"고 평가하는 한편, '정권심판론'에만 기댈 것이 아니라 "국정 비전을 제시해야 한다"라고 조언했다.

9월 30일 경영전략본부 산하에 사업기획팀을 신설, 신규추진 사업에 대한 타당성 검토 등의 업무를 맡도록 했다. ▲사업기획팀장 유원경

### '순수 국내 기술' 누리호 발사… 절반의 성공

한국형 발사체 누리호(KSLV-II)가 10월 21일 오후 5시 전남 고흥군 나로우주센터에서 1차 발사됐다. 누리호는 총길이 47.2m, 중량 200톤의 발사체로 총 3단부로 구성됐다. 누리호는 이륙 후 모든 비행 절차를 수행했으나, 3단 엔진이 예상보다 빨리 꺼지면서 모사체 위성(1.5톤, 더미 위성)을 목표 궤도에 안착시키는 데는 실패했다. 전문가들은 "누리호가 최종 임무 달성에는 실패했으나 기술적으로는 성공에 가깝다"고 평가했다. 과학기술정보통신부는 발사를 주관한 한국항공우주연구원(항우연)과 누리호 발사 조사위원회를 구성했으며 3단 엔진 조기 연소 원인을 찾아낸 뒤 이를 보완해 2022년 5월 2차 발사를 추진할 계획이라고 밝혔다.

10월 21일 누리호 1차 발사체가 하늘을 향해 치솟고 있다.

누리호는 2010년 3월 개발에 들어간 이래 11년 7개월여간 2조 원 가까운 예산이 투입된 초대형 연구개발 프로젝트였다. 발사체 설계, 제작, 시험, 발사 운용 등 전 과정이 순수 국내 기술로 진행돼 우리나라의 우주 발사체 기술력을 한 단계 끌어올렸다는 평가를 받았다. 한국일보도 22일자 1면에 '아쉽다! 46초' 머리기사를 싣고 액체 엔진 연소가 목표 시간(521초)보다 46초 짧은 475초 만에 종료된 점을 아쉬워하는 한편, 세계 7번째로 75톤급 액체 로켓엔진 보유국이 된 점을 높게 평가했다. 사설에서도 누리호의 위성 모사체가 궤도에 안착하지 못했지만, 우리가 상당한 우주 기술 수준에 올랐음을 인정하면서 향후에도 정부의 꾸준한 지원을 촉구했다.

기시다 후미오(岸田文雄)가 10월 4일 일본의 100대 총리로 선출됐다. 1차 기시다 내각도 함께 출범했다. 취임 열흘 만인 10월 14일 중의원을 해산한 기시다 총리는 같은 달 31일 중의원 선거(총선)에서 '성장과 분배의 선순환'을 간판 정책으로 내걸고 자민당을 승리로 이끌었다. 당초 승패 기준으로 생각됐던 단독 과반(233석)뿐 아니라 모든 상임위원회 위원장을 독점하면서 위원도 과반을 차지하는 '절대안정다수' 의석(261석)을 확보했다.

이에 앞서, 2020년 9월 16일 출범한 스가 요시히데 내각은 약 1년 만에 막을 내렸다. 스

가 내각은 출범 초기 60~70%대 지지율로 순항했지만, 도쿄올림픽·패럴림픽(7.23~9.5) 기간 코로나19 하루 신규 확진자 수가 최대 2만 5,000명대까지 늘어나면서 지지율이 급락했다.

한국일보는 10월 5일자 지면에서 "2015년 한일 위안부 합의를 주도한 기시다 후미오 일본 자민당 총재가 총리로 선출됐다"면서 '아베 계승' 기조로 꾸려진 새 일본 내각을 우려했다. 그러면서 2015년 합의 당시를 되새겨 진정한 반성에 기초한 과거사 논의를 촉구했다. 또 대북 문제에 대해 "조건 없이 김정은 북한 국무위원장과 직접 마주할 각오"라고 밝힌 기시다 총리의 북·일회담 의지에도 주목했다.

한국일보가 10월 12일 MZ세대를 대상으로 한 온라인 뉴스매거진 '유어바이브'(your vibes.co.kr)를 창간했다.

바이브(vibes)는 '분위기' '느낌'이란 의미로, 젊은 세대의 삶을 좀 더 가치 있고 풍성하게 만들어줄 기분 좋은 콘텐츠를 제공하겠다는 의지를 담았다. 신문 독자층이 장·노년층으로 굳어진 상황에서, 젊은 세대 눈높이에 맞는 콘텐츠를 제공해 미래 독자를 확보하겠다는 취지였다.

PC 중심의 '읽는 뉴스'가 아닌, 모바일 플랫폼에 적합한 '보고 듣는 뉴스'를, '빠른 뉴스'가 아닌 '재미있고 유익하며 깊이 있는 콘텐츠'를 지향했다.

콘텐츠도 패션, 뷰티 등 스타일과 웰니스(Wellness·웰빙과 건강을 뜻하는 피트니스의 합성어)에 더해 금융, 주식, 암호화폐 등 MZ세대가 관심 있을 분야들로 구성됐다. 특히 미래 투자에 관심이 많은 MZ세대의 성장을 위해 금융, 주식, 암호화폐, 부동산, 세금 등 재테크 정보를 깊이 있게 다뤘다. 기자 5명에 편집장, 웹디자이너, SNS 채널 운영자, 또 기존 한국일보 PD들까지 협업해 10~15명이 유어바이브 콘텐츠 제작에 참여했다. 외부 필진도 7~8명이 동참했다.

### 노태우·전두환, 28일 간격으로 별세

노태우·전두환 전 대통령이 한 달 간격으로 세상을 떠났다. 노태우 전 대통령(13대)은 10월 26일 향년 89세를 일기로 별세했다. 전립선암과 소뇌 위축증 등 지병으로 오랜 병상 생활을 했던 노 전 대통령은 병세가 악화되며 서울대병원에서 생을 마감했다. 이어 28일 뒤인 11월 23일엔 전두환 전 대통령(11·12대)도 향년 90세를 일기로 사망했다. 공교롭게도 33년 전 그가 잠시 속세를 등지고 강원 인제군 백담사에서 은거를 시작한 날이었다. 알츠하이머와 다발성 골수종 등을 앓던 고인은 서울 연희동 자택에서 쓰러져 숨을 거뒀다.

한국일보는 두 대통령에 대해 냉정하게 평가하면서도, 과거 행보에 대한 '반성' 여부 등에 따라 고인들에 대한 평가에 온도 차를 뒀다. 생전에 아들인 노재헌 변호사가 사죄의 뜻을 밝히고 유언으로나마 반성의 뜻을 남긴 노 전 대통령의 장례는 국가장으로 치러졌고 추

2021년

노태우 전 대통령 사망을 알리는 10월 27일자 신문(왼쪽)과 전두환 전 대통령 사망에 대한 11월 24일자 1면.

모의 발길이 이어졌다. 한국일보도 "저의 과오들에 깊은 용서를 바랍니다"라는 고인의 발언과 함께 "보통 사람으로 떠난 마지막 군인 대통령"이라고 1면 제목을 뽑았다. 사설에서도 '군사정권과 문민정부 가교를 놓은 대통령'이라고 평가했다. 그러면서 쿠데타의 주역이었지만 민주화 이행엔 어느 정도 역할을 했다고 봤다.

전두환 전 대통령의 사망에 대해선 '암흑의 역사 남긴 채'라는 제하의 머리기사와 사설을 통해 "전씨는 마지막까지 아름답지 못했다"면서 "한마디 사죄도 반성도 없이 떠났다"고 비판했다. 아울러 끝내 5·18 사죄가 없었던 전씨의 장례는 가족장으로 치러졌고 정치권도 조문을 삼간 안팎의 정황을 자세하게 보도하는 한편, 부인 이순자씨가 발인식에서 15초가량 짤막한 사과 입장을 밝힌 데 대해서도 진정한 사과로 판단하지 않았다.

앙겔라 메르켈 독일 총리의 시대가 막을 내렸다. 메르켈 총리가 11월 8일을 끝으로 5,860일간의 총리 업무를 마무리했다. 2005년 독일 역사상 첫 여성이자 동독 출신 총리로 선출된 이후 무려 16년 만이다. 한국일보는 메르켈 총리의 16년 집권을 집중 조명하는 한편, 최대 의석을 차지한 '중도 좌파' 사회민주당(SPD·사민당)과 올라프 숄츠 신임 총리의 향후 역할에 집중했다.

### 공수처, 성과는 미미… 정치 편향 논란만

'검찰 개혁'을 외치며 1월 21일 출범한 고위공직자범죄수사처(공수처)가 악몽 같은 한 해를 보내며 폐지론까지 나오는 수모를 겪었다. 공수처는 출범 이후 11월 23일까지 약 10개월 동안 2,599건의 사건을 접수해 그중 24건을 입건하는 데 그쳤다. 1,605건은 타 수사기관에 이첩했고 307건은 불입건 처리했다.

조희연 서울시 교육감 부당 특별 채용 의혹을 1호 사건으로 정하고 고위공직자 범죄 수사에 나섰지만 이렇다 할 성과를 내지 못한 데다, 이성윤 서울고검장 황제 조사 논란으로 정치적 편향성과 수사 능력이 도마 위에 올랐다. 또 제1야당 대선 후보(윤석열)를 겨냥한 고발 사주 수사는 영장이 잇달아 기각되면서 정치 편향 논란과 함께 '윤수처'(윤석열 수사처)라는 비아냥까지 받았다. 문재인 대통령이 김진욱 초대 공수처장 임명 당시 '정치적 중립'을 강조한 것과는 상반된 결과였다.

11월 15일 한국일보의 혁신총괄 디지털혁신실 산하에 디지털미디어부를 신설하고 안경모 디지털컨버전스팀장을 겸임 발령했다. 12월 2일에는 그린넷 비밀번호가 긴급 변경됐다. 비밀번호는 이날 12시를 기점으로 초기화됐고, 사내 메일을 통해 임시 비밀번호가 발송됐다. 한국일보 기자 이메일이 해킹되면서 보안 문제가 발생하면서 빚어진 소동이었다.

이에 앞서 2021년에는 총 3차례의 정년 퇴임식이 진행됐다. ▲9월 31일 최정복(뉴스룸국 대전취재본부장) ▲11월 31일 목상균(뉴스룸국 부산취재본부장) ▲12월 30일 진성훈 국차장(신문국)

### <이달의 기자상> 2021년 한 해 5편 선정

주요 기획이 연중 호평을 받으며, 외부 기자상을 다수 수상했다. 〈중간착취의 지옥도〉(어젠다기획부 남보라·박주희·전혼잎)가 제365회(2021년 1월) 이달의 기자상 기획보도 신문·통신부문 수상작으로 선정됐다. 〈농지에 빠진 공복들〉(사회부 윤태석·윤현종·김영훈)이 제369회(2021년 5월) 이달의 기자상 기획보도 신문·통신부문 수상작으로 선정됐다. 시상식은 6월 30일 프레스센터 19층 기자회견장에서 열렸다.

〈혜린이의 비극, 그 후〉(사회부 김영훈·문화스포츠부 채지선·정책사회부 박소영)가 제372회(2021년 8월) 이달의 기자상 기획보도 신문·통신부문 수상작으로 선정됐다. 이 보도는 '촉법 소년' 제도로 인해 가해자는 발 뻗고 자고 피해자는 전전긍긍하는 모순적인 상황을 장기간 추적해 시리즈로 보도, 평생 고통받는 피해자와 가족들 상처를 생생히 전달했다는 평가를 받았다.

〈건설노조 갑질, 철거가 필요하다〉(사회부 윤태석·윤현종·김영훈)가 제373회(2021년 9월) 이달의 기자상 기획보도 신문·통신부문을 수상했다. 타워크레인 노조, 건설기계 노조 등의 불법 행태와 이권 다툼, 노조원에 대한 횡포 등의 문제를 신랄하게 파고들었다는 점에서 수작이라는 평가를 받았다.

〈제로웨이스트 실험실〉(어젠다기획부 신혜정·김현종, 멀티미디어부 현유리·박고은·이수연)이 제376회(2021년 12월) 이달의 기자상 기획보도 신문·통신부문에 선정됐다. 이 보도는 주제를 비롯해 취재 방식, 접근 방향 등이 매우 독창적이었다는 평가를 받았다.

2021년 월별 신규 입사자는 다음과 같다. ▲김우진(1월) ▲박은경(7월) ▲김소희 나광현 박준규 서현정 장수현 최주연(79기 견습기자·8월) ▲이보은(9월) ▲김계령(10월) ▲박준영(11월) ▲박혜리 우한재(12월)

# 2022년
한국일보만이 유일한 대안 언론사다.    - 승명호 회장

2022년은 사회적 거리두기가 해제되고 일상 회복에 속도가 붙은 한 해였다. 제20대 대통령 선거에서 윤석열 국민의힘 후보가 당선되며 정권 교체가 이뤄졌다. 윤 대통령은 집무실을 용산 국방부 청사로 옮기며 '용산 시대'를 열었고 청와대는 일반 국민에게 개방했다. 핼러윈을 앞둔 주말 서울 이태원에서는 158명이 압사하고 196명이 다치는 참사가 발생해 전 국민이 충격에 빠졌다. 이 와중에 북한은 31회에 걸쳐 63발의 탄도미사일을 발사하는 등 역대 최다 미사일 도발을 감행했다.

### 2022년 신년 기획… '정권 심판론 48%'

윤석열·이재명 후보의 지지율을 다룬 신년호 1면.

대통령 선거의 해를 맞아 1월 1일자 신년 기획은 대선 여론조사로 시작했다. 한국일보와 한국리서치의 여론조사 결과를 토대로 '정권 심판을 위해 야당 후보를 지지해야 한다'는 목소리가 높다는 민심을 지면에 담았다. 한국일보는 1월 1일자 '이재명 34.3%, 윤석열 28.7%'라는 제목의 머리기사에서 "3월 9일 대선 경기장은 국민의힘에 여전히 기울어져 있다. 그러나 경기 내용을 보면 '선수'인 윤석열 국민의힘 후보가 우위를 놓친 것으로 나타났다"고 여론조사 결과를 전했다.

2022년 한국일보 신춘문예 5개 부문 당선자 5명이 선정됐다. 시상식은 1월 17일 프레스센터 기자회견장에서 열렸다. 수상자 명단은 다음과 같다. ▲시 '시드볼트'(오산하) ▲소설 '바둑 두는 여자'(남궁순금) ▲희곡 'H'(조은주) ▲동시 '가루약 눈사람'(전율리숲) ▲동화 '떨어져 본 적도 없으면서!'(김세실)

'칸딘스키, 말레비치&러시아 아방가르드: 혁명의 예술展' 개막식이 1월 5일 서울 세종문화회관에서 열렸다. 전시는 개막식보다 앞선 2021년 12월 31일 시작, 4월 17일까지 계속됐다. 전시 예술감독은 김영호 중앙대 교수가 맡았다. 축사를 맡은 황희 문화체육관광부장관과 격려사를 전한 윤범모 국립현대미술관장을 비롯해 안드레이 쿨릭 주한 러시아 대사, 우윤근 전 주러시아 대사, 안영집 전 주싱가포르 대사, 필립 르포르 주한 프랑스 대사, 박종관 한국문화예술위원회 위원장, 김대진 한국예술종합학교 총장, 류문형 삼성문화재단 대표, 김선광 롯데문화재단 대표, 안호상 세종문화회관 사장, 남영진 KBS 이사장 등 문화계 인사 70여 명이 참석했다.

한국일보가 1월 19일자 1면을 통해 "대장동 개발사업 특혜 의혹의 핵심 인물인 화천대유 대주주 김만배씨가 정치인과 법조인 등 유력인사 6명에게 50억 원씩 챙겨주려 한 사실이 확인됐다"고 단독 보도했다.

2021년 10월부터 정치권과 법조계 핫이슈였던 '50억 클럽'과 관련, 자금 마련 계획과 구체적인 지급 대상이 확인된 것은 이 보도가 처음이었다. 이 보도는 본보가 '정영학 녹취록' 10회 분량을 확보한 뒤 분석한 내용이다. A4 용지로는 500페이지 분량이었다. 이후에도 '박영수 전 특별검사, 화천대유에 5억 입금' '김만배, 오리역 사업도 노렸다'는 단독 기사가 이어졌고 대장동 사업자 간 반목한 정황, 김만배씨가 은수미 성남시장 재판을 자주 언급한 사실 등을 자세하게 보도했다.

월 구독료(기존 1만 5,000원)를 2월부터 2만 원으로 인상했다. 구독료 인상은 2008년 4월 이후 13년 10개월 만이었다. 한국일보는 1월 28일자 〈알립니다〉에서 "최근 종이 가격, 인쇄, 배달 등 비용이 큰 폭으로 올라 대부분의 신문사가 구독료를 인상하고 있다"면서 불가피한 구독료 인상 배경을 설명했다. 아울러 "한층 다양하고 깊이 있는 기사와 서비스로 보답하도록 노력하겠다"고 다짐했다.

김창훈 기자가 2월 24일 한국기자협회 한국일보 지회장에 선임됐다. 김 지회장은 2009년 한국일보에 입사해 경찰팀장, 사회부 데스크 등을 거쳐 경제산업부 산업2팀장을 맡고 있었다.

### 한국일보, 사내 오미크론 대응 지침 강화

오미크론 변이 바이러스가 확산되면서 한국일보 내부적으로도 본격적인 대응에 나섰다. 2월 3일에 몸에 이상을 느꼈거나 밀접 접촉자로 구분됐다면, 자가검사 및 신속항원 검사를 한 후에도 2일 동안 재택근무를 한 뒤 사내로 복귀하도록 당부하는 내용이었다. 2월 9일에도 각 부서 여건이 허락하는 한 재택근무 확대를 주문했다. 16일에도 직원들끼리 저녁 식사 및 다과 시간을 갖지 않도록 거듭 당부했다. 이에 앞서 한국일보가 사내 직원들을 대상으로 오미크론 관련 대응을 처음 알린 것은 2021년 12월 7일 사내 공지를 통한 것이었다. 인사팀은 당시 공지에서 "최근 오미크론 변이바이러스의 국내 유입 및 지역사회 감염이 확인됨에 따라 코로나바이러스의 급격한 확산 가능성이 우려된다"면서 ▲코로나19 관련 유증상 발생 시 ▲가족 및 본인이 밀접 접촉자로 통보받았을 때 ▲자가격리 통보를 받았을 때 각 부서장·팀장 및 인사팀에 즉각 보고해 달라고 당부했다.

베이징 동계올림픽의 파행을 다룬 한국일보 2월 8일자 1면.

제24회 베이징 동계올림픽이 2월 4일 개막해 20일까지 중국 베이징 일대에서 열렸다. 개회식 전인 2일부터 일부 종목 경기가 열렸기에 총 19일간 진행된 지구촌 스포츠 큰 잔치였다. 한국일보는 베이징 현지에 스포츠부 최동순 기자를 파견했다.

91개국 2,900여 명의 선수들이 출전해 109개의 금메달을 놓고 열전을 벌였다.

하지만 대회 전부터 경기 외적 논란이 많았다. 코로나19에 변이 오미크론까지 창궐하는 악조건이었고, 미국과 영국 등 서방 국가에서는 중국 내 인권 상황을 들어 선수단은 파견하되 정부 대표단은 보내지 않는 '외교적 보이콧'을 선언했다. 또 개회식에서는 한복을 입은 여성이 출연해 국내에서 중국의 '역사 왜곡'에 대한 반감이 일었다. 특히 대회 초반 쇼트트랙에서 우리나라 선수들이 피해를 보고, 중국 선수들에게 유리한 오심 논란이 불거졌다. 한국일보는 2월 8일자 1면에 〈황당한 실격·실격… 격 잃은 올림픽〉에서 남자 1,000m 준결선에서 1위로 결승선을 통과하고도 비디오 판독 후 탈락 판정을 받은 황대헌 선수, 레인 변경 반칙으로 결선이 좌절된 이준서 선수의 상황을 상세하게 보도했다. 당시 중국 선수 2명이 대신 진출한 상황도 덧붙였다.

### 러시아, 우크라이나 침공… '푸틴의 도박'

러시아가 2월 24일 '특별 군사작전'을 선포하며 우크라이나를 침공했다. 러시아는 우크라이나가 북대서양조약기구(NATO) 가입을 추진해 자국을 위협했다고 주장했지만, 서방은 정당하지 않은 공격이라며 우크라이나 군사 지원에 나섰다.

초반엔 러시아가 파죽지세로 우크라이나 수도 키이우로 향하며 전쟁이 곧 끝날 듯 보였으나, 우크라이나의 저항은 거셌다. 우크라이나는 4월 수도권에서 러시아 군을 격퇴했고, 9월 북부 하르키우와 11월 남부 요충지 헤르손을 탈환했다. 부차 등 러시아군이 물러난 지역에선 잔혹한 민간인 학살 정황이 드러났다. 또 시민이 대피한 극장과 체육관 등지에 무차별적으로 미사일이 날아와 큰 인명피해를 낳았다. 2차 세계대전 이후 가장 큰 전쟁이 유럽 한복판에서 터지면서 국제사회는 사실상 신냉전 체제에 접어들었다. 서방은 경제 제재의 칼을 뺐고, 러시아는

러시아의 우크라이나 침공을 알리는 2월 25일자 1면.

가스공급 중단 등 에너지 무기화로 맞섰다. 한국일보는 전쟁 선포 전인 2월 23일자 지면에 '우크라 화약고, 불 댕겼다'라는 기사를 통해 전운이 감도는 상황을 앞서 보도했다. 또 사설에서도 러시아에 도발을 즉각 멈춰야 한다고 거듭 경고했다.

반려 문화·콘텐츠 전문기업 동그람이가 3월 8일 자사몰 'RODA'(로다)를 공식 오픈했다. '로다'는 소중한 반려동물을 생각하는 보호자들의 마음이 담긴 순수 우리말이다. 개와 고양이는 7세를 전후로 청년기를 지나 노화가 시작되는데, 보다 세심하고 꼼꼼한 돌봄이 필요한 이 시기를 타깃으로 했다. 로다는 이런 시니어 반려동물과 함께하고 있거나, 마지막까지 함께한 분들의 경험과 고민을 녹여 각종 반려견 상품을 판매했다. 오픈 기념 인스타그램 이벤트 및 동화그룹 임직원을 위한 혜택 행사도 진행됐다.

4월 25일에는 13만 팔로워를 보유한 동그람이 인기 웹툰 '빠삐용의 감자농장' 텀블벅 펀딩이 오픈됐다. '빠삐용의 감자농장'은 마냥 아름답고 귀엽지만은 않은 진짜 고양이와의 반려 생활을 그려낸 4컷 만화 방식의 웹툰이다. '못생겨서 더 사랑스러운' 진짜 고양이와의 현실감 있는 반려 생활을 적절한 유머와 감동으로 그려냈다는 평가를 받았다. 2019년 하반기 연재와 동시에 폭발적인 반응을 얻었는데, 5월부터 시즌 3이 연재됐다. 이에 단행본과 굿즈 펀딩을 이때 오픈한 것이다. 펀딩은 오픈 10분 만에 목표율 100%를 달성했고 이후에도 펀딩은 이어졌다.

2022년 11월 동그람이는 국회 동물복지 포럼이 선정하는 '2022년 제4회 대한민국 동물복지대상'에서 우수상(언론·출판·미디어콘텐츠 부문)을 받았다.

### 윤석열 대통령 당선… 용산 시대 개막과 청와대 개방

3월 9일 20대 대선에서 윤석열 국민의힘 후보가 당선됐다. 2021년 3월 검찰총장직을 내

려놓은 뒤 불과 1년 만에 '0선'의 정치신인으로 대통령에 당선된 것이다. 보수진영은 그간 박근혜 전 대통령 탄핵 사태 이후 전국 선거에서 연달아 참패하며 궤멸 지경에 이르렀지만, 윤석열 후보가 '공정과 상식'을 시대정신으로 내세워 정권 교체에 성공했다. 여의도 정치 문법을 깨며 극적으로 집권한 윤 대통령은 5월 10일 취임 후에도 파격 행보를 이어갔다. 제왕적 대통령제 극복을 명분으로 집무실을 청와대에서 용산 국방부 청사로 이전하고, 청와대를 일반 국민에게 개방했다. 관저도 한남동 외교부 장관 공관을 개조해 입주했다. 특히 집무실과 같은 건물 1층에 기자실을 두고 취임 다음 날부터 출입 기자들과 각본 없이 질문과 답변을 주고받는 '출근길 문답'(도어 스테핑)을 진행했다.

윤석열 대통령이 취임선서를 하고 있다.

또 조 바이든 미국 대통령과 취임 11일 만에 역대 가장 빠른 한미 정상회담을 갖는가 하면, 자유와 연대의 가치 동맹을 강조하며 글로벌 공급망 구축 등 경제 안보에 주력했다. 대북 문제에 대해선 북한의 비핵화 노력에 상응하는 단계적 인센티브를 약속하는 '담대한 구상'을 제안한 동시에 북한의 핵 무력 법제화에 맞서 '대북 확장 억제' 기조를 분명히 했다.

한국일보는 대선 투표 전날인 3월 9일자 신문에 '오늘 난 희망을 찍습니다'라는 머리기사를 게재하고 전국 각지에서 만난 30명의 유권자에게 '무엇이 투표소로 발길을 이끌었나'라는 질문에 대한 답을 담았다. 당선자가 확정된 후에는 개표 결과를 상세하게 분석 보도하는 한편, 사설 〈초접전 끝 이긴 새 대통령, 협치·통합은 국민의 명령〉에서 "시대정신 없이 네거티브·편 가르기 전술만 휘두른 이번 대선은 국민 분열과 갈등, 혐오가 심각한 수준으로 악화하는 후유증을 남겼다"면서 "적대와 분열의 정치를 종식시켜야 할 책임이 있다. 지지자들의 리더가 아닌 모든 국민의 대통령으로 다시 태어나야 한다"고 했다. 아울러 11일자 지면에는 ▲거대 여당 독주 심판 ▲부동산 실정 회초리 ▲갈라치기 역풍 등 '윤석열 당선'이 갖는 세 가지 의미를 고밀도로 분석 보도했다. 그러면서 윤 대통령에게 오만·무능·혐오를 경계하길 바랐다.

한국일보는 대선 사전투표 과정에서 발생한 중앙선거관리위원회의 부실 관리도 강하게 비판했다. 선관위가 임시 보관함의 규격 등 통일된 매뉴얼을 정하지 않는 바람에 비닐봉지, 플라스틱 바구니, 택배 상자, 쇼핑백 등이 무작위로 사용됐다. 투표소별로 임시 기표소가 차려진 장소도 제각각이었고, 특정 후보에게 기표된 용지가 새 용지처럼 배부된 사례도 나왔다. 코로나19 확진 격리자가 몰려들어 혼선을 빚는 장면도 곳곳에서 목격됐다. 한국일보는 일련의 사태를 '총체적 부실'로 규정하고 "대선 불복 빌미를 던졌다" "사전 투표율은 36.9%를 기록했지만 빛이 바랬다"고 비판 보도했다.

한국일보 영상 버티컬 채널 프란(PRAN)이 4월 1일 전면 개편을 단행했다. 2021년 12월부터 리뉴얼을 진행한 프란은 4월 13일 개편 메인 코너인 '다른 이름으로 저장'을 선보였다. 일상적으로 사용하는 단어에 문제를 제기하고 그대로 사용해도 되는지 살피는 콘텐츠다. 1편에선 "예민한 게 아니라, 예리한 거야"라는 제목으로 "예민하다"는 단어를 재정의했다. 앞서 6일엔 또 다른 새 코너 '프란잇썰'을 공개, 기획자이자 제작자인 PD 3인의 좌충우돌 제작기를 전했다. 당시 개편은 기존 프란의 정체성과 타깃은 그대로 가져가되 효용성을 강조해 콘텐츠 변화를 시도한 것이었다.

### 757일 만에 사라진 '사회적 거리두기'

정부가 4월 15일 사회적 거리두기 전면 해제를 선언하고 이를 18일부터 적용했다. 이에 따라 4월 18일부터 24시간 10명 이상 모일 수 있고, 영화관과 돔 야구장에서 팝콘과 치맥도 즐길 수 있게 됐다. 코로나 이전, 일상이 되돌아온 것이다. 거리두기 해제는 오미크론 유행세가 정점 이후 조금씩 가라앉고 있어 안정적으로 관리할 수 있

사회적 거리두기 해제로 재개된 주요 매장의 시식 코너.

다는 판단에 따른 것이다. 또 전체 국민의 30%가 넘는 1,610만여 명이 확진됐고, 백신 접종률이 높은 점도 고려됐다.

한국일보도 15일자 1면에 '757일 만에 되찾은 자유'를 보도하며 2년 만에 돌아온 일상의 소중함을 반겼다. 하지만 1,000명 안팎의 중증자와 200명 이상 사망자는 여전히 우려할 수준이라며 경계했다. 거리두기 해제로 고령자, 기저질환자 등 고위험군의 상황은 더 나빠질 수도 있기 때문이다. 사설에서도 "거리두기 해제는 코로나 종식이 아니다"라며 경계했다. 이어 "사회 활동에 제한을 풀더라도 요양시설 등의 관리는 더 철저해야 한다"면서 "위중증 억제를 위한 치료제 확보와 공급에도 불안이 있어서도 안 된다"고 거듭 당부했다. 이후에도 거리두기가 사라진 정치·사회·문화계 곳곳을 취재 보도했고, 9월 9일자 신문에는 거리두기가 사라진 추석 풍경을 사진으로 담아내며 코로나 이후 첫 '대면 명절' 분위기를 전했다.

2022년 1회 대회를 연 한국여자프로골프(KLPGA) 투어 메디힐·한국일보 챔피언십이 성황리에 끝났다. 초대 여왕의 영예는 박지영(26)이 6타 차의 압도적인 기량을 앞세워 가져갔다. 박지영은 4월 17일 경기 여주시 페럼클럽(파72)에서 열린 대회 4라운드에서 버디 4개와 보기 1개로 3타를 줄여 최종 합계 18언더파 270타로 우승을 차지했다. 박지영은 같은 조에서 동반 경기한 2위 이채은(23·12언더파 276타)을 6타 차로 크게 따돌렸다. 특히 나흘

2022년

메디힐·한국일보 챔피언십 1회 우승자 박지영.

내내 선두 자리를 내주지 않고 통산 4승째를 '와이어 투 와이어'로 장식했다. 박지영은 우승 상금 1억 8,000만 원과 함께 10월 미국여자프로골프(LPGA) 투어 메디힐 챔피언십 출전권을 획득했다.

이 대회는 경기 전부터 주목을 받았다. 우선 코로나19로 인해 중단됐던 갤러리 입장이 30개월 만에 허용되면서 사실상의 '포스트 코로나' 1호 골프 대회로 관심을 모았다. 나흘간의 대회 기간 동안 6,700여 명의 갤러리가 페럼클럽을 찾아 국내 최고 선수들의 플레이를 즐겼다. 대회 탄생을 축하라도 하듯 '홀인원 잔치'가 벌어졌다. 이 대회에서만 KLPGA 투어 역대 타이기록인 5개의 홀인원이 터졌다. 코스레코드 타이기록도 2개나 나왔다. 대회 첫날에는 박지영이, 둘째 날은 이다연이 각각 8언더파 64타를 작성했다.

### 2022 한국 포럼… "동시다발 위기, 윤 정부 혼자선 극복 못해"

2022 한국 포럼이 4월 26일 서울 웨스틴조선호텔에서 열렸다. 주제는 5월 새 정부 출범에 맞춰 '윤석열 정부, 무엇을 해야 하나'로 진행됐다. 행사에는 이준석 국민의힘 대표, 윤호중 더불어민주당 비상대책위원장, 권영세 대통령직인수위원회 부위원장, 김종인 전 국민의힘 총괄선대위원장 등 정계 인사와 최태원 대한상공회의소 회장, 권태신 전국경제인연합회 부회장 등 경제계, 이광형 한국과학기술원(KAIST) 총장, 손열 동아시아연구원장 등 학계 전문가들이 대거 참석했다.

당시 윤석열 정부는 출범에 앞서 ▲팬데믹 종식과 국민 안전 ▲부동산 가격 안정과 불평등 해소 ▲미·중 갈등 속 외교 방향 재정립 등 숱한 난제를 안고 있었다. 무엇보다 진영으로 쪼개진 사회, 세대·계층·젠더로 갈라진 국민들을 통합의 길로 이끌어야 한다는 목소리가 컸다.

승명호 한국일보 회장은 이날 포럼에서 "이번 대통령 선거는 전례 없이 치열했고, 후유증도 많았다"고 평가하고 "갈등과 대립의 시대를 마감하고 통합과 공정, 소통과 협치의 시대를 열어달라"고 당부했다. 재계를 대표해 축사에 나선 최태원 대한상의 회장도 "정부 혼자서는 현재의 고물가와 성장동력 회복 과제를 동시에 해결하기 어렵다"며 윤석열 정부에 진지한 제언을 내놓았다. 한국 경제의 지속 가능한 해법을 토의한 경제 분야 토론에서는 연금·노동·전력 시장 개혁 필요성이 제기됐다. 윤석열 정부 성공에는 통합과 협치가 필수적이라는 조언이 거듭 잇따랐다.

제3회 기획취재 공모전에서 박혜연·김미루·양형욱·이승주(이상 MBC저널리즘스쿨)의 K-구혈기가 최우수상으로 선정됐다. 우수상 수상작에는 이수빈·강지수·김수현·이수연(이상 이화여대 재학)의 '휠체어의 굴곡진 여정'과 손민주·박성동·윤준호·이정민(이상 세명대 저널리즘스쿨 대학원)의 '구멍 난 결혼이민비자'가 뽑혔다. 시상식은 5월 18일 본사에서 진행됐고 최우수상에 500만 원, 우수상엔 각 300만 원의 상금을 수여했다. 'K-구혈기(求血記)'는 피를 구하기 위해 환자가 직접 발품을 팔아야 하는 우리나라의 심각한 혈액 부족 실태를 생생하게 보도했다. 우수상 '휠체어의 굴곡진 여정'은 현장 동행취재를 통해 휠체어 장애인 이동권 문제를 날카롭게 지적했고, '구멍 난 결혼이민비자'는 결혼이주여성의 인권 이슈를 체류 비자 문제로 조명한 접근방식이 돋보였다. 당선작은 5월 19일부터 한국일보 지면과 뉴스페이지를 통해 게재됐다.

코로나19 이후 고공 행진하던 글로벌 암호화폐 생태계가 각국의 금리 인상과 한국산 코인 테라USD(UST)·루나 폭락 사태, 거대 거래소 FTX 붕괴라는 초대형 악재를 잇달아 맞으면서 크게 흔들렸다. 2022년 5월 국내 암호화폐 기업 테라폼랩스의 테라USD와 루나 코인의 가격이 폭락한 것이 시초였다. 이 여파로 세계 암호화폐 가격도 급락, 한국은 물론 전 세계 투자자들이 수십조 원대의 손실을 봤다. 11월에는 세계 3위권 거래소 FTX가 재무 부실 의혹에 따른 뱅크런 발생으로 유동성 위기에 직면했고 결국 파산신청으로 이어졌다. 바하마에 본사를 둔 FTX의 부채는 최대 500억 달러(약 65조 원), 피해자 수는 100만 명 이상이라는 추산도 나왔다. FTX의 붕괴 여파는 업계 전반으로 퍼져 암호화폐 대부업체인 블록파이가 파산신청을 하는 등 다른 업체들도 줄줄이 위기에 빠졌다.

비트코인 가격은 2022년 한 해 60%가량 폭락했고 바이낸스와 크립토닷컴 등 여타 가상화폐 거래소들은 FTX와의 관련성을 연일 부인하며 고객들의 불안 확산을 막기 위해 안간힘을 썼다.

### 창간70주년준비기획단 등 조직개편

정진황 신문국장이 5월 19일 뉴스룸국장에, 박일근 논설위원은 신문국장에 각각 임명됐다. 이어 5월 30일자로 이성철 콘텐츠본부장을 이사로 임명했다. 아울러 콘텐츠본부 산하로 뉴스룸국을 이동 편제하고 지식콘텐츠부를 지식콘텐츠실로 격상하는 조직개편이 이뤄졌다. 창간70주년 준비기획단이 신설돼 지식콘텐츠실로 편제됐다. ▲경영전략본부장 송영웅 ▲지식콘텐츠실장 한창만 ▲창간70주년 준비기획단장 조철환 ▲논설위원 이영태 김용식 박석원 이훈성 임소형 ▲신문에디터 김범수 이성원 조태성 〈부문장〉▲신문 유병주 ▲뉴스 김정곤 〈부장〉▲종합편집 김도상 ▲편집2 박선영 ▲정치 김영화 ▲경제 고찬유 ▲산업1 박상준 ▲산업2 이영창 ▲정책사회 한준규 ▲국제 최문선 ▲문화 송용창 ▲스포츠 성환희 ▲콘텐츠운영 성시영 ▲혁신데스크 양홍주

2022년

손흥민이 EPL 득점왕 트로피를 들고 환하게 웃고 있다.

손흥민(30·토트넘)이 아시아 출신으로는 처음으로 EPL 득점왕에 올랐다. EPL은 물론, 유럽 5대 빅리그(잉글랜드·스페인·이탈리아·독일·프랑스) 통틀어도 아시아 선수가 득점왕에 오른 것은 손흥민이 처음이다.

대통령 선거에 이어 6·1 전국동시지방선거에서도 180도 뒤바뀐 민심이 드러났다. 6·1 전국동시지방선거의 17개 광역단체장 선거에서 국민의힘은 12곳, 더불어민주당은 5곳의 당선을 확정했다. 광역의원 872명 중에서도 국민의힘이 540명을 차지해 민주당(322명)을 압도했다. 다만, 경기도의회는 초유의 '여야 동수'를 이루며 협치의 시험대로 주목받았다. 한국일보는 선거 결과에 대해 '국민의힘 완승… 지방 권력도 쥐다'라고 평가했다. 이어 민심이 '국정 안정'을 택했고, 윤석열 대통령의 국정 운영에도 힘이 실렸다고 분석했다. 그러나 투표율이 50.9%에 그친 점을 들며 여당이 승리에 마냥 환호해선 안 된다고 경계했다. 이어 "국정 동력은 얻었지만 자만은 금물"이라며 민생 성과로 답해 달라고 주문했다.

### 창간 68주년 기념식… "버릴 것은 버리고 집중할 것에 집중해야"

창간 68주년 기념식이 6월 9일 대한상공회의소 의원회의실에서 열렸다. 이날 기념식에서도 구성원들의 온라인 투표로 포상자가 결정됐다. 포상자는 다음과 같다. ▲특종부문 대상 '항소심 재판 불출석한 전두환씨 당일 산책 모습 단독 보도'(멀티미디어부 홍인기) ▲특종부문 우수상 '대장동 수사기록 입수 통한 관련 연속 단독 보도'(사회부 손현성 이상무 김영훈) ▲우수기자 종합편집부 김남필 전신재 안광열 정책사회부 윤태석 사회부 윤현종 김영훈 조소진 이정원 ▲우수성과 단체부문 AD전략국(손용석 국장 외 21명)

▲30년 장기근속자 이성철 한창만 전준호 이동렬 정광진 권대익 왕태석 고영권 유재천 최형철 김신덕 한태희 유환영 ▲25년 전상문 김지오 도형석 윤원균 김대훈 김정임 ▲20년 엄태석 김윤화 강철원 최진주 신수진 이상우 ▲15년 전신재 배계규 박관규 성환희 최상호 표성오 ▲10년 김경준 송은미 박서영 김기중 고경석 이성택 김현빈 유환구 이환직 이범구 손현성 손효숙 허경주

우리나라가 독자 개발한 한국형 우주 발사체 누리호가 6월 21일 우주로 날아올라 실용 인공위성을 궤도에 안착시키는 데 성공했다. 지난해 10월 1차 발사 실패 이후 8개월 만에 이뤄진 두 번째 시도였다.

누리호는 이날 오후 4시 전남 고흥 나로우주센터에서 발사돼 약 13분 만에 목표 궤도인 700㎞에 올랐고, 14분과 16분 각각 162.5㎏의 성능검증 위성과 1.3톤의 위성 모사체를 궤

도에 안착시켰다. 검증 위성은 남극 세종기지, 대전 지상국과 교신에 성공했다. 한국은 이로써 미국, 러시아, 유럽연합(EU), 인도, 일본, 중국에 이어 1톤이 넘는 실용 위성을 자력으로 우주에 띄운 세계 7번째 나라가 됐다.

2010년 3월 한국형 발사체 개발 사업 착수 이후 1조 9,572억 원을 투입한 12년 3개월 만의 결실이었다. 국내 첫 과학 로켓인 KSR-I을 1993년 발사하며 우주 탐사에 뛰어든 것부터 치면 약 한 세대(30년) 만이었다. 누리호는 국내 기술로 처음 개발된 우주 발사체로 1.5톤급 실용위성을 지구 저궤도(600~800km)에 올릴 수 있다. 75톤급 액체연료 엔진부터 페어링까지 핵심 기술·장비 모두 국내 연구진이 개발했

누리호 발사의 의미를 심층 분석한 6월 22일자 2면.

다. 당시 정부는 2027년까지 위성을 탑재한 누리호를 4차례 더 발사해 기술을 고도화하고 2032년 달 착륙, 2045년 화성 무인 착륙 등을 달성한다는 목표를 세우고 있었다.

### 아베 전 일본 총리, 피격 사망

일본의 우경화를 주도했던 아베 신조 전 총리가 7월 8일 참의원(상원) 선거 유세 중 총격으로 사망해 열도가 충격에 빠졌다. 그는 두 차례에 걸쳐 역대 일본 총리 중 최장인 8년 9개월간 직을 수행했다. 재임 기간 A급 전범이 합사된 야스쿠니 신사를 참배해 파문을 일으켰고, 특히 한국 법원의 일제 강점기 강제 동원 노동자 판결에 반발해 외교적 갈등을 초래했다. 또 '역사 수정주의'를 추구하는 등 한일관계에 감정의 골을 깊게 만들었다.

일본 정부는 아베 전 총리의 재임 기간과 공적 등을 고려, 9월 27일 도쿄 일본무도관에서 국장(國葬)을 거행했다. 총리 국장은 1967년 요시다 시게루 전 총리 이후 55년 만이었다. 국장 6일 전 한 시민이 국장에 반대하며 분신을 시도하는가 하면, 국장 당일에도 반대 시위가 벌어지는 등 국장에 대한 부정적 여론이 있었다.

살해범은 경찰 조사에서 "어머니가 통일교에 거액을 기부해 가정이 엉망이 됐다"고 범행 동기를 밝혀 일본 정치권에 자민당과 통일교(세계평화가정연합)의 유착 문제가 불거졌다. 이후 통일교와 관계된 장관들이 사퇴했지만, 기시다 후미오 정권의 지지율은 급락했다.

한국일보는 아베 전 총리의 피격 사실과 국제 사회의 충격을 속보로 전하는 한편, 아베

그늘이 사라진 일본 정치가 더 우경화될 것을 우려했다. 사설에서도 "우크라이나 전쟁으로 일본 국민들의 안보 불안감이 높아진 상황에서 이번 사태는 일본 내 개헌 여론을 부추길 가능성도 높다"고 우려했다. 그러면서 "일본의 우경화는 한일 관계 개선을 위해 새로운 해법을 찾으려는 우리 정부에 부담으로 작용할 것"이라고 내다봤다.

8월 9일 경영전략본부 정영오 실장이 논설위원실로 합류했다.

1990년대 '냉전체제'를 종식시킨 미하일 고르바초프 전 소비에트 연방(소련) 대통령이 8월 30일 별세했다. 향년 91세. 고르바초프 전 대통령은 이날 오후 러시아 중앙 임상병원에서 오랜 투병 생활 끝에 사망했다. 유언에 따라 러시아 수도 모스크바의 노보데비치 공동묘지에 묻힌 부인 라이사 막시모브나 고르바초프 옆에 안장됐다. 한국일보는 "고인은 1980년대 페레스트로이카(개혁)·글라스노스트(개방)를 통해 소련의 붕괴와 냉전의 종식을 이끈 인물이었다"고 평가했다. 그는 서방에선 냉전을 종식한 '영웅' 대접을 받았다. 하지만 "자국에선 소련의 해체를 초래한 장본인이자 동구권을 서방에 넘겨준 '배신자'로 비난받았다. 제대로 준비하지 않고 급진적 개혁을 밀어붙여 민족 갈등과 소련의 붕괴를 초래했다는 비판도 거셌다"면서 러시아 내 평가도 함께 담았다.

영국인의 정신적 지주 엘리자베스 2세 여왕이 9월 8일 96세로 서거했다. 큰아들 찰스 왕세자가 즉각 국왕 자리를 승계, 찰스 3세로 즉위했다. 여왕은 1952년 25세 젊은 나이에 왕위에 오른 뒤 영국 최장수 군주이면서 세계 역사상 두 번째로 오랜 기간 재위한 끝에 즉위 70년 만에 임무를 내려놓게 됐다. 여왕은 2021년 4월 70년 해로한 남편 필립공을 떠나보낸 뒤 급격히 쇠약해졌다. 장례는 처칠 수상 이후 57년 만에 국장으로 진행됐다. 11일간의 장례 일정 동안 추모 열기가 이어졌다. 런던 웨스트민스터 홀 참배에 30만 명이 최대 18시간씩 밤샘 줄서기를 감수했다. 한국일보는 여왕의 서거와 장례 절차, 생전의 업적 등을 상세하게 조명하는 한편, 지평선을 통해 여왕이 생전에 겸손의 리더십을 발휘한 점을 높게 평가했다. 아울러 그의 서거와 함께 유산 문제에 대해 새 국왕(찰스 3세)이 어떻게 대처할지 주목했다.

### 이태원 참사… 158명 압사

'뉴스를 안 봐도 이해할 수 있는 쉬운 지식정보 전달'을 표방한 영상 콘텐츠 'h알파'가 론칭해 9월 29일 'BTS까지 출동… 엑스포가 얼마나 대단한 행사길래'로 첫선을 보였다. 통상 언론사 뉴스라면 2030년 부산 엑스포 유치를 둘러싼 논란이 중심 내용이었겠지만, h알파의 영상은 달랐다. 엑스포의 정의와 역사, 의미를 오히려 주되게 다루며 현안에 이르기까지의 배경·맥락 등 지식정보를 전하는 데 집중했다.

h알파팀은 "많은 뉴스와 시시각각 변하는 이슈의 맥락을 짚고 그 배경을 이야기하자는 취지"라며 양극단으로 치닫는 현실 속에서 다양한 입장과 시각을 균형 있게 전달해 시청자

가 옳은 판단을 내릴 수 있게 하겠다"고 밝혔다. h알파는 매주 화·목 오후 8시 한국일보 유튜브를 통해 전달됐다. 출고 다음날엔 내용만 추린 숏폼 영상도 서비스했다.

10월 29일 밤 서울 이태원역 일대에서 158명이 압사하고 196명이 다치는 참사가 발생했다. 핼러윈을 앞두고 이 일대에 10만 명이 넘게 몰렸고, 해밀톤 호텔 옆 좁은 골목에서 밀집된 인파가 뒤엉키며 대형 참사가 발생했다. 희생자의 약 90%가 20·30대 젊은이였다. 참사 현장은 길이 45m, 폭 4m 내외에 불과하고, 경사까지 심한 비탈길이어서 많은 인파가 몰릴 경우 안전사고가 발생할 우려가 큰 골목이었다. 참사 원인과 책임 규명 과정에서 서울시와 경찰, 소방당국이 많은 인파가 모일 것으로 예상됐던 핼러윈 축제를 앞두고 적절한 안전대책을 세우지 않은 것으로 드러났다. 희생자 실명 공개를 두고

이태원 참사를 전하는 10월 31일자 1면.

정치권에서 여야 간 공방이 벌어졌다. 더불어민주당은 참사의 총책임자로 이상민 행정안전부 장관을 지목해 해임건의안을 강행 처리했으나, 윤석열 대통령은 해임 건의를 수용하지 않았다.

한국일보는 11월 1일자 1면에 '주인 잃은 신발들'이란 제목의 사진을 실어 참사 당시 참혹했던 현장의 모습을 간접적으로나마 생생하게 느낄 수 있도록 보도했다. 사진엔 서울 용산구 다목적 실내체육관 '이태원 사고 유실물센터'에 놓인 수십 켤레의 신발 모습이 담겼다. 이 신발들은 이태원 참사 현장에서 수거된 흙먼지 가득한 것들이었다.

넷플릭스 드라마 '오징어 게임'이 9월 미국 방송계 최고 권위상인 에미상 시상식에서 감독상과 남우주연상 등 총 6관왕에 올랐다. 또 흥행 주역인 이정재와 정호연은 2월 미국배우조합(SAG)상에서 한국 배우 최초로 TV 드라마 부문 남녀주연상을 받았다.

영화계에서도 낭보가 이어졌다. 5월 열린 제75회 칸국제영화제에서 박찬욱 감독은 '헤어질 결심'으로 감독상을, 송강호는 영화 '브로커'로 남우주연상을 각각 받았다. 한국 영화 2편이 칸영화제 경쟁 부문에서 동시 수상한 것은 처음 있는 일이었다.

K팝 인기도 계속됐다. 그룹 방탄소년단(BTS)·스트레이키즈와 걸그룹 블랙핑크는 빌보드 메인 앨범 차트 '빌보드 200' 1위를 차지했다. 방탄소년단과 블랙핑크뿐만 아니라 멤버 진·RM·제이홉·정국·슈가·뷔도 싱글 차트 '핫 100' 문턱을 넘었다. 젊은 연주자들도 대거 세계의 주요 콩쿠르에서 정상에 올랐다. 임윤찬은 6월 미국 밴 클라이번 국제 콩쿠르에서 역대 최연소로 우승했다. 첼리스트 최하영과 바이올리니스트 양인모 역시 퀸 엘리자베스 콩쿠르와 세계적 권위의 핀란드 장 시벨리우스 콩쿠르에서 각각 우승하며 실력을 인정받았다.

**카카오 먹통… 초연결사회 마비**

카카오 계열 서비스가 10월 15일 경기 성남시 SK 주식회사 C&C 판교 데이터센터 화재로 장애를 일으켜 이용자들이 큰 불편을 겪었다. 카카오는 이곳에 서버 3만 2,000대를 뒀으나 유사시를 대비한 이중화 복구 시스템을 제대로 못 갖춰 카카오톡, 카카오페이, 카카오T 등 주요 서비스들이 길게는 닷새 넘게 정상 작동하지 않았다. 카카오 계열 서비스가 모두 복구되기까지는 127시간 33분이 걸렸다. 특히 카카오톡은 '국민 메신저'로 불릴 만큼 국민 생활 속으로 깊게 파고든 앱이어서 사회적 파장이 컸다. 이 사태로 카카오 남궁훈 각자 대표가 사임했고 카카오는 비상대책위원회 체제로 전환했다. 카카오 창업주인 김범수 미래이니셔티브센터장은 국회 국정감사에서 '문어발', '쪼개기' 등 비판을 받은 경영 기조를 전면 쇄신하겠다고 약속했다. 아울러 카카오는 데이터센터 및 관리 도구 이중화 미흡 등을 사고 원인으로 꼽고 향후 5년간 서비스 안정화 투자를 기존 대비 3배 늘리고 전담 조직도 만들기로 했다.

한국일보도 '카카오 끊기자, 일상이 멈췄다'는 머리기사를 통해 카카오 연결 사회가 초유의 허점을 드러냈다고 비판 보도했다. 또 상인들과 배달종사자, 소비자 등이 겪는 현장의 불편함을 생생하게 전달했다. "불날 줄 몰랐다"는 카카오 측의 안전불감증을 지적하는 한편, 사설에서도 일상을 마비시킨 책임을 엄중히 물어야 한다고 질타했다.

시진핑 중국 국가주석이 10월 16일 개막한 20차 공산당 전국대표대회와 20기 당 중앙위원회 1차 전체 회의를 거쳐 당 총서기와 중앙군사위원회 주석으로 재선출되며 세 번째 임기를 시작했다. 특히 최고 지도부인 정치국 상무위원회를 자신의 측근들로만 구성해 '시진핑 1인 천하' 체제를 갖췄다. 공산주의청년단(공청단)파의 거두 후진타오 전 주석은 당 대회 폐막식에서 퇴장당하고 공청단파의 차세대 주자 후춘화 부총리는 상무위 진입에 실패했다. 한국일보는 10월 17일자 사설에서 '대만에 대한 무력 사용 불사'를 밝힌 부분을 주목했다. "대만 문제가 미·중 군사 충돌로 비화할 경우, 주한미군 차출, 나아가 한국군 개입 압력에 직면할 수 있다"고 우려했다.

### 2022년 미스코리아 진 이승현

이승현(미스 서울)씨가 10월 26일 서울 블루스퀘어 마스터카드 홀에서 열린 2022년 미스코리아 진에 선발됐다. '선'은 유시은(서울)씨, '미'는 김고은(경기·인천)씨가 받았다. 이날 대회는 지역 예선에서 입상한 54명의 후보 중 엄격한 심사를 거쳐 30명만 본선 무대에 오르는 방식으로 진행됐다. 사회는 방송인 김태진과 2019 미스코리아 '미' 신혜지·신윤아씨가 함께 호흡을 맞췄다. 서른 명의 후보는

2022 미스코리아 진 이승현(가운데)과 선 유시은(왼쪽), 미 김고은이 10월 26일 서울 블루스퀘어 마스터카드홀에서 열린 2022년 미스코리아 대회에서 입상한 뒤 환하게 웃고 있다.

미스코리아 첫 번째 정규앨범 '드림 온(Dream on)' 무대로 본선의 화려한 막을 올렸다. '드림 온'은 본선 진출자들이 직접 부른 음원으로, 꿈에 대한 열망과 힘찬 에너지를 전하는 곡이다. 대회 슬로건은 '그린 힐링 모먼트-2022 가장 아름다운 치유가 시작된다'로, 대회를 함께 즐기는 이들에게 아름다운 치유를 선사하겠다는 의미를 담았다.

한국일보 노사가 임금 총액 기준 3% 인상과 내년 복지포인트 20만 원 상향을 담은 2022 임금협상을 10월 28일 체결했다. 노조 비상대책위원회 체제에서 진행된 이번 협상은 5개월 넘는 마라톤 끝에 최종 타결됐다. 이에 따라, 한국일보 구성원들의 임금은 총액 기준으로 전년 대비 3% 상승하고 50만 원이던 복지포인트는 2023년 4월부터 70만 원으로 오르게 됐다. 사측은 연말에 흑자가 나면 흑자분을 성과급 형태로 지급하기로 했다.

한국 축구대표팀이 11월 20일 개막한 2022 국제축구연맹(FIFA) 카타르 월드컵에서 16강에 진출하는 기적의 드라마를 썼다. 우리나라가 월드컵 16강에 오른 것은 2010년 남아프리카공화국 대회 이후 12년 만이자 안방에서 '4강 신화'를 썼던 2002년 한일 대회를 포함해 통산 세 번째였다.

10회 연속 및 통산 11번째 월드컵 본선 무대에 선 한국의 조별리그 상대는 ▲우루과이 ▲가나 ▲포르투갈 등 버거운 상대였다. 1차전 우루과이와 경기에서 0-0으로 비긴 뒤 가나와 2차전에서는 조규성(전북)이 한국 선수로는 월드컵 본선 한 경기에서 최초로 멀티골을 터트리는 활약에도 2-3으로 져 16강 진출에 빨간불이 켜졌다.

하지만 12월 3일 3차전 포르투갈전에서 기적을 만들었다. 선제골을 내주고 끌려가다 수비수 김영권(울산)의 동점골로 균형을 되찾은 뒤 교체 투입된 황희찬(울버햄프턴)이 종료 직전인 후반 46분 짜릿한 결승골을 터트려 2-1 역전승을 거뒀다. 특히 같은 시각 가나에 2-0으로 이긴 우루과이에 다득점에서 앞서며 우리나라는 극적으로 16강 티켓을 손에 넣었

다. 이후 세계 최강 브라질에 1-4로 패해 사상 첫 '원정 월드컵 8강' 꿈은 접었지만, 대표팀은 한국 축구의 저력을 유감없이 보여줬다. 한국일보는 도하 현지에 스포츠부 김기중 기자를 파견해 현장의 열기를 생생하게 전하는 한편, 국내에도 전담팀을 꾸려 거리 응원에 나선 시민들의 모습 등 실시간으로 대응했다.

### 코라시아 포럼… 윤 대통령 "복합 위기, 국제 연대로 극복"

2022 코라시아 포럼이 11월 17일 서울 신라호텔 다이너스티홀에서 '미·중 대립과 한국의 선택'이란 주제로 열렸다. 윤석열 대통령은 포럼 축사를 통해 "정부는 자유, 인권, 법치라는 보편적 가치를 확고히 지키고 국제사회와 공유함으로써 세계시민의 자유, 국제사회 번영에 기여할 것"이라고 밝혔다. 축사는 이관섭 대통령실 국정기획수석이 대독했다. 승명호 한국일보 회장도 "급변하는 세계 질서, 소용돌이치는 동북아 현실에서 우리의 국익을 지키고 우리 기업들을 보호하기 위한 최선의 외교정책이 필요하다"고 강조했다.

5회째를 맞는 코라시아 포럼에는 국내외 최고 전문가들이 참여했다. 트럼프 행정부 국무장관을 지낸 마이크 폼페이오 전 장관이 향후 미국의 대중 외교 방향을 설명하고, 세계적 국제정치학자인 존 미어샤이머 시카고대 교수가 미·중 패권 전쟁의 미래를 조명했다. 주펑 난징대 국제관계연구원장은 시진핑 중국의 대미 외교를 전망했다.

국내 인사로는 송민순 전 외교부 장관, 위성락 전 주러 대사(전 한반도평화교섭본부장), 안호영 전 주미대사 등 전직 고위 외교 당국자들이 참석했다. 북한 외교관 출신인 태영호 국민의힘 의원과 고 김대중 대통령의 3남으로 대북정책에 밝은 무소속 김홍걸 의원의 토론도 진행됐다. 김병연 서울대 경제학부 교수, 남성욱 고려대 통일외교학부 교수, 이동선 고

11월 24일 경남 진주시 LH본사 대강당에서 열린 미지답포럼에 참석한 귀빈들이 기념촬영을 하고 있다.

려대 정치외교학과 교수, 손지애 이화여대 국제대학원 교수, 안유화 성균관대 중국대학원 교수, 김양희 대구대 경제금융학부 교수, 안세현 서울시립대 교수, 안기현 한국반도체산업협회 전무 등 학자들도 함께 머리를 맞댔다. 포럼의 전 세션은 유튜브 한국일보 채널로 생중계됐다.

이성철 콘텐츠본부장이 12월 1일자로 한국일보 신임 대표이사 겸 발행인·편집인에 선임됐다. 이 신임 대표이사는 1991년 한국일보에 입사해 경제부장, 산업부장, 디지털부문장, 뉴스부문장, 편집국장 등을 지냈다. 아울러 AD전략국 손용석 국장은 AD전략본부장(이사)으로 승진했다. ▲논설위원실장 이태규

지방 활성화와 지역 균형발전을 위한 공론의 장 '미지답 포럼' 경남 포럼이 11월 24일 경남 진주의 한국토지주택공사 대강당에서 열렸다. '미지답'은 '우리의 미래, 지방(지역)에 답이 있다'의 머리글자를 딴, 한국일보 지방 순회포럼의 새 브랜드다. 첫 행사의 주제는 '경남, 하늘을 날다, 우주를 꿈꾸다'로, 우주산업의 부양책에 대한 다양한 의견이 제시됐다.

중국 고도성장의 주역 장쩌민 전 국가주석이 11월 30일 지병으로 사망했다. 향년 96세. 백혈병 등으로 치료를 받다가 이날 12시 13분 상하이에서 숨을 거뒀다. 장쩌민은 마오쩌둥과 덩샤오핑의 뒤를 이은 중국의 제3세대 지도자다. 전임자들과 달리 강력한 카리스마는 없었지만, 덩샤오핑의 개혁·개방 노선의 이행자로서 중국이 강국으로 급성장하는 기틀을 만들었다는 평가를 받는다. 또 당을 계급정당에서 국민정당으로 확장, '인민복 대신 양복을 입은 주석'으로도 불렸다.

### 홈페이지에 '구독 기능' 도입… 유료 구독 첫걸음

한국일보는 12월 12일 새로 단장한 모바일·PC 홈페이지를 공식 오픈했다. 관심 주제, 이슈, 기자별 구독 기능을 도입하는 등 독자의 개인화 설정에 초점을 맞췄다. 특히 한국일보가 추진하는 '유료 구독'의 첫걸음이라는 점에서 주목받았다. 한국일보는 안내문을 통해 "담는 그릇은 보다 편리하고 유용하게, 담긴 내용은 한층 풍성하게 홈페이지를 개편했다"며 "내게 더 중요한 뉴스를 취향대로 고르고 배열할 수 있다. 관심 있는 주제판, 연재물, 칼럼, 기자, 해시태그를 모두 골라 구독할 수 있다"고 설명했다.

첫 화면 상단엔 독자가 관심과 취향에 따라 선택하는 주제판을 마련했다. 관심 주제는 총 9개(스타트업, 탐사, 전쟁과 평화, 죄와 법, 건강·치유, 머니+, 동물, 젠더, 기후변화)였다. 이슈별 해시태그(#)와 기자, 연재 코너 177개, 기획 159개, 칼럼 68개 등을 선택적으로 구독할 수 있도록 했다. 각각 구독한 콘텐츠는 'My구독'에서 한눈에 볼 수 있었다. 한국일보는 개편과 함께 이용자 분석을 고도화해 구독자들의 관심사와 취향, 이동 경로 등 여러 데이터를 확보할 예정이었다. 이를 바탕으로 로그인 전용 상품 개발과 유료 구독 도입 방안도 추진키로 했다

2022년

12월 12일 혁신총괄 산하에 미디어전략부문을 신설했다. ▲미디어전략부문장 김주성 ▲미디어전략부장 김민성

12월 23일 뉴스룸국의 어젠다기획부를 폐지하고, 기획취재팀을 신설하는 등 조직개편이 이뤄졌다. ▲논설위원 이진희 임소형(과학전문기자) ▲그래픽뉴스부장 송정근 ▲호남취재본부장 최수학 ▲동물복지전문기자 고은경

2022년에는 8편의 보도가 이달의 기자상을 받았다. '치킨 공화국의 속살'(사회부 조소진·이정원·윤현종)이 제378회(2022년 2월) 이달의 기자상 기획보도 신문·통신부문 수상작으로 선정됐다. 이 보도는 치밀하고 끈기 있게 보도한 탐사보도의 전형으로, 취재하기 쉽지 않은 대형 프랜차이즈 기업을 상대로 한 보도였다는 점에서도 수작이라는 평가를 받았다. 특히 프랜차이즈 기업의 폭리 문제는 과거에도 많았지만 '치킨 공화국의 속살'은 보다 종합적이고 집중적이었다는 점에서 종전의 유사 보도와 차별화했다는 호평을 받았다.

'플라스틱의 나라, 고장 난 EPR'(어젠다기획부 신혜정·김현종)이 제381회(2022년 5월) 이달의 기자상 기획보도 신문·통신부문에 선정됐다. EPR(생산자 책임 재활용제도)에 대한 문제의식 자체도 훌륭하지만, 이를 독자에게 친절하게 전달하는 기법이 탁월했다는 평가가 나왔다. 특히 많은 양의 플라스틱 용기가 100원짜리 동전과 등가임을 보여주는 사진이 설득력을 더했다. 매체 수가 계속 늘고 비슷한 기사가 쏟아지는 현실에서 복잡한 문제를 간명하게 설명하는 콘텐츠의 가치가 점차 높아질 것으로 예상되는 보도였다.

'"동학개미운동" 존리 불법투자 조사'(경제부 이대혁·김정현·강유빈)와 '비뚤어진 욕망, 아이비 캐슬'(사회부 조소진·이정원)이 제382회(2022년 6월) 이달의 기자상 경제보도부문과 기획보도 신문·통신부문 수상작으로 각각 선정됐다. '존리 불법투자 조사' 보도는 동학개미운동의 멘토'로 유명했던 금융인 존리 대표의 불법투자 의혹을 제기했다. 최초 보도 이후 입수된 익명의 짧은 제보를 바탕으로 얼개를 맞춰 팩트를 확인하고 추가 보도를 이어가 유명 금융인의 민낯을 드러내고 사의 표명이라는 결과까지 이끌어냈다.

'수상한 불법 외환거래'(경제부 김정현·강유빈)가 제383회(2022년 7월) 이달의 기자상 경제보도 부문 수상작으로 선정됐다. 이 보도는 접근하기 힘든 취재 영역을 오랫동안 추적하면서 특종을 만들어냈다는 점이 돋보였다. 첫 보도로 인해 금감원이 이례적으로 브리핑을 실시하고, 연이은 언론의 인용·추격 보도로 은행 외환 영업의 구조적 문제점이 드러났다. 나아가 국회와 금융당국의 제도개선 논의까지 이뤄지는 등 사회적 반향도 컸다.

'맹신과 후원, 폭주하는 유튜버'(사회부 조소진·이정원, DB컨텐츠부 박서영)가 제384회(2022년 8월) 이달의 기자상 기획보도 신문·통신부문 수상작으로 선정됐다. 이 보도는 가장 쉽게 접하면서도 실체를 알기 어려운 '정치 유튜버'들의 세계를 생생하게 그려냈다. 구독에 따른 대가, 현장에서 받는 후원금, 계좌를 통해 받는 돈 등 많게는 일주일에 수백만 원을 벌 수 있기 때문에 더 자극적인 방송을 할 수밖에 없는 현상을 잘 짚어냈다. 또 '정치 유튜

버'의 일상을 통해 '구독자의 팬덤화'를 공고히 하는 악순환으로 이어진다는 점을 흥미롭게 풀어냈다. 단순한 비판 차원에서 벗어나 정치 유튜버들이 어떤 사람들일까 궁금했던 점을 잘 짚어줬다.

정치 유튜버의 행태와 폐해를 다룬 '맹신과 후원, 폭주하는 유튜버' 기획기사.

'성 착취 불패의 그늘'(멀티미디어부 서재훈, 사회부 김도형·나주예·나광현)이 제385회(2022년 9월) 이달의 기자상 기획보도 신문·통신부문을 수상했다. 성매매 집결지 내 건물과 토지 소유주 실태를 심층 취재한 이 보도는 성매매 영업장소로 사용된 일부 땅의 소유주가 국가라는 것을 밝혀내 큰 주목을 받았다. 성매매 집결지 170여 필지의 등기부등본과 토지대장을 추적하는 품을 들인 취재로 국가와 성매매업자들의 부패 고리를 찾아낸 것은 신선하고 탁월한 보도였다는 평가를 받았다. 홍등가 지주들이 재개발로 돈벼락에 앉는 모순적인 실태를 꼼꼼히 파악해 날카롭게 비판한 점도 눈에 띄었다.

'탄소 도시, 서울'(정책사회부 신혜정·김현종, 기획영상팀 김광영·이수연)이 제388회(2022년 12월) 이달의 기자상 취재보도2부문에 선정됐다. 이 보도는 이듬해 2월 '2023 제2회 대한민국 언론대상' 대상 겸 신문(통신)부문 최우수상 수상작으로도 선정됐다.

2022년 월별 신규 입사자는 ▲송주용 김도형 문재연 김유진 나주예 김태준(1월) ▲강승일 문성욱(2월) ▲김정엽(6월) ▲김지훈 김민성(7월) ▲강지수 오세윤 이서현 이유진(견습사원·8월) ▲이성원 (9월) ▲유대근 하상윤 이근아 김선애(11월)였다.

# 2023년

아무리 뛰어난 AI도 유능한 기자를 대신하진 못한다. - 이성철 사장·창간 69주년 기념사

정치권에서는 진영 정치가 심화하면서 여야 간 극한 대치가 계속됐다. 한 초등학교 2년 차 교사가 학교 안에서 극단적 선택을 한 사건을 계기로 교권 보호를 요구하는 목소리가 높아졌다. 또 세계 스카우트잼버리 대회가 파행하면서 논란이 됐고 2030년 세계박람회(엑스포) 부산 유치가 불발돼 아쉬움을 남겼다. 출구를 찾지 못한 우크라이나 전쟁이 지리멸렬한 양상으로 2년 가까이 이어지는 가운데 팔레스타인 무장 정파 하마스의 이스라엘 기습으로 중동 화약고가 또다시 폭발했다.

한미동맹에 대한 한국 시민들의 인식을 분석한 2023년 1월 2일자 1면.

### <신년 기획> 미국은 우리에게 무엇인가

한미 동맹 70주년을 맞아 '미국은 우리에게 무엇인가' 기획을 5차례에 걸쳐 연재했다. 한국일보는 국민 1,000명을 대상으로 진행한 설문조사 결과를 1월 2일자 1면에 실어 "'진보=반미, 보수=친미'라는 오랜 이분법과 진영 간 대립 구도가 무너졌다"고 보도했다. 이어 더불어민주당 지지층의 절반, 국민 전체로는 10명 중 6명 이상이 '한미 동맹 강화' 필요성을 인정했다"며 "우리 사회에서 보수와 진보의 대립은 여전하지만 미국에 대한 인식만큼은 압도적인 친미 성향으로 쏠리고 있다"고 진단했다. 이후 ▲세대 이념별 대미 인식 ▲동맹의 현주소 ▲동맹의 그늘과 도전 ▲전문가가 보는 한미 동맹의 미래로 이어졌다.

또 요즘 MZ 세대는 "새해 일출, 혹은 카운트다운 대신 '나만의 첫 곡'을 들으며 한 해를 시작한다"는 달라진 새해 풍경을 소개해 눈길을 끌었다. 신년 소망을 담은 노래를 미리 골라 '나만의 첫 곡'을 듣는다는 것이다. 최태원 SK 회장, 구광모 LG 회장, 조현준 효성 회장, 박정원 두산 회장 등 재계 총수들의 신년사를 분석해 재계 새해 화두는 '고객 가치'라는 분석 기사도 주목받았다.

2023년 한국일보 신춘문예 4개 부문 당선자 4명이 선정됐다. 당초 동시 부문에 '토끼 꺼내기'가 선정됐지만, 해당 동시가 다른 신문에 중복 투고된 사실이 뒤늦게 밝혀졌다. 한국일보는 '다른 신춘문예에 중복 투고한 작품으로 밝혀지면 당선을 취소한다'는 본보 신춘문예 응모 요강에 따라 당선 취소를 결정했다. 시상식은 1월 16일 프레스센터 기자회견장에서 열렸다. ▲시 '나의 마을이 설원이 되는 동안'(이예진) ▲소설 '난간에 부딪힌 비가 집 안으로 들이쳤지만'(전지영) ▲희곡 '레빗 헌팅'(이경헌) ▲동화 '혼자 계단을 오르면'(김세실)

2023 한국일보 그룹 시무식이 1월 3일 대한상공회의소 의원회의실에서 열렸다. 이성철 사장은 신년사 및 취임사에서 뉴스콘텐츠 방향에 대해 ▲품질 ▲균형 ▲실험 등 세 가지 키워드를 강조했다. 그러면서 "최근 언론 및 경제환경이 엄혹하지만 비관할 필요는 없다"면서 "변화와 도약의 적기일 수 있다"고 했다. 이를 위해 ▲디자인과 ▲디테일을 강조하면서 "디테일 빠진 디자인은 공허하고, 디자인 없는 디테일은 조잡하다"면서 "한 손에는 망원경을, 다른 한 손에는 현미경을 들고 넓고 멀리 하나하나 점검하는 심정으로 일하겠다"라고 다짐했다.

일부 언론이 1월 5일과 6일 '언론사 간부들에게 흘러간 수표… 명품 선물도'라는 제목으로 "검찰이 김만배씨의 자금 흐름을 추적하는 과정에서 언론사 간부·중견 기자들에게 거액의 수표가 흘러간 정황을 확인했다"고 보도했다. 보도에 언급된 기자 중엔 한국일보 간부급 기자도 포함돼 있었다. 이에 한국일보는 보도에서 언급된 간부급 기자에 대해 업무 배제 조치하는 한편, 금전 거래에 대한 사실 확인, 대장동 사

이성철(오른쪽) 한국일보 사장이 11월 10일 한국일보사에서 안종철 5·18민주화운동 진상규명조사위원회 부위원장으로부터 감사패를 전달받고 기념촬영을 하고 있다.

건 관련 보도에 해당 간부의 영향력 행사 등을 중심으로 진상 조사에 착수했다. 1월 12일 인사위원회를 열고 해당 간부급 기자를 해고하기로 의결했다. 이어 13일자 1면에 '독자와 국민께 깊이 사과드립니다'라는 글을 게재했다.

1980년 5·18 민주화운동 당시, 광주의 참상을 카메라에 담은 한국일보 사진기자들이 5·18 진상규명에 기여한 공로를 인정받았다. 5·18 민주화운동 진상규명조사위원회는 1월 10일 한국일보 본사를 찾아 이성철 한국일보 사장에게 감사패를 전달했다. 진상조사위는 "한국일보 기자들이 기록한 5·18민주화운동 사진이 행방 불명자 신원 확인 및 계엄군 집단 발포 상황 재구성 등 진상규명에 기여한 공로를 인정해 감사패를 수여한다"고 밝혔다. 진상조사위는 한국일보 사진에 담긴 시신 일련번호 등을 통해 행방불명자 다수의 신원을 확인했다. 1980년 5월 21일 전남도청 앞 계엄군의 집단 발포 당시 상황을 시간대별로 재구성하는 데도 이들 사진의 역할이 컸다. 진상조사위는 진상규명에 필요한 사진 등을 제공한 공로로 한국일보에 보상금 1,000만 원을 지급했다.

앞서 한국일보는 1980년 5월 사진부 고(故) 김해운, 한융, 박태홍, 김용일 기자가 광주에서 촬영한 사진 1,868장 전량을 2020년 6월 진상조사위에 제공했다. 이 사진들은 2018년 한국일보 사진부 자료실에서 찾아낸 자료들이었다. 이어 한국일보는 2월 28일 한국프레스센터에서 5·18 민주화운동 현장을 취재한 사진부 한융, 박태홍, 김용일 전 기자와 고 김해운 전 기자의 손자 김수현씨를 초청해 감사패와 상금을 전달했다.

### 6년 차 이하 기자, '미래 위원회' 출범

한국일보 민주언론실천위원회는 1월 19일 6년 차 이하 기자들로 이뤄진 '미래 위원회'를 출범시켰다. 그리고 이들이 실명 카톡방에서 주고받은 의견과 제안을 정제해 민실위 소식지로 발행했다. 세대 간의 인식 차이가 크고, 주니어 기자들이 뉴스룸에서 의견을 내면 치기 어린 주장이나 잘 모르고 하는 얘기라는 식으로 치부되는 경우가 발생하는 것을 보완하기 위한 취지였다. 민실위는 "국장의 액션에 이견이 있다면 책임 있는 자세로 의견을 모으고 소식지를 통해 전달하겠다는 취지"라고 설명했다.

1월 31일 뉴스룸국 산하에 뉴스2부문을 신설했다. 〈부문장〉 ▲뉴스1 김영화(정치부장 겸임) ▲뉴스2 송용창 ▲문화부장 이왕구

대통령실이 2월 3일 허위사실 유포에 따른 명예훼손 혐의로 한국일보 기자를 고발했다. 한국일보는 3일자 1면에 '지난해 3월 대통령 관저를 결정하는 과정에서 역술인 '천공'이 개입했다'는 주장을 한 부승찬 전 국방부 대변인의 저서 '권력과 안보'(문재인 정부 국방비사와 천공 의혹)를 미리 입수해 책 내용을 보도했다. 부승찬 전 대변인은 저서에서 '천공이 한남동 육군참모총장 관저에 다녀갔다는 말을 남영신 전 육군참모총장에게서 들었다'고 주장했다. 대통령실은 즉각 언론 공지를 통해 "'천공이 왔다고 들은 것을 들었다'는 식의 '떠

3월 16일 부산시청에서 진행된 미지답 포럼 '2030부산세계박람회, 대한민국 미래를 향한 대도약'에서 이성철(왼쪽 일곱 번째) 한국일보 사장, 박형준(왼쪽 여덟 번째) 부산시장 등 내빈들이 기념 촬영을 하고 있다.

도는 풍문' 수준의 천공 의혹을 책으로 발간한 전직 국방부 직원과 객관적인 추가 사실확인도 없이 이를 최초 보도한 두 매체 기자를 형사 고발하기로 결정했다"고 밝혔다.

한국일보 노조는 6일 대통령실의 형사 고발을 강력 규탄하고 즉시 이를 취하할 것을 촉구하는 성명을 냈다. 전국언론노조 한국일보지부는 성명에서 "전직 고위 관료가 실명으로 쓴 저서를 사전 취재해 기사화하는 것은 언론계에서 흔히 있는 보도 방식"이라며 "보도 내용에 불만이 있다면 해당 언론사에 정정보도를 요청하거나 언론중재위에 중재를 신청할 수도 있다"며 "그러나 대통령실은 이런 절차를 모두 생략하고 이례적으로 기사를 작성한 기자에게 고발장부터 내밀었다"고 했다. 이어 "취재 일선에 있는 기자들에게 이 사안은 더 이상 취재하지 말라는 강력한 메시지를 주려는 것"이라며 "비판 보도를 미리 입막음하려는 '전략적 봉쇄 소송'이라는 비판이 나오는 이유다"고 했다.

이후 경찰 수사 결과, 대통령 관저 이전에 역술인 천공이 관여했다는 주장은 사실과 다르다고 최종 결론을 내렸다. 그리고 한국일보 기자는 8월 '혐의 없음'으로 불송치됐다.

3월 1일 논설위원실 인사가 이뤄졌다. ▲수석논설위원 장인철

### 미지답 포럼, 부산 개최… '2030 엑스포 유치 기원'

2030부산세계박람회(엑스포) 유치를 기원하는 미지답 포럼(우리의 미래 답은 지역에 있다)이 3월 16일 부산시청에서 개최됐다. '2030 부산세계박람회, 대한민국 미래를 향한 대도약'을 주제로 한 포럼에서는 기조 강연과 특별 강연에 나선 초청 인사들이 엑스포 유치의 시대적 의미를 설명하고 역대 엑스포를 통해 구현된 효과를 소개했다. 또 정부와 학계, 경제계 전문가들이 모여 엑스포 유치 현황을 점검하고 파급 효과에 대해 다각도로 의견을 교환했다. 포럼은 유튜브 한국일보 채널을 통해 생중계됐다.

각계의 노력에도 불구, 부산은 11월 28일 프랑스 파리에서 열린 국제박람회기구(BIE) 총회에서 유치에 실패했다. 1차 투표에 참여한 165개 회원국으로부터 29표를 얻는 데 그쳐

119표를 받은 리야드에 큰 표차로 패했다. 이탈리아 로마는 17표를 받았다.

정부가 일본 기업의 강제징용 배상책임을 인정한 2018년 한국 대법원판결에 대한 해법을 내놓으면서 냉각됐던 한일관계는 급속도로 개선됐다. 한국일보는 "3월 6일 일제 강제동원 피해자들에게 한국 기업이 마련한 재원으로 배상금을 지급하는 '제3자 변제'를 정부가 최종 해법으로 발표했다"고 보도했다.

정부가 발표한 해법은 행정안전부 산하 일제강제동원피해자지원재단이 일본 피고 기업을 대신해 대법원 확정판결을 받은 피해자들에게 판결금을 지급한다는 '제3자 변제' 방식이 골자다. 일본이 징용 배상 문제는 1965년 한일청구권협정으로 해결됐다는 입장을 고수하는 상황에서 피해자의 고령화 및 한·미·일 간 전략적 공조 강화의 필요성을 고려해 내린 고육지책이었다.

한일관계는 정부의 해법 발표를 기점으로 빠르게 정상을 되찾았다. 일본이 한국을 상대로 단행했던 수출 규제와 화이트리스트 제외 조치, 한국의 맞대응 조치였던 세계무역기구(WTO) 제소, 한일군사정보보호협정(GSOMIA·지소미아) 종료 통보 등이 모두 취소됐다.

한일 정상회담이 2023년 한 해에만 7차례 열리는 등 셔틀 외교가 전면 재개됐고 수년간 멈춰있던 양국 정부 간 각종 협의체도 속속 복구됐다. 한일관계 개선을 동력으로 한미일 협력 강화에도 탄력이 붙었다. 특히 한미일 3국 정상은 8월 18일 캠프 데이비드에서 최초로 독자적인 정상회의를 열고 3각 안보 공조를 심화하는 것을 넘어 '가치 연대'로 뭉치겠다는 뜻을 분명히 밝혔다.

한국일보는 사설에서 "우리나라 정상이 미국 대통령 별장인 캠프 데이비드를 방문하는 건 15년 만이다"라고 의미를 부여한 뒤 "북한의 핵미사일 도발 수위가 점점 높아지고 있고 중국의 현상 변경 시도와 자원 무기화로 지역 안보와 경제 공급망이 흔들리는 상황에서 한미일 안보 협력을 확대하는 건 타당하다"고 적었다. 하지만 "이런 협력 강화가 북 위협에 대응하는 차원을 넘어 아예 중국을 겨냥한 지역 군사 동맹이나 안보 공동체를 염두에 둔 수준까지 나아가는 건 완전히 다른 문제다. 신중하게 접근해도 늦지 않다"고 경계했다. 또 일본과의 군사 협력을 서두르는 데 대해서도 "북핵 대응 차원이라 해도 굳이 일본 힘까지 빌려야 하는지에 대해 국민 거부감이 적잖다"며 "일본도 성의를 보여야 진정한 3국 협력의 새 시대가 열릴 수 있다"고 적었다.

납치·살해와 '묻지마 흉기 난동'이 잇따르면서 시민들이 불안감을 호소했다. 특히 3월 29일 밤 발생한 '강남 납치·살해 사건'은 강남 한복판, 그것도 아파트 주거단지 앞에서 발생한 강력범죄였다는 점에서 충격을 줬다. 납치된 여성 피해자 A씨(48)는 대전 대청댐 인근 야산에 암매장됐는데, 암호화폐 투자를 둘러싸고 이해관계로 얽힌 인물들이 계획해 저지른 청부살인으로 밝혀졌다.

7월 21일 대낮 서울 지하철 2호선 신림역 인근에서는 30대 남성이 20~30대 남성 4명을 흉기로 공격해 1명이 사망하고 3명이 다쳤다. 또 8월 3일 경기 성남시 서현역 인근에서는 20대 남성이 행인들을 차로 들이받고 인근 백화점에 들어가 흉기를 휘둘러 2명을 숨지게 하고 12명에게 중경상을 입히는 등 유사한 범죄가 잇따랐다. 한국일보는 사설에서 "경찰이 치안과 형사 대책을 다각도로 검토하는 것은 당연하다"면서 "각계 행정기관과 민간기관도 힘을 합치는 비상 대책이 있어야 한다"고 제안했다. 아울러 현상뿐 아니라 원인에 대한 대책 마련에도 머리를 맞대야 한다고 적었다.

### 2023 한국 포럼… 교육·노동·연금 3대 개혁, 머리를 맞대다

2023 한국 포럼이 '교육·노동·연금, 3대 개혁 어떻게 풀까'를 주제로 5월 10일 서울 신라호텔에서 열렸다.

승명호 한국일보 회장은 한국 사회에서 가장 시급하고도 중요한 현안으로 교육·노동·연금의 3대 분야 개혁을 꼽고 "늦추면 늦출수록 미래 세대의 짐만 늘어나는 국가적 핵심과제"라며 "하지만 각자의 복잡한 이해관계가 얽혀 오랜 세월 공방만 반복해 왔다"고 말했다. 그러면서 "지금보다

3대 개혁을 주제로 열린 〈한국포럼〉을 소개하는 5월 11일자 1면.

속도감 있는 추진이 필요한 상황이다"라며 포럼의 취지를 설명했다. 이어 "지난 1년이 3대 개혁 추진을 위한 준비 기간이었다면 이젠 성과를 위해 속도를 내야 할 시기"라고 강조했다. 포럼은 교육, 노동, 연금 등 3개 세션으로 진행됐다. 각 세션마다 이주호 교육부 장관, 이정식 고용노동부 장관, 조규홍 보건복지부 장관 등 주무 장관들이 직접 나와 개혁 로드맵을 설명했다. 포럼의 전 과정은 유튜브로 생중계됐다.

암호화폐 생태계의 허실을 밝혀낸 '코인 리포트' 연재가 업계와 일반 투자자들의 큰 관심을 받으며, 5월 기자협회가 선정하는 〈이달의 기자상〉을 수상했다.

창간 69주년을 앞두고 인사가 이뤄졌다. 뉴스룸국장 당초 내정자에 대한 임명동의 문제로 일정보다 지체되기는 했지만, 김영화 뉴스1부문장 겸 정치부장이 6월 12~13일 일련의 절차를 거쳐 신임 국장에 임명했다. 6월 5일부로 AD전략본부를 '마케팅 본부'로 개명하고, 경영전략본부를 폐지하고 기능을 국실별로 이관하는 조직개편도 시행했다. 양홍주 신문국장이 임명됐고 뉴스스탠다드실이 신설됐다. 대전취재본부는 충청강원취재본부, 대구취재본부는 대구경북취재본부, 호남취재본부는 호남제주취재본부로 명칭을 바꿨다. ▲뉴스스탠다드실장 김희원 ▲논설위원 정진황 박일근 김성환 ▲마케팅본부 비즈프로모션부문장

성선경 〈부문장〉 ▲뉴스1 송용창 ▲뉴스2 한준규(혁신데스크 겸임) ▲신문부문장 이직 〈부장〉 ▲편집1 김소연 ▲정치 김광수 ▲사회 이영창 ▲사회정책 이훈성 ▲산업 박상준 ▲미래기술탐사 임소형 ▲멀티미디어 류효진 ▲기획영상 박서강 ▲엑설런스랩장 강철원 ▲마케팅기획실장 이성원 〈취재본부장〉 ▲충청강원 한덕동 ▲대구경북 전준호 ▲호남제주 박경우

창간 69주년 기념식이 6월 9일 본사 18층 대회의실에서 내부 행사 형식으로 열렸다. 참석 대상자도 포상 수상자로 대폭 축소했다. 이성철 사장은 창간 기념사 서두에 AI가 작성한 창간사를 소개했다. 그러면서 AI가 우리 생활에 깊숙이 침투했음을 알렸다. 그러면서 "하지만 아무리 뛰어난 AI도 유능한 기자를 대신하진 못한다"면서 "현장에서 발로 뛴, 치열한 브레인스토밍으로 짜낸 콘텐츠를 쏟아내야 한다"라고 강조했다.

연간 포상자는 다음과 같다. ▲특종부문 대상 '유동규 단독 인터뷰 등 대장동 의혹 연속 보도'(뉴스룸국 문재연 손현성, 김도형, 이유지, 이상무) ▲특종 부문 우수기자 뉴스룸국 신은별 ▲특종부문 우수상 '성착취 불패의 그늘'(뉴스룸국 김도형 나주예 나광현 서재훈) ▲우수기자부문 신문국 김남필 뉴스룸국 김동욱 서현정 ▲우수성과 개인부문 AD전략국 디지털마케팅팀 고준석 ▲우수성과 단체부문 미지답 포럼 특별팀, 법무팀 ▲30년 장기근속 이태규 정진황 김희원 정영오 김범수 성선경 우성태 김인구 ▲25년 박주영 조성준 ▲20년 강성래 김도상 김승균 소은숙 박상준 박경우 윤영원 김주성 박병민 최고은 ▲15년 송정근 김경남 이대혁 이윤주 강지원 김성환 김청환 박민식 강희경 강다연 ▲10년 장재진 이서희 조아름 김민호 정지용 박주희

### 연중 이어진 야당 대표 '사법 리스크'

더불어민주당 이재명 대표의 사법 리스크가 1년 내내 정치권을 지배했다. 이 대표는 성남FC 후원금, 대장동 개발 특혜 등의 의혹으로 1월 10일부터 6차례나 검찰 포토라인에 섰다. 대선 당시 허위 발언을 했다는 의혹과 대장동·위례신도시 특혜 의혹 재판이 이어져 수시로 법원에도 출석했다. 이런 사법 리스크는 당대표 직무 수행에도 걸림돌이 됐다. 이 대표에 대한 첫 국회 체포동의안 표결(특정경제범죄가중처벌법상 배임 등 혐의)이 2월 27일 진행

윤석열 정부의 국정운영을 규탄하며 전날부터 무기한 단식에 돌입한 이재명 더불어민주당 대표가 9월 1일 국회 앞 농성장에서 당 최고위원회의를 주재하고 있다.

### <70대 특종> 무법지대, 코인 리포트

세상은 급하게 변한다. 특히 신기술이 출현하면, 그걸 배경으로 사람들의 의식구조도 바뀌고 그 바뀐 틈을 노려 부당하게 이익을 노리는 세력이 생긴다. 한국일보가 오래 전부터 기자들에게 자연과학이나 인문학적으로 탄탄한 기본 소양을 갖추도록 요구해 온 것도 이 때문이다.

2023년 5월 한국일보가 내보낸 '무법지대 코인 리포트' 기획 특종(사진)은 말 그대로 암호화폐에 대한 것이었다. '블록체인', '작업증명 방식', '탈중앙화' 등 온통 낯선 단어를 내세워 선량한 투자자들이 피해를 입는 불합리한 구조를 파헤치기 위한 수많은 노력이 이어졌다. 선량한 피해자를 막아야 한다는 사명감으로 출발한 사회부 사건기자들은 공부하며, 취재하는 3개월을 보내야 했다. 암호화폐의 작동 원리를 공부하며 접근한 시장 상황은 한마디로 무법지대였다. 암호화폐가 어려워서인지, 한탕 심리 때문인지 본인이 투자하는 코인의 가치를 제대로 이해하는 사람이 많지 않았다. 코인이 '먹튀'인 줄도 모른 채 돈을 잃는 사람들이 너무 많았다.

바닥에서 차근차근 취재한 덕분에 코인을 모르는 독자도 이해할 수 있도록 쉽게 접근 가능하면서 문제점을 선명히 드러낼 수 있는 지점을 찾을 수 있었다. 국내 5대 가상자산 거래소에서 상장 폐지된 코인 315개를 전수 조사하자는 접근도 그렇게 시작됐다. 이 코인들은 누가 만든 건지, 왜 만들었고, 현재는 어떤 상태인지 따져봤다.

상폐 코인 전수조사가 '미시적 접근'이라면 코인 사기 판결문 분석은 '거시적 접근'이었다. 코인 사기 구조를 입체적으로 보여줘야 한다는 사명감으로 주경야독의 시간을 보냈다. 밤에는 판결문을 분석하고 낮에는 코인 관계자를 만나는 시간이 이어졌다.

한국일보의 노력은 관련 제도의 허점을 막는 입법으로 연결됐다. 정쟁으로 대립하던 여야 국회의원들이 '가상자산 이용자 보호법'을 본회의에서 통과시켰다. 한국일보의 노력으로 코인 업계는 더 이상 무법지대로 방치되지 않게 됐다. 393회 이달의 기자상을 수상한 한국일보 기자들의 다짐은 해당 기획을 시작할 때와 전혀 달라지지 않았다. 기술 변화를 핑계로 법의 빈틈과 인간의 탐욕에 기생해 이익을 챙기는 부당한 세력과 그들의 행위를 감시하기 위해 늘 공부하는 자세로 세상을 감시하겠다는 마음은 영원할 것이다.

됐으나 찬성 139표, 반대 138표, 기권 9표, 무효 11표로 부결됐다. '압도적 부결'이란 당초 예상과 달리 상당수의 이탈표(찬성표)가 나오면서 민주당은 흔들렸다.

이 대표는 6월 19일 국회 교섭단체 대표 연설에서 '불체포특권 포기'를 선언했다. 이후 당내에서 "사법 리스크를 결자해지하라"는 요구가 거세졌고, 이 대표는 검찰 수사를 무도하다고 비판하며 8월 31일 무기한 단식에 들어갔다. 한국일보는 "이 대표의 (불체포특권 포기) 선언은 출범을 앞둔 당 혁신위원회에 힘을 실으려는 의도"라고 풀이했다. 아울러 "최근 이 대표가 자신의 수사와 재판 진행 상황을 지켜보면서 무죄 판결을 받을 수 있다는 자신감을 갖게 된 것도 이 발언의 배경이 됐다"면서 "또 지난 2월 이 대표 체포동의안이 가까스로 부결된 후 잇달아 민주당의 도덕성 논란이 불거진 데 따른 리더십 위기를 돌파하겠다는 속내도 감지된다"고 해석했다.

하지만 검찰이 9월 18일 쌍방울그룹 대북 송금 의혹에 대한 구속영장을 청구하자, 이 대표는 체포동의안 표결을 하루 앞둔 9월 19일 당내 의원들에게 '부결해 달라'는 메시지를 돌렸다. 그런데도 비주류의 대규모 이탈 속에 이재명 대표 체포동의안이 본회의에서 가결되면서 이 대표의 사법 리스크는 정점을 찍었다. 단식 중이던 이 대표는 9월 26일 구속 전 피의자 심문에 출석해 결백을 호소했고, 이튿날 새벽 법원은 구속영장을 기각했다. 큰 고비를 넘었지만, 끝나지 않은 검찰 수사와 재판에 이 대표의 사법 리스크는 계속됐다. 한국일보는 '민주당 새 원내대표, 이재명 수호 아닌 국회 정상화가 먼저다'라는 제하의 사설에서 "(9월 26일) 더불어민주당 새 원내대표로 3선의 홍익표 의원이 선출됐다. 그간 민주당을 흔들었던 이재명 대표의 사법 리스크를 털어내고, 민생 챙기기와 당내 갈등 수습으로 제1야당 본연의 모습을 되찾는 데 주력해야 한다"고 주문했다.

한국일보가 내부 공모를 통해 새로운 뉴스레터 4종을 출시했다. 또 영상 브랜드 'h알파' 콘텐츠들을 재정비했다.

4~5월 뉴스레터 내부 공모를 실시해 6월 26일부터 〈슬기로운 유럽 생활〉〈강은영의 유로힐킥〉〈조태성의 북&이슈〉〈노경아의 달콤한 우리말〉 등 신규 뉴스레터 콘텐츠 4개를 선보였다. 1월부터 자사·타사 뉴스레터 운영 현황 조사, 구독자 설문 조사, 기존 필진 인터뷰 등 새 뉴스레터 기획의 결과였다.

7월 3일 경영지원실 산하의 경영지원부문에 인사팀을 편제했다. ▲경영지원부문장 현재주(인사팀장 겸임)

7월 18일 서울 서초구의 한 초등학교 2년 차 교사 A씨가 학교 안에서 스스로 목숨을 끊었다. 이어 A씨가 1학년 담임을 맡으며 학부모 민원에 지속해서 시달렸다는 의혹이 제기되면서 교직 사회의 분노가 폭발했다. 교사 커뮤니티 등에서는 그동안 학교 현장에서 악성 학부모 민원에 시달렸던 사례를 고발하는 글들이 잇따랐고, '기분 상해죄'라는 자조 섞인 표현도 나왔다.

교사들의 동료를 지켜주지 못했다는 미안함, 그리고 교사들을 보호하지 못한 교육 당국을 향한 분노가 더해졌다. 그리고 A씨 사망 직후 토요일인 7월 22일부터 10월 28일까지 교사들은 서울 광화문, 국회 앞에서 11차례 토요 집회를 열고, 교권 회복 대책을 마련해달라고 정부와 국회에 촉구했다. 교원단체나 노조 개입 없이 자발적으로 매주 수만 명에 달하는 교사가 운집했다. 한국일보는 "교육 현장뿐 아니라 사회 전체의 충격이 크다"면서 "교권 붕괴에 대해 실효성 있는 해법을 모색하되, 학생 인권도 함께 가야 한다"고 주장했다. 사설은 "제도적으로 교권 붕괴 문제를 해결할 실효성 있는 장치들을 찾아가는 게 중요하다"면서 "교육 당국이 매뉴얼을 만들어 학기 초 학부모들에게 금지 사항을 엄격히 공지한 뒤 이를 어길 경우의 후속조치도 명확히 하는 게 좋겠다"고 해법을 제시했다.

### 한국일보, AI 및 대량 크롤링 방지 약관 신설… 국내 언론 최초

한국일보가 홈페이지 이용약관을 개정, '인공지능 및 대량 크롤링' 조항을 신설해 7월 31일부터 적용했다. 새 조항엔 '한국일보닷컴과 이외 외부 플랫폼의 모든 한국일보 콘텐츠를 대상으로 자동화 도구를 활용하는 행위를 허용치 않으며', '(적법한 계약 등을 제외한) 자동화 도구 활용 데이터 수집 시 서비스에 과부하를 줘선 안 된다'는 내용이 포함됐다. 또 '콘텐츠와 서비스를 AI 학습 데이터로 활용할 경우 회사와 반드시 합의해야 하고 공익 및 비영리 목적임을 분명히 해야 한다', 'AI 및 대량 크롤링 행위가 데이터 소유권, 저작권 침해에 해당하면 민형사 조치를 취할 수 있다'고 적시했다.

이는 공들여 취재한 사실 기반 정보의 오리지널리티, 독창성 등 핵심 상품을 지키려는 최소한의 자기방어 조치였다. 아울러 이런 규정은 국내 언론사 중에 최초로 신설했다. 앞서 미국에서는 챗GPT가 월스트리트저널(WSJ), CNN 등 영미권 유수 매체 뉴스데이터를 학습에 활용한 것으로 드러나며 소송 움직임이 거론됐다.

'2023 새만금 세계 스카우트잼버리'가 부실한 폭염 대책, 열악한 위생 등으로 파행하면서 중앙부처와 지자체 사이 책임 공방이 뜨거웠다.

잼버리(4년마다 열리는 전 세계 청소년 야영 축제) 개영식이 열린 8월 2일 저녁, 전북 새만금의 숨 막히는 열대야를 견디던 전 세계 청소년들은 어지럼증을 호소했다. 날이 습하고 더운 데다 수만 명의 인파가 밀집하자 거대한 열돔(heat dome)이 개영식장을 뒤

폭염에 지쳐 휴식을 취하고 있는 잼버리 참가자들. 자료: 연합뉴스.

덮었고 온열질환자는 당초 50여 명에서 100여 명으로 순식간에 불어났다. 한국일보는 "행사장 한낮 온도가 40도 가까이 치솟으면서 2일 하루에만 400명에 달하는 온열 질환(뜨거운 환경에 장시간 노출될 때 발생하는 급성 질환) 증세자가 속출했다"고 현장 상황을 전했다. 한국일보는 사설에서도 "온열 환자 속출에 준비도 부족했다"면서 "잼버리 중단도 검토해야 한다"고 적었다. "여성가족부와 행정안전부, 지자체까지 관여하는 행사인데 대체 무엇을 준비한 건가"라고 지적하며 "우선 최선을 다해 불편 사항을 해소하고, 극한 환경이 이어지면 대회 중단까지 열어놓고 검토해야 한다"고 주장했다.

행사 마감 후에도 후폭풍이 일었다. 정부가 예산 70%가량을 삭감하는 '새만금 개발 재검토'를 발표하면서 전북도와 더불어민주당은 이를 '보복성 삭감'으로 규정해 반발했다. 잼버리 파행의 책임을 놓고 여당 의원들은 대회 개최지인 전북도를, 야당 의원들은 정부 부처로 구성된 조직위를 비판하면서 '네 탓' 공방이 가열됐다. 한국일보는 '정부도 지자체도, 여도 야도 "네 탓"이라는 잼버리 파행'이라며 "네 탓 공방만 하고 있으니 기가 찰 노릇이다"라고 지적했다. 사설에서도 "늦었지만 한덕수 총리가 '정부가 진행을 책임지겠다'고 나서며 다소나마 정상화 국면에 접어든 건 다행"이라고 진단한 뒤 "폐막 전까지 손상된 국격을 조금이나마 회복하는 데 혼신의 힘을 다해야 할 것"이라고 적었다.

### 제4회 기획취재 공모전… '꿀벌 집단 실종과 네오닉계 농약' 등

귀임한 정상원 워싱턴 특파원을 9월 4일 뉴스룸국 혁신데스크에 임명했다.

한국일보 주최 제4회 기획취재 공모전에서 이원영·김이슬·박지은·정수연(이상 경희대 등)씨의 '약(藥)Q정전: 처방 전쟁'과 조승연·강민정·조벼리·김은송(이상 세명대 저널리즘대학원)씨의 '꿀벌 집단 실종과 네오닉계 농약'이 공동 우수상을 수상했다. 한국일보는 9월 6일 본사에서 시상식을 갖고 우수상에 각 300만 원의 상금을 수여했다.

'약(藥)Q정전: 처방 전쟁'은 병원에서 처방하는 특정 약품을 구하기 위해 환자가 이리저

승명호 한국일보 회장이 11월 2일 서울 용산구 드래곤시티호텔 한라룸에서 열린 '2023 코라시아 포럼'에서 개회를 선언하고 있다

리 발품을 파는가 하면 비용도 더 투입해야 하는 상황을 현실감 있게 지적했다. 특히 반대 의견을 가진 측의 주장과 논리도 충분히 담아냄으로써 균형감을 더했다. 또 '꿀벌 집단 실종과 네오닉계 농약'은 2022년 초부터 시작된 꿀벌 수 급감 현상과 네오닉계 농약 성분이 국내 강과 지하수에서 검출되는 상황 등을 종합해 우리나라에서 간과되고 있는 농약 사용의 문제점을 지적한 점이 돋보였다. 당선작은 9월 9일부터 한국일보 뉴스페이지와 지면을 통해 차례로 게재됐다.

한국일보가 주최한 2023 코라시아 포럼이 11월 2일 서울 드래곤시티호텔 한라홀에서 '재편되는 세계 경제, 한국의 생존전략은'이라는 주제로 진행됐다. 포럼에 참가한 경제·외교 전문가들은 "한국의 강점인 제조업과 첨단산업에서의 압도적 경쟁력을 토대로 세계 전체의 파트너가 돼야 한다"고 입을 모았다. 이를 위해 ▲반도체 ▲2차 전지 ▲방위산업을 비롯한 주력산업 분야에서 위기를 헤쳐 나갈 잠재력을 충분히 갖춰야 한다고 강조했다.

한국의 생존전략을 모색하고자 브라이언 디스 전 미국 국가경제위원회(NEC) 위원장, 위성락 전 주러시아 대사, 전병서 중국경제금융연구소장, 안덕근 산업통상자원부 통상교섭본부장, 마에카와 나오유키 일본무역진흥기구(JETRO) 서울사무소장 등이 대담과 발표에 나섰다. 선양국 한양대 에너지공학과 교수와 서정인 전 주아세안 대사, 김정곤 대외경제정책연구원(KIEP) 연구위원, 김수완 한국외대 중동이슬람전략 교수, 강은호 전 방위사업청장, 양향자 한국의희망 대표, 박재근 한국반도체디스플레이기술학회장 등 각계 전문가도 함께했다.

참석자들은 한국이 위기를 헤쳐 나가기 위해 강점을 발휘할 수 있는 분야에 집중하라고 조언했다. 또 미국과 중국 이외 지역으로 시장을 넓히는 것 또한 시급하다고도 지적했다. 무엇보다 한국의 주력 수출 분야에서 압도적 경쟁력을 갖추는 것이 관건이라고 강조했다. 승명호 한국일보 회장은 "오늘 제기된 문제와 해법은 정파와 이념을 뛰어넘는 현실적 외교 전략의 토대가 될 것"이라고 평가했다.

### 69년 만의 새 도약… 한국일보 '용산 시대' 첫 발걸음

'한국일보그룹 사옥 기공식'이 11월 17일 오전 10시 서울 용산구 갈월동 신사옥 예정 부지에서 열렸다. 기공식에는 승명호 한국일보·코리아타임스 회장, 승지수 동화기업 부회장, 이성철 한국일보 사장, 오영진 코리아타임스 사장, 채광병 동화기업 사장, 이시준 동화일렉트로라이트 사장이 참석했다. 또 용산을 지역구로 둔 권영세 국민의힘 의원, 오천진 서울 용산구의회 의장, 민영학 CJ대한통운 건설부문 대표, 민성진 S㎞ 설계사무소 대표, 김세연 삼우CM 부사장 등 80여 명의 내·외빈이 참석했다. CJ대한통운이 시공을 맡아 2027년 1월 15일까지 마무리한다는 계획이었다.

새 사옥 건립은 뉴미디어 시대 한국일보의 새로운 방향성을 제시하는 중대한 신호로 평

2023년

# 한국일보 그룹 사옥 기공식

한국일보 사옥 기공식이 11월 17일 서울 용산구 갈월동 한국일보 신사옥 예정 부지에서 진행되고 있다. 왼쪽부터 오영진 코리아타임스 사장, 이성철 한국일보 사장, 승지수 동화기업 부회장, 승명호 한국일보·코리아타임스 회장, 권영세 국민의힘 의원, 민영학 CJ대한통운 대표, 민성진 Skm 대표. 오른쪽 사진은 조감도.

가됐다. 승명호 회장도 기념사에서 "적합한 부지를 찾느라 어려움도 있었지만 새 정부가 자리를 마련한 용산에 한국일보 역시 새로운 사옥을 갖게 됐다"며 "한국일보는 한국 대표 중도 정론지로서 공정하고 시시비비를 가리며 사회 갈등을 치유하는 나침반으로 한 걸음 나아갈 것"이라고 강조했다. 각계 인사들도 덕담을 건넸다. 권영세 의원은 "한국일보의 용산 입성을 진심으로 환영하고 축하한다"며 "한국일보가 부단히 변화하고 혁신하면서 균형 잡힌 시선으로 대한민국 언론의 새로운 이정표를 세우길 기대한다"고 당부했다. 참석자들은 행사 후 착공을 기념하는 테이프 커팅식과 첫 삽을 뜨며 용산 시대의 개막을 알렸다.

이날 공개된 완공 후 신사옥의 면면도 참가자들을 놀라게 했다. 건물 외관은 한국일보의 정체성을 담아 '미래형 녹색 파사드'(Futuristic Green Facade)를 표방했는데, 이는 아난티클럽 서울 등을 지은 민성진 건축가가 대표로 있는 Skm 설계사무소의 디자인 설계 작품이었다. 다양한 녹색 잎과 나무가 모여 하나의 숲을 이루듯, 신사옥도 멀리에서 봤을 때 큰 나무처럼 보이게 한다는 의도였다. '다양한 관점이 모여 균형된 언론사로서 존재한다'는 한국일보의 중도 정론 철학이 기반이 됐다. 편안함과 심리적 믿음을 주는 짙은 녹색의 장점을 살려 도시 미관을 증진하는 효과도 디자인에 녹여졌다.

깊은 의미의 설계와 함께 신사옥의 규모도 공개됐다. 지상 20층, 지하 7층 규모여서 최고 높이 100m에 이르지만 디자인적 심미성과 내부 평면 및 공간 활용성을 극대화하기 위해 '중정(아뜨리움·건물 내부의 넓은 뜰)' 건축개념이 적용됐다. 지상층 임대 영역을 최대화하고 지하공간을 적극 활용해 164명을 수용할 수 있는 대강당과 100명 수용이 가능한 식당도 들어설 수 있도록 공간 배치가 이뤄졌다.

한국일보 노사가 총급여를 3% 인상하고 자녀학자금과 출산 경조금을 확대하는 2023년 임금 및 단체협약안에 합의했다. 노사는 11월 29일 임·단협을 체결하고 법정 수당과 기본급을 포함한 총급여를 3% 인상하기로 했다. 임·단협 체결 후 2023년 임금의 소급분을 12

월 급여와 함께 지급했다. 별도 수당인 취재비도 평균 5만 원씩 올렸고, 내근 사원들의 식대 보조금도 상향 조정됐다. 단, 취재비와 식대 보조금은 2024년 1월부터 적용됐다.

아울러 대학 학자금은 두 자녀까지 지원을 확대했다. 첫째 자녀는 학기당 260만 원, 둘째는 130만 원을 새로 지급하기로 했다. 2021년 도입된 출산 경조금은 20만 원에서 100만 원으로 올랐다. 10년 근속 휴가는 5일에서 7일로 늘었는데, 분할해서 사용하진 못하도록 했다. 또 2024년 건강검진부터 '검진 시 유급 반차'를 도입했다.

외부 여건 악화에도 원가절감과 새로운 수익사업 창출로 한국일보는 2023년 소폭 흑자를 기록할 수 있었다. 전국언론노조 한국일보지부는 "사측이 어려운 시기에도 임금을 비교적 크게 양보했다"고 평가했다.

플랫폼서비스팀은 다양한 온라인 서비스에 활용할 수 있는 '한국일보 새해 연하장 카드'를 제작해 12월 29일 그린넷을 통해 배포했다.

### 달라진 지면, 쏟아진 특종

2022년 말 단행된 대표 교체 등이 주효하면서 경쟁 매체를 압도하는 특종이 연중 쏟아졌다. 〈무법지대 코인 리포트〉(사회부 이성원·조소진, 디지털컨버전스팀 박인혜·오준식·한규민)가 제393회(2023년 5월) 이달의 기자상 기획보도 신문·통신부문을 수상한데 이어, 〈사라진 마을: 오버투어리즘의 습격〉(엑설런스랩)이 제396회(2023년 8월) 이달의 기자상 기획보도 신문·통신부문을 수상했다. 과거 관광객의 홍수로 고통받는 지역사회의 보도는 적지 않았으나, 이 보도의 경우 등기부 등본과 과거 부동산 관련 통계와 200여 명이 넘는 관계자 인터뷰, 해외 현지 취재와 국내 전문가를 대동한 현장 소음 측정 등 다각적인 심층 데이터를 축적하는 새로운 모델을 제시했다는 점에서 높은 평가를 받았다.

〈출구 없는 사회적 공해 악취〉(미래기술탐사부 윤현종·이현주·오지혜, DB컨텐츠팀 박서영, 디지털미디어부 박인혜)가 제398회(2023년 10월) 이달의 기자상 기획보도 신문·통신부문을 수상했다. 이 보도는 심사위원들로부터 "수상작으로 선정되기까지 별다른 이견이 없었다"는 호평을 받았다. 무심코 지나칠 수도 있는 소재를 대형 기획으로 의제화하면서 적절한 재미까지 빼먹지 않았다. 악취를 '환경오염'으로만 보지 않고 주민 간 갈등을 유발하는 '사회적 공해'로 확장해 해석한 것도 좋은 평가를 받았다.

〈미씽, 사라진 당신을 찾아서〉(강윤주·이성원·박지영 기자, 박고은 영상PD, 박인혜 기획자)가 제397회(2023년 9월) 이달의 기자상 기획보도 신문·통신부문과 2023년도 관훈언론상(제41회) 저널리즘 혁신 부문을 동시에 수상했다. 제21회 한국여성기자상 혁신 부문도 수상했다.

치매 노인 문제를 GPS 동선 데이터를 활용해 분석하고, 간접 체험 인터랙티브 등을 선보인 것도 눈길을 끌었다. 심사위원들로부터는 "고령화 시대 '치매 실종'의 심각성을 다각적

## 용산사옥 착공까지의 과정

한국일보가 첫 전성기를 맞은 1960~1970년대 종로구 중학동 14번지의 '중학동 사옥'은 당시 최고의 입지를 자랑했다. 권력 핵심 청와대와 인접한 데다가 글로벌 질서의 중심인 미국의 주한 대사관과 지근(至近)거리였다. 자금난에 빠진 구 체제 한국일보가 한때 사옥 재개발로 회생을 모색할 수 있었던 것도 그 때문이었다.

그런 의미에서 2023년 가을 착공에 들어간 용산 사옥은 한국일보 제2도약의 최적 입지였다. 중학동 사옥처럼 용산 대통령실과 2026년 들어설 예정이던 미국대사관과도 가까웠다. 주요 언론매체 가운데 입지 경쟁력 측면에서 용산에 사옥을 둔 한국일보에 필적할 만한 곳은 단 한군데도 없었다.

권력과 글로벌 여론의 중심이 광화문에서 용산으로 이동하는 시기를 한국일보가 제때 포착한 비결은 뭘까. 재창간 때부터 장기적 관점에서 사옥을 물색한 승명호 회장의 전략적 판단이 가장 컸다. 최고경영자(CEO)의 전략을 신속·유연하면서도 끈질기게 집행한 참모들의 도움도 '사옥 프로젝트'의 효율성을 높였다.

'사옥 프로젝트'는 재창간 직후부터 이뤄졌다. 2017년 6월, CEO 메시지가 한국일보 그룹 한윤상 고문에게 전달됐다. 부지 물색에 나선 한 고문은 미 대사관 용산 이전 정보를 입수하고 탐색 범위도 용산으로 좁혔다.

그러나 적정 부지를 찾기 힘들었다. 용산 일대는 대부분 주거지역이어서 빌딩을 지을 상업지역이 드물었다. 수차례 답사와 일대 부동산 업계와의 협의 끝에 K관광호텔(현재 용산 사옥)을 최종 후보지로 선정, 인수작업에 들어갔다. 한 고문의 입지 선정에 대해 당시 한국일보 이준희 사장도 "아주 좋은 위치"라며 적극 매입을 주문한 것으로 알려졌다.

K관광호텔 매입은 2017년 10월 계약서 서명단계까지 이르렀으나, 돌발 변수로 좌초됐다. 용산지역 부동산의 추가 상승 가능성을 내세운 자녀들의 만류로 소유주가 계약 전날 매각 철회를 통보했다.

돌발 상황에 대응, 승 회장은 대체 부동산 매입을 지시했다. 한 고문은 2017년 말 조성된 트럼프와 김정은 사이의 북미 대결 가능성에 불안감을 느낀 재일교포가 서소문 정안빌딩을 시세보다 100억 원가량 낮게 급매물로 내놓은 사실을 확인했다. 오랜 기간 안보분야 전문가로 활약한 덕분에 북미 대결 가능성이 없다는 걸 확신한 그는 계약금을 파격적으로 많이 주는 방식으로 매입 경쟁에 나선 국내 굴지의 부동산 재벌을 따돌리고 2018년 3월 빌딩매입을 마무리했다. 정안빌딩 매입과 관련해서는 당시 이성철 편집국장이 한 고문과 협력했다.

한국일보 신사옥 건설 과정에서 한때 매입한 서소문 정안빌딩.

이후 정안빌딩에 터를 잡는 '한국일보 서소문 시대' 작업이 추진됐으나, 몇 개월 만에 화살표는 다시 용산으로 향했다. 한국일보·코리아타임스를 모두 수용하기에는 정안빌딩이 협소했고, 건물 재정비 비용도 예상을 뛰어넘었다. 승 회장은 K관광호텔과의 재접촉을 지시했다. 한 고문은 매입가보다 90억 원가량 많은 가격으로 2019년 6월 정안빌딩을 삼성자산운용에 매각하는 한편, 3개월 뒤에는 K관광호텔 소유주 설득에도 성공했다.

K관광호텔을 고비로 한국일보 용산시대를 위한 부지매입은 마지막 단계만 남기게 됐다. K관광호텔 입지상 한강대로에 걸친 면적이 적어 서울시 청소년미디어센터나 인근 서조빌딩 추가 매입이 필요했다. 매입 협상에서 서울시는 실무자들이 강력하게 반대했고, 서조빌딩도 당초 호의적이지 않았다. 그러나 언론사의 공익적 기능을 호소한 것이 주효해 서조빌딩 소유주와 2020년 3월 매매계약을 체결, 사옥부지(대지 572평) 전체를 확보하게 됐다.

정면에는 용산공원, 오른쪽으로는 대통령실(2027년 현재), 왼편으로는 미국대사관을 조망하는 위치에 지상 20층·지하 7층의 사옥이 들어서게 된 건, 제대로 된 사옥을 다시 갖춰야 한다는 CEO의 의지와 구성원 모두의 단합이 어우러졌기 때문이다.

인 접근으로 드러낸 기사"라는 호평을 받았다. 경찰에 신고된 치매 실종 노인 전수를 추리고, 기자들의 발품으로 만들어낸 인터뷰를 토대로 그들의 실종 보고서를 만들어냈는데, 특히 기사만이 아니라 영상과 인터랙티브 페이지에 공들이며 독자에게 다가섰다.

〈K 스포츠의 추락, J 스포츠의 비상〉(엑설런스랩 유대근·박준석·송주용, 스포츠부 김지섭)이 제399회(2023년 11월) 이달의 기자상 기획보도 신문·통신부문을 수상했다.

평생직장 한국일보에서 일과 생활의 보람을 함께 추구했던 분들의 정년 퇴임이 이어지는 한편, 새로운 인재의 입사도 이어졌다. 〈정년퇴임〉 ▲3월 30일 오대근 부장(뉴스룸국 멀티디미어부) ▲3월 30일 강충식 부장(AD전략본부 AD지원팀) ▲7월 25일 김태수 부장(경영지원실 경영지원부문) ▲8월 30일 유병주 부국장(신문국 신문부문) ▲8월 30일 최수학 부국장(뉴스룸국 사회부 전국팀) ▲10월 31일 이창선 부국장(신문국) 〈신규 입사〉 ▲김진영(2월) ▲권세영 이정재(7월) ▲김명식 박도현 김유정 김태영(견습사원·8월 1일부) ▲권정현 김나연 김태연 전유진 최현빈 박시몬 정다빈(견습사원·8월 7일부) ▲김대용(10월) ▲위용성(11월)

중고차 매매단지를 운영하는, 한국일보 그룹의 엠파크가 11월 3일 경기 포천시에 위치한 몽베르CC(36홀) 매입·매각 계약을 대유위니아와 체결했다. 몽베르CC는 대중제와 회원제가 결합된 36홀 골프장이었다. 12월 13일에는 승명호 회장 등이 참석한 가운데 몽베르CC 클럽하우스

한국일보의 대외협력 인프라 확충의 일환으로 엠파크가 매입한 몽베르CC.

에서 비전 선포식을 진행했다. 승 회장은 "천혜 자연, 산정호수가 있는 다시 오고 싶은 골프장을 만들고자 한다"며 "2년 내 경기 북부 명품 골프장으로 만들 것"이라고 말했다.

## 2024년

무릎에 상처가 있는 사람이 삶을 제대로 사는 사람이다.
무릎을 깨뜨려가면서 우리는 성장해간다. — 승명호 회장

**한국일보 창간 70주년의 해… 미래·세계·행복**

한국일보가 창간 70주년을 맞는 2024년 갑진년 한 해 키워드로 미래·세계·행복 세 단어를 제시했다. 한국일보는 1월 1일자 1면 사고 '창간 70주년 인사를 드립니다'에서 "한국일보가 올해 창간 70년을 맞는다"면서 "미래를 예측·진단하고, 글로벌 트렌드를 점검하며, 일상의 행복과 만족도를 높이는 다양한 심층 기획 및 행사를 연중 진행할 예정"이라며 이같이 밝혔다.

먼저 인공지능(AI)의 시대를 맞아 실리콘밸리와 유럽 등 지구촌 자체 취재망과 글로벌 석학의 지식을 융합한 심층 기획을 준비했다. 아울러 5월에는 국내 최고 전문가들이 참여해 AI·인공인간 경쟁력과 발전방안을 토론하는 한국 포럼을 개최했다.

6월엔 새로운 한일관계를 위한 심층 기획과 함께 본지 제휴 매체인 일본 요미우리신문과 대규모 공동여론조사를 실시할 계획이었다. 그리고 11월에는 매년 진행해온 코라시아 포럼을 처음으로 해외에서 개최하고 세계 지형의 분수령이 될 미국 대통령선거를 맞아 맞춤형 기획도 선보이겠다고 소개했다.

특별 공연 및 탐방·공모전도 계획에 포함됐다. 수준 높은 클래식 및 크로스오버 무대가 7월에 맞춰졌고, '한국문학상' '한국출판문화상' '신춘문예' 등 반세기 넘게 이어져온 각종 문화상들도 성황리에 진행됐다. 특히 문인들에 대한 애정과 감사를 담아 '문학인의 밤' 행사도 준비했다.

한국일보 칼럼니스트들이 독자들과 직접 대면하는 '인문교양' 행사도 분기별로 준비됐다. '고고학기행'을 연재 중이던 배기동 전 국립중앙박물관장 등 외부 필진들이 재능기부에 동참했다. MZ세대 감성을 담아, 한류의 주역으로 부상 중이던 웹툰 분야에 대한 아마추어 작가 공모전도 창간 70주년 행사에 포함됐다.

코로나19 기간 주춤했던 거북이마라톤도 창간 70주년에 맞춰 재미와 건강, 의미를 갖춘 포맷으로 업그레이드됐다.

## <신년 기획> '여야 동시 심판론' 22%가 총선 가른다·개소리꾼 등

한국일보 신년호는 총선(4월 10일)을 앞둔 민심을 머리기사로 전했다. 한국일보는 "4월 총선에서 정부 여당과 야당을 심판하겠다는 민심이 과반에 육박하며 팽팽하게 맞서는 것으로 나타났다"면서 "관건은 아직 마음을 굳히지 않은 나머지 절반의 표심"이라고 보도했다. 특히 "여야 모두에게 경고하는 이른바 '동시 심판론자'(22%)의 마음을 어느 정당이 사로잡느냐가 총선의 최대 승부처"라고 전망했다.

2024년 정국을 분석한 한국일보 신년호 1면.

아울러 1면 사진에는 국회 앞에 펼쳐진 무지개색 '협치의 길' 모습을 담았다. 국민의힘부터 기본소득당까지 각 정당의 대표 색상을 LED 조명으로 그래픽화한 길이다. 한국일보는 사진 설명에서 "작년 정치권은 대통령의 장관 임명 강행과 연이은 거부권 행사, 야권 단독 법안 통과 등 타협 없는 대치 일변이었다"며 "변화의 의미를 지닌 청룡의 해를 맞아 새해에는 국민을 위해 화합하는 국회가 되기를 바란다"고 적었다.

세계 곳곳에서 현지인의 입맛을 사로잡는 한국 음식의 활약상을 전하는 '지구촌 식탁 파고드는 K푸드' 신년기획도 눈길을 끌었다. 1편은 일본 제품을 제친 돈코츠 라면, 찰기 없는 볶음밥 등 미국의 대중음식이 되고 있는 한국 음식을 소개하면서 2022년 9월 미국 뉴욕 맨해튼에 문을 연 퓨전 식당 'KJUN'을 현지 취재했다. 또 팝콘이나 피자에 묵은지 가루를 뿌려 먹는 '미국인이 김치를 즐기는 법' '고르는 맛으로 미국을 홀린 K베이커리' '선한 영향력으로 미국을 노크하는 할인 혜택' 등이 연이어 게재됐다.

2일자엔 '팩트가 증오를 이긴다' 시리즈가 시작됐다. 한국일보는 시리즈에서 한국 정치의 퇴행을 부추기는 가장 큰 문제로 '진실을 외면한 정치인들의 발언'을 꼽았다. 또 정치의 양극화와 팬덤을 등에 업고 ▲노골적 거짓말은 물론 ▲단순 팩트체크도 하지 않은 허위 정보 ▲다른 사람의 의도를 왜곡한 발언 ▲과장된 말 ▲거짓에 가깝지만 진실이 조금 섞인 발언이 온오프라인 담론을 뒤덮고 있다고 지적했다. 그러면서 프랭크퍼트 미국 프린스턴대 명예교수의 저서 '개소리에 대하여'(2005년)를 인용해 진실에 신경 쓰지 않고 사회를 혼탁하게 만드는 이들을 '개소리꾼'으로 칭했다.

특히 총선의 해인 2024년엔 정치 진영 간 적개심을 자극하는 허위정보가 기승을 부릴 것으로 전망하고 "언론 본연의 팩트체크 기능을 강화해 정치인들의 발언과 의혹 제기를 철저하게 검증 보도할 것"이라고 약속했다.

2024년 한국일보 신춘문예 5개 부문 당선자가 선정됐다. 시상식은 1월 11일 연세세브란스빌딩 대회의실에서 열렸다. 부문별 당선작은 ▲시 'take'(김유수) ▲소설 '말을 하자면'(김영은) ▲동시 '산타와 망태'(임종철) ▲동화 '후드 지온'(신나라) ▲희곡 '위대한 무사고'(윤성민)

### 이성철 사장 "중도 표심이 좌우할 선거… 한국일보가 빛을 발할 시간"

1월 2일 이재명 더불어민주당 대표가 피습당했다. 이 대표는 당시 부산 가덕도 신공항 부지 방문 일정을 마친 뒤 취재진과 지지자에 둘러싸인 상태였다. 구급차에 실려 부산대병원에서 응급치료를 받은 이 대표는 헬기 편으로 다시 서울대병원으로 옮겨져 수술을 받았다. 1957년생 남성인 피의자는 현장에서 체포돼 부산 강서경찰서로 이송됐다. 3주 뒤인 1월 25일에는 배현진 국민의힘 의원이 중학생의 둔기에 무차별 폭행을 당했다.

한국일보는 사설에서 "민주주의에 대한 테러"라고 규정했다. 극단 세력의 발호를 부추기게 된 배경에 대해선 정치권의 맹성을 촉구했다. "진영에 매몰된 여야의 극단적 대결 정치와 이에 딸린 증오의 정치 언어들이 맹목적 지지자의 폭력성을 한껏 자극하고 있다는 사실을 감히 부인하지 못할 것"이라고 지적했다.

2024년 한국일보 그룹 시무식이 1월 3일 연세세브란스빌딩 대회의실에서 진행됐다. 이성철 한국일보 사장은 이날 시무식에서 "올해의 최고 이벤트는 선거"라며 "정치가 점점 진영화, 팬덤화로 가면서 오히려 판세는 중도 표심이 좌우할 것으로 예측된다"면서 "이제 한국일보가 빛을 발할 시간이다. 오로지 사실·균형 보도를 통해 '한국일보=중도 표심의 바로미터'란 말이 나오도록 해야 한다"고 밝혔다. 그러면서 "주제도 논리도 제목도 표현도 늘 신중하고 엄격하며 품격 있어야 한다"고 강조했다.

'디지털 혁신'도 거론했다. 이 사장은 "우리의 디지털 여정은 아쉬움이 남는 게 사실"이라

한국일보 임직원들이 1월 3일 서울 연세세브란스빌딩 대회의실에서 진행된 시무식에서 기념 촬영을 하고 있다.

며 "더 고민하고 더 소통하면서 전략과 플랫폼, 콘텐츠의 세 바퀴가 같은 방향으로, 같은 속도로 굴러가게 해야 할 것"이라고 했다.

마지막으로 수익 창출을 위한 노력을 강조했다. 이 사장은 "작더라도 새로운 거래처를 발굴하고, 새로운 사업을 만들어야 한다"면서 "10개 중 7~8은 실패할지 모르고 나머지 두셋도 첫 열매는 실망스러울 수 있지만, 발굴과 탐색을 계속해야 한다"고 설명했다.

아울러, 지난해 가장 의미 있었던 일로는 ▲용산 사옥 착공 ▲이달의 기자상 4개월 연속 수상 등 독보적인 기획 보도를 꼽았다.

### 성황리에 진행된 한국일보 칼럼니스트 초청 오찬 행사

한국일보 칼럼니스트 초청 오찬이 1월 11일과 25일 두 차례에 걸쳐 프레스센터에서 진행됐다.

정승국 고려대 노동대학원 객원교수, 윤석명 한국보건사회연구원 명예연구위원, 이상돈 전 의원, 배기동 전 국립중앙박물관장, 금태섭 전 의원 등 한국일보에 칼럼을 게재

한국일보 칼럼니스트 초청 오찬이 1월 11일 서울 프레스센터 매화홀에서 진행되고 있다.

하는 우리 사회 주요 전문가 70여 명이 참석했다. 참석자들은 외부의 목소리를 소중하게 여기는 한국일보의 진심을 느낄 수 있었다고 평가했다.

한국일보는 1월 6일 기획 '상속 전쟁: 가족의 배신'과 함께 '상속 게임, 쩐의 전쟁'을 동시에 선보였다. 고령화·저성장 '이 시대 마지막 로또'로서 상속 분쟁이 느는 분위기를 기사와 영상뿐만 아니라 게임으로도 전달하자는 취지였다. 도트 그래픽 스타일로 구현된 이 게임은 주인공이 아버지가 돌아가신 후 주민센터에서 재산 조회를 하는 상황에서 시작된다. 조회 결과 수억 원의 빚을 확인했는데, ▲아버지 중고차를 판다 ▲아버지 생전 채무자들에게 빚을 독촉할지 등의 선택을 하면 최종적으로 빚 상속 여부와 관련 정보를 알려주는 방식이다.

한국일보 사내 IT 시스템에 장애가 발생했다. 시스템 장애는 1월 14일(일)부터 시작됐다. 이날 오전부터 사내 와이파이 등 전산망이 마비됐다. 일부에선 사내 유선 인터넷을 이용해 급한 불은 껐지만, 기사 전송은 물론 15일자(월요일) 지면 제작에도 차질을 빚었다.

혼란은 한동안 계속됐다. 외근 기자들은 회사에 들어올 때 IT팀을 찾아 인터넷을 연결해야 했는데, 늦은 시간 회사에 들어오는 야근자들의 경우 어려움을 겪었다. 또 웹모니터링에도 접속하기 어려웠다. 이후 2월 16일에는 사내 보안강화를 위해 임직원 PC에 신규 보안 프로그램을 배포했고, 2월 26일엔 그간 사용에 제약이 있었던 HR·총무 서비스가 정상화됐다. 이로써 급여명세서 확인, 결재시스템 등은 정상적으로 이용할 수 있게 됐다. 다만, 이

메일이나 팀즈 등을 이용할 때 2시간 단위로 로그인을 반복하는 불편은 이어졌다. 또 개인 휴대폰으로 사내 와이파이를 이용할 수 없었다.

### 한국일보 역대 '이달의 기자상' 총 94회

2024년 연초에 맞춰 한국기자협회가 '이달의 기자상' 수상자 관련 통계를 발표했는데, 한국일보는 33년 동안 총 94회를 수상한 것으로 집계됐다. 기자협회에 따르면, 1990년 9월 처음 시상을 한 이후 2023년 12월까지 33년 4개월 만에 400회를 맞았다. 한국일보는 그동안 총 94회 수상했으며, 이는 전국 종합일간지와 경제지, 지역일간지, 통신사를 모두 합쳐 5위에 해당했다. 방송사까지 포함하면 7위였다. 또 강철원 부장은 총 9번을 수상, 전국의 기자들 가운데 개인 최다 부문 공동 9위에 올랐다.

한편, 집계가 끝난 직후인 2024년 1월 제401회 이달의 기자상에는 '서민금융기관의 민낯, 새마을금고의 배신'(기획취재팀)이 경제보도부문을 수상했다. 95번째 수상작이다.

집권 3년차를 맞은 윤석열 대통령의 신년 특별대담 '대통령실을 가다'가 2월 7일 KBS를 통해 방영됐다. 방영 사흘 전 용산 대통령실에서 녹화된 대담은 100분 분량으로 편집돼 중계됐다. 당초 대통령 부인의 명품가방 수수 문제에 대한 윤 대통령의 입장 표명에 관심이 쏠렸다. 한국일보는 8일자 신문에 대담 내용을 1면 헤드라인을 필두로 여러 면에 할애해 보도했다. 특히 윤 대통령이 명품가방 의혹에 "아쉽다"고는 했지만 사과 발언은 하지 않은 점을 짚었다.

정부가 2월 1일 "2025학년도 대입부터 의대 정원을 기존 3,000명대에서 5,000명대로 늘리겠다"고 발표하자, 대한의사협회를 비롯해 전국 의사들이 휴진 등 집단 행동에 나섰다.

한국일보는 2월 20일자 1면에서 전공의들의 무더기 사직으로 인한 진료 대란 소식을 전하면서 "끝내 환자를 버렸다"며 강한 어조로 대한전공의협의회 측을 비판했다. 19일자 사설에서도 "말기암 수술도 연기… 이러면서 국민과 환자 위하는 척하느냐"고 비판했다.

### 한국 광고주협회 회원초청 간담회

한국광고주협회(회장 최선목)가 3월 21일 서울 중구 롯데호텔에서 '한국일보 초청 회원 간담회'를 개최했다.

승명호 한국일보 회장은 인사말을 통해 "한국일보는 언제나 국민의 눈높이에서 균형 잡힌 시선으로 사실을 보도하고자 노력해 왔다"며 "대한민국의 미래를 열어가고 세계를 개척해 가는 우리 기업들을 적극적으로 응원할 것"이라고 화답했다.

간담회에선 이성철 한국일보 사장이 '70년 맞는 한국일보의 어제와 오늘, 그리고 내일'을 주제로 발표했다. 이어 ▲김영화 뉴스룸국장의 '탐사보도 및 뉴스 콘텐츠 생산 방향' ▲김주성 디지털이노베이션부문장의 '디지털 전략 방향과 성과' ▲오영진 코리아타임스 사장의 '코리아타임스 소개 및 미래 비전' 순으로 발표가 진행됐다.

이날 행사에는 이영규 현대차그룹 부사장, 이태길 한화 사장, 홍경선 삼성전자 부사장, 정정욱 LG 전무, 하석 SK수펙스추구협의회 부사장, 금동근 두산 부사장, 김춘식 롯데지주 상무 등 광고주협회 소속 기업 광고·홍보담당 임원과 한국일보·코리아타임스 임원 등 120여 명이 참석했다.

한국일보가 생성형 인공지능(AI)을 취재보도 과정에 활용할 때 필요한 구체적인 기준 '생성형 인공지능 활용 준칙'을 4월 5일 제정했다. 준칙은 전문과 8개조 20개항으로 이뤄졌다. 한국일보는 전문에서 "더 나은 정보 수집과 가공, 소통, 생산성 향상을 위해 생성형 AI를 실험하고 활용할 것"이라며 "인간 기자를 대체하는 것이 아니라 확장하는 도구로서 생성형 AI를 사용할 것을 명확히 한다"고 밝혔다.

준칙은 취재(사실 확인)를 제외한 뉴스 제작 전반에 생성형 AI를 사용할 수 있도록 했다. 하지만 인간의 관여·감독 없이는 AI 생성 뉴스를 보도하지 않는 것을 원칙으로 했다. 또 기자·PD 등 뉴스 제작자가 사실 확인의 책임을 지고, 생성형 AI 활용 범위를 ▲아이디어 추출, 정보 검색 등 기획과 자료 조사 ▲문장이나 이미지 생성, 제목 추출, 요약, 번역 등 뉴스 제작 ▲기사 분류, 연관기사 검색, 오탈자 체크 등 뉴스 제작의 보조적 기능 등으로 제한했다.

한편 한국일보는 이 준칙을 제정하기 위해 2023년 12월부터 뉴스스탠다드실을 중심으로 ▲자료 조사 ▲'생성형 AI 활용 준칙 TF'(뉴스룸국·신문국·노조) 의견 수렴 ▲스탠다드 자문위원 자문 등을 거쳤고, 4월 4일 노사 조인식을 가졌다.

승명호 한국일보 회장이 3월 21일 서울 소공동 롯데호텔에서 열린 한국광고주협회 주최 한국일보 초청 회원간담회에서 인사말을 하고 있다.

### 4·10 총선, 야권 압승… "정권 심판 거셌다"

4월 10일 치러진 제22대 국회의원 선거에서 더불어민주당이 단독 과반을 달성하는 등 범야권이 압도적인 승리를 거뒀다. 한국일보는 11일 1면 기사로 이 소식을 전하며 성난 민심이 '정권 심판'을 택했다고 강조했다.

총선에서 민주당을 포함한 범야권은 180석을 훌쩍 넘겼다. 민주당과 더불어민주연합이 175석을 확보했고 범야권으로 분류되는 조국혁신당(12석)과 새로운미래(1석), 진보당(1석)까지 합하면 총 189석에 달했다. 특히 조국 전 장관의 조국혁신당은 비례대표로 12석을 확보, 창당 38일 만에 '원내 3당'으로 급부상했다. 반면 여당인 국민의힘은 '현상 유지'에 가까운 108석으로 개헌과 대통령 탄핵 저지선은 지켜냈다.

한국일보는 사설에서 "민심은 정권을 무섭게 심판했다"고 적었다. 사설은 "31.3%에 달하는 역대 최고 사전투표율이나 32년 만의 총선 최고 투표율(67%)에서 드러났듯 정부 견제를 위한 야권 지지 열기가 강하게 작용했다"면서 "윤 대통령은 임기 내내 여소야대에서 벗어나지 못하는 첫 사례가 된 현실을 직시하고 전면적인 국정 기조 쇄신에 나서야 한다"고 강조했다.

### 제3회 메디힐·한국일보 챔피언십… '초대 챔피언' 박지영, 2년 만에 다시 우승

박지영이 제3회 한국여자프로골프(KLPGA) 투어 메디힐·한국일보 챔피언십에서 우승했다. 대회 초대 챔피언(2022년 경기 여주 페럼클럽)이기도 한 박지영은 2년 만에 다시 우승했다.

4월 11일~14일 인천 영종도 클럽72에서 진행된 3회 대회는 총상금 10억 원으로 2024 시즌 투어 초반 판세를 좌우할 특급 대회로 꼽혔다. 메디힐·한국일보 챔피언십은 엘앤피코스메틱의 마스크팩 브랜드 메디힐과 한국일보가 공동 주최하고 KLPGA가 주관, 동화기업이 후원하는 대회였다.

박지영은 대회 마지막 날인 14일 최종 4라운드에서 버디 6개, 보기 1개를 묶어 5언더파 67타를 적어냈다. 최종 합계 22언더파 266타 압도적인 성적으로, 2위 정윤지(16언더파 272타)를 6타 차로 여유 있게 제치고 정상에 올랐다. 72홀 266타(22언더파)는 당시까지 KLPGA 투어 역대 2번째로 적은 타수 우승이었다. 이 부문 최소 기록은 2020년 유해란과 2012년 김하늘이 작성한 265타(23언더파)였다.

동료 선수들로부터 축하의 물세례를 받고 있는 박지영 선수.

# 한국일보 사람들 [2024년 현재 재직]

**이준희**
(1956~)

서울생. 양정고, 연세대. 사회부장, 편집국장, 주필, 사장, 고문. 백상기자대상(금상·89년), 한국기자상(89년), 삼성언론상(12년), 참언론인대상(08년), 연세언론인상(14년).

**이영성**
(1960~)

전북 남원생. 전주고, 서울대, 서울대 대학원. 정치부장, 편집국장, 편집인 겸 부사장, 사장, 발행인, 고문. 저서 〈시대정신 대토론〉 〈외눈박이 시대의 외눈박이 기자〉.

**신복현**
(1964~)

서울생. 광주제일고, 전남대. 마케팅1부장, 마케팅국장직대, 부국장. 백상공로대상(동상·97년), 신문협회상(11년).

**장인철**
(1964~)

충북 보은생. 충북고, 연세대. 외교부·재정경제부 출입, 뉴욕 특파원, 수석논설위원. 백상기자대상(금상·98년, 99년).

**손용석**
(1965~)

전남 곡성생. 진흥고, 중앙대. 멀티미디어부장, AD전략본부장, 마케팅본부장. 한국기자상(00년).

**이성철**
(1965~)

서울생. 서울사대부고, 서울대, 서울대 대학원. 경제부장, 편집국장, 대표이사 사장.

**전승호**
(1965~)

서울생. 한성고, 숭실대. AD1부장, 광고국장직대, 독자마케팅국장. 백상공로대상(금상·12년) Achievements Award(High·17년).

**전준호**
(1965~)

대구생. 능인고, 고려대. 대구경북취재본부장. 저서 〈경주가 실크로드 도시라고?〉.

**최진환**
(1965~)

전북 진안생. 전주 영생고, 서울대, 서울대대학원. 문화부장, 대외전략실장. 백상기자대상(금상·09년), Achievements Award(High·17년).

**최형철**
(1965~)

경남 고성생. 고성고, 경희대, 중국 칭화대 연수. 스포츠부장, 문화사업단장, 신문에디터. 저서 〈박물관속의 한국사〉 〈한국을 빛낸 스포츠영웅들〉.

**배계규**
(1966~)

대구생. 경북대 신방과, 공주전문대 만화예술과. 95년 한국일보 입사. 국장석 화백으로 〈배계규의 그림세상〉, 한국일보 시사만화 〈한국만평〉 〈배계규의 이 사람〉 등 연재.

**왕태석**
(1966~)

부산생. 해동고, 중앙대. 멀티미디어부장. 백상기자대상(동상·08년), 이달의 기자상 4회.

**우성태**
(1966~)

경북 상주생. 대광고, 고려대. 기획부장, 기획관리부장, 광고기획팀장.

**이동렬**
(1966~)

경남 창녕생. 창원남고, 경남대 신방과, 경남대 언론홍보학 석사. 부울경취재본부장. 백상기자대상(금상·98년), 한국일보 우수상(우수성과·23년).

**이범구**
(1966~)

경기 하남생. 성남 풍생고, 고려대 영문과. 경인본부장. 저서 〈가족과 함께 떠나는 유럽 배낭여행〉.

**이태규**
(1966~)

충북 청주생. 청주고, 고려대, 컬럼비아대 연수. 워싱턴 특파원, 사회부장, 정치부장, 뉴스룸국장, 논설위원실장. 한국기자상(취재보도·03년), 백상기자대상(금상·04년).

**정진황**
(1966~)

경남 마산생. 경상고, 서울대, 워싱턴대 연수. 정치부장, 신문국장, 뉴스룸국장, 논설위원. 백상기자대상(은상·98년).

**한창만**
(1966~)

부산생. 부산 중앙고, 부산대, 게이오대 연수. 도쿄 특파원, 논설위원, 지역사회부장, 지식콘텐츠실장. 한국일보 우수상(우수성과·16년).

김대훈
(1967~)
서울생. 대신고, 홍익대. 그래픽뉴스부장. 백상기자대상(동상·11년).

김도상
(1967~)
부산생. 성도고, 부산대. 부장. 이달의 편집상(24년).

김범수
(1967~)
경남 마산생. 창원고, 서울대. 도쿄 특파원, 문화부장, 신문에디터. 백상공로대상(특별상·00년).

박철우
(1967~)
서울생. 구로고, 방송통신대. AD2부장, AD영업관리팀장. 백상공로대상(은상·99년), Achievements Award(High·17년).

성선경
(1967~)
경남 창녕생. 인창고, 중앙대. AD1부장, 비즈프로모션부문장. 백상공로대상(동상·06년, 금상·12년).

한덕동
(1967~)
충북 청주생. 신흥고, 고려대. 충청강원취재본부장.

권동형
(1968~)
강원 태백생. 황지고, 단국대, 서강대대학원. 경영지원실장, 미디어사업군 운영총괄, 미디어사업군 혁신총괄.

정영오
(1968~)
서울생. 명지고, 연세대, 하버드대 연수. AD전략국장, 논설위원. 한국언론대상(99년), 백상공로대상(특별상·00년).

조철환
(1968~)
경기 김포생. 서울대, 서울대대학원, 조지워싱턴대 연수. 워싱턴 특파원, 국제부장, 뉴스3부문장, 창간70주년 기획단장. 백상기자대상(금상·13년), Journalists Award(Great·15년).

**최연진**
(1968~)

서울생. 건국대,연세대대학원. 산업부장, 디지털뉴스부장, 디지털콘텐츠국장, 에디터, IT전문기자 겸 스타트업랩장. 씨티은행 대한민국언론인상, 장애인먼저실천운동본부 좋은기사상, 쉬운우리말기자상 등. 저서 〈크로아티아 랩소디〉.

**이 직**
(1969~)

서울생. 숭실고, 서강대. 종합편집부장, 신문부문장. Journalists Award(Best·15년) Journalists Award(Great·16년).

**김희원**
(1970~)

서울생. 서울대, 서강대(석사). 사회부장, 문화부장, 기획취재부장, 논설위원, 뉴스스탠다드실장. 백상기자대상(00년·06년), 과학기자상(06년), 한국여성기자상(07년), 대한민국과학문화상(07년).

**라제기**
(1970~)

전북 전주생. 전주고, 전북대, 고려대 대학원, 서식스대 대학원. 문화부장, 신문에디터, 영화전문기자. 올해의 영화기자상(12년), 백상기자대상(동상·14년). 저서 〈질문하는 영화들〉 〈말을 거는 영화들〉.

**이성원**
(1970~)

서울생. 고려고, 고려대, 페어리디킨스대 연수. 문화스포츠부장, 신문에디터, 마케팅기획실장.

**이영태**
(1970~)

서울생. 배재고, 연세대, 조지타운대 연수. 경제부장, 정책사회부장, 디지털콘텐츠국장, 뉴스룸국장, 논설위원.

**박서강**
(1971~)

전북 전주생. 동암고, 연세대, 미주리주립대 연수. 멀티미디어부장, 기획영상부장. 백상기자대상(은상·99년), 한국기자상 2회(06년, 16년). Journalists Award(great·17년).

**박석원**
(1971~)

서울생. 세화고, 중앙대 신방대학원, 일본게이오대 연수. 도쿄 특파원, 정치부 차장, 지역사회부장, 국제부장, 논설위원. 백상기자대상(은상·14년).

**박일근**
(1971~)

서울생. 경기고, 서울대, 뉴욕주립대 석사, 조지아대 연수. 베이징 특파원, 경제산업부장, 신문국장, 논설위원. 이달의기자상 2회(96년, 98년), 올해의 좋은 신문기획상(09년), 씨티 대한민국 언론인상 경제부문 으뜸상(10년).

**송정근**
(1971~)

경기 과천생. 대천고, 경원대. 그래픽뉴스부장.

**양정대**
(1971~)

전남 화순생. 동신고, 서울대. 베이징 특파원, 국제부장, 논설위원, 신문에디터. 백상기자대상(금상·00년) Journalists Award(Great·15년).

**이제환**
(1971~)

서울생. 경문고, 단국대. 디지털마케팅팀장, AD마케팅부문장. 백상공로대상(금상·09년), Achievements Award(High·17년).

**이탁희**
(1971~)

경기 파주생. 세경고, 서경대, 고려대 대학원, 한양사이버대학원. IT팀장, 플랫폼개발부문장.

**한준규**
(1971~)

대전생. 문일고, 연세대. 산업부장, 신문에디터, 정책사회부장, 뉴스2부문장.

**고찬유**
(1972~)

고려대, 노스캐롤라이나대 연수. 자카르타 특파원, 경제부장. 이달의 기자상 5회, Journalists Award(Best·19년). Q저널리즘 특별상(23년). 저서 〈거룩한 땅에 슈끄리아〉.

**송용창**
(1972~)

경남 마산생. 창신고, 서울대, 노스캐롤라이나대 연수. 워싱턴 특파원, 문화부장, 뉴스1부문장. 백상기자대상(은상·14년).

**이왕구**
(1972~)

서울생. 중동고, 성균관대, 노스캐롤라이나대 연수. 정책사회부장, 논설위원, 문화부장, 지역사회부장.

**정상원**
(1972~)

전남 여수생. 여수고, 고려대, 고려대 대학원. 워싱턴 특파원, 혁신데스크, 국제부장. Value Award(15년).

**김영신**
(1973~)

대원외고, 고려대. 디지털뉴스부 뉴스운영팀장. 동그람이 대표, 컬쳐비즈부문장.

**김영화**
(1973~)

서울생. 서울고, 서울대, 연세대 대학원. 정치부장, 뉴스룸국장. 백상기자대상(금상·12년, 13년), 이달의 기자상 5회, 제19회 관훈언론상, 올해의 법조기자상(12년, 13년).

**도형석**
(1973~)

서울생. 상문고. 마케팅2팀장, 대외협력팀장. 모범사원상(08년).

**송진석**
(1973~)

경기 수원생. 수원 경성고, 서울과학기술대. 마케팅2팀장.

**허재경**
(1973~)

전북 진안생. 동암고, 국민대, 연세대 대학원. 산업부장, 이슈365팀장, 콘텐츠전략팀장.

**강철원**
(1974~)

인천생. 서인천고, 연세대, 게이오대 연수. 기획취재부장, 사회부장, 엑설런스랩장. 한국기자상(15년), 삼성언론상(15년).

**김정영**
(1974~)

신성고, 명지대. 플랫폼개발팀장, 시스템운영팀장. High Achievement Award (19년), 한국일보 우수사원상(18년, 20년, 23년), 한국일보 공로상(21년), 한국일보 특종상(18년).

**김지오**
(1974~)

광주생. 서울삼성고, 상명여대. DB콘텐츠팀장. 백상공로대상(은상·09년), 공로상(11년, 15년), 우수사원상(16년 6월·8월, 20년 12월, 23년 2월).

**양홍주**
(1974~)

경기 안양생. 신성고, 성균관대, 카이스트 문술미래전략대학원 졸업, 노스캐롤라이나주립대 연수. 국제부장, 기획취재부장, 정책사회부장, 디지털부문장, 신문국장.

**유종수**
(1974~)

전북 전주생. 신흥고, 전주대. 재무관리팀장.

**김주성**
(1975~)

충남 서산생. 청량고, 광운대, 로이터재단 연수. 디지털전략부장, 미디어전략부문장, 디지털이노베이션부문장. 한국보도사진전 대상(07년) 등 총 6회, 이달의 보도사진상 13회, 신문협회상(22년). 저서 〈人사이드〉.

**박상준**
(1975~)

광주생. 인성고, 서울대, 워싱턴대 연수. 365팀장, 산업부장.

**박선영**
(1975~)

서울생. 태릉고, 고려대. 편집3부장, 디지털뉴스부장, 편집1부장.

**성시영**
(1975~)

서울생. 중동고, 서울대, 서울대대학원. 콘텐츠운영부장, 편집2부장.

**조태성**
(1975~)

부산생. 양정고, 고려대. 문화부장, 정책사회부장, 신문에디터, 선임기자. Journalists Award(Great·17년).

**김광수**
(1976~)

서울생. 건대부고, 서울대, 서울대대학원. 베이징 특파원, 정치부장. 백상기자대상(은상·14년), Journalists Award(Great·15년).

**이영창**
(1976~)

대구생. 협성고, 연세대. 산업2부장, 사회부장. 백상기자대상(은상·12년), Value Award(17년).

**이훈성**
(1976~)

경기 구리생. 구리고, 서울대. 논설위원, 사회정책부장. Journalists Award(Great·15년).

**임소형**
(1976~)

전남 여수생. 진명여고, 이화여대 학사, 이화여대 석사, UNCW 연수. 복지팀장, 논설위원, 과학전문기자, 미래기술탐사부장. GSK기자상, 제1회 이달의 과학기자상. 저서 〈엄마, 꼬추검사 한 거야?〉.

**김소연**
(1977~)

경북 김천생. 김천여고, 연세대 국문과. 편집2부장, 편집1부장, 종합편집부장. 이달의편집상(종합부문).

**김지은**
(1977~)

전북 익산생. 이리남성여고, 이화여대. 논설위원, 버티컬콘텐츠팀장. 백상기자대상(동상·14년), 한국일보 우수기자상(우수상·21년). 저서 〈언니들이 있다〉 〈태도의 언어〉 등.

**안경모**
(1977~)

충북 괴산생. 서울 광영고. 디지털미디어부장. Achievements Award(High·19년), 데이터저널리즘어워드(올해의탐사보도상·19년), 데이터저널리즘어워드(올해의혁신상·20년), 한국일보우수상(우수성과·21년), 데이터저널리즘어워드(올해의탐사보도상·21년).

# 1954-2024 70주년

# 부록

1. 한국일보사 정관　720
2. 한국일보사 기구표　728
3. 역대 편집국장(뉴스룸국장)　730
4. 창간 70주년 현재 임직원 명단　731
5. 견습기자 명단　737
6. 역대 상주 특파원 명단　740
7. 구독료 변천 일람　742
8. 연재소설 작가·삽화가 작품 일람　742
9. 신춘문예 당선작가 작품 일람　746
10. 본사 주최 사업과 참가·수상자　753
11. 사내상 수상자 명단　778
12. 사외상 수상자 명단　812
13. 연보　826

# 한국일보사 정관

주식회사 한국일보사
제정 1977. 12. 1.
개정 1981. 4.10  2002. 1.29  2002. 8.23  2002. 9.28  2004. 2.27  2005. 8. 1.
2006. 3.30  2007. 1.16  2007. 3.29  2015. 1. 9.  2015. 2.13.  2017. 3.28.
2018. 7.10.  2020. 7. 29.  2021. 3. 29.

## 제1장 총 칙

제1조 (상호) 본 회사의 상호는 주식회사 한국일보사(이하 "회사"라 한다)라 한다.
  영문으로는 Hankook Ilbo Co. Ltd. (약호 HANKOOK ILBO)라 표기한다.

제2조 (목적) 회사는 다음의 사업을 경영함을 목적으로 한다.
  1. 신문의 발행 및 판매
  2. 도서잡지의 출판 및 판매 (외국정기간행물 제외)
  3. 외부간행물의 인쇄업 (외국정기간행물 제외)
  4. 교육문화에 관한 사업
  5. 조림 및 유실수 재배업
  6. 육림사업
  7. 양묘사업(종묘제외)
  8. 부동산 임대업
  9. 인쇄업
  10. 특수신문 발행업
  11. 문화예술,교육,사회,체육 진행에 관한 사업
  12. 뉴미디어, 정보통신 관련사업
  13. 옥외 및 전시 광고업
  14. 전자상거래
  15. 광고 마케팅 대행 사업
  16. 정보처리 및 컴퓨터 운용 관련업
  17. 데이터베이스 관련사업
  18. 소프트웨어의 자문, 개발 및 공급업
  19. 통신판매 및 점포판매를 겸한 종합 도소매업
  20. 전자상거래에 의한 도소매 및 수출입업
  21. 시장조사 및 여론조사
  22. 홍보용역 및 컨설팅
  23. 주차관리업
  24. 부동산 개발업
  25. 부동산 개발업 관련 용역업

26. 국제회의기획업
27. 행사대행업
28. 포털 및 기타 인터넷정보업
29. 기술 및 직업훈련학원업
30. 도서관 기록보존소 및 독서실 운영업
31. 컴퓨터관련서비스사업
32. 디지털콘텐츠개발서비스사업
33. 비디오물제작업
34. 전기 각호에 규정된 사업에 관계되거나, 그 수행에 필요한 일체의 사업

제3조 (소재지) 회사는 서울특별시에 본점을 두고 필요에 따라 각지에 지사, 지국, 보급소를 설치할 수 있다.

제4조 (공고방법) 회사의 공고는 한국일보에 게재한다.


## 제2장 주 식

제5조 (주식총수) 회사가 발행할 주식의 총수는 30,000,000주이다.

제6조 (1주당금액) 회사가 발행하는 주식1주의 금액은 10,000원으로 한다.

제7조 (설립시 발행주식총수) 회사가 설립시에 발행할 주식의 총수는 2,000주이다.

제8조 (주권의 종류) 회사의 주식은 기명식 보통주식으로 하고, 주권은 일주권, 십주권, 백주권, 천주권, 만주권, 십만주권, 백만주권의 7종으로 한다.

제9조 (납입위약금) 주주가 주금의 납입을 태만히 한 때는 그 납입기일의 익일부터 납일당일까지 체납금 일백원에 대하여 1일 금오전의 계산으로 위약금을 회사에 지불하여야 한다.

제10조 (주식의 양도 및 명의개서) ① 회사의 주식을 양도하고자 할 때는 회사 소정의 명의개서 청구서에 당해 주권을 첨부하여 명의변경을 청구하여야 한다.

② 상속 또는 유증에 의하여 회사의 주식을 취득할 때는 취득원인을 증명하는 서류를 첨부하여 명의변경을 청구하여야 한다.

③ 주식을 질권의 목적으로 그 질권에 관한 등록 및 말소를 청구할 때도 회사 소정의 청구서에 당해 주권을 첨부하여 제출하여야 한다.

④ 전 각항의 청구를 받은 때 회사는 주주명부에 기입처리하고 그 주권의 배면에 대표이사의 기명날인 후 이를 청구자에게 환부하여야 한다.

제10조의 2 (신주인수권) ① 당회사의 주주는 신주발행에 있어서 그가 소유한 주식수에 비례하여 신주의 배정을 받을 권리를 가진다. 그러나 주주가 신주인수권을 상실하거나 신주배정에서 단주가 발생할 경우에 그 처리 방법은 이사회의 결의로 정한다.

② 전항의 규정에 불구하고 회사는 다음 각 호의 경우 이사회 결의로 주주 외인에게 신주를 배정인수케 할 수 있다.

1. 발행된 주식총수의 5배 범위 내에서 기업구조조정촉진법에 따라 채권금융기관의 채권을 출자전환하는 경우

2. 발행된 주식총수의 100분의 10 범위 내에서 회사의 긴급한 자금조달을 위하여 국내외 금융기관 기타

의 자에게 신주를 발행하는 경우
3. 회생채권을 출자전환하여 신주를 발행 하는 경우
4. M&A를 통한 재무구조 개선을 위하여 신주를 발행하는 경우
5. 긴급한 자금의 조달을 위하여 국내외 금융기관에게 신주를 발행하는 경우 또는 기술도입을 필요로 그 제휴회사에게 신주를 발행하는 경우 등 경영상 목적을 달성하기 위하여 신주를 발행하는 경우

③ 주주가 신주인수권을 포기 또는 상실하거나 신주배정에서 단주가 발생하는 경우에 그 처리방법은 이사회의 결의로 정한다.

제10의 3 (신주의 배당기산일) 이 회사가 유상증자, 무상증자 및 주식배당에 의하 여 신주를 발행하는 경우 신주에 대한 이익의 배당에 관하여는 신주를 발행 한 때가 속하는 영업연도의 직전영업년도말에 발행된 것으로 본다.

제11조 (주권의 재교부) ① 주권의 오손 또는 분합으로 인하여 신주권을 교부받고자 할 때는 회사 소정의 청구서에 그 사유와 기타 필요한 사항을 기재한 후 구주권을 첨부하여 이를 제출하여야 한다.

② 주권의 상실로 인하여 재교부를 청구하고자 할 때는 회사 소정의 청구서에 제권판결의 정본 또는 등본을 첨부하여 이를 제출하여야 한다.

제12조 (수수료) 제10조와 제11조의 경우에 회사는 소정의 수수료를 청구자로부터 징수한다.

제13조 (주주 등의 주소 및 인감신고) ①주주 또는 그 법정대리인과 등록질권자는 그 성명, 주소 및 인감 또는 서명을 이 회사에 신고하여야 한다.

② 외국에 거주하는 주주와 등록질권자는 대한민국내에 통지를 받을 장소와 대리인을 정하여 신고하여야 한다.

③ 제1항 및 제2항의 변동이 생긴 경우에도 같다.

제14조 (주주명부의 폐쇄) ① 이 회사는 매년 1월 1일부터 1월 7일까지 권리에 관한 주주명부의 기재변경을 정지한다. (개정 2017. 3.28)

②제1항의 경우 이외에 주주 또는 질권자로서 권리를 행사할 자를 확정하기 위하여 필요한 때에는 이사회 결의에 의하여 주주명부의 기재의 변경을 정지하고 또는 기준일 정할 수가 있다. 이 경우에는 그 기간 또는 기준일의 2주간 전에 공고하는 것으로 한다. (개정 2007. 3.29)

③ 이 회사는 매년 12월 31일 최종의 주주명부에 기재되어 있는 주주를 그 결산기에 관한 정기주주총회에서 권리를 행사할 주주로 한다. (신설 2017. 3.28)

제14조의1(사채의 발행) ① 회사는 이사회의 결의에 의하여 사채를 발행할 수 있다.

② 이사회는 대표이사에게 사채의 금액 및 종류를 정하여 1년을 초과하지 아니하는 기간 내에 사채를 발행할 것을 위임할 수 있다.

제14조의2(전환사채의 발행 및 배정) ① 이 회사는 사채의 액면총액이 2,000억원을 초과하지 않는 범위 내에서 신기술의 도입, 재무구조의 개선 등 회사의 경영상 목적을 달성하기 위하여 필요한 경우 제10조의2 제1항 외의 방법으로 특정한 자(이 회사의 주주를 포함한다)에게 전환사채를 발행할 수 있다.

② 제1항의 전환사채에 있어서 이사회는 그 일부에 대하여만 전환권을 부여 하는 조건으로도 이를 발행할 수 있다.

③ 전환으로 인하여 발행하는 주식은 보통주식으로 하고, 전환가액은 주식의 액면금액 또는 그 이상의 가액으로 사채발행시 이사회가 정한다.

④ 전환을 청구할 수 있는 기간은 당해 사채의 발행일 후 1월이 경과하는 날로부터 그 상환기일의 직전일까지로 한다. 그러나 위 기간 내에서 이사회의 결의로써 전환청구기간을 조정할 수 있다.

⑤ 전환으로 인하여 발행하는 주식에 대한 이익의 배당과 전환사채에 대한 이자의 지급에 관하여는 제10조

의3의 규정을 준용한다.

제14조의3(신주인수권부사채의 발행 및 배정) ① 이 회사는 사채의 액면총액이 2,000억원을 초과하지 않는 범위 내에서 신기술의 도입, 재무구조의 개선 등 회사의 경영상 목적을 달성하기 위하여 필요한 경우 제10조의2 제1항 외의 방법으로 특정한 자(이 회사의 주주를 포함한다)에게 신주인수권부사채를 발행할 수 있다.
② 신주인수를 청구할 수 있는 금액은 사채의 액면총액을 초과하지 않는 범위 내에서 이사회가 정한다.
③ 신주인수권의 행사로 발행하는 주식은 보통주식으로 하고 그 발행가액은 액면금액 또는 그 이상의 가액으로 사채발행시 이사회가 정한다.
④ 신주인수권을 행사할 수 있는 기간은 당해 사채발행일후 1월이 경과한 날로부터 그 상환기일의 직전일까지로 한다. 그러나 위 기간 내에서 이사회의 결의로써 신주인수권의 행사기간을 조정할 수 있다.
⑤ 신주인수권의 행사로 인하여 발행하는 주식에 대한 이익의 배당에 관하여는 제10조의3의 규정을 준용한다.

제14조의4(사채발행에 관한 준용 규정) 제10조, 제13조의 규정은 사채발행의 경우에 준용한다.


## 제3장 주주총회

제15조 (총회의 소집)  ① 정기주주총회는 매 사업년도 말일부터 3개월 내에, 임시주주총회는 필요에 따라 이사회의 의결로써 대표이사가 이를 소집한다.
 ② 주주총회를 소집할 때에는 그 일시, 장소, 회의의 목적사항을 기재하여 회의일 2주간 전에 서면 또는 전자문서(e-mail. 팩스 포함)로 주주에게 통지하여야 한다.
③ 대표이사가 유고시에는 제25조 제5항의 규정을 준용한다.
④ 주주총회는 본점소재지에서 개최하되 필요에 따라 이의 인접지역에서도 개최할 수 있다.

제16조 (총회의 의장) 대표이사는 주주총회의 의장이 된다. 대표이사가 유고시에는 제25조 제5항의 규정을 준용한다.

제16조의2(의장의 질서유지권) ① 주주총회의 의장은 고의로 의사진행을 방해하기 위한 발언·행동을 하는 등 현저히 질서를 문란하게 하는 자에 대하여 그 발언의 정지 또는 퇴장을 명할 수 있다.
② 주주총회의 의장은 의사진행의 원활을 기하기 위하여 필요하다고 인정할 때에는 주주의 발언의 시간 및 횟수를 제한할 수 있다.

제17조 (의결권) 각 주주의 의결권은 소유주 1주마다 1개로 한다.

제17조의2(상호주에 대한 의결권 제한) 이 회사, 모회사 및 자회사 또는 자회사가 다른 회사의 발행주식총수의 10분의 1을 초과하는 주식을 가지고 있는 경우 그 다른 회사가 가지고 있는 이 회사의 주식은 의결권이 없다.

제17조의3(의결권의 불통일행사) ① 2이상의 의결권을 가지고 있는 주주가 의결권의 불통일행사를 하고자 할 때에는 회일의 3일 전에 회사에 대하여 서면으로 그 뜻과 이유를 통지하여야 한다.
② 회사는 주주의 의결권의 불통일행사를 거부할 수 있다. 그러나 주주가 주식의 신탁을 인수하였거나 기타 타인을 위하여 주식을 가지고 있는 경우에는 그러하지 아니하다.

제18조 (의결방법) 주주총회의 결의는 법률에 다른 정함이 없는 한 출석한 주주의 의결권의 과반수와 발행주식총수의 4분의 1이상의 수로써 한다.

제19조 (의결권의 위임) 주주 또는 그 법정대리인은 대리인에 의하여 그의 의결권을 행사할 수 있다. 그러나 대리인은 주주총회 전에 그의 권한을 증명하는 문서를 회사에 제출하여야 한다.

제20조(의사록) 주주총회의 의사록은 의장과 출석한 이사가 이에 기명날인 또는 서명을 하여 본점과 지점에 비치한다.

## 제4장 이사, 감사 및 이사회

**제21조(정원 및 선임)** ① 회사는 이사 3명 이상, 감사 2명 이내를 두며, 주주총회에서 이를 선임한다.
　② 이사의 선임은 출석한 주주의 의결권의 과반수로 하되 발행주식총수의 4분의 1 이상의 수로 하여야 한다.
　③ 감사의 선임은 출석한 주주의 의결권의 과반수로 하되 발행주식총수의 4분의 1 이상의 수로 하여야 한다. 그러나 의결권 있는 발행주식총수의 100분의 3을 초과하는 수의 주식을 가진 주주는 그 초과하는 주식에 관하여 감사의 선임에 있어서는 의결권을 행사하지 못한다.

**제21조의2(집중투표제 배제)** 2인 이상의 이사를 선임하는 경우 상법 제382조의2에서 규정하는 집중투표제는 적용하지 아니한다.

**제22조 (임기)** ① 이사의 임기는 취임 후 2년으로 한다. 그러나 그 임기가 최종의 결산기 종료 후 당해 결산기에 관한 정기주주총회 전에 만료될 경우에는 그 총회의 종결시까지 그 임기를 연장한다. (개정 2021. 3.29)
　② 감사의 임기는 취임 후 3년 내의 최종의 결산기에 관한 정기주주총회 종결시까지로 한다.

**제23조 (보선)** 이사 또는 감사가 결원되었을 때는 주주총회에서 이를 선임한다. 그러나 이 정관에서 정하는 원수를 결하지 아니하고 업무수행상 지장이 없는 경우에는 그러하지 아니한다.

**제24조 (보수)** ① 이사와 감사의 보수는 주주총회에서 정한 임원보수한도액 이내에서 이사회의 결의로 이를 정한다.
　② 이사와 감사의 퇴직금의 지급은 주주총회 결의를 거친 임원퇴직금지급규정에 의한다.(신설 2017.03.28.)

**제25조 (이사회)** ① 이사회는 이사로 구성하며 회사의 업무집행에 관한 중요사항을 결의한다.
　② 이사회는 이사 중에서 회사를 대표할 대표이사를 선임한다. 이사회는 또한 필요에 따라 이사 중에서 회장 1인, 부회장 약간 명, 사장 1인, 부사장, 전무이사 및 상무이사 약간 명과 집행임원을 선임할 수 있다.
　③ 대표이사는 회사를 대표하고 회사의 업무를 총괄한다.
　④ 부사장은 대표이사를 보좌하며, 전무이사 및 상무이사는 상사의 명을 받아 사규의 정하는 바에 따라 업무를 담당한다.
　⑤ 대표이사의 유고시에는 부사장, 전무이사, 상무이사 순으로 그 직무를 대행하되, 동순위자가 2인 이상인 경우는 사전에 대표이사가 정한 순위에 따른다.
　⑥ 이사회의 의장은 대표이사 또는 이사회에서 따로 정한 이사가 있을 때에는 그 이사로 한다. 의장이 유고일 때에는 대표이사 및 제5항의 순서로 의장을 한다.
　⑦ 이사회의 소집은 3일 전에 이사회 의장이 이사 전원 및 감사에게 통지하여야 한다. 그러나 사전에 이사 및 감사 전원의 동의가 있을 때에는 이사회 의장이 소집절차를 생략할 수 있다.
　⑧ 이사는 회사에 현저하게 손해를 미칠 염려가 있는 사실을 발견한때에는 즉시 감사에게 이를 보고하여야 한다.
　⑨ 이사회는 이사회 의장이 소집하고 이사 과반수의 출석과 출석이사의 과반수로 의결한다.
　⑩ 이사회의 결의에 관하여 특별한 이해관계가 있는 이사는 의결권을 행사하지 못한다.
　⑪ 이사회는 이사의 전부 또는 일부가 직접 회의에 출석하지 아니하고 모든 이사가 음성을 동시에 송·수신하는 통신수단에 의하여 결의에 참가하는 것을 허용할 수 있다. 이 경우 당해 이사는 이사회에 직접 출석한 것으로 본다.

**제26조 (이사회의 의사록)** ① 이사회의 의사에 관하여 의사록을 작성하여야 한다.
　② 의사록에는 의사의 안건, 경과요령, 그 결과, 반대하는 자와 그 반대이유를 기재하고 출석한 이사 및 감사가 기명날인 또는 서명하여야 한다.

제27조 (감사) ① 감사는 이 회사의 회계와 업무를 감사한다.

② 감사는 이사회에 출석하여 의견을 진술할 수 있다.

③ 감사는 필요하면 회의의 목적사항과 소집이유를 서면에 적어 이사(소집권자가 있는 경우에는 소집권자를 말한다. 이하 같다.)에게 제출하여 이사회 소집을 청구할 수 있다.

④ 제3항의 청구를 하였는데도 이사가 지체 없이 이사회를 소집하지 아니하면 그 청구한 감사가 이사회를 소집할 수 있다.

⑤ 감사는 회의의 목적사항과 소집의 이유를 기재한 서면을 이사회에 제출하여 임시총회의 소집을 청구할 수 있다.

⑥ 감사는 그 직무를 수행하기 위하여 필요한 때에는 자회사에 대하여 영업의 보고를 요구할 수 있다. 이 경우 자회사가 지체 없이 보고를 하지 아니할 때 또는 그 보고의 내용을 확인할 필요가 있는 때에는 자회사의 업무와 재산상태를 조사할 수 있다.

⑦ 감사는 회사의 비용으로 전문가의 도움을 구할 수 있다.

제27조의2(감사록) 감사는 감사에 관하여 감사록을 작성하여야 하며, 감사록에는 감사의 실시요령과 그 결과를 기재하고 감사를 실시한 감사가 기명날인 또는 서명하여야 한다.

## 제5장 회 계

제28조 (사업년도) 회사의 사업년도는 매년 1월 1일부터 동 12월 31일까지로 하여 연도말에 결산한다.

제29조(재무제표등의 작성 등) ① 대표이사는 다음 각호의 서류와 부속명세서 및 영업보고서를 작성하여 이사회의 승인을 얻어야 한다.

1. 대차대조표
2. 손익계산서
3. 그 밖에 회사의 재무상태와 경영성과를 표시하는 것으로서 상법시행령에서 정하는 서류

② 대표이사는 정기주주총회 6주간 전에 제1항의 서류를 작성하여 감사에게 제출하여야 한다.

③ 감사는 제1항의 서류를 받은 날로부터 4주간 내에 감사보고서를 이사에게 제출하여야 한다.

④ 대표이사는 제1항의 서류와 감사보고서를 정기주주총회 회의일 1주간 전부터 본점에 5년간, 그 등본을 지점에 3년간 비치하여야 한다.

⑤ 대표이사는 제1항 각호의 서류를 정기주주총회에 제출하여 승인을 얻어야 하며, 영업보고서를 정기주주총회에 제출하여 그 내용을 보고하여야 한다.

⑥ 대표이사는 제5항의 규정에 의한 승인을 얻은 때에는 지체 없이 대차대조표를 공고하여야 한다

제30조 (주주배당금) ① 주주배당금은 매 결산기 말일 현재의 주주명부에 등록된 주주 또는 등록 질권자에게 이를 지급한다.

① 배당금은 주주총회의 배당결의가 있는 날로부터 1개월 이내에 배당하며, 기간경과후 5년이 지나도 배당금의 지급을 청구하지 아니할 때는 그 배당금의 청구권은 소멸하며 회사에 귀속된다.

제30조의 1 (중간 배당) ① 회사는 연 1회에 한하여 일정한 날을 정하여 그 날의 주주에게 상법 제462조의3에 의한 중간배당을 할 수 있다.

② 제1항의 중간배당은 이사회의 결의로 한다.

③ 중간배당은 직전결산기의 대차대조표상의 순자산액에서 다음 각호의 금액을 공제한 액을 한도로 한다.

1. 직전결산기의 자본금의 액
2. 직전결산기까지 적립된 자본준비금과 이익준비금의 합계액
3. 직전결산기의 정기주주총회에서 이익배당하기로 정한 금액
4. 직전결산기까지 정관의 규정 또는 주주총회의 결의에 의하여 특정목적을 위해 적립한 임의준비금
5. 중간배당에 따라 당해 결산기에 적립하여야 할 이익준비금

④ 사업년도개시일이후 제1항의 기준일이전에 신주를 발행한 경우(준비금의 자본전입, 주식배당, 전환사채의 전환청구, 신주인수권부사채의 신주인수권 행사를 포함한다)에는 중간배당에 관해서는 당해 신주는 직전 사업년도말에 발행된 것으로 본다.

## 제6장 기 타

**제31조 (세칙내규)** 회사는 필요에 따라 이사회의 결의로써 업무추진 및 경영상 필요한 세칙과 내규를 결정할 수 있다.

**제32조 (규정외 사항)** 정관에 규정되지 않은 사항은 주주총회의 결의와 상법 기타 법령에 의한다.


부 칙
본 정관은 1977년 12월 1일부터 시행한다.

부 칙
본 정관은 1981년 4월 10일부터 시행한다.

부 칙
본 정관은 2002년 1월 29일부터 시행한다.

부 칙
본 정관은 2002년 8월 23일부터 시행한다.

부 칙
본 정관은 2002년 9월 28일부터 시행한다.

부 칙
제1조(시행일) 이 정관은 2004년 2월 27일부터 시행한다.
제2조(2004년도 정기주주총회) 2004년도 정기주주총회는 이 정관의 규정에 따라 소집한다.
제3조(이사의 임기) 제22조 제1항의 규정은 이 정관 시행일 이전에 선임된 이사에게는 적용하지 아니한다.

부 칙
본 정관은 2005년 8월 1일부터 시행한다.

부 칙
본 정관은 2006년 3월 30일부터 시행한다.

부 칙
본 정관은 2007년 3월 29일부터 시행한다.

부 칙
본 정관은 2015년 1월 9일부터 시행한다.

부 칙
본 정관은 2015년 2월 13일부터 시행한다.

부 칙
본 정관은 2017년 3월 28일부터 시행한다.

부 칙
본 정관은 2018년 7월 10일부터 시행한다.

부 칙
본 정관은 2020년 7월 29일부터 시행한다.

부 칙
본 정관은 2021년 3월 29일부터 시행한다.

# 한국일보사 기구표

*2024년 5월 1일 현재

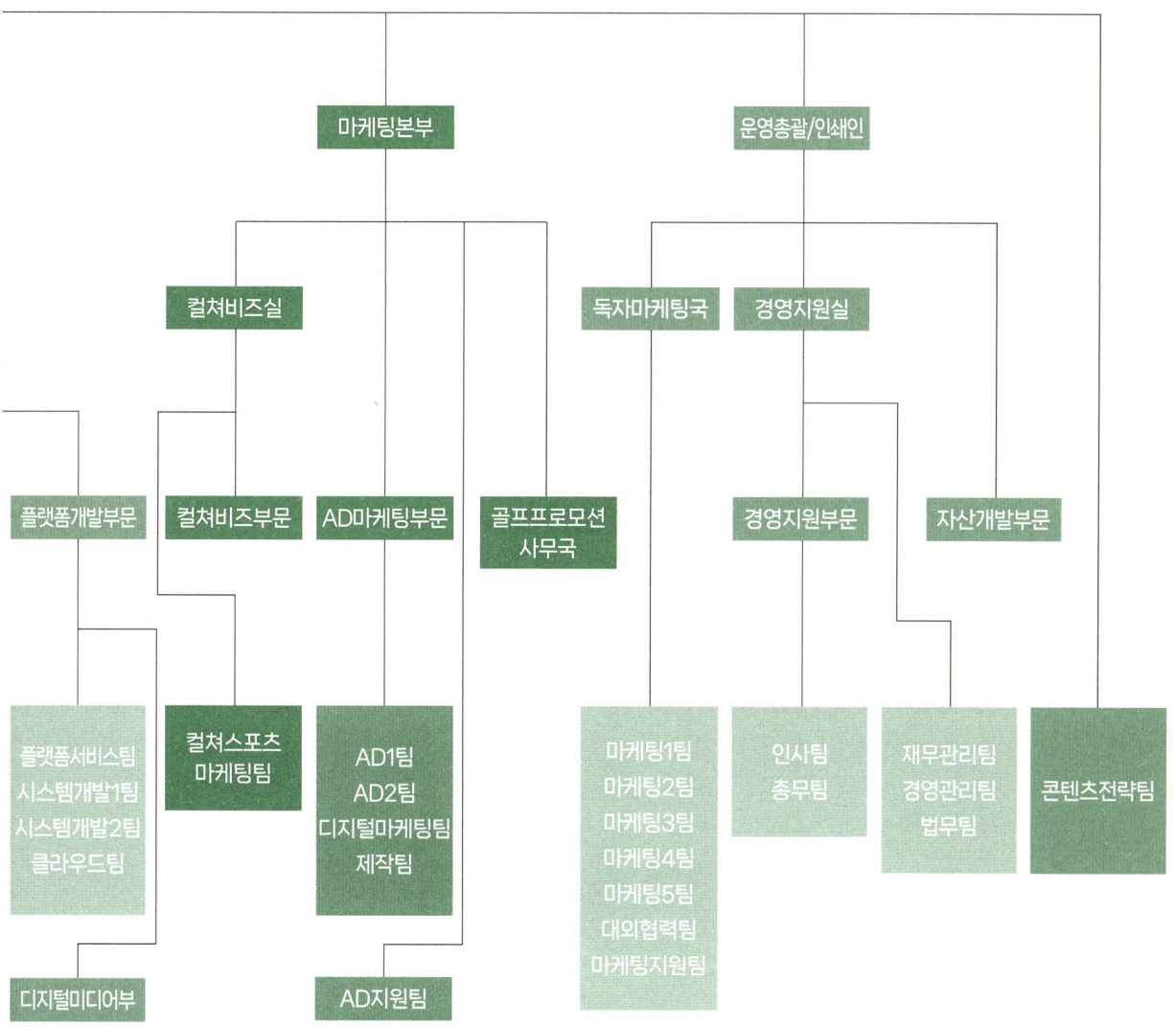

## 역대 편집국장(뉴스룸국장)

| | | | |
|---|---|---|---|
| 전홍진 | 오종식 | 이건혁 | 임창수 |
| 1954.6~1954.6 | 1954.6~1954.8<br>1959.3~1959.9 | 1954.8~1955.2 | 1955.9~1958.2 |
| 홍승면 | 김현제 | 장기영 | 장기봉 |
| 1958.3~1958.11<br>1959.10~1962.6 | 1958.11~1959.3 | 1962.6~1962.12 | 1962.12~1963.1 |
| 홍유선 | 이원홍 | 김경환 | 김창열 |
| 1963.1~1971.5 | 1971.6~1974.6 | 1974.7~1975.6 | 1975.11~1978.1 |
| 조세형 | 권혁승 | 심명보 | 조두흠 |
| 1978.2~1978.10 | 1978.11~1980.7<br>1980.11~1982.3 | 1980.8~1980.11 | 1982.3~1983.5 |
| 김성우 | 이성표 | 이문희 | 오인환 |
| 1983.5~1985.3 | 1985.4~1986.1 | 1986.1~1988.5 | 1988.6~1990.8 |
| 정달영 | 박병윤 | 윤국병 | 이성준 |
| 1990.9~1991.11 | 1991.12~1993.1 | 1993.1~1994.1 | 1994.2~1996.4 |
| 김서웅 | 배기철 | 박무 | 신상석 |
| 1996.5~1998.2 | 1998.2~1999.1 | 1999.2~2000.4 | 2000.5~2002.2 |
| 최규식 | 박진열 | 임철순 | 이진희 |
| 2002.2~2003.9 | 2003.9~2004.9 | 2004.9.17~2006.1.3 | 2006.1.4~2007.7.4 |
| 이준희 | 이종재 | 이충재 | 이영성 |
| 2007.7.5~2009.7.21 | 2009.7.22~2011.6.12 | 2011.6.13~2012.4.30 | 2012.5.1~2013.5.1 |
| 이계성 | 고재학 | 황상진 | 이성철 |
| 2013.8.9~2014.5.27 | 2014.5.28~2015.12.31 | 2016.1.1~2016.12.31 | 2017.1.1~2019.6.4 |
| 이태규(뉴스룸) | 이영태(뉴스룸) | 정진황(뉴스룸) | 김영화(뉴스룸) |
| 2019.6.5~2020.11.15 | 2020.11.16~2022.5.18 | 2022.5.19~2023.6.13 | 2023.6.14~ |

## 창간 70주년 현재 임직원 명단

*2024년 5월 1일 현재

| | | | | |
|---|---|---|---|---|
| 회장 | 승명호 | | | 김남필 |
| 대표이사/발행인/편집인 | 이성철 | | | 김경남 |
| 논설위원실장 | 이태규 | | | 이승현 |
| 수석논설위원 | 장인철 | | | 김승균 |
| 논설위원 | 정진황 | | | 채지은 |
| 논설위원 | 박일근 | | | 전신재 |
| 논설위원 | 이영태 | | | 성시환 |
| 논설위원 | 정영오 | | | 이정호 |
| 논설위원 | 박석원 | | | 안광열 |
| 논설위원 | 이진희 | | | 박새롬 |
| 논설위원 | 김회경 | | | 안경식 |
| | 변한나 | | | 김정은 |
| 신문국장 | 양홍주 | | | 박혜리 |
| 신문부문장 | 이직 | | | 봉주연 |
| 그래픽뉴스부장 | 송정근 | | 조판팀장 | 소은숙 |
| | 김대훈 | | | 김신덕 |
| | 신동준 | | | 김정임 |
| | 박구원 | | | 백연수 |
| | 강준구 | | | 정유리 |
| | 이지원 | | 뉴스룸국장 | 김영화 |
| 편집위원 | 유재천 | | | 최윤필 |
| 신문에디터 | 최진환 | | | 김혜영 |
| 신문에디터 | 최형철 | | | 이동현 |
| 신문에디터 | 김범수 | | | 정승임 |
| 신문에디터 | 양정대 | | | 배계규 |
| 신문에디터 | 성환희 | | | 송옥진 |
| 종합편집부장 | 김소연 | | | 장재진 |
| 편집1부장 | 박선영 | | | 채지선 |
| 편집2부장 | 성시영 | | 교열팀장 | 노경아 |
| | 김영환 | | | 오세윤 |
| | 김도상 | | | 김현정 |
| | 강성래 | | | 김은교 |

| | | | |
|---|---|---|---|
| 뉴스1부문장 | 송용창 | | 김창훈 |
| 국제부장 | 정상원 | | 김표향 |
| | 최진주 | | 손현성 |
| | 김정우 | | 정지용 |
| | 권경성(특파원) | | 신혜정 |
| | 조영빈(특파원) | | 홍인택 |
| | 권영은 | | 최나실 |
| | 허경주(특파원) | | 박지영 |
| | 이서희(특파원) | 이슈365팀장 | 강지원 |
| | 조아름 | | 윤한슬 |
| | 류호(특파원) | | 최은서 |
| | 신은별(특파원) | | 김소희 |
| | 위용성 | | 장수현 |
| | 김현종 | 정치부장 | 김광수 |
| | 김나연 | 외교안보팀장 | 남상욱 |
| 사회부장 | 이영창 | 국회팀장 | 김성환 |
| 사건총괄 | 김이삭 | | 강윤주 |
| 법조팀장 | 안아람 | | 김경준 |
| 사건이슈팀장 | 신지후 | 청와대팀장 | 김현빈 |
| | 최동순 | | 이성택 |
| | 이근아 | | 김형준 |
| | 이승엽 | | 김진욱 |
| | 최다원 | | 김민순 |
| | 박준규 | | 박세인 |
| | 서현정 | | 문재연 |
| | 강지수 | | 김도형 |
| | 이서현 | | 김정현 |
| | 이유진 | | 강진구 |
| | 오세운 | | 손영하 |
| | 김태연 | | 정준기 |
| | 전유진 | | 우태경 |
| 사회정책부장 | 이훈성 | | 나광현 |
| | 권대익 | 지역사회부장 | 이왕구 |
| | 고은경 | 경인취재본부장 | 이범구 |

| | | | |
|---|---|---|---|
| 대구경북취재본부장 | 전준호 | | 이유지 |
| 부울경취재본부장 | 이동렬 | | 강유빈 |
| 충청강원취재본부장 | 한덕동 | | 조소진 |
| 호남제주취재본부장 | 박경우 | 문화부장 | 최문선 |
| | 정광진 | 영화전문기자 | 라제기 |
| | 안경호 | 선임기자 | 조태성 |
| | 권경훈 | | 최흥수 |
| | 임명수 | | 김소연 |
| | 정민승 | | 고경석 |
| | 박은성 | | 양승준 |
| | 윤태석 | | 남보라 |
| | 김정혜 | | 손효숙 |
| | 박민식 | | 전혼잎 |
| | 최두선 | | 이혜미 |
| | 김현우 | 미래기술탐사부장 | 임소형 |
| | 이환직 | | 윤현종 |
| | 이종구 | | 이현주 |
| | 윤형권 | | 이재명 |
| | 김영헌 | | 오지혜 |
| | 박은경 | 산업부장 | 박상준 |
| | 김혜지 | IT전문기자 | 최연진 |
| | 김진영 | | 이윤주 |
| | 김재현 | | 강희경 |
| | 권정현 | | 김청환 |
| | 김윤화 | | 김지현 |
| 뉴스2부문장 | 한준규 | | 박경담 |
| 경제부장 | 고찬유 | | 이소라 |
| 정책금융팀장 | 이대혁 | | 인현우 |
| | 변태섭 | | 이상무 |
| | 김동욱 | | 나주예 |
| | 김민호 | | 최현빈 |
| | 안하늘 | 스포츠부장 | 김기중 |
| | 윤주영 | | 강은영 |
| | 곽주현 | | 김지섭 |

|  |  |  |  |
|---|---|---|---|
|  | 박주희 | 콘텐츠전략팀장 | 허재경 |
|  | 김진주 | 행정지원팀장 | 전상문 |
| 엑설런스랩장 | 강철원 |  | 강다연 |
| 기획유닛팀장 | 유대근 | 뉴스스탠다드실장 | 김희원 |
|  | 진달래 |  | 송은미 |
| 엑설런스팀장 | 이성원 | **마케팅본부장** | 손용석 |
|  | 박준석 | AD지원팀장 | 우성태 |
|  | 원다라 |  | 김매이 |
|  | 송주용 |  | 김태희 |
| 디지털이노베이션부문장 | 김주성 | AD마케팅부문장 | 이제환 |
| 버티컬콘텐츠팀장 | 김지은 | AD1팀장 | 김대인 |
|  | 박지윤 |  | 이상우 |
|  | 손성원 |  | 김남홍 |
| 커넥트팀장 | 박지연 | AD2팀장 | 박철우 |
| 콘텐츠운영부장 | 정은선 |  | 윤영원 |
|  | 한미애 |  | 이기선 |
|  | 심지우 |  | 강승일 |
|  | 박민정 | 디지털마케팅팀장 | 이호현 |
|  | 권정환 |  | 고준석 |
|  | 권혜련 |  | 이희원 |
|  | 박준영 |  | 김인구 |
|  | 이순지 |  | 한태희 |
|  | 김선애 |  | 양용현 |
| 멀티미디어부장 | 류효진 | 컬처비즈실장 | 이성원 |
| 선임기자 | 왕태석 | 컬처비즈부문장 | 김영신 |
|  | 고영권 | 컬처스포츠마케팅팀장 | 유원경 |
|  | 홍인기 |  | 장우식 |
|  | 서재훈 |  | 최상호 |
|  | 하상윤 |  | 김동준 |
|  | 이한호 | 골프프로모션 사무국장 | 성선경 |
|  | 최주연 |  | 박재홍 |
|  | 박시몬 | **지식콘텐츠실장** | 한창만 |
|  | 정다빈 | 지식콘텐츠팀장 | 김경준 |
|  | 박주영 |  | 장윤환 |

| | | | |
|---|---|---|---|
| | 강수현 | | 김명식 |
| | 조은별 | | 김태영 |
| 창간70주년준비 기획단장 | 조철환 | 플랫폼서비스팀장 | 박인혜 |
| | 강주형 | | 이민선 |
| | 고선영 | | 한규민 |
| 운영총괄/혁신총괄/인쇄인 | 권동형 | | 박길우 |
| 기획영상부장 | 박서강 | | 이정재 |
| | 김주영 | | 문찬웅 |
| | 양진하 | 디지털미디어부장 | 안경모 |
| | 권준오 | | 김지훈 |
| | 김광영 | | 김대용 |
| | 박고은 | 미디어전략부문장 겸 H랩팀장 | 김민성 |
| | 최희정 | DB콘텐츠팀장 | 김지오 |
| | 한소범 | | 박서영 |
| | 박채원 | | 성민호 |
| | 김용식 | | 김태경 |
| | 현유리 | | 원지연 |
| | 송영성 | | 김유진 |
| | 안재용 | | 남유진 |
| | 이수연 | | 이정화 |
| | 전세희 | 성장전략팀장 | 황수현 |
| | 제선영 | | 윤은정 |
| | 이은호 | | 강종구 |
| 플랫폼개발부문장 | 이탁희 | | 조국희 |
| 시스템개발1팀장 | 김우진 | 경영관리팀장 | 최영석 |
| | 윤호진 | | 신수진 |
| 시스템개발2팀장 | 김정영 | 재무관리팀장 | 유종수 |
| | 박희영 | | 이지선 |
| | 오준식 | | 김충선 |
| | 우한재 | | 서진호 |
| | 김성겸 | | 신소진 |
| | 김유정 | 경영지원부문장/인사팀장 | 현재주 |
| 클라우드팀장 | 이우영 | | 최고은 |
| | 김태준 | | |

| | | |
|---|---|---|
| | | 이승준 |
| | | 이건우 |
| | | 오세준 |
| | | 정소라 |
| | 총무팀장 | 최상돈 |
| | | 라유석 |
| | | 표성오 |
| | | 김효진 |
| | | 김다은 |
| | | 이윤건 |
| | 독자마케팅국장 | 전승호 |
| | 대외협력팀장 | 도형석 |
| | | 조성환 |
| | | 조재호 |
| | 마케팅1팀장 | 안종민 |
| | | 신복현 |
| | | 박병민 |
| | | 김신영 |
| | 마케팅2팀장 | 송진석 |
| | | 이광원 |
| | | 윤원균 |
| | 마케팅3팀장 | 김범철 |
| | | 송도섭 |
| | | 이기우 |
| | 마케팅4팀장 | 이성해 |
| | | 허광일 |
| | | 심무환 |
| | | 강민성 |
| | 마케팅5팀장 | 임창균 |
| | | 조성준 |
| | | 정원호 |
| | 마케팅지원팀장 | 엄태석 |
| | | 한경희 |

| | | |
|---|---|---|
| | | 김한암 |
| | | 노수정 |
| | | 최미진 |
| | | 김경민 |
| | | 백지연 |
| | | 오지예 |
| | | 임정희 |
| | | 김승하 |
| | | 최선영 |
| 노조위원장 | | 유환구 |
| 노동조합 사무국장/민실위원장 | | 박소영 |

## 견습기자 명단

*2016년 이후에는 경력기자 수시채용 활성화
*2016년 이후 견습기자는 본문에 기재

| 기수(입사일자) | 이름 |
|---|---|
| 제1기(1954. 8. 1) | 김 훈 이순기 박철규 장익환 최종기 홍성원 |
| 제2기(1955. 2. 1) | 이광표 정연권 최정호 |
| 제3기(1955.12. 1) | 문윤곤 유일연 유태길 임 영 정태연 진성섭 |
| 제4기(1956. 4. 5) | 김성우 김성진 김수철 박승탁 박윤희 유한성 이원홍 최종수 |
| 제5기(1957. 3. 1) | 권혁승 김 각 김종하 노재봉 박현태 위상욱 이광호 이기양 이명원 이주현 |
| 제6기(1957.11.22) | 공대식 김대수 김중배 연기호 유경종 윤여덕 제재형 조두흠 조순환 |
| 제7기(1958. 4.26) | 고광애 김덕린 김창열 김태웅 남재희 오도광 이종수 정해헌 조성찬 지동욱 최영철 최정민 최태순 |
| 제8기(1958.11.24) | 김영희 김장수 김정부 박승열 방태영 백승길 심명보 유영종 유지호 이동복 이성구 정경희 조규하 홍성화 |
| 제9기(1959. 2.15) | 전두근 민응식 박경석 백승우 송기오 신용학 이 충 장덕상 장해균 정충모 조해붕 |
| 제10기(1959. 8. 1) | 손기상 송효빈 이성표 최병렬 한인성 |
| 제11기(1960. 4. 1) | 강범석 김석성 김해도 문준석 박중길 이덕주 이문희 이억순 정덕교 |
| 제12기(1960.12.15) | 김의돈 문은모 박승평 윤익환 이상우 이창종 이태교 임상재 최은호 한기호 한상태 문희강 |
| 제13기(1962. 3. 2) | 갈우철 김광자 김금자 김영실 김영렬 김한도 노형옥 신현직 안병찬 유태완 윤경헌 이정배 이혁자 정달영 조병필 최규장 최남진 홍원기 황주량 |
| 제14기(1962. 9. 5) | 김경욱 김정삼 김진걸 오세방 이종호 조창현 최우석 |
| 제15기(1963. 2.11) | 김석조 박영철 변도은 서정우 이익환 이재원 이정자 이용선 이선구 정홍택 주명갑 최재호 |
| 제16기(1963.11. 7) | 강대형 권증안 김명자 김영준 김진동 박동환 박 실 설정기 양성철 염길정 윤용남 이성춘 이수정 장명수 조태연 허영환 홍웅식 김경태 |
| 제17기(1964.12.21) | 김명규 김명식 김용정 김윤숙 김정환 김태원 마종훈 박용배 박원홍 박인순 오인환 이강훈 이재승 이휘자 전정만 정종욱 |
| 제18기(1965. 8. 1) | 김인규 남정호 박광서 박병윤 박병호 배항구 손영목 양승표 유희연 이계홍 이광영 이문승 이상태 이상희 이재관 조병우 최정현 |
| 제19기(1965.12. 6) | 강영수 김서웅 김영곤 김재설 이연수 송재윤 윤국병 이규영 이영의 이충우 장영택 정충영 최상태 최승모 허경구 |
| 제20기(1967. 1. 5) | 구용서 김근호 김덕형 박남호 이찬용 이한권 이행원 임정수 전기학 정운붕 |
| 제21기(1968. 1. 1) | 김기경 김병무 김시복 박점순 신중식 안택수 이병일 이재희 주우춘 조원영 채의석 한기호 황소웅 |
| 제22기(1968. 7. 1) | 구대열 김주일 노정선 박광자 박찬식 심재주 윤여춘 정 훈 천옥란 |
| 제23기(1969. 1. 6) | 김승웅 김은숙 노서경 신광식 신우재 이부영 이성준 한려자 |

| 기수(입사일자) | 이름 |
|---|---|
| 제24기(1969. 7. 1) | 길용설 김지홍 이형숙 강승구 김종욱 안중수 이연훈 허성순 |
| 제25기(1970. 3. 1) | 김안기 김영석 노향기 박 록 박영환 박재균 박태홍 박효신 백우영 손위수 신상석 양선자 양 평 이경희 이관식 이병삼 이용선 이재무 이 황 임승무 정일화 정정희 지병두 진경탁 하장춘 허 병 |
| 제26기(1970.12. 1) | 김병규 김신덕 김지명 김태홍 김환겸 민병용 박정삼 박정수 박주형 배기철 서인교 안종화 우계숙 유주석 이이춘 현건혁 |
| 제27기(1972. 1.17) | 김경수 김영세 김영호 노진환 문창재 문 훈 신현옥 이기홍 이영혜 이정원 이충부 정운영 조숙희 차태식 |
| 제28기(1973. 2. 1) | 김선돈 김영백 김지영 노기창 박영효 박창석 배철수 오인목 이경순 이기용 이동숙 이영희 이종구 이현희 정재두 조광동 조성호 천일평 |
| 제29기(1974. 1. 4) | 김세용 김수종 김영환 김차웅 김현숙 김흥묵 김 훈 박경은 박 무 박무종 박흥진 방석순 백승규 서재경 선재훈 손흥익 안영섭 오중석 이상문 이영근 이항재 임종건 임철순 진창욱 최수연 최호성 |
| 제30기(1975. 2. 3) | 박귀영 유영균 이광택 이형준 최수경 |
| 제31기(1975. 8.14) | 권정희 김연숙 박희자 신연숙 최성자 최연지 |
| 제32기(1976. 8.16) | 김이권 양동희 이경애 이용복 조상희 최원석 한동수 홍선희 홍태희 |
| 제33기(1977. 1. 4) | 김윤자 김인규 김흥숙 민경복 박영철 설희관 안정숙 왕세경 윤동혁 이종남 정지훈 최상현 최 욱 |
| 제34기(1977. 5. 1) | 김종구 유연규 이동호 장계문 장병욱 |
| 제35기(1978. 1. 4) | 권태선 김성수 김양배 이형수 방민준 신한주 유석근 이미숙 이영일 이정섭 이형룡 이홍렬 정경아 채희묵 최해운 |
| 제36기(1978.12. 1) | 강정억 김주윤 박래부 박병길 박인숙 박진열 성백빈 안재현 임진숙 정승호 최규식 한수민 |
| 제37기(1980. 4. 1) | 강병태 권기팔 김경희 김재일 김종래 김주언 김창영 도영봉 문용민 유남기 이근호 이기창 이병규 이신우 이정한 정동길 정재용 조기양 조혜련 홍진수 홍휘권 |
| 제38기(1981. 8. 7) | 김민웅 김학이 박공식 박해윤 윤창중 이강규 이강석 이수완 |
| 제39기(1982. 5.17) | 김인모 남영진 박영기 서회숙 송대수 류동희 이만훈 장경구 조명구 조재용 한기봉 홍윤표 |
| 제40기(1983. 4.15) | 김성희 김용선 방준식 배정근 신재민 원인성 유석기 육홍타 정병진 김승호 김옥태 민덕유 조명식 신종오 박재영 변보기 이득수 이성덕 이익수 이 남 전상돈 고직만 고종석 김성복 김성학 신상인 최종등 배기진 |
| 제41기(1984. 1.16) | 이현우 김영호 주태산 강옥지 김주연 이영걸 장순호 김영철 오승우 손관승 이중구 정병덕 김형택 이승권 신상순 김건수 박종우 김택규 |
| 제42기(1984. 3. 6) | 김찬규 손태규 이준희 송태권 이계성 이상호 이유식 홍선근 고병석 박병헌 성일만 신문수 윤혜란 이동윤 이종환 명성환 사동석 손영희 신학림 심원택 이창섭 임선규 김진 |
| 제43기(1985. 4. 1) | 윤승용 유종필 박성현 이창민 김상우 정진석 이장훈 황영식 정광철 유영환 이철준 백영철 김학수 홍성규 송영주 임재만 김경환 |

| 기수(입사일자) | 이름 |
|---|---|
| 제44기(1986. 3.16) | 한기홍 신동재 이희순 최영규 박명복 |
| 제45기(1986. 5. 1) | 오태규 강진순 이시영 곽해승 이백규 최성범 유승우 곽영승 백필규 김이택 김태형 김창율 최규성 지차수 서용석 김형택 남재국 박호윤 양원균 박동근 고강훈 김병훈 |
| 제46기(1986.11. 1) | 홍성필 진성훈 우동명 허경회 김영진 정재완 이인우 이태규 신조영 김주묵 |
| 제47기(1987. 9. 1) | 윤석민 이충재 이영성 박 철 최정묵 이원락 서영도 최규섭 장윤호 조남제 권순일 변창섭 남유철 |
| 제48기(1988. 4. 1) | 김경철 이광일 이대현 김현수 김동영 신윤석 신효섭 김승일 |
| 제49기(1988. 7. 1) | 유승근 전인엽 배병만 노영필 정경문 박태훈 박종섭 조재현 오영진 김용범 김영걸 손기영 박윤배 |
| 제50기(1989. 1. 1) | 장현규 김철훈 황치혁 홍윤오 유성식 홍희곤 하종오 장병욱 이재열 황상진 전태석 최규일 김유석 남강욱 김영은 김재동 김형기 최창환 방문신 정문재 이용택 이승익 |
| 제51기(1989. 9. 1) | 송용회 고태성 조재우 고재학 노재원 정연석 김경호 김상우 이 건 이상원 한권현 백종인 박선양 박은주 진병원 이광회 이종석 박광희 김도형 손동영 유상규 |
| 제52기(1990. 4. 1) | 여동은 남경욱 김병찬 원일희 오미환 조상욱 박원식 김상철 민성기 구자겸 석 명 이석희 정교민 홍덕기 이윤정 박준철 육상효 김삼우 이상호 문명언 정완주 정상범 정구영 박 훈 이의철 문주용 이효영 심재윤 박승용 정하연 임재권 |
| 제53기(1990.11. 1) | 유승호 남대희 이종수 정희경 김광덕 이동국 최성욱 한덕동 이성희 전경우 최국환 신동립 박승현 정재일 임웅재 이정배 고진갑 남우선 |
| 제54기(1991. 7. 1) | 황유석 김병주 이희정 서사봉 이태희 이성철 서의동 김유진 노향란 김문호 송영웅 박상언 김진영 박동석 김광현 왕홍선 오현환 한상복 권구찬 |
| 제55기(1992. 3. 1) | 김성호 이현주 김지영 변형섭 김준형 박희정 이영섭 박천호 이진동 권대익 권혁범 신용관 장학만 현상엽 고영권 왕태석 권지영 박용철 최승진 박창진 정희돈 박수성 장래준 이영목 김윤수 문용철 안의식 이학인 최상길 백재현 허귀식 박종생 |
| 제56기(1993. 1. 1) | 김관명 박정철 염영남 정진황 김범수 이태규 박진용 김동국 김호섭 김가희 최현길 이민주 김후영 김성진 임석훈 한기석 심상민 온종흔 정재홍 |
| 제57기(1994.12. 1) | 조철환 김경화 윤태형 이상연 이승엽 손명원 윤성배 최서용 박일근 이동준 강희수 이종민 이승택 임성연 정두환 정승양 김희석 김영기 채 헌 |
| 제58기(1996. 1. 1) | 이동훈 이영태 유병률 김정곤 배성규 유병철 신화섭 이상목 이해준 진승우 |
| 제59기(1997.12. 1) | 신남수 조종옥 김재천 김지영 손석민 이주훈 안준현 고일환 박지웅 양홍주 김홍준 김연희 정태진 김경원 |
| 제60기(1999. 7. 1) | 김일환 정재원 이연호 주영훈 노원명 정녹용 김태훈 김영화 배성민 김현경 송용창 최기수 문향란 이왕구 이방현 정일동 이영준 배진환 이헌재 임상훈 정지웅 조인직 강수진 오태수 윤고은 박천규 남태현 송영신 김경훈 김용근 이상준 배우근 |
| 제61기(2000. 1. 1) | 김기철 정원수 박진석 김용식 박석원 최지향 양은경 양정대 진성훈 황종덕 김영신 라제기 김석우 박재덕 민병선 조영호 강태욱 류효진 정도상 장상용 김영현 최영균 김명희 이동현 장치혁 한상준 이은경 최창식 김주동 |
| 제62기(2000. 4. 1) | 정상원 고주희 이준택 최문선 고찬유 장근영 박은형 송기희 이진희 김세정 윤정민 박선영 김소연 김현정 정회훈 한용섭 배진남 양승호 강봉구 이경란 김태주 김정민 |

| 기수(입사일자) | 이름 |
|---|---|
| 제63기(2002. 6. 1) | 김명수 신기해 강철원 고성호 황재락 주 훈 안형영 최영윤 박선영 이종도 정철환 최진주 김신영 |
| 제64기(2003. 3. 1) | 김대성 박상준 김지성 범기영 김이경 전성철 신재연 김주성 김종한 |
| 제65기(2003. 7. 1) | 장재용 류호성 이영창 채지은 차영훈 성시영 이훈성 |
| 제66기(2005. 1. 4) | 김이삭 동그란 김정우 유상호 김광수 김회경 박원기 박상진 문준모 이현정 김경진 강준구 |
| 제67기(2008. 4. 1) | 강지원 강희경 권지윤 김성환 박민식 윤재웅 차예지 김혜경 진실희 김청환 |
| 제68기(2009. 9.15) | 강성명 강아름 강윤주 김경준 김현수 김현우 김혜영 남보라 박철현 이동현 김주영 |
| 제69기(2011. 2.21) | 정승임 안아람 신지운 조원일 최창민 이해돈 박소영 석민수 권영은 송옥진 |
| 제70기(2011. 9. 1) | 김현빈 이성택 송은미 손효숙 허경주 채지선 손현성 정상혁 |
| 제71기(2012. 9.20) | 장재진 정지용 김민호 박주희 조아름 김관진 이서희 |
| 제72기(2014. 5. 7) | 김진욱 한형직 이현주 인현우 남태웅 권재희 김민정 양진하 임준섭 신지후 김진주 전혼잎 정준호 |
| 제73기(2015. 9. 1) | 신혜정 윤주영 김정원 신은별 |

## 역대 상주 특파원 명단

| 지역 | 이름 | 상주기간 및 지역 | 지역 | 이름 | 상주기간 및 지역 |
|---|---|---|---|---|---|
| 미국 | 설국환 | 64~65, 워싱턴 | 미국 | 박진열 | 94. 3~94. 12, LA |
| | 조세형 | 68. 4~74. 6, 워싱턴 | | 조재용 | 94. 6~97. 7, 뉴욕 |
| | 김태웅 | 68. 9~90. 6, 뉴욕 | | 윤국병 | 94. 6~97. 7, 뉴욕 |
| | 조순환 | 77. 1~82. 3, 워싱턴 | | 정병진 | 95. 8~96. 8, 워싱턴 |
| | 이문희 | 82. 3~85. 3, 워싱턴 | | 이종수 | 95. 10~97. 3, 뉴욕 |
| | 김병무 | 85. 4~87. 6, 워싱턴 | | 이유식 | 96. 5~97. 4, LA |
| | 이재승 | 87. 7~90. 12, 워싱턴 | | 홍선근 | 96. 8~97. 8, 워싱턴 |
| | 정일화 | 91. 1~94. 2, 워싱턴 | | 신재민 | 97. 2~99. 8, 워싱턴 |
| | 김수종 | 91. 7~94. 12, 뉴욕 | | 정광철 | 97. 8~98. 1, 워싱턴 |
| | 이준희 | 93. 2~94. 1, LA | | 윤석민 | 97. 10~99. 6, 뉴욕 |
| | 홍성필 | 93. 2~94. 1, LA | | 윤승용 | 99. 9~02. 9, 워싱턴 |
| | 정진석 | 93. 4~95. 8, 워싱턴 | | 김병찬 | 00. 5~01. 6, 실리콘밸리 |
| | 이상석 | 94. 3~97. 2, 워싱턴 | | 김승일 | 02. 9~05.08, 워싱턴 |

| 지역 | 이름 | 상주기간 및 지역 |
|---|---|---|
| **미국** | 고태성 | 05. 09~08. 08, 워싱턴 |
| | 황유석 | 08. 09~11. 08, 워싱턴 |
| | 이태규 | 11. 09~14. 08, 워싱턴 |
| | 조철환 | 14. 09~17. 08, 워싱턴 |
| | 송용창 | 17. 09~20. 08, 워싱턴 |
| | 정상원 | 20. 09~23. 08, 워싱턴 |
| | 이서희 | 22. 6~현재, 실리콘밸리 |
| | 권경성 | 23. 09~현재, 워싱턴 |
| **일본** | 임삼 | 61~65, 도쿄 |
| | 이윤홍 | 65. 8~68. 6, 도쿄 |
| | 전태연 | 68. 4~72. 5, 도쿄 |
| | 조두흠 | 72. 5~79. 2, 도쿄 |
| | 송효빈 | 79. 3~84. 3, 도쿄 |
| | 이병일 | 84. 4~87. 6, 도쿄 |
| | 정훈 | 87. 7~90. 6, 도쿄 |
| | 문창재 | 90. 7~93. 1, 도쿄 |
| | 이상호 | 92. 4~93. 3, 도쿄 |
| | 이재무 | 93. 1~96. 1, 도쿄 |
| | 안은권 | 93. 4~94. 4, 도쿄 |
| | 이창민 | 94. 4~95. 3, 도쿄 |
| | 황영식 | 95. 3~96. 3, 도쿄 |
| | 박영기 | 96. 2~97. 7, 도쿄 |
| | 신윤석 | 96. 4~97. 3, 도쿄 |
| | 김철훈 | 97. 4~98. 1, 도쿄 |
| | 황영식 | 98. 1~02. 2, 도쿄 |
| | 박영기 | 99. 10~02. 5, 도쿄 |
| | 신윤석 | 02. 1~05. 3, 도쿄 |
| | 김철훈 | 05. 4~08. 3, 도쿄 |
| | 김범수 | 08. 4~11. 3, 도쿄 |
| | 한창만 | 11. 4~15. 3, 도쿄 |
| | 박석원 | 15. 4~18. 3, 도쿄 |
| | 김회경 | 18. 4~21. 2, 도쿄 |

| 지역 | 이름 | 상주기간 및 지역 |
|---|---|---|
| **일본** | 최진주 | 21. 3~24. 2, 도쿄 |
| | 류호 | 24. 3~, 도쿄 |
| **중국** | 김용정 | 85. 4~88. 12, 홍콩 |
| | 유주석 | 89. 1~92. 3, 홍콩 |
| | 류동희 | 92. 4~93. 1, 홍콩<br>93. 2~95. 3, 베이징 |
| | 송대수 | 95. 4~06. 1, 베이징 |
| | 이영섭 | 06. 1~09. 3, 베이징 |
| | 장학만 | 09. 1~12. 2, 베이징 |
| | 박일근 | 12. 3~16. 2, 베이징 |
| | 양정대 | 16. 3~19. 2, 베이징 |
| | 김광수 | 19. 3~22. 2, 베이징 |
| | 조영빈 | 22. 3~, 베이징 |
| **유럽** | 정종식 | 68. 4~75. 9, 파리 |
| | 김성우 | 75. 9~82. 3, 파리 |
| | 안병찬 | 82. 3~85. 3, 파리 |
| | 김승웅 | 85. 4~88. 10, 파리 |
| | 김영환 | 88. 10~92. 4, 파리 |
| **유럽** | 강병태 | 90. 4~93. 6, 베를린 |
| | 원인성 | 91. 7~94. 9, 런던 |
| | 한기봉 | 92. 4~95. 5, 파리 |
| | 이장훈 | 92. 11~95. 10, 모스크바 |
| | 송태권 | 95. 5~99. 9, 파리 |
| | 이진희 | 95. 11~98. 2, 모스크바 |
| | 이창민 | 99. 9~01. 4, 파리 |
| | 신은별 | 22. 6~, 베를린 |
| **아시아**<br>(중국/일본 외) | 최태운 | 91. 7~94. 1, 싱가폴 |
| | 정민승 | 17. 2~20. 1, 호치민/하노이 |
| | 고찬유 | 19. 1~22. 1, 자카르타 |
| | 정재호 | 20. 2~23. 1, 하노이 |
| | 허경주 | 23. 2~현재, 하노이 |
| **남아메리카** | 김인규 | 93. 2~95. 7, 상파울루 |

## 구독료 변천 일람

| 년월일 | 구독료 |
|---|---|
| 1954년 06월 09일 | 200환 |
| 1954년 12월 01일 | 300환 |
| 1956년 04월 01일 | 400환 |
| 1957년 01월 03일 | 500환 |
| 1959년 08월 01일 | 600환 |
| 1962년 06월 11일 | 60원 |
| 1963년 01월 01일 | 80원 |
| 1964년 11월 01일 | 100원 |
| 1965년 01월 01일 | 130원 |
| 1967년 09월 01일 | 180원 |
| 1969년 09월 01일 | 220원 |

| 년월일 | 구독료 |
|---|---|
| 1970년 03월 01일 | 280원 |
| 1972년 03월 01일 | 350원 |
| 1974년 01월 01일 | 450원 |
| 1975년 01월 01일 | 600원 |
| 1977년 01월 01일 | 700원 |
| 1978년 01월 01일 | 900원 |
| 1979년 02월 01일 | 1,200원 |
| 1980년 01월 01일 | 1,500원 |
| 1981년 01월 01일 | 2,500원 |
| 1982년 04월 01일 | 2,700원 |
| 1987년 09월 01일 | 2,900원 |

| 년월일 | 구독료 |
|---|---|
| 1988년 04월 01일 | 3,500원 |
| 1990년 03월 01일 | 4,000원 |
| 1990년 07월 01일 | 5,000원 |
| 1993년 01월 01일 | 6,000원 |
| 1995년 03월 01일 | 7,000원 |
| 1996년 01월 01일 | 8,000원 |
| 1998년 09월 01일 | 9,000원 |
| 2000년 03월 01일 | 10,000원 |
| 2002년 05월 01일 | 12,000원 |
| 2008년 04월 01일 | 15,000원 |
| 2022년 02월 01일 | 20,000원 |

## 연재소설 작가·삽화가 작품 일람

| 작가 | 삽화가 | 작품명 | 게재 연월일 | 횟수 |
|---|---|---|---|---|
| 염상섭 | 김인승 | 미망인 | 54.6.16~54.12.6 | 151 |
| 청사 | 한홍택 | 나이롱 춘향전 | 54.11.7~55.3.20 | 19 |
| 곽하신 | 김 훈 | 옛날 항아리(소년소설) | 54.11.7~55.4.10 | 22 |
| 김말봉 | 한홍택 | 여적 | 54.12.10~55.2.13 | 10 |
| 정비석 | 김기창 | 민주어족 | 54.12.10~55.8.8 | 228 |
| 정한숙 | 한홍택 | 황진이 | 55.1.19~55.8.28 | 31 |
| 김광연 | 한홍택 | 우국여성협회 | 55.2.20~55.3.20 | 5 |
| 오상원 | - | 잔광(단편소설) | 55.3.4~55.3.12 | 6 |
| 이종환 | 김영주 | 하늘은 푸르다야(소년소설) | 55.4.7~55.5.6 | 30 |
| 청사 | 안의섭 | 속·나이롱 춘향전 | 55.5.8.~55.8.14 | 14 |
| 이원수 | 김영주 | 가로등의 노래(소년소설) | 55.5.8~55.6.10 | 30 |
| 이보라 | 김영주 | 연두색 그림(동화) | 55.6.12~55.7.3. | 4 |
| 방기환 | 김호성 | 나비이야기(동화) | 55.4.17~55.7.3 | 12 |
| 임석재 | 김호성 | 마음 좋은 개와 간사한 쥐(동화) | 55.7.10~55.7.17 | 2 |
| 최태호 | 강도암 | 백조의 선물(동화) | 55.6.30~55.7.5 | 6 |
| 최요안 | 한홍택 | 하이얀 길(소년소설) | 55.7.7~55.8.17 | 32 |
| 박화성 | 김영주 | 고개를 넘으면 | 55.8.9~56.4.23 | 145 |

| 작가 | 삽화가 | 작품명 | 게재 연월일 | 횟수 |
| --- | --- | --- | --- | --- |
| 박화목(역) | 김호성 | 고아 데빗드(소년소설) | 55.7.15~55.11.13 | 18 |
| 박성수 | 안상운 | 은하수 밝은 거리(소년소설) | 55.7.14~55.10.16 | 12 |
| 마해송 | 한홍택 | 앙그리께(동화) | 55.8.21~55.10.26 | 60 |
| 유 호 | 안상운 | 맹선생행상기 | 55.9.25~55.11.20 | 9 |
| 한경호(역) | - | 사랑과 마음(동화) | 55.10.30~55.11.27 | 5 |
| 이종환 | 한홍택 | 눈송이 꽃송이(소년소설) | 55.11.28~55.12.30 | 30 |
| 한정동 | - | 기쁨의 눈물(동화) | 56.1.1~56.1.29 | 5 |
| 장수철 | 안상운 | 별 속의 눈동자(소년소설) | 56.1.30~56.3.8 | 35 |
| 이무영 | - | 목마 타던 시절(소년소설) | 55.11.27~56.3.4 | 15 |
| 이재화(역) | - | 인어 아가씨(동화) | 56.4.1~56.9.16 | 23 |
| 강소천 | 안상운 | 잃어버렸던 나(동화) | 56.3.26~56.5.3 | 35 |
| 정비석 | 김기창 | 낭만열차 | 56.4.25~56.11.24 | 213 |
| 김영일 | 안상운 | 별하나 나하나(소년소설) | 56.5.8~56.6.12 | 34 |
| 김요섭 | 안상운 | 바람은 바람들끼리(소년소설) | 56.6.16~56.7.18 | 30 |
| 방기환 | 안상운 | 웃지 않는 아이(소년소설) | 56.7.21~56.8.31 | 37 |
| 박홍민 | 안상운 | 휘파람 불며 불며(소년소설) | 56.7.3~56.10.30 | 38 |
| 박화성 | 김영주 | 사랑 | 56.11.25~57.9.15 | 289 |
| 김영일 | - | 바람아 조용히(소년소설) | 56.9.23~56.12.9 | 12 |
| 목해균 | 안상운 | 기러기 우는 밤(소년소설) | 56.11.30~56.12.29 | 30 |
| 박경종 | 김태형 | 세 발 달린 개(동화) | 57.12.16~57.3.3 | 9 |
| 임인수 | 안상운 | 만화선생(소년소설) | 57.1.1~57.2.3 | 30 |
| 박정주 | 안상운 | 꽃말씀(동화) | 57.3.17~57.4.7 | 4 |
| 김말봉 | 김 훈 | 화관의 계절 | 57.9.18~58.5.6 | 228 |
| 박 문 | - | 일야일화(단편) | 58.3.24~58.5.14 | 8 |
| 박종화 | 김기창 | 여인천하 | 58.11.11~59.11.17 | 341 |
| 홍성유 | 우경희 | 비극은 없다 | 58.5.7~58.12.2 | 207 |
| 김예승 | 천경자 | 일식 | 58.12.3~59.5.10 | 155 |
| 김요섭 | 백영수 | 오, 멀고 먼 나라여(소년소설) | 58.12.13~59.5.31 | 24 |
| 키플링 | 백문영 | 정글·북 | 58.12.6~59.1.18 | 6 |
| 손소희 | 백영수 | 태양의 시 | 59.5.11~59.9.5 | 27 |
| 장수철 | 백인미 | 흰구름 따라서(소년소설) | 59.6.9~59.10.25 | 21 |
| 한무숙 | 우경희 | 빛의 계단 | 59.9.6~60.2.6 | 150 |
| 캐스트너 | 백문영 | 소년탐정 에밀(소년소설) | 59.10.11~60.1.31 | 15 |
| 강소천 | 김태형 | 꾸러기 행진곡(동화) | 59.11.1~60.3.27 | 20 |

| 작가 | 삽화가 | 작품명 | 게재 연월일 | 횟수 |
|---|---|---|---|---|
| 유 호 | 이순재 | 제 멋대로 | 59.11.18~60.5.18 | 150 |
| 박화성 | 이충근 | 창공에 그리라 | 60.2.8~60.9.30 | 220 |
| 마해송 | 백문영 | 멍멍 나그네(동화) | 60.4.5~60.9.4 | 130 |
| 정비석 | 김영주 | 혁명전야 | 60.5.19~60.5.21 | 3 |
| 선우휘 | 우경희 | 아아, 산하여 | 60.6.1~61.5.4 | 266 |
| 김동리 | 김영주 | 이곳에 던져지다 | 60.10.1~61.5.23 | 196 |
| 박경종 | 김광배 | 새로 나타난 별(동화) | 60.11.5~60.12.17 | 7 |
| 김용성 | 장두건 | 잃은 자와 찾은 자 | 61.5.5~62.3.5 | 224 |
| 차재원 | 김 만 | 반달할머니와 금붕어(동화) | 61.5.17~61.6.22 | 86 |
| 한운사 | 문학진 | 현해탄은 말이 없다 | 61.5.25~61.12.30 | 187 |
| 김요섭 | 백인미 | 오 멀고먼 나라여(동화) | 61.7.26~61.10.11 | 12 |
| 장수철 | 백영수 | 밤이 익을 때(동화) | 61.10.25~61.11.22 | 5 |
| 손소희 | 천경자 | 사랑의 계절 | 62.1.1~62.8.17 | 225 |
| 성기정 | 전성보 | 슬픈 메아리(동화) | 62.2.1~62.3.3 | 5 |
| 전병순 | 박고석 | 절망 뒤에 오는 것 | 62.3.6~62.10.19 | 210 |
| 밀로반 칠리스 | 밀로반 칠리스 | 전쟁(단편) | 62.5.6~62.5.14 | 7 |
| 박경리 | 김세종 | 가을에 온 여인 | 62.8.18~63.5.31 | 239 |
| 백인빈 | 문학진 | 환절기 | 62.6.8~62.6.18 | 9 |
| 서정주 | 김기창 | 신라낭만(산문역시) | 62.8.12~62.10.13 | 32 |
| 이리석 | 이승만 | 난세비화 | 62.10.20~63.8.1 | 250 |
| 솔제니친 | 정준용 | 이반·데니소비치의 하루 | 63.1.23~63.2.5 | 9 |
| 유주현 | 우경희 | 장미부인 | 63.6.1~64.3.1 | 230 |
| 박종화 | 김기창, 이승만 | 삼국지 | 63.1.1~68.5.7 | 1,603 |
| 장덕조 | 김세종 | 벽오동 심은 뜻은 | 63.8.20~64.9.10 | 310 |
| 강신재 | 박영선 | 신설 | 64.9.11~65.7.22 | 266 |
| 안수길 | 문학진 | 내일은 풍우 | 65.7.23~66.6.24 | 285 |
| 한운사 | 김인승 | 대야망 | 66.6.25~67.9.17 | 383 |
| 이건영 | 이순재 | 회전목마 | 67.9.19~68.6.16 | 231 |
| 장덕조 | 장운상 | 이조의 여인들(역사소설) | 68.5.8~72.1.30 | 1,156 |
| 홍성유 | 전성보 | 사랑과 죽음의 세월 | 68.6.18~69.6.17 | 309 |
| 박기원 | 김경우 | 화혼 | 69.6.18~70.6.14 | 307 |
| 이호철 | 문학진 | 재미 있는 세상 | 70.6.16~71.12.31 | 481 |
| 정한숙 | 박노수 | 논개 | 72.2.1~73.8.14 | 476 |
| 이호철 | 이우경 | 망향가족 | 72.10.21~73.8.14 | 251 |

| 작가 | 삽화가 | 작품명 | 게재 연월일 | 횟수 |
|---|---|---|---|---|
| 권기홍 | 이순재 | 비산비야기 | 73.8.15~74.7.10 | 279 |
| 한수산 | 홍성찬 | 해빙기의 아침 | 73.8.15~74.7.10 | 279 |
| 황석영 | 김기창, 최연석, 김아영 | 장길산 | 74.7.11~84.7.5 | 2,092 |
| 김성종 | 전성보 | 최후의 증인 | 74.7.11~75.6.29 | 300 |
| 정연희 | 이 준 | 백만김의 부인 | 75.7.1~75.8.1 | 27 |
| 박기원 | 오숙희 | 돌아온 사람 | 75.8.2~75.8.31 | 25 |
| 구혜영 | 최연석 | 아름다운 계율 | 75.9.2~75.9.30 | 25 |
| 박순녀 | 김광배 | 칠법전서 | 75.10.1~75.10.31 | 26 |
| 송원희 | 심죽자 | 황홀한 시간 | 75.11.1~75.11.30 | 16 |
| 강신재 | 정탁영 | 그래도 할말이 | 75.12.2~75.12.30 | 26 |
| 손창섭 | 김용기 | 유맹(流氓) | 76.1.1~76.10.28 | 252 |
| 김용성 | 김광배 | 내일 또 내일 | 76.10.29~77.12.31 | 362 |
| 송 영 | 김 태 | 달리는 황제 | 78.1.1~78.10.31 | 252 |
| 손창섭 | 이우경 | 봉술랑 | 77.6.10~78.10.8 | 408 |
| 한승원 | 강연균 | 안개 바다 | 78.10.1~78.11.30 | 50 |
| 방영웅 | 전성보 | 해바라기 설화 | 78.11.1~79.5.31 | 177 |
| 구혜영 | 최쌍중 | 나의 하얀 망아지 | 78.12.1~79.3. 4 | 76 |
| 김문수 | 박동일 | 바람과 날개 | 79.3.6~80.1.20 | 272 |
| 최 학 | 김영주 | 서북풍 | 80.1.1~81.2.8 | 340 |
| 홍성원 | 전성보 | 꿈꾸는 대합실 | 80.1.1~81.1.20 | 308 |
| 조선작 | 김광배 | 모눈종이 위의 생 | 81.1.21~81.11.20 | 258 |
| 이병주 | 이우범 | 유성의 적 | 81.2.10~82.7.2 | 424 |
| 양귀자 | 김광배 | 내 방의 등불 | 81.11.24~82.12.10 | 15 |
| 양순석 | 김 령 | 바다에서 플룻을 | 81.12.11~81.12.31 | 18 |
| 박완서 | 김광배 | 그해 겨울은 따뜻했네 | 82.1.5~83.1.15 | 318 |
| 김성일 | 송 룡 | 땅끝에서 오다 | 83.3.8~83.12.8 | 233 |
| 윤흥길 | 권순철 | 청산아 네 알거든 | 83.12.9~85.2.28 | 375 |
| 김홍신 | 정준용 | 풍객 | 85.3.5~85.12.31 | 258 |
| 이제하 | 이제하 | 광화사 | 86.1.7~86.12.28 | 301 |
| 강신재 | 김세종 | 명성황후 | 87.1.8~87.12.31 | 303 |
| 이문열 | 이청운, 김천영 | 변경 | 86.8.2~90.7.29 | 197 |
| 김주영 | 최연석 | 화척 | 88.1.5~89.12.31 | 627 |
| 양귀자 | 이두식 | 잘 가라 밤이여 | 90.1.10~90.12.10 | 329 |
| 조정래 | 이우범 | 아리랑 | 90.12.11~94.7.30 | 1,089 |

| 작가 | 삽화가 | 작품명 | 게재 연월일 | 횟수 |
|---|---|---|---|---|
| 김성종 | 박남 | 세상에서 제일 쓸쓸한 사나이(석간) | 91.12.16~92.12.31 | 103 |
| 고원정 | 박구원 | 대권(석간) | 92.3.5~93.2.25 | 233 |
| 김성종 | 박남 | 세 얼굴을 가진 사나이(석간) | 94.1.4~93.11.30 | 233 |
| 이순원 | 이우경 | 미혼에게 바친다 | 94.8.1~95.2.28 | 176 |
| 최인호 | 이우범 | 사랑의 기쁨 | 95.3.1~96.11.1 | 500 |
| 채길순 | 이우경 | 흰옷 이야기 | 96.1.8~97.6.30 | 499 |
| 최인호 | 이우범 | 상도 | 97.7.1~00.9.30 | 1,050 |
| 황석영 | 민정기 | 손님 | 00.10.16~01.3.14 | 126 |
| 황석영 | 임옥상,김세현 | 심청, 연꽃의 길 | 02.10.1~03.10.9 | 315 |

## 신춘문예 당선작가 작품 일람

*구분이 없을 경우 당선

| 횟수 | 부문 | 작가 | 작품명(구분) |
|---|---|---|---|
| 제1회 (1955) | 단편소설 | 오상원 | 유예 |
| | 단편소설 | 정 진 | 전황당인보기(가작) |
| | 시 | 김 윤 | 우리는 사리라 |
| | 시 | 정진경 | 멸인(가작) |
| | 시 | 신건호 | 봄 강물(가작) |
| | 희곡 | 주동운 | 태양의 그림자 |
| | 희곡 | 정길일 | 혼항(가작) |
| | 동화 | 서석규 | 장날 |
| | 동화 | 이영희 | 조각배와 꿈(가작) |
| 제2회 (1956) | 단편소설 | 백승찬 | 도정 |
| | 단편소설 | 염대하 | 인간상실(가작) |
| | 시 | 김종인 | 수확의 노래(가작1석) |
| | 시 | 김태순 | 낙동강(가작2석) |
| | 시 | 김태주 | 섬광-백마고지의 회상 (가작3석) |
| | 시 | 한길호 | 작은 물방울들이 자꾸 떨어집니다(가작4석) |
| | 시 | 이영식 | 성야(가작5석) |
| | 희곡 | 정구하 | 춘뢰(가작1석) |
| | 희곡 | 이정균 | 험산을 넘어 북으로 가다(가작2석) |

| 횟수 | 부문 | 작가 | 작품명(구분) |
|---|---|---|---|
| | 희곡 | 심정변 | 마른 등나무가 있는 풍경(가작3석) |
| | 희곡 | 김포천 | 바다가 보이는 언덕 (가작4석) |
| | 소년소설 | 정주상 | 경재와 하모니카 |
| | 라디오 | 이목영 | 눈보라 속에 |
| | 드라마 | 이소우 | 산승(가작) |
| 제3회 (1957) | 단편소설 | 하근찬 | 수난 2대 |
| | 단편소설 | 이창렬 | 슬픈 첩보(가작) |
| | 시 | 권일송 | 불면의 흉장 |
| | 시 | 한정식 | 포푸라(가작) |
| | 시 | 김상빈 | 산(가작) |
| | 영화 | 성 우 | 휴전선 |
| | 스토리 | 오두상 | 전야(가작) |
| 제4회 (1958) | 단편소설 | | (없음) |
| | 시 | | (없음) |
| | 시 | 윤부현 | 제2의 휴식(가작) |
| | 시 | 남대천 | 그림자(가작) |
| | 시조 | 김민부 | 균열 |
| | 시조 | 박경용 | 풍경(가작) |
| | 시조 | 이일강 | 에밀레(가작) |

*구분이 없을 경우 당선

| 횟수 | 부문 | 작가 | 작품명(구분) |
| --- | --- | --- | --- |
| | 평론 | 김 태 | 문예사조의 새로운 방향 |
| | 평론 | 백완기 | (가작1편) |
| 제5회 (1959) | 단편소설 | 오승재 | 제3부두 |
| | 시 | 주문돈 | 꽃과 의미 |
| | 시 | 유수언 | 몇 마디의 후회(선외가작) |
| | 시 | 정치하 | 입상(선외가작) |
| | 시 | 최수진 | 전쟁과 호수의 일화 (선외가작) |
| | 시조 | 송선영 | 휴전선(황원) |
| | 시조 | 유성규 | 청자(선외가작) |
| | 시조 | 김사당 | 벽(선외가작) |
| | 시조 | 이웅재 | 샘(선외가작) |
| 제6회 (1960) | 단편소설 | 김학섭 | 어머니 |
| | 시 | 박상철 | 밤의 편력 |
| | 시 | 박상배 | 열도(가작) |
| | 시조 | 김태희 | 영춘삼제 |
| | 동화 | 최숙경 | 작은 씨앗의 꿈 |
| | 동요 | 최연수 | 집보는 날 |
| 제7회 (1961) | 단편소설 | 김일선 | 손(가작) |
| | 시 | 장순지 | 제2의 광장(가작) |
| | 시 | 노익성 | 영역(가작) |
| | 시조 | 신중현 | 소(가작) |
| | 시조 | 임 무 | 설화(가작) |
| | 한시 | 정희진 | 목동(가작) |
| | 한시 | 서병두 | (가작) |
| | 한시 | 고학렬 | (가작) |
| | 한시 | 조정희 | (가작) |
| | 동화 | 이준연 | 인형이 가져온 편지 |
| | 동시 | 홍경춘 | 설빔(가작) |
| | 시나리오 | 이유민 | 내일의 지점 |
| | 시나리오 | 서종인 | (가작) |
| 제8회 (1962) | 단편소설 | 김승옥 | 생명연습 |
| | 시 | 박리도 | 황제와 나 |
| | 시 | 신동래 | 하나의 의미가 주는 시도 (가작) |
| | 시조 | 최동일 | 자옥련부(가작) |
| | 시조 | 최석청 | 옥매화(가작) |
| | 한시 | 유하식 | (가작) |
| | 한시 | 지준모 | (가작) |
| | 한시 | 김용한 | (가작) |
| | 한시 | 이봉춘 | (가작) |
| | 한시 | 서병두 | (가작) |
| | 시나리오 | 이상근 | 운전수이야기(가작) |
| | 동화 | 김영순 | 학처럼 |
| | 동화 | 성기정 | 슬픈 메아리(가작) |
| | 동시 | 김원기 | 아기와 바람 |
| | 동시 | 정상묵 | 산골아기(가작) |
| | 문학평론 | 김우정 | 현대 시에 관한 시론(가작) |
| 제9회 (1963) | 단편소설 | 최인호 | 벽구멍으로(가작) |
| | 시 | 민경철 | 궤변초(가작) |
| | 시조 | 이덕영 | 화석 |
| | 시조 | 이한남 | 백설송(가작) |
| | 한시 | 권중해 | 신년술회 |
| | 시나리오 | 김정환 | 하늘과 땅의 대화(가작) |
| | 시나리오 | 이원섭 | 금지된 노래(가작) |
| | 동화 | 최요섭 | 철이와 호랑이 |
| | 동화 | 이정길 | 점있는 아이(가작) |
| | 동화 | 엄기원 | 골목길 |
| | 희곡 | 오재호 | 고독한 느티그늘(가작) |
| | 문학평론 | 허 정 | 한국문화의 근대화 과정 (가작) |
| 제11회 (1964) | 단편소설 | 홍성원 | 빙점지대 |
| | 시 | 이근배 | 북위선 |
| | 희곡 | | (없음) |
| | 희곡 | 이만택 | 무지개(재모집) |
| 제12회 (1965) | 단편소설 | 유우희 | 공백지대 |
| | 시 | | (없음) |
| | 시 | 이해녕 | 아내의 눈은(가작) |
| | 희곡 | | (없음) |
| | 희곡 | 이하룡 | 불협화음(가작) |

*구분이 없을 경우 당선

| 횟수 | 부문 | 작가 | 작품명(구분) | 횟수 | 부문 | 작가 | 작품명(구분) |
|---|---|---|---|---|---|---|---|
| 제13회 (1966) | 동화 | 이 관 | 당나귀 | | 수필 | 김덕형 | 발상에 관하여 |
| | 단편소설 | | (없음) | | 동화 | 한혜선 | 햇빛과 별빛의 요술사 |
| | 단편소설 | 백신근 | 흑인영가(가작) | | 학생논문 | | (없음) |
| | 단편소설 | 박병우 | 약혼설(가작) | | 학생논문 | 이한유 | 학생들의 70년대관(가작) |
| | 시 | 문효치 | 산색 | 제18회 (1971) | 단편소설 | | (없음) |
| | 시 | 채규판 | 바람 속에서 | | 단편소설 | 황선도 | 끈(가작1석) |
| | 희곡 | 황유철 | 불신시대 | | 단편소설 | 임완숙 | 벙치(가작2석) |
| | 희곡 | 김정개 | 인형 사남매 | | 시 | 박지열 | 유년의 겨울 |
| | 동요 | 김정일 | 할머니 주머니 | | 시조 | 황순구 | 꽃의 내용 |
| | 동시 | | (표절로 취소) | | 희곡 | 김정률 | 썩는 소리 |
| | 동시 | 이 만 | 거울조각(가작) | | 수필 | 이옥덕 | 포플러 |
| | 동시 | 이수정 | 꽈리(가작) | | 동화 | 임교순 | 연못속의 동네 |
| | 평론 | | (없음) | | 동시 | 강태기 | 저금통 |
| 제14회 (1967) | 단편소설 | 이진우 | 생성 | | 학생논문 | | (없음) |
| | 시 | | (없음) | 제19회 (1972) | 단편소설 | 고동화 | 열하일기 |
| | 시 | 이 건 | 목선들의 뱃머리가(가작) | | 시 | 이달희 | 낙동강 |
| | 희곡 | | (없음) | | 시조 | | (없음) |
| | 희곡 | 오태석 | 화장한 남자들(가작) | | 시조 | 오세숙 | 침공(가작) |
| | 시나리오 | | (없음) | | 동시 | 정호승 | 석굴암을 오르는 영희 |
| | 시나리오 | 박성재 | 운무(가작) | | 학생논문 | | - |
| | 시나리오 | 하지찬 | 전화(가작) | | 학생논문 | 최진옥 | 대학생 농촌봉사의 실태와 문제점(가작) |
| | 동화 | 고계영 | 털샤쓰 | 제20회 (1973) | 단편소설 | | (없음) |
| | 동화 | 조경환 | 신의 오른손과 사랑에 관한 이야기(가작) | | 시 | 하덕조 | 희생 |
| 제15회 (1968) | 단편소설 | 윤흥길 | 회색 면류관의 계절 | | 시조 | 김춘호 | 산촌일기 |
| | 시 | 김종철 | 재봉 | | 동극 | 곽영석 | 노랑나비의 노래 |
| | 희곡 | | (없음) | | 동시 | 박유석 | 꽃이 되리 |
| | 동화 | 임신행 | 달마산의 아이들 | 제21회 (1974) | 단편소설 | 손영호 | 파님 |
| 제16회 (1969) | 단편소설 | 천금성 | 영해발 부근 | | 단편소설 | 류광조 | 부곡(가작) |
| | 시 | 이유식 | 원주민 | | 시 | 김영석 | 단식 |
| | 동화 | 김미영 | 눈오는 밤의 심부름 | | 시조 | 박정숙 | 한지 |
| | 학생논문 | 권병태 | 현대의 인간소외와 그 극복(가작) | | 수필 | 조수익 | 얼굴 |
| 제17회 (1970) | 단편소설 | 이수남 | 돔소도에서 며칠을 | | 동화 | 배익천 | 달무리 |
| | 시 | 정중수 | 하늘 | | 논픽션 | 최우식 | 팔각모의 소위들 |
| | 단편희곡 | | (없음) | 제22회 (1975) | 단편소설 | 김상렬 | 소리의 덫 |

*구분이 없을 경우 당선

| 횟수 | 부문 | 작가 | 작품명(구분) |
|---|---|---|---|
| | 시 | 김은자 | 초설 |
| | 시조 | 황몽상 | 촛불 |
| | 수필 | 김해성 | 한 개 사과가 되리라 |
| | 동화 | 정형일 | 길 |
| | 문학평론 | 이명자 | 이상의 시 오감도 중에서 제4호에 나타난 수의식과 기하학정신(가작) |
| | 문학평론 | 윤충의 | 소설의 회화성에 대한 구조적 시론 |
| 제23회 (1976) | 단편소설 | 우선덕 | 하얀 역류 |
| | 시 | 김용해 | 산조 |
| | 시조 | 민병도 | 마을 |
| | 수필 | 이정림 | 어떤 수분 |
| | 동화 | 한수연 | 바람골 우체부 |
| 제24회 (1977) | 단편소설 | 김정례 | 손님 |
| | 시 | 유수창 | 아침 |
| | 시조 | 이등룡 | 미호천의 소견 |
| | 수필 | 오창익 | 해바라기 |
| | 동화 | 손수복 | 바닷가에서 주운 이야기 |
| 제25회 (1978) | 단편소설 | 김양호 | 점박이 갈매기 |
| | 시 | 이은실 | 전야 |
| | 시조 | 이청화 | 채석장 풍경 |
| | 수필 | 정상옥 | 그 푸르렀던 세월이 |
| | 동화 | 김병규 | 춤추는 눈사람 |
| 제26회 (1979) | 단편소설 | 윤후명 | 산역 |
| | 단편소설 | 김은신 | 김박사의 장난감(가작) |
| | 시 | 조용현 | 목재의 질량 |
| | 시조 | 허 일 | 문 |
| | 수필 | 윤모촌 | 오음실의 주인 |
| | 동화 | 이동렬 | 봄을 노래하는 합창대 |
| 제27회 (1980) | 단편소설 | 김진자 | 등대 |
| | 시 | 안재찬 | 생활 |
| | 시조 | 박기섭 | 한추여정 |
| | 수필 | 김기은 | 공간 |
| | 동화 | 장문식 | 신기료 할아버지 |

| 횟수 | 부문 | 작가 | 작품명(구분) |
|---|---|---|---|
| 제28회 (1981) | 단편소설 | 황충상 | 무색계 |
| | 단편소설 | 이건숙 | 양로원 |
| | 시 | 오정환 | 채광기 |
| | 시조 | 전원범 | 목재소의 밤 |
| | 수필 | 한지운 | 목련댁 |
| | 동화 | 신충행 | 부처님 웃으시다 |
| 제29회 (1982) | 단편소설 | 이 린 | 모계사 |
| | 시 | 박수찬 | 마부 |
| | 시조 | 석성일 | 강가에 앉아서 |
| | 수필 | 이숙자 | 겨울 이야기 |
| | 동화 | 박미숙 | 하늘 낚시 |
| | 희곡 | 이현석 | 당구놀이 |
| 제30회 (1983) | 단편소설 | 김 혁 | 길고 긴 노래 |
| | 시 | 임문혁 | 물의 비밀 |
| | 시조 | 신필영 | 동원일기 |
| | 수필 | 류강호 | 다록기 |
| | 동화 | 이민숙 | 고무줄 새총 |
| | 희곡 | 이창현 | 굴(가작) |
| 제31회 (1984) | 단편소설 | 이연철 | 그리운 꿈 |
| | 시 | 오태환 | 최익현 |
| | 시조 | 김완성 | 산가일기 |
| | 수필 | 이면기 | 구도로 |
| | 동화 | 박상재 | 꿈꾸는 대나무 |
| | 희곡 | 함준기 | 일곱번째의 살해 |
| 제32회 (1985) | 시 | 정일근 | 유배지에서 보내는 정약용의 편지 |
| | 소설 | 류정룡 | 열려라 문 |
| 제33회 (1986) | 시 | 최영철 | 연장론 |
| | 소설 | 박정우 | 전지에서(가작) |
| 제34회 (1987) | 시 | 송용호 | 약수터에서 |
| | 소설 | 전진우 | 서울 1986년 여름 |
| | 희곡 | 박미전 | 기묘한 G선 |
| 제35회 (1988) | 시 | 성선경 | 바둑론 |
| | 소설 | 김석희 | 이상의 날개 |
| | 희곡 | 정우숙 | 소망의 자리 |

*구분이 없을 경우 당선

| 횟수 | 부문 | 작가 | 작품명(구분) | 횟수 | 부문 | 작가 | 작품명(구분) |
|---|---|---|---|---|---|---|---|
| 제36회 (1989) | 시 | 김기택 | 꼽추, 가뭄 (당선작이 2편임) | | 동시 | 한계령 | 돌 줍기 |
| | 소설 | 채희윤 | 어머니의 저녁 | 제45회 (1998) | 시 | 손택수 | 언덕 위의 붉은 벽돌집 |
| | 희곡 | 홍원기 | 아스팔트 | | 소설 | 이수경 | 가위 바위 보 |
| 제37회 (1990) | 시 | 이윤학 | 청소부 | | 희곡 | 노동혁 | 만행(萬行) |
| | 소설 | 이혜경 | 늦장마 | | 동화 | 윤제학 | 노 젓는 스님 |
| | 희곡 | 장일홍 | 강신무 | | 동시 | 김희정 | 동생과의 약속 |
| 제38회 (1991) | 시 | 박형준 | 가구의 힘 | 제46회 (1999) | 시 | 여 림 | 실업 |
| | 소설 | 윤명제 | 개마고원 | | 소설 | 김도언 | 소년, 소녀를 만나다 |
| | 희곡 | 장원범 | 인양 | | 희곡 | 고선웅 | 우울한 풍경 속의 여자 |
| 제39회 (1992) | 시 | 박현수 | 세한도 | | 동화 | 김춘옥 | 박물관 가는 길 |
| | 소설 | 노경실 | 오목렌즈 | | 동시 | 정동현 | 화장실 청소 |
| | 희곡 | 김승길 | 해부 | 제47회 (2000) | 시 | 조 정 | 이발소 그림처럼 |
| 제40회 (1993) | 시 | 서영효 | 소금에 관하여 | | 소설 | 김종은 | 후레쉬 피쉬맨 |
| | 소설 | 소을석 | 무한궤도 | | 희곡 | 김현태 | 행복한 선인장 |
| | 희곡 | 정선영 | 흐린 강 저편 | | 동화 | 김해원 | 기차의 긴 의자 이야기 |
| 제41회 (1994) | 시 | 조연호 | 열매를 꿈꾸며, 길을 향하여 (*당선작이 2편임) | | 동시 | 김자연 | 까치네 학교 |
| | 소설 | 김재찬 | 사막의 꿈 | 제48회 (2001) | 시 | 길상호 | 그 노인이 지은 집 |
| | 희곡 | 김대현 | 외등아래 | | 소설 | 남문석 | 읽고, 묽고 희박한 |
| 제42회 (1995) | 시 | 이병률 | 좋은 사람들, 그날엔 | | 희곡 | 김정훈 | 너에 대한 추측 |
| | 소설 | 박숙희 | 우리에게 필요한 것은 날개가 아니다 | | 동화 | 배미경 | 해장죽 |
| | 희곡 | 마희정 | 시를 쓰지 않는 시인의 구혼 | | 동시 | 최재숙 | 꽃씨 하나가 꽃이 되려면 |
| | 동화 | 김혜리 | 마지막 선물 | 제49회 (2002) | 시 | 임경림 | 산벚나무를 묻지 마라 |
| | 동시 | 백우선 | 아빠 손가락, 이른 봄 | | 소설 | 가백현 | 돼지 |
| 제43회 (1996) | 시 | 임동윤 | 안개의 도시 | | 희곡 | 김재엽 | 페르소나 |
| | 소설 | 이환제 | 높고 마른 땅 -그 곳에 이르는 길 | | 동화 | 봉현주 | 보리암 스님 |
| | 희곡 | 이원종 | 플랫부쉬 애비뉴 | | 동시 | 김미희 | 달리기 시합 |
| | 동화 | 김희경 | 눈 오는 날 | 제50회 (2003) | 시 | 김일영 | 삐비꽃이 아주 피기 전에 |
| | 동시 | 김경란 | 내가 하찮게 느껴지는 날 | | 소설 | 김정은 | 독어(毒魚) |
| 제44회 (1997) | 시 | 이대의 | 야경 | | 희곡 | 김민정 | 브라질리아 |
| | 소설 | 김혜진 | 어머니의 산 | | 동화 | 김정호 | 퇴깽이 이야기 |
| | 희곡 | 장성희 | 판도라의 상자 | | 동시 | 최길하 | 손톱 끝에 받아 기른 봉숭아 꽃물을 |
| | 동화 | 최일걸 | 길 | 제51회 (2004) | 시 | 예현연 | 유적 |
| | | | | | 소설 | 이우현 | 덫 |
| | | | | | 희곡 | 최명숙 | 두 아이 |

*구분이 없을 경우 당선

| 횟수 | 부문 | 작가 | 작품명(구분) |
|---|---|---|---|
| | 동화 | 이상화 | 마늘 냄새는 언제나 톡 쏘지 않는다 |
| | 동시 | 이옥근 | 다롱이의 꿈 |
| 제52회 (2005) | 시 | 신기섭 | 나무 도마 |
| | 소설 | 송옥영 | 피 |
| | 희곡 | 김수정 | 청혼하려다 죽음을 강요당한 사내 |
| | 동화 | 이해든 | 노랑 제비꽃 |
| | 동시 | 김예란 | 우리 할머니 |
| 제53회 (2006) | 시 | 김두안 | 거미집, 입가에 물집처럼 |
| | 소설 | 김애현 | 카리스마 스탭 |
| | 동시 | 박성우 | 미역 |
| | 동화 | 배덕임 | 황금빛 울타리 |
| | 희곡 | 김은성 | 시동라사 |
| 제54회 (2007) | 시 | 이용임 | 엘리펀트맨 |
| | 소설 | 유응오 | ㅇㅇ |
| | 동시 | 김현서 | 세탁기 |
| | 동화 | 유행두 | 무스탕 마네킹 |
| | 희곡 | 김효정 | 쥐를 잡자 |
| 제55회 (2008) | 시 | 정은기 | 차창 밖, 풍경의 빈 곳 |
| | 소설 | 진연주 | 방 |
| | 동시 | 김영미 | 재개발 아파트 |
| | 동화 | 임정순 | 그 녀석 길들이기 |
| | 희곡 | 김지용 | 그 섬에서의 생존 방식 |
| 제56회 (2009) | 시 | 이우성 | 무럭무럭 구덩이 |
| | 소설 | 김금희 | 너의 도큐먼트 |
| | 희곡 | 주정훈 | 열 두 대신에 불리러 갈 제 |
| | 희곡 | 황윤정 | 극적인 하룻밤 |
| | 동화 | 강남이 | 내 사랑 이꽃분 |
| | 동시 | 배산영 | 징검돌 |
| 제57회 (2010) | 시 | 김성태 | 검은 구두 |
| | 소설 | 이지원 | 얼음의 요정 |
| | 동시 | 최수진 | 지리산의 밤 |
| | 동화 | 송혜진 | 일부러 그런 게 아니에요 |
| | 희곡 | 김나정 | 여기서 먼가요? |
| 제58회 (2011) | 시 | 박송이 | 새는 없다 |
| | 소설 | 라유경 | 낚시 |
| | 동시 | 김철순 | 사과의 길, 냄비 |
| | 희곡 | 김성배 | 확률 |
| | 동화 | 박옥순 | 알사탕 |
| 제59회 (2012) | 시 | 류성훈 | 월면 채굴기 |
| | 소설 | 김솔 | 내기의 목적 -code of Honor |
| | 소설 | 정경윤 | 고열 |
| | 희곡 | 허진원 | 덫 |
| | 동시 | 조정일 | 산새 |
| | 동화 | 나은경 | 나랑 놀고 가! |
| 제60회 (2013) | 시 | 이정훈 | 쏘가리, 호랑이 |
| | 소설 | 윤지완 | 당신의 아름다운 세탁소 |
| | 희곡 | 김성제 | 동화동경 |
| | 동화 | 한광일 | 생각하는 나무 |
| | 동시 | 이미례 | 시계수리점의 고양이 |
| 제61회 (2014) | 시 | 김진규 | 대화 |
| | 소설 | 김태우 | 피아노 |
| | 희곡 | 김원태 | 오늘의 저격수는 딸기 맛 초코바를 먹는다 |
| | 동화 | 정신 | 딱 좋은 날 |
| | (동시 당선작은 수준 미달로 없음) | | |
| 제62회 (2015) | 시 | 김복희 | 백지의 척후병 |
| | 시 | 윤종욱 | 방의 전개 |
| | 소설 | 이지 | 얼룩, 주머니, 수염 |
| | 희곡 | 박교탁 | 빨간 휴지 줄까, 파란 휴지 줄까? |
| | 동화 | 박상기 | 물 좀 줘 |
| | (동시 부문 수상 취소: 최우철, 동그라미 사랑) | | |
| 제63회 (2016) | 시 | 노국희 | 위험수복 |
| | 소설 | 조선수 | 제레나폴리스 |
| | 희곡 | 여진원 | 손님 |
| | 동화 | 심진규 | 401호 욕할매 |
| | 동시 | 안안미 | 콧구멍에 낀 대추씨 |

*구분이 없을 경우 당선

| 횟수 | 부문 | 작가 | 작품명(구분) |
|---|---|---|---|
| 제64회 (2017) | 시 | 윤지양 | 전원 미풍 약풍 강풍 |
| | 소설 | 고민실 | 쓰나미 오는 날 |
| | 희곡 | 주수철 | 그린피아 305동 1005호 |
| | 동화 | 최수연 | 가정방문 |
| | 동화 | 최현진 | 두근두근 두드러기 |
| | 동시 | 박경임 | 서산 마애불 |
| 제65회 (2018) | 시 | 이원하 | 제주에서 혼자 살고 술은 약해요 |
| | 소설 | 김수온 | () |
| | 희곡 | 이소연 | 마트료시카 |
| | 동화 | 황미주 | 길 잃은 편지 |
| | 동시 | 임희진 | 숭어 |
| 제66회 (2019) | 시 | 노혜진 | 엄마는 저렇게 걸어오지 않는다 |
| | 소설 | 전예진 | 어느 날 거위가 |
| | 희곡 | 차인영 | 이 생을 다시 한 번 |
| | 동화 | 최영동 | 이제부터 내 이름은 |
| | 동시 | 김성진 | 가족 ver.2 |
| 제67회 (2020) | 시 | 차도하 | 침착하게 사랑하기 |
| | 소설 | 신종원 | 전자 시대의 아리아 |
| | 희곡 | 이홍도 | 컬럼비아대 기숙사 베란다에서 뛰어내린 동양인 임산부와 현장에서 도주한 동양인 남성에 대한 뉴욕타임즈의 지나치게 짧은 보도기사 |
| | 동화 | 차혜련 | 여덟 시에 만나 |
| | 동시 | 김영경 | 화단 |
| 제68회 (2021) | 시 | 신이인 | 작명소가 없는 마을의 밤에 |
| | 소설 | 강보라 | 티니안에서 |
| | 희곡 | 이철용 | 사탄동맹 |
| | 동시 | 최영동 | 검은 고양이 |
| | 동화 | 성욱현 | 현우의 동굴 |
| 제69회 (2022) | 시 | 오산하 | 시드볼트 |
| | 소설 | 남궁순금 | 바둑두는 여자 |
| | 희곡 | 조은주 | H |
| | 동시 | 전율리숲 | 가루약 눈사람 |
| | 동화 | 김세실 | 떨어져 본 적도 없으면서! |
| 제70회 (2023) | 시 | 이예진 | 나의 마을이 설원이 되는 동안 |
| | 소설 | 전지영 | 난간에 부딪힌 비가 집안으로 들이쳤지만 |
| | 희곡 | 이경헌 | 레빗 헌팅 |
| | 동화 | 김세실 | 혼자 계단을 오르면 |
| | (동시 부문 수상 취소: 온선영, 토끼 꺼내기) | | |
| 제71회 (2024) | 시 | 김유수 | take |
| | 소설 | 김영은 | 말을 하자면 |
| | 동시 | 임종철 | 산타와 망태 |
| | 동화 | 신나라 | 후드 지온 |
| | 희곡 | 윤성민 | 위대한 무사고 |

# 본사 주최 사업과 참가·수상자

## ▲ 미지답 포럼

| | |
|---|---|
| 2022년 1회 | 주제: **경남 하늘을 날다, 우주를 꿈꾸다**<br>일시/장소: 11월 24일(목) 13시30분, 경남 진주시 충무공동 LH대강당<br>발표자: 황정아 한국천문연구원 박사, 권진회 경상국립대 항공우주소프트웨어 공학부 교수, 김진근 경남연구원 선임연구원, 한창헌 한국항공우주산업 미래사업부문장, 조여문 경남도청 항공우주산업과장 |
| 2023년 2회 | 주제: **2030부산세계박람회, 대한민국 미래를 향한 대도약**<br>일시/장소: 3월 16일(목) 13시~ 16시30분, 부산시청 1층 대강당<br>발표자: 전광우 세계경제연구원이사장(전 금융위원장), 김윤일 대통령실 미래정책비서관, 오룡 상상력의 전시장 엑스포 저자, 김이태 부산대 관광컨벤션학과 교수, 박은하 (사)2030부산월드엑스포 범시민유치위원회 집행위원장, 전효재 한국문화관광연구원 경영지원실장, 차완영 마린이노베이션 대표, 송우용 한밭대 회계학과 교수 |
| 3회 | 주제: **K-푸드의 원류 남도 미식, 세계를 홀리다**<br>일시/장소: 4월 20일(목) 13시30분~ 17시, 목포대학교 남악캠퍼스 컨벤션홀<br>발표자: 권재한 농림축산식품부 농업혁신정책실장, 이규민 경희대학교 호스피탈리티경영학과 교수, 김숙진 CJ제일제당 상무, 심원섭 목포대학교 관광경영학과 교수, 이우석 놀고먹기연구소장, 박찬일 셰프, 전효진 전주대 외식산업학과 교수 |
| 4회 | 주제: **경북, 소형모듈원자로(SMR) 시대를 열다**<br>일시/장소: 6월 14일(수) 13시30분~ 17시10분 ~ 6월15일(목) 9시~12시, 경주화백 컨벤션센터(HICO) 3층 C홀<br>발표자: 백원필 한국원자력 학회장, 임채영 한국원자력연구원 원자력진흥전략본부장, 김한곤 혁신형SMR 기술개발사업단장, 김한곤 혁신형 SMR 기술개발사업단장, 장상길 경북도 동해안전략사업국장, 강홍규 두산에너빌리티 원자력 BG상무, 조항진 포항공대 첨단원자력공학부 교수, 김규태 동국대 에너지 전기공학 전공 명예교수 |
| 5회 | 주제: **중부내륙, 대한민국 중심에 서다**<br>일시/장소: 6월 22일(목) 14시~ 16시, 국회의사당 의원회관 대회의실<br>발표자: 김영환 충북지사, 최용환 충북연구원 수석연구위원, 이만형 충북대 도시공학과 명예교수, 장석환 대진대 건설시스템공학과 교수, 이호식 한국교통대 환경산업정책연구소장, 이두영 충북경제사회연구원장, 박재희 한국지방행정연구원 지방분권연구센터장 |
| 6회 | 주제: **경북 봉화, 베트남을 품다**<br>일시/장소: 9월 21일(목) 14시~ 17시, 9월22일(금) 9시~13시, 봉화군 청소년센터 강당,<br>발표자: 김성조 경북도 문화관광공사 사장, 유병채 문화체육관광부 문화예술정책실장, 박순교 부산가톨릭대 연구교수, 도옥 루이엔 주한 베트남공동체 대표, 김성조 경북도 문화관광공사 사장, 박창욱 경북도의회 의원, 박동교 봉화군의회 부의장, 이훈 화산이씨 대종회장, 이근선 화산이씨 봉화종친회장, 정민승 한국일보 전 베트남 특파원 |
| 7회 | 주제: **부울경 경제동맹 지방시대 미래 연다**<br>일시/장소: 10월 24일(화) 13시30분 ~ 16시30분, BNK 부산은행 대강당(2층)<br>발표자: 안승대 행정안전부 지방행정국장, 전호환 동명대학교 총장, 이명호 부산국제금융진흥원장, 박재율 지방분권균형발전, 권순용 유니스트 산학협력단장, 하경준 부산연구원 박사 |
| 8회 | 주제: **경기 북부 미군공여지 캠프레드클라우드(CRC)활용 방안**<br>일시/장소: 12월 14일(목) 14시~ 16시30분, 의정부 시청 대강당<br>발표자: 홍원표 경기도 군협력담당관, 김성하 경기연구원 연구위원, 최주영 대진대 스마트건설환경공학부 교수, 김윤용 경기북부공론포럼 상임대표, 최경호 의정부 풀뿌리시민회의 대표, 오영경 흥선동 주민자치회장, 송현우 ㈜슈필렌 대표이사 |

| 9회 | 주제: **경제도시 고양, 수도권 미래를 개척한다**<br>일시/장소: 12월 20일(수) 14시~ 16시20분, 고양시 킨텍스 제1전시장 204호<br>발표자: 김갑성 연세대 도시공학과 교수, 이정형 고양특례시 제2부시장, 전상인 서울대 명예교수, 서충원 강남대 부동산건설학과 교수, 이기영 행정안전부 지방규제혁신과장 |
|---|---|
| 2024년 10회 | 주제: **빛나는 제주, APEC과 함께 재도약하다**<br>일시/장소: 메종글래드 제주 컨벤션홀, 2월 5일(월) 14시~16시 10분<br>발표자: 박정수 이화여대 행정학과 교수, 고윤주 제주특별자치도 국제관계대사, 문성만 전북대 경제학과 교수, 박진우 전 경찰대학장, 신학승 한양대 관광학부 교수, 홍석훈 창원대 국제관계학과 교수 |
| 11회 | 주제: **교육도시 춘천, 지역도서관 활성화 선도한다**<br>일시/장소: 춘천시립도서관 시청각실, 4월 25일(목) 14시~16시 30분<br>발표자: 백창석 춘천시 부시장, 김홍렬 전주대 문헌정보학과 교수, 이철재 호서대 실내디자인학과 교수, 곽승진 한국도서관협회장, 박주옥 국립어린이청소년도서관장, 김풍기 강원대 국어교육과 교수 |

## ▲ 한국포럼

| 2014년 | 주제: **하나의 대한민국: 갈등 넘어 통합으로**<br>일시/장소: 6월 9일(월) 오전9시~오후2시30분, 서울 장충동 신라호텔 다이너스티홀<br>발표자: 박세일 한반도선진화재단 명예이사장, 임현백 고려대 정치외교학과 교수, 신기욱 미국 스탠퍼드대학 사회학과 교수, 황영식 논설위원실장, 김의영 서울대 정치학과 교수, 최민자 성신여대 정치외교학과 교수, 김형기 경북대 경제통상학부 교수, 박재완 한반도선진화재단 이사장, 김윤태 고려대 사회학과 교수 |
|---|---|
| 2015년 | 주제: **성장과 복지, 함께 가는 대한민국**<br>일시/장소: 5월 13일(수) 오전9시~오후2시50분, 서울 장충동 신라호텔 다이너스티홀<br>발표자: 정운찬 전 국무총리, 박재완 전 기획재정부 장관, 임현진 서울대 명예교수, 이시종 충북지사와 권영진 대구시장 |
| 2016년 | 주제: **위기의 한국경제, 새 길을 찾아서: 시장, 혁신, 탈규제**<br>일시/장소: 4월 20일(수) 오전 9시 ~ 오후 4시, 서울 소공동 롯데호텔 크리스탈볼룸<br>발표자: 이일형 대외경제정책연구원장, 허경욱 전 OECD대사(전 기획재정부 차관), 박홍재 현대자동차 부사장(한국자동차산업연구소장), 윤원석 KOTRA 정보통상지원본부장, 윤종록 정보통신산업진흥원장(전 미래창조과학부 차관), 임정욱 스타트업얼라이언스센터장, 김경준 딜로이트컨설팅 대표, 신경철 유진로봇 대표(코스닥협회장), 박재완 전 기획재정부 장관(성균관대 국정전문대학원장), 김광두 국가미래연구원장, 권태신 한국경제연구원장(전 국무조정실장), 김동원 고려대 경영대학장 |
| 2017년 | 주제: **'대한민국, 어떻게 바꿀 것인가!': 차기정부 과제 중심으로**<br>일시/장소: 4월 12일(수) 오전9시~오후4시30분, 서울 소공동 롯데호텔 크리스탈볼룸<br>발표자: 이주영 국회의원, 박형준 동아대 교수(전 국회 사무총장), 송영길 더불어민주당 의원, 정종섭 자유한국당 의원, 이상돈 국민의당 의원, 김의영 서울대 교수, 김광두 서강대 석좌교수, 이혜훈 바른정당 의원, 이용섭 건국대 석좌교수(문재인 대선후보 비상경제대책단장), 김종석 자유한국당 의원, 이동근 대한상공회의소 부회장 |
| 2018년 | 주제: **'위기에서 평화로: 한반도 비핵화와 新동북아 질서'**<br>일시/장소: 4월 12일(수) 오전9시~오후5시, 서울 장충동 신라호텔 다이너스티홀<br>발표자: 에번스 리비어 전 미국 국무부 동아태 수석차관보, 윤영관 전 외교통상부 장관, 판젠창 중국 개혁개방포럼 상급고문, 백종천 세종연구소 이사장, 김기정 연세대 교수, 패트릭 크로닌 신안보센터 아·태 안보국장, 정동영 의원, 김준형 한동대 교수, 쉬웨이디 전 국방대 전략안보연구소장, 이수혁 의원, 다니엘 트와이닝 미국 IRI 대표, 바실리 미헤예프 러시아 IMEMO 부소장, 션딩리 중국 푸단대 교수, 엔도 켄 일본 홋카이도대 교수, 이근 서울대 교수 |
| 2019년 | 주제: **'文정부 3년, 3대 허들을 넘어 - 노동개혁, 대기업정책, 혁신과 가치 충돌"**<br>일시/장소: 4월 12일(수) 오전9시~오후5시, 서울 장충동 신라호텔 다이너스티홀 |

| | |
|---|---|
| | 발표자: 토마스 사전트 뉴욕대 교수, 윤종원 청와대 경제수석, 문성현 경제사회노동위원회 위원장, 김대환 전 고용노동부 장관, 김동원 전 국제노동고용관계학회 회장(고려대 교수), 유경준 전 통계청장(한국기술교육대 교수), 김상조 공정거래위원회 위원장, 야나기마치 이사오 일본 게이오대 교수, 김종석 자유한국당 의원, 이근 서울대 교수, 신장섭 싱가포르국립대 교수, 닐 고렌플로 미국 공유경제 웹진 셰어러블 창립자, 전현희 더불어민주당 의원(택시·카풀 태스크포스 위원장), 이호승 기획재정부 제1차관, 최성진 코리아스타트업포럼 대표, 이재열 서울대 교수, 최재붕 성균관대 교수 |
| 2020년 | 주제: **포스트 팬데믹, 위기인가 기회인가**<br>일시/장소: 5월 26일(수) 오전9시~오후4시30분, 서울 장충동 신라호텔 다이너스티홀<br>발표자: 송호근 포항공과대학 석좌교수, 홍윤철 서울대 의과대학 교수, 윤영관 전 외교부 장관, 성태윤 연세대학교 경제학부 교수, 김상조 청와대 정책실장, 허윤 서강대 국제대학원장, 박영춘 SK부사장, 임정욱 TBT 공동대표 |
| 2021년 | 주제: **지구의 미래, 한국의 미래**<br>일시/장소: 5월 12일(수) 오전9시~오후 1시30분, 문화비축기지,<br>발표자: 반기문 전 유엔 사무총장, 한정애 환경부 장관, 방송인 타일러 러쉬, 제프리 삭스 미국 컬럼비아대 교수, 홍종호 서울대 환경대학원 교수, 신원섭 충북대 산림학과 교수, 이명주 명지대 건축학과 교수, 시우테즈칼 마르티네즈 래퍼 겸 환경운동가, 김상협 제주연구원장, 이형희 SK수펙스추구협의회 위원장, 조홍식 서울대 법학전문대학원 교수, 김성환 더불어민주당 의원, 윤창현 국민의힘 의원 |
| 2022년 | 주제: **윤석열 정부, 무엇을 해야 하나**<br>일시/장소: 4월 26일(화) 오전8시30분~오후 3시, 웨스틴조선호텔 서울<br>발표자: 권영세 대통령직인수위 부위원장, 김종인 전 국민의힘 총괄선거대책위원장, 이광형 KAIST 총장, 전재성 서울대 정치외교학부 교수, 조태용 국민의힘 의원, 홍익표 더불어민주당 의원, 유명희 경제통상대사(전 통상교섭본부장), 손열 동아시아연구원장, 성태윤 연세대 경제학부 교수, 윤창현 국민의힘 의원, 권태신 전경련 부회장, 홍종호 서울대 환경대학원 교수, 윤석명 보건사회연구원 연구위원, 김현정 CBS라디오 앵커, 이양수 국민의힘 의원, 박용진 민주당 의원, 박원호 서울대 정치외교학과 교수, 박성민 정치컨설팅 '민' 대표 |
| 2023년 | 주제: **교육·노동·연금, 3대 개혁 어떻게 풀까**<br>일시/장소: 5월10일(수) 오전8시30분~오후 3시, 서울 장충동 신라호텔 다이너스티홀<br>발표자: 이주호 교육부 장관, 이정식 고용노동부 장관, 조규홍 보건복지부 장관, 이광형 카이스트 총장, 염재호 태재대 총장(전 고려대 총장), 유준환 새로고침 노동자협의회 의장, 김설 청년유니온 위원장, 기호운 한국비정규노동센터 상임활동가, 김형동 국민의힘 의원, 김주영 더불어민주당 의원, 양재진 연세대 행정학과 교수, 윤석명 한국보건사회연구원 연구위원, 남찬섭 동아대 사회복지학과 교수(공적연금강화국민행동 정책위원장), 박명호 홍익대 경제학부 교수, 김수완 강남대 사회복지학부 교수 |
| 2024년 | 주제: **K-AI시대를 열다**<br>일시/장소: 5월2일(목) 오전9시~오후3시, 대한상공회의소 국제회의장,<br>발표자: 이주호 사회부총리 겸 교육부 장관, 이광형 KAIST 총장, 권순일 업스테이지 부사장, 윤정원 아마존웹서비스코리아 공공부문 대표, 하정우 네이버클라우드 AI Innovation 이사, 이복기 원티드랩 대표이사, 최재혁 니어스랩 CEO, 전창배 IAAE 이사장, 엄열 과기부 인공지능기반정책관, 이재성 중앙대 AI학과 교수 |

▲ 코라시아포럼

| | |
|---|---|
| 2012년 | 주제: **한·중 20년 도전과 전망**<br>일시/장소: 7월 19일(수) 오전9시~오후4시, 서울 장충동 신라호텔 다이너스티홀<br>발표자: 이근 서울대 교수, 자오진핑 국무원 발전연구센터 외국통상부분 부부장, 권병현 미래숲 대표, 주 펑 북경대 국제관계학원 교수, 카렌 핑켈스톤 세계은행그룹 국제금융공사 부총재(아시아 태평양 대표), 페이창훙 중국사회과학원 경제연구소장, 김종훈 국회의원, 첸훙 하이나그룹 회장, 채욱 대외경제정책연구원장, 알버트 챙 세계금위원회 총재, 징린보 중국사회과학원 재정·무역연구소 부소장, 박근태 CJ하이나 총재 |

| 2014년 | 주제: **중국의 신경제와 한국의 대응 전략**<br>일시/장소: 11월 7일(금) 오전9시~ 오후3시, 서울 소공동 롯데호텔 크리스탈볼룸<br>발표자: 사공일 세계경제연구원 이사장, 장준 복단대학교 중국경제연구소장, 정영록 서울대학교 국제대학원 교수, 하태형 현대경제연구원 대표이사, 후앙더 중국은행 한국대표, 리우징 장강상학원(CKGSB) 부총장 겸 금융학교수, 리하이타오 베이징 칭쿵 상학원 MBA 석좌교수, 리우루이 중국 런민대 경제학원 부원장, 김용준 한국국제경영학회 회장, 함జ్ఞ2 코트라 부사장, 왕차오양 중국사회과학원 재정무역 본부장 |
|---|---|
| 2015년 | 주제: **전환기의 중국 경제, 기회와 도전**<br>일시/장소: 11월 5일(목) 오전9시~오후4시, 서울 장충동 신라호텔 다이너스티홀<br>발표자: 판강 중국인민은행 통화정책위원, 리처드 던컨 베스트셀러 세계경제의 몰락: 달라의 위기 저자, 마크 파버 마크파버리미티드 회장, 진찬룽 칭화대 석좌교수, 정덕구 재단법인 니어재단 이사장, 윤창현 서울시립대 경영학과 교수, 정영록 서울대 국제대학원 교수, 정 미챌 송 홍콩 중문대 경제학과 교수 |
| 2016년 | 주제: **지속 가능한 한류를 위하여**<br>일시/장소: 11월 16일(수) 오전8시30분 ~ 오후4시30분, 서울 장충동 신라호텔 다이너스티홀<br>발표자: 로빈 후 사우스차이나모닝포스트 대표, 조우쿠이 전매대학 교수, 푸창 중국 CIBN 글로벌IT 총재, 리우지엔화 운남대 교수, 고정민 홍익대 경영대학원 교수, 장원기 삼성전자 중국본사 사장, 곽영진 한국문화산업교류재단 이사장, 박근태 CJ 중국본사 대표, 김영민 SM엔터테인먼트 대표, 정욱 JYP 엔터테인먼트 대표, 김형철 화책합신 총경리, 유인택 동양예술극장 대표 |
| 2017년 | 주제: **'한·중 수교 25주년, 새 패러다임을 찾아서'**<br>일시/장소: 11월 15일(수) 오전8시30분~오후4시30분, 서울 장충동 신라호텔 다이너스티홀<br>발표자: 이규형 전 주중 한국대사, 쉬에진훙 중철명주투자그룹(CRPI) 회장, 이희옥 성균중국연구소장, 쉬훙차이 중국국제경제교류센터(CCIEE) 부총경제사, 류더빈 길림대 공공외교학원 원장, 심윤조 국민대 정치대학원 초빙교수(전 오스트리아 대사), 정재호 서울대 외교학과 교수, 이태환 세종연구소 중국연구센터장, 박홍재 현대차 글로벌경영연구소장, 쥐샤오레이 국무원 정책자문관, 허시요우 복단대 교수, 이우근 칭화대 교수, 김상순 동아시아평화연구원장, 탕병용 중국 전자상거래연합위원장 겸 동화대 교수, 상쯔화 텐센트 클라우드전략합작 총책임자, 황재원 코트라 동북아사업단장<br>※ 2017년까지 '차이나포럼'으로 운영. 2018년부터 주제와 대상을 중국을 넘어, 아시아 전역의 이슈로 확대하고 명칭도 '코라시아포럼'으로 바꿈 |
| 2018년 | 주제: **한반도 평화, 아시아의 기회와 도약**<br>일시/장소: 11월 7일(수) 오전9시 ~오후4시30분, 용산구 서울드래곤시티 3층 한라홀<br>발표자: 메가와티 수카르노푸트리 전 인도네시아 대통령, 푼살마긴 오치르바트 전 몽골 대통령, 다블라탈리 사이드 타지키스탄 제1부총리, 정세현 한반도평화포럼 이사장, 로흐민 다우리 전 인도네시아 해양수산부장관, 티모페이 보르다체프 러시아 발다이클럽 연구소장, 김현철 신남방정책특별위원회 위원장, 보 트리 탄 베트남 태평양경제협력위원회 회장, 아르빈드 파나가리야 전 인도국가개조기구 부의장, 완니파 피폽차이야씻 태국투자청 서울사무소장, 박번순 고려대 경제통계학부 교수, 이혁 한·아세안센터 사무총장, 이재영 대외경제정책연구원장, 유수프 마지디 타지키스탄 대통령실 전략기획·개혁 국장, 블라디미르 노로프 우즈베키스탄 대통령 직속 전략연구소장, 정지융 중국 푸단대 한반도연구센터 주임 |
| 2019년 | 주제: **한-아세안 30년: 공동 번영의 신시대로**<br>일시/장소: 11월 22일(금) 오전8시30분~오후4시30분, 서울 장충동 신라호텔 다이너스티홀<br>발표자: 반기문 제8대 UN사무총장, 아파싯 웨차치와 전 태국총리, 림족호이 아세안 사무총장, 레르엉밍 전 아세안 사무총장, 이혁 한국아세안센터 사무총장, 임성남 주아세안대한민국대표부 대사 |
| 2020년 | 주제: **미 대선 이후 한반도 및 아시아 정세**<br>일시/장소: 11월 25일(수) 오전9시~오후3시, 서울 장충동 신라호텔 다이너스티홀<br>발표자: 밥 우드워드 미국 워싱턴포스트 부편집장, 수전 라이스 전 백악관 국가안보보좌관, 아서 브룩스 미국기업연구소(AEI) 소장, 최문선 한국일보 정치부장, 문정인 대통령 통일외교안보 특별보좌관, 하토야마 유키오 전 일본 총리, 주펑 난징대 역사학과 국제관계연구센터 교수, 최병일 이화여대 국제대학원 교수, 김지윤 국제정치전문가, 김준형 국립외교원장, 조태용 국민의힘 의원, 전재성 서울대 정치외교학부 교수 |

| 2021년 | 주제: **신한일관계: 협력과 존중의 미래를 향하여**<br>일시/장소: 11월 25일(목) 오전9시~오후3시30분, 서울 중구 웨스틴조선호텔 그랜드 볼룸<br>발표자: 라종일 가천대 석좌교수, 이시바시게루 자민당 전 간사장, 신각수 전 외교부 차관, 스기야마 신스케 전 주미 일본대사, 도요우라 준이치 요미우리신문 서울지국장, 김회경 한국일보 정치부차장, 김한정 더불어민주당 의원, 마쓰카와 루이 자민당 의원, 박상준 와세다대 국제학부 교수, 강석구 대한상의 국제본부장, 모리야마 도모유키 서울재팬클럽이사장, 심은경 배우, 라제기 한국일보 영화전문기자, 이준규 한국외교협회장, 히라노 게이치로 소설가(아쿠타가와상 수상), 최은영 소설가(한국일보 문학상 수상), 레에다 히로카즈 감독, 도고 가즈히코 시즈오카현립대 교수, 노윤선 고려대 일본연구원 교수(혐한 연구자), 용혜인 기본소득당 의원, 사사키 사야카 공명당 의원 |
| --- | --- |
| 2022년 | 주제: **미중 대립과 한국의 선택**<br>일시/장소: 11월 17일(목) 오전9시, 서울 중구 신라호텔 다이너스티홀<br>발표자: 마이크 폼페이오 전 장관, 안호영 전 주미대사, 송민순 전 외교부 장관, 태영호 국민의힘 의원, 김홍걸 무소속 의원, 존 미어샤이머 미 시카고대 정치학 석좌교수, 이동선 고려대 정치외교과 교수, 김양희 대구대 경제금융학부 교수, 안기현 한국반도체산업협회 전무, 안세현 서울시립대 교수, 위성락 전 한반도평화교섭본부장, 남성욱 고려대 통일외교학부 교수, 김병연 서울대 경제학부 교수, 손지애 이화여대 국제대학원 교수, 손열 동아시아연구원장, 성태윤 연세대 경제학부 교수, 윤창현 국민의힘 의원, 권태신 전경련 부회장, 홍종호 서울대 환경대학원 교수, 윤석명 보건사회연구원 연구위원, 김현정 CBS라디오 앵커, 이양수 국민의힘 의원, 박용진 민주당 의원, 박원호 서울대 정치외교학과 교수, 박성민 정치컨설팅 '민' 대표 |
| 2023년 | 주제: **재편되는 세계경제, 한국의 생존전략은**<br>일시/장소: 11월 02일(목) 오전9시, 서울 용산구 드래곤시티 한라홀<br>발표자: 브라이언 디스 MIT 혁신 펠로우, 김종훈 전 의원(전 통상교섭본부장), 위성락 전 주러대사(전 한반도평화교섭본부장), 강선주 국립외교원 교수, 안덕근 산업통상자원부 통상교섭본부장, 전병서 중국경제금융연구소장, 정외영 대한무역투자진흥공사(KOTRA) 혁신성장본부장, 마에카와 나오유키 일본무역진흥회(JETRO) 서울사무소장, 선양국 한양대 에너지공학과 교수, 강은호 전 방위사업청장, 허윤 서강대 국제대학원 교수, 서정인 전 아세안대사, 김수완 한국외대 아랍어과 교수, 김정곤 대외경제정책연구원 연구원 |

## ▲ 지방자치 경영대전

| 2004년 1회 | 일시/장소: 1월26일(수), 한국일보사 12층 대강당<br>수상 자치단체: 국무총리상: 강원도, 청주시, 안동시 |
| --- | --- |
| 2005년 2회 | 일시/장소: 2005년 7월4일 오후 3시, 경기 고양시 킨텍스<br>수상 자치단체: 국무총리상: 서천군, 고창군, 진주시, 고양시 |
| 2006년 3회 | 일시/장소: 2006년 9월21일 오전 11시, 경기 고양시 킨텍스1홀<br>수상 자치단체: 대통령상: 제주특별자치도, 천안시, 함양군<br>국무총리상: 대전광역시, 목포시, 충주시, 경남 고성군 |
| 2007년 4회 | 일시/장소: 7월19일 오전 10시30분, 서울무역전시장(SETEC)<br>수상 자치단체: 대통령상: 전남도, 진주시, 경상남도 고성군<br>국무총리상: 경남도, 전주시, 김천시, 부여군 |
| 2008년 5회 | 일시/장소: 8월20일 오전 10시 30분, 코엑스 태평양홀<br>수상 자치단체: 대통령상: 경남도, 파주시, 의령군<br>국무총리상: 경북도, 안산시, 하동군, 장수군 |

| | |
|---|---|
| 2009년 6회 | 일시/장소: 9월24일 오전 10시30분, 코엑스 1층 B홀(구 인도양홀)<br>수상 자치단체: 대통령상: 대전시, 고양시, 완도군<br>국무총리상: 강원도, 순천시, 서울 광진구, 합천군 |
| 2010년 7회 | 일시/장소: 12월22일 오전 10시30분, 코엑스 3층 C홀(구 대서양홀)<br>수상 자치단체: 대통령상: 대구광역시, 완주군, 문경시<br>국무총리상: 서울 영등포구, 원주시, 군산시, 거창군 |
| 2011년 8회 | 일시/장소: 9월29일 오전 10시 30분, 코엑스 1층 A홀<br>수상 자치단체: 대통령상: 경기도, 창원시, 강진군<br>국무총리상: 경상남도, 서울 은평구, 충북 제천군, 경북 의성군 |
| 2012년 9회 | 일시/장소: 11월09일 오전 10시30분, 서울 여의도 한강공원 이벤트광장<br>수상 자치단체: 대통령상: 경상남도, 포천시, 의령군<br>국무총리상: 제주특별자치도, 이천시, 양양군, 신안군 |
| 2014년 10회 | 일시/장소: 1월22일 오후 2시, 서울 중구 대한상공회의소 국제회의장<br>수상 자치단체: 대통령상: 제주특별자치도, 서울 성동구, 보성군<br>국무총리상: 광주광역시, 논산시, 화천군, 구례군 |
| 2015년 11회 | 일시/장소: 1월28일 오후 2시, 서울 중구 대한상공회의소 국제회의장<br>수상 자치단체: 대통령상: 강원도 강릉시, 경남 하동군, 전라남도<br>국무총리상: 경기 하남시, 충북 제천시, 전남 순천시, 경북 문경시 |
| 2016년 12회 | 일시/장소: 1월21일 오후 10시 30분, 대치동 서울무역전시장(SETEC)<br>수상 자치단체: 대통령상: 대구중구, 경북 성주군, 충청남도<br>국무총리상: 경기 평택시, 광주 남구, 인천 옹진군, 전남 고흥군 |
| 2017년 13회 | 일시/장소: 1월25일(수) 오후 2시, 대한상공회의소 국제회의장<br>수상 자치단체: 대통령상: 서울 영등포구, 경남 양산시, 전남 구례군,<br>국무총리상: 울산광역시, 광주 서구, 경북 포항시, 전북 진안군 |
| 2018년 14회 | 일시/장소: 3월9일(금) 오후 2시, 경기 고양시 킨텍스<br>수상 자치단체: 대통령상: 인천광역시, 전북 남원시, 경북 의성군<br>국무총리상: 서울 동작구, 경기 양주시, 충남 아산시, 전남 순천시 |
| 2019년 15회 | 일시/장소: 3월21일 오후 2시, 코엑스 D홀 전시장<br>수상 자치단체 대통령상: 청주시, 철원군, 완도군<br>국무총리상: 세종특별자치시, 시흥시, 해남군, 대구 달서구 |
| 2020년 16회 | 일시/장소: 3월12일 오후 2시, 서울무역전시장(SETEC)<br>수상 자치단체 대통령상: 서울 종로구, 부천시, 안양시<br>국무총리상: 전라남도, 여수시, 서산시, 부산 금정구 |
| 2021년 17회 | 일시/장소: 10월14일(금) 오후 2시, 서울 양재동 aT센터<br>수상 자치단체 대통령상: 광주 광산구, 경기 남양주시, 충남 논산시<br>국무총리상: 서울 서대문구, 인천 서구, 인천 남동구, 구리시 |
| 2022년 18회 | 일시/장소: 11월 10일 오후 2시, 부산 해운대구 벡스코 제1전시장 제3홀<br>수상 자치단체 대통령상: 서울 구로구·경기 부천시·전남 신안군<br>국무총리상: 서울 성동구·부산·전북 진안군·경남 김해시 |
| 2023년 19회 | 일시/장소: 11월 16일 오후 2시, 경기 고양시 일산 킨텍스 제2전시장<br>수상 자치단체 대통령상: 서울시설공단, 충청북도, 전라남도 영광군<br>국무총리상: 대구 달성군·울산 남구·경남·경기 광명시 |

## ▲ 한국아카데미

**1기**
일시/장소: 2018년 9월 10일(월)~12월 17일(월), 서울 드래곤시티
주제(강사): 남북 북미관계 전망(문정인 대통령 통일외교안보 특보) 남북경제협력과 신경제(정동영 전 통일부 장관) 남북 교류의 기본 방향(천해성 통일부 차관) 평양, 평양 사람, 평양 이야기(곽인옥 숙명여대 교수) 평양에서 치킨 집 하기(최원호 맛대로촌닭 대표) 남북화해시대, 한반도의 보전과 개발(손병석 국토교통부 제1차관) 서울에서 파리까지, 기차여행은 언제쯤(서종원 한국교통연구원 센터장) 북한에서 부동산거래는 합법인가 불법인가(정은이 통일연구원 연구위원) 북한 진출, 법적 주의점은 무엇인가(권은민 김&장 법률사무소 변호사) 북한 장마당, 자본주의 씨앗될까(양문수 북한대학원대학교 교수) 장마당 세대로 바라본 북한의 사회변화(강미진 데일리NK 기자) 동북아 상생 모멘텀, 남북 에너지 협력(김경술 에너지경제연구원 선임연구위원) 북한은 지하자원 노다지인가(최경수 북한자원연구소장) 개성공단 15년, 그 뒷이야기(김진향 개성공업지구지원재단 이사장) 북한의 맨파워, 노동력 수준은(신한용 개성공단기업협회 회장) 북한 개방모델, 중국? 베트남? 싱가포르?(임을출 경남대 극동문제연구소 교수) 5대 특구, 19대 경제개발구… 북한 개방 경제 교두보(김광길 수륜아시아법률사무소 변호사) 북한 금융제도, 무엇이 진실일까(김영희 KDB 산업은행 남북경협연구단 선임연구위원) 휴대전화 보급 500만대… 북한 ICT의 현황은(최 성 남서울대 교수) 북한의 산업지도(이석기 산업연구원 선임연구위원) 북한 로켓기술, 평화적으로 이용하기(채연석 과학기술연합대학원대학교수) 북한의 정치경제 엘리트(정성장 세종연구소 연구기획본부장) 북중경제협력의 실체(최재덕 원광대 정치외교연구소장) 북한 너머 유라시아로… 북방경제의 가능성: 자유로운 북한관광은 언제 가능할까(북방경제협력위원장)

**2기**
일시/장소: 2019년 3월 18일(월)~7월 1일(월), 더 플라자호텔
주제(강사): 남북교류의 방향과 전망(조명균 통일부 장관) 북한 외교의 전략과 특징(조명균 통일부 장관) 경제로 본 김정은 리더십의 특징(임을출 경남대 극동문제연구소 교수) 북한의 경제 전략(조동호 국가안보전략연구원 원장) 김정은 시대의 북한 권력구조 이해(정성장 세종연구소 연구기획본부장) 북한 인프라의 현실과 현대화의 방향(안병민 한국교통연구원 선임연구위원) 과학기술, 북한 성장의 또 다른 열쇠(이춘근 과학기술정책연구원 선임연구위원) 대북제재에 대한 이해와 오해(채희석 법무법인 지평 변호사) 북한이 관광객 유치에 매달리는 이유(심상진 경기대 관광경영학과 교수) 개성공단 2.0(김진향 개성공업지구지원재단 이사장) 대북 투자금 회수 방안(남오연 법무법인 청호 대표변호사) 비핵화 협상과 한반도 평화 프로세스(문정인 대통령 통일외교안보특보)

**3기**
일시/장소: 2019년 9월 9일(월)~12월 16일(월), 더 플라자호텔
주제(강사): 비핵화 협상의 쟁점과 일본의 우경화(문정인 대통령 통일외교안보특보) 위기의 한일관계, 갈등을 넘어서려면(양기호 성공회대 일본학과 교수) 밀레니얼 이해하기(이은형 국민대 경영학부 교수) 미중 무역분쟁의 본질(최재덕 원광대 정치외교연구소장) 포토사피엔스, 스마트 시대의 신인류(최재붕 성균관대 기계공학부 교수) 범죄로 보는 한국사회(이수정 경기대 범죄심리학과 교수) 북한의 권력구조와 정치 엘리트(홍민 통일연구원 북한연구실장) 조선의 열단과 김원봉(신주백 한국독립운동연구소장) 여선번째 대멸종은 불가피한가(이정모 서울시립과학관장) 한국 정치의 변화와 21대 총선 전망(박성민 정치컨설턴트그룹 민 대표) 4차산업혁명과 인류의 미래(이원재 카이스트 문화기술대학원 교수) 북한의 경제전략과 북한경제의 현주소(이종석 세종연구소 수석연구위원)

**4기**
일시/장소: 2020년 4월 28일(화)~7월 7일(화), 서울 롯데호텔(소공동)
주제(강사): 총선 이후 한국정치 지형의 변화와 전망(박성민 정치컨설턴트그룹 민 대표) 관계와 균형의 과학-마이크로바이옴과 바이롬(이동우 연세대 생명공학과 교수) 기술혁신과 정치의 역할(김세연 미래통합당 의원) 상업영화 프로듀서의 리더십(원동연 리얼라이즈픽쳐스 대표) 기후위기로부터 대전환(조천호 전 국립기상과학 원장) 플랫폼 기반의 디지털 트랜스포메이션(박희준 연세대 정보산업공학 교수) 정해진 미래 시장의 기회_미래를 기획하는 도구, 인구학(조영태 서울대 보건대학원 교수) 포노사피엔스시대, 트렌드 2020(최재붕 성균관대 기계공학부 교수) 대전환기 동아시아 정세와 한반도의 미래(신각수 전 주일대사) 세계는 지금 인재 전쟁 중(이근면 전 인사혁신처 처장) 아베정권과 한일관계(호사카 유지 세종대 독도종합연구소 소장)

**5기**
일시/장소: 2020년 11월 3일(화)~3월 2일(화), 서울 롯데호텔(소공동)
주제(강사): 불확실성 시대의 생존 전략(박희준 연세대 정보산업공학과 교수) 코로나 이후 국제협력과 한반도 평화(김준형 국립외교원 원장) 포스트 코로나, 영화의 미래(원동연 리얼라이즈픽쳐스 대표) 사람을 사로잡는 글쓰기, 말하기 비결(강원국 전북대 초빙교수) 뉴스쇼 12년, 성공의 기록(김현정 CBS 뉴스쇼 진행자) 일상이 된 감염병 공포,

대처법은(홍윤철 서울대 예방의학교실 교수) 포스트 코로나와 기후변화(반기성 케이웨더 예보센터장) 행복한 노후를 위한 5개 물음(김경록 미래에셋자산운용 은퇴연구소 소장) 일본 극우세력의 뿌리와 대한정책(호사카 유지 세종대 교수) 코로나바이러스 충격과 우리의 대응: Korea Discount 를 Korea Premium 으로 만들기 위한 전략(장동선 뇌과학 박사) 글로벌 기업들은 왜 뇌과학에 빠졌을까(오종남 김앤장법률사무소 고문)

**6기** 일시/장소: 2021년 7월 6일(화)~12월 14일(화), 서울 롯데호텔(소공동)
주제(강사): 데이터 대항해시대, 소프트파워를 기르자(윤종록 전 미래창조과학부 차관) 2021 대선전망: 탄핵정치연합의 해체와 재편의 방향(정한울 한국리서치 여론분석 전문위원) Why&Who 로 보는 범죄의 변화(김윤희 프로파일러, 작가) 블록체인, 암호화폐 및 암호경제(박성준 동국대 블록체인연구센터장) 지구를 생각하는 음악(조은아 피아니스트, 경희대 후마니타스칼리지 교수) 미디어의 변화, 리더의 변화(김현정 CBS 뉴스쇼 진행자) 세계속의 한국, 리더의 시대적 소명(오종남 김앤장 법률사무소 고문) 코로나 19 20개월과 한국 사회: 지속형 위험인식 조사 주요 결과와 시사점(유명순 서울대 보건대학원 교수) 한국인의 기원: 유전자와 문화의 이중성(배기동 전 국립중앙박물관장) 인구, 미래, 공존(조영태 서울대 보건대학원 교수)

**7기** 일시/장소: 기간: 2022년 4월 5일(화)~6월 14일(화), 서울 중구 웨스틴조선호텔
주제(강사): 우리가 아는 일본, 우리가 모르는 일본(박훈 서울대 동양사학과 교수) 혁명의 예술(러시아 아방가르드전 감상) 삶과 죽음: 연명의료를 둘러싼 논란(허대석 서울대학교 명예교수) 한장의 사진으로 읽는 세상(왕태석 한국일보 멀티미디어부 선임기자) 이슬람의 이해와 오해(이희수 한양대 문화인류학과 명예교수) 젠더갈등, 어떻게 볼 것인가(신경아 한림대 사회학과 교수) 술 이야기(허시명 막걸리학교 교장) 인간과 환경의 공존을 위하여(홍종호 서울대 환경대학원 교수) 스크린과 함께 하는 몽생 미셸 여행(홍재이 아트가이드) 악기들이 만드는 숲(조은아 경희대 후마니타스칼리지 교수) BTS 와 시대정신의 변화(이지영 한국외국어대 세미오시스연구센터 HK 연구교수)

**8기** 일시/장소: 2018년 9월 10일(월)~12월 17일(월), 서울 드래곤시티
주제(강사): 역사에서 배우는 격변기 한반도(한명기 명지대 교수) 사람과 돈이 모이는 골목길 자본론(모종린 연세대 교수) 다시 일어서는 힘, 하멜(손관승 작가(전 iMBC 대표)) 스페인 어디까지 가봤니, 안달루시아(CGV 씨네쉐프) 역사를 바꾼 이 한장의 사진(왕태석 한국일보 멀티미디어부 선임기자) 우리가 몰랐던 막걸리 세상(허시명 막걸리학교 교장) 20억 이슬람과의 대화 실체와 편견 사이에서(이희수 한양대 명예교수) 내 사주, 내가 본다(전형일 명리학자) 이준익 감독의 영화이야기(이준익 영화감독) 조화로운 음향 공동체, 오케스트라(조은아 경희대후마니타스칼리지 교수) 명화 속 숨은 진실 찾기(김선지 작가)

**9기** 일시/장소: 2023년 3월 28일(화)~6월 20일(화), 서울 롯데호텔(소공동)
주제(강사): 그리스 신화와 철학에서 찾는 삶의 지혜(김헌 서울대 인문학연구원 교수) 적정한 삶, 균형 잡힌 삶이 역량이 되는 시대(김경일 아주대 심리학과 교수) 스타벅스 바리스타와 함께하는 커피(최용석 스타벅스 커피 앰배서더) K-POP, 빌보드를 흘리다(김영대 음악평론가) 이슬람의 눈으로 본 세계사: 중앙의 시선으로 이슬람 문화읽기(이희수 한양대 문화인류학 명예교수) 차이콥스키 발레모음곡 - 예술의 전당 콘서트홀(국립심포니오케스트라) 윤제균 감독의 천만 영화 스토리(윤제균 영화감독, 라제기 영화전문기자) 몽 생 미셸, 신비로운 천해의 요새(CGV 씨네쉐프(홍재이 아트가이드)) 이 땅의 모든 꽃 이야기(이유미 국립세종수목원장) 알고 보면 더 재미있는 명화의 세계(김선지 작가) 병자호란에서 배우는 위기극복 리더십(한명기 명지대 사학과 교수)

**10기** 일시/장소: 2023년 9월 12일(화)~12월 5일(화), 서울 롯데호텔(소공동)
주제(강사): 다시쓰는 먼나라 이웃나라 세계를 알면 한국이 보인다(이원복 덕성여대 명예교수) 나의 커피 취향 찾기 스타벅스 커피 클래스(최용석 스타벅스 커피 앰배서더) 역사에서 배우는 위기 극복의 리더십: 병자호란과 초한지를 중심으로(한명기 명지대 사학과 교수) 트렌드를 알아야 시대를 읽는다(이준영 상명대 경제금융학부 교수) 전문가와 함께하는 그리스 로마전(국립중앙박물관 도슨트 투어) 한국영화 돌아보기(심재명 명필름 대표(대담 라제기 영화전문기자)) 스크린으로 보는 레오나르도 다빈치 예술기행(CGV 씨네쉐프 (이용규 트래블레이블 대표)) 달력과 권력에 숨겨진 과학이야기(이정모 전 국립과천과학관장) 이수만의 길, 방시혁의 길, 그리고 민희진의 길: 케이팝의 혁신과 발전(김영대 음악평론가) 상상력이 현실이 되는 중동 버즈칼리파에서 네옴시티까지(김수완 한국외대 아랍어과 교수) 스포츠 비즈니스의 세계(서형욱 축구해설가)

## ▲ 한국출판문화상

| 횟수 | 수상작 |
|---|---|
| 제1회(1960) | ▲고어사전(남광우 편·동아출판사) ▲KOREA(학원사) ▲한국문학전집(전36권·민중서관) ▲현대여성생활전서(전15권·여원사) ▲현대사상강좌(전7권·동양출판사) |
| 제2회(1961) | ▲한듕록(이병기 김동욱 교주·민중서관) ▲감은사(김재원 윤무병·을유문화사) ▲세계문학전집(전30권·정음사) ▲세계문학전집(전21권·을유문화사) |
| 제3회(1962) | ▲한국사-근세 전기(이상백·을유문화사) ▲속담사전(이기문 편·민중서관) ▲세계의 꽃과 전설(조동화·보진재) |
| 제4회(1963) | ▲한국문학사(조윤제·동국문화사) ▲한국미술사급 미학논고(고유섭·통문관) ▲안도산전서(주요한 편·삼중당) ▲중세국어연구(허웅·정음사) ▲인간문화재(예용해·어문각) ▲한국농업사(주봉규·부민문화사) ▲시학평전(송욱·일조각) ▲설화 한국의 역사(전12권·이상옥·교문사) ▲한국사-현대편(이선근·을유문화사) ▲한국식물명감(이춘녕 안학수·범학사) |
| 제5회(1964) | ▲색명대사전(권 장·한국색채연구소) ▲강소천아동문학전집(전6권·강소천·배영사) ▲여명 80년(5권·김경옥·창조사) |
| 제6회(1965) | ▲대한한사전(장삼식 편·성문사) ▲개발과정에 있는 농촌사회연구(노창섭 김종서 한상준) |
| 제7회(1966) | ▲한국 의학사(김두종·탐구당) ▲한국 과학기술사(전상운·과학세계사) ▲한국 신극사연구(이두현·서울대출판부) |
| 제8회(1968) | ▲조선총독부(유주현·신태양사) ▲시조문학 사전(정병욱·신구문화사) ▲창악대강(박헌봉·국악예술학교출판부) |
| 제9회(1969) | ▲한국미술사(김원룡·범문사) ▲부인과학(김석환·일조각) |
| 제10회(1970) | ▲한국 개화사 연구(이광인·일조각) ▲정신과학(한동세·일조각) ▲백철문학전집(백철·신구문화사) |
| 제11회(1971) | ▲조선후기 농업사 연구(김용섭·일조각) ▲이조 여류문학 및 궁중풍속의 연구(김용숙·숙명여대 출판부) |
| 제12회(1972) | ▲한국 개항기의 상업 연구(한우근·일조각) ▲한국의 고활자(손보기·보진재) |
| 제13회(1973) | ▲한국회화 소사(이동주·서문당) ▲근대한국정치사상사(최창규·일조각) ▲한국동식물도감(제13권·백운하·삼화출판사) |
| 제14회(1974) | ▲퇴계의 생애와 학문(이상은·서문당) ▲한국 건축사(윤장섭·동명사) ▲한국 근대문예비평사 연구(김윤식·한얼문고) |
| 제15회(1975) | ▲한국 고인쇄 기술사(김두종·탐구당) ▲한국 쌍자엽식물지(박만규·정음사) ▲한국유학사(배종호·연세대출판부) |
| 제16회(1976) | ▲한국 고대사회(김철준·연구지식산업사) ▲서양근대사 연구(민석홍. ·일조각) 규합총서(정양원 역·보진재) |
| 제17회(1977) | ▲한국 유이민사(상,하·현규환·어문각) ▲한국 무교의 역사와 구조(유동식·연세대 출판부) |
| 제18회(1978) | ▲한국 수학사(김용운 김용국·과학과인간사) ▲조선왕조 군선 연구(김재근·일조각) |
| 제19회(1979) | ▲한불사전(한불사전편찬위원회·외국어대 출판부) ▲조선지배층연구(김영모·일조각) ▲한국의 자수(허동화·삼성출판사) |
| 제20회(1980) | ▲근세 조선사연구(천관우·일조각) ▲한국 현대소설사(이재선·홍성사) |
| 제21회(1981) | ▲한국 무가의 연구(서대석·문학사상사) ▲법사와 법사상(최종고·박영사) |

| 횟수 | 수상작 |
|---|---|
| 제22회(1982) | ▲한국식경대전(이성우·향문사) ▲고려 과거제도사연구(허흥식·일조각) |
| 제23회(1983) | ▲신라국가형성사 연구(이종욱·일조각) ▲한국 개항기 도시변화과정 연구(손정목·일지사) ▲한국 개항기 도시경제 연구(손정목·일지사) |
| 제24회(1984) | ▲한국 가족제도사 연구(최재석·일지사) ▲조선전기 사회경제 연구(한영우·을유문화사) |
| 제25회(1985) | ▲르네상스의 유토피아사상(김영한·탐구당) ▲중국 고대제국성립사 연구(이성규·일조각) |
| 제26회(1986) | ▲중국 근대 개혁운동의 연구(민두기·일조각) ▲분단시대의 사회학(이효재·한길사) |
| 제27회(1987) | ▲한국문화통사(조동일·지식산업사) ▲한국 농기구고(김광언·한국농촌경제연구원) |
| 제28회(1988) | ▲홍대용 평전(김태준·민음사) ▲장정(김준엽·나남출판사) |
| 제29회(1989) | ▲한국 복식풍속사 연구(조효순·일지사) ▲한국헌법사(김철수·대학출판사) |
| 제30회(1990) | ▲삼국시대 철기유물의 금속학적 연구(윤동석·고려대 출판부) ▲한국 중세토지소유 연구(강진철·일조각) |
| 제31회(1991) | ▲갑오경장 연구(유영익·일조각) ▲과학과 메타과학(장회익·지식산업사) |
| 제32회(1992) | ▲자유주의의 원리와 역사(노명식·민음사) ▲한국의 탈놀이(서연호·열화당) |
| 제33회(1993) | ▲한국의 고지도(이 찬·범우사) ▲사회의 철학(차인석·민음사) |
| 제34회(1994) | ▲프랑스 고전주의 문학(이환·민음사) ▲한국 민족주의의 발전과 독립운동사 연구(조동걸·지식산업사) |
| 제35회(1995) | ▲중세 국어구문 연구(이현희 서울대 교수·신구문화사) ▲불사의 신화와 사상(정재서 이화여대 교수·민음사) |
| 제36회(1996) | ▲의상-그의 생애와 화엄사상(김두진 국민대 교수·민음사) ▲한국의 물시계(남문현 건국대 교수·건국대 출판부) |
| 제37회(1997) | ▲독도의 민족영토사 연구(신용하 서울대 교수·지식산업사) ▲한국양형론(이영란 숙명여대 교수·나남출판) |
| 제38회(1998) | ▲한국 근대소설사(김영민 연세대 교수·솔) ▲한국민족주의와 남북관계(도진순 창원대 교수·서울대 출판부) ▲법은 무죄인가(박홍규 영남대 교수·개마고원) |
| 제39회(1999) | ▲조선후기서울 상업발달사 연구(고동환 과기원 교수·지식산업사) ▲유가사상의 사회철학적 재조명(이승환 고려대 교수·고려대 출판부) ▲20세기 문명과 야만(이삼성 가톨릭대 교수·한길사) |
| 제40회(2000) | ▲현상학과 정치철학(서울대 김홍우 교수·문학과지성사) ▲한국의 생태사상(박희병 서울대 교수·돌베개) ▲우리는 지난 100년 동안 어떻게 살았을까(한국역사연구회·역사비평사) |
| 제41회(2001) | ▲고구려 고분벽화연구(전호태 울산대 교수·사계절) ▲한국 현대정치사서설(진덕규 이화여대 교수·지식산업사) ▲정치와 삶의 세계(김우창 고려대 교수·삼인) |
| 제42회(2002) | ▲시간의 철학적 성찰(소광희 서울대 명예교수·문예출판사) ▲국가와 권위(박효종 서울대 교수·박영사) ▲기호학의 즐거움(김경용 미 나자렌대 교수·민음사) |
| 제43회(2003) | ▲의술과 인구 그리고 농업기술(이태진 서울대 교수·태학사) ▲동방기독교와 동서문명(김호동 서울대교수·까치글방) ▲우리의 소리를 찾아서(최상일MBC PD·돌베개) |

※제44회부터 출판계의 다양한 요구를 반영, 총 상금을 1,500만원(작품당 500만원)에서 2,500만원으로 증액하고 수상작을 5개분야로 확대하였음.

| 횟수 | 수상작 |
|---|---|
| 제44회(2004) | ◇저술(학술) ▲간다라 미술(이주형 서울대 교수·사계절) 저술(교양) ▲현산어보를 찾아서(전5권·이태원 서울 세화여고 교사·청어람미디어) ◇번역 ▲퇴계와 고봉, 편지를 쓰다(이황 기대승 지음·사편찬위원회 편사연구사 옮김·소나무) ◇편집(공동수상) ▲세계민담전집(1차분 10권·신동흔 등 엮음·황금가지) ▲태학산문선(17권·정약용 등 지음·정민등 옮김·태학사) ◇어린이청소년 ▲보리 어린이 노래마을(그림책과 CD 6세트·백창우 곡, 강우근 등 그림·보리) |
| 제45회(2005) | ◇저술(학술) ▲한국의 전통생태학(이도원 서울대 교수·사이언스북스) ◇저술(교양) ▲헌법의 풍경(김두식 한동대 교수·교양인) ◇번역 ▲빈 서판(김한영·사이언스북스) ◇편집(공동 수상) ▲한국생활사박물관(강맑실 사계절출판사 대표) ◇어린이청소년 ▲엄마 마중(곽명호 이사·한길사) ▲한국사 편지(이미혜본 부장·웅진닷컴) |
| 제46회(2006) | ◇저술(학술) ▲조선왕조 의궤(한영우·일지사) ◇저술(교양) ▲쾌도난마 한국경제(장하준 정승일 대담, 이종태 엮음·부키) ◇번역 ▲우주의 구조(브라이언 그린·박병철·승산) ▲세계종교사상사(미르치아 엘리아데음·최종성 등 옮김·이학사) ◇편집 ▲니체 전집(정동호 등 옮김·책세상) ◇어린이·청소년 ▲도깨비와 범벅 장수(이상교 글, 한병호 그림·국민서관) ▲거북선(김정진·랜덤하우스중앙) ◇공로상 백상특별상 ▲프랑크푸르트 도서전 주빈국 행사 기여(송영만 효형출판 대표) |
| 제47회(2007) | ◇저술(학술) ▲한국전쟁: 38선 충돌과 전쟁의 형성(정병준·돌베개) ◇저술(교양) ▲미래교양사전(이인식·갤리온) ◇번역 ▲사생활의 역사1~5(김기림 번역·새물결) ▲순수이성 비판1,2(백종현 번역·아카넷) ◇편집(공동 수상) ▲붓끝으로 부사산 바람을 가르다 4권(이혜경 기획, 김보경 번역·소명출판) ◇어린이청소년 ▲들풀들이 들려주는 위대한 백성이야기1~3(홍순명·부키) ◇공로상 백상특별상 ▲국내 출판문화 발전의 초석 기여(이중한 한국문화복지협의회 회장) |
| 제48회(2008) | ◇저술(학술) ▲공안파와 조선 후기 한문학(강명관·소명출판) ◇저술(교양) ▲나쁜 사마리아인들(장하준·부키) ◇번역 ▲만들어진 신(이한음 번역·김영사) ◇편집(공동 수상) ▲소성(송현상 팀장, 디자인 주) ◇어린이청소년 ▲달인 시리즈(고미숙·북드라망) ◇공로상 백상특별상 ▲이기웅 파주출판도시문화재단 이사장 |
| 제49회(2009) | ◇저술(학술) ▲니벨룽의 보물(정문길 고려대 명예교수· 문학과지성사) ◇저술(교양) ▲나의 국토 나의 산하(박태순 소설가· 한길사) ◇번역 ▲진인각, 최후의 20년(박한제, 김형종 서울대 동양사학과 교수 번역·사계절) ◇편집(공동 수상) ▲세밀한 일러스트와 희귀 사진으로 본 근대 조선(이기선, 박미정 편집자, 살림) ◇어린이청소년 ▲보리 국어사전(토박이사전편찬실) ◇공로상 백상특별상 ▲박맹호 민음사 대표 |
| 제50회(2010) | ◇저술(학술) ▲고구려 별자리와 신화(김일권 한국학중앙연구원 교수 ·사계절) ◇저술(교양) ▲로쟈의 인문학 서재(이현우 서울대 노어노문학과 강사) ·산책자) ◇번역 ▲홀로코스트, 유럽 유대인의 파괴 1·2(김학이 동아대 교수 번역·개마고원 발행) ◇편집(공동 수상) ▲앤디 워홀 일기(미메시스) ◇어린이청소년 ▲열정세대(김학이 동아대 교수 · 참여연대 교육홍보팀) ◇공로상 백상특별상 ▲윤형두 범우사 대표 |
| 제51회(2011) | ◇저술(학술) ▲마을로 간 한국전쟁(박찬승 한양대 사학과 교수·돌베개) ◇저술(교양) ▲좌우파 사전(이건범 출판기획자 등·위즈덤하우스) ◇번역 ▲파브르 곤충기 전 10권(김진일 성신여대 교수 번역·현암사) ◇편집(공동 수상) ▲겨레전통도감 전 5권(보리) ▲한국의 초상화 - 형(形)과 영(影)의 예술(돌베개) ◇어린이청소년 ▲울기엔 좀 애매한(최규석 만화가·사계절) ◇공로상 백상특별상 ▲정병규 정디자인 대표 |
| 제52회(2012) | ◇저술(학술) ▲정조와 불량선비 강이천(백승종·푸른역사) ▲평등, 자유, 권리(이종은·책세상) ◇저술(교양) ▲LHC, 현대물리학의 최전선(이강영·사이언스북스) ◇번역 ▲펠로폰네소스 전쟁사(천병희 번역·투키디데스) ◇편집 ▲지혜로 지은 집, 한국건축(김도경 강원대 건축학과 교수), 박민영 암사 편집2팀 책임편집자, 임진성 북디자이너, 현암사) ◇어린이청소년 ▲청소년을 위한 토론학교 시리즈(박의준, 최훈 외 3명·우리학교) ▲멋지기 때문에 놀러왔지(설흔·창비) ◇공로상 백상특별상 ▲이구용 케이엘매니지먼트 대표 |
| 제53회(2013) | ◇저술(학술) ▲사당동 더하기 25(조은 동국대 명예교수·또하나의문화) ◇저술(교양) ▲작지만 큰 한국사, 소금(유승훈 부산박물관 학예연구사·푸른역사) ◇번역 ▲유럽문화사 1~5권(정영목, 이은진, 오숙은, 한경희 번역·뿌리와이파리) ◇편집(공동 수상) ▲나는 작은 회사에 다닌다(정은영 대표, 남해의봄날) ▲한국의 전통색(안그라픽스) ◇어린이청소년 ▲장수탕 선녀님(백희나·책읽는곰) |

| 횟수 | 수상작 |
|---|---|
| 제54회(2014) | ◇저술(학술) ▲실크로드 사전(정수일 한국문명교류연구소장·창비) ◇저술(교양) ▲역사명설 병자호란 1·2(한명기 명지대 교수·푸른역사) ▲어메이징 그래비티(조진호 민족사관고 교사·궁리) ◇번역 ▲돈의 철학(김덕영 독일 카젤대 교수 번역·게오르크지멜) ◇편집(공동 수상) ▲외면하지 않을 권리(이은혜 편집, 글항아리) ▲쓰레기 고서들의 반란(김기언 사무국장, 벗) ◇어린이청소년 ▲어떤 아이가(송미경·시공주니어) |
| 제55회(2015) | ◇저술(학술) ▲한국 자본주의(장하성 고려대 교수·헤이북스) ◇저술(교양) ▲우주의 끝을 찾아서(이강환 국립과천과학관 연구관·현암사) ▲모멸감(김찬호 성공회대 초빙교수·문학과지성사) ◇번역 ▲우리 본성의 선한 천사(김명남 번역·사이언스북스) ◇편집(공동 수상) ▲밀양을 살다(강곤 기획위원, 오월의봄) ◇어린이청소년 ▲진짜 코 파는 이야기(이갑규·책읽는곰) |
| 제56회(2016) | ◇저술(학술) ▲현앨리스와 그의 시대(정병준 이화여대교수·돌베개) ◇저술(교양) ▲노동여지도(박점규 비정규직없는세상만들기 네트워크 집행위원·알마) ▲세상 물정의 물리학(김범준 성균관대 교수·동아시아) ◇번역 ▲주자평전(김태완 번역·역사비평사) ◇편집(공동 수상) ▲자기록: 여자, 글로 말하다(부수영 대표·풍양조씨) ▲금요일엔 돌아오렴(416세월호참사 시민기록위원회 작가기록단 지음·창비) ◇어린이청소년 ▲대추 한 알(유리·이야기꽃) |
| 제57회(2017) | ◇저술(학술) ▲중력파, 아인슈타인의 마지막 선물(오정근 국가수리과학연구소 선임연구원·동아시아) ◇저술(교양) ▲우리는 왜 공부할수록 가난해지는가(천주희·사이행성) ▲우리말 절대지식(김승용·동아시아) ◇번역 ▲나쓰메 소세키 소설 전집(송태욱 번역·현암사) ◇편집(공동 수상) ▲아틀라스 역사시리즈(인문팀 이진팀장·사계절) ◇어린이청소년 ▲할머니의 여름휴가(안녕달·창비) ▲다윈 영의 악의 기원(박지리·사계절) |
| 제58회2018) | ◇저술(학술) ▲포스트 휴먼이 온다(이종관 성균관대 교수·사월의책) ▲조선의 생태환경사(김동진 한국교원대 강사·푸른역사) ◇저술(교양) ▲아픔이 길이 되려면(김승섭 고려대 교수·동아시아) ◇번역 ▲미국의 반지성주의(유강은 번역·교유서가) ◇편집(공동 수상) ▲아무튼 시리즈(이정규 대표·코난북스) ◇어린이청소년 ▲간질간질(서현·사계절) |
| 제59회(2019) | ◇저술(학술) ▲한반도 화교사(이정희 인천대 교수·동아시아) ◇저술(교양) ▲고기로 태어나서(한승태 작가·시대의창) ◇번역 ▲카를 마르크스(홍기빈 칼폴라니 사회경제연구소장 번역·아르테) ◇편집(공동 수상) ▲한국역사연구회 시대사총서 전 10 권(정호영 편집자·푸른역사) ◇어린이청소년 ▲손바닥 동시(유강희 시인·창비) |
| 제60회(2020) | ◇저술(학술) ▲3월1일의밤(권보드래 고려대 교수·돌베개) ◇저술(교양) ▲중공업 가족의 유토피아(양승훈 경남대 교수·오월의봄) ◇번역 ▲아름다움의 진화(양병찬 번역·동아시아) ◇편집(공동 수상) ▲요리는 감이여(이혜선 편집자·창비) ◇어린이청소년 ▲우주로 가는 계단(전수경 작가·창비) ▲강이(이수지 작가·비룡소) |
| 제61회(2021) | ◇저술(학술) ▲거대도시, 서울철도(전현우 서울시립대 자연과학연구소 연구원·워크룸프레스) ◇저술(교양) ▲물질의물리학(한정훈 성균관대 물리학과 교수·김영사) ◇번역 ▲힘든 시대를 위한 좋은 경제학(김승진 번역·생각의힘) ◇편집(공동 수상) ▲한편(신새벽 편집자·민음사) ◇어린이청소년 ▲5번레인(은소홀 작가·문학동네) |
| 제62회(2022) | ◇저술(학술) ▲한국주택 유전자(박철수 서울시립대 건축학부 교수·마티) ◇저술(교양) ▲사이보그가 되다(김초엽 소설가·사계절) ◇번역 ▲자폐의 거의 모든 역사(강병철 번역·꿈꿀자유) ◇편집(공동 수상) ▲한반도 바닷물고기 세밀화 대도감(김종현 편집자·보리) ▲북클럽 자본 세트 전 12권(선완규 대표·천년의상상) ◇어린이청소년 ▲엄마도감(권정민 작가·웅진주니어) ◇국경(구둘 작가·책읽는곰) |
| 제63회(2023) | ◇저술(학술) ▲한국 사회학의 지성사(정수복 사회학자·푸른역사) ◇저술(교양) ▲인류 본사(이희수 성공회대 석좌교수·휴머니스트) ◇번역 ▲에세(심민화, 최권행 번역·민음사) ◇편집(공동 수상) ▲어딘가에는 ○○○이 있다(남해의봄날,이유출판,온다프레스,열매하나,포토밭출판사) ▲김군을 찾아서(강소영 편집자·후마니타스) ◇어린이청소년 ▲토마토 기준(김준현 작가·문학동네) ▲무등이왓에 부는 바람(김영화 작가·이야기꽃) |

## ▲ 한국일보문학상

※기성문인에게 수여하는 이 상은 1978년 '한국 창작문학상'으로 시작해, 1987년 제20회를 맞아 '한국일보 문학상'으로 바뀜

| 횟수 | 수상자 | 제목 | 횟수 | 수상자 | 제목 |
| --- | --- | --- | --- | --- | --- |
| 제1회(1968) | 한말숙 | 신과의 약속 | 제29회(1996) | 전경린 | 염소를 모는 여자 |
| 제2회(1969) | 방영웅 | 달 | 제30회(1997) | 성석제 | 유랑 |
| 제3회(1970) | 오유권 | 일가의 몰락 | | 윤영수 | 착한 사람 문성현 |
| 제4회(1971) | 강용준 | 광인일기 | 제31회(1998) | 이혜경 | 그 집 앞 |
| 제5회(1972) | 이문구 | 장한몽 | 제32회(1999) | 현기영 | 지상에 숟가락 하나 |
| 제6회(1973) | 신상웅 | 심야의 정담 | 제33회(2000) | 하성란 | 기쁘다 구주 오셨네 |
| 제7회(1974) | 정을병 | 병든 지구 | 제34회(2001) | 오수연 | 땅 위의 영광 |
| 제8회(1975) | 이청준 | 이어도 | 제35회(2002) | 은희경 | 누가 리기다소나무 숲에 덫을 놓았을까 |
| 제9회(1976) | 유현종 | 들불 | 제36회(2003) | 배수아 | 일요일 스키야키 식당 |
| 제10회(1977) | 이병주 | 망명의 늪 | 제37회(2004) | 김경욱 | 장국영이 죽었다고? |
| 제11회(1978) | 김문수 | 육아 | 제38회(2005) | 김애란 | 달려라 아비 |
| 제12회(1979) | 김원일 | 도요새에 관한 명상 | 제39회(2006) | 강영숙 | 리나 |
| 제13회(1980) | 이동하 | 굶주린 혼 | 제40회(2007) | 편혜영 | 사육장 쪽으로 |
| 제14회(1981) | 최일남 | 해치는 소리, 세 고향 | 제41회(2008) | 김태용 | 풀밭 위의 돼지 |
| 제15회(1982) | 윤흥길 | 꿈꾸는 자의 라성 | 제42회(2009) | 한유주 | 막 |
| 제16회(1983) | 김원우 | 불면수심 | 제43회(2010) | 황정은 | 백의 그림자 |
| 제17회(1984) | 임철우 | 아버지의 땅 | 제44회(2011) | 최제훈 | 일곱 개의 고양이 눈 |
| 제18회(1985) | 윤후명 | 섬 | 제45회(2012) | 권여선 | 레가토 |
| 제19회(1986) | 서정인 | 달궁 | 제46회(2013) | 송보미 | 산책 |
| 제20회(1987) | 이제하 | 광화사 | 제47회(2014) | 이기호 | 차남들의 세계사 |
| 제21회(1988) | 박태순 | 밤길의 사람들 | 제48회(2015) | 전성태 | 두번째 자화상 |
| 제22회(1989) | 이인성 | 한없이 낮은 숨결 | 제49회(2016) | 윤성희 | 베개를 베다 |
| 제23회(1990) | 김영현 | 저 깊푸른 강 | 제50회(2017) | 정세랑 | 피프티피플 |
| 제24회(1991) | 하창수 | 돌아서지 않는 사람들 | 제51회(2018) | 최은영 | 내게 무해한 사람 |
| 제25회(1992) | 이창동 | 녹천에는 똥이 많다 | 제52회(2019) | 정소현 | 품위 있는 삶 |
| 제26회(1993) | 신경숙 | 풍금이 있던 자리 | 제53회(2020) | 백수린 | 여름의 빌라 |
| 제27회(1994) | 구효서 | 깡통따개가 없는 마을 | 제54회(2021) | 최은미 | 눈으로 만든 사람 |
| 제28회(1995) | 김인숙 | 먼 길 | 제55회(2022) | 송지현 | 여름에 우리가 먹는 것 |
| | | | 제56회(2023) | 천운영 | 반에 반에 반 |

## ▲ 팔봉비평문학상

| 횟수 | 수상자 | 제목 |
|---|---|---|
| 제1회(1990) | 김현 | 분석과 해석 |
| 제2회(1991) | 김윤식 | 작가와 내면풍경, 우리 소설을 위한 변명 |
| 제3회(1992) | 김치수 | 공감의 비평을 위하여 |
| 제4회(1993) | 김우창 | 심미적 이성의 탐구 |
| 제5회(1994) | 김병익 | 숨은 진실과 문학 |
| 제6회(1995) | 김주연 | 사랑과 권력 |
| 제7회(1996) | 염무웅 | 혼돈의 시대에 구상하는 문학의 논리 |
| 제8회(1997) | 구중서 | 문학과 현대사상 |
| 제9회(1998) | 최원식 | 생산적 대화를 위하여 |
| 제10회(1999) | 김화영 | 소설의 꽃과 뿌리 |
| 제11회(2000) | 정과리 | 무덤 속의 마젤란 |
| 제12회(2001) | 황종연 | 비루한 것의 카니발 |
| 제13회(2002) | 남진우 | 그리고 신은 시인을 창조했다 |
| 제14회(2003) | 김인환 | 다른 미래를 위하여 |
| 제15회(2004) | 성민엽 | 변하는 것과 변하지 않는 것 |
| 제16회(2005) | 서영채 | 문학의 윤리 |
| 제17회(2006) | 한형구 | 구텐베르크 수사들 |
| 제18회(2007) | 이광호 | 이토록 사소한 정치성 |
| 제19회(2008) | 박혜경 | 오르페우스의 시선 |
| 제20회(2009) | 김미현 | 젠더 프리즘 |
| 제21회(2010) | 우찬제 | 프로테우스의 탈주 |
| 제22회(2011) | 김영찬 | 비평의 우울 |
| 제23회(2012) | 오생근 | 위기와 희망 |
| 제23회(2012) | 황현산 | 잘 표현된 불행 |
| 제24회(2013) | 류보선 | 한국문학의 유령들 |
| 제25회(2014) | 권오룡 | 사적인 것의 거룩함 |
| 제26회(2015) | 유성호 | 정격과 역진의 정형 미학 |
| 제27회(2016) | 이혜원 | 지상의 천사 |
| 제28회(2017) | 김형중 | 후르비네크의 혀 |
| 제29회(2018) | 조재룡 | 의미의 자리 |
| 제30회(2019) | 김진수 | 감각인가 환각인가 |
| 제31회(2020) | 구모룡 | 폐허의 푸른빛-비평의 원근법 |
| 제32회(2021) | 오형엽 | 알레고리와 숭고 |

## ▲ 한국여자프로골프(KLPGA) 투어 메디힐·한국일보 챔피언십

| | |
|---|---|
| 1회 (2022년) | 일시/장소 : 4월 14일(목) ~ 4월 17일(일), 페럼 클럽(경기도 여주시)<br>총 상금: 10억원<br>경기방식: 72홀 스트로크플레이<br>우승자: 박지영(-18) |
| 2회 (2023년) | 일시/장소: 4월 13일(목) ~ 4월 16일(일), 페럼 클럽(경기도 여주시)<br>총 상금: 10억원<br>경기방식: 72홀 스트로크플레이<br>우승자: 이주미(-12) |
| 3회 (2024년) | 일시/장소 : 4월 11일(목) ~ 4월 14일(일), 클럽 72(인천)<br>총 상금: 10억원<br>경기방식: 72홀 스트로크플레이<br>우승자: 박지영(-22) |

▲ 명인전

| 횟수 | 명인 | 준우승 | 횟수 | 명인 | 준우승 |
|---|---|---|---|---|---|
| 제1회(1969) | 조남철 | 김 인 | 제24회(1993) | 이창호 | 류창혁 |
| 제2회(1970) | 김 인 | 조남철 | 제25회(1994) | 이창호 | 임선근 |
| 제3회(1971) | 조남철 | 김 인 | 제26회(1995) | 이창호 | 양재호 |
| 제4회(1972) | 서봉수 | 조남철 | 제27회(1996) | 이창호 | 최명훈 |
| 제5회(1973) | 서봉수 | 정창현 | 제28회(1997) | 조훈현 | 이창호 |
| 제6회(1974) | 서봉수 | 조훈현 | 제29회(1998) | 이창호 | 조훈현 |
| 제7회(1975) | 서봉수 | 조남철 | 제30회(1999) | 이창호 | 최명훈 |
| 제8회(1976) | 서봉수 | 윤기현 | 제31회(2000) | 이창호 | 조훈현 |
| 제9회(1978) | 조훈현 | 서봉수 | 제32회(2001) | 이창호 | 류창혁 |
| 제10회(1979) | 서봉수 | 조훈현 | 제33회(2002) | 이창호 | 안조영 |
| 제11회(1980) | 조훈현 | 서봉수 | 제34회(2003) | 이창호 | 조훈현 |
| 제12회(1981) | 조훈현 | 서봉수 | 제35기 (2007)* | 이세돌 | 조한승 |
| 제13회(1982) | 조훈현 | 서봉수 | 제36기 (2008) | 이세돌 | 강동윤 |
| 제14회(1983) | 서봉수 | 조훈현 | 제37기 (2009) | 이창호 | 원성진 |
| 제15회(1984) | 조훈현 | 서봉수 | 제38기 (2010) | 박영훈 | 원성진 |
| 제16회(1985) | 조훈현 | 김수장 | 제39기 (2011) | 박영훈 | 백홍석 |
| 제17회(1986) | 조훈현 | 서봉수 | 제40기 (2012) | 이세돌 | 백홍석 |
| 제18회(1987) | 조훈현 | 장두진 | 제41기 (2013) | 최철한 | 이세돌 |
| 제19회(1988) | 조훈현 | 서봉수 | 제42기 (2014) | 박영훈 | 이동훈 |
| 제20회(1989) | 조훈현 | 서봉수 | 제43기 (2015)** | 이세돌 | 박정환 |
| 제21회(1990) | 조훈현 | 이창호 | 제44기 (2021)*** | 신진서 | 변상일 |
| 제22회(1991) | 이창호 | 조훈현 | 제45기 (2022) | 신민준 | 신진서 |
| 제23회(1992) | 이창호 | 양재호 | 제46기 (2023) | 신진서 | 변상일 |

* 2007년(35기)~2015년(43기) 하이원리조트(강원랜드) 후원 / 강원랜드배, 하이원리조트배로 진행
** 2016년 중단
*** 2021년(44기)~2023년(46기) 부활 및 대회 지속. SG그룹 후원 / SG배

## ▲ 봉황대기쟁탈 전국고교야구대회

| 횟수 | 수상내역및수상학교 | 참가팀 |
|---|---|---|
| 제1회(1971) | [우승]경북고 [준우승] 대광고 | 37 |
| 제2회(1972) | [우승]배명고 [준우승] 중앙고 | 41 |
| 제3회(1973) | [우승]대구상고 [준우승] 배재고 [3위] 동대문상고 [4위] 재일동포 | 43 |
| 제4회(1974) | [우승]대구상고 [준우승] 재일동포 [3위] 전주상고 [4위] 광주상고 | 47 |
| 제5회(1975) | [우승]경북고 [준우승] 대구상고 [3위] 대전고 [4위] 부산고 | 49 |
| 제6회(1976) | [우승]부산상고 [준우승] 선린상고 [3위] 재일동포 [4위] 인천고 | 46 |
| 제7회(1977) | [우승]충암고 [준우승] 광주진흥고 [3위] 재일동포 [4위] 서울고 | 42 |
| 제8회(1978) | [우승]서울고 [준우승] 선린상고 [3위] 충암고 [4위] 경기고 | 41 |
| 제9회(1979) | [우승]광주상고 [준우승] 인천고 [3위] 천안북일고 [4위] 부산상고 | 46 |
| 제10회(1980) | [우승]천안북일고 [준우승] 배재고 [3위] 대구상고 [4위] 광주상고 | 46 |
| 제11회(1981) | [우승]경북고 [준우승] 선린상고 [3위] 천안북일고 [4위] 대구고 | 49 |
| 제12회(1982) | [우승]군산상고 [준우승] 재일동포 [3위] 부산고 [4위] 광주일고 | 54 |
| 제13회(1983) | [우승]광주일고 [준우승] 포철공고 [3위] 대구고 [4위] 충암고 | 53 |
| 제14회(1984) | [우승]서울고 [준우승] 재일동포 [3위] 선린상고 [4위] 신일고 | 58 |
| 제15회(1985) | [우승]부산고 [준우승] 광주상고 [3위] 천안북일고 [4위] 경남고 | 58 |
| 제16회(1986) | [우승]부산고 [준우승] 광주진흥고 [3위] 마산상고 [4위] 배재고 | 60 |
| 제17회(1987) | [우승]천안북일고 [준우승] 경북고 [3위] 세광고 [4위] 경남상고 | 59 |
| 제18회(1988) | [우승]충암고 [준우승] 서울고 [3위] 대전고 [4위] 동대문상고 | 57 |
| 제19회(1989) | [우승]동산고 [준우승] 휘문고 [3위] 대전고 [4위] 경북고 | 55 |
| 제20회(1990) | [우승]대전고 [준우승] 성남고 [3위] 동대문상고 [4위] 인천고 | 53 |
| 제21회(1991) | [우승]신일고 [준우승] 선린상고 [3위] 배명고 [4위] 배재고 | 51 |
| 제22회(1992) | [우승]배명고 [준우승] 경남고 [3위] 유신고 [4위] 동산고 | 50 |
| 제23회(1993) | [우승]부산고 [준우승] 성남고 [3위] 충암고 [4위] 부천고 | 49 |
| 제24회(1994) | [우승]덕수상고 [준우승] 배명고 [3위] 대구고 [4위] 경남상고 | 50 |
| 제25회(1995) | [우승]충암고 [준우승] 선린상고 [공동3위] 경남고, 서울고 | 49 |
| 제26회(1996) | [우승]군산상고 [준우승] 인천고 [공동3위] 천안북일고, 부산고 | 49 |
| 제27회(1997) | [우승]신일고 [준우승] 경북고 [공동3위] 배재고, 대구상고 | 51 |
| 제28회(1998) | [우승]경남고 [준우승] 경기고 [공동3위] 신일고, 광주상고 | 53 |
| 제29회(1999) | [우승]천안북일고 [준우승] 광주상고 [공동3위] 경남고, 동산고 | 52 |
| 제30회(2000) | [우승]광주진흥고 [준우승] 순천효천 [공동3위] 덕수정보고, 중앙고 | 52 |
| 제31회(2001) | [우승]청주기공고 [준우승] 인창고 [공동3위] 배명고, 서울고 | 54 |
| 제32회(2002) | [우승]천안북일고 [준우승] 중앙고 [공동3위] 세광고, 순천효천 | 56 |

| 횟수 | 수상내역 및 수상학교 | 참가팀 |
|---|---|---|
| 제33회(2003) | [우승]경남고 [준우승] 중앙고 [공동3위] 세광고, 선린인터넷 [최우수선수상] 김상록(경남) | 57 |
| 제34회(2004) | [우승]광주동성고 [준우승] 광주제일고 [공동3위] 동산고, 인창고 [최우수선수상] 한기주(광주동성) | 57 |
| 제35회(2005) | [우승]유신고 [준우승] 광주제일고 [공동3위] 광주동성고, 경기고 [최우수선수상] 배장호(유신) | 57 |
| 제36회(2006) | [우승]덕수정보고 [준우승] 광주동성고 [공동3위] 선린인터넷고, 안산공고 [최우수선수상] 최종인(덕수정보) | 56 |
| 제37회(2007) | [우승]충암고 [준우승] 덕수고 [공동3위] 경기고, 경북복고 [최우수선수상] 홍상삼(충암) | - |
| 제38회(2008) | [우승]대구고 [준우승] 경북고 [공동3위] 청원고, 청주고 [최우수선수상] 정인욱(대구) | - |
| 제39회(2009) | [우승]북일고 [준우승] 광주제일고 [공동3위] 신일고, 유신고 [최우수선수상] 김용주(북일) | 52 |
| 제40회(2010) | [우승]대구고 [준우승] 군산상고 [공동3위] 선린인터넷고, 야탑고 [최우수선수상] 박종윤(대구) | 53 |
| | ※고교야구 주말리그 통합 논의로 일시 중단했으나, 2013년부터 부활 | |
| 제41회(2013) | [우승]군산상고 [준우승] 마산고 [공동3위] 북일고, 마산용마고 [최우수선수상] 조현명(군산상) | 57 |
| 제42회(2014) | [우승]휘문고 [준우승] 유신고 [공동3위] 북일고, 마산용마고 [최우수선수상] 정동현(휘문) | 62 |
| 제43회(2015) | [우승]경북고 [준우승] 장충고 [공동3위] 동산고, 마산용마고 [최우수선수상] 최충연(경북) | 65 |
| 제44회(2016) | [우승]휘문고 [준우승] 군산상고 [공동3위] 덕수고, 경남고 [최우수선수상] 안우진(휘문) | 69 |
| 제45회(2017) | [우승]야탑고 [준우승] 충암고 [공동3위] 율곡고, 광주제일고 [최우수선수상] 전성재(야탑) | 74 |
| 제46회(2018) | [우승]대구고 [준우승] 북일고 [공동3위] 대구상원고, 덕수고 [최우수선수상] 서상호(대구) | 76 |
| 제47회(2019) | [우승]휘문고 [준우승] 강릉고 [공동3위] 경남고, 성남고 [최우수선수상] 박주혁(휘문) | 80 |
| 제48회(2020) | [우승]인천고 [준우승] 서울고 [공동3위] 유신고, 인상고 [최우수선수상] 윤태현(인천) | 80 |
| 제49회(2021) | [우승]덕수고 [준우승] 유신고 [공동3위] 광주제일고, 강릉고 [최우수선수상] 주정환(덕수) | 84 |
| 제50회(2022) | [우승]부산고 [준우승] 강릉고 [공동3위] 북일고, 장충고 [최우수선수상] 원상현(부산) | 87 |
| 제51회(2023) | [우승]대구고 [준우승] 세광고 [공동3위] 대구상원고, 경동고 [최우수선수상] 양현종(대구) | 95 |

▲ 경부역전경주대회

| 횟수 | 수상내역 및 수상팀(시간:분:초) | 전장(km) | 참가팀 |
|---|---|---|---|
| 제1회(1955.11.14~20) | [1위] 특무대(27:41:15) [2위] 서울(28:04:15) [3위] 해병대(28:16:59) | 490.5 | 4 |
| 제2회(1956.11.13~18) | [1위] 특무대(27:20:47) [2위] 해병대 [3위] 공군 | 496.7 | 7 |
| 제3회(1957.11.19~24) | [1위] 특무대(27:04:15) [2위] 해병대(27:09:49) [3위] 공군(27:27:05) | 496.5 | 4 |
| 제4회(1958.11.18~23) | [1위] 공군(27:54:23) [2위] 해병대 [3위] 서울(29:06:10) | 521.4 | 4 |
| 제5회(1959.11.16~21) | [1위] 공군(27:41:15) [2위] 해병대(28:04:15) [3위] 경남(28:16:59) | 501.1 | 3 |
| 제6회(1960.11.22~27) | [1위] 서울(27:20:09) [2위] 경기(27:26:36) [3위] 강원(27:30:13) | 500.2 | 3 |
| 제7회(1961.11.14~19) | [1위] 충북(26:57:05) [2위] 경북(27:18:16) [3위] 강원(27:18:49) | 500.2 | 7 |

| 횟수 | 수상내역 및 수상팀(시간:분:초) | 전장(km) | 참가팀 |
|---|---|---|---|
| 제8회(1962.11.13~18) | [1위] 충북(26:22:21) [2위] 강원(26:57:54) [3위] 경기(27:02:29) | 500.1 | 4 |
| 제9회(1963.11.11~16) | [1위] 충북(26:45:42) [2위] 경기(26:53:48) [3위] 서울(26:54:32) | 500.2 | 5 |
| 제10회(1964.11.9~14) | [1위] 경기(26:21:15) [2위] 충북(26:42:12) [3위] 서울(26:54:32) | 500.2 | 7 |
| 제11회(1965.11.15~21) | [1위] 강원(27:49:27) [2위] 경북(28:03:34) [3위] 충북(28:06:10) | 521.1 | 7 |
| 제12회(1966.11.21~26) | [1위] 강원(28:13:55) [2위] 경기(28:19:03) [3위] 경북(28:20:14) | 521.9 | 7 |
| 제13회(1967.11.6~11) | [1위] 충남(28:06:01) [2위] 경기(28:14:20) [3위] 강원(28:17:32) | 522.5 | 7 |
| 제14회(1968.11.4~9) | [1위] 경기(27:44:60) [2위] 경북(27:50:10) [3위] 충남(27:55:15) | 519.1 | 8 |
| 제15회(1969.11.10~15) | [1위] 충남(27:26:08) [2위] 서울(28:47:44) [3위] 충북(27:53:44) | 519.1 | 8 |
| 제16회(1970.11.9~14) | [1위] 경기(27:56:06) [2위] 충남(28:07:21) [3위] 강원(28:15:37) | 518.8 | 6 |
| 제17회(1971.11.8~13) | [1위] 강원(27:40:28) [2위] 충남(27:41:22) [3위] 서울(27:47:34) | 520.8 | 5 |
| 제18회(1972.11.13~18) | [1위] 충남(27:36:22) [2위] 전북(27:41:51) [3위] 강원(28:07:17) | 521.1 | 8 |
| 제19회(1973.11.19~24) | [1위] 전북(27:48:06) [2위] 경북(27:59:03) [3위] 서울(28:09:17) | 520.3 | 6 |
| 제20회(1974.11.18~23) | [1위] 충남(27:46:22) [2위] 전북(27:46:52) [3위] 경기(27:59:54) | 520.3 | 6 |
| 제21회(1975.11.17~22) | [1위] 충남(27:25:46) [2위] 경기(27:38:10) [3위] 전북(27:48:14) | 520.3 | 7 |
| 제22회(1976.11.15~20) | [1위] 충남(27:25:50) [2위] 전북(27:42:18) [3위] 경기(27:52:28) | 528.8 | 6 |
| 제23회(1977.11.14~19) | [1위] 충남(27:22:48) [2위] 경기(27:33:58) [3위] 전북(28:01:31) | 529.3 | 6 |
| 제24회(1978.11월) | [1위] 경기(26:41:35) [2위] 강원(26:52:39) [3위] 충남(27:10:44) | 520 | 8 |
| 제25회(1979.11.12~17) | ※ 개최예정이었으나 박정희 대통령의 서거와 시국의 변동으로 중지함. | | |
| 제26회(1980.11.10~15) | [1위] 경기(26:30:23) [2위] 충남(26:33:26) [3위] 경북(26:59:20) | 518.7 | 5 |
| 제27회(1981.11.9~14) | [1위] 경기(25:06:05) [2위] 서울(25:10:05) [3위] 경기(25:12:21) | 493.3 | 6 |
| 제28회(1982.11.8~13) | [1위] 경기(27:46:22) [2위] 충남(27:46:52) [3위] 서울(27:59:54) | 491.3 | 4 |
| 제29회(1983.11.7~12) | ※ 개최예정이었으나 각 시도팀의 선수부족으로 참가가 어렵게 되어 취소하였음. | | |
| 제30회(1984.11.12~17) | [1위] 경기(24:41:14) [2위] 충남(24:46:20) [3위] 경남(25:12:55) | 490.9 | 5 |
| 제31회(1985.11.11~16) | [1위] 서울(24:46:38) [2위] 경남(24:52:03) [3위] 대구(25:12:53) | 490.9 | 5 |
| 제32회(1986.11.10~15) | [1위] 경기(24:24:31) [2위] 경남(24:44:12) [3위] 서울(24:54:24) | 490.9 | 5 |
| 제33회(1987.11.17~22) | [1위] 경기(24:23:34) [2위] 경북(24:36:34) [3위] 서울(24:48:39) | 482.8 | 9 |
| 제34회(1988.11.15~20) | [1위] 서울(24:36:21) [2위] 강원(24:51:27) [3위] 전북(24:58:28) | 482.8 | 7 |
| 제35회(1989.11.13~19) | [1위] 서울(27:32:20) [2위] 강원(27:37:F) [3위] 전북(27:46:51) | 536.9 | |
| 제36회(1990.11.12~18) | [1위] 서울(27:04:55) [2위] 강원(27:32:04) [3위] 전북(27:41:36) | 536.9 | 9 |
| 제37회(1991.11.11~17) | [1위] 전북(27:12:06) [2위] 서울(27:13:00) [3위] 강원(27:17:30) | 536.9 | 10 |
| 제38회(1992.11.16~22) | [1위] 서울(27:12:59) [2위] 경북(27:29:10) [3위] 강원(27:37:27) | 534.3 | 7 |
| 제39회(1993.11.8~14) | [1위] 서울(26:52:51) [2위] 경기(27:14:16) [3위] 강원(27:26:40) | 534.3 | 9 |
| 제40회(1994.11.13~19) | [1위] 서울(28:50:06) [2위] 충남(29:09:43) [3위] 강원(29:32:26) | 567.7 | 8 |
| 제41회(1995.11.19~25) | [1위] 서울(28:55:53) [2위] 전북(29:24:33) [3위] 경북(29:29:18) | 566 | 8 |

| 횟수 | 수상내역 및수상팀(시간:분:초) | 전장(km) | 참가팀 |
|---|---|---|---|
| 제42회(1996.11.18~24) | [1위] 서울(24:47:40) [2위] 충남(24:55:35) [3위] 충북(24:59:18) | 532.4 | 8 |
| 제43회(1997.11.23~29) | [1위] 서울(28:55:10) [2위] 충남(29:08:50) [3위] 충북(29:10:36) | 561.8 | 8 |
| 제44회(1998.11.9~15) | [1위] 충북(29:00:22) [2위] 서울(29:20:33) [3위] 경기(29:27:52) | 562.4 | 7 |
| 제45회(1999.11.8~14) ) | [1위] 충북(28:55:18) [2위] 경기(29:03:27) [3위] 서울(29:05:08) | 560.9 | 8 |
| 제46회(2000.11.6~12) | [1위] 충북(28:45:40) [2위] 경기(29:13:07) [3위] 충남(29:22:45) | 561.5 | 10 |
| 제47회(2001.11.12~18) | [1위] 충북(27:08:23) [2위] 서울(27:32:38) [3위] 강원(27:36:14) | 533.3 | 11 |
| 제48회(2002.11.17~24) | [1위] 충북(26:57:22) [2위] 전남(27:13:29) [3위] 강원(27:13:34) | 528.6 | 10 |
| 제49회(2003.11.9~16) | [1위] 충북(26:44:34) [2위] 경기(27:03:28) [3위] 서울(27:11:09) | 528.6 | 8 |
| 제50회(2004. 11.21~11.28) | [1위] 충북(26:57:31) [2위] 서울(27:02:34) [3위] 경기(27:16:07) [최우수선수상] 박영민(전남) | 528.6 | 8 |
| 제51회(2005. 11.28~12.4) | [1위] 경기(27:32:15) [2위] 충북(27:51:23) [3위] 서울(27:54:38) [최우수선수상] 이명승(경기) | 528.6 | 10 |
| 제52회(2006. 11.20~11.26) | [1위] 충북(26:55:20) [2위] 경기(27:29:33) [3위] 경북(27:30:08) [최우수선수상] 이성운(충북) | 532 | 8 |
| 제53회(2007. 11.19~11.25) | [1위] 충북(27:20:07) [2위] 경기(27:29:23) [3위] 서울(27:49:13) [최우수선수상] 김영진(경기) | 523.8 | 8 |
| 제54회(2008. 11.17~11.23) | [1위] 충북(27:09:20) [2위] 경기(27:23:09) [3위] 서울(27:25:50) [최우수선수상] 장종수(서울) | 523.8 | 11 |
| 제55회(2009. 11.22~11.28) | [1위] 충북(27:21:51) [2위] 경기(27:48:59) [3위] 서울(27:53:06) [최우수선수상] 백승호(전남) | 520.6 | 11 |
| 제56회(2010. 11.28~12.4) | [1위] 충북(27:45:43) [2위] 서울(27:50:55) [3위] 경기(28:12:51) [최우수선수상] 문정기(충북) | 520.6 | 10 |
| 제57회(2011. 11.27~12.3) | [1위] 충북(27:30:36) [2위] 경기(27:42:57) [3위] 서울(27:53:19) [최우수선수상] 백승호(전남) | 523.3 | - |
| 제58회(2012. 11.25~12.1) | [1위] 충북(28:08:37) [2위] 서울(28:19:05) [3위] 경기(28:19:40) [최우수선수상] 백승호(전남) | 530.6 | 8 |
| 제59회(2013. 11.24~11.30) | [1위] 충북(24:07:42) [2위] 전남(24:20:34) [3위] 서울(24:23:54) [최우수선수상] 백승호(충남) | 534.8 | - |
| 제60회(2014. 11.16~11.22) | [1위] 충북(28:06:18) [2위] 서울(28:27:13) [3위] 경기(28:31:33) [최우수선수상] 손명준(충북) | 532.9 | - |
| 제61회(2015. 11.17~11.21) | [1위] 충북(13:44:31) [2위] 경기(13:46:37) [3위] 서울(13:56:11) [최우수선수상] 심종섭(전북) | 259 | 8 |
| 제62회(2016. 11.16~11.19) | [1위] 경기(11:26:49) [2위] 충북(11:29:27) [3위] 서울(11:30:24) | 212.7 | 7 |

* 2016년 이후 중단 : 2000년대 이후 대중적 관심도가 떨어지고 행사의 효율성과 문제점에 대한 지적이 잇따름. 지역마다 교통 통제에 따른 시민들의 민원 속출 등을 감안하여 중단.

▲ 미스코리아 선발대회

| 횟수 | 수상내역 및 이름(출신지) |
|---|---|
| 제1회(1957) | 미스코리아 박현옥(서울) 준 미스코리아 홍인방(서울), 김정옥(경남) |
| 제2회(1958) | 미스코리아 오금순(경북) 준 미스코리아 정연자(충남), 김미자(서울) |
| 제3회(1959) | 미스코리아 오현주(서울) 준 미스코리아 정옥이(경북), 서정애(경남) 한국일보 나인덕(전북) |
| 제4회(1960) | 진 손미희자(서울) 선 김정자(서울) 미 이영희(경남) 준 미스코리아 박수자(서울), 김미자(서울), 장인자(서울) 한국일보 김자현 |
| 제5회(1961) | 진 서양희(서울) 선 이옥자(서울) 미 현창애(서울) 준 미스코리아 임영빈(서울), 임미애(서울), 엄순영(경남) 한국일보 이명주(서울) |
| 제6회(1962) | 진 서범주(서울) 선 손양자(서울) 미 정태자(서울) 준 미스코리아 송혜자(서울), 임경실(서울), 최인자(서울) 한국일보 정의자(서울) |
| 제7회(1963) | 진 김명자(서울) 선 최유미(전남) 미 최금실(서울) 준 미스코리아 진 김혜원(충남) 준 미스코리아 선 강경림(경기) 준 미스코리아 미 김애리사(서울) 한국일보 신정화(경북) |
| 제8회(1964) | 진 신정현(서울) 선 이혜진(서울) 미 윤미희(서울) 준 미스코리아 진 문순자(전북) 준 미스코리아 선 최승자(서울) 준 미스코리아 미 이수진(서울) 한국일보 최정인(충남) |
| 제9회(1965) | 진 김은진(서울) 선 김민진(경기) 미 이은아(서울) 준 미스코리아 진 장혜경(서울) 준 미스코리아 선 모성량(서울) 준 미스코리아 미 이숙영(서울) 한국일보 최수아(서울) |
| 제10회(1966) | 진 윤귀영(경북) 선 진현수(경북) 미 정을선(전남) 준 미스코리아 진 이봉분(서울) 준 미스코리아 선 임수향(서울) 준 미스코리아 미 김영선(경남) 한국일보 이명숙(서울) |
| 제11회(1967) | 진 홍정애(서울) 선 최양지(경북) 미 정영화(서울) 준 미스코리아 진 손은진(부산) 준 미스코리아 선 김 윤(경기) 준 미스코리아 미 김춘진(경남) 한국일보 김정숙(경북) |
| 제12회(1968) | 진 김윤정(경북) 선 김희자(서울) 미 이지은(경북) 준 미스코리아 진 장문정(서울) 준 미스코리아 선 방인숙(경기) 준 미스코리아 미 장혜선(서울) 한국일보 진경례(전남) |
| 제13회(1969) | 진 김유경(서울) 선 임현정(경북) 미 김지연(경북) 준 미스코리아 진 김승희(전북) 준 미스코리아 선 임정은(서울) 준 미스코리아 미 서원경(서울) 한국일보 이주희(경북) |
| 제14회(1970) | 진 유영애(경기) 선 김인숙(전북) 미 이정희(서울) 정 이은자(서울) 숙 김경순(서울) 현 이지수(경북) 한국일보 박지연(서울) |
| 제15회(1971) | 진 노미애(부산) 선 최숙애(충남) 미 차순영(서울) 정 홍신희(서울) 숙 이영은(경기) 현 조애자(재일동포) 한국일보 이명신(서울) |
| 제16회(1972) | 진 박연주(서울) 선 서윤희(서울) 미 신가정(부산) 정 배정자(서울) 숙 정금옥(전북) 현 오영은(서울) 량 김성실(캘리포니아) 한국일보 이인숙(충남) |
| 제17회(1973) | 진 김영주(서울) 선 김매자(재일동포) 미 김준경(경북) 정 박신화(부산) 숙 이태현(경기) 현 안순영(서울) 한국일보 이혜숙(캘리포니아) |
| 제18회(1974) | 진 김은옥(충남) 선 김경옥(전북) 미 심경숙(전북) 정 김지현(서울) 숙 강영숙(서울) 현 이희영(캐나다) 한국일보 전혜경(뉴욕) |
| 제19회(1975) | 진 서지혜(경북) 선 이연옥(서울), 이성희(캘리포니아) 미 이형목(서울), 노덕자(재일동포), 진숙(서울) 태평양 김자영(부산) 한국일보 이경아(경기) |
| 제20회(1976) | 진 정경숙(전남) 선 정광현(서울), 한영애(서울) 미 차장옥(경기), 신병숙(캘리포니아), 이혜경(서울) 태평양 조인숙(경기) 한국일보 유재선(워싱턴) |

| 횟수 | 수상내역 및 이름(출신지) |
|---|---|
| 제21회(1977) | 진 김성희(서울) 선 이정화(경북), 정정화(경북) 미 김영선(서울), 신병옥(캘리포니아), 김순애(뉴욕) 태평양 백경선(서울) 한국일보 정미희(제주) |
| 제22회(1978) | 진 손정은(서울) 선 박경애(서울) 채정숙(전북), 미 제은진(강원) 김은희(캘리포니아), 박숙재(경기) 태평양 최현아(경북) 한국일보 이수미(캘리포니아) |
| 제23회(1979) | 진 서재화(서울) 선 홍여진(캘리포니아) 미 김진선(경기) 태평양 이주연(충북) 한국일보 김미재(시카고) |
| 제24회(1980) | 진 김은정(서울) 선 장혜지(경북) 미 김혜란(서울) 태평양 정나영(경기) 한국일보 강민정(서울) |
| 제25회(1981) | 진 이은정(서울) 선 이한나(남가주) 미 김소형(전북) 태평양 김종숙(서울) 한국일보 박현주(전남) |
| 제26회(1982) | 진 박선희(서울) 선 최성윤(서울) 미 이현주(남가주) 태평양 김미선(경기) 한국일보 정애희(서울) |
| 제27회(1983) | 진 임미숙(서울) 선 김선미(대구) 미 서민숙(서울) 보령 정영숙(서울) 태평양 오숙희(전북) 한국일보 김종중(서울) |
| 제28회(1984) | 진 최영옥(서울) 선 김경리(서울) 미 장시화(대구) 보령 박은경(서울) 태평양 박지연(전북) 한국일보 이주희(남가주) |
| 제29회(1985) | 진 배영란(전북) 선 안정미(뉴욕) 미 김윤정(서울) 보령 서현경(서울) 태평양 최은희(대구경북) 한국일보 임명숙(부산) |
| 제30회(1986) | 진 김지은(서울) 선 정화선(경남) 미 정명선(서울) 태평양 권민경(대구) 엘칸토 오수경(서울) 르망 권민경(대구) 한국일보 임명숙(부산) |
| 제31회(1987) | 진 장윤정(대구) 선 최연희(서울) 미 김미림(서울) 태평양 이은희(부산) 엘칸토 오수경(서울) 르망 장혜영(서울) 국제페리 이지연(충북) 한국일보 황보경(LA) |
| 제32회(1988) | 진 김성령(서울) 선 김혜리(서울) 미 김희정(충북) 태평양 채화연(대구) 엘칸토 양현정(서울) 국제페리 추영미(강원) 쌍방울 김유나(광주전남) 한국일보 오현주(남가주) |
| 제33회(1989) | 진 오현경(서울) 선 고현정(서울) 미 이윤영(대구) 태평양 신소금(남가주) 엘칸토 채경진(서울) 국제페리 조애선(경북) 실버벨 김미진(경기) 한국일보 장연희(전북) |
| 제34회(1990) | 진 서정민(서울) 선 김태화(서울) 미 윤제선(서울) 태평양 이승은(서울) 엘칸토 권정주(인천) 국제페리 김현숙(서울) 실버벨 강은숙(대구) 한국일보 이혜정(남가주) |
| 제35회(1991) | 진 이영현(서울) 선 염정아(서울) 미 이미영(서울) 태평양 김현주(대구) 엘칸토 이선혜(인천) 국제페리 장미영(강원) 유림 전혜진(서울) 한국일보 소영경(전북) |
| 제36회(1992) | 진 유하영(서울) 선 장은영(서울) 미 이승연(서울) 태평양 서연정(대구) 엘칸토 우정아(경기) 국제페리 김인영(부산) 유림 구교현(서울) 한국일보 이정희(남가주) |
| 제37회(1993) | 진 궁선영(서울) 선 허성수(서울) 미 김영아(충북) 태평양 채연희(서울) 엘칸토 윤수진(서울) 에스페로 장미호(서울) 유림 정지영(서울) 한국일보 손수미(경북) |
| 제38회(1994) | 진 한성주(서울) 선 윤미정(경북), 이유리(부산) 미 김예분(광주), 김미숙(전북), 성현아(광주) 태평양 전민순(남가주) 한국일보 최명련(경남) |
| 제39회(1995) | 진 김윤정(서울) 선 김정화(대전충남), 최윤영(뉴욕) 미 김민정(충북), 김아린(워싱턴), 한성울(남가주) 태평양 이경숙(서울) 한국일보 임주연(강원) |
| 제40회(1996) | 진 이은희(서울) 선 설수진(서울), 김양희(경북) 미 최정윤(남가주), 이지희(부산), 최숙영(부산) 태평양 이자영(대구) 한국일보 권민중(충북) |
| 제41회(1997) | 진 김지연(서울) 선 김진아(대전충남), 조혜영(부산) 미 여혜전(대구), 임선홍(서울), 정은주(광주) 태평양 함소원(경기) 한국일보 조윤주(인천) |

| 횟수 | 수상내역 및 이름(출신지) |
|---|---|
| 제42회(1998) | 진 최지현(캐나다) 선 김건우(전북), 이재원(대전충남) 미 양소현(충북), 최윤희(전북), 이정민(충북) 태평양 이정희(대구) 한국일보 곽신혜(경북) |
| 제43회(1999) | 진 김연주(대전충남) 선 한나나(서울) 미 설수현(경북) 드봉 김효주(부산) 에이스침대 강옥미(제주) FILA 이혜원(서울) 한국일보 곽신혜(경북) |
| 제44회(2000) | 진 김사랑(서울) 선(드봉) 신정선(전북) 미(금강산) 손태영(대구) 갤러리아 장은진(서울) 골든듀 손민지(대전) 한주여행사 박미선(서울) 한국일보 박소윤(경북) |
| 제45회(2001) | 진(드봉) 김민경(서울) 선(하이트) 서현진(대구) 미(토토) 백명희(서울) 갤러리아 고윤미(남가주) 골든듀 김지혜(서울) 무크 정아름(서울) 한국일보 한지원(남가주) |
| 제46회(2002) | 진 금나나(경북) 선(하이트) 장유경(서울) 미(메르삐) 기윤주(서울) 갤러리아 이진아(서울) 골든듀 김소윤(대전충남) 쉬즈노블 이재남(대구) 한국일보/일간스포츠 김연주(충북) |
| 제47회(2003) | 진 최윤영(서울) 선(하이트) 박지예(전북) 선(피스컵) 신지수(서울) 미(메리삐) 오유미(서울) 미(광동제약) 안춘영(부산) 미(로뎀) 양혜선(서울) 와인코리아 이소훈(인천) |
| 제48회(2004) | 진 김소영(서울) 선 한경진(경기) 미 김인하(서울) JU네트워크 조혜진(강원) 모나리자 최영아(서울) 한국일보 김혜연(대전충남) |
| 제49회(2005) | 진 김주희(서울) 선 오은영(서울), 이경은(충북) 미 유혜미(경기), 김은지(서울), 유혜리(강원) 한국아이닷컴 김정현(서울) |
| 제50회(2006) | 진 이하늬(서울) 선 박샤론(인천), 장윤서(충북) 미 박희정(부산), 김유미(서울), 박성민(서울), 김수현(광주전남) |
| 제51회(2007) | 진 이지선(서울) 선 조은주(제주), 박가원(서울) 미 이진(서울), 유지은(서울), 이재아(LA) |
| 제52회(2008) | 진 나리(서울) 선 최보인(서울), 김민정(대구) 미 서설희(경북), 장윤희(서울), 이윤아(광주전남) |
| 제53회(2009) | 진 김주리(서울) 선 차예린(전북), 서은미(대구) 미 박예주(서울), 유수정(대전충남), 이슬기(강원), 최지희(경기) |
| 제54회(2010) | 진 정소라(서울) 선 장윤진(서울), 김혜영(경북) 미 하현정(서울), 고현영(부산), 이귀주(전북), 안다혜(충북) |
| 제55회(2011) | 진 이성혜(서울) 선 김이슬(경북), 김혜선(인천) 미 이세미나(경기), 남미연(경북), 김수정(LA), 공평희(서울) |
| 제56회(2012) | 진 김유미(서울) 선 이정빈(광주전남), 김사라(서울) 미 김영주(인천), 김나연(대구), 김태현(경북), 김유진(서울) |
| 제57회(2013) | 진 유예빈(대구) 선 한지은(인천), 김효희(광주전남) 미 구본화(경남), 최혜린(부산), 한수민(서울), 김민주(충북), 최송이(브라질) |
| 제58회(2014) | 진 김서연(서울) 선 신수민(경북), 이서빈(경기) 미 류소라(경남), 백지현(대구), 이사라(미국), 김명선(전북) |
| 제59회(2015) | 진 이민지(경기) 선 김정진(충북세종), 김예린(전라제주) 미 박아름(대구), 소아름(전라제주), 한호정(미국) |
| 제60회(2016) | 진 김진솔(서울) 선 신아라(광주전남), 문다현(인천) 미 이영인(경남), 김민정(대구), 홍나실(서울), 이채영(광주전남) |
| 제61회(2017) | 진 서재원(경기) 선 이한나(필리핀), 정다혜(서울) 미 김사랑(서울), 남승우(서울), 이수연(경북) |
| 제62회(2018) | 진 김수민(경기) 선 송수현(대구), 서예진(서울) 미 임경민(경북), 박채원(경기), 김계령(인천), 이윤지(서울) |
| 제63회(2019) | 진 김세연(미주) 선 이하늬(대구), 우희준(부산울산) 미 이혜주(대구), 신윤아(서울), 이다현(서울), 신혜지(서울) |
| 제64회(2020) | 진 김혜진(전북) 선 이화인(서울), 류서빈(부산울산) 미 전혜지(경북), 전연주(서울) |
| 제65회(2021) | 진 최서은(서울) 선 최미나수(경기인천), 김수진(경북) 미 조민지(제주), 정도희(서울) |
| 제66회(2022) | 진 이승현(서울) 선 유시은(서울) 미 김고은(경기인천) |
| 제67회(2023) | 진 최채원(서울) 선 정규리(강원), 김지성(서울) 미 조수빈(경남), 장다연(대구) |

## ▲ 서울특별시 봉사상

| 횟수 | 수상내역 및 이름(출신지) |
|---|---|
| 제1회(1989) | [대상] 윤주홍(71·관악구 봉천동) [본상] 김옥라(87·종로구 신문로2가) 김흥용(66·중구 남대문로5가) [장려상] 유양선(71·김포구 고천면) 조종언(61·강서구 등촌동) 최혜자(61·강서구 가양동) |
| 제2회(1990) | [대상] 육병일(76·강동구 암사동) [본상] 손삼호(66·금천구 독산동) 박재옥(57·구로구 구로동) [장려상] 송옥희(83·동작구 사당동) 김인윤(66·양천구 목동) 민병학(61·도봉구 도봉동) |
| 제3회(1991) | [대상] 정용성(72·강동구 길동) [본상] 김경희(85·노원구 중계동) 민행자(61·성북구 정릉동) [장려상] 경기근(65·성북구 장위동) 이승조(62·구로구 고척동) 박순호(64·동작구 노량진동) |
| 제4회(1992) | [대상] 김화홍(65·은평구 응암동) [본상] 최병문(83·강동구 고덕동) 황연대(67·광진구 구의동) [장려상] 한종섭(62·양천구 신정동) 윤희정(63·은평구 갈현동) [특별상] 김홍기(칠보물산 대표·서초구 우면동) |
| 제5회(1993) | [대상] 수상자 없음 [본상] 유재혁(78·은평구 불광동) 최 완(69·중구 신당동) [장려상] 채경애(78·용산구 청파동1가) 양해일(59·강동구 명일동) 김요섭(59·강서구 방화동) |
| 제6회(1994) | [대상] 김영상(88·송파구 잠실동) [본상] 박무웅(63·동작구 사당동) 장돈식(68·은평구 돈암동) [장려상] 심순자(60·부산 서구 암남동) 박수천(58·마포구 성산동) 조경구(68·서초구 우면동) |
| 제7회(1995) | [대상] 박학선(67·동대문구 이문동) [본상] 정동남(50·용산구 후암동) 김부성(70·서초구 우면동) [장려상] 김봉현(71·은평구 역촌동) 강경자(43·강서구 화곡동) 이택기(86·영등포구 도림동) |
| 제8회(1996) | [대상] 이익순(90·영등포구 영등포동3가) [본상] 김근수(종로구 명륜동2가) 김계숙(56·강동구 암사동) [장려상] 안효심(49·광진구 광장동) 임종관(56·동대문구 제기동) 김대원(51·서초구 원지동) |
| 제9회(1997) | [대상] 이상흥(78·동대문구 장안동) [본상] 황임숙(68·종로구 무악동) 곽동순(51·영등포구 도림동) [장려상] 이완수(66·강남구 압구정동) 김동래(61·마포구 합정동) |
| 제10회(1998) | [대상] 서화자(64·성북구 장위동) [본상] 윤여운(45·성동구 마장동) 양인희(59·강남구 개포동) [장려상] 한명순(58·강서구 가양동) 염금옥(66·동대문구 전농동) 서정희(58·송파구 가락동) 송숙희(47·종로구 평창동) 신정녀(57·용산구 용문동) 이덕수(48·도봉구 방학동) 강희섭(69·노원구 상계동) |
| 제11회(1999) | [대상] 조규환(69·은평구 구산동) [본상] 유송자(60·금천구 시흥동) 이창화(47·송파구 신천동) [장려상] 김영애(52·광진구 군자동) 김도진(66·동대문구 전농동) 육동순(51·강남구 수서동) |
| 제12회(2000) | [대상] 서울통신기술㈜ 사회봉사단(대표 강성찬·45) [본상] 신영철(56·중구 신당동) 오진권(54·관악구 신림동) [장려상] 강철호(66·중랑구 망우동) 반순자(62·강북구 수유동) 박옥순(51·영등포구 양평동4가) |
| 제13회(2001) | [대상] 이기찬(72·서대문구 홍은동) [본상] 유명철(62·동대문구 이문동) 김찬동(59·광진구 능동) [장려상] 이점순(71·구로구 구로동) 나주봉(48·동대문구 제기동) 정광일(52·강북구 미아동) |
| 제14회(2002) | [대상] 장순명(63·송파구 송파동) [본상] 신충일(64·광진구 능동) 사랑실은 교통봉사대(영등포구 대림동) [장려상] 염복렬(67·용산구 한강로) 채봉석(52·중랑구 상봉동) 강봉구(52·영등포구 당산동) |
| 제15회(2003) | [대상] 김영희(63·여) [본상] 이대연(46·남) 정영남(79·여) 피송자(62·여) 봉사모임 마음자리(회장 김동진) 외국인노동자의집·중국동포의집(대표 김해성) [장려상] 김금석 김기석 김삼중 김순청 김용선 김용희 김화조 민숙기 송종규 오복식 윤석남 윤종진 임일란씨와 강동구 중식업연합회 자원봉사단 용강동먹거리상가 번영회 |
| 제16회(2004) | [대상] 김영백(61·남) [본상] 남재원(51·남) 송표섭(59·남) 안영회(37·남) 서울기능장애인협회 마포지부(대표 한기원) 참사랑봉사회(대표 소규원) [장려상] 김정남 김한종 남금자 류상호 문영희 박기훈 안외돈 이막내 이형술 조성호 조윤석 한해자 은평구집수리봉사단 정나눔모임회 |
| 제17회(2005) | [대상] 유덕기(50·남) [본상] 김복남(58·여) 김순태(78·남) 조송자(65·여) 주진숙(47·여) 더불어사는 세상 [장려상] 김영순 김일근 김춘자 박순희 신영자 이재현 이춘란 정구선 조철옥 홍재학 선유도공원 자원봉사자 우리궁궐지킴이 송파구립실버악단 사랑방모임 한화건설자원봉사단 |

| 횟수 | 수상내역 및 이름(출신지) |
|---|---|
| 제18회(2006) | [대상] 색동어머니동화구연가회 [본상] 민병출(50·남) 이배(36·남) 장말순(52·여) 동작자원봉사은행 서초를 사랑하는 의사들의 모임 [장려상] 김윤택 이주배 배창근 구정하 최경환 임희택 조일봉 박계승 우창호 김정애 명순옥 조경림 가톨릭운전기사 사도회 15지구 서울아버지합창단 강동자원봉사단 |
| 제19회(2007) | [대상] 없음 [본상] 지경옥(46·여) 강남국(50·남) 이윤자(52·여) 은행나무자원봉사단 서초사랑의 소리 [장려상] 정숙현 오정순 한미덕 진덕임 이복길 정태수 황금궁전 송치경 동귀원 워커힐자원봉사단 전국미아 실종가족찾기 시민의모임 서대문구 한의사회 마포부녀회봉사팀 송파여성문화봉사단 강동구자원봉사연합 |
| 제20회(2008) | [대상] 비전케어서비스 [본상] 신종순(62·여) 정매자(56·여) 김용순(49·여) 구로구 나들이봉사단 서리풀 나눔터 자원봉사단 [장려상] 박정분 서정호 조순분 김용배 박충기 김진학 전만직 이진원 이민자 조대영 오선애 이필준 정인돈 양천구 사랑의빵 나누기 봉사단 풍물봉사단 좋은사람들 |
| 제21회(2009) | [대상] 노멀앙상블 관현악단 [본상] 남정영(66·남) 김정희(62·여) 최재호(53·남) 김광수(61·남) 박명옥(64·여) 박종숙(64·여) [우수상] 김언호 이병기 손영기 김상균 이영복 이영숙 심부섭 임경일 함완숙 신영환 심우칠 김은실 박희자 배움을 나누는 사람들 강북구 여성자원봉사단 |
| 제22회(2010) | [대상] 안병광(52·남) 참사랑실천모임 [최우수상] 장공임(56·여) 김현주(54·여) 홍기준 (54·남) 정영애(50·여) [우수상] 박병용 임분순 안정현 황희자 김제운 황금옥 홍병순 차석용 김성수 박선규 김정숙 성가정노인 종합복지관 한화랑 우물가 제일모직 금천센터 |
| 제23회(2011) | [대상] 박완규(74·여) [최우수상] 이호칠(80·남) 김춘근(34·여) 이응주 (78·남) 보보미용실(고군순) 현대엔지니어링 [우수상] 육광남 장만옥 오세순 김경자 정영애 곽경희 심춘의 고만순 한현순 노광준 문영자 조규종 안필순 성산 장기려 선생기념사업회 핸즈온자원봉사프로젝트리더 |
| 제24회(2012) | [대상] 양천수의봉사단 [최우수상] 김도순 송희선 최승 김광철 동안교회 [우수상] 강기석 김한영 임계식 이재현 유덕기 박분희 일촌공동체 도봉센터 대한불교조계종자원봉사단 둥지회 연희동성당 사랑의 손길 목욕봉사팀 (사)한국해외봉사단원 연합회 (사)과우봉사단 SAMACO 사랑나눔 봉사단 강동구중식업연합회 |
| 제25회(2013) | [대상] 하태림(48·여) [최우수상] 조광제(62·남) 이정옥(68·여) 안효진 (55·남) 이광석(63·남) 정용권(73·남) [우수상] 전우천 박선숙 윤석종 김정애 김보경 장재현 강순희 윤영희 이호영 김천인 신미녀 (사)열린치과봉사회 광화문마라톤모임 관악구중화요리봉사회 (사)희망나눔마켓 |
| 제26회(2014) | [대상] 안순화 맥가이버봉사단 [최우수상] 서효순(82·남) 이근배(50·남) 박상철 (56·남) 김금상(68·남) 박옥순(59·여) [우수상] 박상원 김병수 황호숙 국흥대 이덕순 김기호 곽종렬 임영자 전국보일러설비협회 강북지부 (사)동행연우회 서대문자연사박물관 도슨트회 소망두레봉사단 배냇저고리 봉사단 부라더 소잉팩토 |
| 제27회(2015) | [대상] 공윤수(50·남) 단정이봉사단 [최우수상] 전상기(51·남) 김대수(68·남) 우명숙 (59·여) 운화회 한마음치유공동체 [우수상] 장선숙 임정빈 김춘심 윤영자 김희수 강진복 고영찬 탁정미 최한기 조원규 (사)티치 포 코리아(Teach For Korea) 강북나눔연대 손까락봉사단 은퇴자봉사회 |
| 제28회(2016) | [대상] 조원숙(57·여) [최우수상] 이은흥(74·남) 안상순(52·남) 조양자(61·여) 헬스리더 봉사단 (사)한국이용사회 서울서대문구지회 봉사위원회 [우수상] 조은로 이춘희 이매옥 강우경 정세균 정택계 박건택 최철학 전영화 |
| 제29회(2017) | [대상] 어르신의 안부를 묻는 우유배달 [최우수상] 김종수(65·남) 박순태(81·남) 심광섭(71·) 송혜란(58·여) 사랑둥지 가족봉사단 [우수상] 강철규 민경미 배유진 심은주 이병욱 이상락 조채환 한미옥 나들이봉사단 썬더인라인 영등포동 자원봉사캠프 웃찾사 한마음봉사회 해피데이봉사단 관악구 자원봉사캠프 |
| 제30회(2018) | [대상] 김종숙 동성제약(주) 염색봉사단 [최우수상] 서삼상 우리문화숨결 해피라운지 사랑실은 교통봉사대 푸른나눔 [우수상] 권명희 서복례 이지은 전순표 금혜경 이진민 주해덕 소람한방병원 관악소방서의용소방대 AIG 손해보험 서일대학교 소리마을가족봉사단 불교어머니회 (사)한국기독교 탈북민정착 지원협의회 |

| 횟수 | 수상내역 및 이름(출신지) |
|---|---|
| 제31회(2019) | [대상] 이주순(70·여) 루더스 [최우수상] 김수길(59·남) 임휘윤(45·여) 삼성 밝은얼굴 찾아주기 지원사업단 (사)열린사회시민연합 북부시민회 해뜨는집 서울대학교 햇빛봉사단 [우수상] 박창규 남현 서춘희 백서현 김민석 박춘정 이준구 김수연 김학순 김동호 보건의료통합봉사단 아름다운 동행 9호선 서울시설공단 한울봉사대 선화마음 봉사단 |
| 제32회(2020) | [대상] 김은숙(81·여) [최우수상] 김기홍(63·남) 권영섭(84·남) 조옥순(74·여) 즐거운청년커뮤니티 e글림 노원사랑봉사회 [우수상] 이창순 최홍집 구호림 이인수 김동수 서순분 현복주 이소연 이남희 박충길 약손실링봉사단 용산소방서 의용소방대 수화사랑친구들 봉·선·화 착한안테나 |
| 제33회(2021) | [대상] 김인희(69·남) 포스코 서울지역 재능봉사단 [최우수상] 김정애 우상종 문경희 녹원회 종암동 청년회 [우수상] 한진석 성율 곽순애 이상순 서성렬 성동구 여성단체연합회 노원구동주민복지협의회 상계34동 자원봉사캠프 증산동 자원봉사캠프 양천구 자원봉사 교육강사단 더부리 장학회 해밀봉사단 마마봉사단 산정현교 |
| 제34회(2022) | [대상] 응우옌 티땀띵(45·여) [최우수상] 김갑석(59·남) 이재순(62·여) 유외순 (70·여) 이음과 채움 (사)온기 [우수상] 박선녀 이신자 박선영 박성희 전옥화 강은향 고경애 박상인 전길용 배움을 봉사하는 정수인 기술봉사단 성수1가 제1동 자원봉사캠프 영등포구 자원봉사연합회 꿈꾸는 세상 반포4동 자원봉사캠프 |
| 제35회(2023) | [대상] 강서소방서 의용소방대 [최우수상] 이준희(30·남) 박문실(65·남) 김태수(79·여) (사)제이에이코리아 한강을 사랑하는 사람들의 모임 [우수상] 전명숙 박진선 박노금 김용수 김성식 최옥분 임석순 표옥련 김미자 유태화 임정빈 백정숙 윤혜지 김형규 양천장독대봉사단 |

# 사내상 수상자 명단

*2014년까지 백상기자대상·백상공로대상 분리
2015년 재창간 이후는 연간포상으로 통합

## ▲ 백상기자대상

### 1983년
- 금상: 한국일보 황소웅
- 은상: 코리아타임스 박창석. 일간스포츠 구희서 정범태
- 동상: 한국일보 이 황 김종래·소년한국 권오상·주간국 탁성만 김영규

### 1984년
- 금상: 한국일보 박 무
- 은상: 일간스포츠 이정원·주간국 백승열 탁상만
- 동상: 코리아타임스 김창영·소년한국 이계욱·월간국 김대성 이순용 윤평구

### 1985년
- 금상: 한국일보 이종구 신재민
- 은상: 일간스포츠 권기팔·주간한국 서익원
- 동상: 코리아타임스 김점동·소년한국 신현득·월간국 김해운 김명용 윤평구

### 1986년
- 금상: 한국일보 권주훈
- 은상: 한국일보 송대수 박영기·일간스포츠 김건이
- 동상: 코리아타임스 이창섭·일간스포츠 홍진수

### 1987년
- 금상: 한국일보 사회부 경찰팀
- 은상: 일간스포츠 이 남·주간국 서익원 김호년
- 동상: 코리아타임스 문화부 단체·소년한국 이용택·출판국 김형섭

### 1988년
- 금상: 한국일보 이 황
- 은상: 코리아타임스 박무종·일간스포츠 김병규
- 동상: 한국일보 최규식·일간스포츠 신대남·소년한국 이용택 김병규 이창순 최형민

### 1989년
- 금상: 한국일보 사회부 부장 이성준
- 은상: 일간스포츠 천일평·서울경제 박재균
- 동상: 코리아타임스 이낙호·일간스포츠 사회부 단체·소년한국 박두순

### 1990년
- 금상: 한국일보 사회부 박진열 외 5명
- 은상: 일간스포츠 박정수 배병만·서울경제 단체
- 동상: 한국일보 권주훈·코리아타임스 고직만·소년한국 김병규

### 1991년
- 금상: 한국일보 정치부 이종구 외 3명
- 은상: 일간스포츠 박재영·서울경제 이종재
- 동상: 한국일보 강병태 외 4명·코리아타임스 조재현·소년한국 김병규 박명훈

### 1992년
- 금상: 한국일보 정치부 최규식 외 10명
- 은상: 일간스포츠 연예부 단체·서울경제 유상규
- 동상: 한국일보 강병태·코리아타임스 문화체육 단체·소년한국 윤옥식

### 1993년
- 금상: 한국일보 정병진 이계성
- 은상: 일간스포츠 성백빈·서울경제 이병완
- 동상: 한국일보 사회부·코리아타임스 경제부·소년한국 박두순

### 1994년
- 금상: 한국일보 경제부
- 은상: 한국일보 편집국 정병진·논설위원실 정진석·일간스포츠 연예부 김경환
- 동상: 서울경제 증권부 이현우, 산업부 박원배·코리아타임스 기획취재팀·소년한국 취재부 이용택

### 1995년
- 금상: 한국일보 기획관리부
- 은상: 일간스포츠 연예부 정경문·서울경제 산업부 김종래
- 동상: 한국일보 특파원 정진석·코리아타임스 기획취재팀·소년한국 취재부 김병규

### 1996년
- 금상: 한국일보 특별취재반
- 은상: 한국일보 경제부 권혁범·일간스포츠 야구부 장윤호

| | |
|---|---|
| 동상 | 서울경제 사회부 박성태·코리아타임스 사회부 오영진·소년한국 기획특집부 배기진 |

## 1997
| | |
|---|---|
| 금상 | 한국일보 정치부 손태규 |
| 은상 | 일간스포츠 기획취재팀 정교민·서울경제 정경부 |
| 동상 | 한국일보 사회부 검찰팀·<br>코리아타임스 정치사회 오영진<br>소년한국 취재부 김병규 |

## 1998년
| | |
|---|---|
| 금상 | 한국일보 편집국 이장훈 외 6명 |
| 은상 | 한국일보 편집국 이영성 외 10명·서울경제 편집국 이세정 외 5명·일간스포츠 야구부 박승현 이종민 |
| 동상 | 일간스포츠 야구부 박승현 이종민·코리아타임스 편집국 최용식 외 4명·소년한국 편집국 권오상 |

## 1999년
| | |
|---|---|
| 금상 | 한국일보 경제부 장인철 |
| 은상 | 한국일보 편집국 이장훈 외 6명·<br>일간스포츠 연예부 홍성규 |
| 동상 | 한국일보 편집국 정진석 이영섭·코리아타임스 경제부 김형민·소년한국 취재부 권오상 |

## 2000년
| | |
|---|---|
| 금상 | 한국일보 사회부 경찰팀, 생활과학부 김희원 |
| 은상 | 한국일보 사진부 고영권·<br>일간스포츠 야구부 특별취재팀 |
| 동상 | 코리아타임스 정치부 손영기·<br>소년한국 취재부 강옥지·서울경제 국제부 정구형, 사회부 홍준석 |

## 2001년
| | |
|---|---|
| 금상 | 한국일보 특파원 송대수 |
| 은상 | 한국일보 사회1부 황상진 박진석, 정치부 이진동·<br>일간스포츠 기획취재팀 정교민 |
| 동상 | 한국일보 국제부 이영성·코리아타임스 정치부 손기영·소년한국 취재부 윤석빈 |

## 2002년
| | |
|---|---|
| 금상 | 한국일보 사회부 경찰, 법조팀 |
| 은상 | 한국일보 사회부 경찰, 법조팀·코리아타임스 정치사회 심재륜, 경제부 서지연 |
| 동상 | 한국일보 국제부 이영성, 정치부 신효섭, 소년한국 기획특집부 박희홍 |

## 2003년
| | |
|---|---|
| 금상 | 한국일보 사회1부 법조팀 |
| 은상 | 코리아타임스 편집국 정치사회 |
| 동상 | 한국일보 사진부 최흥수·소년한국 취재부 윤석빈 |

## 2004년
| | |
|---|---|
| 금상 | 한국일보 사회1부 이태규 |
| 은상 | 한국일보 경제부 남대희 |
| 동상 | 한국일보 사회부 이태규 김지성·코리아타임스 경제부 김연세 외 5명·소년한국일보 취재부 서원극 |

## 2005년
| | |
|---|---|
| 금상 | 사진부(단체) |
| 은상 | 경제과학부 김신영 |
| 동상 | 코리아타임스 김태규·소년한국일보 정석만 외1인 |

## 2006년
| | |
|---|---|
| 금상 | 사회부 김희원, 문화부 이희정 |
| 은상 | 사회부 법조팀 |
| 동상 | 한국일보 박서강·코리아타임스 정아영·<br>소년한국일보 윤석빈 |

## 2007년
| | |
|---|---|
| 금상 | 사회부 경찰팀(단체) |
| 은상 | 산업부(단체) |
| 동상 | 한국일보 사진부, 이진희·스포츠한국 최경호·<br>코리아타임스 윤원섭, 박형기·소년한국일보 서원극 |

## 2008년
| | |
|---|---|
| 금상 | 한국일보 이영성 |
| 은상 | 한국일보 경제부 이성철 외 5인·코리아타임스 강신후 |
| 동상 | 한국일보 왕태석, 김윤현·스포츠한국 김성환·<br>소년한국일보 편집국 취재부, 편집부 |

## 2009년
| | |
|---|---|
| 금상 | 한국일보 김정곤, 이진희 |
| 은상 | 스포츠 한국 편집국(단체)·<br>소년한국일보 편집국 취재부(단체) |
| 동상 | 한국일보 손재언 외 2인·코리아타임스 한제인 |

## 2010년
| | |
|---|---|
| 금상 | 한국일보 편집국 경제부, 산업부(단체) |
| 은상 | 한국일보 편집국 사회부 고찬유, 문준모, 김현우·<br>코리아타임스 편집국 경제부· |

| 동상 | 한국일보 편집국 사회부 법조팀·소년한국일보 편집국 취재부·스포츠한국 편집국 안진용 |
|---|---|

**2011년**

| 금상 | 한국일보 편집국 경제부, 산업부 |
|---|---|
| 은상 | 한국일보 정책사회부 이진희·소년한국일보 편집국 서원극, 황재성 |
| 동상 | 한국일보 사회부 고찬유, 남상욱·한국일보 사진부 류효진·한국일보 편집부 김대훈, 성시환·코리아타임스 경제부 김재경, 김재원 |

**2012년**

| 금상 | 편집국 사회부 법조팀 |
|---|---|
| 은상 | 한국일보 경제부, 국제부·소년한국일보 편집국 윤석빈·스포츠한국 주간한국부 |
| 동상 | 한국일보 정치부·한국일보 사회부 이성택 |

**2013년**

| 금상 | 편집국 김영화 외 8인 |
|---|---|
| 은상 | 정치부 정당팀·스포츠한국 편집국 위클리팀 윤지환 |
| 동상 | 워싱턴 특파원 이태규 |

**2014년**

| 금상 | 이진희, 강철원, 김기중, 남상욱, 김청환, 김혜영, 조원일, 정재호 |
|---|---|
| 은상 | 송용창, 박석원, 양정대, 최문선, 김희경, 김광수, 김성환, 강윤주 |
| 동상 | 편집국 사진부 기획팀 |

## ▲ 백상공로대상

**1984년**

| 금상 | 한국일보 최성기 |
|---|---|
| 은상 | 업무2국 조근우 김인수 |
| 동상 | 업무3국 이은영 윤정상·주간편집국 이상우·업무기획국 정기섭 |

**1985년**

| 금상 | 공무2국 허수만 김용남 박원빈 |
|---|---|
| 은상 | 전기부 정창환 석영일·업무2국 허기덕·수송국 황규태 |
| 동상 | 출판국 이호일·업무2국 발송 김두옥 김영복·광고각국 홍재서 최관이 구본직 |

**1986년**

| 은상 | 발송부 최길동·한국광고국 홍광희 |
|---|---|
| 동상 | 공무국 양학조·전기부 윤석범·업무2국 한윤식 |

**1987년**

| 금상 | 업무2국 3부 단체 |
|---|---|
| 은상 | 공무2국재판 단체·SP광고국 김주형 |
| 동상 | 기관부 단체·업무1국 정일택 김무효·소년한국 박진길 |

**1988년**

| 은상 | 공무, 기정부 단체·총무, 전기부 단체 |
|---|---|
| 동상 | 전산개발실 이용근·총무국 수송부 단체·업무2, 부산지사 김성수 |

**1989년**

| 금상 | 전산개발실 단체 |
|---|---|
| 은상 | 공무, 제판부 단체·올림픽공식 신문 제작팀 |
| 동상 | 총무, 인사부 단체·공무, 주조부 단체·전산제작실 단체·업무1, 지방1부 류재주 고시정 |

**1990년**

| 금상 | 홍보실 단체 |
|---|---|
| 은상 | 발송부 단체·한국광고 영업1부 단체 |
| 동상 | 사랑의 쌀팀 한기봉 외 8명·공무, 제판부 단체·수송부정비과 단체 |

**1991년**

| 금상 | 평창동공장 건설팀 단체 |
|---|---|
| 은상 | 전산개발실 단체·한국일보 광고기획국 단체 |
| 동상 | 한국, 사회부 송대수·사업본부1부 단체·판매 방배지국장 윤수천 |

## 1992년
| | |
|---|---|
| 금상 | 판매1국 단체 |
| 은상 | 수재의연금 모금팀 방민준 외 7명·창원공장팀 이태환 외 66명 |
| 동상 | 홍보실 단체·수송부 이기범·SP 광고국 특수영업부 이원호 |

## 1993년
| | |
|---|---|
| 금상 | 공무국 윤전부 |
| 은상 | 공무국 기계정비부·총무국 자재부 |
| 동상 | 남부본부 전기과·전산개발실 염문섭·판매국 박해상·논산지국 박성근 |

## 1994년
| | |
|---|---|
| 금상 | 한국일보 광고국 |
| 은상 | 한국일보 전기부·일간스포츠 광고국 |
| 동상 | 한국일보 자료조사부, 화상부, 전산제작부 |

## 1995년
| | |
|---|---|
| 금상 | 한국일보 전산개발실 |
| 은상 | 일간스포츠 광고국 문경옥·서울경제 광고국 |
| 동상 | 한국일보 창원공장, 자료조사부 김준호, 화상부 |

## 1996년
| | |
|---|---|
| 금상 | 한국일보 사회2부 이연웅 |
| 은상 | 한국일보 판매국 임종수 남현두 구자행, 뉴미디어본부 |
| 동상 | 한국일보 제작관리부·일간스포츠 기획부·한국일보 윤전부 |

## 1997년
| | |
|---|---|
| 금상 | 한국일보 성남공장 건설팀 |
| 은상 | 한국일보 전산제작부·서울경제 증권부 |
| 동상 | 한국일보 판매국 신복현 신동진 정경래, 광고국 추남호 |

## 1998년
| | |
|---|---|
| 금상 | 한국일보 뉴미디어부 |
| 은상 | 한국일보 판매국 신동호 신동진 안종민, 윤전부 |
| 동상 | 한국일보 전기부 김재현 고재현, 전산제작부 조용택 석유홍·소년한국 영업국 지문경 변현우 |

## 1999년
| | |
|---|---|
| 금상 | 한국일보 평창공장 증설공사팀 |
| 은상 | 한국일보 사업부, 광고국 함용수 외 3명 |
| 동상 | 한국일보 뉴미디어본부 전산부, 영선과, 판매국 이병국 외 1명 |

## 2000년
| | |
|---|---|
| 금상 | 일간스포츠 광고국 영업부 |
| 은상 | 한국일보 지방판매부 박성근, 윤전부 평창팀 |
| 동상 | 한국일보 전기부 창원팀·일간스포츠 사업부 이득수·서울경제 부동산부 |

## 2001년
| | |
|---|---|
| 금상 | 한국일보 광고국 김창겸 |
| 은상 | 한국일보 윤전부 신관팀, 경영전략실 사업부 |
| 동상 | 한국일보 화상부 창원팀, 전기부 김재현 외 5명, 판매국 이광호·일간스포츠 광고국 광고관리부 |

## 2002년
| | |
|---|---|
| 금상 | 한국일보 제작국 전산제작부 |
| 은상 | 한국일보 광고국 오중기 |
| 동상 | 한국일보 경영전략실 전기부, 기관부 임훈철 |

## 2003년
| | |
|---|---|
| 금상 | 한국일보 윤전부 성남팀 기본조 |
| 은상 | 한국일보 판매국 윤재권 |
| 동상 | 한국일보 구매부 최상돈·한국아이닷컴 e-biz팀 |

## 2004년
| | |
|---|---|
| 금상 | 한국일보 경리국 계리부(단체) |
| 은상 | 한국일보 판매국 발송부 이주학 |
| 동상 | 한국일보 창원공장(단체)·한국아이닷컴 시스템팀(단체) |

## 2005년
| | |
|---|---|
| 금상 | 샤갈전시본부(단체) |
| 은상 | 통신과 한선재 |
| 동상 | 고객서비스본부 우승필·광고마케팅본부 전승호 |

## 2006년
| | |
|---|---|
| 금상 | 전략기획실 기획팀(단체) |
| 은상 | 정보지원실(단체)·채권관리부(단체) |
| 동상 | 광고마케팅본부 성선경 |

### 2007년
| | |
|---|---|
| 금상 | 정보지원부(단체) |
| 은상 | 광고마케팅본부 기획부(단체)·<br>미디어마케팅본부 김범철 |
| 동상 | 총무부(단체)·한국아이닷컴 뉴스팀(단체) |
| 모범상 | 제작국 전산제작부 김신덕·<br>종합경영기획본부 계리부 김경순 |

### 2008년
| | |
|---|---|
| 금상 | 문화사업단(단체) |
| 은상 | 정보지원부(단체) |
| 동상 | AD1부 유정완·<br>인터넷한국일보 기획마케팅부 김창환 |
| 모범사원상 | 출판국 주간한국부 소은숙·<br>독자마케팅본부 마케팅1부 도형석·<br>광고마케팅본부 AD2부 이상우 |

### 2009년
| | |
|---|---|
| 금상 | 미디어전략실(단체) |
| 은상 | 종합경영기획본부(단체) |
| 동상 | 한국일보 출판국 안종철·<br>정보지원부 이민선, 박희영, 박상미·<br>인터넷한국일보 시스템부 황상선 |
| 모범사원상 | 논설위원실 고선영·편집국 행정지원팀 전상문 |

### 2010년
| | |
|---|---|
| 금상 | 한국일보 출판국 포춘코리아(단체) |
| 은상 | 한국일보 광고국 AD1부 |
| 동상 | 한국일보 정보지원부·인터넷한국일보 마케팅부 |

### 2011년
| | |
|---|---|
| 금상 | 광고국 AD2부 |
| 은상 | 독자마케팅국·스포츠한국 영업부 김병권 |
| 동상 | 한국일보 정보자료부 원성두, 김지오·<br>인터넷 한국일보 시스템부 김만석 |
| 모범사원상 | 사업국 사업부 김동준·<br>광고국 특수영업팀 이제환 |

### 2012년
| | |
|---|---|
| 금상 | 광고국 AD1부 |
| 은상 | 한국일보 산업부 허재경 |
| 동상 | 한국일보 제작지원부·<br>인터넷한국일보 경영지원팀 곽민승 과장·<br>한국일보 인천취재본부 송원영 |
| 모범사원상 | 광고국 특수영업팀 윤영원 |

### 2013년
| | |
|---|---|
| 금상 | 경영관리부 최상돈 |
| 은상 | 독자마케팅국 마케팅관리부 |
| 동상 | 광고국 AD2부·정보지원부장 기진서 |
| 모범사원상 | 광고국 기획관리부 김매이·<br>경영기획실 인사관리부 최고은 |

### 2014년
| | |
|---|---|
| 금상 | 미디어전략국 사업팀 송영웅, 장윤환 |
| 은상 | - |
| 동상 | 마케팅관리부 조성준·회생전략팀 김경준 |
| 모범사원상 | 독자마케팅국 마케팅2부 엄태석·<br>독자마케팅국 마케팅2부 김신영·<br>독자마케팅국 마케팅1부 이광원·<br>미디어전략국 정보자료팀 박서영 |

▲ **연간 사내포상**(2015년 재창간 이후)

### 2015년
| | |
|---|---|
| Great Journalists Award | 편집국 산업부 강철원 |
| Best Journalists Award | 편집국 편집부 이직 |
| Great Achievements Award | 경영지원실 경영관리부문 김경순 |
| High Achievements Award | AD전략국 AD2팀 이상우 |
| Great Achievements Team Award | 편집국 2015년 새로고침 대한민국 기획팀(김정곤 외 28명) |
| High Achievements Team Award | AD전략국 AD1팀(전승호 외 4명) |
| Value Award 단체 | 편집국 멀티미디어부 기획팀(박서강 외 2명) |
| Value Award 개인 | 편집국 정치부 정상원 |

## 2016년

| | |
|---|---|
| Great Journalists Award | 편집국 종합편집부문 이직 |
| High Achievements Team Award | 편집국 디지털뉴스부(최연진 외 22명) |
| High Achievements Team Award | 독자마케팅국(권동형 외 35명) |

## 2017년

| | |
|---|---|
| Great Journalists Award | 편집국 문화부 조태성 |
| Great Journalists Award | 편집국 멀티미디어부 박서강 |
| High Achievements Award | 디지털콘텐츠국 SNS팀 강지용 |
| High Achievements Award | 미래전략실 문화기획단 최진환 |
| High Achievements Team Award | AD전략국 AD1팀(전승호 외 3명) |
| Value Award | 서울경제 구상권 청수소송 TF(고재학 외 3명) |

## 2018년

| | |
|---|---|
| Best Journalists Award | 편집국 국제부 정민승 |
| Great Achievements Award | 미래기획단 송영웅 |
| High Achievements Award | 독자마케팅국 마케팅3팀 김범철 |
| Great Achievements Team Award | 지방자치연구소&지역사회부(고재학 외 3명) |
| High Achievements Team Award | 편집국 사회부 법조팀(강철원 외 4명) |
| Value Award | 경영지원실 총무팀 김태수 |

## 2019년

| | |
|---|---|
| Best Journalists Award | 편집국 국제부 고찬유 |
| Best Journalists Award | 편집국 사회부 경찰팀(남상욱 외 13명) |
| Great Achievements Award | 미래기획실 송영웅 |
| Great Achievements Team Award | 디지털콘텐츠국 영상팀(강희경 외 8명) |
| High Achievements Team Award | 미디어플랫폼팀(안경모 외 8명) |
| Value Award | 대외전략실 공공사업팀(박광회 외 2명) |

## 2020년

| | |
|---|---|
| 특종상 대상 | 편집국 기획취재부 이진희, 박상준, 김혜영, 박소영, 이혜미 |
| 특종상 우수상 | 편집국 사회부 이현주, 최동순, 정준기 |
| 우수성과상 단체부문 | 디지털전략부 고주희 외 4명 |
| 우수성과상 단체부문 우수상 | 스포츠토토 입찰 TFT(송영웅 외 3명) |

## 2021년

| | |
|---|---|
| 특종상 대상 | 뉴스룸국 사회부 윤태석, 이동현, 신지후, 오지혜 |
| 특종상 우수상 | 뉴스룸국 어젠다기획부 남보라, 박주희, 전훈잎 |
| 우수기자상 우수상 | 뉴스룸국 인스플로러랩 김지은 |
| 우수기자상 우수상 | 뉴스룸국 기획영상팀 박지윤 |
| 우수성과상 단체부문 우수상 | 뉴스룸국 기획영상팀(김주영 외 8명)·혁신총괄 미디어플랫폼팀(안경모 외 7명)·디지털마케팅팀(이호현 외 2명) |

### 2022년

| | |
|---|---|
| 특종상 대상 | 뉴스룸국 멀티미디어부 홍인기 |
| 특종상 우수상 | 뉴스룸국 사회부 손현성, 이상무, 김영훈 |
| 우수기자상 우수상 | 신문국 종합편집부 김남필, 전신재, 안광열·뉴스룸국 사회부 윤현종, 김영훈·뉴스룸국 정책사회부 윤태석·뉴스룸국 사회부 조소진, 이정원 |
| 우수성과상 단체부문 | AD전략국(손용석 외 21명)·뉴스룸국 어젠다기획부/기획영상팀(신혜정 외 4명) |

### 2023년

| | |
|---|---|
| 특종상 대상 | 뉴스룸국 사회부 손현성, 문재연, 김도형, 이상무, 이유지 |
| 특종상 우수상 | 뉴스룸국 사회부 김도형, 나주예, 나광현·뉴스룸국 멀티미디어부 서재훈 |
| 우수기자상 대상 | 뉴스룸국 국제부 신은별 |
| 우수기자상 우수상 | 신문국 종합편집부 김남필·뉴스룸국 경제부 김동욱, 서현정 |
| 우수성과상 개인부문 우수상 | AD전략본부 디지털마케팅팀 고준석 |
| 우수성과상 단체부문 우수상 | 지식콘텐츠실/뉴스룸국 사회부 전국팀(한창만 외 5명)·경영지원실 법무팀(서재진 외 1명) |

## ▲ 월간 포상 (특종·기획·공로·광고·노력상)

### 1965년

| | |
|---|---|
| 특종 | [1월] 장성진급 예정자 명단(박승탁, 사회부) [2월] 6년간 소아마비 손자 업어 표창받는 할머니(지행자·이홍수, 부산) 부정불하 국공유지 환수결정(이동복, 정치부) 선원 익사자와 선박 사진(황영철, 여수) 대통령 단독회견(김득순, 전주) 기본조약 20일 가조인, 정·시나이회담(강범석, 정치부) 서울시문화상 수상자내정(남욱, 문화부) [3월] 태극도촌 폭로(박원구, 부산) 국가공무원법 전면개정(강범석, 정치부) 식인주 사건(김팔룡, 대구) [4월] 아동보호구역에 침입한 차 사진(김준배, 사진부) [10월] 울산정유공장 증기탑도괴 순간 사진(박정태, 울산) |
| 노력 | [2월] 한일회담반대 성토대회 사진(백형인, 사진부) [3월] 거창 수재현장 공중촬영(노형옥, 사진부/박성도, 항공부) [4월] 눈으로 보는 월남…(정경희, 외신부/정달영·주명갑, 편집부) |
| 공로 | [4월] 항공발송 무사고(허정호, 발송부) |

### 1967년

| | |
|---|---|
| 특종 | [12월] 상업·서울은행장 경질(권혁승, 경제부) 국가배상법 제9조는 위헌(조두흠, 사회부) |
| 공로 | [12월] 시인만세 성공(조경희, 부녀부) |

### 1968년

| | |
|---|---|
| 표창 | [6월] 취재 및 신문보급(박희서 외 2명, 지방부) |
| 특종 | [2월] 대한체육회 정관초안(조동표·오도광·이태영, 체육부) [3월] 휴전감시위 대표 단독회견(조창현·박용배, 사회부/하광용, 사진부) [5월] 공화당 당기위, 김용태 의원 등 제명(갈우철, 정치부) |
| 은 | [6월] 부산세관 감시선 피납(최해규·최연안, 지방부) |
| 동 | [2월] 자유의 다리 건너 필사적 취재(하광용·김해운, 사진부/윤정상, 지방부) [4월] 광주서 한국판 미이라 발굴(장영택·권영준, 지방부/김해운, 사진부) [5월] 스포츠특집(체육부) 안동극장 수류탄 투척(이장춘, 안동) 판자집 뜯어먹는 불가사리(유희연, 사회부) 하천유수를 국유화(김영ست, 경제부) [7월] 관인영수증제 실시방침(김대수, 경제부) 축산진흥계획 확정(이성표, 경제부) [8월] 대법원장에게도 협박장(안병찬, 사회부) 폭력범 처벌법 개정안(이찬용, 정치부) |

|      |      |
| --- | --- |
|  | [9월] 검문 순경 치어 죽여(정기섭, 사회부)  [10월] 서울대교 교각에 매달린 백여명 구조(구용서·강영수, 사회부/김인규, 사진부)  [12월] 새벽 세탁소에 불(채의석, 사회부) |
| 노력 | [1월] 푸에블로호 납북(조순환, 외신부/조창현, 사회부/김진동, 편집부)  [6월] 지대 수금실적 양호(정덕환, 업무국)  [9월] 광주 연쇄유괴 살인(이상문 외 3명, 지방부)  [10월] 열차 지붕 위까지 승객 타(김해운, 사진부)  노벨상 수상자 사진입수(김인규, 사진부)  공로표창(남조섭, 서무부)  [11월] 대마도 밀수왕 이정기 손떼겠다(최연안, 지방부)  울진 삼척 무장공비 침투 취재지원(오명흥 외 5명, 수송부) |

## 1969년

| | |
| --- | --- |
| 특종 | [6월] 취재 및 신문보급(박희서 외 2명, 지방부) |
| 금 | [4월] 설악산 등반대 조난(사회부) |
| 은 | [4월] 가짜박사 풍년(구용서, 사회부) |
| 동 | [8월] 한강대교 일부 결함(박창학, 수송부)  [11월] 날림공사 수해주택(박예돈, 지방부) |
| 노력 | [1월] 자모재료 밀반출적발 공로(김남식, 서무부)  [2월] 악천후비행 부상자구출 공로(김원구, 항공부)  [3월] 중앙청 수위가 상습절도(류희연, 사회부)  숭인동판자촌 1백50동 연소(구용서, 사회부)  [4월] 71함대 동해 진입(김형인, 사진부/조두흠, 사회부/여봉길, 항공부)  [5월] 교북동 살인(안택수, 사회부)  [7월] 화물열차 탈선, 직송 공로외 3명(김광옥, 수송부)  버스 대참사(하영수, 지방부)  [8월] 안성에 여객기 추락(김봉세, 지방부)  [9월] 개헌 투표 마치고 나온 의원들(김경태, 사진부)  [11월] 억울한 옥살이(신우재·구용서, 사회부)  [12월] 서울 지적도 새로 만든다(박용배, 사회부)  연탄가스에 빼앗긴 웨딩드레스(이성준, 사회부)  여객선 어선과 충돌 침몰(강영수, 사회부) |

## 1970년

| | |
| --- | --- |
| 특종 | [1월] 고속버스 행인피하다 전복(김기경, 사회부)  서울도심 건축통제지역 설정(이행원, 사회부)  [2월] 9월부터 병역사범 일제검거(오인환, 사회부) |
| 1단 | [3월] 노고산동 노인 살해(박성용, 수송부) |
| 은 | [5월] 마약단 검거(안병찬, 사회부) |
| 동 | [1월] 김택수 공화당 원내총무 돌연 사표(이동복, 정치부)  [3월] 인천 남편살해(조영선, 지방부) |
| 노력 | [1월] 대학교육 교양에 중점(박승평, 사회부)  서독 철관·소련가스 상호공급(강범석·김병무, 외신부)  [2월] KAL기 납북주범 조창희(이성춘, 정치부)  김활란 박사 취재(송정숙, 주간여성)  마닐라 진주 마가리행(구태열, 외신부)  [3월] 백범묘지에 불(신우재, 외신부)  정인숙양 피살(안택수·이성준, 사회부/김경태·최동완, 사진부)  JAL기 피납(이한권, 사회부)  [4월] U2기 제보자 오스윌드(노서경, 외신부)  [5월] 동인천서내에 폭발사고(황명철, 지방부)  경인화전에 제3정유공장 지정(조해붕, 경제부)  중학생 타살 암매장(김화탁 외 2명, 지방부)  경관이 여중생 난행(이성준, 사회부)  충주여중 재단이사장 자살(신태덕, 지방부)  [6월] 생명도 인공시대(신우재, 외신부)  [10월] 시향단원 백준기씨 분신자살(김안기, 사회부) |

## 1973년

| | |
| --- | --- |
| 금 | [7월] 금관 발굴(전민희, 문화부/강대형·김성수, 사진부/이용선, 지방부) |
| 은 | [9월] 서울대입시 계열별 모집(김대성, 사회부) |
| 동 | [7월] 동기군을 찾았다(사회부)  호랑이 4모녀(조영선·이상문, 지방부)  [8월] 수술중 마취기 폭발(우병익, 지방부)  미 국무장관에 키신저 임명(정영철·심재주, 외신부)  [10월] 벌교 난동사건(배기철, 지방부)  세관 공매부터 뒤바뀐 감기약(정찬균, 지방부) |
| 노력 | [7월] 요트 베일리 부부 구조(김영백, 지방부)  혼거의 계곡(이이춘, 사회부/이준박, 사진부)  [9월] 전국 밤중 호별 수사(진경탁·홍순민, 지방부)  [10월] 전국 버스 택시 항공기 선박 운항 횟수 제한(김환주·마종훈, 사회부) |

## 1974년

| | |
| --- | --- |
| 금 | [7월] 어린이 유괴 50만원 내라(이종구, 사회부)  [8월] 광릉크낙새 번식 확인(김해운, 사진부/이충우 외 2명, 사회부) |

|   |   |
|---|---|
|   | 육영수 여사의 마지막 글씨(하영수, 사회부) [12월] 중공 국적인 처음으로 입국(김승웅, 사회부) |
| 은 | [3월] '한국인 북경을 가다' 연재(전원, 외신부) [7월] 중탄 앞으로 생산금지(이재승, 경제부) [8월] 일본, 전후 첫 기갑여단창설(조광동, 외신부) 하비브 미대사 경질(박찬식·조성호, 외신부) 8·15 박정희 대통령 저격사건(김영백, 사회부) [9월] 공산품값 10% 인하(이재승, 경제부) [10월] 화곡동 3남매 피살(정기섭, 사회부) 동독, 서독과 통합정책 포기(박찬식·조성호, 외신부) [11월] 청와대 정상회담 무엇을 논의(전원, 외신부) 한미식품 경리사원 공금횡령 잠적(정기섭·이종구, 사회부) 창경원 호랑이 늙어 숨겨(배기철, 사회부) 검찰, 5대 생활경제사범 일제 단속(오인환·이성준, 사회부) [12월] 일반미도 혼합곡 실시(이성표, 경제부) 오토바이 전문절도단 검거(김영백, 사회부) 문세광 공소 내용(이성준, 사회부) 20세기가 낳은 최고의 언론인(박찬식·진경탁, 외신부) 토지금고법 시행령(김영렬, 경제부) |
| 동 | [3월] 성벽갖춘 부족국가 취락지 발견(강대형·김용복, 문화부) |
| 노력 | [8월] 요시이 미키코 석방(조용휘, 대판지사) [9월] 사학 방매(김용정, 사회부) |

## 1975년

|   |   |
|---|---|
| 금 | [1월] 혈액오염 전국서 회수소동(박승평, 사회부) 소련서 온 40년만의 안부(김승웅, 사회부) |
| 동 | [1월] 이집트대통령 중동평화안 폐기 위협(진경탁, 외신부) 나카라과 인질사건(정일화·조성호, 외신부) 개발도상국회의 한국제외(정일화·조성호, 외신부) [2월] 키신저 석유최저가제 제의(박찬식·박정삼, 외신부) 카바넬라 개런티 안줘 물의(김재설, 체육부) [3월] 정치세력에 초연… 천주교 주교단(이병일, 문화부) 판돈 1천만원 도박부인 11명 구속(오인환, 사회부) 민청학련 38명 선고, 심리 대법원 전원 합의체서(이성준, 사회부) NYT에 보도된 딘 미대사의 건의(박찬식·박정삼, 외신부) 공무원 부정에 연대 책임(송효빈, 정치부) 소년체전 지방 수영선수 수업 외면(방석순, 체육부) [4월] 대한민국 체육상 수상자결정(이태영, 체육부) 크낙새 사진(김해운, 사진부) [5월] 서울시내 유흥업소·유흥세 3억 탈세(오인환, 사회부) 농지세 부정 계장 26명 파면(김환주, 지방부) [7월] 암모니아가스 폭발탱크 파열 사진(서종도, 사진부) 검정없는 방학책 강매(이준박, 사회부) [8월] 미, 국군현대화에 15억달러 제공(정일화·이정원, 외신부) [12월] 물가안정법 수정 접근(신우재, 정치부) 공익법인 출연과 경영구분(박 실, 정치부) 외교안보전략연구원 신설(황소웅, 정치부) |
| 노력 | [2월] 대구시 서구 무더기표(한 융, 사진부) 세계빙상대회 김앙희 불참(이재무, 체육부) [7월] 소년 조인(김성수, 사진부) [11월] 검찰 조사받는 호남전기사장 사진(김해운, 사진부) |

## 1976년

|   |   |
|---|---|
| 은 | [2월] 경찰관이 즉결심판서 위조(오인환 외 2명, 사회부) [4월] 북한 코치와 단독인터뷰(이재무, 체육부) [11월] 서정쇄신 문책기준 시달(채의석, 정치부) |
| 동 | [1월] 우정의 종 완성(강대형, 문화부) 새해 환희 합창 갈매기 사진(김경태, 사진부) 안동댐 폭발사고(이도환, 사회부) 울릉도 여객선 침몰사고(김환주, 사회부) [2월] 국회 3월 12일 소집(안희명, 정치부) [5월] 방사선위험… 사제 X레이기(김환주, 사회부) [8월] 성급한 판정… 수사 혼선(이이춘, 사회부) 20만년전 선사유적 발견(강승원, 사회부) [11월] 매연차량에 검찰권 발동(이성준, 사회부) [12월] 철새낙원 낙동강하구 불법 개간(하영수, 사회부) |
| 노력 | [1월] 원산지 속여 4억원대 밀수(심재주, 경제부) 안동댐·울릉도 사건편집(손진문, 편집부) 국산 소형차 원가조사(박병윤, 경제부) [2월] 무장탈영병 수류탄 인질난동(이동수, 사회부) 천일염에 다량의 유해물질(박 무, 경제부) 서울대학생생활기록부 累記제 실시(이종구, 사회부) 빌딩 4층서 추락하는 사람사진(최용완, 사진부) [3월] 월맹 라오스 게릴라 태국 침투(김승응·조성호, 외신부) [6월] 중공, 한국어선 영해침범에 경고(박정삼, 외신부) 왕 시켜준다… 20억 사기(박희서, 사회부) [8월] 북괴측 평화촌에 정체불명 건물(한 융·김해운, 사진부) 완주군 폭우참사 현장사진(정범태, 사진부) 택시운전사 실종사건 용의자 인터뷰(정영철, 사회부) [10월] 15세 소년 표류 6일(이상문, 사회부) 송·원대 청자 잠수부들 인양 암거래(김수영, 사회부) [12월] 전신전화요금 인상계획 재조정(구용서, 사회부) |

## 1977년

|   |   |
|---|---|
| 공로 | [5월] 편집공로(박영길, 편집부) |
| 은 | [2월] 강남일대 국유지 18억대 사취(정기섭, 사회부) [3월] 형사반장 부인 피살사건 범인 체포(김영백, 사회부) [5월] 주한전술핵 철수방침(조순환, 특파원) |

| | |
|---|---|
| 동 | [5월] 소·중공과 직접대화 검토(안택수, 정치부) KAL기편으로 압송된 폭력 기술자(이종구, 사회부) 스틸웰 전유엔사령관 발언내용(최승모 외 2명, 외신부) OPEC 유가 5% 인상포기(최승모, 외신부) 심의회 안거친 판결은 위법(박용배·이성준, 사회부) [10월] 3수 이상 감점제 시행(김용정, 사회부) 미, 주한미군장비 무상이양 법안(김영백, 외신부) [11월] 항만청 시설국장등 4명구속(이성준·김환주, 사회부) [12월] 현대야구팀 창단 포기(양 삼, 체육부) 경제각료와 재계 수뇌진 긴급회동(김영호, 경제부) |
| 노력 | [2월] 마산앞바다 오염 공단폐수때문(김용복, 사회부) [11월] 장성광업소 광부 매몰(김성수·정재두, 사진부) |

## 1978년

| | |
|---|---|
| 은 | [5월] 서울역 공안원 암표거래(조성호, 사회부) [8월] 현대아파트 관련자 9백52명 명단(채의석, 사회부) [10월] 항공산업진척사항 일반에 공개(송효빈, 정치부) [12월] 한국최초 새끼반달곰 촬영(한 융, 사진부) 특별사면 감형 4천9백여명(박정수, 사회부) |
| 동 | [3월] 남극조약 가입 적극추진(윤국병, 정치부) [6월] 25공 새연탄 4.5kg으로 확정(박정삼, 경제부) [7월] 같은 사건에 계속 두 갈래 판결(이성준, 사회부) [8월] 나환자성금 우체국서 도난(김인규, 사회부) 학생공납금 3억8천만원 착복(이성준·이종구, 사회부) [11월] 신안 침몰선 1천 3백년전 元무역선(강대형, 문화부/김수영, 사회부) 불량 가스레인지 대량 시판(노기창·박홍진, 사회부) [12월] 텔런트 의원 탄생(이이춘, 사회부) 금호대로 건설(문창재, 사회부) 호랑이새끼 전기로 사형(이상문, 사회부) |
| 노력 | [5월] 가석방 기능공 49명 행방불명(박재영, 사회부) [6월] 시멘트 뒷거래(김용호, 경제부) [7월] 아파트특별분양자 수사사진(이기룡, 사진부) [8월] 소비자 물가 10.3% 올라(심재주, 경제부) [10월] 지탄역 통학생참사 열차사고(신금영, 사회부) [12월] 유정회의원 선출 및 개각(김용정, 사회부) 동요 '산토끼' 작곡가 이일래 사연(김용복, 사회부) |

## 1979년

| | |
|---|---|
| 동 | [1월] 국내 총인구와 평균 연령(김영길, 경제부) 등소평 방미 때 한반도문제 거론(조순환, 특파원) 울산대표 신선호씨 납치중 탈출(이이춘, 사회부/최상태, 경제부) 만원 귀성열차 주저앉아(이성준, 사회부) [2월] 경부철도 신선 올 착수(이충우, 사회부) 소년 5명 무인도에 모험여행(조성호·박홍진, 사회부) 카터, 주한미군철수 잠정중지(조순환, 특파원) 4백년 이어온 대보름 장승제(강승원, 사회부) 어린이 유괴범 운전사 기지로 잡아(김의명, 사회부) 국회의장 유정회장 경질(박 실·안택수, 정치부) 한 은행에 두 은행장(유영건, 사회부) [3월] 목포시 오염강물을 상수도공급(김수영, 사회부) [4월] 유엔사무총장 서울 평양 동시 방문(김태웅, 특파원) [5월] 국교생 사치성향 강력규제(이종구, 사회부) 카터대통령 체한 하루연장(조순환, 특파원) [6월] 윤형중 신부 안구 유언따라 이식(조성호, 사회부) [7월] 전국의 토지 시가(김영호, 경제부) [9월] 죄부른 정년의 두려움(정숭호, 사회부) [10월] 중곡동 5백가구 터전 빼앗겨(이성준, 사회부) [12월] 현장의 두 여인(권주훈, 사진부) |
| 노력 | [1월] 33개품목 수입 비축(김영렬, 경제부) 프놈펜 함락(정일화, 외신부) 취득세 등록세 세율 인하검토(안택수, 정치부) 정유 3사, 유가 인상 요청(박정삼, 경제부) 임금 지도지침 기획원서 작성(김영명, 경제부) 각종 물가규제 실효 못거둬(김영호, 경제부) [2월] 휴전선 최근접 미초소 첫 공개(강영수, 사회부) 낙동강철새 발 붙일곳 없다(하영수, 사회부) 공화당, 통행금지단축 건의(박 실, 정치부) [3월] 중공·베트남전 휴전결정(이정원, 외신부) 농협 시군조합 전면 수사(정찬균·박은성, 사회부) 채취선 전복 9명 익사(김항옥, 사회부) 법정 시간외 근무거부 태업아니다(이성준·박정수, 사회부) 미군 신분증 위조단 11명 구속(노기창·방민준, 사회부) 탈영병, 부산서 수류탄 자폭(김명룡, 사회부) 미국인 80명 평양방문(조순환, 특파원) [4월] 무허가 피부병약 8억대 밀조(정숭호, 사회부) 법관 변호사 신임 떨어져(이성준·박정수, 사회부) [5월] 79년도 서울대 신입생 특성연구(최규식, 사회부) 울산공단 유독 식수 공급(박재영, 사회부) [6월] 삼척군내 버스 참사(최동광, 사회부) 주택매매, 전세도 허가대상(최상태, 경제부) 공과대 교수 부족 심각(이행원, 사회부) 브라운 미국방관 방한(조순환, 특파원) [7월] 서울대 입시요강(최규식, 사회부) 21회 아주청소년축구대회 한국서(천일평, 체육부) [8월] 인천 대동창고서 폭발사고(이종남, 체육부) 태풍 어빙 양식장에 31억피해(김인수, 사회부) 서울대 무기정학생 2학기등록(최규식, 사회부) [11월] 주한미군, 대북괴경계 만전(이병일, 사회부) 테헤란 인질 사태(외신부) 소득세 인적공제 정부·국회 합의(황소웅, 정치부) |

## 1980년

| | |
|---|---|
| 동 | [1월] 가짜 호랑이 소동(정달영, 사회부) 남한의 마지막 호랑이 모습(채의석, 사회부) [7월] 김태식 턱뼈 부상(김재설, |

| | |
|---|---|
| | 체육부) 송탄읍 교통사고 사진(류천형, 사회부) [9월] 이라크의 테헤란 강습(이재무, 외신부) [10월] 레이건 공화당후보 인터뷰(변홍식, LA지사) [11월] 국교생 8명 탐험 간다며 가출(박진열·김종래, 사회부) [12월] 금강와유첩 발견(정훈, 문화부) |
| 노력 | [1월] 금혼의 성 무너지는 이대(장명수, 문화부) 유가. 전력요금 인상(박정삼, 경제부) [2월] 유류수입국의 인상을 비교(김영호, 경제부) 히로뽕 토착화(김대성, 사회부) [3월] 공무원시험에 브로커 조직(곽노태, 사회부) 홍콩주재 태국외교관 억대 밀수(임승무, 사회부) [4월] 경찰·검찰 수사권 놓고 긴장(문정재·최규식, 사회부) 새헌법 개정에 총리 발언(안택수, 정치부) 신생아 탯줄서 중금속 검출(김종구, 사회부) [5월] 성대 시위 사진 등(김용일, 사진부) [6월] 고급공무원 재산등록한다(안택수, 정치부) 본드환각 실태와 문제점(박정수·김종래, 사회부) [7월] 하반기 경기 전망(김서웅, 경제부) [9월] 본드환각에 실형(유주석, 사회부) 교육세 내년부터 부과(김서웅, 경제부) [12월] 택시운전사 29명 무더기 구속(최규식, 사회부) 민한당 조직책 신청자(이성준 외 2명, 정치부) 일본 巨人팀 김재박 스카웃키로(방석순, 체육부) 정당 3, 4개가 바람직(이재무, 정치부) 경부선 열차 탈선 사진(박태홍, 사진부) |

## 1981년

| | |
|---|---|
| 특종 | [7월] 소아마비 백신 변질(유주석, 사회부) KAL, 리비아 항로 개설(김수종, 사회부) [8월] 아파트 분양가 자율화 두등급(박정수, 사회부) 쇠고기값 자유화(박태홍, 사진부) 세무서원 살해범 검거(정재용, 사회부) 아파트 분양에 거액 뇌물(최규식, 사회부) 고려청자요 완형 발굴(이병일, 문화부) 살해범은 집주인 생질(김종래, 사회부) [9월] 구청직원 토지형질변경 뇌물(정승호, 사회부) 전산화 전화 11월 첫선(안봉환, 사회부) [10월] 윤경화 명의예금 빼려다 검거(배기철, 사회부) 법인세 랭킹 1백대 기업(이성준, 정치부) [11월] 6·25격전지 펀치볼 운석분지(이광영, 과학부) 정부산하기관 기구축소안(박병윤, 경제부) [12월] 국제통용카드 나온다(박 무, 경제부) 4촌매형 청부살인 미수(강병태, 사회부) |
| 금 | [6월] 한일은 중곡동지점 갱(이기룡, 사진부) |
| 동 | [1월] 最古의 태극기 찾았다(임종건, 문화부) 안데스 등반대 조난(신상석·최해운, 외신부) 예시성적 1백84점 서울법대 외 2명 합격(노기창, 사회부) [3월] 속장경 원간본 발견(우계숙, 문화부) [6월] 3세 남아유괴 4일째(방민준, 사회부) |
| 노력 | [1월] 경기 6개월만에 상향세(박 무, 경제부) 초·중·고 육성회 활성화(김시복, 사회부) 민정당 조직 재정비(황소웅, 정치부) 우편대체업무 전산화(안봉환, 사회부) 건설업체 비업무용 토지 중과세(박정수, 사회부) 환율 7백원선에서 안정키로(박병윤, 경제부) 장신 45명 테스트 합격(민병택, 체육부) [2월] 배구 규칙 개정작업 활발(김인규, 체육부) 체조선수연령 15세이상으로(방석순, 체육부) 국교 여학생 급우에 칼질(임철순, 사회부) 각 기업체 결산 내용(조원영, 경제부) [3월] 레이건 미대통령 피격(박래부, 외신부/김영환·김윤석,편집부) [4월] 청탁기준 시달(박 무, 경제부) 청탁 유무 매월 보고토록(박 무, 경제부) 이탈리아 프로팀서 김호철 교섭(김인규, 체육부) 내가 박계주의 아들(양 평, 문화부) 변호사비용 최고 3백% 인상(최규식, 사회부) [5월] 교황 바오로 2세 피격(이병구, 외신부) 학교 앞 교통정리 여학생버스 참사(이창순, 사진부) [6월] 딸기서리 들킨 어린이 쥐약 먹여(강병태, 사회부) 문인자 서두래 여인 석방(김종래, 사회부) 신안유물 또 대량 도굴(정재룡, 사회부) [7월] 아세안 5개국 관광객 적극 유치(안택수, 사회부) 익사 95%가 내륙수면에서(구용서, 사회부) 한·멕시코 석유 장기 공급 합의(조원영, 경제부) [8월] 공무원 봉급 15% 인상(김서웅, 경제부) |

## 1982년

| | |
|---|---|
| 특종 | [1월] 서울대 원서 접수 창구의 총장모습(최동완, 사진부) 황총재 세계도전 쿠에바스와 대전(김재설, 체육부) 20년 만에 날아온 들칠면조(김해운, 사진부) 공기업 개선 방안(김서웅, 경제부) [2월] 3백 대기업 경영 실적(박경은, 경제부) 한일은행 본점 폭파 사진(김용일, 사진부) [3월] 가네히라 약물 투입 사건(송효빈, 특파원) 美 병원 오진, 교포에 39억원 배상(이병규, 외신부) 박영복 입원중 거액대출사기(최규식, 사회부) [5월] 필리핀 복서 발바라 뇌수술(김인규, 체육부) 공영토건 사장 단독인터뷰(박병윤·박경은, 경제부) |
| 노력 | [5월] 스님과 여인(고명진, 사진부) |

## 1983년

| | |
|---|---|
| 특종 | [1월] 중공 여객기 한국비행구역 통과(이재무, 정치부) 예술의 전당, 서초동에 건립(이충우, 문화부) 이상한 술집 성행(강병태, 사회부) [4월] 미국의 대소 확전방지 새 제안(이문희, 특파원) [6월] 미화 34만달러 밀반출 적발(이 황, 사회부) 광주 송원여고 배구팀에 부정선수(김인규, 체육부) [7월] 택시초과입금액 반환하라(최규식, 사회부) 두 사형수 죽어서 살았다(방민준, 사회부) [8월] 김포공항 검색원 밀수대금 반출 공모(김종래, 사회부) [9월] '울진 창유계원'들 40년만의 광복(신현옥, 사회부) 병역 특채선수 5년간 아마선수 의무(방석순, 체육부) 문교부의 빗나간 독서지도 정책(이종구, 사회부) 신동파 여자농구 대표 감독 인터뷰(민병택, 체육부) 북괴 외교관 오남철 미국 여자 추행(최복림, 뉴욕지사) |

특종노력 [5월] 철도 민영화 검토(박 무, 경제부) [6월] 같은 교통사고 두 번 처벌(최규식, 사회부) 미터법 시행 방안(최상태, 경제부) 박제된 반달곰(이창순, 사진부) 한국의 첫 聖人 품위(이충우, 문화부) 원효로에 새벽 권총강도(송대수, 사회부) 단기외채 도입 억제(신상석, 경제부) [7월] 경찰서 유치장서 목매 자살(송대수, 사회부) [8월] 명성 김철호 회장 두 얼굴(최동완, 사진부) 명성관련 상업은 법적 대응조치(이기룡, 사진부) [9월] 경기중 중상환자 운동장방치(이형룡, 체육부) [10월] 크낙새 6쌍으로 늘었다(한 융, 사진부/박영기, 사회부) 북괴화물선 동건호 랭군 기항(최해운, 외신부) 때 아닌 이 소동(이병규, 사회부) [11월] 남산서 야영... 강도강간 51회(한기봉, 사회부) 거액가계수표 위조단 검거(김종래, 사회부) 경제범 가중처벌법(이성준, 정치부) 재원관리법 재수정 논의(이성준, 정치부) 버마 폭발사건 범인 자백(최해운, 외신부) 88올림픽 마스코트 휘장 도안 입수(안봉환, 체육부)

노력 [2월] 이웅평 대위 귀순 동기 및 경위(임종건, 외신부/권태익·권대웅, 편집부) [3월] 이재형 민정당 대표위원 사의 표명설(황소웅, 정치부) 연쇄독살극, 디스코홀 가스 소동(한기봉, 사회부) 베트남의 태국 침공(최상현, 외신부) [4월] 미군축안에 대한 소련외상회견(박래부, 외신부) 병원에서 4차례 연쇄독살극(김종래·한기봉, 사회부) 대낮 은행서 거액수표도난(설희관 외 2명, 사회부) 인수봉 조난사건(박영기·송대수, 사회부) [6월] 하객 1백 22명 명단(최동완·박태홍, 사진부) 뉴스위크지 표지 누드그림 시비(김선돈, 외신부) 미화 34만달러 밀반출 기도(김종래, 사회부) [7월] 이탈리아, 거액 부정 사건(임종건, 외신부) [9월] 서독연정 붕괴(이병규, 외신부) 이'서 학살주도(박찬식, 외신부) [11월] 브레즈네프 사망 속보 및 특집(외신부/편집부 공동) 폴란드 계엄 해제(박경은, 외신부) 50년대 여대생킬러 박인수(최성기, 사회부) [12월] 미, 주유엔 북괴대표부 재검토(이문희, 특파원)

## 1984년

특종노력 [1월] 서울올림픽조직위 경기 복권 발행(민병택, 체육부) IBF 판정 유보, 챔피언은 베르나로(김인규, 체육부) 계열기업간 상호출자규제(박 무, 경제부) 대지 1백50평 이상 중과세(박 무, 경제부) 25개 정부 투자기관 임원 전원 사표(박 무, 경제부) [3월] 안평대군 그림 발견(양 평, 문화부) 검사집에 인질 강도(정진석, 사회부) [4월] 교황 한국방문 성사시킨 馬美子양(최해운, 외신부) [5월] 중공, 자유경제 추구(최상현, 외신부) 페르시아만서 유조선 5척 피격(방준식, 외신부) 선거법개정 6월국회서 매듭(이성준, 정치부) [6월] 향락업소에 중과세(박 무, 경제부) 여신별도관리 50대재벌로 늘려(신상석, 경제부) 文亨泰 투서사건 수사본부사진(장계문, 사진부) 경질 4시간 전의 丁來赫 전대표(최동완, 사진부) 日 판매중지 과자수입 시판(송대수, 사회부) 주민증만 11장 훔쳐가(배정근, 사회부) 民正 1구 다인제에 野 깊은 충격(이성준, 정치부) 제2의 종교개혁을...(이기창, 사회부) 정·문 투서사건 관련기사(이병규 외 5명, 사회부) [7월] 철거민 아파트 입주권 부정 발급(신현옥, 사회부) [10월] 일본 섹클럽 서울 상륙(김종래, 사회부) [11월] 한국결핵퇴치 대부 91세의 귀향(김주언, 특집부) [12월] 남북한·중·일친선축구 85년부터(방석순, 체육부) 강신옥 변호사 사건(신재민, 사회부)

## 1985년

특종노력 [1월] 여기는 남극점... 한국인 첫발(노진환, 정치부) 3개식품회사에 협박편지(이종구·신재민, 사회부) [3월] 국회의장에 이재형(이성준, 정치부) [5월] 토지정책 세제 전면개편(유주석, 경제부) 가스폭발사고 배관 잘못이 원인(홍선근, 사회부) 한국 최대 철쭉 발견(최동완, 사진부) 석탄일 특사범에 양심수 10여명 포함(신재민, 사회부) [6월] 남해안 보물섬 中竹島 취재(권주훈, 사회부) 남산1호터널 위험(최해운, 사회부) 한일상공그룹 1백15억 부도(신재민, 사회부) 한은, 은행융자 6월 실시(신상석, 경제부) [7월] 서울대 총장 전격 경질(이성준, 정치부/송대수·신재민, 사회부) 더러운 택시, 전염병 예방법 첫 적용(이상호, 사회부) [8월] 이화장에 도둑, 이박사 유품 털려(송대수·박영기, 사회부) 신민당 당6역 임명(김종래, 정치부) 유엔 남북한 동시 초청(김태웅, 특파원/최복림, 뉴욕지사) [9월] 학원소요 강력대책 구체화(임철순, 사회부) [10월] 한국판 보물섬 미스터리(정광철, 사회부) 여야 대표회담 이루어질 전망(최규식·이병규, 정치부) [11월] 잊혀진 안중근 의사...(배정근, 사회부) 86아주대회 선수단 무사증 입국(조명구, 정치부) 고교수학교육 뒷걸음 우려(임철순, 사회부) 영세민 의료 부조제 내년실시(설희관, 사회부) 우리도 AIDS비상(설희관, 사회부) [12월] 서울시 수도료(최해운, 사회부) 민중미술달력 압수영장 기각(박진열·신재민, 사회부) 약물로 경마사상 최대 승부조작(손태규, 사회부) 민정연수원 점거주동 42명(이종구, 사회부)

## 1986년

공로 [6월] 야간경기 득점사항표 정확신속(양학조, 정판부) 컷 제작 시간 단축(최종렬, 제판1부) 사진인쇄기술 혁신(정재건, 원색부) 보급소 정상화 기여(노문래, 기획조사) 전기료 절감(윤석범·이종훈, 전기부) 대구지사 모범지사 육성(한윤식, 대구지사)

특종노력 [1월] AIDS양성 첫 내국인 격리(이 황·설희관, 사회부) 民正연수원 농성학생 기소유예(박진열·신재민, 사회부) 외국

프로선수초청 대폭억제(조명구, 정치부) 車範根 월드컵서 뛴다(이재무, 체육부) [3월] 전학련의장 오수진군 검거(정진석, 사회부) [4월] 가족 생계 곤란 보충역 예비(조명구, 정치부) [5월] 소값 폭락이 부른 축산 청년(이준희, 사회부) 내주 3당대표회담(황소웅, 정치부) 憲特委長에 蔡汶植(최규식, 정치부) 캠퍼스 대학보 토론 활발(이준희, 사회부) 재산세 인상 부문 백지화(노진환·최규식, 정치부) 정부 憲政硏 발족 앞당겨(조명구, 정치부) 간염백신 양산 가능하다(배정근, 사회부) [6월] 읍면 지역 다방·인삼찻집(설희관, 사회부) 모처럼 맑은 서울 사진(박태홍, 사진부) 대학생 분신자살 사진(권주훈, 사진부) 약값 내달부터 자율화(설희관, 사회부) 국산차 AS 미흡, 결함 공개(김병규, 사회부) 이 여대생 꼭 구속해야 하나(배기철, 사회부) 여의도 까투리 일가 사진(권주훈, 사진부) 民正 여론조사 대통령제 압도(노진환, 정치부) 시국선언 교수 연구비 제외(홍선근, 사회부) 자민투 민민투 배후 드러나(유영환, 사회부) 한국 등 26곳 미군 핵 저장고(유주석, 외신부) [7월] 피해자 부인에 범행 용의(정진석, 사회부) 지자제 범위 절충형으로(이종구·조명구, 정치부) 기소위원 공소 취하(이종구 외 2명, 정치부) 美재무성, 한국 대만 환율 조정 필요(김병규, 특파원/이종구 외 2명, 정치부) [8월] 民正, 金東周의원 징계하기로(황소웅 외 3명, 정치부) 민정당 개헌안 주요 골자보도 19일 3당대표 등 5자 회동(이이춘 외 2명, 정치부) 쓰러진 들녘... 일으키는 손길(고명진, 사진부) [10월] 고르바초프 평양방문 수락(한기봉, 외신부) 일, '교과서 등 간섭 땐...' 망언(이병일, 특파원) 수입규제 위반 업체 제재 창업 투자사, 10대 재벌 참여 불허(박 무, 경제부) [11월] 對日역조시정 5년계획추진, 피랍 한국인 석방 명령(민국홍, 외신부) [12월] 전국 행정구역 104곳 개편(조명구, 정치부) 중공, 학생시위 규제(김성희, 외신부)

## 1987년

**기획**  [3월] 컬러인쇄 밀도와 신선도 높임(길윤석, 편집부)

**특종노력**  [1월] 서울대 朴군사건 조사관 위장사건(고명진, 사진부) 김옥분여인 피살체로 발견(김용정, 특파원) [2월] 두 金씨 선택권 국민투표 제의(이병규, 정치부) AIDS, 모든 헌혈 혈청검사(임철순, 사회부) 정당 공동선거관리 제의(노진환, 정치부) 도시가스보일러 환기 않고 ,작동, 질식사(정진석, 사회부) [3월] 목욕탕에서 음료수 사먹고 실신(설희관, 사회부) 취학어린이 가정교육 지침(남영진, 사회부) 불구속피의자 신원보증 불필요(임종건, 사회부) 경마장 약물 승부 조작(이계성, 사회부) 金고문, 李총재와 전격 담판(노진환, 정치부) 與측, 新民 새양상 대응책(김종래, 정치부) 20대 5인조 살인강도단 인물사진(정재두, 사진부) 자팀 포항 5인조 살인강도사건 보도(경찰기, 사회부) [4월] 부산대 시위학생들 시험지탈취 소동(최해운, 사회부) 합의개헌 좌초 간주(이종구·조명구, 정치부) 재계 충격... 재벌 자살(최상현, 경제부) 범양상선 박회장·韓사장 외화 도피(이준희, 사회부) [5월] 김용오 의원 정치자금법 첫 작용(신재민, 사회부) 범양관련 폭넓은 문책인사(임철순, 사회부) 수도권 48시간 단수 예상(박진열, 사회부) 이 충격, 언제까지(박태홍, 사진부) 긴박한 주말... 밤새 분리신문(박진열·곽해승, 사회부) 무거운 표정들(고명진, 사진부) 1억 예금 사실 확인(임종건 외 2명, 사회부) [6월] 교수의 시국관(최규성, 사회부) [7월] 광주사태 합법적 매듭 검토(김종래, 정치부) [8월] 민정, 문화해금 추진(이종구, 정치부) 두 金씨 어제 비밀회동(이병규, 정치부) 중·소 국경선은 중앙(민국홍, 외신부) [9월] 울산 현대분규 외부인 3명 결박(김태형, 사진부) 필리핀 내각 총사퇴(민국홍, 외신부) [11월] 蘇 스탈린 치하 희생자 복권(김성희, 외신부) 도재승 서기관 피랍 일기(김승웅, 특파원) 프라우다 '고' 개혁 맹공(민국홍, 외신부) 돼지파동(김인수, 사회부) [12월] 마유미 한국 인도 임박(김승웅, 특파원) EC, 대만 GSP 중단(유승우, 외신부)

## 1988년

**특종**  [5월] 구속자 석방 대상 553명(최규식·조재용, 정치부)

**공로**  [6월] 신문제작 유공(노지화, 주조부/황승종, 제판부/오부환, 정판부) KT 및 주간 CTS 작업시 컷 제작 창안(전산부/문선부) 신사옥설치 윤전기조립작업(제작부 기계정비) 현장취재지원 및 유류절감(수송부) 신사옥 전기 철저 시공 및 경비 절감(전기부) 보급소관리 및 육성에 공헌(이주용 외 5명, 업무1국) 업무 전산화(이용근, 전산개발)

**특종노력**  [1월] 金씨 15일께 중대결심발표(이이춘, 정치부) 아프간 사태 해결 청신호(황영식, 외신부) [2월] 중공, 한인초청 투자설명회(김용정, 특파원) 미, 새정부 출범전 무역현안 타결...(이재승, 특파원) 공약사업 88이후 연기검토(김서웅, 경제부) 蘇아르메니아민족 소요사태(방준식·황영식, 외신부) [3월] 서울지하철 요금인상 계획(박진열, 사회부) 중고 보충수업 전면허용방침(정승호, 사회부) 이라크 근로자 납치 및 탈출(이준희·최성범, 사회부) 특소세 30% 일률 인하(박 무, 경제부) 독립투사 수형기록및 사진(정재용, 사회부/김태형, 사진부) 국내 음악인 중공 첫 협연(최성자, 문화부) 金大中 평민당총재 사퇴(최규식, 정치부) 全敬煥 비밀리 일본에 도피성 출국(이 황, 사회부) [4월] 전국의보조합 90년에 단일화(안재현, 사회부) 한양 裵회장 새마을 비리 검찰소환(설희관·신재민, 사회부) 靈岩 민정당원 감금(박태홍·이창민, 사진부) [5월] 보사부, 작년 뇌염발생률 속여(안재현, 사회부) [6월] 한과 학우의 엇갈린 운명(윤승용, 사회부) 사법부 대변화 예고(신재민 외 2명, 사회부) 중공 원유 도입 구체화(정승호, 경제부) 현대자 분규 긴급조정권 요청(방민준, 경제부) 폭력배 밤중흥기난동 제보(최종기, 업무2국) [7월] 대림산업 이란공사장 피격(고명진, 사진부) 수습역무원 자살처녀 구했다(윤승용, 사회부) 영세민 실태 시리즈(배정근 외 2명, 사회부) 총장후보 교수 손으로 첫선출(이충재·신효섭, 사회부) [8월] 중공 대만 한자리에(고명진, 사진부) 노인대학간판 걸고 댄스교습(이영성·신윤석, 사회부) 검찰, 가혹행위 감찰강화(신재민, 사회부) 올림픽 평화구역 지정(배정근, 사회부) 아파트에 88물결(박태홍, 사진부) 盧대통령 3야총재와 개별회담(이종구, 정치부) 송도앞 조개 또 폐사(최성기, 사회부) 여기가 현장, 오부장 테러사건(윤승용·김승일, 사회부) 한강변의 예프투센코(정재두, 사진부) 부산·경남서도 크롬중독발생(박상준, 사회부) [10월] '새세대' 이순자 회장 곧 사퇴(박진열·이계성, 사회부) 경찰간부 11명도 정년조작(손태규, 사회부) [11월] 이택희 전의원 곧 소환수사(이충재·김경철, 사회부) 민정 당직자 내주 연희동방문(조명구, 정치부) 盧·金 면담 막바지 진통(이종구·김종래, 정치부) 대법, 보호감호 위헌결정(신재민, 사회부) 이택돈 전의원 출국금지(곽영승 외 2명, 사회부) 연희동습격 11명 오늘 석방(정광철, 사회부) 부토, 파키스탄수상 결정(방준식, 외신부) '일성록' 대원군이 비밀 은폐 칼질(이영성, 사회부) 북한산 무연탄 직수입 신청(방민준, 경제부) [12월] 북한·조총련만 반국가단체 규정(신재민, 사회부) 시위 필요하지만 평화적이어야(이영성, 사회부) 내년부터 방범비 없앤다(손태규, 사회부) 핵폐기물 마을주변에 묻어(박상준, 사회부) 蘇·KAL기 정기운항 허용(임철순, 사회부) 화성서 또 살인… 9번째(정재용, 사회부) 시리즈물, 북한문화재(손태규, 사회부/최성자, 문화부) 蘇영화인 첫 내한(이형기, 문화부) 북한, 鄭周永회장 공식초청(홍선근, 경제부) 되찾은 정년… 민주화 덕(서화숙, 문화부) 무역사무소 개설 1월 23일 조인(이종구, 정치부) 경찰복 강도 자가운전자 또 납치(이영성 외 3명, 사회부) 中·蘇은행에 당좌 개설(이상호, 경제부) 새 연방 통일안 추진(정진석, 정치부)

## 1989년

| | |
|---|---|
| 기획 | [9월] 쌀이 남아돈다(유석기, 경제부) [10월] 군, 달라지고 있는가(한기봉, 사회부) |
| 공로 | [4월] 철저한 자재관리(최성범, 자재부) [5월] 올림픽공식신문 제작(허 현, 기획실) '한국의 여로' 제작에 공헌(정재필, 도서출판) 차량 및 부품관리로 원가절감(신윤동, 정비부) 기계이전 및 설치업무 철저처리(단체, 전기부) 서울경제 CTS화 주도(단체, 전산개발) 서울올림픽공식신문 제작 기여(고창수, 편집국) 요미우리신문 위성 제작 발송 기여(조태용, 출판영업) 각 제도 개선과 업무 효율적 처리(단체, 인사부) 외주제작 및 합리적 공정관리(안중관, 공무국) 활자 개혁에 공헌(단체, 주조부) 제판공정 단축(단체, 재판부) 출력부 단체 오프셋화 실현, 신문제작 기여(단체, 입력부) 근면 성실 근무(이형구, 업무1국) 친절한 한국일보 이미지 제고(최성희·서미현, 업무1국) 수익률 향상에 기여(조근우, 업무2국) 모범지사관리, 사세확장 기여(유재주, 업무2국) 조직적 지역관리, 사세확장 기여(고시정, 업무2국) 요미우리신문 발송업무 모범(신무원, 업무2국) 일간스포츠 발송업무 각고 노력(이순기·신순원, 업무2국) 올림픽신문 발송 모범(공재관, 업무2국) 신문 발송 원활 공로(홍성열 외 2명, 업무2국) [6월] 3개 국책은행도 오늘중 출의신고(홍선근, 경제부) 고교생시위 외부연계 전면 수사(손태규, 사회부) 극비 평양방문 徐敬元의원 구속(이병규, 정치부) [7월] 1천3백년전 남녀 인골 발견(최성자, 문화부) 백제 벽화 조각 첫 발견(최성자, 문화부) 대입 가정학습지 제작(김준호·김영만, 홍보실/김재용, 서무부) 광고 유치 기여(박재웅, 사업2부) [8월] 대입학습지 설문조사(손태백, 서무부) [9월] 베이 원도우 설치공사(단체, 기계정비) 자재 절감(단체, 평판과) 신문보급 및 확장(최기수 부부, 정비부) 합리적 자재구입, 원가절감(신우철, 자재부) [10월] 사원복지 및 한국일보 확장(나용경, 스포츠/김재동, 종합조정) 한남지국 계도(홍하희, 수송부) 가좌지국 계도(안덕남, 정비부) 설문조사및 우이지국 계도(김재만, 서무부) 우이지국 계도(정문기, 정비부) 통일교육 지침안(설희관, 사회부) 金桂元 몰수재산 반환소송(이창민·홍윤오, 사회부) |
| 특종노력 | [1월] 북한, 재미동포 합작은행 설립(조명구, 정치부) 폴란드, 자유노조 곧 합법화(황영식, 외신부) 고리원전 근무자 암판정 받아(유영환, 사회부) 6대 백화점 심야 수색(이창민 외 2명, 사회부) [2월] 금강산 개발 상반기 착수(방민준·홍선근, 경제부) 허담 등 북한인사 방문초청(홍선근, 경제부) 악마의 시, 회교권 서방대결 확산(류동희·황영식, 외신부) 盧대통령 5월 하순 방일(정진석, 정치부) 美여강사 살해 동료가 범인(유영환, 사회부) 검찰관 47명이 향락업소 부업(손태규, 사회부) [3월] 미, 담배수출지원 금지법 제안(황영식, 외신부) 전대협, 북한학생축전포스터전(고명진, 사진부) 12·12때 美선 대안없었다(강병태, 외신부) 주목곤 육사교장 졸업식사(조명구, 정치부) TV과외 내달 17일부터(설희관, 사회부) [4월] 용팔이 배후혐의 이승환, 검경 하루 세번 놓쳐(김경철, 사회부) 10대재벌 작년순이 중 증권 운용수익 36.7%(이백규, 경제부) 대만주권 인정 땐 본토 수복 령 폐지(유승우, 외신부) 가와사키시에 보물찾기 소동(정 훈, 특파원) 교통사고 합의금 보험사가 전액(정광철, 사회부) 재야-경찰 4·30집회 공방전(윤승용, 사회부) 성남 남단, 일산에 대규모 신시가(정승호, 경제부) [5월] 공직자 특별암행 감시(이종구, 정치부/신재민·손태규, 사회부) 미, 국무부 변사논평 외교비화 조짐(정진석, 정치부) 장관 포함 문제 공직자 10여명 적발(손태규, 사회부) 이철규 변사사건 美국무부 논평 보도(이재승, 특파원) 30대 재벌 증권보유 1년새 26% 늘어(이유식, 정치부/홍선근, 경제부) 정명훈 佛오페라단 음악감독(최성자, 문화부) 언론통폐합 원상회복 첫 가처분(신재민 외 3명, 사회부) [7월] 일본 좌익노조 5명 재입국 금지(손태규, 사회부) 사할린동포 모국방문 추진중(정진석, 정치부) 소비자피해보상 기준개정(박영철, 경제부) 폭력진압 특수부대 창설(정진석, 정치부) 반한인사 한반도 평화대행진 비상(송대수, 사회부) 교조대신 교련에 협의권(조명구, 정치부) 연재물, 폭력 이대로 둘 수 없다(박진열 외 5명, 사회부) 영산강 수해화보 제작(박종 |

우, 사진부) [8월] 레바논 억류 美인질 처형(강병태 외 2명, 외신부) 평민당 金大中총재 구인집행(조명구·정진석, 정치부) 가정파괴범 7명 교수형 외 3명(신재민, 사회부) 남북환경회담 제의 방침(조명구, 정치부) 각후보 D-11일 득표전략(이영성, 정치부) 민정, 對 전씨 질문서 작성(조명구 외 2명, 정치부) 통화관리 방식 대폭 개선(홍선근, 경제부) 금리인하 여건 무르익었다(홍선근, 경제부) 수돗물 오염 사실과 다르다(최해운, 사회부) 나웅배 후보 당선 확실(이유식, 정치부) 경제전망 시각차 크다(박영철 외 2명, 경제부) 사상최대 히로뽕원료 밀반입 적발(송대수 외 2명, 사회부) 3金총재와의 회담(이병규 외 2명, 정치부) 명동성당에 철문 생긴다(유영환, 사회부) 칠흑의 도시(최규성, 사진부) 민정, 당직 금명 개편될 듯(조명구 외 2명, 정치부) [9월] 민정, 버스 경로무임폐지 반대(정진석, 정치부) 핸드볼 강재원 유럽진출(김현수, 체육부) 파출소 습격자 발포·검거 지시(김인수, 정치부) 북한군 3명 집단 귀순(최규성, 사진부) 강남에 자녀납치 협박편지 공포(손태규·김상우, 사회부) 의원 15명 재산등록 기피(조명구, 정치부) 중학의무교육 153개 지역 확대(설희관, 사회부) 고입시에도 주관식 나온다(설희관, 사회부) 팔당-대청호 수질보전지역(신효섭, 정치부) 공휴일 축소조정 검토(정병진, 정치부) 국정감사, 폭탄주 추태(신재민, 사회부/신효섭, 정치부) 북한, 화학무기 전방 배치(이재승, 특파원) [10월] 국민 65% 전쟁나면 싸우겠다(한기봉, 사회부) 토지공개념 내년 1월 시행(조명구·정병진, 정치부) 호네커 사임 임박설(이상호, 외신부) 헝가리는 이제 동구권이 아니다(이장훈, 외신부) 김대중 총재와 정호용 의원 조우(이기룡, 사진부) 노점상 딸이 司試 수석(홍윤오, 사회부) 동서 분리시킨 전후 분단질서 종식(이재열, 외신부) 북한에 경제정책비판 대자보(강병태, 외신부) 사제단 신부 방북 불투명(이기창, 문화부) 아파트 떼강도 인질극(윤승용, 사회부) 김주영, 절필선언 문단서 은퇴(김 훈, 문화부) 한·소·중·일 대학야구 개최(이상석, 외신부) 연세대 전민학련집회 제지(윤승용·김동영, 사회부) 근로소득세 인하 불가피할 듯(박 무, 경제부) [11월] 10월 무역수지 다시 적자(박 무·방민준, 경제부) 히로뽕 제조, 공급에 극형(신재민·최연안, 사회부) 기금관리법 제정 여야 절충(이유식, 정치부) 취업사기 인간대리점 설친다(윤승용, 사회부) KAL엔진고장... 날자마자 추락(송대수, 사회부) 근로소득세 세액공제 추진(이유식, 정치부) 수도권 전문대 증원, 신설 허용(설희관, 사회부) [12월] 鄭鎬溶-朴哲彦 회동(정진석, 정치부) 건설 등 고급공무원 거액 뇌물 수사(김승일, 사회부) 안마소에 윤락녀 3천명 공급(김승일, 사회부) 세계적 희귀조 먹황새(권주훈, 사진부) 鄭鎬溶의원 사퇴의사(조명구, 정치부) 경무관이 옛애인집서 권총 난동(정재용·김경철, 사회부) 자동차등록 거부권 요청(김대성, 사회부) 백담사 극비 방문(정진석, 정치부) 금성 창원공장 일부 조업 중단(방민준, 경제부) 예산 3,360억 삭감(신효섭, 정치부) 제약회사, 병원에 1,500억 뒷돈(최해운, 사회부) 盧대통령-鄭의원 극비면담(조명구, 정치부) 한강에 대중골프 연습장(남영진, 체육부) 쫀씨 31일 국회증언(이유식, 정치부) 盧-全회담 다시 추진(정진석, 정치부) 정부, 북한 전담팀 구성(정광철, 정치부)

## 1990년

| | |
|---|---|
| 기획 | [1월] 금단의 땅-티베트를 가다(박종우, 사진부) [2월] 법적지위 표류-재일동포3세(문창재, 외신부) [5월] 소련 주간 행사 보도(권주훈·김건수, 사진부) [6월] 蘇공산당 어디로 가나(이장훈, 외신부) [9월] 이라크 현장 기획취재(배정근, 외신부) |
| 공로 | [1월] 예비군 업무(박경선, 비상계획) 인쇄공정 업무(황대주, 윤전부) 공무국 업무 전산화(강경하, 공무관리) [2월] 폭설 취재 유공(김귀석, 수송부) [3월] 광고 조판(한영수, 정판부) 일간스포츠 CTS 제작(유성호 외 3명, 입력부) [5월] 사랑의 쌀, 사세신장에 유공(사랑의쌀팀, 한국일보) 업무 복합처리로 인력절감(홍하회 외 3명, 수송부) 자재관리 전산화(단체, 자재부) 차량정비 철저(정비과, 수송부) [6월] 자료수집 및 효율적 관리(최명식, 통일연) [7월] 업무처리 과학화(박충호, 공무관리) 업무처리 효율화(황대주, 윤전부) [11월] 업무처리 효율화(신기환, 비상계획) 평창동 2공장 준공 및 가동(자재부/전기부/기관부 단체공동) 평창동 2공장 윤전기 가동(단체, 기계정비) [12월] 공무행정 효율화(함영운, 공무관리) |
| 특종노력 | [1월] 눈 덮인 백두... 장엄한 일출(이상호, 외신부/박종우, 사진부) 차붐, 세계선발로 뛴다(유석근, 체육부) 중국, 시위진압경찰에 발포(이상호, 외신부) 鄭周永회장 다시 방북(홍선근, 경제부) 골프장 투기 세무조사(이백규, 경제부) 심야술집 영업 첫 구속(조재우, 사회부) 한밤 제약사 금고 3억 털려(김경철·유명상, 사회부) 작년 평균기온 사상 최고(이계성, 사회부) 알바니아 전국 비상사태(이재열, 외신부) 한국 바이얼린 소녀, 세계 감동(고재학, 사회부) 대도시 영세민 실태조사결과(정승호, 경제부) 두 박사 동창생 결탁 거액 밀수(송대수, 사회부) 정파 초월 합당, 내각제 개헌 추진(이종구 외 2명, 정치부) 민정, 민주, 공화 합당선언(김수종·조재용, 정치부) 알바니아서 반정시위(이장훈, 외신부) [2월] 파묻힌 길... 고립된 길(권주훈, 사진부) 경제정책 성장우선 전환(신효섭, 정치부) 蘇, 공산독재 포기(정 훈, 특파원/강병태, 외신부) 답교놀이 자유의 다리서 재현(최성자, 문화부) 관광업소 영업제한 서울은 제외(김상우, 사회부) 폭등 전세값 잡을 묘책 없나(정승호, 경제부) 함세웅 신부 기고문 큰 파문(이기창, 문화부) 미, 방위비 분담 2배 요구(이재열, 외신부) 전세값 안정위해 특별 한시법 검토(유석기, 경제부) 2002년 월드컵축구 한국 개최유력(김철훈, 체육부) 기능공 316명 강제 귀국(송대수, 사회부) 북한, 돌연 선거 앞당겨(이장훈·류동희, 외신부) 룸살롱 살인범 애인 실종(신윤석·장인철, 사회부) 환자 장기이식, 뇌사 논쟁(최해운, 사회부) [3월] 내각 조기개편 등 논의(조명구·정병진, 정치부) 盧·金회동서 내각개편 건의(조재용·이유식, 정치부) 대기업 공동 TV방송국추진(방준식, 경제부) 종합

병원 의약품 무단제조비리(최해운, 사회부) 강도에 총 쏜 가장 정당방위 인정(신재민·최정복, 사회부) 변호인 접견권 제한 못한다(신재민, 사회부) 징용의 현장(이기창, 문화부) 개각 올들어 최대규모(이종구·이영성, 정치부) 오늘 대폭 개각 단행(이종구 외 3명, 정치부) 동독 총선 우파 압승(김영환, 특파원/배정근, 외신부) 蘇, 해외여행 자유화(이장훈, 외신부) 올 경제운용계획 전면조정(유석기, 경제부) 종합병원서 의약품 무단제조(신효섭, 사회부) 실명제 전면보류(이종구, 정치부) 김영삼, 고르바초프 만나(조명구, 정치부/권주훈, 사진부) [4월] 정호용씨 출국(송대수, 사회부) 대구·진천·음성 보궐선거(조재용·정병진, 정치부) 한·소관계 증진 북한 질투(정진석·김현수, 정치부) 민자당 민정계 심야 청와대 회동 외 2명(조명구, 정치부) 국민주택규모이하, 등록세1%(유석기, 경제부) 참사 빚은 수학여행(최종욱, 사진부) 네팔 개혁 이제부터...(배정근, 외신부) 통신공사부지 고가매입 말썽(윤정상, 사회부) [5월] 兩獨 조기총선 합의(이장훈·장현규, 외신부) 경찰차 전소... 심야 시위(고명진, 사진부) 백화점 과소비 철수(장계문, 사진부) 蘇, 시장경제법안 곧 심의(이장훈, 외신부) 의대병원 신·증설 쉬워진다(안재현, 사회부) 日, 자민당고위인사 극비내한(정광철·신효섭, 정치부) 평민 중진 수명 통합절충안 서(이병규, 정치부) 아버지 살해 자매 가정 복귀(이창민·홍윤오, 사회부) 안전벨트 단속졸속시행, 혼선(설희관, 사회부) 전처 아들 한강 수장 기도(이충재, 사회부) 20대 옥살이 열달만에 무죄(이창민·홍윤오, 사회부) [6월] 최대 마약범 병원서 탈주(이창민·홍윤오, 사회부) 성전환 30대 첫 제소(이창민·홍윤오, 사회부) 서울대 외국명문대 학생교환(유성식, 사회부) 美紙에 실린 고종황제 캐리커(서화숙, 문화부) 공중전단으로 보는 6·25(이기룡, 사진부) 운동장없는 미니학교 세운다(이광일, 사회부) 퀘벡주 특별지위 부여 개헌 무산(배정근, 외신부) 6·25 발발 원인... 소학자 새주장(류동희, 외신부) 더블린 정상회담, EC 동맹 계기(김영환, 특파원) 지역의보료 산정기준세분화(안재현, 사회부) 日, 왕실 결혼식으로 떠들썩(정 훈, 특파원) 성전환 여성판결 혼선 확대(신윤석·민성기, 사회부) [7월] 수돗물 오염 시비 재현(안재현, 사회부) 지금 대학은 위기상황(한기봉, 사회부) 금관가야 왕릉 첫 발견(최성자, 문화부) 훈련방위병 더위에 졸도사(정재용·한기봉, 사회부) 멱살잡힌 국회의원(신상순, 사진부) 자해 기도 경기대생(곽봉성, 사진부) 英장관 망언, 佛은 獨의 애완견(장현규, 외신부) 독·폴 국경선 統獨 쟁점 재부상(김영환, 특파원/류동희·배정근, 외신부) 남북왕래 보안법탄력 대처(신재민, 사회부) 蘇 북한은 교차승인 수락해야(이재승, 특파원) 중고생 영재개발師事도입(한기봉, 사회부) 광주보상 8월중 시행방침(정진석, 정치부) [8월] 채무자에 재산명시 강제명령(신재민·김승일, 사회부) 김진만씨 재산반환소 제기(이창민·홍윤오, 사회부) 자산 4천억 이상 기업 민방 참여규제(이영성, 정치부) 농아가장 두 번 울었다(신윤석, 사회부) 후세인 일가(이장훈, 외신부) 두 여중생 윤락가 팔려(정재용·이충재, 사회부) 후세인 철군용의 시사(이장훈, 외신부) 검찰 은행계좌 조회 자제(신재민·김승일, 사회부) 고위급회담 북측대표 청와대 방문(이종구, 정치부) [9월] 미·소회담 이라크 제재 협력논의(이상호, 외신부) 애타는 마음(오대근, 사진부) 북한·일 우호관계 수립 합의(문창재, 특파원) 이라크 외국인에 식량배급 중단(류동희, 외신부) 법원, 이혼재판 공개키로(김승일, 사회부) 蘇, 종료 자유법 승인(윤수민, 외신부) 북한·일 조기 수교 공동선언(문창재, 특파원) 全獨총선 위헌 판결(장현규, 외신부) 유람선 2척 침몰, 10명 실종(송용회, 사회부) 모스크바 시민 경제개혁 촉구 시위(장현규, 외신부) 자동차세 인상 갈팡질팡(설희관, 사회부) 화마와 고독한 싸움 23년 마감(이충재, 사회부) 유명병원 항생제 납품, 5억 상납(홍윤오, 사회부) 한·중 무역대부 연내 개설 합의(유주석, 특파원) [10월] 예산 미확정... 미 연방정부 폐업(이재승, 특파원) 국방, 사령관 경질(이병규·이영성, 정치부) 金大中 평민총재 단식돌입(정병진, 정치부) 日, 해외파병 근거법 국회 상정(문창재, 특파원) 남쪽 동업자 어떻게 사오(한기봉 외 5명, 사회부) 장관의 주흥(신재민, 사회부) 미군 20만 증파 계획(이상석, 외신부) 이태원 무허 유흥업소 곧 폐쇄(김상우, 사회부) 종합토지세 혼란, 이의신청 쇄도(김상우, 사회부) [11월] 검찰인사 특정지역 편중(이창민, 사회부) 육영재단 운영싸고 근혜자매 반목(원일희, 사회부) 가자, 장미여관 영화제작 금지(이창민·김승이, 사회부) 육영재단 새이사장 박근영(이종철, 사진부) 생매장 살해 현장(장계문, 사진부) 日의원, 南京학살은 거짓 망언(문창재, 특파원) 이중곡가제, 2,3년내 폐지(류석기, 경제부) 추곡가 일반 10, 통일 5% 인상(송태권, 경제부) 국정감사 대비지침 물의(최정복, 사회부) [12월] 시, 도 지방의원 정수 860명(조재용, 정치부) 日야쿠자 대거 입국, 경찰 긴장(최연안·박상준, 사회부) 전두환씨 내주말 하산(조명구·정진석, 정치부) 전 국회의장 이재형씨 7만여평 토지수용 거부(윤정상, 사회부) 농지소유상한 10정보로 확대(송태권, 경제부) 한·소 한반도 평화선언채택(이장훈, 외신부) 김птр촌 검찰상대 헌법소원(홍윤오, 사회부) 북한기자林양가족들과 건배(곽봉성, 사진부) 광주보상금 모금 강제할당(단체, 사회부) 총리 盧在鳳씨 유력(이종구, 정치부)

| | |
|---|---|
| 구분없음 | [5월] 근로소득세 경감 방안(유석기, 경제부) [6월] 국회방청석 정주영며느리들(박종우, 사진부) |

## 1991년

| | |
|---|---|
| 기획 | [3월] 걸프만 전쟁관련 기획기사(윤석민, 외신부)걸프만 전쟁관련 기획기사(이상석, 외신부) [5월] 새로운 기획으로 지면향상(김봉천·이민호, 편집부/조재우, 체육부) [8월] 虎公부부 피서(리종철, 사진부) [10월] 만산홍엽의 비경(김건수, 사진부) [11월] 납세거부 번복한 정회장(오대근, 사진부) |
| 공로 | [1월] 한국일보 제주 발송 공로(송대수, 사회부)보험 등 업무처리(이재근, 인사부) [2월] 자체 기술로 활자 확대(정판부/ |

제판부) [4월] 효율적 지역 관리(단체, 대구지사) [5월] 파지 매각 실태조사(남범규·이정재, 자재부) [6월] 효율적 지역관리(이종신, 판매1국) [8월] 구독률 파악 및 독자 유지(정일택·이찬만, 판매국) [9월] 수재의연금 모집(김종래 외 4명, 정치부) [11월] 업무에 대한 책임의식(김남헌, 판매촉진/최정복, 전국부) [12월] 자료의 효율관리 및 활용(손태백, 서무부)

특종노력 [1월] 미인도 밀반출 공창규씨 變屍(박래부, 문화부/신윤석, 사회부) 의원들 줄줄이 귀국 법석(송대수, 사회부) 쿠웨이트 유전 파괴(이장훈, 외신부) 뇌물외유 3의원 구속방침(이병규·정병진, 정치부) [2월] 독극물 고압가스업체 밀집지역 방독면지급대입 적성시험 반영을 20% 이상(한기봉, 사회부) 수서분양 전면 백지화(조재용·이영성, 정치부) 수서택지 의혹 내사(이종구·정광철, 정치부) 주택조합 가입자 일제조사(박원식, 사회부) 한보, 정회장 경영 유지(홍선근, 경제부) 연대신학과 최민화 22년만의 졸업(원일희, 사회부) 현대계열 고려산업회장 도끼피습 정회장 4남이 청부(박원식, 사회부) 이라크 지상결전 돌입예고(김현수 외 2명, 외신부) 이라크 수비대와 결전임박(장현규·이상호, 외신부) 이라크 유엔의결 전면수락(조상욱, 외신부) [3월] 고르비 정치생명 건 위기타개 카드(이장훈, 외신부) 군, 대민홍보행사 자율화(안재현, 사회부) 민자당의 못된 버릇(조재용, 정치부) 50억 횡령 도주 회사원, 美서 체포 추방(백승환, LA지사) 의료수송단 10일 귀국(안재현, 사회부) 평민, 신민주연합 합당하기로(이병규·신효섭, 정치부) 팔당수원서도 미량의 페놀(윤정상, 사회부) 남북탁구 조그만 통일(고명진, 사진부) 소극장 학전 복합문화 실험 장선언(장병욱, 문화부) 6급 이하 정년 연장(설일관, 사회부) 대형비리 터지면 이렇게 수 습한다(정희경, 사회부) [4월] 석굴암 일제보수전 사진 발견(황영식, 문화부) 바구니 물가 2년새 달라진 모양새(최동완, 편집위원/홍희곤, 생활부) 남북음악인 1백명 합동공연(최성자·장병욱, 문화부) 고려대 인턴십과목 첫 개설(남대희, 사회부) 고르비와 가이후 악수교환 장면(손덕기, 동경지사) 蘇함의 KAL기잔해 인양작업(최승우, 뉴욕지사) [5월] 중국식품가 대폭인상계획(남경욱, 외신부) 부시 입원으로 자질 의심받는 퀘일(정일화, 특파원) 천안문 관련자 석방 안하면 미국 무역최혜국대우 재검토(이장훈, 외신부) 스위스 사실상 중립국 포기(문창재, 특파원) [6월] 한·중 통상협상 조기체결 합의(정광철, 정치부) 북한서 반입 김규진 화백 유작 공개(이기창, 문화부) 사할린 앞바다 KAL기 희생자 진혼제(신상순, 사진부) 검·경, 전대협 일제 수사(윤승용·김승일, 사회부) 신록에 둥지 튼 백로가족(고명진, 사진부) 총·학장 임명에 독소조항 지적(한기봉, 사회부) 투신보유 통화재 전액현금 상환(김주언, 경제부) 노사양보 지하철파업 모면 외 3명(박진열, 사회부) 이스라엘, 팔 죄수 400명 석방(조상욱, 외신부) 인도, 새 총리 리오 유력(장현규, 외신부) 호주 도피 여행사 대표, 인도협정따라 한국압송(윤승용, 사회부) 세바르드나제 곧 공산당 탈당(강병태, 특파원) 신도시 불량자재 건의 건설부 묵살(이백규, 경제부) [7월] 방송프로 성적평가제 도입(김병찬, 문화부) 양궁 기대주 김선빈 조로화 위기(황치혁, 체육부) 오장동 함흥냉면집 할머니 별세(신윤석, 사회부) 점거당한 법대(손용석, 사진부) 상업용 건축허가 전면동결(방준식, 경제부) 프로야구 전력난 불구경(이대현, 체육부) 한보 추가대출 당국 개입(홍선근, 경제부) 한보, 소득누락 거액탈세 혐의(배정근, 경제부) 한보철강 63만주 정회장 은닉 보유(홍선근, 경제부) [8월] 주류 제조면허 전면개방(배정근, 경제부) 김총재 유엔총회 참석하기로(조재용·정병진, 정치부) 콜레라 늑장행정이 화 자초(원일희, 사회부) 張世東씨 신당 연내 구체화(이성준·이유식, 정치부) 단순접촉사고 입건면제 철회(윤승용, 사회부) 국제대 자판기운영 학생회 고소(송용회·서사봉, 사회부) 학사경고, 제적부활 본격화(송용회, 사회부) [9월] 소매치기 한·일 경찰 공조 수사(윤승용, 사회부) 改詞曲 출판저작권 위반(고재학, 사회부) 총장석 학생(최종욱, 사진부) 격무 경찰, 病死 아내 이틀뒤 발견(원일희, 사회부) 선생님 앞에서 담배 참 놀랍다(신윤석, 사회부) 노동계 블랙리스트 디스켓 발견(박상준, 전국부) 총기사용 정당성, 경찰 법률 검토(신윤석, 사회부) 부시, 핵군축 관련 중대발표(이영성, 국제부) [10월] 분당... 교실이 텅 비었다(이범구, 전국부/오대근, 사진부) 차기 총리 미야자와 유력(문창재, 특파원) 김일성-등소평 전격회담(조상욱, 국제부) 달아오르는 표밭(신상순, 사진부) 나토 전술핵 70%이상 감축(윤석민, 국제부) 7년만의 숙명의 대결(리대현, 체육부) 폴란드 구 공산당 원내 1당 부상(장현규, 국제부) [11월] 남자배구 스카우트 몸살(황치혁, 체육부) 철도청 추돌원인 발표 허위(홍희곤, 사회부) 월남전 맞수 적장 서울서 백발 재회(원일희, 사회부) 3·1독립선언 기념상 제자리매김(박래부, 문화부) 蘇연방대통령 내년중반 직선(장현규, 국제부) 북한, 핵사찰 수락 용의(이상석, 국제부) 남북기업 직교역 첫 승인(송태권, 경제부) 서울 구의회 의장단 판공비 요구(곽영승, 전국부) [12월] 광주 폭력조직 日야쿠자와 연계(김승일, 전국부) 蘇, 대서방 외채 상환 전면 중단(류동희·이진희, 국제부) 북한 해주지역에 합작공단 제의(송태권, 경제부) EC 유럽연합조약 체결(강병태, 특파원) 수입이 20만불 이상 통관보류(박상준, 전국부) 내년부터 바뀌는 병역판정 기준(안재현, 사회부) 국제형사법 공조법 시행 후 美요청따라 첫 수사 협조(고재학, 사회부) 전두환 전대통령의 법정증언(정진석, 정치부/홍윤오, 사회부)

## 1992년

기획 [8월] 壬申 새벽 별들의 원무(김건수, 사진부) 걸프전 종전 1년후 기획취재(김현수, 국제부) [9월] 지역관련 설문조사 기획 외 4명(박정규, 전국부) 황금들녘의 참새떼들(이종철, 사진부) 텅텅 빈 민의전당(권주훈, 사진부)

공로 [3월] 성실한 업무 자세(정영자, 관리부) [4월] 애사심과 책임감(이기범, 수송부) [5월] 현지 생산공정 업무(단체, 창원공장) 광주공장 설비 완수(단체, 광주공장) 애사심과 사명감(단체, 수송부) [6월] 본사-광주간 지면전송개통(엄문섭, 시스템부) 제주지사와 서귀포지국개설(허태헌, 전국부) [8월] 서체조정 및 가로쓰기작업(정대이·김종성, 전산제작)

[9월] 부산 경남지역판매업무협조(최연안, 전국부) [10월] 학력경시대회 성공적개최(단체, 홍보실) 성실 근무(주경중, 비서실)

특종노력 [1월] 여고배구 주순란 코트 미아 우려(황치혁, 체육부) [2월] 6백살 백송살리기 온동네 나서(이충재, 전국부) 현재 복무중 사병도 단축 혜택(안재현, 사회부) 서울대 입시요강 개선안(남대희, 사회부) 교육공무원 수상경력 인정 폐지(설희관, 사회부) 태백산맥 영화화, 원작료 1억원(김경진, 특연예) 수서민영아파트 분양가 평당 최고(김상우, 전국부) 남서울지역 난방사업 3중 투자낭비(박원식, 전국부) 사전운동 전의원 첫 구속(이창민, 사회부/박상준, 전국부) 섬유업계 3월 위기설(황치혁, 경제부) 불요불급 수입 여전(이종재, 경제부) 조순 전총리, 한은총재유력(이백만, 경제부) 한진 2세 승계 가시화(송건권, 경제부) 국내 1년이상 거주 외국인 주 식투자 내국인 대우(이백만, 경제부) 프랑스제 미사일 첫 도입(안재현, 사회부) 성북구 일부 풍치지구 해제(곽영승, 전국부) 구 소련동포에 우리 국적 준다(홍윤오, 사회부) 산업보충역 복무 단축(송대수, 사회부) [3월] 새교육지침 북한 동반자 부각(신효섭, 북한부) 중앙대 체육특기생 부정입학(신윤석, 사회부) 日입시 일제침략 첫 출제(문창재, 특파원) 서울대교수 1천7백여명 증원(남대희, 사회부) 건축규제 6월부터 대폭완화(배정근, 경제부) 한·미 세금전쟁 조짐(이백만, 경제부) 지하철 통과구간 지하토지 보상(김상우, 전국부) 서울동별 주요후보 득표집계(곽영승, 전국부) 정대표, 현대와 실질 단절 추진(정광철, 정치부) [4월] 변협, 법원 부조리 척결 공개요구(고재학, 사회부) 군표표 증언 이중ань 불기소(안재현, 사회부) 경인·경수 고속도로 통행료 인상(배정근, 경제부) [5월] 영·호남 적십자회원 우정의 잔치(김종흥, 전국부) 시유지에 군휴양소 불법신축(최정복, 전국부) 러시아 한인공단 구체화(이종재, 경제부) 趙尹衡의원 민자 합당할듯(정광철·이유식, 정치부) 불법운동 조사권 선관위에 부여(이재열, 정치부) [6월] 3당총무회담 개원협상 본격 착수(정진석·유성식, 정치부) 국회에 환경특위 신설(이계성, 정치부) 북에 영변화학실 폐기요구(정진석, 정치부) 월북시인 조명암 해금(최성자, 문화부) [8월] 金字中 신당설(이병규 외 2명, 정치부) 중형수송기 95년까지 12대 도입(이계성, 정치부) 발신번호 확인 10월 가동(김철훈, 사회부) 남포 조사단 방북유보(신효섭, 북한부) 李鍾贊·韓英洙의원 신당착수(조명구·조재용, 정치부) 선경 봐주기 각본...(이종재, 경제부) 주택조합부과 취득세 조합원에 돌려줘야(고재학, 사회부) [9월] 즐거운 사라, 성애 표현 한계 공방(이현주, 문화부) 조사받는 이종국 충남지사(이충호, 전국부) 피의자 불법감금 본격조사(김종구·송두영, 전국부) 공공도서관 도서구입비 정부보조 無(최성자, 문화부) 기술자 풀제 내년부터 실시(방민준, 경제부) 金日成 내달중 방중(문창재, 특파원) [10월] 유급휴일 실시 주 연장 근무정당(고재학, 사회부) 이집트 강진 수백명 사상(이영성, 국제부) 장서각 81년만에 철거된다(장현규, 사회부) 전화도청 영장제 도입검토(김승일, 사회부) 폭주족 처벌조항 신설(이충재, 사회부) 은행공금리 연내 인하(이백만, 경제부) 日王 중국에 깊은 반성(문창재·이상호, 특파원) 李昌錫 대표였던 경안실업 추징세 20억 되돌려 받아(김승일·이태희, 사회부) 112 신고전화 전국 확대(이충재, 사회부) [11월] 재야, 북한 비난성명 준비(서사봉, 사회부) 민자당사 경비경찰 철수(윤승용, 사회부) 클린턴은 내 태권도 제자(이충재, 국제부) 투기성 핫머니 국내증시 유입(김상철, 경제부) 미, 북한핵 기필코 저지(정일화, 특파원) 북한유엔부대사 미 고위관리 접촉설(김수종, 특파원) [12월] 80년도언론사 주식 강제 양도 국가서 손실보상 마땅(이태희, 사회부) 주택주차장 비율 3배 강화(배정근, 경제부) 고교중퇴 이하도 방위로(안재현, 사회부) 張世東 항소심, 1년만에 전격 재개(이태희, 사회부)

## 1993년

기획 [10월] 병인양요 보고서 기획연재(김영환, 국제부/서사봉, 문화부) 월드컵축구 관련기사 편집(이민호, 편집부) 서해훼리호 관련기사 편집(진성훈, 편집부)

공로 [2월] 광주 현지신문 제작(단체, 광주공장) [4월] 논산정신병원불 기사제보(박성근, 논산지국) [10월] 수도권지역 지국 관리(황도연, 판매1국) [11월] 효율적 자료정리(단체, 조사부) 사내 자원절약 운동 전개(박경희 외 19명, 비서실)

특종노력 [1월] 법관 인사불복 구제절차논란(신윤석, 전국부) 폭삭 주저앉은 우암아파트(고명진·최종욱, 사진부/이충호, 전국부) 미·일·유럽대결 국제세금전 조짐(이백만, 경제부) 도박빛 변제받고 소 취하(김승일·정희경, 사회부) 아파트 분양가 단계적으로 자율화(유석기, 경제부) 대량 실업사태 곧 온다(송태권, 경제부) 변칙증여 감자과세 마땅 판결(김승일, 사회부) 서울시, 행정소송패소율 높다 법원감정결과 비공개 요청(고재학, 사회부) 저금리시대, 실적배당금융 선풍(이백규, 경제부) 주택 올 55만가구 공급(배정근, 경제부) 뇌물외유 전의원 항소 포기(김승일, 사회부) 개구리소년찾기 김차기대통령에 민원(김동영, 전국부) [2월] 대학 복수지원제 확정(설희관, 사회부) 통일한국 군대 규모 40~46만이 적정(이충재, 사회부) 아파트 재건축 기준 완화(송태권, 경제부) 외국기업 토지취득 자유화(이백만, 경제부) 청와대 직원 무더기 서훈(조재용, 정치부) 소말리아 파병 곧 발표(이충재, 사회부) 예금 불법인출 땐 경찰국 즉시 출동(하종오, 사회부) 수인선복선전철 내년 착공(김명룡, 전국부) 부산 동서고가도 20㎜ 비에 침수(박상준·이성덕, 전국부) 중국 元화 환율 임의적 조정, 국내기업 수출 치명타(이종재, 경제부) 태백 강원탄광 연내 폐광 파문(김진각, 전국부) 진주 견직업계 경영위기(이동렬, 전국부) [3월] 민자 오늘 당직 개편(조명구·권대익, 정치부) 亞太선진국 4龍에 한국만 탈락(홍선근, 경제부) 부동산 급매물 쏟아진다(박정규, 전국부) 북한산주변 건축규제 강화(김상우, 전국부) 군부조리척결 대규모 특감(이충재, 사회부) 광운대부정합격 11명 등록(조상욱, 사회부) 김대통령 망월동묘지 참배 검토(김광덕, 정치부) 전자통신연구소 예산유용 물의(서희동, 전국부) 공무원 여성응시 늘고있다(곽영승, 전국부) 공금리 월내 추가인하

(홍선근, 경제부) 쓰레기 분리수거 않을 땐 과태료(박정태, 전국부) 군정년 4~5년 연장추진(이충재, 사회부) 러시아 의회기능 정지, 옐친직할통치 비상선포(이장훈, 특파원) 김문기의원 각종 편법 동원땅투기(리대현, 사회부) 민자위원 재산공개 감추고, 줄이고(장인철, 사회부) 민간기업, 과장이상 임금 동결…(이성철, 경제부) 공직 출신의원들 직위 이용 치부 의혹(유승호·여동은, 사회부) 기무사 개편안 확정(이충재, 사회부) 열차전복 대참사 사진(이성덕, 전국부) 대졸자 취업 갈수록 걱정(권혁범, 기획취재) [4월] 군시설보호구역 대폭해제(이충재, 사회부) 공무원 기업연수 새바람(이종재, 경제부) 시베리아 방사능 사고(고태성, 국제부) 실명제 예고없이 실시(홍선근, 경제부) 금융실명제 시행, 어느날 갑자기(이백만, 경제부) 공정거래 대상기업 확대(이성철, 경제부) 부산검역소 청사신축 첫공사(김창배, 전국부) 김종호 전총장부인 검찰출두(이종철, 사진부) 모습 드러낸 피격KAL기 잔해유품 극비 매장(오대근, 사진부) 윤한봉 귀국운동 활발(고지학, 전국부) 함양 어머니 오늘 새벽 출두(김승일 외 2명, 사회부) 논산정신병원 불 36명 사망(단체, 사회부) 대구시 의회장 화원동산 헌납(리상곤, 전국부) 설악산 킹덤호텔 착공 12년, 철거(김진각, 전국부) [5월] 공군 일부 집단행동 움직임(이충재, 사회부) 경기대 재산 기부금 36억 유용 외 3명(이원락, 사회부) 용산 미기지 이전검토(이충재, 사회부) 재계 공동건의문 작성착수(이종재, 경제부) 군용지 징발제도 전면개선(이충재, 사회부) 현대 대우 선경 초대장 못 받은 진짜 이유…(이종재, 경제부) 음주 의경 1백여명 심야난동(최성욱, 사회부) 유신후 사법부 독립 침해사례(김용진, 편집부) 카지노업계 비리도 실사(정재룡 외 6명, 사회부) [6월] 천연기념물 큰소쩍새 가족(김건수, 사진부) 나창주·이재황 전의원 수뢰 수사(김승일·변형섭, 사회부) 국내 最古 갑옷투구 발굴(정재락, 전국부) 김순경 치사사건 용의자 송군 추적(최성욱·정진황, 사회부) 김순경 치사사건 제2용의자 추적(현상엽·김동국, 사회부) 현대그룹연쇄파업 조짐…악영향(정재락, 전국부) [7월] 권국방 방문 율곡 조사(이동국, 정치부) 가전제품 소음도 표시제 도입(조희제, 사회부) 해외 카지노 도박 3, 4명 전격 소환(김승일 외 2명, 사회부) 군사상 최대 보안 특감(이충재, 사회부) [8월] 사법부 재산꼴찌 조무제 부장판사(김창배, 전국부) 토지거래 허가제 전국 확대(정승호 외 2명, 경제부) 고객예금 백억 빼내 미 도주(김경철·김상철, 경제부) 실명전환 과세 어려움(이백간, 경제부) 대졸자취업난 하반기도 여전(정진황, 기획취재) 귀용본 340여책 되찾아아(서사봉, 문화부) [9월] 부가세 한계세액공제 상향선(홍선근, 경제부) 강원도 무연고 부동산 소유 실태(김진각, 전국부) 방송위 추동계 TV편성 기준 제시(황유철, 특연예) [10월] 관동군 한인 징용자들 對日 보상(황상진, 사회부) 기관투자가, 동일종목 주식 취득 5% 수준 하향 조정(홍선근, 경제부) 해직교사 원직복귀 반대(목상균, 전국부) 무, 배추 접목 무추나왔다(이중호, 전국부) [11월] 연탄가게 해마다 격감, 달동네…(홍윤오, 전국부) 재건축 시공업체 선정 부정(유승호, 사회부) 막막한 생계 농심은 수심(권혁범, 기획취재) 실종7세 여국교생 상자속 변시(박정규, 전국부) 범죄 원정 국제망신(이재무, 특파원)

## 1994년

| 기획 | [11월] APEC 무역자유화 합의(허경회, 편집부) |
|---|---|
| 공로 | [1월] 효율적 관리 및 매출 신장(최호천·김개기, 제작관리) 기계정비 인쇄품질 향상 외 8명(조형준, 윤전부) 자재절감 인쇄품질 향상(김용남 외 25명, 윤전부) [7월] 대입가정학습 책자 제작(김준호, 홍보부) [8월] 월드컵 관련 제작공정 진행(합영운 외 2명, 입력부/이유창 외 6명, 출력부) |
| 특종 | [1월] 국회 백범시해 조사착수(김병찬, 사회부) 아르헨티나 한국인 이창호씨(손태규, 통일부) 美 국제환경기구 창설 추진(김수종, 특파원) 김종휘씨 미에 망명신청(정병진, 정치부/정진석, 특파원) [2월] 페리 지명자 무기구매 압력(정일화, 특파원) 서울대 고전읽기 의무화(김성호, 사회부) 고속도 버스전용차선제 실시(고재학, 전국부) 처녀막 가치싸고 법정공방(이희정, 사회부) 팀스피리트 훈련중지 선언(유승우, 통일부) 신무용 개척자 배구자(김철훈, 문화1부) 김윤미 올림픽 사상 최연소 쇼(유승근, 체육부) 佛 영어에 선전포고(여동은, 국제부) [3월] 연대 특별전형제 도입(설희관, 사회부/손태규, 통일부) 성직자도 소득세 내겠다(김병찬, 문화1부/김준형, 사회부) 경찰순찰차에 국교생 참변(장학만, 사회부) 한미 팀스피리트 재개 논의(손태규·홍윤오, 통일부) 연대 인천에 제3캠퍼스(박천호, 사회부) 충남지사 사전선거 운동 물의(최정복, 전국부) 수원 정비구역 땅이용 제한(조재우, 사회부) 태양열비행기 패스파인더(변형섭, 주간한국) [4월] 한국투신 직급정년제 첫도입(홍선근, 경제부) 양분 조개종 세늘키기(이충재·박천호, 사회부) 석등도 쓰레기고(이종철, 사진부) 노조 업무조사권 첫 발동(홍희곤, 사회부) 정신요양원 수용자 잇단 사망(김창배, 전국부) 가짜 음주적발서 파문확산(송두영·김 혁, 사회부) 브로커 인쇄소 집중조사(이충재, 사회부/송두영, 전국부) 석탄일 행사 정치색 없앤다(김삼우, 사회부) [5월] 준공미필 무허건물 등기허용(이태희, 사회부) 복수노조 3자개입 허용(홍희곤, 사회부) 세종대생 예비군 실탄에 사망(이연용, 전국부/권혁범, 사회부) 실명제 유흥업소선 失明(김준형, 사회부) 도매시장관리 2중성 파동(황우석, 사회부) 佛 한국 고서 영국에 팔았다(서사봉, 문화1부) 모든 주택 환경부담금(조재우, 사회부) 포항공대 총장공모(김호섭, 전국부) [6월] 한양 곧 합리화업체 지정(홍선근, 경제부) 저어새 비무장지대 집단서식(염영남, 사회부) [7월] 팔만대장경 세계유산 공인(서사봉, 문화1부) [8월] 토초세 땅값하락 땐 환급제(홍선근, 경제부) 北 월북자 억류, 공개처형(전준호, 전국부) 소설가 박경리씨 인터뷰(김병찬, 문화1부) 쟁점 94 세제개혁(홍선근, 경제부) 세계우표전 두차례 도난(현상엽, 사회부) 운동주 생가 복원 낙성식(이재열, 기획취재) [9월] 가톨릭대 성심여대 통합(정덕상, 사회부) 김명일 주핀란드 北대사 회견(서사봉, 문화1부) 통행료 후불제 재검토돼야(정덕상, 사회부) 지존파 증거물 발 |

견(박희정, 사회부) [10월] 남북한 방문보고서(정진석, 특파원) 실명제 계좌추적 범위확대(홍선근, 경제부) 1만달러 이내 현금거래 허용(홍선근, 경제부) 충격의 장교탈영 진상ون(원일희, 주간한국) 기업 北사무소 지침 곧 고시(유석기, 경제부) 오형근 교장의 이임사(손태규, 통일부) 서울 거목친목회 40여명 구조(박정규, 전국부) 국책공사 감리 외국사 발주(이백만, 경제부) 국학자 4명 흉상제막(황유석, 사회부) [11월] 한국 해커 유럽암센터 침입(조재우, 사회부) [12월] 김포공항 주차장 수십억 횡령(정덕상, 사회부) 노원구청 도세 적발(송영웅, 사회부) 北 미조종사 금명 소환(정진석, 특파원) 김대통령 내년 7월 방미(정진석, 특파원) 주요 특차대학 합격선 하락(최성욱 외 3명, 사회부)

## 1995년

| | |
|---|---|
| 광고 | [12월] 한솔교육 유아교사 모집광고(성선경, 영업3부) |
| 공로 | [4월] 서울경제신문 결산공고 제작(함기영 외 2명, 입력부/유성길, 출력부) [5월] 창원공장 안정가동(이태환 외 9명, 남부본부) 성실근무 및 기능향상(오시권 외 3명, 남부본부) [7월] 기술개발로 지면품질 향상(황진근, 출력부) [11월] 인쇄사고 미연 방지(정항채, 제판부) |
| 특종 | [1월] 백화점 가격전쟁 절정(김병주, 경제부) [2월] 평양축전 방북 허용 검토(유승우, 정치2부) 北 종교인등 백악관 첫 방문(이상석, 특파원) 외국근로자 고용허가제 추진(송용회, 사회2부) 낙동강 4대댐 발전중단 위기(정광진·이동렬, 전국부) 선관위 자원봉사자 모집 저조(여동은, 전국부) 낙동강 중금속 계속 검출(정광진, 전국부) 체포이유 변호권 고지 의무화(이태희, 사회1부) 사람 구하려다 고속도 참변(박정철, 사회1부/송용회, 사회2부) LG 국민기업화 추진(이백만, 경제1부) 송아지값 금송아지 외 2명(정정화, 전국부) [3월] 현대그룹 금융제재 해제(홍선근, 경제2부) 외국선박 영해 임의통과(손태규·고태성, 정치2부) 폐광인근 카드뮴 적색경보(김호섭, 전국부) 연-고대 로스쿨 추진(박희정·권혁범, 사회1부) 대구서도 부도 파문(정광진, 전국부) 교수들이 총장실 못질(이중호·전성우, 전국부) 고대 법공의대 정원 20% 늘려(박희정·박진용, 사회1부) [4월] 노승환씨 마포구청장 출마(이계성, 정치1부) [7월] 유명해수욕장 60%이상 부적합(리상연, 기획관리) 지방선거 이후 정국 보고서(이영성, 정치1부) 서울 택시요금 10%인상(신효섭, 전국부) 北 KEDO총장단 방북거부(임종명, 특파원) [8월] 내력벽 훼손 원상복구(조재용·김동영, 경제2부) 6共청와대 비자금 극비조사(김승일, 사회1부) 비자금보유자는 전두환씨측(이영성·장현규, 정치1부) 변호사를 검사로 임용한다(이태희, 사회1부) 42개 영화관 영업정지(이대현, 문화2부) 삼청교육대도 불기소처분(이태희, 사회1부) 경기북부 폭우뒤 지뢰공포(김호섭, 전국부) [9월] 승마장 회원권사기(이태희, 사회1부) 삼풍참사 기록영화로 남긴다(이태희·박정철, 사회1부) 가짜 상어지느러미 유통(이현주·윤태형, 사회1부) 조세학회 이사장 2억 탈세(이태희·현상엽, 사회1부) 툭하면 한강대교서 자살소동(고재학·최윤필, 사회1부) 총선출마 연예인 출연규제(김동선, 문화2부) 사상 최악 해커 잡았다(김광일 외 2명, 과학부) 직지사 대가람 위용 회복(김병찬, 문화1부) 허위학력 은평구청장 기소(이현주, 사회1부) 붕괴위험 백화점 계속 영업(박진용, 사회1부) [10월] 고대 모의고사 문제 입수(박희정, 사회1부) 해양오염 방지 특별대책방안(이영성, 정치1부) 盧씨 대국민사과(장현규, 정치1부) [11월] 盧씨 비자금 2천억 더있다(이평수, 주간한국) 김대중 김종필 총재 회담추진(김광덕, 정치1부) 盧씨 호화빌라 위장매입(박희정 외 3명, 사회1부) [12월] 후두루미 사라져간다(김대벽·전준호, 전국부) 솨씨 오늘중 입장표명(장현규, 정치1부) 대동여지도 목판 발견(박천호, 문화부) 신한국당 복수 부총재 검토(정광철, 정치1부) 선거구 인구편차 조정(신효섭, 정치1부) |

## 1996년

| | |
|---|---|
| 광고 | [2월] 남광토건 광고 유치(이봉훈, 영업3부) [3월] 광고영업(이순곤, 영업2부) [4월] 광고영업(김창겸, 영업1부/홍영래, 제작부/강성봉, 특수영업) |
| 공로 | [2월] 인쇄사고 미연 방지(림동채, 윤전부) [3월] 창원공장 안정 가동(손윤재, 자재부) 인쇄사고 미연 방지(전해성, 재판부) [5월] 인쇄사고 미연 방지(서순열, 윤전부) CTS전환 능동대처(안중관 외 5명, 제작관리) 인쇄사고 미연 방지(최영호, 제판부) 결산공고작업 성실수행(단체, 출력부) 성남공장 건설 성실 지원(전우병, 건설본부/함기홍, 기관부) 성남공장 건설 성실 지원(김양준, 전기부) [6월] 사원확장운동 실적우수(이연웅, 전국부) [7월] 파지율 감소로 비용절감(3호기담당, 윤전부 19명 공동) [8월] 인쇄사고 미연 방지(남궁동, 9 윤전부) |
| 기획 | [6월] 전국 우리강 껴안기 대회(단체, 기획관리) 러시아 대통령선거(단체, 국제1부) 프로그램 수출시대(권오현 외 3명, 문화1부) [7월] 세상이 변한다…(경찰팀, 사회1부) 15대 신규국회의원 재산등록(정당팀, 정치1부) [8월] 부실충격 SOC현장(김동영, 경제2부/이동국, 정치1부/황준준, 전국부/배성규, 사회1부) 허가된 퇴폐 터키탕(이평수, 주간한국) [9월] 의사가 만드는 건강 의학면(단체, 과학부) 伊파가 입양처녀 부모찾기(오미환, 사회1부/김경화, 문화1부) 프로야구 박재홍 15년사(정연석·장래준, 체육부/조문상, 편집부) [10월] 강릉 잠수함침투(김문중, 디자인부/최윤필, 사회부) 간송소장 문화재 베일벗는다(최진환, 문화부) [11월] 네오포커스면 교육 특집(단체, 특별취재) 낙서로 얼룩진 에밀레 |

종(김대벽, 전국부) 조선족 밀입국 루트 대추적(이평수, 주간한국/정진황, 사회부/최종욱, 사진부) [12월] 중년남자 세상살기 겁난다(김병주·박정철, 주간한국) 난지도의 작은 예수(단체, 특별취재)

| | |
|---|---|
| 특종 | [1월] 경주지원 첫 원격영상재판(김광일, 과학부) 경희대 한의대 교수 전원사퇴(권혁범, 사회1부) [2월] 클린턴 4월 방한 않기로(이상석, 특파원/윤순환, 국제1부) 北, 美에 테러포기 약속(이상석, 특파원) 원자력연 간부 집단 사퇴(전성우, 전국부) [3월] 장윤희 올림픽 후 웨딩마치(김학수, 체육부) 이주일 SBS토크쇼 맡는다(김동선, 문화2부) 英광우병 유럽전역 공포(조희제·조상웅, 국제1부) 장항로 레저타운 승인 압력(권혁범·유병률, 사회1부) [4월] 서울대 특별전형 자격 확대(최윤필, 사회1부) 미대륙횡단전 소녀 추락(이광일·최서용, 국제1부) 신한국 서울 301개동 1위(하종오 외 3명, 전국부) 합작공장 재계방북 합의(이재열, 경제1부) [5월] 선각자들 교류편지 공개(김종흥, 전국부) 경수로 인력에 외교특권(조재용, 특파원) [6월] 오존경보제 있으면 뭐하나(임종명, 전국부) 인터넷에 北체제 선전(박진용, 사회1부) 술 원샷 강요하지 마세요(신윤석, 특파원) [7월] 北상대 14억달러 채권 소송(이상석, 특파원) 연희동만찬 민마담 찾았다(김승일 외 2명, 사회1부) [8월] 미군사용 지도 중대허점(윤석민, 국제1부) MS사 CD롬 중대오류(윤태형, 국제1부) MS사 CD백과사전도 왜곡(박일근, 여론독자) 선관위 15대총선비용 실사(손태규 외 3명, 정치1부) 의원선거비 기소 극소수(김승일·이태규, 사회1부) 어느 농성 여대생의 일기(이동훈, 사회1부) 日선원 한국인도 방침(장인철, 정치2부) [9월] 만델라 새 연인 있다(최서용, 국제1부) 이용희 부총재 내일 소환(송용회·이태희, 사회1부) [10월] 범법 北관리 美서 몰래 출국(이상석, 특파원) 집회시위 해산명령권 신설(홍희곤·김광덕, 정치부) 서울 종묘공원 너구리(권주훈, 사진부) [11월] 은행장 1명 오늘 소환(이창민 외 6명, 사회부) 조선백자 765만弗(조재용, 특파원/최진환, 문화부) |

## 1997년

| | |
|---|---|
| 공로 | [6월] 성실한 구내식당 운영(김혜령 외 4명, 서무부) [7월] 인쇄사고 미연 방지(조정호, 윤전부) [8월] 성남공장 정비활동 철저(장대근 외 6명, 윤전부) [9월] 인쇄사고 미연 방지(김상민, 윤전부) 원가절감 기여(손윤재 외 4명, 자재부) [10월] 조판업무 완벽수행(김정열 외 5명, 전산제작) |
| 기획 | [1월] 역사 관통한 두개의 문(이기창, 문화부/이종철, 사진부) 2만 한국노동자 일본서 신음(장현규, 주간한국/김건수, 사진부) [2월] 귀순자들의 명과 암(단체, 특별취재) 충격리포트 쌍둥이 급증(고재학, 사회부/이평수 외 2명, 주간한국) [3월] 色, 色을 잘쓰자(이종재 외 3명, 주간한국) 우리 방송 건강한가(李大玹 외 3명, 특별취재) 백범 혼이 숨쉬는 땅(김성호·이상연, 특별취재) [6월] 국산 공산품 멸종위기(조재우 외 2명, 특별취재) [7월] 박정희 신드롬의 허구(조재우 외 3명, 특별취재) [8월] 문민정부 각료 114명 '이 얼굴들을 기억하십니까'(특별취재/기획편집) |
| 특종 | [1월] 은행 도산해도 지원없다.(이백만, 경제과학/손태규, 정치부) 파주 금병산이 무너진다(김진각, 전국부) [2월] 與초선 당내 민주화 요구(김광덕, 정치부) [3월] 서울대 교수 휴직 내홍(최윤필, 사회부) [4월] 서석재도 한보돈 받았다(손태규, 정치부) 정태수씨 투자액 고작 110억(검찰팀, 사회부) 한보 北황해제철 투자(정진황·박일근, 사회부) 장교 10여명 군기밀 누출(이태규, 사회부) 여고배구 이윤희 LG행(장래준, 체육부) [6월] 캄보디아軍위안부 훈할머니(이희정 외 2명, 국제부) [7월] 포항지진은 양산단층대(선년규, 정보과학) 강남의 10대 충격 포르노(정진황 외 2명, 사회부) [8월] 정태수씨 옥중서도 로비(이태희 외 2명, 사회부) |

## 1998년

| | |
|---|---|
| 공로 | [3월] PS판 재활용 자재 절약(김귀환 외 36명, 윤전부) [4월] 가로쓰기 조판체제 전환(조용택·석류홍, 제작부) 윤전기 고장수리 책자 제작(김재현·고재현, 시설부) [5월] 월드컵 축구 이벤트(이용백 외 5명, 뉴미디어) 수익증대 및 비용절감(전국제 외 4명, 뉴미디어) PC통신 메뉴 개편(박승룡 외 6명, 뉴미디어) |
| 특종 | [3월] 흑금성은 박채서(이영성 외 3명, 정치부/송용회 외 3명, 사회부/ 신윤석·박진용, 국제부/신상순, 사진부 ) [4월] YS-민주계증진 극비회동(홍희곤·김성호, 정치부) 김기섭씨 한솔서 거액 수뢰(이창민 외 6명, 사회부) [6월] 한컴-MS 손잡는다(이태규, 사회부) 담임선생님 바꿔주세요(유병률, 사회부) [7월] 부실대학법인 첫 해산명령(이충재, 사회부) [9월] 김윤환의원 곧 소환(법조팀, 사회부) [10월] 내년부터 교수계약제 시행(이충재, 사회부) 정주영씨 김정일 만났다(정진석·이영섭, 정치부) [11월] 주한미군 핵 2000기 있었다(윤석민, 특파원) |

## 1999년

| | |
|---|---|
| 특종 | [2월] 법원은 거물 변호사 양성소(단체, 사회부) 경찰청서 족쇄 팔았다(윤순환, 사회부) 한일어첩 어처구니없는 실수(장인철, 경제부) [3월] 계절이 빨라진다(김호섭, 사회부) 조병화시 일본교과서 실린다(김호섭, 사회부) [4월] 서울대농성 해산작전(고영권, 사진부) 뜨거운 증시 웃음꽃 객장(최규식, 사진부) [5월] 김미현 톱10 힘드네(송영웅, 체육부) 기무요원 병무비리 개입(정덕상, 사회부) 집 나서는 연정희씨 특종(원유헌, 사진부) [6월] YS 페인트달걀 봉변(고영권, |

사진부) [7월] 암도 못 막은 인간승리 페달(정진황, 사회1부) [8월] 승용차 덮친 가로수(최종욱, 사진부) 밤 잊은 복구 작업(오대근, 사진부) 증언 끝내고 실신한 배정숙씨(최종욱, 사진부) [9월] 중국 한인목사 탈북자 체포(송대수, 특파원) 서해안공단 특구 개발(박정규, 경제부) 北전역 반체제조직 활동(송대수, 특파원) 통행료 싸움(고영권, 사진부) [10월] 북미 미군유해 직접송환(이동준, 정치부/윤승용, 사회1부/윤석민, 국제부) [11월] 모습 드러낸 박처원(박서강, 사진부) 2000수능시험 문제(이성원, 사회2부) [12월] 최순영씨 선처로비(김승일, 특파원) 쌈장의 진실은 승부조작(최연진, 경제부) 농가부채 경감 특별법(이성철, 경제부/이태희, 사회1부) 선거보도 언론인 업무정지(신효섭, 정치부)

## 2000년

공로 [5월] 인사협의회 세미나 개최(임종호, 인사부)

특종 [1월] 남북 경제공동체 추진(이영성·이영섭, 국제부) 민주당대표 서영훈씨(신효섭, 정치부) [2월] 호남의원 36명중 29명 교체(신효섭, 정치부) 南宮정통장관도 출마검토(고태성, 정치부) 변호사 사이비종교 연루(박정철, 정치부/정덕상, 사회부) 낙천 분풀이 총장 수난(손용석, 사진부) [3월] 1만원권 수수 정치 현장(최종욱, 사진부) 청중동원(이종철, 사진부) 서울대생 챔프링 대반란(박원식, 생활과학) 억대 골프도박 성행(이주훈, 국제부/박석원, 체육부) [4월] 결승골의 순간(최홍수, 사진부) [5월] 고뇌하는 정몽헌 회장(김재웅, 사진부) 러브바이러스 전세계 강타(최기수, 정치부) 얼굴 내민 린다 김(강태욱, 사진부) 린다 김 인터뷰(김희원, 생활과학) 최만석씨 미국에 있다(안준현, 정치부/황상진, 사회1부) 종암서 윤락업주 뇌물 수수(박정철, 정치부/손석민, 사회1부) [6월] LG대주주 내부자거래 조사(윤순환, 경제부/권대익, 생활과학) [7월] 여 美공화전당대 참관 압력(손용석, 사진부) 꿈이냐 생시냐(이종철, 사진부) 국제유고재판소 전범 판결(이동준, 정치부/이주훈, 국제부) 與 교섭단체 10명 날치기(손용석, 사진부) 쓰레기 천지 팔당 상수원(배우한, 사진부) 이건희 회장 DJ 독대(윤순환, 경제부) [8월] 1000억대 금괴 위장수입(박정철, 정치부/박진석, 사회1부) 宋교육장관 삼성주 특혜(이태규, 사회1부/이광일, 국제부) 해태 전 회장 사장 소환(박정철, 정치부/손석민, 사회1부) [9월] 폭격에 맞은 듯(김재현, 사진부) [10월] 119전산망 60억 증발(박일근, 경영전략) 대원군 묵란화첩 발견(송영주, 편집국) 문학의 본질은 인간조건(하종오, 4 문화부) 어기고 지키고 의원 두모습(원유헌, 0 사진부) [11월] 내년 실업급여 등 차질우려(이유호, 사회1부) 女투자상담사 수십억 챙겨(강 훈, 사회1부/박석원, 체육부/김태훈, 경제부) [12월] 에어버스기 중대결함(안준현·양정대, 정치부/장래준, 사회부) 안견 고잔도장축도 공개(오미환, 문화부)

## 2001년

특종 [1월] 안기부 예산 불법 선거자금 전용(이진동, 정치부/박진석 외 2명, 사회1부) 발간참전兵 우라늄 후유증(최진환, 문화부) 김정일 극비방중(송대수, 특파원) 빛을 멈춰세웠다(최기수, 정치부) [2월] 日 월드컵 왜이러나(김정호, 사회1부/황영식, 문화부) 눈에 갇힌 서울(김재현, 사진부) 유엔 식민배상 첫 선언(이동준, 정치부) [3월] 국정원장 교체(이영성, 국제부) 이석채씨 전격 귀국(홍희곤·이진동, 정치부) [5월] 김정남 열차편 극비귀환(송대수, 특파원) [8월] 소득 양도소득세 10% 인하(조철환, 경제부) [9월] 오늘 내각 총사퇴(신효섭, 정치부/이영성, 국제부) [10월] 강창희의원 한나라당 입당(이동국, 여론독자) [11월] 3대 게이트 국정원 작품(최기수, 정치부) 김은성, 정현준게이트 개입(김기철, 정치부/고찬유, 사회2부) 김은성, 대검에 불구속 요청(최기수, 정치부/손석민, 사회1부) 김은성차장 곧 경질(이영성, 국제부) 아프간 아침 불안한 고요(홍윤오, 국제부) 김포 매립지 용도변경(이의춘, 경제부/김병주, 체육부) 김은성, 총선개입 가능성(이진동·배성규, 정치부) 진승현씨, 총선직전 돈줬다(최기수, 정치부/고찬유, 사회2부) 진승현 리스트 확인(이진동, 정치부/고찬유, 사회2부) 국정원, 수지김 살해사건 조작(배성규·정진황, 정치부) 진승현게이트 몸통은 김은성(최기수, 정치부/고찬유, 사회2부) 민주, 총재직 폐지검토(김광덕, 국제부) [12월] 진승현, 정치자금 살포(최기수, 정치부) 허인회 등 총선자금 수수(배성규·최기수, 정치부/정진황, 사회1부) 최택곤, 김홍업에 구명호소(최기수, 정치부)

## 2002년

특종 [1월] 신총장 자진사퇴할듯(이영성, 국제부) 남북 육로관광 추진(이동준, 정치부/이영성, 국제부) 김영환장관 동생 비리수사(배성규, 정치부/전성우, 사회2부) 벤처 개입 국정원직원 도피(정진황, 사회1부) 박지원씨 청와대특보 기용(이영성, 국제부) [2월] 태권도협 김운용 뇌물 파문(배성규, 정치부/정진황, 사회1부) 한별텔레콤 로비 의혹(김기철·양정대, 정치부) 김은성, 기업서 거액모금(배성규, 정치부/박진석, 사회1부) [3월] 장준하 의문사 현장 의혹(이진희, 사회1부) 김준배씨 사인은 구타(이진희, 사회1부) 서울대총장 사외이사 금지(송용창, 사회1부) [4월] 검찰 김재환 리스트 확보(배성규, 정치부/박진석, 사회1부) 최규선씨 무혐의 처리(배성규, 정치부/이동훈, 사회2부) 최규선씨 SCN 대출 개입(김기철·배성규, 정치부) 청와대 최규선에 정보 흘려(김기철, 정치부/정원수, 사회1부) 최규선 이름 개명(정원수, 사회1부) 중부권 신당 추진(김광덕, 국제부) 포스코 타이거풀스 의혹(배성규, 정치부/박진석, 사회1부) 최규선, 금강산 카지노 개입(배성규, 정치부/박진석, 사회1부) 김희완, 100억대 극장 소유(김기철, 정치부/정원수, 사회1부/이동훈,

| | |
|---|---|
| | 사회2부) 최규선, 이회창 방미 주선(정원수·이진희, 사회1부/이동훈, 사회2부) [5월] 엄익준, 진승현에 자금요청(배성규, 정치부/박진석, 사회1부) 스카라피노 이회창 만남(김기철, 정치부) [6월] 직격인터뷰 이회창(송영웅, 경제부) [9월] 직격인터뷰 김영배(송영웅, 경제부) 개울로 변해버린 앞마당(최흥수, 사진부) |
| 공로 | [10월] 4억여원 광고유치(김민환, 영업부) [11월] 7억여원 광고매출(11월) (이남순, 영업부) [12월] 3.5억원 광고매출(김대인, 영업부) 광고국 자체평가 1위 달성(박철우, 영업부) |

## 2003년

| | |
|---|---|
| 특종 | [9월] IMF급 '감원태풍' 온다(박천호·최진주, 경제부) [10월] 삼팔선에 서서 희망을 찾는 당신(이영태, 주간한국) 케이블TV 사업체 거액 횡령(박진석, 사회1부) 유명사찰, 공무원에 억대 로비(박진석, 사회1부) 김재규 72년 박정희 납치계획(김정호·이태규, 사회부) 전두환 숨긴돈 꼬리 잡혔다(이태규 외 2명, 사회1부) 태광실업 정치자금 제공 내사(이태규·노원명, 사회1부) 현 정부 실세에 준수표사본 있다 외 2명(강 훈, 사회1부) KBS이사장, 獨서 송두율 만나(박은형, 사회1부) [11월] 행정수도 후보지 미분양아파트 웃돈 되팔아(전성우, 사회2부) 김정일 있는한北문제 해결 못해(김승일, 편집국) 강남 등 주택거래 신고제(유병률, 경제부) 12곳 노캠프에 1억 이상 제공(노원명·김지성, 사회1부) 전재용 비자금 女탤런트 유입(김지성, 사회1부) 삼성회장은 한국의 경제대통령(진성훈, 국제부) [12월] 부안주민 조종 발언 파문(양정대, 정치부) |
| 기획 | [12월] 후세인 체포 관련 신속 대응(김영신, 편집부) 여야3당 입장 한단어 압축 2004(강성래, 편집부) |
| 공로 | [2월] 광고국 자체평가 1위 달성(이대원, 영업부) [3월] 광고중복게재 사고 방지(오승태, 화상부) |

## 2004년

| | |
|---|---|
| 특종 | [1월] 盧캠프, 某그룹서 75억 받아 40억은 盧 빚 변제 등에 썼다(이진동·범기영, 정치부) 청와대, 라종일 김희상 교체키로(고태성·고주희, 정치부) 20만원 될 뻔한 2,000억 특허(신윤석, 편집국) [3월] 한국영화 국내외서 동시폭발(김관명, 문화부) [4월] 강 법무-문재인 회동 탄핵심판 논의(김용식, 사회1부) 고속도로 폭설대란 속 청와대 경호차 역주행(전성우, 사회2부) 위성DMB 시대 열린다(정철환, 산업부) 康법무 문재인 회동 탄핵 논의(김용식·전성철, 사회1부) 배드뱅크 만든다(남대희, 경제부) [5월] 군대 부하모욕 발언 큰 코(김정호, 사회1부) 국립 경상대와 창원대의 통합 추진 양해각서 체결(고재학, 사회1부) 우리당 워크숍 당정체성 노선 공방(윤소영, 편집부) 교육부 간부, 안부총리 며느리 서울대 직원으로 뽑아(황재락, 사회1부) 미군과 영국군의 이라크 수감자 학대행위(진성훈·안준현, 국제부/김승일, 특파원) 전망좋은 식탁/탁트인 하늘궁 전 지나던 구름도 예약을 했다.(원유헌, 사진부) 출판외길 한만년 일조각 대표 별세(정진황·김지성, 사회1부) [6월] 용산 미 기지 이전협정 위헌(김정곤, 정치부) 이대 교수 연구비 천여만원 유용(고재학, 사회1부) 청계천 복원 공사 사진(왕태석, 사진부) [11월] 경기 가늠할 통계 부족하다(이성철, 경제부) 대검 검찰부의 서울중앙지검 검사 결과(김영화, 사회1부) 미 수영사 첫 흑인 여성 올림픽대표 매리차(고찬유, 체육부) 한국 선박 테러(이영창, 편집부) |
| 공로 | [6월] 악성 채권 회수 업무 기여(강충식, 채권관리부) |
| 우수기자 | [2월] 양길승 실장 술집, 호텔서 향응받아 파문(이태규, 사회1부) |
| 우수사원 | [3월] 광고실적우수(김승택, 영업부) |

## 2005년

| | |
|---|---|
| 특종 | [1월] 검찰 수사관들 수감 중인 경매브로커 이용(김용식·이진희·김영화, 사회부) 한화 대생 인수 로비 수사(김용식, 사회부) [3월] 검찰, 재판부에 수사기록 않겠다(이진희, 사회부) 황우석 교수 수의대 학장 선거 출마(박선영, 사회부) [4월] 보라 저 의연한 독도를…(고찬유·한창만, 사회부/ 김문중·김대훈, 편집디자인부) 인간형 로봇 이렇게 탄생했다(왕태석, 사진부) [6월] 여 기간당원 25만명에서 전대 후 15만명으로(양정대, 정치부) 한강서 철갑상어 잡혔다(이왕구, 사회부) [11월] 경찰 근속 승진 확대 요구와 경찰대 폐지 논란(강철원, 사회부) 두산 비자금 총수 일가 생활비에 썼다(이진희·김영화, 사회부) |
| 특종노력 | [1월] 강남 등 주택거래신고지역(송영웅, 산업부) |
| 공로 | [3월] 2월 광고 수주 목표액 초과 달성(전승호, AD2팀) [4월] 보라 저 의연한 독도를…(홍인기, 사진부) 중단됐던 광고 재개 성공(성선경, AD2팀) |

## 2006년

**특종** [2월] 서울대 교수들, 논문검증 정 총장에 건의(권대익·김희원·김광수, 국제부) 차기 잠수함 사업/한국형 전투기 사업(김정곤, 사회부) 최광식 경찰청 차장 극비 소환(김영화, 사회부) [4월] 골프 모임 부산기업인 함께(김창배, 부산취재본부) 현대차 매각 관련(박일근, 산업부) [5월] 국세청, 재벌 2,3세 상속증여 본격 수사 착수(장학만, 경제부) 브로커 김재록씨 로비 의혹 관련 보도(김영화, 사회부) [11월] 미국의 핵 탐지시설 설치 요청 단독 보도(정진황, 정치부)

**공로** [2월] 대학별 광고 수익 창출(이상우, AD1팀) [5월] 지면 기사 제목 다양한 형태로 표현방법 개발(박상미, 정보지원부) 행사 혁신 제안 및 실행-미스코리아(한경희, 사업본부)

## 2007년

**특종** [2월] 고법 부장판사 석궁 피습(홍인기, 사진부) 마광수 교수 23년 전 제자 시 표절(박상준, 국제부) 연내 남북 정상회담 추진(정상원, 정치부) [4월] 보수 철옹성 대법원이 분화한다(김영화, 사회부) 한미FTA 막판 협상(이진희, 경제산업부) [5월] 로비 의혹 의원들 의협 총회서 의료법 의협지지발언(라제기, 문화스포츠부) 한국전쟁 당시 국군포로에 대한 미 국방부 비밀해제 문서 단독보도(장인철, 경제산업부) [7월] 대선주자 5명 경제분야 지청문회(박관규, 사회부) [8월] 막가파 네티즌 시리즈(박상준, 김정우, 국제부) [9월] 제로존 이론에 대해 물리학회 공식 입증(김용원, 사회부) [10월] 남북 정상회담 노 대통령 아리랑 공연 관람(정상원, 정치부) 이규용 차관 자녀 학교관련 위장전입(양정대, 정치부) [12월] 원숭이 체세포 복제 줄기세포 생성성공(송용창, 경제산업부)

**공로** [11월] 주간한국 창간 특대호,혁신호 제작 노력 공로(소은숙, 주간한국부)

## 2008년

**특종** [1월] 前 靑비서관, 인사 청탁 수천만원 받아(박상준, 경제부) [2월] 고개 숙인 세계화, 고개 드는 보호주의(송용창, 사회부) [4월] 강만수 재정 성장 VS 이성태 한은총재 물가 충돌(김용식, 경제부) 현정은 현대그룹 인터뷰(송영웅, 경제부) [7월] 대통령실장 정정길 울산대 총장(김용수, 정치부) 촛불 약 6만개... 집회 시작 후 최대(김주성, 사진부) [8월] 7/29자 1면 편집부문(이 직, 종합편집부) 가계부채 한국경제 덫 되다(김용식, 경제부) 국회 개원 연설, 이 대통령이 강행(김광수, 정치부) 中 출신 소설가, 일 아쿠타가와상 첫 수상(김범수, 주일 특파원) [10월] 이강철 前수석 인사 청탁 의혹(이영창, 사회부)

**특종노력** [3월] 미국 국가 제목 별이 빛나는 깃발 번역이 정확(최진주, 경제부)

**공로** [6월] 독자관리프로그램교육용 동영상 제작(엄태석, 마케팅관리부)

**공로노력** [3월] 성실한 근무 및 업무전산화(윤수경·박희영, 마케팅관리부) [4월] 지국 부실 확장 적발 및 확장비 변상조치(조성환, 마케팅1부)

## 2009년

**특종** [1월] 2009년, 거침없이 뚫고 나아가자(박서강, 사진부) 목타는 겨울 가뭄… 지방은 지금 물과의 전쟁(홍인기, 사진부) [2월] 국민에 법,질서 외치더니... 정치인, 정부가 더 안 지켜(이진희·김정우, 사회부) 현인택 통일부장관 후보자 비리 관련 기사(김광수, 정치부) [3월] 장씨 술 접대 현장 목격 증인 나왔다(이대혁, 사회부) 조희팔 놓치고 제보자에 덤터기(이대혁, 사회부) 청, 룸살롱에 2차까지(공동) (최연진, 이훈성, 경제부) [4월] 노, 자녀 생활비로 100만달러 요청(공동) (김정곤·이진희, 사회부) 민주, 정동영-신건 연대 비상(박석원, 정치부) (강은영, 스포츠한국 연예부) [7월] 중도가 나서서 중심을 잡자(박민식, 정치부) 현장 다시 찾은 수행 경호관(왕태석, 사진부) [9월] 나로호 오늘은 날아라(김주성, 사진부) 나로호 소프트웨어 외 다른 부분서도 결함 가능성(허정헌, 생활과학부) 부산 박도사 수천명 사주풀이 집 떠돈다(이태무, 사회부) 용산에는 슬픈 달이 뜬다(이훈성·박민식, 문화부) 이상희 국방장관 항의 서한 파문(피플팀) [10월] 2010년 지구멸망 루머의 배후엔 돈이 있다(이진희·이대혁, 사회부) 기획시리즈 차이완이 몰려온다(장학만, 경제부) 한예종 교수 자녀 입시 특혜(김영화, 정치부) [11월] 신식민지 덫에 걸린 아프리카(이진희·채지은, 사회부) 코펜하겐 기후협약 전망(정영오·양홍주, 국제부) 한나라당 의원 對 세종시 전화 설문결과(김동국·최문선·양정대, 정치부) [12월] 이건희 전 회장 내달 미 CES 행사 참석한다(최연진, 경제부)

**특별공로** [6월] 내고장 사랑 운동(정치부 단체상)

**공로** [2월] HKRMS 진적 실적 및 수금관리 우수(송진석, 마케팅1부) [3월] 출판국 판매관리시스템 개발 및 현업 적용(이민선·박희영·박상미, 정보지원부)  [10월] 부가가치세 징수 유예(회계관리부 단체)  [11월] 호주한국일보 창간 업무지원(황석순·유환영·기진서·이민서·박희영·박상미, 제작지원부)  [12월] 호주한국일보창간 업무지원(최상돈, 경영지원부)

## 2010년

**특종**  [6월] 우이도 르포, 쓰레기 쓰나미(김현우, 사회부)  [7월] 대리운전의 일감전쟁(류효진, 사진부) 비선 연루 청와대 참모들 인사 조치(최문선, 정치부) 어느 대리기사의 억울한 죽음(허정헌·김현우, 사회부)  [8월] 윤리지원관실 1명이 50명씩 사찰 등(김정우·사회부) 조현오 막말 동영상 입수(허정헌, 사회부)  [9월] 과학기술, 삶의 질을 바꾸다(임소형, 생활과학부) 남몰래 우는 싱글대디 시리즈(이태무·김현우, 사회부)  [10월] 대검중수부 C&그룹 수사 등(김정곤·김정우, 사회부) 배추 로또 당첨된 듯..손 번쩍 들고 환호(김주성, 사진부) 사립초등학교 부정 입학 관련 단독 보도(한준규·정책사회부)  [11월] 미, 인도 100년을 함께 할 신랑과 신부?(이진희·이대혁·양홍주, 국제부)  [12월] 대선주자 '정책브레인'은 누구(최문선·김희경·이동현·김영화, 정치부) 전자발찌 찬 50대, 도심 한복판서 또 몹쓸 짓(남상욱, 사회부)

**공로**  [6월] 2010 남아공 월드컵 여의도 거리응원전(송영웅, 정책사회부) 미스터월드 2010 인천대회 협찬유치 및 인천광역시 업무제휴(송원영·정책사회부 경인취재본부)  [12월] 대학입시 정시특집 등 실적 및 태도 우수(이상우, AD2부 교육팀)

## 2011년

**특종**  [1월] SNS가 세상을 바꾼다(남상욱·허정헌·김현우·김혜영, 사회부) 건강보험 보장률 통계, 알고 보니 주먹구구(이진희, 사회부)  [2월] [사흘간의동행]세시봉친구들 3인방 부산콘서트(채지은, 문화부) 대한민국, 복지의 길을 묻다 기획시리즈 6회(이진희, 사회부) 인터파크 공연 티켓 유통시장 독과점 문제 등(김청환, 사회부)  [3월] 곪은 성역, 교수 사회 기획시리즈 4회(남상욱·남보라, 사회부) 무제한 데이터 요금제 폐지 검토 등(최연진, 산업부) 신용 사다리가 끊어졌다(이영태·강아름, 경제부) 종교의 정치개입 수위 넘었다(최문선, 정치부)  [4월] 8시간 병원 찾던 독거 할머니 길에서 숨지다(허정헌, 경제부/박소영, 디지털뉴스부) 건강보험 되는 고혈압약만 769개, 등(이진희, 사회부) 불신 키우는 학교 평가 시리즈(한준규·정영오·김혜영, 사회부) 유력정치인에 불법 정치자금 건넨 건설사 대표 수사(강철원, 사회부)  [5월] 구두 닦는 아버지의 '메모지 과외' 光났다. 김봉희씨(정민승, 사회부) 연령 표준화 지역별 암 지도(이진희, 사회부) 저축은행 관련 연속 특종(김정우, 사회부) 진화하는 학교 폭력 시리즈(한준규·정영오·김혜영, 사회부)  [6월] 등록금 해법 대학 구조조정이 먼저다(한준규, 정영오, 김혜영, 사회부) 北, 신의주 특구 행정장관에 중국인 낙점(장학만, 주중 특파원) 원리금 함께 갚는 주택담보대출 이자 낸 돈에 소득공제(최진주·이영태, 산업부) 이희완 전 국세청 국장, SK에서 30억 수수(강철원, 사회부)  [7월] "정부각본 들러리 싫다" 금융개혁 TF 민간위원 김홍범 교수 사퇴(이대혁, 경제부) 대검 중수부, 부산저축은행 수사 관련(김정우, 사회부) 도로공사 55억 강제 모금 물의(박관규, 경제부)  [8월] 국민연금 기금운용본부 소속 직원 성접대 의혹 등(김지은·배성재, 사회부) 김두우, 박태규와 가명으로 골프(김정우, 사회부) 김정일, 귀국 땐 중국 경유 가능성(박일근, 정치부)  [9월] MB사촌, 대통령 이름팔아 3억 편취 혐의 피소(강철원, 사회부) 도가니 계기, 복지부 4년만에 사회복지사업법 개정 재추진(이진희, 사회부) 재범이 상습 성구매자도 '존스쿨'적용 면죄부 줬다.(김성환, 정치부)  [10월] 고사위기 거점 국립대를 살리자(강윤주·한준규·김혜영, 사회부) 김용덕 법원행정처 차장, 박보영 변호사 신임 대법관 내정(김영화, 사회부) 또... 스폰서 검사장(김정우·안경호, 사회부) '야당 도청' 수사 어물쩍 끝내나(정승임, 사회부)  [11월] 4대강 사업 준공 내년 총선 전후로 연기(박관규·전준호, 경제부) SK 수사(김영화·강철원, 사회부) 학자금대출 '낙인' 취업도 가로막는다(권경성·고찬유, 경제부)  [12월] "허락된 시간 많지 않아... 축복받은 삶, 감사하다"(이태규, 국제부) 국토부, 고속철 운영 민간에 첫 개방 검토 논란(박관규, 경제부) 자영업 기획(김용식·허정헌·박민식, 경제부)

**공로**  [4월] 인턴십 프로그램, 콘텐츠 출판, 재단기금사업유치 등(김지오, 정보자료부)

## 2012년

**특종**  [1월] "박희태가 김효재 통해 돈봉투 건넸다"(최문선, 정치부) "조모 보좌관이 돈봉투 전달 지시"(조원일, 사회부) 돈봉투 수사 관련(남상욱·강철원, 사회부) 집중 점검 학교폭력 대책(강윤주·한준규·김혜영, 정치부) 최시중 방통위원회 측 억대 수뢰(강철원, 사회부)  [2월] "의석 300석으로 확대" 여야, 잠정 합의 논란(강윤주, 정치부) 직무유기 신세 될라... 담임 기피 확산(정승임·김혜영, 사회부)  [3월] 고리원전 간부들 사고 직후 '은폐' 짰다 등(변태섭, 경제부) 민주, 강봉균 김영진 최인기 공천 유보할 듯'(양정대, 정치부) 박은정 검사 "김 판사에 '청탁인계' 전화로 알렸다"(김현빈, 사회부) 박은정 검사 "후임검사에 '기소청탁' 전했다"(김지은, 사회부)  [4월] "공장 월 전기료가 468원… 계량기 고장 아니죠"(정민승, 여론독자부) 대검 중수부, 박영준 비자금 관리 의혹 이동조 압수수색(남상욱, 사회부) 룸살롱 황제' 자체 감찰서 총경급 등 6명 뺐다(김지은, 사회부) 류충렬이 건넨 5000만원 관봉 형태로 확인(이성택, 사회부) 어려운 수시 논술이 사교육 부추긴다(정승임, 사회부) 최시중 영장 심사 앞두고 수술 예약확인, 구속 피하려는 꼼수?(정재호, 사회부) [5월] 징용 유족 만난 일 제철회장 "한국의 재판 지켜보자" 등(정민승, 여론독자부) [6월] "삼성 실종 부장은 비운의 농구스타 김현준 동생"(박관규·김현빈, 경제부) 공덕역 여대생 실종사건' 숨어있는 진실은? 외 속보 3건(김현빈, 사회부) 구당권파 진보당 재장악 땐 민주당 "야권연대 지속 어렵다"(양정대·김희경, 정치부) 이석기 "애국가는 국가 아니다"(김정곤·강윤주·김성환, 정치부) [7월] 김희중 청와대 제1부속실장, 임석에게 억대 금품 수수 의혹(김영화·강철원·김혜영, 사회부) 안철수는 되고 우리는 왜 안되나(허정헌, 문화부) 의사들이 몰카로 고발... 약국, 한의원 "두고 보자"(김현빈, 사회부) [8월] MB의 청계재단 운용 논란(이진희, 사회부) 공기업 공공요금 원가 5년간 9조 부풀렸다 외 1건(조철환, 경제부) 범야권 원로들 '안철수 결단' 압박(송용창, 정치부) 총선 민주당 공천 명목 수십억 투자받아...(남상욱·김영화·김혜영, 사회부) [9월] 난민 신청 못하는 소말리아 소년(이성택, 사회부) 로펌에 포획된 공정위(조철환·이대혁, 경제부) 성범죄자 22명 중 20명이 정신질환... 처벌·치료 병행 시급(임소형, 문화부) 안철수 "대통령이 목표 아니다"(송용창, 정치부) 전자발찌 경로 조회 늑장... 살인 막을 기회 놓쳐...(이동현·김청환, 사회부) [10월] 2000억원 세금 투입 외국인학교, 부유층 자녀 학교로 전락(이진희, 사회부) 군 복무 기간, 文과 安 "1년 6개월로"(송용창, 정치부) 보육원 아동 밥값 달랑 100원 올린 야박한 기재부(정승임·이진희, 사회부) 성범죄 교사, 버젓이 교단에 설 수 있는 이유는(권영은, 사회부) [11월] 'K2 전차 파워팩 개발않고 수입 군장성 고발키로'(김광수, 정치부) 고용불안 부추기는 파견법 불법파견(남보라, 사회부) 대선 D-35... 물음표의 주인공은?(배우한, 사진부) [12월] KB금융 경영진-이사진 '극한 내분'(김용식·박관규, 경제부) 거꾸로 간 2012년 국민행복시계(조철환·김용식·박관규·이대혁·변태섭·채지선, 경제부) 공약 보고 투표합시다' 한국일보와 선관위 공동 캠페인 시리즈(박석원·김정곤·양정대·최문선·김광수·김희경·강윤주·송용창·김성환·김동국, 정치부) 이런 세상 만들어 주세요(김주영, 사진부

## 2013년

특종 [1월] RNL 바이오 위장거래 의혹 등(김청환·강철원, 사회부) 검찰총장 후보 추천위원회 극비 구성(남상욱·김혜영, 사회부) 美, 한국 반환 위해 이례적 재판 진행'(이태규, 특파원) 신년 특집 '박근혜 정부의 파워엘리트 150인'(박석원·김정곤·양정대·최문선·김희경·강윤주·송용창·김성환, 정치부) 이동흡 헌재소장 후보, 선거법 위반 김용서 전수원시장 비호 등(이성택, 사회부) [2월] 6대 로펌 신입 81%가 SKY 로스쿨(정재호·이성택, 사회부) SH공사 사장 돌연 사의 및 업무 복귀 연속 특종(이동현·김현빈, 경제부) 김병관, 임야 이어 아파트도 증여' 현오석 재산 27억 증가 등'(송용창, 정치부) 서미갤러리와 미술품 거래한 대기업 6,7곳 자금출처 조사(강철원, 사회부) 오늘의 유머 운영자 이호철 단독인터뷰 / 경찰 상부 수사 덮었다(송은미, 사회부)

특종노력 [3월] 공직사회 지배하는 로펌 시리즈(사회부 단체) 기간제 교사들 "우리가 하인입니까"(안아람, 사회부) 靑-여야 회동 무산... 朴 오늘 대국민 담화(김정곤·강윤주, 정치부) [8월] NLL관련 본보, 외교안보 전문가 25명 설문조사(박석원·강윤주·이훈성·김혜영, 정치부) 이석기 "전쟁준비하자..군사적 체계 잘 갖춰라" 녹취록 단독입수(남상욱·김청환·김혜영·강철원, 사회부) 하루키를 누르다(박선영, 문화부) [9월] 기초과학연구원 논란 기획(임소형, 문화부) '댓글 축소' 차문희 핵심인물 부상, 국정원 의혹 등(강철원, 사회부) 특위 무용론 기획(허주영·김희경·강주형, 정치부) [10월] 10월 31일자 15면 사진기획(김주영·박서강·최흥수, 사진부) 국가보훈처, 안보교육 명분 '대선 개입'(변태섭, 사회부) 미군기지 이전 9년 평택은 지금(김경준·김훈, 사회부) 미군기지 이전 9년 평택은 지금(김훈, 경기취재본부) 이석채 비자금 관련 단독 연속 보도(최연진, 산업부) 황교안 법무 삼성관련 수사때 떡값 수수 의혹(남상욱, 사회부) [11월] 가정폭력기획, 안방의 비명(김경준·송옥진·이성택·김창훈·조아름, 사회부) 노무현 '임기중 NLL해결' 오해 없애려 대화록 수정(김청환, 사회부) 외국계 영리병원 유치 0건... 정부는 12년째 허송세월(정승임, 사회부) 유사시 F-15K 출격해도 이어도 제공권 못 지켜(김광수, 정치부) [12월] 검찰, 대법관 출신 변호사 '부적절 수임' 봐주기?(정재호·강철원, 사회부) 교육부, 폐기된 학설 근거 한국사 교과서에 수정명령(권영은, 사회부) 성폭력 수사관도 트라우마 시달려요(김창훈, 경기취재본부) 출생, 혼인 신고서에 학력, 직업은 왜 적나(이성택, 사회부)

## 2014년

특종 [2월] 10대로 위장, SNS로 IS 접촉해 보니(김민정·한형직, 사회부) [4월] 세월호 참사 1주년 특별기획(경찰팀, 사회부) [5월] 약속 지킨 선생님, 큰절 올린 제자들(김민정, 사회부) 우리들의 일그러진 월급통장(디지털뉴스부) [6월] 위안부 할머니, 일본 상대로 2,000만 달러 소송(김광수, 정치부) 창간기획 - 가족이 있는 삶(정책팀, 사회부) [7월] 청년 고용 빙하기 온다 시리즈(김용식, 경제부) [8월] 광복 70주년 기획 시리즈(경찰팀, 사회부) 동덕여대의 수상한 교수 임용(교육팀, 사회부) [10월] 합참의장 방산비리 연루 의혹 수사(김청환, 사회부)

특종노력 [1월] 성형외과 원장, 여직원 세 차례 프로포폴 마취 뒤 성폭행(손현성, 사회부) 신상훈, 복직 진상규명 요구(박관규, 경제부) 웨스트엔드 진출하는 뮤지컬배우 홍광호 인터뷰(김소연, 문화부) 저축은행 피해자의 삶 추적 외(조원일·강철원,

사회부) 초등 돌봄교실, 정책 따로 현실 따로 등 돌봄교실 기사 6건(변태섭, 사회부) [2월] 검, 증거 조작 의혹 셀프 조사…(남상욱, 사회부) 경제혁신 청사진 100대 과제 며칠 새 25개로 뚝딱 재조정 등(고찬유·배성재·김민호, 경제부) 광주시, 관권선거 의혹(안경호, 광주본부) 남경필, 경기지사 출마로 선회(김성환, 정치부) 미국 입양아 현수 사망, 한국사회는 책임 없나(이성택, 사회부) [3월] 명수 학교 장애아들이 울고 있다(조아름, 사회부) 민주, 새정치연합 창당 협상 충돌 가능성(김회경, 정치부) 우크라이나 "그때 핵무기 포기하지 말 것을…"(이태규, 특파원) 황교안 법무장관의 저서 〈국가보안법〉에 의하면…(조원일, 사회부) [4월] 빛에 오염된 '서울의 밤'(김주영·박서강·최흥수, 사진부) 선재성 부장판사 "허재호 전횡 막으려다 비리 판사 낙인"(정재호, 사회부) 여전히 수백억대 '복지재벌'로 떵떵(정승임, 사회부) 정부대표단, 안중근 기념관 첫 공식 방문(김광수, 정치부) 해피아' 건물에 해수부장관 집무실, 보증금, 관리비도 안내(조원일, 사회부) [7월] 김명수 인사청문회 '15시간의 기록'(강희경·김영신, 산업부) 김형식 서울시의원 청부살인 사건 연속보도(정지용, 사회부) 로펌 취업문 열쇠는 '빽' 현대판 음서제 공공연히(정재호·조원일, 사회부) 정보 유출 6개월 그 후(박관규·강지원·이훈성·김소연, 경제부) 집단 자위권 이후 한일 첫 정책 대화(김광수, 정치부) [8월] 교육 희망 프로젝트 '꼴찌를 위한 학교'(권영은·이대혁, 사회부) 북한 외무상 15년 만에 유엔총회 간다(이태규, 특파원) 음대 교수가 교비 착복하고 작품집 강(임준섭·박소영, 정치부) [9월] k-2전차, 0.7초 때문에 1,300억원 날릴 판(김광수, 정치부) 아동학대 특례법 시행 코앞인데 보호기관 상담원 예산 증원 0원(손현성, 사회부) 허탕 또 허탕, 공공기관 부지 안 팔린다(안아람, 사회부) [10월] 1조 투자 멕시코 광산, 개발 당시 부도 위기(임소형, 문화부) 거창 법조타운 유치 서명부 절반 이상 날조(장재진, 종합편집부) 교육 희망 프로젝트 2부-입시의 늪(이대혁·변태섭·정지용·양진하, 경제부) 스타 목사 전병욱 성추행 사건 관련 일련의 단독보도 5건(김지은, 사회부) 애기봉 등탑 34년 만에 철거(김광수, 정치부) 중, 임정 항저우 청사 항일 유적지 지정(박일근, 특파원)

최다PV [4월] 지평선 – 유시민이 옳았다(이충재, 논설위원실) [6월] 삼성병원 의사, 예상 밖 최악의 상황, 사이토카인 폭풍(김치중, 헬스뉴스부) [7월] 비판에도 덤덤한 백 주부 "난 셰프가 아니다"(양승준, 문화부) [8월] 같은 역인데 '출근길 물이 달라도 너무 달라'(김주영, 디지털뉴스부) [10월] 택시 슈퍼카 파손 배상금 롯데호텔이 대신 부담(조태성, 문화부) [11월] 대종상 영화제 휘청, 주연상 후보 전원 불참 선언(강은영, 문화부)

우수사원 [4월] 광고 수주 목표액 초과 달성 및 매출 신장 기여(이제환, AD1팀) [5월] 광고 수주 목표액 초과 달성 및 매출 신장 기여(윤영원, AD2팀) 성남 자료실 도서 정리 시 추가 수익 창출(박서영, DB콘텐츠부) [6월] 재창간 선포식 성공적 개최(송영웅, 신사업기획팀) 케이블TV 교환 광고를 통한 관계사 CF 방영(우성태, 전략마케팅팀) [7월] 광고 유치 실적 우수 및 기획 협찬 지원(김대인, AD2팀) 한국일보 역사관 개관 및 자료실 오픈(김지오, DB콘텐츠부) [8월] 매출증대 및 유가부수 상승 기여(마케팅1팀) [10월] 남북 이산가족 상봉 관련 사진뉴스를 통한 높은 관심(박주영, 멀티미디어부) [12월] 보신각 제야의 종 타종행사 전광판 중계(송영웅, 미래전략실 미래기획단)

## 2015년

편집 [9월] 지진 대책이 통째로 무너졌다(강성래, 종합편집부문)

특종 [11월] 삭풍이는 구중궁궐에 홀로… 朴 '잔인한 112월' 예고(이영준, 종합편집부문) [1월] 제주지역 폭설로 인한 항공기 결항 사태 연속 보도(김형준, 디지털뉴스부) [2월] 디케의 저울 기획 시리즈(법조팀, 사회부) 비리사학 기획 보도(이훈성·김민정, 사회부) 사드 첫 회의, 안보리 대북결의 이후로(김광수, 정치부) [3월] H 설탕의 역습(남보라·채지선, 사회부) 새누리 대구/경북지역 공천 관련 연속 보도(서상현, 정치부) [4월] 가습기 살균제 사태 기획 보도(남보라·안아람·장재진, 사회부) 정운호 법조비리 의혹 일련 보도(손현성·박지연, 사회부) [5월] 40년 쓴다던 경주 방폐장 펌프, 1년만에 고장(임소형, 산업부) 북한 해킹에 의한 주요 방산업체 해킹 단독 보도(김광수, 정치부) 장기미제사건 기획 보도(경찰팀, 사회부) 前 산업은행 회장 홍기택 단독 인터뷰(김동욱, 경제부) [6월] 1원도 환수 못하는 '분식회계 성과급'(김동욱, 경제부) 서향희 변호사 언론사 최초 인터뷰(박지연, 사회부) 재스민 혁명 5년, 끝나지 않은 아랍의 봄 기획(김현우·정지용, 국제부) [7월] 사드 배치 성주 유력(김광수, 정치부) 징벌적 손배제로 제2의 옥시 막아라(김성환·손현성, 사회부) [8월] 릴레이 대담, 한국경제를 말한다(이성철, 뉴스부문) 이화여대 사태 기획 보도(권경성·김민정·허경주, 사회부) [12월] 박근혜 대통령 미용시술 의혹 보도(박서강·류효진, 멀티미디어부) 최순실 이슈 관련 단독 보도(김정우·안아람·박재현, 사회부) 프로축구 이슈 단독 보도(윤태석, 스포츠부)

최다PV [1월] 소득산정 기준 바꿨지만 여전히 욕먹는 국가 장학금(양진하, 사회부) [2월] [오늘의 눈] 그것이 알고싶다의 힘(라제기, 엔터테인먼트팀) [3월] 매달 10만원 저축하면 3년 뒤 1,000만원 목돈(유명식, 전국부) [4월] 미국이 야쿠르트 아줌마에 주목하는 이유(허경재, 산업부) [5월] "계약서 없어도 완벽한 부부" 20대 여성커플의 당당한 고백(신지후, 사회부) [6월] "퇴사 후 훌쩍! 그날부터 우리는…"(김지현·백종호, 디지털뉴스부) [7월] "뚱뚱한게 왜 창피한 거죠? 그냥 살인데…"(김지현, 디지털뉴스부) [8월] 머리도 금빛으로 물들였는데…(윤태석, 스포츠부) [9월] 반말로 주문하면 반말로 주문 받습니다(박서강·류효진, 멀티미디어부) [10월] 대 이은 소방관의 꿈, 채 피지도 못하고(김창배, 전국부) [11월]

| | |
|---|---|
| | MBC앵커들 마이크 앞 떠났다(조아름, 엔터테인먼트팀) [12월] 국민도 놀랐다… 민주주의 역사 새로 쓴 6차 촛불(김현빈·신지후·곽주현, 사회부) |
| 우수사원 | [2월] 성남공장 성공적 매각 및 코리아타임스 사옥 이전 협상(김경순, 총무팀) [5월] 명동지국 미약정지국 교체약정 체결 및 외상매출채권 회수(김신영, 마케팅1팀) [6월] 미스코리아 60년사 기념집 발간(최진환·이준호·한경희·최종욱·김지오·박서영, DB콘텐츠부) [8월] 디지타이징 1단계 완료(최종욱·장병호, DB콘텐츠부) [10월] ABC 공사결과 발행부수 및 유료 부수 증가(송진석·박병민·조성환·김신영·이광원·심무환·엄태석, 독자마케팅국) |
| 소셜공감 | [1월] 쯔위 사과가 나비효과를 일으킨 까닭(박고은PD, 디지털뉴스부) [2월] [꿀팁영상] 무음모드인 스마트폰이 보이지 않는다면?(강희경, 디지털뉴스부) [3월] 세계 첫 신소재 개발했더니, 선진국 사례 내놔야 허가(임소형, 산업부) [5월] 뛰는 놈 위에 나는 놈? 그래봤자 경찰 손바닥 위(신혜정, 사회부) [6월] 주짓수로 '식스팩 만들기'(김주영, 디지털뉴스부) [7월] 호주 잉여들의 꿀잼 물병놀이(강희경, 이상환, 원하나, 디지털뉴스부) [8월] 노브라로 명동을 걷다(박오은, 디지털뉴스부) 통일되면 더 큰 메달 나올 것'(정재호, 정치부) [9월] 슈스케 세번 떨어지고도… 인디 볼빨간의 음원 반란(양승준, 엔터) [10월] 행방 묘연 최순실, 獨 검찰도 조사 나섰다.(김정원, 국제부) [11월] 광화문 촛불집회 뒷모습 기사화(신지후·정반석, 사회부) 광화문 촛불집회 영상 제작(김주성, 멀티미디어부) [12월] 탄핵 찬반 명단 공개… 전화번호 유출.. 곤혹스러운 與(정승임, 정치부) |

## 2016년

| | |
|---|---|
| 편집 | [9월] 지진 대책이 통째로 무너졌다(강성래, 종합편집부문) [11월] 삭풍 이는 구중궁궐에 홀로… 朴 '잔인한 112월' 예고(이영준, 종합편집부문) |
| 특종 | [1월] 제주지역 폭설로 인한 항공기 결항 사태 연속 보도(김형준, 디지털뉴스부) [2월] 디케의 저울 기획 시리즈(법조팀, 사회부) 비리 사학 기획 보도(이훈성·김민정, 사회부) 사드 첫 회의, 안보리 대북 결의 이후로(김광수, 정치부) [3월] H 설탕의 역습(남보라·채지선, 사회부) 새누리 대구/경북지역 공천 관련 연속 보도(서상현, 정치부) [4월] 가습기 살균제 사태 기획 보도(남보라·안아람·장재진, 사회부) 정운호 법조비리 의혹 일련 보도(손현성·박지연, 사회부) [5월] 40년 쓴다던 경주 방폐장 펌프, 1년 만에 고장(임소형, 산업부) 북한 해킹에 의한 주요 방산업체 해킹 단독 보도(김광수, 정치부) 장기 미제사건 기획 보도(경찰팀, 사회부) 前 산업은행 회장 홍기택 단독 인터뷰(김동욱, 경제부) [6월] 1원도 환수 못 하는 '분식회계 성과급'(김동욱, 경제부) 서향희 변호사 언론사 최초 인터뷰(박지연, 사회부) 재스민 혁명 5년, 끝나지 않은 아랍의 봄 기획(김현우·정지용, 국제부) [7월] 사드 배치 성주 유력(김광수, 정치부) 징벌적 손배제로 제2의 옥시 막아라(김성환·손현성, 사회부) [8월] 릴레이 대담, 한국경제를 말한다(이성철, 뉴스부문) 이화여대 사태 기획 보도(권경성·김민정·허경주, 사회부) [12월] 박근혜 대통령 미용시술 의혹 보도(박서강·류효진, 멀티미디어부) 최순실 이슈 관련 단독 보도(김정우·안아람·박재현, 사회부) 프로축구 이슈 단독 보도(윤태석, 스포츠부) |
| 최다PV | [1월] 소득산정 기준 바꿨지만 여전히 욕먹는 국가 장학금(양진하, 사회부) [2월] [오늘의 눈] 그것이 알고싶다의 힘(라제기, 엔터테인먼트팀) [3월] 매달 10만원 저축하면 3년 뒤 1,000만원 목돈(유명식, 전국부) [4월] 미국이 야쿠르트 아줌마에 주목하는 이유(허재경, 산업부) [5월] "계약서 없어도 완벽한 부부" 20대 여성 커플의 당당한 고백(신지후, 사회부) [6월] "퇴사 후 훌쩍! 그날부터 우리는…"(김지현·백종호, 디지털뉴스부) [7월] "뚱뚱한 게 왜 창피한 거죠? 그냥 살인데…"(김지현, 디지털뉴스부) [8월] 머리도 금빛으로 물들였는데…(윤태석, 스포츠부) [9월] 반말로 주문하면 반말로 주문 받습니다(박서강·류효진, 멀티미디어부) [10월] 대 이은 소방관의 꿈, 채 피지도 못하고(김창배, 전국부) [11월] MBC앵커들 마이크 앞 떠났다(조아름, 엔터테인먼트팀) [12월] 국민도 놀랐다… 민주주의 역사 세로 쓴 6차 촛불(김현빈·신지후·곽주현, 사회부) |
| 우수사원 | [2월] 성남공장 성공적 매각 및 코리아타임스 사옥 이전 협상(김경순, 총무팀) [5월] 명동지국 미약정지국 교체약정 체결 및 외상매출채권 회수(김신영, 마케팅1팀) [6월] 미스코리아 60년사 기념집 발간(최진환·이준호·한경희·최종욱·김지오·박서영, DB콘텐츠부) [8월] 디지타이징 1단계 완료(최종욱·장병호, DB콘텐츠부) [10월] ABC 공사결과 발행부수 및 유료 부수 증가(송진석·박병민·조성환·김신영·이광원·심무환·엄태석, 독자마케팅국) |
| 소셜공감 | [1월] 쯔위 사과가 나비효과를 일으킨 까닭(박고은PD, 디지털뉴스부) [2월] [꿀팁영상] 무음모드인 스마트폰이 보이지 않는다면?(강희경, 디지털뉴스부) [3월] 세계 첫 신소재 개발했더니, 선진국 사례 내놔야 허가(임소형, 산업부) [5월] 뛰는 놈 위에 나는 놈? 그래봤자 경찰 손바닥 위(신혜정, 사회부) [6월] 주짓수로 '식스팩 만들기'(김주영, 디지털뉴스부) [7월] 호주 잉여들의 꿀잼 물병놀이(강희경, 이상환, 원하나, 디지털뉴스부) [8월] 노브라로 명동을 걷다(박고은, 디지털뉴스부) 통일되면 더 큰 메달 나올 것'(정재호, 정치부) [9월] 슈스케 세 번 떨어지고도… 인디 볼빨간의 음원 반란(양승준, 엔터) [10월] 행방 묘연 최순실, 獨 검찰도 조사 나섰다.(김정원, 국제부) [11월] 광화문 촛불집회 뒷모습 기사화(신지후·정반석, 사회부) 광화문 촛불집회 영상 제작(김주성, 멀티미디어부) [12월] 탄핵 찬반 명단 공개… 전화번호 유출... 곤혹스러운 與(정승임, 정치부) |

## 2017년

**편집** [1월] 미국 대통령 취임 1면 편집(이영준, 편집부문) [4월] 4월 20일자 A15면-장애인의 날 특별 지면(김민호, 편집부문) [5월] 5월 25일자 A15면-미세먼지 인포그래픽(강준구, 그래픽뉴스부) [9월] 생존 배낭 싸두셨나요?(장재진, 그래픽뉴스부) [12월] 흔적 2017년. 격동의 365일 화인처럼 남다(김대훈·박서강·김주영, 멀티미디어부)

**특종** [1월] 김기준 미공개 회고록 단독 보도(김정우, 사회부) 친노 적자 예고된 전쟁 시작됐다(김희경·강윤주, 정치부) [2월] 문빠, 힘인가 독인가(박상준·박재현, 기획취재부) 반기문 심경 단독 보도(박진만, 정치부) [3월] 미래의 퍼스트레이디를 묻는다(박선영·박상준·김혜영, 기획취재부) 하늘에서 본 상처투성이 세월호(박경우, 지역사회부) [4월] 안종범 수첩 단독 입수 및 연속보도(김정우·김청환·안아람·손현성, 사회부) 캠프 파워맨 열전(김희경·이동현·강윤주·정재호, 정치부) [5월] 비정규직의 눈물 기획 보도(정준호, 정책사회부) 사법시험 폐지 관련 기획 보도(박지연, 사회부) [6월] 민주화 전과 후의 '거리의 표정'(박서강·김주영, 멀티미디어부) 청년 변호사 착취 블랙 로펌 실태 연속 보도(김민정, 사회부) [7월] 잃어버린 저녁을 찾아서' 기획(박선영·박상준·김혜영·박재현, 기획취재부) 졸음 버스, 5cm 짧아 자동 제동장치 면제(김현우, 산업부) [8월] 이철성 경찰청장 민주화 성지 글 삭제 외압 연속 보도(유명식, 지역사회부) 잊혀진 살인마, 석면의 공습(조원일·조아름·박세인·신지후, 정책사회부) [9월] 로힝야족 난민 캠프를 가다(정민승, 국제부) [10월] 북한 최전방 지역인 황해북도 개풍군 일대의 변화(박서강·김주영, 멀티미디어부) 청와대 캐비닛 문건 '원본' 단독 입수 및 보도(안아람·손현성, 사회부) [11월] 전병헌 청와대 정무수석 뇌물 비리 단독 보도(김청환, 손현성, 김현빈, 사회부)

**최다PV** [1월] 가습기 특별법 국회 통과, 6년 만에 구제 길은 열렸지만..(신지후, 사회부) [2월] 월세 못 드려 죄송… 목맨 60대(정반석, 사회부) [3월] 휴일 반납하고 구내식당 이용(박지연, 사회부) [4월] 이소연 우주로 가던 날 (시대의 기억)(손용석, 멀티미디어부) [5월] 유쾌한 영부인, 환해진 청와대(손효숙, 정치부) [6월] 브리트니 스피어스 무성의 공연(이소라, 문화부) [7월] 짧은 치마를 어이할꼬, LPGA의 고민(박진만, 스포츠부) [8월] 위해성 논란 릴리안 생리대, 휘발성 화합물질 방출도 1위(김지현, 정책사회부) [9월] 강의실 꽉 채운 내 몸 즐기는 법(박소영, 기획뉴스팀) [10월] 유명 사업가 취재하다 시신으로 발견된 기자, 신체 일부 추가 발견(양원모, SNS팀) [11월] 큰일 날 뻔…. 지진으로 무너지는 한동대 건물(양원모, SNS팀) [12월] 모모랜드 주이는 어쩌다 수능 민폐녀가 됐나(양원모, SNS팀)

**우수사원** [2월] 2017년 전국지자체평가(고재학·최진환·한창만·김소연·강준구·강수현, 지방자치연구소 외) 광주지역 지국 활성화 및 새전북신문 MOU 체결(손점용·김범철·이기우·송도섭, 마케팅3팀) [4월] 고객 DB 통합 및 활용(이준호·장윤환, 사업기획팀)저작권 콘텐츠 관리 및 판매(박서영, DB콘텐츠부) [5월] 신문용지 한시적 선매 통한 비용 절감(김태수, 총무팀) [8월] 중학동 공공도로 편입 토지 매각 및 토지세 환급(김태수, 총무팀)

**소셜공감** [1월] 96년 만에 백두대간에 백두산 호랑이가 돌아왔다(허택회, 지역사회부) [2월] 특검 열차, 박 대통령 조사 숙제 남겼다(손현성, 사회부)[3월] 파면한다, 한마디에 울려 퍼진 우와와아아아, 탄핵 당일 시민 영상(한설이, 영상팀) [4월] 심상정, 가장 빛났다(김성환, 정치부) [5월] 문재인 정부가 국민과 소통하는 방법(한설이, 영상팀) [6월] 홍준표 언론 비난 후 소송 위기(김지은, 정치부) [7월] "너만 없으면 예쁜 걸그룹" 악명을 실력으로 뚫은 화사(양승준, 문화부)영화 추천 질문을 받은 설리가 "리얼" 바로 말하지 못한 이유.AVI(최희정, 영상팀) [8월] 군함도 징용 피해자에게 어렵게 물었다(김창선, 영상팀) [9월] 고양 스타필드 아직 못 가봄?(이상환, 영상팀)태릉선수촌, 금메달 116개 선물하고 역사 속으로 사라지다(김지섭, 스포츠부) [10월] 강남역 차량 돌진 사고 때 응급처치 힘 모은 상인들 빛났다(김형준, 사회부/이혜미 SNS팀) [12월] 전 세계에서 난리 난 '투명상자 챌린지'.AVI(이상환, 영상팀)

## 2018년

**편집** [3월] 北美 가보지 않은 길로 (3월 10일, 1면)(배계규·성시영, 편집부문)

**특종** [1월] 법조팀 신년 특집 기획(강철원·안아람·김현빈·손현성·정반석·박재현, 사회부) [2월] GM 천문학적 투자 요구 연속 보도(박관규, 산업부)박근혜 정부 최고위 인사 금품로비 변호사 비리 연속 보도(강철원·안아람·손현성, 사회부)평창올림픽 인터렉티브 보도(박서강·김주성·김주영·안경모·김정영·한규민·백종호·이찬희·오준식, 미디어플랫폼) [3월] 급변하는 한반도 정세 관련 릴레이 전문가 인터뷰(권경성·조영빈·신은별, 정치부) [4월] 드루킹 금전 및 영부인 관련 단독 보도(이동현·정지용, 정치부)유명 콘텐츠 업체 대표 '갑질' 논란(양원모, 공감뉴스팀) [5월] 5.18 광주 미공개 사진, 38년 만에 보도(박서강·김주영, 멀티미디어부) [6월] 검찰, 공정위 전-현 부위원장 '불법 취업' 수사(안아람·정반석, 사회부/박준석, 경제부)성남 노인들의 사회(이진희·박소영·정준호, 기획취재부/이혜미·한소범·강진구, 사회부)양승태 대법, 국민 기본권까지 거래 정황(손현성·김진주, 사회부) [7월] 장자연 리스트 관련 기획 보도(이진희·박소영·정준호, 기획취재부) [8월] 공무원의 해외 연수 및 출장 관련 연속 보도(이진희·박소영·정준호, 기획취재부)국민연금 제도 개편 관련 단독 및 연속 보도(김지현·신지후, 정책사회부) [9월] 3차 남북정상회담 개최 추진 단독 보도(정상원·정지용·신은별, 정치부) [10월] 무기수 18년 만에 다시 법정에(김진주, 사회부)육군 사제 장비 허용 단독 보도(조영빈, 정치부/남보라, 콘텐츠기획팀) [11월] 지방 로스쿨, 금단의 땅 대형 로펌(박지연, 기획취재부) [12월] 밀실 담합 늑장… 예산안 100일 대해부(김성환·이동현·손효숙·류호·강유빈·최나실, 정치부)평창의 빛 꺼진 지 열달… 속절없이 방치된 경기장(박서강·김주성·김주영, 멀티미디어부)

최다PV   [1월] 방송 중단 tvN 화유기, 스태프 추락 사고 있었다(강은영, 문화부) [2월] 여권 태워버려? 소름 돋는다 평창 스타 SNS 두고 갑론을박(이순지, 공감뉴스팀) [3월] 김보름 머리색 바꾸고 미소 살짝 "이번 일로 인생을 배웠다"(한미애, 웹뉴스팀) [4월] 철도원서 집 340채 임대 사업가로, 한 채도 안 팔겠다(김기중, 경제부) [5월] 일가족 연쇄 사망… 살인인가, 기막힌 우연의 일치인가(양원모, 공감뉴스팀) [6월] 안희정, 맥주/담배 지시 메시지로 비서 불러들여 성폭행(이상무, 사회부) [7월] 맘카페 갑질 더 못 참아, 반격 나선 상인들(김형준, 스포츠부) [8월] 비 오는 날 여성만 노린 홍대 살인마, 골목 곳곳 덫을 놓다(한소범, 사회부) [9월] 아내 1주일 전 자살, 보험금 주세요(손영하, 사회부) [10월] 건강한 40대 의사 아내, 1년 새 두 차례나 심장이 멎었다(이혜미, 사회부)

우수사원   [3월] 신문인쇄 및 사진 리터치 계약의 혁신적 개선(단체, 총무팀)지방정부 일자리 정책 박람회 성공적 개최 및 지자체 평가사업 정착(지방자치연구소/지역사회부) [6월] 충남일보 병독지 배달 계약 공로(임창균·황석순·정원호, 마케팅3팀) [7월] 광남일보 합송계약 및 지국인수(김범철·송도섭·이기우, 마케팅3팀) [8월] 옛 독자 찾기 사업을 통한 브랜드 이미지 제고 및 부수 확장(이광원, 마케팅2팀) [9월] 온라인/모바일 홈페이지 개편(미디어플랫폼팀) [10월] 한국아카데미 성공적 개최(최진환·박광희·강수현, 지방자치연구소) [12월] ABC 부수공사의 우수한 수검 및 2018년 용차비용 절감(독자마케팅국)상암 DMC 개발사업과 관련 투자자 유치 및 협상 통한 배당금 수령 및 원금 회수(사업기획팀)

소셜공감   [1월] 애플 고의적 성능저하 국내서도 소송 시작된다(김창훈, 산업부/ 한소범, 사회부) [4월] 운전병 전역하면 버스기사로 채용 한다는데…(김기중, 경제부/ 이정은, 소셜미디어팀) [5월] 분위기를 들었다 놨다 하는 김정은 위원장(한설이, 영상팀) [6월] 박민영을 당황하게 하는 박서준의 캐스팅 소감.AVI(최희정, 영상팀) [7월] 12년전 사라진 살인 용의자, 동사무소 김치 미끼 물었다(이혜미, 사회부) [8월] '공작' 김정일 분장 1억 6천만원, 땀나 떨어질라 '냉동텐트'(양승준, 문화부) [9월] BJ 철구, 부인 외질혜 폭행영상 논란(양원모, 공감뉴스팀) [11월] 등산객 초콜릿/휴대폰 촬영에 익숙한 지리산 새끼 반달곰(고은경, 정책사회부)

## 2019년

편집   [5월] 지옥고 아래 쪽방, 편집(강준구, 그래픽뉴스부) [7월] 남북미 정상회담 깜짝 회동 편집(7월 1일자 1면)(성시영, 종합편집부문)

특종   [1월] 신재민 전 기획재정부 사무관 응급실 이송 장면 촬영(김지욱, 국제부) [2월] 유관순 열사 감옥 동기들의 노래 가사를 기반으로 멜로디를 추적 및 음원 제작(이진희·박소영·정준호, 기획취재부/박고은·한설희·최희정, 영상팀) [3월] 와셋 사태 잇었나, 해외 부실학회 줄 선 학자들(홍인택, 사회부)인도네시아 뒤집은 한인 사장 야반도주(고찬유, 국제부) [4월] 정부 추경 6억 가닥(이대혁, 경제부) [5월] 지옥고 아래 쪽방, 연속 보도(김혜영·이혜미, 기획취재부) [6월] 스타트업! 젊은 정치 창간 기획(김혜영·이혜미, 기획취재부)증권사 발행어음 실태 연속 보도(이상무, 경제부) [7월] 유엔사 꼼수 확대 연속 보도(안아람, 정치부)윤석열 검찰총장 후보자 인사 검증 보도(손현성, 정치부) [8월] 조국 법무장관 검증 관련 보도(이현주, 사회부) [9월] 화성 연쇄살인 용의자 이춘재 관련 단독 보도(홍인택·김영훈·오지혜·손성원, 사회부/임명수, 지역사회부) [10월] 전작권 전환 관련 수상한 미국 동향 연속 보도(안아람·박준석, 정치부)정부 주관 외교관 동성 배우자 인정 방침 단독 보도(양진하, 정치부)

베스트PV기자   [8월] 김회경(국제부) [9월] 손효숙(이슈365팀) [10월] 전혼잎(이슈365팀) [11월] 윤한슬(이슈365팀) [12월] 이정은(이슈365팀)

최다PV   [1월] 여성 요구 반영한 콘돔 밝히면 헤프다 편견 깨야죠(이윤주, 지역사회부) [2월] 10억씩 가격 떨어지는 전두환 연희동 자택, 왜 안팔릴까(김기중, 경제부) [4월] 성관계 때 휴대폰 빼앗는 남자 아이돌(이진희, 기획취재부) [5월] 스물셋 이광재에게 노무현이 말했다 "역사 발전의 도구로 써달라"(김지은, 공감뉴스팀) [6월] 지하철 임산부 폭행, 공분 산 청원글.. 가해자 잡혀(박민정, 이슈365팀) [7월] 건강 급식에 맛없다 항의, 학교 영양사들 힘들어해(이진희, 기획취재부) [8월] 아베 전략적 패착, 무릎 꿇을 줄 알았던 한국에 놀라(권경성·양진하, 정치부) [9월] 조국 의혹, 디지털 자료 삭제 등 증거인멸 정황(정재호, 사회부) [10월] 베트남 공안 공습, 성매매 한국인 남성 대거 입건(정민승, 국제부) [11월] 유치원 비위 올해도 500건 가량적발, 내 아이 유치원도?(박인혜, 오준식, 황대한, 미디어플랫폼팀) [12월] 수도 이전 발표 후 땅값 10배 올라 중국계가 싹쓸이(고찬유, 국제부)

우수사원   [8월] 봉황대기 사이트 개설 및 실시간 경기중계 시스템 기획(김동준, 문화사업팀) [10월] 정안빌딩 매각에 따른 명도 업무 시 지속적인 협의 및 설득 통한 일정 단축 및 비용 절감(라우석, 총무팀) [11월] 보유 콘텐츠 관리 및 협의를 통한 추가 수익 창출(최종욱·김지오·박서영·성민호, DB콘텐츠부) [12월] ABC 공사 우수 대응을 통한 유료부수 순위 상승(도형석·박병민·윤원균·이광원·조성환·김신영, ABC대응TFT)

| | |
|---|---|
| 우수기사 | [8월] 삼성 모든 반도체 소재 탈일본 플랜 보도(민재용, 산업부)일 극복한 산업 의병들 기획 보도(남상욱·윤태석·류종은, 산업부/고경석, 정책사회부) [9월] 인사청문회 관련 인터렉티브 페이지 개설(안경모·박인혜·백종호·오준식·이찬희, 미디어플랫폼팀) 조국 사태 무엇을 남겼나 시리즈 기획 보도(송옥진·조아름, 정책사회부/ 강유주·강진구, 문화부) [10월] 오피스텔 성매매 관련 기획 보도(이진희·박상준·박소영·이혜미, 기획취재부) [11월] 끝나지 않은 비극, 다단계 금융 사기(김청환·이성택·박지연, 기획취재부) 다다다다 청년 주거의 그늘, 대학가 新 쪽방촌(이진희·박상준·박소영·이혜미, 기획취재부) 하루 1,745명... 어린이집 흙 식판 22년째 그대로(최진주, 정책사회부) [12월] 걸그룹 멤버 엄마, 소매치기 어린시절딛고 100명의 자식 거두기까지(김지은, 논설위원실) 두 얼굴의 배임 시리즈 기획 보도(이성택·박지연, 기획취재부) |
| 소설공감 | [1월] 네가 갖다 먹어, 갑질에 맞서는 사장님의 자세(박서강·김주성·김주영, 멀티미디어부) [3월] 아이 오면 집 드려요, 폐교 위기 초등학교 살린 상상력의 기적(이혜미, 기획취재부) [4월] 대형 교회 보란 듯, 15평 교회 지은 승효상 건축가(강지원, 문화부) [5월] 아빠가 수액줄 빼고 쫓아갔던 전동킥보드 뺑소니범 잡혔다(이정은, 공감뉴스팀) [7월] 대왕조개 취식 사과에도 태국 당국 고발 철회 없다(고찬유, 국제부) |

## 2020년

| | |
|---|---|
| 편집 | [12월] 2020년 12월 31일, 1면 편집(성시영, 종합편집부/김대훈, 그래픽뉴스부) |
| 특종 | [1월] 배성범/김웅 윤 총장과 재회 단독 보도(고영권·이한호, 멀티미디어부) 북악산 패트리엇 포대 배치 단독 보도(안아람, 정치부/서재훈, 멀티미디어부) [4월] 미일, 한국전 참전국에 마스크 지원한다(신은별, 정치부) [5월] 정의연 사태 연속 보도(김동욱·김정원·안하늘, 사회부) [6월] 라임 사태 관련 단독/연속 보도(이현주·김정현, 사회부) 문재인 대통령, 퇴임 후 양산 평산마을에 열린 사저 구상(이동현·신은별, 정치부/권경훈, 지역사회부) 하나은행 정보 유출 및 민정수석실 감찰 연속 보도(이상무, 경제부) [7월] 고(故) 최숙현 선수 사망사건 관련 연속 보도(김지섭·김형준·오지혜, 스포츠부) 안희정 사건 피해자 김지은 인터뷰(김지은, 논설위원실) [8월] 화제의 '시무 7조' 청원글 쓴 조은산 단독 인터뷰(윤한슬, 이슈365팀) [9월] 구글, "네이버/카카오 앱 장터 퇴출 검토" 으름장 단독 보도(최연진, 산업부) [11월] 라임 수사 관련 연속 단독 보도(김정현, 사회부) [12월] 방배동 모자의 비극, 연속도보(윤태석·이동현·신지후·김진웅·오지혜, 사회부) |
| 최다PV | [1월] 2차 감염자 접촉한 딸은 어린이집 교사(이혜미, 정치부) 네살 아이가 스타벅스 가야한다고... 은평구 어린이집 아동학대 신고(김정현, 사회부) [2월] 정문 앞에서 중국인 며느리 애타게 걱정하는 노부부... 경기 이천 격리시설(임명수, 지역사회부) [3월] 신천지 신자와 대화 10분만에 감염(김현종, 사회부) [5월] 청와대 생활 3년, 유쾌한 정숙씨가 달라졌어요(왕태석, 멀티미디어부) [7월] 서울시장 아들만 되나요.. 홀로 모친 장례 치른 막내딸의 호소(이승엽, 사회부) [8월] 숨가쁘고 가슴이 탄다... 완치 후 진짜 고통이 찾아왔다(신혜정, 정책사회부/김정혜, 지역사회부) [10월] 전통을 모르니 갈 가능했죠, 김보람 앰비규어스댄스 컴퍼니 예술감독(김표향, 문화부/김창선, 기획영상팀) [11월] 월세 10만원 줄여달라, 임차인에 100만원 보낸 용인 어르신(손성원, 이슈365팀) [12월] 단숨에 지지율 1위, 안철수에 드리운 3가지 그림자(김지현·박진만, 정치부) |
| 베스트PV기자 | [1월] 김진욱(국제부) [2월] 김광수(국제부) 전준호(지역사회부) [3월] 권경성(문화부) [4월] 이유지(이슈365팀) 조영빈(정치부) [5월] 고경석(문화부) [6월] 안하늘(사회부) [8월] 류호(이슈365팀) [9월] 전혼잎(이슈365팀) [10월] 김지현(정치부) [11월] 강지원(문화스포츠부) [12월] 류호(이슈365팀) |
| 우수사원 | [7월] 광고 목표 초과 달성 통한 수익 향상 기여(이제환·이호현·고준석·이희원, 디지털마케팅팀) 한국포럼 및 한국아카데미 성공적 개최 및 운영(한창만·김경준·이은호, 지식콘텐츠부) [10월] 한반도, 소리없는 위성 전쟁 '머리위 감시자들' 인터랙티브 제작(안경모·김정영·박인혜·오준식·황대한, 미디어플랫폼) |
| 우수기사 | [1월] 학벌의 탄생, 대치동 리포트(송옥진·조아름·채지선·박주희·손성원·조소진, 대치동리포트 취재팀) [2월] 죽음과 바꾼 법들 시리즈 기획 보도(김정우·채지선·박주희, 기획취재부) [4월] 김정은 위독설 및 코로나 파천 등 보도(이동현·조영빈·김지현, 정치부) 백신 없는 악플 바이러스 기획 보도(김정우·채지선·박주희·박지연, 기획취재부/박서영, DB콘텐츠부) [5월] 31년만에 의대 정원 500명 이상 늘린다(이동현·조소진, 정치부/이승엽, 사회부/ 김민호, 정책사회부/ 안경호, 지역사회부) [6월] 2020 마약리포트 시리즈 보도(김정우·채지선·박주희, 기획취재부) 남영동 대공분실 가상체험 인터렉티브 외 3편(김주영·박지윤, 멀티미디어부/박인혜, 미디어플랫폼팀) 포항 아동학대시설 보도 외 단독 보도(김정혜, 지역사회부) [7월] 시급 3900원에 저당 잡힌 스타일리스트의 꿈(김주영·박지윤, 멀티미디어부) [8월] 야권의 미래에 대한 여론조사 기획 시리즈(김현빈, 이혜미, 정치부) [9월] 이재명 지역화폐 논란 관련 연속 보도(민재용·박세인·손영하, 경제부) [10월] 대검찰청 국정감사 유튜브 생중계(김용식·김창선, 기획영상팀) 안다르 성추행 연속 보도(이승엽, 사회부) [12월] 군포 화재, 민간 사다리차 구조 보도 및 사다리차 기사 단독 인터뷰(임명수, 사회부 전국팀) 당신의 재활용 수고, 60%는 그대로 버려진다(최은서, 우태경, 최다원, 사회부) 아동 성범죄자 조두순 향한 분노의 발차 |

기 외 1편 보도(이승엽, 사회부) 중대재해법 집중 연속 보도(홍인택, 정치부)

## 2021년

| | |
|---|---|
| 편집 | [1월] 2021년 1월 25일, 4면 편집-중간착취의 지옥도 편집(박새롬, 종합편집부) [2월] 2021년 2월 1일, 1면 편집-사이버불링 혜린이의 죽음(김승균, 종합편집부) [4월] 2021년 4월 7일, 1면 편집-이토록 막중한 당신의 한 표(김승균, 종합편집부) [6월] 2021년 6월 10일, 18면(뷰앤) 편집-우리가 바란 바다, 우리가 버린 바다(박새롬, 종합편집부) |
| 특종 | [1월] 국회의원 쪼개기 후원 등 한국외식업 중앙회 비리 의혹 보도(이동현·신지후·이유지·최은서, 사회부) [2월] 동네 하천 정비만도 못한… 의원들도 '가덕도 특별법'이 부끄러웠다(박준석·조소진, 정치부) 혜린이의 비극과 사이버 불링(김영훈, 사회부/박소영, 정책사회부/ 채지선, 문화스포츠부) [3월] 정현복 광양시장 이해충돌 논란 보도(이동현·윤한슬·이유지·최은서·오지혜, 사회부) [4월] 축구선수 기성용 농지 투기 단독 보도(안경호, 사회부 전국팀) [6월] 정의선 야심작' 아이오닉5, 냉각수 누수로 화재 위험 '경고등'(류종은, 경제산업부) [7월] 가짜 수산업자 금품 로비 의혹 연속 보도(사건이슈팀/ 전국팀) 광주 공판날 출석 않고 동네 산책하는 전두환(홍인기, 멀티미디어부) [8월] 사회적 거리두기 연속/단독 보도(정지용, 정치부) [9월] 오늘밤 당신 동네 범죄, AI는 이미 알고 있다(이유자, 사회부) [12월] 검사의 눈물 : 사과와 용서(신지후·이유지, 사회부/최나실, 어젠다기획부) |
| 베스트PV기자 | [2월] 박준석(정치부) [3월] 김현종(어젠다기획부) [4월] 고찬유(국제부) [5월] 윤주영(이슈365팀) [6월] 양승준(문화스포츠부) [7월] 송옥진(문화스포츠부) [8월] 김형준(경제산업부) [9월] 윤태석(사회부) [10월] 김지은(인스플로러랩) [11월] 김현빈(정치부) [12월] 고찬유(국제부) |
| 우수사원 | [2월] 대한상의 유튜브 채널 강의영상 콘텐츠공급권 획득(이호현, 디지털마케팅팀) [6월] 창간 특집 광고 통한 매출 확대(이제환·김대인·이기선, 창간TFT) [11월] 전년 동월 대비 추가 매출 달성, 회사 수익 창출 기여(, AD전략국) [12월] 뉴스레터 기획 및 제작을 통한 한국일보 브랜드 콘텐츠 강화 기여(이충재·최윤필·라제기·고은경, 뉴스레터TF) |
| 우수기사 | [1월] 쓰러진 노동자 그 후 기획 보도(윤태석·김영훈, 사회부) 제로웨이스트 실험실 기획 보도(신혜정·김현종, 어젠다기획부) 중간착취 지옥도 기획 보도(남보라·박주희·전혼잎, 어젠다기획부) [2월] 공공기관 낙하산 인사 기획 보도(박세인, 경제산업부/신지후·이유지·윤한슬, 사회부) 우리 밥상 뒤 보이지 않는 이주노동자의 눈물(윤태석·이승엽·김영훈, 사회부/박고은·박지윤, 멀티미디어부) [3월] 재보선 트렌드키워드 보도… 여야 '사라졌다' 시리즈(박준석·김지현·조소진·박재연, 정치부) 트랜스젠더 의료는 없다 보도(남보라·박주희·전혼잎·김현종, 어젠다기획부) [4월] 윤여정 아카데미 여우조연상 수상 소감 - 풀영상 외 1편(김용식, 기획영상팀) 한국일보가 직접 쓰는 윤중천·김학의 백서(신지후·이승엽·정준기·최나실, 사회부) [5월] 농지에 빠진 공화국 기획 보도 / 국토부 직원 농지 투기 의혹 보도(윤태석·윤현종·김영훈, 사회부) 뒤로 가는 아동 콘텐츠(남보라·박주희·전혼잎, 어젠다기획부) [6월] 난쏘공의 절규는 현재 진행형(홍인기, 멀티미디어부/한규민·오ясь식, 미디어플랫폼팀) 블랙홀에 빠진 내 사건 시리즈 기획(신지후·이상무·정준기, 사회부/안경모·박인혜·한규민·황대한, 미디어플랫폼팀) 정치부 창간기획 보도(조영빈·정승임·김현빈·이성택·박준석·홍인택·조소진, 정치부) [7월] 10년 넘게 공들인 자율주행, 부처 갈등에 올스톱(류종은, 경제산업부) 16년 만에 드러난 나이키의 글로벌갑질(최연진, 스타트업랩장) 법 있어도 못 막는 중대재해 시리즈(윤태석·윤현종·김영훈, 사회부) [8월] 인도네시아 아프가니스탄 난민촌 르포(고찬유, 국제부) 카카오공화국의 그늘, 문어발 넘어 지네발 될라(안하늘·곽주현, 경제산업부) 혜린이의 비극 그후(김영훈, 사회부/채지선, 문화스포츠부/박소영, 정책사회부) [9월] 건설노조 갑질, 철거가 필요하다(윤태석·윤현종·김영훈, 사회부) 국가가 버린 주민들 시리즈(남보라·박주희·전혼잎·신혜정·김현종, 어젠다기획부) 그린플레이션이 온다(김현우·김형준, 경제산업부) 무려 47톤, 물류센터서 '지옥'을 봤다 외 물류기획 보도(조소진, 경제산업부/유환구, 정책사회부) [10월] 20대는 왜 이재명, 윤석열이 '너무' 싫다고 하나(홍인택, 정치부) 있지만 없는 사람들, 무국적자 기획보도(이동현·원다라·이유지·이정원, 사회부/현유리, 기획영상팀) [11월] "도박이냐, 투자냐" 시행사의 세계 시리즈(김지섭·이승엽·최다원, 경제산업부) 반값 돌봄 노동자의 눈물(남보라·박주희·전혼잎, 어젠다기획부) 요소수, 비료일 줄… '요소수 대란'은 정부 부실 합작품(조영빈, 정지용, 정치부) [12월] [궁금하군] 시리즈(정승임, 정치부) 서울에서 제주까지… 전국은 주차 전쟁 시리즈(권경훈·김영헌·이환직, 사회부 전국팀) 우리들의 일그러진 스포츠 시리즈(윤현종·김영훈·조소진, 사회부/윤태석, 정책사회부) |

## 2022년

| | |
|---|---|
| 편집 | [3월] 2022년 3월 8일, 17면 편집-군복에 면사포… 사랑은 파괴되지 않는다(민경식, 종합편집부) 2022년 3월 9일, 1면 편집-오늘, 난 희망을 찍습니다(전신재, 종합편집부/김대훈, 그래픽뉴스부) [6월] 2022년 6월 8일, 1면 편집-검사, 검사 또 검사(김남필, 종합편집부) [8월] 2022년 7월 23일, 16 편집-끌림 기획면 편집(김승균, 종합편집부) 홈페이지 편집 및 포털 유통과정의 전문성 통한 PV 증대 기여(윤은정·심지우·이순지, 콘텐츠운영부) [9월] 태풍 힌남노 관련 기사에 대한 발빠른 대처로 높은 독자 관심 유도(한미애, 콘텐츠운영부) [11월] 이태원 참사 온라인 대응(권혜련, 콘텐츠운영부) |

특종　　　[1월] 검게 그을린 얼굴로… 영웅들의 마지막 미소(최주연, 멀티미디어부) 정영학, 김만배 녹취록 연속 보도(손현성·이상무·김영훈, 사회부) 퍼블릭골프장 횡포 손본다… "양심 골프장에만 개소세 혜택 노캐디 허용"(정지용, 정치부) [2월] 정영학 녹취록 속 '그 분' 규명 외 대장동 관련 단독 보도(손현성·이상무·김영훈, 사회부) [4월] 부장검사가 낸 교통사고… 경찰 '중과실' 판단 뒤집은 검찰(김영훈·조소진·이정원, 사회부) [5월] 518 시민군 찾기 연속보도(나주예, 사회부/윤한슬·오지혜, 정책사회부) 김범수 카카오 창업자, 브라이언임팩트 재단 이사장도 사퇴… 사회공헌 새로 실험(최연진, IT전문기자) 윤재순 총무비서관 성비위 검증 보도(이유지, 사회부) [6월] 대구 법무빌딩 화재 사건 연속 보도(전준호·정광진·김정혜, 사회부 전국팀) 존리 불법투자 의혹 연속 보도(이대혁·김정현·강유빈, 경제부) 포스코 직장 내 성폭력 피해 사건 연속 보도(김정혜, 사회부 전국팀) [7월] 종부세, 소득세 등 세법 개정 특종 및 기획(변태섭·박경담, 경제부) 탈북어민 강제북송' 국정원 고발장 입수 및 단독 보도(남상욱·문재연·이유지·김영훈, 사회부) 흉악범' 北 주민 23명 강제북송 안했다... 탈북 어민은 왜?(정준기, 정치부) [8월] 파멸의 덫 전세 사기 시리즈 보도(김동욱·이승엽·서현정, 경제부) [9월] 물 차고 불 꺼진 주차장… "엄마 사랑해" 아들 목소리도 잠겼다(김정혜, 사회부 전국팀) 성 착취 불패의 그늘, 시리즈 보도(김도형·나주예·나광현, 사회부) [10월] 구원왕 고우석, '이종범 사위' '이정후 매제' 된다, 단독 보도(김지섭, 스포츠부) 유동규 단독 인터뷰 등 대장동 수사 관련 연속 특종 보도(손현성·문재연·이상무·김도형·이유지, 사회부)

베스트PV기자　　　[1월] 이상무(사회부) [2월] 김영훈(사회부) [3월] 양승준(문화스포츠부) [4월] 정지용(정치부) [5월] 박준석(정치부) [6월] 신은별(국제부) [7월] 양승준(문화부) [8월] 오지혜(정책사회부) [9월] 김재현(사회부) [10월] 박준석(사회부) [12월] 양승준(문화부)

우수사원　　　[11월] 다양한 포럼 기획 및 새로운 행사 창설로 회사 매출 상승에 기여(이동렬, 사회부 전국팀/김경준, 지식콘텐츠실) [12월] 구독 기반의 홈페이지 개편 과제의 성공적 수행으로 한국일보 독자 확보 기여(안경모 외 13명, 혁신총괄 디지털미디어부) 필름 상태로 방치된 자료를 발굴 및 기사화하여 518 진상규명에 크게 기여(박서강 외 5명, 멀티미디어부)

이달의콘텐츠 은상　　　[12월] [탄소빌런, 서울], [탄소감축도시 한달살기] 시리즈 보도(신혜정·김현종, 어젠다기획부) 빌라왕 추적기: 1,139채를 가진 남자(이현주·이승엽, 산업2부/김동욱, 경제부) 수상한 왕국: 쌍방울, KH그룹의 비밀 시리즈 보도(이성원·김영훈·조소진·이정원, 사회부)

이달의콘텐츠 동상　　　[12월] 무늬만 스쿨존(강지수·오세운·이서현·이유진, 견습기자) 박제된 나의집: 서울 노후주택리포트 보도(윤현종, 산업2부)

우수기사　　　[1월] 복지망이 놓치는 고독사(김소희·나광현·박준규·서현정·장수현·최주연, 79기견습기자) 죄 없는 자들의 감옥, 외국인 보호소(박주희, 경제산업부/최은서, 어젠다기획부) [2월] [집 공간 사람] 서울 서대문 만끽(송옥진, 문화스포츠부/김광영, 기획영상팀) 대한민국 지속가능 솔루션 프로젝트(김정곤·송용창·이왕구·조철환, 논설위원실/한창만·송은미, 지식콘텐츠부) 치킨 공화국의 속살(윤현종·조소진·이정원, 사회부) [3월] Y노믹스 과제 시리즈 보도(변태섭·안아람·김지섭·김형준·박세인·최다원·서현정, 경제산업부) 기초 안된 기초 의원 시리즈 보도(윤현종·조소진·이정원, 사회부) 민주당 쇄신, 길을 묻다 시리즈 보도(이성택·신은별·강진구·홍인택, 정치부) [4월] 검사의 사과 : 화해와 용서(이유지, 사회부) [5월] 플라스틱의 나라, 고장난 EPR(신혜정·김현종, 어젠다기획부) [6월] AI에 물었다, "내 친구 될 수 있겠니?"(이승엽, 산업2부) 비뚤어진 욕망 아이비캐슬(조소진·이정원, 사회부) 우크라이나 현지 취재(신은별, 국제부) [7월] 무법지대 직업소개소(전혼잎·최나실·최은서, 어젠다기획부) 얼어붙은 집 기획(김동욱·서현정, 경제부) 희토류 독립의 조건(윤현종, 산업2부) [8월] 맹신과 후원, 폭주하는 유튜버(조소진·이정원, 사회부) [9월] 빈집의 습격, 인기척 없는 139만 가구(김동욱·서현정, 경제부) 세 모녀 사건 /'청년 가장'의 비극(박지영, 사회부) [10월] 1,071명 발달장애를 답하다, 보도(전혼잎·최나실·최은서, 어젠다기획부) 할리우드 대안 K스토리, 기획 보도(고경석, 문화부) [11월] "20년 만의 수사로 재조명… 모두가 입 닫는 대선 경선자금 실태는" 보도(강진구, 정치부) 전세 역전된 전세시장' 심층 기획(박소영·송주용, 산업1부)

공감뉴스　　　[1월] "이재명, 문 대통령 칠순에 '손편지' 보냈다 "깊이 존경한다"(신은별, 정치부) [2월] 박근혜 대구 사저는 철옹성… 신축 주택은 경호동? + 박근혜 사저 인근 고층 아파트 단지… 사생활 침해 어쩌나?(전준호, 사회부 전국팀) [3월] 윤석열 향한 0.73%의 경고… 오만/무능/혐오를 금지한다(김현빈·박재연, 정치부) [4월] 접종 당일 뇌출혈로 숨진 남편… 백신 독하다던 의사 말이 귀에 맴돌아요(김경준, 정책사회부) [5월] 마약 취해 무차별 폭행 살인… 17분간 행인 54명 피해자 지나쳤다(원다라, 사회부) [6월] 회식 때 껴안고, 집 찾아와 성폭행… 포스코 여직원 공포에 떤 3년(김정혜, 사회부 전국팀) [7월] 톱스타 출연료 100배 껑충 회당 최고 5억…. 단역은 최저임금 수준 뒷걸음질(고경석, 문화부) [8월] 차만 대놓고 음식은 주문 안 해 포천 백운계곡 식당 주인들 주차장 막았다(이종구, 사회부 전국팀) [10월] "조심히 퇴근해요"… 제빵공장 연인 당부에도 돌아오지 않은 카톡 메시지(김소희, 사회부) [12월] '이태원 참사' 희생자 76명 얼굴, 이름 공개… 유족 주도 합동분향소 설치(김재현, 사회부)

## 2023년

| 편집 | [2월] 대지의 신도 끊을 수 없었던 생명줄-2월 9일자 1면(김남필, 종합편집부) [6월] 6월 3일자 12면] 돌고 돌아 좋아하는 일, LP도 행복도 돌아오더라(박새롬, 종합편집부) [9월] [9월 18일자 1면]기약없는 기다림… 어제도 40명이 사라졌습니다.(전신재·박새롬, 종합편집부) |

**이달의콘텐츠 은상** [1월] 가스라이팅 성매매 강요 사건 연속 보도(조소진, 사회부/박은경, 전국팀) 한미동맹 70년, 미국은 우리에게 무엇인가(김광수·유대근·정승임·김지현·김진욱·박세인·손영하, 정치부) [2월] 쿠데타 2년, 미얀마에 가다(허경주, 국제부/박고은, 기획영상팀) 튀르키예 강진 연속 보도 및 우크라이나 전쟁 1년(신은별, 국제부) 한국 왔더니 中 공안이 감시… 비밀경찰에 시달리는 위구르인들(문재연, 정치부) [3월] 코로나 키즈, 마음 재난 보고서(강윤주·최나실·박지영·오세운, 기획취재팀/최주연, 멀티미디어부/현유리, 기획영상팀) [5월] 무법지대 코인 리포트(이성원·조소진, 사회부/박인혜·한규민·오준식, 디지털컨버전스팀) 의사캐슬 3058, 2006년부터 동결된 의대 정원(강윤주·최나실·박지영·오세운, 기획취재팀/ 류호, 정책사회부/양진하·박고은·최희정·제선영, 기획영상팀) [6월] 황보승희 의원의 정치자금법 위반 혐의 단독 보도(조소진, 사회부) [8월] 사라진 마을… 오버투어리즘의 습격(유대근·박준석·송주용·박지영, 엑설런스랩/ 안재용·박고은·현유리·제선영·양진하·전세희, 기획영상부/ 박인혜·박길우·문찬웅 디지털컨버전스팀/ 왕태석, 멀티미디어부/ 박서영, DB콘텐츠팀) [9월] 미씽, 사라진 당신을 찾아서(미씽 기획취재팀) [11월] K스포츠의 추락, J스포츠의 비상(유대근·박준석·송주용, 엑설런스랩/ 김지섭, 스포츠부)

**이달의콘텐츠 동상** [1월] 국민연금, 65세까지 내도록 손본다(류호, 정책사회부) [2월] MZ노조 협의체 출범한다… "정치 아닌 노동 본질에 집중"(오지혜, 정책사회부) [3월] 비 새는 실험실, 알바 뛰는 교수… '등록금 동상결 15년' 추락하는 대학(김경준·홍인택, 정책사회부) 선원 급구' 외항 상선… 10년 후 절반 멈춘다(변태섭, 경제부) 줄서기에 소신 꺾고, 초선들의 정치 반성문(김민순, 정치부) [4월] "北 핵 공격 땐 압도적 대응", 별도 문건 만든다(문재연, 정치부) 국경이 다시 열린다'… 북한중국 접경지역 르포(조영빈, 국제부) [6월] 다시 쓰는 사형제 리포트(이정원·박준규, 사회부) 현장과 데이터를 앞세운 중국 반도체 굴기 조명(이승엽, 사회부/안하늘, 산업부/윤형종·이현주, 미래기술탐사부/양진하·이수연·전세희, 기획영상부) [7월] 국회 데뷔전서 빵 터진 역도 영웅 외 1편(영상)(송영성, 기획영상부) 사라진 2123: 세상이 놓친 아기들(이승엽·최다원·서현정, 사회부/윤한슬, 사회정책부/신은별, 국제부) 탄소포집, 희망일까 환상일까(신혜정, 사회정책부/김현종, 국제부/안재용·최희정·제선영·한소범, 기획영상부) [8월] 김건희 여사 트위터에 '실버 마크' 달게 해달라… 외교부가 왜?(남상욱, 정치부) 유사시 대만해협으로의 주한미군 파병 관련 단독 보도(김진욱·문재연, 정치부) [9월] R&D 예산 삭감 관련 이슈에 대한 단독 및 심층 보도(오지혜·이현주, 미래기술탐사부) [10월] 수원 임대왕 추적기(이승엽·장수현·오세운·권정현·정다빈, 사회부) 출구 없는 사회적 공해 악취' 연속 보도(윤형종·이현주·오지혜, 미래기술탐사부/ 박인혜·박길우·문찬웅, 디지털미디어부) 통계청 통계 조작 의혹' 연속 보도(변태섭·박경담·조소진, 경제부) [11월] 포항지진 관련 국가 손해배상 소송 연속보도(김정혜, 사회부 전국팀) [12월] 공천관리위원장 인선과 지역 판세 내부 보고서 단독 보도(김지현, 정치부) 통일부, 조선학교 접촉한 시민단체 영화감독 무더기 제동... 교류행사도 위법?(문재연, 정치부)

**베스트PV기자** [1월] 원다라(이슈365팀) [2월] 박은성(사회부 전국팀) [3월] 정민승(사회부 전국팀) [4월] 양승준(문화부) [5월] 원다라(이슈365팀) [7월] 손효숙(문화부) [8월] 이근아(문화부) [10월] 원다라(이슈365팀) [11월] 고은경(사회정책부) [12월] 라제기(문화부)

**우수사원** [2월] 숏폼 콘텐츠의 양적질적 변화로 콘텐츠유통에 앞장(송영성·박채원, 기획영상팀) [5월] 강원지역 발송노선 정비를 통한 비용 절감(김범철, 마케팅3팀) [6월] 한국일보 클라우드 운영 효율화 및 비용 절감(윤호진, IT팀) [10월] 법인세 경정청구 환급(최영석, 경영관리부/ 이승준, 인사팀/ 서진호 재무관리팀) [12월] 기존 광고 매출 증대 및 신규 광고주 개발 통한 매출 향상 기여(강승일, 마케팅지원팀 AD2팀)

**공감뉴스** [2월] 퇴출 중국 배우 판빙빙 복귀작 한국에서 촬영… 한국이 문화 망명지?(라제기, 문화부) [3월] 8초에 1개씩 주웠지만… '밑 빠진 독에 물 붓는' [4월] "입장료 30만원에 스와핑?" 남녀 26명 뒤엉킨 강남 클럽 업주 재판행, 참여자는 처벌 못 해(강지수·오세운·이서현·이유진, 사회부) [5월] 불길 뛰어들어 8명 구하고 응급실 실려갔더니… '치료비 내래'(김청환, 이슈365팀) [6월] 병상 누운 아버지에 매일 책 읽은 딸…기적 같은 변화가 생겼다(김지은, 뉴스2부문) [7월] 관광객 못오게 하려고 애쓰는 유럽… "셀카족에 벌금버스 운행 중단(조아름, 국제부) [9월] 계모에 연필 200번 찔리고, 의자에 16시간 묶였다 숨졌는데… '살해' 아니라는 법원(이환직, 사회부 전국팀) 이재명 체포안 가결 직후 고민정의 모습은 어땠을까?(영상)(송영성, 기획영상부) [10월] "이준호? 아이고, 다시"... JTBC는 왜 그날 각성했을까 [수소문](양승준, 문화부) [11월] 5세 딸을 체중 7kg으로 굶긴 엄마… 딸이 남긴 마지막 말 "엄마 배고파요"(박은경, 사회부) [12월] 이번엔 중국 게임 작화가에 "너 페미지"… 반복되는 '사이버불링'(장수현, 사회부)

## 2024년

| | |
|---|---|
| 편집 | [1월] [1월 13일자 14면] "차별 없는 날까지…" 명퇴도 정년도 없는 휠체어 출근(김도상, 종합편집부) [2월] [2월 29일자 19면] '어떻게 살아야 하나, 수학에 물어보면 각이 나온다'(봉주연, 종합편집부) |
| 이달의콘텐츠 은상 | [1월] 서민금융기관의 민낯, 새마을금고의 배신(정민승, 지역사회부/ 유대근·진달래·박준석·원다라·송주용, 엑설런스랩) |
| 이달의콘텐츠 동상 | [1월] 미룰 수 없는 숙제, 상속세 개편(변태섭·이유지·조소진, 경제부/ 박경담, 산업부) [2월] 가짜 노동 기획(이서현·전유진, 사회부/장수현, 이슈365팀) 나는 범죄 피해자입니다.(안아람·최동순·이근아·최다원·박준규·강지수, 사회부/이유지, 경제부) |
| 베스트PV기자 | [1월] 양승준(문화부) [2월] 남보라(문화부) |
| 공감뉴스 | [1월] 월 50만원 붓고 월 100만원 수령, 만기 수익률 99%'… 국가가 보장(조소진, 경제부) [2월] 해킹이라던 황의조 형수 범행 자백 반성문 제출(최동순, 사회부) |

# 사외상 수상자 명단

## ▲ 한국신문협회상

| 횟수 | 수상자 | 횟수 | 수상자 |
|---|---|---|---|
| 제1회(1977) | 김근달(윤전부장) | 제14회(1990) | 장명진(수송정비부장) |
| 제2회(1978) | 여봉길(항공부장) | 제15회(1991) | 이태환(제판부장) |
| 제3회(1979) | 김병엽(업무2국장) | 제16회(1992) | 권오술(인사부장) |
| 제4회(1980) | 김인한(발송부장) | 제17회(1993) | 박해상(판매국 영업부과장) |
| 제5회(1981) | 김덕성(수송부장) | 제18회(1994) | 김환옥(광고국 부국장) |
| 제6회(1982) | 박해원(공무부국장) | 제19회(1995) | 최종철(경영전략실 관리부 차장대우) |
| 제7회(1983) | 장석조(업무4부장) | 제20회(1996) | 차말철(경영전략실 관리부 부장대우) |
| 제8회(1984) | 최성기(사회부기자) | 제21회(1997) | 안병구(제작국 윤전부 성남팀 과장) |
| 제9회(1985) | 허수만(윤전2부장) | 제22회(1998) | 양호진(판매국 수도권판매2부 부장대우) |
| 제10회(1986) | 최길동(발송부차장) | 제23회(1999) | 차기천(경영전략실 인사부 부장) |
| 제11회(1987) | 강창조(업무3부장) | 제24회(2000) | 조대효(일간스포츠 광고국 국장) |
| 제12회(1988) | 윤석범(전기부장) | 제25회(2001) | 임종호(경영전략실 인사부 과장) |
| 제13회(1989) | 이경순(기계정비부장) | 제26회(2002) | 이계영(제작국 전산제작부 부국장대우) |

## ▲ 최병우기자 국제보도상(관훈클럽)

| 횟수 | 수상자 | 공적 |
|---|---|---|
| 제2회(1991) | 이성준 | 남북고위급회담 취재기 |

## ▲ 서울특별시문화상

| 횟수 | 수상부문 | 수상자 |
|---|---|---|
| 제12회(1962) | 언론부문 | 예용해(문화부장) |
| 제24회(1975) | 언론부문 | 안병찬(월남특파원) |
| 제29회(1980) | 언론부문 | 주효민(논설위원) |
| 제40회(1991) | 언론부문 | 김성우(상임고문) |
| 제45회(1996) | 언론부문 | 오도광(논설위원) |
| 제48회(1999) | 언론부문 | 이문희(상임고문) |

## ▲ 관훈언론상(관훈클럽)

| 횟수 | 수상자 | 공적 |
| --- | --- | --- |
| 제2회(1979) | 한 룡 | 야생동물 촬영보도 |
| 제3회(1980) | 안의섭 | 두꺼비 만화 비평 |
| 제11회(1994) | 장명수 | 장명수 칼럼 |
| 제19회(2002) | 사회부 법조·경찰팀 | 진승현, 이용호 게이트 특종 보도 |
| 제21회(2004) | 사회부 법조·경찰팀 | SK비자금 특종보도 |
| 제37회(2019) | 이현주 · 최동순 등 | 조국 법무부 장관 후보자 딸 장학금 특혜 |
| 제41회(2023) | 강윤주 · 이성원 등 | 치매 노인 문제의 입체적 분석 |

## ▲ 한국기자상(한국기자협회)

| 횟수 | 수상부문 | 수상자 | 공적 |
| --- | --- | --- | --- |
| 제1회(1967) | 취재보도 | 이갑문(대구주재) | 석가탑 파손 취재 |
| 제3회(1969) | 취재보도 | 마일연(속초주재) | 설악산 등반대 조난 |
| 제6회(1972) | 사진보도 | 박태홍(사진부) | 기적의 소녀 |
| 제11회(1977) | 사진보도 | 김해운(사진부) | 자연을 자연 그대로 |
| 제13회(1979) | 취재보도 | 임철순(사회부) | 선천성심장병 어린이 살리기 |
| 제13회(1979) | 사진보도 | 최동완(사진부) | 〈강을 살리자〉 연재 |
| 제15회(1981) | 취재보도 | 정일화(특집부) | 〈암이 무너진다〉 연재 |
| 제17회(1983) | 취재보도 | 이종구·신재민(사회부) | 독극물 협박 사건 |
| 제18회(1984) | 사진보도 | 권주훈(사진부) | 이동수군의 분신 |
| 제20회(1986) | 취재보도 | 이 황(사회부) | 전경환의 돌연 출국 |
| 제20회(1986) | 사진보도 | 사진부 단체 | 한국의 요가 |
| 제21회(1987) | 취재보도 | 박진열 외 7명(사회부) | 언론건전육성 종합방안 |
| 제23회(1989) | 신문편집 | 길윤석(편집부) | 바구니물가 2년새 이렇게 올랐다 |
| 제30회(1998) | 신문편집 | 편집부 | 문민각료 114명 이 얼굴들을 아십니까 |
| 제31회(1999) | 기획보도 | 동강특별취재팀 | 동강댐 총점검 |
| 제31회(1999) | 사진보도 | 고영권(사진부) | 김영삼 전대통령, 페인트 달걀 봉변 사건 |
| 제32회(2000) | 사진보도 | 손용석(사진부) | 낙천 분풀이 폭력-洞총장 수난 |
| 제33회(2001) | 대 상 | 신윤석 · 배성규 · 손석민 | 이용호 게이트 특종보도 |
| 제35회(2003) | 취재보도 | 이태규(사회1부) | 양길승 술집, 호텔서 향응 받아 |
| 제37회(2006) | 전문보도 | 박서강(사진부) | 로드킬... 고속도로가 야생동물의 무덤으로(사진보도부문) |
| 제47회(2016) | 취재보도 | 강철원 외 5명 | 거액 금품수수 현직판사 사채왕과 유착 커넥션 추적 |
| 제47회(2016) | 전문보도 | 박서강 외 2명 | 시각장애인들 길바닥 언어를 잃다'(사진보도) |
| 제48회(2017) | 취재보도 | 조태성 | 「세월호 선언 등 9473명, 문화계 블랙리스트 확인」 |
| 제7회 조계창 국제보도상(2017) | | 김현우 · 정지용 | 「재스민 혁명 5년, 끝나지 않은 아랍의 봄」 |

## ▲ 이달의 기자상(한국기자협회)

| 횟수(연월) | 수상부문 | 수상자 | 공적 |
|---|---|---|---|
| 제8회(1991.4) | 편집부문 | 길윤석, 최동완 | 바구니 물가2년새 이렇게 올랐다 |
| 제37회(1993.9) | 취재보도 | 서사봉 | 외규장각 도서 반환 |
| 제41회(1994.1) | 취재보도 | 정병진, 정진석 | 김종휘씨, 美에 망명신청 |
| 제52회(1994.12) | 취재보도 | 정진석 | 北, 美 조종사 금명간 송환 |
| 제59회(1995.7) | 취재보도 | 이영성 | 민자당 여의도 연구소 보고서 |
| 제65회(1996.1) | 취재보도 | 권혁범 | 백혈병 사투 입양아 미 공사생도 |
| 제72회(1996.8) | 취재보도 | 윤석민, 윤태형, 박일근 | 미군 지도 및 MS사 CD롬의 한국 왜곡 사실에 관한 보도 |
| 제74회(1996.10) | 사진보도 | 권주훈 | 서울종묘 너구리 서식현장 |
| 제83회(1997.7) | 취재보도 | 선년규 | 지진 진앙지 은폐 의혹 |
| 제84회(1997.8) | 편집부문 | 정영오 | 문민각료 114명 이 얼굴들을 다 아십니까? |
| 제85회(1997.9) | 기획보도 | 이장훈 외 7명 | 훈 할머니 보도와 군대위안부 실태 및 군대위안부 할머니 돕기운동 |
| 제92회(1998.4) | 취재보도 | 김상철, 박정철, 박일근 | 한솔 상무 자살기도 |
| 제103회(1999.3) | 취재보도 | 남영진 | 자살한 일본 교장 제자들 탑골공원서 사죄의 참배 |
| 제103회(1999.3) | 기획보도 | 이장훈, 박광희, 김호섭, 염영남, 김동국 | 동강댐 총 점검 |
| 제105회(1999.5) | 취재보도 | 김동영, 유승호 | 정부, 이건희 회장에 삼성자동차 부채 분담요구 |
| 제105회(1999.5) | 사진보도 | 원유헌 | 집나서는 연정희씨 |
| 제106회(1999.6) | 사진보도 | 고영권 | 김영삼 전 대통령 페인트 달걀 봉변 사건 |
| 제114회(2000.2) | 사진보도 | 손용석 | '낙천' 분풀이 폭력 - 泂충장수난 |
| 제119회(2000.7) | 사진보도 | 손용석 | 민주당, 美 공화당 전대참관 외교부압력행사문건 파장 |
| 제121회(2000.9) | 취재보도 | 박정철, 손석민, 박진석 | 종암서 경찰관 집단 수뢰' 관련보도 |
| 제133회(2001.9) | 취재보도 | 신윤석, 배성규, 손석민, 김영화, 박진석, 고주희 | 이용호 게이트 특종보도 |
| 제135회(2001.11) | 취재보도 | 이진동, 최기수, 김기철, 고찬유 | 진승현 게이트 국정원 개입 및 진승현씨 총선자금 제공 |
| 제139회(2002.3) | 취재보도 | 박진석 | 이수동 전 아·태재단 상임이사 국정개입 관련보도 |
| 제150회(2003.2) | 취재보도 | 신윤석 | 남북 싱가포르 비밀 협상 요시다 증언 |
| 제152회(2003.4) | 취재보도 | 강훈, 노원명, 박진석 | SK, 비자금 조성 및 이남기씨 등 정·관계로비 연속 특종보도 |
| 제154회(2003.6) | 취재보도 | 고주희 | 국정원 간부 사진 공개 파문 |
| 제155회(2003.7) | 취재보도 | 이태규 | 양길승 청와대 제1부속실장 술집·호텔서 향응 받아 파문 |
| 제158회(2003.1) | 취재보도 | 이태규, 노원명, 김지성 | 전두환씨 숨긴 돈 꼬리 잡혔다 |
| 제158회(2003.1) | 전문보도 | 이종철 | "어색한 헛기침" |
| 제165회(2004.5) | 전문보도 | 왕태석 | 물 흐르는 청계천 |
| 제175회(2005.3) | 전문보도 | 왕태석 | 열정·끈기의 1년... 로봇, 악수를 청하다 (사진보도부문) |
| 제180회(2005.8) | 사진보도 | 박서강 | 로드킬…고속도로가 야생동물의 무덤으로 |
| 제186회(2006.2) | 전문보도 | 손용석 | 물통 싣고 달리는 대전지하철 |
| 제193회(2006.9) | 취재보도 | 최영윤·김지성·박상진 | 이용훈 대법원장 발언 및 공판중심주의 논란 |
| 제209회(2008.1) | 사진보도 | 왕태석 | "생계막막" 태안 주민 집회 중 분신 |
| 제223회(2009.3) | 전문보도 | 박서강 | 나뒹구는 추억, 버려진 문화재, 간이역 |
| 제228회(2009.8) | 취재보도 | 진성훈 | 李 국방, 靑에 예산삭감 항의서한 파문 연속보도 |

| 회차 | 부문 | 수상자 | 제목 |
|---|---|---|---|
| 제230회(2009.10) | 취재보도 | 박진석, 이영창, 김정우, 권지윤 | 효성 첩보보고서 단독입수 등 효성 축소수사 의혹 연속 특종 보도 |
| 제231회(2009.11) | 기획보도 | 문준모, 박민식 | 멋쩍은 북촌 한옥마을 |
| 제238회(2010.6) | 취재보도 | 고찬유, 허정헌, 이성기, 남상욱, 강지원, 김현우, 김혜영 | 제2조두순 (김수철) 사건 연속 특종 보도 |
| 제246회(2011.2) | 취재보도 | 고찬유, 남상욱 | 만삭의 의사 부인 사망 사건 최초 및 연속 특종 |
| 제250회(2011.6) | 사진보도 | 조영호 | 척박한 얼음의 땅 그린란드, 삶은 강렬했다 |
| 제255회(2011.11) | 취재보도 | 김영화, 강철원, 권지윤 | 최태원 회장 형제 선물투자 손실 SK그룹 보전 의혹 수사 특종 |
| 제257회(2012.1) | 취재보도 | 김영화, 강철원, 권지윤, 정재호 | 김학인 한예진 이사장, 정권실세 금품로비 의혹 연속 특종보도 |
| 제259회(2012.3) | 취재보도 | 김종한, 강성명, 변태섭 | 고리원전 1호기 정전사고 연속 특종 보도 |
| 제259회(2012.3) | 전문보도 사진부문 | 조영호 | 민간인 사찰의 몸통, 이영호의 수난 |
| 제263회(2012.7) | 취재보도 | 김영화, 강철원, 김혜영 | 김희중 청와대 제1부속실장 저축은행 금품수수 |
| 제264회(2012.8) | 취재보도 | 김영화, 남상욱, 김혜영 | 총선 민주당 공천헌금 명목 수십억원 투자금 받아 |
| 제276회(2013.8) | 취재보도 | 이진희, 강철원, 남상욱, 김청환 김혜영, 정재호, 조원일, 김기중 | 이석기 의원 참석 비밀회합 녹취록 단독 입수 보도 |
| 제277회(2013.9) | 취재보도 | 이진희, 강철원, 김혜영 | 국정원, 경찰, 여권 3각 커넥션 등 국정원 댓글사건 연속보도 |
| 제284회(2014.4) | 전문보도 | 박서강, 최흥수, 김주영 | 하늘 맑다고 미세먼지 안심 마세요! |
| 제286회(2014.6) | 취재보도 | 강철원, 강성명, 조원일 | 해양수산부의 해운단체 유착비리 |
| 제287회(2014.7) | 취재보도 | 김이삭, 정지용 | 김형식 서울시 의원, 강서 재력가 청부살인 사건 |
| 제290회(2014.10) | 취재보도 | 김광수 | 애기봉 등탑, 43년만에 철거 |
| 제292회(2014.12) | 기획보도 | 박관규, 권영은, 정준호 | 기부금 제대로 쓰이나 |
| 제293회(2015.1) | 취재보도 | 강철원, 김정우, 남상욱, 김정환, 정재호, 조원일 | 거액 금품수수현직판사 사채왕과 유착 커넥션 추적 |
| 제295회(2015.3) | 경제보도 | 김용식, 고찬유, 이훈성, 유환구, 강아름, 김현수, 이성택, 채지은, 변태섭, 양진하 | 나라 살림, 새 틀을 짜자 |
| 제296회(2015.4) | 전문보도 | 박서강, 류효진 | 시각장애인들 길바닥 언어를 잃다 |
| 제299회(2015.7) | 취재보도 | 김현수, 조원일, 손현성 | 세월호 비리 연루 재판 중인 운항관리자 정부 무더기 특채 파문 |
| 제300회(2015.8) | 기획보도 | 사회부 경찰팀 | 광복 70년, 독립운동家 70년 |
| 제305회(2016.1) | 기획보도 | 행복리포트팀 | 저성장 시대 행복 리포트 |
| 제305회(2016.1) | 전문보도 | 김경준, 김주영 | 한중일 청년리포트 : 3개국 38명의 청춘 이야기 |
| 제308회(2016.4) | 특별상 | 김혜경, Pierre-Emmanuel Deletree(피에르 엠마뉴엘 델레트헤・프리랜서) | 체르노빌 30년 후쿠시마 5년 현장리포트 |
| 제316회(2016.12) | 취재보도 | 조태성 | 세월호 선언 등 9473명, 문화계 블랙리스트 확인 |
| 제316회(2016.12) | 기획보도 | 박서강, 류효진 | 세월호 수색 한창때 朴은 미용시술 흔적 |
| 제319회(2017.3) | 기획보도 | 박상준 | 비싼 돈 내고 전공도 못 듣는 학문의 錢당-대학은 돈의 전당 |
| 제320회(2017.4) | 취재보도 | 강철원, 김정우, 김청환, 안아람, 손현성 | 안종범 新업무수첩 39권 단독 입수 |
| 제324회(2017.8) | 취재보도 | 조원일, 박세인, 신지후, 조아름 | 잊혀진 살인마 석면의 공습 |
| 제329회(2018.1) | 취재보도 | 안아람, 정반석 | 김희중 전 청와대 제1부속실장 단독 인터뷰 |
| 제329회(2018.1) | 기획보도 | 강철원, 안아람, 손현성, 김현빈, 박재현 | 마약리포트-한국이 위험하다 8부작 시리즈 |
| 제343회(2019.3) | 취재보도 | 고찬유 | 인도네시아 임금체불 한인 기업 파문 |

| 제345회(2019.5) | 기획보도 | 이혜미, 김혜영 | 지옥고 아래 쪽방 |
|---|---|---|---|
| 제346회(2019.6) | 경제보도 | 이상무 | 벤처투자 취지 역행 증권사 발행어음 실태 |
| 제347회(2019.7) | 기획보도 | 조원일, 이정은, 김창선, (박서영-DB콘텐츠팀) | 한 여름의 연쇄살인, 폭염 |
| 제348회(2019.8) | 취재보도 | 이현주, 최동순, 정준기 | 조국 법무부 장관 후보자 딸 특혜 장학금 |
| 제364회(2020.12) | 취재보도 | 김진웅, 오지혜, 신지후, 이동현, 윤태석 | 방배동 모자의 비극 |
| 제365회(2021.1) | 기획보도 | 남보라, 박주희, 전혼잎 | 중간착취의 지옥도 |
| 제369회(2021.6) | 기획보도 | 윤태석, 윤현종, 김영훈 | 농지에 빠진 공복들 외 |
| 제372회(2021.8) | 기획보도 | 김영훈, 채지선, 박소영 | 혜린이의 비극, 그 후 |
| 제373회(2021.9) | 기획보도 | 윤태석, 윤현종, 김영훈 | 건설노조 갑질, 철거가 필요하다 |
| 제376회(2022.12) | 기획보도 | 신혜정, 김현종, 현유리, 박고은, 이수연 | 제로웨이스트 실험실 |
| 제388회(2022.12) | 취재보도 | 신혜정, 김현종(정책사회부) / 김광영, 이수연(기획영상팀) | 탄소 도시, 서울(온라인 기획명 탄소 빌런, 서울) |
| 제378회(2022.2) | 기획보도 | 조소진, 이정원, 윤현종 | 치킨 공화국의 속살 |
| 제381회(2022.5) | 기획보도 | 신혜정, 김현종 | 플라스틱의 나라, 고장난 EPR |
| 제382회(2022.6) | 경제보도 | 이대혁, 김정현, 강유빈 | 동학개미운동 존리 불법투자 조사 |
| 제382회(2022.6) | 기획보도 | 조소진, 이정원 | 비뚤어진 욕망, 아이비 캐슬 |
| 제383회(2022.7) | 경제보도 | 김정현, 강유빈 | 수상한 불법 외환거래 |
| 제384회(2022.8) | 기획보도 | 조소진, 이정원, (박서영-DB콘텐츠팀) | 맹신과 후원, 폭주하는 유튜버 |
| 제385회(2022.9) | 기획보도 | 서재훈, 김도형, 나도예, 나광현 | 성 착취 불패의 그늘 |
| 제388회(2023.1) | 취재보도 | 신혜정, 김현종(정책사회부) / 김광영, 이수연(기획영상팀) | 탄소 도시, 서울(온라인 기획명 탄소 빌런, 서울) |
| 제393회(2023.6) | 기획보도 | 이성원, 조소진(사회부 탐사팀) / 박인혜, 오준식, 한규민(디지털컨버전스팀) | |
| | | 무법지대 코인 리포트 | |
| 제396회(2023.8) | 기획보도 | 유대근, 박준석, 송주용, 박지영(엑설런스랩) / 왕태석(멀티미디어부) / 박인혜, 박길우, 문찬웅(디지털컨버전스팀) / 안재용, 박고은, 현유리, 제선영, 양진하, 전세희(기획영상팀) / 박서영(DB콘텐츠팀) | |
| | | 사라진 마을: 오버투어리즘의 습격 | |
| 제397회(2023.9) | 기획보도 | 강윤주, 이성원, 박지영, 송주용(엑설런스랩) / 최주연(멀티미디어부) / 박인혜, 한규민, 이정재(디지털컨버전스팀) / 박고은, 안재용, 현유리, 이수연, 제선영. 전세희(기획영상팀) / 박서영(DB콘텐츠팀) | |
| | | 미씽, 사라진 당신을 찾아서 | |
| 제398회(2023.10) | 기획보도 | 윤현종, 이현주, 오지혜, 문예찬(인턴)(미래기술탐사부) / 박인혜, 박길우, 문찬웅(디지털컨버전스팀) / 양진하, 현유리, 전세희 등 / 박서영(DB콘텐츠팀) | |
| | | 출구 없는 사회적 공해 악취 | |
| 제399회(2023.12) | 기획보도 | 유대근, 박준석, 송주용(엑설런스랩) / 김지섭(스포츠부) | |
| | | K스포츠의 추락, J스포츠의 비상 | |

▲ 보도사진전(한국사진기자협회)

| 횟수 | 수상부문 | 수상자 | 공적 |
|---|---|---|---|
| 제7회(1969) | 특상 | 최정민 | 남대문시장 화재 |

| 제8회(1969) | 은상 | 김영석 | 청평호 버스사고 |
|---|---|---|---|
| 제10회(1973) | 금상 | 박태홍 | 기적의 소녀 |
| 제14회(1977) | 은상 | 권주훈 | 동심울린 화재 |
| 제15회(1978) | 동상 | 김해운 | 자연을 자연 그대로 |
| 제16회(1979) | 동상 | 한 류 | 야생반달곰 |
| 제19회(1983) | 금상 | 이기룡 | 의령 총기난동, 어린상주 |
| | 은상 | 김용일 | 모자 |
| | 동상 | 박태홍 | 고유의상 입은 全대통령 |
| 제22회(1986) | 은상 | 권주훈 | 야생 꿩무리 사진 |
| 제23회(1987) | 금상 | 고명진 | 화염병에 불붙은 전경 |
| 제24회(1988) | 동상 | 김용일 | 6월 시민 시위 |
| 제25회(1989) | 금상 | 권주훈 | 시민에게 뺨맞는 전경환 |
| 제30회(1994) | 은상 | 박종우 | 성철스님 다비식 |
| 제31회(1995) | 동상 | 최종욱 | 한, 그리고 절규 |
| 제36회(2000) | 대상 | 고영권 | 김영삼 전대통령 페인트 달걀 봉변 |
| | 동상 | 원유헌 | 천년고도에 저무는 천년의 해 |
| | 수상작 | 정영오 | 경제생활면 사진편집 |
| 제39회(2003) | 금상 | 최흥수 | 다대포항의 이별 |
| | 은상 | 홍인기 | 2002년 DMZ의 겨울 |
| | 은상 | 박서강 | 신세대 마술사 이은결 |
| | 가작 | 이종철 | 무자비한 인간의 욕망이 머문 자리 |
| 제40회(2004) | 동상 | 최흥수 | Battle of the Year 2003 |
| 제41회(2005) | 은상 | 박서강 | 너무도 태연한, 도저히 참을 수 없는… |
| 제42회(2006) | 대상 | 박서강 | 로드킬-고속도로가 야생동물의 무덤으로… |
| 제43회(2007) | 대상 | 최흥수 | 평택은 전쟁 중 |
| | 최우수상 | 류효진 | 시각장애인과 안내견의 사랑 이야기 |
| | 최우수상 | 류효진 | 장애를 극복한 천사의 몸짓 |
| 제46회(2010.2) | 우수상 | 손용석 | 사죄하라! 틀어막힌 입 |
| 제46회(2010.2) | 우수상 | 박서강 | 불도저가 앗아간 보금자리…고라니는 더 갈곳이 없다 |
| 제47회(2011.2) | 우수상 | 류효진 | 파이프가 만든 삶 예술 |
| 제47회(2011.2) | 최우수상 | 최흥수 | 잘 가라 경춘선, 그 때 그 사랑도 추억도.. |
| 제49회(2013.1) | 최우수작 | 박서강 | 빨래 만국기 도르레에 매달린 30년 서민의 애환 |
| 제50회(2015.1) | 우수상 | 박서강, 최흥수, 류효진 | 패턴, 일상을 점령하다 |
| 제50회(2015.1) | 최우수상 | 박서강, 최흥수, 류효진 | 짧은 설렘, 긴 한숨 |
| 제50회(2015.1) | 최우수상 | 박서강, 최흥수, 류효진 | 반딧불이의 군무 |
| 제50회(2015.1) | 최우수상 | 김주영 | 그림자 산책 |
| 제52회(2016.2) | 가작 | 박서강, 류효진 | 고개 들어 가을 하늘을 보라 |
| 제52회(2016.2) | 우수상 | 김주영 | 무지개로 핀 우산 |
| 제53회(2017.2) | 최우수상 | 박서강, 류효진 | 눈 발자국으로 조각한 판타지 세상 |
| 제56회(2020.2) | 우수상 | 김주영 | 이 많은 장비 신고… 소방관은 오늘도 달립니다 |
| 제58회(2022.2) | 대상 | 홍인기 | 광주 재판날 출석 않고 동네 산책하는 전두환 |
| 제59회(2023.2) | 최우수상 | 서재훈 | 15시간 고립, 기적의 생존자 |

▲ 이달의 보도사진상(한국사진기자협회)

| 횟수(연월) | 수상부문 | 수상자 | 공적 |
|---|---|---|---|
| 제86회(2010.3) | 최우수상 | 류효진 | 삶 예술가 |
| 제87회(2010.4) | 최우수상 | 홍인기 | 근로올림픽 있다면 금메달, 대한민국은 야근중 |
| 제88회(2010.5) | 최우수상 | 김주영 | 이 많은 장비를 싣고… 소방관은 오늘도 달립니다 |
| 제89회(2010.6) | 최우수상 | 조영호 | 미래숲, 쿠부치사막을 걷다 |
| 제95회(2010.12) | 최우수상 | 김주성 | 승자의 포효 |
| 제96회(2011.1) | 최우수상 | 김주영 | 너무 깊은 상처… 너무 큰 상심… 아물날은 언제쯤일까요<br>-연평 주민 인천 피난 생활 |
| 제100회(2011.5) | 최우수상 | 조영호 | 트랜스젠더, 편견을 향한 당당한 외침 |
| 제100회(2011.5) | 최우수상 | 김주성 | 두드려라 세상을, 두드려라 꿈을-재즈 드럼 연주자 류복성 |
| 제101회(2011.6) | 최우수상 | 조영호 | 척박한 얼음의 땅… 삶은 강렬했다. |
| 제101회(2011.6) | 최우수상 | 김주성 | 비정규 아티스트 밥장<br>- 재능보다 열정이 내 그림의 요술지팡이랍니다. |
| 제103회(2011.8) | 최우수상 | 김주성 | 세계 챔피언 김주희<br>-나약했던 울보, 세상에 어퍼컷을 날리다. |
| 제104회(2011.9) | 최우수상 | 김주성 | 붉은발말똥게야, 너는 아니? |
| 제106회(2011.11) | 최우수상 | 박서강 | 무허가 '도시광산' 그들만의 은밀한 거래 |
| 제106회(2011.11) | 최우수상 | 김주성 | '핏줄은 일본, 국적은 한국, 심장은 진실편…'<br>그래서 독도는 우리땅호사카 유지교수 |
| 제111회(2012.4) | 최우수상 | 조영호 | |
| 제112회(2012.5) | 최우수상 | 박서강 | 빨래 만국기 '도르래에 매달린 30년 서민의 애환' |
| 제117회(2012.1) | 최우수상 | 조영호 | 리빙필드, 캄보디아에서 희망을 보다 |
| 제138회(2014.7) | | 사진부 기획팀 | 반딧불이의 황홀한 군무 |
| 제142회(2014.11) | | 류효진 | 맨홀뚜껑 이 꼴 저 꼴 다 보여요 |
| 제142회(2014.11) | | 김주성 | 불, '꽃'으로 피다 |
| 제143회(2014.12) | | 박서강, 류효진 | 패턴, 일상을 점령하다 |
| 제144회(2015.1) | | 박서강, 류효진 | 짧은 설렘, 긴 한숨 |
| 제146회(2015.3) | 최우수상 | 박서강, 류효진 | 길바닥은 세월이 그려낸 갤러리 |
| 제150회(2015.7) | 최우수상 | 왕태석 | 비누방울 놀이의 기억 |
| 제151회(2015.8) | 최우수상 | 김주영 | 무지개로 핀 우산 |
| 제153회(2015.10) | 최우수상 | 왕태석 | 물돌이 마을의 구름바다 |
| 제153회(2015.10) | 최우수상 | 박서강, 류효진 | 고개 들어 가을 하늘을 보라 |
| 제154회(2015.11) | | 왕태석 | 갯벌이 만든 단풍 칠면초 |
| 제156회(2016.1) | | 왕태석 | 영원한 사진기자 |
| 제157회(2016.2) | | 박서강, 류효진 | 눈 발자국으로 조각한 판타지 세상 |
| 제158회(2016.3) | | 왕태석 | 봄을 부르는 통도사 자장매 慈藏梅 |
| 제174회(2017.7) | | 박서강, 김주영 | 민주화의 전과 후… 1987 vs 2017 |
| 제178회(2017.11) | 최우수상 | 박서강, 김주영 | 태양광 패널부터 개성공단 버스까지…<br>접경지역에서 포착한 북한의 변화 |
| 제178회(2017.11) | 최우수상 | 박서강, 김주영 | 현실과 착각 사이… 그림자로 세상 보기 |
| 제183회(2018.4) | 최우수상 | 서재훈 | 봄맞이 테트리스 |
| 제192회(2019.1) | 최우수상 | 박서강, 김주성, 김주영 | 방치된 평창동계올림픽 경기장 |

| 횟수(연월) | 수상부문 | 수상자 | 공적 |
|---|---|---|---|
| 제195회(2019.4) | 최우수상 | 박서강, 김주영 | 하늘 뒤덮은 케이블… 위태로운 IT 강국의 민낯 |
| 제201회(2019.10) | 우수상 | 박서강, 김주영 | 혈세 낭비에 흉물 논란까지… 쌩뚱맞은 공공조형물 |
| 제201회(2019.10) | 우수상 | 이한호 | 소녀여, 나빌레라 |
| 제203회(2019.12) | 최우수상 | 박서강, 김주영 | 이 많은 장비를 싣고… 소방관은 오늘도 달립니다 |
| 제208회(2020.5) | | 서재훈 | 코로나19 진단키트 생산현장을 가다 |
| 제210회(2020.7) | 최우수상 | 왕태석 | 돌아온 영웅들을 맞이하는 드론, 태극기와 미디어 파사드로 만든 국화 |
| 제213회(2020.10) | 우수상 | 서재훈 | 자연사한 동물의 과거를 기억하는 동물표본제작자를 아시나요 |
| 제217회(2021.2) | 우수상 | 왕태석 | 청계천에 얼룩말이… 한파가 만들어낸 얼음 조각들 |
| 제217회(2021.2) | 최우수상 | 이한호 | 동원아, 니는 내 심장이다 |
| 제223회(2021.8) | 우수상 | 이한호 | 대유행·폭염 이중고에 결국 쓰러진 의료진 |
| 제223회(2021.8) | 우수상 | 왕태석 | 물 한 방울로 결투를 벌이는 참새와 사마귀 |
| 제223회(2021.8) | 최우수상 | 홍인기 | 광주 재판일에 출석하지 않고 동네 산책하는 전두환 |
| 제224회(2021.9) | 최우수상 | 왕태석 | 70년 된 사진관 '새한칼라'를 지키고 있는 할머니 포토그래퍼 |
| 제225회(2021.10) | 최우수상 | 서재훈 | 가을이 만든 몬드리안의 정원 |
| 제226회(2021.11) | 우수상 | 서재훈 | 천사(1004)의 섬 |
| 제231회(2022.4) | 최우수상 | 왕태석 | [왕태석의 빛으로 쓴 편지] 물을 듬뿍 담아… 해질녘 산불 끄는 헬기 |
| 제234회(2022.7) | 최우수상 | 서재훈 | 메마른 강바닥 붉은 물자국… 땅이 보내는 SOS |
| 제237회(2022.10) | 최우수상 | 서재훈 | 15시간 고립, 기적의 생존자 |
| 제240회(2023.1) | 우수상 | 이한호 | 50㎝ 폭설로도 채워지지 않는 지독한 겨울 가뭄 |
| 제246회(2023.7) | | 이한호 | 침수 악몽 재현되나… 배수구 틀어막은 담배꽁초 |

## ▲ 한국편집상(한국편집기자협회)

| 횟수(연월) | 수상부문 | 수상자 | 공적 |
|---|---|---|---|
| 제16회(2010.10) | 우수상 | 이직 | 헌재 결정 본론-결론 달랐다 |
| 제18회(2012.10) | 우수상 | 김대훈 | 어릴 적 엉덩이에 꾹 새겨진 아랫목의 추억 |
| 제20회(2014.10) | 최우수상 | 이직 | 안산의 기도, 밤하늘 울리다 |
| 제21회(2015.10) | 최우수상 | 이직 | "간통죄, 철창서 나오다" |
| 제26회(2020.11) | 우수상 | 윤은정 | 겉은 다른데, 속은 붕어빵 |
| 제27회(2021.10) | 우수상 | 박새롬 | 내걸린 욕망, 도시가 묻혔다 |
| 제28회(2022.10) | 우수상 | 전신재 | 민주완박 민주당 |

## ▲ 이달의 편집상(한국편집기자협회)

| 횟수(연월) | 수상자 | 공적 |
|---|---|---|
| 제102회(2010.3) | 이상원 | 여왕은 세번 울었다 |
| 제104회(2010.5) | 김도상 | 悲가 내립니다 |
| 제108회(2010.9) | 신상협 | 그때는 차디찼던 눈물… 지금 뜨겁게 흐릅니다 |
| 제111회(2010.12) | 최세연 | 충돌 없었지만 숨막혔던 하루 |
| 제143회(2013.8) | 이직 | 언론의 바른 길, 가슴 깊이 새기겠습니다 |
| 제158회(2014.11) | 전신재 | 끝내 못 닦은 눈물 |

| 횟수(연월) | 수상자 | 공적 |
| --- | --- | --- |
| 제161회(2015.3) | 이직 | 공사장 가림막으로… 도시, 이야기를 펼치다 |
| 제163회(2015.4) | 이직 | 우리가 다른 인간으로 거듭나는 길 |
| 제164회(2015.5) | 이직 | 터널 화재로 위급한 상황이라면<br>당신은 어느 쪽으로 뛰겠습니까 |
| 제170회(2015.11) | 김소연 | 장막 속 집필진… 벌써 흐려지는 '투명 편찬' |
| 제173회(2016.2) | 강성래 | '이태원 살인' 중형… 19년 지각한 정의 |
| 제174회(2016.4) | 이직, 강준구 | 세운상가, 그땐 그랬지 |
| 제175회(2016.4) | 이직 | 좋은 덤 나쁜 덤 이상한 덤 |
| 제185회(2017.2) | 이영준 | 이제 모든 것이 불확실해진다 |
| 제187회(2017.4) | 윤은정 | 보일 똥 말 똥… 내가 누군지 궁금하다면 똥부터 찾아 봐! |
| 제188회(2017.5) | 이영준 | 이토록 값진 422만표 |
| 제194회(2017.11) | 김민호 | 뉴욕은 굴복하지 않아요 |
| 제195회(2017.12) | 김민호 | 별처럼 아름다운 벌레 먹은 나뭇잎 |
| 제200회(2018.5) | 채지은 | 2만2007보… 그는 1분도 쉬지 못했다 |
| 제205회(2018.10) | 채지은 | 헌책에 실려… 타인의 추억이 내게로 왔다 |
| 제208회(2019.1) | 채지은 | 너무 안 닮고 고증도 엉터리… '동상'이몽 |
| 제211회(2019.4) | 윤은정 | 빛은 돌아왔지만 어둠은 사라지지 않았다 |
| 제216회(2019.9) | 김소영 | 재개발, 꼭 이렇게 해야 하나요 |
| 제218회(2019.11) | 윤은정 | 겉은 다른데, 속은 붕어빵 |
| 제219회(2019.12) | 윤은정 | 이 많은 장비를 싣고… 소방관은 오늘도 달립니다 |
| 제222회(2020.3) | 윤은정 | 新모던 패밀리 '당신과 달라도… 우리도 가족' |
| 제223회(2020.4) | 윤은정 | 전 세계인 생명 살리는 4.8g |
| 제232회(2021.1) | 김대훈, 성시영 | 마스킹 2020 |
| 제237회(2021.6) | 박새롬 | 우리가 바란 바다, 우리가 버린 바다 |
| 제238회(2021.7) | 박새롬 | 내걸린 욕망, 도시가 묻혔다 |
| 제242회(2021.11) | 성시영 | 또 줄 선 대한민국 |
| 제246회(2022.3) | 안경식 | 군복에 면사포…사랑은 파괴되지 않는다 |
| | 안광열 | 황당한 실격·실격… 격앓은 올림픽 |
| 제246회(2022.3) | 김대훈, 전신재 | 오늘, 난 희망을 찍습니다 |
| 제248회(2022.5) | 전신재 | 민주완박 민주당 |
| 제249회(2022.6) | 김남필 | 검사, 검사, 또 검사 |
| 제251회(2022.8) | 김승균 | 이웃집 지붕에 '침묵의 살인마'가 산다 |
| 제257회(2023.2) | 김남필 | 대지의 신도 끊을 수 없었던 '생명줄' |
| | 채지은 | '잡았다 요놈, 산천어' 물반 고기반 축제… 낚인 것은 당신 |
| 제258회(2023.3) | 안광열 | 초유의 0.78명 '걱정 낳는' 출산율 |
| 제261회(2023.6) | 박새롬 | 돌고 돌아 좋아하는 일, LP도 행복도 돌아오더라 |
| 제264회(2023.10) | 전신재, 박새롬 | 기약 없는 기다림… 어제도 40명이 사라졌습니다 |

## ▲ 최은희여기자상

| 횟수 | 수상자 | 공적 |
|---|---|---|
| 제2회(1985) | 장명수 | 장명수 칼럼 매일 게재 |
| 제13회(1996) | 최성자 | 문화재 보존 관련 기획기사 |
| 제15회(1998) | 이희정 | 훈할머니 가족찾기 취재 |
| 제37회(2020) | 이혜미 | 지옥고 아래 쪽방 취재 |

## ▲ 한국신문상(한국신문협회)

| 횟수 | 수상자(공적) |
|---|---|
| 제1회(1966) | 이용일(편집부국장) |
| 제3회(1968) | 이기화(공무부국장) |
| 제4회(1969) | 심명보 최정민 유태완 이문희 김해도 이재승 (월남 기동 특파원단) |
| 제35회(1997) | 훈할머니 가족찾기 특별취재반 |
| 제59회(2021) | 김진웅 신지후 오지혜 윤태석 이동현('방배동 母子의 비극' 보도) |

## ▲ 민주언론시민연합

| 시기 | 수상명 | 공적 | 수상자 |
|---|---|---|---|
| 2013년 | 제15회 민주언론시민연합 특별상 | '짝퉁 한국일보' 제작에 맞서 저항한 한국일보 비대위 활동 | 한국일보 비상대책위원회 |
| 2017년 5월 | 이달의 좋은 보도상 (신문부문) | 시민사회와의 협업으로 '먼저 말하지 않은 사안'까지 검증 | 이영창, 김광수, 남보라, 이동현, 조영빈, 김동욱, 김지현, 정준호, 신지후, 박준석 |
| 2019년 8월 | 이달의 좋은 보도상 (신문부문) | 인도네시아 위안소 유적 및 현지 한국인 역사 조명 연속 보도 | 고찬유 |
| 2023년 8월 | 이달의 좋은 보도상 | 탄소포집, 희망일까 환상일까 | 신혜정, 김현종(사회정책부) / 안재용, 최희정, 제선영(기획영상부) |
| 2023년 10월 | 이달의 좋은 보도상 | 미씽 : 사라진 당신을 찾아서 | 강윤주, 이성원, 박지영, 송주용(엑설런스랩) / 최주연(멀티미디어부) / 박인혜, 한규민, 이정재(디지털컨버전스팀) / 박고은, 안재용, 현유리, 이수연, 제선영, 전세희(기획영상팀) / 박서영(DB콘텐츠팀) |

## ▲ 법조언론인클럽

| 연도 | 수상명 | 공적 | 수상자 |
|---|---|---|---|
| 2012년 | 올해의 법조기자상 | 김영화, 강철원, 권지윤 | SK 최태원 회장 형제의 그룹자금 횡령·배임 의혹에 대한 검찰 수사 특종 보도 |
| 2013년 | 올해의 법조언론상 | 김영화, 남상욱, 김혜영 | 양경숙 라디오21 전대표 뇌물 수수 형의 검찰 수사 특종 보도 |
| 2016년 | 올해의 법조언론인상 | 강철원, 김정우, 남상욱, 김청환, 정재호, 조원일 | 현직 판사의 명동 사채업자 뇌물수수 사건 보도 |
| 2019년 | 올해의 법조기획상 | 박지연 | 로스쿨 10년 리포트 |
| 2020년 | 올해의 법조인상 | 법조팀 | 조국 전 법무부 장관 딸의 부산대 의전원 장학금 의혹 보도 |

## ▲ 여성가족부

| 연도 | 수상명 | 공적 | 수상자 |
|---|---|---|---|
| 제18회(2016년) | 양성평등미디어상 최우수상 | 채지은 | 갈등 키우는 가사분담 불평등 |
| 제19회(2017년) | 양성평등미디어상 최우수상 | 박고은, 한설이, 김창선PD(영상팀) / 김지현(정책사회부) | 화장하는 남자 그게 뭐 어때서? |
| 제19회(2017년) | 양성평등미디어상 우수상 | 박선영, 박상준 | 초등 교실서 싹트는 여성혐오 |
| 제20회(2018년) | 양성평등미디어상 우수상 | 박고은, 한설이, 김창선, 현유리 PD(영상팀) | '설거지가 며느리 담당이라고?' 등 14편의 영상 |
| 제22회(2020년) | 양성평등미디어상 우수상 | 박지윤, 김주영 | 부모·자식으로 대표되는 '4인 가족'의 통념에서 탈피해 혈연이나 법으로 엮이지 않은 궤도 밖 가족의 모습을 '가족사진'이라는 형식으로 담아냄 |
| 제25회(2023년) | 양성평등미디어상 최우수상 | 이현주(미래기술탐사부) / 박서영(DB콘텐츠팀) | 한국 모험자본의 현주소 |

## ▲ 장애인먼저실천운동본부

| 연도 | 수상명 | 수상자 | 공적 |
|---|---|---|---|
| 2015년(11월) | 이달의 기자상 부문 | 양진하 | 장애에 대한 편견, 아이들은 어른에게 배운다 |
| 2015년(11월) | 이달의 기자상 부문 | 정준호 | 장애인 관람석은 맨 앞 구석… 멀고 먼 영화 관람 |
| 2017년(4월) | | 이성택 | 유력 대선 주자들 난색… 차별금지법 제정 깜깜 |
| 2017년(4월) | | 김지현 | 장애인차별금지법 만든 지 10년… 피해자 눈물 닦기엔 역부족 등 |
| 2018년(12월) | 이달의 좋은 기사 | 한소범 | 어떤 장애인인지 아니라 어떤 사람인지 물어봐 주세요 |
| 2018년(12월) | 이달의 좋은 기사 | 손영하 | 장애인 울리는 놀이공원 보호자 규정 |
| 2019년(12월) | 이달의 좋은 기사 | 전혼잎 | 덜 아픈 손가락, 장애인의 비장애 형제자매 |
| 2019년(12월) | 이달의 좋은 기사 | 정준기, 조소진 | 기초수급 장애인 고독사, 지자체·센터는 도울 의무 없었다 |
| 2022년(4월) | 3월 이달의 좋은 기사 | 양승준 | 오겜 뒤 청각장애 배우의 첫 수상… '약자 언어' |
| 2022년(11월) | 이달의 좋은 기사 | 전혼잎, 최나실, 최은서 (어젠다기획부 마이너리팀) | 1071명, 발달장애를 답하다 |

## ▲ 기타 외부상(연도별)

| 날짜 | 주최 | 상명 | 수상자 |
|---|---|---|---|
| 2010년 1월 | 상명대 | 2010 상명언론인상 | 이종철 |
| 2010년 3월 | 한국외대언론인회 | 제11회 외대언론인상 | 이종재 |
| 2010년 9월 | 대한언론인회 | 2010 대한언론상 논평부문 | 강병태(천안함 침몰 관련 칼럼·사설) |
| 2010년 10월 | 통영시 | 제10회 통영시 문화상 | 김성우(돌아가는 배) |
| 2010년 12월 | 국민체육진흥공단· 한국사진기자협회 | 경륜 경정 사진전 동상 | 홍인기(결승선을 향해 한 줄기 빛처럼) |
| 2011년 4월 | 대한병원협회· JW중외제약 | JW중외언론인상 의료·건강 분야 | 권대익(의료서비스산업 선진화의 방향과 사례) |

| 날짜 | 주최 | 상명 | 수상자 |
|---|---|---|---|
| 2012년 1월 | 한국씨티은행 | 2011 씨티 대한민국언론인상 으뜸상 | 이종재, 허재경, 손재언, 박일근, 하행장, 박상준, 김소연, 강희경 (양극화, 대한민국이 갈라진다) |
| 2012년 2월 | 한국편집기자협회·한국사진기자협회 | 제14회 사진편집상 | 정지연 (가을 하늘의 솜사탕 선물... 달콤한 비행) |
| 2012년 3월 | 삼성언론재단 | 제16회 삼성언론상 논평비평상 | 이준희(이준희 칼럼) |
| 2012년 8월 | 한국언론인연합회 | 제8회 한국참언론인 대상 | 정병진 |
| 2013년 11월 | 대한언론인회 | 제22회 대한언론상 | 강철원, 김기중, 김청환, 김혜영, 남상욱, 이진희, 정재호, 조원일(이석기 통진당 의원 지하혁명조직의 비밀회합 녹취록 전문 보도) |
| 2013년 11월 | 한국과학기자협회 | GSK기자상 | 임소형 |
| 2014년 1월 | 미디어공공성포럼 | 제4회 미디어공공성포럼 언론상 | 정상원(한국일보 비대위원장) |
| 2014년 3월 | 연세대 | 2014 연세언론인상 | 이준희 |
| 2014년 5월 | 한국과학기자협회 | 이달의 과학자기자상(5월) | 임소형 (엉터리 화물 적재 방식이 배 전복 위협한다) |
| 2014년 8월 | 현대오일뱅크 1%나눔재단 | 제3회 좋은세상 나눔이상 언론상 신문부문 | 김창훈, 김경준, 송옥진, 이성택, 조아름 (가정폭력 기획 '안방의 비명') |
| 2014년 11월 | 대한상공회의소 | 제1회 대한민국 기업사진 공모전 대상 | 김주영(사막에 새 생명을) |
| 2015년 12월 | 제일의료재단 | 2015 올해의 기자상 | 권대익 |
| 2016년 1월 | 한국씨티은행 | 2015 씨티 대한민국 언론인상 대상 | 이성택, 변태섭, 김용식, 강아름, 채지은, 고찬유, 이훈성, 유환구, 김현수, 양진하 (나라살림, 새 틀을 짜자) |
| 2016년 2월 | 삼성언론재단 | 제20회 삼성언론상 취재부문(신문) | 강철원(현직 판사, 사채왕 커넥션 추적) |
| 2016년 11월 | 서울언론인클럽 | 제29회 한길상 | 김성우 |
| 2017년 8월 | 자살예방협회 | 2017 생명사랑대상 보도부문 | 김치중 |
| 2017년 12월 | 한국조사기자협회 | 2017 올해의 한국조사기자상 | 최종욱 김지오 박서영 |
| 2018년 4월 | 한국마약퇴치운동본부 | 공로상 | 강철원 안아람 손현성 김현빈 박재현(마약 리포트-한국이 위험하다) |
| 2018년 12월 | 한국한센총연합회 | 2018 대한민국 한센인 대회 한센대상 | 하태민 |
| 2018년 12월 | 청암언론재단 | 송건호 언론상 | 김주언(1986년 보도지침 폭로) |
| 2019년 1월 | 중앙대 | 제6회 중앙의혈언론인상 | 김소영 |
| 2019년 1월 | 연세대 언론홍보영상학부 총동문회 | 2019 윤상삼 기자상 특별상 | 강철원 |
| 2019년 2월 | 환경재단 미세먼지센터 | 맑은하늘상 언론인 지면 부문 | 고은경 |
| 2019년 3월 | 지속가능발전기업협의회 | 제13회 KBCSD 언론상 | 이성철 |

| 날짜 | 주최 | 상명 | 수상자 |
| --- | --- | --- | --- |
| 2019년 4월 | 한국체육기자연맹 | 체육기자상(2019년 1분기) | 김지섭(이번엔 동성미투…) |
| 2019년 10월 | 한국언론인연합회 | 제15회 한국참언론인 대상 | 이태규 |
| 2019년 10월 | 보건복지부 | 보건복지부장관 표창 | 김민호 |
| 2019년 11월 | 한국과학기자협회 | 2019 올해의 의과학취재상 | 김치중(메디 스토리) |
| 2019년 11월 | 대한조현병학회 | 공로상 | 권대익 |
| 2019년 11월 | 데이터저널리즘코리아·건국대 디지털 커뮤니케이션 | 한국데이터저널리즘 어워드 | 이진희, 박상준, 김혜영, 박소영, 이혜미, 안경모, 박인혜, 한규민, 백종호, 김정영, 오준식(쪽방촌 2부작) |
| 2019년 12월 | 한국여기자협회 | 올해의 여기자상 기획부문 | 이혜미 김혜영 박소영 이진희 (주거 3부작) |
| 2019년 12월 | 한국조사기자협회 | 올해의 한국조사기자상 | 박서영 |
| 2020년 5월 | 사무금융우분투재단 | 제1회 우분투상 언론인 부문 | 이상무 (금융감독원 장애인 비정규직 감원 사태) |
| 2020년 10월 | 데이터저널리즘코리아·건국대 디지털 커뮤니케이션 | 한국데이터저널리즘 어워드 데이터혁신상 | 안경모, 김정영, 박인혜, 오준식, 황대한 |
| 2021년 2월 | 한양대 언론정보대학원·총동문회 | 2020년 자랑스러운 한양 언론인상 | 임철순 (효자손으로 때리지 말라) |
| 2021년 9월 | 고려대 언론인교우회 | 제27회 장한 고대언론인상 | 이충재 |
| 2021년 10월 | 데이터저널리즘코리아·건국대 디지털 커뮤니케이션 | 한국데이터저널리즘 어워드 데이터혁신상 | 윤태석, 윤현종, 김영훈, 안경모, 오준식, (농지에 빠진 공복) |
| 2021년 11월 | 노근리평화상 심사위 | 제14회 노근리평화상 언론상 신문 부문 | 남보라, 박주희, 전혼잎 (중간 착취의 지옥도) |
| 2021년 10월 | 한·인니 문화연구원 | 최우수상 | 고찬유(인도네시아 이야기) |
| 2021년 12월 | 인천언론인클럽 | 제20회 인천언론인상 취재보도 부문 | 이환직 |
| 2021년 12월 | 동물복지국회포럼 | 동물복지대상 | 고은경 |
| 2021년 12월 | 한국여성기자협회 | 올해의 여기자상 기획 부문 | 남보라 전혼잎(중간 착취의 지옥도) |
| 2022년 6월 | 대한암학회 | 제19회 암언론상 | 권대익 |
| 2022년 11월 | 건국대 디지털커뮤니케이션 | 올해의 오픈데이터상 | 윤현종 김유진 (내가 뽑은 의원님도 수상한 투잡 중?) |
| 2022년 12월 | YWCA | 좋은 미디어콘텐츠상 성평등 부문 | 이혜미, 박고은, 이수연 (여자를 돕는 여자들) |
| 2022년 12월 | 한국야구기자회 | 야구기자상 | 김지섭(구원왕, 바람의 가문 사위 되다) |
| 2023년 1월 | 한국여성기자협회 | 제20회 한국여성기자상 기획 부문 | 전혼잎, 최나실, 최은서 (우리 안과 밖의 발달·정신 장애인을 만나다) |
| 2023년 3월 | 국제엠네스티 한국지부 | 제25회 국제엠네스티 언론상 | 전혼잎, 최나실, 최은서 (우리 안과 밖의 발달·정신 장애인을 만나다) |
| 2023년 3월 | 한국사진기자협회 | 제25회 사진기자 선정 사진편집상 | 김대훈, 김경남 |

| 날짜 | 주최 | 상명 | 수상자 |
|---|---|---|---|
| 2023년 3월 | 한국신문방송편집인협회 | 제2회 대한민국언론대상 최우수상 신문(통신) 부문 | 신혜정, 김현종, 김광영, 이수연 (탄소 도시, 서울) |
| 2023년 5월 | 국회도서관 | 국회도서관장상 언론기관 부문 | DB콘텐츠팀 |
| 2023년 7월 | 한국체육기자연맹 | 체육기자상 기획 부문 | 김지섭(한국계 교토국제고의 기적을 찾아서) |
| 2023년 11월 | KDJA | 제6회 2023 한국 데이터저널리즘어워드 올해의 데이터 시각화 | 강윤주, 이성원, 박지영, 송주용, 최주연, 박인혜, 한규민, 이정재, 박고은, 안재용, 현유리, 이수연, 제선영, 전세희 (미씽 : 사라진 당신을 찾아서) |
| 2023년 11월 | SNU팩트체크센터 | SNU팩트체크 우수상 | 신은별 (한국이 선진국에 비해 실업급여 퍼준다?) |
| 2023년 11월 | SNU팩트체크센터 | SNU팩트체크 우수상 | 신혜정, 김현종, 안재용, 최희정 (탄소포집 기술은 재생에너지보다 경제성이 뛰어난 탄소중립 대안이다?) |
| 2023년 11월 | 한국과학기자협회 | 2023 과학언론상 과학취재상 | 윤현종, 이현주, 오지혜, 문예찬 (출구 없는 사회적 공해 악취) |
| 2023년 12월 | 사단법인 저널리즘클럽Q | 제1회 Q저널리즘상 특별상 | 고찬유(낙농인들 "우유 버리기" 시위 확산·2002 ~ 2003년 기사) |
| 2023년 12월 | 소상공인연합회 | 2023 보도대상 시상식 | 나주예(차라리 코로나 때가… 소상공인 고금리 부메랑) |

# 연보

| 연·월·일 | 사내 | 연·월·일 | 국내외 |
|---|---|---|---|
| **1954년** | | | |
| 6.1 | 태양신문 인수, 중학동 본사 사옥에서 인쇄 발행(2면) | 1.18 | 독도에 영토 표지 설치 |
| 6.7 | 태양신문 한국일보로 제호변경 사고 | 1.30 | 유네스코 한국위원회 발족 |
| 6.9 | 태양신문은 6월7일 제1,236호로 종간 | 2.17 | 3군 합동참모회의 설치 |
| 7.13 | 발행·편집인쇄인 장기영, 주필 오종식 명의로 서울특별시 종로구 중학동 14번지에서 창간호(2면) 발간, UP통신과 특약 | 3.13 | 호찌민군(軍), 디엔비엔푸 점령 |
| | | 3.21 | 한국 표준시간, 30분 연장 |
| | | 4.26 | 제네바 정치회담(19개국) |
| 7.21 | 미국 가정만화 〈블론디〉 본지 특약 게재 시작 | 5.20 | 3대 민의원(국회 하원) 총선거 |
| 10.11 | 제1기 견습기자 모집 | 6.28 | 중공-인도, 평화 5원칙 발표 |
| 10.20 | 사사오입 개헌안 여론 조사 담당자, 천관우 논설위원과 국방부취재 예병해 기자, 헌병사령부에 소환됨(본보 첫 필화사건) | 7.1 | 일본, 자위대 정식 발족 |
| | | 7.3 | 문교부, 한글 간소화 안 발표. 각계 반대 |
| | 신춘문예작품현상모집(장편소설·희곡·시·동화 부문) | 7.20 | 인도차이나 휴전 |
| | | 9.8 | '초대 대통령 중임 제한 철폐 개정안' 제안 |
| 11.21 | 첫 해외특파원 주효민 주일특파원, 재일교포 관련 기사 東京서 국제전화로 첫 송고 | 11.29 | 국회, 개헌안 사사오입으로 통과 |
| | | 11.30 | 범야당 연합 '호헌동지회'(護憲同志會) 결성 |
| 12.31 | 술반말과 오징어 20마리로 송년파티, 종무식. 냉주파티 효시 | 12.2 | 미·중 상호방위조약 체결 |
| **1955년** | | | |
| 1.1 | 신춘문예 현상모집 당선작 발표, 제2기 견습기자 모집 | 1.7 | 국무회의, 중·고교 분리 결정 |
| 1.9 | 신춘문예 현상모집 당선자 시상, 아세아재단에서 부상을 시상 | | |
| 3.15 | 〈해외토픽스〉와 〈오는 사람 가는 사람〉란 신설 | | |
| 4.3 | 〈천자춘추〉란 신설, 첫 고정필진 박종화 유진오 이상백 변영로 주요한 최남선 | | |
| 4.7 | 본보 제호 도안 현상 모집 | 4.18 | 아시아·아프리카 회의(반둥 회의) |
| 4.12 | 본격 방송평 〈방송시평〉란 신설 | 5.7 | 지역 집단 방위체제 '서구연합'(西歐聯合) 재발족 |
| 6.2 | 창간 1주년 기념으로 본보 비판 원고 모집 | 5.31 | '미혼녀 70여명과 성관계' 박인수 체포 |
| 6.9 | 창간 1주년 맞아 본지 제호를 독자현상 작품으로 교체, 1주년 기념호 발간 | 7.1 | 한·미 원자력 협정 |
| 8.5 | 본사 후원 서울문리대 산악회 한라산 답사대(일행 30명) 답사 시작 | 8.12 | 비구승(比丘僧) 합법 대회 개최. 비구승, 전국 사찰 장악 |
| 11.14 | 본사·국제신보·영남일보·대전일보 공동주최 부산~서울간 역전마라톤대회 창설 개최 | 8.17 | 일본과의 통상, 전면 금지 |
| | | 9.18 | 민주당 창당, 대표 최고위원에 신익희 |
| | | 10.1 | 해방 10주년 기념 산업박람회 |
| 12.5 | 제3회 전국대학연극경연대회(본사·한국연극학회 공동 주최) | 12.9 | 서독, 할슈타인 독트린 발표 |
| 12.11 | 제3기 견습기자 모집시험 | | |
| 12.18 | 공무 업무 견습사원 모집 | | |

| 연·월·일 | 사내 | 연·월·일 | 국내외 |
|---|---|---|---|
| **1956년** | | | |
| 1.1 | 신년 특집 12면 발행, 만화 2면 게재, 신춘문예 당선작 발표 (5개 부문) | 1.30 | 육군 특무부대장 김창룡 소장 피살 |
| 1.9 | 각계 저명인사의 의견 듣는 〈신춘논단〉 신설 | 2.14 | 흐루시초프, 제20회 소련 공산당대회에서 마르크스·레닌주의 수정 |
| 1.15 | 휴재중이던 〈천자춘추〉 부활 | 3.1 | 영동지방에 40년 만의 폭설. 120명 사망 |
| 2.25 | 제1회 전국연날리기선수권대회 개최 | 3.2 | 모로코, 독립 선언 |
| 3.12 | 〈정국왕래〉란의 제목 중 '李犬統領 오식 말썽, 이후 본문 활자 大統領 3자를 한데 묶어서 주조 | 5.5 | 신익희 민주당 대통령후보, 유세 도중 사망, 23일 국민장 거행 |
| 4.1 | 본사 광고부내에 광고상담소를 신설 | 5.12 | 한국 최초 TV 방송국 대한방송(호출부호 HLKZ) 개국 |
| 5.12 | 한국 첫 TV방송국(HLKZ) 개국과 함께 본사 1층에 TV 수상기를 설치 독자에게 공개 | 5.15 | 제3대 정·부통령 선거. 대통령 이승만, 부통령 장면 |
| 5.16 | 5.15 정부통령선거 개표결과 신속보도를 위해 16, 17 양 일간 9차례 호외발행 | 7.26 | 가말 압델 나세르 이집트 대통령, 수에즈 운하 국유화 선언 |
| 6.16 | '텔레비전' 프로그램란 신설 | 9.28 | 장면 부통령 피격 |
| 11.9 | 헝가리 반공난민 구호금 모집 | 10.29 | 영국·프랑스·이스라엘, 이집트 공격(제2차 중동전쟁, 수에즈 전쟁) |
| 11.11 | 독자사진작품 현상모집 | 11.10 | 진보당 창당 |
| 11.17 | '세계는 어찌 되려나' 演題로 국제정세강연회 개최(시립극장) | | |
| 12.13 | '집없고 엄마없는 전쟁고아를 돕자' 불우아동을 위한 월동 기금모집 | | |
| **1957년** | | | |
| 1.1 | 새로 도입한 '호' 식 고속도 윤전기 3대 가동 개시, 신춘문예 당선작 발표 | 1.5 | 연희대학교와 세브란스 의과대학 통합, 연세대 출범 |
| 1.3 | 조선일보와 주 32면 평일 4면 발행, 월 구독료 400환으로 인상 협정 | 1.28 | 저작권법 제정 |
| 1.4 | 장면 부통령 저격사건 관계 기사로 치안국 형사계, 정치부 이형, 최종기, 이원홍 기자 수배 | | |
| 2.3 | 제2회 전국연날리기선수권대회 이틀째, 이승만 대통령 참관 | | |
| 2.8 | 제5기 한국일보·코리아타임스 남녀 견습기자 모집 | | |
| 2.13 | 창간 3주년 앞두고 본보 상징 마크와 社旗 도안 현상모집 | 3.25 | 로마조약 체결. 유럽경제공동체(ECC) 형성 |
| 3.6 | 헝가리 의연금 접수, 전달 | 3.28 | 일본, 을사늑약 무효 및 한국 내 일본인 재산청구권 포기 선언 |
| 4.4 | 화신백화점 옥상에 전광 뉴스대 마련 | 4.9 | 이집트, 수에즈 운하 개방 |
| 4.6 | 58년도 미스 유니버스 파견 한국 대표선발 제1회 미스코리아 선발대회 응모자 발표 | 5.5 | 제34회 어린이날, '어린이 헌장' 선포 |
| 5.19 | 제1회 미스코리아 선발대회 개최(시립극장) | | |
| 5.26 | 대한방송주식회사 HLKZ TV에 한국 최초로 전국 중학생 축구대회 결승전 실황 중계 | | |
| 6.9 | 창간 3돌 기념특집 12면 발행 | | |
| 6.10 | 창간 3주년 자축연, 정부 요인을 비롯해 1,000여 명 참석 (본사 옥내) | 7.1 | 유엔군 사령부, 일본 도쿄에서 서울로 이동 |
| | | 7.31 | 한·일 예비 교섭 재개 |
| 8.31 | 낙동강 수재민 구제모금 야외음악 대연주회 개최 | 8.4 | 전국적 대홍수, 247명 사망 |
| | | 8.14 | 서울 시립 교향악단 발족 |

| 연·월·일 | 사내 | 연·월·일 | 국내외 |
|---|---|---|---|
| 9.25 | 제6기 남녀 견습기자 모집 | 9.1 | 이승만 대통령 양자(이강석) 행세하던 강성병 체포 |
| 9.30 | 낙동강 수재민 구호금품 현지에 전달 | 10.4 | 소련, '인류 최초 인공위성' 스푸트니크 1호 발사 |
| | | 10.9 | 한글학회, 30년 만에 〈우리말 큰 사전〉 완간 |
| | | 11.18 | 국제적십자사, 남북 생존 인사 337명 명단 통고 |
| | | 12.5 | 국회, 동성동본과 8촌 내 인척 결혼 금지안 채택 |
| **1958년** | | | |
| 1.1 | 신년 특집 16면 발행, 독자 보도사진과 과학사진 현상 모집에 가작 1점 선정 발표 | 1.1 | 선거법 개정안, 국회 통과 |
| 2.1 | 코리아타임스 편집국, 개수한 사옥 2층으로 이전 | 1.11 | 전국 언론인대회, 선거법 개정안중 '언론제한' 조항 삭제 요구 |
| 2.2 | HLKZ TV 화재 | 1.13 | 조봉암 등 진보당 간부 7명, 간첩 혐의로 구속(진보당 사건) |
| 2.22 | 본사 주최 제3회 전국연날리기선수권대회 개최 | | |
| 3.6 | 제7기 견습기자 모집 | 1.31 | 미국, '미국의 첫 인공위성' 익스플로러 1호 발사 성공 |
| 4.1 | 텔레타이프 1대 증설, AP UP 통신에 이어 로이터 통신도 수신 | 2.16 | 여객기 창랑호, 납북 |
| 4.18 | 제1회 전국남녀활쏘기대회 주최 | 2.22 | 이집트, 시리아 합병. 아랍연합공화국 탄생(대통령은 나세르) |
| 5.25 | 본사 주최 1959년도 미스 코리아 선발대회(대한극장) | 2.25 | 정부 "진보당 정당 등록 취소" |
| 6.20 | 제1회 전국아마추어 바둑선수권대회 개최 | 3.3 | 북한, 천리마 운동 시작 |
| | | 4.25 | 아드난 멘데레스 터키 총리, 방한 |
| | | 5.2 | 제4대 민의원 총선거 |
| 8.15 | 정부 수립 10주년 기념 사업으로 분단점에서 분단점(베를린~판문점) 5만km 자동차 주파 여행 개최 | 5.19 | 이라크, 요르단 합병, 아랍연방 성립 |
| | | 6.8 | 1958 스웨덴월드컵 개막 |
| 8.27 | 제8기 견습사진기자 모집 | 8.31 | 전국에 뇌염 확산. 635명 사망 |
| 9.26 | 최병우 특파원(코리아타임스 편집국장), 금문도 취재 중 조난 실종 | 9.2 | 중공 CCTV 개국 |
| | | 10.2 | 기니, 프랑스로부터 독립 선언 |
| 10.11 | 최병우 특파원 위령제를 모교인 경기중·고교 교정에서 엄수 | 10.28 | 요한 23세, 제261대 교황으로 선출 |
| | | 11.18 | 국가보안법 개정안(3차) 국회 제출 |
| 10.21 | 미 프로야구팀 '세인트루이스 카디널스' 초청 야구대회 개최 | 11.22 | 검찰, 박태선 장로의 신흥종교 신앙촌 수사 |
| 12.1 | 월정 구독료를 400환에서 500환으로 인상, 가판 1부당 조간 20환· 석간 10환 | 12.8 | 아프리카 국민회의, 가나에서 개최 |
| | | 12.24 | 자유당, 야당 의원 감금 후 국보법 개정안 등 날치기 통과(2.4 보안법 파동) |
| 12.6 | 매 토요일 부록으로 주1회 석간 2면을 '소년한국일보'로 발행 시작, 일요일과 공휴일 휴간, 석간을 연중 무휴 발행키로 결정 | | |
| **1959년** | | | |
| | | 1.1 | 유럽공동시장(EEC) 발족 |
| | | 1.5 | 신보안법 반대 시위, 전국으로 확산 |
| | | 1.6 | 쿠바 반군(카스트로), 아바나 입성(쿠바 공산혁명) |
| | | 1.21 | 평화시장 대형 화재. 판자촌 전소 |
| 2.27 | 본사 주최 전국학생발명품전람회 개막(중앙공보관) | 1.22 | '정치깡패' 임화수 등 대한반공청년단 결성 |
| | | 1.27 | 소련 프라우다 기자 이동준, 판문점 넘어 귀순 |
| 4.7 | 한국신문편집인협회의 건의에 따라 일요일 임시 휴간(일요일 휴무의 효시) | 2.9 | 한글 로마자 표기법 제정 |

| 연·월·일 | 사내 | 연·월·일 | 국내외 |
|---|---|---|---|
| 6.6 | 한국일간신문발행인협회 결의에 따라 6월 7일부터 월요 조간을 폐지, 일요일 휴무 | 4.5 | 식목일 대체 휴일, 사상 최초 적용(4월5일이 일요일이라 6일 대체 휴일) |
| 6.9 | 창간 5주년 기념 특집호 발행. 제10기 견습기자 모집 | 4.30 | 경향신문 폐간 |
| 6.25 | 제1회 춘계 전국장사씨름대회 개최 | 6.3 | 싱가포르 자치국 발족 |
| 7.14 | 본보 선정 '소년 배달원의 노래' 발표 | 7.3 | 알래스카, 주 승격. 미국 49번째 주 |
| 7.20 | 한국일보사 부설 한국광고사 설립, 국내 최초의 광고대행사 | 7.31 | 조봉암 사형 집행 |
| 8.13 | 〈한국독자시단〉란 신설, 시조와 한시를 매주수요일 석간에 번갈아 게재 | 8.13 | 일본 적십자사-북한 조선적십자회, 교포 북송 협정 체결 |
| 9.9 | 홀리데이 온 아이스쇼단 초빙, 중앙청 앞 특설 아이스 펠리스에서 3일간 야간 대공연 | 8.21 | 하와이, 주 승격. 미국 50번째 주 |
| 9.22 | 태풍 사라호 이재민 구호 의연금 모집, 본사에서는 홀리데 이 온 아이스쇼의 수요일 제2회 매표 수입을 희사 | 9.17 | 태풍 사라, 남부지방 강타. 사망 900여명 |
| | | 9.25 | 아이젠하워-흐루시초프, 캠프데이비드 회담 |
| | | 11.15 | 금성사, 국산 진공관 라디오 첫 생산(A-501) |
| 9.28 | 제1회 국제마라톤대회 개최 | 11.26 | 민주당, 정·부통령 후보자 지명대회. 조병옥·장면 |
| 10.24 | 석간에 〈메아리〉란 신설 | | |
| **1960년** | | | |
| 1.1 | '한국 출판문화상' '국민운동 遠泳대회' '부녀백일장' 등 본사 새 3대사업 제정 | 1.1 | 카메룬, 프랑스로부터 독립 선포 |
| | | 1.7 | 체신부, 시내 전보 창설 |
| 2.5 | 〈독자만화〉 게재 시작 | 1.26 | 서울역 압사 사고. 31명 사망 |
| 2.22 | 1시간 15만부 인쇄 가능한 전광 초고속도 윤전기(1대) 가동으로 강판에서 인쇄까지 10분으로 단축하고, 종래의 13자 1 행이 12자 1행으로 바뀌는 등 지면제작 대혁신 | 1.29 | 조병옥 민주당 대선후보, 신병 치료차 도미 후 사망(2.15) |
| | | 2.13 | 프랑스, 사하라사막에서 핵실험 성공, 4번째 핵보유국 |
| 4.5 | 본사 초청 빈 아카데미 합창단 내한 대공연(이화여대 강당) | 3.15 | 제4대 정·부통령 선거(대통령 이승만, 부통령 이기붕 당선). 마산서 부정선거 규탄 시위 |
| | | 4.19 | 4·19 혁명 발발 |
| 4.12 | 마산에 임시 취재부 설치 | 4.21 | 국무위원 총사퇴. 브라질, 수도 이전, 리우에서 브라질리아로 |
| 5.7 | 시내 각대학 교수·학생 모여 '4월 혁명의 목적과 현재와 장래' 논제로 좌담회 개최 | 4.23 | 장면 부통령, 사임 |
| 5.12 | KBS와 공동 주최로 4·19의거 학생위로 특별음악회 개최 (시공관) | 4.27 | 이승만 대통령, 사임. 권한대행에 허정 외무부장관 |
| 6.9 | 창간 6주년 기념 특집호 발행 | 4.28 | 이기붕 일가 자살. 과도내각 성립 |
| 6.19 | 아이젠하워 미국 대통령 입경 환영, 1면 제목과 사설을 영문으로 게재 | 5.5 | 흐루시초프, U-2기 격추 사건 발표 |
| | | 5.29 | 이승만, 하와이로 망명 |
| 6.20 | 주미특파원 설국환, 유일한 한국인 백악관 출입기자로 부임 | 6.15 | 내각책임제 개헌안 국회 통과 |
| | | 6.19 | 아이젠하워 미국 대통령, 방한 |
| | | 6.26 | 마다가스카르 독립 |
| 7.17 | 자매지 소년한국일보 창간호 발행, 평일 타블로이드 4면, 일요일은 배대판 8면 특집, 월정 구독료 2백환 | 7.1 | 소말리아 공화국 독립 |
| | | 7.29 | 민·참의원 총선거 |
| 8.1 | 자매지 서울경제신문 창간, 초대 편집국장 김현제 | 8.8 | 제2공화국 성립(민·참의원 개원) |
| 10.1 | 일본 요미우리신문과 신문활동에 관한 상호협정 체결 | 8.13 | 윤보선, 제2대 대통령 취임 |
| 10.30 | 제1회 소년한국미술대회 개최(경복궁) | 8.23 | 장면 내각 성립 |
| | | 11.8 | 케네디, 미국 대통령에 당선 |
| | | 12.30 | 경무대, '청와대'로 개칭 |

| 연·월·일 | 사내 | 연·월·일 | 국내외 |
|---|---|---|---|
| **1961년** | | | |
| 1.1 | '10만 어린이 부모 찾아주기 운동' 사무국 신설 | 1.3 | 미국, 쿠바와 단교 |
| 1.24 | 소년한국일보, 시골과 도시학교 자매결연운동 전개 | 1.20 | 케네디, 제35대 미국 대통령에 취임 |
| 3.1 | 한국일보 社報 제1호 발행, 타블로이드판 4면, 소년한국일보, 학부모와 교사를 위한 타블로이드판 4면 〈소년한국일보통신〉 발행 | 2.8 | 한·미 경제협정 조인 |
| | | 2.20 | 민주당 구파 중심의 신민당 정식 결성 |
| 3.13 | 윤보선 대통령, 절량농민 구호를 위해 금일봉 본사 기탁 | | |
| | | 4.12 | 소련 가가린, 인공위성으로 지구 일주 성공 |
| 4.13 | 본사에 접수된 절량민 구호품을 전국 300여 초등교에 배정 | 5.16 | 5·16 군사쿠데타 발생 |
| | | 5.22 | 치안국 "용공 분자 2,000여명·깡패 4,200여명 검거" 발표 |
| 5.7 | 정태연 특파원, 하와이 망명중인 병상의 이승만 박사와 단독인터뷰 성공, 일요화제로 특종 | 6.6 | 국가재건 비상조치법 공포 |
| 5.17 | 5.16 계엄하의 사전검열에 따라 편집국내에 기사심사부를 신설, 자매지 사진부를 본지 사진부에 통합 | 6.10 | 중앙정보부 창설 |
| | | 7.3 | 박정희 소장, 최고회의 의장 취임 |
| 5.20 | 한국일간신문발행인협회 결의에 따라 8면 감면, 주 48면 발행 결정 | 7.6 | 북한-소련, 상호원조조약 체결 |
| | | 8.10 | 표준 시각 변경(기존보다 30분 앞당김) |
| 6.9 | 창간 7돌, 전국지사 지국 4백개소 | 8.12 | 박정희 의장, "1963년 5월 총선으로 민정 복귀" 선언 |
| 7.1 | 국내 최초로 도별 지방판 신설(4개판) | 9.29 | OECD 발족 |
| 7.7 | 항공부 신설 | 10.23 | 소련, 50메가톤급 핵실험 |
| 10.26 | 보도사진전 '한국의 어린이' 개최 | 11.11 | 박정희 의장, 방미(12월 2일까지) |
| 12.1 | 소년한국일보와 코리아타임스, 타블로이드판에서 대판 2면 체제로 바뀌고 서울경제신문 문화면을 전면 스포츠판으로 변경 | 12.10 | 미국, 뉴멕시코 지하에서 핵실험 |
| | | 12.22 | 학사 자격 국가고시 처음 실시 |
| **1962년** | | | |
| 1.1 | 조풍연 소년한국일보 주간, 박정희 의장과 원단 특별 인터뷰 | 1.1 | 공용 연도, '단기'에서 '서기'로 변경 |
| 1.5 | 제13기 견습기자 모집 | 1.15 | 정부, 독일·이탈리아와 경제 협정 체결 |
| | | 2.1 | 울산 공업 센터 건설계획 발표 |
| 4.20 | 사진부 정범태 기자 16일 석간 톱기사 〈쫓겨난 관광〉 제하의 사진 및 사진설명으로 구속됨 | 3.1 | 영국, 지하 핵실험 실시 |
| | | 3.23 | 윤보선 대통령, 사임 |
| 6.4 | 창간 8주년 앞두고 국내 첫 전국 신문독자 조사에 착수 | 3.24 | 대통령 권한대행에 박정희 |
| | | 5.31 | 증권 파동 |
| 6.9 | 창간 8돌, 전국지사·지국 404개소 | 6.1 | 김대중 등 민주당 구파 41명, 반정부음모 혐의로 체포 |
| 6.21 | 63년도 미스 코리아 선발대회(시민회관) | | |
| 8.14 | 공보부, 한국일보 조선일보 대한일보를 조간으로, 동아일보·경향신문·서울신문은 석간으로 발행하는 단간제 실시를 6개 신문사 대표와 합의했음을 발표 | 6.6 | 고려대 학생들, 한미 행정협정 촉구 시위. |
| | | 6.10 | 제2차 화폐 개혁(통화 단위를 10분의 1로 절하. 호칭을 환에서 원으로 변경) |
| | | 7.2 | 미국서 1호 월마트 개장 |
| 9.1 | 제14기 견습기자 모집, 간지에 제호 사용 | 8.2 | 동아일보 필화사건 |
| 9.28 | '10만 어린이 부모찾기' 특집 연재 재개 | 8.4 | 미국 배우 매릴린 먼로, 의문사 |
| 10.23 | 디트로이트 타이거즈 美프로야구팀 내한경기 특집과 광고로 임시 10면 발행 | 8.28 | 전남 순천시 동천 제방 붕괴. 1,000여명 사상자 발생 |
| 11.29 | 본보 28일자 〈신당, 사회노동당(가칭)으로〉 제하 관련 기사 제재에 대해 1면 톱 2단 제목으로 전연 사실무근임이 판명 되어 그 전문을 취소한다는 내용의 사과문을 발표 | 9.27 | 예멘 혁명군, 자유예멘공화국 수립 선포 |
| | | 10.22 | 미국, 쿠바 해상봉쇄 |

| 연·월·일 | 사내 | 연·월·일 | 국내외 |
|---|---|---|---|
| 11.30 | 최고회의 공보실장, 29일 본보 사장 겸 편집국장 장기영, 편집국부국장 홍유선, 정치부장 김자환, 정치부 기자 한남희를 '군사혁명위원회 포고령 제1호' 및 '국가재건최고회의 령 제15호 특정범죄처벌에 관한 임시특례법 제3조 3항위 반 혐의로 구속 수사중임을 발표. | 11.12 | 김종필-오히라 일본 외상, 메모 합의. 6억달러 지원의 건 |
| 12.1 | 본보는 28일자 필화사건에 대한 자성 의미에서 3일간 근신 휴간할 것을 발표 | | |
| 12.6 | 장기영 발행인 겸 사장은 11월 28일자 본보 오보로 인 한 필화사건에 책임을 지고 퇴임사를 발표, 남궁련에게 운영권한을 이양. 본보 발행부수 23만 6,600부를 발행 | | |
| 12.16 | 제15기 견습기자 모집 | | |
| 12.22 | 본사 주최 제1회 장기명인전(한국기도원) | 12.17 | 제5차 개헌안 국민투표 |
| 1963년 | | | |
| 1.1 | 신년 특집호 16면 발행 | 1.1 | 부산시, 직할시로 승격. 일본 애니메이션 '철완 아톰' 첫 방영 |
| 1.6 | 본사 주최 '한·일 친선 소년기사전화바둑전' 최초로 시도 (한국 소년기사 조훈현) | | |
| 1.18 | 육군본부 보통군법회의 한남희 기자와 유정기 피고에 선고 유예와 무죄를 각각 선고, 장기영 발행인에 복귀 | 1.18 | 전남 목포 앞바다서 여객선 침몰(138명 익사) |
| | | 2.8 | 이라크, 쿠데타 성공, 카셈 수상 피살 |
| | | 2.18 | 박정희 의장, 민정 불참 선언 |
| 2.26 | 본보 논설진의 공동토론 〈정당시대〉 특별기획 연재 시작 | 2.26 | 민주공화당 창당, 정구영 총재 |
| 3.3 | 5면에 전면 안내광고, 첫 기록 | 4.11 | 미국 핵 잠수함 트레셔호 침몰. 129명 사망 |
| 3.10 | '사랑의 꽃씨 모으기·나무심기' 운동을 전개 | 4.25 | 동아방송 개국 |
| 3.31 | 코리아타임스 최초의 오프셋 컬러판 특집(4면) 발행 | 5.14 | 민정당 창당(김병로 대표최고위원, 윤보선 대통령 후보) |
| 4.11 | 농·어촌에 마을문고를 보냅시다' 운동 전개 | | |
| 6.9 | 창간 9돌, 본보 사세 인쇄면수로 130배, 사원 580여명, 지 사 지국 629개소, 해외특파원, 주재기자 8명으로 성장 | 5.27 | 민주공화당 전당대회, 대통령 후보로 박정희 지명 |
| 7.4 | 한·미경제협조 특집으로 임시 24면 발행 | 7.18 | 민주당 창당대회. 총재에 여류 정치인 박순천 |
| 7.13 | 창간 9주년 기념으로 미국 빙상무용단 '홀리데이 온 아이스 쇼'를 4년 만에 특별 초청 공연(경복궁 내 특설 아이스 펠리스), 이 공연의 첫날 수입금 전액을 삼남수재민을 돕는 수재 의연금으로 보냄 | 7.27 | 박정희 의장, 민정 이양 계획 발표 |
| | | 9.6 | 중국-소련, 국경분쟁 |
| | | 9.16 | 말레이시아 연방 발족 |
| | | 10.15 | 제5대 대통령 선거. 박정희 후보 당선 |
| 10.10 | 제16기 남녀 견습기자 모집 | 11.22 | 케네디 대통령 총격 피살. 영친왕 이은-이방자 부부. 56년 만에 귀국 |
| 10.15 | 제3공화국의 대통령 선거 당일 1면 사설 〈공명선거의 횃불들고 국가 백년의 앞길을 밝힙시다〉 제하 본문활자를 4호로 키움 | 11.26 | 국회의원 총선거 |
| 12.16 | 소년한국일보, 고아돕기운동으로 YMCA에서 감사장 전달 | 12.17 | 박정희 대통령 취임. 제3공화국 출범. 6대 국회 개원 |
| 1964년 | | | |
| 1.1 | 신정 특집 12면 발행, 〈신정특집만화〉 게재 | 1.1 | 미터(m)제 실시 |
| 2.3 | 신문 용지난으로 한국신문발행인회 | 1.10 | 박정희 대통령, 국회에서 연두교서 발표, 헌정사상 처음 |
| 2.16 | 주 40면으로 8면 감면 결의 | | |

| 연·월·일 | 사내 | 연·월·일 | 국내외 |
|---|---|---|---|
| 4.9 | 본사주최 국제정세대강연회 개최(시민회관) | 1.27 | 프랑스, 중공과 외교관계 수립 |
| 5.5 | '최병우기념 신문도서관' 개관(장서 1만여권) | 1.27 | 민주당 의원들, '3분 폭리' 사건 진상 폭로 |
| 5.12 | 춘궁기 농산어촌의 결식아동구호운동 전개 | 2.1 | 대일 굴욕외교 반대 범국민위원회 결성 |
| 5.17 | 장기영 사장, 부총리 겸 경제기획원장관으로 입각 | 3.6 | 비틀스, 빌보드 등 각종 차트 석권 |
| | 본보 30만 3,500부를 발행, 창간 10주년 | 4.4 | 더글러스 맥아더 서거 |
| 7.10 | 6월 9일까지의 목표 '30만부 정상'을 돌파 | 4.5 | 네루 인도 수상 서거 |
| | 창간 10주년 기념으로 극단 신협과 공동 모집 10만원 현상 희곡 당선작 〈무지개〉공연(국립극장) | 5.27 | 전국 학생 1만여 명 시위... 한일 수교 반대(6.3 항쟁) |
| | | 6.3 | 김종필 공화당 의장, 사퇴 |
| 9.27 | 창간 10주년을 기념하여 새 자매지, 〈주간한국〉(등록번호 다-76호) 창간호 발간, 타블로이드 32면, 1부에 10원 | 6.5 | 미국 연방 민권법 가결. 법적으로 인종차별 철폐 |
| | | 7.2 | 국회, 언론윤리위원회법 통과(언론 통제법안) |
| 10.1 | | 8.2 | 한국기자협회 발족 |
| 10.11 | 제17기 남녀 견습기자 모집 | 8.17 | 박 대통령, 언론윤리위법 시행 보류 지시 |
| 11.12 | 동경올림픽 특집 8면 호외 2면 발행 | 9.9 | '삼양 라면' 출시, 한국 최초의 라면 |
| 12.1 | 3개년 계획으로 '신라 5악'에 대한 종합학술조사단 파견 | 9.15 | 소련 흐루시초프 실각, 레오니트 브레즈네프, 정권 장악 |
| 12.7 | '나라 새' 뽑기 캠페인, 까치를 선정 | 10.15 | |
| 12.9 | 동양TV 개국, 매일 23시에 한국일보 뉴스 방송 | | 중공, 신장위구르 자치구에서 첫 원폭 실험 성공 |
| 12.23 | 무의탁 자녀돕기운동 모금 1차분 66만5,170원을 원호처에 전달 | 10.16 | 한국-남베트남, 남베트남 지원을 위한 국군 부대 파견 협상 체결 |
| | '서울·동경 국제전화 기전' 주최, 조치훈군(8세)이 김인 5단에게 승 | 10.31 | |
| | | 11.3 | 존슨, 제36대 미국 대통령 당선 |
| **1965년** | | | |
| 1.1 | 신정특집 12면 발행, '소년한국합창단' 탄생 | | |
| 1.18 | 본사 한국연극·영화예술상 제정, 제1회 시상식(시민회관) | 1.25 | 제2한강교(양화대교) 개통 |
| 2.17 | 본보 지령 5,000호 | 2.15 | 캐나다, 국기 변경, 단풍잎 문양 삽입 |
| 2.24 | '포플러 한국을 심자'는 농촌돕기 조림 3개년 사업을 위해 5·6년 전면을 PR페이지로 할애, 조림 특집 | 2.21 | 흑인 인권운동가 맬컴 엑스, 연설 도중 피살 |
| | | 2.27 | 사단법인 광복회 발족 |
| | | 3.2 | 뮤지컬 영화 '사운드 오브 뮤직' 개봉 |
| 3.16 | 춘사 나운규 30주기를 맞아 〈한국영화50년사〉 편찬 | 3.19 | 소련, 인류 최초의 우주 산책 성공(보스토크 2호) |
| | | 3.22 | 단일변동환율제 실시 |
| 4.1 | 제1회 월남종군보도사진전(신세계백화점 특별전시실) 개최 | 3.24 | 비둘기부대 1진, 남베트남 상륙 |
| 4.16 | 벽지학교에 라디오 보내기운동 전개 | | |
| 5.5 | 숨어 있는 어린文才 발굴 '한국제1의 작문' 현상모집 | 5.3 | 민정·민주 통합. 민중당 창당 |
| 5.7 | 제18기 견습기자 모집 | | |
| 5.8 | 1965년도 '훌륭한 어머니'로 뽑힌 金福順 여사 표창 | | |
| 5.25 | 본사 전속 '소년한국 합창단' 첫 발표 공연(시민회관) | 6.22 | 한일 협정, 도쿄에서 정식 조인 |
| 6.18 | 獨島경비대에 보낼 위문품 접수 | 7.19 | 초대 대통령 이승만, 하와이에서 서거 |
| 6.23 | 한일협정 전문 5~8년에 게재 | 8.12 | 민중당 의원들, 사직서 제출. 한·일 협정 반대 |
| 6.24 | 한일협정 관계 기사 타블로이드 4면 호외 발행 | 8.13 | 베트남 파병 동의안, 국회 통과. 야당 의원 불참 |
| 7.20 | 이승만 박사 서거 1면 사설 | 8.26 | 서울 일대에 위수령 발동. 한일 협정 비준 반대 투쟁에 대비 |
| 7.25 | 〈주간한국〉 창간 10개월 만에 10만부 돌파 | | |
| | | 9.18 | 롯데공업 창립(농심그룹 뿌리) |
| | | 9.22 | 중앙일보 창간 |

| 연·월·일 | 사내 | 연·월·일 | 국내외 |
|---|---|---|---|
| 10.9 | 한글날 맞아 3면 기사, 제목을 한글로 편집 | 11.8 | 응우옌 까오 끼 베트남 수상, 방한 |
| 10.22 | 제19기 남녀 견습기자 모집 | 12.18 | 한·일, 협정 비준서 교환. 국교 정상화 |

| 연·월·일 | 사내 | 연·월·일 | 국내외 |
|---|---|---|---|
| 1966년 | | | |
| 1.1 | 신년특집 12면 발행, 신춘문예당선작 발표 | 1.15 | 창작과비평 창간 |
| 3.15 | '파월장병에게 꽃씨보내기' 운동 전개 | 2.15 | 김수환 신부, 천주교 마 산교구장 주교로 임명 |
| 3.17 | 소년한국일보, 어린이를 위한 '농구의 노래' 제정, 제1회 신춘 대현상 200만원 살림장만 퀴즈광고 시리즈 신설 | 3.3 | 국세청 창립. '납세의 날' |
| | | 3.22 | 매일경제신문 창간 |
| 4.26 | 월남 사태 취재차 사회부 이문희 기자 특파 | 3.24 | 한·일 무역협정 조인 |
| 6.16 | KOC 위원장에 장기영 사주 피선 | 6.25 | 김기수, 한국 프로복싱 사상 최초로 세계 챔피언 차지 |
| 7.4 | 한국일보 신관 설계 착수 | | |
| 8.20 | 〈주간한국〉 지령 1백호 발행 부수 20만부 돌파 | 7.9 | 한·미 행정협정 체결 |
| 10.20 | 서울시장배 제1회 서울시 남녀초등학교 농구대회 개최 | 8.8 | 중공, 문화 대혁명 격화 |
| 10.30 | 세기의 철인 아베베 등 미·일 선수 4명을 초빙, 경인가도에서 국제마라톤대회 개최 | 8.15 | 나트랑(나짱)에 주월 야전사령부 신설 |
| | | 9.22 | 김두한 국회의원, 국회 오물 투척 |
| 11.1 | 미 존슨 대통령 부처 방한에 환영사를 영문으로 5면에 게재 | 10.14 | 세계 최고 목판 인쇄물 '무구정광대다라니경' 발견. 불국사 석가탑서 |
| 11.23 | 제20기 남녀 견습기자 모집 | 10.24 | 필리핀 마닐라에서 베트남 참전 7개국 정상회담 개최 |
| 12.15 | 주간한국, 역설적이고 유머스러운 기획 '최저상'을 제정 | 10.31 | 존슨 미국 대통령, 방한 |
| 1967년 | | | |
| 1.1 | 박정희 대통령, 본사의 '포플러 심기운동'에 김종규 사장을 표창, 한국식물학회와 산림청의 특별 후원으로 '꽃과 나무'를 선정, 전국적 운동 전개 | 1.27 | 미국·영국·소련, '우주 조약' 체결. 우주 개발 기본 규약 |
| | | 2.7 | '통합 야당' 신민당, 정식 발족 |
| 1.2 | 본사 제정 한국신인체육상 결정 발표 | 3.22 | 북한 언론인 이수근, 판문점에서 귀순 |
| 4.12 | 제8회 소년한국미술대회, 전국 30개 지방에서 동시에 개최 | 4.1 | 구로 수출산업단지(현 서울디지털산업단지) 준공 |
| | | 5.3 | 제6대 대통령 선거. 박정희, 재선 |
| 5.15 | 본사 주관 학술조사단 신라통일을 이룩한 문무대왕의 수중릉 발견 | 6.5 | 이스라엘-아랍공화국 간 제3차 중동전쟁(6일 전쟁) 발발 |
| 6.7 | 장기영 사주, IOC 위원으로 피선 | 6.8 | 제7대 국회의원 선거 |
| 8.15 | 한국기자협회 제정 제1회 한국기자상 취재 보도 부문에 대구주재 이갑문 기자 수상 | 7.8 | 중앙정보부, 동백림 사건 발표 |
| 10.15 | | 8.8 | 동남아국가연합(ASEAN), 태국 방콕에서 창설 |
| 10.17 | 제21기 남녀 견습기자 모집 | 8.22 | 충남 청양군 구봉 광산 붕괴. 김창선 광부, 매몰 15일 만에 구출 |
| 11.8 | 장기영 사주, 경제부총리직 사임하고 본사 사장에 재취임 | 10.8 | 체 게바라, 볼리비아에서 체포... 이튿날 처형 |
| 12.3 | 최남선 작〈해에게서 소년에게〉 발표 60주년을 맞아 〈新詩 60년 기념작시리즈〉를 매일 1면에 게재 본사 '한국명인전' 제정, 제1기 개최(상금 30만원) | 12.29 | 현대그룹, 현대자동차 설립 |
| | | 12.31 | 난중일기, 현충사에서 도난 |
| 1968년 | | | |
| 1.1 | 신년특집 12면 발행, 여론조사부 신설 | 1.21 | 무장 공비 31명, 청와대 기습 실패(1.21 사태) |
| 1.7 | 한국신문사상 처음으로 해외 특별기고제 마련 | 1.23 | 북한, 원산 앞바다에서 미국 정보함 푸에블로호 나포 |
| 2.1 | 본사 주최 제1회 '스키강습회' 개막(대관령) 〈한국여성시단〉란 신설 | 2.1 | 경부 고속도로 기공식 |
| | | 2.9 | 한강 밤섬 폭파 |

| 연·월·일 | 사내 | 연·월·일 | 국내외 |
|---|---|---|---|
| 2.13 | 상오 11시 55분 윤전기 용접중 부주의로 화재 발생. 구관 4층 사옥 전소. 송재헌 공무국장 등 7명 순직, 한기억 등 3명 중경상 신관으로 편집국 옮기고 신문제작 계속, 28일자 2면 발행. | 4.1 | 포항종합제철 창립. 향토예비군 창설. 육군 최초 기갑여단(1·2기갑) 창설. |
| 2.27 | 박정희 대통령 본사 화재 희생사우 7명의 유족에 금일봉 전달 | 4.4 | 미국 흑인 지도자 마틴 루터 킹 목사 암살. 41개 도시서 흑인 폭동 |
| 2.28 | 장강재 기획관리실장, 이사 겸직 | 4.18 | 박정희 대통령, 호놀룰루서 존슨 미국 대통령과 회담 |
| 3.1 | 본사 화재 순직사우 7인의 합동 장례식 엄수, 망우리에 안장 | 5.15 | 서울시, 남대문시장 현대화 계획 발표 |
| 3.2 | 향군 무장을 돕기 위한 방위성금 모집 | 5.30 | 김종필 공화당 의장, 정계 은퇴 선언 |
| 3.10 | 본사 新詩 60년 기념, 시문학 중흥 캠페인의 일환으로 남산에 소월시비(素月詩碑) 제막 | 6.6 | 로버트 케네디 미국 민주당 대통령 후보, 피살 |
| 4.13 | 본사 화재 이후 신아일보의 협조로 제작해 오던 신문을 본사에서 인쇄 | 7.15 | 문교부, 중학 입시제도 폐지 발표 |
| 4.14 | 제22기 남녀 견습기자 모집 | 8.21 | 소련 등 바르샤바조약기구, 체코 침공. 프라하의 봄 종료 |
| 5.4 | 새 윤전기 2대를 증설, 도합 4대의 최신식 고속 윤전기 가동 | 8.24 | 중앙정보부, 통일혁명당 사건 발표 |
| 5.6 | 〈주간한국〉 40만3,000부 돌파 | 9.12 | 알바니아, 바르샤바조약기구 탈퇴, 소련권과 정식 절연 |
| 5.12 | 창간 14주년 기념 한국일보 사가 가사 공모 | 9.16 | 개정 주민등록법시행령 제정·시행. 주민등록번호 발급 |
| 6.8 | 건군 20주년, 파월 3주년 기념 위문품 보내기 전개 | 10.14 | 문교부, 대학입학 예비고사제 실시 발표 |
| 8.1 | 제1기 소년한국 여름학교 개설 | 10.15 | 육군3사관학교 창설 |
| 8.9 | 〈주간한국〉 지령 207호로 43만부 돌파 | 10.17 | 세계 인구 34억 돌파 |
| 9.8 | 제23기 남녀 견습기자 모집 | 10.30 | 울진·삼척 무장 공비 침투 사건 |
| 9.19 | 〈주간한국〉 판토마임의 세계적 거장 | 11.5 | 닉슨, 미국 대통령 선거 당선 |
| 12.6 | 롤프 샤레 초청 공연 | 11.21 | 주민등록증 처음 발급 |
| 12.29 | 제1회 한국창작문학상 수상작 〈신과 약속〉 (한말숙 작) 결정발표 | 12.5 | 국민교육헌장 선포 |
| 12.31 | 새 사옥(건축가 김수근 설계)에 입주 | 12.23 | 푸에블로호 승무원 82명, 336일 만에 판문점에서 석방 |
| **1969년** | | | |
| 1.1 | 신년특집 12면 발행. 소년한국일보, 일선교사 및 지성인을 위한 월간 〈햇불〉 창간, 〈주간女性〉 창간, 4·6배판 80면 1부당 30원 | 1.8 | 공화당, 3선 개헌 공식 검토 발표 |
| | | 1.9 | 교련 과목, 정식 개설 |
| | | 1.18 | 일본, 대학 분규 악화. 경찰, 도쿄대학 진입 |
| | | 1.25 | 월남전 종식 위한 파리확대 평화회담 제1차 본회의 |
| | | 2.5 | 서울 시내 중학교, 입학 무시험 추첨 실시 |
| | | 2.15 | 한국도로공사 설립 |
| | | 3.1 | 국토통일원(현 통일부) 개원. 대한항공공사, 대한항공으로 민영화 |
| 3.3 | 일선장병위문금품 8,000여점 국방부에 전달 | | |
| 3.22 | 본사·문화방송 공동 주최 제1회 금융단 축구대회 개최(효창구장) | 3.3 | 가정의례준칙 발표 |
| 4.5 | '포플러 1억본 심기 10년계획'을 제창 | 3.16 | 주문진 무장 공비 침투 사건 |
| 5.23 | 본사, 한국신문 최초로 워싱턴의 내셔널프레스 빌딩에 주미 사무소 개설 | 3.28 | 김수환 서울대교구장, 추기경 서임 |
| 5.27 | 미국 LA에 본보 지국 개설 | 4.15 | 북한, 미국 정찰기(EC-121)격추. 탑승자 31명 사망 |
| 6.3 | 창간 15주년 기념 대음악제(시민회관) | 4.28 | 샤를 드골 프랑스 대통령, 하야 |
| 6.9 | 미국 LA에 지사 개설, 본보 전자복사판 발행 시작 | | |
| 6.11 | 제24기 견습기자 합격자 발표 | 6.20 | 김영삼 초산 테러 사건 |

| 연·월·일 | 사내 | 연·월·일 | 국내외 |
|---|---|---|---|
| 7.3 | 기동 특파원단 기획물 〈월남의 먼 새벽길〉 연재 시작 | 7.20 | 미국 아폴로 11호, 달 착륙 |
| 9.10 | 한국일보 사가 제정(박목월 작사·나운영 작곡) | 7.21 | 경인고속도로 개통 |
| 9.15 | 개봉동에 사원 주택 60동 착공 | 8.9 | 정부, 개헌안 공고 |
| 9.16 | 제2회 한국소년소녀합창제(시민회관) | 9.3 | 베트남 민주공화국 호찌민 국가 주석, 사망 |
| 9.26 | 7번째의 자매지 스포츠·연예전문 〈日刊스포츠〉 창간, 타블로이드배판 4면 발행, 초대국장 이용일, 월정구독료 150원 | 9.7 | 신민당, 해산 |
| | | 9.14 | 공화당, 3선 개헌안 및 국민투표법안 변칙 통과. 영·호남 집중 호우로 304명 사망 |
| 12.17 | 본사 12층 홀 개관기념 극단 산울림 '고도를 기다리며' 공연 | 9.15 | 주택복권 발행 |
| | | 9.20 | 신민당 재창당 |
| 12.22 | 본사 중부광고영업소 신설 | 10.17 | 3선 개헌안, 국민투표로 가결 |
| | | 12.11 | 대한항공 여객기(YS-11) 납북 |
| **1970년** | | | |
| 1.1 | 신정특집 12면 발행, 20세기 한국의 증언(월탄 박종화 회고록) 연재 | 1.5 | 서울특별시, 영하 20.2도 관측 |
| | | 1.21 | 한국소비자연맹 발족 |
| 1.26 | 70년도 미스 영 인터내셔널 선발대회 개최(MBC 공개홀) | 1.30 | 한국노총, 노조의 정치참여 선언 |
| 1.28 | 제25기 견습기자 및 사진기자 합격자 발표 | | |
| 2.1 | 일간스포츠 지방판 발행, 특종상 제도에 1단상 부문을 신설 | 3.31 | 일본 신좌파 9명, JAL 공중 납치(요도호 사건). 김포 공항에 비상 착륙 |
| 2.20 | 지방 주재기자 모집 | 4.3 | 마산 수출자유지역관리청 개청 |
| 3.3 | 일간스포츠, 한국 일간신문사상 초유로 가판 4만 3,000부 돌파 | 4.8 | 와우아파트 붕괴 사고. 34명 사망 |
| 4.11 | 한국일보 40만부 돌파 | 4.10 | 비틀스, 공식 해체 |
| 5.4 | 새 고속윤전기 FAH51형 가동(시간당 8페이지 15만부 인쇄) | 4.24 | 중공, 첫 인공위성 발사 |
| 6.7 | 한국미술대상 제정, 수상작 발표. 제1회 한국일보 가족운동회(서울고교 운동장) 개최 | 7.1 | 우편번호제 실시 |
| 6.9 | 창간 16돌 기념특집 24면 발행, 한국신문사상 최초로 그라비아 연결 인쇄 16면 발행 | 7.7 | 경부고속도로 완전 개통 |
| | | 7.25 | 서울 인구, 500만 돌파 |
| 9.10 | 제26기 남녀 견습기자 모집 | 8.15 | 서울 남산 1호터널 개통 |
| 10.1 | 코리아타임스, 한국문학번역상 제정 | 8.29 | 장발 단속 |
| 10.11 | 서해 낙도 어린이 100명 서울 초청 | 9.29 | 김대중, 신민당 대통령 후보로 선출 |
| 11.1 | 코리아타임스 창간 20돌 기념특집 24면 발행 | 10.14 | 충남 모산역 건널목 수학여행 참사. 46명 사망 |
| 12.2 | 〈주간女性〉지령 100호 기록 | 10.17 | 원주 터널 열차 충돌 사고. 14명 사망 |
| 12.28 | 남영호 침몰 희생자 유자녀 장학금 모금 캠페인 | 11.13 | 서울 평화시장서 재단사 전태일, 분신 |
| | | 12.15 | 남영호 침몰 사고. 326명 사망 |
| 12.31 | 본사와 MBC간의 보도업무 제휴협정 종료 | 12.23 | 서울 세종로 정부서울청사 준공 |
| | | 12.31 | 전투경찰순경 탄생 |
| **1971년** | | | |
| 1.1 | 신년특집 16면 발행. 신문사상 최초로 1면에 시를 싣기 시작 | 1.31 | 베트남 정부군, 미국 지원 속에 라오스 침공 개시 |
| | | 2.4 | 미국 나스닥 설립 |
| 2.20 | 본사 제정 문화·체육5대상 시상식(본사 12층 강당) | 3.15 | 미국, 미국 시민의 중공 입국 제한법 전면 폐지 발표 |
| 3.16 | 히말라야 고체셀봉 원정 취재차 사진부 김운영 기자 특파 | 3.17 | 공화당, 제7대 대통령 후보로 박정희 총재 지명 |
| | | 3.26 | 동파키스탄(방글라데시), 공화국 수립 선언 |

| 연·월·일 | 사내 | 연·월·일 | 국내외 |
|---|---|---|---|
| 4.21 | 특별기획 '현대사 발굴' 취재차 서광운 특집부장 하와이 특파, 〈미주의 한인 70년〉 기획기사 연재 시작 | 4.27 | 제7대 대통령 선거. 박정희, 3선 성공 |
| 6.5 | 中共 입체 보도위해 본사 특파원 8명 특파 | 5.10 | 청평호 버스 추락사고. 탑승객 94명 중 80명 사망 |
| 6.9 | 창간17돌 기념 특집 12면 발행 | 7.8 | 백제 무령왕릉 발굴(충남 공주) |
| 8.7 | 봉황대기 전국고교야구대회 창설, 제1회 개최 (서울운동장) | 8.10 | '대규모 도시 빈민 투쟁' 광주 대단지 사건(경기 광주군) 발생 |
| 8.8 | 일요특집 임시 증면12면 발행 | 8.23 | 실미도 사건 |
| 8.29 | 제2회 소형영화촬영대회 청평에서 개최 | 9.20 | 이산가족 찾기 남북적십자사 첫 예비 회담 |
| 9.24 | 본사 주최 제7회 전국장사씨름대회(장충공원 특설 경기장) | 10.2 | 국회, 오치성 내무부 장관 해임결의안 가결(공화당 항명 파동) |
| | | 10.15 | 정부, 서울시 일원에 위수령 선포. '학원 질서 확립' |
| | | 11.15 | 유엔총회 본회의 개최. 중국 대표가 처음으로 참석 |
| 10.16 | 제1회 한국 패션 카니벌 및 71년도 신인 모델 컨테스트 개최 (시민회관) | | |
| 10.27 | 中共 유엔 가입 임시 특별 지면 발행 | 12.6 | 박 대통령, 국가비상사태 선언 |
| 12.8 | 한국국제사진전 제정, 제1회 입선작 발표 | 12.9 | 파월 국군 병력, 6년 만에 철수 |
| | | 12.10 | 대한민국 최초의 전국 민간방공훈련 |
| 12.24 | 제27기 견습기자합격자발표 | 12.25 | 김수환 추기경, '박정희 장기 집권 경고' 강론. 서울 대연각 호텔에 큰불 |
| 12.31 | 송년특집 5, 6, 7, 8면 컬러 오프셋 인쇄 | | |
| **1972년** | | | |
| 1.1 | 신정특집 16면 발행 | 1.22 | 영국·덴마크·에이레·노르웨이 등 4국, EC 가입 체결 |
| 1.7 | 제1회 한국국제사진전 개막(신문회관) | 1.30 | 영국령 북아일랜드에서 영국군, 시위대에 발포. 13명 사망(피의 일요일 사건) |
| 1.12 | 전방진지 구축을 위해 '시멘트·철근보내기운동' 전개 | 2.21 | 닉슨 대통령, 베이징 도착 (미국 대통령 최초의 중국 방문) |
| 1.15 | 불량만화 추방을 위해 새 스타일의 건전만화 출판 | 5.15 | 미국, 오키나와를 일본에 정식 반환 |
| 5.6 | 본사 제정 제4기 명인전에서 서봉수 2단이 조남철 8단을 물리치고 4대 명인으로 등장 | 5.22 | 실론, 스리랑카공화국으로 개칭 |
| | | 5.29 | 프랑스 파리 국립도서관에서 고려 금속활자본 직지심경 발견 |
| 7.4 | 60만 재일동포들을 위해 매주 목요일 일본판 발행 시작 | 7.4 | 남북, 7·4 남북 공동성명 발표 |
| | | 7.10 | 남북한 첫 적십자회담, 판문점 개최 |
| 7.7 | 독자 투고로 엮는 〈독자만평〉란 신설 | 8.3 | 박 대통령, 기업 사채 동결 긴급재정명령(8.3조치) |
| 8.16 | 〈일간스포츠〉 19만3,500부 발행(서울 가판 13만5,000부) | | 남북적십자회담, 제1차 본회담 평양 개최 |
| 8.27 | 남북적십자 평양 본회담 취재차 본사 기자 특파 출국, 〈서양미술전집〉(전25권) 간행 | 8.30 | 뮌헨올림픽 선수촌 참극… 팔레스타인 '검은 9월단', 이스라엘 선수단 11명 살해 |
| 10.2 | | 9.5 | |
| 10.19 | 통일문제연구소 발족 | 9.29 | 일본, 대만과 단교하고 중공과 수교. 대만 고립 가속화 |
| 11.1 | 장기영 사장, 남북조절위 부위원장에 선임 | | 박 대통령, 전국에 비상계엄 선포 |
| 11.11 | 통일문제연구회 신설 | 10.17 | 유신헌법 국민투표로 의결 |
| 11.24 | 제28기 남녀 견습기자 모집 | 11.21 | 서울시민회관 화재. 51명 사망 |
| 12.23 | 제1회 일간스포츠 사장기쟁탈 전국볼링대회 개최 (한강볼링센터) | 12.2 | 통일주체국민회의, 8대 대통령에 박정희 후보 선출 |
| | | 12.23 | |
| 12.29 | 제10회 한국신인체육상 결정(최우수선수상에 차범근) | 12.27 | 박정희, 제8대 대통령 취임 |

| 연·월·일 | 사내 | 연·월·일 | 국내외 |
|---|---|---|---|
| **1973년** | | 1.22 | 유진산, 신민당 당수직 사퇴. 권한대행에 정일형 |
| 1.1 | 신년호 특집 18면 발행, 8면 오프셋 인쇄 | 1.27 | 민주통일당 창당 |
| | | 2.1 | 구속적부심제 폐지 |
| | | 2.8 | 장발, 미니스커트 단속 법제화, 3월 11일부터 시행 |
| 2.28 | 장기영 사장 제9대 국회의원에 당선 | 2.27 | 제9대 국회의원 선거 |
| 3.11 | 장기영 사장 국회의원 당선에 따라 사장·발행인직 사임, 장강재 부사장이 사장·발행인으로 취임 | 3.29 | 주월 미군 최종 철수. 미군, 베트남전 개입 종료 |
| 4.21 | '소년한국 비둘기기자' 제 실시 | 4.4 | 미국 뉴욕서 세계무역센터 완공 |
| 4.22 | 제1회 주부를 위한 생활과학 강좌(본사 12층 강당) | 4.10 | 여자 탁구, 사라예보 세계선수권 우승 |
| 5.22 | 한국일보 해외판 발행 | 4.30 | 닉슨 대통령, 워터게이트 사건으로 곤경에 빠짐 |
| 6.9 | 본사와 MBC, 뉴스 취재 사업 협조 쌍무협정 체결 | 5.5 | 서울 어린이대공원 개원(서울 광진구 능동) |
| 7.6 | 안의섭 화백의 시사만화〈두꺼비〉와〈사회만평〉연재 시작 | 6.23 | 박 대통령, 평화통일 외교정책 7개 항 특별성명 (6.23선언) |
| 7.10 | 사진부 박태홍 기자, 제11회 보도 사진전에서 '기적의 소녀'로 금상 수상 | 7.3 | 포항종합제철 준공 |
| | | 8.8 | 김대중 피랍사건 발생(일본 도쿄) |
| | | 10.2 | 서울대 문리대생, 유신반대 시위 |
| 9.21 | 노벨물리학상 브래튼 박사 특별 초청 강연(본사 12층 강당) | 10.6 | 제4차 중동전쟁 발발 |
| | | 10.15 | 소양강 다목적댐 준공, 11월 1일부터 운전 |
| 12.1 | 창간 20주년 기념 200만원 고료 장편소설 모집 | 11.14 | 호남 고속도로 전주-순천 구간 및 남해고속도로 개통 |
| **1974년** | | 1.8 | 박 대통령, 긴급조치 1호(헌법 논의 금지), 2호(비상군법회의 설치) 선포 |
| 1.1 | 신정특집 16면 발행(컬러 4면) | | |
| 1.5 | 1,000만이산가족 '친지찾기운동' 시작, 본사에 이산가족찾기 사업국을 설치, 신청 접수 | 1.10 | 도서출판 창작과비평사 설립 |
| 3.5 | 창간 20돌 기념연주회, 바이얼리니스트 유디스 샤피로 여사 초청 협주곡의 밤 개최(이대강당) | 1.14 | 국민생활 안정을 위한 긴급조치 3호 선포 |
| | | 2.22 | 충무 앞바다서 해군 YTL선 침몰, 장병 159명 사망 |
| 4.2 | 창간 20돌 기념 '과학의 생활화운동' 전개 | | |
| 6.1 | 창간20돌 맞아 한국원호대상과 한국음악콩쿠르 대상 신설 | 4.3 | 박 대통령, 긴급조치 4호 선포. 민청학련 관련 활동 등 엄단 |
| 6.2 | 창간20돌 기념연주회, 성가대음악제 개최(유관순 기념관) | 5.18 | 인도 핵실험 성공(6번째 핵보유국) |
| 6.9 | 社史〈한국일보 20년〉 출간. 창간 20돌 특집 20면 발행. 한국가족대운동회 개최(단국대 운동장) | 6.28 | 어선 보호 중이던 해경 경비정, 북한 함정에 피격 침몰. 승무원 29명 희생 |
| 6.30 | 한국일보 사원 일동, 방위성금 58만4,000원 갹출 | 7.4 | 한국-사우디, 경제 협정 조인 |
| 7.25 | 정경화·명화·명훈 3남매 초청연주회 개최(이화여대강당) | | |
| 8.1 | 창간 20돌을 기해 사시 '춘추필법의 정신' '정정당당한 보도' '불편부당의 자세' 정립. 일간스포츠 매일 8면으로 증면 발행 | 8.9 | 닉슨 미국 대통령 사임. 포드 부통령, 38대 대통령으로 취임 |
| 8.22 | 광고국, 서울 전역을 대상으로 기사 및 광고 열독률 조사 | 8.15 | 육영수 여사 피격. 서울지하철 1호선(서울역-청량리) 수도권 전철 1호선(성북역-인천역, 수원역) 개통. 새마을호 운행 시작 |
| | | 8.22 | 김영삼, 신민당 당수로 선출 |

| 연·월·일 | 사내 | 연·월·일 | 국내외 |
|---|---|---|---|
| 10.8 | 본사 언론수호대책위원회, 신문편집 등 제작 상황에 대한 제작일지 작성을 결정 | 10.18 | 시위로 전국 대학 휴교 |
| 10.26 | 논설위원 일동, 언론자유에 관해 집필한 사설이 게재되지 않은 데 항의, 집필을 거부 | 10.24 | 신문·통신·방송기자들, 언론자유실천 선언 |
| | | 11.3 | 서울 대왕 코너(청량리역 근처)에 또 큰불(2차 화재). 88명 사망 |
| 11.24 | 편집국 기자 일동, 민주언론수호를 위한 결의문과 행동지침을 채택하고 25일자 지면에 게재 | 11.15 | 판문점 비무장지대서 제1땅굴 발견 |
| | | 11.22 | 포드 미국 대통령, 방한 |
| | | 11.27 | 민주회복 국민선언대회 개최 |
| 12.10 | 본사 기자 31명은 전국출판노조 한국일보사 지부의 설립신고서를 서울시 보사국에 접수 | 12.20 | 문세광 교수형 집행(육영수 여사 피살 사건 관련) |
| 12.19 | 베토벤 제9교향곡 송년 대연주회 개최 (이화여고 강당) | | |
| **1975년** | | | |
| 1.1 | 신년특집 16면 발행. 살림장만 大보너스 퀴즈 연재 | 1.15 | 재무부, 대학생 학자금 융자제도 마련(한 학기 8만원씩) |
| 1.26 | 본사주관 '77한국에베레스트원정대' 설악산서 2차 동계 훈련 | 1.19 | 중공, 새 헌법 발표. 사회주의국가로 규정 |
| 3.11 | 〈인간 이승만 백년〉 연재 | 1.23 | 북한, 대남 비방 방송 재개 |
| 3.22 | 월남·크메르 전황 취재차 안병찬 기자 등 급파 | 2.12 | 유신헌법 국민투표 실시. 찬성률 73.11% |
| 4.11 | 전국출판노조 한국일보지부, 서울시 상대로 행정소송 제기 | 2.15 | 박 대통령, 긴급조치 1호·4호 위반자 석방 |
| | | 2.25 | 서울대 종합화 계획 확정 |
| 6.1 | 자매지 코리아타임스 격일 8면으로 증면 발행 | 3.14 | 서울대 관악 캠퍼스 이전 및 첫 개강 |
| 6.6 | 유엔제정 '여성의 해'를 맞아 제31기 여성견습기자 모집 | 3.20 | 북한 제2 땅굴 발견(중부 전선 철원 동북방 13km 지점) |
| 6.9 | 창간21돌 기념특집 12면 발행 | 4.5 | 장제스 자유중국 총통 사망 |
| 6.10 | 안병찬 특파원의 '월남보고회' 개최 | 4.8 | 박 대통령, 긴급조치 7호 공포(서울대·고대에 휴교령) |
| | | 4.30 | 월남 정부, 베트콩에 무조건 항복. 베트남전 종식 |
| | | 5.13 | 박 대통령, 긴급조치 9호 선포(7호는 해제) |
| | | 5.30 | 유럽우주국(ESA) 설립 |
| 7.13 | 주간女性특별기획 '비치 웨어 페스티벌' 개최 | 6.21 | 댄서의 순정 등 43곡 1차 금지곡 처분(공연 활동 정화 대책) |
| 8.1 | 77한국 에베레스트원정대, 카라반루트 정찰대 출발 | 6.27 | 정부, 민방위대 신설. 소득세 신설 |
| 8.3 | 제2회 미주동포위문 '한국가곡의 밤' 공연 | 7.2 | 국립경주박물관 개관 |
| 8.15 | 해방30주년 기념사업으로 〈사진으로 본 해방 30년〉 발간 | 7.5 | 봉고 가봉 대통령, 내한 |
| 9.30 | 한국일보사 민방위대 발대 | 7.9 | 〈그건 너〉 등 45곡, 2차 금지곡 처분 |
| 10.24 | 일본 프로야구 롯데 오리온스팀과 한국계 선수선발팀 초청 한일야구대회 개최 | 7.16 | 4대 전시입법(사회안전법, 민방위기본법, 방위세법, 교육기본법) 국회 통과 |
| 12.2 | 에르네스트 마이어 전 IPI 사무국장, 본사예방 | 7.18 | 미·소 우주선, 도킹 실험 성공. 냉전 속 화해의 상징 |
| 12.3 | 서울經濟新聞 지면 쇄신. 증권기사 전면확대, 부동산 정보란 신설 | 9.1 | 여의도 새 국회의사당 준공 |
| 12.15 | 에베레스트 정찰 사진전 개최(신세계 화랑) | 10.14 | 영동·동해 고속도로 개통 |
| | | 11.20 | 스페인 36년 독재자 프랑코 사망 |
| 12.17 | 일간스포츠, 만화가 고우영의 극화〈일지매〉를 국내신문 최초로 매일 연재 시작 | 12.13 | 불교 조계종 총무원 난동 사건 |
| 12.30 | 사회부조리 제거 캠페인 전개 | | |

| 연·월·일 | 사내 | 연·월·일 | 국내외 |
|---|---|---|---|
| **1976년** | | | |
| 1.1 | 신년특집 16면 발행 | 1.8 | 중공 저우언라이(周恩來) 총리 사망(78세) |
| 3.20 | 日刊스포츠 지령 2,000호 돌파 | 1.15 | 박 대통령 "경북 포항에서 석유 발견" 발표, 해프닝으로 끝나 |
| 4.4 | 조치훈·서봉수 한일간 전화바둑대회 개최 | | |
| 4.16 | 한국일보 새마을금고 발족 | 2.1 | 미국 NYT "한국 원자탄 생산 가능" 보도 |
| 5.11 | 서울경제신문, 경제논문현상 모집 당선작 발표 | 3.1 | 재야인사들, 명동성당 3·1절 기념미사에서 민주구국선언 발표 |
| 5.20 | 극단 신협, 본사 후원으로 이청준 작 '이어도' 공연 | | |
| 6.9 | 창간22돌 기념특집 12면 발행,10년 근속사원 54명 표창 | 4.7 | 중공 당중앙위, 덩샤오핑(鄧小平) 모든 직책 해임 |
| | | 4.8 | 담뱃갑에 '지나친 흡연을 삼갑시다' 경고문 |
| 8.1 | 본지·자매지의 외래어 표기통일을 위한 외래어 표기심의위 발족 | 4.9 | 신민당, 폭력 난동·별도 전당대회 강행(각목 난동 사건) |
| | | 5.25 | |
| 8.31 | 공무국 국내 언론계 최초로 과장제 신설, 30명의 과장 탄생 | 6.11 | 김영삼, 신민당 총재직 사퇴 선언 |
| | | 7.4 | 이스라엘 특공대, 우간다 엔테베 공항 야습. 인질 전원 구출 |
| 9.1 | 77한국에베레스트원정대 2차 정찰대 현지 파견 | | |
| 9.30 | 젊은 기자의 미국과 일본 해외연수제 실시 공고 | 7.15 | 한강 잠수교 개통 |
| 10.1 | 제33기 남녀견습기자모집 | 7.24 | 로보트 태권V 개봉 |
| 10.3 | 〈주간女性〉지령 400호 돌파 | 7.28 | 중국 탕산 대지진. 24만 2,000여명 사망 |
| 11.1 | 해외연수 기자 7명 선정, 국내언론 최초 회사부담 연수제도 | 8.1 | 레슬링 양정모, 해방 후 첫 올림픽 금메달 |
| | | 8.18 | 북한군, 판문점 도끼 만행 사건 |
| 11.9 | 본사 13층 라운지 '타임스 클럽'을 '송현구락부'로 개칭 | 9.9 | 마오쩌둥(毛澤東) 중국 공산당 주석 병사(82세) |
| | | 10.5 | 서울대교(현 마포대교) 개통 |
| 11.14 | 제22회 경부대역전 경주대회 개막 | 10.11 | 전남 신안 앞바다에서 송·원 시대 유물 112점 인양 |
| 11.15 | 전사원 10만부 확장운동 전개 | 10.24 | 박동선 사건 미국서 문제화(코리아게이트) |
| 12.20 | 송년대연주회 베토벤 제9교향곡의 밤 개최(유관순 기념관) | 11.3 | 동해 울릉도 근방에서 어선 대량 침몰로 408명 사망·실종. 지미 카터 민주당 후보, 미국 대통령에 당선 |
| 12.27 | 정경화 정명훈 남매 특별연주회 개최(이대 강당) | | |
| | | 12.4 | 신직수 중앙정보부장 경질, 후임에 김재규 |
| **1977년** | | | |
| 1.1 | 신년특집 16면 발행. 출판 영업부, 외간부로 개칭 | 1.1 | 무미일(無米日·쌀 먹지 않는 날) 철폐 |
| 2.1 | 77한국에베레스트원정대 3차 동계훈련 실시 (오대산) | 1.12 | 박 대통령, 대북 식량원조 제의 |
| | | 1.28 | 박 대통령, 핵무기와 전투기를 제외한 모든 무기를 국산화 |
| 3.31 | 정치부 朴 實 차장대우,16대 기자협회회장에 선출 | | |
| 4.6 | 사진 견습기자 모집 | 3.9 | 카터 미국 대통령, '4~5년 내 주한 미군 철수 계획' 발표 |
| 4.11 | 장기영 사주, 충정로 자택서 심근경색으로 별세, 향년 61세 | | |
| | | 5.29 | 카터 대통령, 주한 미군사 참모장 소환 (철군 반대 발언) |
| 4.13 | 국회장으로 여의도 의사당서 장기영 사주 영결식 엄수 | | |
| | | 6.15 | 김택수 대한체육회장, IOC 위원 선출 (한국인 4호) |
| 6.9 | 창간23돌 특집 12면 발행 | 6.19 | '국내 최초 원자력발전소' 고리 1호기 가동 |
| 6.15 | '취재능력 함양 위한 영어강좌' 실시(미국인 초빙) | 6.22 | 김형욱, 미 하원 청문회에서 박정희 정권 비사 증언 |
| 6.17 | 피아니스트 알폰소 몬테시노 초청연주회 개최(국립극장) | | |
| | | 6.23 | '엄마 없는 하늘 아래' 대한극장에서 개봉 |
| 7.1 | 본사주관 한국 에베레스트원정대 출국 | | |

| 연·월·일 | 사내 | 연·월·일 | 국내외 |
|---|---|---|---|
| 9.15 | 에베레스트원정대, 고상돈 대원 에베레스트 정복 | 7.1 | 부가가치세제, 직장의료보험제 시행 |
| 10.1 | 연재소설 〈장길산〉 제2부 완결 | 8.16 | 엘비스 프레슬리, 심장마비로 사망(42세) |
| 10.6 | 77한국 에베레스트 원정대 개선 귀국 | 9.15 | 한국 등반대(고상돈 대장), 세계 최고봉 에베레스트 정복 |
| 11.1 | 에베레스트 등정 사진전 개최, 29일까지 미도파 백화점 4층 | 9.17 | 급식 빵 식중독 사건, 53개교 7,800명 식중독(사망 1명) |
| 11.13 | 이리역 폭발 희생자 유가족에게 본사 성금 200만 원 전달 | 11.11 | 전북 이리역에서 화약 운송열차 폭발. 59명 사망 |
| 12.7 | 제35기 견습기자 모집 | 12.1 | 서울 시내버스 토큰제 시행 |
| 12.15 | 황석영 연재소설 〈장길산〉 제3부 연재시작 | 12.17 | 구마 고속도로 개통(8.4km 2차선) |
| | | 12.22 | 수출 목표 100억 달러 달성 |
| **1978년** | | | |
| 1.1 | 본사,1978년 1월 1일을 기해 法人으로 발족. 일간스포츠,새 극화 고우영 작 〈삼국지〉연재 시작 | 1.1 | 동력자원부 발족 |
| 1.31 | 본사 5층에 8평 규모의 여기자 휴게실 설치 | 1.14 | 홍콩에서 유명 여배우 최은희 납북 |
| 2.27 | 화재 순직사우 10주기 추념식 거행 | 4.14 | 세종문화회관 개관 |
| 4.11 | 고 장기영 사주 1주기 추모식 거행. 추모 사진첩 〈張基榮 그 모습〉 출간 | 4.21 | KAL 여객기, 소련 무르만스크 인근에 강제 착륙 |
| 5.5 | '벽지 어린이에게 책 보내기 운동' 전개. 한국일보 제정 어린이날 표어,'노래하며 자라라 웃으면서 자라라' 선정 | 5.1 | 서울 남산3호터널 개통(쌍굴) |
| | | 6.5 | 난장이가 쏘아올린 작은 공(조세희) 출간 |
| | | 6.30 | 압구정 현대아파트 특혜 분양 사건 |
| 5.13 | 본사출판국, 〈에베레스트 등정 사진첩〉 발간 | 7.6 | 박정희 대통령 후보, 9대 대통령에 당선 |
| 5.21 | 한국 거북이 마라톤대회 신설 | 7.20 | 고리 원자력 1호기 준공. 세계 21번째 핵 발전국 |
| 6.9 | 창간 24돌 특집 12면 발행. | 7.25 | 세계 최초의 시험관 아기 영국에서 탄생 |
| 7.1 | 세계 6대도시의 표준시계를 편집국 외신부에 설치 | 9.27 | 국산 미사일(지대지 유도탄, 대전차 로켓 등) 개발 |
| | | 10.5 | 자연보호헌장 선포 (전문 624자) |
| 7.5 | 통근버스 '강북선' 개통 | 10.7 | 충남 홍성 지진 (리히터 규모 5.0) |
| 8.1 | 서울經濟新聞 미주판 뉴욕서 발행 시작 | 10.16 | 요한 바오로 2세 즉위. 사상 첫 동구 출신 교황(폴란드) |
| 9.21 | 연재소설 〈장길산〉 작가 황석영의 건강 사정으로 연재 중단 | 10.17 | 제3땅굴(경기 파주) 발견 |
| 10.2 | '기자의 집',회사서 직영(밤 10시 이후 라면 무료 급식) | 11.23 | 강남 고속버스터미널 완공 |
| 10.7 | 제36기 견습기자 모집 | 12.12 | 제10대 국회의원 선거 |
| 12.29 | 제11회 한국 창작문학상에 김문수 작 〈육아〉 선정 | 12.15 | 미국-중공 국교 정상화 발표 |
| | | 12.27 | 박정희, 제9대 대통령 취임. 대사면 실시 |
| **1979년** | | | |
| 1.1 | 신정 특집 16면 발행,〈한국인 4반세기〉연재 | 1.1 | 미국-중공, 30년 만에 국교 수립. 미국, 대만과 단교 |
| 2.20 | 연재소설 〈장길산〉연재 재개 | 1.31 | 동해고속도로(포항~삼척 간 192.1km) 개통 |
| 3.3 | 본사제정 제10기 명인전 개막 | 3.4 | 미국-중공, 7개년 통상협정 체결 |
| 3.20 | 코리아타임스 자형, 8.5포인트 코로나 26형으로 변경 | 3.26 | 이집트·이스라엘, 평화조약 조인 |
| 4.11 | 언론인 퍼터 현, 〈내가 본 북한〉 연재 시작 | 3.28 | 미국 스리마일섬 원자력발전소에서 방사능 누출 사고 |
| 5.16 | 張康在 회장, 대한체육회 상임이사에 선임 | 4.3 | 신흥 재벌 율산그룹 부도. 대표 구속 |
| 5.21 | 한국소년소녀대합창제 개최 (세종문화회관) | 5.4 | 영국 보수당, 총선 승리. 대처, 영국 최초의 여성 총리 취임 |
| 5.27 | 한국거북이마라톤 창설 1주년 대회 개최 (남산 코스) | 5.29 | 고상돈 등 등반대, 미국 매킨리봉 하산 도중 조난 사망 |

| 연·월·일 | 사내 | 연·월·일 | 국내외 |
|---|---|---|---|
| 6.10 | 창간 25주년 가족체육대회 개최(단국대 운동장) | 5.30 | 신민당 전당대회, 총재에 김영삼 의원 선출 |
| 8.1 | 주간한국·주간여성, 통신판매제 실시, 신문제작 전표제 실시 | 6.29 | 카터 미국 대통령 방한, 미군 계속 주둔 선언 |
| 9.15 | 백상장학금 지급(중학생 1명에 연간 6만원) | 8.7 | YH무역 여공, 신민당사에서 회사폐업 반대 농성 (YH 사건) |
| 9.26 | 일간스포츠 창간10돌 3,082호를 기록 | 10.4 | 국회, 여당 단독으로 김영삼 신민당 총재 제명 |
| 10.5 | 한국일보 PR판 발행(전4면) | 10.18 | 박정희 대통령, 부산에 비상계엄령 선포 (부마 사태) |
| 10.9 | 한국일보 전산팀, 한글인쇄 완전기계화 컴퓨터 시스템 개발 | 10.26 | 박정희 대통령, 김재규에 피격 사망 |
| 11.30 | 백상도서실 개관 | 11.4 | 이란 회교도·학생, 테헤란 미 대사관 점거 |
| 12.27 | 사원 대표 일행, 자매부대에 위문 선물 전달 | 12.8 | 긴급조치 9호, 4년 7개월 만에 해제 |
| 12.30 | 본사 사옥 11~13층에 스프링쿨러 시설 | 12.12 | 정승화 계엄사령관 연행 중 총격 사건(12·12 사태) |
| 12.31 | 지난 25년간의 한국일보 지면 마이크로 필름화 작업 완성 | 12.21 | 최규하, 제10대 대통령 취임 |

1980년

| | | | |
|---|---|---|---|
| 1.1 | 신정특집 16면 발행. 월정구독료 1,500원으로 인상 | 1.12 | 정부, 환율·금리 대폭 인상(은행 대출금리 25%) |
| 1.18 | 정치부 안택수 기자 기자협회회장에 선출 | | |
| 1.31 | 김시복 특파원 회교 혁명 후 한국기자 첫 이란 입국 취재 | 3.13 | 국방부 군법회의, 정승화 전 육참총장에 징역 10년 선고 |
| 2.1 | 출판국, 기획편집〈한국의 여로〉1·2권 출간 | 4.14 | 중앙정보부장서리에 전두환 국군 보안사령관을 겸직 임명 |
| 3.31 | 정년퇴임하는 창간사원 8명에게 기념패, 행운의 열쇠 증정 | 4.21 | 강원 사북 광부 700여 명 유혈 난동(사북 사건) |
| 4.1 | 제37기 견습기자 18명·지방주재기자 13명, 일반직 12명 등 신입사원 채용 | 5.4 | 티토 유고 공산당 서기장 사망 |
| 5.12 | 기협 한국일보 분회, 언론회복 등을 선언 | 5.18 | 광주 민주화 운동 발발 |
| 5.22 | 80년대의 과제-전면광고 시리즈 전개 | 5.20 | 신현확 내각 총사퇴 |
| 6.9 | 창간 26돌 기념특집 12면 발행 | 5.24 | 박 대통령 살해 사건 김재규 등 5명 교수형 집행. |
| 6.28 | 본사주최 80미스유니버스 서울대회(세종문화회관) | 5.31 | 국가보위비상대책위원회 신설, 위원장에 전두환 중앙정보부장 서리 |
| 7.17 | 소년한국일보 창간 20돌 자축연(송현클럽) | 7.12 | 계엄사, 김대중 등 9명을 내란음모 혐의로 군사재판소 송치 |
| 7.24 | 제10회 봉황기 고교야구대회 개막 | 7.30 | 대입 본고사 폐지, 졸업정원제, 과외금지 |
| 7.30 | 한국신문협회 회원 일동, '언론자율정화와 언론인 자질 향상에 관한 결의문 채택 | 8.13 | 김영삼, 정계 은퇴 선언 |
| 8.23 | 한국일보사 정화운동추진결의대회 (12층 강당) | 9.1 | 전두환, 11대 대통령 취임... 초대 총리에 남덕우 |
| 10.2 | 서울 중곡동 주민들, 올바른 보도로 거주지를 찾게 되었다고 본사에 감사패 전달 | 9.22 | 이란 이라크 전쟁 발발 |
| 10.15 | 金壽煥 추기경,〈한국의 聖地〉기획연재 감사패 전달 | 10.20 | 북한, 김정일을 후계자로 공식 발표 |
| 11.1 | 코리아타임스 창간 30주년 기념 리셉션 (백상기념관) | 10.22 | 제5공화국 헌법, 국민투표로 확정 |
| 11.25 | 서울경제신문 강제 종간 | 11.4 | 로널드 레이건, 제40대 미국 대통령에 당선 |
| | | 11.14 | 언론기관 통폐합 결정 |
| | | 12.19 | 중앙정보부 명칭, 국가안전기획부로 개칭 |
| | | 12.31 | 정부, 언론기본법 공포. 합동통신·동양통신 종간 |

| 연·월·일 | 사내 | 연·월·일 | 국내외 |
|---|---|---|---|
| **1981년** | | | |
| 1.1 | 신년특집 16면 발행, 구독료 2,500원으로 인상, 〈천자춘추〉부활 연재 | 1.4 | 연합통신 창간 |
| 1.4 | 신문사상 첫 주식기(CRT) 도입 가동, 분당 150자 채자 | 1.15 | 민주정의당 창당. 총재 겸 대선 후보로 전두환 대통령 추대 |
| 3.16 | KBS FM 방송, 코리아타임스를 교재로 방송강좌 개시 | 1.28 | 전 대통령, 미국 방문 |
| | | 2.11 | 대통령선거인단 선거. 5,278명 선출 |
| | | 2.25 | 전 대통령, 12대 대통령에 당선 |
| 3.17 | '봄맞이 가곡의 밤' 주최(세종문화회관) | 3.25 | 제11대 국회의원 선거 |
| 4.1 | 코리아타임스, LA 영문판을 LA에서 제작되는 한국일보LA판에 합쇄 발행 시작 | 4.12 | 미국, 유인 우주왕복선 콜럼비아호 발사 성공 |
| | | 5.10 | 프랑스 대통령에 사회당 프랑수아 미테랑 당선 |
| 4.23 | 서울시와 공동으로 문화재 교양 무료강좌 개설 | 5.28 | '관제 축제' 국풍 81, 서울 여의도 개막 |
| 4.25 | 청탁풍조 배격 사원결의 대회 | 6.30 | 중공, 마오쩌둥 사상 폐기. 덩샤오핑식 실용주의 선언 |
| 4.29 | 한국일보 지령 1만호 기록,〈한국시단〉2,500회 기록 | | |
| 5.5 | 소년한국일보, 편지쓰기대회 개최 | 7.1 | 경북 대구시, 경기 인천시 → 직할시로 승격 |
| 7.1 | 문화부 이충우 차장 본지 연재물 〈한국의 성지〉 출간 | 9.2 | 부마 고속도로 개통 |
| 7.16 | 일간스포츠,새 극화 고우영 작 〈열국지〉연재 | 9.30 | IOC 총회(바덴바덴), 1988년 제24회 올림픽 서울 개최 결정 |
| 8.7 | 코리아타임스 견습기자(38기) 6명 입사 | 11.24 | 대학입학 학력고사 처음 실시 |
| 10.1 | 한국일보 문화센터 개관. 사원 포상 '백상공로대상제' 제정 | 11.26 | AGF총회(뉴델리), 1986년 아시안게임 개최지로 서울 확정 |
| 10.9 | 한국일보 전산팀 한글·한자 CRT 편집기 개발 | 12.11 | 한국프로야구위원회(KPBC) 창립 |
| 12.24 | 뮤지컬 '에비타' 공연(세종문화회관) | 12.15 | 서울 제3한강교(한남대교) 확장 개통 |
| **1982년** | | | |
| | | 1.2 | 문교부, 중고생 교복·두발 자율화 발표 |
| | | 1.5 | 자정을 기해 야간통행금지 폐지 |
| 3.2 | 문화센터 개강,58과목 112강좌 시작 | 3.18 | 부산 미국문화원 방화 사건 |
| 4.1 | 구독료 2,700원으로 인상 | 3.27 | 프로야구 첫 개막(서울 운동장 야구장) |
| 4.3 | 〈癌이 무너진다〉주 1-2회 연재 | 4.26 | 경남 의령경찰서 만취 순경, 총기 난사. 60여 명 사망 |
| 4.18 | 제39기 견습기자 모집 | | |
| | | 5.7 | 대검, 어음사기 혐의로 이철희·장영자 부부 구속 |
| 6.9 | 창간28돌 기념특집 20면 발행. 창간 28돌 기념식, 제1회 백상기자대상(사회부 정재용 기자) 및 백상공로대상(공무국 박해원 부장대우)시상. 범국민 식생활 개선 캠페인 전개 | 6.5 | 김지하 시집 '타는 목마름으로'(창작과비평사) 출간 |
| | | 6.25 | 서울 반포대교 개통 |
| | | 7.15 | 서울 잠실종합운동장 야구장 준공 |
| 7.1 | 문화부 장명수 차장 집필 매일 연재 〈여기자 칼럼〉 시작 | | |
| 7.23 | 칼럼 〈메아리〉, 기명으로 김성우·김창열 편집위원 집필 | | |
| 7.27 | 장강재 회장, 국민훈장 모란장 수상 | 10.16 | 중공군 조종사 오영근, 미그19기로 한국 망명 |
| | | 11.14 | 김득구, 미국서 WBA라이트급 도전 중 의식 불명, 사망 |
| | | 11.25 | 일본 나카소네 야스히로 새 총리직 취임 |
| 12.4 | 전자동 연판주조 사상기 (슈퍼매틱) 가동 | 12.2 | 스페인, 곤살레스 내각 출범. 최초의 좌파 정권 탄생 |
| 12.5 | 제15회 한국창작문학상 수상자에 〈꿈꾸는 자의 나성〉 작가 윤흥길 결정 | | |
| 12.18 | | | |

| 연·월·일 | 사내 | 연·월·일 | 국내외 |
|---|---|---|---|
| **1983년** | | | |
| 1.1 | 신년특집 24면 발행 | 1.1 | 50세 이상자에 해외관광 여행 허용 |
| 1.9 | 한국일보 유럽판을 신설, 발행 | 1.11 | 나카소네 일본 수상 방한 |
| 1.21 | '한국 5대문화상' 시상식 거행 | 2.24 | 1988올림픽 공식 마스코트, '호랑이'로 확정 |
| 2.27 | 확대 개량된 보기 좋은 새 활자(1단 13배에서 12배로 확대), 고정란부터 사용 시작, 1자당 면적 18% 커짐 | 2.25 | 북한군 조종사 이웅평 상위(대위), 미그 19기 몰고 귀순 |
| 3.1 | 창간 30주년기념사업 추진위원회 구성 | 3.2 | 중·고생 교복 자율화 시작 |
| 3.13 | 제40기 견습기자 모집 | 3.17 | 바둑 조치훈, 기성전 우승. 일본 바둑계 석권 |
| 4.7 | 한국일보 전산 개발팀, 국한문 혼용 사진식자기 개발 | 3.25 | 마이클 잭슨, '문워크' 처음 선봬 |
| 4.11 | 장기영 사주 6주기 추모식, 전·현직 사우들이 쓴 추모문집 〈百人百想〉 출간 | 5.5 | 105명 탑승한 중공 여객기, 춘천에 불시착 |
| 5.1 | 새 월간 자매지 〈월드 테니스〉 발간(4×6배판) | 5.8 | 프로축구리그 '슈퍼리그' 개막(서울 운동장) |
| 6.1 | 한국일보 PR판, 150만부 배포 | 6.11 | 5,000원권·1만원권 새 지폐 발행 |
| 6.9 | 창간 29돌 기념특집 20면 발행, 국내 사상 처음 사설 가로쓰기 시행. | 6.18 | 중공 전인대, 국가주석에 리셴녠 부주석, 중앙군사위 주석에 덩샤오핑 선출 |
| 6.11 | 일간스포츠編, 〈스포츠 사진연감〉 첫 출간 | 6.30 | KBS, 이산가족 찾기 TV 생방송 시작 |
| 7.5 | "KBS이산가족찾기운동' 명단 연속 호외 발행 시작 | 7.1 | 금융자산 실명거래제 실시 |
| 7.27 | 컬러기행 〈왕오천축국전〉 연재 시작 | 7.14 | 닌텐도, 게임 '마리오 브라더스' 일본 발매. 15일엔 가정용 게임기 '패밀리 컴퓨터' 발매 |
| 8.3 | 제6기 일반직 견습사원 모집 | 7.29 | 우리나라 인구 4,000만 명 돌파 |
| 8.26 | '이산가족명단' 호외 200호에 이름 | 8.5 | 월성 무장 공비 침투. 5명 사살 |
| 9.1 | 백상체육대상을 제정, 1963년 제정 실시해 온 한국신인체육상을 백상체육 5대상과 백상신인체육상에 흡수 시상함 | 8.7 | 중공 조종사 쑨첸롄(孫天勤) 미그 21기 몰고 귀순, 휴전 후 처음 서울·경기 일대에 공습경보 |
| | | 8.21 | 필리핀 야당 지도자 베니그노 아키노, 피살 |
| 10.9 | 전두환 대통령 수행 취재 정치부 윤국병 차장, 버마 아웅산 국립묘지 폭발 현장에서 부상 | 9.1 | 소련 전투기, 사할린 부근에서 KAL기(뉴욕발 서울행) 격추. 탑승자 269명 전원 사망 |
| 11.10 | 〈한국일보30년사〉 간행 사사편찬위 구성 | 10.9 | 미얀마 아웅산 묘소서 북한 공작원이 장치한 폭탄 폭발, 전 대통령 수행 각료 대참사 |
| 11.20 | 한국일보를 비롯 코리아타임스, 일간스포츠·서울경제의 창간호부터 1982년도 12월 31일까지 마이크로 필름 제작 작업 마무리 | 10.25 | 미국, 그라나다 침공 |
| | | 11.12 | 레이건 미국 대통령 방한 |
| | | 12.3 | 아마추어 농구 '1983 점보시리즈' 개막 |
| 12.23 | 용산 미8군 영내에 코리아타임스 무인판매대 설치 운영 | 12.24 | 미국, 유네스코 탈퇴 결정 |
| 12.29 | 제41기 견습기자(주간·월간) 모집 | | |
| **1984년** | | | |
| 1.1 | 신년특집 24면 발행 | | |
| 1.5 | 〈국회의원〉〈동북아의 새기류〉〈올해의 경제는〉 등 연재시작 | 1.11 | 국방부, 국군체육부대 창설 |
| 1.7 | 이산가족찾기 색인명단 587~590호 발행 | 1.14 | 부산 대아 호텔 화재. 38명 사망 |
| 1.13 | 제41기 견습기자 합격자 발표 | | |
| 1.24 | 부장급 이상 칼럼 〈데스크 진단〉 신설 | | |
| 2.7 | 〈주간한국〉지령 1,000호 발행. 월간편집국 신설(초대국장 정홍택) | 2.9 | 안드로포프 소련 공산당 서기장 사망. 새 서기장에 콘스탄틴 체르넨코 |

| 연·월·일 | 사내 | 연·월·일 | 국내외 |
|---|---|---|---|
| 3.2 | 한국일보 창간30주년 기념사업으로 한국광고대상 제정 | 3.24 | 미 해병대 헬기, 팀 스피릿 훈련 중 추락. 29명 전원 사망 |
| 3.3 | 〈제5공화국 3돌〉연재 | 4.3 | 경남 합천다목적댐 착공 |
| 3.4 | 제42기 견습기자 합격자 발표. 생각하는 일요일을 위한 강좌 김용운의 〈수학의 쓸모〉 | 4.6 | 88올림픽 마스코트 명칭, '호돌이'로 확정 |
| | | 4.8 | 한국-중공, 국제전화 개통 |
| 3.27 | 〈중공의 한국인〉 주간 연재 시작 | 5.1 | 서울대공원(경기 과천시) 개원식 및 국립현대미술관 기공식 |
| 4.18 | 소년한국일보 발행〈학생과학〉,부록 발행 등 대혁신 | | |
| 4.20 | 한국기자협회 한국분회장에 천일평 일간스포츠 기자 선출 | 5.3 | 교황 요한 바오로 2세 방한 |
| | | 5.23 | 65세 이상 노인, 지하철 운임 면제 |
| 6.9 | 창간 30돌 기념식, 백상기자대상 경제부 朴武 기자, 공로대상 사회부 崔成基 기자 수상. | 6.25 | 정래혁 민정당 대표위원 경질(정래혁 사건), 후임에 권익현 |
| 7.1 | 〈토지〉 작가 朴景利 고백록〈나의 문학적 자전〉 게재 | 6.27 | 88올림픽고속도로(현 광주-대구 고속도로) 개통 |
| 7.5 | 황석영 작 연재소설 〈장길산〉 2,092회로 대미, 74년 7월 11일 연재시작 | 7.28 | LA 올림픽 개막, 공산권 국가 일부 불참 |
| | | 8.5 | 북한, 김정일을 김일성 공식 후계자로 지칭 |
| 9.2 | 서정주,〈나의 인생 나의 문학〉 고희기념 특별기고 | 9.1 | 한강 대홍수, 190명 사망·실종.. 300억원 긴급 지원 |
| 11.1 | 본격적인 신문제작의 CTS화에 대비 전산편집운영국 신설 | | |
| | | 9.29 | 서울 올림픽주경기장 개장. 대한적십자사, 판문점에서 북한 조선적십자회 수재민 구호물자 인수 |
| 12.1 | 소년한국일보 CTS제작 | | |
| 12.11 | 제15기 명인전, 명인 조훈현 9단 | 10.20 | 중공, 자본주의 원리 도입한 경제개혁안 채택 |
| 12.30 | 본사와 서울시 약사회 공동주최 심장병어린이 구하기 사업, 심장병 어린이 9명 수술성공 | 11.6 | 레이건 미국 대통령, 재선 |
| | | 11.14 | 서울 동작대교 개통 |
| | | 11.15 | 제1차 남북한 경제회담 판문점 개최 |
| | | 12.3 | 인도 보팔 가스 누출 사고. 3,787명 사망 |
| | | 12.7 | 여성 산악인 김영자, 안나푸르나 등정 |
| | | 12.29 | 대처 영국 총리, 중공 방문. 홍콩 반환 협정에 조인 |
| **1985년** | | | |
| 1.1 | 신정특집 24면 발행 | 1.11 | 양강교 버스추락 사고(충북 영동군), 승객 39명 중 38명 사망 |
| 1.5 | 서정주 세계방랑기 〈바람이 오라고 하여〉 연재 시작 | | |
| 1.6 | 〈노벨경제학상 수상자와의 대화〉연재 | 1.18 | 신한민주당 창당 |
| 2.5 | 유명 인사들의 〈유세장에서〉 게재 | 2.2 | 동호대교 개통 |
| 2.14 | 총선 〈2.12 이후〉 연재 | 2.12 | 12대 국회의원 선거 |
| 2.17 | '민속의 날' 특집 추가 24면 발행 | 2.14 | 뉴코아 백화점 개장(서울 서초구 잠원동) |
| 3.5 | LA지사 신종욱 박 록 기자의 백두산 등정 화보와 등정기 게재. | 2.21 | 정부, 국제그룹 해체 |
| | | 2.23 | 민정당 대표위원에 노태우 |
| 3.10 | 황순원 고희기념 특별기고 〈말과 삶과 자유〉 게재 | 3.12 | 고르바초프, 소련 공산당 서기장 취임 |
| 3.21 | 한국일보 배달사원을 위한 '설문걸 장학재단' 정식발족 | | |
| 4.10 | 우리의 수준 어디까지 왔나 〈현대의료 100년〉 연재 시작 | 4.1 | 건설부, 서울·인천·부천에 토지거래 신고제 실시 |
| | | 5.23 | 서울지역 5개 대학 73명, 서울 미국문화원 점거 농성(~26일) |
| 4.17 | 〈여기자 칼럼〉 장명수 문화부장, 학원사 제정 '오늘의 여성'상 수상 | | |
| | | 5.30 | 여의도 '63 빌딩' 완공 |
| 6.9 | 창간 31돌 기념식 | 6.14 | 독일·프랑스·룩셈부르크, 솅겐 조약 체결 |

| 연·월·일 | 사내 | 연·월·일 | 국내외 |
|---|---|---|---|
| 7.10 | 일간스포츠 〈85스포츠사진연감〉 발간 | 7.23 | 남북 국회회담을 위한 판문점 예비 접촉 |
| 7.26 | 불우어린이 결연 캠페인 1차접수 마감, 국내외 후원자 147명 기금 3,700만원 | 8.12 | 일본 JAL기, 군마현 추락. 520명 사망 |
| 8.31 | 정달영 특파원 북한 75시간 체류기 〈평양의 낮과 밤〉 연재 | 9.19 | 멕시코시티 대지진 참사. 9,500여명 사망 |
| 9.12 | 일간스포츠 오픈 골프대회 | 9.20 | 남북 고향방문단·예술단 교환(~23일) |
| 9.26 | 일간스포츠, 창간 16돌 20면 발행 | 10.12 | 서울대병원, 국내 최초 시험관 아기 출산 발표 |
| 10.20 | 100회 기념 한국거북이마라톤대회 | 11.3 | 한국 축구, 멕시코 월드컵 본선진출 확정 |
| 11.11 | 항공부 서상수 차장·오창교 정비사 경부역전대회 취재비행 중 HL 1026 세스나기 돌풍에 말려 추락 순직 | 11.14 | 콜롬비아, 화산 폭발 참사. 2만여명 사망 |
| | | 11.25 | 피랍 이집트 여객기 인질 유혈 구출 |
| | | 12.1 | 현대백화점 서울 1호점 개장(서울 압구정동) |
| **1986년** | | | |
| 1.1 | 신년특집 24면 발행. | 1.28 | 우주왕복선 챌린저호 발사 후 공중 폭발 |
| 1.22 | 〈장수 시대를 산다〉 주간 연재 시작 | 1.31 | 레바논 주재 도재승 서기관, 이슬람 무장단체에 의해 피랍 |
| 2.5 | 코리아타임스 견습기자 모집 44기 합격자 발표 | 2.25 | 코라손 아키노, 필리핀 대통령에 취임 |
| 2.19 | 제1회 사원세미나(부곡관광호텔) | 3.13 | 신상옥·최은희 부부, 북한 탈출 |
| 3.2 | 시인 박두진 〈영원한 시는 어디에 있나〉 칠순 기념 특별 기고 | 3.24 | 미국·리비아, 지중해 시드라에서 무력 충돌 |
| 2.25 | 〈화요 에세이〉 신설 | 4.15 | 미국, 리비아 폭격 |
| 3.28 | 제8기 일반직 사원 합격자 발표 | 4.21 | 국가올림픽연합회(ANOC) 서울총회 개막(~26) |
| 4.27 | 제45기 견습기자 합격자 발표 | 4.26 | 소련 체르노빌 원전 화재. 방사능 누출 참사 |
| 5.10 | 토요 시사칼럼 〈시평〉 신설. 첫 필진 심윤종 김환동 박동환 박완서 등 | 4.30 | 올림픽공원 완공 |
| 5.20 | 〈3저 경제. 중간점검〉 연재 | 5.2 | 대처 영국 총리, 방한. 서울 올림픽대로 개통 |
| 5.23 | 한국일보 일간스포츠 공동 제13회 월드컵 축구대회 취재단 멕시코 특파 | 5.31 | 멕시코 월드컵 개막 |
| 6.8 | 창간 32돌 기념특집 20면 발행. | 6.8 | 발트하임 전 유엔사무총장, 오스트리아 대통령에 당선 |
| 6.10 | 한국일보 전지면 미주에 위성전송 | 7.3 | 해고 노동자 권인숙, 부천서 소속 경찰을 강제추행 혐의로 고소 |
| 6.12 | 전 대통령 본사제정 보훈대상자 접견 격려 | 8.4 | 관 앞둔 독립기념관에 화재 |
| 6.24 | 〈메아리〉 새 필진 | 8.14 | 서진 룸살롱 폭력배 살인사건. 4명 사망 |
| 8.6 | 사진부 권주훈 기자 '이동수군의 분신'으로 제18회 한국기자상 사진부문 수상 | 8.21 | 국립중앙박물관 개관(구 중앙청 건물) |
| 8.26 | 신관 기공식, 최신 CTS시설 등 공정 현대화 | 8.25 | 국립현대미술관 이전 개관(경기 과천시) |
| 9.11 | 전직사우 홈커밍데이(송현클럽), 견습 1~25기 및 전직간부 사원출신 100여명 참석 | 9.2 | 수도권 전철 1호선, 창동~의정부 구간 개통 |
| 9.20 | 제10회 아시안게임 특별취재단 120명으로 구성 | 9.14 | 김포공항 국제선 청사 쓰레기통 폭탄 테러. 5명 사망 |
| 9.21 | 아시안게임 기간중 총24면 증면 | 9.20 | 제10회 서울 아시안게임 개막 |
| 9.25 | 〈주간여성〉 가로쓰기 CTS 오프셋 인쇄 | 10.10 | 미국-소련, 레이캬비크(아이슬란드) 정상회담 |
| 10.6 | 월요일 휴간으로 아시아 경기대회 폐막 호외 발행 | 10.14 | 신민당 유성환 의원, 국시론 파동. "국시(國是)는 반공보다 통일" |
| 10.11 | 장명수 〈여기자칼럼〉 1,000회 | 10.17 | 김운용 세계태권도연맹 총재, IOC 한국위원으로 피선 |
| 10.30 | 제46기 편집전문견습기자 합격자 발표 | 10.28 | 경인지역 대학생 1,500여명, 건국대 점거 농성(~31일) |

| 연·월·일 | 사내 | 연·월·일 | 국내외 |
|---|---|---|---|
| 11.25 | 달라지는 경제환경 그 파장과 대응 〈흑자시대〉연재 | 11.1 | 개광주시, 전남에서 분리. 직할시로 승격 |
| 12.1 | '평화의 댐' 건설성금 모금시작 | 11.16 | 조선일보, 김일성 피격 사망 오보 파문 |
| 12.17 | 본지 김주언 기자 〈말〉지 사건으로 구속 | 12.2 | 추풍령 휴게소 인질극 사건. 인질범 2명 사살 |
| 12.21 | 한국일보 지상 금연캠페인 1년 결산 | 12.6 | 자유중국 민진당, 야당으로 처음 국민대회대표 및 입법위원 선거 참여 |
| | | 12.23 | 미국 경비행기 보이저호, 세계 최초 무급유·무착륙 세계 일주 성공 |
| **1987년** | | | |
| 1.1 | 신정특집 24면 발행 | 1.14 | 박종철 고문치사 사건 발생 |
| 1.8 | 홍보위원회 발족, 위원장 김수남 | 1.15 | 김만철 일가 11명, 북한 탈출 |
| 2.18 | DJ 김광한, 한국일보 대학입학배달소년에게 장학금 전달 | 1.16 | 박종철 사건 기자회견. "탁 치니 억 하고 죽었다" |
| 2.20 | 김용정 홍콩특파원 필리핀정부 '피플파워' 메달수상 | 1.17 | 부산 형제복지원 사건, 공식 사망자는 12년간 657명(2022년 진실화해위 조사) |
| 3.25 | 설문걸 장학재단 87년 전반기 장학금 전달식 | 2.28 | 정부, 강원 화천댐 상류에 평화의 댐 착공 |
| | | 4.13 | 전 대통령, 대통령 선거 연내 실시 발표(4·13 호헌조치) |
| 4.25 | 일간스포츠 〈87스포츠사진연감〉 발간 | 4.24 | '용팔이' 김용남 등 폭력배 100여명, 통일민주당 서울 관악지구당 창당 대회장 습격 |
| 5.30 | 교열전문기자 합격자발표 | 5.1 | 통일민주당 창당 |
| 5.31 | 김주언 기자 천주교 서울대교구제정 제1회 '가톨릭 자유언론상' 수상 | 6.2 | 전 대통령, 노태우 민정당 대표를 차기 대통령 후보로 추천 |
| 6.9 | 창간33돌 기념식 | 6.9 | 연세대생 이한열, 시위 중 경찰 최루탄에 피격. 7월 5일 사망 |
| 6.10 | 제20회 한국일보 문학상 발표 | 6.10 | 민주헌법 국민운동본부, 범국민규탄대회 주최(6.10 규탄대회) |
| | | 6.29 | 노태우 민정당 대표위원, 직선제 개헌 등 특별선언(6·29선언) |
| | | 7.11 | 유엔 제정 '세계인구 50억의 날' |
| 7.22 | 태풍 셀마 수재의연금 모금 | 8.19 | 전국대학생대표자협의회(전대협) 결성 |
| 8.25 | 안의섭 화백의 시사만화 〈두꺼비〉와 사회만평 재게재(85년 1월 19일 이후 1년 7개월 만의 재등장) | 8.29 | 오대양 집단 자살 사건. 32명 시신 발견 |
| 9.1 | 한국일보 월정 구독료 2,900원으로 인상 | 9.29 | 김영삼·김대중, 야권 대선후보 단일화 실패 |
| 9.8 | 제47기 견습기자모집 합격자발표 | | |
| 9.15 | 87일간스포츠 오픈 골프대회(서울CC) | | |
| 10.27 | 편집디자인 전문기자 합격자 발표 | 10.12 | 국회, 대통령 직선제 개헌 |
| 10.29 | 한국일보사 노동조합 설립 | 10.30 | 신민주공화당 창당.. 초대 총재에 김종필 |
| 11.14 | 〈다큐멘터리 12.12〉 연재 | 11.12 | 김대중, 평화민주당 창당. 대통령 후보로 |
| 11.17 | 제33회 경부역전경주대회 개막(우승 경기) | 11.29 | 대한항공 여객기(바그다드발 서울행), 미얀마 인근 상공에서 폭발. 탑승객 115명 전원 사망 |
| 11.30 | 본사 평화의 댐 건설 성금모금 마감 총 62억원 신문협회에 전달 | 12.1 | 이병철 3남 이건희, 삼성그룹 회장에 취임 |
| 12.18 | 〈노태우 시대〉 연재 | 12.6 | 제13대 대통령 선거. 노태우 당선 |
| 12.24 | 노태우 대통령 당선자 본사방문 | 12.20 | 필리핀 여객선-유조선 해상 충돌. 4,375명 사망 |
| 12.26 | 설문걸 장학금 하반기 전달식, 배달소년 19명에게 수여 | | |

| 연·월·일 | 사내 | 연·월·일 | 국내외 |
|---|---|---|---|
| **1988년** | | 1.13 | 장징귀(蔣經國) 대만 총통 서거 |
| 1.1 | 한국일보 제호 가로 3.2cm 세로 9.4cm로 10% 확대 | 1.15 | 안기부 "KAL 858기 폭파 사건 범인은 북한 대남 공작원 김승일·김현희" |
| 1.19 | 장명수 편집위원, 여성동아 제정 '여성동아 대상' 수상 | 2.13 | 남극 세종과학기지 준공. 1988 캘거리 동계올림픽 개막 |
| 1.27 | 〈올림픽 가이드〉 연재 시작 | 2.25 | 노태우, 제13대 대통령 취임. 최초로 국회의사당에서 취임식 |
| 2.10 | 서울경제신문 복간준비위원회 발족 | | |
| 2.13 | 서울경제 복간사고 게재 | 3.29 | 맥도날드 한국 1호점 개점(서울 압구정동) |
| 3.12 | 장명수 편집위원, 여기자클럽회장에 선출 | 4.1 | 천호대교 버스 추락 사고. 19명 사망 |
| 3.20 | 〈전경환 새마을〉 연재 | 4.26 | 제13대 국회의원 선거. 여소야대 탄생 |
| 4.1 | 매일 16면 발행, 월정구독료 3,500원으로 인상 | 5.8 | 미테랑, 프랑스 대통령에 재선. 송해, 전국노래자랑 MC로 합류 |
| 4.9 | 제48기 견습기자모집 합격자 발표 | | |
| 4.23 | 본사·연세·서강대팀 공동총선여론조사 실시 | 5.15 | 한겨레신문 창간 |
| 4.29 | 편집경력기자 모집 합격자 발표 | 6.1 | 서울 올림픽 선수촌·기자촌 준공 |
| 5.13 | 민주당 김영삼 총재 신임 당직자들과 본사 방문 | 7.3 | 미 해군 함정(빈센스 함), 페르시아만에서 이란 여객기 격추. 290명 전원 사망 |
| 5.24 | 87년 미스코리아 장윤정양 준 미스유니버스에 선발 | | |
| 6.2 | 본사 주최 88미스서울올림픽 선발대회 | 7.18 | 이란, UN의 종전 결의안 수락 |
| 6.8 | 본사 제2사옥 준공 | 7.26 | 전국 철도파업(28일 정상 운행) |
| 6.9 | 한국일보 창간 34돌 기념식 | 8.4 | MBC 뉴스데스크 방송 중 스튜디오 난입 사건. "내 귀에 도청 장치" |
| 6.10 | 제21회 한국일보문학상 발표 | | |
| 6.12 | 본격 인터뷰 〈장명수가 만난 사람들〉 신설 | 8.26 | MBC, 방송 사상 첫 파업(공정방송의 제도적 보장 요구) |
| 6.14 | 일간스포츠 오픈 골프대회(서울CC) | | |
| 8.1 | 서울경제신문 8년 만에 복간, 32면 발행 | 9.15 | 헌법재판소 발족 |
| 8.15 | 기자인턴제 실시, 서울대·고려대·연세대 추천받아 | 9.16 | 롯데호텔 월드 개점 |
| 8.17 | 서울올림픽 문화축전 개막 특집34면 발행 | 9.17 | 1988 서울올림픽 개막(잠실 올림픽 주경기장) |
| 8.23 | 일본 요미우리신문과 기사·사진 교환, 특파기자에 편의제공 등 협력각서 교환 | 10.2 | 서울올림픽 폐막(우승 소련, 한국 4위) |
| | | 10.15 | 서울장애인올림픽 개막. 65개국 4,361명 참가 (~24일) |
| 9.3 | 코리아타임스 올림픽 공식신문 타블로이드판 'THE SEOUL OLYMPIAN NEWS & RECORD' 발행시작 | 10.25 | 정부, 부다페스트에 주 헝가리 한국대표부 개설, 서울에도 헝가리대표부 설치 |
| 9.18 | 대구·부산에 전송호외 발행 | 11.2 | 국회 5공 비리 특위, 일해 재단(현 세종연구소) 비리 조사를 위한 1차 청문회. 헌정사상 최초의 국회 청문회 |
| 9.21 | 올림픽특집을 한국일보 일간스포츠 서울경제 공동제작 | | |
| 10.1 | 구주본사 독일 프랑크푸르트에 공장 설립 | 11.8 | 조지 허버트 워커 부시, 제41대 미국 대통령 당선 |
| 10.15 | 김주언 기자 언론청문회 증인으로 출석, '보도지침' 관련 증언 | 11.16 | 아라파트 PLO 의장, 예루살렘을 수도로 하는 팔레스타인 독립 국가 선포 |
| 10.23 | 제9회 백상장학금 전달식 및 한국일보 보급소가족 큰 잔치 (63빌딩 국제회의장) | 11.18 | 국회 광주특위, 청문회 시작 |
| | | 11.23 | 전두환 전 대통령, 백담사 은둔 |
| 11.12 | 조성호 차장대우 노조위원장에 선출 | 12.7 | 소련 아르메니아 공화국(현 아르메니아) 대지진. 최소 2만 5,000여명 사망 |
| 12.13 | 장강재 회장 국회 문공위 언론청문회 증인으로 출석, 서울경제 폐간에 대해 증언 | | |
| | | 12.10 | 순복음교회 계열 국민일보 창간 |
| 12.18 | 제50기 견습기자 합격자 발표 | 12.21 | 팬암 103편(프랑크푸르트발 디트로이트행) 폭파 사건. 270명 사망 |
| | | 12.23 | 아시아나 항공, 국내선 취항 개시 |

| 연·월·일 | 사내 | 연·월·일 | 국내외 |
|---|---|---|---|
| **1989년** | | | |
| 1.1 | 신년특집 32면 발행. 한국일보 신년캠페인 〈함께 사는 사회〉 연재 시작 | 1.1 | 해외여행 전면 자유화. 충남 대전시, 대전직할시로 승격 |
| 1.12 | 한완상 교수의 목요시사칼럼 〈돌물목에서〉 신설 | 1.7 | 히로히토 일본 천황 사망. 아들 아키히토가 승계 |
| 1.25 | 일본 요미우리신문, 88올림픽 때 본사협조에 감사패 전달 | 1.27 | 장세동 전 대통령경호실장 구속 |
| 2.11 | '주식회사서울경제신문' 별도법인 설립 등록 | 2.1 | 세계일보 창간 |
| 2.15 | 심민섭의 시사만화 〈심마니〉 만평 〈가라사대〉 등장 | | |
| 2.17 | 본사 통일문제연구소, 주한 헝가리대사 초청 강연회 개최 | | |
| 3.9 | 서울경제 복간기념 전직사우 초청 간담회 | 3.20 | 노 대통령, 중간평가 무기 연기 발표 |
| 3.14 | DJ 김광한, 배달소년들에게 장학금 전달 | 3.25 | 문익환 목사 등 방북. 김일성 면담 |
| 3.19 | 모범사원 및 지사·지국장 해외연수 출국 | 4.4 | KAL 858기 폭파범 김현희에 사형 구형 |
| 4.21 | 급여 호봉제 실시 노-사합의, 병역 반영 | 4.27 | 분당·일산 신도시 건설계획 발표 |
| 5.9 | '전직 사우의날' 업무국 전직사우초청 간담회 | 5.3 | 부산 동의대 도서관 화재. 경찰 7명 순직 |
| 5.10 | 소설가이며 평론가 김팔봉의 문학적 유지를 기려 '팔봉 비평문학상' 제정 | 5.10 | 조선대생 이철규, 광주 수원지에서 변사체로 발견 |
| 6.9 | 창간 35돌 기념식, 백상기자대상 금상 사회부, 백상공로대상 금상 전산개발실 각각 수상. | 6.4 | 중국 계엄군, 천안문 시위대에 발포. 5,000~7,000명 사망 |
| 6.10 | 제22회 한국일보문학상 수상작 발표, 이인성의 〈한없이 낮은 숨결〉 | 6.24 | 중국 공산당 총서기에 장쩌민(江澤民) 선출 |
| 6.17 | '한국일보 대입가정학습' 학력고사 대비 부록 4면으로 매주 토요일 게재 | 7.7 | 김수녕, 로잔 세계 양궁선수권 전 종목 석권 |
| 7.15 | 보급소 조직 명칭 변경. 직할시·도청 소재지급은 지사, 그 밖 지역은 지국. | 7.12 | 롯데월드 어드벤처 개장 |
| 7.27 | 설문결 장학재단 상반기 장학금 전달식 | 7.18 | 강수연, 모스크바 영화제 여우주연상(아제 아제 바라아제) |
| | | 8.15 | 임수경, 문규현 신부, 평양축전 참가 후 판문점 통해 귀환 |
| 9.3 | 제51기 견습기자모집 합격자 발표 | 8.24 | 폴란드, 바웬사 자유노조 정부 수립 |
| 9.17 | 본사·서울특별시 공동주최 '제1회 서울시민대상' 발표 | 9.5 | 조훈현 9단, 응창기배 세계프로바둑대회 우승 |
| 9.26 | 일간스포츠창간20돌 기념 한국스포츠20년 사진전' 개막 | 10.7 | 교황 요한 바오로 2세, 방한 |
| | | 10.18 | 샌프란시스코에 강도 6.9의 지진 강타 |
| | | 10.28 | 한국 축구, 1990년 로마월드컵 본선 진출 확정 |
| | | 11.9 | 베를린 장벽 붕괴 |
| | | 11.15 | 올림픽대교 개통 |
| 12.23 | 제30회 한국출판문화상 수상작 발표 | 11.17 | 체코 프라하에서 대규모 민주화 시위(벨벳 혁명) |
| 12.31 | 연재 대하소설 〈화척〉 작가 김주영 절필로 중단 | 12.2 | 부시-고르바초프, 몰타 정상회담 |
| | | 12.20 | 미국, 파나마 침공. 노리에가 축출 |
| | | 12.22 | 루마니아, 차우셰스쿠 정권 붕괴 |

| 연·월·일 | 사내 | 연·월·일 | 국내외 |
|---|---|---|---|
| **1990년** | | 1.18 | 프로야구 MBC 청룡의 후신 구단 LG 트윈스 창단 |
| 1.1 | 신년특집 40면 발행. | 1.22 | 민정·민주·공화당, 3당 합당 선언 |
| 1.10 | 전직사우 초청 신년 교환회(송현클럽) | 2.9 | 민정·민주·공화 3당, '민주자유당'으로 당명 확정 |
| 1.12 | 본사 '국군장병들에게 감귤을 보냅시다' 성금 모금 | 2.11 | 남아공 넬슨 만델라, 27년 만에 출소 |
| 2.4 | 제2별관(평창동) 기공식, 국내최초 중앙통제식 시설 | 3.15 | 고르바초프 공산당 서기장, 초대 소련 대통령 당선 |
| 2.18 | 본사 후원 한국기독교총연합회 주최 '사랑의 쌀 나누기' 범국민캠페인 발기인대회 | 3.31 | 평민당, '3당 통합 반대 1,000만명 서명 운동' 시작 |
| 3.1 | 일간스포츠 대혁신, 가로쓰기로 전환하고 증면 매일 24면 발행. | 4.15 | 평화방송(PBC) 설립 |
| 3.27 | 〈닉슨 회고록〉 연재 | 5.1 | 불교방송(BBC) 개국 |
| 4.1 | 제52기 견습기자 모집 합격자 발표 | 5.17 | 교통부, 수도권 신공항을 인천 영종도로 확정 |
| 4.16 | 〈한국일보 대입가정학습〉 문제집, 전국 인문계 고교에 무료증정 | 5.29 | 보리스 옐친 소련 모스크바 제1서기장, 러시아공화국 최고회의장 당선 |
| 5.1 | 불교방송 개국, 한국일보 뉴스 매일 두 차례 제공 | 6.5 | 노 대통령, 고르바초프 소련 대통령과 샌프란시스코에서 사상 첫 정상회담 |
| 6.9 | 창간36돌 기념식. 백상기자대상 금상 한국일보 사회부 박진열 기자 등 6명 | 6.8 | 1990 이탈리아 월드컵 개막 |
| 6.10 | 〈주간한국〉 대혁신, 시사 정론지로 전환 | 6.10 | 페루 대통령 선거에서 일본계 이민 2세 후지모리 당선 |
| 6.25 | 사세 설명회를 겸한 지국장 회의 | 8.2 | 이라크군, 쿠웨이트 점령(걸프 전쟁 발단) |
| 7.17 | 베를린에 특파원 파견 | 8.31 | 동·서독, '독일 통일 조약' 체결 |
| 8.14 | 백선엽 장군의 회고록 〈실록 지리산〉 화요 연재 시작 | 9.4~7 | 강영훈 총리-연형묵 북한 총리, 서울서 남북한 첫 총리회담 |
| 9.11 | 북경아시안게임 한국일보·일간스포츠·서울경제·코리아 타임스 공동 27명 최대규모 특별취재단 발대식 | 9.10 | 헌법재판소, 간통죄 합헌 결정 |
| | | 9.12 | 중부지방 집중 호우. 127명 사망, 이재민 18만 7,000여명 |
| 9.12 | 본사·연대의대·가톨릭의대 공동 수해지역 진료반 구성 | 9.21 | 녹십자사, 세계 최초로 유행성출혈열 예방백신개발 성공 |
| 10.23 | 사회부 신윤석 기자, 남북통일축구 북측기자 4명 자택 초청 | 10.3 | 통일 독일 출범. 수도는 베를린 |
| 11.2 | 제53기 견습기자 모집 합격자 발표 | 10.4 | 국군 보안사 윤석양 이병, 민간인 사찰 자료 폭로 |
| 11.7 | 4대 노조위원장에 박내부 문화부 기자 선출 | 10.11 | 남북통일축구대회 1차전, 북한 평양서 개최. (2차전은 10월 23일 서울) |
| 11.12 | 서울경제 강제 폐간 원상회복 소송, 국가상대로 100억원 배상 신청 | 11.1 | 국내 최초 축구전용구장 '포항 스틸야드' 준공 |
| 11.27 | 평창동 제2별관 컴퓨터 제어 첨단 윤전기 가동, 시간당 50만부 최대인쇄 능력. | 11.14 | 서울방송 설립 |
| | | 12.12 | 공군 구조 헬기, 서해상 추락. 공군 장병 6명 순직 |
| 12.11 | 새 연재소설 〈아리랑〉(조정래 작·이우범 화) 시작 | 12.21 | 한국전기연구소, 국내 최초로 자기부상열차 개발 |
| | | 12.30 | 전두환 전 대통령, 백담사 은둔 769일 만에 연희동 자택 귀가 |
| **1991년** | | | |
| 1.1 | 신년특집 32면 발행 | | |
| 1.5 | 판매직 사원 모집 합격자 발표 | | |
| 1.10 | 본사·사랑의 쌀 운동본부 방글라데시에 1,200가마 전달 | | |
| 1.15 | 본사 사빈이며 사학자·언론인 천관우씨 별세, 향년 67세 | 1.18 | 교통부, 자가용 승용차 10부제 운행 실시 |
| | | 2.3 | 민주당 재야 민주연합과 통합. 새 총재에 이기택 |
| 2.1 | 평창동 제2별관 정상가동 | 2.26 | 이라크, 쿠웨이트에서 철수. 걸프 전쟁 종료 |

| 연·월·일 | 사내 | 연·월·일 | 국내외 |
|---|---|---|---|
| 3.1 | 홍보실,〈대입가정학습〉 90년 게재분 책으로 발간 무료 배포 | 3.26 | 대구 성서국민학교 학생 5명 실종(개구리소년 실종사건) |
| 3.9 | 전자뉴스부 신설. 본사, 서울경제 배상재심청구 | 4.9 | 신민주연합당 창당. 총재 김대중 |
| 4.1 | 월요일자 지면대혁신,〈실록 청와대〉〈한국일보 월요포럼〉 명사들의〈생활에세이〉〈월요만평〉시작 | 4.24 | 남북 탁구 단일팀, 제41회 세계선수권대회(일본 지바) 출전 |
| | | 4.27 | 명지대생 강경대, 시위 도중 집단 구타로 사망 |
| 4.10 | 편집전문 지방주재기자 모집 합격자 발표 | 5.4 | 롯데백화점 영등포역사점 개장(한국 민자역사 1호) |
| 5.6 | 장강재 회장, 이사회서 제2창업정신 선언 | 6.12 | 러시아 연방공화국, 대통령 선거. 보리스 옐친 당선 |
| 5.14 | 제10회 한국교육자대상 발표 | 6.15 | 필리핀 루손섬 피나투보 화산 대폭발 |
| 6.4 | 독자부 신설. 사랑의 쌀 1,000가마 사할린동포에 전달 | 7.31 | 미·소 정상회담(모스크바). 전략무기감축협정(START)에 서명 |
| 6.9 | 창간37돌 기념식 | 9.10 | 신민당·민주당, 민주당으로 합당 |
| 7.4 | 제54기 견습기자모집 합격자 발표 | 9.18 | 유엔총회, 남북한 유엔동시가입안 만장일치 통과 |
| 8.17 | 본사주최 제1회 전국고교생 대입학력경시대회 | 10.30 | 북한 평강역 화약고 폭발. 약 120명 사망 |
| 8.20 | 본사주최 제22기 명인전, 이창호 첫 우승 | 11.1 | 문화일보 창간 |
| 8.21 | 서울-지방동시인쇄시대 개막, 경남 창원 영남본부 본격 가동. | 11.6 | 태풍 셀마, 필리핀 강타. 약 3,000명 사망 |
| | | 11.24 | 록밴드 퀸의 프레드 머큐리, 사망 |
| 11.5 | 편집국기자 자정결의, 기자단 참여배격·부패척결 선언 | 12.9 | 새 민방 서울방송(SBS) 개국 |
| | | 12.26 | 소련 공식 해체 |
| 12.16 | 석간 발행,29년 만에 조·석간 발행체제 부활 | 12.31 | 남북한, '한반도 비핵화에 관한 공동선언' 채택 |
| 12.29 | 지방주재·편집전문기자 합격자발표 | | |
| 1992년 | | | |
| 1.1 | 신년특집 32면 발행 | 1.3 | 국내 주식시장, 외국인에 개방 |
| 1.27 | 서울경제 주최 제3회 동양증권배 세계바둑대회서 이창호 5단 중국의 임해봉 꺾고 우승 | 1.30 | 북한, IAEA 핵안전협정 서명(오스트리아 빈) |
| 2.10 | 본사 선거부정 고발센터 운영 시작 | 2.8 | 통일국민당 창당대회. 대표최고위원 정주영 |
| 3.7 | 14대 총선 특별취재반 구성 | | |
| 3.18 | '사랑의 쌀 92년 첫 해외 출항, 하바로프스크에 680톤 | 3.24 | 제14대 국회의원 선거, 여소야대 |
| | | 4.11 | 서태지와 아이들, '난 알아요' 첫 TV 방송 |
| 3.31 | 경제부 김주언 기자, 한국기자협회 32대 회장으로 선출 | 4.29 | 로스앤젤레스 흑인 폭동 발발 |
| | | 5.19 | 김영삼 민자당 대표최고위원, 대통령 후보로 선출 |
| 5.3 | LA동포돕기 성금 모금. 한국 거북이마라톤 서울 대구에 이어 부산서도 개최 | 5.26 | 김대중 민주당 공동대표, 대통령 후보로 선출 |
| 5.10 | 미주본사, 흑인폭동 교포돕기 성금 1차분 141만 9,200달러 피해교민들에게 전달 | 6.10 | 한스 블릭스 IAEA 사무총장 '북한 영변에 핵 재처리 시설물 확인' 이사회에 보고 |
| | | 6.14 | 유엔환경개발회의, 기후변화협약 체결(리우 선언) |
| 5.20 | 일간스포츠 오픈 골프대회 개막 | 7.2 | 정부, 주요 연안 지역에 '블루벨트' 설정 결의(수산자원 보호) |
| 6.9 | 창간 38돌 기념식. 백상기자대상 금상 정치부 정당팀 10명 | 7.19 | 김달현 북한 부총리, 판문점 경유 서울 방문 |
| 7.9 | 노동조합 파업 | 7.26 | 1992 바르셀로나 올림픽 개막, 172개국 참가 |
| 7.28 | 올림픽 특집 별지12면 포함 32면 발행 | 8.9 | 황영조, 올림픽 마라톤 금메달 |
| | | 8.11 | 한국 최초 과학위성 '우리별 1호' 발사 성공(기아나 우주센터) |
| | | 8.12 | 미국·캐나다·멕시코, 북미자유무역협정(NAFTA) 타결 선언 |

| 연·월·일 | 사내 | 연·월·일 | 국내외 |
|---|---|---|---|
| 10.7 | 〈주간한국〉 발행 1,442호부터 월요일에서 수요일로 변경 | 8.24 | 한중 외무장관(북경) 수교 발표. 대만과 단교 |
| 10.15 | 애국가 작곡가 안익태 기념재단 설립 | 10.8 | 노태우 대통령, 현승종 총리 등 중립내각개편 단행 |
| 10.23 | 소년한국일보 지령 1만호 | 10.28 | 다미선교회 등 종말론 신도들, 자정을 기해 휴거 집회 소동 |
| 11.11 | 노동조합 정기총회 6대 노조위원장에 이유식 기자 선출 | 11.4 | 빌 클린턴 미국 제42대 대통령 당선(1993. 1.20. 취임) |
| 11.22 | 정달영 주필, 제5회 가톨릭 언론대상수상 | 12.19 | 김영삼 민자당 후보, 대선 승리 |
| 12.7 | 연재대하 정치비사 〈실록 청와대〉,〈궁정동 총소리〉 제목의 단행본 발간 | 12.22 | 한국-베트남, 대사급 외교관계 수립 |
| 12.22 | 제33회 한국출판문화상 발표 | | |
| **1993년** | | | |
| 1.1 | 신년특집 32면 발행. | 1.3 | 미·소 정상회담. 제2단계 전략무기감축협정(START II) 조인 |
| 1.10 | 신문구독료 월정 5,000원에서 6,000원으로 인상 | 1.7 | 충북 청주시 우암 상가 아파트 가스 폭발 붕괴. 27명 사망 |
| 2.12 | 〈한국일보 대입 가정학습〉 수학능력시험체제로 전환 | 2.25 | 김영삼, 제14대 대통령에 취임 |
| | | 2.26 | 미국 뉴욕 맨해튼 세계무역센터 폭탄 테러, 6명 사망 |
| | | 2.27 | 김영삼 대통령, 재산공개. 공직자 재산공개 단초 마련 |
| | | 3.1 | 김 대통령, '부패와의 전쟁' 선언 |
| | | 3.4 | 의학협회, 뇌사 공식 인정 |
| | | 3.10 | 비전향 장기수 이인모, 판문점 통해 북송 |
| 4.1 | 본보 기획취재 '부패와의 전쟁' 경실련·서울 YMCA 등과 공동전개 | 3.22 | 삼성그룹, 새 로고·새 경영 이념·새 사가 발표 |
| 4.24 | 조간 상시 32면 발행체제 돌입 | 3.28 | 구포역 무궁화호 열차 전복. 78명 사망 |
| 4.30 | 기획취재부 송영주 기자, 녹십자 언론문화상 수상 | 4.28 | 조선일보, 기사 실명제 도입 |
| 5.2 | 경제부 김주언 기자, 한국기자협회 회장으로 재선 | | 김 대통령, 특별담화. 12·12 사태를 쿠데타로 규정 |
| 5.8 | 편집전문 견습기자 합격자 발표 | 5.13 | |
| 5.16 | 제4회 팔봉비평문학상발표, 김우창 교수의 평론집 〈심미적 이성의 탐구〉 | 6.10 | 연천 예비군 훈련장 폭발 사고. 19명 사망 |
| 6.7 | 한국 거북이마라톤 15돌 기념대회(남산) | 6.14 | 유엔환경개발회의, '환경과 개발에 관한 리우 선언' 채택 |
| 6.8 | 사진부 김건수 기자, 천연기념물 큰소쩍새 촬영성공 1면 게재 | 6.25 | 전국 약국 동맹 휴업. 약사법 개정에 항의 |
| 6.9 | 동양증권배 세계바둑선수권대회서 이창호 5단 우승. | 7.17 | 율곡사업 비리. 대검, 전 국방장관 및 참모총장 등 4명 구속 |
| 6.11 | 창간39돌 기념식. 백상기자대상 금상 정병진 이계성 등〈실록 청와대〉 취재팀 | 7.26 | 아시아나 항공(김포발 목포행) 해남 야산에 추락. 68명 사망 |
| 7.22 | 제26회 한국일보 문학상 발표, 신경숙〈풍금이 있던 자리〉 | 8.1 | 1993 대전 엑스포 개막 |
| 7.30 | '사랑의 쌀 나누기' 4차운동 시작 | 8.20 | 김 대통령, 금융실명제 직접 발동 |
| 8.2 | 노사 93년 임금협상 체결 | 9.7 | 첫 대학수학능력시험(1994학년도 1차) 실시 |
| 9.1 | 본사 장강재 회장 간암으로 별세, 향년 49세 | 9.30 | 공직자 재산 공개(총 1,167명) |
| | | | 인도 서부 마하라슈트라주 강진.. 3만여명 사망 |
| | | 10.10 | 전북 부안 위도 앞바다에서 '서해 훼리호' 침몰. 292명 사망 |
| 11.5 | 전산제작시스템 '그린네트' 가동-전면 CTS제작 | 11.4 | 조계종 성철 스님 입적 |

| 연·월·일 | 사내 | 연·월·일 | 국내외 |
|---|---|---|---|
| 11.19 | 노조 7대위원장에 신학림 코리아타임스기자 선출 | 11.16 | 1994학년도 2차 수능 실시. |
| 11.30 | 창간 40주년 기념 남극탐험대 발대식(대장 허영호) | | |
| 12.1 | 석간 휴간 | | |
| 12.28 | 한국일보 〈독자의 소리〉 하이텔 투고란 신설 | 12.13 | 한미, 쌀시장 개방안 완전 타결 |
| 12.29 | 전직사우 친목모임 송현회 창립총회 | 12.15 | 우루과이 라운드 협상 7년 만에 타결. 세계 무역 질서, GATT에서 WTO 체제로 개편 |
| | 사랑의 쌀 몽골 전달식 | | |

**1994년**

| | 사내 | | 국내외 |
|---|---|---|---|
| 1.1 | 신년특집 44면 발행. 신년 주제 '도전 2000. 세계로 뛰자'. | | |
| 1.7 | 몽골대사 본사에 '사랑의 쌀' 감사장 전달 | 1.6 | 대입 본고사, 14년 만에 실시 |
| 1.11 | 창간40돌 대기획I 남극탐험 성공 | 1.18 | 2022 월드컵축구대회 유치 위원회, 공식 출범 |
| 1.13 | 본사―미국 아메리칸대 기자연수 교류 협정 | | |
| 2.17 | 코리아타임스 독립법인 새 출발 | 2.12 | 1994 릴레함메르 동계올림픽 개막 |
| 2.20 | 200회 거북이마라톤대회 | 3.15 | '서울특별시 도시철도공사'(5~8호선) 설립. 2기 지하철 시대 |
| 3.5 | 안현필 〈삼위일체 장수법〉 토요연재 시작 | | |
| 4.1 | 소년한국일보 독립법인 새 출발, 대표이사 사장 김수남 | 4.13 | 의현 조계종 총무원장 사퇴(조계종 경내 폭력 사태) |
| | | 5.3 | 정주영 현대그룹 명예회장, 경영일선 퇴진 발표 |
| 5.1 | 서울경제, 일간스포츠 제작 완전 CTS화 | 5.10 | 넬슨 만델라 ANC 의장, 남아공 대통령으로 선출 |
| 5.8 | 제5회 팔봉비평문학상 김병익 선정 | 6.13 | 북한, IAEA 탈퇴 성명 발표 |
| 5.24 | 1994년 미스 코리아 선발대회 개최 | 6.17 | 1994 미국 월드컵 개막 |
| 6.6 | 미국 뉴욕에 '한국일보 해외제작본부' 신설. 뉴욕 맨해튼 중심가에 사무실 개설 | 6.28 | 남북정상회담을 위한 예비 접촉. 김영삼-김일성 정상회담 합의 |
| 6.8 | 창간 40주년 기념 우표엽서 100만장 발행. 전국 우체국서 판매 시작 | 7.8 | 김일성 북한 주석, 사망(발표는 9일 정오) |
| | | 8.25 | 박홍 총장 "각계 주사파 750명 분포" |
| 6.9 | 창간 40주년 기념식. 백상기자대상 금상 한국일보 경제부 | 9.4 | 태권도, 2000 시드니올림픽 정식종목 채택 |
| | | 9.19 | '5명 연쇄 살인' 지존파 두목 등 5명 구속(지존파 사건) |
| 7.30 | 조정래씨의 인기 연재소설〈아리랑〉1,089번째 이야기로 대단원의 막 | | |
| | | 9.22 | 미국 드라마 '프렌즈', NBC서 첫 방송 |
| 9.10 | 견습기자 57기 선발 사고 게재 | 10.2 | 1994 히로시마 아시안게임 개막 |
| 10.18 | 7% 정도 커진 새로운 활자 사용, 신문활자 개혁 선도 | 10.21 | 성수대교 붕괴. 32명 사망 |
| | | 10.24 | 관광유람선 '충주 5호' 화재. 29명 사망·실종 |
| 11.4 | 노동조합 정기총회에서 제8대 노조위원장에 윤승용 기자 | 11.8 | 미국 중간선거에서 공화당 압승. 40년 만에 양원 장악 |
| 11.29 | 서울 천년 타임캡슐 수장품 600점으로 본보 선정 어렵고 생소한 한자에 한글독음 병기 시작 | 11.29 | '서울 천년 타임캡슐' 남산골 공원 매설(개봉은 2394년 11월 29일) |
| 12.3 | 제35회 한국출판문화상의 저작상 수상자로 이현희 교수(서울대)와 정재서 교수(이화여대)를 선정 발표 | 12.7 | 서울 아현동 도시가스 폭발 사고. 12명 사망·실종 |
| 12.20 | | 12.10 | 러시아, 체첸 공화국 공습(제1차 체첸 전쟁) |
| | | 12.16 | 국회, WTO 가입 비준 동의안 통과 |

| 연·월·일 | 사내 | 연·월·일 | 국내외 |
|---|---|---|---|
| **1995년** | | 1.1 | 세계무역기구(WTO), 공식 출범 |
| 1.1 | 95년 신년특집 한국언론사상 최초로 96면 발행 | 1.17 | 일본 고베 대지진. 5,200여 명 사망·실종 |
| 2.18 | 다매체·다채널 시대 TV방송에 관한 모든 정보를 안내하는 별지부록 〈한국일보 TV WEEK〉 발행 | 2.3 | 미국 우주왕복선 디스커버리호 발사 |
| | | 2.21 | 자유민주연합 출범. 총재 김종필 |
| 4.6 | '함께 사는 사회, 함께 사는 세계-대학병원의료봉사단' 발대식 | 3.1 | 케이블TV 20개 채널, 본방송 시작 |
| | | 3.9 | 한·미·일 3국 대표회담, 한반도에너지개발기구(KEDO) 공식 출범 |
| 4.23 | 환경운동연합과 전국 6대 도시에서 제26회 지구의 날 기념 '우리산 껴안기 대회' | | |
| | | 3.20 | 일본 옴진리교, 도쿄 지하철 독가스 살포. 13명 사망 |
| 5.13 | 1995년 미스코리아 진에 김윤정양 선정 발표 | 4.8 | 울진 3호기 완공(한국 표준형 경수로) |
| 5.15 | 제14회 한국교육자대상 수상자 발표 | 4.19 | 미국 오클라호마주 연방정부 청사 폭탄 테러. 168명 사망 |
| 6.9 | 창간41주년 기념식 거행. 백상기자대상 금상은 기획관리부 박진열 차장 | | |
| | | 4.28 | 대구 지하철 공사 현장 가스 폭발. 101명 사망 |
| 8.15 | 국가보훈처 등과 설립한 '이준 열사기념관'이 네덜란드 헤이그에서 개관 | 5.19 | 한국, 유엔 안보리 비상임이사국 진출 |
| | | 5.23 | 이철수 북한 공군 대위, 미그 19기 몰고 탈북 귀순 |
| 11.11 | 녹색생명 운동 일환 '95한라산등반 및 환경보호운동' 개최 (12일까지) | 6.20 | 북한에 쌀 15만톤 무상 제공 합의 |
| | | 6.29 | 삼풍백화점 붕괴. 502명 사망(사상 최대 규모 참사) |
| 11.12 | '94미스코리아' 선 윤미정양 '95미스아시아' 선발대회 (필리핀 바기오)에서 미스 아시아태평양에 선발 | 7.6 | 넬슨 만델라 남아공 대통령 방한 |
| | | 8.15 | 조선총독부 건물 중앙동 상부 첨탑 철거식 |
| 11.14 | 뉴스속보 대형 전광판 강남지역(논현동 월드숍빌딩 옥상)에 첫 등장 | 9.5 | 새정치국민회의 창당 대회. 총재 김대중 |
| | | 9.13 | 미 하원, 슈퍼 301조 발효 기간 2000년까지 연장 |
| 12.5 | '녹색생명운동 95사진전' 개최(14일까지 서울시청앞 지하보도에서) | 10.19 | 박계동 의원, 노태우 전 대통령 비자금 4,000억원 주장 파문 |
| 12.6 | 광고국, 자체 개발한 '사우교육 프로그램' 실시 | | |
| 12.12 | 한국방송공사와 공동 주최 '95한국 빈센매시프 원정대' (허영호 대장) 남극 최고봉 등정 성공(발대식은 1일) | 10.27 | 노 전 대통령, 재임 시절 5,000억원 통치 자금 모금 인정. 김대중 국민회의 총재, 1992년 대선 당시 노 대통령으로부터 20억원 수수 시인. |
| | | 11.16 | 대검, 노태우 전 대통령 구속(뇌물수수) |
| 12.27 | 설문결 장학금 전달식, 배달소년·소녀 고교생 26명에게 | 12.3 | 검찰, 전두환 전 대통령 구속 |
| | | 12.5 | 민자당, 당명 변경. 신한국당 |
| | | 12.19 | 국회, '5·18민주화운동 등에 관한 특별법' 의결 |
| **1996년** | | 1.1 | 146개 국산 농산물, 원산지표시제 실시 |
| 1.1 | '바른선택·바른정치·바른국가'를 캐치프레이즈 선택 | 1.8 | 선동열, 일본 프로야구 주니치 드래곤즈 입단 |
| 1.9 | 전직 사우들의 친목모임인 송현회(회장 이원홍 전 문공부장관)의 정기총회 겸 신년교환회 거행 | 1.31 | 서태지와 아이들, 은퇴 선언 |
| 1.16 | 인터넷신문 '코리아링크'(hankooki.com 전신) 개통 | | |
| 3.20 | 남영진 전국부 차장대우 35대 기자협회장에 당선 | 3.1 | '국민학교'를 '초등학교'로 명칭 변경 |
| 4.13 | 15대 총선 서울지역 동별 득표상황을 분석, 화제를 모음 | 4.11 | 제15대 국회의원 총선거. 신한국당 승리 |
| | | 4.12 | LA다저스 박찬호, 메이저리그 첫 승리 |
| 4.22 | 인터넷신문 '코리아링크' 조회수 1,000만건 돌파 | 5.23 | 이철수북한 공군 대위, 미그 19기 몰고 귀순 |
| 5.25 | 96미스코리아 선발대회 서울 세종문화회관 대강당에서 개최 | 5.31 | FIFA, 2002년 월드컵 한·일 공동 개최 결정 |
| 6.1 | 제23회 한국보훈대상 수상자발표 | 6.14 | 정부, 1997년부터 초등학교 급식 전면 실시 발표 |

연보 853

| 연·월·일 | 사내 | 연·월·일 | 국내외 |
|---|---|---|---|
| 6.9 | 창간42주년 기념식. 특집 36면 발행 | 7.1 | 코스닥 시장 개장 |
| 6.10 | 발행 부수212만1,540부라고 '발행부수 공개' 사고 게재 | 7.3 | 옐친, 러시아 대통령 결선 투표서 승리 |
| 7.20 | 영상뉴스 전광판 '그린 비전(促-Vision' 가동 시작 | 7.19 | 1996 애틀랜타 올림픽 개막 |
| 8.1 | 김포국제공항 제1청사 전광판에 본지 뉴스속보 표출 시작 | 9.10 | 배타적경제수역(EEZ)법 발효 |
| | | 9.18 | 강원 강릉 해안에서 북한 잠수정 1정 발견. 11명 자폭, 1명 생포(~11월 5일) |
| 10.2 | 강동양씨 한국인 최초 요트세계일주(본사·일간스포츠 주최)에 성공, 하와이 안착 | 10.11 | OECD, 한국의 가입을 만장일치로 승인 |
| 11.4 | NEO페이지, 오피니언면 신설하고 사설란 가로쓰기 등 대대적 지면 개편 단행 | 11.5 | 국무회의, '북한 이탈 주민의 보호 및 정착지원에 관한 법률안' 의결. 클린턴 미국 대통령(민주당) 재선 성공 |
| 12.27 | 이성춘 논설위원 제44대 (97년도) 관훈클럽 총무에 피선 | 12.10 | 정부, 상급단체의 복수노조 허용. 1999년 교원의 단결권 허용 등의 노동관계법안 의결 |
| **1997년** | | | |
| 1.7 | 본사주최 97아시아대학 바둑선수권대회 결승전. 푸단대 우승 | 1.1 | 상근예비역 복무기간, 28개월에서 26개월로 단축 |
| | | 1.20 | 무기수 신창원, 탈옥(1999년 7월16일에야 검거) |
| | | 1.23 | 재계 순위 14위 한보철강, 부도(부채 규모 4조 2,000억원) |
| 2.5 | 제37회 한국출판문화상 시상식 | 2.12 | 황장엽 북한 노동당 비서, 망명 신청 |
| | | 2.15 | 북한 고위층 귀순자 이한영, 괴한에 피살(경기 성남시) |
| 3.23 | 이영의 편집국 국차장 지병으로 별세 | 2.19 | 덩샤오핑(鄧小平) 전 중국 주석 사망 |
| | | 2.23 | 영국 로슬린연구소, "복제 양 돌리 탄생" 발표 |
| 4.1 | 편집국 개편 | 3.10 | 국회, 4개 노동관계법안 합의 의결 |
| 4.7 | 성남공장 준공식,전국동시인쇄 체계완성 | 4.17 | 대법원, 전두환·노태우에 각각 무기징역, 징역 17년형 확정 |
| 5.1 | 연세대 김동길 교수 칼럼 〈동창을 다시 열며〉 시작 | | |
| 5.7 | 제8회 팔봉비평문학상 구중서 수원대 교수 선정 | 5.17 | 대검, 김영삼 대통령 아들 김현철 구속(알선수재 등) |
| 5.14 | 제16회 한국교육자대상 수상자 선정 | 5.19 | 국민회의, 대통령 후보로 김대중 선출 |
| 5.17 | 97미스코리아 선발대회,미스코리아 진에 김지연 | 6.24 | 자민련, 대선 후보에 김종필 선출 |
| 5.18 | 본사, 일간스포츠 주최 '97초오유 원정대' 허영호 씨 티베트 초오유봉 무산소 등정 성공 | | |
| 5.30 | 발행부수 212만 1,540부 사고로 공표 | | |
| 6.9 | 창간 43주년 특집 68면 발행 | 7.1 | 홍콩 주권, 156년 만에 중국에 반환 |
| 6.10 | 제3회 한국일보 청년작가초대전 개막식 및 시상식 | 7.4 | NASA 패스파인더호, 화성 착륙 |
| 6.16 | 제24회 한국보훈대상 시상식 | 7.12 | 경찰, 음란 비디오 '빨간 마후라' 수사 착수 |
| 7.1 | 최인호 소설 〈상도〉연재 시작, 삽화 이우범 화백 | 7.15 | 울산시, 광역시로 승격 |
| 7.7 | 한국일보 특종 발굴, '훈 할머니' 고국 초청 발표 | 7.16 | 헌법재판소, 동성동본 혼인 금지 조항 헌법불합치 결정 |
| 8.4 | '훈 할머니' 본사·MBC·나눔의집 공동초청으로 귀국 | 7.21 | 신한국당, 대선 후보로 이회창 선출 |
| 9.14 | 한국 에베레스트원정대 등정 20주년 기념비 네팔 당보제 사원 앞산에 건립 | 8.6 | 대한항공 여객기 괌 공항 인근 추락. 228명 사망 |
| 10.16 | 서울 예술의전당 콘서트홀에서 97안익태음악회 개최 | 8.31 | 다이애나 전 영국 왕세자빈, 교통사고 사망 |
| | | 9.1 | 조앤 K 롤링의 '해리 포터와 마법사의 돌' 영국서 처음 발간 |
| 10.18 | 제9회 서울시민대상 시상식(세종문화회관). 대상 이상홍씨 | 9.5 | '인도의 성녀' 테레사 수녀 별세(87세) |
| | | 10.31 | 국민회의·자민련, 대선 단일후보로 김대중 |

| 연·월·일 | 사내 | 연·월·일 | 국내외 |
|---|---|---|---|
| 11.8 | '출판문화상' 명칭을 '한국백상출판문화상'으로 변경 | | 국민신당, 대선 후보로 이인제 전 경기지사 |
| 11.11 | 서울 지하철 2·4호선 11개역에 '한국일보 명시 감상 코너' 설치 | 11.4 | 환율 1달러당 1,000원 처음 돌파 |
| 11.27 | 인터넷 '코리아링크'에 한국일보사 홍보 사이트 개설 | 11.10 | 임창열 재경원 장관, "IMF 구제금융 신청" 발표 |
| 11.30 | 별지 특집〈네오우먼·NEO Woman〉발행 시작 (매월 마지막 일요일자) | 11.21 | 정부-IMF, 총 550억 달러 긴급자금지원합의 |
| 12.7 | '제1회 광주-부산 여자역전경주대회', 318.4km ·6개 시도팀 | 12.3 | 교토 의정서 발효 |
| 12.26 | 설문결장학금 전달식 | 12.11 | 환율제, 자유변동환율제로 변경. |
| 12.29 | IMF구제금융 사태 관련, 비상경영체제 돌입 | 12.16 | 달러당 2,050원까지 급등(12월 24일) |
| | | 12.19 | 김대중, 제15대 대통령 당선 |
| | | 12.22 | 전두환·노태우 등 19명 특별사면 |
| **1998년** | | | |
| 1.1 | 신년특집 48면 발행 | 1.12 | 외채상환 금 모으기 범국민운동 발대식 |
| 1.12 | 문화방송·시민단체·농협과 함께 금모으기 공동캠페인 시작 | 1.17 | 북한, KBS 연속극 '진달래꽃 필 때까지' 중단 요구 |
| 1.31 | 임시주주총회 전문경영체제 도입 | 1.23 | 일본, 한·일어업협정 일방적 파기 선언 |
| 2.11 | 한국일보사 슬림화 기구 개편. 기존 7실 3본부 13국 86부를 통폐합 2실 4본부 9국 54부로 전환 | 2.17 | 국회, 정부조직법 개정안(장관급 6개 부처 통폐합 등) 의결 |
| 2.18 | 한국일보사 본관에서 '경제살리기 증권갖기 저축운동' 현판식 | 2.25 | 김대중 정부 출범 |
| 3.16 | 전면 가로쓰기 단행, 새 제호(국민대 시각디자인과 전승규 교수 제작) 사용 | 3.2 | SBS 순풍 산부인과 첫 방송. 시트콤 열풍 시작 |
| 5.8 | 한국광고주협회 주최 한국일보사 초청 매체설명회 개최 | 3.13 | 552만여명 특별 사면·복권 및 행정처분 특별 취소 |
| 5.17 | 한국거북이마라톤 20주년 기념대회, 7,000여 시민 참가 | 4.21 | 권영해 전 안기부장, 구속(선거법 등) |
| 5.21 | 평생독자회원제와 1년 구독권제 실시 | 4.23 | 복제 양 돌리, 출산 성공 |
| 5.23 | 98미스코리아 선발대회(세종문화회관 대강당)서 채점 컴퓨터 프로그램에 오류. 심사결과 발표 유보 | 5.21 | 수하르토 인도네시아 대통령, 집권 32년 만에 축출 |
| 5.30 | 98미스코리아대회 후보 12명에 대한 재심사(세종문화회관 소강당). 미스코리아 진에 최지현씨 | 6.10 | 1998 프랑스 월드컵 개막 |
| 6.1 | 주5일(월~금요일) 8면씩 별쇄 발행 | 6.16 | 정주영 현대그룹 명예회장, 소 500마리와 함께 방북 |
| 6.9 | 창간 44주년 기념특집 40면 발행. | 6.22 | 합동참모본부, 표류 중인 북한 잠수정 1척 발견 발표 |
| 8.14 | 건국 50주년 맞아 '한국의 차세대 50인' 선정 발표 | 7.7 | 박세리, US여자오픈골프대회 우승. 맨발 투혼 |
| 9.20 | 제8회 SK전국고교생 대입학력 경시대회 개최(경기고교) | 8.15 | 정부, 건국 50주년 특별사면·복권·가석방. 7,000여명 |
| 10.2 | 임시주총, 서울경제 일간스포츠 주간한국을 장재구 전 회장에게 양도키로 의결 | 8.17 | 클린턴 미국 대통령, '르윈스키 스캔들' 대국민 사과. 러시아, 모라토리엄 선언 |
| 10.22 | 제29기 SK배 명인전 시상식, 우승 이창호 9단. | 9.3 | NC소프트, 온라인 RPG 게임 '리니지' 정식 서비스 시작 |
| 10.28 | 제10회 서울시민대상 시상식(남산 팔각정), 대상 서화자씨 | 9.25 | 한·일 양국, 신어업협정 협상 타결 |
| 11.2 | 서울경제 임시주총 및 이사회,장재구 대표이사 회장 선임 | 9.27 | 구글 창설. 독일 총선에서 사민당(게르하르트 슈뢰더) 승리 |
| | | 9.30 | 태풍 '예나' 상륙. 63명 사망·실종 |
| | | 10.1 | 검찰, "1997년 대선 당시 이회창 후보 측이 북한에 판문점 총격 요구" (총풍 사건) |
| | | 10.16 | '독재자' 피노체트 전 칠레 대통령, 영국 경찰에 체포 |

| 연·월·일 | 사내 | 연·월·일 | 국내외 |
|---|---|---|---|
| 11.5 | 코리아타임스 창간 48주년 기념 김대중 대통령 〈보편적 세계주의를 향하여〉 특별기고(코리아타임스·한국일보 동시게재) | 11.18 | 금강산 관광 시작(~2008년 7월 13일) |
| | | 12.1 | 국내 영화인들, '스크린쿼터제 폐지 반대' 시위 |
| 11.15 | 제44회 부산-서울 대역전경주대회 35년 만에 충북 우승 | 12.4 | 인천 공군 방공포병 기지에서 나이키 미사일 오작동 발사. 민간인 6명 부상 |
| 12.1 | 제31회 한국일보 문학상시상식(송현클럽), 수상작은 이혜경씨 중편소설 〈그 집 앞〉 | 12.18 | 전남 여수 앞바다에서 북한 잠수정 격침 |

**1999년**

| 연·월·일 | 사내 | 연·월·일 | 국내외 |
|---|---|---|---|
| 1.1 | 1999년 모토를 '새 천년 새로운 한국' 으로 선정, 신년특집 40면 발행. | 1.1 | 유럽 11개국, 유로 화폐시대 개막(정식통용은 2002년부터) |
| 1.13 | 국무총리실·정보통신부·한국전산원과 공동으로 'Y2K문제(밀레니엄버그)' 해결 위한 연중캠페인 시작 | 1.21 | 안기부, 국가정보원으로 개편 |
| | | 1.26 | 대한민국 국새, 37년 만에 교체 |
| | | 2.1 | 서울 내부 순환도로 개통 |
| 1.18 | 인터넷 통해 기사를 음성으로 들을 수 있는 '소리신문 서비스 시작 | 2.13 | 영화 '쉬리' 개봉. 한국 영화 성장의 신호탄 |
| | | 2.23 | 영국계 은행 HSBC, 서울은행 인수 |
| 3.15 | 인터넷주소 www.hankookilbo.co.kr에서 www.hk.co.kr로 변경 | 3.31 | 미국 다우존스지수, 사상 첫 1만P 돌파 |
| | | 4.1 | 국민연금 의무 가입제 실시 |
| 4.1 | '동강 특별취재팀' 서울언론인클럽 제정 제15회 언론상 기획 취재상 수상자 선정(시상식 9일 한국프레스센터) | 4.19 | 엘리자베스 영국 여왕, 방한 |
| | | 4.23 | 한국선물거래소 개장 |
| | | 4.26 | CIH 컴퓨터 바이러스 파동. 전 세계 컴퓨터 대량 파괴 |
| 4.17 | 48면 타블로이드판 부록 〈리빙가이드-부동산〉 발행 | 5.18 | 금창리 시설 현장 미국 조사단, 방북 |
| 5.23 | 99미스코리아 선발대회 | 5.26 | 과학위성 '우리별 3호' 발사 성공 |
| 5.27 | 제18회 한국교육자대상 시상식(서울 세종문화회관) | | |
| 6.1 | 주간한국부 남영진 차장, ㈜미디어오늘 사장 겸 편집인에 선임 | | |
| 6.3 | 제10회 팔봉비평문학상 시상식(송현클럽), 수상자 김화영 고려대 교수 수상작 〈소설의 꽃과뿌리〉 | 6.10 | 코소보 평화협정 타결. 발칸전쟁 종결. |
| | | 6.15 | 해군, 북 경비정 격침(제1연평해전) |
| 6.9 | 창간 45주년 기념식 | 6.30 | 화성 씨랜드 청소년 수련원 화재. 유치원생 등 23명 사망 |
| 6.12 | 서울경제 지령 1만호 기록 | | |
| 7.21 | 한국일보사·소비자모임 공동 주최 에너지 고효율 제품 개발을 위한 '에너지위너상 2000' 공모 | 7.16 | 탈옥수 신창원, 2년 반 만에 검거 |
| | | 8.7 | 냉동란 수정 아기 국내 첫 출산(포천중문의대 차병원) |
| 9.2 | 사회면에 조태호씨의 4컷 시사만화 〈조삿갓〉연재 시작 | 8.12~13 | 평양서 남북노동자 축구대회 |
| 9.3 | 요미우리신문과 제1회 한일청소년 영화제 충남 아산시 신정 호수 일대서 개최(7일까지) | 8.26 | 채권단, 대우그룹 워크아웃 결정. 러시아, 체첸 공화국 침공(제2차 체첸 전쟁) |
| | | 9.15 | 미국 정부, 페리보고서 의회 제출 |
| 9.28 | AP통신 발표〈20세기 100대 사진〉에 고명진 기자의 '87년 한국의 6월항쟁' 사진 선정 | 9.20 | 국회 본회의, 옷 로비 사건 특검법 통과 |
| | | 9.21 | 대만 난터우현 대지진. 2,400여명 사망·실종 |
| 11.2 | 제30기 SK엔크린배 명인전 시상식(송현클럽), 이창호 9단 명인전 통산 8차례 우승 기록 | 10.12 | 세계 인구 60억 돌파 |
| | | 10.28 | '고문 기술자' 이근안, 자수(도피 12년) |
| 11.10 | 제13대 노조위원장에 경제부 장인철 기자 선출 | 11.15 | 미연방법원, MS사에 '시장 독점' 판결 |
| 12.9 | 제32회 한국일보문학상 시상식(송현클럽), 수상작은 소설가 현기영씨의 〈지상에 숟가락하나〉 | 11.23 | 민주노총 합법화 |
| | | 11.28 | 사상 첫 한·중·일 3자 회담(필리핀 마닐라) |

| 연·월·일 | 사내 | 연·월·일 | 국내외 |
|---|---|---|---|
| 12.13 | 언론사상 첫 점자신문 〈함께 사는 사회, 함께 읽는 신문〉 발행, 격주 월요일 타블로이드판 28면 | 12.4 | 김태정 전 검찰총장 구속(공무상 비밀누설 등) |
| 12.17 | '2000대입 전자지원 서비스' 개시, 전국 1,800여 개 한빛은행·농협 지점서 대입 원서 전자접수 | 12.20 | 마카오, 중국에 반환 |
| | | 12.27 | 월성 원전 3, 4호기 준공 |
| | | 12.31 | 옐친 러시아 대통령 사임. 블라디미르 푸틴 총리, 대통령 권한대행 |

## 2000년

| 연·월·일 | 사내 | 연·월·일 | 국내외 |
|---|---|---|---|
| 1.1 | 1월 1일자 1면을 새 출발을 다짐하는 백지로 발행 | 1.1 | 신정 연휴 폐지 |
| 2.1 | 한국일보 등 5개 일간지 통합 인터넷사업 회사 hk인터넷(주)독립법인 출범, 신임 대표이사 사장에 장중호 한국일보 이사선임 | 1.20 | 새천년민주당 출범(옛 새정치국민회의) |
| | | 1.22 | 프로야구 선수협의회, 진통 끝에 출범 |
| | | 1.30 | 민주노동당 창당 |
| 3.13 | 제16대 4·13총선 관련 '한국일보 보도자문위원회' 발족 | 3.18 | 대만 총통 선거에서 민진당 천수이볜 승리. 국민당 51년 집권 종지부 |
| | | 3.24 | 현대그룹 형제의 난, 정몽구·정몽헌 충돌 본격화 |
| | | 3.26 | 푸틴 러시아 대통령 권한대행, 대선 승리 |
| 4.1 | 편집국 인터넷부 신설 | 4.13 | 제16대 국회의원 선거. 한나라당 승리(133석) |
| 4.29 | 베트남전쟁 종전 25주년 시리즈 〈베트남과 따이한-그늘 여전히 잊혀진 전쟁〉 시작 | 5.8 | 경기 화성군 매향리 사격장(쿠니 사격장) 폭탄 피해 발생 |
| 5.4 | 국내 최초 미 실리콘밸리 특파원 창설, 김병찬 기자를 파견 | 5.17 | '노무현을 사랑하는 사람들의 모임' 개설. 국내 최초 정치인 팬클럽 사이트 |
| 5.28 | 2000미스코리아 선발대회 개최(서울 세종문화회관 대극장) 미스코리아 진에 김사랑 | 6.4 | 전국 의사·의대생, 의약분업 항의 집회(3만여명 규모) |
| 5.31 | 편집국 기자협의회 연봉제 기본합의서 합의 | 6.13 | 김대중-김정일, 평양 순안공항에서 조우 |
| 6.1 | 파리총국장에 김성우 한국일보 논설고문 임명 | 6.15 | 6·15 남북 공동 선언 |
| 6.9 | 창간 46주년 특집 56면 발행, '편리한 e-세상, 나부터 e-예절'이란 슬로건으로 네티즌윤리운동 전개. | 6.26 | 인간 게놈 지도 초안 발표(백악관) |
| 6.20 | 제27회 한국보훈대상 시상식 | 7.1 | 의약분업 시행. 국민건강보험 출범(국민의료보험과 직장의료보험 통합) |
| 7.14 | 소년한국일보 창간 40주년(7월 17일) 기념다과회 | 7.14 | 부산 부일외고 수학여행 버스 사고. 18명 사망 |
| 8.1 | 서울경제 40주년 기념 리셉션 개최(서울 여의도 63빌딩 컨벤션홀) | 7.15 | 에어프랑스 콩코드 여객기, 호텔 추락. 113명 사망 |
| 8.5 | 장명수 사장 언론사 사장단 일원으로 북한 방문. | 8.18 | 국방부, 매향리 사격장 폐쇄 등 종합대책 마련 |
| 8.14 | 제30회 봉황대기 전국고교야구대회 개막. 전국 최대 52개팀 | 9.2 | 비전향 장기수 63명, 북송 |
| 9.1 | 새로운 기사입력 윈도우 시스템〈Scoop Team〉 가동 시작 | 9.15 | 2000 시드니올림픽 개막. 남북한 동시 입장 |
| 10.1 | 자매지 서울경제 분사 | 10.17 | 대통령 직속 '의문사 진상규명 위원회' 발족 |
| 11.7 | 요미우리신문사와 〈한일교류 좌담회〉개최. 주제는 '고대 한반도와 일본열도의 교류사' | 11.3 | 2단계 기업 구조조정. 동아건설 등 52개 기업 퇴출 |
| 12.22 | '물은 생명 물을 아끼자' 캠페인 시작 | 11.7 | 미국 대통령 선거, 논란 끝에 조지 W 부시 승리 확정 |
| 12.26 | 설문결 장학재단 2000년도 장학금 전달식(송현클럽) | 12.10 | 김대중 대통령, 노벨평화상 수상 |
| | | 12.28 | SOFA 개정 협상, 5년 만에 타결 |

| 연·월·일 | 사내 | 연·월·일 | 국내외 |
|---|---|---|---|
| 2001년 | | | |
| 1.1 | 신년특집 48면 발행, 신년 화두로 '신뢰회복 선정 | 1.5 | '대도' 조세형, 일본 도쿄에서 빈집털이 중 검거 |
| 2.12 | 국세청, 본사 등 17개 중앙 언론기관 세무조사 착수 | 1.20 | 조지 W 부시 미국 대통령 취임. |
| 2.26 | 노동부 대한상공회의소와 공동으로 '남녀 고용평등 대상' 제정 | 1.26 | 일본 유학생 이수현씨, 신오쿠보역 일본인 취객 구하려다 사망 |
| 2.27 | 서울대 자연과학대와 제8회 '자연과학 공개강연' 개최 | 2.26 | 제3차 남북이산가족 상봉(서울, 평양) |
| 3.22 | '컨슈머 리포트(Consumer Report)면' 신설 | 3.21 | 정주영 현대그룹 명예회장 별세(85세) |
| 3.30 | '물절약 실천사례 공모전' 시상식(송현클럽) | 3.29 | 인천국제공항 개항 |
| 5.10 | 가정의 달 특집기획 〈가족에게 보내는 편지〉시작, 첫 회는 한명숙 여성부장관 | 4.17 | 마라톤 이봉주, 제105회 보스턴 마라톤대회 우승 |
| | | 4.26 | 고이즈미 준이치로 자민당 총재, 새 총리로 선출 |
| 5.27 | '2001 미스코리아선발대회' 개최 | 5.5 | 게이머 임요환, 온게임넷 스타리그 우승. e스포츠 스타 탄생 |
| 6.2 | 요미우리신문과 공동으로 '한일교류 좌담회' 개최 | | |
| 6.8 | 창간 47주년 기념식. 백상기자대상 금상 송대수 베이징 특파원 | 6.1 | 디펜드라 네팔 황태자, 총기 난사. 국왕·왕비 등 일가족 몰살 |
| 6.17 | 일간스포츠와 공동으로 '2001 한국하프마라톤 대회' 개최 | 7.20 | 메가와티 인도네시아 대통령 취임 |
| 6.18 | 하이터치(High Touch) 섹션, 요일별 배치 등 하이터치 개념 도입 지면 혁신 | 8.15 | 평양서 '2001 민족 통일 대축전'. 강정구 동국대 교수 등 일부 방북단 행적 물의 |
| 6.29 | 국세청, 양도세 과소신고 혐의로 본사 검찰에 고발, 추징세액 148억원(조선일보 864억원, 중앙일보 850억원, 동아일보 827억원, 국민일보 204억원, 대한매일 155억원) | 8.23 | IMF 구제금융(총 195억 달러)잔액 상환. IMF체제 종료 |
| | | 9.11 | 알카에다, 항공기로 미국 뉴욕의 세계무역센터 쌍둥이 빌딩 테러. 3,000여명 사망 |
| | | 9.21 | 대우자동차, 미국 GM에 매각(12억 달러) |
| 7.1 | 자매지 일간스포츠 완전 독립, ㈜일간스포츠 코스닥 등록기업 ㈜한길무역 사실상 합병해 코스닥시장에 진출 | 10.7 | 미국, 아프가니스탄 폭격(미국-아프간 전쟁 발발) |
| | | 11.8 | 김대중 대통령, 민주당 총재직 사퇴 |
| 7.20 | 본사 노조 오후 6시 30분부터 파업 돌입(편집국은 불참). 신문제작 차질로 21일자 신문 배달 지연 | 11.12 | 미국 아메리칸 항공기, 뉴욕 퀸즈 주택가 추락. 270명 사망 |
| 10.24 | 제15대 노조위원장에 임대호씨 재선 | 11.25 | 미국 ACT사, 줄기세포 채취 위해 인간 배아복제 발표. 국가인권위원회 출범 |
| 11.1 | 홍윤오 기자 아프가니스탄 전쟁 취재 위해 현지에 특파 | 11.30 | 이용호 게이트 특별검사 임명 |
| 11.12 | 제47회 부산-서울 대역전 경주대회 시작 | 12.11 | 아프간 탈레반·알카에다, 항복. 22일 과도 정부 출범 |
| 12.10 | 점자신문 창간 2주년 특집(제47호) 발행 | | |
| 12.21 | 설문결 장학재단 2001년도 장학금 전달식 | 12.23 | 아르헨티나, 모라토리엄(대외지급유예) 선언. 부채 규모 1,320억 달러(사상 최대) |
| 2002년 | | | |
| 1.1 | 신년특집 48개면 발행 | 1.1 | EU 12개국, 유로화 공식 유통. 3월 1일부터 법정 통화 |
| 1.15 | '윤태식 게이트' 관련, 김영렬 전 서울경제 사장 검찰에 소환 | 1.14 | 신승남 검찰총장 전격 사퇴 |
| | | 1.16 | 중국, 자국민 해외여행 자유화 발표 |
| 1.25 | 한국기자협회·한국언론재단 '이용호 게이트' 관련 한국일보 신윤석·배성규·손석민 기자 제33회 한국기자대상 수상작으로 선정(시상식은 31일) | 1.29 | 부시 미국 대통령, 북한·이라크·이란에 "악의 축" 발언 |
| 2.1 | 대표이사 회장에 장재구 서울경제 회장을 선임 | 2.2 | 가수 유승준, 인천공항에서 입국 거부 조치 |
| | | 2.8 | 2002 솔트레이크시티 동계올림픽 개막 |
| 2.20 | 2002 한일월드컵 D-100 특집 '4천만이 함께 뛴다' 12개면 발행. 한국일보와 대한체육회 공동으로 '붉은 옷 입기 캠페인 시작 | 2.21 | 쇼트트랙 김동성, 올림픽 남자 1,500m 결승서 실격. 반미 감정 확산(안톤 오노 사건) |

| 연·월·일 | 사내 | 연·월·일 | 국내외 |
|---|---|---|---|
| 3.26 | 국제인권앰네스티 한국지부와 공동으로 전국 순회 '세계인권포스터전' 개최(서울 4월 1일까지 지하철 3호선 경복궁역 전시실) | 3.14 | 탈북자 25명, 베이징 주재 스페인대사관 진입해 한국행 요구 |
| 4.10 | 사회부 법조팀 제6회 한국언론대상(신문보도 부문) 수상자로 선정(시상식은 26일 한국프레스센터) | 3.15 | 북파 공작원 200여명, 서울 세종로에서 가스통 시위 |
| 4.26 | 구독료 인상(5월부터), 월 1만원에서 1만 2,000원, 가판 부당 400원에서 500원으로 | 4.19 | 차기 전투기(FX) 사업, 미국 보잉사 F-15K로 확정 |
| | | 4.27 | 노무현, 새천년민주당 대선 후보로 선출 |
| 5.19 | '2002 미스코리아 선발대회' 개최(서울세종문화회관). 미스코리아 진에 금나나씨 | 5.18 | 김대중 대통령 3남 홍걸씨, 최규선 게이트 관련 구속 |
| 6.4 | '2002한일월드컵' 한국-폴란드전에서 대한축구협회와 공동으로 'Go Korea 붉은 티셔츠' 무료 배포. 제63기 견습기자 최종합격자 발표 | 5.31 | 2002 한·일 월드컵 개막(서울 상암 월드컵주경기장) |
| | | 6.4 | 한국, 폴란드에 2-0 승리. 48년 만에 월드컵 첫승 |
| | | 6.13 | 경기 양주지역 여중생 신효순·심미선, 미군 장갑차량에 치여 사망. 제3회 지방선거. 한나라당 압승(16곳 중 11곳 승리) |
| 6.7 | 창간 48주년 기념식, 백상기자대상에 사회부 경찰·법조팀, 백상공로대상에 전산제작부, 백상공로특별상에 뽀빠이 이상룡씨 | 6.14 | 한국, 월드컵 16강 진출. 포르투갈 잡고 조 1위 |
| | | 6.18 | 한국, 이탈리아 꺾고 월드컵 8강 진출 |
| 6.10 | '2002한일월드컵' 한국-미국전부터 본사 신관옥상 전광판에서 주요 경기 실황 중계 시작 | 6.21 | 김 대통령 차남 홍업씨, 22억원 수수 혐의 구속. 김 대통령, 대국민 사과 |
| | | 6.22 | 한국, 스페인 꺾고 월드컵 4강 진출 |
| | | 6.29 | 북한, 서해 도발(제2연평해전). 해군 고속정 한 척 침몰. 장병 6명 전사 |
| 7.21 | 한국 거북이 마라톤 대회 300회 행사. 이명박 서울시장 명예대회장, 서울시민 1만여명 참석 | 7.1 | 임시 공휴일(월요일·월드컵 4강 진출 기념) |
| | | 7.6 | 은행권, 주5일제 처음 실시 |
| 8.29 | 코미디언 이주일씨가 8월 27일 별세 전 한국일보에 연재했던 〈나의 이력서〉 묶은 회고록 '인생은 코미디가 아닙니다' 발간 | 8.18 | 순종식씨 일가족 21명, 목선 타고 탈북 귀순 |
| | | 8.30 | 태풍 루사, 한반도 관통. 123명 사망·실종 |
| 9.11 | 〈장명수칼럼〉 다시 시작, 첫 회는 미국의 '9·11 테러' 1주년을 맞은 뉴욕에서 보내온 '눈물 안 마른 통곡의 벽' | 9.3 | 제일제당, CJ로 그룹명 변경 |
| | | 9.28 | 아시안게임 북측 응원단 343명, 부산 다대포항 도착 |
| | | 9.29 | 2002 부산 아시안게임 개막 |
| 11.14 | 송삼석 모나미 볼펜신화 〈나의 이력서〉 연재 시작 | 10.23~26 | 체첸 반군, 모스크바 오페라 극장 인질극. 200여명 사망 |
| 11.17 | 제48회 부산-서울 대역전경주대회 스타트 | 11.25 | 노무현, 여론조사에서 정몽준 누르고 민주·국민통합21 단일 후보로 |
| 12.9 | 제16대 대선 관련 '후보 선거캠페인 평가 및 5대 정책 비교 검증' 기획 시리즈 연재(서울대 한국정치연구소 공동) | 11.27 | 부시 미국 대통령, 효순-미선 사건 사과 |
| | | 12.12 | 북한 외무성 대변인, 제네바 합의 파기 선언. 핵시설 재가동 |
| 12.12 | 사회부 강 훈 기자 '2002 환경인상 수상 | 12.18 | 정몽준, 노무현 지지 철회 선언 |
| 12.26 | 화제의 기사 〈대선 후 민심기행〉기획특집 연재 시작 | 12.19 | 노무현 민주당 대통령 후보 대선 승리 |
| **2003년** | | | |
| 1.1 | 신년특집 56면 발행. 경찰청·한국복지재단과 함께 '미아 찾아주기' 캠페인 시작 | 1.6 | 부산 광안대교 개통 |
| | | 1.10 | 북한, NPT(핵확산금지조약) 탈퇴 선언 |
| 2.14 | 록 음악의 대부 신중현씨 〈나의 이력서〉연재 시작 | 1.22 | 이화여대, '재학생 결혼 금지' 규정 폐지 |
| 2.21 | 대구 지하철 참사관련 성금모금 시작 | 1.25 | 전국 인터넷 마비. DDoS(디도스) 대란 |
| 2.28 | 제64기 견습기자 합격자 9명 발표 | 2.1 | 미국 우주왕복선 컬럼비아호, 폭발. 승무원 7명 전원 사망 |
| 3.13 | 황유석 특파원 중동 파견, 르포 〈이라크 국경을가다〉 연재 | 2.14 | 김대중 대통령, 대북 송금 문제 대국민 사과 |
| | | 2.18 | 대구 지하철 방화 참사. 198명 사망·실종 |

| 연·월·일 | 사내 | 연·월·일 | 국내외 |
|---|---|---|---|
| 3.17 | 김대중 대통령 국민의정부 5년 비화 〈대통령의 사람들〉 연재 | 2.25 | 노무현, 제16대 대통령 취임 |
| | | 3.20 | 미국, 이라크 침공(이라크 전쟁) |
| 4.26 | SBS와 공동으로 '미주 한인이민 100주년 기념 음악제' 개최(LA 할리우드보울) | 4.1 | 홍콩 배우 장국영, 호텔서 투신자살 |
| | | 4.2 | 이라크 파병안, 국회 통과 |
| 4.28 | 〈고도원의 아침편지〉 한국일보 1면에 연재 시작 | 4.9 | 미군, 이라크 수도 바그다드 점령 |
| 5.5 | 연중 캠페인 '담배와의 전쟁' 선포, 모든 지면에서 흡연사진 추방 선언 등 | 4.28 | 사스 환자 국내 첫 발생 |
| | | 5.21 | 노 대통령 "대통령직 못 해 먹겠다는 위기감" 발언 파문 |
| 5.12 | 윤윤수 휠라코리아 사장 〈나의 이력서〉 연재 시작 | | |
| 5.19 | 각계 인사들의 〈나의 금연기〉 연재 시작 | 6.19 | 조흥은행, 신한지주에 매각 |
| 5.21 | 2003미스코리아 선발대회, 미스코리아 진 최윤영씨 | 6.25 | 대북 비밀 송금 특검 수사 결과 발표 |
| 6.9 | 창간 49주년 기념식 | 7.1 | 서울 청계 고가도로 철거. 청계천 복원 시작 |
| 6.14 | 편집전문 제65기 견습기자 합격자 발표 | 7.23 | 미군, 사담 후세인 두 아들 사살 |
| 6.16 | 한국i닷컴 신관사옥 대형 전광판 뉴스서비스 시작 | 8.4 | 정몽헌 현대아산 회장, 계동 사옥에서 투신자살 |
| 7.18 | 창간 50주년 준비위원회(위원장 신상석 사장) 발족 | 8.6 | 인천 경제자유구역 지정. 대한민국 최초 경제자유구역 |
| 8.29 | 사회1부 이태규 기자 제155회 이달의 기자상 수상 (7월 31일자, 양길승 청와대 부속실장 향응·몰카 파문특종) | 9.13 | 태풍 '매미' 남부 강타. 87명 사망·실종 |
| | | 10.2 | 프로야구 이승엽, 56호 홈런(당시 아시아 신기록) |
| 10.1 | 본사 건물 금연빌딩으로 지정, 건물 내 흡연시에는 2만원의 범칙금을 부과키로 결정. | 10.6 | 북한 평양시 '류경정주영체육관' 개장 |
| | | 11.10 | 국회, 노무현 대통령 측근 비리 특검법 가결 |
| 10.2 | 창간 50주년 기념 '마르크 샤갈전' (2004년 7~12월) 개최 확정 | 11.25 | 노무현 대통령, 특검법 거부권 행사 |
| | | 12.4 | 국회, 노무현 대통령 측근 비리 특검법 재의결 |
| 11.4 | 프랑스 르몽드지 '4대지 한국일보는 중산·서민층 대변하는 중도적 신문' 보도 | 12.14 | 후세인 이라크 대통령, 미군에 생포 |
| | | 12.24 | 미국산 쇠고기 수입 중단. 광우병 추정 젖소 발견 |
| 12.1 | 부사장에 정기상 전 우리신용카드 상근감사위원 영입 | 12.26 | 이란 강진. 5,000여 명 사망 |
| 12.9 | 국별 2004년도 경영계획 발표회 개최(11일까지) | | |
| **2004년** | | | |
| 1.1 | 창간 50주년 신년특집으로 88면 발행/ '클린 코리아' 캠페인 연중 진행 | 1.16 | 우정사업본부, 독도 우표 발행. 4시간 만에 매진 |
| | | 2.13 | 황우석 서울대 교수팀 "인간 배아복제 성공" 발표 |
| 1.7 | 제42회 백상체육대상 시상식(본사 12층 강당) | 2.16 | 한·칠레 FTA(자유무역협정) 비준안, 국회 통과 |
| 1.9 | 한국일보 사회1부 법조팀, 제21회 관훈언론상 수상 | 2.19 | 영화 '실미도' 관객 1,000만 명 돌파 |
| 3.31 | 제11회 안익태작곡상 시상식 | 3.9 | 한나라당·민주당 의원 159명, 대통령 탄핵소추안 발의 |
| | | 3.12 | 국회, 대통령 탄핵소추안 의결. 노무현 대통령, 권한 정지 |
| | | 4.1 | 경부고속철도 KTX 개통·통일호 폐지. 고속철도 시대 개막 |
| | | 4.15 | 제17대 국회의원 선거. 열린우리당 과반수 확보 (16년 만의 여대야소). 민주노동당, 원내 제3당(10석) 도약 |
| 4.21 | '클린 컴퍼니' 결성 관련 사고 게재 | | |
| 5.3 | 시사칼럼 '아침을 열며' 필진 개편 | 4.22 | 북한 평북 용천 열차 폭발. 사상자 1,500여명 |
| 5.8 | 제15회 팔봉비평문학상 수상자로 성민엽 서울대 교수 선정 | 5.1 | 폴란드 등 10개국, 유럽연합 가입. 총 25개국으로 확대 |
| 5.31 | 제22회 여성생활수기 공모전 시상식 | 5.14 | 헌재, '대통령 탄핵소추안' 기각. 노 대통령 직무 복귀 |

| 연·월·일 | 사내 | 연·월·일 | 국내외 |
|---|---|---|---|
| 6.1 | 본관 1층에 '한국일보 갤러리' 개관 | 6.22 | 이라크 피랍 김선일씨 피살 |
| 6.9 | 창간 50주년 기념식(본관 12층 강당). '색채의 마술사 샤갈' 전 전국 순회 전시(2005년 1월까지) | 8.11 | 새 행정수도 입지에 충남 연기·공주 최종 선정 |
| 6.13 | 2004 미스코리아 선발대회(올림픽공원 올림픽홀) | 8.13 | 2004 아테네 올림픽 개막. 남북한 동시 입장 |
| 6.17 | 각계 인사들 대상으로 '한국일보와 나' 연재 시작 | 9.1 | 체첸 반군, 북 오세티야 베슬란 공립학교 인질 참극. 364명 사망 |
| 6.28 | 무료 스포츠지 '스포츠한국' 창간. 지면 혁신으로 52면 체제에서 44면 체제로 전환 | 9.19 | 중국 장쩌민, 사임. 후임에 후진타오 |
| 9.14 | 노사, 경영정상화 고통분담 위한 17.8% 임금 삭감 합의·경영 쇄신책도 촉구 | 9.23 | 성매매방지특별법 시행 |
| 10.12 | 노조와 편집국 비상대책위원회, 한국일보 경영정상화를 위한 공동대응 조직 출범 | 10.21 | 헌재, '신행정수도건설특별법' 위헌 결정 |
| 11.1 | '본부 개념'을 도입한 조직개편 단행, 편집국 3층에서 11층으로 이동 | 11.11 | 아라파트 팔레스타인 자치정부 수반 사망 |
|  |  | 12.27 | 남아시아 일대 대형 쓰나미 발생. 30만~40만명 사망·실종 |
| **2005년** |  |  |  |
| 1.1 | '중도·상생의 길'을 주제로 하는 신년기획 시작 | 1.1 | 현금영수증제 전국 실시. 한국철도공사 (코레일, 전 철도청) 출범 |
| 2.22 | 서울대 자연과학대학, 한국과학문화재단 공동으로 '자연과학 공개강좌' (서울대 문화관) | 2.10 | 북한 핵 보유 공식 선언 |
| 3.1 | 광복 60주년, 3대 기념사업 추진 | 2.14 | 미국 프로그래머 스티브 첸·채드 헐리, 유튜브 설립 |
| 3.2 | 발행면수를 32개면에서 36개면으로 증면. 노조, 장재국 회장 불신임 선언 | 3.16 | 일본 시마네현 의회, 다케시마의날(2월 22일) 조례안 가결 |
| 4.11 | 한국일보 비대위, 장재구 회장 경영일선 퇴진 요구. '100년 사학' 시리즈, 고려대부터 시작 | 4.2 | 교황 요한 바오로 2세 선종 |
| 4.12 | 한국일보 비대위, 장재구 회장 경영일선 퇴진 요구 | 4.5 | 강원 양양군 산불 확산. 낙산사 대웅전 등 소실 |
| 4.19 | 편집국 비대위, 경영공백에 대비한 '컨틴전시 플랜' 수립을 위한 기구 확대 | 4.19 | 새 로마 교황에 요제프 라칭거 추기경(베네딕토 16세) |
| 4.28 | '종전 30년 베트남 리포트 시작' | 5.20 | 미국 과학전문지 사이언스, 황우석 교수팀이 체세포 복제 배아줄기세포 배양에 성공했다고 발표 |
| 5.9 | 한국일보·한남레저, 일간스포츠 보유 지분 전량 매각 | 5.21 | '포니 정' 정세영 현대산업개발 명예회장 별세(76세) |
| 6.9 | 김대중 전 대통령 특별인터뷰 담은 창간 기념호 | 7.21 | 국가안전기획부 도청 조직인 '미림팀'의 불법행위 탄로 |
| 6.30 | '2005 문학인의 밤' 행사 개최(본사 13층 송현클럽) | 7.25 | 홍석현 주미 대사, 사임 |
| 7.1 | '주5일 근무제'에 따른 제도 변경(유급휴일 변경·휴일근로수당 3만원으로 책정 등) | 8.29 | 허리케인 카트리나, 미국 남부 강타. 1,300여 명 사망·실종 |
| 8.31 | 서울 중구청으로부터 중학동 사옥 인근 부지에 대한 단독개발권 획득 | 8.31 | 부동산 종합대책 발표 |
|  |  | 9.11 | 고이즈미 준이치로 일본 총리 중의원 선거 압승 |
|  |  | 9.19 | 북핵 6자 회담 공동성명 |
| 12월 | 편집국 개편(종합뉴스부·기획부·문화스포츠부 체제). 온·오프라인 통합 연구하는 DMP(디지털 멀티 페이퍼) 추진팀 신설 | 10.1 | 서울 청계천 복원 |
|  |  | 10.8 | 카슈미르 강진. 8만 7,000여명 사망 |
|  |  | 11.15 | 임동원·신건 전 국정원장 구속 |
|  |  | 12.15 | 노성일 미즈메디병원 이사장, 황우석 논문에 의문 제기 |
|  |  | 12.18 | 서울대, 황우석 줄기세포 논문 검증 착수 |

| 연·월·일 | 사내 | 연·월·일 | 국내외 |
|---|---|---|---|
| **2006년** | | | |
| 1.1 | 신년기획으로 '아시아의 문화 용광로'가 되자 게재. 1월말부터 인력의 선택과 집중 원칙에 따라 스포츠면 아웃소싱 시작 | 1.10 | 서울대 조사위 "황우석 교수팀, 줄기세포 수립하지 못해" |
| 2.22 | 서울시 도시건축공동위원회 중학동 재개발 사업 승인 | 1.29 | 비디오 아티스트 백남준 타계 |
| | | 2.7 | 이건희 삼성그룹 회장, 사재 8,000억원 사회 환원 발표 |
| 3.14 | CBS와 기사와 사진, 인력까지 교류하는 MOU체결 | 2.10 | 2006 토리노 동계올림픽 개막 |
| 4.10 | 삼성과 함께 '밝은 얼굴 찾아주기' 사업 시행 | 3.20 | 서울대, 황우석 교수 파면 |
| 5.20 | '위대한 세기:피카소'展 개막 (서울시립미술관) | 4.19 | 한명숙, 첫 여성 총리 |
| 6.9 | 창간기념일에 '여성이 희망이다' 기획 시작 | 4.28 | 정몽구 현대차 회장 구속. 비자금 1,300억원 조성 혐의 |
| 7.1 | 한국일보 디지털 초판신문 'PM7' 유료 구독 서비스 시작 | 5.4 | 평택 미군기지 확장 반대 시위(대추리 사태) |
| | | 5.31 | 제4회 지방선거. 한나라당 압승 |
| 8.3 | 2006년 미스코리아 선발대회(세종문화회관). 퇴직 사우 귀환을 위한 '연어 프로젝트' 본격 추진 | 6.9 | 2006독일월드컵 개막 |
| | | 7.1 | 제주특별자치도 출범 |
| 9.22 | 한국일보 이사회, 중학동 사옥부지 한일건설에 '900억원+@'에 매각 방침 보고. 사측, 경영설명회 통해 명예퇴직 등 구조조정 계획 발표 | 9.26 | 아베 신조 일본 총리 취임 |
| | | 10.9 | 북한 핵실험 강행 |
| 11.14 | 전국언론노조, 장재구 회장 배임·횡령혐의로 고소 | 10.13 | 반기문, 제8대 UN 사무총장 당선 |
| 11.24 | 사측, 성남공장에 대한 휴업 조치 | 10.22 | 최규하 전 대통령 별세(87세) |
| 12.31 | 정리해고 대상자 47명으로 확정(1일) 및 정기해고 조치 | 11.19 | 피겨 김연아, 성인 대회 첫 우승 |
| **2007년** | | | |
| 1.1 | 2007년 '대선의 해'에 맞춰 7대 기획 발표 | 1.9 | 애플, 아이폰 공개(샌프란시스코 맥월드 2007) |
| 1.14 | 새 문화기획 '우리 시대의 명저 50' 발표 | 2.13 | 북한, 핵 6자 회담 합의. 영변 핵시설 불능화, 대신 중유 지원 |
| 1.15 | 임시사옥으로 이전계획 발표 | | |
| 2.10 | 한국일보, 한진빌딩(중구 남대문로 2가)으로 순차적 이전(3~10일) | 3.8 | 김승연 한화그룹 회장, 아들 때린 클럽 종업원 보복 폭행 |
| 3.5 | '오늘도 나에게 박수를. 한국일보, 당신을 응원합니다' 캐치프레이즈 공개 | 3.27 | 대구, 2010년 세계 육상선수권대회 유치 |
| | | 4.2 | 한·미 FTA 타결 |
| 3.6 | 17대 대선 관련, '대선 보도 자문교수단' 구성 | 4.16 | 한국계 조승희, 미국 버지니아공대 교내 총기 난사 |
| 3.12 | 32면에서 40면으로 증면·버스광고 실시 등 변화 모색 | 4.17 | 인천, 2014아시안게임 유치 |
| | | 5.16 | 사르코지 프랑스 대통령, 취임 |
| 5.9 | 취재 사진의 다양한 활용을 위한 '포토 온라인 저널' 오픈 | 5.22 | '취재지원시스템 선진화 방안' 확정. 기자들의 취재 제한 |
| 5.14 | 4개 대학 학보사(서울·연세·고려·이화여대)와의 공동기획물 게재 시작 | 5.27 | 배우 전도연, 제60회 칸 영화제 여우주연상 수상 (밀양) |
| 6.9 | '빛의 화가 모네전' 개막(6월6일~9월26일·서울시립미술관). '이미지 UP 코리아' 시리즈 시작 | 6.25 | 캄보디아 PMT 항공 프놈펜 인근 추락. 114명 사망 |
| | | 6.29 | 애플 1세대 아이폰, 미국 출시 |
| 6.26 | '상상 공간-안데르센의 삶과 놀라운 이야기' (26일~12월14일·코엑스) | 7.19 | 분당 샘물교회 신도 23명, 아프간 탈레반에 피랍. 2명 사망 |
| | | 8.16 | 서브프라임 모기지 사태. 코스피 폭락·서킷브레이커 발동 |

| 연·월·일 | 사내 | 연·월·일 | 국내외 |
|---|---|---|---|
| 9.10 | 코리아타임스와 공동 제작하는 '외국어 지면' 신설 | 8.20 | 이명박, 한나라당 대선 후보로 선출 |
| | | 10.2 | 노무현 대통령, 평양 방문, 4일 10.4 남북 공동선언 발표 |
| | | 10.24 | 중국, 달 탐사선 '창어 1호' 발사 성공 |
| 11.24 | '불멸의 화가, 빈센트 반 고흐전'(11월24일 ~2008년 3월16일·서울시립미술관) | 11.27 | 여수, 2012년 세계박람회 유치 |
| | | 12.5 | 개성 관광 시작 |
| 12.13 | '태안을 살립시다' 시리즈 시작 | 12.7 | 충남 태안에서 유조선 기름 유출. 최악의 해양 오염 |
| | | 12.19 | 이명박, 제17대 대통령 당선 |

## 2008년

| | | | |
|---|---|---|---|
| 1.1 | 신년기획 '이제는 경제다' 연중 전개 시작 | 1.2 | 서부텍사스유(WTI) 배럴당 100달러 돌파. 세계 물가 급등 |
| 1.14 | 강병태 수석논설위원 지평선에서 한겨레신문 '고대 교우회의 빗나간 동문 사랑' 사설 반박 | 2.10 | 국보 1호 숭례문, 화재로 전소(2013년 복원 완료) |
| 2.4 | ㈜한국아이닷컴 이름을 ㈜인터넷한국일보로 바꿈 (도메인 www.hankooki.com은 유지) | 2.25 | 제17대 이명박 대통령 취임 |
| | | 4.8 | 이소연, 우주 비행 시작(러시아 소유스호) |
| 2.15 | '모두 함께 숭례문을 되살립시다' 구호의 〈숭례문 사진 갖기 캠페인〉 개시 | 4.9 | 국회의원 선거… 한나라당, 과반 턱걸이 |
| | | 5.2 | 광우병 촛불시위 시작 |
| 3.3 | 가판 폐지 | 5.3 | 사이클론, 미얀마 강타. 13만 3,000여 명 사망·실종 |
| 4.1 | 한달 구독료 1만2,000원에서 1만5,000원으로 인상 | 5.12 | 중국 쓰촨성 대지진… 10만 5,000여 명 사망·실종 |
| 4.19 | 숭례문 복구 성금마련을 위한 '대한민국 조각 100인展' | 6.10 | 서울 도심에 8만 명(경찰 추산) 촛불시위 |
| | | 7.7 | 농림부 등 장관 3명 교체 |
| 6.9 | 창간 54년 기획으로 촛불 정국에 대한 국민의식 여론조사 실시(9일자) | 7.11 | 금강산 관광객 박왕자씨, 북한군 총격에 사망 |
| 8.6 | 제52회 미스코리아 선발대회(세종문화회관) | 8.8 | 2008 베이징올림픽 개막. 러시아-조지아 전쟁 발발 |
| 8.13 | 문경새재 맨발 걷기 대회 | 9.15 | 세계 4위 투자은행 리먼브러더스, 파산 |
| 11.20 | 패러디 기법의 〈서화숙 칼럼·20일자〉 내용 오해 소동 | 10.2 | 배우 최진실, 자살 |
| | | 10.30 | 한·미 통화 스와프 협정 체결, 외환위기 우려 해소 |
| 12.19 | 제1회 한국 나눔봉사상 시상식(굿네이버스 공동 주최 · 서울 롯데호텔) | 11.4 | 미국 첫 흑인 대통령, 버락 오바마 당선 |
| | | 11.28 | 개성 지역 남측 인원 500명 철수. 개성 관광 중단 |

## 2009년

| | | | |
|---|---|---|---|
| 1.1 | 삼성경제연구소와 공동으로 '재편되는 세계질서. 위기에 기회 있다' 신년기획 전개 | 1.8 | 인터넷 논객 '미네르바' 체포 |
| | | 1.9 | 상하이차, 쌍용차 경영 포기하고 법정관리 신청 |
| 1.13 | 미국 타임사와 한국어판 포춘인 '포춘코리아' 독점발행 라이선스 계약 체결 | 1.20 | 용산 철거 현장 화재. 경찰 1명 포함 6명 사망 |
| | | 1.25 | 연쇄 살인범 강호순 검거. 얼굴 공개 논란 확산 |
| 1.31 | 강호순 등 흉악범죄 피의자 사진 비공개 결정 | 2.16 | 김수환 추기경 선종 |
| | | 3.7 | 탤런트 장자연 자살 |
| | | 3.17 | 북한, 미국 여기자 2명 억류 |
| | | 4.8 | 쌍용차, 2,646명 정리해고안 발표. 쌍용차 사태로 확산 |
| 5.23 | 노무현 전 대통령 서거 당일 10만부 호외. '행복을 그린 화가- 르누아르展' 개막 (23일~9월13일·서울시립미술관) | 5.15 | 북한, 개성공단 계약 무효 선언 |
| | | 5.23 | 노무현 전 대통령, 서거. 29일 국민장 |
| 6.8 | 창간 55주년 기념행사(서울시립미술관) | 5.25 | 북한 제2차 핵실험. 27일 정전협정 무효 선언 |
| 6.13 | '가왕' 조용필의 무료 콘서트(일산 킨텍스 1홀) | 6.25 | 마이클 잭슨, 심장마비로 사망 |
| 7.8 | 2009 미스코리아 선발대회(8일·세종문화회관) | 7.7 | DDos 사이버테러. 국가 주요기관 사이트 마비 |

| 연·월·일 | 사내 | 연·월·일 | 국내외 |
|---|---|---|---|
| | | 8.5 | 경찰, 쌍용차 노조 진압. 노조 공장 점거, 77일 만에 종료 |
| | | 8.17 | 양용은, PGA챔피언십 우승, 아시아인 첫 메이저 대회 우승 |
| | | 8.18 | 김대중 전 대통령 서거 |
| 9.7 | '2030 기부를 즐기다' 시리즈 | 9.6 | 북한 임진강 황강댐 무단 방류. 우리 국민 6명 사망 |
| 9.14 | '프로보노 퍼블리코-기업, 능력을 나눈다' 시리즈 연재 시작 | | 광화문광장에 세종대왕 동상 제막 |
| | | 10.9 | 인천대교 개통(대한민국 최장 다리) |
| 10.15 | 국민은행과 공동 주관한 '내 고장 사랑운동'에 이명박 대통령 동참 | 10.19 | 신종플루 확산. 미국, 비상사태 선언 |
| | | 10.24 | 북한, 서해에 경비정 침투 도발 (대청 해전) |
| 11.11 | 국립중앙박물관·SBS와 공동으로 '태양의 아들 잉카전' (11일~2010년3월28일·국립중앙박물관) | 11.10 | 헌법재판소, 혼인빙자간음죄 위헌 결정 |
| | | 11.26 | 한국, 400억 달러 규모 UAE 원자력발전소 건설 수주 |
| | | 12.25 | |
| **2010년** | | | |
| 1.1 | 연중 키워드 △소통과 화합 △선진사회 △더불어 다함께 제시 | 1.4 | 두바이 부르즈 칼리파 개장. 세계 최고 마천루(높이 828m) |
| 1.6 | 아이폰 관련 삼성·SK 관련 기사 포털 삭제 논란 | 1.14 | 아이티 강진. 16만명 안팎 사망 |
| 1.20 | 유니세프 한국위원회와 함께 아이티 난민돕기 모금운동 개시 | | |
| | | 2.10 | 2010 밴쿠버 동계올림픽 개막 |
| | | 2.26 | 김연아, 세계신기록(합계 228.56)으로 올림픽 금메달 |
| 3.13 | 국내 최초 3D입체 사진 지면 게재(13일자·덕수궁 중화전 등). 통상임금의 7.6% 인상에 노사 합의 | 3.11 | 법정 스님 입적(78세) |
| | | 3.18 | 카카오톡 출시 |
| 4.16 | 천안함 장병 추모하는 정호승 시인의 '님이시여! 조국은 지금 흐느낍니다' 게재 | 3.26 | 천안함, 북한 잠수정에 의해 폭침. 46명 전사·1명 순직. 수색 중 민간인 9명 사망·실종 |
| 4.30 | '신의 손-로댕전' 개막(30일~8월22일·서울시립미술관) | 4.29 | 천안함 희생 장병 46명 영결식 |
| 6.2 | 창간 56주년·호국보훈의 달 기념, 호국콘서트(세종문화회관) | 5.10 | 그리스 국가 부도. IMF 구제금융(300억 유로) |
| | | 6.11 | 2010남아공월드컵 개막. 한국, 사상 처음 원정 월드컵 16강 |
| 6.8 | 한국전쟁 60주년·6.15공동선언 10주년에 맞춰 '남북관계 대토론회' 시리즈 | 7.1 | 통합 창원시(마산, 창원, 진해) 출범 |
| 6.9 | 〈뉴 미디어 시대, 뉴 한국일보〉 선언. 2010 남아공 월드컵에 맞춰 지면 제작도 '월드컵 체제'로 운영 | 8.10 | 간 나오토 일본 총리, '간 담화' 발표. 식민지배 강제성 인정 |
| 7.25 | 2010 미스코리아 선발대회(세종문화회관) | 9.28 | 북한, 조선로동당 당대회서 김정은을 후계자로 공표 |
| 9.17 | 소수자·소외계층 배려하는 '함께 만드는 아름다운 이야기' 다문화 공모전 사고 | 10.10 | 황장엽, 사망 |
| | | 11.11 | G20 서울 정상회의 개막 |
| 11.21 | 제400회 거북이마라톤(남산 국립극장 문화광장) | 11.12 | 2010 광저우 아시안게임 개막 |
| 11.29 | 여성가족부와 공동 주최한 세계 여성 리더십 콘퍼런스(29~30일·서울 신라호텔) | 11.23 | 북한, 연평도 포격 도발 |
| | | 12.13 | 거가대교 개통(부산 가덕도-경남 거제시) |

| 연·월·일 | 사내 | 연·월·일 | 국내외 |
|---|---|---|---|
| 2011년 | | 1.1 | 지우마 호세프 브라질 대통령 취임. 브라질 최초 여성 대통령 |
| 1.1 | 신년호 지면을 통해 중학동 신사옥으로의 귀환 다짐. 신춘문예 응모작 일부 분실로 동화부문 재공모 소동 | 1.14 | 튀니지 재스민 혁명. 벤 알리 대통령 축출 |
| 2.12 | 지면개편, 주말에디션 'H' 시작 | 1.21 | 아덴만 여명 작전. 소말리아 납치된 선박 구출 |
| 3.7 | 한국일보 명의 보도자료에서 중학동 사옥 입주 보류 발표 | 2.11 | '철권 통치' 무바라크 이집트 대통령, 하야(이집트 혁명) |
| 3.29 | 편집국 기자 130여명 전국언론노조 한국일보 지부로 집단 가입 | 2.17 | 부산저축은행, 대전저축은행 영업정지. 저축은행 뱅크런 확산 |
| 4.19 | '4.19혁명 보도자료집' 전자책 형태로 시험 발행 | 3.11 | 일본 도호쿠 대지진. 12일 후쿠시마 원자력 발전소 사고 |
| 5.30 | 기본급 6% 인상을 골자로 하는 임금협상 타결 | 4.14 | 외규장각 도서 297권, 145년 만에 귀환 |
| 6.13 | 57주년 창간기획으로 주요 정치인 이념성향 분류한 기획 기사. 대표이사(박진열) 편집국장(이충재) 교체 | 5.2 | 오바마 미국 대통령 "오사마 빈 라덴 사살" 발표 |
| 7.19 | 창간 57주년 기념한 그린란드 탐험대, 그린란드 대설원 횡단 성공. '사람!, 소통!, 논쟁!'을 내세운 지면개편 단행(심층인터뷰 강화) | 7.6 | 강원 평창군, 2018 동계올림픽 개최지로 선정 |
| | | 8.24 | 서울시, 무상급식 주민 투표. 오세훈 시장, 26일 사퇴 |
| 9.17 | 주간한국, 잡지에서 타블로이드판 신문으로 변경 | 8.27~9.4 | 대구, 세계육상선수권대회 개최 |
| | | 9.18 | 월가 점령시위 본격화. 'Occupy Wall street' |
| | | 10.5 | 스티브 잡스 사망(56세) |
| | | 10.20 | 리비아 독재자 카다피, 사망 |
| 12.5 | 박진열 대표이사 사장을 부회장으로, 이상석 대표이사 부사장을 대표이사 사장 발행인으로 선임 | 12.1 | 종합편성채널 개국 |
| | | 12.17 | 김정일 북한 국방위원장 사망. 김정은 수령 체제 |
| 2012년 | | 1.14 | 마잉주 대만 국민당 후보, 총통 선거 승리. 재선 성공 |
| 1.1 | 신년기획으로 한국 도약을 위한 '5가지 질문' 제시 | 3.1 | 토요수업제(놀토) 폐지. 주 5일 수업제 전면 실시 |
| 2.8 | 출판사 '자음과 모음'과 공동기획으로 '위기의 시대, 지성과의 대화' 연재 시작 | 3.4 | 푸틴 러시아 총리, 대선 승리. 5월 7일 대통령 취임 |
| 4.30 | 이충재 국장 전격 교체(30일) | 3.15 | 한미 FTA 발효 |
| 5.2 | 국장 교체 철회 요구하는 편집국 기자총회 | 4.2 | '수원 토막살인사건' 오원춘, 검거 |
| 5.8 | 편집국장 임면에 대한 제도개선에 노사합의 | 5.12 | 2012 여수 엑스포 개막(~8.12) |
| 6.9 | 창간 58주년 맞춰 인터넷·모바일 개편, '스마트 한국일보' 제창 | 6.23 | 대한민국 인구 5,000만명 돌파 |
| 6.18 | 지령 2만호 발행 | 6.24 | 무르시, 이집트 대선 승리. 첫 민간 대통령 |
| 6.20 | 제23회 팔봉비평문학상 시상식(서울 프레스센터) | 7.1 | 세종특별자치시 출범 |
| 7.6 | 2012 미스코리아대회 개최(경희대 평화의전당) | 7.10 | 이명박 대통령 형 이상득, 구속 |
| 7.19 | 한중 수교 20주년 맞아 차이나포럼 개최(신라호텔) | 7.28 | 2012 런던올림픽 개막 |
| 8.12 | 독립유공자 발길 되새기는 '시베리아횡단철도 역사 대장정'(12일~22일). 지면 활자체 변경. 월 9만 6,000원 정액 인상을 골자로 하는 임금인상에 노사 합의 | 8.6 | NASA 화성 탐사로봇 큐리오시티, 화성 착륙 성공 |
| | | 8.10 | 이명박 대통령, 독도 방문(현직 대통령 최초) |
| | | 9.3 | 통일교 창시자 문선명 총재 별세(92세) |
| | | 9.7 | 한국 국가신용등급 AA-로 상향 조정. 일본(A+) 추월 |
| 11.7 | '불멸의 화가II: 반 고흐 in 파리전' 개최(7일~2013년 3월24일·서울 예술의전당) | 10.7 | 우고 차베스 베네수엘라 대통령, 4선 성공 |
| | | 11.6 | 버락 오바마 미국 대통령, 재선 성공 |
| | | 11.15 | 시진핑, 국가주석에. 리커창은 국무원 총리 |
| | | 12.19 | 박근혜, 제18대 대통령 선거 승리 |

| 연·월·일 | 사내 | 연·월·일 | 국내외 |
|---|---|---|---|
| 2013년 | | | |
| 1.1 | 신년기획 '새 정부 5대 과제', '파워 엘리트 150인' 연재 시작 | 1.17 | 감사원 "4대강 사업 부실" 발표 |
| 2.16 | 김상철 편집국 부장 별세(16일) | 1.30 | 나로호 발사 성공 |
| 4.29 | 한국일보 노조 비상대책위 장재구 회장을 특정경제범죄 가중처벌 등에 관한 법률위반(업무상 배임) 혐의로 검찰 고발 | 2.11 | 교황 베네딕토 16세, 사임 발표(1294년 첼레스티노 5세 이후 처음) |
| | | 2.12 | 북한, 제3차 핵실험 |
| | | 3.1 | 바른·슬기로운·즐거운 생활, 완전 폐기 |
| 4.30 | 장 회장, 전 사원에 보낸 이메일에서 '한국일보 매각협상 결렬됐다'고 통보 | 3.13 | 프란치스코 교황 선출. 첫 남미 출신 교황 |
| | | 3.20 | 방송·금융권 업체 전산망 마비 |
| 5.1 | 사측, 장 회장의 경영권 행사에 부정적 편집국 간부 인사 단행 | 4.9 | 개성공단 조업, 완전 중단(2004년 공단 가동 이후 처음) |
| 5.2 | 비대위, 2일자 지면을 통해 장 회장의 인사 전면 거부 선언 | 4.15 | 미국 보스턴 마라톤 폭탄 테러 |
| 5.3 | 서울중앙지검 형사5부 노조 고발사건 배당 받아 수사 착수 | 4.24 | 방글라데시 라나 플라자 붕괴. 1,129명 사망 |
| | | 5.4 | 숭례문 화재 복구 완료. 민간 공개 |
| 5.15 | 대기업 납품가 후려치기 단독 기사 누락 사태 | 5.10 | 윤창중 청와대 대변인, 성추행 사건 |
| 6.13 | '낙원을 그린 화가 고갱, 그리고 그 이후' 개막 (서울시립미술관) | 6.10 | 미국 전 NSA요원 스노든 "개인정보 무차별 사찰" 폭로 |
| 6.15 | 사측, 외부 용역 도입해 편집국 점거·폐쇄 조치 | 6.13 | 방탄소년단 데뷔 |
| 6.16 | 한국기자협회 편집국 폐쇄 철회 성명 | | |
| 6.20 | 편집국 기자, 청와대·국회·검찰청에서 장재구 회장 퇴진과 구속수사 요구 1인 릴레이 시위 | | |
| 6.25 | 민주당 의원 11명, 한국일보 비대위 격려 방문 | | |
| 6.26 | 새누리당 정우택 최고위원, 한국일보 사태 당 차원 지원 촉구. 한국일보 바로세우기 위원회 공식 출범 | | |
| 6.27 | 안철수·노회찬 편집국 기자 농성현장 방문 격려 | | |
| 7.2 | 서울대 교수협의회 등 서울대 4개 조직 등 편집국 폐쇄조치 철회 요구 공동성명 | 7.15 | 노량진 배수지 수몰 사고. 6명 사망 |
| | | 7.18 | 해병대 캠프 참여 학생 5명, 해상 훈련 중 사망 |
| 7.9 | 서울중앙지법, 한국일보 비대위의 편집국 폐쇄 금지 가처분 신청 인용 | 8.2 | 러시아, 스노든의 임시 망명 허용. 미-러 관계 악화 |
| 8.5 | 서울지검, 장재국 회장 업무상 횡령·배임 등 혐의로 구속(※2015년 10월17일 대법원 형사2부, 장 회장에 대해 징역 2년6월 최종 확정) | 8.21 | 시리아 정부군, 반군에 화학무기 사용. 1,300여명 사망 |
| 8.8 | 서울중앙지법 파산부, 이계성 수석논설위원을 편집국장 직대로 지명 | | |
| 8.12 | 한국일보 발행 정상화 | 9.4 | 국회, 이석기 통합진보당 의원 체포동의안 가결. (통진당 내란 선동 사건) |
| 8.30 | 〈이석기 '전쟁 준비하자.군사적 체계 잘 갖춰라'〉 특종 게재. 제41회 봉황대기 전국고교야구대회 부활(30일~9월16일) | 9.10 | 토마스 바흐, 제9대 IOC 위원장 취임 |
| | | 9.25 | 전투 경찰제, 폐지 |
| 9.6 | 서울중앙지법 파산2부, 한국일보 기업회생 절차 개시 결정 | | |
| 11.24 | 제59회 부산~서울 대역전경주대회(24일~30일) | 10.1 | 미국 연방정부, 셧다운 |
| | | 10.3 | 중국 산시성에서 살인 말벌 출현. 41명 사망 |
| 12.17 | 서울중앙지법 파산2부 주관 본입찰에서 삼화제분 컨소시엄 우선협상대상자로 선정 | 11.1 | 미국 LA공항 총격 사건 |
| | | 11.22 | 박인비, LPGA 올해의 선수상. 한국인 최초 |

| 연·월·일 | 사내 | 연·월·일 | 국내외 |
|---|---|---|---|
| | | 12.3 | 북한 장성택, 숙청 |
| | | 12.14 | 중국 창어 3호, 달 착륙. 아시아 최초, 세계 3번째 |
| | | 12.15 | 이집트·이스라엘 등 중동지역 폭설 |
| **2014년** | | | |
| 1.1 | 신년기획 키워드로 '대한미국 성장 엔진 업(up)' 제시. 창간 60주년 기념 엠블럼 공개(1일자 1면 사고). 기업회생 절차 조기 종결을 위한 고통분담, 임금 평균 14.27% 삭감 적용 | 1.12 | 염수정 대주교, 추기경으로 임명 |
| | | 2.8 | 2014소치동계올림픽 개막 |
| | | 3.8 | 말레이시아항공 여객기 실종. 탑승객 13개국 241명 실종 |
| 1.10 | 한국일보 비대위, 미디어 공공성포럼의 제4회 언론상 수상 | 3.11 | 우크라이나 크림 자치공화국 의회, 분리 독립 결의 |
| 2.26 | 한국일보·삼화제분 컨소시엄, M&A 본계약 체결 | 4.16 | 세월호 침몰. 304명 사망 |
| 4.18 | 신현림 시인의 '단원고 학생들 무사 귀환 소망하며.' 게재 | 4.20 | 순천만정원 개장 |
| | | 5.26 | 카카오톡-다음, 합병 |
| 5.19 | ㈜인터넷한국일보와의 뉴스콘텐츠 공급 계약 해지, 자체 뉴스사이트 한국일보닷컴(hankookilbo.com) 오픈 | 6.13 | 2014 브라질월드컵 개막 |
| | | 6.14 | 이슬람국가(IS), 이라크 제2 도시 모술 점령 |
| 5.22 | 이준희 부사장을 사장으로 선임 | | |
| 5.27 | 고재학 편집국장 등 인사 | | |
| 6.9 | 창간일 지면 1면에 '오로지 반듯하게, 새로운 60년의 다짐입니다'라는 구성원들의 다짐 게재. 2014 한국포럼(하나의 대한민국: 갈등 넘어 통합으로, 서울 신라호텔) | | |
| | | 7.18 | 기니, 에볼라 감염자 1,000명 돌파. 대유행 시작 |
| 7.1 | 창간 60주년 맞아 대대적 지면 개편(1일자), 제호·구성도 개편(7단 편집에서 5단 편집) | 8.11 | 에르도안 터키 총리, 최초의 직선제 대선 승리 |
| | | 8.14 | 프란치스코 교황 방한 |
| 8.26 | 삼화제분 컨소시엄과의 본계약 해지 | 9.3 | 인도·파키스탄 대홍수. 405명 이상 사망 |
| 8.27 | 재매각 공고 | 9.27 | 일본 온타케 화산, 분화. 37명 사망 |
| 9.18 | 서울중앙지법 파산3부, 동화기업을 한국일보 인수 우선협상대상자로 선정 | 10.4 | 2014 인천아시안게임 폐막. 황병서·최룡해·김양건 등 북한 3인방 방한 |
| 10.30 | 서울 마포구 상암동 디지털미디어시티(DMC)에서 새 사옥 '디지털 드림타워' 착공식 | 10.17 | 성남 판교 테크노밸리서 환풍구 붕괴. 16명 사망 |
| | | 10.27 | 가수 신해철, 수술 후유증 사망 논란 |
| 11.3 | 한국일보와 동화그룹 본계약 체결 | 12.18 | 미국·쿠바 화해 |
| **2015년** | | | |
| 1.1 | 재창간 원년 '새로 고침 코리아' 슬로건으로 시작, 연중 '6대 기획'을 독자들에게 약속 | 1.1 | 담뱃값 대폭 인상. 2,500원에서 4,500원으로 |
| | | 1.7 | 프랑스 주간지 샤를리 에브도 본사에 총기 난사 테러 |
| 1.9 | 서울중앙지법 파산3부, 한국일보 회생계획안 인가 결정(9일)/ 법원 유상증자 신주 513만주 동화컨소시엄 인수(동화기업 308만주·동화엠파크 205만주) | 2.11 | 인천 영종대교에서 100중 추돌사고 |
| | | 2.26 | 헌재, 간통죄에 대해 7대2로 위헌 결정 |
| | | 3.1 | 관세청, 개인 통관고유번호 제도 전면 시행 |
| 1.29 | 서울중앙지법 파산3부, 한국일보사에 대한 회생 절차 종결 결정, 정상기업으로 복귀 | 3.5 | 마크 리퍼트 주한 미국대사, 세종문화회관에서 흉기 피습 |
| 1.30 | '새로운 도약을 알립니다' 사고 게재, 법정관리 졸업 선언 | 3.12 | 육사, '3금 제도'(금혼, 금주, 금연) 완화 |
| | | 4.2 | 알샤바브, 케냐 가리사 대학 습격. 147명 피살 |
| 2.2 | 승명호 회장, 이종승 사장 공동 대표이사로 선임/ 등기이사로 권동형, 이영성 추가 선임 | 4.9 | 성완종 전 경남기업 회장, 북한산 인근에서 숨진 채 발견 |
| 2.10 | 이완구 총리 후보자 녹취 파일 유출 입장문 게재 | | |

| 연·월·일 | 사내 | 연·월·일 | 국내외 |
|---|---|---|---|
| 3.2 | 〈한국스포츠〉를 〈한국스포츠경제〉로 제호 변경해서 발행 | 4.19 | 아프리카 난민선, 지중해 전복. 600여명 사망 |
| 3.28 | 한국일보 독자권익위 새롭게 구성해서 출범 | 5.13 | 내곡동 예비군 훈련장 총기 난사 사건, 3명 사망 |
| 4.1 | 한국일보 사내 업무통합 정보시스템, '그린넷' 오픈. 메일 주소도 @hankookilbo.com으로 변경 | 5.20 | 국내 첫 메르스 환자 발생 |
| 4.15 | 경영지원실 법무팀 폐지/ 광고국 AD전략국으로 변경 | 6.1 | 양쯔강 여객선 침몰. 442명 사망 |
| 4.22 | 제43회 봉황대기 고교야구대회(4월 15일~28일) | 6.27 | 서울시 대중교통 요금 인상. 지하철 1,250원 · 버스 1,200원 |
| 4.28 | 총 급여기준 평균 11% 인상을 골자로 하는 2015년 임금인상 안에 노사합의 | 7.1 | 그리스, 국가부도 선언 |
| 5.31 | 새로운 CI 후보에 대한 편집국 선호도 조사 | 7.14 | NASA 뉴 호라이즌스호, 명왕성 궤도 통과 |
| 6.9 | 한진빌딩에서 와이즈타워(중구 세종대로17)로 이전, 31일부터 새 사옥에서 업무시작. | 8.1 | 우편번호, 6자리에서 5자리로 |
| 7.10 | 재창간 선포식(롯데호텔 크리스탈볼룸). 새 제호와 CI 발표·대대적 지면개편 단행 | 8.4 | DMZ 목함 지뢰 매설 사건 |
| 9.6 | 제59회 미스코리아 선발대회(서울 유니버설아트센터) | 8.20 | 북한, 서부전선(경기 연천군) 포격 도발 |
| 11.5 | 제12회 철원DMZ국제평화마라톤대회 | 9.1 | 통합법인 삼성물산(제일모직+삼성물산) 출범 |
| 12.11 | 2015 차이나포럼(주제: 전환기의 중국 경제, 기회와 도전/ 신라호텔) | 9.24 | 사우디 메카 순례객 압사 사고. 717명 사망 |
| 12.24 | 서울에너지복지나눔대상 시상식(서울시청 시민청 이벤트홀) | 10.5 | 환태평양경제동반자협정(TPP) 협상 타결 |
| 12.31 | 제36회 설문걸 장학재단 장학금 수여식 주총에서 이준희 주필을 신임 대표이사 사장·발행인에 선임 | 10.7 | 정부·여당, 한국사 교과서 국정화 결정 |
| | | 10.21 | 피아니스트 조성진, 쇼팽 콩쿠르 우승. 한국인 최초 |
| | | 11.13 | 파리 시내 6곳 연쇄 테러. 피의자 IS 대원 포함 138명 사망 |
| | | 11.21 | 한국 야구대표팀, 2015WBSC 프리미어12 우승 |
| | | 11.22 | 김영삼 전 대통령 서거(86세) |
| | | 12.1 | 중국 위안화, 세계 3대 통화로 |
| | | 12.2 | 미국 샌 버나디노 총기 테러 |
| | | 12.28 | 새정치민주연합, 당명 변경. 더불어민주당 |
| 2016년 | | | |
| 1.1 | 연중 기획 '위기의 한국경제 해법을 찾는다' 시작 | 1.3 | '독고탁' 이상무 화백 별세(69세) |
| 1.4 | 한국일보닷컴 개편, '이슈박스' '멀티미디어 접시' 등 신설 | 1.6 | 북한, 제4차 핵실험 |
| 1.6 | 편집국 DF추진단 폐지 | 1.16 | 차이잉원 대만 민진당 후보, 총통선거 승리 |
| 1.22 | 서울경제 상대 구상금 소송(196억원)에서 승소(항소심 10월7일 후 11월 전액 회수) 회사 저작물 수익에 대한 사원인센티브 지급 제도 재시행 | 2.7 | 한·미, 사드 배치 합의 |
| 3.1 | 신인사체계 도입 설명회 개최(기자직군) | 2.23 | 정의화 국회의장, 테러방지법 직권상정. 더불어민주당, 필리버스터 돌입 |
| 3.3 | 신인사체계 도입 설명회 개최(미디어경영직군) | 3.9 | 이세돌-알파고 바둑 대결. 알파고가 4-1로 승리 (~15일) |
| 3.4 | 사원 자녀 학자금 지급 시행 및 제출 자료 안내 | 3.31 | 헌재, 성매매특별법 합헌 결정(6-3) |
| 3.7 | 제455회 거북이마라톤·동화 가족과 함께하는 남산 걷기대회(남산 백범광장) | 4.13 | 제20대 총선. 3당 체제(민주 123·새누리 122·국민의당 38) |
| 3.19 | 1면을 제외한 전 지면으로 5단 편집에서 6단 편집으로 개편 | 5.16 | 소설가 한강, 맨 부커상 수상자로 결정 |
| 4.1 | 평균 10% 인상을 뼈대로 하는 2016년 임금협상 타결 | 5.17 | 강남 묻지마 살인 사건. 젠더 갈등으로 비화 |
| 4.8 | 2016 한국포럼, 롯데호텔 크리스탈볼룸에서 개최 (주제:위기의 한국경제, 새 길을 찾아서) | 6.23 | 영국 국민투표로 '브렉시트' 결정. 캐머런 총리 사퇴(7.13) |
| 4.21 | 4월14일자 '지역구 당선 예정자' 기사 득표수 오류 책임자 2명 징계 | 6.26 | 파나마, 파나마 운하 옆에 새 운하 개통 |
| | | 6.30 | 두테르테, 제16대 필리핀 대통령 취임 |

| 연·월·일 | 사내 | 연·월·일 | 국내외 |
|---|---|---|---|
| 5월 | 미스코리아 60주년 기념, 특별전시회 〈대한민국은 아름답다〉(예술의전당·11~18일) | 7.13 | 테레사 메이, 영국 총리 취임. 대처 이후 26년 만에 여성 총리 |
| 5.11 | | 7.14 | 프랑스 니스 총기 난사 테러. 어린이 10명 포함 86명 사망 |
| 6.9 | 창간 62주년 기념식(연세세브란스빌딩 대회의실) | | |
| 7.8 | 제60회 2016 미스코리아 선발대회(경희대 평화의전당) | 7.22 | 러시아 선수단 도핑 파문. 올림픽 출전 논란으로 확대 |
| 7.19 | 뉴그린넷 개선 아이디어 공모 | 8.5 | 2016 리우데자네이루 올림픽 개막 |
| 8.18 | 제44회 봉황대기 전국 고교야구(3일~14일) | 8.16 | 태영호 주영 북한대사관 선전담당, 가족과 함께 제3국 망명 신청 |
| 9.2 | 코리아타임스 와이즈타워 14층으로 이전(2~3일) | 9.9 | 북한, 제5차 핵실험 |
| 9.24 | 제13회 철원DMZ 국제평화마라톤(철원 고석정) | 9.12 | 경북 경주시에서 규모 5.8 지진 |
| | 입사1년차 기자 대상 해외 워크숍(24~29일) | 9.28 | 김영란법 본격 시행 |
| 11.4 | | 10.13 | 미국 가수 밥 딜런, 노벨 문학상 수상자로 지명 |
| 11.18 | 명함 후면 로고 영문 디자인으로 변경 적용 | 10.19 | 최경희 이화여대 총장, 자진 사퇴(최순실 사태 여파) |
| | 2016 차이나포럼, 신라호텔 다이너스티홀에서 개최(주제: 지속가능한 한류를 위하여) | 10.24 | 최순실씨 컴퓨터에서 박근혜 대통령 연설문 발견. 촛불 정국으로 확대 |
| 12.30 | 한국일보, 코리아타임스 냉주파티 | 11.8 | 트럼프, 미 대선 승리 |
| 12.31 | 구 그린넷 가동 중지 | 12.9 | 박근혜 대통령 탄핵소추안 통과. 황교안 총리 권한대행 체제로 |
| | | 12.23 | 담뱃갑에 경고 그림 삽입 의무화 |
| 2017년 | | | |
| 1.3 | '데이터 혁명이 시작됐다'는 신년기획. 그린넷 새롭게 오픈 | 1.20 | 트럼프, 제45대 미국 대통령 공식 취임 |
| 1.9 | 뉴스1부문, 뉴스2부문 신설 편제/동그라미가 개별 팀으로 분리하는 조직개편 | 1.21 | 김기춘 전 비서실장·조윤선 문체부장관 구속(문화계 블랙리스트) |
| 1.26 | 전 임직원 대상 격려금 지급 | 2.13 | 김정은 이복형 김정남, 쿠알라룸푸르 공항에서 피살 |
| | | 3.1 | 서울회생법원 개원 |
| 2.1 | 신설 베트남 호치민 특파원 부임(정민승) | 3.2 | 중국, 한국인 패키지여행 중단. 사드 갈등 본격화 |
| 4.12 | 2017 한국포럼이 '대한민국, 어떻게 바꿀 것인가! : 차기정부 과제 중심으로'(롯데호텔 크리스탈볼룸) | 3.10 | 헌재, 탄핵 소추안 인용. 박근혜 대통령 파면 |
| | | 3.31 | 박근혜 전 대통령, 구속 |
| | | 5.8 | 에마뉘엘 마크롱, 프랑스 대통령 당선 |
| 6.9 | 창간63주년 기념식(연세세브란스빌딩 대회의실) | 5.10 | 문재인 후보, 제19대 대통령 선거 승리. 곧장 임기 시작 |
| 7.7 | 제61회 미스코리아 선발대회(유니버설아트센터) | 6.23 | 최순실, 징역 3년 선고(이화여대 정유라 특혜 논란) |
| 9.12 | 혁신도시 포럼 개최(대한상공회의소 국제회의장) | 7.16 | 세계 최대 암호 화폐 거래소 바이낸스 설립 |
| 9.24 | 제14회 철원DMZ 국제평화마라톤대회 (철원 고석정) | 9.3 | 북한, 제6차 핵실험 |
| 11.15 | 차이나포럼 '한·중 수교 25주년'(신라호텔 다이너스티홀) | 11.15 | 포항 지진. 2018학년도 수능 연기 |
| 12.14 | 고영권 기자, 대통령 방중 취재 중 중국 경호인으로부터 폭행 | 11.16 | 베네수엘라, 디폴트 선언 |
| 12.31 | 중구 서소문동 정안빌딩 매입 계약 체결(530억원) | 12.14 | 방중 한국 기자단 폭행 사건 |

| 연·월·일 | 사내 | 연·월·일 | 국내외 |
|---|---|---|---|
| 2018년 | | | |
| 1.1 | '성난 사회, 화 좀 내지 맙시다' 신년 기획. 오피니언 에디터 신설 및 미래전략실 구조 개편 | 1.1 | 튀니지 반정부 시위. 제2의 아랍의 봄 시작 |
| 1.3 | 2018 한국일보그룹 시무식(대한상공회의소 의원회의실) | 1.9 | 남북 고위급 회담, 2년 만에 개최(판문점) |
| | | 2.9 | 2018평창동계올림픽 개막 |
| 1.10 | 제58회 한국출판문화상 시상식 | 3.5 | 안희정 충남도지사 성폭력 의혹 제기 |
| 1.17 | 2018년 한국일보 신춘문예 시상식 | 3.14 | 영국 물리학자 스티븐 호킹 별세(76세) |
| 3.8 | 제1회 일자리 정책 박람회 (대통령직속 일자리위원회, 행정안전부 공동주최·킨텍스) | 3.18 | 푸틴, 러시아 대선 승리 |
| | | 3.23 | 이명박 전 대통령 구속 수감(서울 동부구치소) |
| 5.3 | 2018한국포럼(주제: '위기에서 평화로: 한반도 비핵화와 新동북아 질서·서울 신라호텔) | 4.27 | 문재인-김정은, 판문점서 제1차 남북정상회담 |
| | | 6.12 | 트럼프-김정은, 북미정상회담(싱가포르 센토사섬) |
| 6.7 | 제29회 팔봉비평문학상 시상식(동숭동 예술가의 집). 창간 64주년 기념식(대한상공회의소 의원회의실) | 6.13 | 제7회 지방선거. 더불어민주당 압승 |
| | | 6.14 | 2018 러시아 월드컵 개막 |
| | | 6.23 | 김종필 전 총리 별세(92세) |
| 7.4 | 미스코리아 선발대회(서울 올림픽공원 올림픽홀) 제46회 봉황대기 전국고교야구대회 | 7.1 | 주 52시간 근로 시행 |
| | | 7.23 | 노회찬 정의당 의원, 투신자살. |
| 8.15 | 제15회 철원DMZ국제평화마라톤 | 8.20 | 남북 이산가족 1차 상봉(금강산) |
| 9.9 | 2018코라시아포럼(주제:'한반도 평화, 아시아의 기회와 도약', 용산 드래곤시티호텔) | 9.18 | 문재인-김정은, 제3차 남북정상회담(평양) |
| 11.7 | | 10.30 | 대법원, 강제노역 피해자 일본 기업 배상책임 인정 |
| | 제51회 한국일보문학상 시상식 | 11.1 | 대법원, 양심적 병역거부자에 9-4로 무죄 판결 |
| 12.17 | 편집인 산하에 논설위원실, 콘텐츠본부 등 편제하는 조직개편 | 11.22 | 남북, 철원군 비무장지대 내 전술 도로 연결 |
| 12.28 | | | |
| 2019년 | | | |
| 1.1 | 신년기획 '파편 사회서 공감하는 사회로' | 1.3 | 중국 달 탐사선 창어 4호, 인류 최초로 달 뒷면 착륙 |
| 1.16 | 2019년 한국일보 신춘문예 시상식 | 1.28 | 클럽 버닝썬 폭행 사건 첫 보도 |
| 2.25 | 지면개편, '법조캐슬, 사실은?', '메디 스토리' 등 신설 연재 | 2.27 | 북·미 정상회담(하노이) |
| | | 4.3 | 한국, 세계 최초로 5G 상용화 |
| 4.25 | 2019한국포럼(주제: 文정부 3년, 3대 허들을 넘어: 노동개혁, 대기업정책, 혁신과 가치 충돌· 서울 신라호텔) | 5.1 | 나루히토, 일본 천황으로 즉위. 레이와 시대 개막 |
| | | 5.25 | 영화 기생충, 칸 영화제 황금종려상 수상 |
| 5.28 | 상암 드림타워 한국일보 K-ART STUDIO 개관 | 5.29 | 부다페스트 유람선 침몰 사고. 한국 관광객 26명 사망·실종 |
| 6.11 | 제30회 팔봉비평문학상 시상식 | 6.30 | 남·북·미 세 정상, 판문점 회동 |
| 7.11 | 2019 미스코리아선발대회(경희대 평화의전당) | 8.22 | 한국, 지소미아(한·일 군사정보포괄보호협정) 종료 선언 |
| 9.1 | 제16회 철원DMZ국제평화마라톤 | 9.18 | 화성 연쇄살인 사건 유력 용의자, 33년 만에 이춘재로 특정 |
| 11.12 | 1인 미디어 제작자 발굴·양성을 위한 '뉴커런츠 아카데미' 설립 | 10.14 | 조국 법무부 장관, 사퇴 발표 |
| 11.22 | 2019코라시아포럼(주제:'한·아세안 30년: 공동 번영의 신시대로) | 10.27 | 'IS 수괴' 알바그다디, 자폭 사망 |
| | | 11.8 | 북한 선원 2명, 판문점 통해 강제 북송 |
| 12.5 | AD전략국·대외전략실을 경영전략본부 산하에 편제 | 11.17 | 중국서 코로나바이러스감염증(코로나19) 첫 확진자 발생 |
| 12.16 | 제52회 한국일보문학상 시상식 | 12.2 | '수능 성적, 이틀 먼저 확인' 파문 |
| 12.30 | 이영성 부사장 발행인 겸 편집인·대표이사 사장으로 선임 | 12.10 | 민식이법 국회 통과. 과잉 처벌 논란 |

| 연·월·일 | 사내 | 연·월·일 | 국내외 |
|---|---|---|---|
| 2020년 | | | |
| 1.1 | 신년기획 '적대 사회-이미 닥친 디스토피아'. 편집강령 전면 개정, 취재보도 준칙 전문(全文) 개정 제60회 한국출판문화상 시상식 | 1.6 | 영화 기생충, 골든글로브상 외국어영화상 수상(한국 최초) |
| | | 1.20 | 코로나19 국내 첫 확진자 발생 |
| 1.6 | 2020년 한국일보 신춘문예 시상식(프레스센터 프레스클럽). 베트남 지국을 호치민에서 하노이로 이전 | 1.31 | 영국, 유럽연합 공식 탈퇴(브렉시트) |
| 1.22 | | 2.18 | 신천지 대구 교회서 코로나19 집단 감염 |
| | | 2.19 | 코로나19 첫 사망자 발생 |
| 2.3 | 1면에 '오늘의 신종 코로나' 신설, 신규 확진자·치료현황 공개 | 3.16 | 한국은행, 기준금리 0.75%로 인하. 사상 첫 0%대 금리 시대 |
| 2.18 | 미래기획실 산하에 스포츠토토 인수TF팀 신설 | 3.24 | 도쿄올림픽 1년 연기 확정 |
| 3.2 | 코로나 시국 극복을 위한 '이동 편집국' 설치(상암동 드림타워 K스튜디오에) ※10월부터 용산 서조빌딩 이동, 2021년 7월 본사로 합류 경영전략본부장 직속으로 영상사업팀 신설 | 4.9 | 사상 첫 온라인 개학. 중3·고3 시범 실행 후 20일부터 확대 |
| | | 4.15 | 제21대 국회의원 선거. 더불어민주당 180석 압승 |
| | | 4.23 | 오거돈 부산시장 사퇴(여직원 성추행) |
| 4.29 | 2020한국포럼(주제: '포스트 팬데믹, 위기인가 기회인가'·서울 신라호텔) | 6.11 | 최순실, 대법원 상고심서 징역 18년 벌금 200억원 확정 |
| 5.26 | | | |
| 6.1 | 뉴스 생산 프로세스 변화에 맞춰 편집국을 뉴스룸국과 신문국으로 분리하는 내용의 조직개편 제31회 팔봉비평문학상 시상 | 6.16 | 북한, 개성 남북공동연락사무소 폭파 |
| | | 6.30 | 홍콩 국가보안법, 중국 상무위 통과. 홍콩, 완전 반환 |
| | | 7.10 | 박원순 서울 시장, 변사체로 발견 |
| 6.19 | 디지털 역량 강화를 위해 대표 직속으로 디지털전략실 신설 | 7.15 | 고위공직자범죄수사처 설립 |
| 8.31 | | 7.30 | 임대차 3법, 국회 통과. 31일부터 시행 |
| | 뉴스룸국을 뉴스부문과 디지털기획부문으로 이원화하는 조직개편 | 8.15 | 코로나19 2차 대유행 |
| 11.23 | | 9.5 | 방탄소년단 '다이너마이트', 미국 빌보드 핫 100 차트 1위 |
| | | 9.22 | 40대 공무원, 연평도 해상에서 실종 뒤 북한군에 피격 사망 |
| | | 10.25 | 이건희 삼성그룹 회장 별세 |
| | | 10.29 | 이명박 전 대통령, 대법원서 징역 17년형 확정 |
| | | 11.8 | 조 바이든, 미국 대선 승리 |
| | | 12.8 | 영국에서 세계 최초로 코로나19 백신 접종 |
| 2021년 | | | |
| 1.1 | 연중 기획 연재물 '인터뷰-엄마' 본격적으로 시작 | 1.1 | 낙태죄 폐지 |
| 1.4 | 임금피크제와 희망퇴직제도 시행·특별 희망퇴직자 접수 시작 | 1.14 | 미 하원, 트럼프 대통령에 대한 탄핵소추안 발의 |
| | | 2.14 | 트럼프 탄핵안, 상원에서 부결 |
| 4.6 | 대구취재본부 신설 | 2.26 | 한국, 코로나19 백신 접종 시작 |
| 5.12 | 2021한국포럼(주제:지구의 미래, 한국의 미래·문화비축기지) | 3.4 | 윤석열 검찰총장 사퇴 |
| | | 3.14 | 미얀마 민주화 운동 격화. 수도 양곤에 계엄령 |
| 6.8 | 창간 67주년 기념식(대한상공회의소 의원회의실) | 4.26 | 배우 윤여정, 제93회 아카데미 여우조연상(미나리) |
| 6.17 | 경인일보와 효율적 신문 구독자 관리 및 신문유통망 확충을 위한 업무협력 양해각서 | 4.27 | 정진석 추기경 선종(89세) |
| | | 5.15 | 중국 탐사선 톈원 1호, 화성 착륙(세계 3번째) |
| 7.9 | 실리콘밸리 특파원 선발 공고 | 6.29 | 윤석열 전 검찰총장, 대선 출마 선언 |
| 9.9 | 베를린 특파원 선발 공고 | 7.23 | 2020도쿄올림픽 개막 |
| | | 7.31 | LG전자, 휴대폰 사업 종료 |
| | | 8.15 | 탈레반, 아프간 수도 카불 점령 |

| 연·월·일 | 사내 | 연·월·일 | 국내외 |
|---|---|---|---|
| 10.12 | MZ세대를 대상으로 하는 온라인 뉴스매거진 '유어바이브' 창간 | 9.29 | 기시다 후미오, 제100대 일본 총리 당선 |
| 10.14 | 2021 대한민국 일자리 엑스포·양재 aT센터 | 9.30 | 드라마 오징어게임, 넷플릭스 서비스 전체 83개 국에서 1위 |
| 11.15 | 혁신총괄 디지털혁신실 산하에 디지털미디어부 신설 | 10.21 | 한국형 발사체 누리호, 1차 발사. 궤도 안착 실패 |
| 11.25 | 2021코라시아포럼(주제: 신한일관계 : 협력과 존중의 미래를 향하여) | 10.26 | 노태우 전 대통령 별세(89세) |
| 12.16 | 제54회 한국일보문학상 시상식 | 11.23 | 전두환 전 대통령 별세(90세) |
|  |  | 12.8 | 앙겔라 메르켈 독일 총리, 퇴임. 후임에 올라프 숄츠 |
|  |  | 12.31 | 박근혜 전 대통령 특별사면 석방 |
| **2022년** | | | |
| 1.2 | 대선 여론조사로 신년 기획 시작 | 1.13 | '아기 상어' 영상, 유튜브 최초 100억 뷰 돌파 |
| 1.5 | '칸딘스키, 말레비치 & 러시아 아방가르드: 혁명의 예술展' 개막식(세종문화회관) | 1.30 | 북한, 중거리 탄도 미사일 화성 12형 발사(2018년 이후 처음) |
| 2.1 | 월정 구독료 인상(1만5,000원 → 2만원·2월부터 적용) | 1.31 | 테니스 나달, 그랜드슬램 21승 달성(세계 최초) |
|  |  | 2.4 | 2022 베이징동계올림픽 개막 |
| 3.8 | 동그람이 자사 몰 'RODA'(로다) 공식 오픈 | 2.24 | 러시아, 우크라이나 침공 |
| 4.14 | 2022 메디힐·한국일보 챔피언십 한국여자프로골프(KLPGA)투어 첫 대회(14~17일·페럼클럽) | 3.4 | 울진, 삼척, 강릉, 동해 동시다발 산불 |
|  |  | 3.9 | 윤석열, 제20대 대통령 선거 승리. 5.10 취임 |
| 4.18 | 제3회 기획취재 공모전 수상자 시상식 | 3.24 | 북한, 대륙간 탄도미사일(화성-17) 발사 |
| 4.26 | 2022한국포럼 (주제:'윤석열 정부, 무엇을 해야 하나'·웨스틴조선호텔) | 4.18 | 사회적 거리두기 757일 만에 모두 해제 |
|  |  | 4.23 | 에마뉘엘 마크롱, 프랑스 대선 승리. 재선 성공 |
|  |  | 5.10 | 대통령 집무실, 용산 이전 완료 |
| 5.30 | 창간70주년준비기획단 신설 등 조직개편 | 5.23 | 손흥민, EPL 득점왕 (아시아 최초) |
| 6.9 | 창간68주년 기념식(대한상공회의소 의원회의실) | 6.8 | 방송인 송해 별세(95세) |
|  |  | 6.21 | 누리호 2차 발사 성공 |
|  |  | 7.8 | 아베 신조 전 일본 총리 피살 |
|  |  | 8.5 | 대한민국 1호 달 탐사선 다누리 발사 |
| 9.29 | 영상콘텐츠 〈h알파〉 론칭 | 9.8 | 엘리자베스 영국 여왕 별세(96세). 왕세자 찰스 3세 즉위 |
| 10.26 | 2022년 미스코리아 선발대회(서울 블루스퀘어 마스터카드홀) | | |
| 10.28 | 임금 총액기준 3%인상·복지포인트 20만원 상향의 노사 임금협상 체결(28일) | 10.25 | 리시 수낵 영국 총리(사상 첫 인도계 총리) |
|  |  | 10.27 | 이재용, 삼성전자 회장 취임 |
| 11.17 | 2022코라시아포럼(주제: '미중 대립과 한국의 선택'·서울 신라호텔) | 10.29 | 이태원 핼러윈 압사 사고. 159명 사망 |
|  |  | 11.20 | 2022 카타르월드컵 개막 |
| 11.24 | '미지답 포럼' 첫 행사 경남 포럼(진주 LH대강당) 제55회 한국일보문학상 시상식 | 12.28 | 이명박 김경수 등 대규모 사면 |
|  |  | 12.31 | 교황 베네딕토 16세 선종 |
| 12.16 12.23 | 뉴스룸국 어젠다기획부 폐지·기획취재팀 신설 등 조직개편 | | |
| **2023년** | | | |
| 1.3 | 한미동맹 70주년 '미국은 우리에게 무엇인가' 신년기획 | | |
| 1.10 | 5.18 민주화운동 진상규명조사위원회 한국일보에 감사패 전달 | 1.29 | 동아시아에 북극 한파 엄습. 대만서 146명 사망 |
| 1.12 | 김만배와 돈거래 의혹, 본사 간부 해고 | 2.6 | 튀르키예-시리아 국경지대 가지안테프 지진. 약 6만 명 사망·실종 |

| 연·월·일 | 사내 | 연·월·일 | 국내외 |
|---|---|---|---|
| 2.28 | 한국일보 기후팀 〈탄소도시, 서울〉, 제2회 대한민국 언론대상 최우수상(대상 겸 신문 부문) | 3.16 | 한일 정상회담 |
| 3.16 | 2030부산세계박람회 유치 기원, 미지답 포럼(부산시청) | 3.23 | '루나 폭락' 권도형, 몬테네그로에서 체포 |
| 4.13 | 메디힐·한국일보 챔피언십 한국여자프로골프 (LPGA) 대회(페럼클럽·13~16일) | 5.7 | 세계보건기구, 엔데믹 선언(3년 4개월만) |
| 4.28 | 동그람이와 프란 합작의 '프란북스' 책 첫 출간 (별일, 하고 산다) | 5.17 | 경찰청 의무경찰 폐지 |
| 5.10 | 2023 한국포럼(주제:교육, 노동, 연금 3대 개혁 어떻게 풀까·신라호텔) | 5.25 | 누리호, 3차 발사 |
| | | 5.28 | 에르도안 튀르키예 대통령, 재선 성공 |
| 6.5 | AD전략본부를 '마케팅 본부'로 개명·경영전략본부 폐지, 뉴스스탠다드실 신설, 대전취재본부와 대구취재본부, 호남취재본부를 각각 충남강원취재본부와 대구경북취재본부, 호남제주취재본부로 명칭 변경 | 6.24 | 러시아 용병 바그너그룹 반란 |
| | | 7.15 | 한반도 전역에 폭우 |
| | | 7.18 | 서울 서이초교 교사 사망. 교권 시위로 확대 |
| | | 7.24 | 트위터, 'X'로 리브랜딩 |
| | | 7.25 | 헌재, 이상민 행안부장관 탄핵소추안 기각 |
| 6.9 | 한국일보 69주년 창간기념식 | 8.1 | 제25회 세계스카우트잼버리 파행 논란(~12일) |
| 6.26 | 새로운 뉴스레터 4종 출시, 〈슬기로운 유럽생활〉 〈강은영의 유로힐킥〉 〈조태성의 북&이슈〉 〈노경아의 달콤한 우리말〉 | 8.18 | 한·미·일 정상회담 (캠프 데이비드) |
| | | 8.23 | 바그너그룹 전용기 추락. 프리고진 사망 |
| | | 8.24 | 후쿠시마 원전 처리수 방류 시작 |
| 7.31 | 홈페이지 이용약관 개정, 〈인공지능 및 대량 크롤링 조항〉 신설해 적용 | 9.9 | 2023 G20 뉴델리 정상회의 |
| | | 9.11 | 리비아 대홍수. 사망·실종 2만 8,000여명 |
| 9.20 | 프란북스 두 번째 챌 출간(플라스틱 게임). 영상콘텐츠 개편 완료/ 〈획〉, 〈다이브〉, 〈대유행〉, 〈신문연구소〉 신설 | 9.23 | 2022 항저우아시안게임 개막 |
| | | 10.4 | 케빈 매카시 미국 하원의장, 해임. 미국 헌정사상 최초 |
| | | 10.7 | 하마스, 이스라엘에 대규모 공세 |
| 11.2 | 2023 코라시아포럼(주제:재편되는 세계경제, 한국의 생존전략은·용산 드래곤시티호텔) | 10.18 | 바이든 미국 대통령, 이스라엘 방문 |
| | | 10.27 | 리커창 전 중국 총리 사망(68세) |
| 11.3 | 한국일보 자회사 엠파크, 몽베르CC(경기 포천시·36홀) 매입 계약 체결. | 11.13 | 프로야구 LG, 29년 만에 한국시리즈 우승 |
| | | 11.17 | 국가 행정망 전산 마비 사태 |
| 11.17 | 한국일보 그룹 신사옥 기공식(갈월동 신축사옥 부지) | 11.22 | 걸그룹 블랙핑크, 대영제국 훈장 수여 |
| 11.29 | 2023년 단체협약 노사 합의 | 12.26 | 북한 여객열차 전복. 400여명 사망 |
| 12.18 | 한국일보 새해 연하장 카드 제작, 그린넷으로 배포 | 12.27 | 배우 이선균, 마약 혐의로 수사받다 숨진 채 발견 |
| **2024년** | | | |
| 1.6 | '상속 게임, 쩐의 전쟁' 첫선 | 1.15 | 북한, 대한민국을 주적으로 규정 |
| 1.11 | 한국일보 칼럼니스트 오찬(서울 프레스센터) | 1.20 | 일본 슬림, 달 착륙 (세계 5번째) |
| 1.14 | 사내 IT 시스템 장애 발생 | 2.14 | 한국-쿠바 수교 |
| 2.16 | 임직원 PC에 신규 보안프로그램 배포 | 2.19 | 미국 프로야구 류현진, 한화 이글스로 복귀 |
| 2.26 | HR·총무·기준정보관리·FOMS 등 일부 서비스 정상화 | 2.21 | 의과대 증원 반대 본격화, 전공의 8,816명 사직서 제출 |
| 3.21 | 한국일보 초청, 한국광고주협회 회원 간담회(서울 롯데호텔) | 3.7 | 김영삼 전 대통령 영부인인 손명순 여사, 사망 |
| | | 3.22 | 모스크바 공연장 테러, 140여명 사망 |
| 3.25 | 그린넷 게시판·조직문화에 이모티콘 적용 | 4.10 | 제22대 국회의원선거, 제1야당 민주당, 175석. |
| 4.5 | 생성형 인공지능(AI) 활용 준칙 제정 | 4.26 | 한국축구, 올림픽 10회 연속 '본선 진출' 무산 |
| 4.11 | 제3회 메디힐·한국일보 챔피언십, 박지영 우승 | | |
| 5.2 | 한국포럼 〈K-AI 시대를 열다〉, 대한상공회의소 개최 | | |

## '한국일보 70년사' 편찬을 마치고

한국일보 70년사 편찬 작업은 2023년 9월부터 본격화했다. 별도의 편찬위원회를 모색했지만, 신속한 준비를 위해 이미 활동 중이던 창간70주년 준비기획단이 진행하게 됐다. 자료수집과 편찬방향에 대한 의견수렴, 내용집필 등 전 과정에 기획단 소속 강주형 차장과 고선영 과장이 함께하게 된 연유다.

편찬작업의 첫 과정은 목표 독자 선정이었다. 일반 시민과 언론계 종사자, 한국일보 구성원 등 세 갈래 독자가 모두 흥미롭게 읽도록 내용을 구성키로 했다. 현대사에 관심 있는 일반 시민을 위해 한국일보가 기록한 역사의 주요 마디를 상세히 소개하는 한편, 언론계 종사자에 맞춰서는 주요 특종과 한국일보 공익 사업들이 어떤 취지와 의사결정을 통해 진행됐는지도 기록하기로 했다. 해마다 평균 두 차례 가량 이뤄진 크고 작은 조직개편과 주요 부서의 인사내용도 빠짐없이 적었다.

70년사는 50년사를 참고하되 최근 20년에 비중을 두어 편찬했다. 본문(제1장~제8장)과 화보, 부록(年誌, 정관, 임직원 명단, 사업, 사내외 수상 등)으로 꾸며졌다. 50년사와 같은 편제였는데 역대 한국일보 사사의 전통을 잇는다는 취지였다. 본문은 한국일보라는 실체적 계속기업의 70년을 회사 경영권 변동과 경영의 부침에 맞춰 8개 시기로 나눈 뒤, 편년식으로 서술하려고 노력했다. 보도의 파급력과 연도별 안배를 통해 선정한 '70대 특종'이나 특별히 강조해야 할 이슈에 대해서는 별도 박스를 만들어 편년식 서술이 놓치는 부분을 보완했다. 쉽게 읽히는 책을 만들기 위해 1954년부터 2024년까지를 연도별로 나눠 서술했다.

책 머리의 화보는 2024년 현재 한국일보 구성원의 모습과 지나온 70년 역사를 함께 보여주려는 목적으로 배치됐다. 권말 부록은 연지와 사내외 대소사를 총괄하되 간결하게 정리했다. 역대 한국일보 사업과 내용을 손쉽게 파악하고 사료적 가치도 갖도록 표 형식으로 구성했다. 전현직 사우(부장급 이상·5년 이상 재직)의 사진과 프로필을 담은 '한국일보 사람들'은 입사연도 및 재직기간, 출생연도 등을 감안한 순서로 각 장의 끝부분에 배치했다. 다수의 표와 깔끔한 인물리스트는 2024년 2월 합류한 정민종 사원의 헌신적 노력 덕분이었다.

70년사는 재창간 이후 발간된 첫 산물이라는 점에서 준비과정에서 몇 가지 어려움이 있었다. 50년사 발간 이후 편집국 폐쇄에 이르는 기간(2004~2014)의 자료가 체계적으로 축적되지 않았던 게 가장 큰 문제였다. 노동조합과 언론관련 미디어, 전직 사우 등의 도움으로 부족한 자료를 복원할 수 있었다. 본문만 1,000쪽에 가까웠던 50년사의 본문을 핵심은 지키면서도 축약하는 작업은 최진환, 김범수 신문국 에디터가 아니면 이뤄질 수 없었다. 임철순 전 주필, 김재만 사우회장을 포함해 많은 분들이 한국일보에서의 오랜 경륜과 축적된 자료를 통해 오류 발생을 막는데 도움을 주셨다.

70년사 전반을 관통하는 내용처럼, 한국일보는 한국 사회가 계절존망(繼絶存亡·끊긴 곳을 잇고 망한 것을 살린다)을 통해 춘추필법(春秋筆法)의 사명을 부여한 매체다. 경영적으로는 경쟁에 도태해 사라져야 할 회사였지만, 한국 언론에서 한국일보가 갖는 중요한 역할과 의미를 인정한 오피니언 리더와 법원의 성원과 판단으로 재창간에 성공할 수 있었다. 그런 의미에서 '70년 사사'는 한국일보를 지켜주신 우리 사회에 대한 감사의 헌정이기도 하다. 편찬업무를 적극 지원해 주신 승명호 회장과 이성철 대표 이하 전 구성원께 감사 드린다.

2024년 6월
한국일보 창간70주년 준비기획단장 조철환

1954-2024 70주년

## 진실을 향한 열정
## 세상을 보는 균형

1954~2024 한국일보 70년의 기록

초판 1쇄 발행 2024년 6월 9일

지은이  한국일보사
펴낸이  이성철
편집  한국일보 창간70주년 준비기획단
디자인  강서희

펴낸곳  한국일보사 출판국
주소  서울특별시 중구 세종대로 17
출판등록  1973년 5월 4일 제2013-000223호
홈페이지  www.hankookilbo.com

ISBN 978-89-7348-003-6 03070

이 책의 저작권과 출판권은 한국일보사에 있습니다.
저작권법에 의해 보호를 받고 있으므로 무단 복제 및 무단 전재를 금합니다.